Klaus Fahnenstich, Rainer G. Haselier

Microsoft Office Home and Business 2010 – Das Handbuch

Klaus Fahnenstich, Rainer G. Haselier

Microsoft Office Home and Business 2010 – Das Handbuch

Klaus Fahnenstich, Rainer G. Haselier: Microsoft Office Home and Business 2010 – Das Handbuch
Copyright © 2010 O'Reilly Verlag GmbH & Co. KG

Kommentare und Fragen können Sie gerne an uns richten:

Microsoft Press Deutschland
Konrad-Zuse-Straße 1
85716 Unterschleißheim
E-Mail: *mspressde@oreilly.de*

15 14 13 12 11 10 9 8 7 6 5 4 3 2
12 11

ISBN 978-3-86645-140-7

© O'Reilly Verlag GmbH & Co. KG
Balthasarstraße 81, D-50670 Köln
Alle Rechte vorbehalten

Satz: rabbitsoft Haselier & Fahnenstich GbR, Aachen (www.rabbitsoft.de)
Korrektorat: Ulla Otte-Fahnenstich, Aachen und Frauke Wilkens, München
Umschlaggestaltung: Hommer Design GmbH, Haar (www.HommerDesign.com)
Layout: Gerhard Alfes, mediaService, Siegen (www.media-service.tv)
Gesamtherstellung: Kösel, Krugzell (www.KoeselBuch.de)

Übersicht

Inhaltsverzeichnis

Teil A

Office 2010

In diesem Teil:

Kapitel 1

Willkommen bei Microsoft Office 2010

Microsoft Office System ist die Komplettlösung zur Informationsverarbeitung in Unternehmen. Neben den Programmen, die auch in früheren Versionen von Microsoft Office enthalten waren, zählen auch alle anderen Produkte aus dem Bereich Bürosoftware nun zum Office System 2010.

Die Office-Editionen

Microsoft Office 2010 gehört zum Microsoft Office System und ist in verschiedenen Editionen verfügbar, die aus den Kernprodukten Word, Excel, PowerPoint, Outlook und weiteren Anwendungen bestehen. Neben den bewährten Produkten wie Visio, Project und Publisher gehören seit der Version 2003 auch die Produkte InfoPath und OneNote zum Office System. So kann jeder, vom Einzelanwender bis zum Großunternehmen, ein auf seine Erfordernisse maßgeschneidertes Office einsetzen. Eine Übersicht über die verschiedenen Editionen und die in den jeweiligen Editionen enthaltenen Programme finden Sie in der nachfolgenden Tabelle:

Tabelle 1.1 Die Editionen von Microsoft Office System 2010

Produkt Edition	Word	Excel	Power-Point	OneNote	Outlook	Publisher	Access	InfoPath	Communi-cator
Home and Student	✓	✓	✓	✓					
Home and Business	✓	✓	✓	✓	✓				
Professional	✓	✓	✓	✓	✓	✓	✓		
Standard	✓	✓	✓	✓	✓	✓			
Professional Plus	✓	✓	✓	✓	✓	✓	✓	✓	✓

Die Anwendungen Visio 2010 sowie Project 2010 sind in keiner Office-Edition enthalten und müssen daher, falls Sie diese einsetzen wollen, zusätzlich erworben werden.

Die von Microsoft empfohlenen Systemanforderungen für die verschiedenen Office-Editionen finden Sie auf der Website von Microsoft Office *(http://office.microsoft.com)*. Bitte beachten Sie, dass es sich dabei um die absoluten Minimalanforderungen handelt. Damit Sie mit Office 2010 wirklich flüssig arbeiten können, sollte Ihr Rechner mindestens einen Prozessor mit 1 GHz sowie 1 GByte Arbeitsspeicher besitzen.

Die Testversion von Office 2010

Im Rahmen der Markteinführung von Office 2010 stellt Microsoft eine kostenlose Testversion zur Verfügung, die Ihnen bei der Entscheidung helfen soll, ob sich der Einsatz von Office 2010 für Sie lohnt. Sie finden diese Software auf der deutschen Internetseite von Microsoft, also unter *www.microsoft.de* bzw. unter *http://office.microsoft.com* in der Rubrik *Produkte*.

Installation und Aktivierung

Die Installation von Office 2010 ist im Vergleich zur Vorgängerversion noch einfacher geworden. Die Benutzereingaben wurden auf das absolute Minimum reduziert, so dass wir mit ruhigem Gewissen auf eine ausführliche Erklärung des Vorgangs verzichten können. Legen Sie einfach die Installations-DVD ein und folgen Sie den Anweisungen auf dem Bildschirm. Falls auf Ihrem PC die AutoPlay-Funktion ausgeschaltet sein sollte, öffnen Sie zum Starten des Installationsprogramms den Arbeitsplatz, lassen den Inhalt der DVD anzeigen und führen dann das Programm *Setup.exe* aus.

Alte Office-Versionen erhalten

Achtung: Bei der Standardinstallation werden eventuell vorhandene alte Versionen von Microsoft Office deinstalliert!! Falls Sie Ihre alten Office-Programme ganz oder teilweise behalten möchten, klicken Sie nach der Annahme des Lizenzvertrags nicht auf die Schaltfläche *Upgrade,* sondern auf *Anpassen.* Sie können dann im nächsten Fenster entscheiden, ob Sie alle früheren Versionen behalten möchten oder ob einzelne Programme entfernt werden sollen.

Office 2010 aktivieren

Damit Sie nach der Installation dauerhaft mit Office 2010 arbeiten können, müssen Sie das Programm *aktivieren.* Bei diesem Vorgang wird überprüft, ob Sie im Besitz einer gültigen Lizenz sind. Ohne diese Aktivierung schalten sich die Office-Programme nach dem 25ten Start automatisch in einen Modus mit eingeschränkter Funktionalität, in dem Sie zwar noch Dokumente betrachten, sie jedoch nicht mehr bearbeiten können.

Die Aktivierung lässt sich wahlweise über das Internet oder telefonisch durchführen, wobei Sie der ersten Variante den Vorzug geben sollten, da sie vollautomatisch abläuft. Die Aktivierung per Telefon ist für den Fall gedacht, dass Ihr PC nicht mit dem Internet verbunden ist – was mittlerweile wohl eher die Ausnahme als die Regel sein dürfte.

Falls Sie die Aktivierung nicht direkt bei der Installation vorgenommen haben, können Sie dies mit folgenden Schritten nachholen:

1. Starten Sie eines der Office-Programme, z. B. Word, und klicken Sie oben links auf *Datei.* Sie gelangen dann in die sogenannte Backstage-Ansicht.

2. Hier klicken Sie im linken Fensterbereich auf *Hilfe.*

3. Auf der nun angezeigten Seite klicken Sie rechts auf den Link *Product Key ändern.*

4. Im dadurch angezeigten Dialog geben Sie nun den 25stelligen Product Key ein. Sie können dabei ruhig Kleinbuchstaben verwenden, denn Ihre Eingabe wird automatisch in Großbuchstaben umgewandelt. Auch die Bindestriche zwischen den 5er-Gruppen brauchen Sie nicht einzutippen.

   Sobald Sie das letzte Zeichen des Keys eingegeben haben, wird er automatisch überprüft. Wurde der Key akzeptiert, erscheint in dem Fenster ein grüner Haken, ansonsten erhalten Sie eine entsprechende Fehlermeldung.

5. Nachdem der Key akzeptiert wurde, können Sie auf *Weiter* und dann im nächsten Fenster auf *Installieren* klicken, um den Vorgang abzuschließen.

Office 2010

Der erste Start von Office 2010

Wenn Sie nach der Installation eines der Office-Programme starten, erscheint folgendes Fenster, in dem Sie einstellen können, in welchem Umfang Sie die von Microsoft zur Verfügung gestellten Updates und Support-Angebote nutzen wollen. Sie haben hier die Wahl zwischen einem »Rundum Sorglos-Paket«, den Standard-Updates und dem völligen Verzicht auf Online-Aktualisierungen.

Bild 1.1   Konfiguration der automatischen Update-Funktion

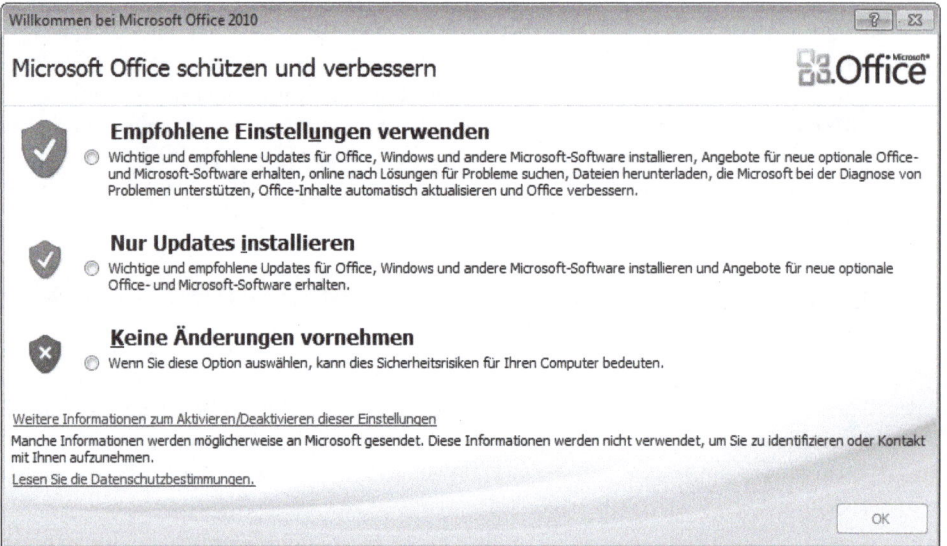

Für die letzte Option sollten Sie sich nach Möglichkeit nicht entscheiden, denn erfahrungsgemäß werden früher oder später in jedem Programm Sicherheitslücken entdeckt. Wenn Sie dann auf das Herunterladen von Updates verzichtet haben, bleibt Ihr Rechner dauerhaft verwundbar.

Wir empfehlen Ihnen daher eine der beiden ersten beiden Optionen. Damit sind Sie auf jeden Fall auf der sicheren Seite. Klicken Sie dann auf *OK,* um Ihre Wahl zu bestätigen.

Installation von Office 2010 anpassen

Wenn Sie bei der Installation von Microsoft Office 2010 nicht alle Komponenten installiert haben, können Sie dies jederzeit über eine Wartungsinstallation nachholen. Auch der umgekehrte Weg ist möglich, das heißt, Sie können bereits installierte Komponenten wieder deinstallieren. Das könnte zum Beispiel sinnvoll sein, wenn Sie eine der Anwendungen aus dem Office-Paket nicht verwenden und der freie Platz auf Ihrer Festplatte knapp wird.

Verwenden Sie dann die Windows Systemsteuerung, um die Installation anzupassen:

1.   Klicken Sie auf *Start* und dann auf *Systemsteuerung.*

2.   Klicken Sie im Fenster *Systemsteuerung* in der Gruppe *Programme* auf den Link *Programme deinstallieren.*

Bild 1.2   Liste der installierten Programme

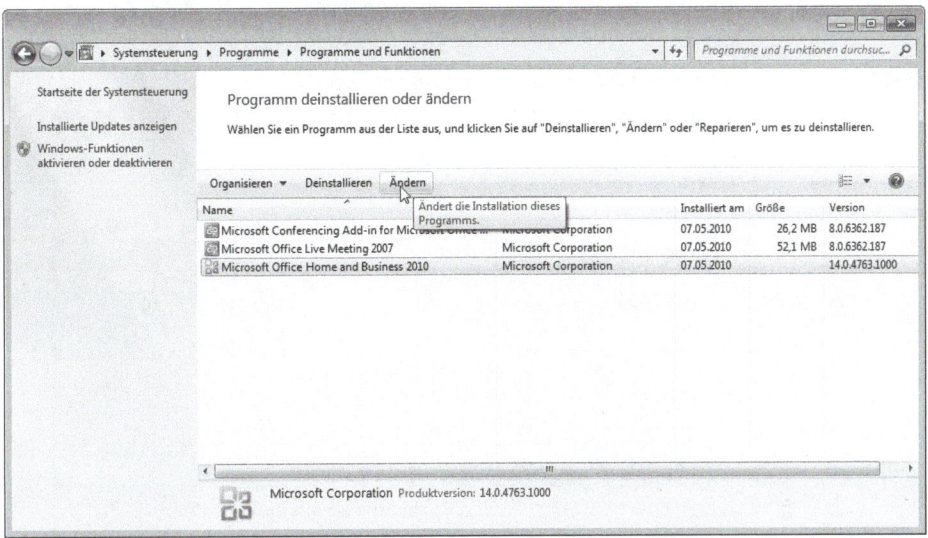

3. Markieren Sie den Eintrag *Microsoft Office Home and Business 2010* und klicken Sie auf die Schaltfläche *Ändern,* um das Setup-Programm zu starten.

4. Im ersten Schritt des Programms haben Sie die Wahl zwischen einer Anpassung oder einer Reparatur Ihrer Office-Installation. Lassen Sie die Option *Features hinzufügen oder entfernen* markiert und klicken Sie auf *Weiter.* Das Setup-Programm zeigt dann eine Liste der Anwendungen an, die in Microsoft Office Home and Business 2010 enthalten sind.

Bild 1.3   Liste der Office-Anwendungen (hier: Microsoft Office Professional Plus)

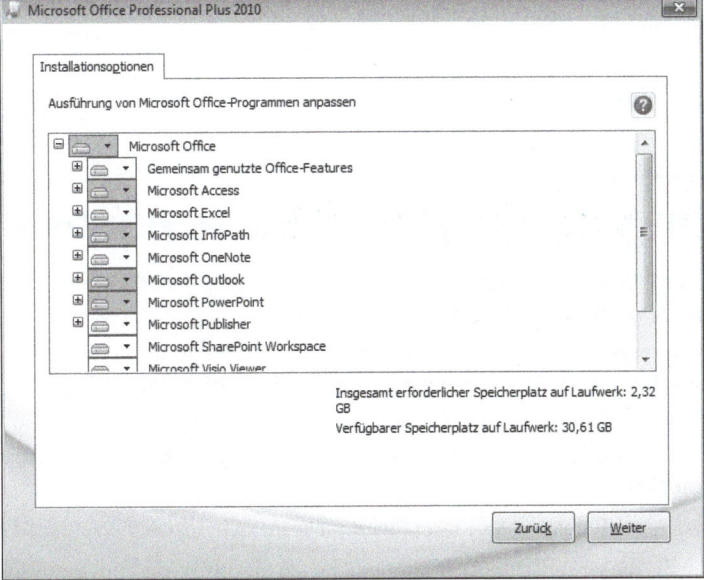

5. Um zu sehen, welche Features der einzelnen Anwendungen installiert werden, klicken Sie auf das Pluszeichen vor den Einträgen in der Liste.

Bild 1.4   Anzeigen der Features für eine Anwendung

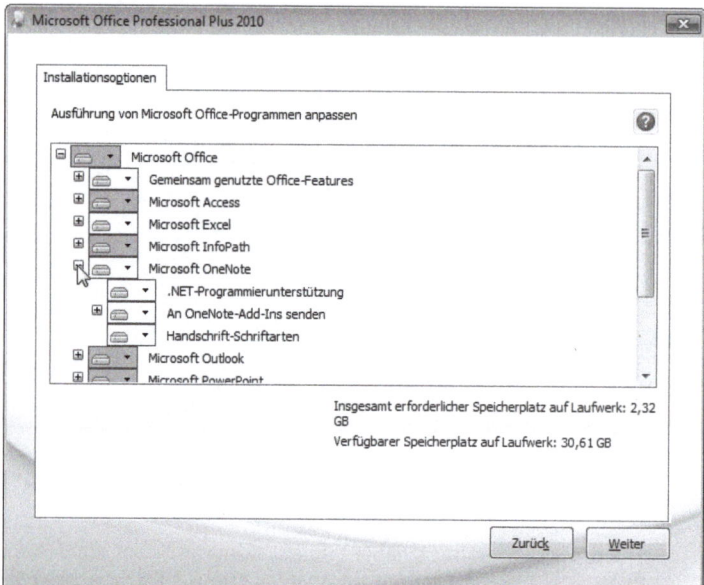

6. Die Symbole neben den einzelnen Einträgen zeigen an, wie die zugehörigen Komponenten installiert sind (bzw. werden). Um die Installationsweise zu ändern, klicken Sie das Symbol an und wählen aus dem dann angezeigten Menü die gewünschte Installationsweise aus.

Bild 1.5   Auswahl des Installationsmodus

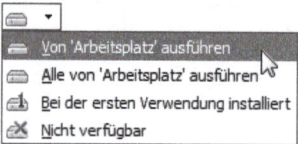

Hier stehen Ihnen folgende Optionen zur Verfügung:

- **Von 'Arbeitsplatz' ausführen**   Das Feature wird auf der Festplatte installiert und es steht sofort zur Verfügung.

- **Alle von 'Arbeitsplatz' ausführen**   Das Feature und alle zugehörigen Unterfeatures werden auf der Festplatte installiert und stehen sofort zur Verfügung.

- **Bei der ersten Verwendung installiert**   Das Feature wird dann auf der Festplatte installiert, wenn Sie es zum ersten Mal verwenden wollen. Zu diesem Zeitpunkt benötigen Sie die Office-CD.

- **Nicht verfügbar**   Das Feature wird nicht installiert bzw. wieder entfernt.

7. Treffen Sie die gewünschte Auswahl und klicken Sie auf *Weiter,* um den Vorgang zu starten.

Die Begleit-CD zu diesem Buch

Auf der CD-ROM zu diesem Buch finden Sie u. a.:

- *Übungs- und Beispieldateien,* mit denen Sie das Gelernte ausprobieren können oder Schritte, die in den verschiedenen Kapiteln beschrieben werden, nachvollziehen können,

- Bonuskapitel mit zahlreichen Tabellen, die Ihnen helfen, die Befehle aus dem Menü der Office 2003-Anwendungen im Menüband von Office 2010 zu finden,

- das komplette Handbuch als *E-Book* im PDF-Format, damit Sie auch unterwegs schnell auf das gesamte Wissen zurückgreifen können.

Dieser Abschnitt zeigt Ihnen Schritt für Schritt, wie Sie die Dateien von der CD-ROM installieren und verwenden.

Die Autorun-Funktion der CD-ROM

Die CD-ROM beinhaltet eine Autorun-Funktion, durch die nach dem Einlegen der CD automatisch das Startfenster erscheint, aus dem heraus Sie die verschiedenen Inhalte der CD installieren können.

Gehen Sie dazu wie folgt vor:

1. Nehmen Sie die CD-ROM aus der Verpackung und legen Sie sie in das CD-ROM-Laufwerk Ihres Computers ein.

2. Wenn Sie die Autorun-Funktion von Windows aktiviert haben (dies ist die Standardeinstellung von Windows), startet nach kurzer Zeit automatisch das Startprogramm der CD-ROM. Sie sehen das folgende Fenster auf Ihrem Bildschirm:

Bild 1.6   Das Startfenster der CD-ROM

3. Klicken Sie im Menü auf der linken Seite des Startfensters das Element an, das Sie installieren möchten. Um das Startfenster zu schließen, klicken Sie im Menü auf *Beenden.*

Was tun, wenn das Startfenster der CD-ROM nicht automatisch erscheint?

1. Klicken Sie in der Taskleiste auf *Start* und dann auf *Arbeitsplatz* bzw. *Computer* (so heißt das Symbol bei Windows Vista und Windows 7).

2. Suchen Sie im angezeigten Ordnerfenster nach dem Symbol für das CD-ROM-Laufwerk und doppelklicken Sie darauf. Der Inhalt der CD-ROM wird angezeigt.

3. Sie sehen dann ein Symbol mit der Beschriftung *StartCD*. Doppelklicken Sie auf dieses Symbol, damit das Fenster erscheint.

Installation der Übungen und Beispiele

Dieser Abschnitt beschreibt, wie Sie die Beispiel- und Übungsdateien installieren.

1. Klicken Sie im Startfenster auf *Beispieldateien,* um das Installationsprogramm zu starten.

2. Bestätigen Sie die Willkommensmeldung mit *Weiter.*

3. Im nächsten Dialogfeld können Sie festlegen, ob die Beispiele und Übungen für alle Benutzer des Computers oder nur für Sie installiert werden sollen. Übernehmen Sie die Vorgabe und klicken Sie auf *Weiter.* Das Fenster *Zielordner* wird angezeigt.

In diesem Fenster können Sie den Speicherort auf Ihrer Festplatte angeben, in den die Übungsdateien installiert werden.

Standardmäßig werden die Übungsdateien in einen Unterordner unterhalb Ihres Ordners *Eigene Dateien* installiert. Wir empfehlen, diese Vorgabe zu übernehmen. (Siehe auch »Die Übungsdateien verwenden« weiter hinten in diesem Abschnitt.)

4. Klicken Sie auf *Weiter.*

5. Klicken Sie im nächsten Fenster auf *Installieren,* damit die eigentliche Installation beginnt.

Nun werden die Dateien auf die Festplatte kopiert. Wenn die Installation beendet ist, werden Sie darüber in einem Dialogfeld informiert.

6. Klicken Sie auf *Fertig stellen.* Sie kehren dann zum Startfenster der CD-ROM zurück.

7. Klicken Sie im linken Bereich des Fensters auf *Beenden.*

Die Übungsdateien verwenden

Um die Übungsdateien zu verwenden, können Sie folgendermaßen vorgehen:

1. Klicken Sie auf *Start.* Das Startmenü wird geöffnet.

2. Klicken Sie auf *Eigene Dateien* bzw. auf *Dokumente,* falls Sie Windows Vista oder Windows 7 nutzen.

Im angezeigten Ordnerfenster sehen Sie ein Symbol mit der Beschriftung *Übungsdateien Office Home and Business 2010 – Das Handbuch.*

3. Doppelklicken Sie auf diesen Ordner, um ihn zu öffnen und seine Dateien anzuzeigen.

4. Doppelklicken Sie auf die Datei, die Sie öffnen möchten. Die Datei wird in dem Programm geöffnet, in dem Sie sie bearbeiten können.

Sie können die Dokumente auch aus dem jeweiligen Anwendungsprogramm heraus öffnen. Eine Beschreibung dazu finden Sie in Kapitel 5 ab Seite 106. Doppelklicken Sie im Dialogfeld *Öffnen* auf den Ordner *Übungsdateien Office Home and Business 2010 – Das Handbuch* und öffnen Sie dann die gewünschte Datei aus diesem Ordner.

Das E-Book verwenden

Das E-Book enthält das vollständige Handbuch im PDF-Format und liegt im Unterordner *eBook* der Begleit-CD. Der Name der Datei lautet *OfficeHomeAndBusiness2010Handbuch.pdf*. Am besten kopieren Sie diese Datei auf die Festplatte Ihres Computers, damit Sie das Handbuch jederzeit »griffbereit« haben.

Zum Anzeigen des E-Books benötigen Sie das Programm *Adobe Reader,* das Sie bei Bedarf kostenlos von *www.adobe.de* herunterladen können.

Anzeigen des eBooks

Zum Anzeigen des *E-Books* doppelklicken Sie auf die Datei *OfficeHomeAndBusiness2010Handbuch.pdf* oder klicken links im Startfenster auf den Eintrag *E-Book*. Um die Navigation zu erleichtern, enthält das E-Book Lesezeichen, mit denen Sie die einzelnen Kapitel gezielt ansteuern können. Zum Anzeigen der Lesezeichen klicken Sie links im Fenster auf die Registerkarte *Lesezeichen*.

Bild 1.7   Das E-Book enthält Lesezeichen, mit denen Sie die einzelnen Kapitel gezielt ansteuern können

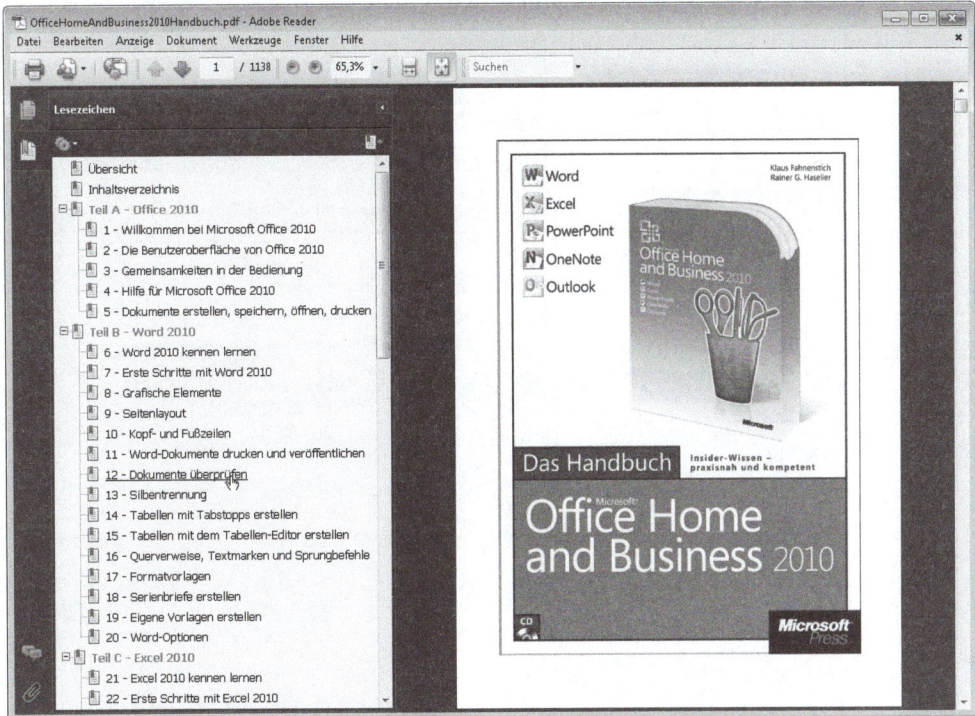

Navigieren im E-Book

Wenn Sie eine bestimmte Seite des E-Books anzeigen möchten, gehen Sie folgendermaßen vor:

1. Tragen Sie die Seitenzahl – die Sie zum Beispiel dem Inhalts- oder dem Stichwortverzeichnis entnommen haben – in der Statusleiste des *Acrobat Reader* ein.

2. Drücken Sie die ⏎-Taste, um die gewünschte Seite anzuzeigen.

Sie können die Informationen des E-Books jedoch nicht nur mit Hilfe des Inhalts- und des Stichwortverzeichnisses auffinden. Alternativ können Sie das E-Books auch nach beliebigen Stichwörtern durchsuchen. In der hier abgebildeten Version 9 des Adobe Reader erreichen Sie die Volltextsuche über den Befehl *Bearbeiten/Erweiterte Suche* bzw. über den Shortcut ⇧+Strg+F.

Bild 1.8   Die Volltextsuche des E-Books rufen Sie mit *Bearbeiten/Erweiterte Suche* auf

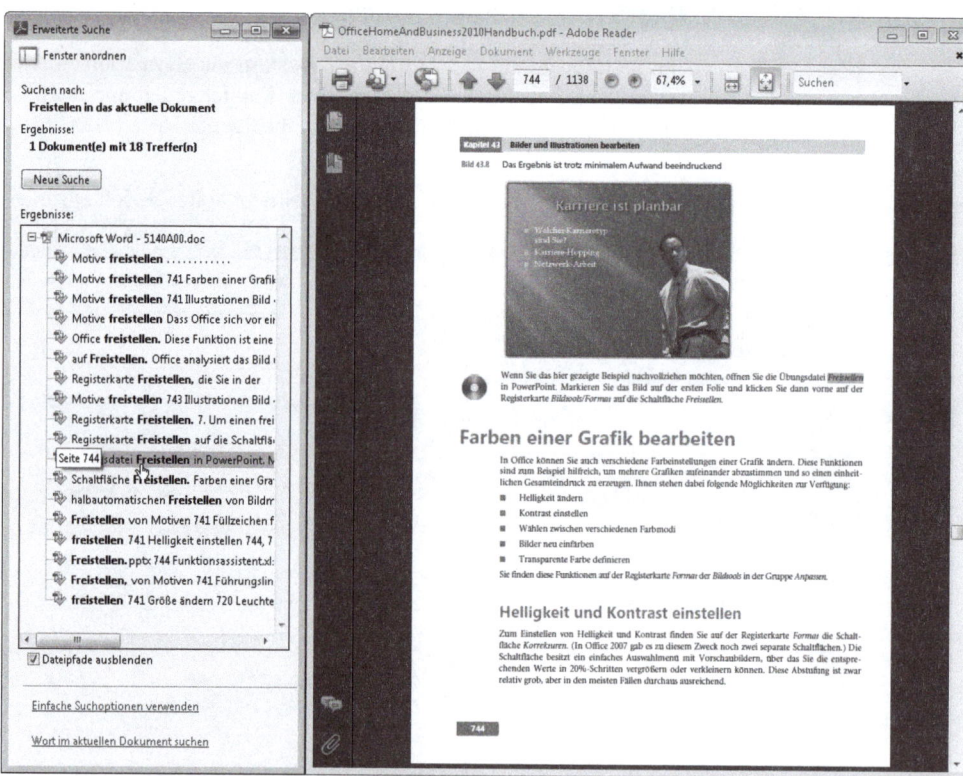

Kapitel 2

Die Benutzeroberfläche von Office 2010

Wenn Sie eine der Anwendungen aus Office 2010 zum ersten Mal starten und Sie vorher Office 2003 verwendet haben, ist erst einmal alles anders als gewohnt. Die in allen Office-Versionen bis einschließlich Office 2003 vorhandene Menüleiste und auch die Symbolleisten sind verschwunden. Stattdessen befindet sich am oberen Rand der Programmfenster das neue Menüband (das in Office 2007 den Namen Multifunktionsleiste hatte), das die Menüleiste und die Symbolleisten ersetzt. Im Menüband sind die zahlreichen Funktionen der einzelnen Programme zu logischen Gruppen zusammengefasst und über verschiedene Registerkarten erreichbar, wobei jede der Registerkarten die Befehle enthält, die zu einer bestimmten Aktivität gehören, die Sie beim Erstellen eines Dokuments, einer Arbeitsmappe oder einer Präsentation durchführen.

Dieses Kapitel stellt Ihnen die Benutzeroberfläche von Office 2010 mit dem Menüband, den Befehlsgruppen, den Kontexttools und den weiteren neuen Elementen vor, die sich an den verschiedenen Stellen der Anwendungsfenster befinden. Der Schwerpunkt liegt hierbei darauf, Ihnen die geänderte Bedienungsphilosophie von Office 2010 nahezubringen und Ihnen entweder den Einstieg in oder den Umstieg auf Office 2010 zu erleichtern. Weitere Kapitel in diesem Buch greifen diese Grundlageninformationen auf und vertiefen sie:

- Kapitel 5, »Dokumente erstellen, speichern, öffnen, drucken«, konzentriert sich auf die Registerkarte *Datei,* die sich an der linken Seite des Menübandes befindet. Ein Klick auf *Datei* öffnet die sogenannte »Microsoft Office Backstage-Ansicht«; dies ist ein Menü, in dem sich vor allem die Funktionen befinden, die in Office bis einschließlich Version 2003 im Menü *Datei* und bei Office 2007 im Menü der Office-Schaltfläche untergebracht waren.

- Neben der neuen Benutzeroberfläche haben die verschiedenen Office-Programme auch eine Menge an Neuem zu bieten was die Programmfunktionen angeht. Eine Übersicht über diese neuen Features finden Sie jeweils in den ersten Kapiteln der Teile dieses Buches, die sich mit den einzelnen Office-Anwendungen beschäftigen.

- Wenn Sie von Office 2003 auf die Version 2010 umsteigen, finden Sie im Ordner mit den Beispieldateien (siehe hierzu Kapitel 1) PDF-Dokumente mit zahlreiche Tabellen, die Ihnen dabei helfen, die vertrauten Befehle aus den Menüs schnell im Menüband und dessen Registerkarten wiederzufinden.

Das Menüband

Die Versionsgeschichte von Microsoft Office ist dadurch geprägt, dass jede neue Version neue und mehr Features brachte, was aber nicht dazu geführt hat, dass diese auch von den Anwendern gefunden und damit genutzt werden konnten. Für die Nutzung der Features gilt das Pareto-Prinzip in einer übertragenen Form: 80 % der Office-Anwender nutzen 20 % der Features des Programms. Viele der Features aus früheren Office-Versionen (der Office-Assistent *Karl Klammer,* die Aufgabenbereiche, die verbesserte Hilfe usw.) haben nur unwesentlich dazu beigetragen, diesen Sachverhalt zu ändern.

Bild 2.1 Die Benutzeroberfläche von Office 2010 (hier als Beispiel Word) verwendet statt der Menüleiste und der Symbolleisten das sogenannte Menüband. Dort stehen die meisten Funktionen – nach Aktivitäten gruppiert – auf Befehlsregisterkarten zur Verfügung.

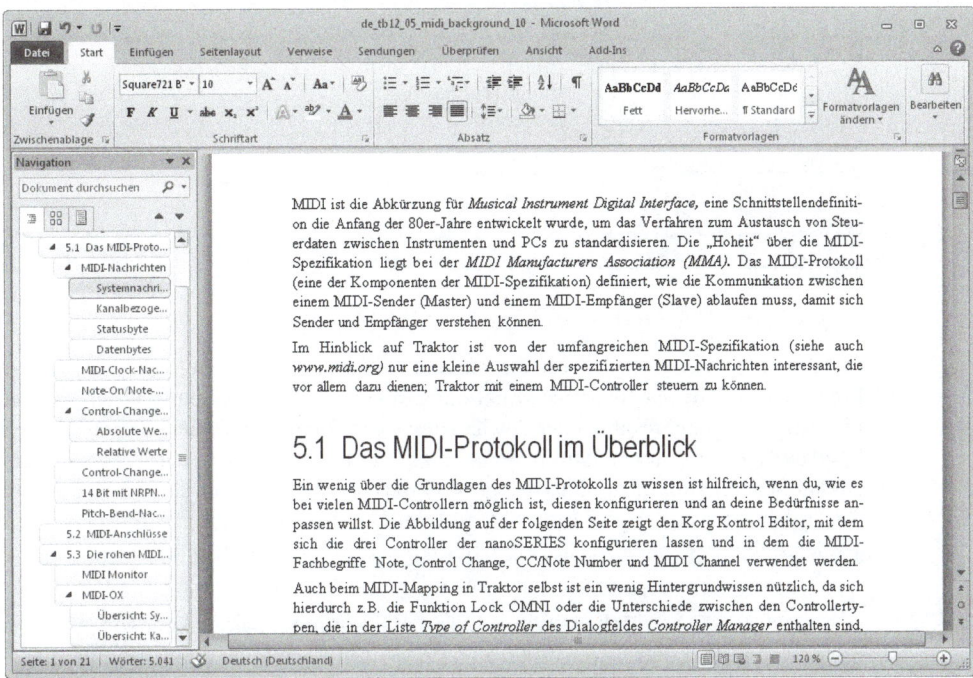

Dass die Features nicht genutzt werden, liegt weniger daran, dass sie nicht benötigt werden, sondern vielmehr daran, dass sie nicht gefunden werden. Office 2007 machte einen neuen, gewagten Anlauf, um hier Abhilfe zu schaffen. Getreu dem Sprichwort »Wenn der Berg nicht zum Propheten kommt, muss der Prophet zum Berg gehen.« wurde die Benutzeroberfläche von Word, Excel und PowerPoint komplett umgestaltet. Bei Office 2010 wurde auch Outlook komplett auf die neue Benutzeroberfläche umgestellt.

Statt über die Menüleiste und die Symbolleisten sind die Funktionen jetzt über das Menüband erreichbar, das Sie in der obigen Abbildung im oberen Bereich des Word-Fensters sehen. Das Menüband besteht z.B. bei Word je nach Konfiguration aus acht bis zehn *Standardregisterkarten,* in der die Word-Features logisch nach den Aktivitäten, die Sie mit dem Programm vornehmen, gruppiert sind. Sie öffnen eine Registerkarte, indem Sie den betreffenden Namen anklicken.

TIPP **Registerkarte mit Scrollrad wechseln** Wenn Sie eine Maus mit einem Scrollrad verwenden, können Sie zwischen den verschiedenen Registerkarten wechseln, indem Sie den Mauszeiger auf das Menüband bewegen und dann am Scrollrad drehen.

Die Registerkarten selbst wiederum bestehen aus *Befehlsgruppen,* die eine Aufgabe in Teilaufgaben aufteilen. So finden Sie auf der Registerkarte *Start* beispielsweise die Befehlsgruppen *Zwischenablage, Schriftart* und *Absatz.* Die Namen der Gruppen werden am unteren Rand des Menübandes angezeigt.

Die Befehlsgruppen wiederum enthalten *Befehlsschaltflächen,* wie Sie sie von den früheren Symbolleisten her kennen. Einige der Befehlsschaltflächen führen einen Befehl sofort aus, wie die Schaltflächen *Ausschneiden* und *Kopieren* der Befehlsgruppe *Zwischenablage;* bei anderen (diese sind mit einem kleinen Pfeil gekennzeichnet) wird zuerst ein Menü geöffnet, in dem weitere Befehle angeboten werden, aus denen Sie dann einen auswählen können.

Bild 2.2 Die grundlegenden Elemente des Menübandes zeigt diese Abbildung

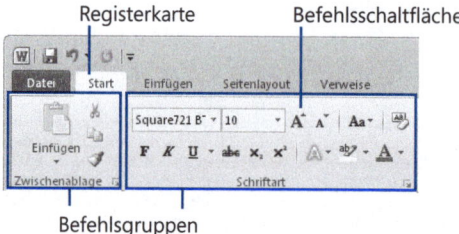

Die Registerkarten enthalten für die meisten Aufgaben die am häufigsten verwendeten Features. Wenn in einer Gruppe nicht alle Funktionen in Form von Befehlsschaltflächen zur Verfügung stehen, wird neben dem Namen der Befehlsgruppe eine kleine Schaltfläche angezeigt, die von den Office-Machern den Namen *Startprogramm für ein Dialogfeld* erhalten hat. Wenn Sie den Mauszeiger auf ein Startprogramm für ein Dialogfeld bewegen, wird in einem kleinen Fenster eine Vorschau des Dialogfeldes angezeigt, das nach dem Anklicken der Schaltfläche geöffnet wird. In der nachfolgenden Abbildung sehen Sie dies exemplarisch für das Dialogfeld *Schriftart*.

Bild 2.3 Über die kleine Schaltfläche neben einigen Befehlsgruppennamen können Sie ein Dialogfeld oder einen Aufgabenbereich öffnen, in dem Sie weitere Befehle oder Optionen für die Befehlsgruppe finden

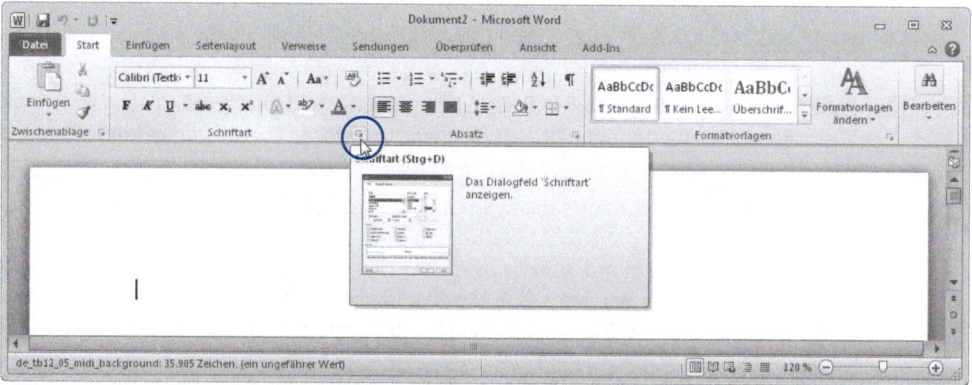

TIPP **QuickInfo-Format einstellen** Falls bei Ihnen keine QuickInfo oder nur eine QuickInfo ohne Dialogfeldvorschau angezeigt wird, wenn Sie mit dem Mauszeiger auf eine Schaltfläche *Startprogramm für ein Dialogfeld* zeigen, können Sie die Funktion mit folgenden Schritten aktivieren:

1. Klicken Sie auf die Registerkarte *Datei*.

2. Klicken Sie auf *Optionen,* um das Optionen-Dialogfeld der Anwendung anzuzeigen.

3. Wählen Sie in der Kategorie *Allgemein* im Listenfeld *QuickInfo-Format* die Einstellung *Featurebeschreibungen in QuickInfos anzeigen.*

4. Schließen Sie das Dialogfeld mit *OK.*

Manche der Startprogramme für ein Dialogfeld öffnen einen Aufgabenbereich, wie Sie ihn von den vorhergehenden Office-Versionen kennen. Dies ist beispielsweise bei der Befehlsgruppe *Zwischenablage* der Fall.

In Office 2010 können Sie das Menüband interaktiv anpassen und dabei weitere Registerkarten erstellen, in die Registerkarten Befehlsgruppen einfügen und dann die gewünschten Befehle in die Befehlsgruppen aufnehmen. Weitere Informationen hierzu finden Sie in Anhang A, »Symbolleiste für den Schnellzugriff und Menüband anpassen«.

Die Standardregisterkarten von Word 2010

Word 2010 enthält neben der Registerkarte *Datei,* die in allen Office-Programmen verfügbar ist, in der Grundeinstellung die folgenden Standardregisterkarten:

■ Die Registerkarte *Start* enthält die Befehle für die Verwendung der Zwischenablage, die Formatierung von Schrift- und Absatzmerkmalen, die Formatvorlagen und die Gruppe *Bearbeiten*, über die Sie *Suchen* und *Ersetzen* und verschiedene Markierungsaktionen ausführen können.

■ Die Registerkarte *Einfügen* führt alle Elemente auf, die Sie in ein Word-Dokument einfügen können. Hierzu gehören neue Seiten, Tabellen, Abbildungen, Hyperlinks, Kopf- und Fußzeilen, Textobjekte und Symbole.

■ Die Registerkarte *Seitenlayout* enthält die Befehle für das Einrichten der Seite (Ränder, Hoch-/Querformat), für das Arbeiten mit Designs und Seitenhintergründen sowie für das Einstellen der Absatzabstände in Ihrem Dokument. Außerdem können Sie mit den Befehlen der Gruppe *Anordnen* die Reihenfolge der Elemente auf der Seite verändern.

■ Die Registerkarte *Verweise* enthält die Elemente, die Sie benötigen, wenn Sie mit längeren oder komplexeren Dokumenten arbeiten. Sie können hier ein Inhaltsverzeichnis, Fußnoten, Zitate und Literaturverzeichnisse, ein Stichwortverzeichnis und ein Rechtsgrundlagenverzeichnis erstellen und wiederkehrende Elemente in Ihrem Dokument automatisch beschriften lassen (wie beispielsweise Tabellen oder Abbildungen).

■ Die Registerkarte *Sendungen* könnte auch den Namen Seriendruck tragen, da Sie hier alle Befehle finden, um ein Seriendruckprojekt zu erstellen, Seriendruckfelder in das Dokument einzufügen, sich eine Vorschau der Ergebnisse anzusehen und das Projekt schließlich auszudrucken oder zu versenden. Außerdem finden Sie hier Befehle, um Umschläge oder Etiketten zu erstellen und auszudrucken.

■ Mit der Registerkarte *Überprüfen* stehen Ihnen die Werkzeuge zur Verfügung, mit denen Sie Ihr Dokument prüfen lassen können (Rechtschreibprüfung, Grammatik, Thesaurus usw.) und es gemeinsamen mit anderen nutzen können. Sie können Kommentare einfügen, Änderungen nachverfolgen und die von anderen vorgenommenen Änderungen bearbeiten. Außerdem können Sie hierüber zwei Versionen eines Dokuments miteinander vergleichen lassen und das Dokument schützen.

- Auf der Registerkarte *Ansicht* finden Sie die Befehle, mit denen Sie Ihr Dokument auf verschiedene Arten anzeigen lassen können: angefangen von den verschiedenen Dokumentansichten bis zu einer Gruppe von Optionen, mit denen Sie das Lineal, Gitternetzlinien oder die Miniaturansichten anzeigen lassen können. Eine eigene Befehlsgruppe enthält die Befehle, um mit verschiedenen Dokumenten in verschiedenen Fenstern arbeiten zu können.

Die Standardregisterkarten von Excel 2010

Excel 2010 enthält in der Grundeinstellung die folgenden Standardregisterkarten:

- Wie bei Word enthält die Registerkarte *Start* von Excel die Befehle für die Verwendung der Zwischenablage, die Formatierung von Schrift- und Zellenmerkmalen, die Formatvorlagen und die Gruppe *Bearbeiten*, über die Sie *Suchen* und *Ersetzen* und verschiedene Markierungsaktionen ausführen können.

- Die Registerkarte *Einfügen* führt alle Elemente auf, die Sie in eine Excel-Arbeitsmappe bzw. ein Tabellenblatt einfügen können. Hierzu gehören Pivot-Tabellen, Diagramme, weitere Tabellen, Abbildungen, Hyperlinks, Kopf- und Fußzeilen, Textobjekte und Symbole.

- Die Registerkarte *Seitenlayout* enthält die Befehle für das Einrichten der Seite (Druckbereich, Ränder, Hoch-/Querformat), für das Arbeiten mit Designs und Seitenhintergründen sowie für das Einstellen der Umbrüche und des Drucktitels der Arbeitsmappe. Außerdem können Sie mit den Befehlen der Gruppe *Anordnen* die Reihenfolge der Elemente auf der Seite verändern.

- Die Registerkarte *Formeln* enthält die Schaltflächen, mit denen Sie Formeln in die Tabellenblätter einfügen sowie Namen für Zellen und Bereiche festlegen und verwenden können. Außerdem steht Ihnen hier der Formeldetektiv zur Verfügung, mit dem Sie Fehler in Formeln finden und beheben können.

- Auf der Registerkarte *Daten* finden Sie die Werkzeuge, mit denen Sie externe Daten in Tabellenblätter einfügen und diese verwalten können. Außerdem können Sie hierüber die Daten sortieren und filtern und bei größeren Tabellenblättern die Gliederungsfunktion von Excel verwenden.

- Mit der Registerkarte *Überprüfen* stehen Ihnen die Werkzeuge zur Verfügung, mit denen Sie Ihre Arbeitsmappe prüfen lassen können (Rechtschreibprüfung, Grammatik, Thesaurus usw.) und sie gemeinsam mit anderen nutzen können. Sie können Kommentare einfügen, Änderungen nachverfolgen und die von anderen vorgenommenen Änderungen bearbeiten. Außerdem können Sie hier einzelne Blätter oder die gesamte Arbeitsmappe schützen.

- Auf der Registerkarte *Ansicht* finden Sie die Befehle, mit denen Sie Ihre Tabellenblätter auf verschiedene Arten anzeigen lassen können: angefangen von den verschiedenen Dokumentansichten bis zu einer Gruppe von Optionen, um das Lineal, Gitternetzlinien oder die Bearbeitungsleiste anzeigen zu lassen. Eine eigene Befehlsgruppe enthält die Befehle zum Arbeiten mit verschiedenen Arbeitsmappen in verschiedenen Fenstern.

Die Standardregisterkarten von PowerPoint 2010

PowerPoint 2010 enthält in der Grundeinstellung folgende Registerkarten:

■ Die Registerkarte *Start* enthält Befehle für die Verwendung der Zwischenablage, das Einfügen neuer Folien, die Formatierung von Schrift- und Absatzmerkmalen, das Einfügen und Bearbeiten von Formen (früher als AutoFormen bezeichnet) und die Gruppe *Bearbeiten*, über die Sie Text suchen und ersetzen sowie verschiedene Markierungsaktionen ausführen können.

■ Die Registerkarte *Einfügen* führt alle Elemente auf, die Sie auf einer Folie bzw. in eine Präsentation einfügen können. Hierzu gehören Tabellen, Grafiken, ClipArts, SmartArts, Hyperlinks, Kopf- und Fußzeilen, Textobjekte, Symbole und last but not least Film- und Sounddateien.

■ Die Registerkarte *Entwurf* enthält die Befehle für das Einrichten der Seite (Ränder, Hoch-/Querformat), das Arbeiten mit Designs und das Formatieren der Folienhintergründe.

■ Die Registerkarte *Übergänge* enthält die Schaltflächen, mit denen Sie festlegen können, mit welchen optischen und akustischen Effekten eine Folie eingeblendet werden soll. Außerdem können Sie hier einstellen, ob der Folienwechsel per Mausklick ausgelöst werden oder automatisch erfolgen soll.

■ Auf der Registerkarte *Bildschirmpräsentation* finden Sie die Werkzeuge, mit denen Sie die Art und Weise festlegen können, wie Ihre Bildschirmpräsentation abgespielt werden soll. Mögliche Optionen sind z.B. die Wahl der anzuzeigenden Folien (für zielgruppenorientierte Präsentationen) und die Einstellung der Bildschirmauflösung. Natürlich befinden sich hier auch die Schaltflächen zum Starten der Präsentation.

■ Mit der Registerkarte *Überprüfen* stehen Ihnen die Werkzeuge zur Verfügung, mit denen Sie die Texte Ihrer Folien prüfen lassen können (Rechtschreibprüfung, Thesaurus usw.). Außerdem können Sie hierüber Kommentare einfügen bzw. bearbeiten und Ihre Präsentationen schützen.

■ Auf der Registerkarte *Ansicht* befinden sich die Befehle, mit denen Sie die Folien Ihrer Präsentation auf verschiedene Arten anzeigen lassen können. Dazu gehören z.B. die Schaltflächen zum Anzeigen der Folien-, Handzettel- und Notizenmaster. Auch die Anzeige des Lineals, der Gitternetzlinien und der Statusleiste lässt sich hier steuern. Eine weitere Befehlsgruppe enthält die Befehle zum Arbeiten mit mehreren Fenstern.

Die Standardregisterkarten von Outlook 2010

Die Registerkarten von Outlook 2010 verhalten sich ein wenig anders als bei den anderen Office-Programmen. Die Namen der Registerkarten sind bei den einzelnen Outlook-Modulen (E-Mail, Kalender, Aufgaben usw.) zwar immer gleich, jedoch ändern sich die Schaltflächen auf den Registerkarten je nachdem, welches Outlook-Modul jeweils geöffnet ist:

■ Die Registerkarte *Start* enthält bei allen Outlook-Modulen immer die Gruppe *Neu,* mit deren Schaltflächen Sie neue Outlook-Elemente erstellen können. Die anderen Befehlsgruppen stellen die wichtigsten und am häufigsten benutzten Funktionen für das jeweilige Modul zur Verfügung. Für das Modul E-Mail finden Sie dort z.B. die Schaltflächen für das Beantworten und Weiterleiten einer E-Mail, für das Modul Kalender Schaltflächen für die verschiedenen Kalenderansichten und für die Kontakte die Schaltflächen zum Planen einer Besprechung oder für das Erstellen eines Serienbriefes.

- Die Registerkarte *Senden/Empfangen* ist bei den verschiedenen Modulen gleich aufgebaut. Mit den dort verfügbaren Befehlen können Sie z.B. die Outlook-Ordner aktualisieren lassen oder Ihre Senden-Empfangen-Gruppen definieren.

- Auf der Registerkarte *Ordner* finden Sie bei allen Outlook-Modulen den Befehl zum Erstellen neuer Ordner, um dort Outlook-Elemente abzulegen. Außerdem können Sie mit weiteren Befehlen ganze Ordner kopieren, verschieben und löschen. Wenn das E-Mail-Modul geöffnet ist, finden Sie in der Gruppe *Neu* eine Schaltfläche, um einen neuen Suchordner zu erstellen. Mit weiteren Schaltflächen lassen sich z.B. Kalender, Aufgaben oder Kontakte für andere freigeben und Sie können von hier aus auf freigegebene Ordner zugreifen.

- Die Registerkarte *Ansicht* enthält die Schaltflächen, um die Ansichtseinstellungen für die verschiedenen Module zu konfigurieren und die gewünschte Ansicht auszuwählen.

Die Registerkarte Entwicklertools

Eine weitere Standardregisterkarte mit dem Namen *Entwicklertools* ist standardmäßig nicht eingeblendet. Diese Registerkarte enthält die Werkzeuge, um Makros zu bearbeiten, den Visual Basic-Editor der Office-Anwendung zu starten und dort Code zu erstellen und zu bearbeiten u.v.m. Sie können die Registerkarte *Entwicklertools* einblenden lassen, indem Sie die Registerkarte *Datei* öffnen und dann im Menü an der linken Seite der Backstage-Ansicht auf *Optionen* klicken. Wechseln Sie im Dialogfeld *[Programmname]-Optionen* zur Seite *Menüband anpassen* und schalten Sie das Kontrollkästchen *Entwicklertools* in der Liste rechts im Fenster ein.

Kontextbezogene Registerkarten

Registerkarten, die sich je nach Situation ein- und ausblenden, haben das Ziel, Ihnen immer nur die Befehle anzuzeigen, die Sie in einem bestimmten Arbeitsschritt auch wirklich benötigen, um so die unüberschaubare Vielfalt an Befehlen, die in vorhergehenden Versionen für viele Anwender problematisch war, zu reduzieren. Aus diesem Grund enthält Office 2010 verschiedene kontextbezogene Registerkarten, die Kontexttools bereitstellen, und zwar abhängig davon, was derzeit im Dokument, an dem Sie arbeiten, markiert ist bzw. wo sich gerade die Einfügemarke befindet.

Die Befehle dieser Registerkarten werden nur dann benötigt, wenn Sie ein bestimmtes Element bearbeiten. Wenn Sie beispielsweise in Word oder PowerPoint über die Registerkarte *Einfügen* eine neue Tabelle in Ihr Dokument eingefügt haben und sich die Einfügemarke in der Tabelle befindet, werden die *Tabellentools* eingeblendet, die die beiden Registerkarten *Layout* und *Entwurf* enthalten, mit deren Werkzeugen Sie den Aufbau der Tabelle und deren Optik bearbeiten können.

Eine andere Kontextregisterkarte mit dem Namen *Format* wird für die *Bildtools* eingeblendet, wenn Sie eine Abbildung oder Grafik markiert haben, wie Sie es in der folgenden Abbildung sehen.

Bild 2.4   Kontextregisterkarten werden eingeblendet, wenn sich die Einfügemarke in einem bestimmten Elementtyp (wie einer Tabelle, einer Abbildung, einer SmartArt usw.) befindet

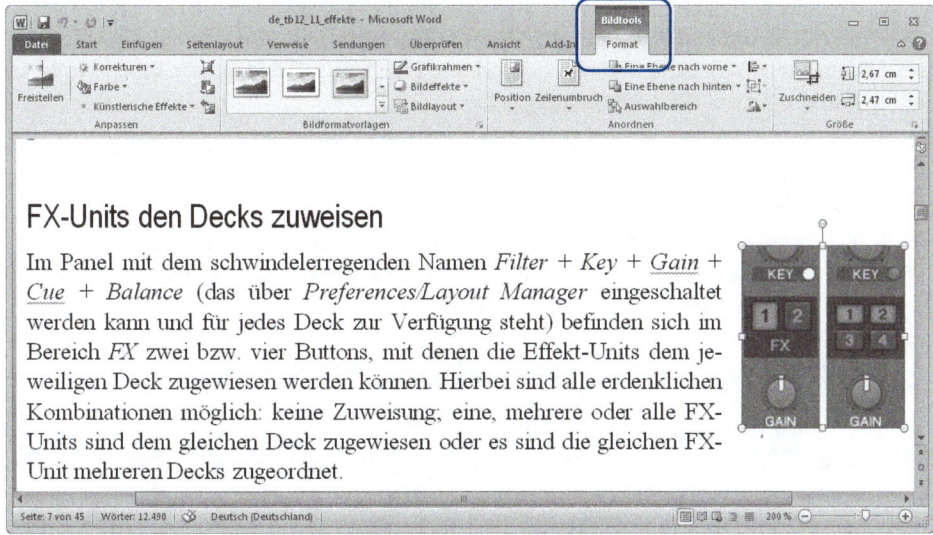

Die Kontextregisterkarten werden automatisch wieder ausgeblendet, wenn Sie die Einfügemarke vom Element wegbewegen, für das sie eingeblendet wurden.

Das Menüband minimieren

Das Menüband ist immer sichtbar. Es ist nicht möglich, das Menüband zu entfernen oder es durch die Symbolleisten und die Menüleiste der früheren Programmversionen zu ersetzen. Da das Menüband jedoch einen recht großen Teil des Fensters beansprucht, können Sie es minimieren, um mehr Platz auf dem Bildschirm frei zu machen. Wenn das Menüband minimiert ist, sind nur noch die Namen der Registerkarten auf dem Bildschirm sichtbar (was dann fast wieder so aussieht wie die Menüleiste in den früheren Versionen).

Um das Menüband zu minimieren, gehen Sie so vor:

■   Klicken Sie auf den Pfeil an der rechten Seite des Menübandes (neben der Hilfe-Schaltfläche).

Bild 2.5   Das Menüband wurde minimiert; es sind nur noch die Namen der Registerkarten sichtbar

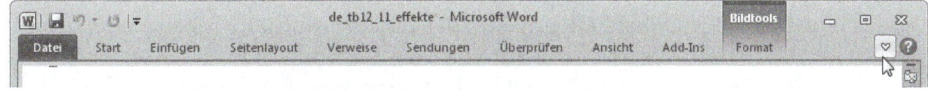

TIPP   **Menüband mit Doppelklick und Tastatur minimieren**   Sie können das Menüband auch mit der Maus und der Tastatur minimieren und maximieren. Wenn Sie die Maus verwenden wollen, doppelklicken Sie auf die derzeit ausgewählte Registerkarte. Tastaturfans drücken `Strg` + `F1`.

Das Menüband mit der Tastatur bedienen

Auch wenn es sich anbietet, das Menüband mit der Maus zu bedienen, ist es ebenso möglich, alle Befehle des Menübandes mit der Tastatur auszulösen. Sie können sowohl zwischen den verschiedenen Registerkarten wechseln als auch die Schaltflächen und andere Bedienelemente auf den Registerkarten mit der Tastatur aktivieren.

Um die Verwendung der Tastenkombinationen zu erleichtern, werden die sogenannten Zugriffstasten in Form von Tastaturtipps auf dem Menüband anzeigt, nachdem Sie die Alt-Taste gedrückt haben:

1. Nach dem ersten Drücken der Alt-Taste werden zunächst die Tasten angezeigt, die Sie drücken müssen, um entweder eine der Schaltflächen in der Symbolleiste für den Schnellzugriff oder eine der Registerkarten auszuwählen.

Bild 2.6   Tastaturtipps nach dem ersten Drücken der Alt-Taste

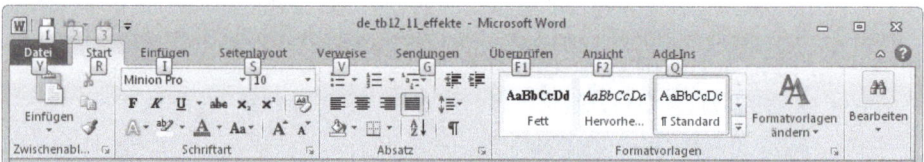

2. Nach Auswahl einer Registerkarte (für die nächste Bildschirmabbildung wurde die Taste I gedrückt) werden dann die Tasten angezeigt, die Sie drücken müssen, um eine der Befehlsschaltflächen auszuwählen.

Bild 2.7   Tastaturtipps, nachdem mit Alt, I zur Registerkarte *Einfügen* gewechselt wurde

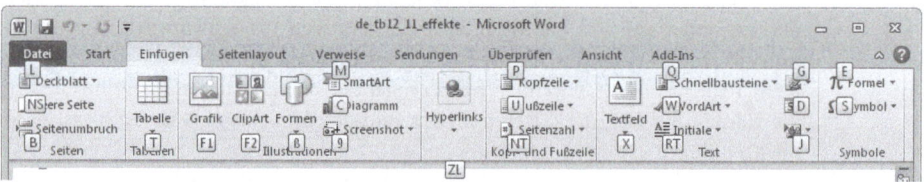

Umsteigen leicht gemacht: Office 2003-Shortcuts verwenden

Wenn Sie in Office 2003 vor allem die Tastatur verwendet haben, um in den Menüs einen Befehl auszuwählen, dann kommt jetzt eine gute Nachricht: Alle Tastenkombinationen aus der Version 2003 können Sie 1:1 auch in Office 2010 verwenden; ein Umlernen ist also nicht erforderlich.

Nehmen wir als Beispiel die Zugriffstastenkombination Alt+X, O, mit der in den vorherigen Office-Programmen bis einschließlich Version 2003 das Menü *Extras* geöffnet und dann der Befehl *Optionen* ausgewählt wurde. Wenn Sie in Word 2010, Excel 2010 oder PowerPoint 2010 Alt+X drücken, wird auf dem Menüband (hier als Beispiel Word 2010) das folgende Fenster eingeblendet:

Bild 2.8 Word 2010 erkennt, wenn Sie eine der Menüzugriffstasten drücken, die in der Version 2003 gültig waren. Sie können dann die 2003er-Zugriffstaste für den Befehl drücken, den Sie auswählen möchten.

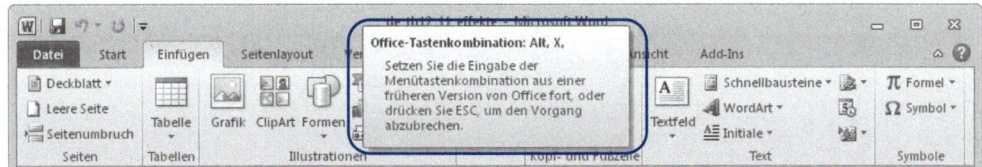

Word 2010 hat erkannt, dass Sie eine Tastenkombination gedrückt haben, die in der vorherigen Version eine bestimmte Bedeutung hatte (hier das Öffnen des *Extras*-Menüs), und fordert Sie auf, die Befehlssequenz fortzusetzen. Sie können jede der Menüzugriffstasten aus dem (alten) *Extras*-Menü drücken und der entsprechende Befehl wird ausgelöst. Wenn Sie die Taste O drücken, wird das Dialogfeld *Word-Optionen* angezeigt. Wenn Sie die Eingabe einer Tastenkombination für das Menü der vorherigen Programmversion abbrechen wollen, drücken Sie die Taste Esc.

Tastenkombinationen für alle Office-Anwendungen

Sie können jedoch nicht nur die Zugriffstasten für das Menü, sondern auch die allgemeinen Tastenkombinationen der 2003er-Version von Microsoft Office unverändert in der neuen Version verwenden. Die folgende Tabelle enthält die wichtigsten Tastenkombinationen, damit Sie sie immer zur Hand haben.

Tabelle 2.1 Wichtige Tastenkombinationen für Office 2010

Bereich	Funktion	Tastenkombination
Datei-Operationen	Öffnen	Strg + O
	Speichern	Strg + S
	Drucken	Strg + P
	Aktuelles Fenster schließen	Alt + F4
Formatierung	Fett	⇧ + Strg + F
	Kursiv	⇧ + Strg + K
	Unterstrichen	⇧ + Strg + U
	Linksbündig	Strg + L
	Zentriert	Strg + E
	Rechtsbündig	Strg + R

Tabelle 2.1   Wichtige Tastenkombinationen für Office 2010 *(Fortsetzung)*

Bereich	Funktion	Tastenkombination
Bearbeiten	Ausschneiden	[Strg] + [X]
	Kopieren	[Strg] + [C]
	Einfügen	[Strg] + [V]
	Suchen	[Strg] + [F]
	Ersetzen	[Strg] + [H]
	Wiederholen	[Strg] + [Y]
	Rückgängig	[Strg] + [Z]
	Alles markieren	[Strg] + [A]
Überprüfen	Rechtschreibprüfung	[F7]
	Thesaurus	[⇧] + [F7]

Die Backstage-Ansicht: Das neue Datei-Menü

Die Registerkarte *Datei,* die Sie ganz links im Menüband finden, öffnet ein Menü, das Backstage-Ansicht genannt wird. Über dieses Menü erhalten Sie Zugriff auf die meisten der Befehle, die bis einschließlich Office 2003 im Menü *Datei* und bei Office 2007 im Menü der Schaltfläche mit dem Office-Logo enthalten waren. Wenn Sie im Menü auf der linken Seite der Backstage-Ansicht einen der Befehle anklicken, die mit einem Symbol versehen sind, wird der Befehl direkt ausgeführt.

Die fetter dargestellten Befehlsnamen öffnen in der Backstage-Ansicht jeweils eine neue Seite. Wenn Sie beispielsweise auf *Drucken* klicken, wird das Fenster so dargestellt, wie Sie es in der folgenden Abbildung sehen. In der Backstage-Ansicht für das Drucken sind das alte *Drucken*-Dialogfeld, verschiedene Optionen für die Seiteneinrichtung (Seitenformat, Seitenränder) und die Seitenansicht kombiniert.

Bild 2.9 Wenn Sie nach dem Anklicken der Registerkarte *Datei* auf *Drucken* klicken, sieht die Backstage-Ansicht folgendermaßen aus

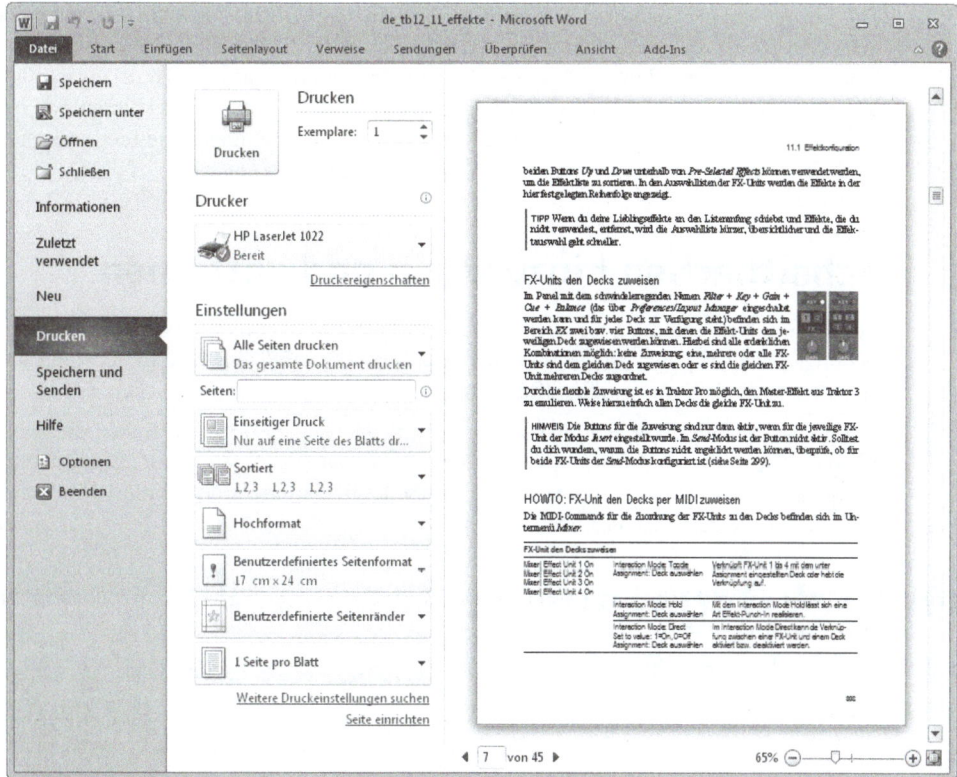

Gleichzeitig enthält die Backstage-Ansicht viele neue Befehle, die in Word 2003 nicht vorhanden waren. So ist es beispielsweise in Word 2010 möglich, einen Blogbeitrag zu erstellen und zu veröffentlichen. Der neue Dokumentinspektor hilft, Informationen aus dem Dokument zu entfernen, von denen Sie nicht möchten, dass sie beispielsweise der Empfänger des Dokuments sehen kann. Auch das Erstellen einer PDF-Datei für den Adobe Reader kann nun direkt aus den Office-Anwendungen heraus erledigt werden.

Ausführliche Informationen zu den Funktionen, die Ihnen über die Registerkarte *Datei* zur Verfügung stehen, finden Sie in den folgenden Kapiteln:

- Die Befehle für das Erstellen, Öffnen und Speichern von Dateien werden in Kapitel 5 vorgestellt. Kapitel 5 beschreibt außerdem, wie Sie Dokumente ausdrucken und als PDF-Datei speichern können.

- Das neue Weblog-Feature von Word ist in Kapitel 11 beschrieben.

- In Kapitel 20 werden die wichtigsten Konfigurationsmöglichkeiten erläutert, die Sie über den Befehl *Optionen* erreichen.

Die Symbolleiste für den Schnellzugriff

Die einzige immer sichtbare Symbolleiste, die in den Office 2010-Anwendungen noch übrig geblieben ist, ist die Symbolleiste für den Schnellzugriff, die standardmäßig in der Titelleiste der Anwendungen angeordnet ist. In dieser Symbolleiste befinden sich die Tools, die häufig verwendet werden und die nicht direkt einer der Registerkarten zugeordnet werden können, wie beispielsweise der Befehl *Rückgängig* oder der Befehl *Wiederholen*. Die Symbole, die hier verwendet werden, sind die gleichen, wie sie auch in Office 2003 vorhanden waren.

Schaltflächen hinzufügen und entfernen

Diese Symbolleiste können Sie nach Bedarf anpassen und dort die Werkzeuge einfügen, die Sie oft benötigen. Schaltflächen, die Sie in die Symbolleiste für den Schnellzugriff eingefügt haben, brauchen Sie dann nicht mehr in den Befehlsgruppen der Registerkarten zu suchen.

Alle Befehlsschaltflächen, die Sie auf den verschiedenen Registerkarten finden, besitzen ein Kontextmenü, in dem sich der Befehl *Zu Symbolleiste für den Schnellzugriff hinzufügen* befindet. Klicken Sie einfach die Schaltfläche, die Sie in die Symbolleiste einfügen wollen, mit der rechten Maustaste an und wählen Sie diesen Befehl aus.

Bild 2.10   Alle Befehlsschaltflächen besitzen in ihrem Kontextmenü den Befehl *Zu Symbolleiste für den Schnellzugriff hinzufügen*

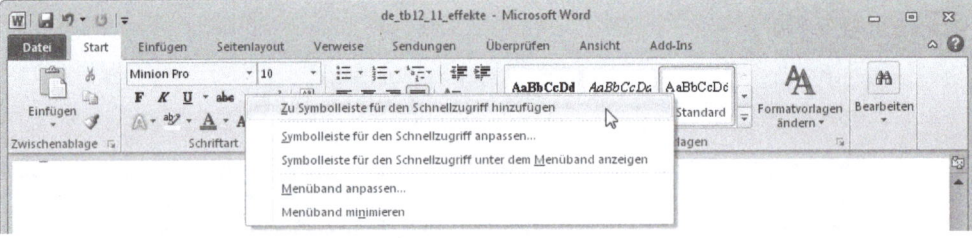

Um eine Schaltfläche wieder aus der Symbolleiste für den Schnellzugriff zu entfernen, klicken Sie sie in der Symbolleiste mit der rechten Maustaste an und wählen im Kontextmenü den Befehl *Aus Symbolleiste für den Schnellzugriff entfernen*.

Leider steht Ihnen dieses Kontextmenü nicht bei den Befehlen der Backstage-Ansicht zur Verfügung, die sich nach dem Anklicken der Registerkarte *Datei* öffnet. Sie können die in der Backstage-Ansicht enthaltenen Befehle dennoch in die Symbolleiste für den Schnellzugriff einfügen, müssen jedoch hierzu das Dialogfeld *Optionen* und dort die Kategorie *Symbolleiste für den Schnellzugriff* verwenden. Eine genaue Schritt-für-Schritt-Anleitung finden Sie in Anhang A dieses Buches.

Im Unterschied zu Office 2003 können Sie die Symbolleiste nicht mehr frei auf dem Bildschirm verschieben oder sie an einem der Fensterränder anheften. Die Symbolleiste für den Schnellzugriff besitzt nur zwei mögliche Positionen: entweder links in der Titelleiste (neben dem Symbol der jeweiligen Anwendung) oder unterhalb des Menübandes. Zum Verkürzen der Wege, die Sie mit der Maus vom Dokument aus zurücklegen müssen, um eine der Schaltflächen anzuklicken, öffnen Sie das Kontextmenü der Symbolleiste und wählen den Befehl *Symbolleiste für den Schnellzugriff unter dem Menüband anzeigen*. Das Ergebnis dieser Aktion sehen Sie in der folgenden Abbildung.

Bild 2.11 Die Symbolleiste für den Schnellzugriff wird unterhalb des Menübandes angezeigt

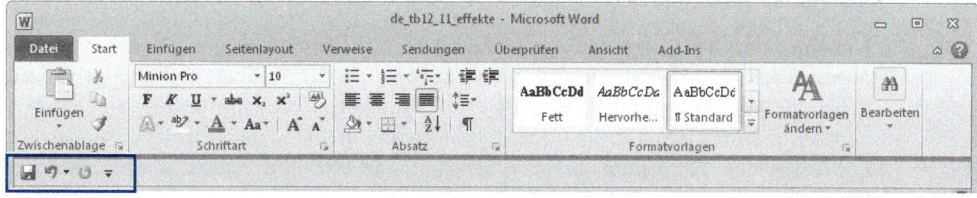

Wenn Sie die Anzeige in den ursprünglichen Zustand zurückversetzen wollen, klicken Sie die Symbolleiste für den Schnellzugriff erneut mit der rechten Maustaste an und wählen den Befehl *Symbolleiste für den Schnellzugriff über dem Menüband anzeigen*.

Die Minisymbolleiste

Wenn Sie in einem Word-Dokument, in einer Excel-Arbeitsmappe oder auf einer PowerPoint-Folie Text markieren, blenden diese Programme automatisch eine halbtransparente Minisymbolleiste ein. In dieser Symbolleiste finden Sie Befehlsschaltflächen, mit denen Sie die Schriftart, die Schriftattribute, Textausrichtung, die Textfarbe, Einzugsebenen sowie Aufzählungen und Nummerierungen festlegen können. Die angebotenen Schaltflächen sind je nach Office-Anwendung etwas unterschiedlich.

Bild 2.12 Die Minisymbolleiste wird Ihnen unaufdringlich angeboten, wenn Sie Text markieren (links Word 2010, rechts Excel 2010)

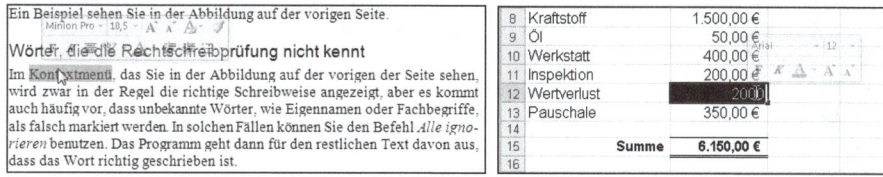

Wenn Sie die Minisymbolleiste verwenden möchten, um den ausgewählten Text zu formatieren, bewegen Sie einfach den Mauszeiger in Richtung der Symbolleiste, damit sie nicht mehr transparent ist, wie es die folgende Abbildung zeigt:

Bild 2.13 Um die Minisymbolleiste zu verwenden, bewegen Sie den Mauszeiger auf die Symbolleiste

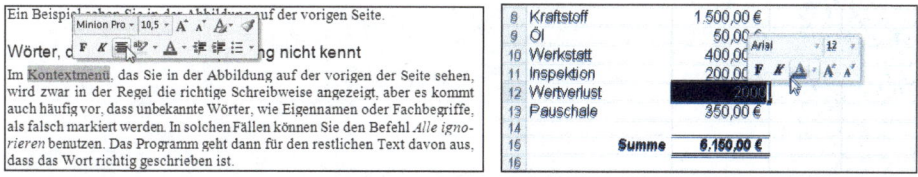

Die Minisymbolleiste ist sehr nützlich, da Ihnen hierüber die wichtigsten Formatierungsbefehle zur Verfügung stehen. Falls Sie sie dennoch nicht verwenden möchten, klicken Sie auf die Registerkarte *Datei* und dann auf *Optionen*. Wechseln Sie im Dialogfeld *Optionen* zur Seite *Allgemein* und schalten Sie das Kontrollkästchen *Minisymbolleiste für die Auswahl anzeigen* aus.

Kataloge und die Livevorschau

Um Ihnen das Formatieren Ihrer Dokumente, Arbeitsmappen und Präsentationen einfacher zu machen, stehen Ihnen an vielen Stellen des Menübandes sogenannte Kataloge zur Verfügung, in denen die Formatierungsoptionen als kleine Grafiken dargestellt werden. Sie finden die Kataloge beispielsweise bei den Tabellenformatvorlagen, bei den Designs, den Rändern, der Positionierung von grafischen Elementen, bei den neuen SmartArts und natürlich auch bei den WordArt-Objekten.

Wenn ein Katalog nur wenige Auswahlmöglichkeiten enthält, werden diese als Bestandteil der Befehlsgruppe im Menüband angezeigt. Kataloge, die zahlreiche Auswahlmöglichkeiten enthalten, werden als Dropdown-Katalog angezeigt, in dem Sie dann Ihre Auswahl treffen können. Sie können damit auf einen Blick sehen, welche Farbkombinationen, Formatierungen, Farbschemata, Übergänge oder Diagrammtypen vorhanden sind.

Besonders nützlich sind die Kataloge in Kombination mit der sogenannten Livevorschau. Wenn dieses Feature aktiviert ist, können Sie den Mauszeiger über die Optionen des Katalogs bewegen, und zwar ohne zu klicken. Die Livevorschau zeigt dann die Auswirkung der Option direkt im Dokument an. Der Befehl wird erst definitiv angewendet, wenn Sie eine der Optionen anklicken. So können Sie einfach, bequem und schnell ausprobieren, wie sich die Formatierungsoptionen auswirken würden. Ein Beispiel für einen Katalog und für die Livevorschau sehen Sie in der folgenden Abbildung, in der eine WordArt-Grafik mit dem entsprechenden Katalog formatiert wird.

Bild 2.14 Mit den Katalogen können Sie sich einfacher für eine der Formatierungsoptionen entscheiden

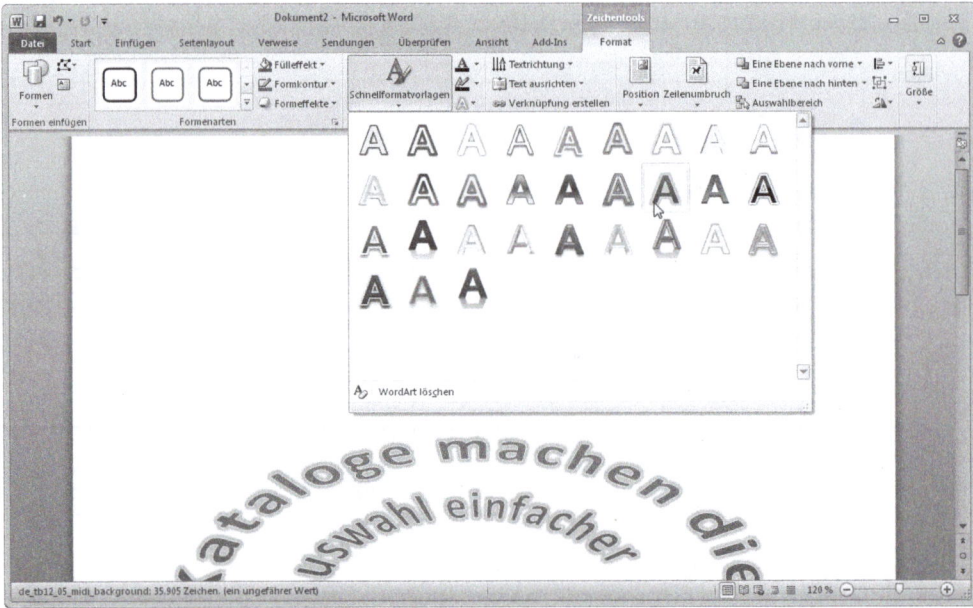

Auch die Livevorschau kann abgeschaltet werden, was Sie wahrscheinlich aber nur dann machen werden, wenn Sie Office 2010 auf einem älteren, langsamen Computer einsetzen. Falls Sie die Livevorschau nicht verwenden möchten, klicken Sie auf die Registerkarte *Datei* und dann im Menü auf der linken Seite auf *Optionen.* Wechseln Sie im Dialogfeld zur Kategorie *Allgemein* und schalten Sie das Kontrollkästchen *Livevorschau aktivieren* aus.

Zusammenfassung

Dieses Kapitel hat Sie knapp und fundiert mit der neuen Benutzeroberfläche vertraut gemacht, die in den Office 2010-Programmen verwendet wird.

- Im Menüband sind die Programmfunktionen auf Registerkarten zusammengefasst (Seite 48). Jede Registerkarte wiederum enthält Befehlsgruppen, in denen sich dann die benötigten Schaltflächen befinden.

- Kontextbezogene Registerkarten erscheinen in Abhängigkeit davon, was Sie derzeit in dem Office-Dokument markiert haben. Bei einer Tabelle werden die Tabellentools, bei einem Diagramm die Diagrammtools eingeblendet (Seite 54). Wenn Sie im Dokument etwas anderes markieren und so den Kontext ändern, werden die kontextbezogenen Registerkarten ausgeblendet.

- Wenn das Menüband zu viel Platz auf Ihrem Bildschirm beansprucht, können Sie es minimieren. Durch einen Klick auf eine der Registerkartenbezeichnungen wird die zugehörige Registerkarte maximiert (Seite 55).

- Ein weiteres neues Element der Benutzeroberfläche ist die Registerkarte *Datei,* die die sogenannte Backstage-Ansicht öffnet. Dort befinden sich die Befehle, die bei Office 2003 im Menü *Datei* und bei Office 2007 im Menü der *Office*-Schaltfläche untergebracht waren (Seite 58).

- Um schnell und ohne Öffnen der richtigen Registerkarte auf häufig benutzte Befehle zugreifen zu können, steht Ihnen die Symbolleiste für den Schnellzugriff zur Verfügung, die Sie an Ihre Erfordernisse anpassen können (Seite 60).

- Die Minisymbolleiste wird immer dann eingeblendet, wenn Sie in einem der Office-Dokumente etwas markieren. So können Sie schnell auf wichtige Formatierungsbefehle zugreifen (Seite 61).

- Kataloge erleichtern die Auswahl der zahllosen vorgefertigten Formatierungsmöglichkeiten und dank der neuen Livevorschau werden die Auswirkungen der Formatierungen auch im Dokument angezeigt, bevor sie zugewiesen werden (Seite 62).

Kapitel 3

Gemeinsamkeiten in der Bedienung

In diesem Kapitel:

Einer der Vorteile, die das Office-Paket mit sich bringt, sind die großen Gemeinsamkeiten der einzelnen Programme. Wichtige Standardbefehle, wie das Speichern oder das Drucken, funktionieren bei allen Programmen fast identisch. Diesem lobenswerten Konzept wollen wir uns anschließen und stellen Ihnen in diesem Teil des Buches diese Funktionen nur einmal vor und nicht doppelt oder dreifach. Trotz aller Gemeinsamkeiten gibt es bei einigen Befehlen kleine Details, in denen sie sich bei den einzelnen Programmen unterscheiden. Zum Beispiel können Sie beim Drucken eines Textes in Word andere Einstellungen vornehmen als beim Drucken einer Kalkulationstabelle in Excel. Wir werden auf solche Besonderheiten dann beim jeweiligen Programm eingehen.

Office-Programme starten

Bevor Sie mit einem der Office-Programme arbeiten können, müssen Sie es zuerst einmal starten. Das lässt sich unter Windows 7 auf vielen verschiedenen Wegen erledigen. Die wichtigsten Möglichkeiten werden wir auf den folgenden Seiten der Reihe nach vorstellen.

Das Startmenü von Windows 7

Der traditionelle Weg, ein Programm zu starten, führt über das Startmenü von Windows:

1. Klicken Sie auf die Schaltfläche *Start,* die sich normalerweise unten links auf dem Bildschirm befindet.

2. Geben Sie in das *Suchfeld* des Startmenüs den Namen des Programms ein, das Sie starten möchten, also beispielsweise Word, Excel usw.

Bild 3.1   Programm starten über das Startmenü

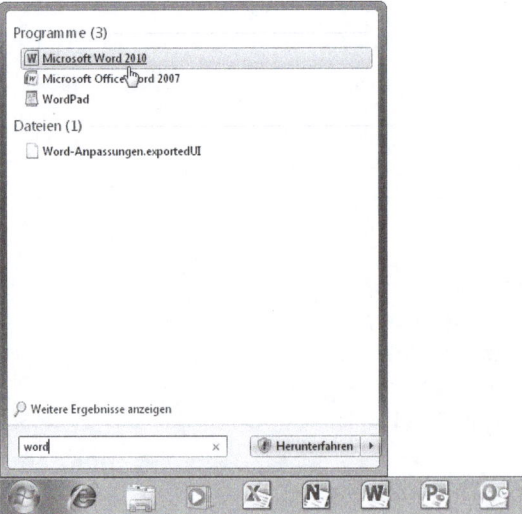

3. Klicken Sie in der Liste mit den Suchergebnissen auf den Namen des Programms, das Sie starten wollen.

Vorhandenes Office-Dokument öffnen

Wenn Sie Ihre Dokumente gemäß der Windows-Philosophie im Ordner *Dokumente* gespeichert haben, können Sie sie bequem über das Startmenü erreichen:

1. Klicken Sie auf *Start* oder drücken Sie die Tastenkombination `Strg`+`Esc`.

2. Klicken Sie auf *Dokumente,* um Ihre Bibliothek *Dokumente* zu öffnen, oder klicken Sie auf Ihren Windows-Benutzernamen, um Ihren persönlichen Ordner zu öffnen.

3. Wenn Sie für das Speichern Ihrer Dokumente Unterordner verwenden (siehe hierzu auch Kapitel 5), wechseln Sie zu dem Ordner, in dem sich das gewünschte Dokument befindet.

4. Doppelklicken Sie auf das Symbol des Dokuments, das Sie öffnen möchten.

Bild 3.2   Office-Dokumente gehören in den Ordner *Dokumente* (sagt Microsoft)

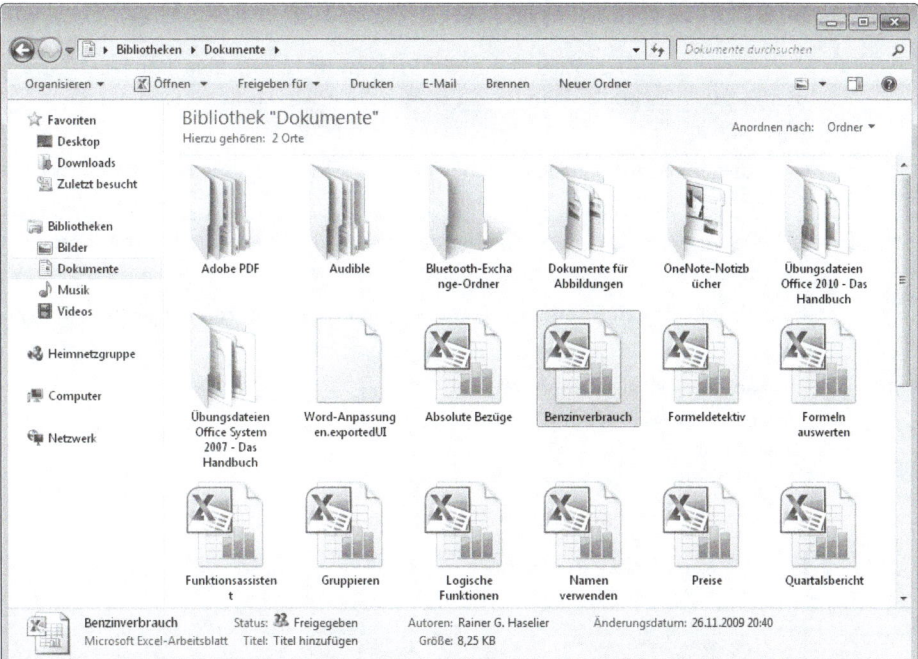

Die Dokumentenliste des Startmenüs

Wenn Sie ein Dokument öffnen wollen, das Sie erst vor Kurzem bearbeitet haben, können Sie auch auf das Kurzzeitgedächtnis des Startmenüs zurückgreifen:

1. Klicken Sie auf *Start* oder drücken Sie die Tastenkombination `Strg`+`Esc`.

2. Bewegen Sie den Mauszeiger auf *Zuletzt verwendet.*

3. Klicken Sie das gewünschte Dokument in der Liste an.

TIPP   Das Menü *Zuletzt verwendet,* das bei Windows XP und Windows Vista automatisch sichtbar war, wird unter Windows 7 standardmäßig nicht angezeigt. Sie können das Menü mit den folgenden Schritten aktivieren:

1.   Klicken Sie mit der rechten Maustaste auf einen freien Bereich der Taskleiste.

2.   Wählen Sie den Befehl *Eigenschaften.*

3.   Wechseln Sie zur Registerkarte *Startmenü* und klicken Sie auf *Anpassen.*

4.   Aktivieren Sie das Kontrollkästchen *Zuletzt verwendet.*

5.   Schließen Sie alle geöffneten Dialogfelder mit *OK.*

Office-Programm an die Taskleiste oder an das Startmenü anheften

Um einen schnelleren Zugriff auf ein Programm zu erhalten, können Sie das gewünschte Programm entweder an die Windows-Taskleiste oder an das Startmenü anheften. Gehen Sie dazu wie folgt vor:

1.   Klicken Sie auf die Schaltfläche *Start,* die sich normalerweise unten links auf dem Bildschirm befindet.

2.   Geben Sie in das *Suchfeld* des Startmenüs den Namen des Programms ein, das Sie starten möchten, also beispielsweise Word, Excel usw.

3.   Klicken Sie den Eintrag des gewünschten Programms mit der rechten Maustaste an.

Bild 3.3   Excel an die Taskleiste anheften

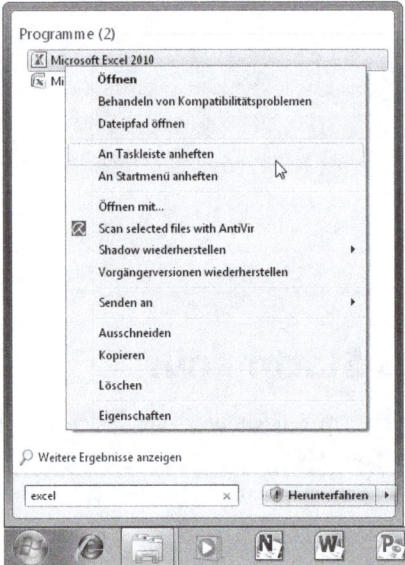

Office 2010

4. Führen Sie eine der folgenden Aktionen durch:

■ Klicken Sie auf *An Taskleiste anheften*, um das Programmsymbol in die Taskleiste einzufügen.

Das Symbol des ausgewählten Programms wird in der Taskleiste abgelegt. Jetzt reicht ein
Klick auf das Symbol, um das Programm zu starten.

■ Klicken Sie auf *An Startmenü anheften*, um das Programmsymbol an das Startmenü an-
zuheften.

Wenn Sie danach das Startmenü öffnen, sehen Sie das Symbol der Anwendung im oberen Bereich auf der linken Seite des Startmenüs.

Wenn Sie das Programm aus dem Bereich der angehefteten Programme des Startmenüs oder von
der Taskleiste lösen wollen, klicken Sie den Eintrag mit der rechten Maustaste an und wählen im
Kontextmenü den Befehl *Vom Startmenü lösen* bzw. *Dieses Programm von der Taskleiste lösen.*

Der Aufgabenbereich Zwischenablage

Ein Aufgabenbereich, der Ihnen in Word, Excel und PowerPoint zur Verfügung steht, ist die
Office-Zwischenablage. Sie können die Zwischenablage einschalten, indem Sie auf der Registerkarte
Start in der Gruppe *Zwischenablage* auf das *Startprogramm für ein Dialogfeld* klicken.

Bild 3.4   Einschalten der Office-Zwischenablage

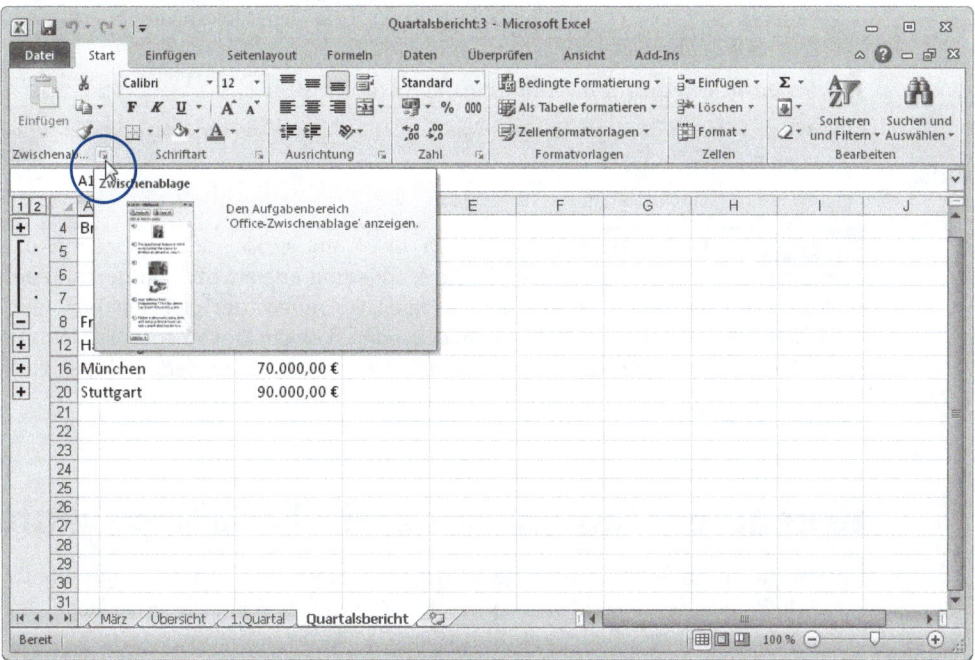

Sie verwenden die Zwischenablage, um markierte Elemente zu verschieben oder zu kopieren. Die Zwischenablage funktioniert dabei so ähnlich wie eine Pinnwand: Sie können dort etwas anheften, um es später wieder zu entnehmen. In der Office-Zwischenablage können bis zu 24 Elemente abgelegt werden.

Die drei folgenden Abschnitte erläutern, wie Sie mithilfe der Zwischenablage Elemente kopieren und verschieben.

Kopieren in vier Schritten

1. Markieren Sie den Text, die Grafik usw., den/die Sie kopieren wollen.

2. Klicken Sie auf der Registerkarte *Start* in der Gruppe *Zwischenablage* auf *Kopieren* (oder drücken Sie Strg + C). Eine Kopie der Markierung wird in der Zwischenablage abgelegt.

3. Setzen Sie den Cursor/die Einfügemarke an die Zielstelle.

4. Klicken Sie auf der Registerkarte *Start* in der Gruppe *Zwischenablage* auf *Einfügen* (oder drücken Sie Strg + V).

Einfügen

Verschieben in vier Schritten

1. Markieren Sie den Text, die Grafik usw., den/die Sie verschieben wollen.

2. Klicken Sie auf der Registerkarte *Start* in der Gruppe *Zwischenablage* auf *Ausschneiden* (oder drücken Sie Strg + X). Die Markierung wird aus dem Dokument entfernt und in der Zwischenablage abgelegt.

3. Setzen Sie den Cursor/die Einfügemarke an die Zielstelle.

4. Klicken Sie auf der Registerkarte *Start* in der Gruppe *Zwischenablage* auf *Einfügen* (oder drücken Sie Strg + V).

Einfügen

HINWEIS Bitte beachten Sie, dass sich die Einfügestelle nicht unbedingt in demselben Dokument befinden muss, in dem Sie die Markierung kopiert bzw. ausgeschnitten haben. Die Einfügestelle kann sich auch in einem anderen Dokument des gleichen Typs (also Kopieren/ Verschieben von Word nach Word) befinden oder in einem Dokument, das Sie mit einer anderen Office-Anwendung erstellen. In diesem Fall wechseln Sie vor dem Einfügen zu der anderen Anwendung.

Beliebiges Element aus Zwischenablage einfügen

Die Schritte, die in den beiden vorigen Abschnitten beschrieben wurden, fügen immer das zuletzt ausgeschnittene bzw. kopierte Element ein. Sie können jedoch auch jedes andere Element, das sich in der Zwischenablage befindet, einfügen. Gehen Sie dazu wie folgt vor:

1. Schalten Sie, wenn sie nicht sichtbar ist, die Office-Zwischenablage ein.

2. Klicken Sie auf den Pfeil neben dem Element, das Sie einfügen wollen.

3. Klicken Sie auf *Einfügen*.

Bild 3.5   Der Aufgabenbereich *Zwischenablage* mit Elementen aus verschiedenen Office-Anwendungen

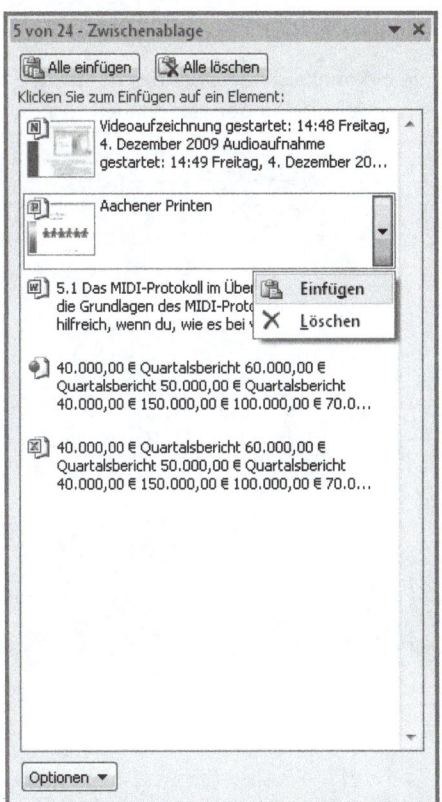

Office 2010

Automatische Rechtschreibprüfung

Die Rechtschreibreform gibt Ihnen bei einigen Wörtern zwar ungeahnte Möglichkeiten (z.B. »Stängel« statt »Stengel«), aber an einige Regeln müssen Sie sich doch noch halten. Hier hilft die automatische Rechtschreibprüfung in Word, PowerPoint und OneNote, die den Text bereits beim Eintippen überprüft und Fehler mit einer roten Wellenlinie kennzeichnet.

Gefundenen Fehler korrigieren

Wenn Sie ein Wort, das mit einer roten Wellenlinie gekennzeichnet wurde, korrigieren möchten, gehen Sie folgendermaßen vor:

1. Klicken Sie das Wort mit der rechten Maustaste an. Es öffnet sich ein kleines Menü, in dem oben die Vorschläge der Rechtschreibprüfung stehen (wenn eines der Programme, die die automatische Rechtschreibprüfung unterstützen, welche zu bieten hat).

2. Klicken Sie einfach den richtigen Vorschlag an, um das fehlerhafte Wort durch das korrekte zu ersetzen.

Bild 3.6 Fehler werden mit einer roten Wellenlinie gekennzeichnet. Über das Kontextmenü können Sie Fehler, die die automatische Rechtschreibprüfung gefunden hat, schnell korrigieren.

Wenn die automatische Rechtschreibprüfung aktiv ist, wird in der Statusleiste ein kleines Buchsymbol angezeigt, an dem Sie erkennen können, ob derzeit eine Prüfung stattfindet oder nicht.

Was tun bei korrekten Wörtern, die die Rechtschreibprüfung aber nicht kennt?

In dem Kontextmenü, das Sie in der obigen Abbildung sehen, wird zwar in der Regel die richtige Schreibweise angezeigt, aber es kommt auch häufig vor, dass unbekannte Wörter, wie Eigennamen oder Fachbegriffe, als falsch geschrieben markiert werden. In solchen Fällen können Sie den Befehl *Alle ignorieren* benutzen. Das Programm geht dann für den restlichen Text davon aus, dass das Wort richtig geschrieben ist.

Wollen Sie, dass das Wort generell nicht mehr angemahnt wird, wählen Sie im Kontextmenü den Befehl *Hinzufügen zum Wörterbuch*. Es wird dann in das *Benutzerwörterbuch* aufgenommen und in Zukunft immer akzeptiert.

Einschalten der automatischen Rechtschreib-prüfung in Word, PowerPoint und OneNote

Falls die automatische Rechtschreibprüfung nicht eingeschaltet ist, gehen Sie in Word, PowerPoint und OneNote so vor:

1. Klicken Sie auf die Registerkarte *Datei* und dann auf *Optionen*.
2. Wechseln Sie zur Kategorie *Dokumentprüfung*.

Bild 3.7   Auf dieser Seite des Dialogfeldes aktivieren Sie die automatische Rechtschreibprüfung in Word, PowerPoint und OneNote; hier exemplarisch das *Optionen*-Dialogfeld von OneNote

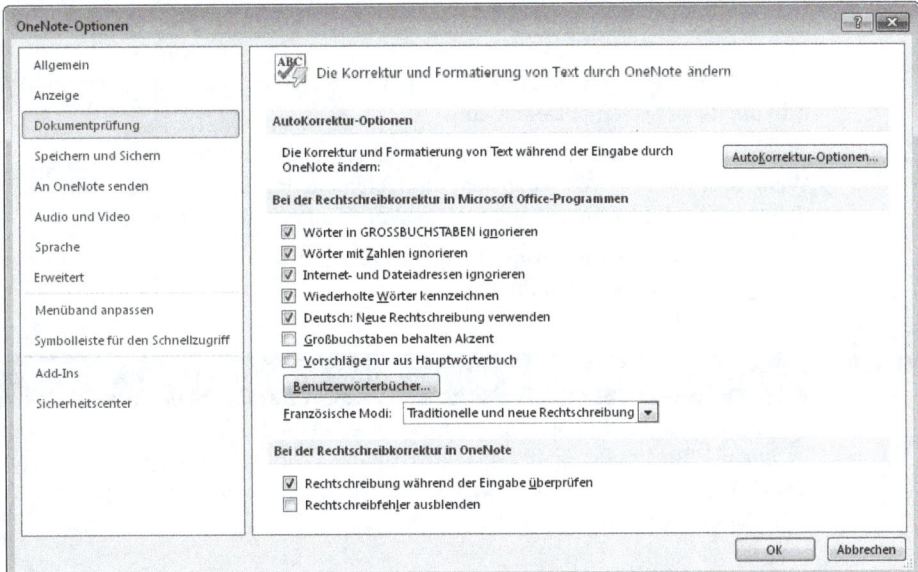

3. Schalten Sie das Kontrollkästchen *Rechtschreibung während der Eingabe überprüfen* ein.
4. Schließen Sie das Dialogfeld mit *OK*.

Rechtschreibprüfung in Excel

Auch Excel besitzt eine Rechtschreibprüfung, jedoch müssen Sie sie manuell aufrufen. Um die manuelle Rechtschreibprüfung zu starten, wechseln Sie zur Registerkarte *Überprüfen* und klicken in der Gruppe *Dokumentprüfung* auf *Rechtschreibung*. (Die manuelle Rechtschreibprüfung können Sie in Word und PowerPoint genauso aufrufen.) Das Dialogfeld *Rechtschreibung* wird angezeigt. Es sieht bei den verschiedenen Office-Programmen etwas unterschiedlich aus. Die wichtigsten Schaltflächen sind jedoch identisch.

Bild 3.8   Das Dialogfeld für die manuelle Rechtschreibprüfung

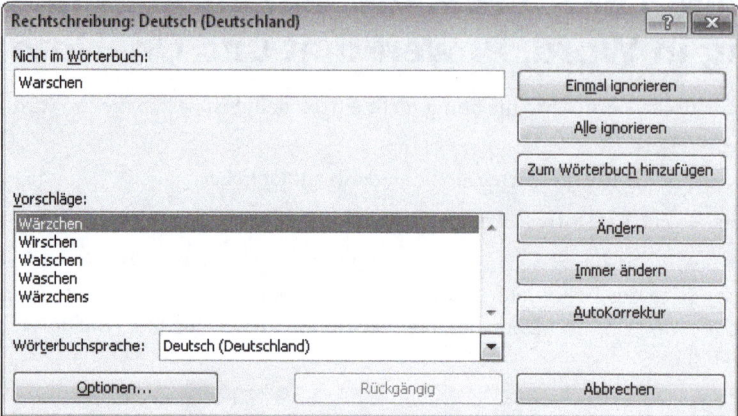

Mit *Einmal ignorieren* wird der Fehler an dieser Stelle im Dokument ignoriert, *Alle ignorieren* übergeht ihn für das gesamte Dokument.

Wenn Sie auf *Ändern* klicken, wird der Fehler durch das Wort in der Liste *Vorschläge* korrigiert. Wenn dort mehrere Wörter stehen, markieren Sie das richtige. Durch einen Klick auf *Immer ändern* wird der Fehler im gesamten Dokument entsprechend korrigiert.

Mit der Schaltfläche *Zum Wörterbuch hinzufügen* wird das Wort in das Benutzerwörterbuch aufgenommen und in Zukunft immer akzeptiert.

PROFITIPP

Für Standardfehler eignet sich die AutoKorrektur besser

Wenn die Rechtschreibprüfung einen Fehler gefunden hat, der Ihnen häufiger unterläuft – z.B. einen Buchstabendreher –, sollten Sie das Wort der AutoKorrektur übergeben. Wenn Sie das Wort dann beim nächsten Mal wieder falsch schreiben, wird es direkt bei der Eingabe durch die richtige Schreibweise ersetzt.

AutoKorrektur

Wenn Sie viel am Computer schreiben, haben Sie wahrscheinlich auch schon bemerkt, dass Ihnen immer wieder die gleichen Tippfehler unterlaufen. Da wird aus »ist« ständig ein »its« und aus »bereits« das weltmännische »bereist«. Sehr beliebt sind auch Wörter mit zwei großen Anfangsbuchstaben – unwiderlegbarer Beweis, dass sich einer Ihrer Finger mal wieder zu lange auf der ⬙ - Taste ausgeruht hat.

Solche Fehler können alle Office-Programme mit der AutoKorrektur-Funktion bereits während der Texteingabe beheben. Das heißt, wenn die AutoKorrektur-Funktion eingeschaltet ist, wird aus einem »serh« automatisch ein »sehr«. Probieren Sie es einmal in Word aus:

1. Klicken Sie auf die Registerkarte *Datei,* dann auf *Neu* und schließlich auf *Leeres Dokument,* um ein Dokument zu erstellen, mit dem Sie die Fähigkeiten der AutoKorrektur testen können.

2. Geben Sie folgenden Text ein: **Geben Sie einen Doppelpunkt (:) ein.**
   Word ändert die Zeichen :) automatisch in ☺.

3. Zeigen Sie mit der Maus auf das Symbol ☺.
   Unter dem Symbol erscheint ein kleiner blauer Rahmen.

4. Zeigen Sie mit der Maus auf den Rahmen. Word zeigt unter dem Wort eine Schaltfläche an.

Bild 3.9   Die automatisch vorgenommenen Änderungen sind an dem kleinen blauen Rahmen
zu erkennen

Geben Sie einen Doppelpunkt (☺

5. Klicken Sie auf die Schaltfläche *AutoKorrektur-Optionen.* Es öffnet sich ein Menü, mit dem Sie das Verhalten der AutoKorrektur steuern können.

Bild 3.10   Das Menü mit den AutoKorrektur-Optionen

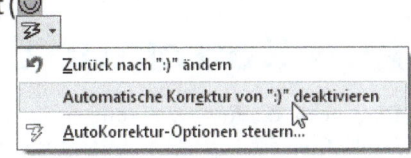

6. Sie können nun die von Word vorgenommene Änderung einmalig rückgängig machen oder festlegen, dass Word diese Schreibweise in Zukunft nicht mehr automatisch korrigiert.

Sonderfälle von der AutoKorrektur ausnehmen

So praktisch die AutoKorrektur-Funktion ist – es gibt auch Fälle, bei denen ihr Eingreifen stört. Dies betrifft vor allem Abkürzungen und Wörter mit unüblichen Groß-/Kleinschreibungen.

1. Geben Sie folgenden Text ein: **Die Abgasuntersuchungen (AUs) werden ...**
   Word korrigiert »AUs« automatisch in »Aus«.

2. Zeigen Sie mit der Maus auf das Wort »Aus«. Unter dem Wort erscheint ein kleiner blauer Rahmen.

3. Bewegen Sie die Maus in die Nähe des Rahmens und klicken Sie auf die dadurch angezeigte Schaltfläche *AutoKorrektur-Optionen.*

4. Wählen Sie im Menü den Befehl *Automatische Korrektur von "Aus" deaktivieren,* damit die Änderung rückgängig gemacht wird.

5. Klicken Sie erneut auf die Schaltfläche *AutoKorrektur-Optionen* und wählen Sie diesmal *Auto-Korrektur-Optionen steuern*. Das Dialogfeld *AutoKorrektur* erscheint.

6. Klicken Sie auf die Schaltfläche *Ausnahmen*.

7. Wechseln Sie zur Registerkarte *WOrtanfang GRoß*.

Bild 3.11   Das Wort AUs wurde in die Liste der Ausnahmen aufgenommen

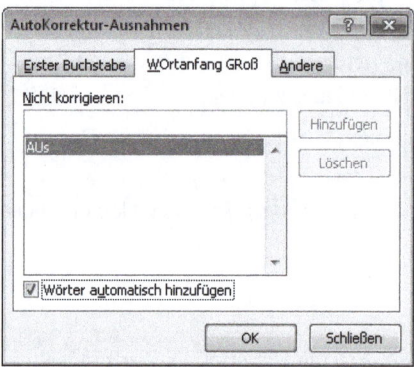

Diese Liste können Sie beliebig erweitern. Wenn Sie in einem Office-Programm einen neuen Eintrag erstellen, wird dieser automatisch auch in den anderen Programmen verwendet.

Neue AutoKorrektur-Einträge erstellen

Im Dialogfeld *AutoKorrektur* können Sie sehen, dass die Office-Programme mit den gängigen Flüchtigkeitsfehlern bereits vertraut sind. Trotzdem werden Sie dieser Liste früher oder später auch eigene Einträge hinzufügen wollen. Dazu gehen Sie am besten so vor:

1. Klicken Sie auf die Registerkarte *Datei* und dann auf *Optionen*.

2. Wechseln Sie im Dialogfeld zur Kategorie *Dokumentprüfung*.

3. Klicken Sie auf die Schaltfläche *AutoKorrektur-Optionen*. Das Dialogfeld *AutoKorrektur* wird angezeigt.

4. Geben Sie im Feld *Ersetzen* den Text ein, auf den die AutoKorrektur reagieren soll (also die falsche Version).

5. Im Feld *Durch* tragen Sie dann den Text ein, den die AutoKorrektur anstelle des falschen Textes einfügen soll.

6. Klicken Sie auf *Hinzufügen*, um den neuen Eintrag in die Liste aufzunehmen.

7. Schließen Sie das Dialogfeld mit *OK*.

Bild 3.12   In diesem Dialogfeld können Sie die AutoKorrektur um eigene Einträge ergänzen

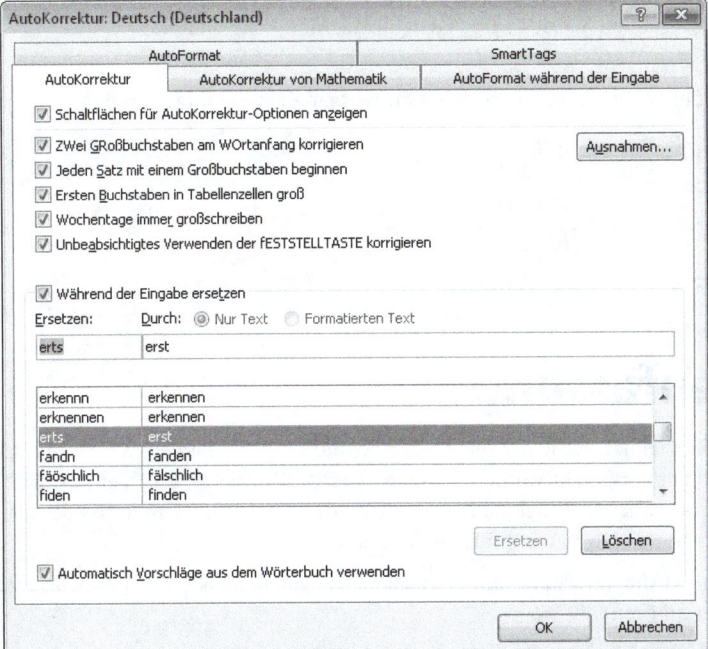

PROFITIPP   **AutoKorrekturregeln für Mathematik in Word 2010**

Eine der Neuerungen von Word 2007/2010 finden Sie auf der Registerkarte *AutoKorrektur von Mathematik* des Dialogfeldes *AutoKorrektur*.

Neben Texten können Sie jetzt auch mathematische Symbole von der AutoKorrektur in Ihr Dokument einfügen lassen, indem Sie das entsprechende Kürzel eingeben. So erhalten Sie beispielsweise nach Eingabe von \Pi das Zeichen Π. Die AutoKorrekturregeln für Mathematik sind normalerweise nur beim Erstellen von Formeln und Gleichungen aktiv.

Wenn Sie diese Funktion auch in normalem Text verwenden wollen, wechseln Sie zur Registerkarte *AutoKorrektur von Mathematik* und schalten dort das Kontrollkästchen *AutoKorrekturregeln von Mathematik in anderen als mathematischen Bereichen verwenden* ein.

Befehle rückgängig machen

Wenn Sie die letzte Aktion (Texteingabe, Löschen, Formatierung) rückgängig machen wollen, ist das bei den Office-Programmen kein Problem. Die entsprechende Schaltfläche finden Sie in der Symbolleiste für den Schnellzugriff, die standardmäßig rechts neben dem Programmsymbol in der Titelleiste angezeigt wird.

Um den letzten Schritt rückgängig zu machen, klicken Sie auf die Schaltfläche *Rückgängig*. Wenn die Schaltfläche inaktiv ist, kann der letzte Schritt nicht rückgängig gemacht werden.

Wenn Sie auf den Pfeil an der rechten Seite der Schaltfläche *Rückgängig* klicken, wird eine Liste mit allen Schritten angezeigt, die Sie rückgängig machen können. Markieren Sie mit gedrückter Maustaste die gewünschten Schritte und lassen Sie die Maustaste dann los.

Bild 3.13 Das Menü der Schaltfläche *Rückgängig* enthält eine Liste der letzten Bearbeitungsschritte

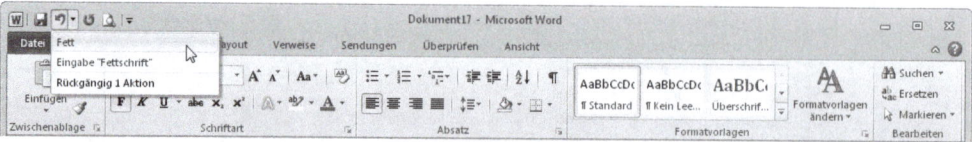

Zusammenfassung

In diesem Kapitel haben Sie die wichtigsten Grundlagen zur Bedienung der Office-Programme, die in diesem Buch vorgestellt werden, kennen gelernt. Wir haben uns hier auf die bei fast allen Programmen vorhandenen Möglichkeiten konzentriert und auch Unterschiede hervorgehoben. Folgende Themen wurden in diesem Kapitel behandelt:

- Sie haben die verschiedenen Möglichkeiten gesehen, um ein Office-Programm zu starten. Hierzu gehören:

    - die Verwendung des Startmenüs von Windows (Seite 66),

    - das Öffnen eines Office-Dokuments beim Starten der Anwendung (Seite 66),

    - das Verwenden der Dokumentenliste im Startmenü (Seite 67)

    - sowie das Verwenden der Taskleiste (Seite 68).

    Außerdem haben Sie gesehen, wie Sie ein Programm an das Startmenü und die Taskleiste anheften können, um es so schneller aufrufbar zu machen (Seite 68).

- Mit dem Aufgabenbereich *Zwischenablage* können Sie Elemente innerhalb eines Office-Dokuments und auch zwischen verschiedenen Office-Anwendungen kopieren und verschieben (Seite 69).

- Einige der Office-Programme enthalten die sogenannte automatische Rechtschreibprüfung (Seite 71), die während der Eingabe prüft, ob sich Tippfehler eingeschlichen haben. Als falsch geschrieben erkannte Wörter werden mit einer roten Wellenlinie markiert und Sie können sie mit einem Kontextmenü schnell korrigieren (Seite 71). Die automatische Rechtschreibprüfung kann auch ausgeschaltet werden (Seite 73), und in den Programmen, die die automatische Rechtschreibprüfung nicht unterstützen, können Sie die Prüfung auch manuell vornehmen lassen (Seite 73).

- Kleinere Rechtschreibfehler können alle Office-Programme mit der AutoKorrektur-Funktion bereits während der Texteingabe beheben (Seite 74). Die Liste mit den AutoKorrektur-Einträgen können Sie um eigene Einträge erweitern (Seite 76) und Sie können Sonderfälle von der AutoKorrektur ausschließen (Seite 75).

- Wenn Sie die letzte Aktion (Texteingabe, Löschen, Formatierung) rückgängig machen wollen, ist das bei den Office-Programmen kein Problem. Wie das funktioniert, ist ab Seite 77 beschrieben.

Kapitel 4

Hilfe für Microsoft Office 2010

In diesem Kapitel:

Neben den umfangreichen Funktionen zum Erstellen von Texten, Arbeitsblättern, Datenbanken und Präsentationen bieten Ihnen alle Office-Programme auch eine Hilfestellung zur Verwendung der einzelnen Programme an, die Sie auf dem Bildschirm lesen können. In diesem Kapitel zeigen wir Ihnen, wie Sie die Hilfe als Nachschlagewerk verwenden, wie Sie schnell und unkompliziert Hilfe zu den Dialogfeldern bekommen und welche Unterstützung Sie – einen Internetzugang vorausgesetzt – von Microsoft Office.com erhalten können.

Wir stellen Ihnen die Verwendung der Hilfe exemplarisch am Beispiel von PowerPoint vor. Sie können das Erlernte natürlich eins zu eins auf Word, Excel und OneNote übertragen.

Bild 4.1 Die Online-Hilfe von PowerPoint 2010

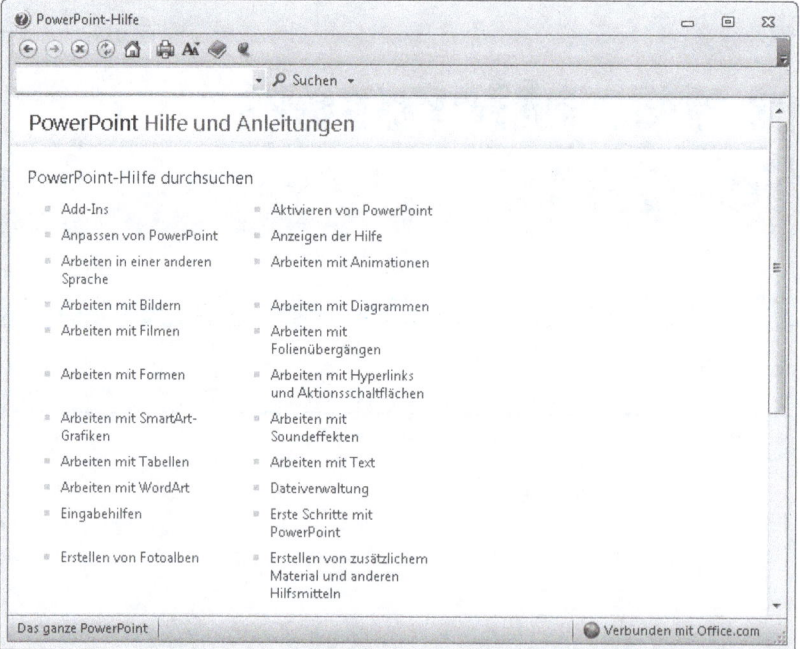

Online vs. Offline

Die Office-Hilfe existiert in zwei Versionen: der Offline- und der Online-Hilfe. Bei der Offline-Hilfe handelt es sich um die Hilfsinformationen, die während der Installation auf Ihren Computer kopiert werden. Die Online-Hilfe meint die Hilfsinformationen, die Sie, einen Internetzugang vorausgesetzt, von der Microsoft Office-Website abrufen können.

Die Online-Hilfe hat den Vorteil, dass sie umfangreicher ist und zudem kontinuierlich aktualisiert wird. Da es aber auch Situationen geben wird, in denen Sie ohne Internetzugang arbeiten (z.B. auf Reisen), hat auch die Offline-Hilfe ihre Existenzberechtigung. Außerdem ist der Zugriff auf die Online-Hilfe selbst bei schneller Internetanbindung immer langsamer als der auf die Offline-Hilfe.

Wie Sie gleich im weiteren Verlauf des Kapitels noch sehen werden, können Sie problemlos zwischen den beiden Hilfe-Systemen wechseln.

Die Elemente des Hilfe-Fensters

Wie Sie in Bild 4.1 sehen, steht die Hilfe in einem separaten Fenster zur Verfügung. Sie können es entweder über die Fragezeichen-Schaltfläche in der rechten oberen Ecke des Programmfensters oder mit F1 aufrufen. Jedes Office-Programm verfügt dabei über ein eigenes Hilfe-Fenster, dessen Einstellungen (Größe, Position etc.) separat verwaltet werden.

Die Bedienung der Online-Hilfe funktioniert ähnlich wie bei einem Browser, sodass Sie sich ohne große Probleme zurechtfinden werden. In den folgenden Abschnitten gehen wir kurz auf die verschiedenen Elemente des Hilfe-Fensters ein.

Die Symbolleiste

In der Symbolleiste des Hilfe-Fensters befinden sich einige Schaltflächen, deren Bedeutung Sie der folgenden Tabelle entnehmen können. Von Interesse sind vor allem die Schaltflächen der beiden letzten Zeilen. Mit ihnen können Sie das Inhaltsverzeichnis ein- und ausblenden bzw. steuern, ob sich das Hilfe-Fenster permanent über das Programmfenster legt oder nicht.

Tabelle 4.1 Die Schaltflächen auf der Symbolleiste des Hilfe-Fensters

Schaltfläche	Wirkung
⬅	Blättert eine Seite zurück
➡	Blättert eine Seite nach vorne (nur aktiv, wenn zuvor zurückgeblättert wurde)
✖	Bricht den aktuellen Ladevorgang der Seite ab
⟳	Lädt die angezeigte Seite erneut
🏠	Zeigt die Startseite der Hilfe an
🖨	Druckt die angezeigte Seite aus
A͞A	Zeigt ein Menü an, in dem Sie einen von fünf verschiedenen Schriftgraden auswählen können
📖	Zeigt das Inhaltsverzeichnis an bzw. blendet es wieder aus
📌	Wenn die Pinn-Nadel ganz eingedrückt ist, legt sich das Hilfe-Fenster immer vor das Programmfenster; ist die Pinn-Nadel vollständig zu sehen, kann sich das Programmfenster über das Hilfefenster legen, d.h. das Hilfe-Fenster kann dann hinter dem Programmfenster verschwinden.
	Das Hilfe-Fenster schiebt sich immer nur über das Fenster des zugehörigen Office-Programms. Das heißt, das Hilfe-Fenster von Word kann lediglich das Programmfenster von Word überdecken, nicht aber das von Excel, PowerPoint oder OneNote. Auch alle anderen Windows-Fenster, wie zum Beispiel Ordner-Fenster, können das Hilfe-Fenster unabhängig vom Status der Schaltfläche überdecken.

Die Statusleiste

In der Statusleiste können Sie ablesen, mit welchem Bereich der Office-Hilfe Sie arbeiten und ob Sie zurzeit auf die Online- oder auf die Offline-Hilfe zugreifen. Wenn Sie noch einmal zwei Seiten zurückblättern und Bild 4.1 betrachten, sehen Sie, dass dort folgende Angaben in der Statusleiste stehen:

- **Das ganze PowerPoint**   Es werden alle erreichbaren Informationsquellen berücksichtigt. Um den Suchbereich zu ändern, müssen Sie das Menü der *Suchen*-Schaltfläche aufklappen (siehe nächster Abschnitt).

- **Verbunden mit Office.com**   Es wird auf die Online-Hilfe zugegriffen.

Der rechte Teil der Statusleiste fungiert als Schaltfläche, mit deren Menü Sie zwischen der Online- und der Offline-Hilfe wechseln können (siehe nächstes Bild). Die Einstellung, die Sie hier vornehmen, gilt automatisch für alle Office-Programme.

Bild 4.2   Die Hilfe lässt sich zwischen Online- und Offline-Betrieb umschalten

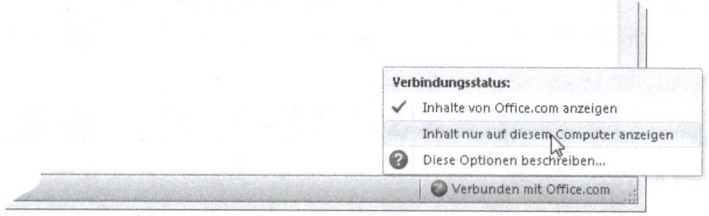

> **HINWEIS**   Die Einstellung in der Statusleiste des Hilfe-Fensters korrespondiert mit der Option *Verbindung mit Office.com herstellen, um nach aktualisierten Inhalten zu suchen, wenn eine Verbindung mit dem Internet besteht*. Sie finden diese Option im Dialog *Sicherheitscenter* unter der Rubrik *Datenschutzoptionen*. Das Dialogfeld erreichen Sie über *Datei/Optionen/Sicherheitscenter/Einstellungen für das Sicherheitscenter*.

Eingabe des Suchbegriffs

Wenn Sie Hilfe zu einem bestimmten Begriff benötigen, können Sie ihn oben links in das Textfeld eingeben und dann auf *Suchen* klicken. Über den kleinen Pfeil der Schaltfläche lässt sich ein Menü aufklappen, in dem Sie den Suchbereich festlegen können (siehe Bild 4.3).

Wie Sie sehen, sind die Befehle des Menüs in zwei Gruppen unterteilt: *Inhalte von Office.com* und *Inhalte von diesem Computer*. Sie können also auch hier zwischen der Online- und der Offline-Hilfe umschalten. Es gibt jedoch einen wichtigen Unterschied zu der im letzten Abschnitt besprochenen Schaltfläche der Statusleiste: Während die Umschaltung in der Statusleiste dauerhaft ist, geht die Wahl des Suchbereichs beim Schließen des Hilfe-Fensters verloren. Wenn Sie zum Beispiel normalerweise mit der Offline-Hilfe arbeiten, können Sie bei Bedarf über die Schaltfläche *Suchen* den Suchbereich temporär auf die Online-Hilfe umschalten. Beim nächsten Aufruf der Hilfe wird Office dann automatisch wieder die Offline-Hilfe verwenden.

Bild 4.3   Hier lässt sich der Suchbereich der Online-Hilfe einstellen

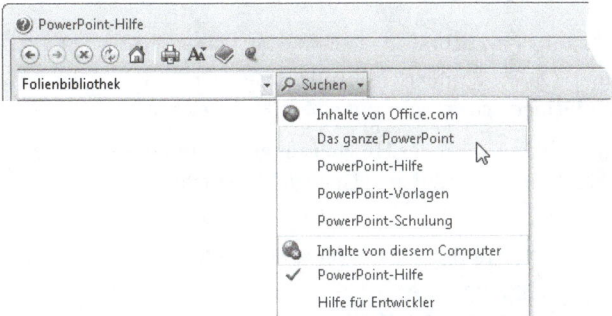

Das Inhaltsverzeichnis

Wenn Sie mithilfe des Suchbegriffs die gewünschten Informationen nicht auffinden können, bietet sich als Alternative an, das Inhaltsverzeichnis der Hilfe zu verwenden und dort nach den Informationen zu suchen, die Sie benötigen.

Das Inhaltsverzeichnis ist wie eine kleine Bibliothek aufgebaut. Sie sehen in der Liste Buch-Symbole, mit denen thematisch zueinander passende Einträge zusammengefasst sind. Um ein Buch zu öffnen, klicken Sie es an. Entweder sehen Sie dann eine Liste mit weiteren Büchern oder die Überschriften der Hilfeseiten.

Bild 4.4   Nach dem Aufklappen der Bücher sehen Sie die Überschriften der Hilfeseiten

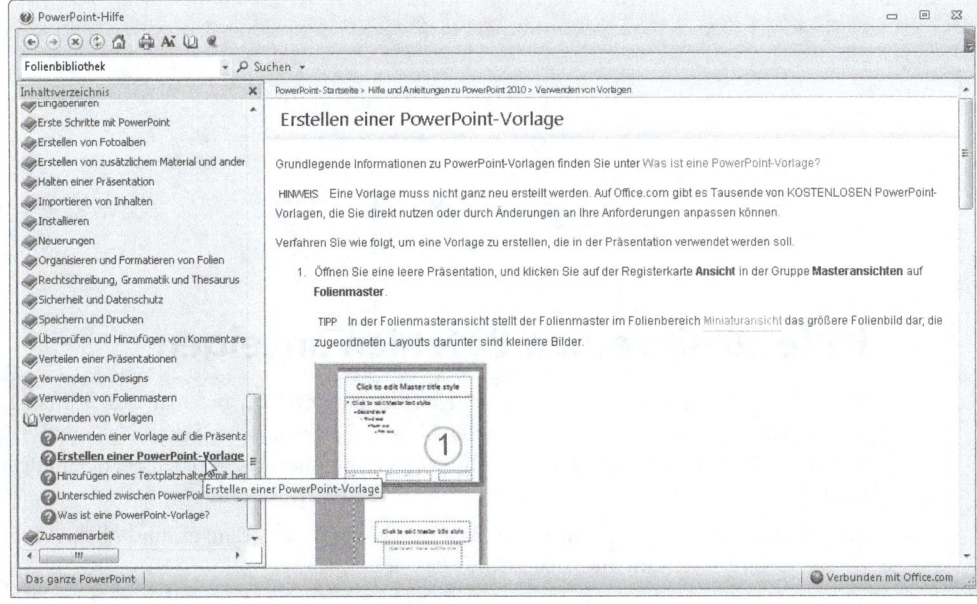

Um ein gewünschtes Thema anzuzeigen, klicken Sie es einfach im Inhaltsverzeichnis an.

Kontextsensitive Hilfe

Als weitere Hilfe stellen Ihnen die Office-Programme auf den meisten Dialogfeldern eine kontext-sensitive Hilfe zur Verfügung. Ob die kontextsensitive Hilfe angeboten wird oder nicht, erkennen Sie am Vorhandensein einer kleinen Schaltfläche mit einem Fragezeichen.

Wenn Sie das Fragezeichen anklicken, wird das Hilfefenster geöffnet und Sie sehen auf einen Blick, welche Informationen die Hilfe für das betreffende Dialogfeld zu bieten hat.

Bild 4.5   Das Excel-Dialogfeld *Seite einrichten* und die zugehörige Hilfeseite für die Registerkarte *Blatt*

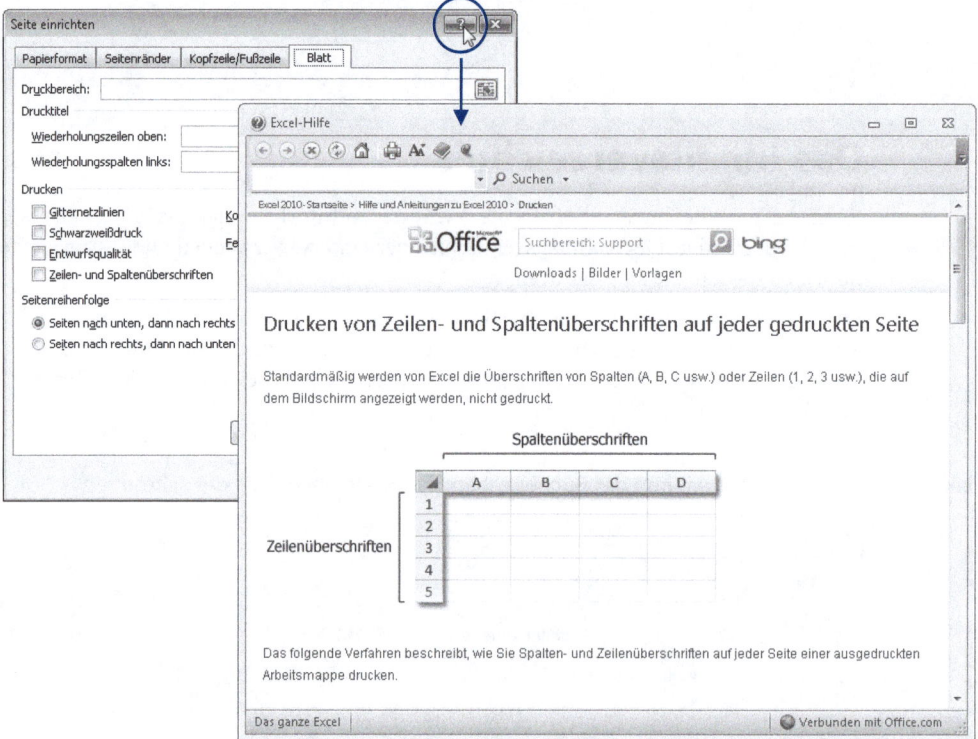

Hilfe zu einzelnen Befehlen anzeigen

Mit Office 2010 ist es sogar möglich, gezielt Hilfe zu einzelnen Befehlen aufzurufen. Dazu zeigen Sie mit der Maus auf den gewünschten Befehl bzw. die gewünschte Schaltfläche und drücken dann die Taste F1. Wenn dieser »Trick« bei Ihnen nicht funktioniert, müssen Sie noch folgende Vorbe-reitung treffen:

1. Klicken Sie auf *Datei,* um in die Backstage-Ansicht zu gelangen und klicken Sie dort unten links im Fenster auf die Schaltfläche *Optionen.*

2. Klicken Sie im angezeigten Dialog auf *Allgemein.*

3. Wählen Sie im Listenfeld *QuickInfo-Format* die Einstellung *Featurebeschreibungen in Quick-Infos anzeigen*. Sie finden das Listenfeld in der Gruppe *Benutzeroberflächenoptionen*.

4. Schließen Sie das Dialogfeld mit *OK*.

5. Zeigen Sie im Menüband auf eine Schaltfläche. Wenn im angezeigten QuickInfo der Hinweis »Drücken Sie F1, um die Hilfe anzuzeigen« auftaucht, existiert zu diesem Element ein eigener Hilfeeintrag.

Bild 4.6   Für die Schaltfläche *SmartArt-Grafik einfügen* existiert ein eigener Hilfeeintrag

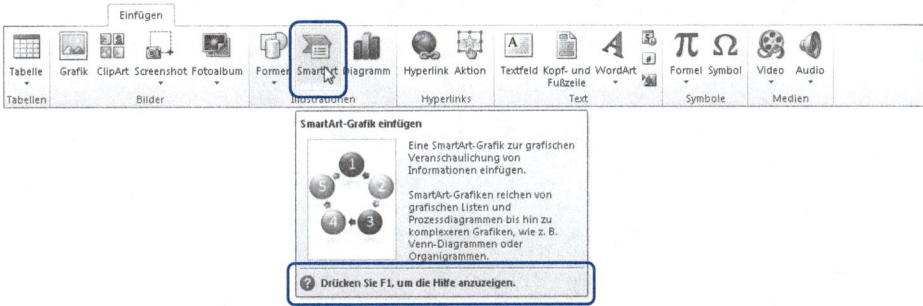

6. Drücken Sie F1 , um das Hilfe-Fenster anzuzeigen.

Bild 4.7   Im Hilfe-Fenster wird die passende Seite angezeigt

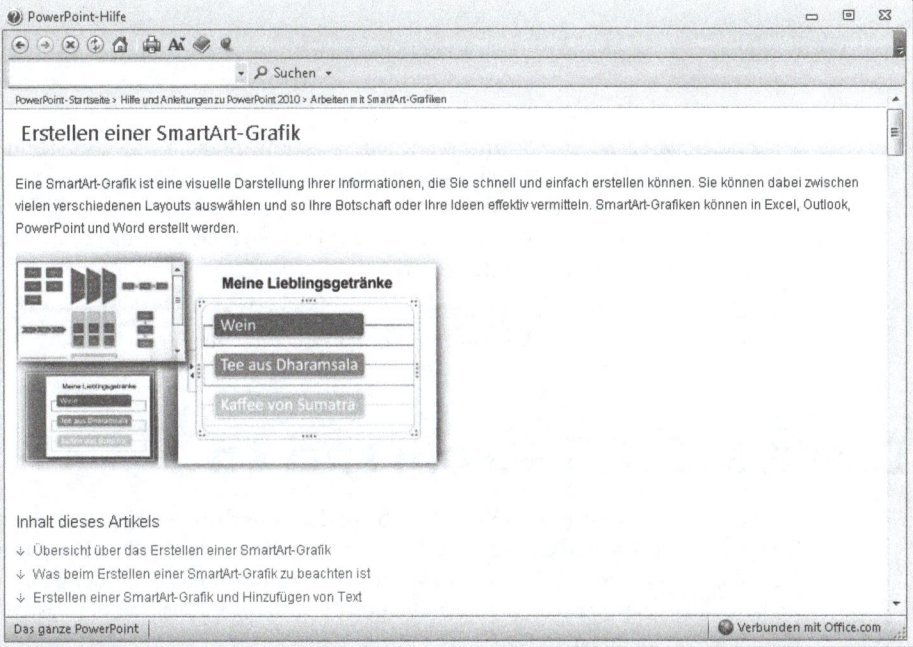

Wenn zu einer Schaltfläche kein eigenes Thema in der Online-Hilfe vorhanden ist, erscheint im Hilfe-Fenster die normale Startseite.

Die Hilfe-Seite der Backstage-Ansicht

Eine weitere Stelle, an der Sie Unterstützung bei Problemen finden können, ist die Seite *Hilfe* in der Backstage-Ansicht. Um diese Seite anzuzeigen, klicken Sie in dem gewünschten Office-Programm auf *Datei* und dann links auf *Hilfe*.

Bild 4.8 Hier finden Sie zum Beispiel Informationen, wie Sie mit Microsoft in Kontakt treten können

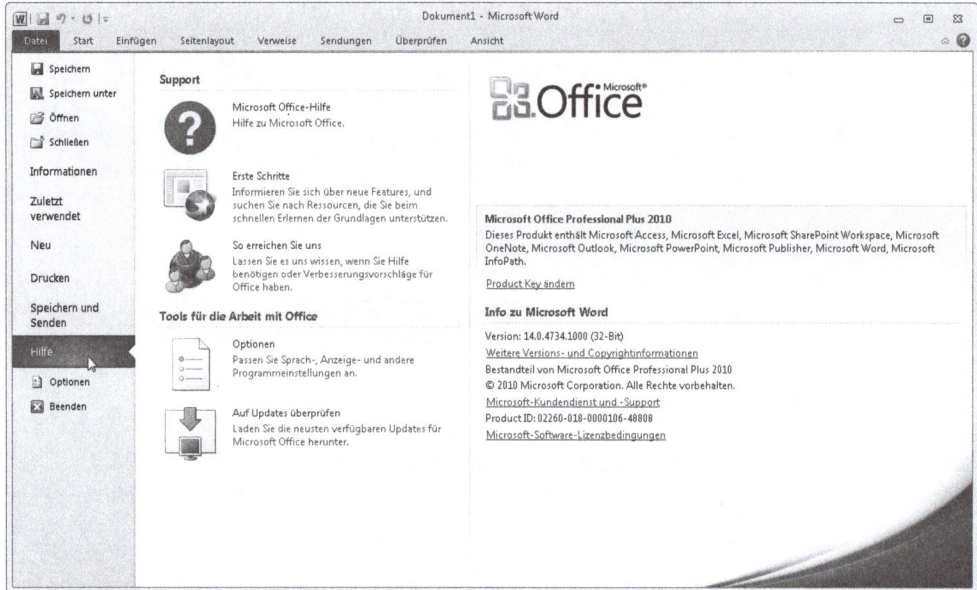

Über die Schaltfläche *Erste Schritte* erreichen Sie eine Webseite, auf der Sie sich u. a. einen schnellen Überblick über die neuen Funktionen in Office 2010 machen können. Außerdem finden Sie dort animierte Simulationen der Office 2003-Programme, die Ihnen zeigen, wo sich die verschieden Befehle in den neuen Office-Versionen befinden. Diese Webseite ist damit vor allem für Umsteiger von älteren Office-Versionen interessant.

Die Schaltfläche *So erreichen Sie uns* führt Sie auf eine Webseite, die Ihnen verschiedene Möglichkeiten aufzeigt, wie Sie mit Microsoft in Kontakt treten können.

Direkt auf Office.com suchen

Ein Bereich, der in Microsoft Office 2010 besonders ausgebaut wurde, ist die Website zu Office, die Sie unter *http://www.office.com* erreichen. Sie haben von allen Office-Programmen aus direkten Zugriff auf die Website. Informationen von der Website können entweder ganz normal im Internet Explorer angezeigt werden oder aber auch im Inhaltsverzeichnis und den Listen mit den gefundenen Hilfethemen integriert sein.

Bild 4.9   Die Website zu Microsoft Office

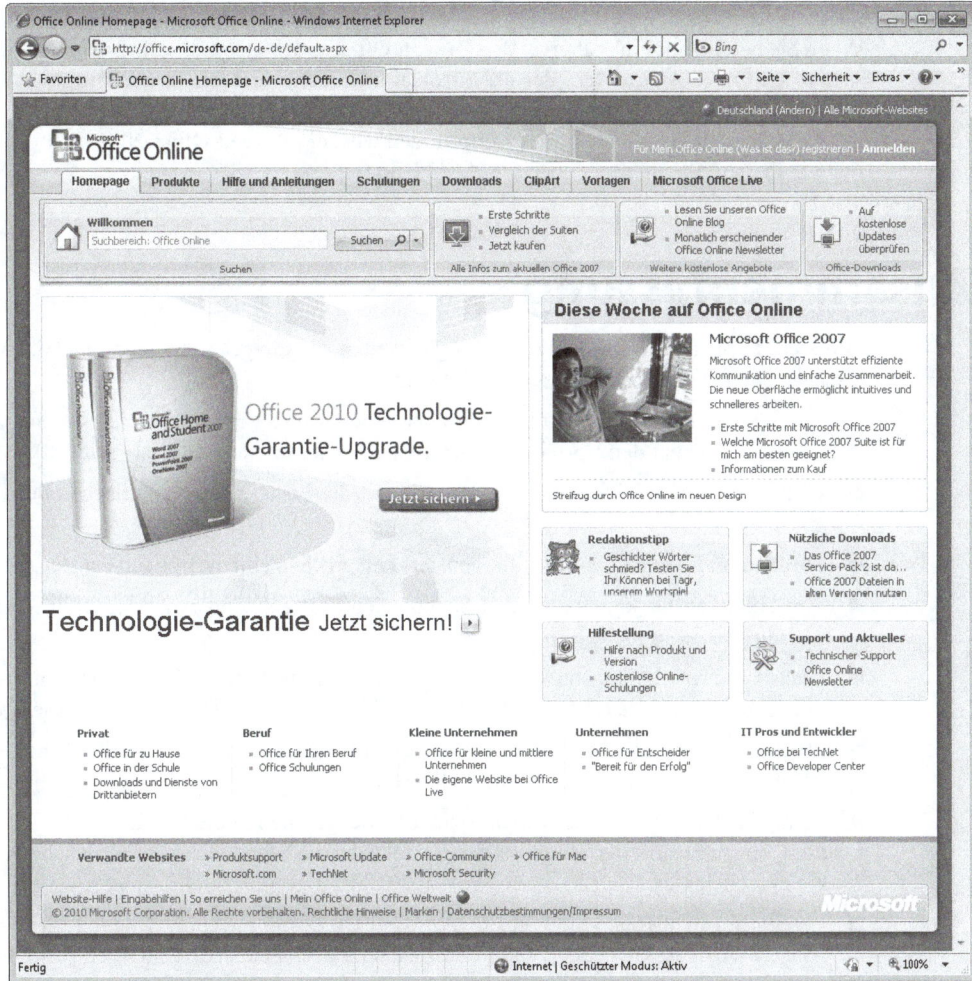

Auf dieser Website finden Sie unter anderem

■ zahlreiche Artikel zu Einsatzmöglichkeiten von Office-Anwendungen

■ Kurse, die mit kleinen Demos in die Verwendung der Programme einführen

■ weitere Vorlagen, die nach dem Veröffentlichen von Office erstellt wurden und die Sie auf Ihren Computer herunterladen können

■ die vollständige Online-Hilfe mit Informationen zu allen Office-Programmen (im Gegensatz zum Hilfe-Fenster, das immer nur die Online-Hilfe des Programms anzeigt, von dem aus es aufgerufen wurde).

Stöbern Sie einfach ein wenig dort herum, damit Sie sich mit dem Angebot vertraut machen und so im Bedarfsfall dieses zusätzliche Hilfsangebot nutzen können.

Der Office-Assistent

Wenn Sie bereits mit einer älteren Version von Office gearbeitet haben, kennen Sie sicher den Office-Assistenten, der als Büroklammer oder auch als kleines Hündchen sein Unwesen auf dem Bildschirm trieb. Da dieses Feature von der Mehrheit der Anwender als lästig und störend empfunden wurde, ist es seit Office 2007 nicht mehr enthalten. Wie heißt es doch so schön? Und tschüss!

Zusammenfassung

In diesem Kapitel haben Sie einige der Möglichkeiten kennen gelernt, wie Sie die Hilfefunktion der verschiedenen Office-Anwendungen verwenden:

■ Sie können sowohl eine Online- als auch eine Offline-Version des Hilfesystems nutzen. Die Online-Hilfe hat den Vorteil, dass sie umfangreicher und aktueller ist (Seite 80).

■ Zum Aufruf des Hilfefensters klicken Sie auf die Fragezeichenschaltfläche oder drücken die Taste F1.

■ Aufbau und Bedienung des Hilfe-Fensters entsprechen einem Browser-Fenster (Seite 81).

■ Im Hilfe-Fenster können Sie den Suchbereich festlegen und zwischen Online- und Offline-Modus wechseln (Seite 82).

■ Falls Sie über die Eingabe von Suchbegriffen nicht die von Ihnen benötigte Information finden, können Sie das Inhaltsverzeichnis der Hilfe als Nachschlagwerk nutzen (Seite 83).

■ Wenn Sie Hilfe zu einem der Dialogfelder benötigen, können Sie die Hilfe-Schaltfläche in der Titelleiste des Dialogfeldes anklicken (Seite 84).

■ Einige Befehle und Schaltflächen verfügen über eigene Hilfeseiten. Um diese Seiten aufzurufen, zeigen Sie mit der Maus auf den Befehl bzw. die Schaltfläche und drücken dann die Taste F1 (Seite 84).

■ Weiterhin steht Ihnen die Website Microsoft Office Online zur Verfügung (Seite 86), auf der Sie u.a. Artikel, Kurse oder weitere Vorlagen zu den verschiedenen Office-Anwendungen finden.

■ Der aus früheren Office-Versionen bekannte Office-Assistent ist in Office 2010 nicht mehr vorhanden (Seite 88).

Kapitel 5

Dokumente erstellen, speichern, öffnen, drucken

Die Befehle zum Arbeiten mit Dokumentdateien, die in Office 2003 über das *Datei*-Menü und in Office 2007 über die *Office-Schaltfläche* erreichbar waren, befinden sich bei Office 2010 in der sogenannten Backstage-Ansicht, die Sie durch Anklicken der Registerkarte *Datei* öffnen. Dieses Kapitel beschreibt, wie Sie mit den Befehlen der Backstage-Ansicht Dokumente erstellen, speichern, öffnen, drucken und als PDF-Datei veröffentlichen können.

Ein weiterer Abschnitt dieses Kapitels beschäftigt sich mit dem neuen Dateiformat, das ab der Office-Version 2007 von Word, Excel und PowerPoint verwendet wird. Der Schwerpunkt der Informationen ist dabei die Frage, wie Sie am besten vorgehen, wenn Sie Dokumente öffnen, die in vorhergehenden Office-Versionen erstellt wurden, und welche Vorgehensweisen sich anbieten, wenn Sie mit Office-Anwendern Dokumente austauschen, die noch nicht die Version 2007 oder 2010 verwenden.

Neues Office-Dokument erstellen

Wie bei den vorhergehenden Office-Versionen können Sie auch in Office 2010 ein neues Dokument auf verschiedene Arten erstellen: Sie können die Vorlagen verwenden, die sich auf Ihrem Computer befinden, die Vorlagen auf der Website *Office.com* nutzen oder ein neues Dokument auf der Basis eines Dokuments erstellen, das Sie zu einem früheren Zeitpunkt fertiggestellt und gespeichert haben. Dieser Abschnitt stellt die verschiedenen Möglichkeiten vor.

Ein leeres Dokument in der Anwendung erstellen

Wenn die Anwendung, mit der Sie das Dokument erstellen wollen, bereits gestartet ist, können Sie die folgenden Schritte durchführen, um ein neues, leeres Dokument zu erstellen:

1. Klicken Sie im Menüband auf die Registerkarte *Datei*. Die Backstage-Ansicht wird geöffnet.

2. Klicken Sie im Menü der Backstage-Ansicht auf *Neu*.

Bild 5.1   Über die Registerkarte *Datei* erreichen Sie die Befehle, die bis zur Office-Version 2003 im Menü *Datei* und bei Office 2007 im Menü der *Office-Schaltfläche* zu finden waren

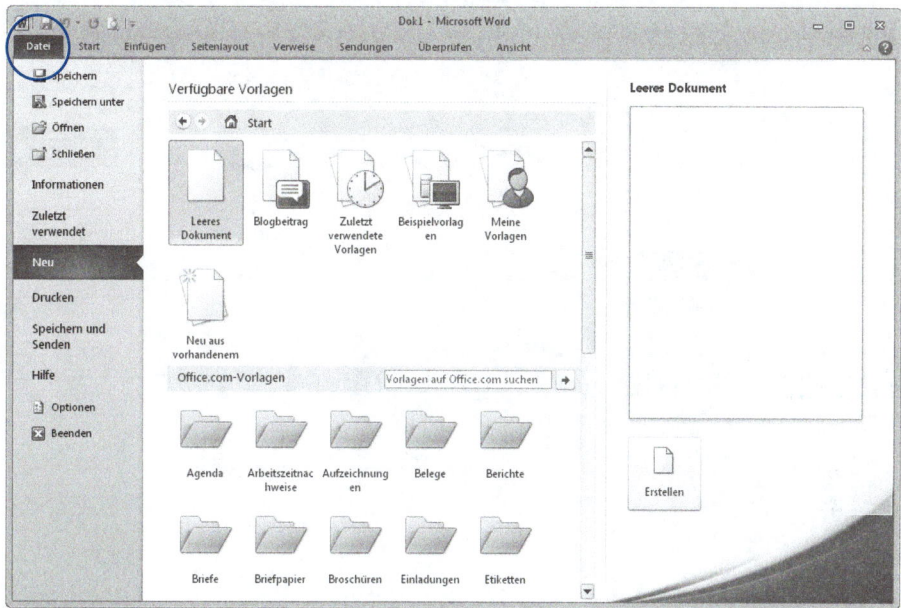

Die Backstage-Ansicht *Neu* ersetzt das Dialogfeld *Neues Dokument* aus Office 2007 bzw. den gleichnamigen Aufgabenbereich aus Office 2003, sie ist jedoch ähnlich aufgebaut.

3. Führen Sie eine der folgenden Aktionen durch:

- ■ **Leeres Dokument erstellen**   Wenn Sie ein leeres Dokument erstellen wollen, klicken Sie im Bereich *Verfügbare Vorlagen* je nach Anwendung auf *Leeres Dokument, Leere Arbeits-mappe* oder *Leere Präsentation.* Die Vorgehensweise bei OneNote ist ein wenig anders und wird daher im Teil zu OneNote 2010 beschrieben.

- ■ **Dokument auf Beispielvorlage basieren**   Wenn das neue Dokument auf einer mitge-lieferten *Beispielvorlage* basieren soll, klicken Sie auf *Beispielvorlagen.* Daraufhin werden die Beispielvorlagen der jeweiligen Anwendung in der Backstage-Ansicht angezeigt (sie-he Abbildungen auf der folgenden Seite).

  Die Vorlagen, die sich im Lieferumfang von Word befinden, sind für die grundlegenden Büro-Dokumente (Brief, Fax, Serienbrief, Bericht) geeignet und unterscheiden sich durch die verschiedenen Designs. Excel enthält Vorlagen für das Erstellen von allgemei-nen Arbeitsmappen (Rechnungsaufstellung, Spesenabrechnung, Kreditberechnung).

  Klicken Sie eine der Beispielvorlagen an, damit auf der rechten Seite der Backstage-Ansicht eine Vorschau angezeigt ist. Wenn Sie die Vorlage gefunden haben, die Sie ver-wenden möchten, lassen Sie sie markiert.

Je nach Anwendung finden Sie unterschiedliche Beispielvorlagen, auf denen Sie ein neues Dokument basieren lassen können

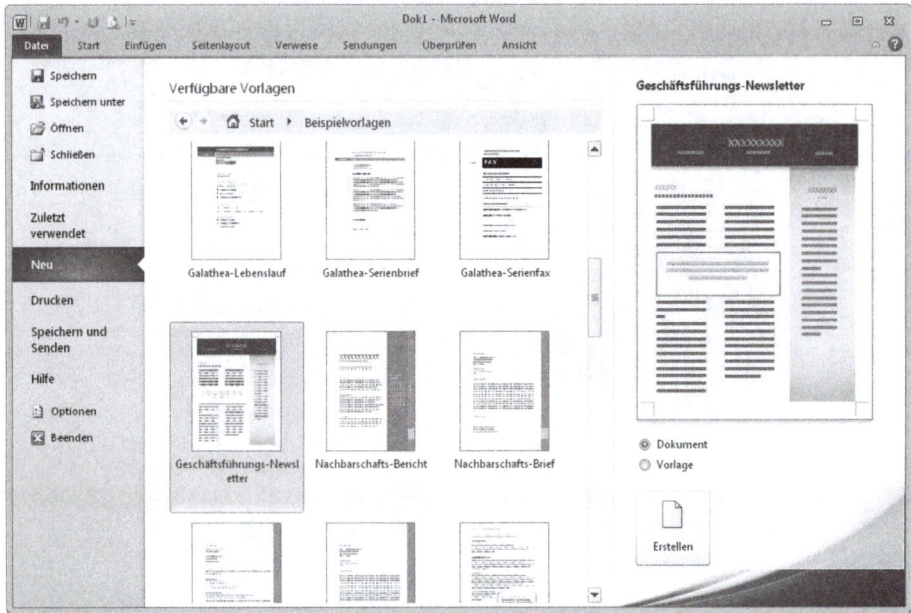

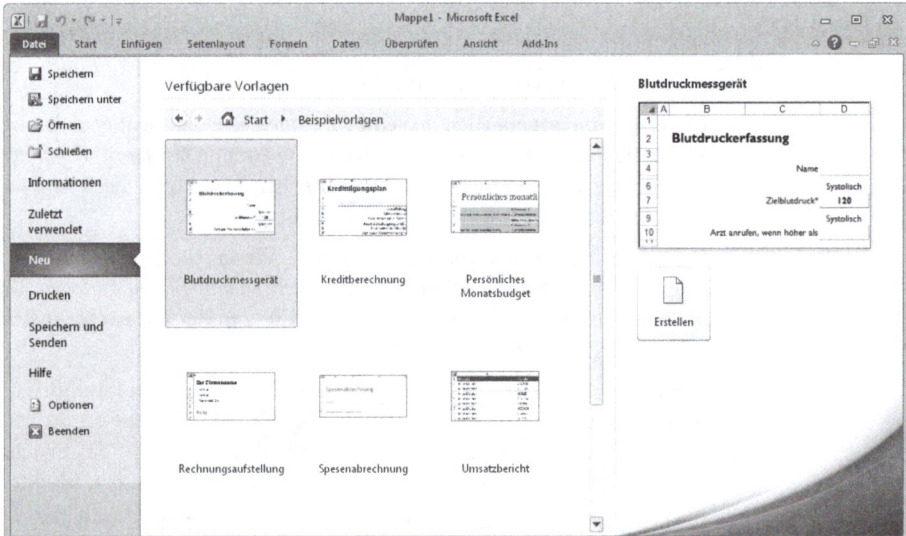

4. Klicken Sie auf *Erstellen*.

Das neue Dokument wird erstellt und die Backstage-Ansicht wird geschlossen. Es ist nicht erforderlich, das Dokument zu speichern, bevor Sie mit der Bearbeitung beginnen.

Leere Präsentation aus Design-Vorlagen erstellen

Wenn Sie eine leere PowerPoint-Präsentation erstellen, beginnen Sie im übertragenen Sinn mit einem weißen Blatt Papier. Sie können jedoch auch von Anfang an Farbe ins Spiel bringen, indem Sie die neue Präsentation auf der Basis eines installierten Designs erstellen. In diesem Fall werden die Folien der neuen Präsentation automatisch mit einem mehr oder wenig aufwendig gestalteten Hintergrund ausgestattet. Außerdem wird durch ein Design die Verwendung bestimmter Schriften und Farben vorgegeben.

1. Klicken Sie auf die Registerkarte *Datei* und dann auf *Neu*.

2. Klicken Sie in der Liste *Verfügbare Vorlagen und Designs* auf *Designs*.

Bild 5.3   Die Namen der installierten Designs entstammen der griechischen Mythologie

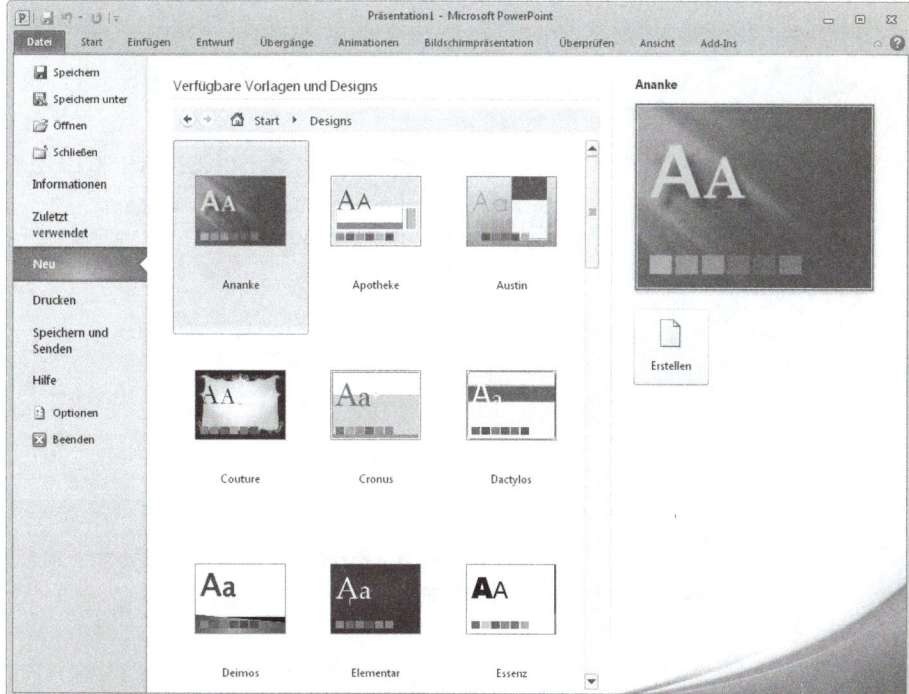

3. Wenn Sie die Miniaturansichten der Designs anklicken, erscheint rechts in der Backstage-Ansicht eine vergrößerte Vorschau.

4. Um das markierte Design auf die neue Präsentation anzuwenden, klicken Sie auf *Erstellen*. Alternativ können Sie auch in der Liste auf das gewünschte Design-Symbol doppelklicken.

Die neue Präsentation enthält ebenfalls eine Folie für den Titel bzw. den Untertitel, die jedoch bereits mit einem gestalteten Hintergrund ausgestattet ist. Natürlich können Sie den Hintergrund der Folie noch nachträglich ändern. Wie Sie später noch sehen werden, lässt sich auch das Design der Präsentation mit wenigen Mausklicks austauschen. Mit der Entscheidung für ein Design müssen Sie sich also nicht verbindlich festlegen.

Genau genommen ist einer Präsentation sogar immer ein Design zugewiesen. Denn auch eine leere Präsentation besitzt ein Design und zwar das Design *Larissa*.

WICHTIG Die Trennung von Inhalt und Gestaltung ist ein wichtiges Prinzip einer PowerPoint-Präsentation, das Ihnen immer wieder begegnen wird. Wenn Sie dieses Prinzip konsequent umsetzen, werden Ihre Präsentationen optimal flexibel. Weitere Informationen über die Verwendung von Designs finden Sie in den Kapiteln zu PowerPoint und in Kapitel 41 dieses Buches.

Bild 5.4 PowerPoint zeigt in der Statusleiste den Namen des verwendeten Designs an

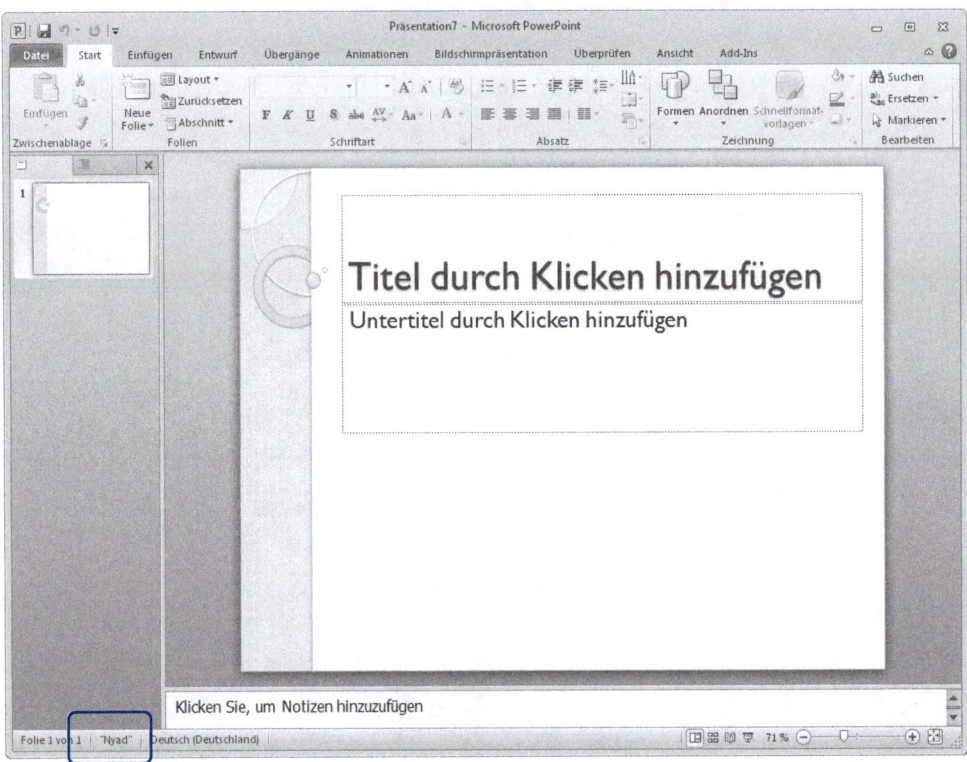

Neues Dokument auf vorhandenem basieren

Häufig kommt es vor, dass Sie bereits einmal ein Dokument erstellt haben und nun ein weiteres anlegen möchten, das sich von dem bereits vorhandenen nur in Kleinigkeiten unterscheiden wird. Der einfachste Weg, diese Aufgabe zu lösen, besteht darin, das bereits vorhandene Dokument als Grundlage zu verwenden.

1. Klicken Sie auf die Registerkarte *Datei* und dann auf *Neu*.

2. Klicken Sie im Bereich *Verfügbare Vorlagen* auf den Eintrag *Neu aus vorhandenem*. Das Dialogfeld *Neu aus vorhandenem Dokument* wird angezeigt.

Bild 5.5   Wählen Sie in diesem Dialogfeld das Dokument aus, das als Gerüst für ein neues dienen soll

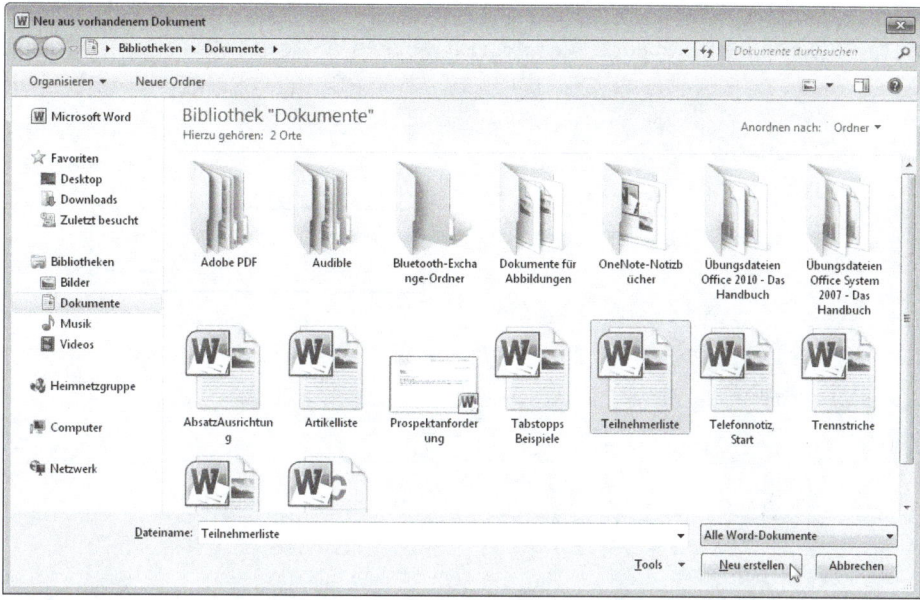

3. Wechseln Sie zu dem Ordner, in dem sich das Dokument befindet, das Sie als Gerüst für das neue Dokument verwenden wollen, und markieren Sie das Symbol des Dokuments.

4. Klicken Sie auf *Neu erstellen*.

Vorlagen von Office.com verwenden

Eine Vielzahl weiterer Vorlagen finden Sie auf der Microsoft-Website *Office.com*. Sehen Sie also auch dort nach, ob es eine Vorlage gibt, die sich für Ihren Einsatzzweck eignet. (Um die Vorlagen von *Office.com* verwenden zu können, muss Ihr Computer Zugang zum Internet haben.)

1. Klicken Sie auf die Registerkarte *Datei* und dann auf *Neu*.

2. Klicken Sie im Bereich *Office.com-Vorlagen* eine der Kategorien an, um diese zu öffnen.

3. Suchen Sie dann nach der Vorlage, die Sie verwenden möchten.

4. Wenn Sie eine passende Vorlage gefunden haben, klicken Sie auf die Schaltfläche *Download*.

   Die ausgewählte Vorlage wird heruntergeladen und basierend auf dieser Vorlage ein neues Dokument erstellt.

Auf Office.com nach Vorlagen suchen

Sie können in der Backstage-Ansicht *Neu* auch auf *Office.com* nach weiteren Vorlagen suchen. Für die nachstehende Abbildung haben wir Excel 2010 gestartet, als Suchbegriff *kalender* eingegeben und dann auf die Schaltfläche *Suche starten* geklickt. Wenn die Suche erfolgreich war, werden die gefundenen Vorlagen im Bereich *Suchergebnisse* angezeigt. Klicken Sie auch hier wieder auf *Download*, wenn Sie die Vorlage gefunden haben, die Sie benötigen.

Bild 5.6   Sie können auch auf *Office.com* nach weiteren Vorlagen suchen

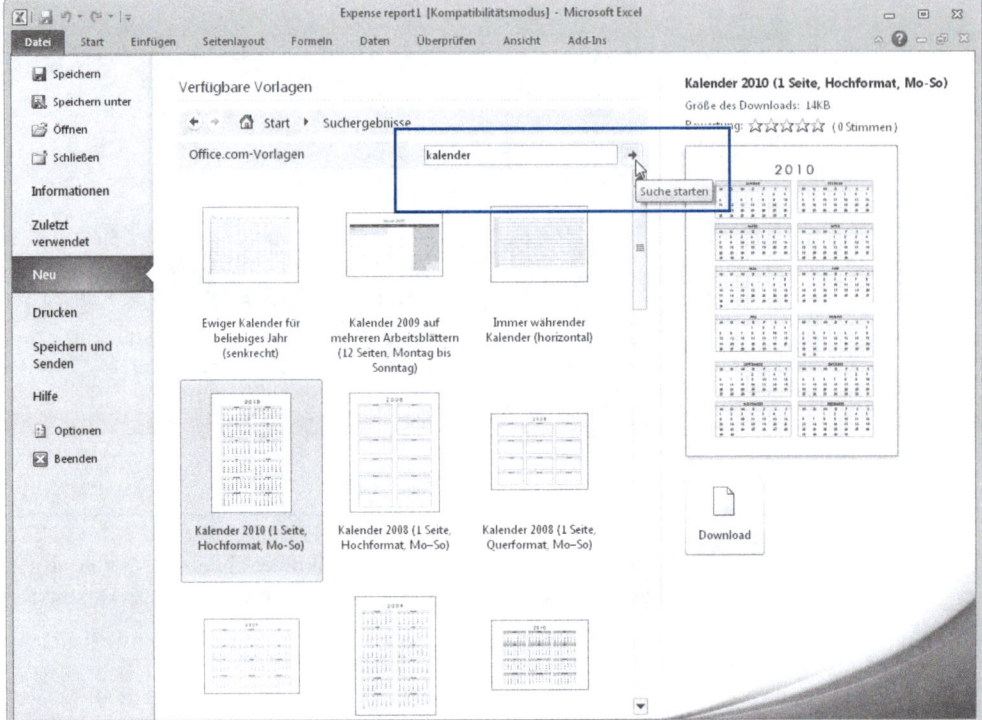

Dokument speichern

Mit dem Bearbeiten der verschiedenen Office-Dokumente befassen sich die speziell auf die jeweilige Anwendung zugeschnittenen Teile dieses Buches. Für diesen Abschnitt gehen wir einmal davon aus, dass Sie mit der Bearbeitung Ihres Dokuments fertig sind und es nun speichern wollen.

1. Klicken Sie auf die Registerkarte *Datei* und dann auf *Speichern unter*. Das gleichnamige Dialogfeld wird geöffnet.

    Standardmäßig wird die Bibliothek *Dokumente* geöffnet (Sie können den Standardspeicherort anders einstellen; wie das geht, erfahren Sie ab Seite 102.)

2. Wenn Sie das Dokument gemeinsam mit anderen verwenden, die weder Office 2007 noch Office 2010 einsetzen, öffnen Sie die Liste *Dateityp* und wählen eine der folgenden Optionen aus: *Word 97-2003-Dokument*, *Excel 97-2003-Arbeitsmappe* bzw. *PowerPoint 97-2003-Präsentation*. Hierdurch wird das Dokument im Dateiformat der vorherigen Office-Versionen gespeichert. (Weitere Informationen zu den neuen Dateiformaten von Office 2007/2010 finden Sie im Abschnitt ab Seite 112.)

Bild 5.7   Legen Sie hier das Dateiformat fest, in dem Ihr Dokument gespeichert werden soll
(hier exemplarisch oben Word 2010 und unten PowerPoint 2010)

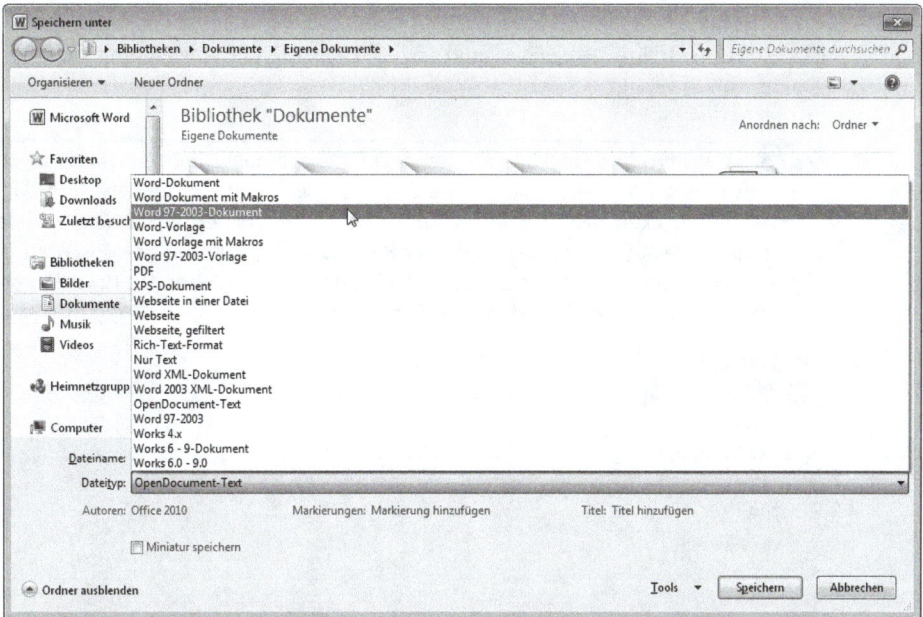

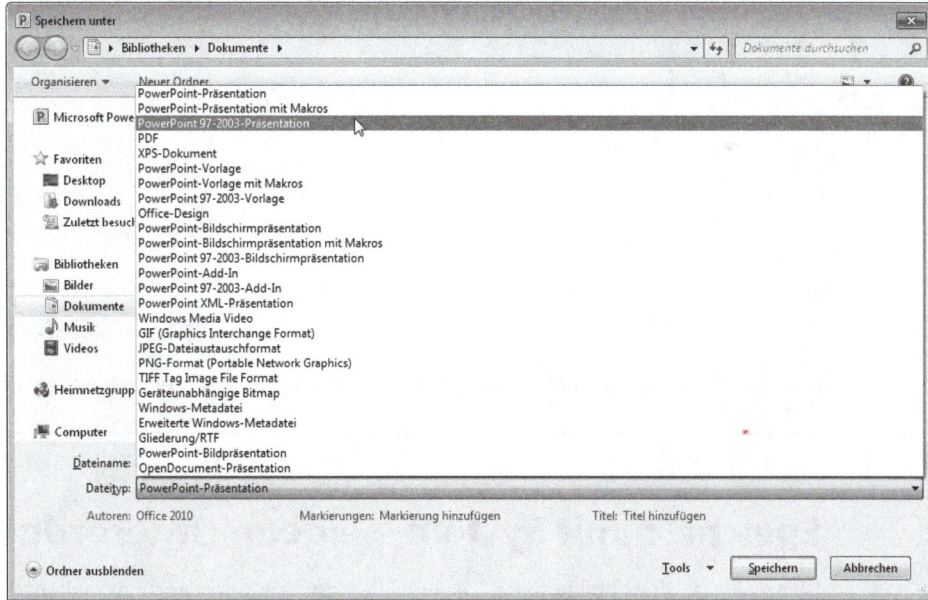

Office 2010

3.   Klicken Sie in der Navigationsleiste, um zu einem anderen Ordner zu wechseln. Oder doppelklicken Sie auf einen der sichtbaren Ordner, um diesen zu öffnen und das Dokument dort abzuspeichern.

4. Geben Sie in das Feld *Dateiname* den Namen ein, unter dem Sie das Dokument speichern wollen.

5. Klicken Sie auf *Speichern*.

Das Dokument wird gespeichert und in der Titelleiste der Anwendung wird der Dateiname des Dokuments angezeigt.

TIPP   **Dateityp ändern**   Sie können den Dateityp auch über eine weitere Funktion der Office-Anwendungen ändern. Klicken Sie dazu auf die Registerkarte *Datei* und dann auf *Speichern und Senden*. Klicken Sie anschließend im Bereich *Dateitypen* auf *Dateityp ändern*. Wählen Sie nun in der Liste auf der rechten Seite der Backstage-Ansicht den gewünschten Dateityp aus. Die Office-Anwendung öffnet das Dialogfeld *Speichern unter*. Geben Sie dort den gewünschten Dateinamen ein und klicken Sie dann auf *Speichern*.

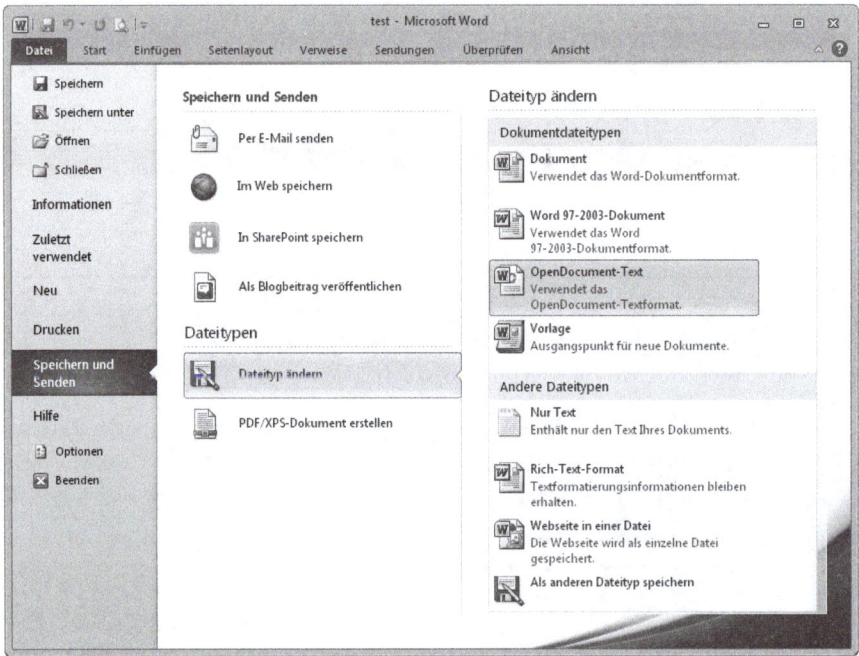

Bitte beachten Sie, dass bei dieser Vorgehensweise ein Duplikat einer bereits vorhandenen Datei erstellt wird.

Speichern mit System – eigene Unterordner

Wenn Sie sich die Abbildung des Dialogfeldes *Speichern unter* noch einmal anschauen, sehen Sie unterhalb der Titelleiste die Navigationsleiste, in der der Name des aktuellen Ordners angezeigt wird. Die Vorgabe zum Speichern ist bei Windows 7 die Bibliothek mit Ihren eigenen Dokumenten. Dieser Ordner wird automatisch von Windows für jeden Benutzer bereitgestellt, für den auf dem Computer ein Benutzerkonto erstellt wird.

Wenn Sie nur wenige Dateien speichern, ist das Speichern im Ordner *Dokumente* kein Problem. Wenn es jedoch mehr Dateien werden, bietet es sich an, im Ordner *Dokumente* weitere Unterordner anzulegen und so z.B. die Dokumente in eigenen Projektordnern abzulegen.

So erstellen Sie einen neuen Ordner und verwenden diesen zum Speichern eines Dokuments:

1. Klicken Sie auf die Registerkarte *Datei* und dann auf *Speichern unter*.

2. Klicken Sie im Dialogfeld *Speichern unter* auf die Schaltfläche *Neuer Ordner*. Ein neuer Ordner mit dem Namen *Neuer Ordner* wird erstellt. Die Einfügemarke steht im Namen des Ordners.

Bild 5.8   Erstellen Sie über das Dialogfeld *Speichern unter* neue Ordner, um Ihre Dokumentenablage übersichtlicher zu organisieren

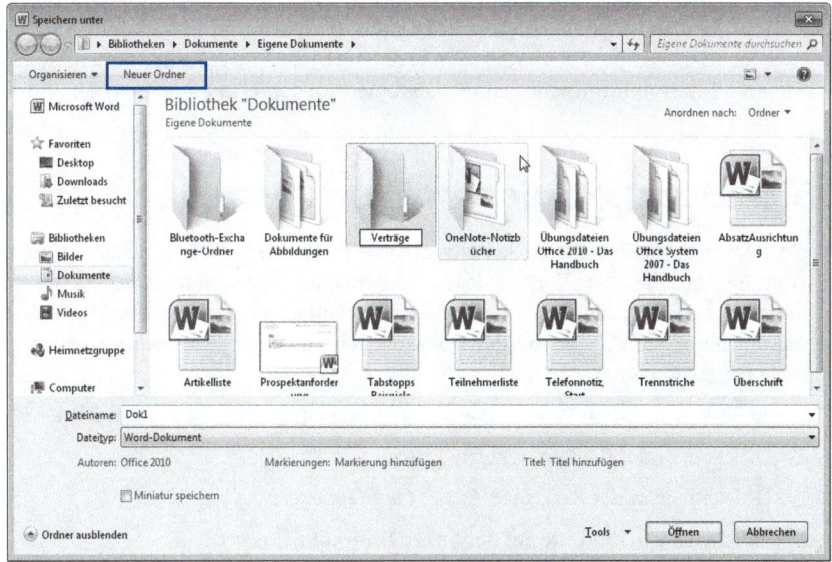

3. Geben Sie den Namen des neuen Ordners ein (z.B. *Privat, Beruf, Verträge* oder wie auch immer Sie Ihre Dokumente strukturieren) und drücken Sie dann die ⏎-Taste. Der Ordner wird umbenannt und es wird automatisch zu dem neuen Ordner gewechselt.

4. Geben Sie in das Feld *Dateiname* den Namen für das Dokument ein und klicken Sie dann auf *Speichern*.

Spezielle Speicherorte in den Linkfavoriten

Auf der linken Seite der Dialogfelder *Öffnen* und *Speichern unter* sehen Sie die sogenannten Linkfavoriten. Mit den Linkfavoriten können Sie schnell zwischen verschiedenen Speicherorten wechseln.

■ **Computer**   Klicken Sie auf diesen Link, um schnell eine Liste aller Datenträger in Ihrem Computer zu erhalten. Doppelklicken Sie dann auf den gewünschten Datenträger und navigieren Sie zu dem Ordner, in dem Sie das Dokument speichern bzw. aus dem heraus Sie es öffnen wollen.

■ **Zuletzt besucht**   Ein Klick auf diesen Link zeigt die Namen der zuletzt benutzten Ordner und Laufwerke an.

■ **Dokumente**   Ein Klick auf diesen Link bringt Sie schnell zu Ihrem persönlichen Ordner *Dokumente* zurück.

■ **Desktop**   Wenn Sie eine Datei auf dem Windows-Desktop speichern wollen, klicken Sie auf diesen Link.

Speicheroptionen einstellen

Word, Excel und PowerPoint stellen Ihnen unterschiedliche Möglichkeiten zur Verfügung, um bei einem versehentlichen Überschreiben einer Datei oder bei einem Programmabsturz die vorherige Version der Datei wiederherstellen zu können. In Word und Excel können Sie dazu das Erstellen einer Sicherungskopie aktivieren; in Word, Excel und PowerPoint können Sie in einem konfigurierbaren Intervall Informationen zur Dokumentwiederherstellung speichern lassen.

Sicherungskopien in Word erstellen lassen

Word kann automatisch eine Sicherungskopie Ihrer Dokumente erstellen. Wenn diese Option aktiviert ist, wird die letzte Version des Dokuments unter dem Namen *Sicherungskopie von (Originalname)* und die aktuelle Version unter dem von Ihnen vergebenen Namen gespeichert. Sollte einmal mit der aktuellen Version des Dokuments etwas schiefgehen, können Sie auf die Sicherungskopie zurückgreifen.

Gehen Sie so vor, um in Word das automatische Erstellen von Sicherungskopien zu aktivieren:

1. Klicken Sie auf die Registerkarte *Datei*.

2. Klicken Sie in der Backstage-Ansicht auf *Optionen*.

3. Klicken Sie in der Liste auf der linken Seite auf *Erweitert*.

4. Scrollen Sie in der Liste mit den Optionen auf der rechten Seite, bis Sie die Gruppe *Speichern* sehen.

Bild 5.9   Aktivieren Sie hier das automatische Erstellen von Sicherungskopien für Word-Dokumente

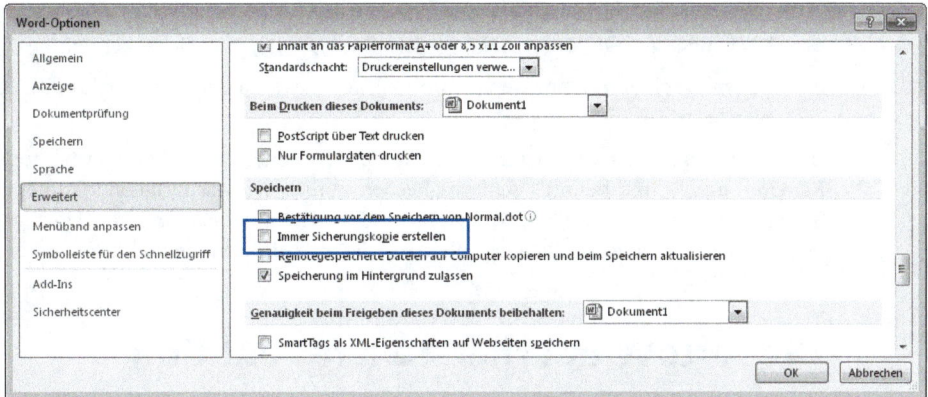

5. Schalten Sie das Kontrollkästchen *Immer Sicherungskopie erstellen* ein.

6. Klicken Sie auf *OK*.

In Zukunft legt Word nun von jeder Datei eine Sicherungskopie an. Diese Dateien besitzen übrigens die Erweiterung *.wbk (Word Backup Document)* und befinden sich im gleichen Ordner wie das Originaldokument. Wenn Sie eine Sicherungsdatei öffnen wollen, müssen Sie im Dialogfeld *Öffnen* die Liste *Dateityp* öffnen und dort den Eintrag *Alle Dateien* auswählen.

Sicherungskopie in Excel erstellen lassen

Auch Excel kann automatisch eine Sicherungskopie von Arbeitsmappen erstellen. Wenn Sie diese Option eingeschaltet haben, wird die letzte Version der Arbeitsmappe unter dem Namen *Sicherungskopie von (Originalname)* und die aktuelle Version unter dem von Ihnen vergebenen Namen gespeichert.

Im Unterschied zu Word ist es in Excel leider nicht möglich, das Erstellen einer Sicherungskopie generell einzuschalten. Sie müssen daher für jede Arbeitsmappe, für die eine Sicherungskopie erstellt werden soll, die folgenden Schritte ausführen:

1. Klicken Sie auf die Registerkarte *Datei* und dann auf *Speichern unter*.

2. Klicken Sie im Dialogfeld *Speichern unter* auf *Tools* und dann auf *Allgemeine Optionen*.

Bild 5.10   Aktivieren Sie hier das automatische Erstellen von Sicherungskopien
für die aktuelle Excel-Arbeitsmappe

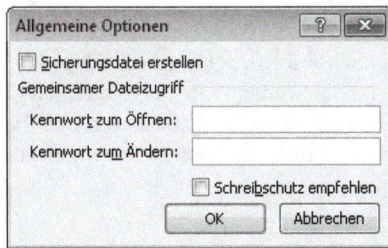

3. Schalten Sie im Dialogfeld *Allgemeine Optionen* das Kontrollkästchen *Sicherungsdatei erstellen* ein.

4. Klicken Sie auf *OK*, um zum Dialogfeld *Speichern unter* zurückzukehren.

5. Geben Sie einen Dateinamen ein und klicken Sie dann auf *Speichern*, um die Arbeitsmappe zu speichern.

In Zukunft legt Excel von dieser Datei eine Sicherungskopie an. Diese Datei besitzt übrigens die Erweiterung *.xlk* und befindet sich im gleichen Ordner wie das Originaldokument. Wenn Sie eine Sicherungsdatei öffnen wollen, können Sie im Dialogfeld *Öffnen* die Liste *Dateityp* öffnen und dort den Eintrag *Sicherungsdateien* auswählen, um die Sicherungskopien schneller zu finden.

Die AutoWiederherstellen-Funktion

Wenn Sie an einem Office-Dokument arbeiten, sollten Sie dieses in regelmäßigen Abständen speichern. Denn selbst wenn moderne Computer und Programme mittlerweile sehr zuverlässig sind, können auch die Office-Programme jederzeit unvermittelt »abstürzen« oder der Rechner kann durch einen Defekt oder einen Stromausfall schlagartig ausfallen. Und wenn dann der letzte Speichervorgang lange zurückliegt, haben Sie unter Umständen viel Zeit verloren.

Um den Datenverlust in solchen Situationen zu minimieren, gibt es in Excel, Word und Power-Point die sogenannte *AutoWiederherstellen*-Funktion. Wenn diese Funktion aktiviert ist, speichert PowerPoint in regelmäßigen Abständen die geöffneten Präsentationen. Falls es dann zu einem Programmabsturz kommt, kann beim nächsten Start das Dokument wiederhergestellt werden, sodass nur wenige Minuten Arbeit verloren gehen.

So können Sie die AutoWiederherstellen-Funktion konfigurieren:

1. Klicken Sie auf die Registerkarte *Datei*.

2. Klicken Sie in der Backstage-Ansicht auf *Optionen*.

3. Klicken Sie in der Liste auf der linken Seite des Dialogfeldes *[Programmname]-Optionen* auf *Speichern*.

4. Schalten Sie das Kontrollkästchen *AutoWiederherstellen-Informationen speichern* ein.

5. Geben Sie in das Feld *Minuten* das Intervall ein, in dem die AutoWiederherstellen-Informationen gespeichert werden sollen.

6. Klicken Sie auf *OK*.

Standardspeicherort und Standardformat festlegen

Wenn Sie den Befehl *Speichern unter* oder *Öffnen* wählen, zeigen die Dialogfelder standardmäßig den Ordner *Eigene Dokumente* an. Wenn Sie Ihre Dokumente in einem anderen Ordner speichern oder aus einem anderen Ordner öffnen, können Sie diese Vorgabe ändern. Sie brauchen dann in den Dialogfeldern *Speichern unter* und *Öffnen* nicht mehr manuell zu diesem Ordner zu wechseln.

Außerdem können Sie das Standarddateiformat einstellen, das zum Speichern der Dokumente verwendet werden soll. Das Standarddateiformat wird automatisch im Dialogfeld *Speichern unter* eingestellt, wenn Sie das Speichern über die Taste F12 initiieren.

1. Starten Sie das Office-Programm, für das Sie das Standarddateiformat und den Standardspeicherort festlegen wollen.

2. Klicken Sie auf die Registerkarte *Datei* und dann auf *Optionen*.

3. Klicken Sie in der Liste auf der linken Seite auf *Speichern*.

Bild 5.11   Legen Sie hier das Standarddateiformat und den Standardspeicherort für Word fest

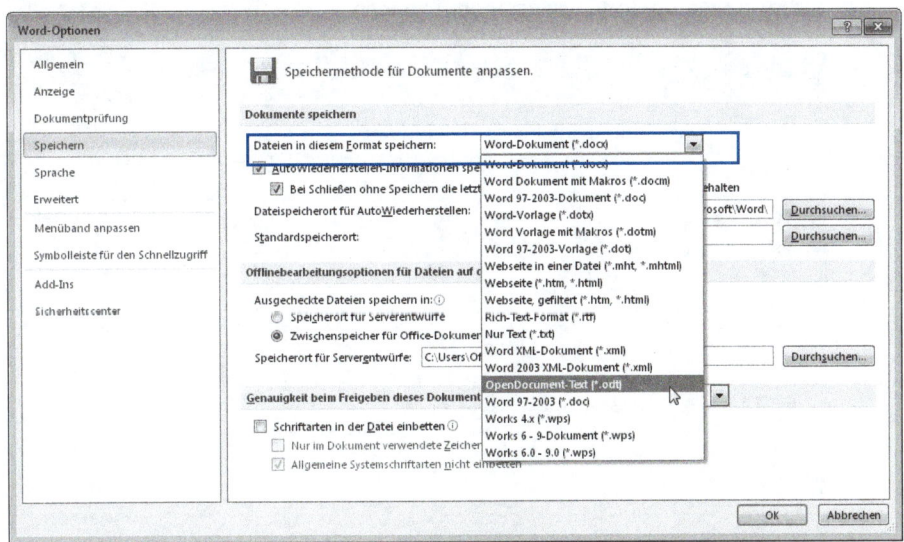

4. Öffnen Sie die Liste *Dateien in diesem Format speichern* und legen Sie dann das Standarddateiformat fest.

5. Klicken Sie bei Excel und PowerPoint in das Feld *Standardspeicherort* und geben Sie den kompletten Pfadnamen des Ordners ein, den Sie als Standardspeicherort verwenden wollen. Bei Word können Sie auf *Durchsuchen* klicken, um das Dialogfeld *Speicherort ändern* anzeigen zu lassen und dort den Ordner auszuwählen.

6. Klicken Sie jeweils auf *OK*, um die geöffneten Dialogfelder zu schließen.

Dokumenteigenschaften verwenden

In den Office-Dokumenten können Sie neben dem Dateinamen weitere Informationen aufnehmen, die Ihnen dabei helfen können, ein bestimmtes Dokument wiederzufinden. Diese Informationen, die Dokumenteigenschaften genannt werden, befinden sich in derselben Datei wie das Dokument. Neben Eigenschaften, die Sie selbst definieren und festlegen können, gehören zu den Dokumenteigenschaften statistische Informationen, wie die Anzahl der Seiten im Dokument, das Datum der letzten Speicherung usw., die vom jeweiligen Office-Programm automatisch erstellt werden.

Dokumenteigenschaften erstellen

Es gibt verschiedene Möglichkeiten, die Eigenschaften eines Dokuments zu erstellen und zu verändern. Ein Weg ist die Verwendung der Backstage-Ansicht *Informationen*. Klicken Sie dazu auf die Registerkarte *Datei* und dann auf *Informationen*. Die Dokumenteigenschaften werden auf der rechten Seite der Backstage-Ansicht angezeigt. Klicken Sie eines der Felder an, die mit einem Rahmen markiert werden, wenn Sie den Mauszeiger darauf bewegen, und legen Sie die betreffenden Eigenschaften fest.

Bild 5.12 Auf der rechten Seite der Backstage-Ansicht *Informationen* werden die Dokumenteigenschaften angezeigt, die Sie dort auch verändern können

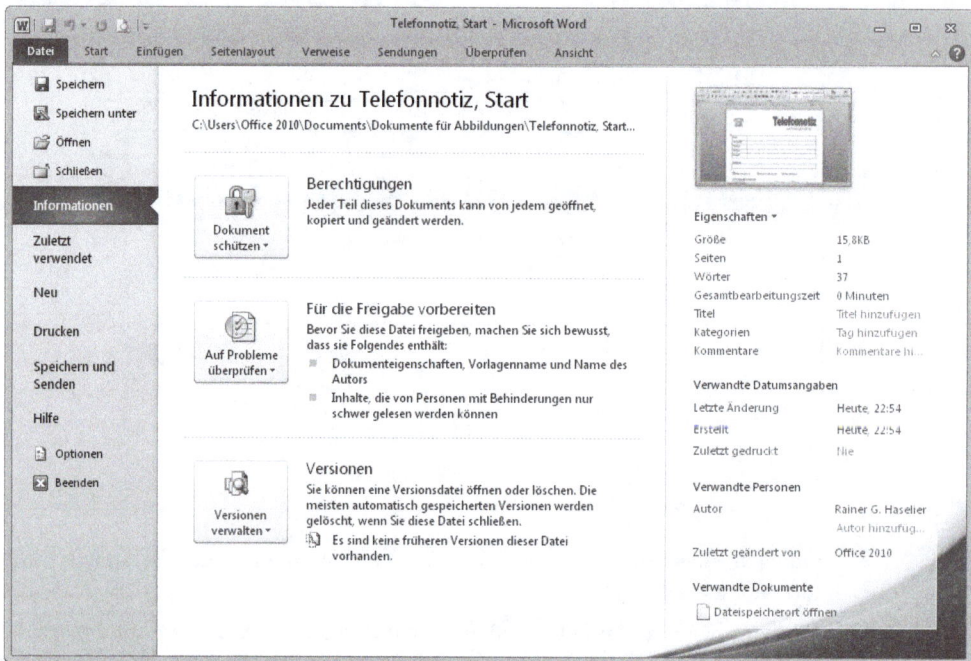

Alternativ können Sie die Dokumenteigenschaften auch während des Speicherns festlegen. Klicken Sie dazu im Dialogfeld *Speichern unter* auf *Ordner ausblenden*.

Bild 5.13 Wenn Sie im Dialogfeld *Speichern unter* auf *Ordner ausblenden* klicken, werden die Dokumenteigenschaften angezeigt, die Sie hier auch bearbeiten können

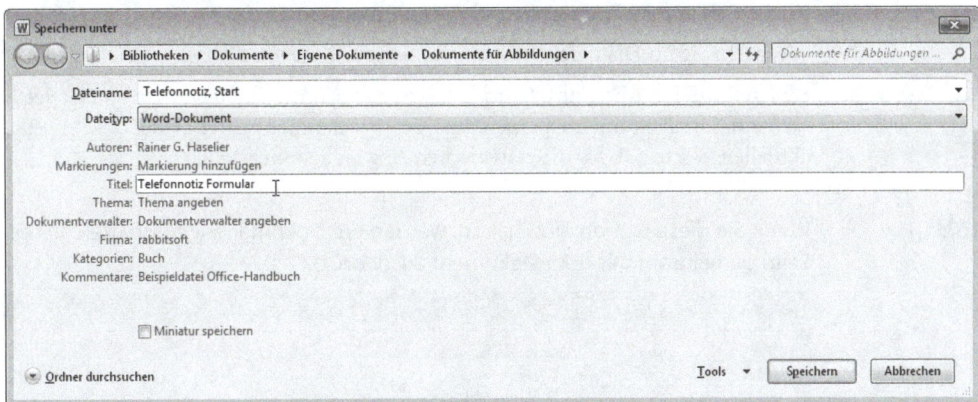

Drucken der Dokumenteigenschaften in Word

Bei Word können Sie die Eigenschaften eines Dokuments auch separat oder gemeinsam mit dem Dokument ausdrucken. Die erforderlichen Einstellungen finden Sie im Dialogfeld *Drucken*.

Wenn Sie nur die Dokumenteigenschaften drucken wollen, gehen Sie folgendermaßen vor:

1. Klicken Sie auf die Registerkarte *Datei* und dann auf *Drucken*.

2. Öffnen Sie die Liste *Druckauswahl* im Bereich *Einstellungen* und klicken Sie auf *Dokument-eigenschaften*.

Bild 5.14 Hier legen Sie fest, dass lediglich die Dokumenteigenschaften ausgedruckt werden sollen

3. Stellen Sie weitere Druckoptionen ein und klicken Sie dann auf *Drucken*.

Wenn Sie das Dokument gemeinsam mit den Dokumenteigenschaften ausdrucken lassen wollen, gehen Sie wie folgt vor:

1.   Klicken Sie auf die Registerkarte *Datei* und dann auf *Optionen*.

2.   Wechseln Sie im Dialogfeld *Word-Optionen* zur Kategorie *Anzeige*.

3.   Schalten Sie im Abschnitt *Druckoptionen* das Kontrollkästchen *Dokumenteigenschaften drucken* ein. Die Dokumenteigenschaften werden dann auf einer eigenen Seite gedruckt und die aktuellen Werte z.B. für die statistischen Angaben ausgegeben.

Bild 5.15   Wenn Sie diese Option einschalten, werden die Dokumenteigenschaften auf einer eigenen Seite gemeinsam mit dem Dokument ausgedruckt

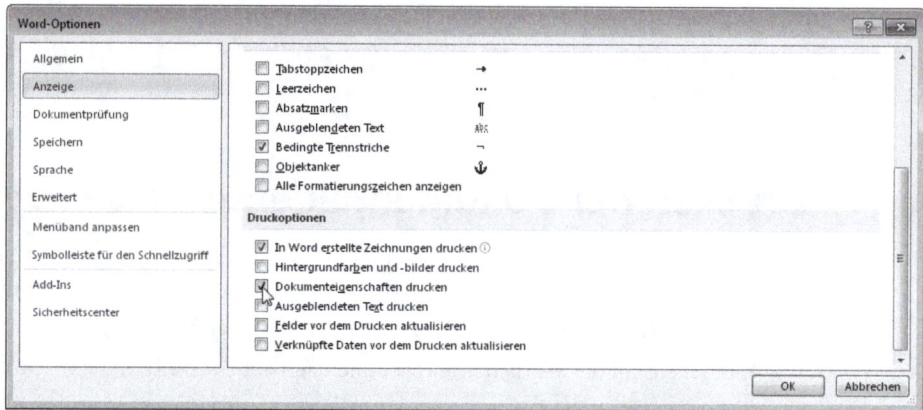

4.   Klicken Sie auf *OK*, um das Dialogfeld *Word-Optionen* zu schließen.

5.   Klicken Sie auf die Registerkarte *Datei* und dann auf *Drucken*. Stellen Sie falls gewünscht die Druckoptionen ein und klicken Sie dann auf *Drucken*.

TIPP   Beachten Sie, dass das Kontrollkästchen *Dokumenteigenschaften drucken* nur dann aktiviert/deaktiviert werden kann, wenn im Listenfeld *Drucken* des Dialogfeldes *Drucken* die Option *Dokument* ausgewählt ist.

Dokument öffnen

Wenn Sie an einem Dokument, einer Arbeitsmappe oder einer Präsentation weiterarbeiten möchten, das/die Sie bereits einmal gespeichert haben, müssen Sie es/sie zuerst wieder auf den Bildschirm holen; dieser Vorgang wird Öffnen genannt.

1.   Klicken Sie auf die Registerkarte *Datei* und dann auf *Öffnen*. Das Dialogfeld *Öffnen* wird angezeigt.

2.   Wenn sich das Dokument im aktuellen Ordner befindet, lesen Sie bei Schritt 3 weiter.

Bild 5.16   Das Dialogfeld *Öffnen* können Sie auch mit ⌷Strg⌷+⌷O⌷ anzeigen lassen

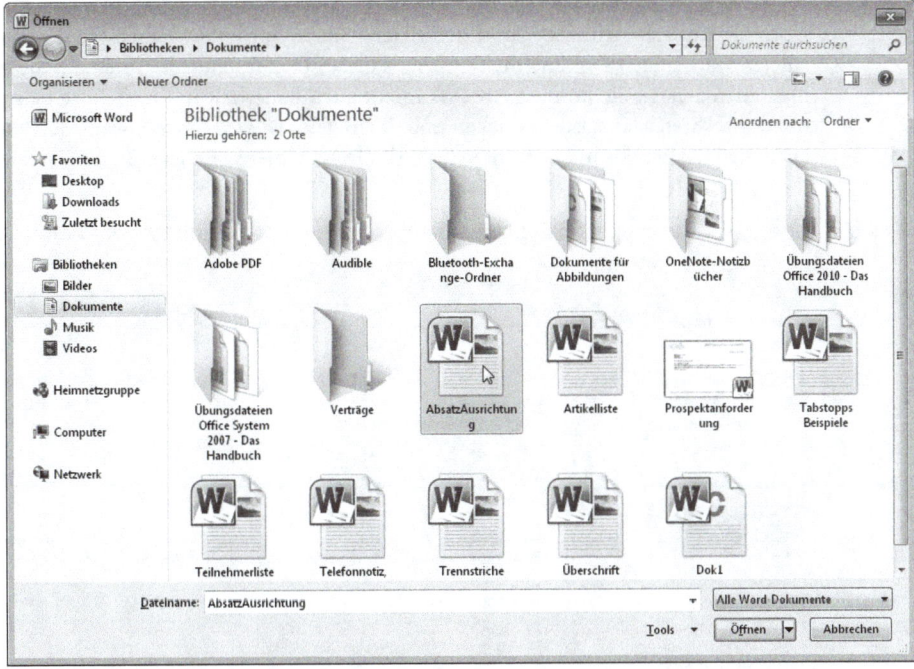

Ansonsten klicken Sie in der Liste auf den Ordner, in dem sich das zu öffnende Dokument befindet. Oder verwenden Sie die Navigationsleiste im oberen Bereich oder die Linkfavoriten, um zu dem Laufwerk/Ordner zu wechseln, in dem sich das Dokument befindet.

3.   Doppelklicken Sie auf den Namen des Dokuments, um es zu öffnen.

Dokument schreibgeschützt oder als Kopie öffnen

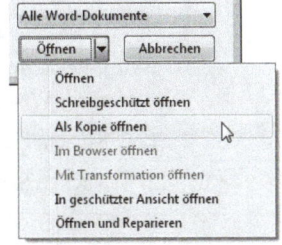

Sie können über die Schaltfläche *Öffnen* weitere Optionen einstellen und beispielsweise festlegen, dass Sie eine Kopie des Dokuments erstellen oder das Dokument mit Schreibschutz öffnen wollen. Markieren Sie zunächst die gewünschte Datei, klicken Sie auf den Pfeil neben *Öffnen* und wählen Sie dann einen der folgenden Befehle aus:

■   **Schreibgeschützt öffnen**   Wenn Sie nur schnell etwas in dem Dokument nachschauen und sicherstellen wollen, dass Sie keine Änderungen an dem Dokument vornehmen können, wählen Sie diesen Befehl. In der Titelleiste des Fensters wird dann hinter dem Namen der Datei der Text *(Schreibgeschützt)* angezeigt.

■   **Als Kopie öffnen**   Wenn Sie diesen Befehl wählen, wird ein Duplikat der ursprünglichen Datei erstellt und es wird das Duplikat angezeigt. Wenn Sie an dem Dokument Änderungen vornehmen, werden sie in dieser Kopie gespeichert. Die erstellte Kopie erhält automatisch einen neuen Dateinamen. Standardmäßig wird dem existierenden Namen der Text *Kopie (1) von* vorangestellt.

Die zuletzt bearbeiteten Dokumente

Über die Registerkarte *Datei* und den Befehl *Zuletzt verwendet* haben Sie direkten Zugriff auf die zuletzt bearbeiteten Dokumente. Um eines dieser Dokumente zu öffnen, reicht es aus, dessen Namen anzuklicken. Sie können ein Dokument auch dauerhaft in dieser Liste belassen, indem Sie es mit der rechten Maustaste anklicken und den Befehl *An Liste fixieren* wählen. Alternativ können Sie auch die Heftzwecke an der rechten Seite des Dateinamens anklicken.

Bild 5.17 Über *Zuletzt verwendet* haben Sie schnellen Zugriff auf die zuletzt geöffneten Dateien

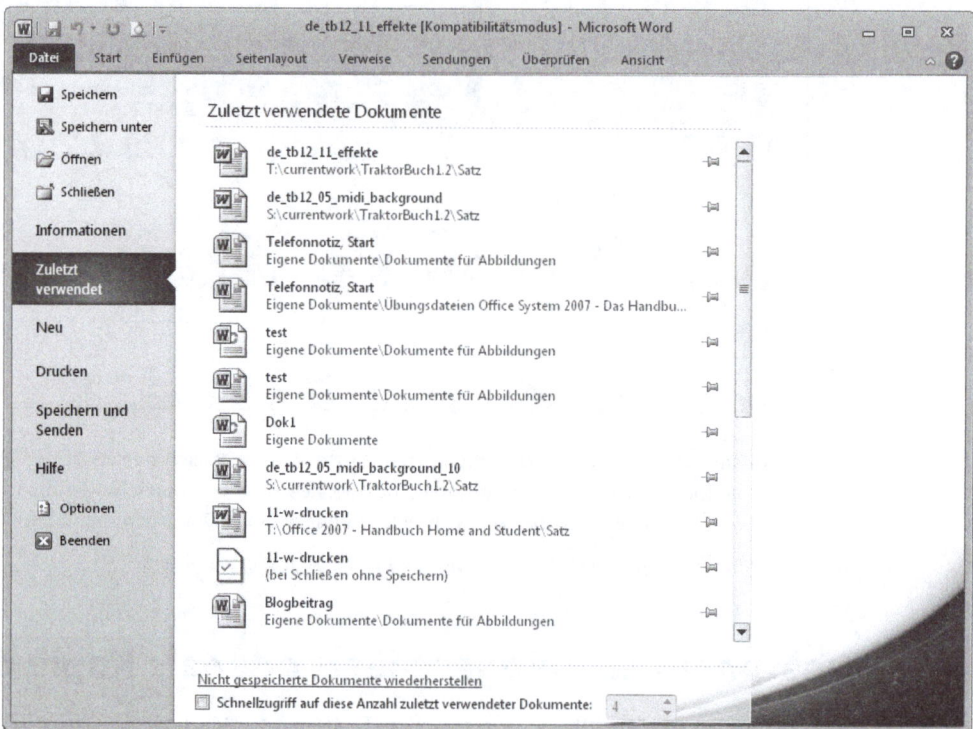

Word, Excel und PowerPoint merken sich standardmäßig die letzten 20 Dokumente, die Sie geöffnet haben. Wenn Sie die Anzahl ändern möchten, gehen Sie so vor:

1. Klicken Sie auf die Registerkarte *Datei* und dann auf *Optionen*.

2. Klicken Sie in der Liste auf der linken Seite auf *Erweitert*.

3. Scrollen Sie in der Liste auf der rechten Seite, bis die Gruppe *Anzeigen* sichtbar ist.

4. Legen Sie im Feld *Diese Anzahl zuletzt geöffneter Dokumente anzeigen* die gewünschte Anzahl fest. Wenn Sie dieses Feature abschalten möchten, geben Sie hier eine 0 ein.

5. Klicken Sie auf *OK*.

Im Web speichern – SkyDrive verwenden

Eines der neuen Features von Office 2010 ist die Möglichkeit, Word-, PowerPoint-, Excel- und OneNote-Dokumente auf SkyDrive zu speichern. SkyDrive ist ein kostenloser Microsoft-Dienst, der Ihnen 25 Gigabyte Speicherplatz im Web zur Verfügung stellt. Wenn Sie Office-Dokumente dort abspeichern, können Sie diese entweder für andere freigeben oder in einem nicht-öffentlichen Bereich ablegen. In beiden Fällen haben Sie – sofern Sie auf das Internet zugreifen können – von überall Zugriff auf diese Dateien:

- Sie können sich in einem Browser bei SkyDrive anmelden und dann die auf SkyDrive liegenden Dokumente mit den Office WebApps bearbeiten. Die Office WebApps stellen zwar im Vergleich zu den normalen Office-Anwendungen nur eine eingeschränkte Funktionalität zur Verfügung, dafür muss aber auch auf dem Computer, von dem aus Sie die Office WebApps verwenden, keine der Desktop-Anwendungen installiert sein. Weitere Informationen zu den Office WebApps finden Sie in Anhang B dieses Buches.

- Auf der SkyDrive-Website finden Sie Schaltflächen, mit denen Sie die Dokumente auch direkt in den Desktop-Versionen der Office-Anwendungen bearbeiten können. Ihnen steht dann der volle Funktionsumfang der Programme zur Verfügung. In dieser Variante dient SkyDrive lediglich als Speicherplatz im Web.

HINWEIS   Um Dokumente auf SkyDrive speichern zu können, benötigen Sie entweder einen Hotmail-Account oder eine Windows Live ID. Wenn Sie beides nicht besitzen, können Sie sich von den Office-Anwendungen aus für Windows Live registrieren. In der Backstage-Ansicht *Speichern auf SkyDrive* finden Sie einen Link *Anmelden* (bitte nicht mit der Schaltfläche *Anmelden* verwechseln). Wenn Sie diesen Link anklicken, wird Ihr Webbrowser geöffnet und die Windows Live-Website angezeigt. Klicken Sie dort auf *Registrieren* und folgen Sie den weiteren Hinweisen auf der Website, um sich für Windows Live anzumelden. Mit Ihrer Windows Live ID und Ihrem Kennwort können Sie dann die weiteren Schritte durchführen.

---

1. Klicken Sie auf die Registerkarte *Datei* und dann auf *Speichern und Senden*.

2. Klicken Sie auf *Im Web speichern*.

Bild 5.18   Mit dem Befehl *Im Web speichern* wird Ihr Dokument auf SkyDrive gespeichert

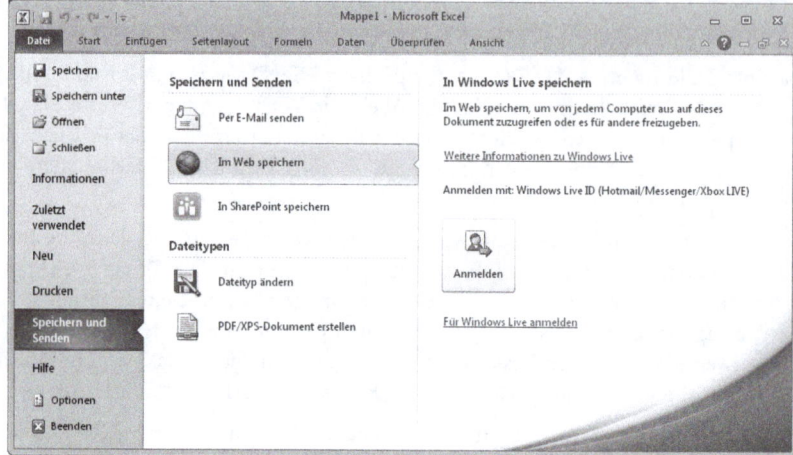

3.   Wenn Sie derzeit noch nicht bei SkyDrive angemeldet sind, klicken Sie auf die Schaltfläche *Anmelden*. Anderenfalls können Sie bei Schritt 6 weitermachen.

Bild 5.19   Melden Sie sich bei SkyDrive an

4.   Geben Sie Ihre Windows Live ID und Ihr Kennwort ein. Wenn Sie möchten, dass die Anmeldeinformationen gespeichert werden, schalten Sie das Kontrollkästchen *Automatisch anmelden* ein.

5.   Klicken Sie auf *OK*. Nach erfolgreicher Anmeldung kehren Sie zur Ansicht *In Windows Live speichern* zurück.

Bild 5.20   Nach erfolgreicher Anmeldung werden Ihre SkyDrive-Ordner angezeigt

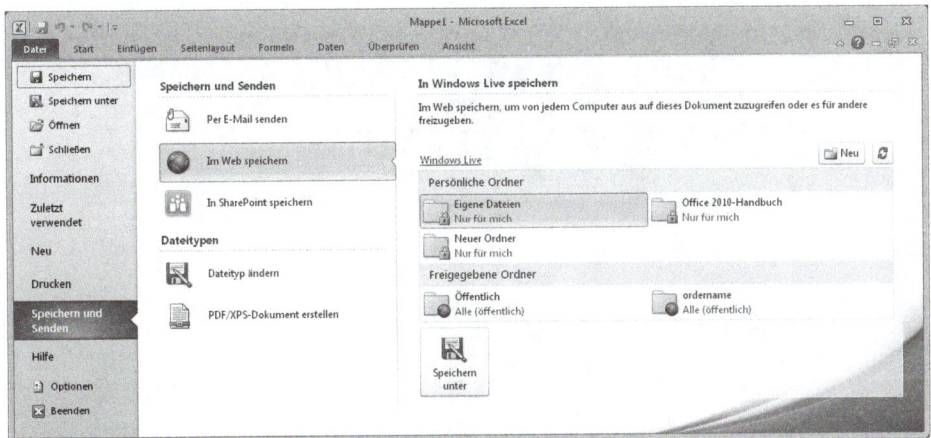

6. Markieren Sie im Bereich *Persönliche Ordner* bzw. *Freigegebene Ordner* den Ordner, in dem Sie das Dokument speichern wollen.

7. Klicken Sie auf *Speichern unter*. Das gleichnamige Dialogfeld wird angezeigt.

8. Geben Sie den gewünschten Dateinamen ein und klicken Sie dann auf *Speichern*.

Neuen Ordner auf SkyDrive erstellen

Mit der Schaltfläche *Neuer Ordner* können Sie auf SkyDrive einen neuen Ordner erstellen.

1. Klicken Sie auf die Schaltfläche *Neuer Ordner*. Ihr Webbrowser wird gestartet und die Windows Live-Website geöffnet.

2. Melden Sie sich gegebenenfalls bei Windows Live an. Nach der Anmeldung werden Sie zur Seite *Ordner erstellen* weitergeleitet.

Einen neuen Ordner in SkyDrive erstellen

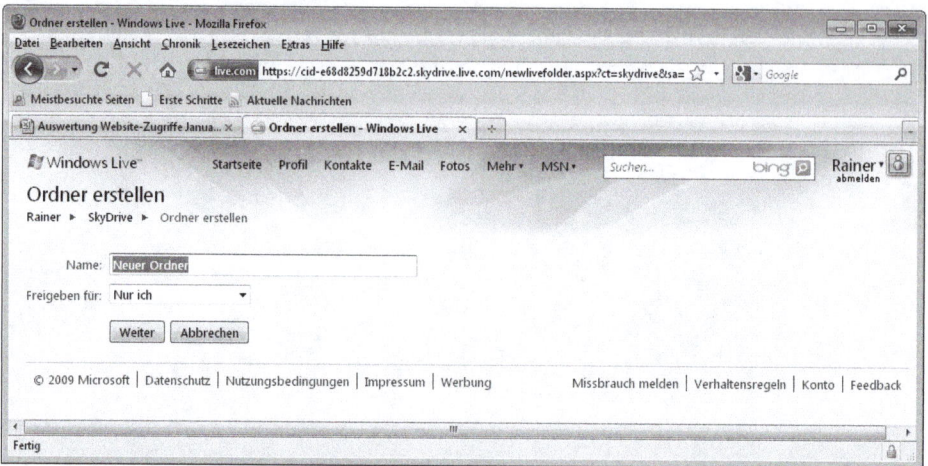

3.   Geben Sie in das Feld *Name* den Namen des neuen Ordners ein.

4.   Öffnen Sie die Liste *Freigeben für* und legen Sie fest, ob nur Sie auf den Ordner zugreifen dürfen oder ob der Ordner öffentlicher sein soll.

5.   Klicken Sie auf *Weiter*. Der neue Ordner wird erstellt und Sie werden zur Seite *Dateien hinzufügen* weitergeleitet.

6.   Wechseln Sie zu Ihrer Office-Anwendung und klicken Sie im Bereich *Speichern auf SkyDrive* auf die Schaltfläche *Aktualisieren*. Hierdurch wird die Liste mit den verfügbaren Ordnern aktualisiert und der neue Ordner kann verwendet werden.

Office-Dokument von SkyDrive öffnen

Nachdem Sie ein Office-Dokument auf SkyDrive gespeichert haben, können Sie es aus der Office-Anwendung heraus wieder öffnen. Auch Dateien, die auf SkyDrive liegen, werden in die Liste *Zuletzt verwendet* (siehe Seite 108) eingefügt. Das Anklicken des Dokuments in dieser Liste ist die einfachste Möglichkeit, um das Dokument zur Bearbeitung in der Office-Desktop-Anwendung zu öffnen.

Alternativ können Sie sich auf SkyDrive anmelden, das Dokument in der entsprechenden Office WebApp öffnen und dort auf *In [Programmname] öffnen* klicken. Mehr hierzu finden Sie in Anhang B.

Das neue Dateiformat von Office 2007/2010

Seit der Office-Version 2007 besitzen Word, Excel und PowerPoint ein vollkommen neues Dateiformat, das auf XML basiert und der Spezifikation OpenXML entspricht. Das neue Dateiformat ist eigentlich eine ZIP-komprimierte Datei, in deren Struktur sich weitere Dateien und Unterordner befinden, in denen die verschiedenen Elemente abgelegt sind, die den Dokumentinhalt beschreiben, sowie die Dokumenteigenschaften und andere Merkmale. Durch die Komprimierung sind

Office-Dokumente, die das neue Dateiformat verwenden, kleiner als in den vorhergehenden Versionen.

Aus Kompatibilitätsgründen können Word, Excel und PowerPoint 2010 auch Dateien lesen und erstellen, die dem Dateiformat der Office-Versionen 97 bis 2003 entsprechen. Wenn Sie ein Dokument im alten Format öffnen, stehen Ihnen jedoch nicht alle Formatierungsmerkmale und Funktionen zur Verfügung, die die neue Version des Programms bietet.

Kompatibilitätsmodus

Wenn Sie in Word, Excel oder PowerPoint 2010 eine Datei öffnen, die in einer der Versionen 97 bis 2003 erstellt wurde, dann wird diese Datei automatisch im sogenannten Kompatibilitätsmodus geöffnet, was auch in der Titelleiste des Fensters angegeben wird. Durch die Verwendung des Kompatibilitätsmodus wird sichergestellt, dass die Datei nach der Bearbeitung weiterhin von Anwendern geöffnet werden kann, die eine ältere Version des jeweiligen Programms verwenden und die das sogenannte Compatibility Pack nicht installiert haben (mehr dazu weiter unten).

Konvertieren in das neue Dateiformat

Wenn Sie ein Dokument im Format der Versionen 97 bis 2003 geöffnet haben, steht Ihnen der Befehl *Konvertieren* zur Verfügung, mit dem Sie das Dokument in das neue Dateiformat konvertieren können. Klicken Sie hierzu auf die Registerkarte *Datei,* dann auf *Informationen* und abschließend auf *Konvertieren.* Daraufhin wird das folgende Meldungsfeld angezeigt:

Bild 5.22   Dieser Warnhinweis wird beim Konvertieren in das neue Word-Dateiformat angezeigt

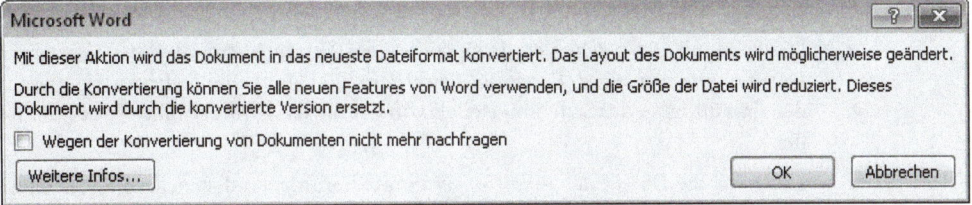

Der entscheidende Satz in diesem Meldungsfeld ist: »Das Layout des Dokuments wird möglicherweise geändert.« Bei einfachen Dokumenten wird die Konvertierung meistens gut über die Bühne gehen, wenn die Dokumente komplexer sind und die fortgeschritteneren Funktionen der alten Word-Versionen verwenden, kann die Konvertierung aber schon mal schiefgehen. Bei einem unserer Probeläufe wurden beispielsweise verknüpfte Abbildungen nicht aktualisiert und übernommen, wodurch dann an einigen Stellen Lücken in den Dokumenten entstanden.

Wenn Sie Dokumente in das neue Format konvertieren, sollten Sie nach der Konvertierung auf die Registerkarte *Datei* klicken, den Befehl *Speichern unter* wählen und in das Feld *Dateiname* einen neuen Dateinamen eingeben, um so, falls es erforderlich sein sollte, wieder auf die ursprüngliche, intakte Dateiversion im alten Dateiformat zurückgreifen zu können.

Dokumente gemeinsam mit Anwendern nutzen, die eine ältere Office-Version verwenden

Wenn Sie Dokumente erstellen, die von Anwendern weiterbearbeitet werden sollen, die eine der älteren Office-Versionen einsetzen, gibt es zwei Ansätze, Probleme, die möglicherweise bei der Konvertierung zwischen den Dateiformaten auftreten können, von vornherein zu vermeiden:

- **Im Office 2010-Programm im Kompatibilitätsmodus arbeiten**   Arbeiten Sie im jeweiligen Office 2010-Programm im Kompatibilitätsmodus. Wenn Sie ein Dokument, das in einer älteren Version erstellt wurde, öffnen, behalten Sie das Dateiformat einfach bei. Wenn Sie ein neues Dokument erstellen, von dem Sie wissen, dass es von Anwendern, die eine ältere Version verwenden, bearbeitet werden muss, wählen Sie sofort nach dem Erstellen den Befehl *Speichern unter* und klicken dann unter Dateityp auf *Word 97-2003-Dokument, Excel 97-2003-Arbeitsmappe* bzw. *PowerPoint 97-2003-Präsentation*. Der Nachteil bei diesem Verfahren ist, dass Ihnen dann einige der neuen Formatierungsmerkmale und Funktionen der neuen Version nicht zur Verfügung stehen; der Vorteil ist, dass Sie später keine Überraschungen erleben.

- **In der alten Office-Version das Compatibility Pack installieren**   Microsoft stellt für die Office-Versionen 2000 bis 2003 das sogenannte *Microsoft Office Compatibility Pack* zur Verfügung. Mit diesem Paket aus Dateiformatkonvertierern ist es in den älteren Office-Versionen möglich, Dateien in dem neuen Format zu lesen und auch in diesem Format abzuspeichern.

Falls das *Microsoft Office Compatibility Pack* noch nicht installiert ist, gehen Sie so vor, um es zu installieren:

1. Wechseln Sie zur Website des Microsoft Download Centers, die Sie unter der folgenden Adresse erreichen: *www.microsoft.com/downloads/search.aspx?displaylang=de*

2. Geben Sie in das Suchfeld am oberen Rand der Website **FileFormatConverters** ein und klicken Sie dann auf *Go*.

3. Die Seite mit den Suchergebnissen sollte den Eintrag *Microsoft Office Compatibility Pack für Dateiformate von Word, Excel und PowerPoint 2007* enthalten. Klicken Sie diesen an. Sie werden daraufhin zu der Seite umgeleitet, von der Sie das Compatibility Pack herunterladen können.

4. Laden Sie die Datei *FileFormatConverters.exe* herunter und speichern Sie sie auf Ihrem Computer.

5. Beenden Sie alle Office-Anwendungen.

6. Öffnen Sie die Datei *FileFormatConverters.exe*, um die Installation zu starten. Sie brauchen während der Installation lediglich die Lizenzbedingungen zu akzeptieren.

Bild 5.23 Nach der Installation des Compatibility Pack können Sie in der Liste *Dateityp* der älteren Office-Version die neuen Office-Dateiformate verwenden (hier exemplarisch das Format *Word 2007-Dokument*)

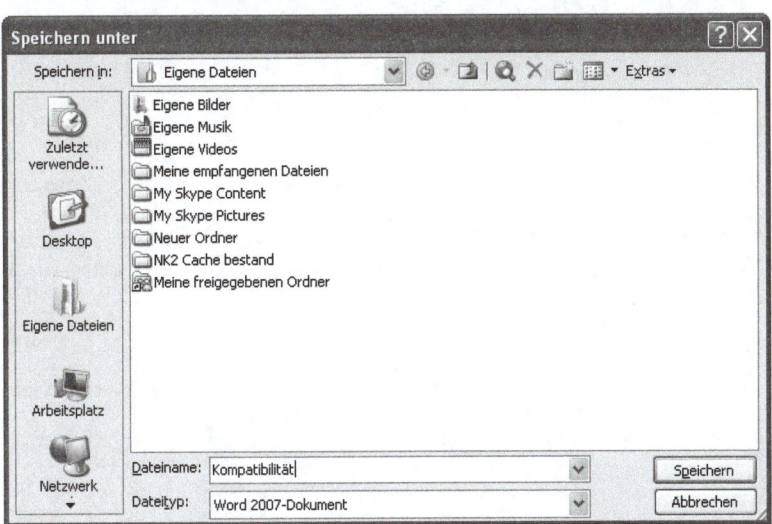

Dokument im XPS- oder PDF-Format erstellen

Seit der Office-Version 2007 bietet Microsoft die Möglichkeit, Dokumente im Portable Document Format (PDF) zu speichern. PDF ist ein Format, das von Adobe entwickelt wurde und das das Aussehen des Dokuments beibehält – einschließlich Schriftarten, Grafiken und Formatierung –, sodass das Dokument unabhängig vom Ausgabegerät immer gleich angezeigt wird.

Neben dem PDF-Format unterstützen die Office-Anwendungen auch das Erstellen von XPS-Dateien. Ein XPS-Dokument ist ebenfalls eine plattformunabhängige Datei, die seitenweise die endgültige Darstellung eines Dokuments so speichert, wie es ausgedruckt wird. XPS wurde von Microsoft entwickelt und besitzt Ähnlichkeiten mit PDF, jedoch basiert XPS auf XML. Eine XPS-Datei ist übrigens wie das neue Standarddateiformat von Word eine ZIP-komprimierte Datei, in der sich weitere Dateien und Unterordner befinden, die die eigentlichen Informationen zu den Seiten des Dokuments beinhalten.

Bei Office 2007 musste noch ein Add-In heruntergeladen werden, um PDF- und XPS-Dateien speichern zu können. Bei Office 2010 ist diese Funktionalität bereits in die Anwendungen integriert.

Führen Sie folgende Schritte durch, um ein Dokument als PDF- oder XPS-Datei zu speichern:

1. Klicken Sie auf die Registerkarte *Datei* und dann auf *Speichern und Senden.*

2. Klicken Sie im Bereich *Dateitypen* auf *PDF/XPS-Dokument erstellen* und dann auf der rechten Seite der Backstage-Ansicht auf die Schaltfläche *PDF/XPS-Dokument erstellen.*

   Das Dialogfeld *Als PDF oder XPS veröffentlichen* wird geöffnet.

Bild 5.24 Im Dialogfeld *Als PDF oder XPS veröffentlichen* legen Sie den Dateityp, den Dateinamen und weitere Exporteinstellungen fest

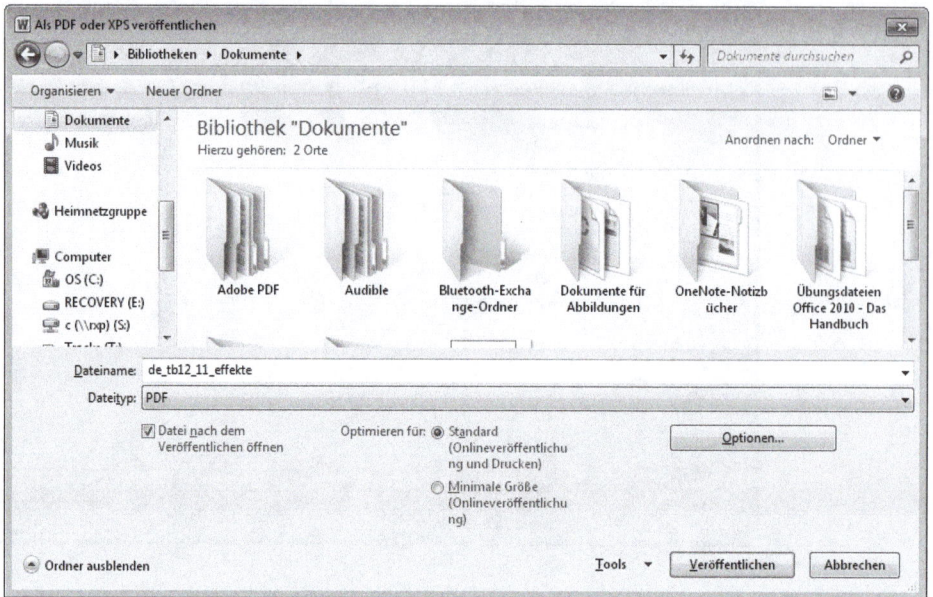

3. Geben Sie in das Feld *Dateiname* den Namen der exportierten Datei ein. Die Office-Programme verwenden standardmäßig den Namen der ursprünglichen Office-Datei.

4. Öffnen Sie die Liste *Dateityp* und legen Sie fest, ob Sie ein PDF- oder ein XPS-Dokument erstellen wollen.

5. Schalten Sie das Kontrollkästchen *Datei nach dem Veröffentlichen öffnen* ein, wenn Sie sich die erzeugte Datei ansehen wollen. (Der Ausdruck *Veröffentlichen* ist hier etwas verwirrend; denken Sie sich an seiner Stelle einfach das Wort *Erstellen*.)

6. PDF- und XPS-Dateien können entweder für den Druck oder für eine schnelle Bildschirmdarstellung optimiert werden. Wenn Sie bei *Optimieren für* die Option *Minimale Größe (Onlineveröffentlichung)* auswählen, wird die Datei kleiner, jedoch ist die Qualität des Ausdrucks nicht so gut.

7. Klicken Sie die Schaltfläche *Optionen* an, um weitere Optionen für das Erstellen einzustellen.

8. Die Optionen sind bei den beiden Formaten leicht unterschiedlich. Das Dialogfeld für PDF-Dateien zeigt die Grafik auf der linken Seite in Abbildung 5.25, das für XPS-Dateien sehen Sie auf der rechten Seite.

    Nehmen Sie weitere Einstellungen vor:

    ■ Legen Sie wie beim Drucken unter *Seitenbereich* fest, ob alle, die aktuelle oder bestimmte Seiten des Dokuments exportiert werden sollen.

    ■ Legen Sie im Bereich *Was veröffentlichen* fest, ob nur das Dokument oder auch die im Dokument enthaltenen Markups (Kommentare) exportiert werden sollen.

Bild 5.25   Links sehen Sie die Optionen beim Erstellen einer PDF-Datei und rechts diejenigen, die für XPS-Dokumente zur Verfügung stehen

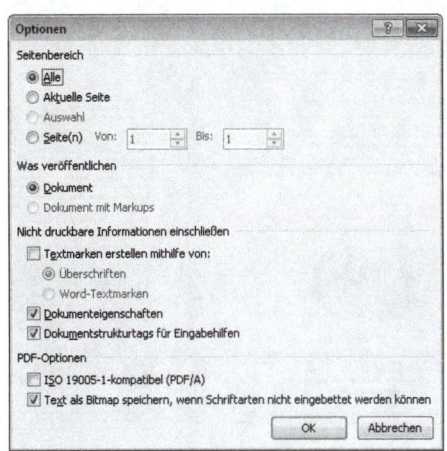 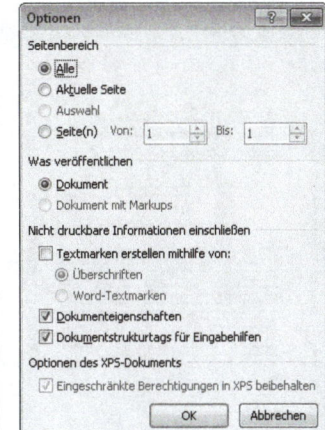

- Im Bereich *Nicht druckbare Informationen einschließen* können Sie festlegen, ob aus den Überschriften des Dokuments automatisch Textmarken erstellt werden und ob die Dokumenteigenschaften mit eingeschlossen werden sollen.

9. Klicken Sie auf *OK*, um das Dialogfeld *Optionen* zu schließen.

10. Klicken Sie im Dialogfeld *Als PDF oder XPS veröffentlichen* auf die Schaltfläche *Veröffentlichen*.

Nach einer kurzen Wartezeit ist die PDF- bzw. die XPS-Datei erstellt. Wenn Sie das Kontrollkästchen *Datei nach dem Veröffentlichen öffnen* eingeschaltet haben, wird die Datei im entsprechenden Viewer angezeigt.

PDF- und XPS-Dateien ansehen

Ob und wenn ja welche Tools zusätzlich heruntergeladen werden müssen, hängt davon ab, ob zum Ansehen Windows 7, Windows Vista oder Windows XP eingesetzt wird und ob es sich um eine PDF- oder um eine XPS-Datei handelt:

- **PDF-Dateien**   Um PDF-Dateien ansehen zu können, wird Adobe Reader benötigt und zwar mindestens die Version 6 (da Office PDF-Dateien in der PDF-Version 1.5 erstellt, die mindestens diese Versionsnummer des Readers benötigt). Adobe Reader kann kostenlos von der Adobe-Website unter *www.adobe.de* heruntergeladen werden.

- **XPS und Windows 7**   Unter Windows 7 werden XPS-Dateien im XPS-Viewer angezeigt (siehe Abbildung auf der nächsten Seite).

- **XPS und Windows Vista**   Unter Windows Vista werden XPS-Dateien standardmäßig im Internet Explorer angezeigt, weitere Downloads sind also nicht erforderlich.

- **XPS und Windows XP**   Für Windows XP können Sie die Tools zur Anzeige von XPS-Dateien von der Website des Microsoft Download Centers herunterladen. Geben Sie in Ihrem Webbrowser folgende Adresse ein: *www.microsoft.com/downloads/search.aspx?displaylang=de*. Geben Sie anschließend in das Suchfeld **XPS Viewer ein** und klicken Sie auf *Go*. Laden Sie das *XPS Essentials Pack Version 1.1* herunter und installieren Sie es.

Bild 5.26 Die erstellten XPS-Dateien werden unter Windows 7 im XPS-Viewer geöffnet

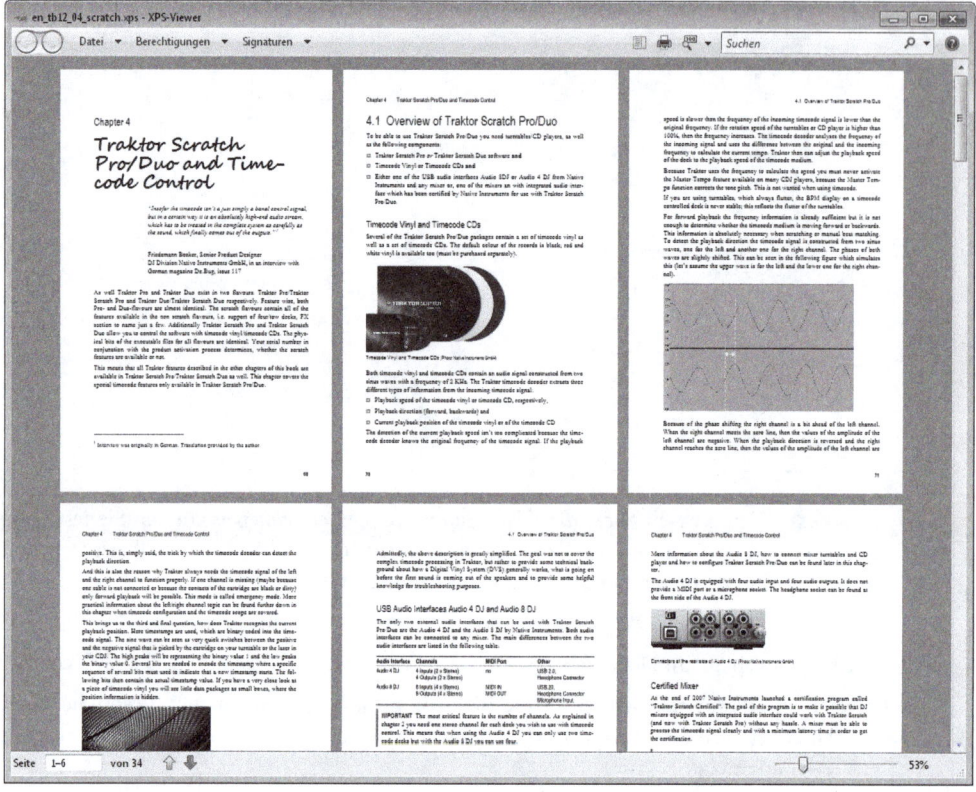

Weitere Informationen zu Downloads und zu XPS-Dateien im Allgemeinen finden Sie auf der Microsoft-Website unter *www.microsoft.com/whdc/xps/*.

Dokument drucken

Die Benutzeroberfläche für das Drucken wurde bei Office 2010 in allen Office-Anwendungen komplett umgestaltet. Statt des Dialogfeldes *Drucken,* das bis einschließlich Version 2007 verwendet wurde, sind bei Word, Excel und PowerPoint 2010 alle Funktionen, die Sie zum Drucken benötigen, in der Backstage-Ansicht *Drucken* zusammengefasst. Dort können Sie verschiedene Druckparameter einstellen, Änderungen an der Seiteneinrichtung vornehmen und das Dokument in der Seitenansicht prüfen.

Um die Backstage-Ansicht für das Drucken zu öffnen, klicken Sie auf die Registerkarte *Datei* und dann im Menü auf der linken Seite auf *Drucken,* oder drücken Sie die Tastenkombination Strg + P.

Bild 5.27 In der Backstage-Ansicht *Drucken* wählen Sie den Drucker aus, auf dem der Ausdruck erfolgen soll, stellen Sie den Seitenbereich und die Anzahl der Exemplare ein und Sie sehen dort eine Druckvorschau Ihres Dokuments.

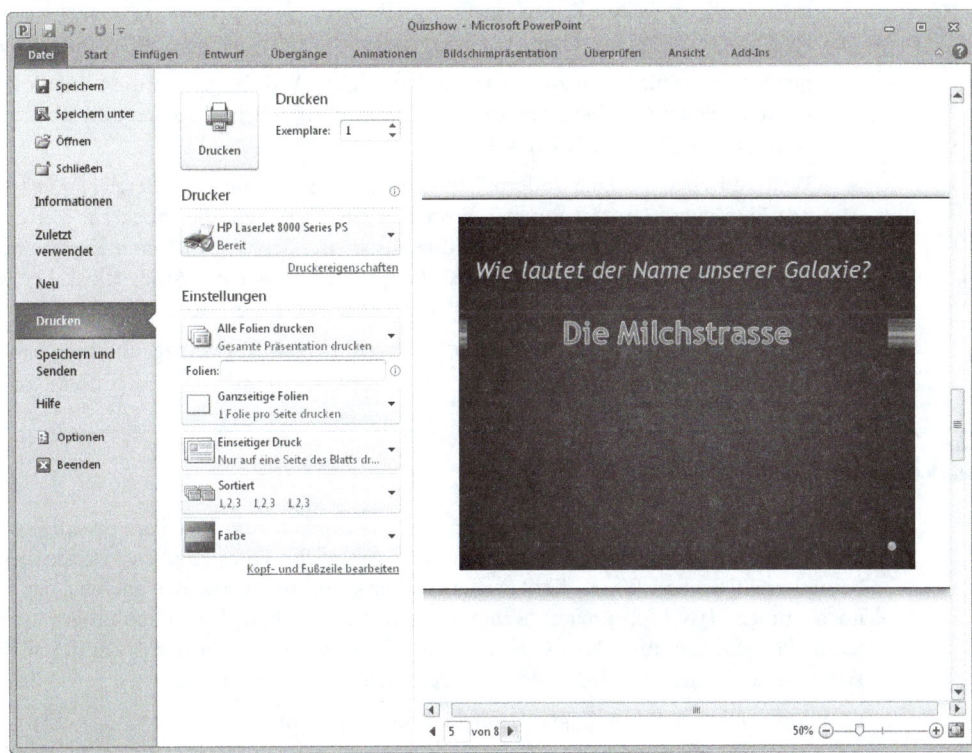

Office 2010

TIPP Die bei Office 2003 in der Symbolleiste *Standard* vorhandenen Schaltflächen für das Drucken und die Druckvorschau sind in der Symbolleiste für den Schnellzugriff standardmäßig nicht sichtbar. Wenn Sie auf die Pfeil-Schaltfläche *Symbolleiste für den Schnellzugriff anpassen* klicken, können Sie im Menü die Optionen *Schnelldruck* und *Seitenansicht* anklicken, um diese Befehle schneller zur Verfügung zu haben. Die Option *Schnelldruck* druckt das aktuelle Dokument auf dem derzeit eingestellten Drucker direkt aus, der Befehl *Seitenansicht* öffnet die Backstage-Ansicht *Drucken*.

Die Seitenansicht, die bis einschließlich Office 2007 in den Anwendungen vorhanden war, wurde bei Office 2010 in die Backstage-Ansicht *Drucken* integriert. Sie können die Bildlaufleisten im rechten Bereich verwenden, um zu blättern. Am unteren Rand der Seitenansicht befindet sich ein Zoomregler, mit dem Sie den Vergrößerungsfaktor des Dokuments einstellen können.

In der Backstage-Ansicht *Drucken* können Sie folgende Aktionen durchführen:

■ **Anzahl der Ausdrucke festlegen** Im Bereich *Exemplare* legen Sie fest, wie viele Kopien gedruckt und ob diese sortiert ausgedruckt werden sollen. Wenn die Option *Sortiert* eingeschaltet ist, werden zunächst alle Seiten des Dokuments gedruckt und erst danach eine weitere Kopie.

- **Drucker auswählen** In der Liste *Drucker* können Sie, sofern Sie mehr als einen Drucker installiert haben, den Drucker auswählen, auf dem die Ausgabe erfolgen soll. Mit dem Link *Druckereigenschaften* können Sie das *Eigenschaften*-Dialogfeld des ausgewählten Druckers aufrufen und dort weitere Einstellungen vornehmen.

- **Seiten/Folien/Tabellen festlegen, die gedruckt werden sollen** Im Bereich *Einstellungen* können Sie festlegen, was ausgedruckt werden soll. Bei Word legen Sie die Seiten fest, bei PowerPoint die Folien und bei Excel können Sie einstellen, welche Tabellen oder ob die gesamte Arbeitsmappe gedruckt werden soll.

- **Weitere Druckoptionen ändern** Mit den weiteren Optionen des Bereichs *Einstellungen* können Sie weitere Druckparameter einstellen. Die Optionen, die Ihnen zur Verfügung stehen, unterscheiden sich je nach Anwendung ein wenig. Bei Word können Sie hier beispielsweise die Seiteneinrichtung ändern, bei Excel legen Sie fest, wie der Ausdruck skaliert werden soll, und bei PowerPoint stellen Sie ein, ob die Ausgabe farbig erfolgen soll oder nicht.

Klicken Sie auf *Drucken,* wenn Sie alle Einstellungen wie gewünscht vorgenommen haben.

Zusammenfassung

In diesem Kapitel haben Sie die grundlegenden Techniken zum Erstellen, Speichern, Öffnen und Drucken von Dokumenten kennen gelernt und zahlreiche Tipps erhalten, wie Sie diese Vorgänge besonders effizient ausführen. Trotz vieler Gemeinsamkeiten merkt man auch bei der Version 2010 noch immer, dass es zahlreiche Detailunterschiede zwischen den Office-Programmen gibt und nicht alles wirklich aus einem Guss ist. Aus diesem Grunde enthält das Kapitel auch zahlreiche Hinweise zu den Unterschieden zwischen den einzelnen Programmen.

Im Einzelnen haben Sie in diesem Kapitel Folgendes gelernt:

- Wie Sie ein neues Office-Dokument erstellen und welche Varianten es dafür gibt:
  - der Befehl *Neu* im Menü der Registerkarte Datei (Seite 90)
  - das Verwenden von Vorlagen auf dem eigenen Computer (Seite 90)
  - das Erstellen eines Dokuments, das auf einem bereits vorhandenen basiert (Seite 94)
  - das Verwenden von Vorlagen auf *Office.com* (Seite 95)

- Nachdem Sie ein Dokument erstellt haben, können Sie es speichern, wenn Sie es zu einem späteren Zeitpunkt erneut verwenden wollen (Seite 96). Dabei können Sie neue Unterordner erstellen, um die Dateiablage mit System vorzunehmen (Seite 98).

- In Word und Excel haben Sie außerdem die Möglichkeit, Sicherungskopien erstellen zu lassen (Seite 100).

- In Word, Excel und PowerPoint können Sie außerdem die Voreinstellung für den Standardspeicherort der Dokumente und das Standarddateiformat ändern (Seite 102).

- In die meisten Office-Dokumente können Sie weitere Informationen einfügen, die sogenannten Dokumenteigenschaften, die Ihnen dabei helfen können, ein bestimmtes Dokument wiederzufinden (Seite 103).

- Wenn Sie an einem Dokument weiterarbeiten möchten, das bereits gespeichert wurde, müssen Sie es öffnen (Seite 106).

- Office 2010 bietet Ihnen die Möglichkeit, Ihre Dokumente auf SkyDrive, einem kostenlosen Microsoft-Dienst, der Speicherplatz im Web zur Verfügung stellt, abzuspeichern. Sie haben gesehen, wie Sie hierbei vorgehen müssen (Seite 109), wie Sie auf SkyDrive einen neuen Ordner erstellen und wie Dokumente geöffnet werden können, die auf SkyDrive abgespeichert wurden.

- Sie können dazu auch die Liste der zuletzt bearbeiteten Dokumente verwenden, die sich hinter dem Befehl *Zuletzt verwendet* der Backstage-Ansicht befindet (Seite 108).

- Die Office-Versionen 2007 und 2010 verwenden ein neues Dateiformat. Um Office-Dokumente gemeinsam mit Anwendern zu nutzen, die eine vorherige Office-Version einsetzen, können Sie in Office 2010 die Dokumente im Kompatibilitätsmodus öffnen (Seite 113). Anwender, die Office 2000 bis Office 2003 einsetzen, können das Compatibility Pack installieren und dann in diesen älteren Versionen Dokumente im Format von Office 2007/2010 öffnen und speichern.

- In Office 2010 ist ein Tool integriert, mit dem Sie direkt aus den Office-Anwendungen heraus PDF-Dokumente erstellen können, die mit Adobe Reader gelesen werden können (Seite 115).

- Die meisten Office-Dokumente werden in ihrem Lebenszyklus ausgedruckt (Seite 118). Die Backstage-Ansicht *Drucken* fasst die wichtigsten Optionen beim Drucken auf einer Seite zusammen, in der auch eine Druckvorschau (Seitenansicht) integriert ist.

Office 2010

Teil B

Word 2010

In diesem Teil:

Kapitel 6

Word 2010 kennen lernen

In diesem Kapitel geben wir Ihnen einen kurzen Überblick über das neue Microsoft Word 2010. Sie lernen den Aufbau des Programmfensters kennen und erfahren, in welchen Ansichten Sie ein Dokument in Word 2010 anzeigen können.

Im letzten Abschnitt geben wir Ihnen dann noch einen Überblick über die neuen Funktionen und Konzepte von Word 2010, die Sie beim Erstellen professioneller Dokumente unterstützen.

Die neue Benutzeroberfläche

Da wir Ihnen in Kapitel 2 die neue Benutzeroberfläche von Microsoft Office 2010 bereits vorgestellt haben, sind Sie mit ihren Hauptkomponenten, wie dem Menüband, der Symbolleiste für den Schnellzugriff und der Backstage-Ansicht schon vertraut. Wir können uns daher in diesem Kapitel auf die Beschreibung der für Word 2010 spezifischen Besonderheiten konzentrieren.

Die Standardregisterkarten von Word 2010

Word 2010 enthält in der Grundeinstellung die folgenden Standardregisterkarten:

■ Die Registerkarte *Start* enthält Befehle für die Verwendung der Zwischenablage, die Formatierung von Schrift- und Absatzmerkmalen, die Formatvorlagen und die Gruppe *Bearbeiten*, über die Sie Suchen und Ersetzen und verschiedene Markierungsaktionen ausführen können.

■ Die Registerkarte *Einfügen* führt alle Elemente auf, die Sie in ein Word-Dokument einfügen können. Hierzu gehören neue Seiten, Tabellen, Abbildungen, Hyperlinks, Kopf- und Fußzeilen, Textobjekte und Symbole.

■ Die Registerkarte *Seitenlayout* enthält die Befehle für das Einrichten der Seite (Ränder, Hoch-/Querformat), für das Arbeiten mit Designs, Seitenhintergründen und für das Einstellen der Absatzabstände in Ihrem Dokument. Außerdem können Sie mit den Befehlen der Gruppe *Anordnen* die Reihenfolge der Elemente auf Ihrer Seite verändern.

■ Die Registerkarte *Verweise* enthält die Elemente, die Sie benötigen, wenn Sie mit längeren oder komplexeren Dokumenten arbeiten. Sie können hier ein Inhaltsverzeichnis, Fußnoten, Zitate und Literaturverzeichnisse, ein Stichwortverzeichnis und ein Rechtsgrundlagenverzeichnis erstellen und wiederkehrende Elemente in Ihrem Dokument automatisch beschriften lassen (wie beispielsweise Tabellen oder Abbildungen).

■ Die Registerkarte *Sendungen* könnte auch den Namen Seriendruck tragen, da Sie hier alle Befehle finden, um ein Seriendruckprojekt zu erstellen, Seriendruckfelder in das Dokument einzufügen, sich eine Vorschau der Ergebnisse anzusehen und das Projekt schließlich auszudrucken oder zu versenden. Außerdem finden Sie hier Befehle, um Umschläge oder Etiketten zu erstellen und auszudrucken.

■ Mit der Registerkarte *Überprüfen* stehen Ihnen die Werkzeuge zur Verfügung, mit der Sie Ihr Dokument prüfen lassen können (Rechtschreibprüfung, Grammatik, Thesaurus usw.) und um es gemeinsamen mit anderen zu nutzen. Sie können Kommentare einfügen, Änderungen nachverfolgen und die von anderen vorgenommenen Änderungen bearbeiten. Außerdem können Sie hier zwei Versionen eines Dokuments miteinander vergleichen lassen und das Dokument schützen.

- Auf der Registerkarte *Ansicht* finden Sie die Befehle, mit denen Sie Ihr Dokument auf verschiedene Arten anzeigen lassen können: angefangen von den verschiedenen Dokumentansichten bis zu einer Gruppe von Optionen, um das Lineal, Gitternetzlinien oder den Navigationsbereich anzeigen zu lassen. Eine eigene Befehlsgruppe enthält die Befehle, um mit verschiedenen Dokumenten in verschiedenen Fenstern arbeiten zu können.

Eine weitere Registerkarte mit dem Namen *Entwicklertools* ist normalerweise nicht eingeblendet. Sie enthält die Werkzeuge, um Makros zu bearbeiten, den Visual Basic-Editor von Word zu starten, dort Code zu erstellen und zu bearbeiten u.v.m. Sie können die Registerkarte einblenden, indem Sie auf *Datei* klicken und in der Backstage-Ansicht den Befehl *Optionen* aufrufen. Wechseln Sie dann im Dialog *Word-Optionen* in die Rubrik *Menüband anpassen* und schalten Sie dort in der Liste der Hauptregisterkarten den Eintrag *Entwicklertools* ein.

Kontextbezogene Registerkarten

Diese Registerkarten werden nur dann angezeigt, wenn Sie ein bestimmtes Element bearbeiten. Wenn Sie z.B. eine neue Tabelle in Ihr Dokument eingefügt haben und sich die Einfügemarke in der Tabelle befindet, blendet Word 2010 die *Tabellentools* ein, die die beiden Registerkarten *Layout* und *Entwurf* enthalten, auf denen Sie den Aufbau der Tabelle und deren Optik bearbeiten können.

Eine andere Kontextregisterkarte mit dem Namen *Format* wird für die *Bildtools* eingeblendet, wenn Sie eine Abbildung oder Grafik markiert haben, wie Sie es in der folgenden Abbildung sehen.

Bild 6.1 Kontextregisterkarten werden eingeblendet, wenn sich die Einfügemarke in einem bestimmten Elementtyp (wie einer Tabelle, einer Abbildung, einer SmartArt usw.) befindet

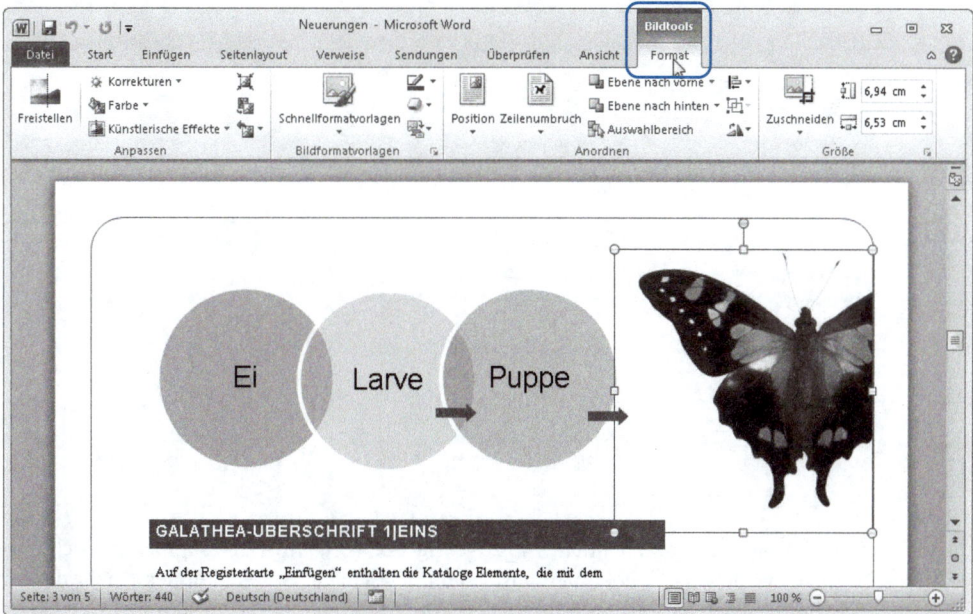

Die Kontextregisterkarten werden von Word automatisch wieder ausgeblendet, wenn Sie die Einfügemarke vom Element wegbewegen, für das sie eingeblendet wurden.

HINWEIS Wenn Sie von Office 2003 auf die Version 2010 umsteigen, finden Sie im Ordner mit den Beispieldateien (siehe hierzu Kapitel 1) ein PDF-Dokument mit zahlreichen Tabellen, die Ihnen dabei helfen, die aus Word 2003 vertrauten Menübefehle schnell im Menüband und dessen Registerkarten wiederzufinden.

Die neue Statusleiste

Die Position der Statusleiste am unteren Rand des Word-Fensters ist unverändert geblieben, auch wenn sich auch hier einige neue Funktionen verbergen. In der Statusleiste informiert Sie Word darüber, wo sich die Einfügemarke im Dokument befindet, welche Sprache der formatierte Text hat usw. Neu ist die Möglichkeit, sich in der Statusleiste die Anzahl der Wörter in einem Dokument anzeigen zu lassen.

Das Konfigurieren der Statusleiste erledigen Sie über ein Kontextmenü, das sich öffnet, wenn Sie die Statusleiste mit der rechten Maustaste anklicken. Klicken Sie im Kontextmenü die Elemente an, die Sie in der Statusleiste benötigen.

Bild 6.2 Welche Informationen in der Statusleiste angezeigt werden, legen Sie im Kontextmenü fest, das durch Klicken mit der rechten Maustaste auf die Leiste geöffnet wird

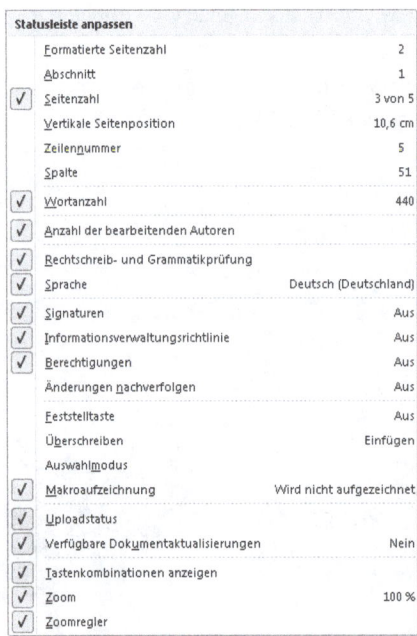

Der Eintrag *Tastenkombinationen anzeigen* in der vorigen Abbildung bezieht sich auf die Schaltflächen, mit denen die Dokumentansichten umgeschaltet werden können (mehr dazu im nächsten Abschnitt). Hier hat sich bereits in der Vorgängerversion Word 2007 bei der Übersetzung des Befehls *View shortcuts* (Ansicht-Schaltflächen) ein Fehler eingeschlichen, der sich nun wohl endgültig etabliert hat.

Einfügen oder Überschreiben

Ein weiterer Bereich der Statusleiste enthält Informationen zu den verschiedenen Betriebsarten von Word, von denen der wichtigste der Einfügemodus bzw. der Überschreibmodus ist. Ist der Einfügemodus aktiv (in der Statutsleiste wird *Einfügen* angezeigt), wird an der Stelle, an der sich die Einfügemarke befindet, neuer Text eingegeben. Text, der hinter dieser Marke steht, wird nach rechts verschoben und bleibt erhalten. Beim Überschreibmodus wird der Text, der sich hinter der Einfügemarke befindet, von dem neu eingegebenen Text überschrieben.

In der Statusleiste verbergen sich viele Schaltflächen

Die meisten Statusinformationen fungieren auch als Schaltflächen, mit denen Sie verschiedene Dialogfelder anzeigen lassen können. Ein Klick auf die Information zur Seitenzahl öffnet den Dialog *Gehe zu;* wenn Sie die Wortanzahl anklicken, wird das Dialogfeld *Wörter zählen* geöffnet, usw.

Zoomen

Am rechten Rand der Statusleiste befindet sich ein Schieberegler, mit dem Sie den Zoomfaktor, mit dem das Dokument dargestellt wird, stufenlos einstellen können. Wenn Sie die Statusleiste so konfiguriert haben, dass auch der aktuelle Zoomfaktor angezeigt wird, können Sie diesen anklicken, um das Dialogfeld *Zoom* zu öffnen, in dem Sie die Optionen *Textbreite, Seitenbreite* und *Ganze Seite* auswählen können, die in älteren Word-Version über das *Zoom*-Listenfeld der Standardsymbolleiste verfügbar waren.

Die Dokumentansichten

Sie können in Word ein Dokument auf verschiedene Weisen auf dem Bildschirm anzeigen lassen. Dieses Merkmal von Word wird *Dokumentansichten* genannt. Am schnellsten schalten Sie zwischen den verschiedenen Ansichten hin und her, indem Sie die kleinen Schaltflächen verwenden, die sich neben dem Zoomregler am rechten Rand der Statusleiste befinden, wenn Sie bei der Konfiguration der Statusleiste das Element *Tastenkombinationen anzeigen* ausgewählt haben (wie im vorigen Abschnitt erwähnt, müsste dieses Element eigentlich *Ansicht-Schaltflächen* heißen).

Alternativ können Sie auch zur Registerkarte *Ansicht* wechseln. In der Gruppe *Dokumentansichten* stehen Ihnen die gleichen Auswahlmöglichkeiten zur Verfügung wie in der Statusleiste.

Bild 6.3 Mit diesen Schaltflächen in der Statusleiste schalten Sie bequem zwischen den verschiedenen Dokumentansichten um

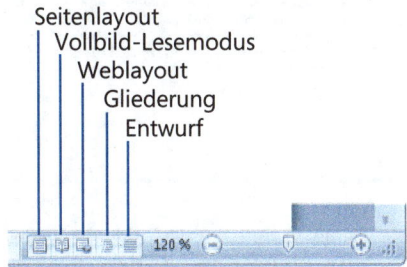

Die Ansicht Seitenlayout

Die Ansicht *Seitenlayout* wird wahrscheinlich die Dokumentansicht sein, die Sie am häufigsten verwenden. Ihr Vorteil besteht darin, dass Sie Ihre Dokumente so auf dem Bildschirm sehen, wie sie auch ausgedruckt werden. Die Formatierung der Zeichen und Absätze sowie die Seitenrandeinstellungen und die Positionierung von eventuell eingefügten Grafiken können in dieser Ansicht am besten vorgenommen und überprüft werden. Auch mehrere Spalten, Seitenzahlen sowie Kopf- und Fußzeilen werden hier angezeigt.

Der Vollbild-Lesemodus

Seit Word 2003 gibt es den sogenannte Lesemodus, der das Lesen eines Dokuments am Bildschirm besonders einfach macht. Um diesen Modus einzuschalten, klicken Sie die Schaltfläche *Vollbild-Lesemodus* an.

Bild 6.4   Der Vollbild-Lesemodus eignet sich besonders, um ein Dokument auf dem Bildschirm zu lesen. Mit den Pfeil-Schaltflächen im unteren Bereich blättern Sie im Dokument

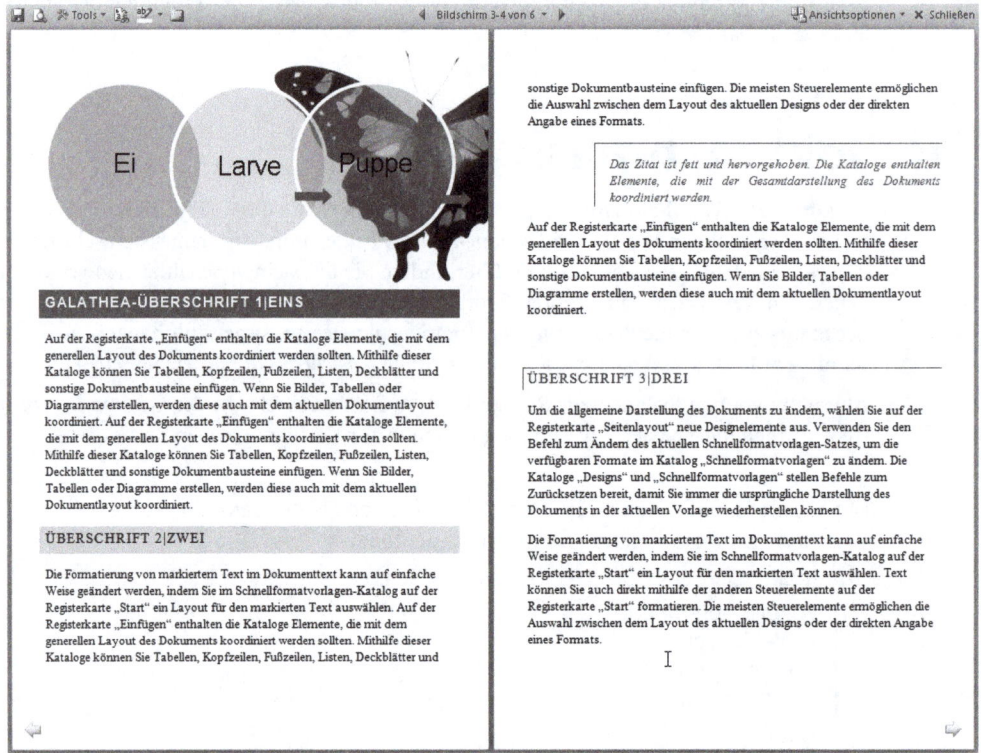

Word stellt dann das geöffnete Dokument so dar, wie Sie es in der obigen Abbildung sehen. Beachten Sie, dass diese Ansicht für das Lesen am Bildschirm optimiert ist und die Seitenwechsel, wie sie standardmäßig in diesem Modus auf dem Bildschirm angezeigt werden, nicht mit denen übereinstimmen, die Sie beim Ausdrucken des Dokuments erhalten.

Für das Lesemoduslayout gibt es eine eigene Symbolleiste, die Sie im oberen Bereich der Abbildung sehen und mit der Sie die Anzeige des Dokuments verändern können. Außerdem werden dort die Schaltflächen *Texthervorhebungsfarbe* und *Neuer Kommentar* angezeigt, mit denen Sie Textstellen markieren bzw. mit Anmerkungen versehen können.

Die Entwurfsansicht

Der entscheidende Unterschied zwischen der *Entwurfsansicht* und der Ansicht *Seitenlayout* besteht darin, dass alle Seitenmerkmale (wie Ränder, mehrere Spalten, Kopf- und Fußzeilen usw.) in der Normalansicht nicht dargestellt werden. Die Schriftarten sowie Schriftgrößen und die Absatzmerkmale können Sie jedoch gut erkennen.

Wenn Sie einen modernen PC besitzen, werden Sie die Entwurfsansicht vermutlich kaum verwenden. Bei einem langsamen PC kann es sich jedoch anbieten, diese Ansicht einzusetzen, da dann das Anzeigen des Dokuments etwas schneller geht als in der Ansicht *Seitenlayout*. Probieren Sie die beiden Ansichten einfach aus und nutzen Sie diejenige, die Ihrem Arbeitsstil am besten entspricht.

Der Navigationsbereich

Wenn Sie an einem langen Dokument arbeiten und öfter zwischen verschiedenen Textstellen hin und her springen müssen, bietet es sich an, Word auch die Struktur des Dokuments anzeigen zu lassen. Schalten Sie dazu auf der Registerkarte *Ansicht* das Kontrollkästchen *Navigationsbereich* ein.

Bild 6.5 Im Navigationsbereich können Sie sich schnell innerhalb von langen Dokumenten bewegen

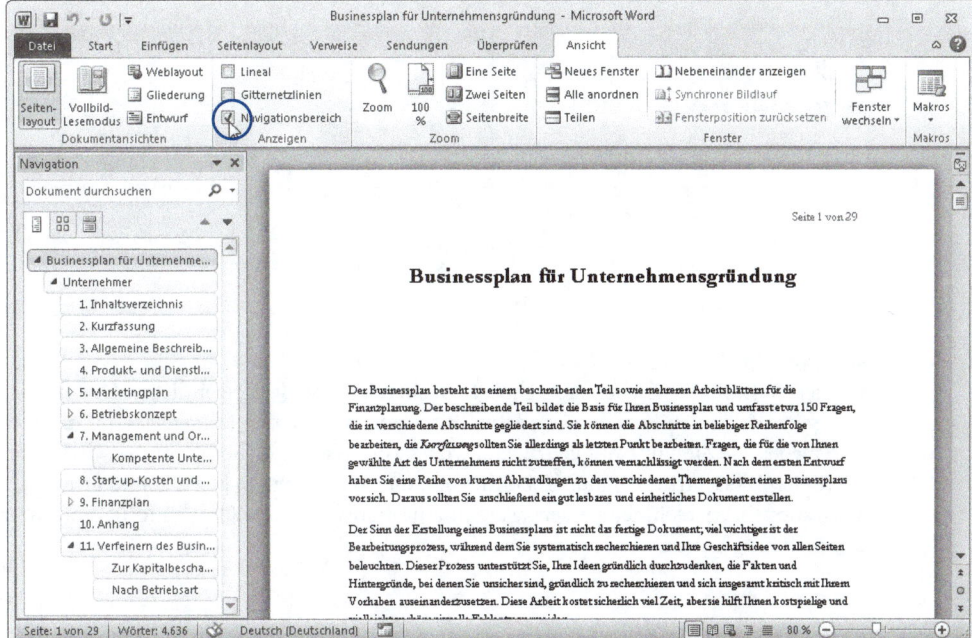

Word 2010

Die drei Registerkarten des Navigationsbereichs stellen folgende Inhalte dar:

- Die Überschriften des Dokuments

- Miniaturansichten der einzelnen Seiten

- Suchergebnisse

Eine weitere wichtige, um nicht zu sagen, die zentrale Funktion des Navigationsbereichs ist die Suchfunktion, auf die wir im nächsten Kapitel noch zurückkommen werden. Sie präsentiert sich zunächst sehr unauffällig als einfaches Textfeld und verbirgt ihre eigentliche Leistungsfähigkeit hinter dem Menü der kleinen Pfeil-Schaltfläche.

Wie Sie in der folgenden Abbildung erkennen können, werden die gefundenen Textstellen auf den einzelnen Registerkarten hervorgehoben. Um die zugehörige Seite des Dokuments anzuzeigen, klicken Sie das betreffende Element einfach an.

Bild 6.6 Die Suchfunktion präsentiert ihre Ergebnisse auf den Registerkarten des Navigationsbereichs

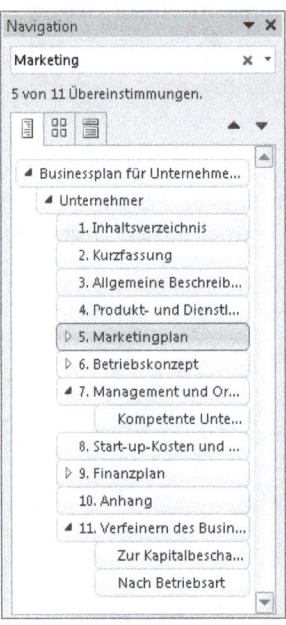 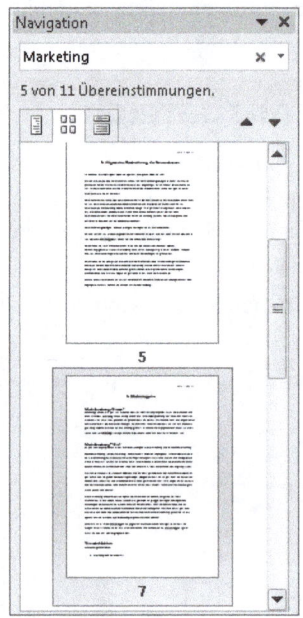 

Breite der Bereiche anpassen

Mit der Trennlinie zwischen dem Navigationsbereich und dem eigentlichen Dokument können Sie die Breite der beiden Elemente anpassen. Bewegen Sie dazu den Mauszeiger auf die Trennlinie und verschieben Sie die Linie mit gedrückter Maustaste. Wenn Sie die Maustaste wieder loslassen, baut Word den Bildschirm neu auf. Überschriften, die von der Breite her nicht mehr in die Anzeige des Navigationsbereichs hineinpassen, werden automatisch in eine QuickInfo übernommen und dort komplett ausgegeben.

Neue und verbesserte Funktionen

Die meisten Änderungen bzw. Neuerungen von Word 2010 sind weniger grundsätzlicher Natur, sondern betreffen vor allem die Layoutfähigkeiten. Noch nie konnten Sie mit so wenig Aufwand so professionell wirkende Dokumente erstellen. Dank einer Vielzahl von Vorlagen und mächtigen Grafikfunktionen lassen sich ausgefeilte und optisch ansprechende Dokumente erstellen, die bei den Vorgängerversionen nur mit einem deutlich höheren Zeitaufwand erstellt werden konnten.

Worddokumente im Baukastensystem

Auch hinter dem neuen Begriff *Bausteine* verbergen sich alte Bekannte. Unter diesem Oberbegriff sind in Word 2010 verschiedene vordefinierte Textelemente zusammengefasst, durch deren Einsatz Sie bei der Texterstellung viel Zeit sparen können. Dazu gehören neben den klassischen AutoTexten auch Kopf- und Fußzeilen, Dokumenteigenschaften, Formeln sowie die neuen Deckblätter.

Am Beispiel der Kopf- und Fußzeilen lässt sich die dahinter stehende Idee gut verdeutlichen. Früher mussten Kopf- bzw. Fußzeilen aus ihren einzelnen Bestandteilen wie Seitenzahl, Datum oder Dokumentname mehr oder weniger mühselig zusammengesetzt und anschließend formatiert werden. Seit Word 2007 werden Kopf- und Fußzeilen eher als eigenständige Textelemente verstanden, die ähnlich wie eine Grafik, als Ganzes in ein Dokument eingefügt werden.

Die verschiedenen Bausteine werden in einem speziellen Organizer verwaltet, wo sie geordnet nach Katalogen, Kategorien und Vorlagen abgelegt sind.

Bild 6.7   Fertige Deckblätter geben Ihren Dokumenten ein professionelles Outfit

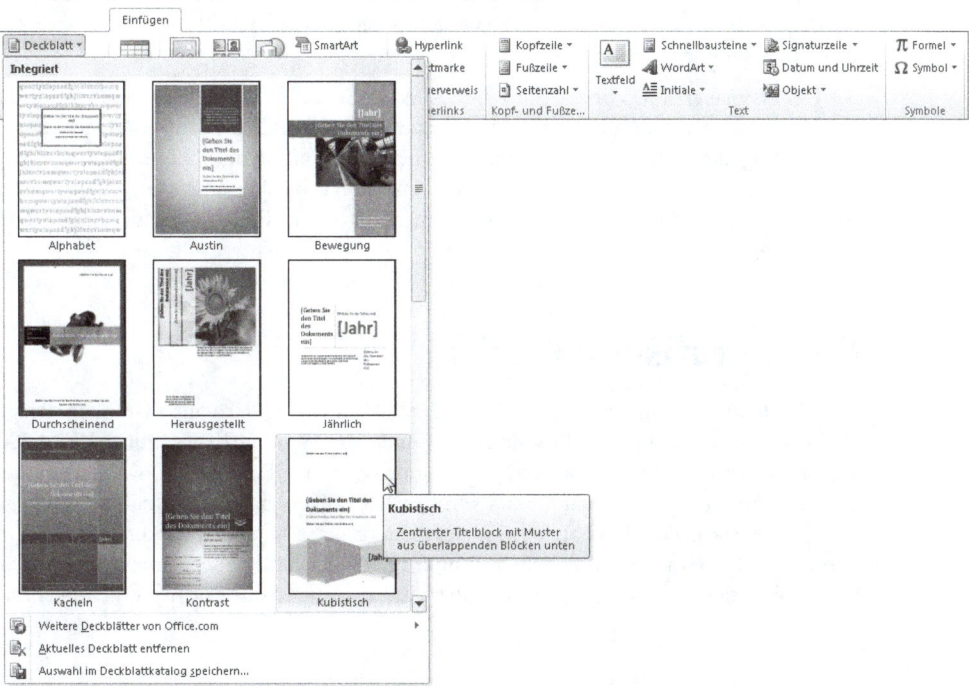

Schnellformatvorlagen

Formatvorlagen sind seit vielen Versionen ein elementarer Bestandteil von Word. Doch obwohl ihre Verwendung die einheitliche Formatierung eines Dokuments erheblich erleichtert und beschleunigt, gibt es immer noch sehr viele Anwender, denen diese Art der Formatierung zu unhandlich oder zu kompliziert ist. Diesen Anwendern versucht Word 2010 mit den so genannten *Schnellformatvorlagen* entgegenzukommen.

Bild 6.8   Katalog mit Schnellformatvorlagen

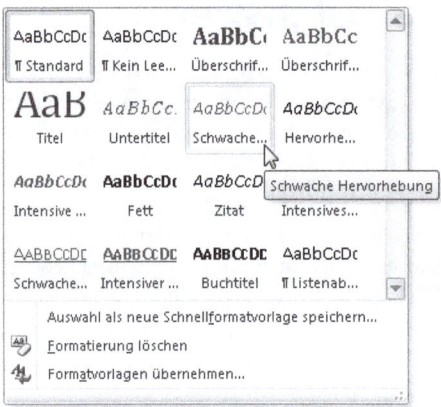

Hinter diesem Begriff verbirgt sich jedoch kein neues Vorlagenkonzept. Es gibt zwar jetzt zusätzlich die Möglichkeit, Zeichen- und Absatzmerkmale in einer Formatvorlage zu kombinieren, doch die auffälligste Neuerung ist die Art und Weise, wie Sie ein Dokument mit Hilfe von Formatvorlagen formatieren können.

Der Clou ist dabei eine Vorschaufunktion, mit der Sie die Wirkung einer Formatvorlage auf Ihren Text anzeigen lassen können, ohne die Formatvorlage wirklich zuzuweisen. Sie müssen lediglich den Katalog der Schnellformatvorlagen öffnen und mit dem Mauszeiger auf die gewünschte Formatvorlage zeigen. Ihre Wirkung wird dann direkt im Dokument angezeigt. Wenn Ihnen das Ergebnis nicht zusagt, wandern Sie mit dem Mauszeiger einfach auf eine andere Formatvorlage und erhalten sofort ein optisches Feedback.

Neue grafische Effekte

Da viele Dokumente nicht nur aus reinem Text bestehen, sondern auch Grafiken, Diagramme und Ähnliches enthalten, wurden die Grafikfunktionen von Word 2010 gegenüber Word 2003 und älteren Versionen erheblich verbessert. Auch wenn viele der Funktionen, wie Transparenz, Schlagschatten und räumliche Formen bereits in den Vorgängerversionen enthalten waren, so haben sie doch in der aktuellen Version eine wesentlich verbesserte Qualität erhalten. Während die mit Word erstellten Grafiken früher doch immer recht ungelenk daher kamen, lassen sich mit Word 2010 problemlos Grafiken erstellen, die über eine anspruchsvolle Form- und Farbgebung verfügen.

Ausgefeilte Licht- und Schatteneffekte lassen sich einfach per Katalog zuweisen – unterstützt durch eine Vorschaufunktion, die die Wirkung nicht in einem Dialogfeld, sondern direkt im Dokument sichtbar macht.

Bild 6.9   Grafische Effekte dieser Güte lassen sich in wenigen Sekunden erstellen

SmartArts

Wie der Name schon andeutet, handelt es sich bei SmartArts um intelligente Grafiken, mit denen sich zum Beispiel Prozesse, Beziehungen oder Hierarchien visualisieren lassen.

Das Besondere an SmartArts ist das beeindruckende Verhältnis von Aufwand zu Ertrag. Dank SmartArts können Sie sich auf die inhaltlichen Aspekte Ihrer Dokumente konzentrieren und ersparen sich stundenlanges »Gefummel« beim Erstellen von Grafiken, die trotz hohem Aufwand kein professionelles Aussehen annehmen wollen. Mit SmartArts lassen sich innerhalb weniger Minuten Illustrationen von bestechender Qualität erstellen, die sich durch eine ausgewogene und aufeinander abgestimmte Form- und Farbgebung auszeichnen.

Bild 6.10   Form und Farbe von SmartArts lassen sich schnell per Vorlage ändern

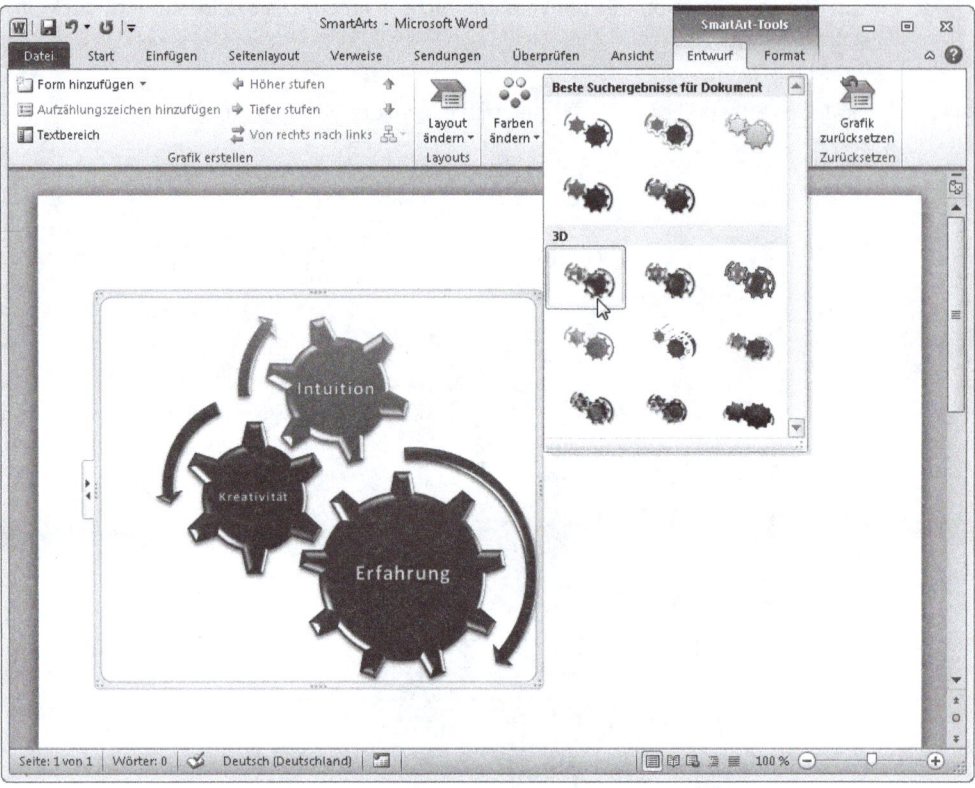

Dokumente im Team bearbeiten

In vielen Firmen ist es üblich, dass einzelne Dokumente von mehreren Personen bearbeitet werden. In der Regel werden die Dokumente dabei von Person zu Person weitergereicht und von diesen jeweils mit Kommentaren und Ergänzungen versehen. Am Ende dieses Prozesses steht dann der eigentliche Autor des Dokuments vor der Aufgabe, die verschiedenen Anregungen in das endgültige Dokument zu integrieren. Die dazu in Word vorhandenen Funktionen wurden in der neuen Version im Hinblick auf eine bessere Übersichtlichkeit verändert bzw. erweitert.

Zusätzlich enthält Word 2010 in diesem Zusammenhang eine neue Funktion mit dem sich Kommentare, gelöschte Texte und andere sicherheitsrelevante Informationen zuverlässig aus einem Dokument entfernen lassen.

Abgerundet werden die Sicherheitsfunktionen von der neuen Möglichkeit, ein Dokument *abzuschließen*. So geschützte Dokumente können anschließend nur noch gelesen, jedoch nicht mehr bearbeitet werden.

Neues Dateiformat

Mit Word 2007 hat Microsoft auch ein neues Dateiformat eingeführt. Es basiert auf XML und erleichtert die Weiterverarbeitung mit anderen Programmen. Die Dateien liegen jedoch nicht als normale XML-Dateien vor, sondern werden zusätzlich komprimiert, um ihre Dateigröße zu reduzieren. Laut Aussage von Microsoft ist das Dateiformat dadurch kompakter als seine Vorgängerversionen. Ein weiterer Nebeneffekt der XML-Technologie ist die verbesserte Stabilität des neuen Dateiformats. Während das bisherige DOC-Format äußerst anfällig gegenüber Beschädigungen war, verhält sich eine XML-Datei naturgemäß deutlich robuster. Dokumente mit diesem Format besitzen die Dateinamenserweiterungen *.docx* bzw. *.dotx*.

Dokumente bzw. Dokumentvorlagen, die Makros enthalten, werden durch die neue Erweiterung *.docm* bzw. *dotm* gekennzeichnet. Dem Anwender soll so die Möglichkeit gegeben werden, potenziell gefährliche Dokumente direkt beim Öffnen zu erkennen. Durch einfaches Ändern der Dateinamenserweiterung lässt sich dieser Sicherungsmechanismus übrigens nicht überlisten. Word erkennt in diesem Fall trotzdem, dass das betreffende Dokument Makros enthält und verhindert deren Ausführung. Dieses Verhalten lässt sich allerdings über das so genannte *Vertrauenstellungscenter* konfigurieren.

Zusammenfassung

In diesem Kapitel haben Sie einen ersten Überblick über das neue Word 2010 erhalten:

- Zuerst haben wir einen kurzen Blick auf die neue Benutzeroberfläche von Word 2010 geworfen. Sie kennen nun die Aufgaben der verschiedenen Registerkarten im Menüband (Seite 126) und wissen, wie Sie die Statusleiste konfigurieren können (Seite 128).

- Anschließend haben Sie erfahren, dass Sie für ein Dokument in den verschiedenen Phasen seiner Erstellung spezielle Ansichten nutzen können: die Ansicht Seitenlayout (Seite 130), die Entwurfsansicht (Seite 131) und den Vollbild-Lesemodus (Seite 130).

- Sie kennen nun auch den Navigationsbereich, der Ihnen eine leistungsstarke Suchfunktion bietet und die Orientierung in umfangreichen Dokumenten erleichtert (Seite 131).

- Zum Schluss haben wir Ihnen wichtige neue Funktionen von Word 2010 vorgestellt:
    - Schnellbausteine (Seite 133)
    - Schnellformatvorlagen (Seite 134)
    - Neue grafische Effekte (Seite 134)
    - SmartArts (Seite 135)
    - Teamfunktionen (Seite 136)
    - Das neue Dateiformat (Seite 137).

Word 2010

Kapitel 7

Erste Schritte mit Word 2010

In diesem Kapitel lernen Sie wichtige Grundlagen für die Arbeit mit Word kennen. Die hier vorgestellten Befehle befinden sich alle auf der Registerkarte *Start*. Dazu gehören neben der reinen Texteingabe und dem Umgang mit der Zwischenablage vor allem das Markieren und einfache Formatierungsaufgaben. Abgerundet wird das Kapitel durch das Thema »Suchen und Ersetzen von Text«.

Neues Dokument erstellen und speichern

Da wir uns in Kapitel 5 schon ausführlich damit beschäftigt haben, wie Sie ein neues Office-Dokument erstellen können, wollen wir die verschiedenen Möglichkeiten an dieser Stelle nur noch einmal stichpunktartig aufzählen:

- Wenn Sie lediglich ein leeres Dokument benötigen, starten Sie einfach Word. Dadurch wird automatisch ein leeres Dokument angelegt.

- Um in Word ein neues Dokument zu erstellen, klicken Sie auf die Registerkarte *Datei* und wählen den Befehl *Neu*. Sie können dann eine der angebotenen Vorlagen auswählen. Ein neues leeres Dokument erhalten Sie am schnellsten mit dem Shortcut Strg + N .

- Anstelle der auf dem PC installierten Vorlagen können Sie auch Vorlagen von *Office.com* verwenden. Sie können diese Vorlagen kostenlos aus dem Internet herunterladen (sofern Sie mit einer Originalversion von Word arbeiten).

- Außerdem ist es noch möglich, ein bereits bestehendes Dokument als Grundlage zu verwenden. Rufen Sie dazu den Befehl *Datei/Neu/Neu aus vorhandenem* auf und wählen Sie dann die gewünschte Datei im angezeigten Dialogfeld aus.

Hinweise zum Speichern eines Dokuments finden Sie ebenfalls in ▶ Kapitel 5. Im einfachsten Fall klicken Sie dazu einfach in der Symbolleiste für den Schnellzugriff auf das Diskettensymbol.

Text eingeben

Nachdem Sie ein neues Dokument angelegt und gespeichert haben, geben Sie Ihren Text ein. Das ist ganz einfach und funktioniert fast genau so, wie Sie es von der Schreibmaschine her gewohnt sind.

Es gibt jedoch einen wichtigen und entscheidenden Unterschied: Sie brauchen am Ende einer Zeile *nicht* die Taste für die Zeilenschaltung ↵ zu drücken. Der Grund: Word sorgt automatisch für den Zeilenumbruch. Es prüft, ob das Wort, das Sie gerade eingetippt haben, noch in die aktuelle Zeile passt. Wenn nicht, wird es von Word automatisch in die nächste Zeile verschoben. Drücken Sie die ↵ -Taste also nur dann, wenn Sie einen neuen Absatz erstellen wollen.

Sie fragen sich vielleicht, was dies für Vorteile mit sich bringt. Lassen Sie uns einige aufzählen:

- Wenn Sie den eingegebenen Text später überarbeiten und z.B. in einer Zeile Text ergänzen, kann Word den Zeilenumbruch automatisch anpassen. Wenn Sie stattdessen am Ende einer Zeile immer ↵ drücken würden, müssten Sie den Zeilenumbruch manuell anpassen.

- Das Verwenden des automatischen Zeilenumbruchs erleichtert die Formatierung. In Word können Sie Absätzen Aufzählungszeichen, Nummerierungen usw. zuweisen. Mehr zur Formatierung von Absätzen finden Sie weiter hinten in diesem Kapitel.

Wenn Sie innerhalb eines Absatzes einen Zeilenumbruch erzwingen wollen, drücken Sie die Tastenkombination ⇧ + ↵ .

Einzelne Zeichen löschen

Wenn Sie beim Tippen merken, dass Sie sich vertippt haben, können Sie das falsche Zeichen einfach löschen:

- Drücken Sie die Taste [←]. Das Zeichen *links* von der Einfügemarke wird gelöscht. Wenn Sie mehrere Zeichen löschen wollen, dann halten Sie die Taste [←] einfach gedrückt.

- Um das Zeichen *rechts* von der Einfügemarke zu löschen, drücken Sie [Entf].

Löschen größerer Textpassagen

Wenn Sie längere Textabschnitte löschen möchten, ist die Verwendung der Tasten [←] und [Entf] zu umständlich. In diesem Fall gehen Sie besser so vor:

1. Markieren Sie den betreffenden Text. Die unterschiedlichen Techniken zum Markieren beschreiben wir weiter unten in diesem Kapitel ab Seite 144.

2. Drücken Sie die Taste [Entf].

Text im Einfüge- und Überschreibmodus ergänzen

Wenn Sie einen Text nachträglich ändern wollen, setzen Sie einfach die Einfügemarke an die gewünschte Stelle und geben den neuen Text ein. Der bereits vorhandene Text rutscht dann automatisch nach rechts und macht Platz für die neuen Zeichen. Dieses Verhalten wird als *Einfügemodus* bezeichnet.

Word kennt jedoch auch den so genannten *Überschreibmodus*. In dieser Betriebsart werden die bereits vorhandenen Zeichen durch den neuen Text überschrieben, d.h. jedes neue Zeichen, das Sie eintippen, ersetzt ein vorhandenes.

Um zwischen den Betriebsarten hin- und herzuschalten, konfigurieren Sie am besten die Statusleiste so, dass dort der aktuelle Modus angezeigt wird. Klicken Sie dazu die Statuszeile mit der rechten Maustaste an und schalten im Kontextmenü den Befehl *Überschreiben* an. Dadurch erscheint eine Schaltfläche in der Statusleiste, mit der Sie zwischen den beiden Modi wechseln können.

Bild 7.1   Anzeigen und Umschalten zwischen Einfüge- und Überschreibmodus

HINWEIS   **Überschreibmodus per [Einfg] umschalten**   In älteren Word-Versionen konnten Sie durch Drücken der [Einfg]-Taste zwischen dem Überschreib- und dem Einfügemodus umschalten. Da dies bei vielen Anwendern zu Irritationen geführt hat, wurde diese Möglichkeit seit Word 2007 deaktiviert. Wenn Sie diese Funktion auch in Word 2010 nutzen möchten, können Sie in den *Word-Optionen* auf der Seite *Erweitert* in der Gruppe *Bearbeitungsoptionen* die Option *EINFG-Taste zum Steuern des Überschreibmodus verwenden* einschalten.

Bewegen im Dokument

Im Word-Fenster sehen Sie einen blinkenden Strich. Dieser Strich wird Einfügemarke genannt und kennzeichnet die Stelle, an der eingetippter Text erscheint. Um Text an einer anderen Stelle des Dokuments einzugeben, müssen Sie zuerst die Einfügemarke an die gewünschte Position verschieben. Dazu können Sie die gewünschte Stelle entweder mit der Maus anklicken oder Sie benutzen die Pfeil- oder Cursortasten der Tastatur, um die Einfügemarke dorthin zu bewegen.

Tabelle 7.1 Tasten zum Bewegen der Einfügemarke im Dokument

Um die Einfügemarke zu verschieben ...	... verwenden Sie folgende Tasten
Absatz nach oben	Strg + ↑
Absatz nach unten	Strg + ↓
Anfang des Dokuments	Strg + Pos1
Ende des Dokuments	Strg + Ende
Eine Fensterseite nach oben	Bild↑
Eine Fensterseite nach unten	Bild↓
Ein Wort nach links	Strg + ←
Ein Wort nach rechts	Strg + →
Ein Zeichen nach links	←
Ein Zeichen nach rechts	→
Eine Zeile nach oben	↑
Eine Zeile nach unten	↓
Anfang der aktuellen Zeile	Pos1
Ende der aktuellen Zeile	Ende

PROFITIPP

Text automatisch scrollen

Eine Funktion, die in ähnlicher Form auch im Internet-Explorer Verwendung findet, ist der automatische Bildlauf. Dabei wird das Dokument mit gleich bleibender Geschwindigkeit nach oben oder unten über den Bildschirm bewegt. Diese Funktion können Sie zum Beispiel nutzen, um einen längeren Text am Bildschirm zu lesen.

Zum Einschalten der Funktion drücken Sie das Mausrad. Word zeigt dann einen Mauszeiger mit einem Doppelpfeil an. Befindet sich der Zeiger in der oberen Hälfte der Bildschirmseite, bewegt sich das Dokument nach unten, d.h. Sie wandern in Richtung Dokumentanfang. Soll sich der Text nach oben bewegen, schieben Sie das Dreieck in die untere Hälfte der Leiste.

Die Geschwindigkeit der Bewegung steuern Sie ebenfalls durch die Position des Mauszeigers: Je weiter Sie den Pfeil vom Mittelpunkt entfernen, desto schneller scrollt Word das Dokument. Zum Beenden des Modus drücken Sie eine beliebige Taste auf der Tastatur oder der Maus.

Formatierungszeichen anzeigen

Vielleicht sehen Sie auf Ihrem Bildschirm »merkwürdige« Zeichen, die Sie niemals bewusst eingetippt haben, und fragen sich, welche Bedeutung sie besitzen. Diese Zeichen werden Formatierungszeichen genannt und mit ihrer Hilfe können Sie u.a. erkennen, wo Sie statt einem zwei Leerzeichen
zwischen zwei Wörtern eingetippt oder mit der ⏎-Taste einen neuen Absatz erstellt haben.

Bild 7.2 Die verschiedenen Formatierungszeichen

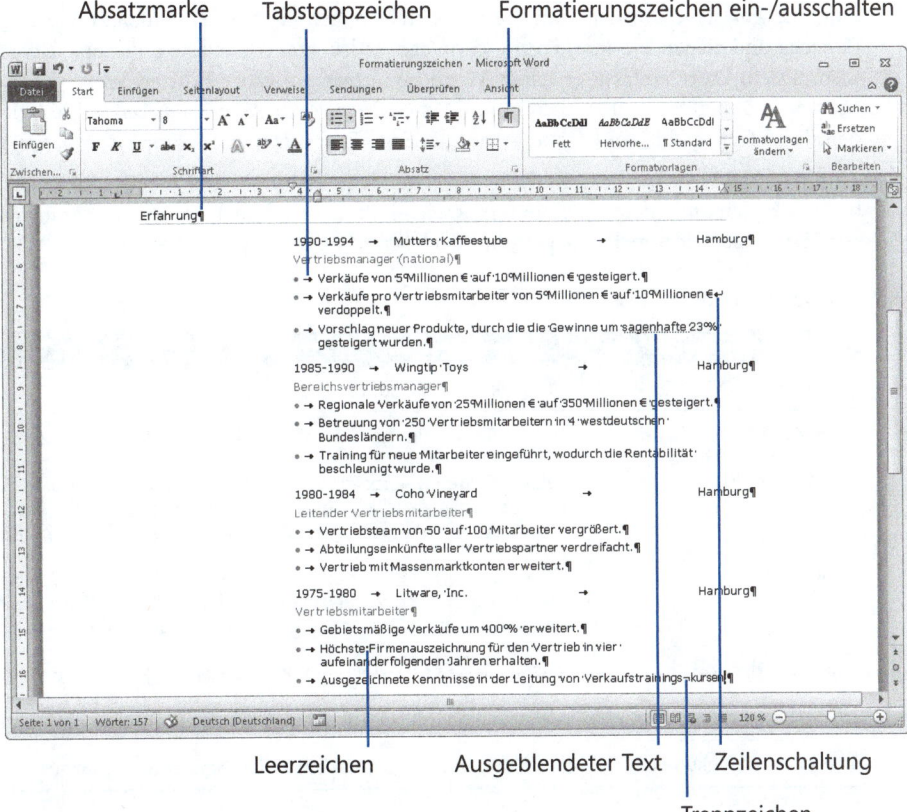

Ob die Formatierungszeichen angezeigt werden oder nicht, können Sie mit der Schaltfläche *Alle
Anzeigen* steuern, die sich auf der Registerkarte *Start* befindet (siehe Bild 7.2). Wenn Sie nur eine
bestimmte Auswahl der Formatierungszeichen sichtbar machten möchten, müssen Sie zuvor im
Dialog *Word-Optionen,* die gewünschten Optionsfelder einschalten:

1. Klicken Sie in der Backstage-Ansicht auf die Schaltfläche *Optionen.*

2. Zeigen Sie im Dialog *Word-Optionen* die Seite *Anzeigen* an.

3. Nehmen Sie im Abschnitt *Diese Formatierungszeichen immer auf dem Bildschirm anzeigen* die
   betreffenden Einstellungen vor. Denken Sie daran, dass Sie die Option *Alle Formatierungszeichen anzeigen* ausschalten müssen, wenn Sie nur einen Teil der Formatierungszeichen anzeigen möchten.

Markieren

Wenn Sie mehrere Zeichen löschen (oder einer längeren Textpassage eine bestimmte Schriftart zuweisen) wollen, müssen Sie diese Textpassage zuerst markieren. Dazu können Sie sowohl die Maus als auch die Tastatur verwenden, wobei beide Techniken ihre Vor- und Nachteile haben.

Mit der Maus markieren: Die Markierungsleiste

Um eine Textstelle mit der Maus zu markieren, zeigen Sie auf den Anfang des zu markierenden Bereichs und ziehen die Markierung dann mit gedrückter Maustaste auf. Sobald die Markierung mehr als ein Wort umfasst, erweitert Word sie immer um ganze Wörter. Wenn Sie dieses Verhalten stört, können Sie es über die Option *Automatisch ganze Wörter markieren* deaktivieren. Sie finden sie im Dialogfeld *Word-Optionen* auf der Seite *Erweitert* in der Gruppe *Bearbeitungsoptionen*.

Zum Markieren größerer Textbereiche verwenden Sie am besten die Markierungsleiste. Dabei handelt es sich um einen unsichtbaren Bereich links neben dem Text, den Sie daran erkennen, dass der Mauszeigers dort nicht wie gewohnt nach links, sondern nach rechts zeigt.

Tabelle 7.2 Markieren mit der Maus

Wenn dies zu markieren ...	... gehen Sie so vor
ein Wort	doppelklicken Sie auf das Wort
eine Zeile	klicken Sie vor der gewünschten Zeile in die Markierungsleiste
mehrere Zeilen	setzen Sie den Mauszeiger in der Markierungsleiste vor die erste zu markierende Zeile, drücken Sie die Maustaste und ziehen Sie mit gedrückter Maustaste die Markierung entweder nach oben oder nach unten auf
einen Absatz	setzen Sie den Mauszeiger in der Markierungsleiste vor den zu markierenden Absatz und *doppelklicken* Sie dann mit der Maustaste. Alternativ können Sie einen Dreifachklick auf dem Absatz ausführen
mehrere Absätze	setzen Sie den Mauszeiger in der Markierungsleiste vor den ersten zu markierenden Absatz, *doppelklicken* Sie und ziehen Sie mit gedrückter Maustaste die Markierung entweder nach oben oder nach unten auf
das gesamte Dokument	führen Sie einen Dreifachklick in der Markierungsleiste aus

PROFITIPP **Mehrere Absätze mit der Maus markieren**

Wenn Sie mehrere Absätze mit der Maus markieren wollen, kann es schnell passieren, dass Sie über das Ziel »hinausschießen«. Word nimmt dann einen Bildlauf vor und Sie müssen erst wieder umständlich die richtige Textstelle suchen. So kommen Sie schneller zum Ziel:

1. Setzen Sie die Einfügemarke an den Anfang des zu markierenden Bereichs.
2. Drücken Sie F8 oder halten Sie alternativ die ⇧-Taste fest.
3. Führen Sie einen Bildlauf zum anderen Ende des Bereichs durch, den Sie markieren wollen.
4. Klicken Sie die Textposition an, um die Markierung bis dort zu erweitern.

Nicht zusammenhängenden Text markieren

Sie können mit der Maus auch Text markieren, der nicht direkt nebeneinander steht. Gehen Sie dazu folgendermaßen vor:

1. Drücken Sie die `Strg`-Taste und halten Sie sie gedrückt.

2. Markieren Sie Wörter, Zeilen und Absätze so, wie es in der obigen Tabelle beschrieben ist.

3. Lassen Sie die `Strg`-Taste wieder los.

Bild 7.3   Beispiel für eine Mehrfachauswahl

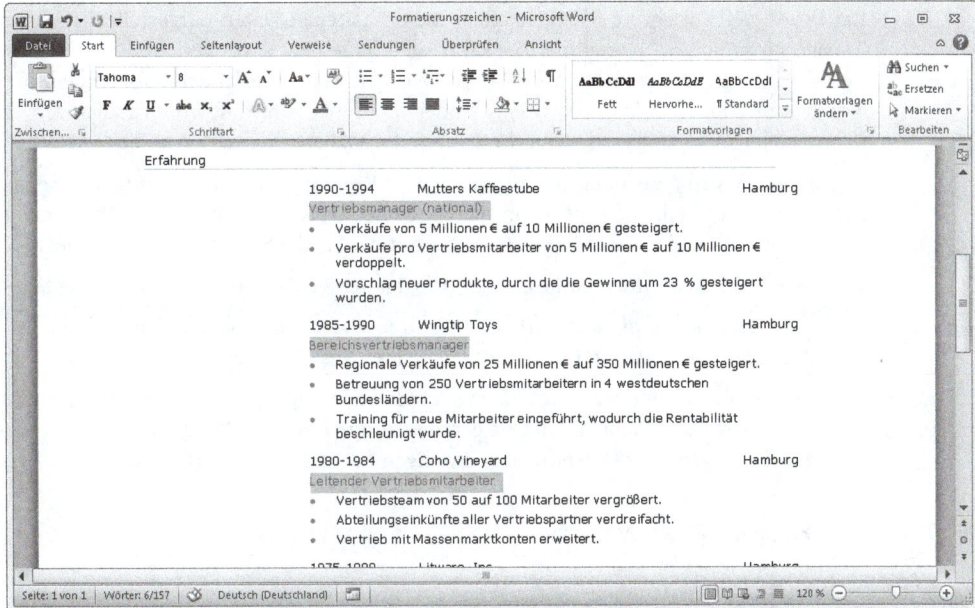

Mit der Tastatur markieren

Einzelne Zeichen und kurze Passagen lassen sich in der Regel schneller per Tastatur markieren, da Sie die Hände beim Schreiben sowieso schon auf der Tastatur liegen haben. Die Vorgehensweise ist dabei immer die gleiche:

1. Drücken Sie die `⇧`-Taste und halten Sie sie gedrückt.

2. Erweitern Sie die Markierung mit den Cursortasten, die Sie auch zum Bewegen der Einfügemarke verwenden.

Sie können sich diesen Vorgang bildlich so vorstellen: Durch das Festhalten der `⇧`-Taste wird die Einfügemarke an der aktuellen Position eingefroren. Wenn Sie dann die Cursortasten drücken, wird die Markierung von der Einfügemarke aus erweitert, und zwar in die Richtung, die Sie mit den Tasten angeben. Wenn Sie beispielsweise die `⇧`-Taste gemeinsam mit `Strg`+`→` drücken, dann erweitert Word die Markierung bis zum nächsten Wort.

Die Zwischenablage

Zwei Aufgaben, die Sie wahrscheinlich häufig durchführen werden, sind das Kopieren und das Verschieben von Text. Wenn Sie bereits mit Windows-Programmen gearbeitet haben, wissen Sie vermutlich, dass dazu die so genannte *Zwischenablage* verwendet wird. Sie funktioniert so ähnlich wie eine Pinnwand: Sie können dort etwas anheften, um es später wieder zu entnehmen.

Die grundsätzliche Bedienung der Zwischenablage haben wir bereits in Kapitel 3 vorgestellt. In diesem Abschnitt wollen wir nun noch auf eine Neuigkeit der Zwischenablage aufmerksam machen, die das Einfügen von Daten aus anderen Programmen erheblich erleichtert.

Stellen Sie sich vor, Sie wollen eine Excel-Tabelle in Ihr Word-Dokument einfügen. In diesem Fall hat Word gleich mehrere Möglichkeiten, die enthaltenen Daten darzustellen: Es kann die Excel-Tabelle unverändert übernehmen, es kann sie in eine Grafik konvertieren oder sie in eine Word-Tabelle umwandeln. Im letzten Fall muss Word sich zusätzlich noch entscheiden, ob es dazu die Tabellenfunktion von Word verwendet oder die Tabelle mithilfe von Tabulatoren erzeugt. Man kann sich leicht vorstellen, dass das Ergebnis jedes Mal etwas anders aussehen wird.

In früheren Word-Versionen blieb Ihnen in der Regel nichts anderes übrig, als die verschiedenen Alternativen der Reihe nach auszuprobieren. Diesen Aufwand können Sie sich nun endlich sparen. Denn Word besitzt jetzt eine Live-Vorschau, mit der Sie die Varianten komfortabel testen können.

1. Setzen Sie die Einfügemarke an die Stelle, an der Sie die Daten einfügen möchten.

2. Wechseln Sie auf die Registerkarte *Start* und klicken Sie dort auf den unteren Teil der Schaltfläche *Einfügen*. Dadurch erscheint ein kleines Ausklappmenü.

3. Zeigen Sie mit der Maus auf die angebotenen Einfügeoptionen. Die jeweilige Auswahl hängt von der Art der Daten ab, die Sie gerade einfügen wollen. Word zeigt dann im Dokument an, wie die eingefügten Daten in dem jeweiligen Format aussehen würden.

Bild 7.4   Einfügen mit Live-Vorschau

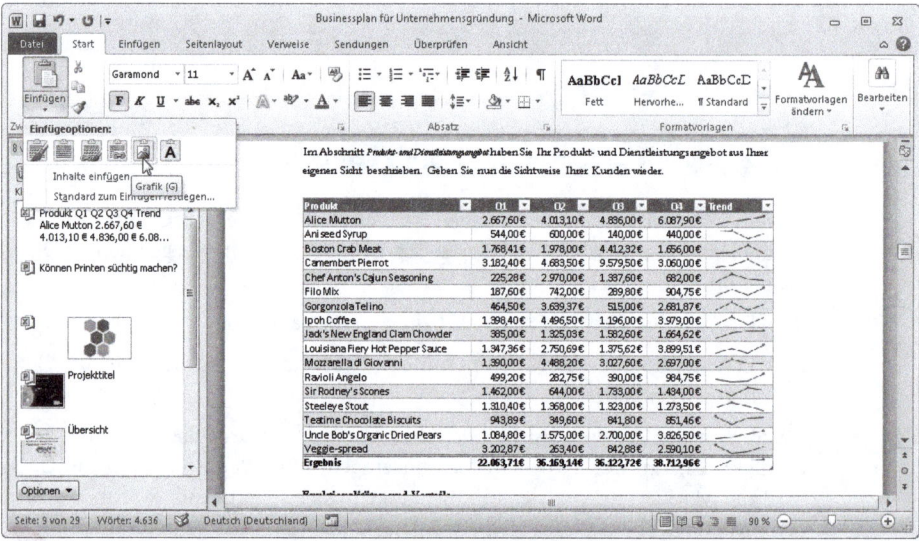

4. Übernehmen Sie die gewünschte Variante, indem Sie ihr Symbol anklicken.

Symbole und Sonderzeichen einfügen

Viele der Schriftarten, die auf Ihrem Computer installiert sind, enthalten Sonderzeichen, die auf den Tasten Ihrer Tastatur nicht enthalten sind. Mit den *WingDings*- und *WebDings*-Zeichensätzen, die zu Windows gehören, steht Ihnen zum Beispiel eine ganze Palette von nützlichen Ornamenten, Kreuzen und Pfeilen zur Verfügung.

Diese Symbole lassen sich ganz einfach über ein Ausklappmenü bzw. ein spezielles Dialogfeld in ein Dokument aufnehmen:

1. Positionieren Sie die Einfügemarke an die Stelle, an der Sie das Symbol einfügen wollen und wechseln Sie auf die Registerkarte *Einfügen*.

2. Klicken Sie ganz rechts in der Gruppe *Symbole* auf die Schaltfläche *Symbole*. Dadurch klappt ein kleines Auswahlmenü herunter, in dem sich die zuletzt von Ihnen eingefügten Symbole (bzw. eine Vorauswahl) befinden. Wenn Sie das gesuchte Symbol hier entdecken, können Sie es einfach anklicken und sind bereits am Ziel.

Bild 7.5   Häufig benutzte Symbole können direkt ausgewählt werden

3. Ist das gesuchte Symbol hier nicht aufgeführt, klicken Sie unterhalb der Liste auf *Weitere Symbole*. Das Dialogfeld *Symbol* wird angezeigt.

Bild 7.6   Mit diesem Dialogfeld können Sie Sonderzeichen einfügen

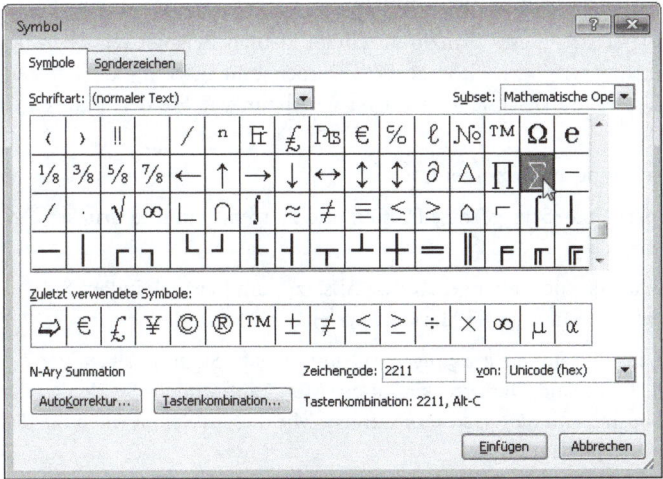

4. Klicken Sie – falls nötig – auf die Registerkarte *Symbole*.

5. Öffnen Sie die Liste *Schriftart* und wählen Sie die Schrift aus, die Sie verwenden wollen.

6. Doppelklicken Sie auf das Zeichen, das Sie einfügen möchten.

7. Wenn Sie alle Sonderzeichen eingefügt haben, klicken Sie auf *Schließen*.

PROFITIPP

Tastenkombinationen für Sonderzeichen

Ein Großteil der Zeichen, die auf der Registerkarte *Sonderzeichen* aufgeführt sind, können auch über eine eigene Tastenkombination eingefügt werden. Interessant sind hier zum Beispiel geschützte Trennstriche oder geschützte Leerzeichen. Die betreffenden Tastenkombinationen sind neben den Sonderzeichen auf der Registerkarte aufgeführt.

Bausteine erstellen und einfügen

Der Begriff *Baustein* ist eng mit der neuen Benutzeroberfläche von Word 2010 verknüpft. Vereinfacht gesagt sind Bausteine kleine »Dokumenthäppchen«, die Sie nach Belieben in Ihre Dokumente einfügen können. Im einfachsten Fall besteht ein Baustein aus einem einzelnen Wort, es kann sich aber auch um eine längere Textpassage, eine Tabelle oder sogar um eine aufwendig gestaltete Seite handeln. Bausteine begegnen Ihnen zum Beispiel, wenn Sie auf der Registerkarte *Einfügen* ein Deckblatt einfügen. Und auch die vorgefertigten Kopf- und Fußzeilen sind nichts anderes als Bausteine.

Wenn Sie bereits mit früheren Versionen von Word gearbeitet haben, werden Sie vermutlich denken: »Ach so, das sind die alten AutoTexte«. Damit liegen Sie nicht ganz falsch, denn die Bausteine von Word 2010 sind gewissermaßen eine Weiterentwicklung der AutoTexte. Ein entscheidender Unterschied ist dabei die Art und Weise, wie Bausteine verwaltet und abgespeichert werden. Während AutoTexte in früheren Versionen nur mit Hilfe von Formatvorlagen organisiert werden konnten, lassen sich Bausteine bei Word 2010 in verschiedenen Katalogen speichern, die jeweils in mehrere Kategorien unterteilt werden können.

Am einfachsten lässt sich dieses Prinzip an einem kleinen Beispiel verstehen. Mit den folgenden Schritten werden Sie den Text »Sehr geehrte Damen und Herren,« als Baustein in den Katalog *Schnellbausteine* ablegen. Anschließend zeigen wir dann, wie Sie den Baustein in Ihr Dokument einfügen können.

1. Erstellen Sie ein neues Dokument.

2. Geben Sie den Text »Sehr geehrte Damen und Herren,« ein und drücken Sie anschließend die ⏎-Taste.

3. Markieren Sie den soeben eingegebenen Absatz (zum Beispiel, indem Sie wie auf Seite 144 beschrieben mit der Maus in die Markierungsleiste klicken).

4. Zeigen Sie die Registerkarte *Einfügen* an und klicken Sie in der Gruppe *Text* auf die Schaltfläche *Schnellbausteine*. Dadurch klappt ein Menü auf, in dem Sie den letzten Befehl *Auswahl im Schnellbaustein-Katalog speichern* wählen. Mit diesem Befehl rufen Sie das Dialogfeld *Neuen Baustein erstellen* auf.

Im Dialogfeld sehen Sie, dass der neue Baustein im Katalog *Schnellbausteine* und dort in der Kategorie *Allgemein* erstellt wird. Mit dem Listenfeld *Speichern in* wird festgelegt, in welcher Dokumentvorlage er gespeichert werden soll.

5.   Geben Sie dem neuen Baustein einen Namen und fügen Sie eine kurze Beschreibung ein. Alle anderen Felder lassen Sie unverändert.

Bild 7.7   Der markierte Text wird im Katalog *Schnellbausteine* gespeichert

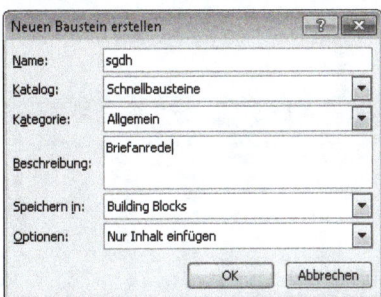

6.   Klicken Sie auf *OK*, um den Baustein zu erstellen.

Im letzten Schritt soll der neue Baustein testweise in das Dokument eingefügt werden. Da Sie ihn im Katalog *Schnellbausteine* abgelegt haben, können Sie ihn konsequenterweise über die gleichnamige Schaltfläche erreichen.

7.   Klicken Sie also in der Registerkarte *Einfügen* wieder auf die Schaltfläche *Schnellbausteine*. Wie Sie sehen, ist das Menü der Schaltfläche um einen Eintrag für den neuen Baustein erweitert worden.

Bild 7.8   Der neue Schnellbaustein

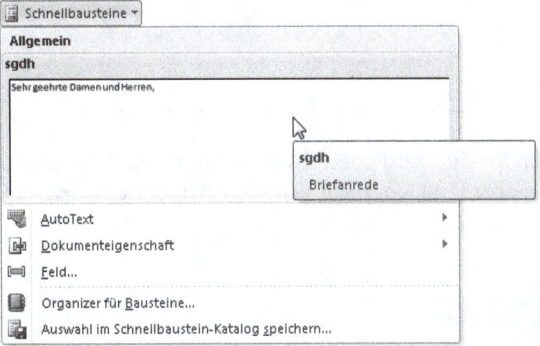

8.   Klicken Sie den neuen Eintrag an, um den Schnellbaustein einzufügen.

TIPP   **Schnellbausteine per Tastatur einfügen**   Wenn Sie den Namen eines Bausteins kennen, können Sie den Baustein einfügen, indem Sie seinen Namen eintippen und direkt danach die Taste F3 drücken.

Der Organizer für Bausteine

Alle Bausteine, die Sie in Ihre Dokumente einfügen können, werden an einer zentralen Stelle, dem so genannten *Organizer für Bausteine* verwaltet. Dort können Sie sich nun davon überzeugen, dass sich der neue Baustein in dem gewünschten Katalog befindet. Zum Aufrufen des Organizers klicken Sie in der Registerkarte *Einfügen* auf *Schnellbausteine* und wählen den Befehl *Organizer für Bausteine*.

Bild 7.9 Im *Organizer für Bausteine* lässt sich erkennen, in welchen Katalogen und Kategorien die verschiedenen Bausteine organisiert sind

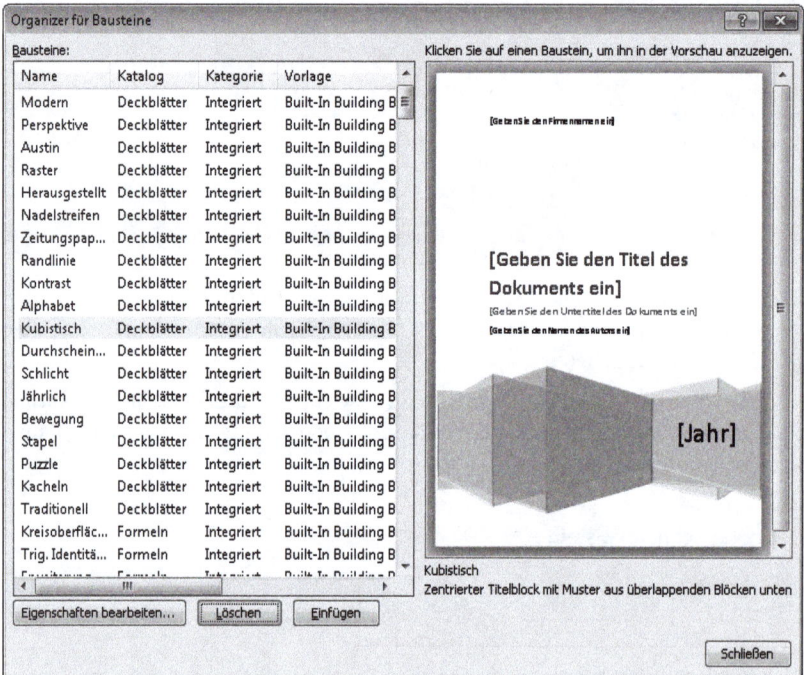

In diesem Dialogfeld können Sie die Bausteine verwalten, um sie zum Beispiel anderen Katalogen oder Kategorien zuzuordnen oder um nicht mehr benötigte Bausteine zu löschen.

Zeichen formatieren

Neben der Möglichkeit, Texte zu korrigieren, zu ergänzen oder einen neuen Text auf einem bestehenden aufbauen zu lassen, sind die zahlreichen Gestaltungsmerkmale, die Sie Ihrem Text zuweisen können, ein wichtiges Merkmal eines jeden Textverarbeitungsprogramms. Dazu gehört zum Beispiel das Einstellen der Schriftart, der Schriftgröße und der Textfarbe. Im Fachjargon wird dies als *Zeichenformatierung* bezeichnet.

Grundsätzliches zur Zeichenformatierung

Sie können für die Zeichenformatierung verschiedene Techniken anwenden:

- Die Schaltflächen der Registerkarte *Start* aus der Gruppe *Schriftart*
- Die Schnellformatvorlagen der Registerkarte *Start* aus der Gruppe *Formatvorlagen*
- Das Dialogfeld *Schriftart*
- Die in Word eingebauten Tastenkombinationen.

Alle diese Varianten haben ihre Vor- und Nachteile:

- Die Verwendung der Schaltflächen ist sehr intuitiv, nachdem Sie einmal ihre Bedeutung kennen. Allerdings können Sie auf diese Weise nicht alle Zeichenmerkmale zuweisen.
- Die Schnellformatvorlagen sind schnell und komfortabel. Nachteile lassen sich eigentlich kaum ausmachen.
- Das Dialogfeld *Schriftart* enthält alle Optionen für die Zeichenformatierung. Allerdings erfordert sein Einsatz etwas mehr »Mausarbeit«.
- Besonders schnell ist die Verwendung der Tastenkombinationen, da Sie hierfür die Hände nicht von der Tastatur nehmen müssen. Der Nachteil ist natürlich, dass Sie die Tastenkombinationen zuerst erlernen müssen.

Für alle Varianten gilt die Regel: *Erst markieren, dann formatieren* (s. a. Abschnitt »Markieren« ab Seite 144). Die Anwendung der Schnellformatvorlagen besprechen wir auf der Seite 159.

Formatieren mit der Registerkarte Start

In den allermeisten Fällen beschränkt sich die Formatierung von Text auf das Wählen einer geeigneten Schriftart und -größe, sowie auf einige wenige Attribute wie fett, kursiv oder unterstrichen. Die dazu notwendigen Schaltflächen finden Sie auf der Registerkarte *Start* in der Gruppe *Schriftart*.

Bild 7.10   Die Gruppe *Schriftart* enthält die Schaltflächen zur Zeichenformatierung

Die Verwendung dieser Schaltflächen kann man wohl ruhigen Gewissens als intuitiv bezeichnen, sodass sie hier nicht näher erläutert werden müssen.

Formatieren mit der Minisymbolleiste

Sicher ist Ihnen beim Markieren schon einmal aufgefallen, dass oberhalb einer Markierung ein blasses Fenster auftaucht, dessen Farben kräftiger werden, sobald Sie mit dem Mauszeiger darüber fahren. Bei diesem Fenster handelt es sich um eine *Minisymbolleiste*. Auf ihr bietet Ihnen Word eine Auswahl der Funktionen an, die Sie im aktuellen Kontext am häufigsten benötigen werden. Die Bedeutung der Schaltflächen ist mit denen auf der Registerkarte *Start* identisch.

Bild 7.11 Mit der automatisch eingeblendeten Symbolleiste lassen sich die häufigsten Formatierungsaufgaben erledigen (hier: Textfarbe ändern)

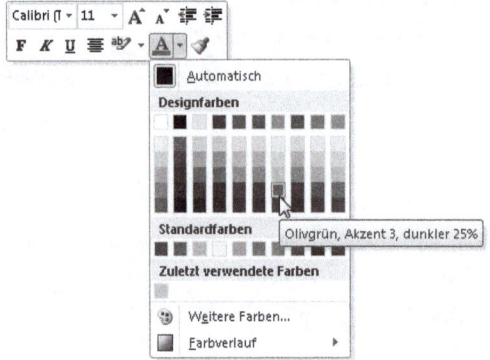

> **TIPP** **Minisymbolleiste anzeigen** Um die Minisymbolleiste auf dem Bildschirm anzuzeigen, können Sie auch mit der rechten Maustaste auf eine Textstelle oder eine Markierung klicken.

Das Dialogfeld Schriftart

Das Dialogfeld *Schriftart* können Sie auf eine der folgenden Weisen aufrufen:

- Klicken Sie in der Registerkarte *Start* auf die kleine quadratische Schaltfläche, die sich rechts unten in der Befehlsgruppe *Schriftart* befindet.

- Klicken Sie eine Textstelle oder eine Markierung mit der rechten Maustaste an und wählen Sie im angezeigten Kontextmenü den Befehl *Schriftart*.

- Drücken Sie die Tastenkombination ⇧+Strg+A.

> **HINWEIS** **Texteffekte** In früheren Versionen von Word enthielt das Dialogfeld *Schriftart* noch die Registerkarte *Texteffekt*, über die ein Text animiert hervorgehoben werden konnte (zum Beispiel mit funkelnden Sternen). Diese Funktion ist in Word 2010 nicht mehr enthalten (alte Word-Dokumente lassen sich jedoch korrekt darstellen).

Zeichenformatierungen mit Shortcuts

Die schnellste Möglichkeit zur Zeichenformatierung ist sicherlich die Verwendung der Shortcuts. Viele dieser Shortcuts funktionieren dabei wie ein Schalter. Um zum Beispiel im laufenden Text ein einzelnes Wort fett zu formatieren, gehen Sie folgendermaßen vor:

1. Drücken Sie ⇧+Strg+F, um die Zeichenformatierung »fett« einzuschalten.

2. Tippen Sie jetzt das fett zu formatierende Wort ein.

3. Drücken Sie erneut ⇧+Strg+F, um die Zeichenformatierung »fett« wieder auszuschalten und fahren Sie dann mit der Eingabe des weiteren Textes fort.

In der folgenden Tabelle haben wir für Sie die wichtigsten Shortcuts zusammengestellt, die Sie zur Zeichenformatierung verwenden können.

Tabelle 7.3 Tastenkombinationen für die Zeichenformatierung

Tastenkombination	Beschreibung
`⇧` + `Strg` + `A`	Das Dialogfeld *Schriftart* anzeigen
`Strg` + `<`	verkleinern des Schriftgrades um eine Stufe
`⇧` + `Strg` + `<`	vergrößern des Schriftgrades um eine Stufe
`Strg` + `8`	verkleinern des Schriftgrades um 1 Punkt
`Strg` + `9`	vergrößern des Schriftgrades um 1 Punkt
`⇧` + `Strg` + `U`	durchgehend unterstreichen (ein/aus)
`⇧` + `Strg` + `D`	doppelt unterstreichen (ein/aus)
`⇧` + `Strg` + `W`	wortweise unterstreichen (ein/aus)
`⇧` + `Strg` + `F`	fett (ein/aus)
`⇧` + `Strg` + `K`	kursiv (ein/aus)
`Strg` + `#`	tieferstellen (ein/aus)
`Strg` + `+`	höherstellen (ein/aus)
`⇧` + `Strg` + `G`	Großbuchstaben (ein/aus)
`⇧` + `Strg` + `Q`	Kapitälchen (ein/aus)
`⇧` + `Strg` + `H`	ausgeblendet (ein/aus)
`⇧` + `Strg` + `Z`	auf Standardformat zurücksetzen

Formatierungen löschen und übertragen

Wenn Sie eine komplizierte Zeichenformatierung für mehrere Textpassagen verwenden wollen, ist es nicht erforderlich, die gleichen Formatierungsbefehle wieder und wieder zu verwenden. Stattdessen können Sie die Formatierung einfach auf eine andere Textstelle übertragen:

1. Markieren Sie den Text, dessen Formatierung Sie übertragen wollen.

2. Wechseln Sie im Menüband auf die Registerkarte *Start*.

3. Klicken Sie in der Gruppe *Zwischenablage* auf die Pinsel-Schaltfläche.

4. Streichen Sie mit dem Mauszeiger über die Textstelle, die die gleiche Formatierung erhalten soll.

Absätze formatieren

Die nächst größeren Einheiten nach Zeichen, die formatiert werden können, sind Absätze. Bevor wir uns jedoch auf die Feinheiten der Absatzformatierung stürzen, ist es erforderlich, den Begriff »Absatz« genauer unter die Lupe zu nehmen und Ihnen das Word-Verständnis eines Absatzes zu erläutern.

Die Absatzmarke

Für Word ist ein Absatz alles (sogar eine leere Zeile), was mit einer Absatzmarke endet. Die Absatzmarke wird von Ihnen in den Text aufgenommen, wenn Sie die ⏎-Taste drücken. Wie Sie dieses Zeichen sichtbar machen können, haben wir bereits weiter vorne in diesem Kapitel auf Seite 143 beschrieben.

Die Absatzmarke selbst ist Teil des Absatzes. Sie enthält alle Formatierungsmerkmale, die Sie dem Absatz zugewiesen haben. Wenn Sie die Absatzmarke löschen, verliert der Absatz seine Formatierungsmerkmale. Der »alte« Absatz wird dann mit dem Absatz hinter der gelöschten Absatzmarke verbunden und erhält dessen Formatierung.

Absätze markieren

Bei der Vorstellung der Zeichenformatierung haben wir gesagt, dass Sie *alle Zeichen* markieren müssen, die Sie formatieren wollen. Bei Absätzen verhält es sich etwas anders. Eine Absatzformatierung wirkt sich immer auf den gesamten Absatz aus. Es reicht daher aus, wenn sich die Einfügemarke an einer beliebigen Stelle im Absatz befindet.

Wollen Sie mehrere Absätze gleichzeitig formatieren, müssen Sie lediglich darauf achten, dass alle Absätze einen Teil der Markierung enthalten (Hinweise zum Markieren finden Sie ab Seite 144).

Die Varianten der Absatzformatierung

Ähnlich wie bei der Zeichenformatierung, führen auch bei der Formatierung von Absätzen mehrere unterschiedliche Wege zum Ziel:

- Die Schaltflächen der Registerkarte *Start* aus der Gruppe *Absatz*.
- Die Schnellformatvorlagen der Registerkarte *Start* aus der Gruppe *Formatvorlagen*.
- Das Dialogfeld *Absatz*.
- Verschiedene Tastenkombinationen.
- Ergänzend können Sie das Lineal verwenden, mit dessen Hilfe die Einzüge eines Absatzes verändert werden und Tabulatoren gesetzt werden können. Das Lineal lässt sich über die kleine Schaltfläche oberhalb der senkrechten Bildlaufleiste ein- und ausschalten.
- Absatzformatierungen können genau wie Zeichenformatierungen mit der Pinsel-Schaltfläche übertragen werden. Die Vorgehensweise entspricht dabei dem im Abschnitt »Formatierungen löschen und übertragen« beschriebenen Verfahren (Seite 153).

Absätze mit der Registerkarte Start formatieren

Auf der Registerkarte *Start* befinden sich in der Gruppe *Absatz* ein gutes Dutzend Schaltflächen, mit denen Sie den Großteil der Absatzformatierung vornehmen können.

Bild 7.12   In dieser Gruppe befinden sich die Schaltflächen zur Absatzformatierung

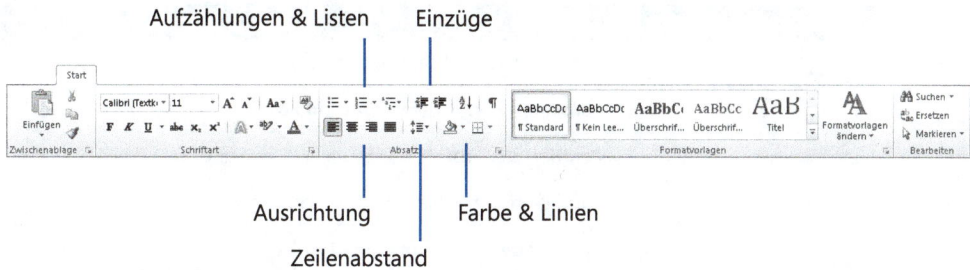

Mit diesen Schaltflächen können Sie folgende Aufgaben erledigen:

- Erstellen von Listen mit Aufzählungen
- Den Einzug eines Absatzes ändern, d.h. ihn ein- oder auszurücken
- Absätze linksbündig, zentriert, rechtsbündig und im Blocksatz ausrichten

Bild 7.13   Beispiele für Ausrichtung und Einzug von Absätzen

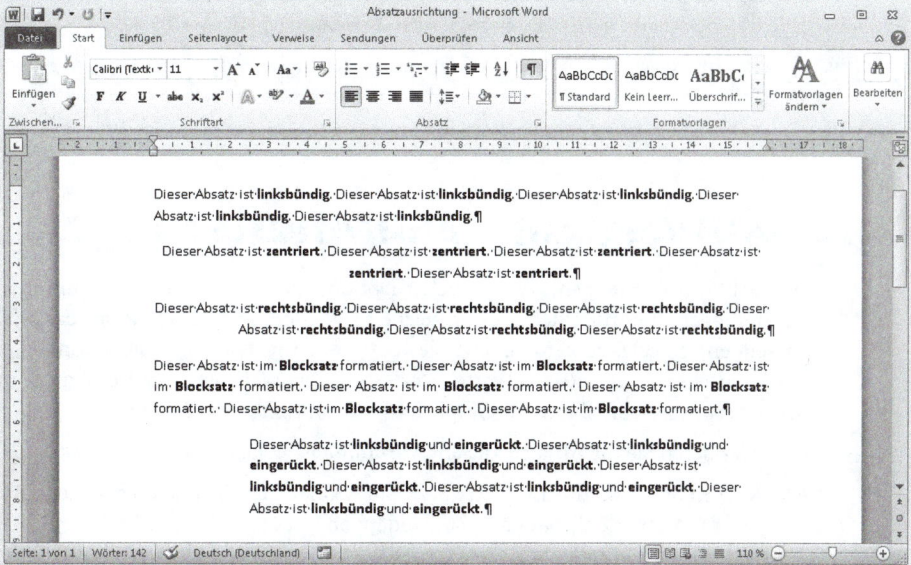

- Den Abstand der Zeilen in einem Absatz ändern
- Absätze farblich hinterlegen
- Absätze mit Linien und Rahmen hervorheben.

Absatzformatierungen mit Shortcuts

Die folgende Tabelle führt die wichtigsten Shortcuts auf, die Sie zur Absatzformatierung einsetzen können.

Tabelle 7.4 Wichtige Tastenkombinationen für die Formatierung von Absätzen

Tastenkombination	Beschreibung
Strg + L	Formatiert den Absatz linksbündig
Strg + R	Formatiert den Absatz rechtsbündig
Strg + Z	Zentriert den Absatz horizontal auf der Seite
Strg + B	Formatiert den Absatz im Blocksatz
Strg + M	Versieht den Absatz mit einem linken Einzug
⇧ + Strg + M	Mit dieser Tastenkombination können Sie den linken Einzug eines Absatzes wieder um einen Tabstopp verkürzen
Strg + T	Erzeugt einen hängenden Einzug. Alle Zeilen – mit Ausnahme der ersten – werden von Word bis zum nächsten Tabstopp bewegt
⇧ + Strg + T	Verkleinert den hängenden Einzug wieder
Strg + 1	Einfacher Zeilenabstand (12 pt = 1 ze)
Strg + 2	Doppelter Zeilenabstand (24 pt = 2 ze)
Strg + 5	Eineinhalbfacher Zeilenabstand (18 pt = 1,5 ze)
Strg + 0 (Null)	Öffnet bzw. schließt Leerraum (12 pt = 1 ze) vor dem Absatz

Aufzählungen und Nummerierungen

Ein wichtiges Textelement, das in vielen Dokumenten vorkommt, sind nummerierte Listen und Aufzählungen, die mit einem Sonderzeichen (wie dem kleinen Quadrat, das wir in diesem Buch verwenden) eingeleitet werden. Wie Sie weiter oben in Bild 7.12 sehen können, stehen Ihnen für diese Zwecke in der Registerkarte *Start* drei Schaltflächen zur Verfügung, mit denen diese Formatierungen schnell und unkompliziert vorgenommen werden können.

1. Markieren Sie die Absätze, die ein Aufzählungszeichen erhalten sollen.

2. Klicken Sie in der Registerkarte *Start* auf den kleinen Pfeil der Schaltfläche *Aufzählungszeichen,* um das Menü der Schaltfläche aufzuklappen.

Wie Sie im folgenden Bild sehen, sind die Aufzählungszeichen in Gruppen unterteilt. In der ersten Gruppe befinden sich die Zeichen, die Sie zuletzt verwendet haben. Diese Gruppe wird natürlich nur angezeigt, falls Sie nach dem Starten von Word bereits mit der Funktion gearbeitet haben. Die Gruppe *Aufzählungsbibliothek* ist immer in diesem Menü vorhanden und enthält die Standardauswahl, die Ihnen von Word zur Verfügung gestellt wird. Wenn das Dokument bereits Aufzählungszeichen enthält, tauchen diese in der Gruppe *Dokumentaufzählungszeichen* in dem Menü auf.

Bild 7.14   Liste mit Aufzählungszeichen versehen

3. Fahren Sie mit der Maus über die angebotenen Zeichen. Sie können die Wirkung der Zeichen direkt im Dokument beobachten.

4. Wenn Sie sich für ein Zeichen entschieden haben, klicken Sie es an.

5. Um einer Liste einen weiteren Eintrag hinzuzufügen, setzen Sie die Einfügemarke an das Ende des letzten Absatzes und drücken dort die ⏎-Taste. Der neue Absatz erhält automatisch das gleiche Aufzählungszeichen.

6. Nachdem Sie den letzten Punkt der Liste eingegeben haben, drücken Sie die ⏎-Taste, um einen neuen Absatz zu erstellen, und dann zweimal die Taste ← (oberhalb der ⏎-Taste), um so die Aufzählung zu beenden.

Nummerierte Listen erstellen

Das Erstellen von Listen, deren Absätze nummeriert sind, funktioniert vom Prinzip her genau so wie das Erstellen von Absätzen mit Aufzählungszeichen:

1. Geben Sie den ersten Absatz der Liste ein. Drücken Sie am Ende des Absatzes die ⏎-Taste.

2. Setzen Sie die Einfügemarke wieder in den Absatz und öffnen Sie das Menü der Schaltfläche *Nummerierung* (das ist die zweite Schaltfläche der Gruppe).

3. Wählen Sie eine der angebotenen Nummerierungen aus.

4. Setzen Sie die Einfügemarke an das Ende des Absatzes und drücken Sie die ⏎-Taste, wenn Sie die Liste fortsetzen wollen.

5. Zum Beenden der Liste, erstellen Sie wieder mit ⏎ einen neuen Absatz und drücken dann direkt zweimal die Taste ← (oberhalb der ⏎-Taste).

Nummerierung mit einer anderen Zahl beginnen

Wenn die Nummerierung nicht mit 1, sondern mit einer anderen Zahl beginnen soll, gehen Sie folgendermaßen vor:

1. Klicken Sie den Absatz, dessen Nummerierung Sie ändern möchten, mit der rechten Maustaste an und wählen Sie in dem angezeigten Kontextmenü den Befehl *Nummerierungswert festlegen.*

Bild 7.15 So legen Sie den Startwert einer nummerieren Liste fest

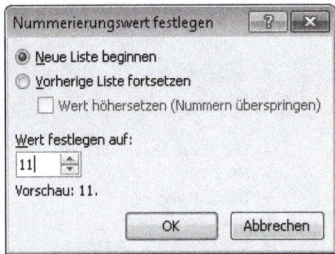

2. Stellen Sie den gewünschten Wert im Dialog ein und klicken Sie auf *OK*.

Aufzählung/Nummerierung entfernen

Um die Aufzählungszeichen zu entfernen, gehen Sie so vor:

1. Markieren Sie alle Absätze der Liste, bei denen Sie das Aufzählungszeichen entfernen wollen.

2. Klicken Sie auf die Schaltfläche *Aufzählungszeichen*.

Rahmen und Linien

Mit Rahmen und Linien können Sie Überschriften oder Kopfzeilen vom Rest des Textes abheben und das Augenmerk des Lesers auf wichtige Stellen lenken. Wenn Sie keine großen Ansprüche an Form und Farbe stellen, lassen sich die Linien am schnellsten über eine Schaltfläche der Registerkarte *Start* einfügen:

1. Setzen Sie die Einfügemarke in den Absatz, den Sie mit einer Linie versehen wollen. Wenn Sie mehrere Absätze mit einem gemeinsamen Rahmen versehen möchten, markieren Sie die gewünschten Absätze.

2. Wechseln Sie auf die Registerkarte *Start* und klicken Sie in der Gruppe *Absatz* in der unteren Reihe den kleinen Pfeil der letzten Schaltfläche an.

3. Mit den Befehlen des dadurch ausgeklappten Menüs können Sie nun die gewünschte(n) Linie(n) einschalten. Unter Umständen müssen Sie dazu das Menü mehrmals aufrufen.

4. Wenn Sie die Art der Linie oder ihre Farbe verändern möchten, müssen Sie das Dialogfeld *Rahmen und Schattierung* benutzen. Sie erreichen es über den gleichnamigen Befehl, der sich ganz unten im Ausklappmenü der Schaltfläche befindet.

Bild 7.16   Mit diesem Dialogfeld können Sie die Darstellung der Linie ändern

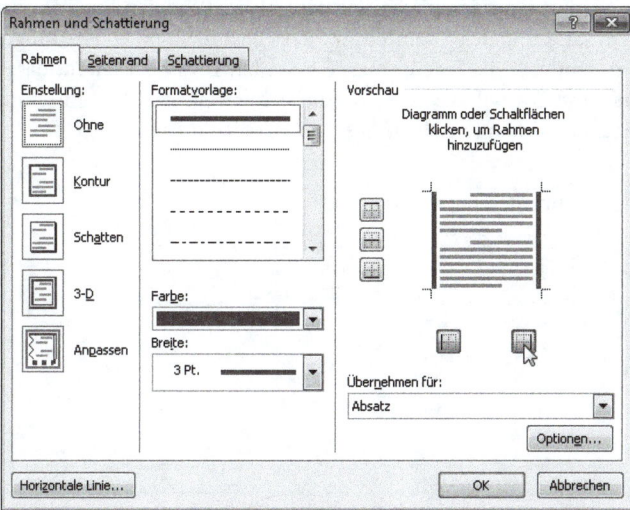

5.   Stellen Sie dann zunächst im mittleren Bereich des Dialogs die Linienart, -farbe und -breite ein und klicken Sie dann rechts auf die Schaltflächen des Vorschaubereichs, um die betreffenden Linien einzuschalten.

6.   Mit den Optionen der Registerkarte *Schattierung* können Sie den Rahmen bei Bedarf auch farbig hinterlegen.

Formatieren mit Schnellformatvorlagen

In den letzten Abschnitten haben Sie gelernt, wie Sie einzelne Formatierungsmerkmale Ihrer Texte ändern können. In der Praxis ist diese Art der Formatierung jedoch oft zu mühselig und führt auch häufig dazu, dass Ihre Dokumente nicht einheitlich formatiert sind. Aus diesem Grund verwendet man beim Formatieren so genannte *Formatvorlagen,* die Sie sich im übertragenen Sinne als Schnittmuster oder als Schablonen für die Formatierung vorstellen können. Eine Formatvorlage definiert dazu gleich mehrere Formatierungsmerkmale, die Sie Ihrem Text dann auf einen Rutsch zuweisen können. So könnte zum Beispiel eine Formatvorlage, mit der Sie Ihre Überschriften formatieren, nicht nur Schriftart und -größe bestimmen, sondern auch dafür sorgen, dass die Überschrift mit einer farbigen Linie unterstrichen wird.

Wir haben diesem wichtigen Thema das Kapitel 17 gewidmet und wollen Ihnen hier zunächst nur kurz zeigen, wie Sie Ihre Texte mit Hilfe von Formatvorlagen gestalten können.

1.   Erstellen Sie ein neues leeres Dokument.

2.   Tippen Sie den Text **Dies ist eine Überschrift** ein.

3.   Setzen Sie die Einfügemarke in das Wort »eine«, indem Sie es anklicken.

4.   Wechseln Sie auf die Registerkarte *Start* und klappen Sie das Auswahlmenü in der Gruppe *Formatvorlagen* auf (siehe nächstes Bild). Diese Formatvorlagen werden als *Schnellformatvorlagen* bezeichnet, da sie über das Auswahlmenü besonders schnell zu erreichen sind.

5. Bewegen Sie den Mauszeiger auf die verschiedenen Vorschaubilder und beobachten Sie im Dokument die Wirkung der jeweiligen Formatvorlage. Beachten Sie, dass einige der Formatvorlagen die Formatierung des gesamten Absatzes beeinflussen, andere hingegen lediglich das Wort »eine«, in dem sich die Einfügemarke befindet. Dies liegt daran, dass es in Word verschiedene Typen von Formatvorlagen gibt, die sich jeweils gezielt auf bestimmte Bestandteile eines Dokuments auswirken (Zeichen, Absätze, Tabellen, Listen).

Bild 7.17　　Formatierung per Schnellformatvorlage

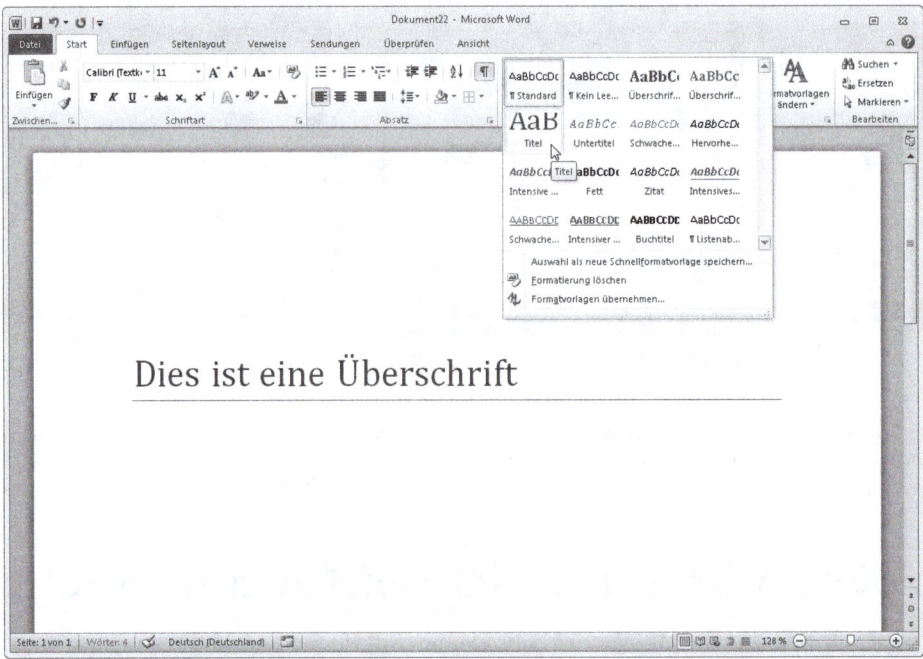

6. Klicken Sie eines der Vorschaubilder an, um die Formatvorlage zuzuweisen.

Texte suchen und ersetzen

Wenn Sie in einem umfangreichen Dokument nach einer bestimmten Textstelle suchen, hilft Ihnen die Suchfunktion von Word. Mit dieser Funktion können Sie mehrere Aufgaben erledigen:

- Sie können der Reihe nach alle Fundstellen anzeigen, die den gesuchten Begriff enthalten.
- Sie können alle Vorkommen des Begriffs im Dokument markieren.
- Sie können alle Vorkommen des Begriffs im Dokument farbig hervorheben.

Bei allen Methoden lässt sich die Suche durch zusätzliche Kriterien präzisieren, indem Sie zum Beispiel festlegen, dass die Groß-/Kleinschreibung beachtet werden soll.

Die Standardsuche

Die Suchfunktion wurde in Word 2010 erheblich verbessert. Dazu wurde der neue Aufgabenbereich *Navigation* geschaffen, der verschiedene Ansichten auf ein Dokument bietet und so eine
schnelle Orientierung in umfangreichen Texten ermöglicht.

1. Wechseln Sie im Menüband auf die Registerkarte *Start* und klicken Sie dort in der Gruppe
   Bearbeiten auf die Schaltfläche *Suchen*. Alternativ drücken Sie den Shortcut [Strg]+[F]. Word
   zeigt dann links neben dem Dokument den Aufgabebereich *Navigation* an.

2. Geben Sie oben im Aufgabenbereich einen Suchbegriff ein. Wenn Sie den Begriff sehr langsam eintippen, werden Sie feststellen, dass Word die Suchergebnisse nach jedem neu eingegebenen Buchstaben aktualisiert. Dieses Feature nennt sich *Inkrementelle Suche*.

Bild 7.18 Gefundene Textstellen werden im Navigationsbereich aufgelistet und im Text markiert

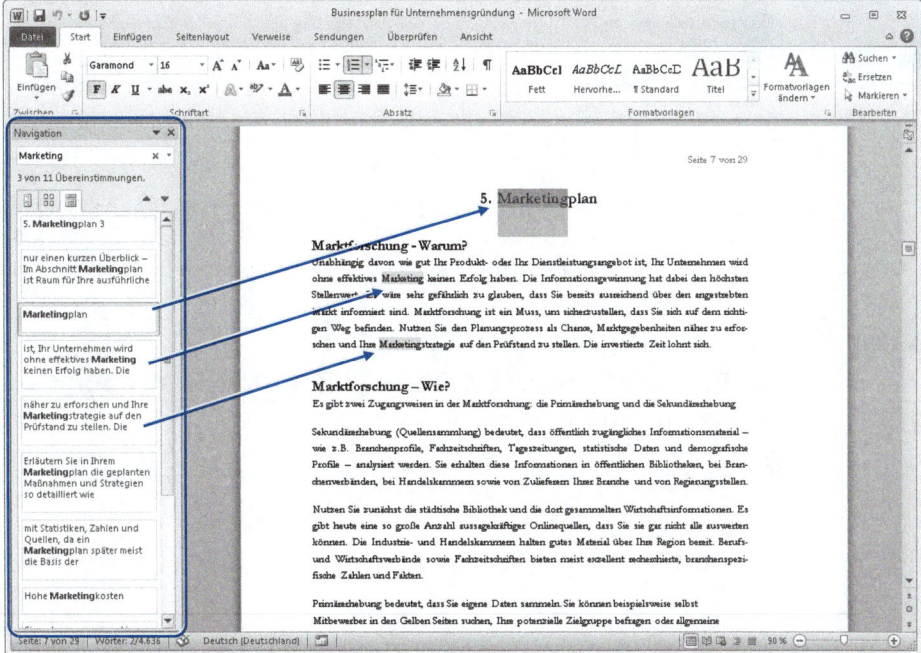

3. Klicken Sie in der Trefferliste des Navigationsbereichs einen Textschnippel an, damit Word
   die zugehörige Textstelle im Dokumentenfenster anzeigt. Wie Sie sehen, sind alle Vorkommen des Suchbegriffs im Dokument hervorgehoben.

4. Wenn Sie die gesuchte Textstelle gefunden haben, können Sie die Suche durch einen Klick auf
   das Kreuzchen rechts neben dem Suchbegriff beenden oder den Navigationsbereich schließen.

5. Falls Ihre Suche jedoch zu viele Übereinstimmungen liefert, können Sie die Suche mithilfe
   von geeigneten Suchoptionen weiter präzisieren. Klicken Sie dazu rechts oben im Navigationsbereich auf die Pfeilschaltfläche und wählen Sie in ihrem Menü den Befehl *Optionen*
   (siehe folgende Abbildung).

Bild 7.19   Erweiterte Optionen aufrufen

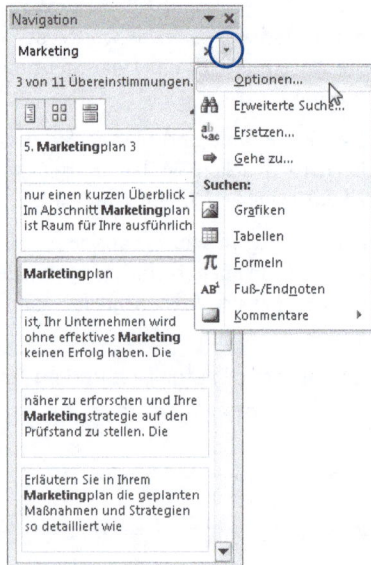

6.   Aktivieren Sie im angezeigten Dialog die geeigneten Optionen. Gute Ergebnisse lassen sich oft bereits durch die Beachtung der Groß-/Kleinschreibung oder die Beschränkung auf ganze Wörter erzielen. Eine Beschreibung der einzelnen Optionen finden Sie im nächsten Abschnitt.

Bild 7.20   Hier können Sie Ihre Suche präzisieren

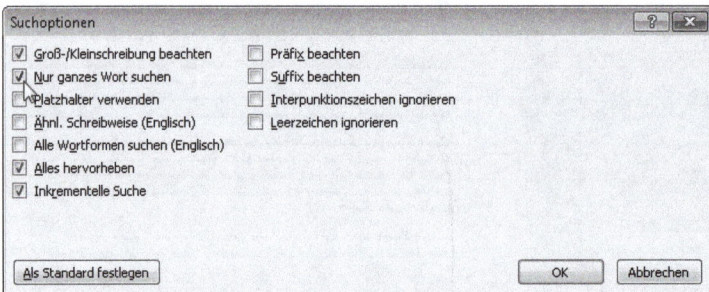

7.   Klicken Sie auf *OK* und wiederholen Sie die Suche.

Bild 7.21   Jetzt findet Word nur noch eine Textstelle

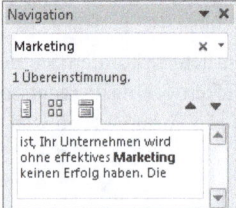

Die Suchoptionen

In der folgenden Auflistung finden Sie die wichtigsten Optionen des im letzten Abschnitt vorgestellten Dialogs *Suchoptionen* bzw. des Dialogs *Suchen und Ersetzen*, den Sie im nächsten Abschnitt kennenlernen werden.

- **Groß-/Kleinschreibung beachten** Wenn Sie das Feld einschalten, wird eine Textstelle nur dann gefunden, wenn die Groß- und Kleinschreibung im Text mit Ihrer Eingabe exakt übereinstimmt.

- **Nur ganzes Wort suchen** Wenn Sie diese Option aktivieren, werden nur eigenständige Wörter gesucht, die durch Leerzeichen, Tabulatoren oder Satzzeichen getrennt sind. Bei ausgeschalteter Option (dies ist die Vorgabe von Word), werden auch alle Textstellen gefunden, in denen der Suchbegriff nicht als eigenständiges Wort vorkommt. Zum Beispiel würde dann bei dem Suchbegriff »und« auch das Wort »Kunden« gefunden werden.

- **Platzhalter verwenden** Über diese Option lassen sich sehr komplexe Suchen durchführen, mit denen Sie zum Beispiel alle Wörter finden können, die mit »M« anfangen und »er« aufhören. Da solche Suchen in der Praxis aber eher selten vorkommen, haben wir im Rahmen dieses Buches auf eine Beschreibung verzichtet.

- **Alles hervorheben** Wenn diese Option eingeschaltet ist, werden alle Fundstellen im Dokument markiert.

- **Inkrementelle Suche** Bei der inkrementellen Suche beginnt Word die Suche bereits beim Eintippen des ersten Buchstabens und grenzt die Trefferliste dann immer weiter ein, während Sie den Suchbegriff eingeben.

- **Präfix/Suffix beachten** Schalten Sie diese Option ein, um alle Textstellen zu finden, an denen der Suchbegriff am Wortanfang bzw. am Wortende steht.

- **Interpunktionszeichen ignorieren** Bei eingeschalteter Option werden Satzzeichen von Word nicht berücksichtigt. In diesem Fall würde der Suchbegriff »Dr Schuhmann« auch die Schreibweise »Dr. Schuhmann« finden.

- **Leerzeichen ignorieren** Diese Option ist bei der Suche nach Wortkombinationen sehr hilfreich. Wenn Sie z.B. nach den beiden Wörtern »unter anderem« suchen, spüren Sie mit dieser Option auch Textstellen auf, bei denen zwischen den Wörtern unbeabsichtigter Weise zwei Leerzeichen stehen.

Die erweiterte Suche

Es gibt in der Praxis durchaus Fälle, in denen Sie mit der Standardsuche nicht zum Ziel kommen. Wenn Sie zum Beispiel in einem Dokument eine Textstelle suchen, in denen das Wort »und« kursiv formatiert wurde, kommen Sie mit der Standardsuche nicht weit. In solchen Fällen müssen Sie zur erweiterten Suche greifen:

1. Zeigen Sie im Menüband die Registerkarte *Start* an und öffnen Sie das Menü der Schaltfläche *Suchen.* Wählen Sie dort den Befehl *Erweiterte Suche.*

2. Klicken Sie im erschienenen Dialog gegebenenfalls auf die Schaltfläche *Erweitern,* damit die vollständige Fassung des Dialogs angezeigt wird (wie in der nächsten Abbildung). Wie Sie sehen, kennen Sie viele der Optionen bereits aus der in den letzten Abschnitten vorgestellten Standardsuche.

In der erweiterten Suche lässt sich z.B. der Suchbereich festlegen

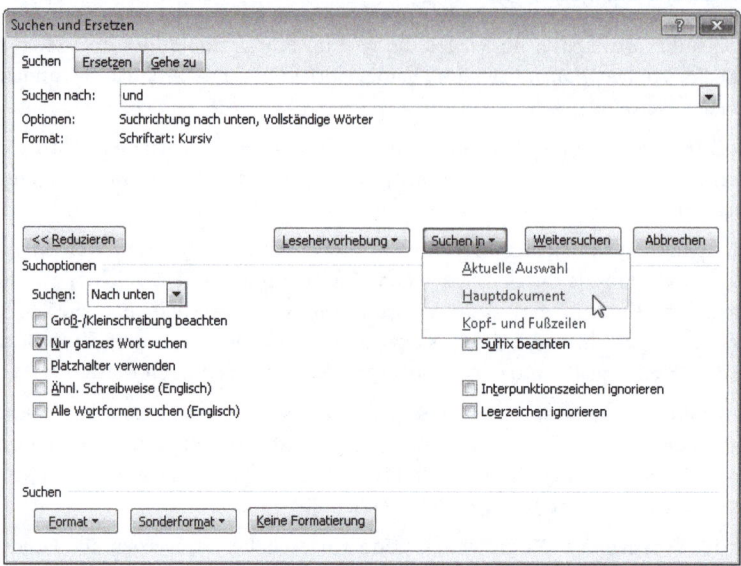

3. Legen Sie die Suchrichtung fest. Word sucht entweder nur in eine Richtung, und zwar ab der aktuellen Position der Einfügemarke nach oben oder unten, oder im gesamten Dokument.

4. Falls Ihr Dokument auch Kopf- und Fußzeilen enthält und/oder wenn Sie zuvor einen Textbereich markiert haben, können Sie nun auswählen, welchen Bereich des Dokuments Sie durchsuchen möchten.

5. Über die Schaltfläche *Format* können Sie angeben, nach welchen Formatierungsmerkmalen Sie suchen. Alternativ können Sie auch die Tastenkombinationen drücken, mit der sich die gesuchte Formatierung zuweisen lässt (also z.B. ⇧ + Strg + K für kursive Schrift).

6. Die Schaltfläche *Sonderformat* zeigt eine Auswahl von Sonderzeichen an, nach denen Sie ebenfalls suchen können. Auf diese Weise können Sie zum Beispiel ein Tabstoppzeichen oder eine Absatzmarke in den Suchbegriff einbauen. So findet der Ausdruck »:^p« alle Doppelpunkte, die am Ende eines Absatzes stehen.

7. Klicken Sie auf *Weitersuchen*, um die erste bzw. die nächste Fundstelle anzuzeigen. Um alle Fundstellen auf einmal zu markieren, klicken Sie auf *Suchen*.

8. Um die Fundstellen farblich hervorzuheben, klicken Sie auf *Lesehervorhebung* und dann auf *Alles hervorheben*.

9. Sie können jederzeit zwischen Dialogfeld und Dokument wechseln. Sie können also zum Beispiel die Bildlaufleisten verwenden, um sich die von der Suchfunktion markierten oder hervorgehobenen Textstellen anzusehen. Wenn Sie das Dialogfeld nicht mehr benötigen, beenden Sie es mit *Schließen*.

Text ersetzen

Genauso wie Sie nach Text suchen können, ist es auch möglich, den gefundenen Text durch einen neuen ersetzen zu lassen. Dazu verwenden Sie den Befehl *Ersetzen*, der sich ebenfalls in der Gruppe *Bearbeiten* auf der Registerkarte *Start* befindet. Wenn das Dialogfeld *Suchen und Ersetzen* bereits angezeigt wird, können Sie auch einfach im Dialog die Registerkarte *Ersetzen* anklicken.

Bild 7.23   Die Registerkarte *Ersetzen* mit eingeblendeten Suchoptionen

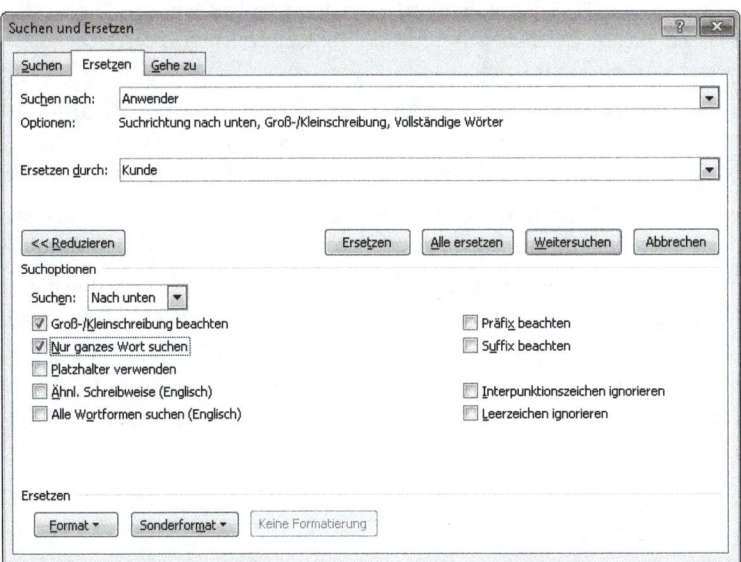

Wie Sie sehen, unterscheidet sich die Registerkarte *Ersetzen* von der Registerkarte *Suchen* im Wesentlichen durch das Feld *Ersetzen durch*. In dieses Feld können Sie den Text eingeben, der anstelle des gefundenen in das Dokument aufgenommen werden soll. Wenn Sie dieses Feld leer lassen, wird der gefundene Text aus Ihrem Dokument entfernt.

Nachdem Sie alle Eingaben vorgenommen und die gewünschten Optionsfelder eingeschaltet haben, können Sie mit den folgenden Schaltflächen das Ersetzen starten:

- **Weitersuchen**   Sucht das erste bzw. nächste Vorkommen des Suchtextes im Dokument. War die Suche erfolgreich, wird der Inhalt des Dateifensters so gerollt, dass Sie die gefundene Textstelle lesen können.

- **Ersetzen**   Ersetzt den gefundenen Text durch die neue Eingabe. Nachdem Word den markierten Text ersetzt hat, springt es automatisch zur nächsten Fundstelle. Wird der Suchbegriff nicht mehr gefunden, erscheint ein entsprechender Hinweis.

- **Alles ersetzen**   Mit dieser Schaltfläche können Sie alle Vorkommen des Suchtextes im gesamten Dokument ersetzen. Benutzen Sie diese Schaltfläche nur, wenn Sie sich Ihrer Sache sicher sind und auf die individuelle Überprüfung der einzelnen Fundstellen verzichten wollen.

Zusammenfassung

Dieses Kapitel hat Sie mit den Grundlagen von Word vertraut gemacht. Sie verfügen nun bereits über das erforderliche Wissen, um einfache Texte zu erstellen und zu bearbeiten.

- Zunächst haben Sie gelernt, wie Sie Text eingeben, ergänzen und löschen können (Seite 140).

- Der folgende Abschnitt hat Ihnen gezeigt, wie Sie sich mit Hilfe der Maus und der Tastatur in Ihren Dokumenten bewegen (Seite 142).

- Auch das Anzeigen bzw. Ausblenden von Formatierungszeichen war Thema dieses Kapitels (Seite 143). Zu diesen Zeichen gehören u.a. Tabstoppzeichen, Leerzeichen, Absatzmarken und die verschiedenen Trennstriche.

- Ein weiteres zentrales Thema dieses Kapitels war das Markieren von Textpassagen mit Hilfe der Tastatur (Seite 145) und der Maus (Seite 144). Diese Techniken werden Sie bei Ihrer Arbeit mit Word ständig einsetzen, da viele Word-Befehle ein vorheriges Markieren erfordern.

- Sie wissen nun, wie Sie mithilfe der Zwischenablage Texte kopieren und verschieben (Seite 145) und wie sich Symbole und Sonderzeichen in ein Dokument einfügen lassen (Seite 146).

- Anschließend haben Sie den Umgang mit *Bausteinen* erlernt. Wir haben Ihnen gezeigt, wie Sie Bausteine einfügen (Seite 148) und sie im Organizer für Bausteine verwalten (Seite 150).

- Sie haben gelernt, welche Merkmale einer Schrift sich generell verändern lassen. Dazu gehören neben der Schriftart und dem Schriftgrad auch der Schriftschnitt und die Textfarbe (Seite 151). Dieser Vorgang wird als *Zeichenformatierung* bezeichnet und lässt sich auf folgende Arten durchführen:

  - Über die Schaltflächen der Registerkarte *Start* (Seite 151)

  - Über die Minisymbolleiste (Seite 151)

  - Mit dem Dialogfeld (Seite 152)

  - Über verschiedene Tastenkombinationen (Seite 152)

  - Durch Übertragen einer Formatierung mit der Pinsel-Schaltfläche (Seite 153).

- Sie haben den Begriff des Absatzes kennen gelernt und erfahren, welche Formatierungen auf Absätze angewendet werden können (Seite 154).

- Um Aufzählungen und nummerierte Listen zu erstellen, stehen Ihnen in der Registerkarte *Start* drei Schaltflächen zur Verfügung, mit denen diese Formatierungen schnell und unkompliziert vorgenommen werden können (Seite 156).

- Um Absätze hervorzuheben, lassen sie sich mit Rahmen und Linien versehen (Seite 158).

- Schnellformatvorlagen gewährleisten eine schnelle und konsistente Formatierung (Seite 159).

- Word kann Textstellen suchen und bei Bedarf durch anderen Text ersetzen (Seite 159).

Kapitel 8

Grafische Elemente

In diesem Kapitel:

Auch wenn Word von Haus aus ein Textverarbeitungsprogramm ist, hat es viele interessante Funktionen für die Bildbearbeitung zu bieten, die in der neuen Version von Office sogar noch einmal ordentlich aufgestockt worden sind. In diesem Kapitel zeigen wir Ihnen, wie Sie die verschiedenen grafischen Elemente, die in Word 2010 als *Illustrationen* bezeichnet werden, in ein Dokument einfügen und in den Text integrieren.

Wir konzentrieren uns dabei auf die besondere Problematik beim Platzieren von Abbildungen in ein Textdokument. Weitere Funktionen und Techniken zum Thema »Illustrationen«, die auch für Excel und PowerPoint gelten, finden Sie in Teil E des Buches in den ▶ Kapiteln 41 bis 43.

Grafische Elemente einfügen

Die Befehle zum Einfügen der verschiedenen grafischen Elemente finden Sie auf der Registerkarte *Einfügen* in der Gruppe *Illustrationen*.

Bild 8.1   Über die Schaltflächen der Gruppe *Illustrationen* können Sie die verschiedenen grafischen Elemente in Ihre Dokumente einfügen.

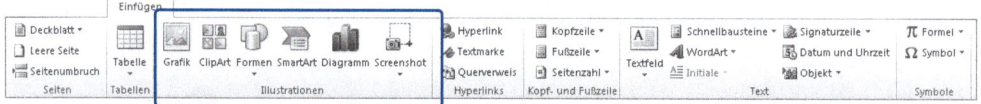

ClipArt einfügen

Um z.B. eine ClipArt, das sind kleine Grafiken, in Ihr Dokument einzufügen, gehen Sie so vor:

1.   Setzen Sie die Einfügemarke an die Stelle, an der Sie die ClipArt einfügen wollen.

2.   Klicken Sie in der Registerkarte *Einfügen* auf die Schaltfläche *ClipArt*. Word zeigt dann im rechten Bereich des Fensters den Aufgabenbereich *ClipArt* an.

3.   Geben Sie im Feld *Suchen nach* einen Suchbegriff ein, zum Beispiel das Wort **Hammer**, und klicken Sie dann auf *OK*.

4.   Wenn Sie eine ClipArt gefunden haben, die Ihnen zusagt, klicken Sie ihr Vorschaubild mit der Maus an, um sie in das Dokument einzufügen.

Wie Sie sehen, hat die eingefügte ClipArt den Text des Dokuments ziemlich rücksichtslos verdrängt. Haben Sie noch ein klein wenig Geduld. Im Abschnitt »Zeilenumbruch einer Grafik einstellen« zeigen wir Ihnen, wie sich das Zusammenspiel von Text und ClipArt optimieren lässt.

Grafiken einfügen

Unter einer Grafik versteht Word ein Bild, das als eigenständige Datei gespeichert ist (z.B. auf der Festplatte Ihres Rechners). Dabei kann es sich um ein digitales Foto, eine Bildschirmabbildung oder um eine Grafik handeln, die mit einem Bildverarbeitungsprogramm erstellt wurde. Die Vorgehensweise beim Einfügen einer Grafik ähnelt dem im letzten Abschnitt beschriebenen Verfahren.

1. Setzen Sie den Cursor an die Stelle des Dokuments, an der die Grafik eingefügt werden soll.

2. Klicken Sie in der Registerkarte *Einfügen* die Schaltfläche *Grafik* an. Word zeigt das Fenster *Grafik einfügen* an.

3. Falls Sie nach Bildern eines bestimmten Typs suchen (z.B. TIF, BMP, GIF etc.), können Sie den gewünschten Typ über die Schaltfläche *Dateityp* voreinstellen (siehe Markierung in der folgenden Abbildung). Das erleichtert die Suche, weil dann im Dialogfeld nur diese Dateien aufgelistet werden.

4. Lassen Sie bei Bedarf mit Hilfe der Schaltfläche *Ansicht ändern* Vorschaubilder (Miniaturansichten) der Grafiken im Dialogfeld anzeigen.

5. Wechseln Sie in den Ordner, in dem sich die gesuchte Datei befindet, und markieren Sie sie.

Bild 8.2   Auswahl der einzufügenden Grafik

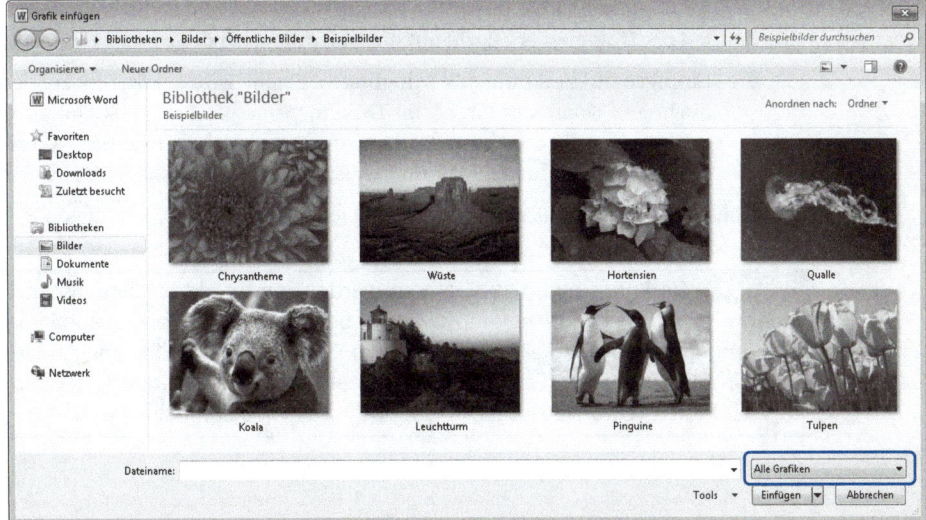

6. Klicken Sie auf *Einfügen,* um die Grafik in Ihr Dokument aufzunehmen.

Grafiken verknüpft einfügen

Wenn Sie möchten, dass sich spätere Änderungen an der Grafik automatisch auf das Dokument auswirken (z.B. bei einem Firmenlogo), müssen Sie die Grafik *verknüpft* einfügen. Gehen Sie dazu folgendermaßen vor:

1. Führen Sie die Schritte 1 bis 5 des vorigen Beispiels aus, um das Dialogfeld *Grafik einfügen* zu öffnen und die gesuchte Grafik auszuwählen.

2. Klicken Sie jetzt auf das kleine Dreieck der Schaltfläche *Einfügen,* um das Menü der Schaltfläche aufzuklappen.

Word 2010

Bild 8.3   Grafiken verknüpft einfügen

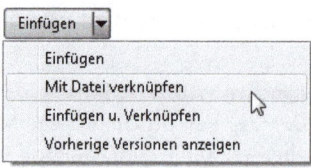

Das Ausklappmenü enthält zwei Befehle zum verknüpften Einfügen von Grafiken:

■ **Mit Datei verknüpfen**   Wenn Sie die Grafik mit diesem Befehl einfügen, wird im Dokument lediglich eine Verknüpfung zu der Datei gespeichert, also die Information, wo sich die Datei der Grafik befindet. Das heißt, die Grafik wird zwar ganz normal im Dokument angezeigt, ist jedoch kein fester Bestandteil des Dokuments. Diese Variante hat den Vorteil, dass die Größe des Dokuments durch das Einfügen der Grafik kaum ansteigt. Allerdings ist damit der Nachteil verbunden, dass Sie zum Anzeigen und Bearbeiten des Dokuments Zugriff auf die Grafikdatei benötigen.

■ **Einfügen u. Verknüpfen**   Mit diesem Befehl wird zusätzlich zur Verknüpfung auch noch eine Kopie der Grafik im Dokument gespeichert. Das Dokument kann dadurch unabhängig von der Grafikdatei geöffnet und bearbeitet werden. Allerdings erkaufen Sie diesen Komfort durch eine unter Umständen deutlich höhere Dateigröße.

3.   Wählen Sie im Menü den gewünschten Befehl, um die Grafik einzufügen.

HINWEIS   **Verknüpfungen zu Grafiken werden immer aktualisiert**   Beim Öffnen eines Dokuments, in dem sich eine verknüpfte Grafik befindet, greift Word unabhängig von der Art der Verknüpfung immer auf die Originaldatei der Grafik zu. Das heißt, eine Änderung der Originaldatei wirkt sich auf jeden Fall auf das Dokument aus. Dieses Verhalten kann auch – im Gegensatz zu früheren Word-Versionen – nicht nachträglich beeinflusst werden.

Zeilenumbruch einer Grafik einstellen

Mit dem reinen Einfügen einer Grafik ist die Arbeit in den seltensten Fällen getan. In aller Regel müssen Sie die Grafik anschließend noch skalieren und verschieben. Und auch das Zusammenspiel zwischen Grafik und Text kann sehr vielseitig gestaltet werden: Die Grafik kann vor oder hinter dem Text stehen oder sie kann auf verschiedene Arten vom Text umflossen werden.

Beim Zusammenspiel zwischen Text und Grafik unterscheidet man in Word grundsätzlich zwischen zwei Varianten:

■ **Mit Zeile in Text**   Die Grafik verhält sich in diesem Fall wie ein normales Zeichen. Diese Art der Positionierung eignet sich vor allem für kleine Grafiken, die in den Fließtext aufgenommen werden sollen.

■ **Mit Textumbruch**   Bei dieser Form der Positionierung fließt der Text um die Grafik herum. Die Grafik kann frei auf der Seite positioniert werden.

Im nächsten Beispiel werden Sie die beiden Verfahren kennen lernen. Dazu fügen wir eine ClipArt in ein Dokument ein und werden die Position und den Textfluss Schritt für Schritt optimieren.

1. Öffnen bzw. erstellen Sie ein Dokument, in das Sie eine Grafik einfügen können.

2. Setzen Sie die Einfügemarke an den Beginn des Dokuments und fügen Sie, wie im letzten Abschnitt beschrieben, eine ClipArt ein. Das Ergebnis sollte ungefähr so aussehen:

Bild 8.4   Die eingefügte ClipArt steht mit dem Text in einer Zeile

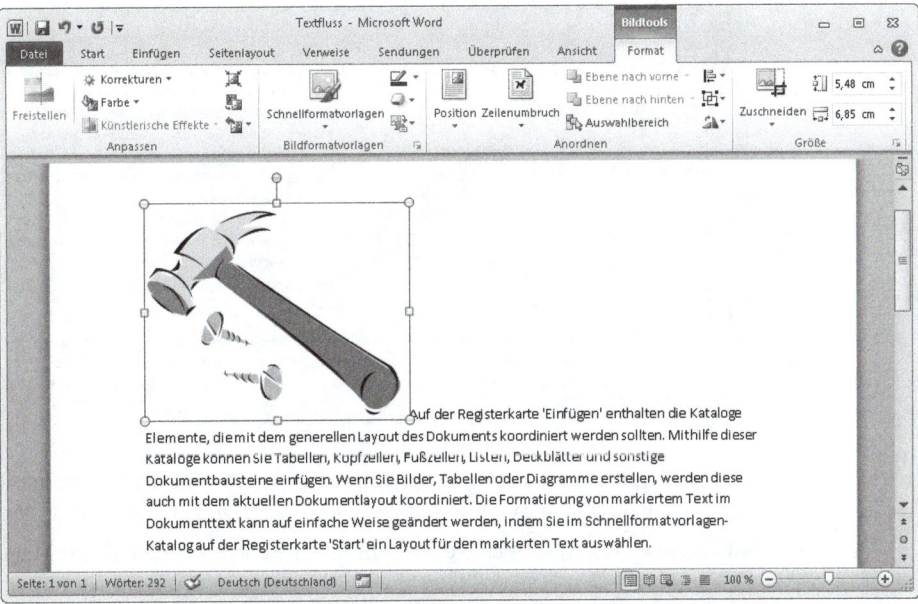

Wie Sie in Bild 8.4 sehen können, hat die eingefügte ClipArt den Text der ersten Zeile nach rechts geschoben; sie verhält sich also in etwa so, wie es ein sehr großer Buchstabe tun würde. Aus diesem Grund nennt man diese Art der Formatierung *Mit Text in Zeile*.

3. Klicken Sie die ClipArt an und wechseln Sie auf die Registerkarte *Format* der *Bildtools*.

4. Öffnen Sie dort in der Gruppe *Anordnen* das Menü der Schaltfläche *Zeilenumbruch*.

Bild 8.5   Auswahl der Umbruchart

5. Wählen Sie die Option *Quadrat*. Wie Sie sehen, steht die Grafik nun in der linken oberen Ecke der Seite. Der vorhandene Text spart diesen Bereich aus und fließt um ihn herum.

Bild 8.6 Die Grafik wird jetzt – mit einem kleinen Abstand – vom Text umflossen

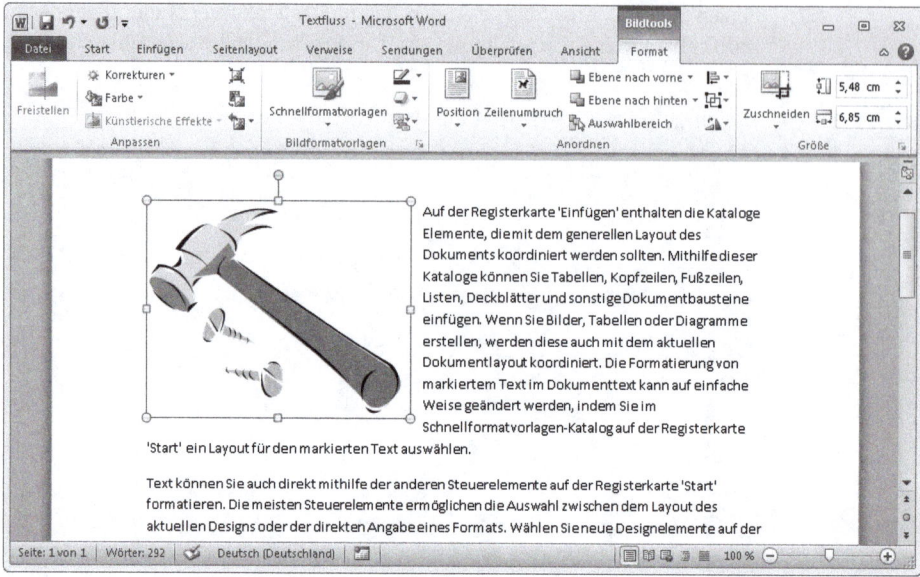

6. Um den Textfluss an die Form der ClipArt anpassen, klicken Sie erneut auf *Zeilenumbruch* und wählen diesmal die Option *Passend*. Der Text folgt dann der Kontur der ClipArt.

7. Falls Sie den Textfluss noch weiter optimieren wollen, können Sie im Menü der Schaltfläche *Zeilenumbruch* den Befehl *Rahmenpunkte bearbeiten* aufrufen. Dadurch wird die Grenzlinie sichtbar, die der Text nicht überschreiten kann. Durch Verschieben einzelner Punkte können Sie dann den Textfluss beliebig steuern.

Bild 8.7 Durch Anpassen der Rahmenlinie lässt sich der Textfluss perfektionieren

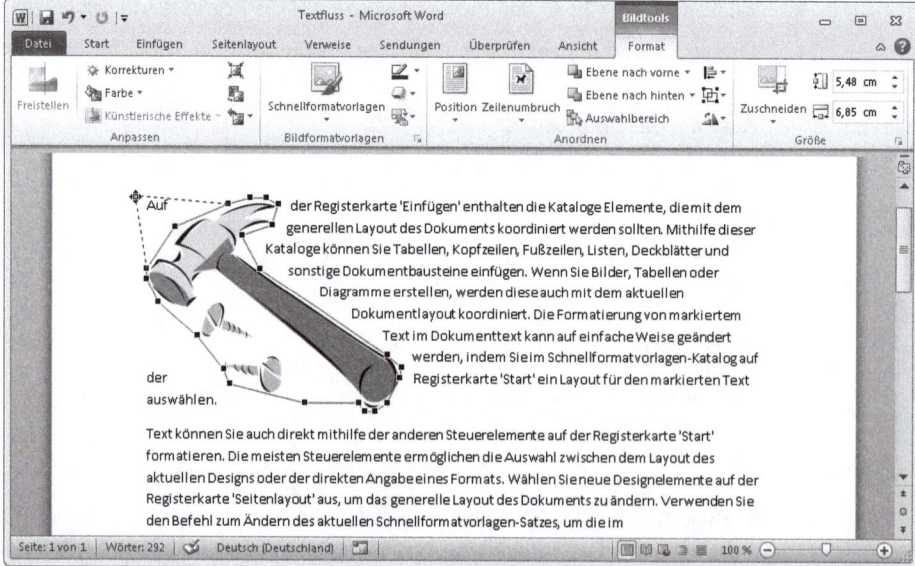

8. Um einen störenden Rahmenpunkt zu löschen, klicken Sie ihn bei gedrückter `Strg`-Taste an.

9. Wenn Sie der Rahmenlinie noch weitere Punkte hinzufügen möchten, drücken Sie ebenfalls die Taste `Strg` und klicken die betreffenden Stellen dann an.

Bild 8.8   Links neben der Grafik steht nun kein Text mehr

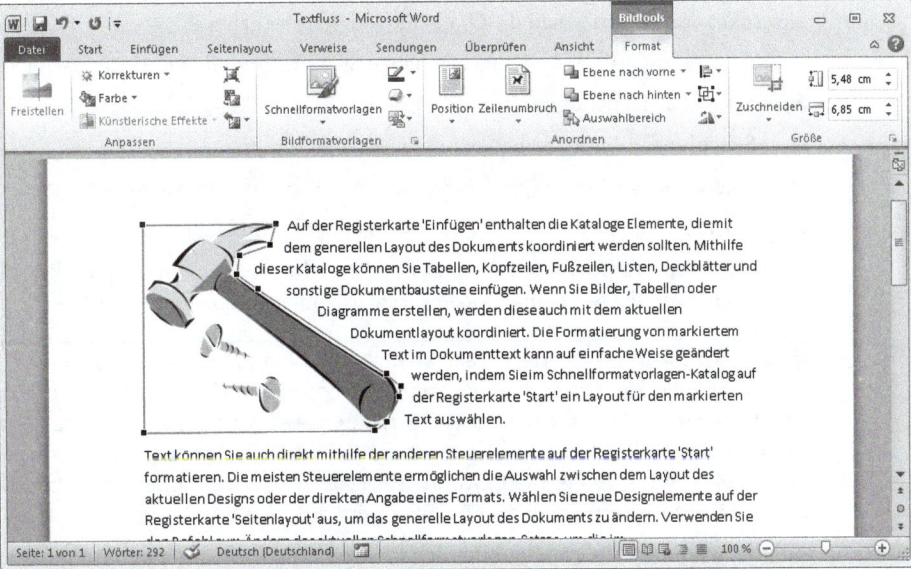

Grafik auf der Seite verschieben

Grafiken, deren Umbruchart nicht auf *Mit Text in Zeile* eingestellt ist, lassen sich einfach positionieren, indem Sie sie mit der Maus anklicken und an die gewünschte Position schieben. Da Grafiken in der Praxis häufig am Rand einer Seite oder zentriert positioniert werden, hält Word eine Funktion bereit, mit der Sie Grafiken sehr leicht auf diese Standardpositionen verschieben können.

Bild 8.9   Die Standardpositionen einer Grafik lassen sich bequem per Menü zuweisen

Um die Funktion zu nutzen, müssen Sie die Grafik erst markieren. Anschließend wechseln Sie auf die Registerkarte *Format* und klicken dort auf die Schaltfläche *Position*. Im Ausklappmenü der Schaltfläche können Sie dann die gewünschte Position auswählen, wobei Sie die verschiedenen Varianten dank der neuen Live-Vorschau ohne großen Aufwand ausprobieren können.

Über den Befehl *Weitere Layoutoptionen* können Sie das Dialogfeld *Layout* aufrufen. Interessant ist hier vor allem die Möglichkeit der absoluten Positionierung. Auf der Registerkarte *Position* können Sie exakt angeben, wo genau die Grafik auf der Seite stehen soll.

Beim Bezugspunkt Ihrer Maßangaben haben Sie unter anderem die Wahl zwischen:

- **Seite**   die Papierkante
- **Seitenrand**   der im Seitenlayout eingestellte Seitenrand
- **Spalte**   bei mehrspaltigen Texten der linke Rand der aktuellen Spalte
- **Zeichen**   die Position des Zeichens, an dem die Grafik eingefügt wurde

Die Begriffe *Innerer Rand* und *Äußerer Rand* beziehen sich auf ein gespiegeltes Layout (Bundsteg), da dort eine Angabe wie »Links« oder »Rechts« keinen Sinn machen würde.

TIPP   **Grafiken hinter dem Text anklicken**   Wenn Sie eine Grafik hinter den Text gestellt haben, können Sie sie nicht mehr mit dem normalen Mauszeiger anklicken. Um eine solche Grafik markieren zu können, müssen Sie daher zuerst auf der Registerkarte *Start* die Schaltfläche *Markieren* anklicken und aus ihrem Menü den Befehl *Objekt markieren* auswählen. Anschließend lässt sich die Grafik wie gewohnt anklicken. Um diesen Markierungsmodus wieder zu verlassen, können Sie entweder den Befehl erneut aufrufen oder einfach die `Esc`-Taste drücken.

Alternativ können Sie im Menü der Schaltfläche *Markieren* auch den Aufgabenbereich *Auswahlbereich* anzeigen, der sich ebenfalls zum Markieren von Grafiken eignet. Nähere Hinweise zu diesem Aufgabenbereich finden Sie in Kapitel 42.

Zusammenfassung

In diesem Kapitel haben Sie gelernt, wie Sie Abbildungen in Ihre Dokumente einfügen können.

- Grafische Elemente werden in Word als *Illustrationen* bezeichnet. Die Schaltflächen zum Einfügen von Grafiken, ClipArts, SmartArts usw. finden Sie auf der Registerkarte *Einfügen*.

- Grafiken können auch verknüpft eingefügt werden. Dabei wird im Dokument die Position und auf Wunsch auch eine Kopie der Grafikdatei gespeichert. Falls sich die Grafikdatei zu einem späteren Zeitpunkt ändert, lädt Word automatisch die neue Version der Datei (Seite 169).

- Der Zeilenumbruch legt fest, wie sich Grafiken und Text den Platz auf einer Seite teilen. In der Umbruchart *Passend* kann der Text beliebigen Konturen einer Grafik folgen (Seite 170).

- Auf der Registerkarte *Format* befindet sich die Schaltfläche *Position,* mit der sich eine Grafik schnell auf die Standardposition verschieben lässt. Um eine individuelle Positionierung vorzunehmen, rufen Sie das Dialogfeld *Layout* auf (Seite 173).

Weitere Informationen zum Einfügen und Bearbeiten von Grafiken finden Sie in Teil E.

Kapitel 9

Seitenlayout

In diesem Kapitel:

Dieses Kapitel beschäftigt sich mit Formatierungsmerkmalen, die das gesamte Dokument betreffen. Den Anfang machen dabei die in Office 2007 eingeführten *Dokumentdesigns*, die die Interaktion der verschiedenen Office-Programme deutlich verbessern. Anschließend erfahren Sie, wie Sie die Ränder einer Seite einstellen und welche Möglichkeiten die Verwendung von Abschnitten bietet. Abgerundet wird das Kapitel dann durch die Themen Silbentrennung und Wasserzeichen.

Dokumentdesigns

Wir haben bereits an anderer Stelle gesagt, dass es ein wichtiges Ziel bei der Entwicklung von Office 2010 war, dem Anwender die Erstellung von professionell gestalteten Dokumenten zu erleichtern. Der überwiegende Teil der Word-Anwender – vermutlich mehr als 99% – hat jedoch wenig bis gar keine typografische bzw. gestalterische Ausbildung. Das heißt, er hat keine Erfahrung, welche Schriftarten sich für einen bestimmten Zweck am besten eignen und weiß in der Regel nicht, welche Farben am besten miteinander harmonieren. Und selbstverständlich kann er Beleuchtungs-, Schatten- und 3D-Effekte nur »nach Gefühl« einsetzen.

Und genau an diesem Punkt setzt das neue Konzept der Dokumentdesigns an. In diesen Designs werden nämlich aufeinander abgestimmte Schriftarten, Farben und grafische Effekte definiert. Konkret handelt es sich um zwei verschiedene Schriftarten (je eine für Überschriften und Textkörper), zehn so genannte *Designfarben* sowie zwanzig vordefinierte Effektkombinationen. Durch diese begrenzte Auswahl bleiben Designs für »normale« Anwender überschaubar und handhabbar.

Ein weiterer Clou der Designs ist ihr programmübergreifender Wirkungskreis. D.h., Sie können ein und dasselbe Design sowohl für Ihre Word-Dokumente als auch für Ihre Excel-Arbeitsblätter und Ihre PowerPoint-Präsentationen nutzen. Der Vorteil liegt auf der Hand: Sämtliche Dokumente wirken ohne großen Aufwand wie aus einem Guss.

Designs besitzen aber noch einen weiteren Vorteil: Dadurch, dass die gesamte Schriftformatierung und Farbgestaltung auf einigen wenigen Schriftarten bzw. Farben basiert, lässt sich die Anmutung eines Dokuments durch Zuweisen eines neuen Design mit einem Schlag ändern. So können Sie zum Beispiel ein eher sachlich und nüchtern wirkendes Dokument durch Zuweisen eines anderen Designs in ein modernes, farbenfrohes Dokument verwandeln. Der benötigte Formatierungsaufwand beträgt ca. 10 Sekunden – und zwar unabhängig von der Länge des Dokuments.

In Kapitel 41 gehen wir noch ausführlich auf die verschiedenen Aspekte der Designs ein. Sie sollten das Kapitel auf jeden Fall lesen, da das Verständnis des hinter den Designs stehenden Konzepts für eine effektive Nutzung der Office-Programme entscheidend ist. In diesem Kapitel werden wir das Thema nur kurz anreißen und uns auf die Anwendung der Designs konzentrieren.

Dokumentdesigns anwenden

Damit die hinter den Dokumentdesigns stehende Idee auch tatsächlich funktionieren kann, müssen die durch das Design vorgegebenen Formatierungsmerkmale, also Designfarben, Designschriften und Designeffekte durchgängig benutzt werden. Wenn Sie zum Beispiel für einen Teil Ihrer SmartArts Designfarben verwenden und für einen anderen Teil eigene Farben definieren, kann die Zuweisung eines neuen Dokumentdesigns schwerlich ein Erfolg werden.

Um einem Dokument ein neues Design zuzuweisen, gehen Sie folgendermaßen vor:

1. Erstellen Sie ein neues Dokument (zum Beispiel auf Basis einer Vorlage).

2. Wechseln Sie auf die Registerkarte *Seitenlayout*.

3. Öffnen Sie das Menü der Schaltfläche *Designs* und bewegen Sie den Mauszeiger über die verschiedenen Vorschaubildchen. Beobachten Sie dabei, wie sich sowohl die Schriftarten als auch die Farben im Dokument verändern.

4. Übernehmen Sie das gewünschte Design, indem Sie es anklicken.

Bild 9.1   Die Zuweisung eines Designs hat Einfluss auf Farbgebung und Schrift. Mit den gekennzeichneten Schaltflächen können Sie einzelne Aspekte des zugewiesenen Designs nachträglich ändern

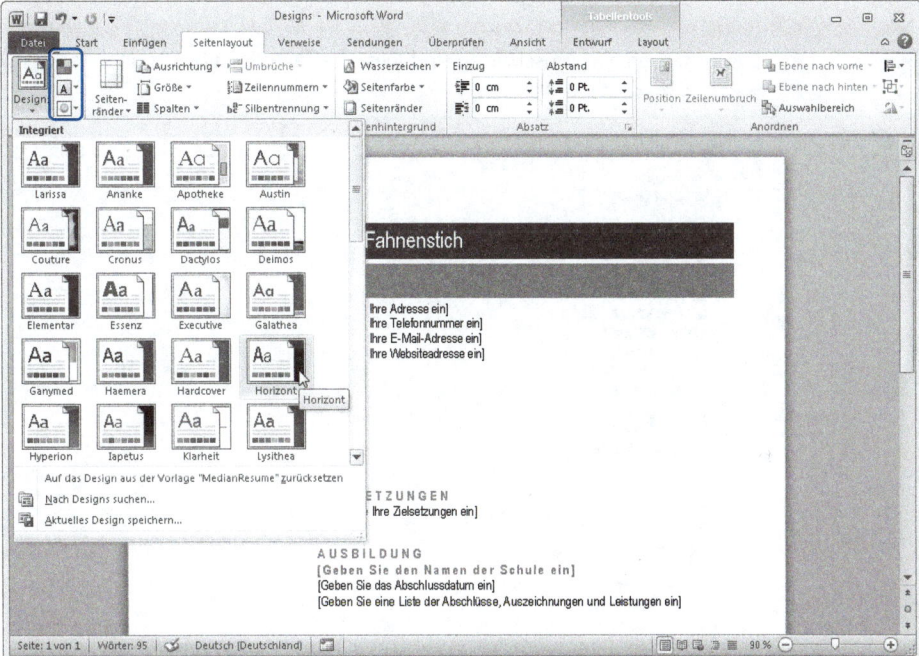

Dokumentdesigns bearbeiten

Beim Zuweisen eines Designs werden dessen Formatierungsinformationen im Dokument gespeichert. Deshalb ist es auch möglich, die Vorgaben eines Designs zu ändern, ohne dass dies Auswirkungen auf andere Dokumente hat. Sie verwenden dazu die drei Schaltflächen *Designfarben*, *Designschriftarten* und *Designeffekte*, die sich ebenfalls in der Gruppe *Designs* befinden (sie sind oben im Bild mit einem kleinen Rahmen gekennzeichnet).

Im folgenden Beispiel werden Sie ein kurzes Dokument erstellen, dem Sie zunächst ein Design zuweisen und anschließend eine andere Farbgestaltung verleihen, ohne dabei die anderen Aspekte des Designs, also Schriftarten und Effekte, zu verändern.

1. Erstellen Sie ein neues leeres Dokument (das geht am schnellsten mit `Strg`+`N`). Diesem Dokument liegt automatisch das Design *Larissa* zugrunde.

2. Drücken Sie `Alt`+`1`. Dadurch wird dem aktuellen Absatz die Formatvorlage *Überschrift 1* zugewiesen. (Weitere Hinweise zu Formatvorlagen finden Sie in Kapitel 17.)

3. Geben Sie den Text **Dies ist eine Überschrift** ein und drücken Sie die `⏎`-Taste.

4. Tippen Sie nun noch den Text **Und das ist normaler Fließtext** ein. (Dass dieser Absatz automatisch die Standard-Formatierung erhält, ist in der Formatvorlage *Überschrift 1* festgelegt, denn eine Formatvorlage kann auch bestimmen, welche Formatvorlage der nächste Absatz erhalten soll.)

5. Wechseln Sie auf die Registerkarte *Seitenlayout* und klicken Sie in der Gruppe *Designs* auf die Schaltfläche *Designfarben*. Wählen Sie im Ausklappmenü eine der angebotenen Einträge aus der Gruppe *Integriert* aus.

Bild 9.2 Designfarben, Designschriften und Designeffekte lassen sich unabhängig voneinander austauschen

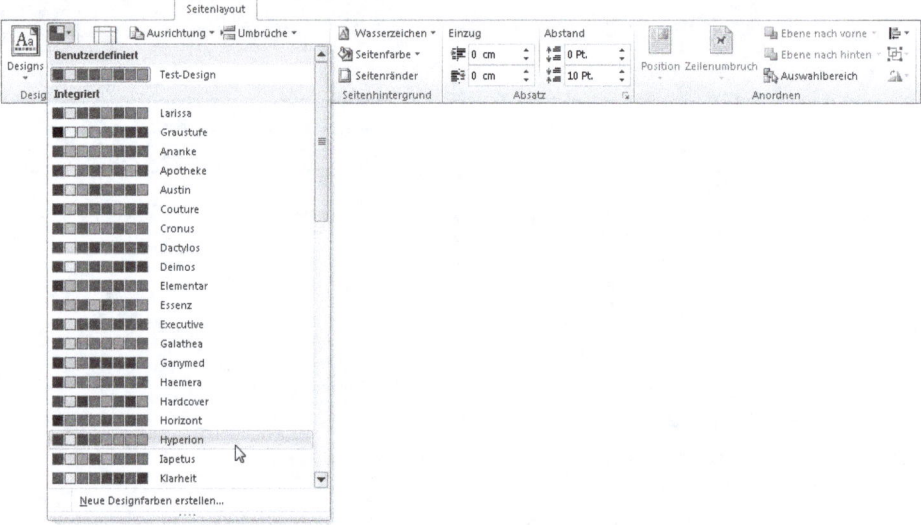

Das Dokument verwendet jetzt nicht mehr die Originalversion des Designs *Larissa*, sondern eine geänderte Fassung, die sich vom Original lediglich durch die ausgetauschten Designfarben unterscheidet. Beachten Sie, dass Sie nicht das Design selbst geändert haben, sondern eine Kopie der Designdaten, die im aktuellen Dokument gespeichert sind.

6. Weisen Sie Ihrem Dokument auf die gleiche Art andere Designschriften zu. Wie Sie sehen, werden dabei bis auf die Schriftarten keine weiteren Formatierungsmerkmale des Dokuments geändert.

Seiteneinrichtung

Unter dem Begriff *Seiteneinrichtung* versteht man in Word alle Einstellungen, die das Layout der einzelnen Seiten betreffen. Dazu gehören in erster Linie die Papiergröße, seine Orientierung (Hoch- oder Querformat) und die Breite der Seitenränder. Dazu kommen dann noch weitere Gestaltungsmerkmale wie Anzahl der Textspalten, Wasserzeichen, Schmuckrahmen usw.

Zusätzlich wird das Seitenlayout auch von Funktionen wie der Silbentrennung beeinflusst, da es einen großen Unterschied beim Auffüllen der Textzeilen macht, ob Word in Ihrem Text automatische Trennungen vornimmt oder nicht (wie der nächste Absatz deutlich macht).

Seitenränder einstellen

Durch das Einstellen der Seitenränder legen Sie den Bereich auf der Seite fest, der für den »normalen« Text zur Verfügung steht und auch als *Satzspiegel* bezeichnet wird. Unabhängig davon kann Word immer die gesamte Seite bedrucken.

Die einzige Einschränkung ist der Drucker, der einen schmalen Streifen am Rand der Seite aus technischen Gründen nicht bedrucken kann. Die Größe dieses Bereichs ist von Drucker zu Drucker verschieden und liegt in der Regel zwischen 3 bis 13 Millimetern. Word kann die Grenzwerte des von Ihnen verwendeten Druckers vom Druckertreiber erfragen und akzeptiert keine Seitenränder die unterhalb dieser Werte liegen.

Im einfachsten Fall stellen Sie die Seitenränder über die Schaltfläche *Seitenränder* ein, die sich auf der Registerkarte *Seitenlayout* in der Gruppe *Seite einrichten* befindet. Im Auswahlmenü finden Sie fünf verschiedene Standardeinstellungen, mit denen Sie in den allermeisten Fällen auskommen werden.

Bild 9.3   Die fünf vordefinierten Standardeinstellungen für die Seitenränder

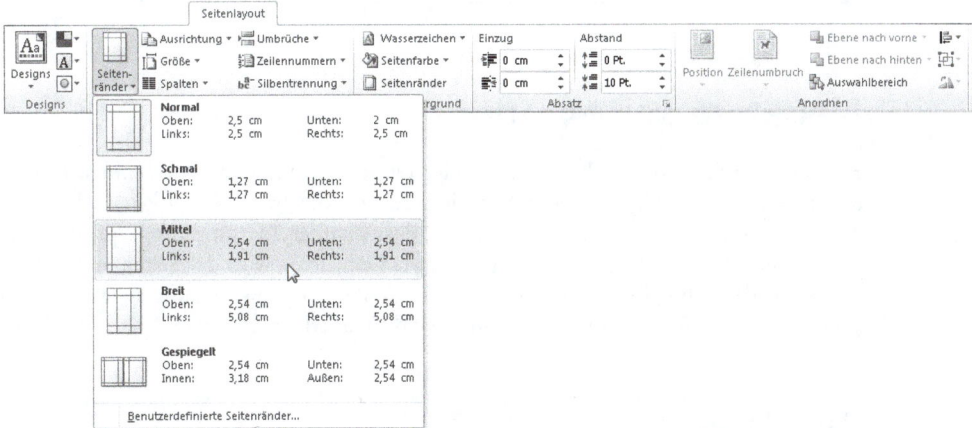

Während sich die ersten vier Varianten nur durch die Breite der Ränder unterscheiden, erzeugt der letzte Eintrag ein Layout mit gespiegelten Seiten. In diesem Fall spricht man nicht mehr von einem *linken* und *rechten* Seitenrand, sondern von *Innen* und *Außen*. Diese Form der Seitenränder wird oft in Büchern verwendet. Die äußeren Ränder sind hier größer als die inneren.

Benutzerdefinierte Seitenränder

Wenn Sie die Seitenränder eines Dokuments auf andere Werte einstellen möchten, benötigen Sie den Dialog *Seite einrichten*. Sie erreichen ihn am schnellsten über die kleine quadratische Schaltfläche, die sich auf der Registerkarte *Seitenlayout* in der unteren rechten Ecke der Gruppe *Seite einrichten* befindet.

Bild 9.4   Das exakte Einstellen der Seitenränder ist nur im Dialogfeld möglich

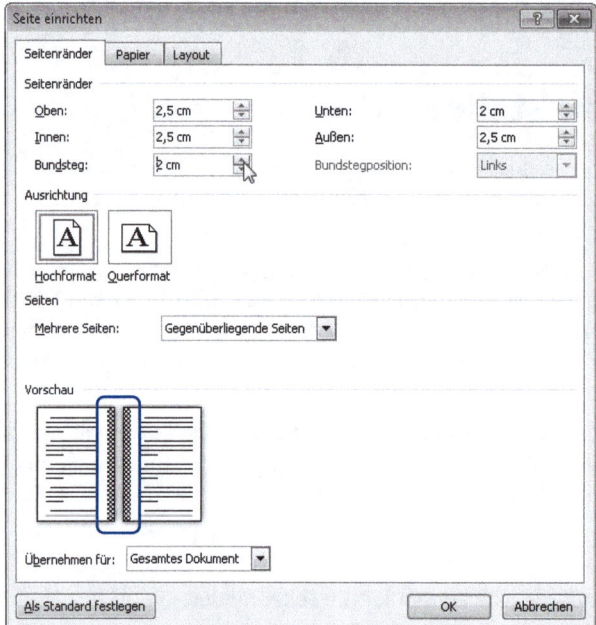

Negative Seitenränder

Eine Besonderheit weisen die beiden Felder *Oben* und *Unten* auf: Sie können hier sowohl einen positiven als auch einen negativen Wert eingeben. Bei positiven Werten passt Word den Seitenrand bei Kopf- und Fußzeilen automatisch so an, dass sich der Text und die Kopf- bzw. Fußzeile nicht überlappen können. Wenn Sie ein negatives Maß eingeben, wird der Seitenrand fest verankert und überschneidet sich ggf. mit der Kopf- oder Fußzeile. Oder anders ausgedrückt: positive Werte beziehen sich auf die Kopf-/Fußzeile, negative auf die Papierkante.

Bundsteg

Wenn Sie ein mehrseitiges Dokument heften oder binden wollen, können Sie am linken Rand einen speziellen Bereich definieren, der für die Bindung reserviert werden soll. Normalerweise liegt dieser Bereich an der linken Blattkante. Haben Sie jedoch ein Layout mit gespiegelten Seiten gewählt, wandert der Bundsteg an den inneren Rand (der dunkel schraffierte Bereich in Bild 9.4).

Hoch- und Querformat

Wenn Sie die Orientierung des Papiers ändern, also zwischen Hoch- und Querformat wechseln, müssen Sie beachten, dass Word dabei die Seitenränder »mitdreht«. So wird z.B. der obere Seitenrand zum rechten Seitenrand und der linke zum oberen.

> **TIPP** **Standardeinstellungen ändern** Wenn Sie die Schaltfläche *Als Standard festlegen* wählen, werden die eingestellten Werte zu Vorgabewerten für alle neuen Dokumente, die auf der gleichen Dokumentvorlage basieren wie das aktive Dokument.

Seitenumbruch

In Abhängigkeit von den Papiermaßen und den eingestellten Seitenrändern berechnet Word beim Anzeigen und Drucken des Dokuments, wie viel Text auf eine Seite passt. Der Vorgang, in dem festgelegt wird, an welcher Stelle eine neue Seite beginnt, wird Paginierung genannt.

Beachten Sie, dass die Anzeige der Seitenwechsel in der Seitenlayoutansicht von verschiedenen Faktoren beeinflusst wird: Falls das Dokument Feldfunktionen enthält und die Anzeige der Felder – nicht die Anzeige der Ergebnisse – eingeschaltet ist oder wenn Sie mit ausgeblendetem Text arbeiten und dieser ebenfalls angezeigt wird, stimmen die auf dem Bildschirm angezeigten Umbrüche unter Umständen nicht mit dem späteren Druckergebnis überein.

Wenn Sie ganz sicher sein wollen, wo Word einen automatischen Seitenwechsel vornimmt, sollten Sie das Dokument in der Druckvorschau kontrollieren, die auch als Seitenansicht bezeichnet wird:

1. Klicken Sie auf *Datei*, um in die Backstage-Ansicht zu gelangen, und gehen Sie dort auf die Seite *Drucken*. Diesen Befehl können Sie übrigens auch in die Symbolleiste für den Schnellzugriff aufnehmen, indem Sie rechts neben der Symbolleiste auf den kleinen Pfeil klicken und im Ausklappmenü den Befehl *Seitenansicht und Drucken* auswählen.

2. Um in dem Dokument zu blättern, können Sie entweder die Bildlaufleisten oder die kleinen Navigationsschaltflächen verwenden, die sich links unten im Vorschaubereich befinden.

3. Zum Verlassen der Backstage-Ansicht klicken Sie im Menüband eine beliebige Registerkarte an.

Umbruch bei der Texteingabe festlegen

Sie können bereits bei der Texteingabe festlegen, an welchen Stellen beim Ausdruck eine neue Seite anfangen soll. Sie geben dazu die Tastenkombination Strg + ↵ ein, um einen erzwungenen Seitenumbruch einzufügen. Unabhängig davon, ob auf der aktuellen Seite noch Platz für weiterer Text oder Grafiken ist, fängt an der Stelle des erzwungenen Seitenumbruchs eine neue Seite an.

Alternativ wechseln Sie im Menüband auf die Registerkarte *Seitenlayout* und klicken dort auf die Schaltfläche *Umbrüche*. Die Befehle ihres Menüs sind mit aussagekräftigen Symbolen und erläuterndem Text ausgestattet, sodass wir uns hier weitere Erklärungen ersparen können.

Abschnitte

Jedes Word-Dokument besteht aus mindestens einem Abschnitt. Unter einem Abschnitt versteht man in Word einen zusammenhängenden Textbereich, der über ein gemeinsames Seitenlayout verfügt. Durch die Unterteilung eines Dokuments in mehrere Abschnitte wird es zum Beispiel möglich, einzelne Seiten im Querformat zu bedrucken (etwa für breite Tabellen) während für den restlichen Text das Hochformat benutzt wird. Ein anderes Beispiel, bei dem man mit Abschnitten arbeiten sollte, sind mehrspaltige Dokumente, die wir Ihnen nun vorstellen möchten.

Beispiel: Mehrspaltige Dokumente erstellen

Im folgenden Beispiel erstellen Sie zunächst ein Dokument, das eine Überschrift und einige Absätze mit normalem Text enthält. Anschließend werden die Textabsätze dreispaltig formatiert, wobei die Überschrift weiterhin die volle Breite des Satzspiegels nutzen soll.

1. Erstellen Sie ein neues leeres Dokument.

2. Geben Sie eine Überschrift ein. Drücken Sie ⌈Alt⌉+⌈1⌉, um ihr das Format *Überschrift 1* zu- zuweisen (alternativ über *Start/Formatvorlagen*).

3. Anschließend geben Sie mehrere Absätze mit Text ein. Am schnellsten geht das, wenn Sie in einen leeren Absatz =**rand**() eingeben und die ⌈↵⌉-Taste drücken. Word fügt dann einen so genannten Blindtext ein.

4. Schalten Sie jetzt noch die Anzeige der Formatierungszeichen ein (auf der Registerkarte *Start* in der Gruppe *Absatz*). Das Dokument sollte anschließend ungefähr so aussehen:

Bild 9.5 Die Ausgangssituation: Noch ist der Text einspaltig

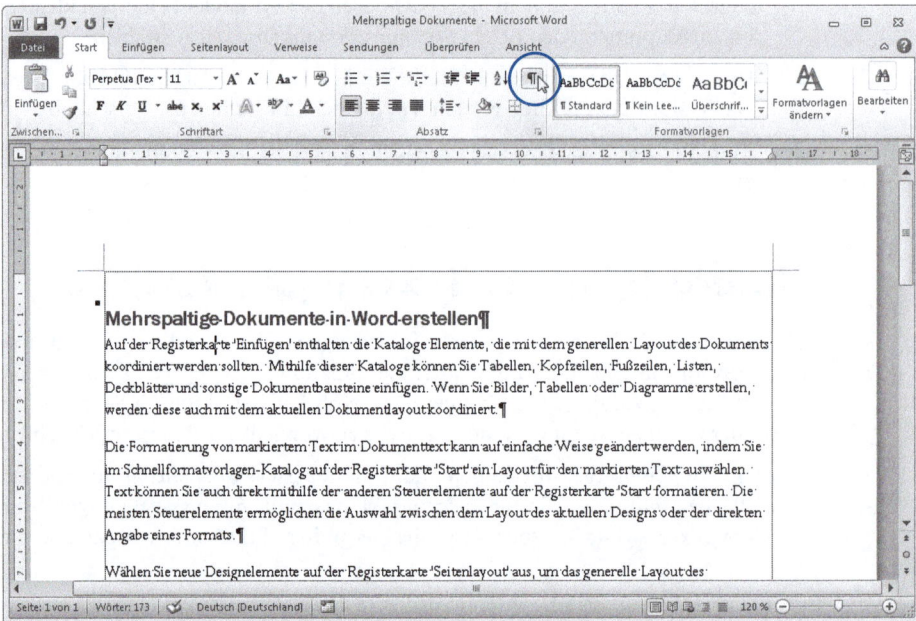

5. Setzen Sie die Einfügemarke an den Anfang des ersten Textabsatzes.

6. Wechseln Sie im Menüband auf die Registerkarte *Seitenlayout* und klicken Sie dort in der Gruppe *Seite einrichten* auf die Schaltfläche *Spalten*. Es öffnet sich folgendes Menü:

Bild 9.6   Halt, so einfach geht es nicht!

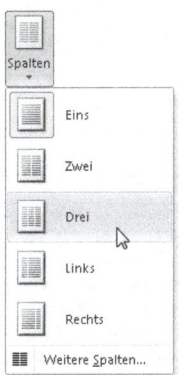

7. Wenn Sie jetzt der Versuchung erliegen würden und einfach die Option *Drei* anklicken, wären Sie mit dem Ergebnis nicht zufrieden. In diesem Fall würde Word nämlich das *gesamte* Dokument dreispaltig formatieren – also auch die Überschrift, die gemäß unserer Vorgabe einspaltig bleiben soll.

8. Rufen Sie stattdessen im Menü den Befehl *Weitere Spalten* auf.

Bild 9.7   Mit diesem Dialogfeld haben Sie die Spalten unter Kontrolle

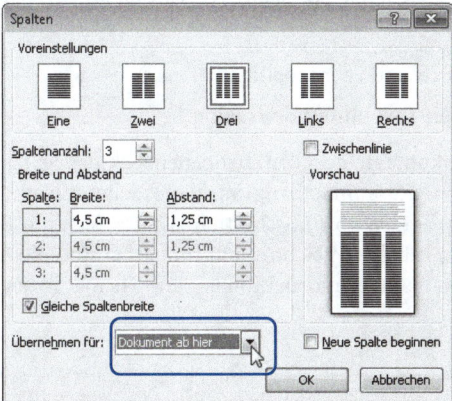

9. Wählen Sie in der Gruppe *Voreinstellungen* die Option *Drei*.

10. Und jetzt kommt der entscheidende Punkt: Da die neue Spaltenanzahl nicht für das gesamte Dokument gelten soll, sondern erst ab der Position der Einfügemarke, wählen Sie im Listenfeld *Übernehmen für* die Option *Dokument ab hier* aus (der Standardwert des Listenfeldes lautet *Gesamtes Dokument*).

11. Beenden Sie das Dialogfeld mit der *OK*-Schaltfläche.

Bild 9.8   Das gewünschte Ergebnis: einspaltige Überschrift, dreispaltiger Text

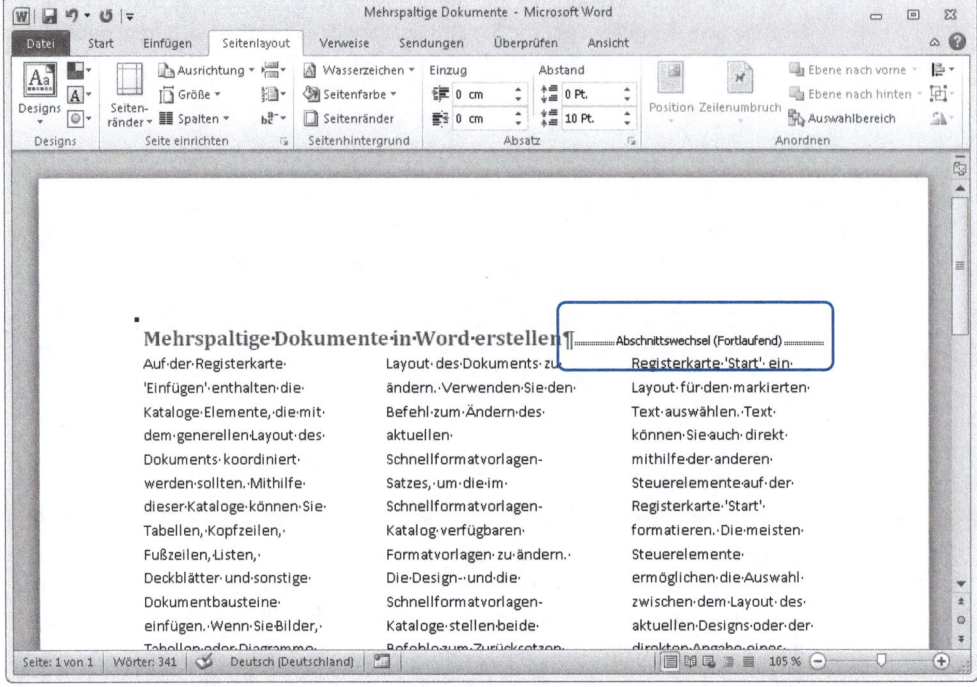

Wie Sie in Bild 9.8 sehen, hat Word an der Position der Einfügemarke einen *Abschnittswechsel* eingefügt, der auf dem Bildschirm als gepunktete Doppellinie dargestellt wird (deshalb sollten Sie in Schritt 4 die Anzeige der Formatierungszeichen einschalten). Das Dokument besteht nun aus zwei Abschnitten:

- Abschnitt 1 enthält die Überschrift und ist einspaltig.
- Abschnitt 2 enthält den restlichen Text und ist dreispaltig.

Nach diesem Prinzip können Sie Dokumente erstellen, bei denen sich das Seitenlayout mehrmals ändert. Zu erwähnen sind in diesem Zusammenhang auch die Seitenzahlen, die ebenfalls ein Abschnittsmerkmal sind. Durch Verwenden von Abschnitten können Sie zum Beispiel die ersten Seiten eines Dokuments, wie etwa ein Inhaltsverzeichnis, mit römischer und die übrigen mit arabischer Seitennummerierung versehen. Nähere Informationen zum Thema Seitenzahlen finden Sie in Kapitel 10, »Kopf- und Fußzeilen«.

Anzeige der Abschnittsnummer in der Statuszeile

Dass ein Dokument aus mehreren Abschnitten besteht, lässt sich ohne die angezeigten Formatierungszeichen nicht erkennen. Sie können Word jedoch dazu bringen, dass es die Nummer des aktuellen Abschnitts – also des Abschnitts, in dem sich momentan die Einfügemarke befindet – in der Statusleiste anzeigt. Klicken Sie dazu die Statusleiste mit der rechten Maustaste an und wählen Sie im Kontextmenü den Befehl *Abschnitt*. Wenn Sie dann mit der Einfügemarke durch das Dokument wandern, sehen Sie, wie Word die Abschnittsnummer in der Statusleiste aktualisiert.

Spaltenumbrüche einfügen

Normalerweise füllt Word eine Spalte erst vollständig auf, bevor es die nächste Spalte beginnt. Dieses Verhalten können Sie durch das Einfügen von *Spaltenumbrüchen* beeinflussen. Setzen Sie dazu die Einfügemarke an die gewünschte Position und wählen Sie dann auf der Registerkarte *Seitenlayout* den Befehl *Umbrüche/Spalte*.

Spaltenausgleich

Am Ende eines mehrspaltigen Dokuments, zum Beispiel bei einem Stichwortverzeichnis sollen die Spalten in der Regel gleichmäßig aufgefüllt werden. Bei einer halbvollen zweispaltigen Seite soll also die zweite Spalte nicht leer bleiben, sondern beide Spalten sollen zur Hälfte gefüllt werden. Diesen Effekt erreichen Sie mit den folgenden Schritten:

1. Setzen Sie die Einfügemarke an das Textende.

2. Wechseln Sie zur Registerkarte *Seitenlayout* und fügen Sie mit *Umbrüche/Fortlaufend* einen fortlaufenden Abschnittsumbruch ein. Fortlaufend bedeutet in diesem Zusammenhang, dass dabei kein Seitenwechsel stattfindet.

Word verteilt den vorhandenen Text nun so auf die vorhandenen Spalten, dass sie die gleiche Höhe erhalten (siehe Bild 9.9).

Bild 9.9 Auf der rechten Seite wurden die Spalten durch einen angehängten Abschnittsumbruch ausgeglichen

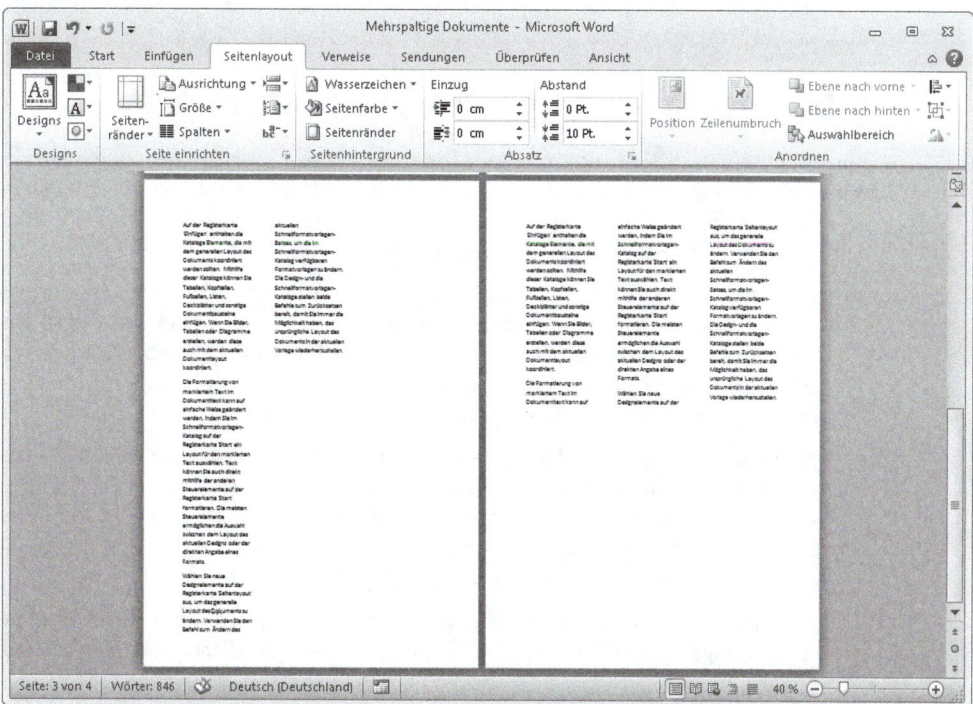

Ob die Spalten dabei tatsächlich exakt gleich hoch werden, hängt von ihrem konkreten Inhalt ab. Eventuell müssen Sie noch etwas nachhelfen, um ein optimales Ergebnis zu erhalten (z.B. mit einem leeren Absatz, einer Zeilenschaltung oder einer kleinen Textkorrektur).

Zwischenlinien einfügen

Um zwischen den Spalten eine Trennlinie anzuzeigen, müssen Sie lediglich im Dialogfeld *Spalten* (siehe Bild 9.7) die Option *Zwischenlinie* einschalten. Die Länge der Linie passt sich automatisch an die Spalten an, das heißt, auch bei dem im letzten Abschnitt beschriebenen Spaltenausgleich stellen sich die Linie auf die passende Länge ein. Die Linie selbst, also Farbe, Strichart und Strichstärke, können Sie leider nicht verändern. Hier besteht bei Word noch Nachholbedarf.

Automatische Silbentrennung

Word nimmt während der Texteingabe einen automatischen Zeilenumbruch vor, d.h. wenn ein Wort nicht mehr ganz in die aktuelle Zeile passt, rutscht es komplett in die nächste Zeile. Der in den Zeilen zur Verfügung stehende Platz wird dadurch nicht optimal ausgenutzt, was vor allem auffällt, wenn bei links- oder rechtsbündigen Absätzen ein ausgezackter Seitenrand (der so genannte *Flatterrand)* entsteht oder wenn Sie Absätze im Blocksatz formatieren und dadurch weiße Lücken in den einzelnen Zeilen auftauchen.

Die Lösung des Problems besteht darin, die Wörter zu trennen. Und zwar entweder bereits bei der Texteingabe oder nachträglich durch die manuelle bzw. die automatische Silbentrennung.

Silbentrennung bei der Texteingabe

Eine Möglichkeit, die Silbentrennung in Ihrem Dokument zu beeinflussen, besteht darin, bereits während der Eingabe Trennstriche in den Text aufzunehmen. Word unterscheidet drei verschiedene Arten von Trennstrichen. Diese sehen zwar im Text fast gleich aus, werden jedoch unterschiedlich eingegeben und haben andere Auswirkungen:

- **Reguläre Trennstriche**   Reguläre Trennstriche werden mit der Taste ⎣-⎦ eingegeben. Word beginnt nach diesen Trennstrichen eine neue Zeile, wenn nur ein Teil des so zusammengesetzten Wortes in die aktuelle Zeile passt. Diese Trennstriche werden immer auf dem Bildschirm angezeigt und sie werden auch immer ausgedruckt. Verwenden Sie diese Trennstriche in Wortgruppen wie »Katz-und-Maus-Spiel«.

- **Bedingte Trennstriche**   Bedingte oder optionale Trennstriche werden mit ⎣Strg⎦+⎣-⎦ eingegeben und nur dann ausgedruckt, wenn sie zur Silbentrennung eines Wortes erforderlich sind. Sie sind ein Hinweis an Word, wo im Bedarfsfall eine Trennung vorgenommen werden kann. Wenn der optionale Trennstrich nicht benötigt wird, weil das Wort, das ihn enthält, nicht am Ende einer Zeile steht, wird er auch nicht gedruckt.

  Bedingte Trennstriche sind auf dem Bildschirm nur sichtbar, wenn Sie die Formatierungszeichen anzeigen lassen (mit ⎣Strg⎦+⎣*⎦ oder über die Schaltfläche *Alle Anzeigen* auf der Registerkarte *Start).*

- **Geschützte Trennstriche** Geschützte Trennstriche sehen wieder ein wenig anders aus als normale und bedingte Trennstriche und werden mit dem Shortcut ⇧ + Strg + - eingegeben. Ein geschützter Trennstrich wird nie als Trennstrich verwendet und eignet sich z.B. für Angaben wie »a-z«.

Silbentrennung mit der Trennhilfe

Sie können die Silbentrennung auch automatisch von Word durchführen lassen. Word fügt dann bereits während der Texteingabe optionale Trennzeichen in den Text ein. Um diese Funktion einzuschalten gehen Sie so vor:

1. Klicken Sie in der Registerkarte *Seitenlayout* auf *Silbentrennung*. In dem so angezeigten Menü können Sie die Silbentrennung ein- bzw. ausschalten.

Bild 9.10 Einschalten der Automatischen Silbentrennung

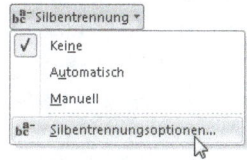

2. Wenn Sie nicht genau wissen, wie die Silbentrennung momentan konfiguriert ist, sollten Sie stattdessen den Befehl *Silbentrennungsoptionen* aufrufen.

Bild 9.11 Konfigurieren der Silbentrennung

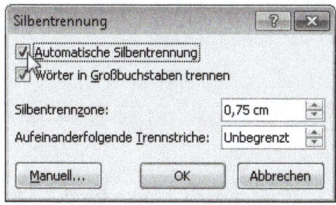

Wie Sie sehen, lässt sich auch in diesem Dialog die Silbentrennung aktivieren. Wichtiger ist jedoch die Option *Silbentrennzone*. Mit ihr können Sie steuern, wann in einer Zeile getrennt wird und wann nicht.

Wenn Word in einer Zeile mit Blocksatz einen Leerraum entdeckt, der größer ist als der hier angegebene Wert, oder wenn bei einem links- bzw. rechtsbündigen Absatz der Leerraum am Ende bzw. Anfang der Zeile größer ist als dieser Wert, versucht Word eine Trennung vorzunehmen. Um die Anzahl der Trennungen zu erhöhen, müssen Sie die Silbentrennzone folglich verkleinern.

Die Anzahl der maximal aufeinanderfolgenden Trennstriche sollten Sie auf vier begrenzen, da ansonsten der Lesefluss zu sehr leidet.

3. Nehmen Sie die gewünschten Einstellungen vor und klicken Sie auf *OK*.

Manuelle Silbentrennung

Falls Sie die automatische Silbentrennung nicht verwenden wollen, können Sie stattdessen eine manuelle, oder genauer gesagt, eine halbautomatische Silbentrennung vornehmen. Rufen Sie in diesem Fall den Befehl *Manuell* aus dem Menü der Schaltfläche *Silbentrennung* auf (siehe Bild 9.10). Die Trennhilfe zeigt Ihnen dann jedes Wort zur Überprüfung an. Im Textfeld *Trennvorschlag* sieht das am Beispiel des Wortes »markieren« folgendermaßen aus:

Bild 9.12 Die manuelle Silbentrennung

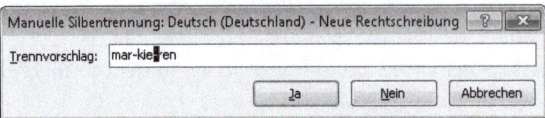

Die Trennhilfe teilt das Wort in einzelne Silben auf und zeigt alle gültigen Trennstellen an. Eventuell sehen Sie zwischen zwei Buchstaben einen senkrechten grauen Strich. Damit wird der Teil des Wortes gekennzeichnet, der maximal in die alte Zeile hineinpasst. Der Trennstrich, den Word Ihnen vorschlägt, liegt immer links von dieser Marke und wird dunkel hinterlegt.

Sie können nun den Trennvorschlag übernehmen, indem Sie die Schaltfläche *Ja* auswählen oder mit den Tasten ← und → die Trennstelle verschieben. Wenn Sie die Trennstelle rechts neben die graue Linie verschieben, wird das Wort zwar nicht getrennt, jedoch fügt Word einen optionalen Trennstrich ein, der automatisch verwendet wird, wenn sich durch Hinzufügen von Text oder Ändern der Einzüge sowie Ränder der Zeilenumbruch verändert.

Mit der Schaltfläche *Abbrechen* können Sie die manuelle Trennhilfe beenden. Trennstriche, die Sie bereits eingegeben haben, werden dadurch nicht entfernt. Sie können jedoch alle eingefügten Trennstriche wieder löschen, wenn Sie sofort nach dem Beenden der Trennhilfe den Befehl *Rückgängig* aufrufen.

Wasserzeichen

Als Wasserzeichen bezeichnet man einen hellen Text oder eine blasse Grafik, die auf jeder Seite eines Dokuments hinter dem Text liegt. Um diesen Effekt in früheren Word-Versionen zu erzeugen, wurden üblicherweise entsprechende Texte bzw. Grafiken in die Kopf- oder Fußzeile eingefügt. Der Kopf- und Fußzeilentrick hat in der Vergangenheit vor allem bei kurzen Dokumenten wunderbar funktioniert. Wenn allerdings ein Dokument mehrere Abschnitte besitzt, steigen Aufwand und Komplikationen für diese Art von Wasserzeichen stark an, da jeder Abschnitt eine eigene Kopfzeile hat.

Wasserzeichen einfügen

Mit der neuen Word-Funktion brauchen Sie auf eventuell vorhandene Abschnitte keine Rücksicht mehr zu nehmen. Um ein Dokument mit einem Wasserzeichen zu versehen, nehmen Sie einfach folgende Schritte vor:

1. Öffnen Sie das betreffende Dokument.

2. Gehen Sie auf die Registerkarte *Seitenlayout* und klicken Sie in der Gruppe *Seitenhintergrund* auf die Schaltfläche *Wasserzeichen.*

Bild 9.13   Der Katalog enthält die wichtigsten Standard-Wasserzeichen

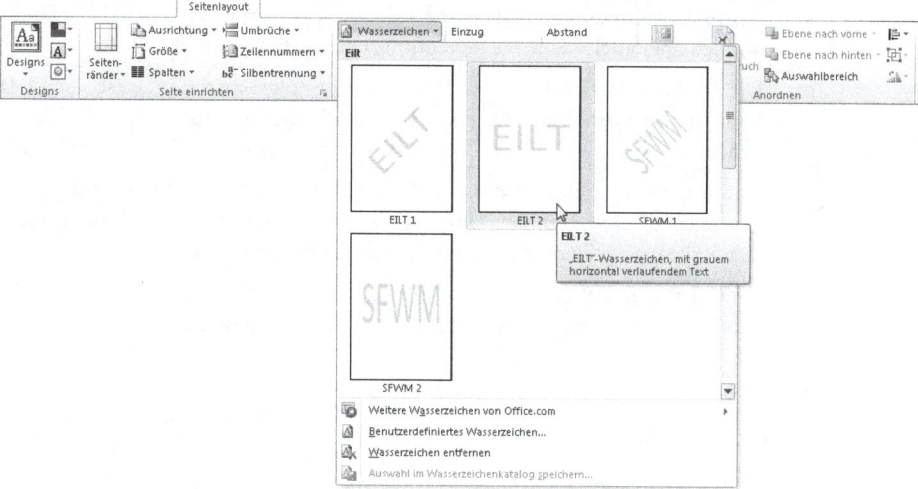

3. Wenn Sie in dem angebotenen Katalog nicht fündig werden, rufen Sie den Befehl *Benutzer-definiertes Wasserzeichen* auf. Hier können Sie sowohl ein Bild als auch einen beliebigen Text als Wasserzeichen hinterlegen.

Bild 9.14   Mit diesem Dialogfeld können Sie eigene Wasserzeichen erstellen

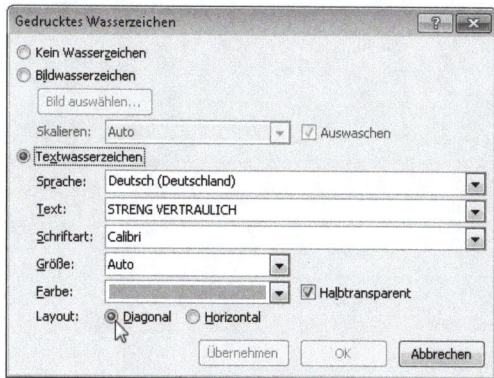

Zusammenfassung

Dieses Kapitel hat sich mit den Formatierungen beschäftigt, die das gesamte Dokument betreffen. Hierzu gehören die Größe der Seite, der Seitenumbruch und die Verwendung von Abschnitten.

- Die Zuweisung eines Designs beeinflusst die verwendeten Schriftarten, Farben und Effekte (Seite 176).

- Durch das Einstellen der Seitenränder legen Sie den Bereich auf der Seite fest, der für den »normalen« Text zur Verfügung steht und auch als *Satzspiegel* bezeichnet wird (Seite 179).

- Der Bundsteg ist ein zusätzlicher Seitenrand, der für die Bindung eines mehrseitigen Dokuments reserviert werden kann (Seite 180).

- Normalerweise entscheidet Word selbstständig, wann bzw. wo eine neue Seite beginnt. Sie können aber auch manuelle Seitenumbrüche festlegen (Seite 181).

- Die Seitenformatierung eines Dokuments erfolgt abschnittsweise (Seite 182). Dokumente können also in mehrere Abschnitte unterteilt werden, für die jeweils eigene Seitenformatierungen gelten. Diese Technik wird zum Beispiel für mehrspaltige Texte benötigt (Seite 182).

- Damit die einzelnen Zeilen eines Dokuments möglichst optimal gefüllt sind, kann Word die Wörter des Textes trennen. Und zwar entweder bereits bei der Texteingabe oder nachträglich durch die manuelle bzw. die automatische Silbentrennung (Seite 186).

- Word kann einen hellen Text oder eine blasse Grafik auf jeder Seite eines Dokuments hinter den Text legen, um einen Wasserzeichen-Effekt zu erzielen (Seite 188).

Kapitel 10

Kopf- und Fußzeilen

In diesem Kapitel dreht sich alles um Kopf- und Fußzeilen. Darunter versteht man Bereiche am oberen und unteren Rand einer Seite, die alle Informationen aufnehmen, die auf jeder Seite wiederholt werden sollen. Am häufigsten werden Kopf- und Fußzeilen natürlich für die Ausgabe der Seitenzahl benutzt. Wie Sie gleich sehen werden, können Sie mit Kopf- und Fußzeilen jedoch noch viel mehr anstellen.

Kopf- und Fußzeilen von der Stange

Da sich der Inhalt einer Kopf- bzw. Fußzeile im Gegensatz zum restlichen Dokument auf jeder Seite wiederholen soll, wird er von Word separat verwaltet. Für Sie als Anwender hat das die Konsequenz, dass Sie in einen speziellen Modus umschalten müssen, wenn Sie Kopf- und Fußzeilen einfügen oder bearbeiten wollen.

Der damit verbundene Aufwand und auch das dahinterliegende Konzept wurden von vielen Benutzern als zu kompliziert empfunden. Aus diesem Grund haben die Entwickler von Microsoft diesen Bereich mit der Einführung von Word 2007 verbessert. Ihr Ziel war es, die Komplexität des Kopf- und Fußzeilenmechanismus vor dem Anwender zu verbergen und den Zeitaufwand für das Einfügen von Kopf- und Fußzeilen drastisch zu minimieren. Und wie Sie gleich sehen werden, hat Word an dieser Stelle tatsächlich enorm an Komfort gewonnen.

Kopf- und Fußzeilen einfügen

Das Einfügen einer Kopf- oder einer Fußzeile ist mit Word 2010 mit zwei, drei Mausklicks erledigt:

1. Wechseln Sie auf die Registerkarte *Einfügen* und klicken Sie auf die Schaltfläche *Kopfzeile* bzw. auf die Schaltfläche *Fußzeile*.

Bild 10.1   Das Einfügen von Kopf- und Fußzeilen kann kaum einfacher sein

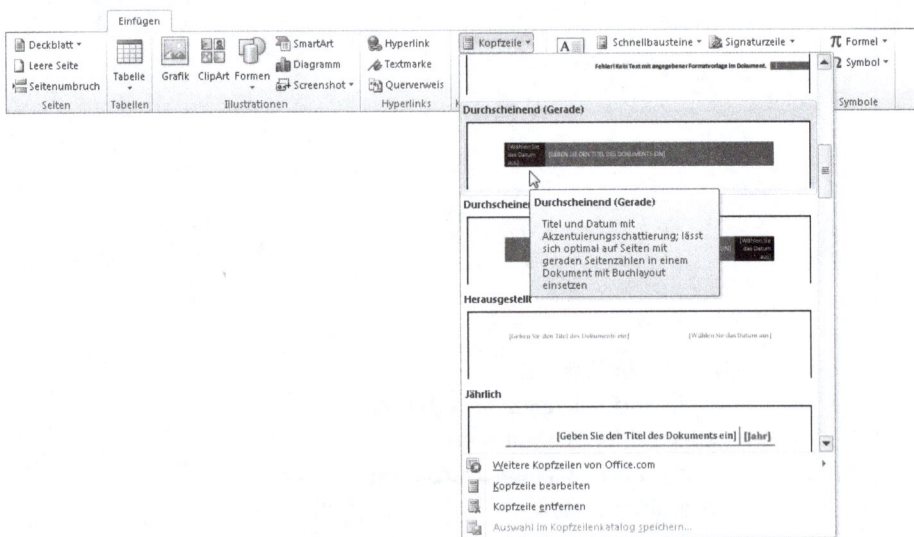

2. Wählen Sie eine der angebotenen Varianten aus. Beachten Sie, dass es von einigen Kopf- und Fußzeilen auch unterschiedliche Versionen für gerade und ungerade Seiten gibt. In diesem Buch enthalten zum Beispiel die Kopfzeilen der geraden Seiten (das sind immer die linken Seiten eines Buchs) die Nummer des jeweiligen Kapitels und seinen Namen, die Kopfzeilen der ungeraden (also der rechten) Seiten hingegen den Namen der aktuellen Überschrift der zweiten Ebene.

3. Wenn die Kopf- bzw. Fußzeile variable Elemente enthält, wie zum Beispiel den Titel des Dokuments oder eine Datumsanzeige, zeigt Word die eingefügte Kopf-/Fußzeile im Bearbeitungsmodus an. Klicken Sie dann die entsprechenden Platzhalter an und geben Sie den gewünschten Text ein.

4. Besonders elegant ist in Word die Eingabe eines Datums gelöst. In diesem Fall enthält die Kopf- bzw. Fußzeile ein spezielles Steuerelement, mit dem Sie das Datum auf einem kleinen Kalender auswählen können.

Word 2010

Bild 10.2   Datumswerte lassen sich über einen kleinen Kalender eingeben

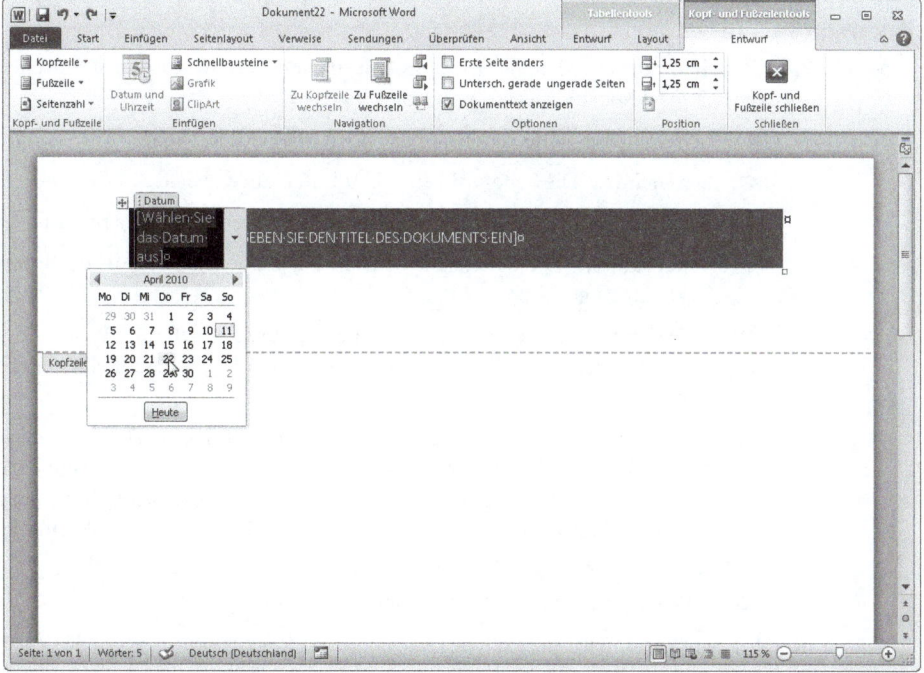

5. Wenn Sie einzelne Elemente der Kopf- bzw. Fußzeile nicht benötigen, können Sie sie einfach löschen.

6. Um wieder zum normalen Dokumenttext zurückzukehren, klicken Sie in der Registerkarte *Entwurf* ganz rechts auf die Schaltfläche *Kopf- und Fußzeile schließen*.

Seitenzahlen pur

Wenn Sie in Ihr Dokument keine aufwändigen Kopf- und Fußzeilen einfügen möchten, sondern lediglich die Seitenzahl ausgeben lassen wollen, gehen Sie besser folgendermaßen vor:

1. Klicken Sie in der Registerkarte *Einfügen* auf die Schaltfläche *Seitenzahl.*

Bild 10.3   Einfügen der reinen Seitenzahl

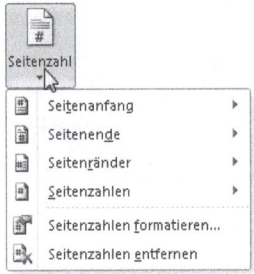

2. Sie sehen nun ein kleines Auswahlmenü, in dem Sie sich zunächst entscheiden müssen, wo die Seitenzahl positioniert werden soll:

   - **Seitenanfang**   Die Seitenzahl erscheint oben auf der Seite.

   - **Seitenende**   Die Seitenzahl erscheint unten auf der Seite.

   - **Seitenränder**   Die Seitenzahl erscheint am linken bzw. rechten Rand.

   - **Seitenzahlen**   Die Seitenzahl wird an der aktuellen Position der Einfügemarke in den Text eingefügt.

   Wenn Sie sich für eine der ersten drei Varianten entscheiden, fügt Word die Seitenzahl in eine Kopf- bzw. Fußzeile ein, da nur so erreicht werden kann, dass die Seitenzahl auf jeder Seite ausgegeben wird.

3. Zeigen Sie mit der Maus auf einen der Befehle, damit das zugehörige Untermenü ausklappt. Im Menü sehen Sie dann verschiedene Variationen von Vorschaubildern des gewählten Bereichs (Seitenanfang, Seitenende etc.). Allerdings ist die Seitenzahl dort meistens nur als winzige graue Zahl zu erkennen, sodass Sie hier nicht viel mehr als eine grobe Vorstellung vom späteren Ergebnis bekommen.

4. Wählen Sie die gewünschte Variante aus.

5. Bei den Varianten *Seitenanfang*, *Seitenende* und *Seitenränder* wechselt Word in den Bearbeitungsmodus für Kopf- bzw. Fußzeilen. Nehmen Sie bei Bedarf noch Änderungen an der Formatierung der Seitenzahl vor und klicken Sie dann auf *Kopf- und Fußzeile schließen*, um zum normalen Dokumenttext zurückzukehren.

ACHTUNG   Durch Einfügen einer Seitenzahl an den Seitenanfang, das Seitenende oder in die Seitenränder werden bereits vorhandene Kopf- bzw. Fußzeilen aus dem Dokument entfernt.

Seitenzahlen formatieren

Normalerweise beginnt Word die Seitenzählung mit »1«. Bei umfangreichen Werken (wie zum Beispiel bei einem Buch oder einer Broschüre) kommt es allerdings häufig vor, dass der Text auf mehrere Dokumente aufgeteilt wird. In diesen Fällen müssen Sie in den einzelnen Dokumenten eine individuelle Startnummer für die Seitenzählung festlegen, damit das fertige Werk eine fortlaufende Nummerierung erhält.

Außerdem bietet Word verschiedene Formate für die Seitenzahl an. Sie können zwischen arabischen Ziffern (1, 2, 3), Kleinbuchstaben (a, b, c), Großbuchstaben (A, B, C), römischen Ziffern in Kleinschrift (i, ii, iii) und römischen Ziffern in Großschrift (I, II, III) wählen.

1. Wechseln Sie auf die Registerkarte *Einfügen*.

2. Klicken Sie dort auf die Schaltfläche *Seitenzahl* und wählen Sie in ihrem Menü den Befehl *Seitenzahl formatieren*. Word zeigt dann das Dialogfeld *Seitenzahlenformat* an.

Bild 10.4   Formatieren der Seitenzahl

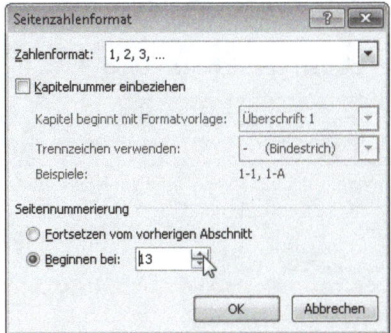

3. Wählen Sie das gewünschte Format aus der Liste *Zahlenformat* aus.

4. Wenn Sie die Überschriften mit den Formatvorlagen *Überschrift ...* formatiert und dann die Gliederungsnummerierungen verwendet haben, können Sie die Kapitelnummer in die Seitenzahl einbeziehen. Wählen Sie dann im Listenfeld *Kapitel beginnt mit Formatvorlage* die Überschriften-Formatvorlage. Das Listenfeld *Trennzeichen verwenden* enthält diverse Zeichen, die zwischen der Kapitelnummer und der Seitenzahl eingefügt werden können.

5. Legen Sie im Feld *Beginnen bei* die Startnummer für die Seitenzählung fest.

6. Schließen Sie das Dialogfeld mit *OK*.

Das Ändern des Startwertes für die Seitenzahl beeinflusst zunächst nicht die Ausgabe der Seitenzahl in der Statuszeile. Das heißt, die Seitenzählung in der Statusleiste beginnt nach wie vor bei 1.

Sie können aber auch die tatsächliche Seitenzahl, also die Zahl, die auf der Seite gedruckt wird, in der Statuszeile ausgeben lassen. Klicken Sie die Statuszeile dazu mit der rechten Maustaste an und wählen Sie im Kontextmenü den Befehl *Formatierte Seitenzahl*.

Bild 10.5   Ausgabe der formatierten Seitenzahl in der Statusleiste

Kopf- und Fußzeilen bearbeiten

Im den bisherigen Abschnitten dieses Kapitels haben Sie gesehen, wie einfach es mit Word 2010 ist, eine Seitenzahl oder sogar eine komplette Kopf- bzw. Fußzeile in ein Word-Dokument aufzunehmen. In vielen Fällen werden Sie mit den Ergebnissen dieser »Fertiglösungen« zufrieden sein, aber es wird auch Situationen geben, in denen Sie eigene Kopf- und Fußzeilen erstellen müssen oder bereits vorhandene Kopf- und Fußzeilen ändern wollen.

Kopf-/Fußzeilenmodus aktivieren

Kopf- und Fußzeilen werden bei Word immer in der Ansicht *Seitenlayout* eingegeben und bearbeitet. Am einfachsten gelangen Sie in diesen Modus, wenn Sie mit der Maus auf der gewünschten Kopf- bzw. Fußzeile doppelklicken. Alternativ klicken Sie auf der Registerkarte *Einfügen* die Schaltfläche *Kopfzeile* bzw. *Fußzeile* an und wählen in ihrem Menü den Befehl *Kopfzeile bearbeiten* bzw. *Fußzeile bearbeiten*. Falls Sie sich nicht in der Seitenlayoutansicht befinden, wenn Sie den Befehl aufrufen, wird sie von Word automatisch aktiviert.

Bild 10.6 Der Bereich der Kopfzeile liegt oberhalb der blauen gestrichelten Linie

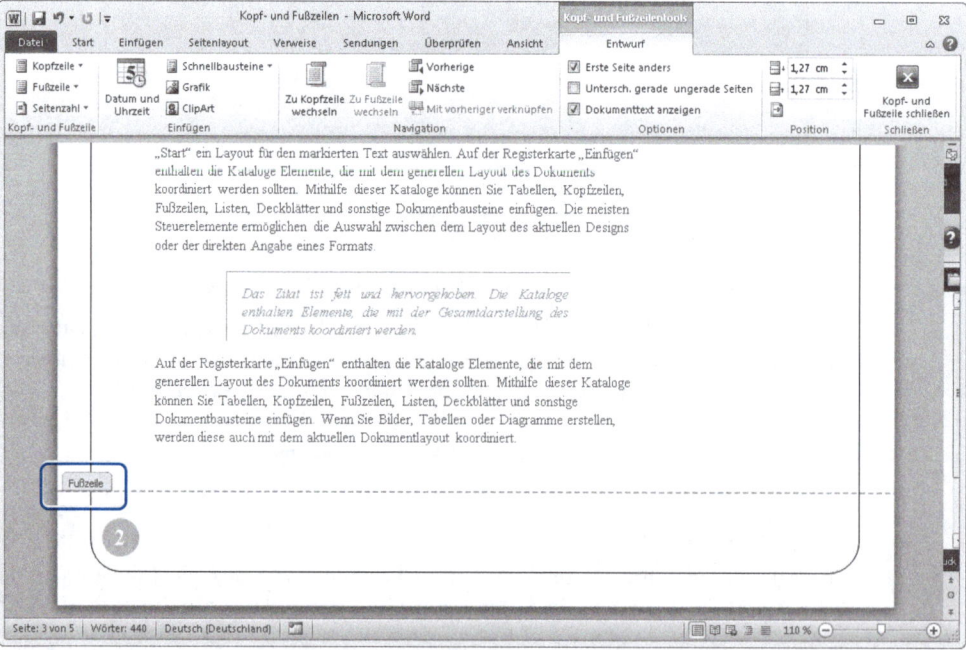

Im Kopf-/Fußzeilenmodus wird das Menüband um die Registerkarte *Entwurf* ergänzt, mit der Sie alle wichtigen Befehle zur Bearbeitung von Kopf- und Fußzeilen im direkten Zugriff haben. Außerdem wird in diesem Modus der normale Dokumenttext abgeblendet und kann nicht bearbeitet werden. Sie können den Dokumenttext sogar ganz ausblenden. Das kann zum Beispiel sinnvoll sein, wenn er sich mit Teilen der Kopf- oder Fußzeile überlappt. Schalten Sie dann einfach auf der Registerkarte *Erweitert* die Option *Dokumenttext anzeigen* aus.

Die verschiedenen Arten von Kopf- und Fußzeilen

An der gestrichelten Linie, die den Bereich der Kopf- bzw. der Fußzeile kennzeichnet, informiert Sie ein kleines Schildchen, um welche Kopf- oder Fußzeile es sich handelt. Word 2010 stellt Ihnen nämlich sechs verschiedene Arten von Kopf- und Fußzeilen zur Verfügung, die Sie nach Bedarf ein- und ausschalten können. Sie sollten daher im Vorfeld ein wenig planen, mit welchen Kopf- oder Fußzeilen Sie arbeiten wollen, bevor Sie mit dem Einfügen beginnen.

Welche und wie viele Kopf-/Fußzeilen in einem Dokument enthalten sind, steuern Sie über die beiden Optionen *Erste Seite anders* und *Untersch. gerade ungerade Seiten,* die sich auf der Register-karte *Entwurf* in der Gruppe *Optionen* befinden:

- **Erste Seite anders** Bei vielen Arten von Dokumenten, beispielsweise bei Briefen, ist es so, dass die erste Kopf- oder Fußzeile anders aussehen muss. Ein typisches Beispiel dafür sind Briefe, bei denen die erste Seite meist keine Kopfzeile enthält.

- **Untersch. gerade ungerade Seite** Bei vielen gebundenen Publikationen unterscheiden sich die Kopf- und Fußzeilen auf geraden (linken) und ungeraden (rechten) Seiten. Selbst wenn sich in der Fußzeile nur eine Seitenzahl befindet, wird sie in der Regel auf geraden Seiten am lin-ken Seitenrand stehen und bei ungeraden am rechten.

Insgesamt können Sie mit Word also folgende sechs Kopf-/Fußzeilen für ein Dokument definieren:

- Eine Kopfzeile für die erste Seite eines Dokuments.

- Eine Kopfzeile für alle geraden Seiten eines Dokuments.

- Eine Kopfzeile für alle ungeraden Seiten eines Dokuments.

- Eine Fußzeile für die erste Seite eines Dokuments.

- Eine Fußzeile für alle geraden Seiten eines Dokuments.

- Eine Fußzeile für alle ungeraden Seiten eines Dokuments.

Position von Kopf- und Fußzeile

Mit den beiden Textfeldern der Gruppe *Position* können Sie die Kopf- und Fußzeile auf der Seite positionieren. Mit diesem Wert wird der Abstand zwischen der Papierkante bis zur Oberkante der Kopfzeile bzw. der Unterkante der Fußzeile festgelegt. Diese Einstellungen korrespondieren mit den Angaben auf dem Dialogfeld *Seite einrichten,* das Sie zum Beispiel mit einem Doppelklick auf den Kopf-/Fußzeilenbereich aufrufen können.

Sie können stattdessen auch das vertikale Lineal verwenden. Zeigen Sie mit dem Mauszeiger auf die obere Markierung des weißen Bereichs, der den Kopfzeilenbereich angibt. Ziehen Sie dann mit gedrückter Maustaste den Kopf-/ Fußzeilenbereich auf oder zu. Wenn Sie beim Ziehen die `Alt`-Taste gedrückt halten, werden die Maßangaben im Lineal angezeigt. So können Sie den Abstand der Kopf- bzw. Fußzeile unter Sichtbedingungen einstellen. Beachten Sie, dass der Kopf- und Fuß-zeilenrahmen nur innerhalb des Bereichs bewegt werden kann, der aufgrund der eingestellten Seitenränder für die Kopf- bzw. Fußzeile freigestellt wird (siehe auch ▶ Kapitel 9).

TIPP **Lineal automatisch einblenden** Wenn Sie den Mauszeiger in die Nähe des linken bzw. des oberen Fensterrandes schieben, erscheint das zugehörige Lineal automatisch.

Word 2010

Bild 10.7   Einstellen der Kopf-/Fußzeilenposition mit dem vertikalen Lineal

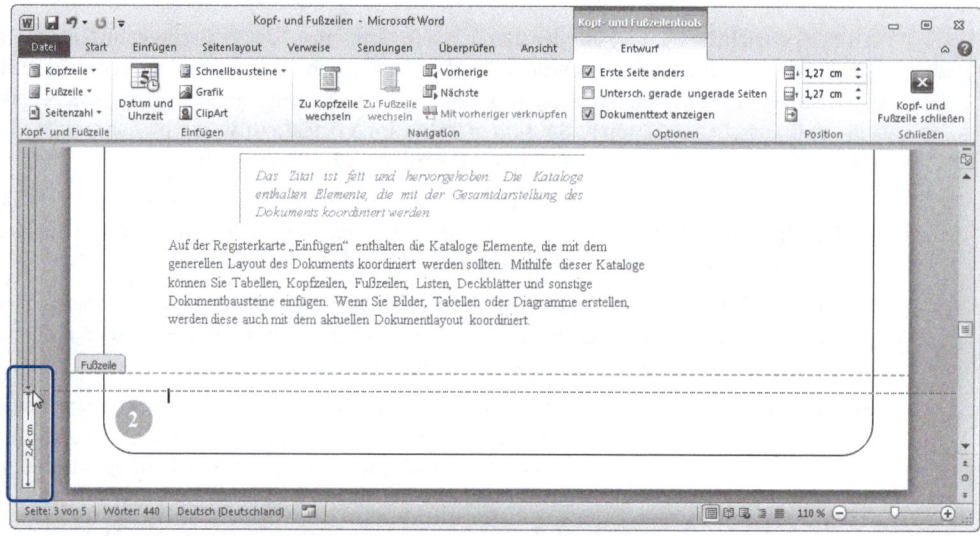

Zwischen Kopf- und Fußzeilen navigieren

Wenn Sie sich im Bearbeitungsmodus für Kopf- und Fußzeilen befinden, können Sie sehr komfortabel zwischen den verschiedenen Kopf- und Fußzeilen hin- und herspringen, indem Sie auf der Registerkarte *Entwurf* die Schaltflächen der Gruppe *Navigation* verwenden.

Bild 10.8   Mit den Schaltflächen der Gruppe *Navigation* wechseln Sie zwischen den verschiedenen Kopf- und Fußzeilen eines Dokuments

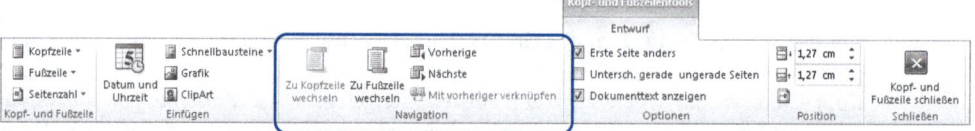

Die ersten beiden Schaltflächen dienen dazu, innerhalb der gleichen Seite zwischen der Kopf- und Fußzeile zu wechseln. Mit den beiden Schaltflächen *Vorherige* und *Nächste* springen Sie zur vorigen bzw. nächsten Kopf-/Fußzeile.

> **HINWEIS**   **Hat Ihr Dokument genug Seiten?**   Damit Sie überhaupt zwischen den verschiedenen Kopf- und Fußzeilen springen können, müssen sich in Ihrem Dokument auch genügend Seiten befinden. Wenn Sie zum Beispiel ein neues Dokument erstellen und festlegen, dass gerade und ungerade Seiten unterschiedlich behandelt werden sollen, können Sie erst dann in die zweite Kopfzeile gelangen, wenn Ihr Dokument mindestens zwei Seiten enthält.

Abschnitte

In Kapitel 9 haben Sie erfahren, dass Dokumente in mehrere Abschnitte unterteilt werden können. Dies wird z.B. nötig, wenn Sie die Seitenorientierung (Hoch- und Querformat) in einem Dokument wechseln wollen oder einzelne Textabschnitte mehrspaltig gestaltet werden sollen. Auch die Formatierungen von Kopf- und Fußzeilen beziehen sich nicht direkt auf das Dokument, sondern auf den Abschnitt, in dem sich die jeweilige Kopf- oder Fußzeile befindet.

Wenn Sie also ein Dokument mit mehreren Abschnitten erstellen, hat das für die Kopf- und Fußzeilen folgende Konsequenzen:

■ Jeder Abschnitt kann rein theoretisch sechs verschiedene Kopf- bzw. Fußzeilen enthalten. Damit Sie in diesem Wust nicht die Übersicht verlieren, zeigt Word neben dem Namen der Kopf- und Fußzeilen auch die Nummer des zugehörigen Abschnitts an (Beispiel: »Ungerade Kopfzeile -Abschnitt 2-«).

■ Sie müssen entscheiden, ob die einzelnen Abschnitte die Kopf- und Fußzeilen von ihren Vorgängern übernehmen oder nicht. Diese Eigenschaft steuern Sie über die Schaltfläche *Mit vorheriger verknüpfen,* die sich auf der Registerkarte *Entwurf* in der Gruppe *Navigation* befindet.

Datum und Uhrzeit einfügen

Da für Kopf- und Fußzeilen häufig Zeitangaben benötigt werden, wurde die Funktion zum Einfügen von Datum und Uhrzeit entsprechend komfortabel gestaltet. Klicken Sie dazu nach dem Positionieren der Einfügemarke in der Registerkarte *Entwurf* einfach auf die Schaltfläche *Datum und Uhrzeit.* Word zeigt dann folgendes Dialogfeld an, in dem Sie das gewünschte Zeitformat aus einer Liste wählen können.

Bild 10.9 Word kann Zeitangaben in verschiedenen Formaten ausgeben

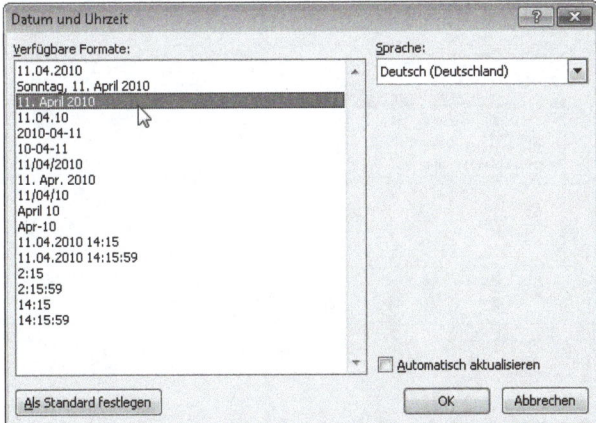

Mit der Option *Automatisch aktualisieren* können Sie festlegen, ob Word die aktuelle Zeitangabe als normalen Text einfügt (Option ausgeschaltet) oder ob stattdessen ein Feld verwendet werden soll, das automatisch das jeweils aktuelle Datum anzeigt (Option eingeschaltet).

HINWEIS   **Feldfunktion anzeigen**   Mit Feldern weisen Sie Word an, eine bestimmte Aktion auszuführen. Normalerweise zeigt Word direkt das Ergebnis eines Feldes an (z.B. das aktuelle Datum), sodass sich das Feld scheinbar nicht vom normalen Text unterscheidet. Sie können aber die dahinterliegende Feldfunktion anzeigen, indem Sie die Einfügemarke auf das Feld-ergebnis stellen und ⌂ + F9 drücken. Im Falle des Datum-Feldes könnte die zugehörige Feld-funktion zum Beispiel so aussehen: { TIME \@ "d. MMMM yyyy" }

Um wieder das Ergebnis des Feldes anzuzeigen, drücken Sie erneut ⌂ + F9 .

Felder einfügen

Neben den soeben erwähnten Feldern, mit denen Sie das Datum oder die Uhrzeit ausgeben können, gibt es in Word noch diverse andere Felder für die unterschiedlichsten Bereiche. Für die Anwendung in Kopf- und Fußzeilen eignen sich nur die wenigsten, aber diese sind dafür umso wichtiger. Dazu gehören insbesondere die Felder zur Anzeige des Dateinamens, die in der Praxis regelmäßig benötigt werden und an deren Beispiel wir das Einfügen von Feldern vorstellen wollen.

1.   Setzen Sie die Einfügemarke an die gewünschte Position.

2.   Klicken Sie in der Registerkarte *Kopf- und Fußzeilentools/Entwurf* die Schaltfläche *Schnellbau-steine* an und wählen Sie aus ihrem Menü den Befehl *Feld*. (Die Schaltfläche befindet sich ebenfalls auf der Registerkarte *Einfügen*.) Word zeigt dann das Dialogfeld *Feld* an.

3.   Öffnen Sie das Listenfeld *Kategorien*, um sich einen Überblick über das Angebot zu verschaf-fen. Wählen Sie dann den Eintrag *Dokumentinformation*. Die darunter stehende Liste redu-ziert sich dadurch auf ein gutes Dutzend Felder.

4.   Markieren Sie in der Liste *Feldnamen* den Eintrag *FileName*.

Bild 10.10   Einfügen eines Feldes, mit dem der Dateiname angezeigt wird

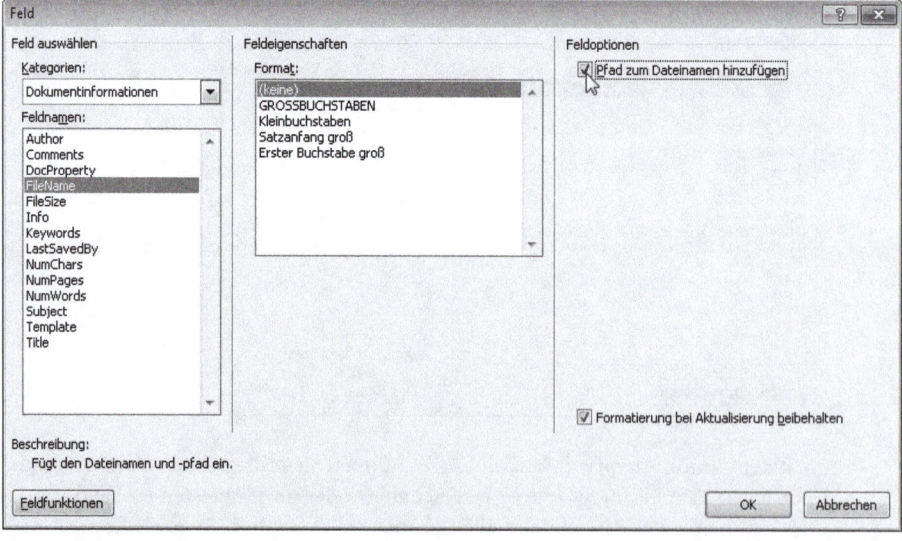

5. Im mittleren Bereich des Dialogs werden nun die zugehörigen Eigenschaften für das ausgewählte Feld angezeigt. In diesem Fall können Sie nur Einfluss auf die Groß- und Kleinschreibung des Dateinamens nehmen.

6. Auf der rechten Seite des Dialogs werden die *Optionen* für das gewählte Feld angezeigt. Auch hier ist die Auswahl eher bescheiden. Sie haben lediglich die Wahl, ob Sie den Pfad (das ist der Name des Ordners) anzeigen lassen wollen oder nicht.

7. Mit der Option *Formatierung bei Aktualisierung beibehalten* steuern Sie, ob Word die Formatierung des Feldergebnisses (also in diesem Fall des Dateinamens) beibehalten soll, wenn das Feld aktualisiert wird. Sie sollten diese Option in aller Regel eingeschaltet lassen.

8. Damit haben Sie alle Einstellungen vorgenommen und können das Feld mit einem Klick auf *OK* in Ihr Dokument einfügen.

Überschriften in Kopfzeilen wiederholen

Ein weiteres Feld, das in Kopf- und Fußzeilen sinnvoll eingesetzt werden kann, ist *STYLEREF*. Mit ihm können Sie eine Überschrift aus dem Text in der Kopf- oder Fußzeile wiederholen.

1. Positionieren Sie die Einfügemarke und rufen Sie das Dialogfeld *Feld* auf.

2. Stellen Sie die Kategorie *Verknüpfen und Verweise* ein.

3. Markieren Sie in der Liste der Feldnamen den Eintrag *StyleRef*.

4. Wählen Sie den Namen der gewünschten Formatvorlage. In der Regel wird es sich dabei um eine der Überschriften-Formatvorlagen handeln.

5. Schalten Sie die Feldoption *Seite von unten nach oben durchsuchen* ein.

Bild 10.11   Einfügen eines Feldes, das die aktuelle Überschrift anzeigt

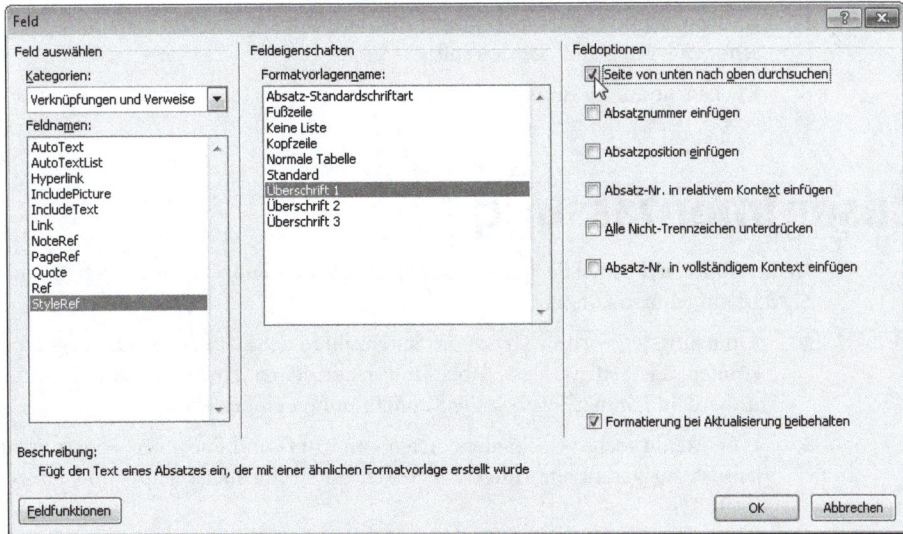

6. Klicken Sie auf *OK*, um das Feld einzufügen.

Inhalte von Kopf- und Fußzeilen positionieren

Wenn Sie ein Element in eine Kopf- oder Fußzeile eingefügt haben, zum Beispiel eine Seitenzahl, werden Sie den neuen Inhalt in der Regel noch innerhalb der Kopf-/Fußzeile positionieren wollen. Üblicherweise verwendet man für diese Aufgabe Tabulatoren und setzt die dazu benötigten Tabstopps mit Hilfe des Lineals. Es gibt jedoch noch eine etwas einfachere Möglichkeit, die mit einem kleinen Dialogfeld arbeitet.

1. Setzen Sie die Einfügemarke links neben das Element, das Sie positionieren möchten.

2. Klicken Sie in der Registerkarte *Kopf- und Fußzeilentools/Entwurf* auf die kleine Schaltfläche in der Gruppe *Position*. Word zeigt dann das folgende Dialogfeld an:

Bild 10.12   Positionieren von Elementen in Kopf- und Fußzeilen

3. Wählen Sie mit den Optionen der Gruppe *Ausrichtung*, ob das Element links, zentriert oder rechts in der Kopf-/Fußzeile stehen soll.

4. Mit dem Listenfeld *Ausrichten relativ zu* legen Sie fest, ob sich die Angabe zur Ausrichtung auf den eingestellten Seitenrand oder den Einzug des Absatzes bezieht, in dem sich das Element befindet.

5. In der Gruppe *Füllzeichen* können Sie bestimmen, wie der Platz, um den das Element verschoben wird, gefüllt werden soll.

6. Klicken Sie auf *OK* und prüfen Sie, ob das Ergebnis Ihren Erwartungen entspricht.

Zusammenfassung

In diesem Kapitel haben Sie gelernt, wie Sie Kopf- und Fußzeilen formatieren und welche Elemente Sie dort aufnehmen können:

■   Am häufigsten wird sicherlich die Seitenzahl in der Kopf-/Fußzeile ausgegeben (Seite 192). Sie können die Seitenzahlen dabei in verschiedenen Formaten und Schriftarten verwenden. Außerdem können Sie auch die Kapitelnummer einbeziehen.

■   Word kennt sechs verschiedene Arten von Kopf- und Fußzeilen, sodass es zum Beispiel möglich ist, für gerade und ungerade Seiten unterschiedliche Kopf- und Fußzeilen einzurichten (Seite 196).

■   In die Kopf- und Fußzeile können neben der Seitenzahl u.a. auch das Datum, die Uhrzeit, Überschriften und der Dateiname aufgenommen werden (Seite 199).

Kapitel 11

Word-Dokumente drucken und veröffentlichen

Nachdem Sie die Bearbeitung eines Dokuments abgeschlossen haben, besteht der letzte Schritt darin, es anderen verfügbar zu machen. In den Zeiten vor der »Internet-Revolution« bedeutete verfügbar machen beinahe ausschließlich, das Dokument auszudrucken und es den Empfängern in Papierform entweder per gelber Post zuzusenden oder es persönlich zu übergeben.

Neben dieser traditionellen Form der Veröffentlichung eines Dokuments werden die elektronischen Verbreitungsformen immer wichtiger. Für Microsoft Word gibt es zwar schon seit einigen Versionen einen sogenannten Viewer, mit dem auch Computernutzer, auf deren PC Word nicht installiert ist, den Inhalt eines Dokuments ansehen konnten. Viel verbreiteter ist jedoch die Verwendung des PDF-Formats, bei dem es sich um ein plattformunabhängiges Dateiformat handelt, mit dem Dokumente der unterschiedlichsten Art anderen zur Verfügung gestellt werden. Dies kann entweder durch Beifügen einer PDF-Datei zu einer E-Mail erfolgen oder als Datei, die sich auf einem Webserver befindet und von jedem, der die im Dokument enthaltenen Informationen benötigt, heruntergeladen werden kann. Zur Anzeige von PDF-Dateien wird der PDF-Reader benötigt, der nicht nur für Windows, sondern auch für andere Betriebssysteme zur Verfügung steht. Wollten Sie bisher aus einem Word-Dokument eine PDF-Datei erstellen, war hierfür ein spezielles (meist kostenpflichtiges) Programm erforderlich. Im Rahmen der Einführung von 2007 Microsoft Office System hat Microsoft ein Add-In für die verschiedenen Office-Programme entwickelt, mit dem Sie von Word aus direkt PDF-Dateien erstellen können.

Neben der Unterstützung des PDF-Formats können Sie in Word 2010 Dokumente im XPS-Format (XML Paper Specification) abspeichern, ein Format, das von Microsoft entwickelt wurde und mit dem XML-basierte, geräteunabhängige Dateien erstellt werden können. Wie bei dem PDF-Format können XPS-Dateien auf allen Computern angezeigt werden, auf denen ein entsprechender Viewer vorhanden ist. Die Verwendung des PDF- und des XPS-Formats wird ausführlich in Kapitel 5 dieses Buches beschrieben.

Wenn Sie eine der Websites nutzen, auf denen Sie Ihren Blog veröffentlichen können, dann hält Word ein weiteres interessantes Feature für Sie bereit: Sie können aus einem Word-Dokument einen Blogbeitrag machen und auf der Registerkarte *Blogbeitrag* Ihre Blogkonten verwalten und von dort aus den Beitrag direkt in Ihren Blog hochspielen. Wie das funktioniert, wird weiter hinten in diesem Kapitel exemplarisch an der Website *Windows Live Spaces* beschrieben.

> **HINWEIS** Ein Blog ist eine Website, die ähnlich wie ein Tagebuch dazu verwendet wird, um andere am eigenen Leben – seien es nun private oder berufliche Aspekte – teilhaben zu lassen. Andere Blogsites sind eher thematisch orientiert.

Dokument drucken

Bei Office 2010 wurde die Benutzeroberfläche für das Drucken in allen Office-Anwendungen komplett umgestaltet. Statt des Dialogfeldes *Drucken,* das in Word bis einschließlich Version 2007 verwendet wurde, sind in Word 2010 alle Funktionen, die Sie zum Drucken benötigen, in der Drucken-Backstage-Ansicht zusammengefasst. Dort können Sie verschiedene Druckparameter einstellen, Änderungen an der Seiteneinrichtung vornehmen und das Dokument in einer vereinfachten Druckvorschau prüfen.

Um die Backstage-Ansicht für das Drucken zu öffnen, klicken Sie auf die Registerkarte *Datei* und dann im Menü auf der linken Seite auf *Drucken,* oder drücken Sie die Tastenkombination `Strg`+`P`.

Bild 11.1 In der Backstage-Ansicht *Drucken* können Sie den Drucker auswählen, auf dem der Ausdruck erfolgen soll, den Seitenbereich einstellen, die Anzahl der Exemplare festlegen, verschiedene Optionen der Seiteneinrichtung ändern und eine Druckvorschau Ihres Dokuments sehen

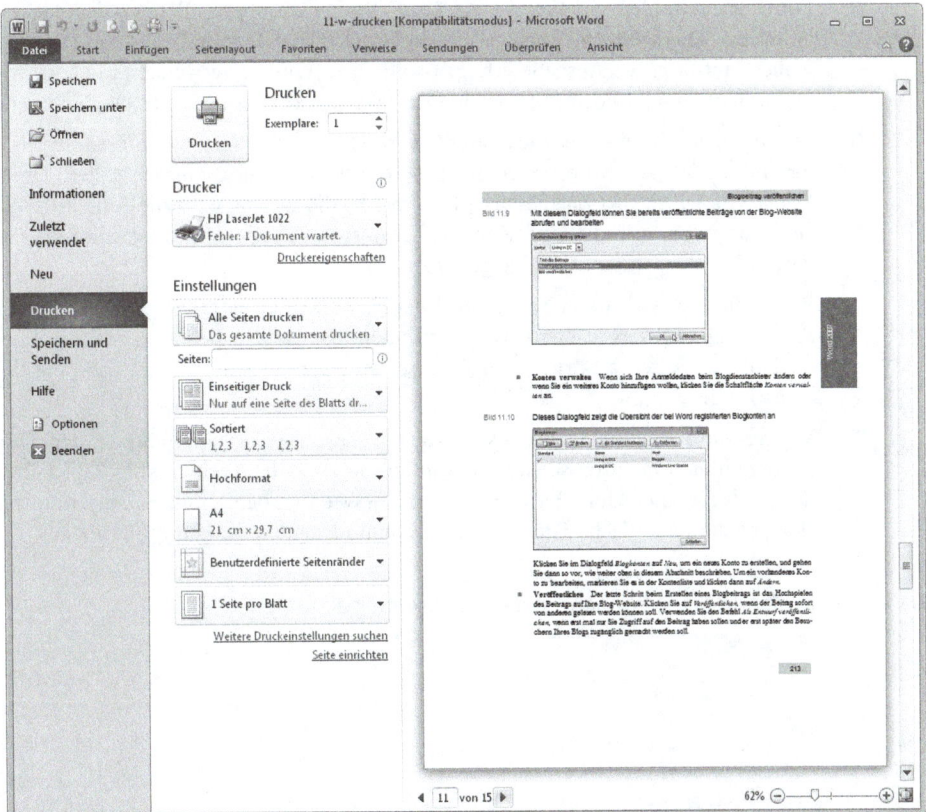

TIPP   Die in Word 2003 in der Symbolleiste *Standard* vorhandenen Schaltflächen für das Drucken und die Druckvorschau sind in der Symbolleiste für den Schnellzugriff standardmäßig nicht sichtbar. Wenn Sie auf die Pfeil-Schaltfläche *Symbolleiste für den Schnellzugriff anpassen* klicken, können Sie im Menü die Optionen *Schnelldruck* und *Seitenansicht* anklicken, um diese Befehle schneller zur Verfügung zu haben. Die Option *Schnelldruck* druckt das aktuelle Dokument auf dem derzeit eingestellten Drucker direkt aus, der Befehl *Seitenansicht* öffnet die Backstage-Ansicht *Drucken*.

Druckoptionen einstellen

In der mittleren Spalte der Backstage-Ansicht finden Sie verschiedene Optionen. Wenn Sie Druckoptionen einstellen wollen, um beispielsweise nur bestimmte Seiten des Dokuments auszudrucken oder um den Drucker auszuwählen, auf dem der Ausdruck erfolgen soll, gehen Sie so vor:

- **Anzahl der Ausdrucke festlegen** Im Bereich *Exemplare* legen Sie fest, wie viele Kopien gedruckt und ob diese sortiert ausgedruckt werden sollen. Wenn die Option *Sortieren* eingeschaltet ist, werden zunächst alle Seiten des Dokuments gedruckt und erst danach eine weitere Kopie.

- **Drucker auswählen** Klicken Sie die Liste *Drucker* im oberen Bereich der Backstage-Ansicht an, wenn Sie – sofern Sie mehr als einen Drucker installiert haben – den Drucker auswählen wollen, auf dem die Ausgabe erfolgen soll. Diese Option verwenden Sie auch, wenn Sie ein Dokument im XPS-Format erstellen oder das gesamte Dokument an OneNote senden wollen.

- **Seiten festlegen, die gedruckt werden sollen** In der Gruppe *Einstellungen* können Sie bestimmen, ob alle Seiten oder nur bestimmte ausgedruckt werden sollen. Die Option *Alle Seiten drucken* druckt das gesamte Dokument, die Option *Aktuelle Seite drucken* druckt die Seite aus, in der sich die Einfügemarke befindet (was nicht unbedingt die Seite sein muss, die derzeit im Word-Fenster angezeigt wird).

  Wenn Sie nur bestimmte Seiten ausdrucken wollen, geben Sie die Seitenzahlen in das Feld *Seiten* ein; mehrere Seitenangaben trennen Sie durch Kommas. Wenn Sie bestimmte fortlaufende Seiten ausdrucken wollen, setzen Sie zwischen die Start- und die Endseitenzahl einen Bindestrich, wie z.B. 9-13.

- **Vorder- und Rückseite bedrucken** Manche Laserdrucker unterstützen den Duplexmodus, bei dem ohne Ihr Zutun sowohl die Vorder- als auch die Rückseite des Papiers bedruckt werden. Falls Sie solch einen Drucker verwenden und den beidseitigen Druck nutzen wollen, klicken Sie die Schaltfläche *Einseitiger Druck* an und wählen *Beidseitiger Druck* aus.

Bild 11.2   In diesem Menü können Sie den Duplexdruck aktivieren

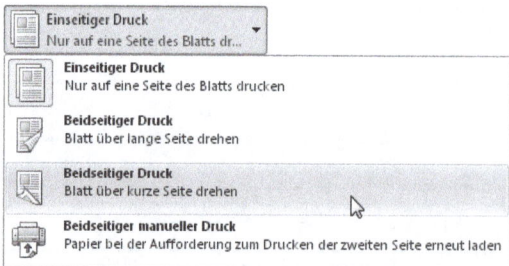

Wenn Sie einen Drucker verwenden, der den beidseitigen Druck von Hause aus nicht unterstützt, wählen Sie die Option *Beidseitiger manueller Druck* aus. Word druckt dann zuerst auf die Vorderseiten die Seiten mit ungerader Seitenanzahl und fordert Sie anschließend auf, das Papier wieder in den Drucker einzulegen, damit auf die Rückseiten die Seiten mit geraden Seitenzahlen gedruckt werden können. Achten Sie darauf, dass Ihnen dann die Option *Mehrere Seiten pro Blatt* (siehe nächster Absatz) nicht zur Verfügung steht.

- **Mehrere Seiten pro Blatt** Um Papier zu sparen, wenn Sie beispielsweise ein Dokument in der Konzeptversion ausdrucken, können Sie den Ausdruck von Word skalieren lassen, damit mehrere Word-Seiten auf ein Blatt passen. Öffnen Sie dazu die Liste *Seiten pro Blatt* und legen Sie die Anzahl der Seiten pro Blatt fest.

Bild 11.3   In diesem Menü legen Sie fest, wie viele Seiten pro Blatt gedruckt werden sollen

■ **Änderungen an der Seiteneinrichtung vornehmen**   Mit den drei weiteren Schaltflächen können Sie Änderungen an der Seiteneinrichtung vornehmen: Sie können die Seitenausrichtung, das Papierformat sowie die Seitenränder ändern. Hierbei handelt es sich um die gleichen Optionen, die auch auf der Registerkarte *Seitenlayout* zur Verfügung stehen.

Die erweiterte Seitenansicht verwenden

Neben der Seitenansicht, die bei Word 2010 in die Backstage-Ansicht *Drucken* integriert wurde, steht Ihnen auch die erweiterte Seitenansicht aus Word 2003 und Word 2007 weiter zur Verfügung. Um diese zu verwenden, passen Sie am besten die Symbolleiste für den Schnellzugriff an, wie in Anhang A dieses Buches beschrieben. Öffnen Sie im Dialogfeld *Word-Optionen* die Seite *Symbolleiste für den Schnellzugriff*, wählen Sie in der Liste *Befehl auswählen* die Option *Befehle nicht im Menüband* und fügen Sie den Befehl *Seitenansicht-Bearbeitungsmodus* in die Symbolleiste für den Schnellzugriff ein.

1.   Klicken Sie in der Symbolleiste für den Schnellzugriff auf die Schaltfläche *Seitenansicht-Bearbeitungsmodus*. Word blendet die Programmregisterkarte *Seitenansicht* ein.

Word 2010

Bild 11.4   Die Registerkarte *Seitenansicht* stellt Ihnen alle Werkzeuge zur Verfügung, um das Dokument vor dem Ausdrucken zu begutachten, Änderungen an der Seitenformatierung vorzunehmen und schließlich den Druckvorgang zu starten

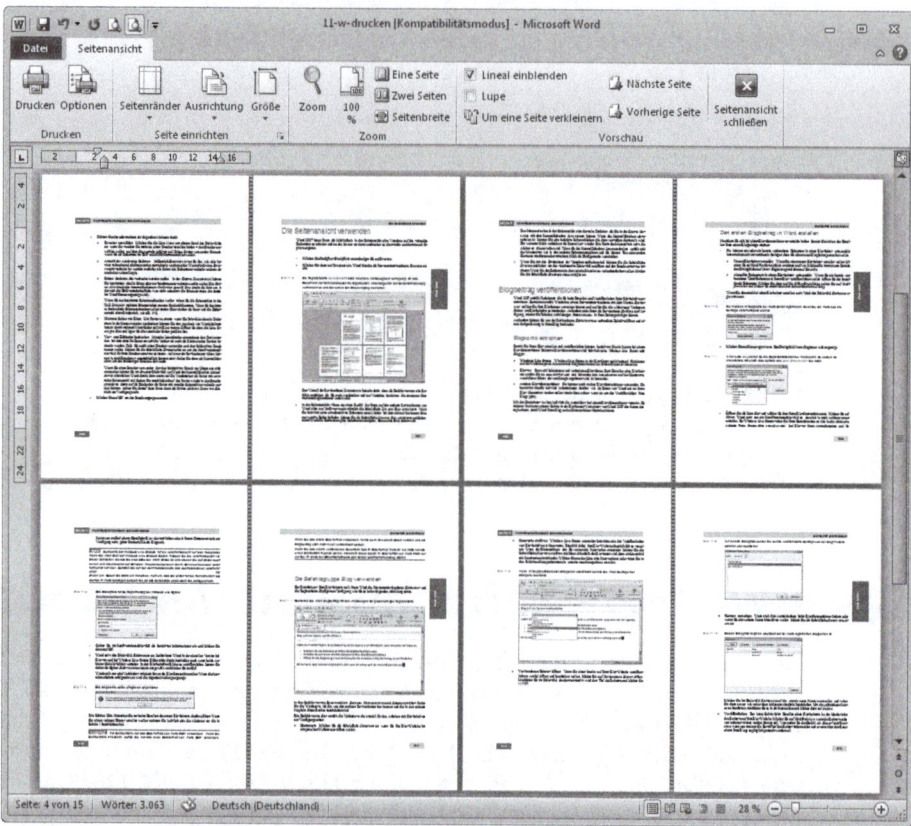

Wie in der Backstage-Ansicht enthalten auch in der Registerkarte *Seitenansicht* die Befehlsgruppen alle Befehle, die Sie zum Ausdrucken und zur Vorschau benötigen, die ansonsten über mehrere Registerkarten verteilt sind.

2.   In der Seitenansicht gibt es nur einen Befehl, der Ihnen auf den anderen Registerkarten von Word nicht zur Verfügung steht, nämlich die Schaltfläche *Um eine Seite verkleinern*. Wenn Sie beispielsweise ein achtseitiges Dokument erstellt haben, bei dem sich auf der letzten Seite nur wenige Zeilen befinden, können Sie die Schaltfläche *Um eine Seite verkleinern* anklicken, damit Word die Formatierung des Dokuments so anpasst, dass es eine Seite kürzer wird.

3.   Der Mauszeiger hat in der Seitenansicht eine doppelte Funktion, die Sie in der Gruppe *Vorschau* mit dem Kontrollkästchen *Lupe* steuern können. Wenn das Kontrollkästchen eingeschaltet ist, können Sie eine beliebige Seite anklicken, die dann vergrößert dargestellt wird. Ein weiterer Klick verkleinert die Darstellung wieder. Die Form des Mauszeigers zeigt die Aktion an, die ausgelöst wird. Wenn Sie das Kontrollkästchen *Lupe* ausschalten, verhält sich der Mauszeiger wie in den anderen Dokumentansichten und Sie können Text oder andere Elemente markieren oder mit einem Klick die Einfügemarke verschieben.

4. Wenn Sie mit den Ergebnissen der Vorschau zufrieden sind, können Sie die Schaltfläche *Drucken* anklicken, um die Backstage-Ansicht *Drucken* zu öffnen und dort den Druckvorgang zu initiieren. Wenn Sie das Dokument in der Ansicht *Seitenlayout* weiterbearbeiten wollen, klicken Sie die Schaltfläche *Seitenansicht schließen* an.

Blogbeitrag veröffentlichen

Word 2010 enthält Funktionen, die Sie beim Erstellen und Veröffentlichen Ihrer Blogbeiträge unterstützen. Zum einen enthält Word eine eigene Programmregisterkarte mit dem Namen *Blogbeitrag*, auf der Sie Ihre Blogkonten verwalten können und auf der Sie die wichtigsten Werkzeuge finden, um Blogbeiträge zu bearbeiten. Außerdem steht Ihnen die Registerkarte *Einfügen* zur Verfügung, mit der Sie Tabellen, Abbildungen, SmartArts usw. in Ihren Beitrag einfügen können.

Außerdem können Sie von der Registerkarte *Blogbeitrag* aus vorhandene Beiträge öffnen und einen fertigen Beitrag in Ihren Blog hochladen.

Blogkonto einrichten

Damit Sie Ihren Blog erstellen und veröffentlichen können, benötigen Sie ein Konto bei einem Blogdienstanbieter. Bekannte Blogdienstanbieter sind beispielsweise *Windows Live Spaces*, *Blogger* oder *WordPress*.

■ **Windows Live Spaces**   Windows Live Spaces ist der Blogdienst von Microsoft. Sie können auf der Website *spaces.live.com* einen Blogbereich erstellen. Dieser Dienst ist kostenlos.

■ **Blogger**   Der wohl bekannteste und verbreitetste Blogdienst. Zum Erstellen eines Blogkontos surfen Sie zu *www.blogger.com* und folgen den Anweisungen auf der Homepage. Auch dieser Dienst, der von Google angeboten wird, ist kostenlos.

■ **Andere Blogdienstanbieter**   Sie können auch andere Blogdienstanbieter verwenden. Sie benötigen hierfür lediglich Informationen darüber, wie die Daten von Word aus an Ihren Blog übertragen werden sollen (mehr dazu später, wenn es um das Veröffentlichen Ihres Blogs geht).

Mit der Einrichtung ist hier lediglich die Anmeldung bei einem Blogdienstanbieter gemeint. Sie müssen in einem weiteren Schritt in der Blogkonten-Verwaltung von Word 2010 das Konto dort registrieren, damit Word Ihren Blog an den Dienstanbieter übermitteln kann.

Den ersten Blogbeitrag in Word erstellen

Nachdem Sie sich bei einem Blogdienstanbieter angemeldet haben, können Sie sich an das Erstellen Ihres ersten Blogbeitrags machen:

1. Sie können entweder ein bereits vorhandenes Dokument in einen Blogbeitrag umwandeln lassen oder auch von vornherein festlegen, dass Sie einen neuen Blogbeitrag erstellen wollen.

■ **Neuen Blogbeitrag erstellen**   Wenn Sie einen neuen Blogbeitrag erstellen wollen, klicken Sie auf die Registerkarte *Datei* und dann auf *Neu*. Klicken Sie im mittleren Bereich der Backstage-Ansicht auf *Blogbeitrag* und dann auf *Erstellen*.

■ **Aktuelles Dokument in einen Blogbeitrag umwandeln** Wenn Sie ein bereits vorhandenes Word-Dokument in Ihrem Blog veröffentlichen wollen, öffnen Sie das betreffende Dokument. Klicken Sie dann auf die Registerkarte *Datei* und anschließend auf *Speichern und Senden*. Klicken Sie im Bereich *Speichern und Senden* auf *Als Blogbeitrag veröffentlichen* und abschließend auf die Schaltfläche *Als Blogbeitrag veröffentlichen*.

Wenn Sie das erste Mal einen Blogbeitrag erstellen, zeigt Word folgendes Dialogfeld an:

Bild 11.5 Sie müssen zuerst Ihr Blogkonto registrieren, bevor Sie von Word aus Ihre Beiträge veröffentlichen können

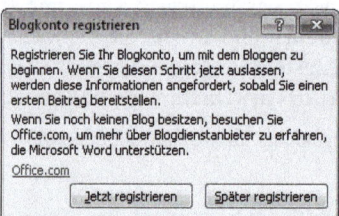

2. Klicken Sie auf *Jetzt registrieren*. Das Dialogfeld *Neues Blogkonto* wird angezeigt.

Bild 11.6 In der Liste *Blog* sehen Sie die Blogdienstanbieter, die Word kennt. Sie können die Anbieterliste mit einem Klick auf den Link *Liste aktualisieren* neu laden.

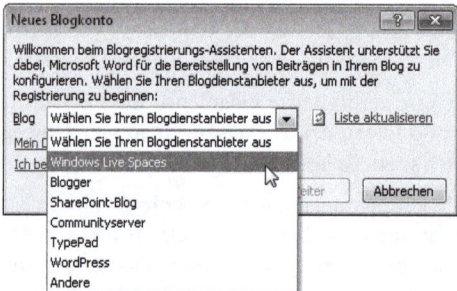

3. Öffnen Sie die Liste *Blog* und wählen Sie dort Ihren Blogdienstanbieter aus. Klicken Sie auf *Weiter*. Word zeigt nun ein Konfigurationsdialogfeld an, das sich je nach Anbieter unterscheidet. Für Windows Live Spaces geben Sie Ihren Bereichsnamen an (das ist die eindeutige Adresse Ihres Spaces ohne *space.live.com*), bei Blogger Ihren Anmeldenamen und Ihr Kennwort und bei einem SharePoint-Blog, der möglicherweise in Ihrem Firmennetzwerk zur Verfügung steht, geben Sie die URL des Blogs ein.

TIPP **Blogkonto auf Windows Live Spaces für die Veröffentlichung per E-Mail freischalten** Wenn Sie Ihren Blog auf Windows Live Spaces hosten, müssen Sie die Veröffentlichung per E-Mail aktivieren. Melden Sie sich dazu bei Ihrem Space an und klicken Sie auf *Space bearbeiten* und anschließend auf *Optionen*. Anschließend klicken Sie im *Optionen*-Menü auf *Veröffentlichen per Mail*. Schalten Sie auf der Konfigurationsseite das Kontrollkästchen *Veröffentlichen per E-Mail* ein. Geben Sie dann ein geheimes Wort ein, das Sie später für die Registrierung des Kontos in Word benötigen, scrollen Sie an das Seitenende und klicken Sie auf *Speichern*.

Bild 11.7   Das Dialogfeld für die Registrierung bei Windows Live Spaces

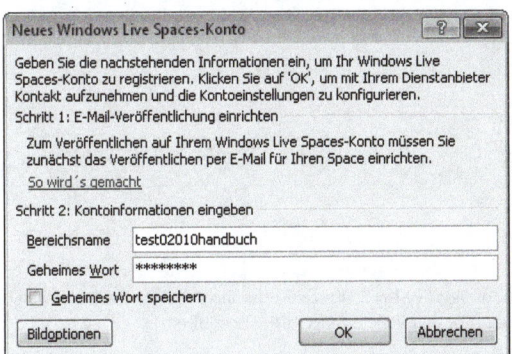

4. Geben Sie im Konfigurationsdialogfeld die benötigten Informationen ein und klicken Sie dann auf *OK*.

5. Word zeigt das Dialogfeld *Bildoptionen* an. Leider kann Word in der aktuellen Version bei Blogger und bei Windows Live Spaces Bilder nicht direkt hochladen, auch wenn beide Anbieter die Möglichkeit vorsehen, in den Blogbeiträgen Bilder zu veröffentlichen. Lassen Sie daher die Option *Bilder nicht hochladen* ausgewählt und klicken Sie auf *OK*.

Word stellt nun eine Verbindung mit dem Server des Blogdienstanbieters her. Wenn die Kontaktaufnahme erfolgreich war, wird die folgende Meldung angezeigt:

Bild 11.8   Das Blogkonto wurde erfolgreich eingerichtet

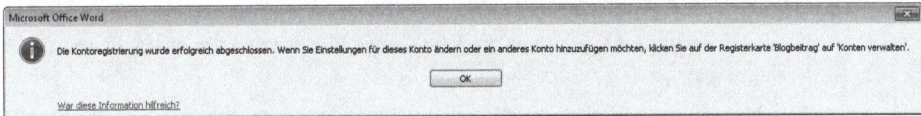

Die Schritte 2 bis 5 brauchen Sie nur beim Erstellten des ersten Blogbeitrags durchzuführen. Wenn Sie einen weiteren Eintrag erstellen wollen, nehmen Sie lediglich eine der Aktionen vor, die in Schritt 1 beschrieben sind.

Die Befehlsgruppe Blog verwenden

Zur Bearbeitung Ihres Blogbeitrags stellt Ihnen Word die Programmregisterkarte *Blogbeitrag* und die Registerkarte *Einfügen* zur Verfügung, wie Sie es in der folgenden Abbildung sehen.

Bild 11.9   Gestalten Sie Ihren Blogbeitrag mit den Werkzeugen der gleichnamigen Registerkarte

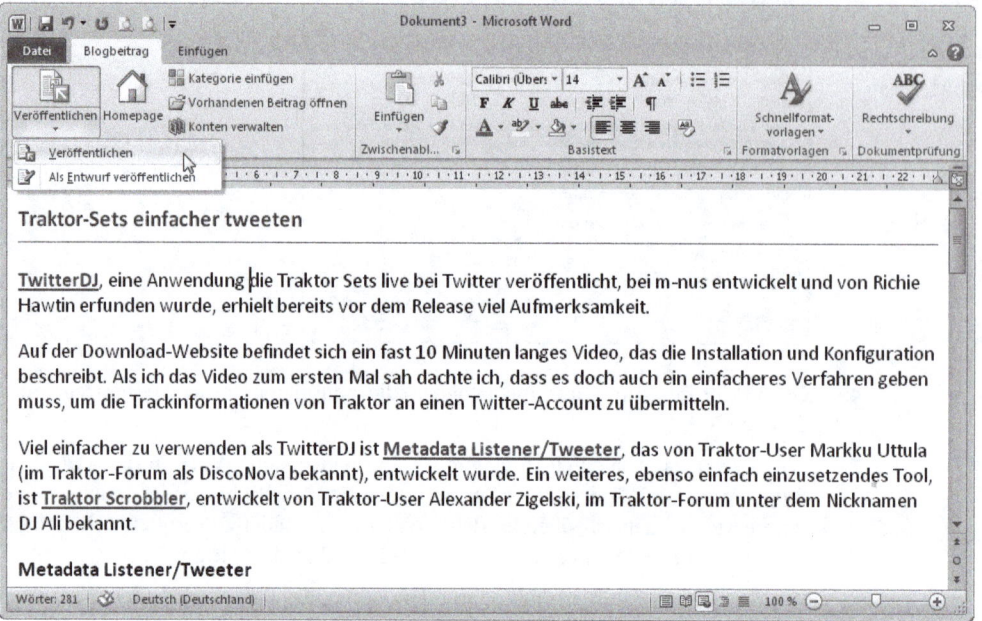

In den Befehlsgruppen *Zwischenablage, Basistext, Formatvorlagen* und *Dokumentprüfung* finden Sie die Werkzeuge, die Sie von den anderen Registerkarten her kennen und die in den anderen Kapiteln dieses Buches beschrieben sind.

Die Befehlsgruppe *Blog* enthält die Werkzeuge, die speziell für das Arbeiten mit Blogbeiträgen zur Verfügung stehen:

- **Homepage**   Klicken Sie die Schaltfläche *Homepage* an, wenn Sie Ihre Blog-Website im eingestellten Webbrowser öffnen wollen.

- **Kategorie einfügen**   Windows Live Spaces unterstützt beispielsweise das Veröffentlichen von Blogbeiträgen in Kategorien. Dies hilft dabei, Ihre Blog-Website übersichtlich zu gestalten. Wenn der Dienstanbieter, den Sie verwenden, Kategorien unterstützt, können Sie die Schaltfläche *Kategorie einfügen* anklicken. Oberhalb des Blogtextes wird dann ein Listenfeld mit Kategorien eingeblendet. Wählen Sie in der Liste eine Kategorie aus oder geben Sie in das Feld einen Kategorienamen ein, um eine neue Kategorie zu erstellen.

Bild 11.10   Wenn Ihr Blogdienstanbieter Kategorien unterstützt, können Sie Ihren Beitrag einer
Kategorie zuordnen

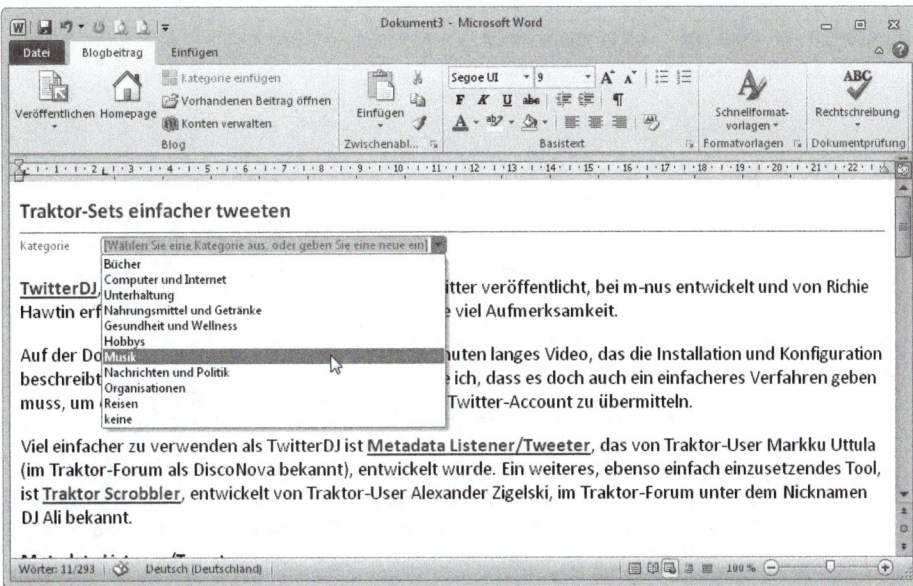

- **Vorhandenen Beitrag öffnen**   Wenn Sie einen bereits auf Ihrer Blog-Website veröffentlichten Artikel öffnen und bearbeiten wollen, klicken Sie auf *Vorhandenen Beitrag öffnen*. Markieren Sie im Dialogfeld, das dann angezeigt wird, den Titel des Beitrags und klicken Sie auf *OK*.

Bild 11.11   Mit diesem Dialogfeld können Sie bereits veröffentlichte Beiträge von der Blog-Website
abrufen und bearbeiten

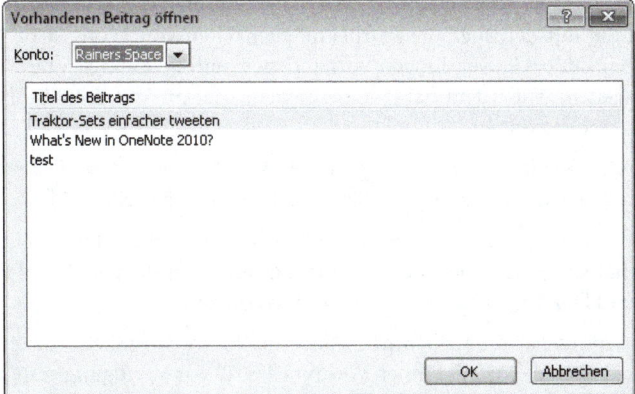

- **Konten verwalten**   Wenn sich Ihre Anmeldedaten beim Blogdienstanbieter ändern oder
wenn Sie ein weiteres Konto hinzufügen wollen, klicken Sie die Schaltfläche *Konten verwalten*
an.

Bild 11.12 Dieses Dialogfeld zeigt die Übersicht der bei Word registrierten Blogkonten an

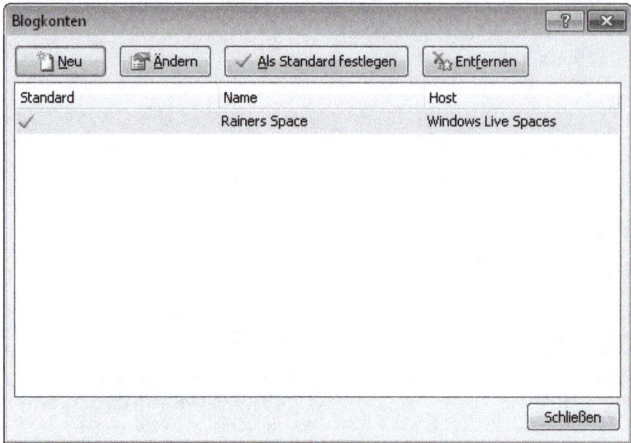

Klicken Sie im Dialogfeld *Blogkonten* auf *Neu,* um ein neues Konto zu erstellen, und gehen Sie dann so vor, wie weiter oben in diesem Abschnitt beschrieben. Um ein vorhandenes Konto zu bearbeiten, markieren Sie es in der Kontenliste und klicken dann auf *Ändern.*

■ **Veröffentlichen**   Der letzte Schritt beim Erstellen eines Blogbeitrags ist das Hochspielen des Beitrags auf Ihre Blog-Website. Klicken Sie auf *Veröffentlichen,* wenn der Beitrag sofort von anderen gelesen werden können soll. Verwenden Sie den Befehl *Als Entwurf veröffentlichen,* wenn erst mal nur Sie Zugriff auf den Beitrag haben sollen und er erst später den Besuchern Ihres Blogs zugänglich gemacht werden soll.

Zusammenfassung

Dieses Kapitel hat Sie mit den speziellen Druckmöglichkeiten von Word 2010 vertraut gemacht, die über die in allen Office-Anwendungen vorhandenen und in Kapitel 5 beschriebenen Druckfunktionen hinausgehen. Außerdem haben Sie gesehen, wie mit Word 2010 Blogbeiträge erstellt und veröffentlicht werden können.

■ Am Anfang des Kapitels haben Sie gesehen, wie Sie ein Word-Dokument ausdrucken (Seite 204) und welche Druckoptionen Sie einstellen können (Seite 205).

■ Der anschließende Abschnitt hat gezeigt, wie Sie die erweiterte Seitenansicht verwenden können. Hierbei haben Sie auch den Befehl kennen gelernt, mit dem Sie Word anweisen können, den Umfang des Dokuments um eine Seite zu reduzieren (Seite 207).

■ Der letzte Abschnitt hat schließlich noch das Blogfeature vorgestellt (Seite 209), das zu den neuen Möglichkeiten gehört, die Ihnen von Word 2010 zur Verfügung gestellt werden.

Bitte beachten Sie auch Kapitel 5 aus Teil A dieses Buches, in dem unter anderem die Druckfunktionen vorgestellt werden, die Sie in allen Anwendungen von Microsoft Office 2010 finden.

Kapitel 12

Dokumente überprüfen

In diesem Kapitel:

In diesem Kapitel lernen Sie einige der Tools kennen, mit denen Sie in Word 2010 Ihre Dokumente auf Rechtschreib- und Grammatikfehler hin überprüfen und sprachlich optimieren können.

Die Features zur Überprüfung eines Dokuments auf Rechtschreib- und Grammatikfehler, der Thesaurus, in dem Sie Synonyme für ein im Dokument markiertes Wort nachschlagen können, sind aus dem Word 2003-Menü *Extras* auf die Word 2010-Registerkarte *Überprüfen* in die Gruppe *Dokumentprüfung* umgezogen. Die Einstellmöglichkeiten für die automatische Korrektur von Fehlern, wie z.B. Buchstabendrehern, finden Sie nun im Dialogfeld *Word-Optionen* auf der Seite *Dokumentprüfung*. Dort können Sie außerdem die Optionen für die Rechtschreib- und Grammatikprüfung von Word einstellen.

Rechtschreib- und Grammatikprüfung

Die verschiedenen Stufen der Rechtschreibreform haben einerseits zu heftigen Auseinandersetzungen zwischen Befürwortern und Gegnern geführt, andererseits auch viele Unsicherheiten im Hinblick darauf ausgelöst, was denn nun richtig ist und was falsch. (Heißt es z.B. »Stängel« oder »Stengel«, »aufwendig« oder »aufwändig«, oder ist beides möglich?) Lassen Sie sich hierbei von Word durch die integrierte Rechtschreibprüfung unter die Arme greifen, die Sie, je nachdem, welche Rechtschreibung in Ihrer Organisation verwendet wird, so konfigurieren können, dass entweder die alten oder die neuen Rechtschreibregeln bei der Prüfung verwendet werden.

Neue oder alte Rechtschreibregeln?

Um festzulegen, welche Rechtschreibregeln verwendet werden sollen, gehen Sie folgendermaßen vor:

1. Klicken Sie auf die Registerkarte *Datei* und dann in der Backstage-Ansicht auf *Optionen*.

2. Wechseln Sie im Dialogfeld *Word-Optionen* zur Seite *Dokumentprüfung*.

3. Schalten Sie das Kontrollkästchen *Deutsch: Neue Rechtschreibung verwenden* ein, wenn Word die neuen Rechtschreibregeln verwenden soll. Andernfalls schalten Sie das Kontrollkästchen aus.

4. Klicken Sie auf *OK*.

Bild 12.1 Auf der Seite *Dokumentprüfung* des Dialogfeldes *Word-Optionen* können Sie zahlreiche Einstellungen dazu vornehmen, wie Word Ihr Dokument auf Fehler hin überprüft und ob gefundene Fehler markiert werden oder nicht

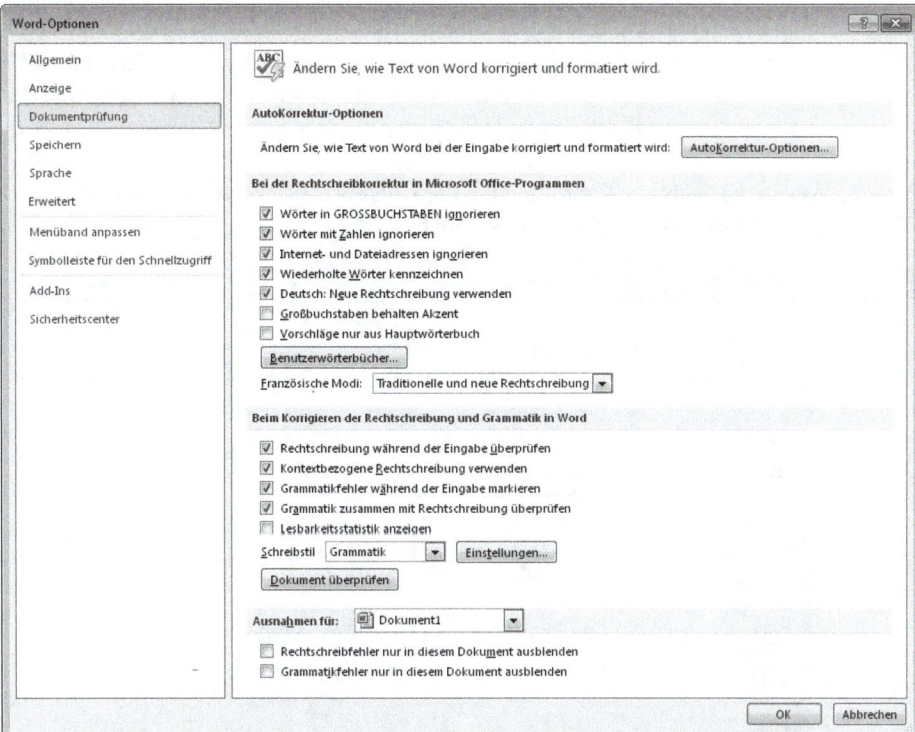

PROFITIPP | **Rechtschreibreform in Frankreich**

Im Jahre 1990 gab es in Frankreich ebenfalls eine Rechtschreibreform. Wenn Sie Texte in der französischen Sprache erstellen, können Sie im Listenfeld *Französische Modi* einstellen, welche Rechtschreibregeln für diese Texte verwendet werden sollen.

Im Unterschied zur Konfiguration der deutschen Rechtschreibregeln stehen Ihnen hier drei verschiedene Optionen zur Auswahl: Sie können die neue Rechtschreibung, die traditionelle Rechtschreibung oder beide als gültig auswählen. Wenn Sie die Option *Traditionelle und neue Rechtschreibung* auswählen, gelten für die Rechtschreibprüfung Wörter als richtig geschrieben, wenn sie entweder nach den Regeln der neuen oder nach denen der alten Rechtschreibung geschrieben wurden.

Bei falsch geschriebenen Wörtern werden die Vorschläge sowohl aus dem Wörterbuch für die neue als auch aus dem für die traditionelle Rechtschreibung vorgeschlagen.

Rechtschreibung während der Eingabe überprüfen lassen

Standardmäßig ist in Word die Funktion *Rechtschreibung während der Eingabe überprüfen* aktiviert. (Sie können dieses Feature auf der Seite *Dokumentprüfung* des Dialogfeldes *Word-Optionen* ausschalten; dies ist aber nur dann erforderlich, wenn Sie einen langsamen PC verwenden. Schalten Sie hierzu das Kontrollkästchen *Rechtschreibung während der Eingabe überprüfen* aus.)

Bild 12.2 Wenn die Rechtschreibprüfung bei der Eingabe Fehler findet, werden diese im Dokument mit einer roten Wellenlinie gekennzeichnet

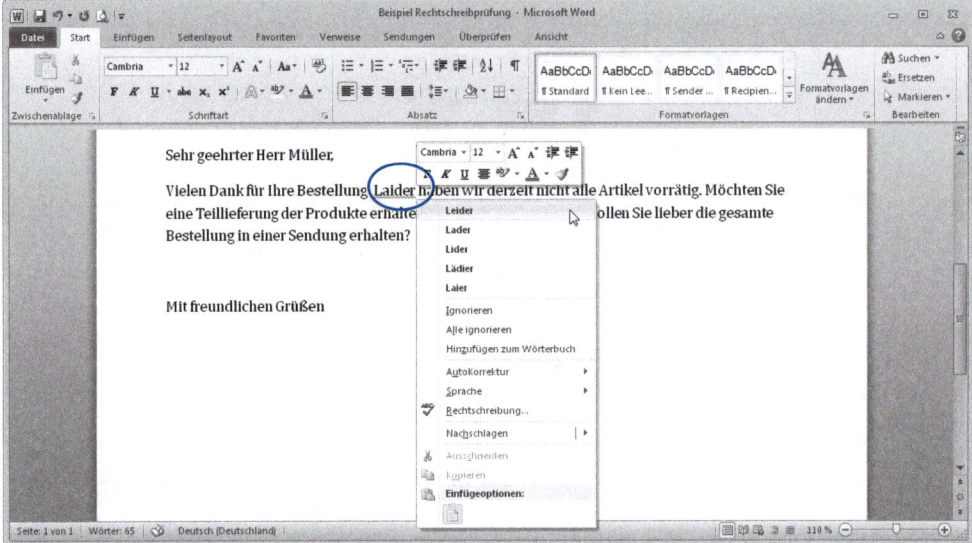

Wenn die Rechtschreibprüfung im Hintergrund aktiv ist, wird in der Statusleiste ein kleines Buchsymbol angezeigt, an dem Sie erkennen können, ob derzeit eine Prüfung stattfindet oder nicht. Wenn ein Fehler gefunden wurde, wird die Textstelle im Dokument mit einer roten Wellenlinie gekennzeichnet.

Um ein Wort, das mit einer roten Wellenlinie markiert wurde, zu korrigieren, gehen Sie folgendermaßen vor:

1. Klicken Sie das Wort mit der rechten Maustaste an. Es öffnet sich ein kleines Menü, in dem oben die Vorschläge der Rechtschreibprüfung stehen.

2. Klicken Sie den richtigen Vorschlag an, um das fehlerhafte Wort durch das korrekte zu ersetzen.

Wörter, die die Rechtschreibprüfung nicht kennt

In dem Kontextmenü, das Sie in der Abbildung auf der vorigen Seite sehen, wird zwar in der Regel die richtige Schreibweise angezeigt, aber es kommt auch häufig vor, dass unbekannte Wörter, wie beispielsweise Eigennamen oder Fachbegriffe, als falsch markiert werden. In solchen Fällen können Sie den Befehl *Alle ignorieren* benutzen. Das Programm geht dann für den restlichen Text davon aus, dass das Wort richtig geschrieben ist.

Wollen Sie, dass das Wort generell nicht mehr angemahnt wird, wählen Sie im Kontextmenü den Befehl *Hinzufügen zum Wörterbuch*. Es wird dann in das *Benutzerwörterbuch* aufgenommen und in Zukunft immer akzeptiert.

> **TIPP** **Für Standardfehler eignet sich die AutoKorrektur besser** Wenn die Rechtschreib-prüfung einen Fehler gefunden hat, der Ihnen häufiger unterläuft – wie z.B. einen Buchstaben-dreher –, sollten Sie das Wort der AutoKorrektur übergeben. Wenn Sie das Wort dann beim nächsten Mal wieder falsch schreiben, wird es direkt bei der Eingabe durch die richtige Schreib-weise ersetzt. Die AutoKorrektur ist in Kapitel 3 ab Seite 74 beschrieben.

Benutzerwörterbücher bearbeiten

Die Benutzerwörterbücher werden in Dateien gespeichert, die Ihrem Windows-Benutzerkonto auf dem Computer zugeordnet sind. Falls Sie versehentlich ein Wort in das Benutzerwörterbuch auf-genommen haben oder wenn Sie eine ganze Liste bestimmter Fachausdrücke auf einen Rutsch in das Benutzerwörterbuch einfügen wollen, gehen Sie so vor:

1. Klicken Sie auf die Registerkarte *Datei* und dann auf *Optionen*.

2. Wechseln Sie im Dialogfeld *Word-Optionen* zur Seite *Dokumentprüfung*.

3. Klicken Sie auf die Schaltfläche *Benutzerwörterbücher*. Das folgende Dialogfeld wird angezeigt:

Bild 12.3   Dieses Dialogfeld zeigt die vorhandenen Benutzerwörterbücher an. Sie können hier vorhandene Benutzerwörterbücher bearbeiten oder löschen, neue erstellen oder Wörter-bücher, die Sie erhalten haben, in Word einbinden (über die Schaltfläche *Hinzufügen*).

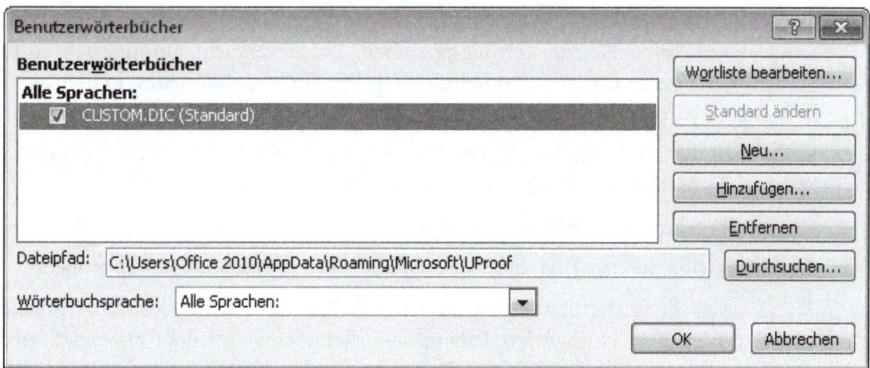

4. Markieren Sie in der Liste *Benutzerwörterbücher* das Wörterbuch, das Sie bearbeiten wollen. (Standardmäßig arbeitet Word mit einem Benutzerwörterbuch mit dem Namen *custom.dic*; der Speicherort der Datei wird im Feld *Dateipfad* angezeigt.)

5. Klicken Sie auf *Wortliste bearbeiten*. Das folgende Dialogfeld wird geöffnet:

Bild 12.4   Dieses Dialogfeld zeigt alle Einträge des Benutzerwörterbuches an, dessen Name in der Titelleiste angegeben wird

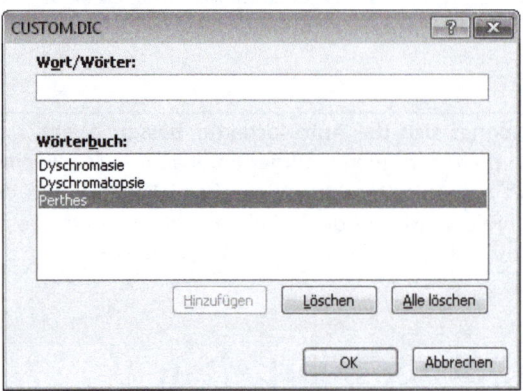

6. Führen Sie eine der folgenden Aktionen durch:

   ■ Um einen einzelnen Eintrag zu löschen, markieren Sie ihn und klicken dann auf die Schaltfläche *Löschen*.

   ■ Um alle Einträge zu entfernen, klicken Sie auf die Schaltfläche *Alle löschen*.

   ■ Um einen neuen Eintrag in das Benutzerwörterbuch aufzunehmen, geben Sie ihn in das Feld *Wort/Wörter* ein und klicken dann auf die Schaltfläche *Hinzufügen*.

7. Schließen Sie die Dialogfelder jeweils mit einem Klick auf *OK*.

Sprache des Textes festlegen

Die Rechtschreibprüfung vergleicht den eingegebenen Text mit Wörterbüchern, die für die verschiedensten Sprachen zur Verfügung stehen. Word versucht automatisch zu erkennen, welche Sprache der Text in Ihrem Dokument besitzt. Die Sprache des Textes, in dem sich die Einfügemarke befindet, wird in der Word-Statusleiste neben dem Buchsymbol angezeigt.

Sie können die automatische Spracherkennung komplett abschalten oder manuell festlegen, welche Sprache ein bestimmter Textbereich in Ihrem Dokument hat.

Um die Sprache einer Textstelle festzulegen, gehen Sie so vor:

1. Markieren Sie den Text, dem Sie eine bestimmte Sprache zuweisen wollen.

2. Klicken Sie in der Statusleiste auf die Schaltfläche mit der aktuellen Sprache. (Wenn Sie die Statusleiste so konfiguriert haben, dass dieses Element nicht angezeigt wird, öffnen Sie die Registerkarte *Überprüfen* und klicken in der Gruppe *Dokumentprüfung* auf die Schaltfläche *Sprache* und dann auf *Sprache für die Korrekturhilfen festlegen*.) Das folgende Dialogfeld wird angezeigt:

Bild 12.5   In diesem Dialogfeld legen Sie die Sprache des ausgewählten Textes fest. Außerdem können Sie die automatische Spracherkennung deaktivieren.

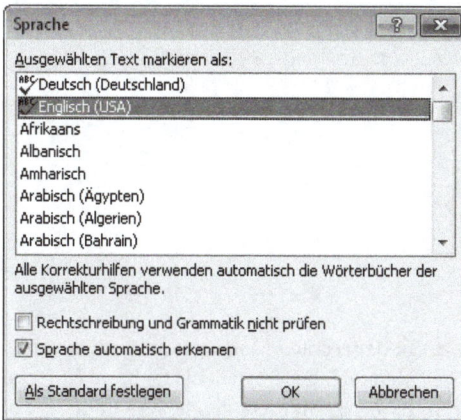

3.   Wählen Sie in der Liste eine Sprache aus. Für die Sprachen, vor deren Name das Symbol ABC erscheint, sind die entsprechenden Wörterbücher installiert.

4.   Schalten Sie das Kontrollkästchen *Sprache automatisch erkennen* aus, wenn Sie die Spracherkennung deaktivieren wollen.

5.   Schließen Sie das Dialogfeld mit *OK*.

TIPP   Buchstabendreher oder andere Tippfehler, die Ihnen häufig unterlaufen, kann Word bereits während der Texteingabe mit der AutoKorrektur-Funktion beheben. Wenn die Auto-Korrektur-Funktion eingeschaltet ist, wird aus einem »serh« automatisch ein »sehr«. Dieses Feature ist ausführlich in Kapitel 3 ab Seite 74 beschrieben.

Die Grammatikprüfung verwenden

Vom Prinzip her funktioniert die Grammatikprüfung von Word ähnlich wie die Rechtschreibprüfung. Wenn Sie auf der Seite *Dokumentprüfung* des Dialogfeldes *Word-Optionen* das Kontrollkästchen *Grammatikfehler während der Eingabe markieren* eingeschaltet haben, zeigt Word gefundene Grammatikfehler im Dokument mit einer grünen Wellenlinie an.

Bild 12.6   Beispiel für einen Grammatikfehler, den Word entdeckt hat. Wie bei der Rechtschreibprüfung finden Sie im Kontextmenü Vorschläge, um den Fehler zu beheben.

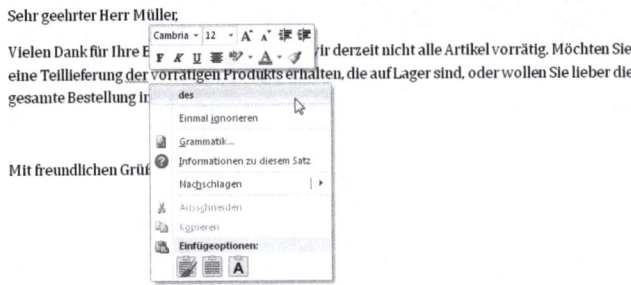

Wenn Sie das als falsch erkannte Wort mit der rechten Maustaste anklicken, wird ein Kontextmenü geöffnet, in dessen oberem Bereich Sie einen oder gegebenenfalls mehrere Korrekturvorschläge finden. Klicken Sie die gewünschte Korrektur an, damit diese den fehlerhaften Text ersetzt.

Wenn Sie im Kontextmenü den Befehl *Informationen zu diesem Satz* anklicken, wird die Online-Hilfe von Word geöffnet und es werden Informationen zum Fehler angezeigt. (Der Fehler in der obigen Abbildung lautet übrigens »Übereinstimmung innerhalb der Hauptwortgruppe«.)

Welche Fehler von der Grammatikprüfung gefunden werden sollen, können Sie auf der Seite *Dokumentprüfung* des Dialogfeldes *Word-Optionen* konfigurieren. Klicken Sie die Schaltfläche *Einstellungen* neben *Schreibstil* an, damit das Dialogfeld *Grammatikeinstellungen* geöffnet wird, das Sie in der folgenden Abbildung sehen.

Bild 12.7   Die Einstellungen in dieser Abbildung sind die Standardeinstellungen der Grammatikprüfung von Word

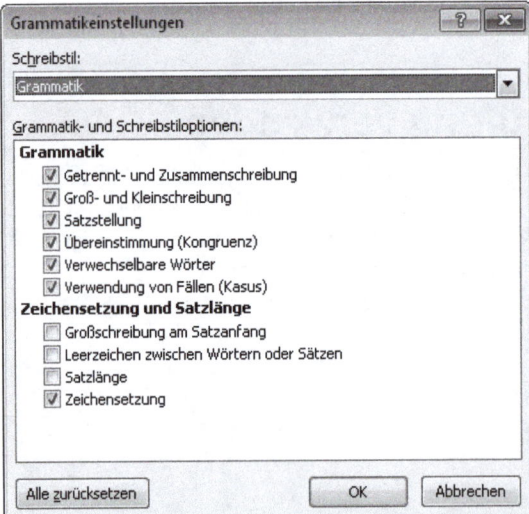

Um eine der Prüfoptionen ein- oder auszuschalten, schalten Sie einfach das entsprechende Kontrollkästchen ein bzw. aus. Nützlich ist auch die Option *Leerzeichen zwischen Wörtern oder Sätzen*, die mehrfache Leerzeichen zwischen zwei Wörtern oder zwischen Sätzen als Fehler markiert, da dies auf dem Bildschirm manchmal nicht gut zu erkennen ist.

Thesaurus verwenden

In Word steht Ihnen ein Thesaurus zur Verfügung, der Ihnen dabei helfen kann, Ihre Dokumente attraktiv, abwechslungsreich, fesselnd und interessant zu gestalten und Wörter ausfindig zu machen, die einen Sachverhalt anschaulich wiedergeben.

Bild 12.8   Die Synonyme werden im Kontextmenü angezeigt

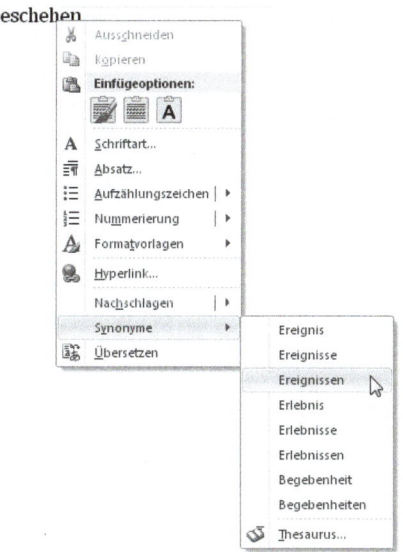

Sie können ein beliebiges Wort im Thesaurus nachschlagen oder aus dem Text, den Sie schreiben, eines an den Thesaurus übergeben. Probieren Sie es aus und schreiben Sie an eine beliebige Stelle in einem Dokument das Wort *Geschehen*.

Öffnen Sie anschließend durch Klicken mit der rechten Maustaste auf das Wort das Kontextmenü und wählen Sie den Befehl *Synonyme*. In einem weiteren Menü werden Ihnen (sofern vorhanden) Vorschläge für ein alternatives Wort unterbreitet. Ist eines dabei, das Sie verwenden wollen, dann klicken Sie es einfach an.

Den Thesaurus im Aufgabenbereich Recherchieren nutzen

Sie können auch den Aufgabenbereich *Recherchieren* verwenden, wenn Sie weitere Auswahlmöglichkeiten des Thesaurus haben wollen. Sie öffnen diesen Aufgabenbereich entweder mit dem Befehl *Thesaurus* aus dem Kontextmenü, das Sie in der vorigen Abbildung sehen, oder indem Sie auf der Registerkarte *Überprüfen* in der Gruppe *Dokumentprüfung* auf die Schaltfläche *Thesaurus* klicken. Am schnellsten geht es mit der Tastenkombination ⇧ + F7 .

Wenn Sie kein Wort markiert haben, geht Word davon aus, dass Sie das Wort nachschlagen wollen, das die Einfügemarke enthält oder unmittelbar neben ihr steht. Im oberen Bereich des Aufgabenbereichs (siehe folgende Abbildung) sehen Sie das Textfeld *Suchen nach,* in dem immer das Wort steht, das zurzeit nachgeschlagen wird. In unserem Beispiel enthält das Feld den Eintrag *Geschehen.*

Das scheinbar so schlichte Wort »Geschehen« ist in Wirklichkeit sehr vielseitig. Es hat nämlich diverse Bedeutungen und kann als Substantiv oder als Verb verstanden werden. Die Wortart der verschiedenen Begriffe wird dabei in Klammern angegeben.

Bild 12.9   Der Aufgabenbereich *Recherchieren* mit dem Thesaurus

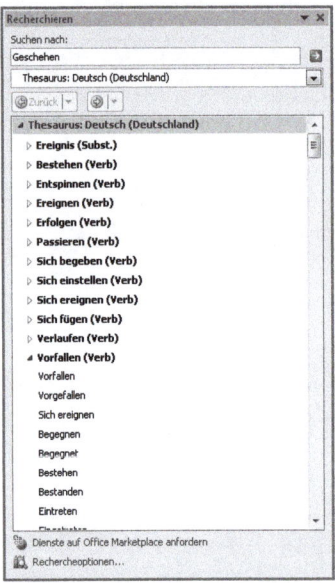

Sie können weitere Synonyme recherchieren, indem Sie im Listenfeld einen der Begriffe anklicken. Das angeklickte Wort wird in das Feld *Suchen nach* übernommen und dann werden dessen Synonyme oder Antonyme angezeigt.

Um einen der Begriffe in das Dokument einfügen zu lassen, klicken Sie auf die Pfeil-Schaltfläche, die eingeblendet wird, wenn der Mauszeiger sich auf dem Wort befindet. Klicken Sie anschließend im Popupmenü auf *Einfügen.*

Wenn Sie sich beim Nachschlagen eines Wortes in den Untiefen des Thesaurus verirrt haben (und das geht sehr schnell), können Sie die Schaltflächen *Zurück* und *Vor* verwenden, die oberhalb der Liste angezeigt werden, um zum vorherigen bzw. zum nächsten Wort zu wechseln.

Neben dem deutschen Synonymwörterbuch befinden sich auch englische, französische und italienische Wörterbücher im Lieferumfang von Word. Um eines dieser Synonymwörterbücher zu verwenden, weisen Sie dem Text im Word-Dokument vorher die gewünschte Sprache zu, wie Sie es bei der Rechtschreibprüfung bereits gesehen haben (siehe hierzu Seite 220).

Schnellübersetzung

Der Aufgabenbereich *Recherchieren* kann außer zum Nachschlagen im Thesaurus auch verwendet werden, um einzelne Wörter oder Sätze übersetzen zu lassen. Hierzu öffnen Sie das zweite Listenfeld von oben und wählen dort die Option *Übersetzung* aus.

Nützlich ist auch ein neues Feature, das seit 2007 zur Verfügung steht und mit dem Ihnen in einem QuickInfo-Fenster die Übersetzung des Wortes angezeigt werden kann, auf dem sich derzeit der Mauszeiger befindet.

Um diese Funktion einzuschalten, gehen Sie folgendermaßen vor:

1. Öffnen Sie die Registerkarte *Überprüfen* und klicken Sie in der Gruppe *Sprache* auf *Übersetzung* und dann auf *Sprache für die Übersetzung auswählen*.

2. Öffnen Sie die Kategorie *Übersetzungshilfe* und wählen Sie im Listenfeld *Übersetzen in* die Sprache aus, in die das Wort übersetzt werden soll, auf dem sich der Mauszeiger befindet.

Word 2010

Bild 12.10   In diesem Dialogfeld legen Sie die Sprache fest, in die das Wort übersetzt werden soll, das sich unter dem Mauszeiger befindet

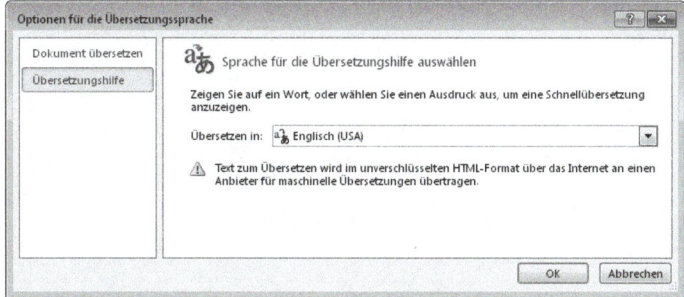

Wenn Sie nun den Mauszeiger einen Moment auf einem Wort im Dokument stehen lassen, wird ein QuickInfo-Fenster geöffnet, in dem Sie die Übersetzung des Wortes (und das Geschlecht) ablesen können, wie es die folgende Abbildung zeigt.

Bild 12.11   In einem QuickInfo-Fenster wird die Übersetzung des Wortes angezeigt, das sich unter dem Mauszeiger befindet

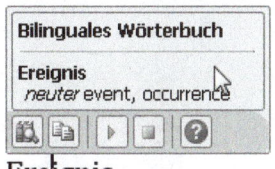

Zusammenfassung

In diesem Kapitel haben Sie die Werkzeuge kennen gelernt, die Ihnen helfen, mit Word fehlerfreiere und sprachlich abwechslungsreiche Texte zu schreiben.

■ Die Rechtschreibprüfung prüft Ihre Texte bereits während Sie tippen auf mögliche Fehler, markiert diese mit einer roten Wellenlinie und macht Vorschläge zur Korrektur des Fehlers (Seite 216).

■ Sie können festlegen, ob Word nach den neuen oder nach den alten Rechtschreibregeln prüft (Seite 216); auch in mehr- oder fremdsprachigen Texten ist die Rechtschreibprüfung möglich (Seite 220).

■ Grammatikfehler können ebenfalls während der Texteingabe erkannt werden; Word markiert diese mit einer grünen Wellenlinie (Seite 221).

■ Wenn Sie ein Synonym für ein bestimmtes Wort suchen, können Sie den Thesaurus verwenden, der seine Vorschläge entweder direkt im Kontextmenü (Seite 223) oder im Aufgabenbereich *Recherchieren* macht (Seite 223).

■ Zum Schluss dieses Kapitels haben Sie noch gesehen, wie Sie sich in einem QuickInfo-Fenster die Übersetzung des Wortes anzeigen lassen können, auf dem sich derzeit der Mauszeiger befindet (Seite 225).

Kapitel 13

Silbentrennung

In diesem Kapitel:

In Kapitel 7 haben wir erwähnt, dass Word während der Texteingabe einen automatischen Zeilenumbruch vornimmt: Passt ein Wort nicht mehr ganz in die aktuelle Zeile, wird es komplett in die nächste Zeile aufgenommen. Der in den einzelnen Zeilen zur Verfügung stehende Platz wird dadurch nicht optimal ausgenutzt. Dies fällt vor allem auf,

- wenn Sie Absätze im Blocksatz formatieren und dadurch große Lücken in den einzelnen Zeilen erhalten oder

- bei linksbündigen Absätzen einen ausgezackten Seitenrand (den sogenannten Flatterrand) erhalten.

Die Lösung des Problems besteht darin, die Wörter zu trennen. Word bietet Ihnen die Möglichkeit, bereits bei der Texteingabe Trennungen einzugeben oder die Silbentrennung während der Texteingabe automatisch vornehmen zu lassen oder dies nach der Fertigstellung des Textes mit manueller Steuerung durch die Silbentrennung erledigen zu lassen.

Wir stellen Ihnen zuerst die Möglichkeit vor, bereits während der Texteingabe eigene Trennungen vorzunehmen und Trennvorschläge zu machen. Dabei lernen Sie auch die drei verschiedenen Arten von Trennstrichen kennen, die Word zur Verfügung stellt.

Silbentrennung bei der Texteingabe

Eine Möglichkeit, die Silbentrennung in Ihrem Dokument zu beeinflussen, besteht darin, bereits während der Eingabe Trennstriche in den Text aufzunehmen. Word unterscheidet drei verschiedene Arten von Trennstrichen. Diese sehen zwar im Text fast gleich aus, werden jedoch unterschiedlich eingegeben und haben andere Auswirkungen.

Reguläre Trennstriche

Reguläre Trennstriche werden mit der Taste ⎣-⎦ eingegeben. Word beginnt nach diesen Trennstrichen dann eine neue Zeile, wenn nur ein Teil des so zusammengesetzten Wortes in die aktuelle Zeile passt. Diese Trennstriche werden immer auf dem Bildschirm angezeigt und sie werden auch immer ausgedruckt. Verwenden Sie diese Trennstriche in Wortgruppen wie »Katz-und-Maus-Spiel«.

Bedingte Trennstriche

Bedingte oder optionale Trennstriche werden nur dann auf dem Papier ausgedruckt, wenn sie zur Silbentrennung eines Wortes erforderlich sind. Sie sind ein Hinweis an Word, wo das Programm im Bedarfsfall eine Trennung vornehmen kann. Wenn der optionale Trennstrich nicht benötigt wird, weil das Wort, das ihn enthält, nicht am Ende einer Zeile steht, wird er auch nicht gedruckt.

Bedingte Trennstriche sind auf dem Bildschirm sichtbar, wenn Sie im Dialogfeld *Word-Optionen* (Sie können dies aufrufen, indem Sie die Registerkarte *Datei* und dann *Optionen* anklicken) auf der Seite *Anzeige* das Kontrollkästchen *Bedingte Trennstriche* eingeschaltet haben. Bedingte Trennstriche werden über die Tastatur mit der Tastenkombination ⎣Strg⎦+⎣-⎦ eingegeben.

Bild 13.1   Die verschiedenen Trennstriche von Word

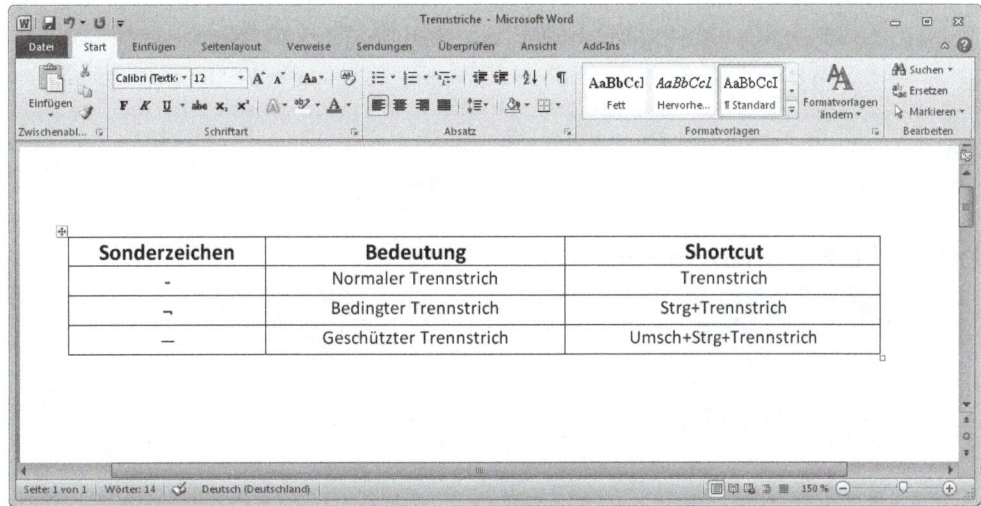

Geschützte Trennstriche

Der dritte Trennstrichtyp, der geschützte Trennstrich, sieht wieder ein wenig anders aus als die normalen und bedingten Trennstriche und wird mit der Tastenkombination ⌂+Strg+- eingegeben. Mit dem geschützten Trennstrich weisen Sie Word an, das Wort mit dem geschützten Trennstrich nie zu trennen, sondern es in eine neue Zeile zu setzen. Der geschützte Trennstrich kann beispielsweise bei zusammengesetzten Namen (Herr Müller-Schmitz) oder Aufzählungen (3-5) verwendet werden, die nicht getrennt werden sollen. Diese Trennstriche sind immer sichtbar, da sie auch immer ausgedruckt werden.

Trennstriche bearbeiten

Trennstriche können genauso behandelt werden wie anderer Text. Sie können sie löschen, kopieren, einfügen oder formatieren. In diesem Punkt machen die Trennstriche keine Unterschiede.

Silbentrennung mit der Trennhilfe

Wenn Sie die Trennstriche nicht wie oben beschrieben einfügen wollen, können Sie Ihr Dokument auch von der Word-Silbentrennung trennen lassen. Word unterscheidet dabei zwischen der automatischen Silbentrennung, bei der die benötigten Trennstriche von Word selbstständig eingefügt werden, und der manuellen Silbentrennung, bei der Word Ihnen Trennvorschläge macht, die Sie übernehmen, ändern oder verwerfen können.

Automatische Silbentrennung verwenden

Um die automatische Silbentrennung zu verwenden, gehen Sie folgendermaßen vor:

1. Wenn Sie die automatische Silbentrennung im gesamten Dokument vornehmen wollen, achten Sie darauf, dass kein Text markiert ist. Wenn Sie nur einen Teil des Dokuments automatisch trennen lassen wollen, markieren Sie die betreffenden Textstellen.

2. Wechseln Sie zur Registerkarte *Seitenlayout*.

Bild 13.2 Einschalten der automatischen Silbentrennung

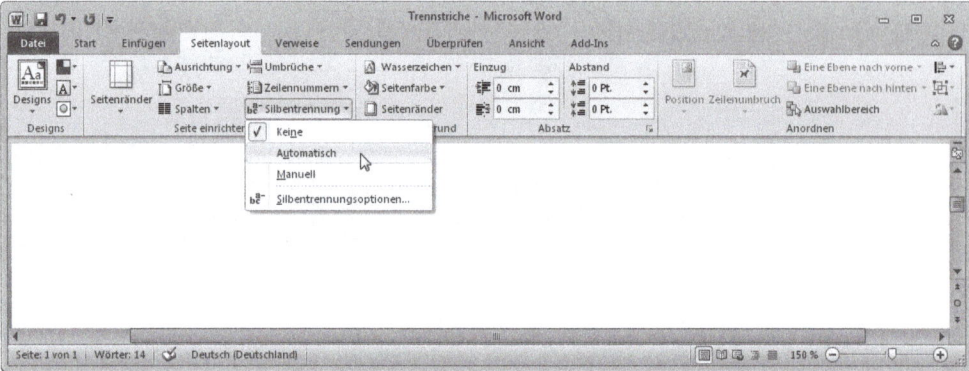

3. Klicken Sie in der Gruppe *Seite einrichten* zuerst auf *Silbentrennung* und dann auf *Automatisch*.

Mit diesem Befehl werden immer optionale Trennzeichen in den Text aufgenommen. Dies hat den Vorteil, dass die Trennstriche auch nur dann gedruckt werden, wenn sie zur Silbentrennung und zur Anpassung des rechten Absatzrandes erforderlich sind.

Wenn Sie vor dem Anklicken des Befehls keinen Text markiert haben, nimmt Word im gesamten Dokument (also auch dann, wenn Sie neuen Text eingeben) die Silbentrennung automatisch vor. Das hört sich zwar praktisch an, ist aber während der Texteingabe ein wenig irritierend, da die Einfügemarke ständig hin- und herwandert. Die Option automatische Silbentrennung ist jedoch zu empfehlen, wenn Sie einen bestehenden Text überarbeiten, da Sie dann besser sehen können, wo die Zeile aufhört und ob sich durch eine Silbentrennung eventuell der Umbruch der Seiten verschiebt. Die automatische Silbentrennung macht kaum Fehler, auch die neuen Regeln zur Trennung von Wörtern mit »ck« oder »st« werden richtig angewendet.

Manuelle Silbentrennung verwenden

Wenn Sie die automatische Silbentrennung nicht benutzen und die Trennvorschläge bestätigen wollen, können Sie die manuelle Silbentrennung verwenden. Word zeigt Ihnen dann jedes Wort zur Überprüfung an und Sie können entscheiden, ob und wo dieses Wort getrennt werden soll.

1. Wenn Sie die manuelle Silbentrennung im gesamten Dokument vornehmen wollen, achten Sie darauf, dass kein Text markiert ist. Wenn Sie nur einen Teil des Dokuments manuell trennen lassen wollen, markieren Sie die betreffenden Textstellen.

2. Wechseln Sie zur Registerkarte *Seitenlayout*.

3. Klicken Sie in der Gruppe *Seite einrichten* zuerst auf *Silbentrennung* und dann auf *Manuell*.

   Word zeigt das Dialogfeld *Manuelle Silbentrennung* mit möglichen Trennstellen an. Im Textfeld *Trennvorschlag* sieht das am Beispiel des Wortes »manuell« folgendermaßen aus:

Bild 13.3   Anzeige der Trennvorschläge

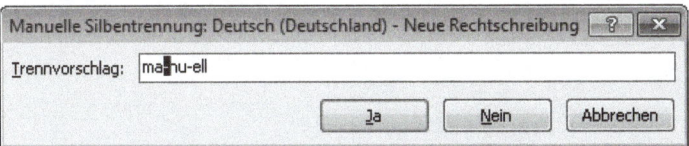

Die Trennhilfe teilt das Wort in einzelne Silben auf und zeigt alle erlaubten Trennstellen mit einem Trennstrich an. Eventuell sehen Sie zwischen zwei Buchstaben einen senkrechten grauen Strich. Damit wird der Teil des Wortes gekennzeichnet, der maximal in die alte Zeile hineinpasst. Der Trennstrich, den Word Ihnen vorschlägt, liegt immer links von dieser Marke und wird dunkel hinterlegt.

4. Sie können den Trennvorschlag übernehmen, indem Sie die Schaltfläche *Ja* auswählen, oder ihn ändern, indem Sie mit den Tasten ← und → die Trennstelle verschieben und dann auf *Ja* klicken.

   Wenn Sie die Trennstelle rechts neben die graue Linie verschieben, wird das Wort zwar nicht getrennt, jedoch fügt Word einen optionalen Trennstrich ein, der automatisch verwendet wird, wenn sich durch Hinzufügen von Text oder Ändern der Einzüge sowie Ränder der Zeilenumbruch verändert.

5. Sie können die Schaltfläche *Abbrechen* verwenden, wenn Sie die Trennhilfe beenden wollen. Trennstriche, die Sie bereits eingegeben haben, werden dadurch nicht entfernt. Sie können jedoch alle eingefügten Trennstriche wieder entfernen, wenn Sie sofort nach dem Beenden der Trennhilfe die Schaltfläche *Rückgängig* in der Symbolleiste für den Schnellzugriff anklicken bzw. die Tastenkombination Strg + Z drücken.

Optionen für die Silbentrennung einstellen

Sowohl für die automatische als auch für die manuelle Silbentrennung können Sie verschiedene Optionen einstellen. Gehen Sie dazu folgendermaßen vor:

1. Wechseln Sie zur Registerkarte *Seitenlayout*.

2. Klicken Sie in der Gruppe *Seite einrichten* zuerst auf *Silbentrennung* und dann auf *Silbentrennungsoptionen*. Das Dialogfeld *Silbentrennung* wird angezeigt.

   Mit dem Kontrollkästchen *Automatische Silbentrennung* können Sie die automatische Silbentrennung für das gesamte Dokument (wenn kein Text markiert ist) bzw. für die markierte Textstelle ein- bzw. ausschalten. Dieses Kontrollkästchen hat die gleiche Funktion wie der Befehl *Automatisch* im Menü der Schaltfläche *Silbentrennung* auf der Registerkarte *Seitenlayout*.

Word 2010

Mit der Schaltfläche *Manuell* können Sie die manuelle Silbentrennung starten. Diese Schaltfläche hat die gleiche Funktion wie der Befehl *Manuell* im Menü der Schaltfläche *Silbentrennung* auf der Registerkarte *Seitenlayout*.

Bild 13.4 Einstellen der Optionen für die Silbentrennung

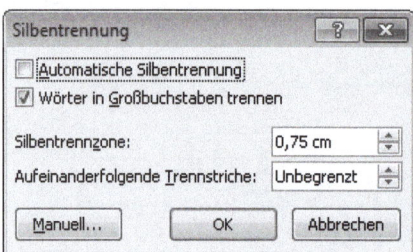

3. Stellen Sie die weiteren Optionen für die Silbentrennung ein.

- **Wörter in Großbuchstaben trennen** Mit dem Kontrollkästchen *Wörter in Großbuchstaben trennen* können Sie festlegen, ob Wörter, die vollständig aus Großbuchstaben bestehen, auch getrennt werden sollen. Standardmäßig ist dieses Kontrollkästchen eingeschaltet. Wenn Sie nicht wollen, dass Abkürzungen, Länder- oder Eigennamen, die ganz aus Großbuchstaben bestehen, getrennt werden, schalten Sie dieses Kontrollkästchen aus.

Bild 13.5 Auswirkung des Wertes für die Silbentrennzone

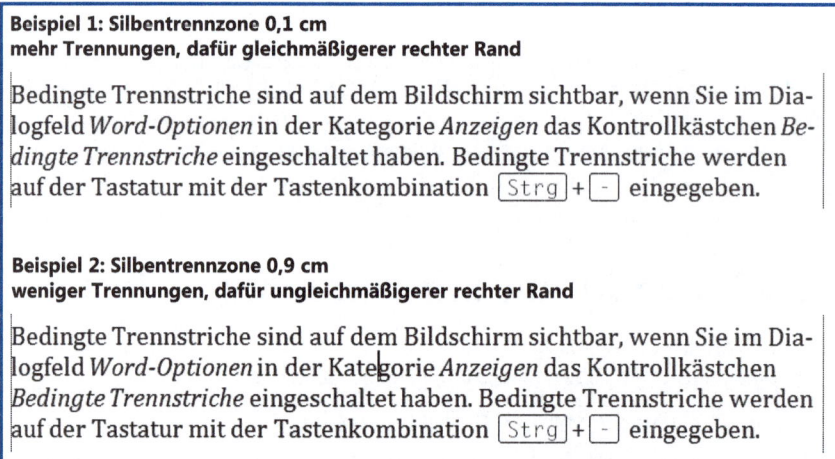

- **Silbentrennzone** Mit dem Wert, der im Textfeld *Silbentrennzone* eingetragen ist, können Sie steuern, wann in einer Zeile getrennt wird und wann nicht. Der Standardwert in diesem Feld beträgt 0,75 cm. Wenn Word in einer Zeile mit Blocksatz einen Leerraum entdeckt, der größer ist als dieser Wert, oder bei Flattersatz der Leerraum am Ende der Zeile bis zum rechten Einzug größer ist als dieser Wert, versucht Word, das erste Wort der folgenden Zeile mit in die aktuelle Zeile aufzunehmen und es zu trennen.

Wenn Sie diesen Wert vergrößern, wird die Anzahl der Trennstriche reduziert, jedoch wird der rechte Rand ausgezackter. Wenn Sie den Wert verkleinern, erhöht sich die Anzahl der Trennstellen, jedoch wird der Text am rechten Rand ausgeglichener, wenn die Absätze linksbündig formatiert sind. Haben Sie als Absatzmerkmal den Blocksatz verwendet, werden die Freiräume zwischen den einzelnen Wörtern schmaler.

Ein Beispiel für die Wirkung dieser Einstellmöglichkeit sehen Sie in der Abbildung auf der vorigen Seite.

- **Aufeinanderfolgende Trennstriche**   In diesem Feld können Sie die maximale Anzahl von Textzeilen eingeben, die mit einem Trennstrich enden dürfen.

Silbentrennung entfernen

Alle von der automatischen oder manuellen Silbentrennung eingefügten Trennstriche und auch die bedingten und geschützten Trennstriche können Sie aus dem Dokument entfernen.

Automatische Silbentrennung entfernen

So entfernen Sie alle von der automatischen Silbentrennung eingefügten Trennstriche:

1. Wechseln Sie zur Registerkarte *Seitenlayout*.

2. Klicken Sie in der Gruppe *Seite einrichten* auf *Silbentrennung* und dann auf *Keine*.

Manuelle Silbentrennung entfernen

So entfernen Sie die von der manuellen Silbentrennung und die über die Tastatur eingegebenen Trennstriche:

1. Wechseln Sie zur Registerkarte *Start*.

2. Klicken Sie in der Gruppe *Bearbeiten* auf *Ersetzen*.

3. Wenn die Schaltfläche *Sonderformat* nicht angezeigt wird, klicken Sie auf *Erweitern*.

4. Klicken Sie zunächst auf *Sonderformat* und dann auf eine der folgenden Optionen:

   - Klicken Sie auf *Bedingter Trennstrich*, um die manuellen Trennstriche zu entfernen.

   - Klicken Sie auf *Geschützter Trennstrich*, um die geschützten Trennstriche zu entfernen.

5. Lassen Sie das Feld *Ersetzen durch* leer.

6. Klicken Sie auf *Weitersuchen*, *Ersetzen* oder *Alle ersetzen*.

In mehrsprachigen Dokumenten trennen

Sie können mit Word auch mehrsprachige Texte trennen lassen. Für Word bedeutet das, dass es je nach verwendeter Sprache andere Regeln bei der Silbentrennung benutzen muss. Dazu müssen Sie den verschiedenen Textpassagen Ihres Dokuments vor dem Starten der Silbentrennung die richtige Sprache zuordnen oder sich auf die automatische Spracherkennung von Word verlassen.

Das Verfahren, um Text einer Sprache zuzuordnen, ist denkbar einfach:

1. Markieren Sie den gewünschten Textabschnitt. Achten Sie darauf, dass die Markierung nur Text einer Sprache enthält.

2. Wechseln Sie zur Registerkarte *Überprüfen.*

3. Klicken Sie in der Gruppe *Dokumentprüfung* auf *Sprache* und dann auf *Sprache für die Korrekturhilfen festlegen.*

4. Wählen Sie im Listenfeld des Dialogfeldes die gewünschte Sprache aus und bestätigen Sie Ihre Auswahl mit *OK.*

Bild 13.6   Das Dialogfeld zum Festlegen der Sprache des markierten Textes

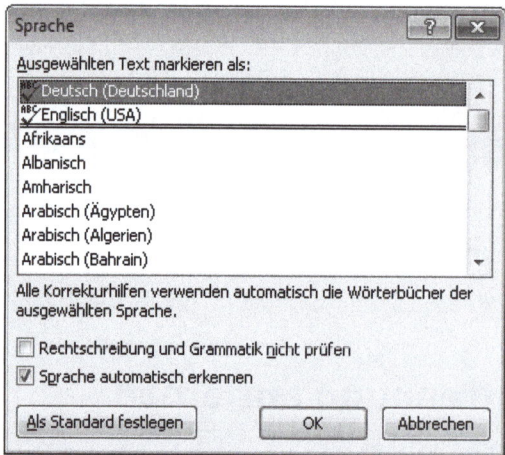

Dialogfeld *Sprache* über die Statusleiste öffnen

Wenn Sie die Statusleiste so konfiguriert haben, dass dort die Sprache des derzeit ausgewählten Textes angezeigt wird, können Sie die entsprechende Schaltfläche anklicken, um das Dialogfeld *Sprache* zu öffnen.

Diese Schaltfläche wird eingeblendet, indem Sie die Statusleiste mit der rechten Maustaste anklicken und dann im Kontextmenü den Eintrag *Sprache* einschalten.

Standardsprache ändern

Welche Sprache Word bei der Silbentrennung standardmäßig zugrunde legt, können Sie auf der Registerkarte *Überprüfen* in der Gruppe *Dokumentprüfung* einstellen, indem Sie zuerst auf Sprache und dann auf *Sprache für die Korrekturhilfen festlegen* klicken. Wählen Sie dazu im Listenfeld des Dialogfeldes die gewünschte Sprache aus und klicken Sie dann die Schaltfläche *Standard* an.

Wie Sie in dem Listenfeld sehen können, unterstützt Word eine Vielzahl von Sprachen. Nicht alle Wörterbücher und Silbentrennungslexika befinden sich jedoch im Lieferumfang von Word.

Das Dialogfeld *Word-Optionen* zeigt in der Kategorie *Sprache* an, welche Sprachen installiert sind. Dort können Sie zusätzliche Sprachen installieren, indem Sie die Liste *Weitere Bearbeitungssprachen hinzufügen* öffnen, dort die gewünschte Sprache auswählen und anschließend auf *Hinzufügen* klicken.

Bild 13.7   Weitere Sprachen installieren

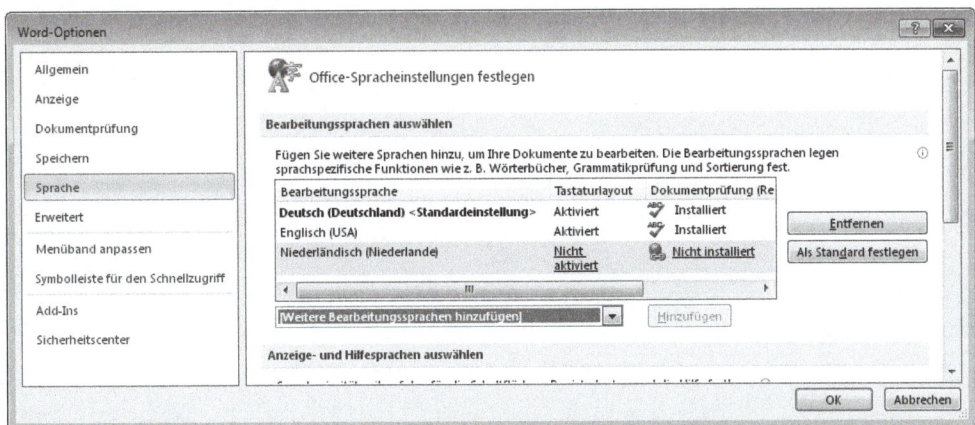

Falls in der Spalte *Dokumentprüfung* der Text *Nicht installiert* angezeigt wird, können Sie diesen Text anklicken und werden dann zu einer Microsoft-Website weitergeleitet, auf der Sie weitere Informationen darüber erhalten, wie das Sprachpaket bestellt werden kann. Auch Ihr Fachhändler kann Ihnen hierbei weiterhelfen.

Zusammenfassung

In diesem Kapitel haben Sie die Silbentrennung von Word kennen gelernt:

- Word bietet Ihnen die Möglichkeit, bereits bei der Texteingabe Trennungen einzugeben (Seite 228). Word unterscheidet dabei zwischen regulären Trennstrichen (-), bedingten Trennstrichen (Strg + -) und geschützten Trennstrichen (⇧ + Strg + -).

- Bei der automatischen Silbentrennung nimmt Word die Worttrennungen selbstständig vor (Seite 229). Die Anzahl der Trennungen können Sie über die Silbentrennzone steuern (Seite 231).

- Mit der manuellen Trennhilfe können Sie sich die Trennvorschläge von Word der Reihe nach anzeigen lassen und sie gegebenenfalls ablehnen bzw. verändern (Seite 230).

- Wenn Sie die mit der automatischen oder manuellen Silbentrennung oder über die Tastatur eingefügten Trennstriche nicht mehr benötigen, können Sie diese aus dem Dokument entfernen lassen (Seite 233).

- Word kann auch mehrsprachige Texte trennen. In diesem Fall müssen Sie zuvor den Texten die verwendete Sprache zuweisen, damit Word das richtige Wörterbuch bzw. die korrekte Silbentrennung verwendet (Seite 233).

Kapitel 14

Tabellen mit Tabstopps erstellen

In diesem Kapitel:

Word bietet Ihnen zwei Möglichkeiten an, Tabellen zu erstellen. Zum einen können Sie, wie von der Schreibmaschine her gewohnt, Tabulatoren verwenden. Der Einsatz von Tabulatoren bietet sich vor allem für Tabellen an, bei denen jeder Eintrag nur aus einer Zeile besteht, wie Preislisten, Teilnehmerlisten o. Ä.

Für umfangreiche und komplizierte Tabellen stellt Ihnen Word eine komfortable Tabellenfunktion zur Verfügung, die wir im folgenden Kapitel beschreiben.

Schnellkurs: Tabstopps verwenden

Bevor wir auf die Einzelheiten eingehen, die es beim Einsatz von Tabstopps zu beachten gilt, wollen wir dieses Kapitel mit einem kleinen Schnellkurs beginnen und Ihnen die Grundlagen für den Einsatz von Tabstopps an einem Beispiel vorstellen.

Die vorbereitete Übungsdatei enthält in einer Tabelle eine Artikelliste, die vierspaltig organisiert ist. In den ersten beiden Spalten stehen die Artikelnummer und die Beschreibung. Die Spalten 3 und 4 enthalten den Umsatz für die Jahre 2008 und 2009. Zwischen den einzelnen Einträgen jeder Zeile wurde jeweils ein Tabstopp eingegeben. Da den einzelnen Absätzen noch keine individuellen Tabstopps zugeordnet wurden, verwendet Word die Standardtabstopps, die Sie unten am Lineal als kleine graue Striche sehen.

Bild 14.1 Die Beispieldatei mit der Artikelliste

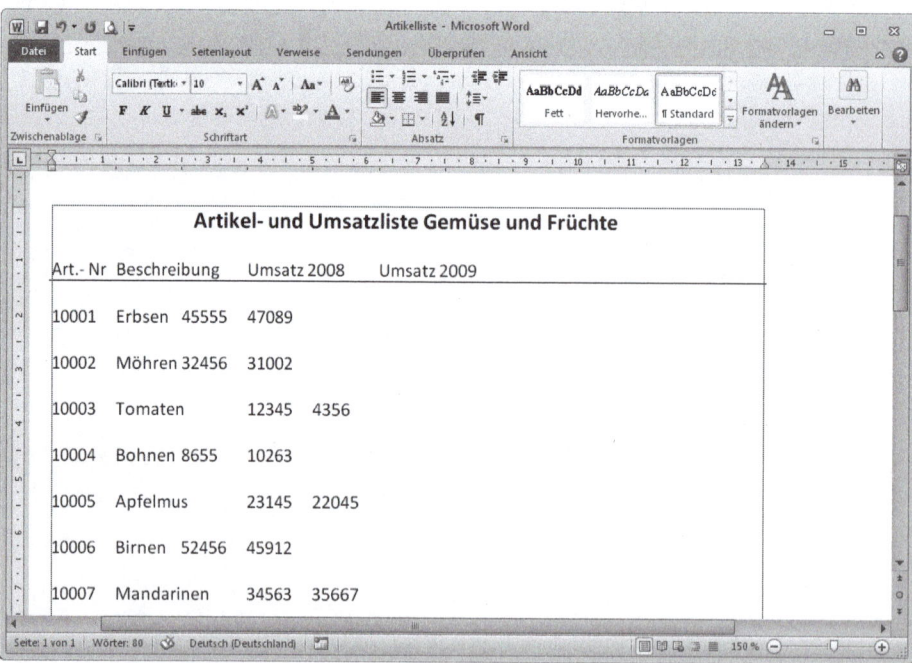

Die ersten beiden Spalten sollen linksbündig ausgerichtet werden. Die Zahlen in den letzten beiden Spalten hingegen rechtsbündig, da dann die Einer, Zehner usw. untereinander stehen.

1. Laden Sie das Dokument *Artikelliste,* das sich im Ordner mit den Beispieldateien befindet.

2. Wechseln Sie zur Registerkarte *Ansicht* und schalten Sie in der Gruppe *Anzeigen* das Kontrollkästchen *Lineal* ein, falls das Lineal nicht sichtbar ist.

3. Markieren Sie die komplette Artikelliste (bis auf die Überschrift).

4. Links im Lineal sehen Sie ein kleines Quadrat mit einem Symbol. Diese Schaltfläche können Sie verwenden, um den Typ des Tabstopps festzulegen. Klicken Sie, falls erforderlich, auf dieses Quadrat, bis Sie dort das Zeichen für linksbündige Tabstopps sehen.

5. Klicken Sie im Lineal bei 2 cm. Die zweite Spalte steht dadurch an der richtigen Position. Im Lineal sehen Sie das Symbol für den gesetzten Tabstopp.

6. Klicken Sie wieder auf das Quadrat, bis das Symbol für rechtsbündig ausgerichtete Tabstopps erscheint.

7. Klicken Sie im Lineal bei 8 cm und bei 12 cm. Dadurch werden auch die beiden letzten Spalten richtig angeordnet.

Falls Sie einen Tabstopp versehentlich an eine falsche Position gesetzt haben, können Sie ihn löschen, indem Sie ihn aus dem Lineal herausziehen. Um die Position eines gesetzten Tabstopps zu verändern, klicken Sie im Lineal das Tabstoppsymbol an und ziehen es mit gedrückter Maustaste an die neue Position.

Tabstopps setzen

Wenn Sie Tabstopps formatieren, können Sie drei verschiedene Merkmale mit dem Tabstopp verbinden: seine Position, die Ausrichtung und das Füllzeichen, das ausgegeben werden soll. Sie können Tabstopps entweder im Dialogfeld *Tabstopps* oder mit der Maus im Lineal setzen. Schalten Sie beim Setzen von Tabstopps am besten die Ansicht *Seitenlayout* ein, damit Word den Text so zeigt, wie er später gedruckt wird. Sie können mit dem Kontrollkästchen *Tabstoppzeichen* in der Kategorie *Anzeigen* des Dialogfeldes *Word-Optionen* gleichzeitig die Anzeige der Tabstoppzeichen einschalten, die dann auf dem Bildschirm mit dem Sonderzeichen → dargestellt werden.

Standardtabstopps und individuelle Tabstopps

Neben den Tabstopps, die Sie individuell festlegen können, besitzt das gesamte Dokument von vornherein Standardtabstopps, die in einem Abstand von 1,25 cm angeordnet sind. Die Standardtabstopps werden an der unteren Kante des Lineals durch kleine graue Striche symbolisiert. So können Sie den Wert für die Standardtabstopps ändern:

1. Wechseln Sie zur Registerkarte *Start.*

2. Klicken Sie in der Gruppe *Absatz* auf das Startprogramm für ein Dialogfeld und dann im Dialogfeld *Absatz* auf die Schaltfläche *Tabstopps.*

3. Geben Sie in das Textfeld *Standardtabstopps den gewünschten* Wert ein.

4. Klicken Sie auf *OK.*

Tabstoppmerkmale bestimmen

Um einzelne Tabstopps zu setzen und alle vorhandenen Optionen einstellen zu können, lassen Sie das Dialogfeld *Tabstopps* anzeigen.

1. Markieren Sie die Absätze, für die Sie Tabstopps festlegen wollen. Wenn Sie die Tabstopps nur für einen Absatz einstellen wollen, reicht es aus, wenn sich die Einfügemarke im betreffenden Absatz befindet.

2. Wechseln Sie zur Registerkarte *Start* und klicken Sie in der Gruppe *Absatz* auf das Startprogramm für ein Dialogfeld und dann im Dialogfeld *Absatz* auf die Schaltfläche *Tabstopps*.

Bild 14.2   In diesem Dialogfeld können Sie alle Merkmale von Tabstopps einstellen

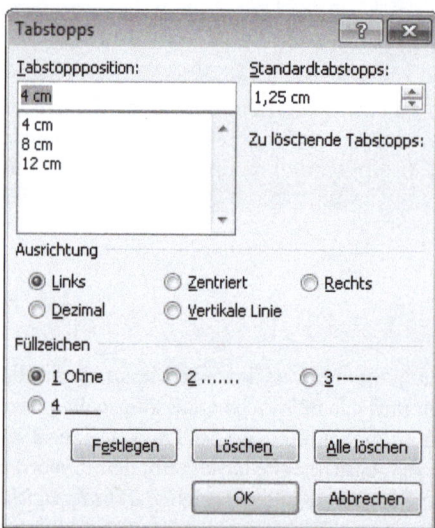

3. Geben Sie in das Feld *Tabstoppposition* die gewünschte Position des Tabstopps ein. Der Wert, den Sie hier eingeben, ist der Abstand von der linken Absatzbegrenzung bis zum Tabstopp.

4. Nachdem Sie die Position festgelegt haben, können Sie die Ausrichtung des Tabstopps bestimmen. Word bietet Ihnen in der gleichnamigen Gruppe fünf verschiedene Optionen an:

   - **Links**   Wenn Sie einen links ausrichtenden Tabstopp verwenden, wird der linke Rand am Tabstopp ausgerichtet.

   - **Zentriert**   Wenn Sie einen zentriert ausrichtenden Tabstopp verwenden, wird der Spaltentext am Tabstopp zentriert.

   - **Rechts**   Wenn Sie einen rechts ausrichtenden Tabstopp verwenden, wird der rechte Rand des Spaltentextes am Tabstopp ausgerichtet.

   - **Dezimal**   Wenn Sie einen dezimalen Tabstopp verwenden, wird das Dezimaltrennzeichen am Tabstopp ausgerichtet. Enthält der Text kein Dezimaltrennzeichen, wird der Spaltentext rechtsbündig ausgerichtet.

   - **Vertikale Linie**   Wenn Sie einen vertikalen Tabstopp verwenden, zeichnet Word eine vertikale Linie an der Stelle, die der Position des Tabstopps entspricht.

Klicken Sie die gewünschte Ausrichtung an. Die folgende Abbildung zeigt Beispiele für die verschiedenen Ausrichtungen von Tabstopps.

Bild 14.3   Tabstopps und deren Ausrichtung

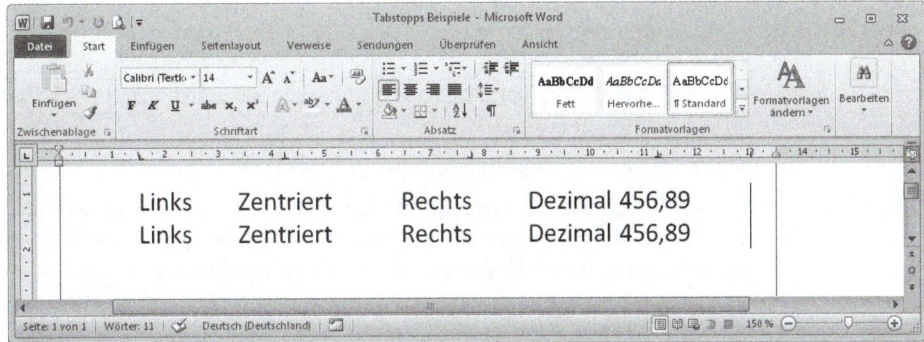

5.   Legen Sie nun fest, welches Füllzeichen verwendet werden soll.

Der Raum, den das Tabstoppzeichen einnimmt, bleibt normalerweise leer. In der Gruppe *Füllzeichen* können Sie jedoch ein anderes Zeichen bestimmen, das diesen Raum einnehmen soll. Word stellt Ihnen den Punkt (.), den Trennstrich (-) und den Unterstrich (_) zur Verfügung. Wählen Sie das gewünschte Zeichen aus. Beispiele für die Verwendung von Füllzeichen sehen Sie in der folgenden Abbildung.

Bild 14.4   Tabstopps und ihre Füllzeichen

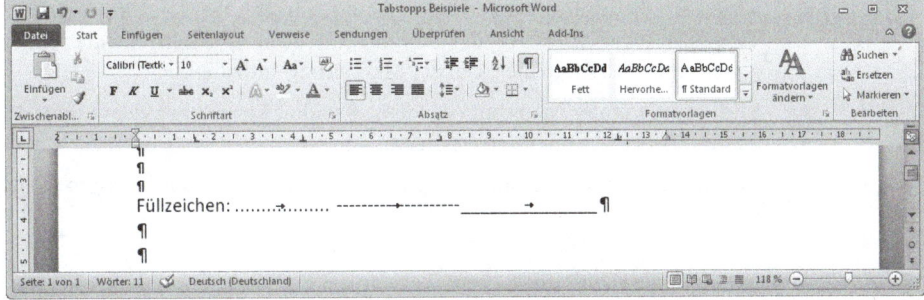

6.   Um die für den Tabstopp festgelegten Merkmale zu aktivieren, klicken Sie auf *Festlegen*.

7.   Wiederholen Sie die Schritte 3 bis 6 für alle weiteren Tabstopps, die Sie festlegen wollen.

8.   Klicken Sie auf *OK*, um das Dialogfeld *Tabstopps* zu schließen.

PROFITIPP **Anzahl der Punkte als Füllzeichen bei Tabulatoren**

Wenn Sie die Punkte als Füllzeichen verwenden (wie wir es auch im Inhaltsverzeichnis dieses Buches gemacht haben), können Sie die Anzahl der Punkte und deren Abstand nicht direkt, sondern nur indirekt über die Zeichenformatierung ändern. Gehen Sie dazu wie folgt vor:

1. Markieren Sie im Dokument das Tabstoppzeichen, damit die Punktlinie markiert wird.

2. Wechseln Sie zur Registerkarte *Start* und klicken Sie in der Gruppe *Schriftart* auf das Startprogramm für ein Dialogfeld.

3. Wechseln Sie im Dialogfeld *Schriftart* zur Registerkarte *Erweitert*.

4. Wählen Sie im Listenfeld *Abstand* den Eintrag *Erweitert*, wenn Sie den Abstand vergrößern und die Anzahl der Punkte verkleinern wollen, bzw. den Eintrag *Schmal*, wenn Sie den Abstand verkleinern und die Anzahl der Punkte erhöhen wollen.

5. Tragen Sie in das Feld *Von* (das besser mit *Um* beschriftet wäre) den Wert ein, um den der Zeichenabstand verkleinert bzw. vergrößert werden soll. Eventuell müssen Sie hier ein wenig probieren, bis Sie das gewünschte Ergebnis erhalten.

Tabstopps mit der Maus setzen

Sie können Tabstopps auch mit der Maus setzen, indem Sie im Lineal die Position anklicken, an der der Tabstopp gesetzt werden soll.

1. Schalten Sie das Lineal ein, sofern es nicht bereits sichtbar ist. Wechseln Sie dazu zur Registerkarte *Ansicht* und schalten Sie in der Gruppe *Anzeigen* das Kontrollkästchen *Lineal* ein.

2. Setzen Sie die Einfügemarke in den Absatz, für den Sie Tabstopps setzen wollen. Wenn Sie Tabstopps für mehrere Absätze bestimmen wollen, erweitern Sie die Markierung, damit alle gewünschten Absätze einen Teil der Markierung enthalten.

3. Klicken Sie mit der Maus auf das kleine Quadrat links neben dem Lineal, bis das Symbol für die gewünschte Ausrichtung erscheint.

4. Klicken Sie auf die Stelle im Lineal, an der Sie einen Tabstopp einfügen wollen.

Bild 14.5 Ausrichtung der Tabstopps mit der Maus festlegen

Klicken, um Tabstoppausrichtung zu ändern

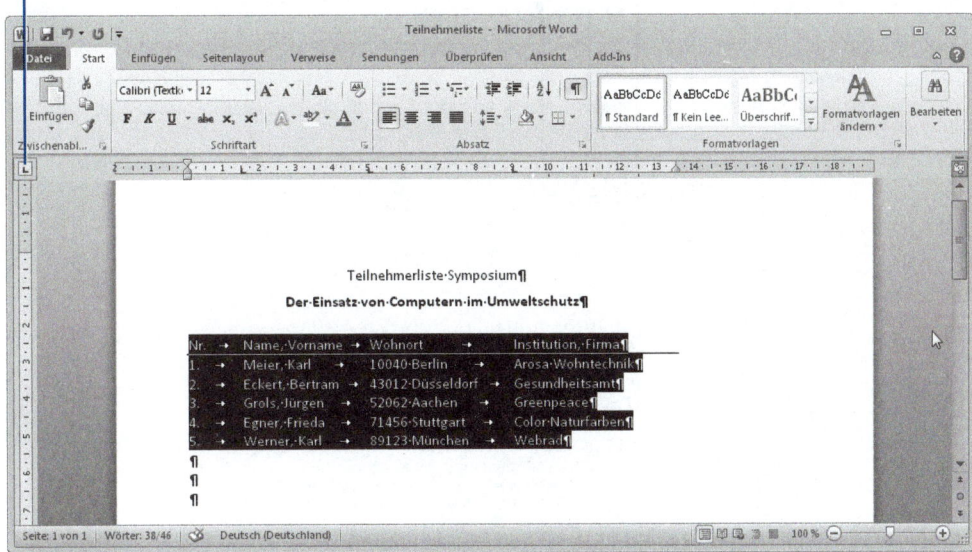

Das Füllzeichen kann nicht mit der Maus im Lineal festgelegt werden. Um das Füllzeichen zu bestimmen, müssen Sie in einem zweiten Schritt das Dialogfeld *Tabstopps* verwenden:

1. Wechseln Sie zur Registerkarte *Start* und klicken Sie in der Gruppe *Absatz* auf das Startprogramm für ein Dialogfeld und dann im Dialogfeld *Absatz* auf die Schaltfläche *Tabstopps*.

2. Wählen Sie im Feld *Tabstoppposition* den gewünschten Tabstopp aus. (In dieser Liste sehen Sie alle Tabstopps, die für den markierten Absatz bereits festgelegt wurden.)

3. Klicken Sie auf eines der Optionsfelder in der Gruppe *Füllzeichen*.

4. Klicken Sie auf *Festlegen*.

5. Schließen Sie das Dialogfeld mit *OK*.

Übung: Tabstopps setzen

Probieren Sie es selbst einmal aus und laden Sie die Beispieldatei *Teilnehmerliste.docx*, die wir für Sie vorbereitet haben. Das Dokument enthält eine Teilnehmerliste, in der zwischen den einzelnen Elementen jeder Zeile bereits ein Tabulator eingegeben wurde. Da den einzelnen Absätzen noch keine individuellen Tabstopps zugeordnet wurden, verwendet Word die Standardtabstopps, die Sie noch im Lineal sehen.

Formatieren Sie diese Tabelle um und verwenden Sie je nach Lust und Laune das Maus- oder das Tastaturverfahren. Wir empfehlen Ihnen folgende Tabstopppositionen: 1,5 cm, 5 cm und 9 cm. Verwenden Sie für die Tabelle links ausgerichtete Tabstopps.

Bild 14.6   Eine Teilnehmerliste mit den Standardtabstopps

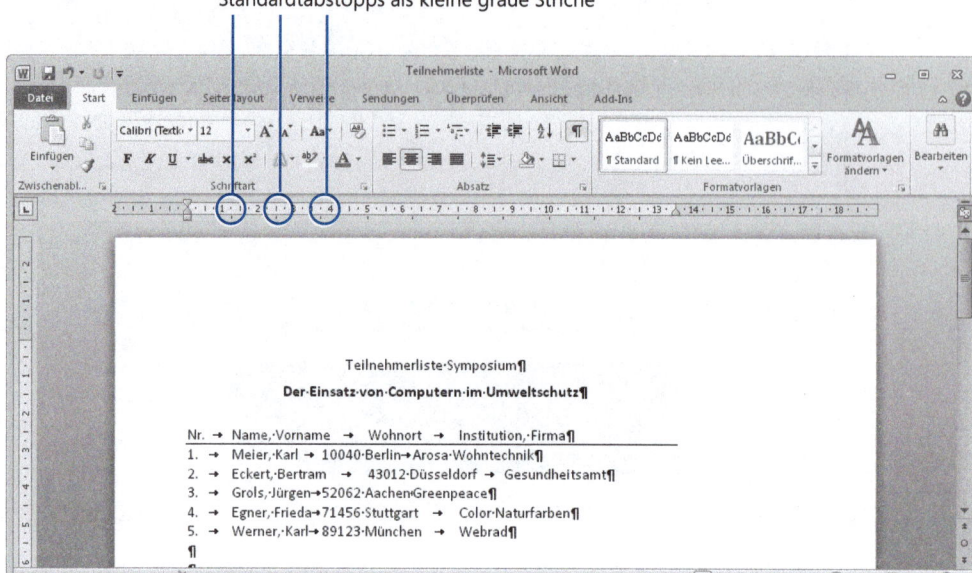

Standardtabstopps als kleine graue Striche

Wichtig ist, dass Sie vor dem Formatieren sowohl die Tabellenüberschrift als auch die Zeilen mit den einzelnen Teilnehmern markieren.

Tabstopps löschen

Sie können Tabstopps, die Sie gesetzt haben, auch wieder entfernen. Hierbei können Sie einzelne Tabstopps oder alle Tabstopps in den markierten Absätzen löschen. Den Absätzen wird dann wieder der Standardtabstopp zugewiesen, der im Dialogfeld *Tabstopps* eingestellt werden kann.

Einzelne Tabstopps im Dialogfeld löschen

Führen Sie folgende Schritte durch, um einzelne Tabstopps zu löschen:

1. Setzen Sie die Einfügemarke in den Absatz, in dem Sie den Tabstopp löschen wollen. Wenn Sie Tabstopps in mehreren Absätzen löschen wollen, erweitern Sie die Markierung, damit alle gewünschten Absätze einen Teil der Markierung enthalten.

2. Wechseln Sie zur Registerkarte *Start* und klicken Sie in der Gruppe *Absatz* auf das Startprogramm für ein Dialogfeld und dann im Dialogfeld *Absatz* auf die Schaltfläche *Tabstopps*.

3. Markieren Sie im Listenfeld *Tabstoppposition* den Tabstopp, den Sie löschen wollen.

4. Klicken Sie auf *Löschen*. Der Tabstopp wird daraufhin in die Liste *Zu löschende Tabstopps* aufgenommen.

5. Wiederholen Sie die beiden letzten Schritte für alle zu löschenden Tabstopps.

6. Drücken Sie die ⏎-Taste oder klicken Sie auf *OK*.

Alle Tabstopps löschen

Sie können auch alle Tabstopps im Absatz oder den markierten Absätzen löschen:

1. Setzen Sie dazu die Einfügemarke wie gewohnt in den Absatz oder markieren Sie die Absätze, deren Tabstopps gelöscht werden sollen.

2. Wechseln Sie zur Registerkarte *Start* und klicken Sie in der Gruppe *Absatz* auf das Startprogramm für ein Dialogfeld und dann im Dialogfeld *Absatz* auf die Schaltfläche *Tabstopps*.

3. Klicken Sie im Dialogfeld auf die Schaltfläche *Alle löschen*.

Einzelne Tabstopps mit der Maus löschen

Einzelne Tabstopps können Sie mithilfe des Lineals und der Maus löschen:

1. Setzen Sie die Einfügemarke in den Absatz, in dem Sie einen Tabstopp löschen wollen. Wenn Sie Tabstopps in mehreren Absätzen löschen wollen, erweitern Sie die Markierung, damit alle gewünschten Absätze einen Teil der Markierung enthalten.

2. Schalten Sie das Lineal ein, sofern es nicht bereits sichtbar ist. Wechseln Sie dazu zur Registerkarte *Ansicht* und schalten Sie in der Gruppe *Anzeigen* das Kontrollkästchen *Lineal* ein.

3. Zeigen Sie mit der Maus auf das Tabstoppsymbol im Lineal und ziehen Sie es nach unten weg.

Tabstopps verschieben

Wenn Sie eine Tabelle mit Tabstopps eingerichtet haben und später weitere Einträge aufnehmen müssen, die länger sind als die bisherigen Einträge, kommt es oft vor, dass Sie einzelne Tabstopps an eine neue Position verschieben müssen, um den vielleicht in Unordnung geratenen Gesamteindruck der Tabelle zu restaurieren.

Tabstopps verschieben ohne Maus

Setzen Sie die Einfügemarke in den Absatz, in dem Sie einen Tabstopp neu positionieren wollen. Wenn Sie Tabstopps für mehrere Absätze verschieben wollen, erweitern Sie die Markierung, damit alle gewünschten Absätze einen Teil der Markierung enthalten. Sie müssen nun zuerst den alten Tabstopp löschen und dann einen neuen an der gewünschten Position setzen:

1. Wechseln Sie zur Registerkarte *Start* und klicken Sie in der Gruppe *Absatz* auf das Startprogramm für ein Dialogfeld und dann im Dialogfeld *Absatz* auf die Schaltfläche *Tabstopps*.

2. Markieren Sie im Feld *Tabstoppposition* den zu löschenden Tabstopp.

3. Klicken Sie auf *Löschen*.

4. Wenn das Textfeld *Tabstoppposition* nicht leer ist, drücken Sie `Entf` und geben dann die neue Tabstoppposition ein.

5. Klicken Sie auf *Festlegen* und schließen Sie das Dialogfeld mit *OK*.

Mit der Maus funktioniert das Verschieben eines Tabstopps jedoch weitaus komfortabler.

Tabstopps mit der Maus verschieben

1. Schalten Sie das Lineal ein, sofern es nicht bereits sichtbar ist. Wechseln Sie dazu zur Registerkarte *Ansicht* und schalten Sie in der Gruppe *Anzeigen* das Kontrollkästchen *Lineal* ein.

2. Verschieben Sie die Einfügemarke in den Absatz, für den Sie Tabstopps neu positionieren wollen. Wenn Sie Tabstopps für mehrere Absätze verschieben wollen, erweitern Sie die Markierung, damit alle gewünschten Absätze einen Teil der Markierung enthalten. Beachten Sie, dass im Lineal Tabstopps, die nicht für alle markierten Absätze gelten, grau angezeigt werden.

3. Zeigen Sie mit dem Mauszeiger auf das Tabstoppsymbol, das Sie neu positionieren wollen, und ziehen Sie es mit gedrückter Maustaste an die neue Position.

HINWEIS Die Formatierung von Tabstopps erfolgt über das Dialogfeld *Tabstopps,* das Sie über das Dialogfeld *Absatz* aufrufen. Dieser Umstand weist bereits darauf hin, dass Tabstopps immer absatzweise zugeordnet und mit der Absatzmarke verbunden sind. Wenn Sie also die Absatzmarke hinter einem Absatz löschen, werden dabei gleichzeitig auch die Tabstoppeinstellungen für diesen Absatz gelöscht.

Zusammenfassung

In diesem Kapitel haben Sie gelernt, wie Sie einfache Tabellen mithilfe von Tabstopps erstellen.

■ Position und Art der Tabulatoren bestimmen Sie mit dem Dialogfeld *Tabstopps* (Seite 239). Das Dialogfeld dieses Befehls eignet sich vor allem zum exakten Positionieren der Tabstopps.

■ Mit der Maus können Sie die Tabstopps deutlich schneller einfügen, indem Sie einfach die gewünschte Position im Lineal anklicken. Auch die Art des einzufügenden Tabstopps kann im Lineal gewählt werden (Seite 242).

■ Anschließend haben Sie gelernt, wie Sie nicht mehr benötigte Tabstopps löschen (Seite 244) und die Position eines Tabstopps ändern (Seite 245). Sie haben dabei gesehen, dass sich beide Aufgaben sowohl mit der Tastatur als auch mit der Maus erledigen lassen.

Kapitel 15

Tabellen mit dem Tabellen-Editor erstellen

In diesem Kapitel:

Mit der Tabellenfunktion von Word 2010 können Sie einfache Zahlenkolonnen genauso einfach und schnell erstellen wie beispielsweise eine aufwändige Preisliste. Mit den überarbeiteten und umfangreicheren Tabellenformatvorlagen, die Ihnen in Word zur Verfügung stehen, können Sie Ihre Tabellen in kürzester Zeit mit einer ansprechenden Optik versehen.

Wenn Sie von Word 2003 auf Word 2010 umsteigen, ist es wichtig zu wissen, dass sich die Funktionen zum Erstellen und Bearbeiten von Tabellen in Word 2010 an neuen Stellen in der Benutzeroberfläche befinden. Zum Erstellen einer Tabelle verwenden Sie die Gruppe *Tabellen* auf der Registerkarte *Einfügen*. Wenn sich die Einfügemarke in einer Tabelle befindet, blendet Word im Menüband die *Tabellentools* ein; über die Registerkarten *Entwurf* und *Layout* können Sie dann all die Aufgaben erledigen, für die Sie in Word-Versionen bis einschließlich 2003 das Menü *Tabelle* und die Symbolleiste *Tabellen und Rahmen* verwendet haben.

Dieses Kapitel stellt die grundlegenden Techniken zum Arbeiten mit Tabellen vor, enthält einige Tipps zum Einsatz von Tabellen und weist auf mögliche Problempunkte hin. Sie werden erfahren,

- wie Sie neue Tabellen erstellen oder eine Excel-Tabelle in Word verwenden,
- wie Sie die Anzahl der Spalten und Zeilen verändern und
- wie Sie die Tabelle formatieren.

Leere Word-Tabelle einfügen

Der schnellste Weg, eine leere Word-Tabelle anzulegen, ist die Schaltfläche *Tabelle* auf der Registerkarte *Einfügen*:

1. Setzen Sie die Einfügemarke an die Stelle, an der die Tabelle eingefügt werden soll.

2. Öffnen Sie die Registerkarte *Einfügen* und klicken Sie in der Gruppe *Tabellen* auf die Schaltfläche *Tabelle*.

Bild 15.1   Klicken Sie im Menü die Stelle an, die der Anzahl der Zeilen und Spalten entspricht, die die neue Tabelle haben soll

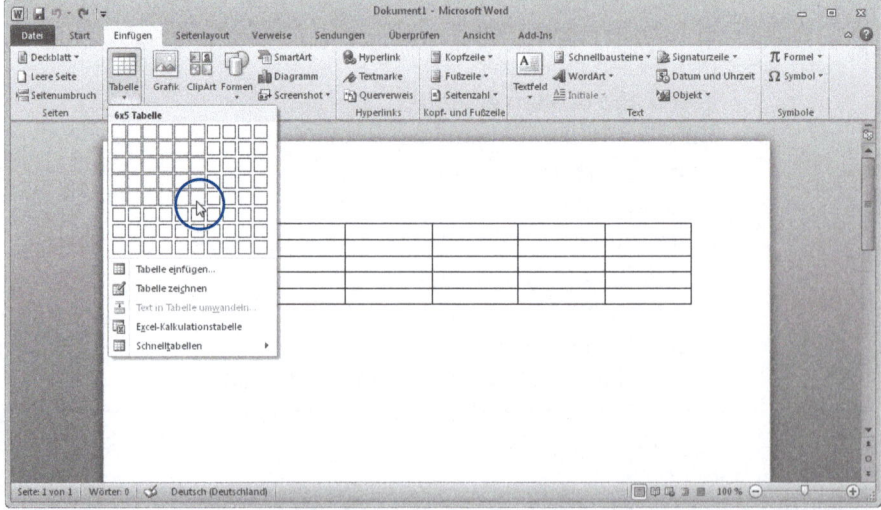

3. Bewegen Sie den Mauszeiger auf die Stelle, die der gewünschten Anzahl der Zeilen und Spalten entspricht. Wenn die Livevorschau aktiviert ist, wird im Dokument eine Vorschau der Tabelle angezeigt.

4. Klicken Sie im Menü in der kleinen Tabelle auf die Stelle, die der Anzahl der Zeilen und Spalten entspricht, die die neue Tabelle haben soll. (Während Sie den Mauszeiger über die kleine Tabelle bewegen, wird im oberen Bereich des Menüs die aktuelle Zeilen- und Spaltenanzahl angezeigt.)

Alle Felder der neuen Tabelle werden von Word mit einem einfachen Rahmen versehen. Wenn Sie eine aufwendigere Formatierung wünschen, können Sie diese selbst vornehmen, oder Sie verwenden eine der zahlreichen Tabellenformatvorlagen (siehe weiter hinten in diesem Kapitel).

Tabelle zeichnen

Richtig Spaß macht das Erstellen und Bearbeiten von Tabellen aber erst mit der Zeichenfunktion von Word. Viel einfacher und komfortabler kann man sich das Arbeiten mit Tabellen wohl kaum vorstellen.

Das Prinzip ist denkbar einfach:

1. Öffnen Sie die Registerkarte *Einfügen* und klicken Sie in der Gruppe *Tabellen* auf die Schaltfläche *Tabelle*.

2. Klicken Sie dann im Menü auf *Tabelle zeichnen*. Word wechselt in den Zeichenmodus für Tabellen. Sie erkennen dies daran, dass der Mauszeiger die Form eines Stiftes erhält.

3. Ziehen Sie im Dokument mit der Maus einen Rahmen in der gewünschten Tabellengröße auf. Sobald Sie die Maustaste loslassen, wird die Tabelle in der aktuellen Linienart eingefügt.

Bild 15.2   So zeichnen Sie in Word eine Tabelle

4. Nehmen Sie mit dem Stift weitere Unterteilungen vor, indem Sie die gewünschten Linien einfach einzeichnen. Die Linienart, -stärke und -farbe können Sie in den Listenfeldern auf der Registerkarte *Tabellentools/Entwurf* in der Gruppe *Rahmenlinien zeichnen* festlegen. Word sorgt dabei automatisch dafür, dass die Linien richtig aneinander ansetzen.

Bild 15.3 Weitere Linien in eine bestehende Tabelle einfügen. Die Linienart und Linienstärke können Sie mit den Listenfeldern in der Gruppe *Rahmenlinien zeichnen* festlegen.

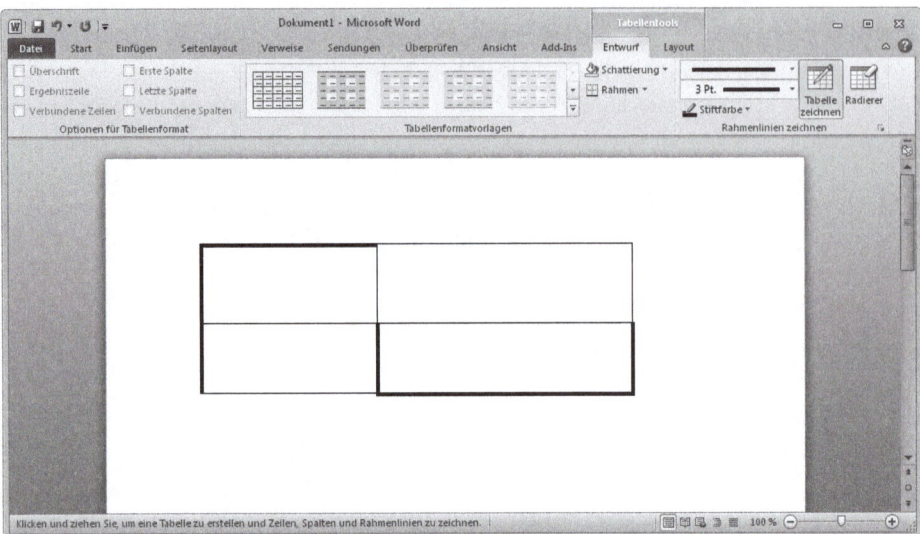

5. Falsche oder nicht mehr benötigte Linien entfernen Sie mit dem Radiergummi. Klicken Sie zuerst auf der Registerkarte *Tabellentools/Entwurf* in der Gruppe *Rahmenlinien zeichnen* die Schaltfläche *Radierer* an und dann die Linie, die Sie entfernen wollen. (Der Radierer-Modus bleibt so lange aktiv, bis Sie die Schaltfläche *Radierer* ein weiteres Mal anklicken.)

6. Mit der Taste `Esc` oder einem Klick auf die Schaltfläche *Tabelle zeichnen* in der Gruppe *Rahmenlinie zeichnen* beenden Sie den Zeichenmodus.

TIPP   Sie können für eine bestehende Tabelle die Zeichenfunktion jederzeit aufrufen, um an der Tabelle Korrekturen oder Änderungen vorzunehmen.

Tabelle löschen

Wenn Sie bereits versucht haben, eine markierte Tabelle mit `Entf` zu löschen, werden Sie sich vielleicht gewundert haben, dass Word zwar den Inhalt der Tabelle gelöscht hat, nicht aber die Tabelle selbst.

Um eine Tabelle vollständig zu löschen, gehen Sie am besten so vor:

1. Klicken Sie irgendwo in die Tabelle. Die Registerkarten *Entwurf* und *Layout* der *Tabellentools* werden eingeblendet.

2. Öffnen Sie die Registerkarte *Tabellentools/Layout*.

3. Klicken Sie auf die Schaltfläche *Löschen* und dann auf *Tabelle löschen*.

    Word entfernt die Tabelle aus dem Dokument.

Bild 15.4 Mit dem Befehl *Tabelle löschen* entfernen Sie die gesamte Tabelle aus dem Dokument

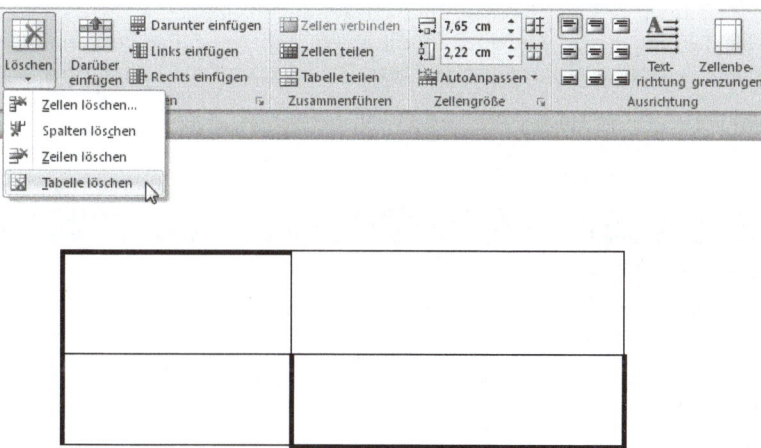

In Tabellen bewegen

Für Word-Tabellen gelten fast die gleichen Regeln wie für normalen Text – aber eben nur fast. Im folgenden Abschnitt haben wir für Sie die wichtigsten Ausnahmen und Besonderheiten zusammengestellt.

Tabellenfelder und Gitternetzlinien

Jede Tabelle besteht aus einer beliebigen Anzahl von Tabellenfeldern. Um die einzelnen Felder auch dann besser erkennen zu können, wenn Sie keine Rahmenlinien in der Tabelle verwenden, schalten Sie am besten immer die Gitternetzlinien ein:

1. Setzen Sie den Mauszeiger an eine beliebige Stelle in der Tabelle. Die Registerkarten *Entwurf* und *Layout* der *Tabellentools* werden eingeblendet.

2. Öffnen Sie die Registerkarte *Tabellentools/Layout*.

3. Klicken Sie in der Gruppe *Tabelle* auf *Gitternetzlinien anzeigen*.

Diese Linien zeigen Ihnen die Ausmaße der einzelnen Tabellenfelder und erleichtern Ihnen beim Bewegen der Einfügemarke die Orientierung.

Das Zellenendezeichen

In jedem Tabellenfeld gibt es ein *Zellenendezeichen* ⌗, mit dem das Ende der Tabellenzelle gekennzeichnet wird. Das gleiche Zeichen steht auch am Ende der Zeile. Dort heißt es *Zeilenendezeichen*. Ob es angezeigt wird, hängt davon ab, ob im Dialogfeld *Word-Optionen* auf der Seite *Anzeigen* die Option *Absatzmarken* eingeschaltet ist oder nicht. (Weitere Informationen zu den Word-Optionen finden Sie in Kapitel 20.)

Bewegen der Einfügemarke

Wenn Sie die Einfügemarke in einer Tabelle bewegen, haben einige Pfeiltasten und die ⭾-Taste eine andere Bedeutung als im normalen Text. Die folgende Tabelle informiert Sie über die Unterschiede.

Tabelle 15.1 Bewegen der Einfügemarke in Tabellen

Dahin wollen Sie ...	Diese Tasten müssen Sie drücken ...
Anfang der aktuellen Zelle	Pos1
Ende der aktuellen Zelle	Ende
Nächste Zelle	⭾
Vorherige Zelle	⇧ + ⭾
Erste Zelle in aktueller Zeile	Alt + Pos1
Letzte Zelle in aktueller Zeile	Alt + Ende
Oberste Zelle in aktueller Spalte	Alt + ↑
Unterste Zelle in aktueller Spalte	Alt + ↓

> **HINWEIS**   **Tabulatoren in Tabellen eingeben**   Um in normalem Word-Text einen Tabulator einzufügen, verwenden Sie die Taste ⭾. Da diese Taste innerhalb einer Tabelle eine besondere Bedeutung hat, müssen Sie die Tastenkombination Strg + ⭾ verwenden, wenn Sie innerhalb einer Tabelle Tabulatoren setzen wollen.

In Tabellen markieren

Auch das Markieren funktioniert in Tabellen etwas anders als in normalem Text und ist daher etwas gewöhnungsbedürftig.

Markieren mit der Tastatur

Sie können die Kombination von ⇧ +Pfeiltasten verwenden, um einzelne Zeichen zu markieren.

- Wenn Sie dabei das Ende eines Tabellenfeldes (genauer gesagt: das Zellenendezeichen) mit markieren, wird automatisch die gesamte Zelle markiert.

- Wenn Sie, nachdem eine Zelle ganz markiert wurde, die Markierung erweitern, wird die Markierung zellenweise, und nicht zeichenweise, vergrößert.

Markieren mit der Maus

Innerhalb einer Zelle gelten für das Markieren mit der Maus die gleichen Regeln wie in normalem Text. Darüber hinaus gibt es einige Besonderheiten, um bequem Zellen, Zeilen oder Spalten einer Tabelle zu markieren.

Ganze Spalte markieren

1. Setzen Sie den Mauszeiger auf die oberste Gitternetzlinie einer Spalte, bis er zu einem schwarzen Pfeil wird, der nach unten weist.

Bild 15.5   Der Mauszeiger wird oberhalb der obersten Zeile zum Markierungspfeil

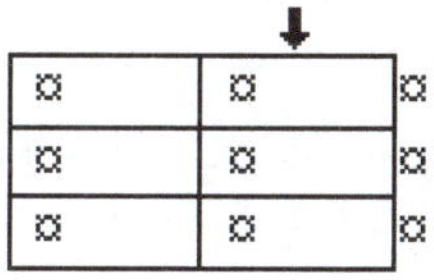

2. Klicken Sie, um die Spalte zu markieren.

Ganze Zeile markieren

Um einzelne oder mehrere Zeilen einer Tabelle zu markieren, benutzen Sie, genau wie beim Markieren von normalen Textzeilen, die Markierungsleiste (das ist der leere Bereich links neben dem Text).

Einzelne Zelle markieren

1. Verschieben Sie den Mauszeiger an den Anfang eines Feldes, bis der Zeiger die Form eines diagonal nach oben zeigenden Pfeils annimmt.

Bild 15.6   Die Form des Mauszeigers ändert sich beim Markieren einer einzelnen Zelle

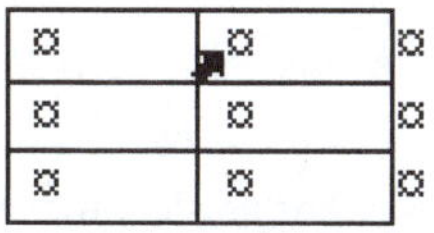

2. Klicken Sie, um die Zelle zu markieren.

Markieren mit Menübefehlen

Wenn Ihnen das Markieren mit der Maus oder der Tastatur zu umständlich ist, können Sie auch die Befehle des Menüs *Auswählen* verwenden, das Sie auf der Registerkarte *Tabellentools/Layout* in der Gruppe *Tabelle* finden. Mit den Unterpunkten des Menüs können Sie zumindest die rudimentären Markierungsaufgaben erledigen.

Word 2010

Bild 15.7 Über das Menü *Auswählen* können Sie eine Zelle, Spalte, Zeile oder die gesamte Tabelle markieren

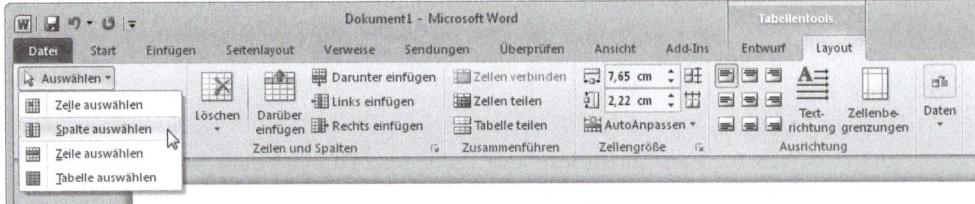

Zeilen und Spalten einfügen

Die erste Einteilung der Zeilen und Spalten wird selten der endgültigen Version der Tabelle entsprechen. Früher oder später werden Sie also vor der Aufgabe stehen, die Aufteilung der Tabelle ändern zu müssen.

Zeile am Ende der Tabelle einfügen

1.   Setzen Sie die Einfügemarke in die letzte Zelle der Tabelle.

2.   Drücken Sie die ⭾-Taste.

Zeile an beliebiger Stelle in die Tabelle einfügen

1.   Setzen Sie die Einfügemarke in die Zeile, über oder unter der Sie eine neue Zeile einfügen wollen.

2.   Öffnen Sie die Registerkarte *Tabellentools/Layout*.

3.   Klicken Sie in der Gruppe *Zeilen und Spalten* auf *Darüber einfügen* bzw. auf *Darunter einfügen*.

Bild 15.8 Die Schaltflächen zum Einfügen von Spalten und Zeilen befinden sich auf der Registerkarte *Tabellentools/Layout*

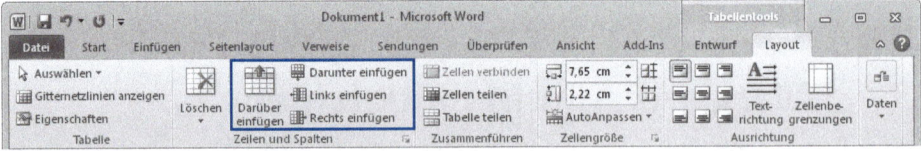

> **TIPP** **Mehrere Zeilen einfügen** Wollen Sie mehrere Zeilen gleichzeitig einfügen, können Sie vorher entsprechend viele Zeilen in der Tabelle markieren und müssen den Befehl dann nicht mehrfach aufrufen.

Spalten einfügen

1. Setzen Sie die Einfügemarke in die Spalte, neben der Sie eine neue Spalte einfügen wollen.

2. Öffnen Sie die Registerkarte *Tabellentools/Layout.*

3. Klicken Sie in der Gruppe *Zeilen und Spalten* auf *Links einfügen* bzw. auf *Rechts einfügen.*

TIPP **Zeilen, Spalten und Zellen mit dem Kontextmenü einfügen** Im Kontextmenü für Tabellen finden Sie den Befehl *Einfügen,* den Sie ebenfalls verwenden können, um in eine vorhandene Tabelle weitere Spalten oder Zeilen einzufügen. Die Verwendung des Kontextmenüs erspart Ihnen die Navigation zur richtigen Registerkarte im Menüband.

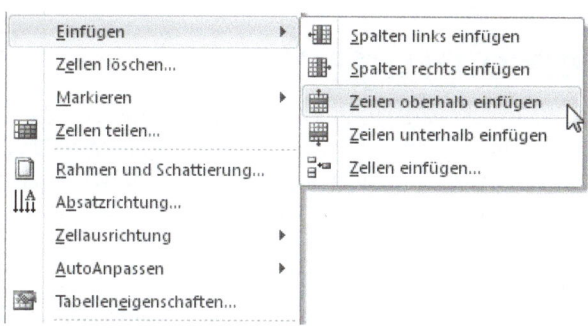

Tabellen mit Formatvorlagen formatieren

Nachdem Sie die Tabelle erstellt und in die einzelnen Tabellenzellen die gewünschten Informationen eingegeben haben, können Sie die Tabelle formatieren, um ihr eine ansprechende Optik zuzuweisen. Hierbei können Sie auf die zahlreichen Tabellenformatvorlagen zurückgreifen, die Ihnen Word zur Verfügung stellt und mit denen das Formatieren einer Tabelle nur ein paar Sekunden dauert. (Dieses Feature gab es so ähnlich bereits auch in vorhergehenden Word-Versionen, und zwar unter dem Namen »AutoFormat für Tabellen«.)

So weisen Sie einer Tabelle eine Formatvorlage zu:

1. Setzen Sie die Einfügemarke in die Tabelle.

2. Öffnen Sie die Registerkarte *Tabellentools/Entwurf.*

3. Zeigen Sie in der Gruppe *Tabellenformatvorlagen* auf eine der Abbildungen mit den Tabellenformaten. Word zeigt im Dokument eine Livevorschau des ausgewählten Formats an.

Bild 15.9   Mit den Tabellenformatvorlagen lässt sich eine komplette Tabelle in Sekunden formatieren

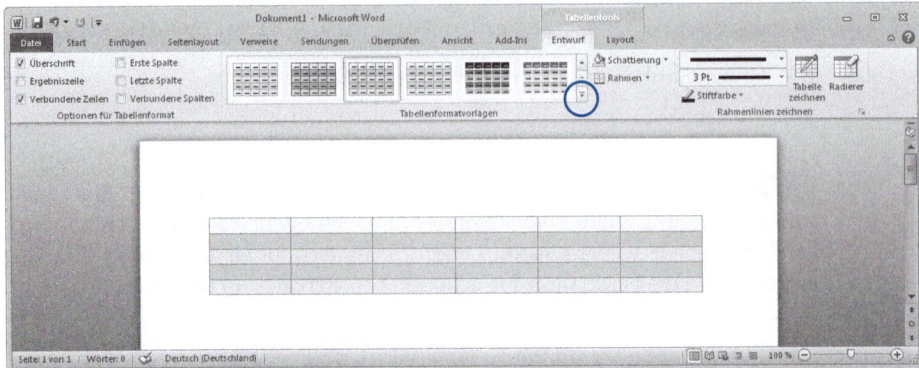

4.   Falls in der Gruppe *Tabellenformatvorlagen* keine Formatierung sichtbar ist, die Ihnen geeignet erscheint, klicken Sie auf die Schaltfläche *Weitere* (in der obigen Abbildung mit einem Kreis markiert), um den Formatvorlagenkatalog zu öffnen. Scrollen Sie im Katalog, bis Sie eine geeignete Formatvorlage gefunden haben, und klicken Sie diese dann an, um sie der Tabelle zuzuweisen.

Bild 15.10   Im Formatvorlagenkatalog, den Sie über die Schaltfläche *Weitere* öffnen, finden Sie zahlreiche weitere Tabellenformatvorlagen

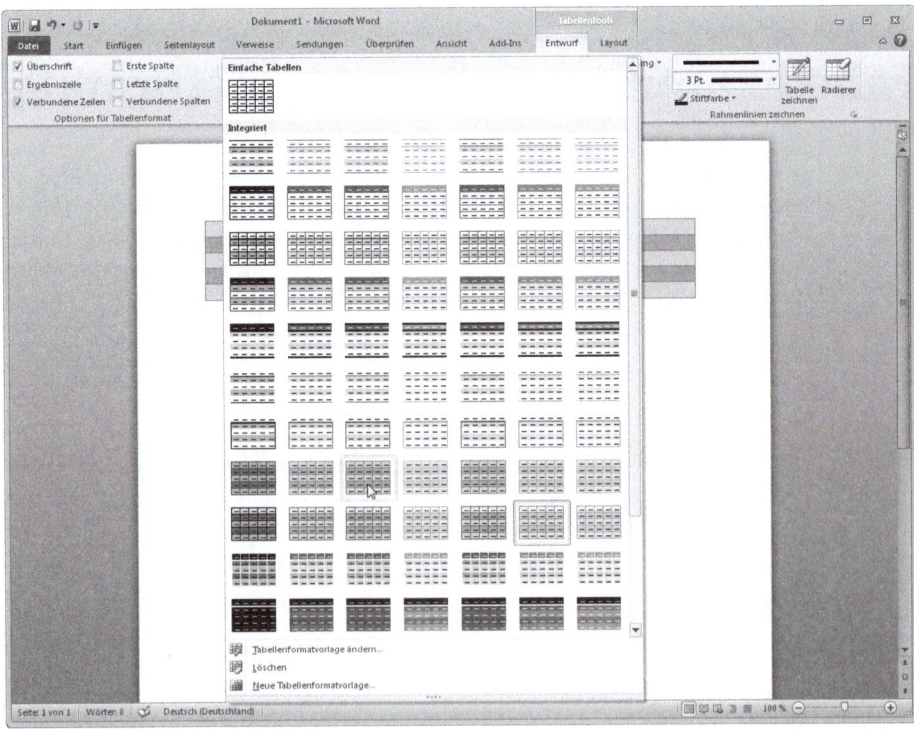

5. In der Gruppe *Optionen für Tabellenformat* können Sie festlegen, ob bestimmte Elemente der Tabelle besonders formatiert werden sollen.

Welche der Kontrollkästchen Sie einschalten, hängt davon ab, welche Informationen sich in der Tabelle befinden. Wenn Sie beispielsweise eine Tabelle erstellt haben, in der sich in der ersten Zeile die Spaltenüberschriften befinden, dann schalten Sie das Kontrollkästchen *Überschriften* ein. Bei Tabellenarten, bei denen in der letzten Spalte die Summe der einzelnen Zeilen angezeigt wird, bietet es sich an, das Kontrollkästchen *Letzte Spalte* einzuschalten.

Die Bedeutung der Kontrollkästchen *Verbundene Zeilen* und *Verbundene Spalten* ist auf den ersten Blick nicht so leicht ersichtlich. Hiermit erreichen Sie, dass jede zweite Zeile/Spalte anders formatiert wird, was die Lesbarkeit von Tabellen verbessert.

TIPP Sie können die Kontrollkästchen der Gruppe *Optionen für Tabellenformat* auch ein- und ausschalten, nachdem Sie das Grundformat mittels einer Tabellenformatvorlage zugewiesen haben. Falls die Option doch nicht geeignet ist, schalten Sie das entsprechende Kontrollkästchen einfach wieder aus.

Wenn Sie eine Tabelle mit einer Formatierung versehen wollen, die so in keiner der Tabellenformatvorlagen vorhanden ist, können Sie die gesamte Tabelle oder auch einzelne Zeilen, Spalten oder Zellen manuell formatieren. Wie das geht, beschreiben die nachfolgenden Abschnitte.

Linien formatieren

Einzelne Linien in einer Tabelle formatieren Sie am einfachsten mit der Zeichenfunktion. Auf der Registerkarte *Tabellentools/Entwurf* finden Sie in der Gruppe *Rahmenlinien zeichnen* drei Elemente, mit denen Sie die Linienart, die Linienstärke und die Linienfarbe einstellen können.

1. Setzen Sie die Einfügemarke in die Tabelle.

2. Öffnen Sie die Registerkarte *Tabellentools/Entwurf.*

3. Klicken Sie in der Gruppe *Rahmenlinien zeichnen* auf die Schaltfläche *Tabelle zeichnen,* um den Zeichenmodus zu aktivieren.

4. Klicken Sie auf den Pfeil neben dem Listenfeld *Stiftart,* um die Auswahlliste zu öffnen.

Bild 15.11   Klicken Sie auf den Pfeil, um die Linienarten zu sehen, die zur Verfügung stehen

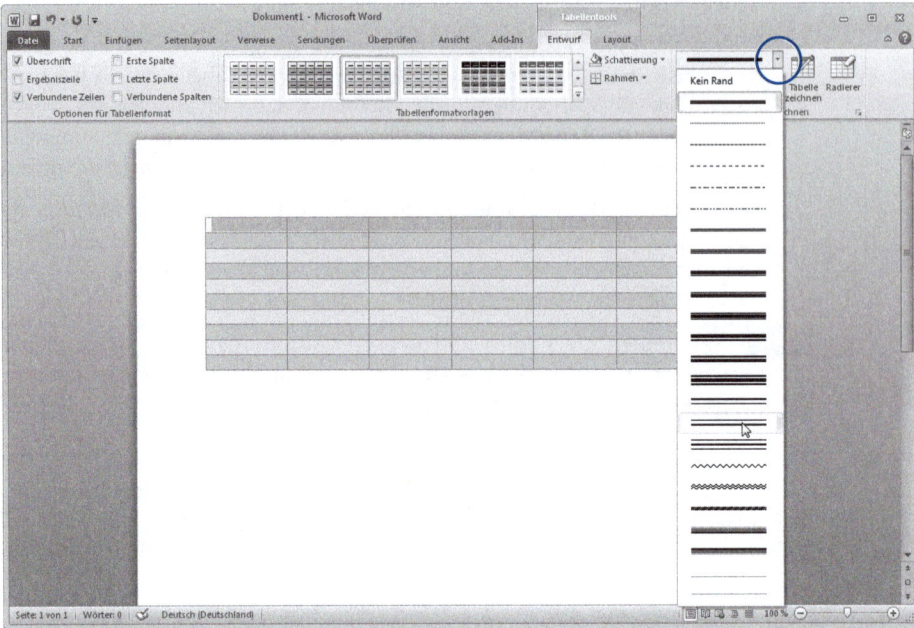

5. Wählen Sie in der Liste eine Linienart aus.

6. Klicken Sie auf den Pfeil neben der Liste *Stiftfarbe* und wählen Sie die Farbe aus, die die Linie haben soll.

Bild 15.12   In diesem Dropdownmenü sehen Sie häufig verwendete Linienfarben. Wenn Sie auf *Weitere Farben* klicken, wird ein Dialogfeld angezeigt, in dem Sie weitere Farben auswählen und einstellen können.

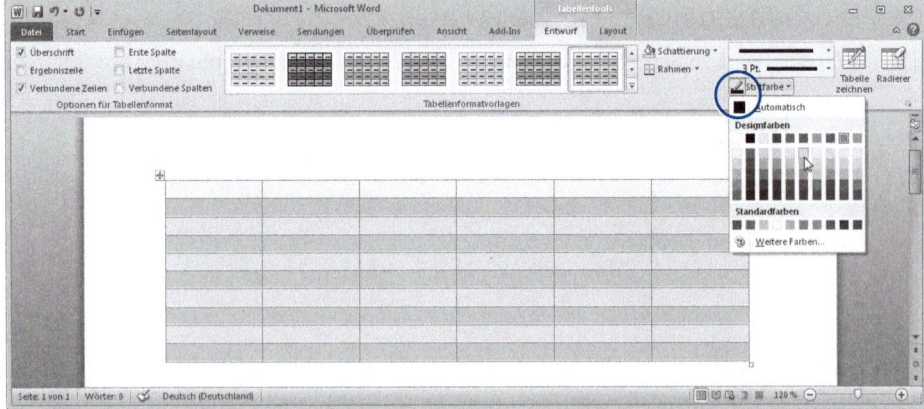

7. Klicken Sie auf den Pfeil neben der Liste *Stiftstärke* und stellen Sie im Dropdownmenü die Linienstärke ein. Je nachdem, welchen Linienstil Sie ausgewählt haben, stehen Ihnen unterschiedliche Linienstärken zur Verfügung.

Bild 15.13   Anschließend wählen Sie die Linienstärke aus

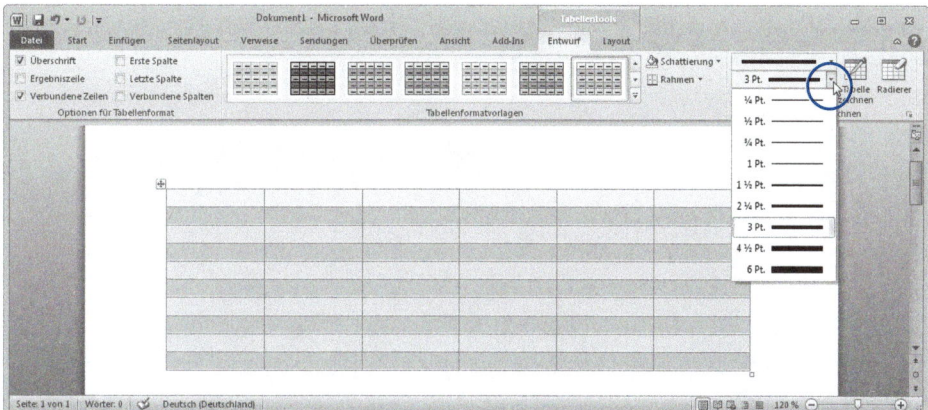

8. Klicken Sie nun mit dem Stift die Linien an, die Sie wie eingestellt formatieren wollen. Ändern Sie die Linieneigenschaften wie oben beschrieben, wenn Sie andere Linien der Tabelle anders formatieren möchten.

Bild 15.14   Abschließend klicken Sie mit dem Stift diejenigen Linien der Tabelle an, die Sie wie vorher eingestellt formatieren möchten

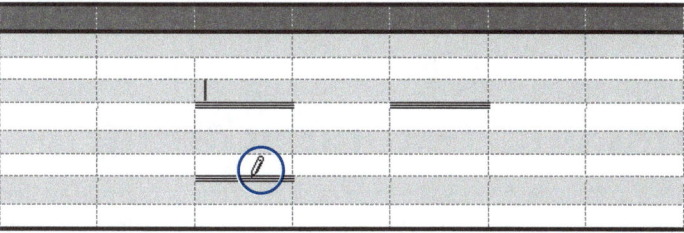

9. Klicken Sie auf die Schaltfläche *Tabelle zeichnen*, um den Zeichenmodus zu beenden.

Gesamte Tabelle mit Linien versehen

Wenn Sie die gesamte Tabelle mit Linien versehen wollen, wäre es etwas mühselig, jede einzelne Linie von Hand zu zeichnen. Eine weitere Schaltfläche auf der Registerkarte *Tabellentools/Entwurf* erleichtert Ihnen hier die Arbeit.

1. Setzen Sie die Einfügemarke in die Tabelle und drücken Sie die Tastenkombination [Alt]+[5] auf der Zehnertastatur (die [Num]-Taste muss dabei deaktiviert sein), um die gesamte Tabelle zu markieren. (Sie können auch auf der Registerkarte *Tabellentools/Layout* in der Gruppe *Tabelle* auf *Auswählen* und dann auf *Tabelle auswählen* klicken.)

2. Öffnen Sie die Registerkarte *Tabellentools/Entwurf.*

3. Legen Sie die Linienmerkmale fest, wie in den Schritten 4 bis 7 im vorigen Abschnitt beschrieben.

4. Klicken Sie in der Gruppe *Tabellenformatvorlagen* auf den Pfeil neben der Schaltfläche *Rahmen,* um das Dropdownmenü zu öffnen.

Bild 15.15   Das Dropdownmenü *Rahmen*

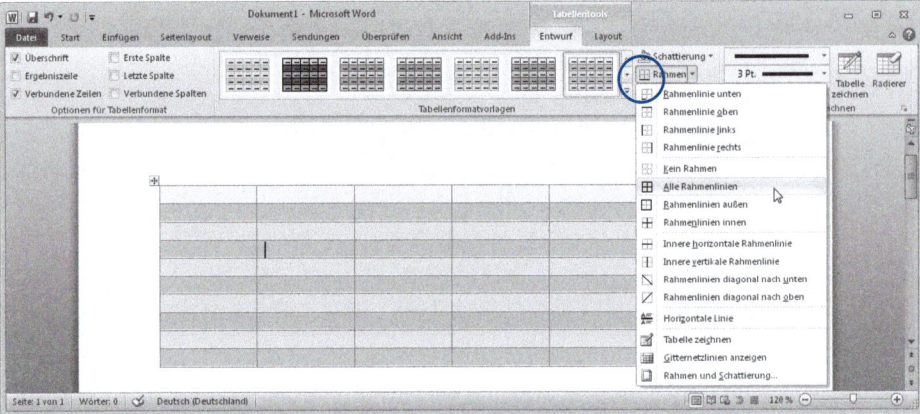

5. Klicken Sie auf *Alle Rahmenlinien,* um das eingestellte Format allen Rahmenlinien zuzuweisen.

In dem Dropdownmenü *Rahmen* können Sie nicht nur alle Rahmenlinien der Tabelle formatieren, sondern auch nur die inneren, die äußeren oder Linien an einer bestimmten Seite der Tabelle. Was genau formatiert wird, hängt (Sie ahnen es schon) davon ab, was vorher markiert wurde.

Textrichtung und Textausrichtung

Innerhalb einer Tabellenzelle können Sie sogar die Textrichtung ändern. Das heißt, der Text kann nicht mehr nur von links nach rechts, sondern auch von oben nach unten oder von unten nach oben laufen.

1. Markieren Sie die gewünschte(n) Zelle(n).

2. Klicken Sie mit der rechten Maustaste in die Markierung und wählen Sie im Kontextmenü den Befehl *Absatzrichtung.* Das Dialogfeld *Textrichtung – Tabellenzelle* wird angezeigt.

In diesem Dialogfeld können Sie die Textrichtung einzelner Tabellenzellen festlegen

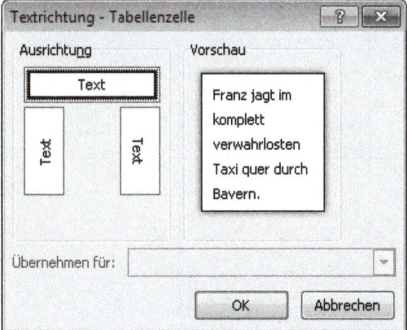

3. Legen Sie im Dialogfeld die Richtung fest, indem Sie eines der Bilder in der Gruppe *Ausrichtung* anklicken.

Textausrichtung innerhalb der Zelle ändern

Der Text innerhalb einer Tabellenzelle lässt sich auch vertikal ausrichten. Das heißt, Sie können ihn auch in die Mitte der Zelle oder an den unteren Rand der Zelle stellen. Sollten Sie die Textrichtung der Zelle gedreht haben, ändert sich die Ausrichtung entsprechend.

1. Markieren Sie die gewünschte(n) Zelle(n).

2. Öffnen Sie die Registerkarte *Tabellentools/Layout.*

3. Falls in der Gruppe *Ausrichtung* die Schaltflächen für das Einstellen der Ausrichtung sichtbar sind, klicken Sie die gewünschte Ausrichtung an (links in der folgenden Abbildung). Anderenfalls klicken Sie auf die Schaltfläche *Ausrichtung,* um das Dropdownmenü zu öffnen, und wählen Sie dann die gewünschte Ausrichtung aus (rechts in der folgenden Abbildung).

Schaltflächen zum Einstellen der Ausrichtung

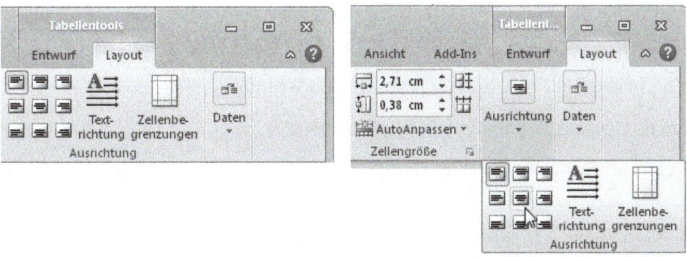

Die folgende Abbildung zeigt verschiedene Beispiele, wie Sie den Text innerhalb einer Tabellenzelle ausrichten können:

Bild 15.18 Beispiele für die Textausrichtung in Word-Tabellen

Oben linksbündig	Zentriert ausrichten	Unten ausrichten
Mitte Linksbündig	Horizontal zentriert	rechtsbündig

Hintergrund der Tabellenzellen ändern

Eine weitere Schaltfläche auf der Registerkarte *Tabellentools/Entwurf* ist dafür vorgesehen, die Farbe festzulegen, mit der die Tabellenzellen gefüllt werden sollen.

1. Markieren Sie die gewünschte(n) Zelle(n).
2. Öffnen Sie die Registerkarte *Tabellentools/Entwurf.*
3. Klicken Sie in der Gruppe *Tabellenformatvorlagen* auf die Schaltfläche *Schattierung.*
4. Wählen Sie eine der angebotenen Farben aus.

Muster für den Hintergrund verwenden

Neben der Farbe können Sie noch ein Muster festlegen, mit dem die Zelle versehen werden soll. Die Einstellungen für das Hintergrundmuster erreichen Sie über die Schaltfläche *Rahmen* in der Gruppe *Tabellenformatvorlagen:*

1. Markieren Sie die Zelle(n), die Sie formatieren wollen.
2. Öffnen Sie die Registerkarte *Tabellentools/Entwurf.*
3. Klicken Sie auf die Schaltfläche *Rahmen* und dann im Dropdownmenü auf *Rahmen und Schattierung.*
4. Wechseln Sie – falls erforderlich – im Dialogfeld *Rahmen und Schattierung* zur Registerkarte *Schattierung.*
5. Öffnen Sie die Liste *Linienart.* Die Muster befinden sich am unteren Ende der Liste.

Bild 15.19   Auf dieser Registerkarte können Sie ein Muster für einzelne Zellen oder die gesamte Tabelle festlegen

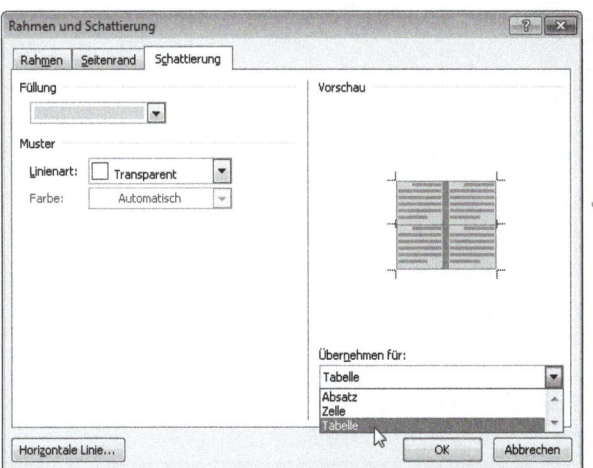

6. Wenn Sie die Formatierung statt für die markierte(n) Zelle(n) doch für die gesamte Tabelle verwenden wollen, öffnen Sie die Liste *Übernehmen für* und wählen den Eintrag *Tabelle* aus.

7. Wählen Sie anschließend noch eine Farbe aus und klicken Sie dann auf *OK*.

Spaltenbreite und Zeilenhöhe ändern

Die Breite einer Spalte bzw. die Höhe einer Tabellenzeile verändern Sie am einfachsten mit der Maus:

1. Schalten Sie das Lineal ein, wenn es nicht sichtbar ist. Schalten Sie dazu auf der Registerkarte *Ansicht* in der Gruppe *Anzeigen* das Kontrollkästchen *Lineal* ein.

2. Setzen Sie den Mauszeiger auf die Trennlinie an der Zelle, die Sie verändern wollen. Der Mauszeiger verändert sich dort in einen Doppelpfeil.

3. Drücken Sie die Alt-Taste und halten Sie sie gedrückt, wenn Sie möchten, dass die Maße der Tabelle im Lineal angezeigt werden (wie es in der folgenden Abbildung zu sehen ist).

Bild 15.20 Mit der Maus lassen sich Breite und Höhe der Tabellenspalten und -zeilen einfach ändern

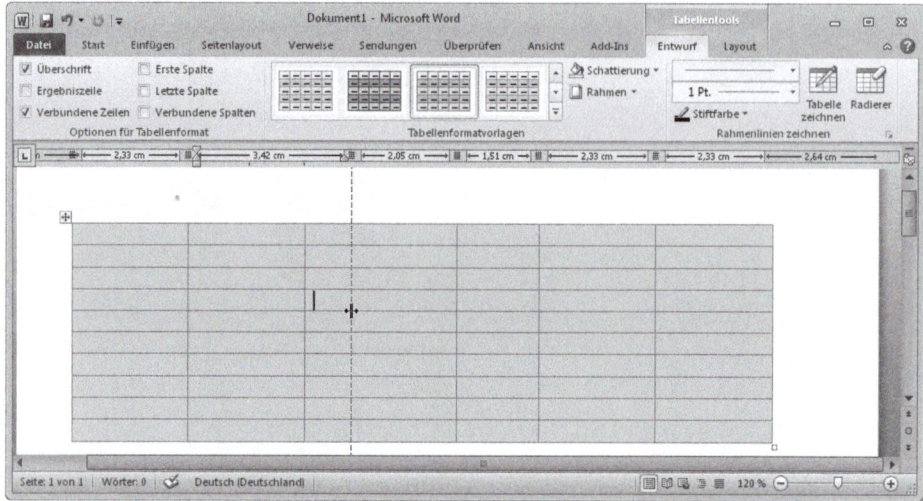

4. Verschieben Sie die Trennlinie, bis die Spalte/Zeile die gewünschte Größe hat, und lassen Sie dann die Maustaste wieder los.

TIPP **Gleichzeitig die Breite der Tabelle ändern** Wenn Sie die ⇧-Taste drücken, bevor Sie auf eine Linie klicken und diese mit gedrückter Maustaste ziehen, können Sie gleichzeitig auch die Breite der Tabelle ändern. Die Breite der Spalte rechts von der Linie, die Sie ziehen, bleibt unverändert, die Spalte links davon wird breiter/schmaler (je nachdem, in welche Richtung Sie mit der Maus ziehen) und die Tabelle wird entsprechend breiter/schmaler.

Überschriften für mehrseitige Tabellen

Wenn sich eine Tabelle über mehrere Seiten erstreckt, können Sie die erste Zeile der Tabelle als Überschrift formatieren. Diese Zeile wird dann von Word auf jeder der Folgeseiten wiederholt.

1. Setzen Sie die Einfügemarke in die erste Zeile der Tabelle. Sie können auch mehrere Zeilen als Überschrift definieren. Allerdings muss auch dann die erste Zeile Bestandteil der Überschrift sein.

2. Wechseln Sie zur Registerkarte *Tabellentools/Layout*, klicken Sie auf die Schaltfläche *Daten* und dann auf *Überschriften wiederholen*.

Zum Bearbeiten der Tabellenüberschrift ändern Sie nur die Version am Tabellenanfang. Die Änderungen werden von Word automatisch auf den nachfolgenden Seiten übernommen.

Tabellenzellen verbinden und teilen

Wenn Sie beispielsweise eine Tabelle erstellen, bei der sich eine Überschrift über mehrere Spalten erstrecken soll, können Sie zwei oder mehr Tabellenzellen zu einer einzigen zusammenführen.

1. Markieren Sie die Zellen, die Sie zusammenführen wollen. Dies können sowohl nebeneinander als auch untereinander stehende Zellen sein.

2. Öffnen Sie die Registerkarte *Tabellentools/Layout*.

3. Klicken Sie in der Gruppe *Zusammenführen* auf *Zellen verbinden*.

Wenn sich bereits Text in den markierten Zellen befand, wird der Text in den einzelnen Zellen in einen eigenen Absatz in der zusammengeführten Zelle übernommen.

Auch der umgekehrte Weg ist möglich, nämlich dass Sie aus einer Zelle mehrere machen:

1. Klicken Sie die Zelle an, die Sie teilen wollen. Wenn Sie mehr als eine Zelle teilen wollen, markieren Sie die betreffenden Zellen.

2. Öffnen Sie die Registerkarte *Tabellentools/Layout*.

3. Klicken Sie in der Gruppe *Zusammenführen* auf *Zellen teilen*. Das gleichnamige Dialogfeld wird angezeigt.

Bild 15.21 Hier legen Sie fest, in wie viele Spalten und Zeilen die markierte(n) Zelle(n) aufgeteilt werden soll(en)

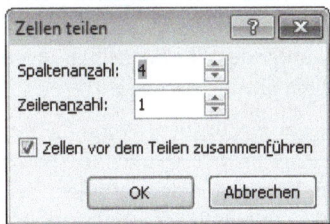

4. Geben Sie im Dialogfeld die Anzahl der Zeilen und Spalten an, in die die markierte(n) Zelle(n) aufgeteilt werden soll(en).

5. Wenn die Zellen vor dem Teilen zuerst zusammengeführt werden sollen, schalten Sie das entsprechende Kontrollkästchen ein, bevor Sie auf *OK* klicken.

Eine fertige Tabelle als Schnelltabelle speichern

Wenn Sie häufig ähnlich aufgebaute Tabellen verwenden, können Sie eine mit Sorgfalt erstellte Tabelle als sogenannte Schnelltabelle speichern. Eine Schnelltabelle ist so etwas wie ein Textbaustein, der aber nicht nur ein Wort enthält, sondern eben eine komplette Tabelle. Word speichert die Schnelltabellen im Schnelltabellenkatalog, und Sie können eine einmal erstellte Schnelltabelle einfach in anderen Dokumenten wiederverwenden.

Gehen Sie folgendermaßen vor, um eine Tabelle in den Schnelltabellenkatalog aufzunehmen:

1. Setzen Sie die Einfügemarke an eine beliebige Stelle in der Tabelle.

2. Nach einem kurzen Moment blendet Word in der linken oberen Ecke den Tabellenverschiebepunkt ⊞ ein. Klicken Sie diesen an. Dadurch wird die gesamte Tabelle markiert.

3. Öffnen Sie die Registerkarte *Einfügen*.

4. Klicken Sie in der Gruppe *Tabellen* auf *Tabelle* und dann auf *Schnelltabellen*.

5. Klicken Sie im Untermenü auf *Auswahl im Schnelltabellenkatalog speichern*. Das Dialogfeld *Neuen Baustein erstellen* wird angezeigt.

Bild 15.22   Hier legen Sie fest, unter welchem Namen, wo und mit welchen Optionen die Schnelltabelle gespeichert werden soll

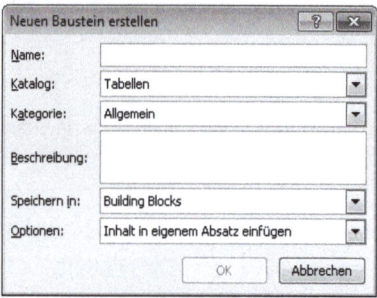

6. Geben Sie in das Feld *Name* den Namen ein, unter dem die Schnelltabelle gespeichert werden soll. Den Eintrag in der Liste *Katalog* können Sie unverändert lassen.

7. Sie können Schnelltabellen jeweils einer Kategorie zuordnen. Wenn Sie nur wenige Schnelltabellen erstellen, können Sie die Kategorie *Allgemein* verwenden. Bei vielen Schnelltabellen empfiehlt es sich, neue Kategorien anzulegen. Klicken Sie dazu auf den Pfeil neben dem Feld *Kategorie* und dann auf *Neue Kategorie erstellen*. Geben Sie den Namen der Kategorie ein und klicken Sie auf *OK*. Wählen Sie dann die Kategorie aus, der Sie die Schnelltabelle zuweisen wollen.

8. Wenn der Name nicht aussagekräftig genug ist, können Sie im Feld *Beschreibung* einen ausführlicheren erklärenden Text eingeben.

9. Im Listenfeld *Speichern in* legen Sie fest, in welcher Dokumentvorlage die Schnelltabelle gespeichert werden soll. Als eine Option wird Ihnen hier die Standarddokumentvorlage *Normal* angeboten; wenn das Dokument auf Basis einer anderen Dokumentvorlage erstellt wurde, wird deren Name hier ebenfalls angezeigt. Schnelltabellen, die Sie in unterschiedlichen Dokumenten verwenden wollen, speichern Sie am besten in der Dokumentvorlage *Normal* oder in den *Building Blocks* ab.

10. Im Listenfeld *Optionen* legen Sie fest, wie die Schnelltabelle später in ein Dokument eingefügt werden soll. Übernehmen Sie hier die Option *Inhalt in eigenem Absatz einfügen*.

11. Klicken Sie abschließend auf *OK*.

Schnelltabelle in einem anderen Dokument verwenden

Das Einfügen einer einmal definierten Schnelltabelle ist ein einfacher Vorgang. Setzen Sie die Einfügemarke im Dokument an die Stelle, an der die Tabelle eingefügt werden soll. Wechseln Sie zur Registerkarte *Einfügen,* klicken Sie auf *Tabellen* und dann auf *Schnelltabellen.* Word zeigt alle vorhandenen Schnelltabellen in einer Liste an, die auch eine Vorschau der Tabelle enthält. Klicken Sie die Schnelltabelle an, die Sie einfügen wollen.

Excel-Tabelle in Word-Dokument einfügen

Auch wenn die Tabellenfunktion von Word sehr viele Features bietet, kann es vorkommen, dass Sie in einem Word-Dokument eine Tabelle benötigen, die die ausgefeilteren Kalkulations- und Rechenmöglichkeiten von Microsoft Office Excel erfordert. Oder Sie haben eine Tabelle bereits in Excel erstellt und wollen diese beispielsweise in einen Geschäftsbericht einfügen, den Sie mit Word erstellen. Dieser Abschnitt stellt Ihnen beide Möglichkeiten vor, eine Excel-Tabelle in einem Word-Dokument zu verwenden.

Neue Excel-Tabelle als Objekt einfügen

Dieser Abschnitt beschreibt, wie Sie in ein Word-Dokument eine neue Excel-Tabelle als Objekt einfügen. Bei diesem Verfahren wird die Excel-Tabelle in derselben Datei gespeichert, in der sich auch die anderen Daten des Word-Dokuments befinden. Die Verwendung eines eingefügten Objekts hat den Vorteil, dass seine Bearbeitung innerhalb von Word stattfinden kann. Außerdem befindet sich das Excel-Objekt gemeinsam mit den Word-Daten in derselben Datei, was die Weitergabe vereinfacht. Der Nachteil ist, dass es keine Verknüpfung zu der ursprünglichen Excel-Datei gibt und somit die Daten innerhalb des Excel-Objekts nicht mehr aktualisiert werden können, wenn die Daten in der ursprünglichen Excel-Datei geändert werden.

So fügen Sie eine Excel-Tabelle als Objekt in ein Word-Dokument ein:

1. Setzen Sie die Einfügemarke an die Stelle im Dokument, an der Sie die Excel-Tabelle einfügen wollen.

2. Wechseln Sie zur Registerkarte *Einfügen,* klicken Sie auf die Schaltfläche *Tabelle* und dann auf *Excel-Kalkulationstabelle.*

In dem Word-Dokument ist nun eine Excel-Tabelle mit den vertrauten Zeilen- und Spaltenköpfen sichtbar und Sie können das Excel-Arbeitsblatt innerhalb des Word-Dokuments bearbeiten. Beachten Sie, dass in der Titelleiste »Microsoft Word« steht und auch die Statusleiste von Word angezeigt wird. Das Menüband jedoch ist das von Excel. Die Registerkarte *Datei* ist ebenfalls nicht sichtbar, stattdessen sehen Sie unterhalb der Titelleiste das von vorhergehenden Word-Versionen her bekannte *Datei*-Menü.

Word 2010

Bild 15.23   Im Word-Dokument ist der Arbeitsbereich der Excel-Tabelle sichtbar. Während Sie die Excel-Tabelle bearbeiten, wird innerhalb des Word-Fensters das Menüband von Excel eingeblendet.

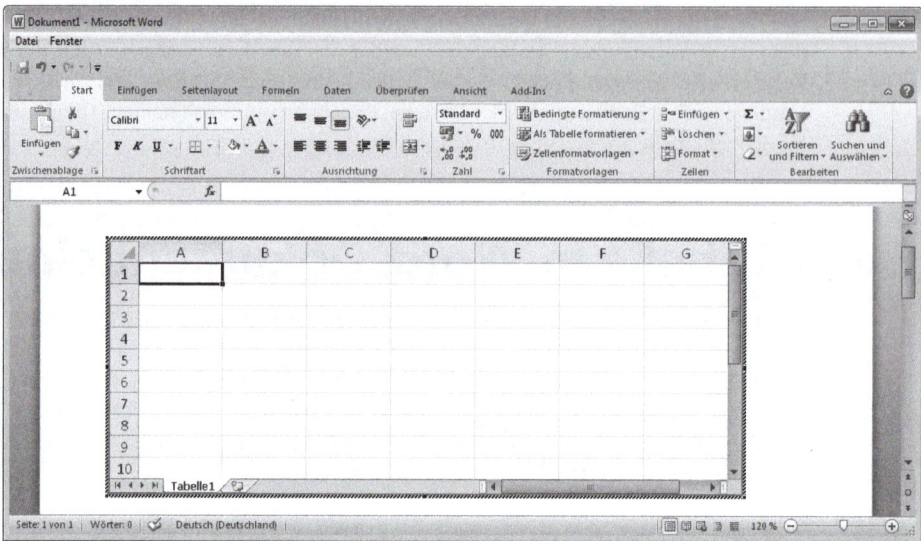

3. Klicken Sie außerhalb des Excel-Objekts, um weiter an dem Word-Dokument zu arbeiten.

Wenn Sie weiter an der Excel-Tabelle arbeiten wollen, klicken Sie die Excel-Tabelle mit der rechten Maustaste an und klicken dann im Kontextmenü auf *Arbeitsblatt-Objekt.*

- Klicken Sie auf *Bearbeiten,* wenn Sie die Excel-Tabelle wiederum innerhalb des Word-Dokuments bearbeiten wollen. Für diese Aktion können Sie alternativ auch auf die eingefügte Excel-Tabelle doppelklicken.

- Klicken Sie auf *Öffnen,* um das Excel-Objekt im normalen Programmfenster von Excel zu bearbeiten. Solange das eingefügte Tabellenobjekt in Excel geöffnet ist, wird es im Word-Dokument schraffiert angezeigt.

Nachdem Sie die Bearbeitung in Excel abgeschlossen haben, klicken Sie an eine beliebige Stelle außerhalb der Excel-Tabelle; hierdurch wird deren Bearbeitung beendet und Sie kehren zum Word-Dokument zurück.

Daten aus vorhandener Excel-Tabelle einfügen

Wenn Sie bereits eine Tabelle mit Excel erstellt haben und diese in ein Word-Dokument einfügen wollen, gehen Sie folgendermaßen vor:

1. Starten Sie Excel und öffnen Sie dort die Arbeitsmappe, in der sich die Tabelle befindet, die Sie in das Word-Dokument einfügen wollen.

2. Markieren Sie in Excel den Bereich, den Sie in das Word-Dokument einfügen wollen.

3. Klicken Sie auf der Registerkarte *Start* in der Gruppe *Zwischenablage* auf *Kopieren.*

4. Wechseln Sie zu Word und setzen Sie die Einfügemarke an die Stelle, an der die Excel-Tabelle eingefügt werden soll.

5. Klicken Sie auf der Registerkarte *Start* in der Gruppe *Zwischenablage* auf *Einfügen*. Die Tabelle wird in das Word-Dokument eingefügt. Neben der Tabelle wird die Smarttag-Schaltfläche *Einfügen-Optionen* angezeigt.

6. Klicken Sie die Smarttag-Schaltfläche an, damit das zugehörige Menü geöffnet wird, in dem Sie festlegen können, wie die Daten in Word eingefügt werden sollen.

Bild 15.24   Im Menü der Smarttag-Schaltfläche *Einfügen-Optionen* legen Sie fest, wie die Excel-Tabelle in das Word-Dokument eingefügt werden soll

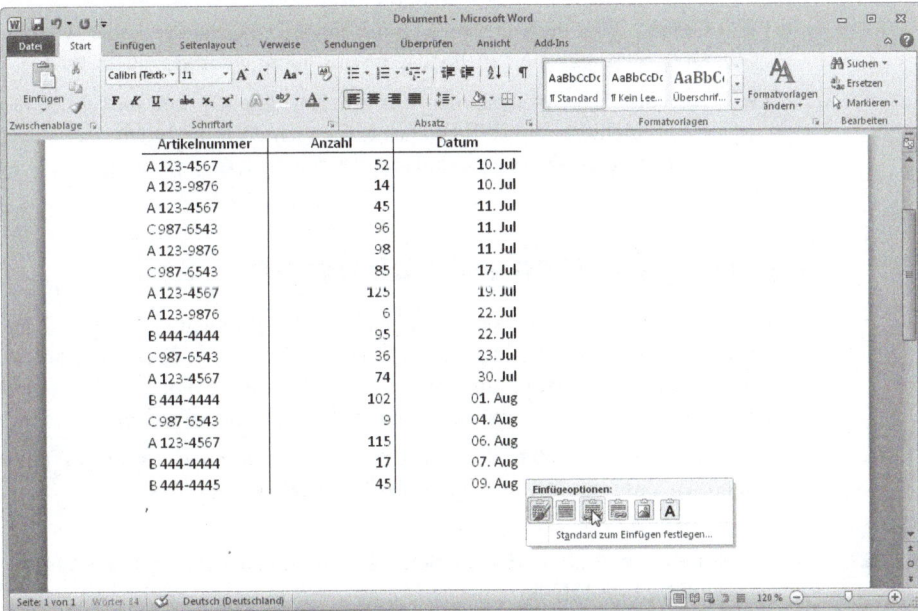

7. Wählen Sie je nach Bedarf eine der Optionen im Menü aus, die nachfolgend beschrieben sind. Die ersten vier Optionen dienen dazu, die Excel-Tabelle statisch in das Word-Dokument einzufügen. Verwenden Sie eine dieser Optionen, wenn Sie von vornherein wissen, dass die einmal eingefügten Daten später nicht mehr aktualisiert werden müssen; die eingefügten Daten werden beim statischen Einfügen zu einer normalen Word-Tabelle.

Mit den beiden letzten Befehlen werden die Excel-Daten verknüpft eingefügt. Durch die Verknüpfung weiß das Word-Dokument, aus welcher Excel-Tabelle die Daten stammen. Änderungen, die in Excel an der Tabelle vorgenommen werden, können dadurch automatisch in der in Word eingefügten Tabelle übernommen werden.

- **Ursprüngliche Formatierung beibehalten**   Fügt die Excel-Tabelle statisch ein und übernimmt die Formatierungen, wie sie in Excel vorgenommen wurden. Nach dem Einfügen können Sie die Formatierungsbefehle von Word verwenden, um die Optik der Tabelle anzupassen.

- **Zieltabellenformat anpassen**   Fügt die Excel-Tabelle statisch ein. Die Tabelle wird als einfache Word-Tabelle mit Rahmenlinien formatiert. Auch bei dieser Option können

Sie nach dem Einfügen die Formatierungsbefehle von Word verwenden, um die Optik der Tabelle anzupassen.

- **Verknüpfen und ursprüngliche Formatierung beibehalten**   Wenn Sie diese Option auswählen, übernimmt die eingefügte Tabelle die Formatierungsmerkmale, wie sie in Excel zugewiesen wurden. Außerdem wird im Word-Dokument gespeichert, aus welcher Excel-Datei die Daten stammen. Wenn die Daten in Excel geändert werden, kann die Tabelle in Word aktualisiert werden.

- **Verknüpfen und Zielformatvorlagen verwenden**   Dieser Befehl entspricht der vorigen Option, nur dass Sie die Formatierung der Tabelle anpassen können. Wenn die Daten in der Excel-Tabelle geändert werden, können diese aufgrund der Verknüpfung aktualisiert werden.

- **Grafik**   Fügt die Tabelle als Grafik ein, deren Größe verändert werden kann. Bei dieser Option können die Tabellendaten selbst nicht mehr verändert werden.

- **Nur den Text übernehmen**   Wenn Sie diese Option verwenden, werden die Excel-Daten nicht als Word-Tabelle eingefügt, sondern die Inhalte der einzelnen Excel-Zellen werden durch Tabstopps voneinander getrennt.

Verknüpfungen aktualisieren

Wenn Sie eine Excel-Tabelle verknüpft in ein Word-Dokument eingefügt haben, stehen Ihnen im Kontextmenü der eingefügten Tabelle Befehle zur Verfügung, um von Word aus das Bearbeiten der Excel-Tabelle zu initiieren, um die eingefügte Tabelle in Word zu aktualisieren, wenn die Tabelle in Excel geändert wurde, und um die Verknüpfungseigenschaften anzusehen und zu ändern.

1.   Klicken Sie die eingefügte Word-Tabelle mit der rechten Maustaste an, um das Kontextmenü zu öffnen, das Sie in der folgenden Abbildung sehen.

Bild 15.25   Im Kontextmenü finden Sie die Befehle zum Aktualisieren und Bearbeiten der verknüpften Tabelle

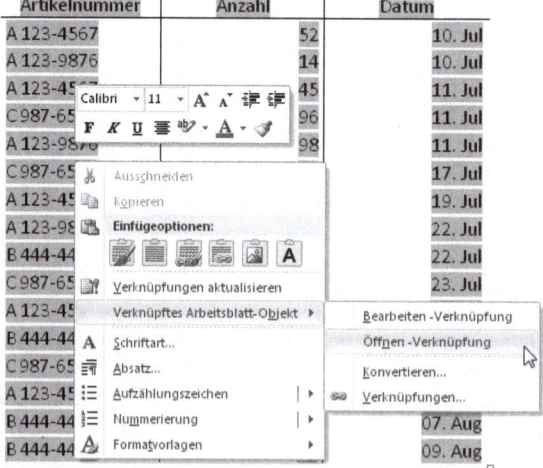

2. Wählen Sie einen der folgenden Befehle:

- **Verknüpfungen aktualisieren** Klicken Sie diesen Befehl an, wenn Sie wissen, dass die Excel-Tabelle geändert wurde und die in Word eingefügte Tabelle aktualisiert werden soll. Standardmäßig aktualisiert Word die Verknüpfungen automatisch, wenn Sie das Word-Dokument öffnen. Sie können die Verknüpfung auch aktualisieren, indem Sie die Tabelle markieren und dann die Taste F9 drücken.

- **Verknüpftes Arbeitsblatt-Objekt/Bearbeiten-Verknüpfung** Klicken Sie diesen Befehl an, wenn Sie die Excel-Arbeitsmappe, aus der die eingefügte Tabelle stammt, in Excel bearbeiten wollen. Klicken Sie in Excel auf die Registerkarte *Datei* und dann auf den Befehl *Schließen,* wenn Sie mit der Bearbeitung fertig sind, und lassen Sie anschließend in Word die verknüpfte Tabelle aktualisieren.

- **Verknüpftes Arbeitsblatt-Objekt/Verknüpfungen** Wählen Sie diesen Befehl, um das Dialogfeld *Verknüpfungen* anzeigen zu lassen. In dem Dialogfeld können Sie unter anderem die Datenquelle der Verknüpfung ansehen und ändern, festlegen, ob die Daten manuell oder automatisch aktualisiert werden sollen, und bestimmen, ob die Formatierung nach der Aktualisierung erhalten bleiben soll oder nicht.

Zusammenfassung

In diesem Kapitel haben Sie erfahren, wie Sie selbst aufwändige Tabellen problemlos mit Word erstellen bzw. nachträglich bearbeiten können.

- Leere Tabellen erstellen Sie am schnellsten mit der Schaltfläche *Tabelle,* die sich auf der Registerkarte *Einfügen* befindet (Seite 248).

- Tabellen, die über eine unregelmäßige Struktur verfügen, lassen sich am besten mit dem Tabelleneditor erstellen. Mit dieser Funktion »zeichnen« Sie Ihre Tabellen direkt in Ihrem Dokument (Seite 249).

- Tabellen lassen sich nicht wie normaler Text löschen, sondern werden über einen eigenen Befehl auf der Registerkarte *Tabellentools/Layout* aus dem Dokument entfernt (Seite 250).

- Auch das Markieren von Text und die Navigation in Tabellen unterscheiden sich etwas vom gewohnten Verhalten. Für das Bewegen des Cursors mit der Tastatur sind spezielle Tastenkombinationen erforderlich (Seite 251).

- Um eine Tabelle um weitere Zeilen oder Spalten zu erweitern, stehen Ihnen auf der Registerkarte *Tabellentools/Layout* in der Gruppe *Zeilen und Spalten* zahlreiche Befehle zur Verfügung (Seite 254).

- Die Linien einer Tabelle lassen sich einzeln oder als Gesamtheit formatieren (Seite 257).

- Durch entsprechendes Einstellen der Textrichtung und der Textausrichtung lässt sich sogar ein vertikaler Textverlauf erreichen (Seite 260).

- Der Hintergrund von Tabellenzellen kann mit Farben und/oder Mustern gefüllt werden (Seite 262).

- Mit den Tabellenformatvorlagen lassen sich Tabellen schnell und unkompliziert mit ansprechenden Formatierungen versehen (Seite 255).

Word 2010

- Die Zeilenhöhe und die Spaltenbreite einer Tabelle ändern Sie am schnellsten mit der Maus (Seite 263).

- Mehrseitige Tabellen können mit einer Überschrift versehen werden, die automatisch auf jeder Seite wiederholt wird (Seite 264).

- Wenn Sie eine Tabelle erstellt und formatiert haben, deren Struktur und Aussehen Sie häufiger benötigen, können Sie diese als eine Art Baustein in Form einer Schnelltabelle speichern (Seite 265) und dann einfach in anderen Dokumenten wiederverwenden (Seite 267).

- Im letzten Abschnitt dieses Kapitels stand der Datenaustausch mit Excel im Mittelpunkt. Sie können in ein Word-Dokument eine Excel-Tabelle als neues Objekt einfügen (Seite 267) oder auch eine bereits bestehende Excel-Tabelle verwenden (Seite 268). Wenn Sie die in Word erstellte Tabelle mit der Excel-Quelle verknüpfen, stehen Ihnen verschiedene Möglichkeiten zur Verfügung, um die in Word eingefügte Tabelle zu aktualisieren, sollten sich die Daten in der Excel-Tabelle ändern (Seite 270).

Kapitel 16

Querverweise, Textmarken und Sprungbefehle

Sie kennen bereits die Bildlauf-Funktion, mit der Sie alle Stellen eines Dokuments erreichen, einsehen und bearbeiten können. Bei kurzen Texten ist die Verwendung der Bildlauf-Funktion sicherlich das schnellste und einfachste Verfahren, um zu der gewünschten Textstelle zu gelangen. Anders sieht es jedoch aus, wenn Sie ein langes Dokument bearbeiten, das vielleicht aus 30 Seiten und mehreren Abschnitten besteht. Dann kann das Auffinden der gewünschten Textstelle ein langwieriges Unterfangen werden.

Eine Möglichkeit, das Verfahren zu beschleunigen, besteht in der Verwendung des Befehls *Suchen* (in der Gruppe *Bearbeiten* der Registerkarte *Start*), mit dem Sie gezielt nach einer bestimmten Formatierung oder einem Wort/Satz suchen lassen können. Um diese Suche effektiv gestalten zu können, müssen die Suchkriterien jedoch eindeutig sein, was auch nicht immer der Fall ist.

Abhilfe schafft für diese Fälle der Befehl *Gehe zu*, mit dem Sie gezielt zu einer gewünschten Textstelle navigieren können. Um diesen Befehl und seine Möglichkeiten wird es im ersten Teil dieses Kapitels gehen. Anschließend widmen wir uns den Textmarken, die so etwas Ähnliches sind wie Lesezeichen, die Sie beim Lesen eines Buches zum schnellen Auffinden einer Textstelle verwenden. Da mit Textmarken auch längeren Passagen ein Name zugewiesen werden kann, eignen sie sich auch zum Einfügen von Teilen eines Textes in einen anderen.

An eine Stelle im Dokument springen

Mit dem Befehl *Gehe zu* können Sie schnell an eine bestimmte Stelle Ihres Dokuments gelangen. Auch hier sind die Möglichkeiten vielfältig, um den Befehl auszulösen:

- Wechseln Sie zur Registerkarte *Start*, klicken Sie in der Gruppe *Bearbeiten* auf den Pfeil der Schaltfläche *Suchen* und dann auf *Gehe zu*. Das zum Befehl gehörende Dialogfeld wird angezeigt und Sie können den Zielort eingeben.

- Drücken Sie F5 oder drücken Sie die Tastenkombination Strg + G . Auch hier erscheint die Registerkarte *Gehe zu* des Dialogfeldes *Suchen und Ersetzen*.

- Doppelklicken Sie in der Statusleiste auf die Seitenzahl, damit das folgende Dialogfeld angezeigt wird:

Bild 16.1   Die Registerkarte *Gehe zu* des Dialogfeldes *Suchen und Ersetzen*

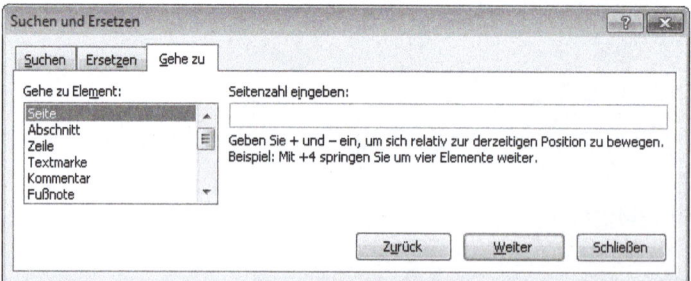

Das Prinzip des Dialogfeldes ist aber zugegebenermaßen sehr simpel. Im Listenfeld auf der linken Seite wählen Sie zuerst den Elementtyp an, den Sie »anspringen« möchten. Die angebotene Auswahl ist beeindruckend: Neben eher banalen Dingen wie *Seite*, *Zeile* und *Abschnitt* finden Sie auch exklusivere Einträge wie *Tabelle* und *Objekt*.

Textelemente der Reihe nach ansteuern

Für einen ersten Test laden Sie einfach ein mehrseitiges Dokument.

1. Rufen Sie das Dialogfeld *Gehe zu* auf (siehe Seite 274).

2. Wählen Sie im Listenfeld den Eintrag *Zeile*. Daraufhin ändert sich die Beschriftung des Text-feldes in *Zeilennummer eingeben*.

3. Klicken Sie auf die Schaltfläche *Weiter*. Sie sehen, wie sich die Einfügemarke um eine Zeile nach unten bewegt. Ein Klick auf *Zurück* und die Einfügemarke geht wieder an ihre Aus-gangsposition.

Das ist natürlich eine sehr umständliche Art des Bildlaufs. Aber das gleiche Prinzip können Sie auf fast alle im Listenfeld angebotenen Elemente übertragen. Dann springt Word nicht von Zeile zu Zeile, sondern von Tabelle zu Tabelle oder von Klang-Objekt zu Klang-Objekt. Die einzige Aus-nahme sind Textmarken, auf die wir im weiteren Verlauf dieses Kapitels noch genauer eingehen werden.

Textelemente direkt/relativ ansteuern

Wenn Sie ein Element gezielt anspringen wollen, müssen Sie im Textfeld des Dialogfeldes *Gehe zu* eine Eingabe machen. Der Einfachheit halber werden wir wieder auf das Zeilen-Beispiel aus dem letzten Abschnitt zurückgreifen.

1. Rufen Sie das Dialogfeld *Gehe zu* auf (siehe Seite 274).

2. Wählen Sie im Listenfeld das Element *Zeile*.

3. Geben Sie in das Textfeld eine Zeilennummer ein. Dadurch verändert sich die Beschriftung der Schaltfläche *Weiter* zu *Gehe zu*. Die Schaltfläche *Zurück* ist deaktiviert, wie Sie an ihrer nun grauen Beschriftung erkennen können.

4. Klicken Sie auf *Gehe zu,* um die Einfügemarke in die gewünschte Zeile zu setzen.

Oft kommt es vor, dass Sie die Zeile/Seite etc., zu der Sie gehen möchten, nicht exakt angeben kön-nen, sondern einfach nur zehn Zeilen/Seiten etc. vor oder zurück gehen möchten. Auch das ist mit dem Dialogfeld *Gehe zu* kein Problem. In diesem Fall stellen Sie einfach ein Plus- oder Minuszei-chen vor die eingegebene Zahl. Um z.B. fünf Seiten in Richtung Textbeginn zu blättern, geben Sie in das Textfeld –5 ein.

Textmarken erstellen und ansteuern

Was sind Textmarken? Eine Textmarke ist ein Name, den Sie einer markierten Textstelle zuweisen. Die Passage, die als Textmarke formatiert werden soll, kann ein einzelnes Zeichen, eine Grafik, eine Zeile oder auch ein umfangreicher Text sein.

Sie haben bei der Vorstellung der Registerkarte *Gehe zu* des Dialogfeldes *Suchen und Ersetzen* im vorigen Abschnitt gesehen, dass Sie als Ziel auch den Namen einer Textmarke angeben können. Damit wäre bereits eine der Einsatzmöglichkeiten von Textmarken beschrieben. Sie können damit in einem langen Dokument mehrere »Lesezeichen« einfügen. Eine Möglichkeit wäre, wichtige

Überschriften eines Textes als Textmarken zu formatieren. Wenn der Name der Textmarke mit der Überschrift identisch ist, können Sie so leicht den Text zu einer Überschrift finden.

Textmarken erstellen

Bevor Sie die Möglichkeiten von Textmarken nutzen können, müssen Sie zuerst Textmarken erstellen. Und das geschieht mit den folgenden Schritten:

1. Markieren Sie den Textabschnitt, dem ein Textmarkenname zugewiesen werden soll. Es kann sich hierbei um ein einzelnes oder mehrere Zeichen, eine Zeile, einen Absatz oder eine größere Textpassage handeln. Wenn Sie die Textmarke nur benötigen, um die Textstelle später mit *Gehe zu* anzusteuern, können Sie auch auf das Markieren verzichten.

2. Wechseln Sie zur Registerkarte *Einfügen* und klicken Sie in der Gruppe *Hyperlinks* auf *Textmarke*. Das Dialogfeld *Textmarke* wird angezeigt.

Bild 16.2   Dialogfeld zum Erstellen von Textmarken

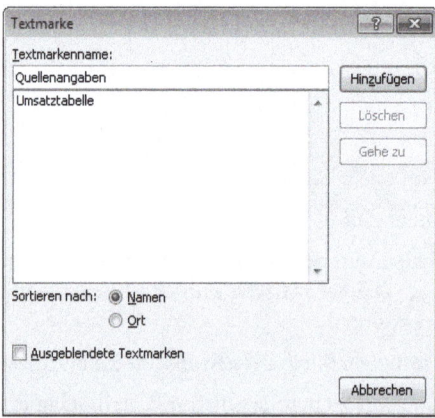

3. Geben Sie im Textfeld des Dialogfeldes den Namen für die Textmarke ein. Wenn sich in Ihrem Dokument bereits Textmarken befinden, enthält das Textfeld des Dialogfeldes eine der vorhandenen Textmarken. Überschreiben Sie den Eintrag dann einfach mit dem Namen der neuen Textmarke.

4. Klicken Sie auf *Hinzufügen*, um die Textmarke zu erstellen. Das Dialogfeld verschwindet dadurch vom Bildschirm.

5. Klicken Sie ein weiteres Mal auf der Registerkarte *Einfügen* auf die Schaltfläche *Textmarke* und überprüfen Sie, ob die neue Textmarke jetzt in der Liste des Dialogfeldes aufgeführt wird.

HINWEIS   Der Name einer Textmarke kann zwischen 1 und 40 Zeichen lang sein und darf nur aus Buchstaben und Zahlen bestehen. Das erste Zeichen muss immer ein Buchstabe sein. Zur Trennung einzelner Wörter in den Namen der Textmarken können Sie den Unterstrich (_) verwenden; Punkte und Bindestriche im Namen sind nicht erlaubt. Sobald Sie einen ungültigen Namen eingeben, wird die Beschriftung der Schaltfläche *Hinzufügen* in grauer Schrift dargestellt.

Textmarken hervorheben

Normalerweise sind auf dem Bildschirm die Stellen, denen eine Textmarke zugewiesen wurde, nicht sichtbar. So kann es schnell passieren, dass eine Textmarke aus Versehen gelöscht wurde. Sie können sich jedoch die Textmarken Ihrer Dokumente auf dem Bildschirm besonders kennzeichnen lassen:

1. Klicken Sie auf die Registerkarte *Datei* und dann auf *Optionen*.

2. Lassen Sie die Kategorie *Erweitert* anzeigen und scrollen Sie bis zum Abschnitt *Dokumentinhalt anzeigen*.

3. Schalten Sie das Kontrollkästchen *Textmarken anzeigen* ein.

Bild 16.3   Hier können Sie die mit einer Textmarke versehenen Stellen sichtbar machen

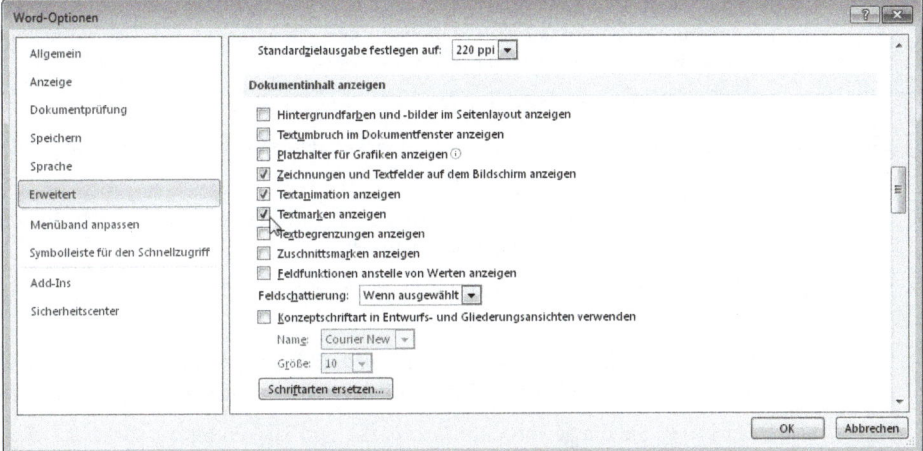

Word 2010

Word fasst Ihre Textmarken dann in zwei graue eckige Klammern ein. Ist einer Textmarke kein Text zugeordnet, erscheint an ihrer Position ein graues »I«.

Doch wie heißt es so schön: Kein Licht ohne Schatten. Die Kennzeichnung der Textmarken hat auch ihre Tücken. Haben Sie zwei Textmarken definiert, deren Bereiche sich überschneiden, können die Klammern auch irreführend sein. In diesem Fall sollten Sie auf der Registerkarte *Einfügen* auf *Textmarke* klicken und zu der unklaren Textmarke springen, die dann von Word vollständig markiert wird.

Textmarken löschen

Wenn Sie eine Textmarke nicht mehr benötigen, können Sie sie wieder löschen:

1. Wechseln Sie zur Registerkarte *Einfügen* und klicken Sie in der Gruppe *Hyperlinks* auf *Textmarke*. Das Dialogfeld *Textmarke* wird angezeigt.

2. Geben Sie im Textfeld den Namen der Textmarke ein oder wählen Sie ihn in der Liste aus.

3. Klicken Sie auf die Schaltfläche *Löschen,* um die Textmarke zu entfernen.

Wenn Sie den mit der Textmarke verbundenen Text aus Ihrem Dokument löschen, ist die Textmarke natürlich ebenfalls verschwunden.

Textmarken als Sprungziel verwenden

Nachdem Sie Textmarken festgelegt haben, können Sie diese als Ziel in den Dialogfeldern *Suchen und Ersetzen/Gehe zu* und *Textmarke* als Navigationsziel verwenden. Das Prinzip ist bei beiden Befehlen das gleiche.

Der Befehl *Gehe zu* hat den Vorteil, dass Sie ihn auch über einen Doppelklick auf die Seitenzahl in der Statusleiste aufrufen können. Dafür ist die Bedienung des Dialogfeldes etwas aufwendiger.

1. Rufen Sie das Dialogfeld *Gehe zu* auf (siehe Seite 274).

2. Wählen Sie im linken Listenfeld den Eintrag *Textmarke*.

3. Klappen Sie dann das rechts daneben erschienene Listenfeld *Textmarkennamen eingeben* auf und wählen Sie die gewünschte Textmarke aus.

4. Klicken Sie auf *Gehe zu*, damit Word die zugehörige Textstelle anzeigt.

5. Springen Sie zu einer weiteren Textmarke oder schließen Sie das Dialogfeld direkt mit *Schließen*.

Mit dem Dialogfeld *Textmarke* ist das Ansteuern von Textmarken deutlich einfacher, schließlich ist dieses Dialogfeld auf diese Aufgabe spezialisiert.

1. Wechseln Sie zur Registerkarte *Einfügen* und klicken Sie in der Gruppe *Hyperlinks* auf *Textmarke*.

2. Legen Sie mit den Optionsfeldern *Namen* und *Ort* fest, ob die Textmarken alphabetisch sortiert oder in der Reihenfolge ihres Auftretens im Dokument angezeigt werden.

3. Markieren Sie die gewünschte Textmarke und klicken Sie auf *Gehe zu*. Alternativ können Sie auch auf den Namen doppelklicken.

4. Lassen Sie sich weitere Textmarken anzeigen oder schließen Sie das Dialogfeld direkt mit *Schließen*.

Der Einsatz als Lesezeichen ist jedoch nur eine der Verwendungsmöglichkeiten von Textmarken. Weitaus spannender wird es, wenn Sie sie zum Verknüpfen von Dokumenten oder zum automatischen Erstellen von Querverweisen einsetzen. Diese beiden Themen werden wir im nächsten Abschnitt behandeln.

Querverweise erzeugen

Unter Querverweisen versteht man in Word die automatisierte Bezugnahme auf Textstellen. Der einfachste Fall ist sicherlich der Verweis auf eine Seite, die eine Textstelle oder eine Abbildung enthält, auf die Sie den Leser aufmerksam machen möchten. Natürlich können Sie die Seitenzahl einfach als normalen Text eingeben, doch dann laufen Sie Gefahr, dass der Verweis nicht mehr stimmt, sobald Sie Ihren Text weiter bearbeiten. Fügen Sie die Seitenzahl hingegen als Querverweis ein, ist ihre dauerhafte Aktualität gesichert.

Beispiel: Auf Textmarken verweisen

Am Beispiel der Textmarken wollen wir Ihnen zeigen, wie Sie auf andere Textstellen verweisen. Da das Prinzip bei allen Verweistypen gleich ist, können Sie es leicht auf andere Typen wie Bildunterschriften, Fußnoten, Überschriften usw. übertragen.

1. Öffnen Sie ein Dokument, in dem sich einige Textmarken befinden.

2. Setzen Sie die Einfügemarke an die Stelle, an der Sie einen Verweis einfügen möchten.

3. Wechseln Sie zur Registerkarte *Einfügen* und klicken Sie in der Gruppe *Hyperlinks* auf *Querverweis;* das gleichnamige Dialogfeld wird angezeigt.

Bild 16.4   Einfügen von Querverweisen

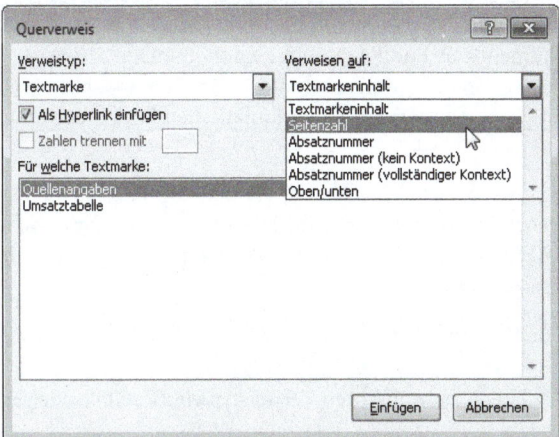

Das Dialogfeld enthält drei Listenfelder, mit denen Sie Ihre Querverweise »komponieren« können. Im Listenfeld *Verweistyp* sehen Sie, dass Sie nicht nur auf Textmarken, sondern auch auf viele andere Textelemente verweisen können. Um auf fortlaufend nummerierte Elemente wie Abbildungen oder Tabellen verweisen zu können, müssen Sie sie zuvor mit der Schaltfläche *Beschriftung einfügen* gekennzeichnet haben.

4. Da wir in diesem Beispiel auf eine Textmarke verweisen wollen, markieren Sie im Listenfeld *Verweistyp* den Eintrag *Textmarke.*

5. Anschließend können Sie im Listenfeld *Verweisen auf* festlegen, ob Sie auf den Textmarkeninhalt (also den Text, dem Sie die Textmarke zugewiesen haben), auf die Seitenzahl der Textmarke oder auf ihre Absatznummer verweisen wollen. Die letzte Wahlmöglichkeit ist nur von Interesse, wenn sich die Textmarke in einem Absatz befindet, der von Word automatisch nummeriert wurde.

6. Im letzten Listenfeld wählen Sie die Textmarke, auf die Sie sich beziehen wollen.

7. Wenn Sie Ihre Wahl getroffen haben, können Sie den fertigen Querverweis mit einem Klick auf die Schaltfläche *Einfügen* in Ihr Dokument aufnehmen und das Dialogfeld mit *Schließen* beenden.

Sie sehen nun, dass der Inhalt der gewählten Textmarke an der aktuellen Position der Einfügemarke steht. Erscheint statt des Textes eine Feldfunktion, wie z.B. *{REF Textmarke * MERGEFOR-*

Word 2010

MAT} oder *{PAGEREF Textmarke}*, dann drücken Sie [Alt]+[F9], um zur Anzeige der Feldergebnisse umzuschalten.

Nun wollen wir noch testen, ob sich der Verweis auch wirklich aktualisieren lässt.

1. Rufen Sie den Befehl *Gehe zu* auf (siehe Seite 274) und springen Sie zu der Textmarke, auf die Sie gerade verwiesen haben. Schließen Sie dann das Dialogfeld.

2. Ändern Sie den Text der Textmarke.

3. Gehen Sie wieder zu der Textstelle zurück, an der Sie den Querverweis aufgenommen haben.

4. Setzen Sie den Cursor in den Verweis und drücken Sie [F9]. Wie Sie sehen, wird die Änderung sofort übernommen, wenn Sie im Querverweise auf den Textmarkeninhalt verweisen.

PROFITIPP   **Verweise auf Fuß- und Endnoten**

Wenn Sie in einem Dokument mit Endnoten einige Endnotentexte mehrfach verwenden wollen, also z.B. an mehreren Textstellen auf die Endnote 3 verweisen möchten, bieten Querverweise eine elegante Lösung, bei der der Komfort der automatischen Endnotennummerierung erhalten bleibt.

Dazu fügen Sie immer, wenn Sie auf eine bereits vorhandene Fuß- bzw. Endnote verweisen möchten, einen entsprechenden Querverweis ein. Der Querverweis kann dabei so formatiert werden, dass er optisch nicht von einem normalen Fuß-/Endnotenzeichen zu unterscheiden ist. Konkret gehen Sie dazu folgendermaßen vor:

1. Wechseln Sie zur Registerkarte *Einfügen* und klicken Sie in der Gruppe *Hyperlinks* auf *Querverweis.*

2. Stellen Sie im Dialogfeld den gewünschten Verweistyp ein *(Fußnote* oder *Endnote).*

3. Im Listenfeld *Verweisen auf* wählen Sie die Einstellung *Fußnotennummer (formatiert)* bzw. *Endnotennummer (formatiert).*

4. Schalten Sie das Kontrollkästchen *Als Hyperlink einfügen* ein, wenn Sie möchten, dass Sie durch Anklicken des Querverweises zu der referenzierten Fuß-/Endnote springen können. Von dort aus können Sie dann zum zugehörigen Text der Fuß-/Endnote gelangen.

5. Wenn Sie das Kontrollkästchen *Oben/unten einschließen* einschalten, wird der Querverweis um die Angabe ergänzt, ob sich die betreffende Textstelle ober- oder unterhalb im Dokument befindet.

6. Wählen Sie die gewünschte Fuß-/Endnote im Dialogfeld aus. Klicken Sie dann auf *Einfügen* und schließen Sie das Dialogfeld.

Der eingefügte Querverweis erhält exakt die gleiche Formatierung wie die Fuß-/Endnote, auf die er verweist (die Formatierung wird über die Formatvorlage *Fußnotenzeichen* bzw. *Endnotenzeichen* festgelegt). Sollte sich die Nummer der zugehörigen Fuß-/Endnote später ändern, wird sich der Querverweis entsprechend anpassen. Die Übernahme der geänderten Nummer erfolgt jedoch nicht im gleichen Augenblick wie die Änderung der Fuß-/Endnotennummerierung. Sie müssen dazu erst die Felder aktualisieren, die den Querverweisen zugrunde liegen. Dazu wechseln Sie am einfachsten zur Seitenansicht (Registerkarte *Ansicht,* Schaltfläche *Seitenlayout).*

Auf Textmarken in anderen Dokumenten verweisen

Mit Word können Sie auch auf Textmarken in anderen Dokumenten zugreifen. Auf diese Weise lassen sich z.B. einzelne Textpassagen aus anderen Textdateien einbinden. Wenn Sie von dieser Möglichkeit Gebrauch machen wollen, müssen Sie sich zunächst überlegen, ob Sie die einzufügende Passage später aktualisieren lassen wollen oder ob sie als normaler Text eingefügt werden kann.

Statisch einfügen

Wenn Sie sicher sind, dass Sie den eingefügten Text nicht mehr mit seinem Originaldokument abstimmen möchten, können Sie ihn statisch einfügen. In diesem Fall besteht zwischen dem Dokument, in dem sich die Textmarke befindet, und dem Dokument, in das der Textmarkeninhalt eingefügt wird, keinerlei Verbindung. Nehmen Sie dann folgende Schritte vor:

1. Öffnen Sie das Dokument, das den Textmarkeninhalt aufnehmen soll, und positionieren Sie die Einfügemarke.

2. Wechseln Sie zur Registerkarte *Einfügen*.

3. Klicken Sie in der Gruppe *Text* auf den Pfeil der Schaltfläche *Objekt* und dann auf *Text aus Datei*. Das Dialogfeld *Datei einfügen* wird angezeigt.

   Dieses Dialogfeld ist vom Aufbau her mit dem *Öffnen*-Dialogfeld fast identisch. Die beiden Besonderheiten sind der Pfeil an der Schaltfläche *Einfügen* und die Schaltfläche *Bereich*, deren Bedeutung wir weiter unten beschreiben.

Bild 16.5   Einfügen einer Textpassage aus einer anderen Datei

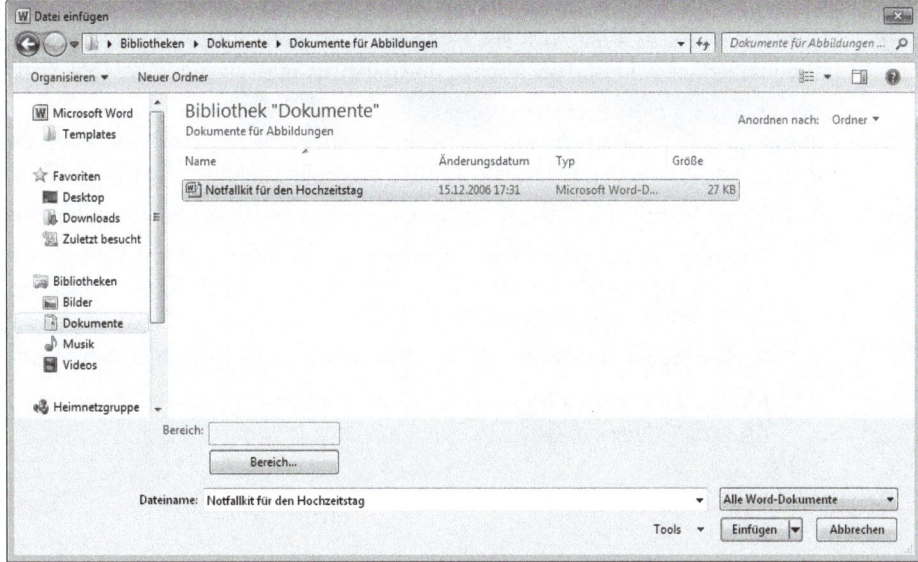

4. Wählen Sie die Datei aus, die die Textmarke enthält.

5. Klicken Sie dann auf die Schaltfläche *Bereich*, um das Dialogfeld *Bereich bestimmen* anzuzeigen.

Bild 16.6 Geben Sie hier den Namen der Textmarke ein

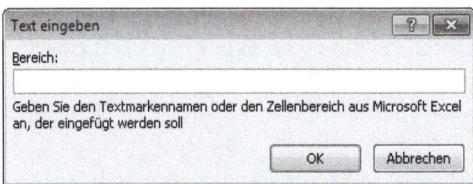

6. Geben Sie dann im Textfeld *Bereich* den Namen der Textmarke an.

7. Klicken Sie auf *OK*, um das Dialogfeld *Bereich bestimmen* zu schließen.

8. Klicken Sie auf *Einfügen*, um den Textmarkeninhalt in Ihr Dokument einzufügen.

Word hat den Inhalt der Textmarke vollständig in Ihr Dokument übernommen. Das heißt, der eingefügte Text ist ebenfalls mit einer Textmarke verbunden. Sie haben also gewissermaßen eine Kopie der Textmarke erzeugt. Wenn Sie die Textmarke in dem Dokument, in das Sie den Text eingefügt haben, nicht benötigen, können Sie sie ohne weiteres löschen.

Textmarken verknüpfen

Manchmal ist die eben vorgestellte statische Übernahme von Textmarken ungünstig. Angenommen, Sie müssen einen Prospekt oder ein Pflichtenheft zu einem Produkt schreiben, das bislang nur in den Köpfen Ihrer Marketingleute existiert. Daher sind wichtige Daten, die Sie für Ihre Arbeit benötigen, wie Leistungsmerkmale oder Ausstattung des Produkts, noch nicht festgelegt. Es ist also abzusehen, dass Sie noch etliche Angaben in Ihrem Text werden ändern müssen, wenn das Produkt fertiggestellt ist. Hier können Ihnen die Textmarken von Word entscheidend weiterhelfen.

Die Lösung für diese Problemstellung ist einfach: Sie erstellen ein Dokument, in dem Sie alle variablen Daten des Projekts zusammenstellen. Benötigen Sie z.B. den Preis des Produkts, so geben Sie einfach eine Zahl in der gewünschten Größenordnung ein und weisen ihr die Textmarke *Preis* zu.

Nach dieser Vorarbeit können Sie folgendermaßen auf die Früchte Ihrer Arbeit zugreifen:

1. Wechseln Sie zur Registerkarte *Einfügen* und klicken Sie in der Gruppe *Text* zuerst auf den Pfeil der Schaltfläche *Objekt* und dann auf *Text aus Datei*. Markieren Sie die Datei, in der Sie die Textmarken gespeichert haben.

2. Klicken Sie auf die Schaltfläche *Bereich* und geben Sie den Namen der Textmarke ein.

3. Klicken Sie auf den Pfeil der Schaltfläche *Einfügen*, um das Menü zu öffnen, und wählen Sie *Als Verknüpfung einfügen*.

Dem eingefügten Text ist seine Flexibilität auf den ersten Blick nicht anzusehen. Wenn Sie jedoch mit der Tastenkombination ⟨Alt⟩+⟨F9⟩ zur Anzeige der Feldfunktionen umschalten, sehen Sie, dass Word keinen reinen Text, sondern das Feld *INCLUDETEXT* in das Dokument aufgenommen hat. In diesem Feld ist sowohl der Name der Textmarke als auch der Name der Datei gespeichert, in der diese Textmarke zu finden ist. Beispielsweise:

{INCLUDETEXT "C:\\Eigene Dateien\\Akte.docx" Preis}

Verknüpfung aktualisieren

Haben sich die Daten in der Quelldatei der Textmarke geändert, können Sie sie durch das Aktualisieren der Feldfunktion in Ihr Dokument übernehmen. Dazu setzen Sie einfach den Cursor in den eingefügten Text bzw. die Feldfunktion und drücken ⟨F9⟩. Um alle verknüpften Textmarken auf den neuen Stand zu bringen, markieren Sie vor dem Drücken der ⟨F9⟩-Taste das gesamte Dokument.

Anstelle von ⟨F9⟩ können Sie auch auf die Registerkarte *Datei* und dann auf *Informationen* klicken. Auf der rechten Seite der Backstage-Ansicht finden Sie im Abschnitt *Verwandte Dokumente* den Befehl *Verknüpfungen mit Dateien bearbeiten*. Ein Klick auf diesen Befehl öffnet das Dialogfeld *Verknüpfungen;* dort können Sie dann die Aktualisierung mit der Schaltfläche *Jetzt aktualisieren* vornehmen. Außerdem können Sie über das Dialogfeld eine andere Quelle festlegen, wenn Sie z.B. die Datei in einen anderen Ordner kopiert haben.

Bild 16.7   Bearbeiten der Verknüpfung

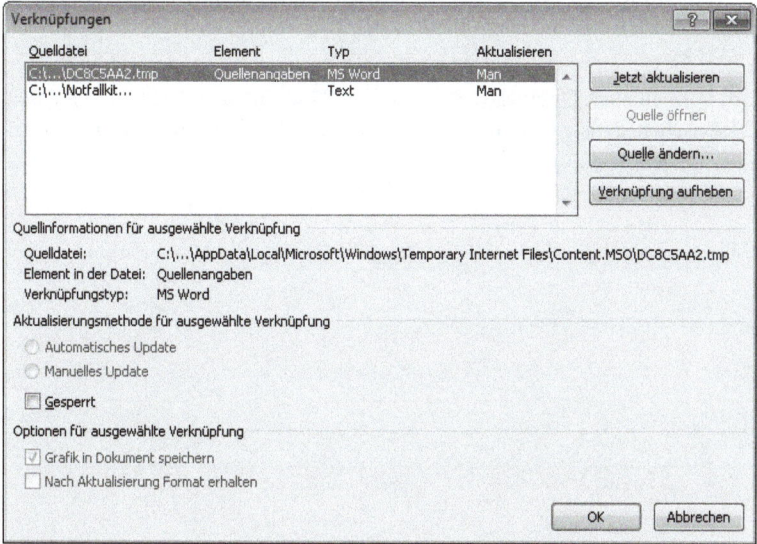

Sie können bei der Aktualisierung sogar den umgekehrten Weg gehen. Das heißt, Sie ändern die eingefügte Textmarke und können diese Änderung dann in die Quelldatei übertragen. Diesen Vorgang nennt man in Word Quellaktualisierung. Stellen Sie dazu die Einfügemarke in die geänderte Textmarke und drücken Sie ⟨Strg⟩+⟨⇧⟩+⟨F7⟩. Anschließend können Sie sich davon überzeugen, dass die Änderung in der Quelldatei »angekommen« ist.

Übernahme von Formatierungen aus der eingefügten Datei

Der mit der Feldart *{INCLUDETEXT}* aufgenommene Teil einer Datei behält seine ursprünglichen Druckformate und Zeichenformatierungen, wenn der Text eine Absatzmarke enthält. Fehlt die Absatzmarke, übernimmt der eingefügte Text die Formatierung der Zieldatei.

Wenn der eingefügte Text mit einer Abschnittsmarke endet, bleibt die Abschnittsformatierung im Zieldokument erhalten. Anderenfalls übernimmt der eingefügte Text die Abschnittsmerkmale der Zielstelle.

Zusammenfassung

In diesem Kapitel haben Sie gelernt, wie Sie innerhalb von umfangreichen Dokumenten navigieren können und wie Sie Querverweise in Dokumente einfügen:

- Mit der Registerkarte *Gehe zu* des Dialogfeldes *Suchen und Ersetzen* können Sie gezielt zu einer gewünschten Seite oder einem bestimmten Textelement springen. Den Befehl rufen Sie am schnellsten mit der Taste F5 auf (Seite 274).

- Mit Textmarken können Sie beliebige Stellen eines Dokuments kennzeichnen, um von anderer Stelle darauf verweisen zu können (Seite 275).

- Querverweise können nicht nur auf Textmarken, sondern auch auf Überschriften, Fuß- und Endnoten, Abbildungen und Tabellen verweisen. Zum Einfügen verwenden Sie am besten die Schaltfläche *Querverweis*, die Sie in der Gruppe *Hyperlinks* auf der Registerkarte *Einfügen* finden (Seite 278).

- Mit Word können auch Querverweise auf andere Dokumente erstellt werden. Sie haben dabei die Wahl zwischen statischen und verknüpften Querverweisen (Seite 281).

Kapitel 17

Formatvorlagen

In diesem Kapitel dreht sich alles um Formatvorlagen. Es gibt in Word wohl kaum eine zweite Funktion, deren Verständnis eine so wichtige Voraussetzung für ein effektives Arbeiten mit Word ist. Gleichzeitig investieren nur wenige Anwender die notwendige Zeit, um das Konzept der Formatvorlagen zu erlernen und es gewinnbringend einsetzen zu können.

Mit der neuen Version von Word wird es wohl nicht besser werden. Word signalisiert dem Anwender mehr denn je: »Ein Klick genügt« oder etwas bissiger formuliert: »Nicht denken, klicken!«. Diese Herangehensweise mag auf den ersten Blick verlockend klingen, aber wer je mit Software gearbeitet hat, die versucht, dem Anwender das Denken abzunehmen, kennt das verzweifelte Gefühl, das einen beschleicht, wenn sich auf dem Bildschirm Dinge tun, die man weder versteht noch so gewollt hat.

Wir werden das Pferd daher gewissermaßen von hinten aufzäumen und Ihnen zunächst den Sinn und Zweck von Formatvorlagen erklären und erst anschließend auf ihre Anwendung eingehen.

Das Prinzip

Wenn Sie regelmäßig mit Word Dokumente erstellen, werden Sie irgendwann feststellen, dass Sie die gleichen Formatierungsbefehle immer wieder eingeben, um beispielsweise alle Überschriften auf die gleiche Art und Weise zu formatieren. Das ist nicht nur mühselig, sondern auch sehr unflexibel.

Formatvorlagen bieten eine Lösung für diese Situation, indem sie viele verschiedene Formatierungsmerkmale (wie Schriftart, Schriftauszeichnungen, Einzüge, Farbeinstellungen usw.) zu einer Art Muster zusammenfassen. Wenn Sie beispielsweise alle Überschriften fett und zentriert formatieren wollen und außerdem eine Linie sowie Freiräume vor und nach dem Absatz einrichten möchten, können Sie genau *eine* Formatvorlage erstellen, die alle gewünschten Formatierungsmerkmale in sich vereinigt.

Formatvorlagen sind schnell

Wenn Sie einmal eine Formatvorlage erstellt haben, können Sie sie beliebig oft anwenden und einer Textstelle alle in der Formatvorlage gespeicherten Formatierungsmerkmale mit dem berühmten einen Mausklick zuweisen.

Formatvorlagen sind präzise

So ist hundertprozentig garantiert, dass alle Formatierungen konsistent sind. Und falls Sie noch eine Änderung an der Formatierung vornehmen wollen, können Sie sich auf eine einzige Stelle konzentrieren. Sie korrigieren einfach die Formatvorlage, die dann die geänderte Formatierung an die zugehörigen Textstellen »vererbt«.

Formatvorlagen sind flexibel

Dieser Mechanismus lässt sich fast beliebig perfektionieren. So können z.B. die Formatvorlagen eines Dokumentes so geschickt aufeinander aufgebaut werden, dass Sie mit einer einzigen Änderung die Schriftart im ganzen Dokument ändern können, und zwar unabhängig davon, in welcher Größe und Auszeichnung (fett, kursiv etc.) Sie die Schrift eingesetzt haben. Wenn Sie ▶ Kapitel 9 gelesen haben, in dem wir Dokumentdesigns und Designschriftarten vorgestellt haben, ahnen Sie vielleicht bereits, welches Komfortpotenzial sich hier verbirgt. Wir werden dieses wichtige Thema im weiteren Verlauf dieses Kapitels noch vertiefen.

Die verschiedene Typen von Formatvorlagen

In Word gibt es mehrere Typen von Formatvorlagen, die sich darin unterscheiden, welche Formatierungsmerkmale in ihnen gespeichert werden können.

- **Zeichen**   Speichern die Einstellungen, die Sie auf der Registerkarte *Start* in der Gruppe *Schriftart* finden. Mit Zeichenformatvorlagen können einzelne Wörter im Text durch eine Formatierung hervorgehoben werden (wie die Wörter *Start* und *Schriftart* in diesem Absatz).

- **Absatz**   Enthält lediglich die Einstellungen, die Sie für Absätze vornehmen können. Hierzu gehören die Ausrichtung, Einzüge, Abstände, Tabulatoren, Umrandungen, Linien sowie Schattierungen und die Sprache. Dieser Formatvorlagentyp kann jedoch (vermutlich aus Kompatibilitätsgründen) ebenfalls Zeichenformatierungen speichern.

- **Verknüpft (Absatz und Zeichen)**   kombiniert eine Zeichen- mit einer Absatzformatvorlage.

- **Tabellen-Formatvorlagen**   enthalten neben den Zeichenformatierungen auch Merkmale wie Füllfarbe, Rahmenarten und die Ausrichtung des Textes innerhalb einer Tabellenzelle.

- **Listen-Formatvorlagen**   dienen zur Formatierung von nummerierten Listen und Aufzählungen. Neben der Einrückung und der Schriftart können Sie auch das Aufzählungszeichen aus den verschiedenen Zeichensätzen definieren oder dafür sogar eine Grafik verwenden.

Verwendung von Designschriftarten

In ▶ Kapitel 9 haben Sie gesehen, wie Sie die Darstellung eines Dokuments ändern können, indem Sie ein neues Design für das Dokument auswählen. Damit dieser »Trick« auch wirklich gelingen kann, müssen sämtliche Schriftformatierungen der Formatvorlage die Designschriftarten verwenden. Woran Sie diese Schriften erkennen, werden wir weiter hinten in diesem Kapitel noch erklären.

Schnellformatvorlagen

Schnellformatvorlagen sind im Grunde genommen nichts anderes als die soeben vorgestellten Formatvorlagen. Sie heben sich lediglich dadurch ab, dass sie in der Registerkarte *Start* in der Gruppe *Formatvorlagen* auftauchen. Dank ihrer exponierten Lage lassen sich diese Formatvorlagen beim Formatieren schneller erreichen und dieser Tatsache verdanken sie ihren Namenszusatz.

Bild 17.1   Die Schnellformatvorlagen in der Registerkarte *Start*

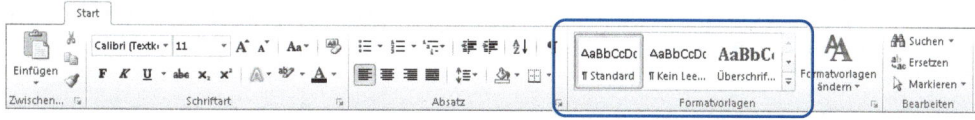

Um diesen Geschwindigkeitsvorsprung zu gewährleisten, verwendet Word zurzeit nur knapp 20 Schnellformatvorlagen. Andernfalls würden Sie zuviel Zeit damit verlieren, eine gewünschte Formatvorlage auf der Registerkarte zu finden. Bei der Auswahl der Formatvorlagen, die zu Schnellformatvorlagen »befördert« wurden, hat man versucht, ein möglichst breites Spektrum an Formatierungsaufgaben abzudecken.

Word 2010

Schnellformatvorlagen-Sätze

Es gibt noch eine weitere Hierarchieebene im Leben einer Formatvorlage: die so genannten Schnellformatvorlagen-*Sätze* oder auch *Stil-Sets*. Dabei handelt es sich einfach um verschiedene Gruppen von Schnellformatvorlagen, die jeweils einen eigenen Namen besitzen. Ihre besondere Wirkung entfalten die Schnellformatvorlagen-Sätze, wenn die in ihnen enthaltenen Formatvorlagen die gleichen Namen tragen. Dann wird es nämlich möglich, durch einfaches Wechseln des Schnellformatvorlagen-Satzes einem Dokument ein vollständig anderes Aussehen zu geben.

Bild 17.2 Durch einen Wechsel des Schnellformatvorlagen-Satzes erhält ein Dokument augenblicklich ein völlig anderes Aussehen

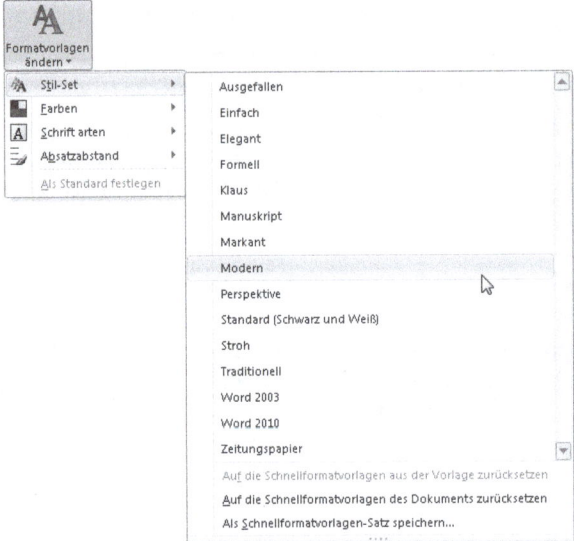

Dokumentdesigns

An oberster Stelle dieser Hierarchie befinden sich die eben schon erwähnten Dokumentdesigns. In ihnen werden unter anderem die *Designschriftarten* und die *Designfarben* festgelegt. Wenn alle in einem Dokument verwendeten Formatvorlagen nur diese Schriftarten und Farben verwenden, wirkt sich eine Änderung bzw. ein Wechsel des Dokumentdesigns automatisch auf das gesamte Dokument aus.

Fluch oder Segen?

Nach dieser kurzen Einführung in das Thema Formatvorlagen verfügen Sie nun über eine erste Vorstellung von der Leistungsfähigkeit dieses Konzepts. Sie haben sicher auch ein Gespür dafür entwickeln können, dass mit dieser Leistungsfähigkeit auch die Gefahr einhergeht, diesen Automatismus nicht in den Griff zu bekommen.

Unsere Empfehlung lautet daher: Wenden Sie zunächst nur die bereits vorhandenen Formatvorlagen an und beginnen Sie erst später, wenn Sie bereits etwas Erfahrung gesammelt haben, mit dem Erstellen von eigenen Formatvorlagen.

Formatvorlagen anwenden

Das Anwenden von Formatvorlagen ist denkbar unkompliziert. Beginnen wir mit dem einfachsten Fall, dem Anwenden einer Schnellformatvorlage. Mit den folgenden Schritten weisen Sie einem Absatz die Formatvorlage für eine Überschrift zu:

1. Setzen Sie die Einfügemarke in den betreffenden Absatz.

2. Zeigen Sie die Registerkarte *Start* an.

3. Öffnen Sie in der Gruppe *Formatvorlagen* den Katalog mit den Schnellformatvorlagen. Word zeigt die wichtigsten Merkmale der Formatvorlagen in kleinen Vorschaubildchen an.

Bild 17.3   Anwenden einer Schnellformatvorlage

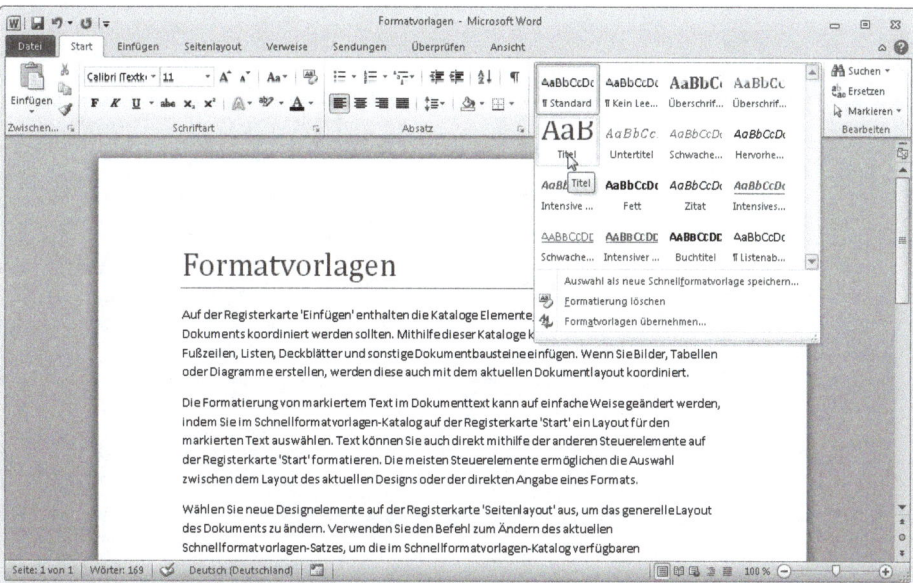

4. Bewegen Sie den Mauszeiger über die verschiedenen Einträge des Katalogs und beobachten Sie, wie sich die Formatierung des vorher ausgewählten Absatzes verändert.

5. Klicken Sie die gewünschte Formatvorlage an, um ihre Formatierungseigenschaften auf den Absatz zu übertragen.

ACHTUNG   **Formatvorlagen überschreiben direkte Formatierungen**   Wenn ein Absatz bereits direkte Absatzformatierungen besitzt, gehen sie durch das Zuweisen einer Formatvorlage verloren. Sie können jedoch, nachdem Sie dem Absatz die Formatvorlage zugewiesen haben, anschließend noch beliebige Formatierungen vornehmen.

Schnellformatvorlagen mit dem Kontextmenü zuweisen

Der im letzten Abschnitt beschriebene Weg über die Registerkarte *Start* ist in der Regel zu umständlich, da Sie dabei relativ lange Wege mit der Maus zurücklegen müssen (das gilt besonders dann, wenn die Registerkarte noch nicht angezeigt ist). Schnellformatvorlagen lassen sich daher meistens besser über das Kontextmenü des Absatzes zuweisen.

Bild 17.4 Der Aufruf des Katalogs über das Kontextmenü empfiehlt sich vor allem dann, wenn die Registerkarte *Start* zurzeit nicht sichtbar ist

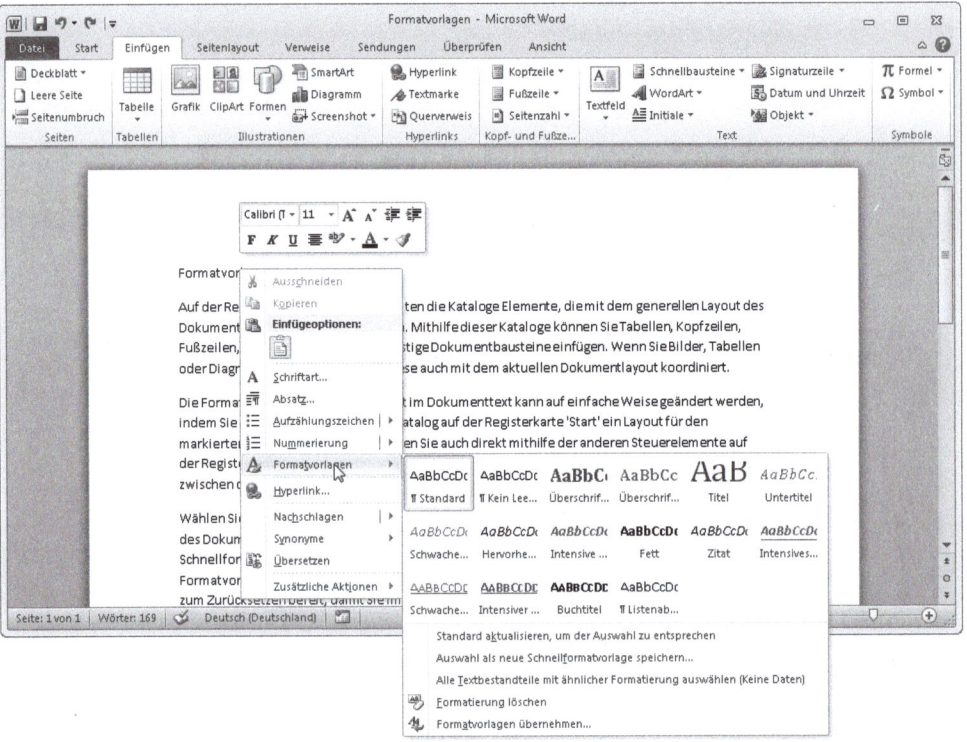

Formatieren mit dem Aufgabenbereich

Wenn sich eine von Ihnen gesuchte Formatvorlage nicht im Katalog der Schnellformatvorlagen befindet, verwenden Sie am besten den Aufgabenbereich *Formatvorlagen*. Um den Aufgabenbereich anzuzeigen, gehen Sie so vor:

1. Markieren Sie den Text, auf den Sie eine Formatvorlage anwenden wollen.

2. Zeigen Sie die Registerkarte *Start* an.

3. Klicken Sie in der unteren rechten Ecke der Gruppe *Formatvorlagen* auf die kleine Schaltfläche.

Word blendet den Aufgabenbereich dann entweder rechts neben dem Dokument ein oder zeigt ihn als eigenes Fenster an. Um zwischen den beiden Darstellungsarten umzuschalten, führen Sie einen Doppelklick auf der Titelleiste des Aufgabenbereichs aus bzw. ziehen mit der Maus an seiner Titelleiste, um ihn vom Rand des Wordfensters zu lösen.

Bild 17.5   Im Aufgabenbereich können Sie alle Formatvorlagen erreichen

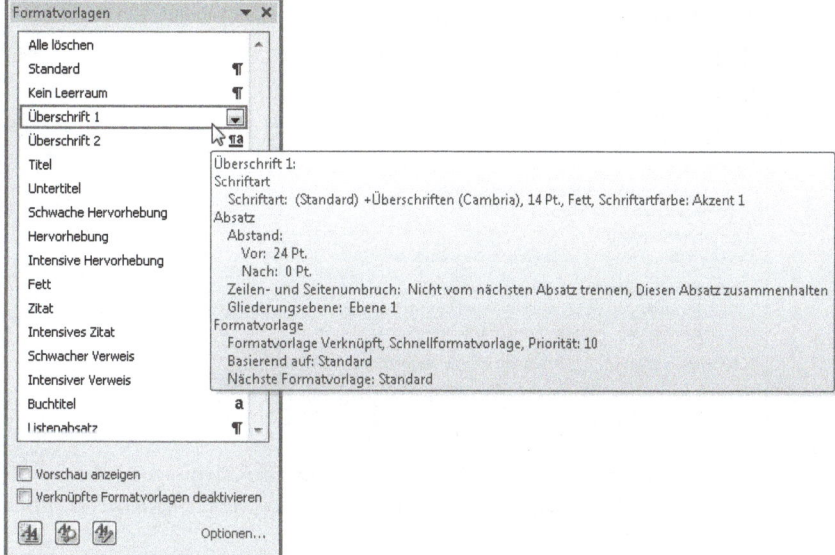

4. Wenn Sie jetzt mit der Maus über die verschieden Einträge des Aufgabenbereichs fahren, werden Sie feststellen, dass Word hier keine Livevorschau anbietet.

5. Sie können jedoch unten im Aufgabenbereich die Option *Vorschau anzeigen* einschalten, damit Word zumindest im Aufgabenbereich die Namen der Formatvorlagen in ihrer jeweiligen Formatierung anzeigt.

6. Übernehmen Sie die Formatierung der gewünschte Formatvorlage auf den markierten Text, indem Sie die Formatvorlage in der Liste anklicken.

TIPP   **Aufgabenbereich per Shortcut aufrufen**   Sie können den Aufgabenbereich auch über einen Shortcut aufrufen. Allerdings ist dazu eine gewisse Fingerfertigkeit von Nöten, da Sie dabei insgesamt vier Tasten gleichzeitig drücken müssen: `Alt` + `Strg` + `⇧` + `S`. Schaffen Sie es mit einer Hand? ☻

Optionen des Aufgabenbereichs Formatvorlagen

Wenn Sie eine bestimmte Formatvorlage suchen, werden Sie unter Umständen auch im Aufgabenbereich *Formatvorlagen* nicht auf Anhieb fündig. Dies liegt daran, dass Word versucht, Sie mit möglichst wenig Informationen zu konfrontieren und Ihnen deshalb zunächst nur eine Teilauswahl der vorhandenen Formatvorlagen anzeigt.

Um die Auswahl der angezeigten Formatvorlagen zu ändern, gehen Sie so vor:

1. Klicken Sie im Aufgabenbereich auf die Schaltfläche *Optionen.*

2. Wählen Sie im Listenfeld des Dialogs *Optionen für Formatvorlagenbereich* aus, welche Formatvorlagen im Aufgabenbereich angezeigt werden sollen. Zur Auswahl stehen hier: *Empfohlen, Verwendet, Im aktuellen Dokument* und *Alle Formatvorlagen.*

Bild 17.6   Die Optionen des Aufgabenbereichs

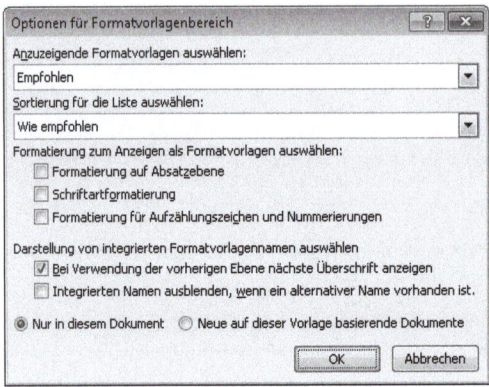

3. Sie können auch Einfluss auf die Sortierung der Formatvorlagen nehmen. Stellen Sie dazu im zweiten Listenfeld eine der Optionen *Alphabetisch, Wie empfohlen, Schriftart, Basierend auf* oder *Nach Typ* ein.

4. Schließen Sie das Dialogfeld mit *OK.*

Der Aufgabenbereich Formatvorlage übernehmen

Es gibt noch einen weiteren Aufgabenbereich, der Sie bei der Arbeit mit Formatvorlagen unterstützt. Er nennt sich *Formatvorlagen übernehmen* und lässt sich folgendermaßen aufrufen bzw. verwenden:

1. Klicken Sie mit der rechten Maustaste in den Text, um das Kontextmenü anzuzeigen.

2. Öffnen Sie im Kontextmenü den Katalog der Schnellformatvorlagen (siehe Bild 17.4).

3. Rufen Sie im Ausklappmenü den Befehl *Formatvorlage übernehmen* auf.

Bild 17.7   Klein aber fein

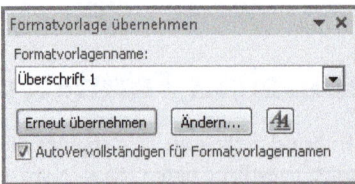

4. Wählen Sie die gewünschte Formatvorlage aus.

Wenn im Aufgabenbereich die Option *AutoVervollständigen für Formatvorlagennamen* aktiviert ist, können Sie eine bestimmte Formatvorlage unter Umständen schneller finden, indem Sie ihren Namen in das Feld eintippen. Word zeigt die gesuchte Formatvorlage dann automatisch an, sobald Sie anhand Ihrer Eingabe eindeutig zu identifizieren ist. Um eine so ausgewählte Formatvorlage auf den Text anzuwenden, müssen Sie anschließend noch auf die Schaltfläche *Übernehmen* klicken.

Sehr praktisch ist auch die rechte der drei Schaltflächen. Mit ihr können Sie den Aufgabenbereich *Formatvorlagen,* den wir Ihnen im letzten Abschnitt vorgestellt haben, ein- und ausblenden.

Praktische Tipps für Formatvorlagen

- **Zeichenformatvorlagen funktionieren genauso** Wenn Sie einem einzelnen Wort eine Zeichenformatvorlage zuweisen wollen, reicht es aus, wenn sich die Einfügemarkierung in dem Wort befindet. Word formatiert dann automatisch das ganze Wort.

- **Einzelne Buchstaben** Wenn Sie nur einzelne Buchstaben innerhalb eines Wortes oder mehrere aufeinander folgende Wörter in einem Absatz formatieren wollen, müssen Sie sie vorher markieren.

- **Absatz auf Standardwerte der Formatvorlage setzen** Haben Sie einen Absatz, dem eine Formatvorlage zugewiesen ist, nachträglich formatiert, können Sie diese Änderungen jederzeit wieder rückgängig machen (dazu müssen Sie die gewünschten Zeichen vorher markieren):

  - Strg + Q entfernt die zusätzlichen Absatzformatierungen.

  - Strg + Leertaste hebt die zusätzlichen Zeichenformatierungen auf.

- **Formatvorlage Standard** Mit dem Shortcut Strg + ⇧ + N weisen Sie einem Absatz die Formatvorlage *Standard* zu, die normalerweise alle Absätze besitzen, die nicht mit einer anderen Formatvorlage definiert sind.

- **Überschriften formatieren** Die Formatvorlagen *Überschrift 1*, *Überschrift 2* und *Überschrift 3* können Sie mit den Shortcuts Alt + 1, Alt + 2 und Alt + 3 zuweisen.

- **Aufzählungen formatieren** Mit der Tastenkombination Strg + ⇧ + L können Sie die Formatvorlage *Aufzählungszeichen* zuweisen, mit der sich Listen erstellen lassen.

- **Anzeige der Formatvorlagen auf dem Bildschirm** Beim Formatieren eines Textes ist es manchmal nützlich, wenn man sofort sieht, mit welcher Formatvorlage ein Absatz formatiert ist. Wenn Sie den Aufgabenbereich *Formatierung anzeigen* einblenden und mit der Einfügemarke durch den Text wandern, wird die Anzeige im Aufgabenbereich ständig aktualisiert. Wie Sie den Aufgabenbereich anzeigen können, erfahren Sie im nächsten Abschnitt.

Der Formatinspektor

Wenn Sie überprüfen möchten, welche Formatierungsmerkmale ein markierter Text oder ein Absatz besitzt, können Sie den *Formatinspektor* aufrufen:

1. Zeigen Sie die Registerkarte *Start* an und klicken Sie in der Gruppe *Formatvorlagen* rechts unten auf die kleine Schaltfläche, um den Aufgabenbereich *Formatvorlagen* anzuzeigen.

2. Klicken Sie unten im Aufgabenbereich auf die mittlere Schaltfläche. Der Formatinspektor erscheint auf dem Bildschirm.

Word 2010

Bild 17.8   Der Formatinspektor

Wie Sie im Bild sehen, liefert der Formatinspektor zum einen die Information, welche Absatz- und welche Zeichenformatvorlage verwendet wurde (im Beispiel *Titel* und *Buchtitel*). Darüber hinaus zeigt er die Formatierungsmerkmale an, mit denen der Absatz bzw. die Zeichen nach dem Zuweisen der Formatvorlage noch formatiert wurden.

3. Mit den vier Schaltflächen, die sich am rechten Fensterrand des Formatinspektors befinden, können Sie die zugehörige Formatierung entfernen. Wenn Sie zum Beispiel die oberste Schaltfläche anklicken, erhält der Text die Absatzformatvorlage *Standard.* Mit der untersten Schaltfläche könnten Sie gezielt die nachträgliche Zeichenformatierung *Fett* entfernen.

4. Über die linke Schaltfläche am unteren Fensterrand des Formatinspektors können Sie den im letzten Abschnitt erwähnten Aufgabenbereich *Formatierung anzeigen* einblenden, der Sie mit detaillierten Informationen über die Formatierung der aktuellen Textposition bzw. des markierten Textes versorgt.

Bild 17.9   Der Aufgabenbereich *Formatierung anzeigen* zeigt die Daten der aktuellen Formatierung an

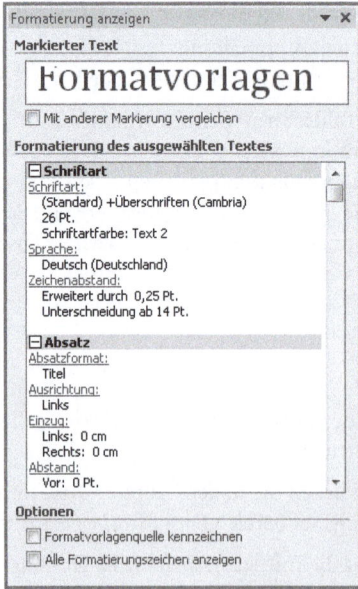

Formatvorlagen ändern

Wenn Sie eine Formatvorlage ändern möchten, weil Ihnen ein bestimmtes Formatierungsdetail nicht zusagt, gehen Sie dazu am einfachsten so vor:

1. Nehmen Sie die Änderungen an einem Absatz oder einem markierten Text vor, dem Sie zuvor die betreffende Formatvorlage zugewiesen haben.

2. Klicken Sie dann den Text bzw. die Markierung mit der rechten Maustaste an und zeigen Sie auf den Befehl *Formatvorlagen.*

3. Wählen Sie im so angezeigten Untermenü den Befehl *XY aktualisieren, um der Auswahl anzupassen,* wobei *XY* der Name der Formatvorlage ist.

Word übernimmt dadurch die Änderungen in die Formatvorlage, wodurch sich automatisch auch alle Textstellen ändern, die mit dieser Formatvorlage formatiert worden sind.

Formatvorlagen direkt im Dialogfeld bearbeiten

Alternativ zu der im letzten Abschnitt beschriebenen Vorgehensweise können Sie die Eigenschaften einer Formatvorlage auch über ein Dialogfeld ändern. Klicken Sie dazu die gewünschte Formatvorlage entweder im Katalog der Schnellformatvorlagen oder im Aufgabenbereich *Formatvorlagen* mit der rechten Maustaste an und wählen Sie im Kontextmenü den Befehl *Ändern.* Da das Dialogfeld *Formatvorlage ändern* dem Dialog *Neue Formatvorlage von Formatierung erstellen* stark ähnelt, verzichten wir hier auf seine Beschreibung und verweisen Sie auf den nächsten Abschnitt.

Eigene Formatvorlagen erstellen

Wenn Sie die Formatierung eines Absatzes in eine neue Formatvorlage überführen wollen, können Sie mit allen Befehlen, die Sie bisher kennen gelernt haben, die Formatierung des Absatzes festlegen. Da eine Absatzformatvorlage immer die Formatierung des gesamten Absatzes beschreibt, kann pro Formatvorlage nur eine Schriftart, ein Schriftgrad und eine Form der Auszeichnung festgelegt werden. Einzelne Zeichen oder Wörter, die anders formatiert werden sollen, müssen von Hand mit den beschriebenen Verfahren zur Zeichenformatierung erstellt werden.

> **HINWEIS** **Verwenden Sie Designschriftarten und -farben** Beachten Sie bei der Formatierung von Schriftart und Farben, dass Sie nach Möglichkeit die Designschriftarten bzw. -farben verwenden. In den entsprechenden Auswahllisten stehen diese Einträge immer ganz oben.

Hier die einzelnen Schritte, die zum Kopieren einer Absatzformatierung in eine Formatvorlage erforderlich sind:

1. Formatieren Sie den Absatz so, dass er Ihren Vorstellungen von der zu erstellenden Formatvorlage entspricht.

2. Markieren Sie den Absatz.

3. Klicken Sie mit der rechten Maustaste in die Markierung und wählen Sie den Befehl *Formatvorlagen/Auswahl als neue Schnellformatvorlage speichern.* Es erscheint folgendes Dialogfeld:

Word 2010

Bild 17.10   Benennen der neuen Formatvorlage

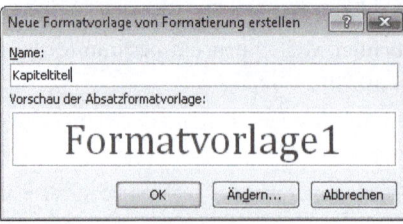

4.   Geben Sie einen Namen für die neue Formatvorlage ein.

5.   Klicken Sie auf *OK*.

Formatvorlage neu definieren

Sie können auch Formatvorlagen definieren, ohne vorher einen Absatz entsprechend formatiert zu haben. In diesem Fall sind folgende Schritte notwendig:

1.   Klicken Sie in der Registerkarte *Start* auf die kleine Schaltfläche, die sich in der rechten unteren Ecke der Gruppe *Formatvorlagen* befindet. Word zeigt dann den Aufgabenbereich *Formatvorlagen* an.

2.   Klicken Sie im Aufgabenbereich unten links auf die Schaltfläche *Neue Formatvorlage*, die folgendes Dialogfeld anzeigt.

Bild 17.11   Hier können Sie alle Einstellungen für eine Formatvorlage vornehmen

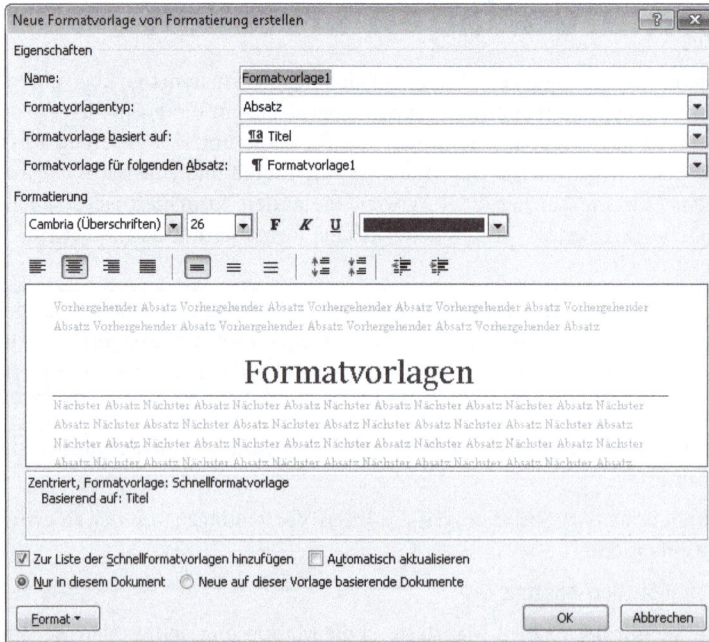

3. Tragen Sie in das Feld *Name* den Namen der neuen Formatvorlage ein.

4. Wählen Sie im nächsten Listenfeld den gewünschten *Formatvorlagentyp* aus. Die verschiedenen Formatvorlagentypen haben wir weiter vorne in diesem Kapitel ab Seite 287 beschrieben.

5. Im mittleren Bereich des Dialogfeldes legen Sie die Merkmale der Formatvorlage fest. Word bietet Ihnen hier in Abhängigkeit vom Typ der Formatvorlage die wichtigsten Formatierungsmöglichkeiten als Schaltflächen und Listen an. Sie können auch im unteren Bereich auf die Schaltfläche *Format* klicken, damit Word ein Menü mit den Merkmalen öffnet, die Sie der neuen Formatvorlage zuweisen können. Der Inhalt des Menüs ändert sich in Abhängigkeit vom gewählten Formatvorlagentyp.

6. Nachdem Sie die gewünschten Formatierungsmerkmale festgelegt haben, können Sie das Dialogfeld mit einem Klick auf *OK* beenden.

Word 2010

Formatvorlage der Dokumentvorlage hinzufügen

Wenn Sie in einem Dokument (keiner Vorlage) arbeiten und eine neue Formatvorlage erstellen, ist die neue Formatvorlage anschließend nur im aktuellen Dokument enthalten, nicht aber in der Dokumentvorlage, die dem Dokument zugrunde liegt. Wenn Sie die neu erstellte Formatvorlage in die Dokumentvorlage übernehmen wollen, müssen Sie im unteren Bereich des Dialogfeldes *Neue Formatvorlage* das Optionsfeld *Neue auf dieser Vorlage basierende Dokumente* einschalten. Falls sich das Feld bei Ihnen nicht aktivieren lässt, ist die Vorlage mit einem Schreibschutz versehen.

Formatvorlage auf bereits vorhandener basieren

Wenn Sie eine Formatvorlage definieren wollen, die sich nur in Kleinigkeiten von einer schon bestehenden unterscheidet, können Sie die Formatierung der neuen Formatvorlage auf der vorhandenen aufbauen.

Stellen Sie die betreffende Formatvorlage einfach im Listenfeld *Formatvorlage basiert auf* ein. Word übernimmt dann alle Merkmale dieser Formatvorlage in die neue Formatvorlage und Sie müssen sich nur noch um die Formatierungsmerkmale kümmern, in denen sich die beiden Formatvorlagen unterscheiden.

Nächste Formatvorlage festlegen

Wenn Sie einen Absatz mit einer Formatvorlage formatiert haben und am Ende des Absatzes mit der ⏎-Taste einen neuen Absatz erstellen, erhält der neue Absatz normalerweise dieselbe Formatvorlage.

Sie können aber auch mit dem Listenfeld *Formatvorlage für folgenden Absatz* eine andere Formatvorlage festlegen. Diese Möglichkeit ist bei der Formatierung von vielen Dokumenten äußerst praktisch. Nehmen Sie als Beispiel den Text dieses Kapitels, bei dem nach einer Überschrift in der Regel immer die Standard-Formatvorlage verwendet wird.

Formatvorlagen und Shortcuts

Beim Definieren von Formatvorlagen können Sie auch eine Tastenkombination festlegen, die Sie dann zum Zuweisen der Formatvorlage verwenden können. Gehen Sie dazu wie folgt vor:

1. Klicken Sie im Dialog *Neue Formatvorlage von Formatierung erstellen* bzw. im Dialog *Formatvorlage ändern* erst auf die Schaltfläche *Format* und dann auf *Tastenkombination.*

2. Drücken Sie die gewünschte Tastenkombination. Sie wird dann im Feld *Neue Tastenkombination* angezeigt.

Bild 17.12   Tastenkombination für eine Formatvorlage festlegen

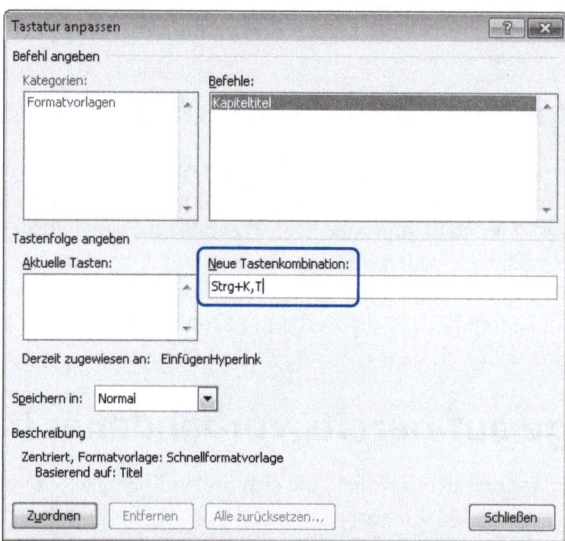

3. Im Feld *Aktuelle Tasten* zeigt Word die Formatvorlage oder den Word-Befehl an, dem die gedrückte Tastenkombination derzeit zugeordnet ist. Wenn Sie die Zuordnung nicht lösen wollen, müssen Sie eine andere Tastenkombination ausprobieren.

4. Klicken Sie auf die Schaltfläche *Zuordnen*, um die Tastenkombination der Formatvorlage dauerhaft zuzuordnen.

Formatvorlage löschen

Wenn Sie eine Formatvorlage nicht mehr benötigen, können Sie sie aus dem Dokument oder der Vorlage entfernen. Das ist jedoch nur mit den von Ihnen erstellten Formatvorlagen möglich; die internen Formatvorlagen von Word (z.B. *Überschrift 1* oder *Standard)* lassen sich nicht löschen.

Beim Löschen einer Formatvorlage wird den Absätzen, die mit dieser Formatvorlage formatiert waren, die Formatvorlage *Standard* zugewiesen.

1. Öffnen Sie das Dokument, das die zu löschende Formatvorlage enthält.

2. Zeigen Sie den Aufgabenbereich *Formatvorlagen* an.

3. Klicken Sie dort auf die Schaltfläche *Formatvorlagen verwalten.*

4. Wechseln Sie im Dialog *Formatvorlagen verwalten* auf die Registerkarte *Bearbeiten,* falls diese nicht bereits angezeigt wird.

Bild 17.13 Löschen einer Formatvorlage

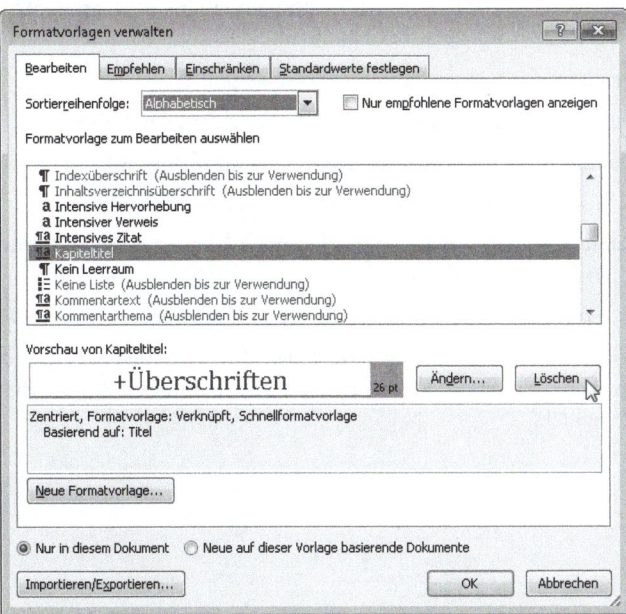

5. Markieren Sie die Formatvorlage in der Liste und ändern Sie dazu eventuell die Sortierreihenfolge der Liste, um die gesuchte Formatvorlage leichter finden zu können.

6. Klicken Sie auf die Schaltfläche *Löschen* und bestätigen Sie die Nachfrage von Word mit *Ja.*

Zusammenfassung

Dieses Kapitel hat Sie mit den wichtigen Informationen zu Formatvorlagen vertraut gemacht:

■ Die Formatierung mit Formatvorlagen bietet gegenüber der direkten Formatierung den Vorteil, dass Sie dabei schneller zum Ziel kommen und ein präziseres, d.h. einheitlicheres Ergebnis erzielen (Seite 286).

■ Es gibt verschiedene Typen von Formatvorlagen, die sich darin unterscheiden, welche Formatierungsmerkmale in ihnen gespeichert werden können (Seite 287):

  ■ Zeichen

  ■ Absatz

  ■ Verknüpft (Absatz und Zeichen)

  ■ Tabellen

  ■ Listen.

Word 2010

- Die wichtigsten, d.h. gebräuchlichsten Formatvorlagen werden als Schnellformatvorlagen bezeichnet und können direkt über die Registerkarte *Start* zugewiesen werden (Seite 287).

- Schnellformatvorlagen können als Gruppen zusammengefasst werden, die dann als Schnellformatvorlagen-Satz bezeichnet werden. Durch Zuweisen eines anderen Satzes lässt sich die gesamte Formatierung eines Dokuments auf einen Schlag ändern (Seite 288).

- Formatvorlagen basieren auf den in den Dokumentdesigns definierten Schriftarten und Farben (Seite 288).

- Formatvorlagen lassen sich auf mehrere Arten zuweisen:

  - als Schnellformatvorlagen über die Registerkarte *Start* (Seite 289)

  - als Schnellformatvorlagen über das Kontextmenü (Seite 290)

  - über den Aufgabenbereich *Formatvorlagen* (Seite 290).

- Wenn Sie prüfen möchten, welche Formatierungsmerkmale einer bestimmten Textstelle zugewiesen wurden, können Sie den Formatinspektor verwenden (Seite 293).

- Die Eigenschaften einer Formatvorlage lassen sich jederzeit ändern (Seite 295).

- Sie können auch eigene Formatvorlagen erstellen. Dazu können Sie entweder einen entsprechend formatierten Textbereich (Seite 295) oder eine andere Formatvorlage (Seite 297) als Grundlage verwenden.

Kapitel 18

Serienbriefe erstellen

Die Seriendruckfunktionalität befindet sich bei Word 2010 auf einer eigenen Registerkarte mit dem Namen *Sendungen*. Dort finden Sie die Befehle, die bei Word 2003 über den Menübefehl *Extras/ Briefe und Sendungen* und dessen Untermenü und über die *Seriendruck*-Symbolleiste verfügbar waren. Die Befehlsgruppe *Erstellen* der Registerkarte *Sendungen* können Sie verwenden, um Etiketten und Umschläge zu erstellen. Hinter der Befehlsschaltfläche *Beschriftungen* verbergen sich die Etiketten. (Leider ist hier ein Übersetzungsfehler passiert, der daraus resultiert, dass das englische Wort »label« verschiedene Bedeutungen hat. Vielleicht haben Sie schon ein Service Pack für Office 2010 installiert, mit dem dieser Fehler behoben wurde.)

Dieses Kapitel stellt Ihnen exemplarisch anhand eines Rundbriefes das Erstellen eines Serienbriefes vor. Der erste Abschnitt macht Sie zunächst mit einigen der Begriffe bekannt, die im Zusammenhang mit dem Seriendruck von Bedeutung sind, und beschreibt die prinzipiellen Schritte beim Erstellen eines Serienbriefes, die von der Reihenfolge der Befehlsgruppen auf der Registerkarte *Sendungen* gut abgebildet werden. Die nachfolgenden Abschnitte stellen dann die einzelnen Schritte ausführlich vor.

Wenn Sie bereits in Word 2003 oder einer früheren Version mit der Seriendruckfunktion gearbeitet haben, reicht es aus, dieses Kapitel zu überfliegen. Sollten Sie zum ersten Mal einen Serienbrief erstellen, gelangen Sie mit den Schritt-für-Schritt-Anleitungen dieses Kapitels schnell ans Ziel.

Grundlagenwissen für den Seriendruck

Beim Seriendruck, der im Englischen »mail merge« heißt, was so viel wie »Briefe zusammenführen« bedeutet, arbeiten Sie mit zwei verschiedenen Elementen: einem Hauptdokument und einer Datenquelle.

■ Beim *Hauptdokument* handelt es sich um ein Word-Dokument, das neben dem Text, der in allen zu erstellenden Briefen enthalten sein soll, Platzhalter für variable Elemente enthält, die sich je nach Empfänger des Briefes ändern können. Sie können ein Hauptdokument komplett neu erstellen oder auch ein bestehendes Word-Dokument in ein Hauptdokument für den Seriendruck umwandeln lassen.

■ Die variablen Elemente jedes einzelnen Briefes befinden sich in einer *Datenquelle,* bei der es sich in den meisten Anwendungsfällen des Seriendrucks um eine Adressenliste handelt. Sie können in Word beispielsweise die Outlook-Kontakte verwenden, damit Sie die Adressen, die in Outlook bereits vorliegen, nicht erneut eingeben müssen. Auch die Verwendung von anderen Datenformaten ist möglich.

Auf der Registerkarte *Sendungen* stehen Ihnen alle Werkzeuge zur Verfügung, die Sie zum Erstellen eines Serienbriefes benötigen. Die Anordnung der Befehlsgruppen und Befehle entspricht den einzelnen Schritten, die Sie beim Seriendruck erledigen müssen und die nachfolgend beschrieben werden.

Bild 18.1 Die Registerkarte *Sendungen* fasst alle Werkzeuge zusammen, die Sie zum Erstellen eines Serienbriefes benötigen

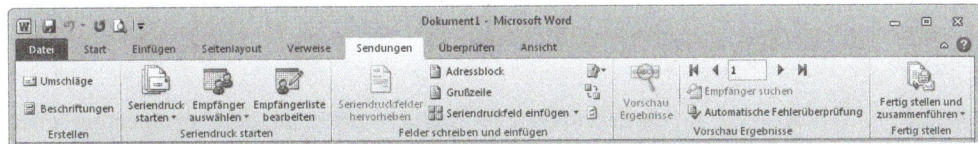

1. **Erstellen des Hauptdokuments** Im ersten Schritt erstellen Sie das Seriendruck-Hauptdokument. Das Hauptdokument enthält den Text und die Grafiken, die in allen Versionen des zusammengeführten Dokuments identisch sein sollen, wie beispielsweise die Absenderadresse, den eigentlichen Text des Briefes und die Grußformel.

2. **Verbinden des Hauptdokuments mit einer Datenquelle** Im nächsten Schritt legen Sie die Datenquelle fest, in der sich die variablen Elemente befinden, die beim Zusammenfügen in das Hauptdokument eingefügt werden sollen.

3. **Bearbeiten der Empfängerliste** Wenn Sie als Datenquelle beispielsweise die Outlook-Kontakte verwenden, erstellt Word eine Kopie der gesamten Daten des Kontakte-Ordners. Wenn Sie den Serienbrief nicht an alle Personen der Adressliste senden wollen, können Sie die Liste in Word sortieren und filtern und so die tatsächlichen Empfänger des Serienbriefes festlegen.

4. **Einfügen der Platzhalter in das Hauptdokument** Damit Word weiß, an welchen Stellen im Hauptdokument beispielsweise die Adresse stehen soll, fügen Sie in das Hauptdokument Platzhalter ein, die festlegen, wo beim Zusammenführen welche Daten aus der Datenquelle eingefügt werden sollen. Diese Platzhalter werden auch Seriendruckfelder genannt.

5. **Prüfen in der Seriendruckvorschau** Lassen Sie sich anschließend in der Seriendruckvorschau anzeigen, wie die Ergebnisse des Zusammenführens aussehen. Dies entspricht in etwa der Druckvorschau, wie Sie sie bei normalen Word-Dokumenten verwenden; der Unterschied besteht darin, dass bei der Seriendruckvorschau zusätzlich die Platzhalter durch die tatsächlichen Daten der Datenquelle ersetzt werden.

6. **Zusammenführen und fertigstellen** Wenn Sie mit den Ergebnissen der Seriendruckvorschau zufrieden sind, können Sie die Briefe zusammenführen und ausdrucken lassen.

Hauptdokument einrichten

In der ersten Phase der Serienbrieferstellung erstellen Sie das Hauptdokument. Sie können hierfür ein neues Dokument erstellen oder ein bereits vorhandenes öffnen.

1. Wechseln Sie zur Registerkarte *Datei* und verwenden Sie dort den Befehl *Neu* oder *Öffnen*, um das Dokument zu erstellen bzw. zu laden, das Sie als Hauptdokument für den Seriendruck verwenden wollen.

2. Wenn Sie ein neues Dokument erstellen, geben Sie in das Dokument den Text ein, der in allen Versionen des zusammengeführten Dokuments enthalten sein soll. Sie können wie bei anderen Word-Dokumenten auch die Registerkarte *Einfügen* verwenden, um Tabellen, Abbildungen, SmartArts und weitere Elemente in das Dokument einzufügen.

3. Öffnen Sie die Registerkarte *Sendungen* und klicken Sie in der Gruppe *Seriendruck starten* auf die Schaltfläche *Seriendruck starten.*

4. Wählen Sie im Menü den Dokumenttyp aus, den Sie erstellen möchten. Um einen Brief zu erstellen, klicken Sie hier auf *Briefe.*

Bild 18.2 Klicken Sie auf die Schaltfläche *Seriendruck starten,* um den Dokumenttyp festzulegen, den Sie erstellen wollen

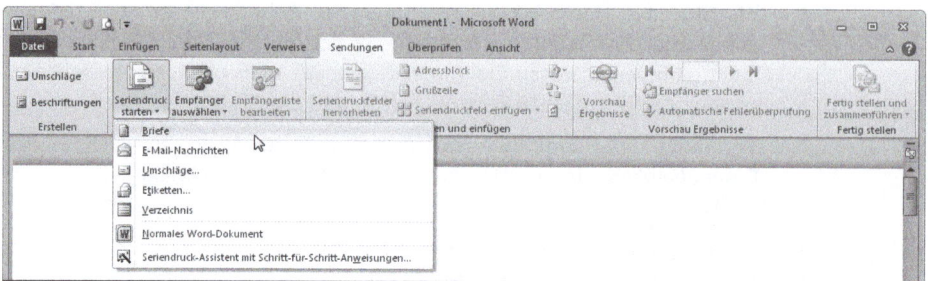

Sie können mit der Seriendruckfunktion die folgenden Dokumenttypen erstellen:

- **Briefe** und **E-Mail-Nachrichten**   Bei diesen beiden Optionen ist der Inhalt in allen Briefen oder E-Mails im Wesentlichen derselbe, aber Name, Adresse oder andere spezifische Daten hängen vom jeweiligen Empfänger ab.

- **Etiketten**   Klicken Sie diesen Befehl an, damit Word das Dialogfeld *Etiketten einrichten* anzeigt. Dort können Sie den Hersteller und den Typ der Etiketten auswählen, die Sie bedrucken wollen. Word fügt hierfür dann eine Tabelle in das Dokument ein.

Bild 18.3 Wählen Sie für den Dokumenttyp *Etiketten* in diesem Dialogfeld den Hersteller und den Typ der Etiketten aus

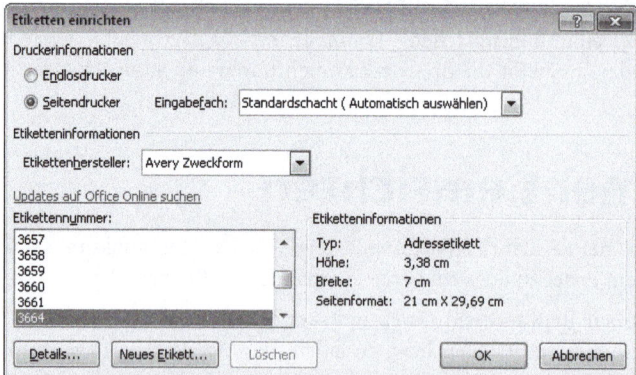

- **Umschläge**   Wenn Sie den Befehl *Umschläge* anklicken, wird das Dialogfeld *Umschlagoptionen* angezeigt. Dort können Sie auf der Registerkarte *Umschlagoptionen* das *Umschlagformat* (beispielsweise DIN lang) auswählen und die Zeichenformatierungen festlegen. Bei den mit der Option *Umschläge* erstellten Seriendruckdokumenten ist die Absenderadresse auf allen Umschlägen identisch, die Empfängeradresse ist jedoch unterschiedlich. Die Absenderadresse

geben Sie direkt in das Dokument ein, für die Empfängeradresse verwenden Sie Seriendruckfelder.

Bild 18.4   Im Dialogfeld *Umschlagoptionen* wählen Sie das Format der Umschläge aus. Sie
können auch die Position der Empfänger- und Absenderadresse ändern und die
Zeichenformatierung für beide Elemente einstellen.

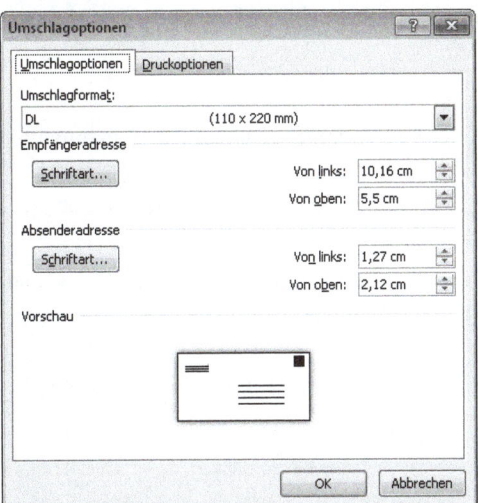

- **Normales Word-Dokument**   Wenn Sie die Option *Normales Word-Dokument* anklicken (die
  ausgewählt ist, bevor Sie den Dokumenttyp festlegen), können Sie aus einem Seriendruck-
  Hauptdokument wieder ein normales Word-Dokument machen. Die speziell für den Seriendruck erforderlichen Informationen (wie der Name der Datenquelle), werden dann aus dem
  Dokument entfernt.

HINWEIS   **Den Aufgabenbereich *Seriendruck* verwenden**   Sie können für das Durchführen
eines Seriendruckprojekts auch den Aufgabenbereich *Seriendruck* verwenden, der bereits in
Word 2003 vorhanden war. Dieser Aufgabenbereich führt Sie Schritt für Schritt durch den Vorgang. Klicken Sie zum Verwenden des Aufgabenbereichs auf der Registerkarte *Sendungen* in der
Gruppe *Seriendruck starten* auf *Seriendruck starten* und anschließend auf *Seriendruck-Assistent
mit Schritt-für-Schritt-Anweisungen*. Dieses Kapitel beschreibt die Serienbrieferstellung jedoch
anhand der Registerkarte *Sendungen*.

Fortsetzen eines Seriendruckprojekts

Wenn Sie die Arbeit an einem Seriendruckprojekt zeitweise unterbrechen müssen, können Sie das
Hauptdokument speichern und den Seriendruck zu einem späteren Zeitpunkt fortsetzen. Word
speichert alle Informationen zum Seriendruck (wie den Namen der Datenquelle) gemeinsam mit
dem Dokument ab, sodass Sie diese Informationen nicht erneut eingeben müssen. Um den Seriendruck fortzusetzen, öffnen Sie das Dokument wieder.

Während des Öffnens wird eine Meldung angezeigt, in der Sie aufgefordert werden, das Öffnen des Dokuments zu bestätigen. Daraufhin wird ein SQL-Befehl ausgeführt, durch den das Hauptdokument erneut mit der Datenquelle verbunden wird. Sie können dann die Registerkarte *Sendungen* anklicken und Ihre Arbeit fortsetzen.

Hauptdokument mit der Datenquelle verbinden

Im nächsten Schritt legen Sie fest, welche Datenquelle für das Hauptdokument verwendet werden soll.

1. Klicken Sie in der Gruppe *Seriendruck starten* auf die Schaltfläche *Empfänger auswählen*.

Bild 18.5   Klicken Sie in der Gruppe *Seriendruck starten* auf *Empfänger auswählen* und legen Sie dann fest, woher die Daten kommen, die in dem Seriendruckprojekt verwendet werden

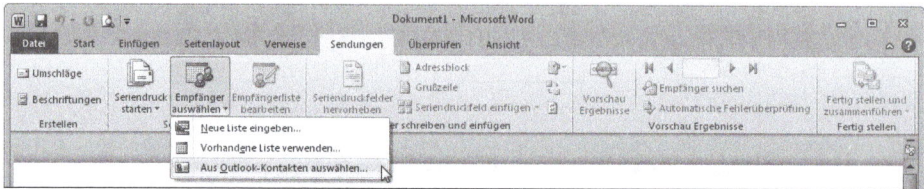

2. Wählen Sie eine der folgenden Optionen aus:

   - **Neue Liste eingeben**   Wenn Sie bisher noch keine Datendatei erstellt haben, die Sie für den Seriendruck verwenden wollen, oder nur Microsoft Word 2010 und nicht eine der Office-Suiten installiert haben, in denen auch Outlook enthalten ist, dann wählen Sie den Befehl *Neue Liste eingeben* aus. Word zeigt daraufhin ein Formular an, in dem Sie die Adressdaten eingeben können (siehe folgende Abbildung). Um einen weiteren Listeneintrag zu erstellen, klicken Sie die Schaltfläche *Neuer Eintrag* an.

Bild 18.6   Geben Sie in dieses Formular die Adressdaten ein, die Sie für das Seriendruckprojekt benötigen

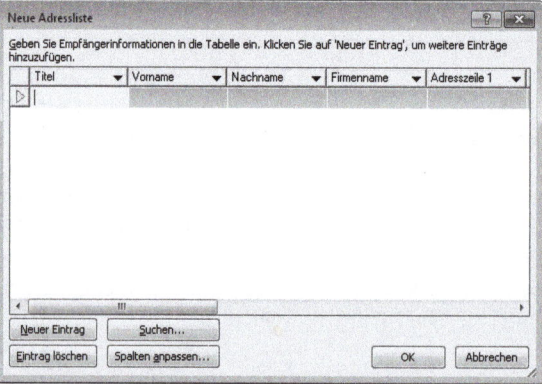

Wenn Sie im Formular auf *OK* klicken, wird das Dialogfeld *Adressliste speichern* angezeigt. Geben Sie dort einen aussagekräftigen Namen für die Liste ein und klicken Sie dann auf *Speichern*. Die Adressliste wird im MDB-Format gespeichert, dem Dateiformat, das von Microsoft Office Access genutzt wird. Sie können diese Liste dann in anderen Seriendruckprojekten wiederverwenden.

■ **Vorhandene Liste verwenden** Den Befehl *Vorhandene Liste verwenden* können Sie auswählen, wenn Sie bereits früher eine Office-Adressliste erstellt und gespeichert haben oder wenn die Daten in einem anderen Format vorliegen. Sie können in Word die unterschiedlichsten Formate (Word-Tabelle, Excel-Arbeitsblatt, Tabelle oder Abfrage in Access-Datenbank und viele weitere mehr) importieren und beim Seriendruck verwenden. Leider reicht in diesem Buch der Platz nicht aus, um all die verschiedenen Optionen vorzustellen.

■ **Aus Outlook-Kontakten auswählen** Wenn Sie Ihre Adressen im Kontakte-Ordner von Microsoft Office Outlook verwalten, klicken Sie die Option *Aus Outlook-Kontakten auswählen* an.

Word zeigt daraufhin das Dialogfeld *Kontakte auswählen* an, in dem alle Kontakte-Ordner aufgeführt werden, die in Ihrem Outlook-Profil enthalten sind. Klicken Sie in der Liste zuerst die Kontakte an, die Sie verwenden wollen, und dann auf *OK*.

Bild 18.7   Wählen Sie in diesem Dialogfeld den Kontakte-Ordner aus, den Sie im aktuellen Seriendruckprojekt verwenden wollen

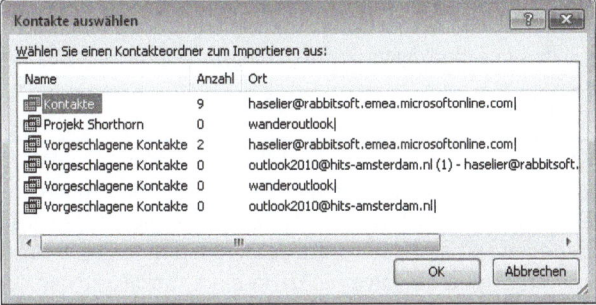

3. Nachdem Sie den gewünschten Kontakte-Ordner ausgewählt haben, wird das Dialogfeld *Seriendruckempfänger* angezeigt. Dort können Sie die Empfängerliste bearbeiten und auswählen, wer den Serienbrief erhalten soll. Mehr hierzu finden Sie im folgenden Abschnitt.

Empfängerliste filtern und sortieren

Sie möchten nicht immer alle Datensätze, die in der Datenquelle vorhanden sind, auch tatsächlich mit dem Hauptdokument zusammenführen. Um festzulegen, wer das zusammengeführte Dokument erhalten soll, verwenden Sie das Dialogfeld *Seriendruckempfänger*.

1. Wenn nach der Auswahl der Datenquelle das Dialogfeld *Seriendruckempfänger* nicht automatisch angezeigt wird, klicken Sie in der Gruppe *Seriendruck starten* auf die Schaltfläche *Empfängerliste bearbeiten*.

Bild 18.8   Im Dialogfeld *Seriendruckempfänger* legen Sie fest, für welche Datensätze ein zusammengeführtes Dokument erstellt werden soll

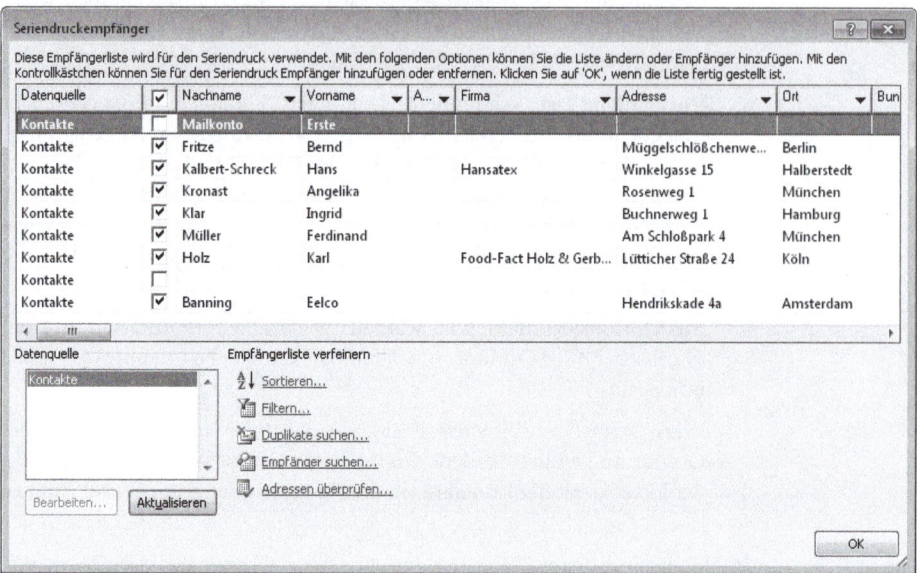

2. Wenn Sie lediglich mit einer kurzen Adressliste arbeiten, können Sie die Empfänger auswählen, indem Sie die Kontrollkästchen neben den gewünschten Empfängern einschalten und die Kontrollkästchen neben den Einträgen deaktivieren, die Sie nicht in die Empfängerliste aufnehmen möchten.

TIPP   **Das Kontrollkästchen in der Überschrift der Liste verwenden**   Wenn Sie bereits wissen, dass Sie nur einige Datensätze in den Seriendruck aufnehmen möchten, können Sie das Kontrollkästchen in der Überschrift deaktivieren und dann gezielt die gewünschten Datensätze auswählen. Wenn Sie dagegen fast alle Datensätze aufnehmen möchten, aktivieren Sie das Kontrollkästchen in der Überschrift und deaktivieren dann die Kontrollkästchen für die Datensätze, die Sie ausschließen möchten.

3. Um die Liste nach einer bestimmten Spalte zu sortieren, klicken Sie auf die Spaltenüberschrift des Elements, nach dem Sie die Sortierung vornehmen möchten. Die Liste wird in aufsteigender alphabetischer Reihenfolge (A bis Z) sortiert. Klicken Sie erneut auf die Spaltenüberschrift, um die Liste in absteigender alphabetischer Reihenfolge zu sortieren (Z bis A).

Sie können auch die Filterfunktionen verwenden, wenn die Liste Datensätze enthält, die nicht angezeigt werden bzw. nicht im Seriendruck enthalten sein sollen:

4. Klicken Sie unterhalb von *Empfängerliste verfeinern* auf *Filtern*.

5. Legen Sie auf der Registerkarte *Datensätze filtern* des Dialogfeldes *Filtern und sortieren* die Kriterien fest, die für den Filter verwendet werden sollen.

Die Liste in Abbildung 18.8 enthält sowohl Adressen aus Deutschland als auch aus den Niederlanden. Wenn Sie das Hauptdokument beispielsweise mit Adressen zusammenführen möchten, in denen Deutschland als Land/Region festgelegt ist, klicken Sie in der Liste *Feld* auf

Land/Region, in der Liste *Vergleich* auf *Gleich* und geben dann in das Feld *Vergleichen mit* den Text **Deutschland** ein. Das sieht dann so aus, wie es die folgende Abbildung zeigt.

Bild 18.9   Auf der Registerkarte *Datensätze filtern* können Sie Filterregeln festlegen und so Empfänger aus der Empfängerliste ausschließen

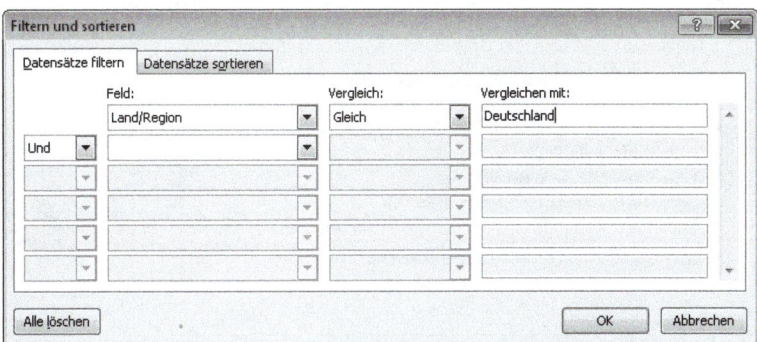

6. Sie können den Filter weiter anpassen, indem Sie auf *Und* bzw. *Oder* klicken und dann weitere Kriterien angeben.

7. Schließen Sie das Dialogfeld *Seriendruckempfänger* mit einem Klick auf *OK*.

Sie können das Dialogfeld *Seriendruckempfänger* zu jedem Zeitpunkt erneut aufrufen, indem Sie die Schaltfläche *Empfängerliste bearbeiten* anklicken, falls Sie Änderungen an der Auswahl der Empfänger vornehmen möchten.

Platzhalter einfügen

Nachdem Sie das Gerüst des Hauptdokuments erstellt und die Seriendruckempfänger ausgewählt haben, können Sie sich nun an das Fertigstellen des Hauptdokuments machen und die Platzhalter einfügen. Dieser Abschnitt zeigt, wie Sie die Adresse in das Hauptdokument einfügen und wie Sie mit einer Regel eine geschlechtsabhängige Briefanrede (Sehr geehrter Herr, Sehr geehrte Frau) erstellen.

1. Setzen Sie die Einfügemarke im Hauptdokument an die Stelle, an der die Empfängeradresse stehen soll.

2. Klicken Sie auf der Registerkarte *Sendungen* in der Gruppe *Felder schreiben und einfügen* auf *Adressblock*. Word zeigt das Dialogfeld *Adressblock einfügen* an (siehe Abbildung auf der nächsten Seite).

Das Seriendruckfeld *Adressblock* ist ein zusammengesetzter Platzhalter, in dem mehrere Felder der Datenquelle miteinander kombiniert und zu einem Seriendruckfeld gruppiert werden. Das Seriendruckfeld Adressblock kombiniert unter anderem die Felder *Vorname, Nachname, Adresse, Postleitzahl* und *Stadt*.

Über das Dialogfeld *Adressblock einfügen* können Sie festlegen, welche Adresselemente im Adressblock enthalten sein sollen, und weitere Formatierungsmerkmale bestimmen.

Bild 18.10 Im Dialogfeld *Adressblock einfügen* können Sie die Adresselemente auswählen, die in der Adresse enthalten sein sollen, und einige Formateinstellungen vornehmen

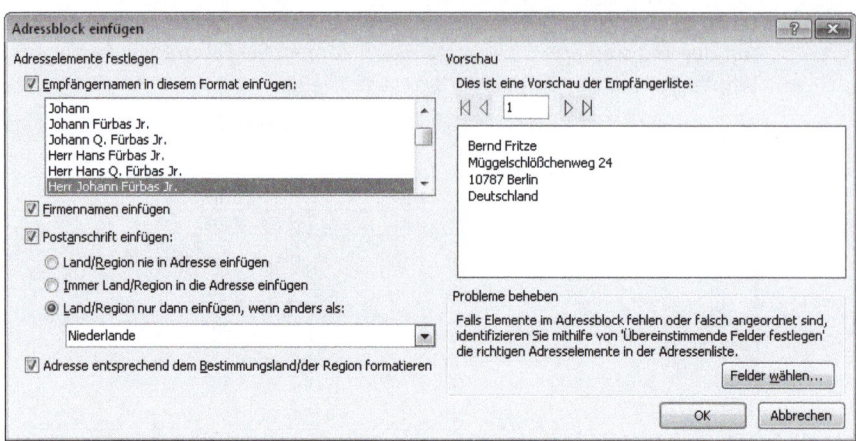

3. Klicken Sie in der Liste *Empfängernamen in diesem Format einfügen* die Option an, die Sie verwenden wollen. Bei manchen der Formate werden der Vor- und der Nachname verwendet; andere wiederum verwenden nur den Nachnamen und ergänzen diesen dann mit *Herrn und Frau* oder *Familie*. Das Feld *Vorschau* zeigt eine Vorschau des ausgewählten Formats an.

TIPP **Andere Adresse im Vorschaufeld anzeigen lassen** Das Feld *Vorschau* verwendet keine fiktiven, sondern die Adressen, die in der Datenquelle des aktuellen Seriendruckprojekts enthalten sind. Auch die Filter- und Sortieroptionen, die Sie eingestellt haben, werden berücksichtigt. Daher können Sie die Pfeil-Schaltflächen oberhalb des Vorschaufeldes verwenden, um eine andere Adresse der aktuellen Empfängerliste anzeigen zu lassen.

---

4. Wenn der Firmenname nicht in der Anschrift enthalten sein soll, schalten Sie das Kontrollkästchen *Firmennamen einfügen* aus. Anderenfalls lassen Sie es eingeschaltet.

5. Mit den Optionsfeldern unterhalb von *Postanschrift einfügen* können Sie festlegen, ob und wann das Empfängerland in die Adresse eingefügt werden soll oder nicht.

6. Die Postanschrift besitzt in den verschiedenen Ländern ein anderes Format. Wenn Sie möchten, dass die Adresse so formatiert wird, wie es im Land des Empfängers Standard ist, lassen Sie das Kontrollkästchen *Adresse entsprechend dem Bestimmungsland/der Region formatieren* eingeschaltet.

7. Klicken Sie auf *OK*.

Bild 18.11   Der Platzhalter *«Adresse»* wurde in das Hauptdokument eingefügt

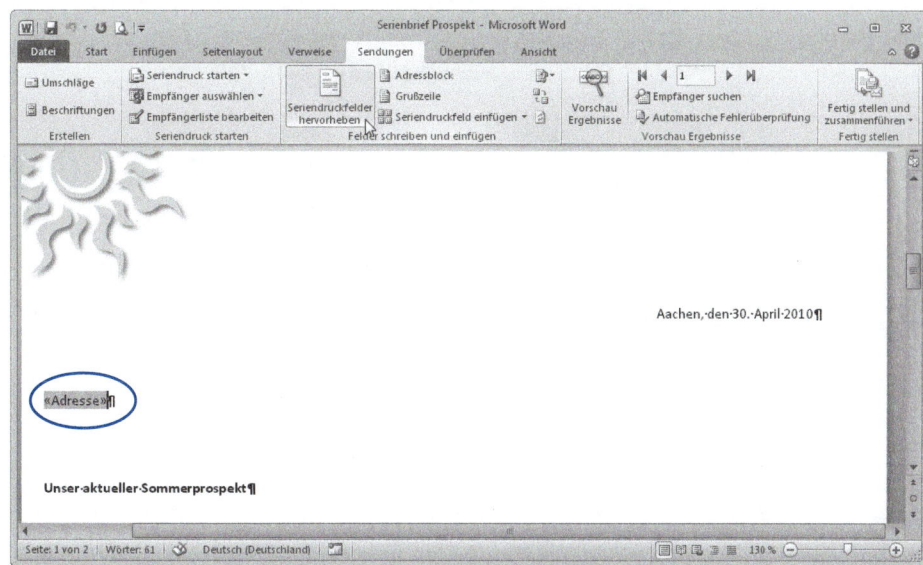

In das Dokument wird der Platzhalter «**Adresse**» eingefügt. Die Platzhalter werden immer von den Zeichen «» eingeschlossen.

8. Klicken Sie in der Gruppe *Felder schreiben und einfügen* auf *Seriendruckfelder hervorheben.* Das Seriendruckfeld «**Adresse**» wird nun grau unterlegt. So können Sie die Seriendruckfelder besser von dem normalen Text des Hauptdokuments unterscheiden.

Verwenden einer Regel

Neben dem kombinierten Seriendruckfeld Adressblock können Sie auch einzelne Felder der Datenquelle in das Hauptdokument einfügen. Außerdem ist es möglich, Regeln festzulegen und so den Vorgang des Zusammenführens genauer einzustellen. Dieser Abschnitt zeigt exemplarisch, wie das geht. Hierzu soll zwischen der Betreffzeile im Brief und dem eigentlichen Text eine persönliche Anrede (Sehr geehrte …) eingefügt werden, die berücksichtigt, ob der Empfänger eine Frau oder ein Mann ist.

1. Setzen Sie die Einfügemarke im Hauptdokument an die Stelle, an der die Grußformel stehen soll.

2. Klicken Sie in der Gruppe *Felder schreiben und einfügen* auf die Schaltfläche *Regeln* und dann auf *Wenn…Dann…Sonst.*

Bild 18.12   Über die Schaltfläche *Regeln* können Sie beispielsweise Bedingungen festlegen, die das Zusammenführen beeinflussen

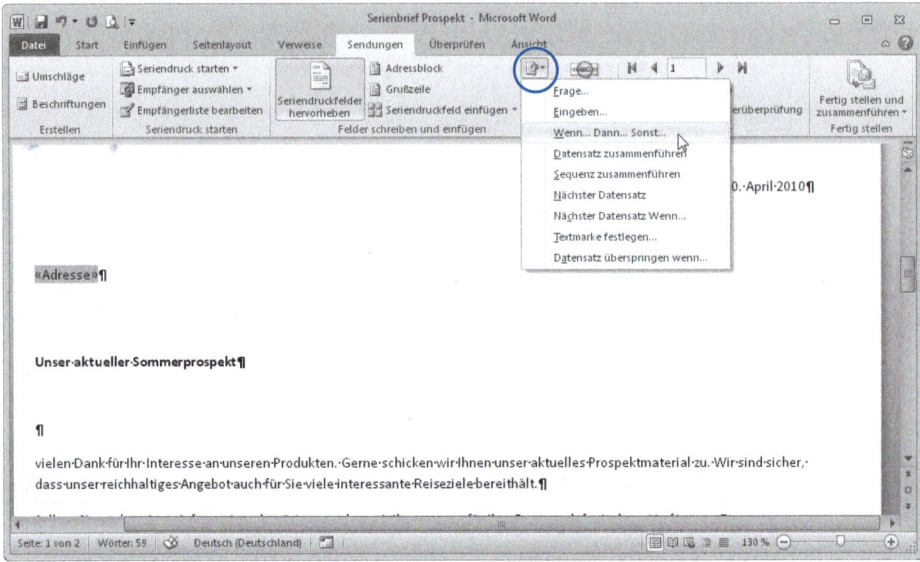

Im Dialogfeld *Bedingungsfeld einfügen: WENN* können Sie nun die Regel festlegen, die je nach Geschlecht des Empfängers entweder den Text *Sehr geehrte Frau* oder *Sehr geehrter Herr* beim Zusammenführen einfügt.

3.   Wählen Sie in der Liste *Feldname* den Eintrag *Geschlecht* und im Feld *Vergleich* den Eintrag *Gleich* aus.

4.   Geben Sie in das Feld *Vergleichen mit* eine **1** ein, wenn Sie als Empfängerliste die Outlook-Kontakte verwenden. (Wenn Sie in Outlook als Geschlecht weiblich eintragen, speichert Outlook hierfür intern eine 1 ab, für männlich eine 2. Wenn Sie eine andere Datenquelle verwenden, müssen Sie hier den Text eingeben, anhand dessen weibliche Empfänger erkannt werden können.)

Bild 18.13   Legen Sie hier die Bedingung und die Texte fest, die in Abhängigkeit von der Auswertung der Bedingung eingefügt werden sollen

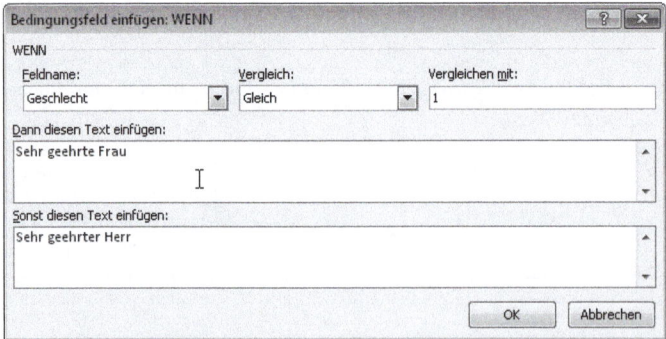

PROFITIPP **Geschlecht für Outlook 2010-Kontakt eintragen**

Damit die Bedingung wie oben beschrieben ausgewertet werden kann, muss in der Datenquelle das Feld *Geschlecht* enthalten sein. Um das Geschlecht für einen Outlook-Kontakt festzulegen, öffnen Sie den Kontakt, klicken auf der Registerkarte *Kontakt* auf *Alle Felder* und wählen dann in der Liste *Auswählen aus* den Eintrag *Persönliche Felder* aus. Das Feld *Geschlecht* befindet sich im oberen Bereich der Eingabemaske.

5. Geben Sie in das Feld *Dann diesen Text einfügen* **Sehr geehrte Frau** und in das Feld *Sonst diesen Text einfügen* **Sehr geehrter Herr** ein. Schließen Sie das Dialogfeld mit *OK*. Word fügt die Regel in das Hauptdokument ein.

HINWEIS **Hervorheben der Regelfelder** Standardmäßig werden die Regeln nicht hervorgehoben dargestellt, auch dann nicht, wenn Sie die Schaltfläche *Seriendruckfelder hervorheben* eingeschaltet haben. Damit die Regelfelder auf dem Bildschirm mit einer Schattierung angezeigt werden, klicken Sie auf die Registerkarte *Datei* und dann auf *Optionen*. Wechseln Sie im Dialogfeld *Word-Optionen* zur Seite *Erweitert* und scrollen Sie zur Gruppe *Dokumentinhalt* anzeigen. Öffnen Sie die Liste *Feldschattierung* und wählen Sie dort den Eintrag *Immer* aus.

6. Jetzt fehlt in der Grußzeile lediglich noch der Nachname. Setzen Sie die Einfügemarke hinter die soeben eingefügte Regel, geben Sie ein Leerzeichen ein und klicken Sie dann in der Gruppe *Felder schreiben und einfügen* auf *Seriendruckfeld einfügen*.

Bild 18.14   Mit dieser Liste können Sie alle Seriendruckfelder auswählen und in das Hauptdokument einfügen, die in der Datenquelle enthalten sind

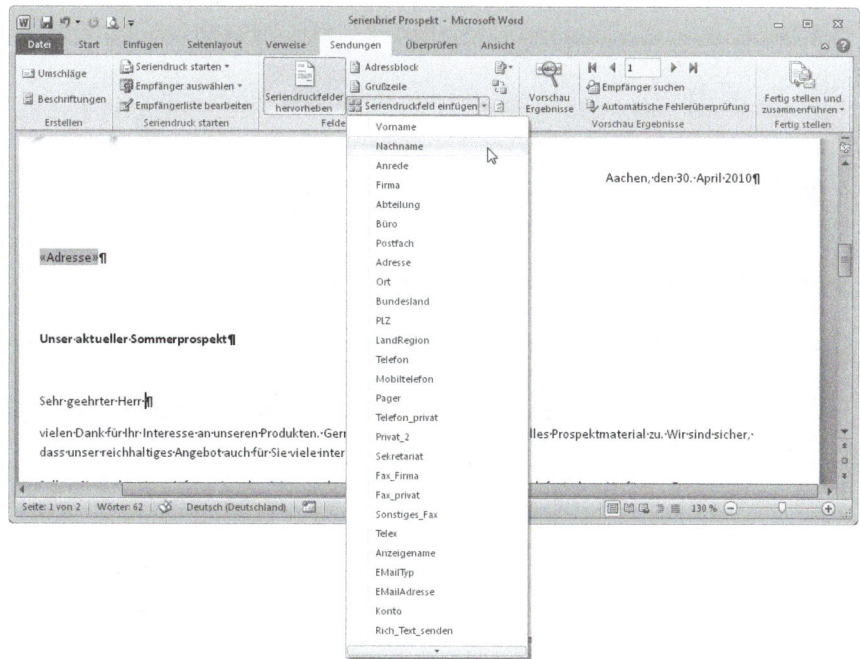

7.   Klicken Sie auf *Nachname*.

8.   Ergänzen Sie hinter dem Seriendruckfeld «Nachname» ein Komma.

Damit sind die Arbeiten am Hauptdokument für das Beispiel-Seriendruckprojekt abgeschlossen.

Seriendruckvorschau verwenden

Um sich vor dem tatsächlichen Zusammenführen von Hauptdokument und Datenquelle die Ergebnisse auf dem Bildschirm anzusehen und so eventuelle Fehler erkennen und beheben zu können, verwenden Sie die Seriendruckvorschau.

Bild 18.15   Die Seriendruckvorschau zeigt die Dokumente so an, wie sie beim Zusammenführen ausgedruckt würden

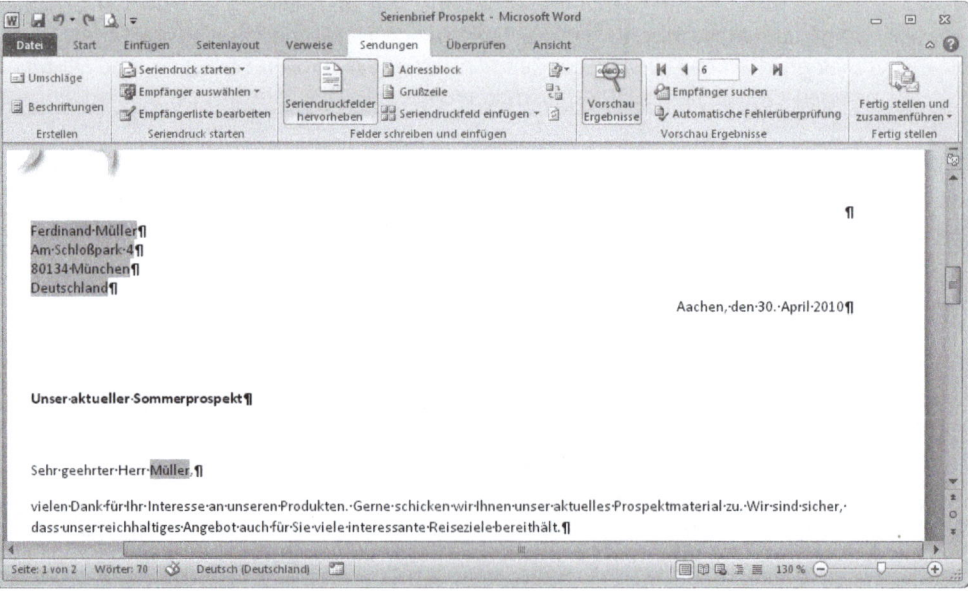

Klicken Sie dazu in der Gruppe *Vorschau Ergebnisse* auf die gleichnamige Schaltfläche. Word zeigt dann das Dokument so an, wie es nach dem Zusammenführen ausgedruckt würde. Mit den Navigationsschaltflächen in der Gruppe *Vorschau Ergebnisse* können Sie sich alle Empfänger anzeigen lassen, die in der Adressliste enthalten sind.

Um zur Bearbeitung des Hauptdokuments zurückzukehren, klicken Sie die Schaltfläche *Vorschau Ergebnisse* ein weiteres Mal an.

Zusammenführen und Drucken

Wenn die Seriendruckvorschau keine Probleme ergeben hat, können Sie im letzten Schritt das Hauptdokument mit der Datenquelle zusammenführen lassen.

1. Klicken Sie in der Gruppe *Fertig stellen* die Schaltfläche *Fertig stellen und zusammenführen* an. Ein kleines Menü wird geöffnet.

Bild 18.16   In dem kleinen Menü legen Sie fest, was als Nächstes getan werden soll

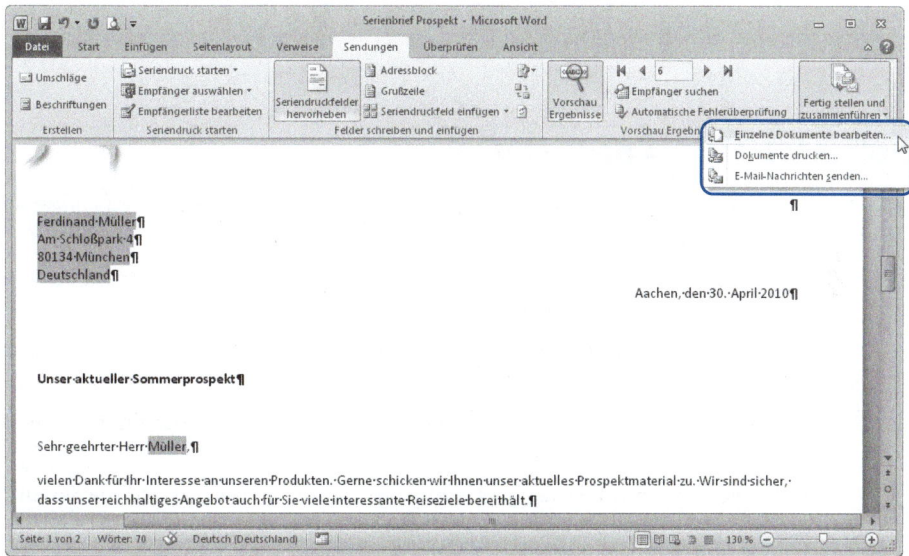

2. Wählen Sie eine der folgenden Optionen:

    ■ **Einzelne Dokumente bearbeiten**   Klicken Sie diese Option an, wenn Word aus den zusammengeführten Daten ein neues Dokument erstellen soll. Sie können so die Dokumente einzeln bearbeiten und verwenden dann den normalen *Drucken*-Befehl, um die Dokumente auszudrucken.

    ■ **Dokumente drucken**   Wählen Sie diesen Befehl, wenn die zusammengeführten Dokumente direkt ausgedruckt werden sollen.

    ■ **E-Mail-Nachrichten senden**   Mit dieser Option können Sie das Seriendruckprojekt zusammenführen und als E-Mail versenden lassen.

3. Wenn Sie eine der ersten beiden Optionen ausgewählt haben, wird das Dialogfeld *Seriendruck in neues Dokument* angezeigt, indem Sie die Datensätze auswählen können, die zusammengeführt werden sollen (siehe Abbildung auf der nächsten Seite). Bei einem E-Mail-Seriendruckprojekt können Sie zusätzlich noch die Betreffzeile und das E-Mail-Format festlegen.

Bild 18.17 Hier können Sie die Datensätze auswählen, die zusammengeführt
werden sollen

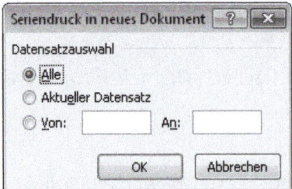

4. Klicken Sie auf *OK*.

Zusammenfassung

In diesem Kapitel haben Sie gelernt, wie Sie mit Word Serienbriefe und andere Seriendruckdokumente erstellen und zusammenführen können.

■ Im ersten Abschnitt wurden die typischen Phasen beim Seriendruck beschrieben und einige wichtige Begriffe erläutert (Seite 302).

Die weiteren Abschnitte haben dann die verschiedenen Phasen genauer vorgestellt und Sie haben dabei lernen können,

■ wie Sie ein neues Hauptdokument einrichten (Seite 303) oder ein bereits bestehendes Seriendruckprojekt fortsetzen (Seite 305),

■ welche Arten von Datenquellen Ihnen zur Verfügung stehen und wie Sie ein Hauptdokument mit einer Datenquelle verbinden (Seite 306),

■ wie Sie die Liste der Empfänger filtern und sortieren können, um so die zusammengeführten Dokumente in einer bestimmten Reihenfolge zu erhalten oder um eine Auswahl der Empfänger zu treffen, die das zusammengeführte Dokument erhalten sollen (Seite 307),

■ wie Sie in das Hauptdokument Platzhalter einfügen, um so die Position, den Inhalt und die Formatierung der variablen Elemente zu steuern (Seite 309),

■ wie Sie Regeln erstellen und verwenden, um in Abhängigkeit vom Wert eines Eintrags in der Empfängerliste im zusammengeführten Dokument unterschiedliche Texte einzufügen (Seite 311),

■ wie Sie die Seriendruckvorschau verwenden, um sich die Ergebnisse des Zusammenführens ansehen zu können, ohne hierzu die Dokumente ausdrucken zu müssen (Seite 315), und

■ wie Sie Hauptdokument und Datenquelle zusammenführen und die zusammengeführten Dokumente ausdrucken (Seite 315).

Kapitel 19

Eigene Vorlagen erstellen

Für alle, die projekt- oder firmenbezogene Dokumentvorlagen erstellen wollen, ist das Verständnis des dahinter stehenden Konzepts ein absolutes Muss. Leider schrecken immer noch zu viele Word-Anwender davor zurück, sich in das Konzept der Dokumentvorlagen einzuarbeiten. Dass sie Word mit angezogener Handbremse benutzen, ist ihnen dabei gar nicht bewusst.

Dieses Kapitel beschreibt daher an einem Beispiel die Schritte für das Erstellen eigener Dokumentvorlagen und vermittelt im zweiten Teil das notwendige Wissen, das für die Planung und den optimalen Einsatz von Dokumentvorlagen erforderlich ist.

Eine Vorlage erstellen

Das Erstellen einer Vorlage gleicht im Wesentlichen dem Erstellen eines »normalen« Dokuments. Sie können eine Vorlage formatieren wie ein Dokument, Grafiken einfügen, Bausteine erstellen, Seitenabmessungen eintragen, Kopf- und Fußzeilen definieren usw. Somit können Sie beim Erstellen einer Vorlage auch eine der drei folgenden Methoden verwenden:

- Erstellen Sie ein neues leeres Dokument.

- Verwenden Sie eine der Vorlagen, die zum Lieferumfang von Word gehören, als Grundlage für Ihre angepasste Vorlage.

- Basieren Sie Ihre Vorlage auf einem bestehenden Dokument.

Wir wollen in diesem Kapitel die dritte Variante wählen und haben dafür ein Dokument vorbereitet, das ein Anschreiben für den Prospektversand eines Reisebüros enthält.

Bild 19.1   Das vorbereitete Dokument mit dem Anschreiben für einen Prospektversand

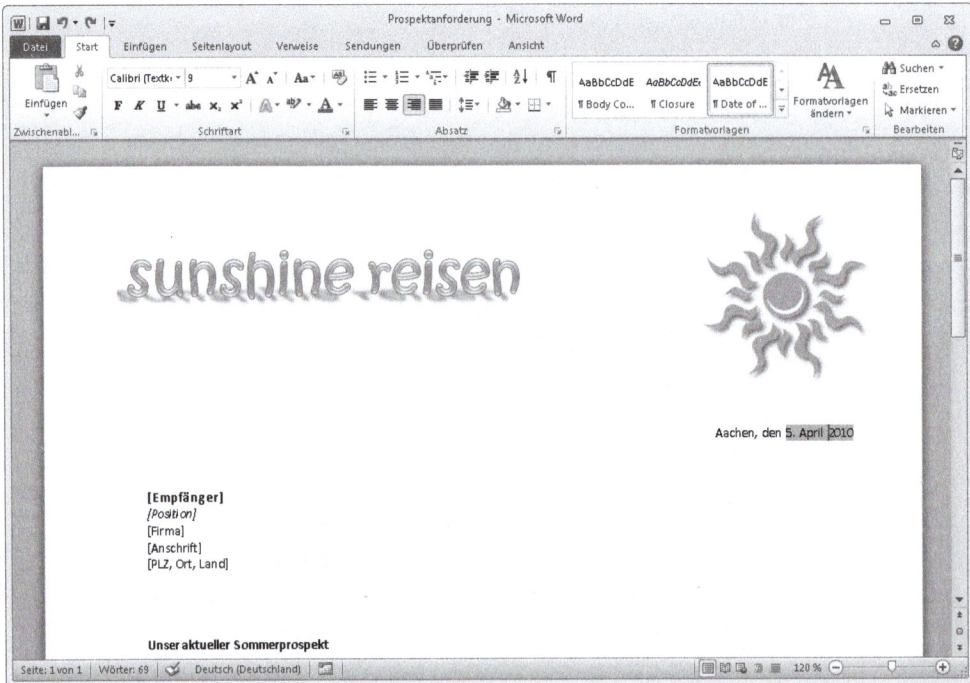

Im Laufe dieses Kapitels werden Sie das Dokument laden, einige Änderungen daran vornehmen, es als Vorlage speichern und abschließend diese Vorlage für ein neues Dokument verwenden.

1. Wechseln Sie in die Backstage-Ansicht und gehen Sie auf die Seite *Neu*.

2. Klicken Sie dort auf das Symbol *Neu aus vorhandenem*.

3. Wechseln Sie in den Ordner, in den die Beispieldateien für dieses Buch installiert wurden.

4. Markieren Sie die Datei mit dem Namen *Prospektanforderung* und klicken Sie auf die Schaltfläche *Neu erstellen*.

Im oberen Bereich des Dokuments haben wir ein Textfeld und eine kleine ClipArt aufgenommen, um die Seite etwas freundlicher zu gestalten. Darunter haben wir die Feldfunktion *CREATEDATE* mit den entsprechenden Schaltern verwendet, um das aktuelle Datum auszugeben. Die graue Schattierung zeigt an, dass es sich hierbei um ein Feld und nicht um normalen Text handelt; damit Felder so angezeigt werden, muss die Option *Erweitert/Dokumentinhalt anzeigen/Feldschattierung* auf *Immer* oder auf *Wenn ausgewählt* eingestellt sein.

Die Eingabefelder für die Empfängeranschrift sind *Inhaltssteuerelemente*. Zum Eingeben der Anschrift klicken Sie die Felder einfach der Reihe nach an und geben die jeweiligen Daten ein. Hinter dem Feld für den Empfängernamen verbirgt sich übrigens die Dokumenteigenschaft *Betreff*. Durch diesen kleinen Griff in die Trickkiste haben wir erreicht, dass eine Eingabe in dieses Feld automatisch in seinen Doppelgänger in der Anredezeile übernommen wird. Dieser Mechanismus funktioniert nämlich nur mit Dokumenteigenschaften.

Um die Vorlage noch etwas zu vervollständigen, wollen wir in den nächsten Schritten noch ein weiteres Feld einfügen. Mit ihm soll später beim Erstellen eines neuen Dokuments, das auf dieser Vorlage basiert, der Name des Benutzers aufgenommen werden, der in den Word-Optionen in der Rubrik *Allgemein* im Feld *Benutzername* eingetragen ist. Dadurch wird die Vorlage personalisiert, das heißt, sie kann von verschiedenen Benutzern verwendet werden, wobei jeder Benutzer ein individuelles Dokument erstellt, das seinen Namen enthält.

Bild 19.2   Einfügen des Benutzernamens

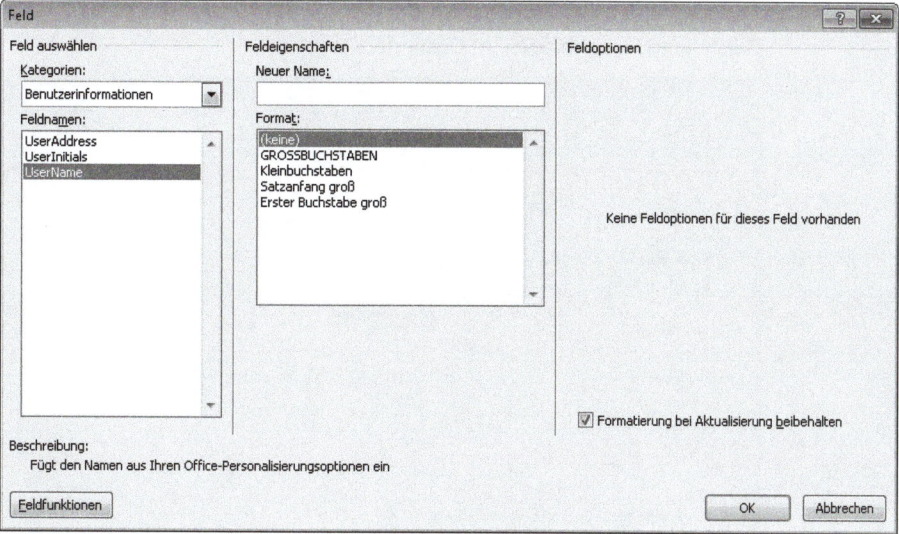

5. Scrollen Sie an das Ende des Dokuments und setzen Sie die Einfügemarke in den leeren Absatz unterhalb der Zeile »Mit freundlichen Grüßen«. Am besten schalten Sie dazu die Anzeige der Formatierungszeichen ein (entweder mit dem Shortcut ⌨Strg+⌨* oder via Registerkarte *Start*/Gruppe *Absatz*/Schaltfläche *Alle anzeigen*).

6. Wechseln Sie auf die Registerkarte *Einfügen*.

7. Öffnen Sie das Menü der Schaltfläche *Schnellbausteine* und wählen Sie den Befehl *Feld*.

8. Wählen Sie in der Liste *Kategorien* den Eintrag *Benutzerinformationen*, markieren Sie dann in der Liste *Feldnamen* die Option *UserName* und klicken anschließend auf *OK* (siehe Bild 19.2).

   Damit hat die Vorlage ihre endgültige Fassung erreicht und kann jetzt gespeichert werden.

9. Klicken Sie dazu in der Backstage-Ansicht auf *Speichern unter* und stellen Sie im dadurch angezeigten Dialogfeld als Dateityp *Word-Vorlage* ein.

10. Wechseln Sie in den Ordner, in dem Sie die Vorlage speichern möchten.

11. Geben Sie einen Dateinamen für die Vorlage ein.

12. Schalten Sie das Kontrollkästchen *Miniatur speichern* ein.

13. Klicken Sie auf *Speichern*, um den Vorgang zu beenden und schließen Sie die Vorlage.

Damit ist die Vorlage fertig. Im nächsten Abschnitt zeigen wir Ihnen, wie Sie neue Dokumente auf Basis dieser Vorlage erstellen können.

Eigene Vorlagen anwenden

Bevor wir gleich versuchen, ein neues Dokument zu erstellen, wollen wir uns zunächst ansehen, wie die neue Vorlage in einem Ordnerfenster dargestellt wird:

1. Öffnen Sie ein Ordnerfenster und wechseln Sie in den Ordner mit der neuen Vorlage.

2. Zeigen Sie mit dem Mauszeiger auf das Symbol der Vorlagendatei.

Bild 19.3   Darstellung von Vorlagen im Ordnerfenster

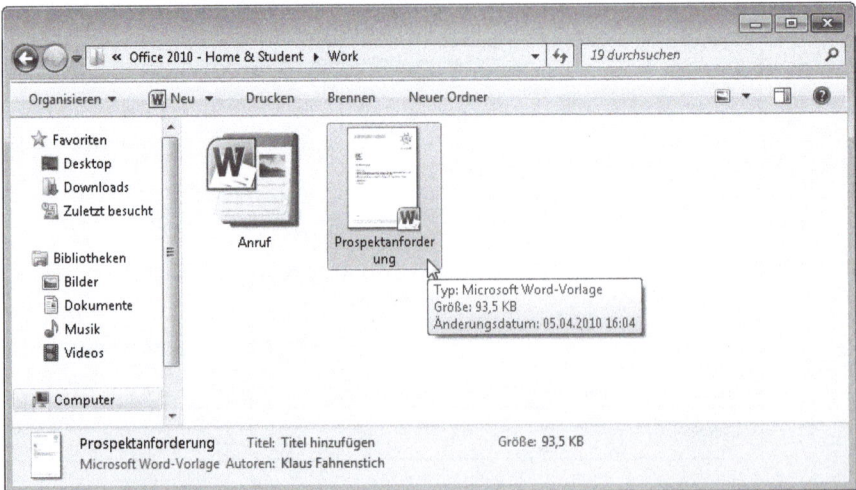

Durch das Speichern der Miniaturansicht kann man der Datei nicht immer direkt ansehen, dass es sich bei ihr um eine Word-Vorlage handelt. Erst wenn Sie mit der Maus auf das Symbol zeigen, können Sie anhand des Tooltipps den Dateityp erkennen. Wenn Sie eine Vorlage ohne Miniaturansicht speichern, erhält sie ein Symbol, das einen Abreißblock darstellt (wie oben im Bild bei der Datei *Anruf*).

Falls Sie im Ordnerfenster für die Ansicht der Symbole eine der Einstellungen *Kleinere Symbole*, *Liste* oder *Details* verwenden, tritt das Problem nicht auf, da in diesem Fall keine Miniaturansichten angezeigt werden.

3. Klicken Sie das Symbol der Vorlage mit der rechten Maustaste an, um das Kontextmenü der Datei anzuzeigen.

Bild 19.4   Das Kontextmenü der neuen Vorlage

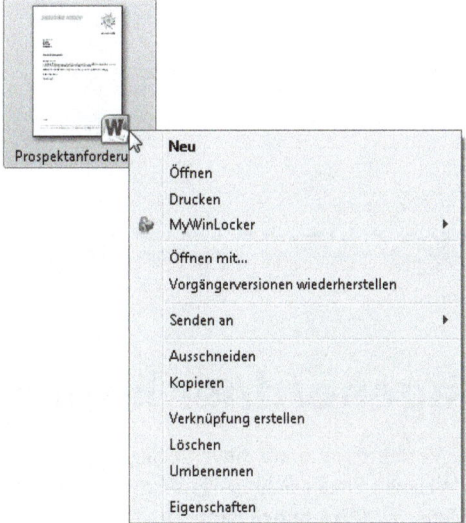

Wie Sie sehen, ist der Befehl *Neu* im Kontextmenü in fetter Schrift dargestellt. Das bedeutet, dass genau dieser Befehl ausgeführt wird, wenn Sie auf dem Symbol doppelklicken. Wenn Sie interessehalber das Kontextmenü eines normalen Word-Dokuments aufrufen, werden Sie feststellen, dass dort der Befehl *Öffnen* hervorgehoben wird.

4. Doppelklicken Sie auf dem Symbol der Vorlage.

5. Überprüfen Sie, ob im oberen Bereich das aktuelle Datum angezeigt wird.

6. Scrollen Sie dann nach unten und sehen Sie nach, ob unter der Grußformel Ihr Name erscheint.

7. Füllen Sie nun auch die Felder für die Adressangabe aus und überzeugen Sie sich davon, dass der Name des Empfängers wie versprochen automatisch in der Anredeformel übernommen wird. Nicht benötigte Adressfelder können Sie wie normalen Text löschen.

8. Speichern Sie das fertige Dokument.

Bild 19.5 Die fertige Vorlage im Einsatz

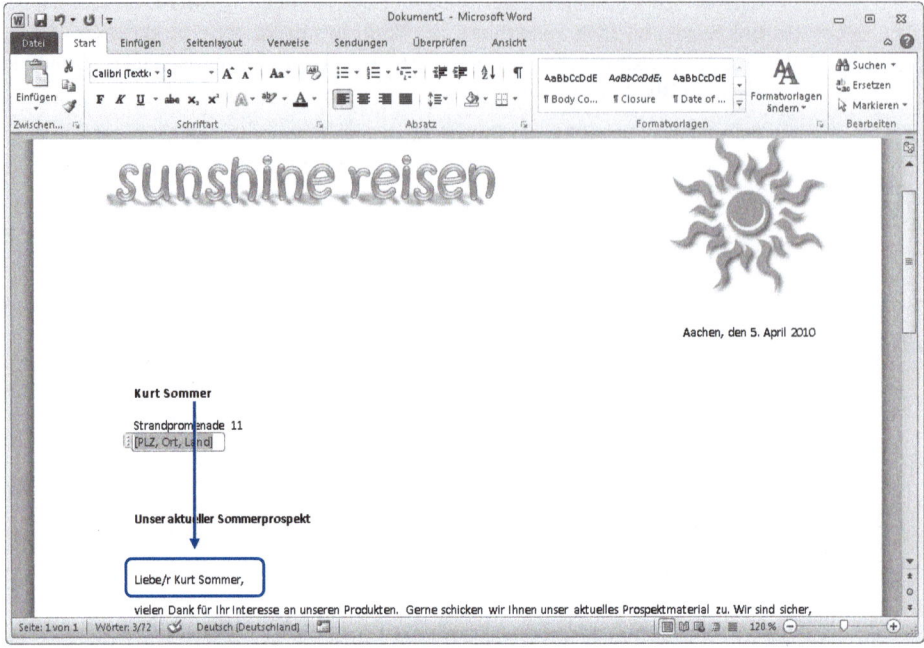

Vorlage in den Vorlagenordner kopieren

Das im letzten Abschnitt vorgestellte Verfahren, um auf einer Vorlage ein neues Dokument zu erstellen, ist natürlich noch nicht der Weisheit letzter Schluss. Ein Anwender würde nämlich erwarten, dass er die Vorlage im Bereich *Meine Vorlagen* finden kann.

Damit das funktioniert, muss die Vorlage in einem bestimmten Ordner gespeichert werden, dem so genannten *Vorlagenordner*. Dieser Ordner ist allerdings gut versteckt und wird sogar – je nach aktueller Konfiguration Ihres Rechners – noch nicht einmal im Ordnerfenster angezeigt. Mit dem folgenden kleinen Trick kommen Sie dem Ordner jedoch schnell auf die Spur:

1. Zeigen Sie in der Backstage-Ansicht die Seite *Neu* an.

2. Klicken Sie das Symbol *Meine Vorlagen* an. Sie sehen dann das Dialogfeld *Neu*.

3. Klicken Sie innerhalb des Rahmens, in dem die installierten Vorlagen angezeigt werden, mit der rechten Maustaste auf eine freie Stelle.

4. Wählen Sie im Kontextmenü den Befehl *Öffnen*. Windows zeigt den Vorlagen-Ordner dann in einem Ordnerfenster an.

5. Kopieren oder verschieben Sie die gewünschte Vorlagendatei in den Vorlagenordner. Anschließend können Sie das Ordnerfenster wieder schließen. Die Vorlage taucht jetzt wie versprochen im Dialog *Neu* auf.

Bild 19.6   Die Vorlage lässt sich nun auf dem gewohnten Weg nutzen

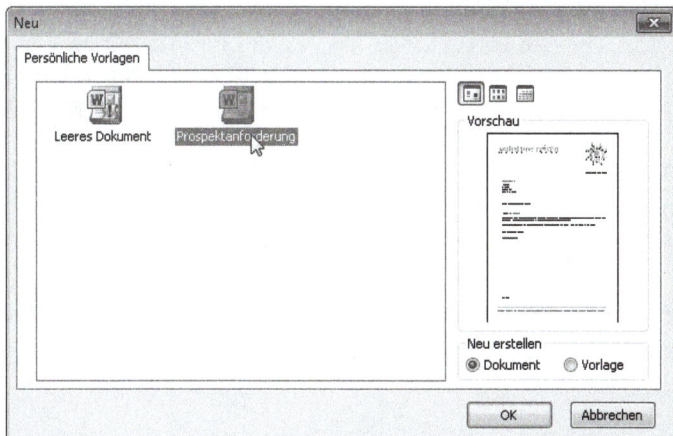

6.   Markieren Sie das Symbol der Vorlage, um die Miniaturansicht im Dialogfeld anzuzeigen.

7.   Klicken Sie auf *OK*, um ein neues Dokument auf Basis der Vorlage zu erstellen.

Vorlage überarbeiten

In der Praxis kommt es häufig vor, dass Sie eine Vorlage anpassen oder ergänzen müssen. Die dazu notwendige Vorgehensweise ist einfach: Vorlage öffnen, ändern und speichern. Wie das Öffnen der Vorlage im Detail funktioniert, zeigt dieser Abschnitt.

Variante 1: Sie kennen den Ordner, in dem sich die Vorlage befindet

Wenn Sie genau wissen, in welchem Ordner die Vorlage gespeichert ist, können Sie folgendermaßen vorgehen:

1.   Wählen Sie in der Backstage-Ansicht den Befehl *Öffnen* (schneller geht es mit `Strg`+`O`).

2.   Wechseln Sie in den Ordner, der die Vorlage enthält.

3.   Stellen Sie als Dateityp *Word-Vorlagen* ein.

4.   Markieren Sie die Datei und klicken Sie auf *Öffnen*.

Variante 2: Die Vorlage befindet sich im Vorlagenordner

Haben Sie die Vorlage im Vorlagenordner abgelegt, bietet sich diese Vorgehensweise an:

1.   Wählen Sie in der Backstage-Ansicht den Befehl *Neu*.

2.   Klicken Sie auf das Symbol *Meine Vorlagen*. Das Dialogfeld *Neu* wird angezeigt.

3.   Im Dialog klicken Sie in der Dateiliste mit der rechten Maustaste auf eine freie Stelle und wählen im Kontextmenü den Befehl *Öffnen*. Schließen Sie dann das Dialogfeld *Neu* wieder.

4.   Im Ordnerfenster klicken Sie nun das Symbol der gewünschten Vorlage mit der rechten Maustaste an und rufen dann im angezeigten Kontextmenü den Befehl *Öffnen* auf.

Vorlagen organisieren

Wenn Sie zahlreiche Vorlagen erstellt haben, kann es im Laufe der Zeit im Vorlagenordner etwas unübersichtlich werden. Doch auch hierfür gibt es eine Lösung: Wenn sich in den Vorlagenordnern weitere Ordner befinden, tauchen sie im Dialogfeld *Neu* als eigene Registerkarten auf. Das gilt sowohl für den Vorlagenordner auf Ihrem Computer als auch für den Ordner mit den Arbeitsgruppenvorlagen, den wir Ihnen im nächsten Abschnitt vorstellen.

Die Registerkarte *Marketing* im folgenden Bild ist durch das Anlegen eines gleichnamigen Ordners entstanden. Anschließend haben wir die Vorlage *Prospektanforderung* in diesen Ordner verschoben.

Bild 19.7 Ein Unterordner wird auf dem Dialogfeld *Neu* als eigene Registerkarte dargestellt

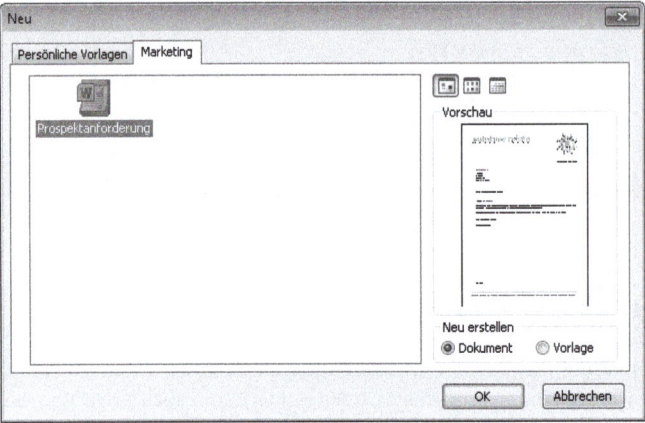

Vorlagen mit mehreren Anwendern nutzen

Word kennt zwei spezielle Ordner, in denen Sie Ihre Vorlagen ablegen können: den Ordner für Benutzervorlagen und den Ordner für die Arbeitsgruppenvorlagen. Der *Benutzer*-Ordner ist für Vorlagen gedacht, mit denen nur Sie allein arbeiten und befindet sich normalerweise auf dem eigenen PC. Diesem Ordner sind Sie im Verlaufe dieses Kapitels bereits mehrfach begegnet.

Wenn der PC in ein Netzwerk eingebunden ist, existiert in der Regel auf dem Server ein Verzeichnis, in dem die Vorlagen abgelegt sind, die von allen Mitarbeitern benutzt werden sollen. Dieses Verzeichnis wird in Word als *Arbeitsgruppen*-Ordner bezeichnet. Die gemeinsame Nutzung der Vorlagen hat den Vorteil, dass zum einen alle Mitarbeiter von den Komfortmerkmalen der Vorlagen profitieren können und dass alle Dokumente ein einheitliches Layout bekommen.

Damit Word den Arbeitsgruppen-Ordner verwendet, müssen Sie zunächst angeben, wo sich dieser Ordner befindet. Das erledigen Sie mit folgenden Schritten:

1. Wählen Sie in der Backstage-Ansicht den Befehl *Optionen*.

2. Wechseln Sie in die Kategorie *Erweitert*.

3. Dort finden Sie ganz unten, in der Gruppe *Allgemein*, die Schaltfläche *Dateispeicherorte*. Klicken Sie diese Schaltfläche an, um das folgende Dialogfeld anzuzeigen.

Bild 19.8   In diesem Dialog können Sie den Ordner für die Arbeitsgruppenvorlagen festlegen

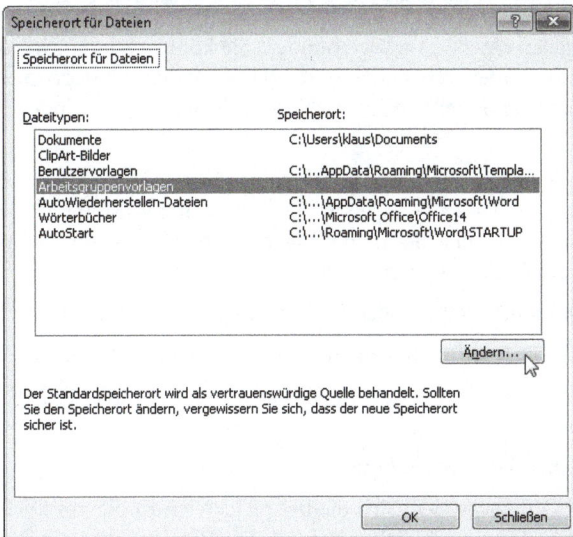

4.   Markieren Sie den Eintrag *Arbeitsgruppenvorlagen* und klicken Sie auf *Ändern*.

5.   Zeigen Sie den gewünschten Ordner im Dialogfeld *Speicherort ändern* an, markieren ihn und klicken dann auf *OK*. Schließen Sie auch die anderen Dialoge.

6.   Wenn Sie eine neue Vorlage erstellt haben, die Sie Ihren Kollegen zur Verfügung stellen wollen, verschieben Sie die Dokumentvorlage in diesen Ordner.

7.   Rufen Sie das Dialogfeld *Neu* auf, um zu prüfen, ob die Ordner als Registerkarten auftauchen *(Datei/Neu/Meine Vorlagen)*. Hinweis: Word erzeugt für einen Ordner nur dann eine Registerkarte, wenn sich darin auch tatsächlich eine Vorlage befindet.

Bild 19.9   Der Dialog enthält jetzt drei weitere Registerkarten für die Arbeitsgruppenvorlagen

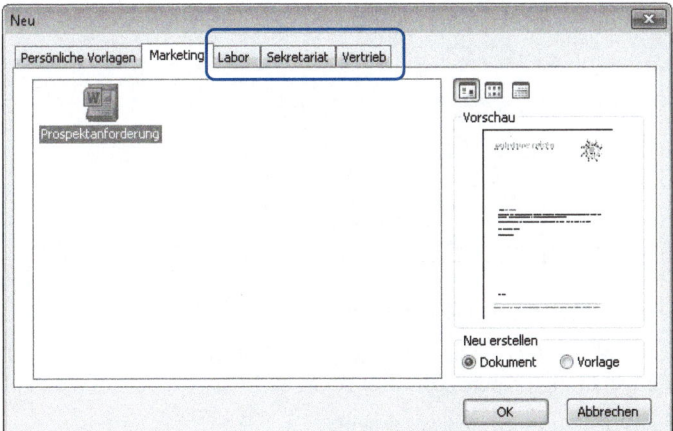

Vorlage für alle Dokumente nutzbar machen

Jedes Dokument ist mit genau einer Vorlage verbunden. Sie können aber auch Vorlagen erstellen, die sich dann in allen Dokumenten verwenden lassen. Diese Art der Vorlagen nennt man globale Vorlagen (mehr über die konzeptionellen Hintergründe zu diesem Thema finden Sie am Ende dieses Kapitels).

Als Beispiel für eine Dokumentvorlage, die sich als globale Vorlage einsetzen lässt, haben wir die Datei *sunrise Logos* vorbereitet. Diese Vorlage enthält drei Schnellbausteine mit dem Firmenlogo des fiktiven Reisebüros *sunrise* in verschiedenen Größen. Sie befindet sich in dem Ordner, in dem die Beispieldateien für dieses Buch installiert wurden.

Und so stellen Sie diese Dokumentvorlage allen Dokumenten zur Verfügung:

1. Öffnen Sie das Dialogfeld *Word-Optionen* und wechseln Sie in die Kategorie *Add-Ins*.

2. Wählen Sie unten im Listenfeld *Verwalten* den Eintrag *Vorlagen* und klicken Sie dann auf die Schaltfläche *Gehe zu*.

3. Klicken Sie auf die Schaltfläche *Hinzufügen*.

4. Wechseln Sie in den Ordner, in dem sich die Beispieldateien zu diesem Buch befinden, markieren die Datei *sunrise Logos* und klicken auf *OK*. Die Datei taucht jetzt in der Liste *Globale Dokumentvorlagen und Add-Ins* auf.

Bild 19.10   Mit diesem Dialogfeld können Sie globale Dokumentvorlagen laden

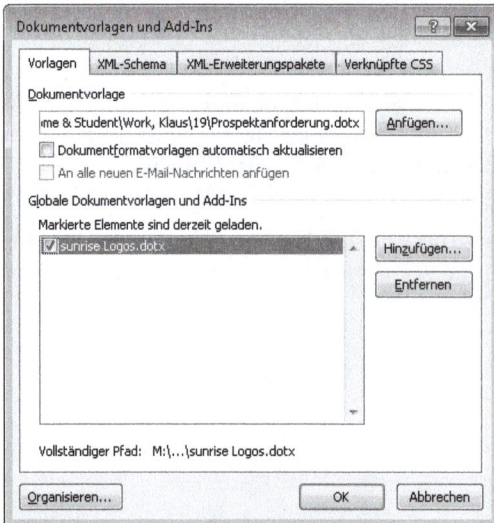

5. Schließen Sie das Dialogfeld *Dokumentvorlagen und Add-Ins*.

6. Wechseln Sie auf die Registerkarte *Einfügen* und klicken Sie auf die Schaltfläche *Schnellbausteine*. Wie angekündigt, tauchen die drei Logos im Menü der Schaltfläche auf.

7. Beenden Sie Word und starten Sie es erneut.

8. Klicken Sie erneut auf die Schaltfläche *Schnellbausteine*. Und siehe da: Die Logos tauchen im Untermenü nicht mehr auf. Was ist passiert?

9. Rufen Sie das Dialogfeld *Dokumentvorlagen und Add-Ins* auf (wie in den Schritten 1 und 2 beschrieben). Aha: Das Kontrollkästchen vor *sunrise Logos.dotx* ist ausgeschaltet.

10. Schalten Sie es ein und überzeugen sich davon, dass die Schnellbausteine der Vorlage jetzt wieder im Menü der Schaltfläche *Schnellbausteine* auftauchen.

Wie Sie sehen, merkt Word sich zwar, welche Vorlagen Sie global geladen haben. Die globalen Vorlagen bleiben jedoch nur während der aktuellen Word-Sitzung geladen. Nach einem Word-Neustart müssen Sie das Laden wieder manuell einschalten.

Vorlagen automatisch laden

Es gibt aber noch eine andere Lösung, die Sie verwenden können, wenn Sie möchten, dass Word eine Dokumentvorlage bei jedem Starten automatisch lädt. Kopieren Sie dann die Vorlagen in den Autostart-Ordner von Word.

Den für Ihren Rechner gültigen AutoStart-Ordner können Sie im Dialogfeld *Speicherort für Dateien* ablesen. Wie Sie das Dialogfeld aufrufen, haben wir im Abschnitt »Vorlagen mit mehreren Anwendern nutzen« auf Seite 324 beschrieben.

Ein wenig Vorlagentheorie

Nachdem wir bisher vor allem die praktischen Dinge beim Einsatz von Vorlagen beschrieben haben, befasst sich dieser Abschnitt ein wenig mit der Theorie. Aber keine Angst: Auch hier finden Sie zahlreiche praktische Informationen, die den Einsatz der Dokumentvorlagen einfacher und komfortabler machen.

Word arbeitet mit zwei Arten von Dateien:

- Dokumente, die die Endungen *.docx* (ohne Makros) bzw. *.docm* (mit Makros) besitzen, wobei die Buchstaben »doc« als Kürzel für das englische. **doc**ument stehen.

- Dokumentvorlagen, die Sie an der Dateinamenserweiterung *.dotx* (ohne Makros) und *.dotm* (mit Makros) erkennen; die Buchstaben »dot« stehen für das englische **do**cument **t**emplate (Dokumentschablone).

Grundsätzlich basiert jedes Word-Dokument auf einer Dokumentvorlage. Wenn Sie ein neues, leeres Dokument erstellen, benutzt Word automatisch die Vorlage *Normal.dotx*. Entscheiden Sie sich im Dialogfeld *Neues Dokument* hingegen für eine der anderen angebotenen Vorlagen, basiert das neue Dokument anschließend auf der von Ihnen ausgewählten Vorlagendatei.

Der Inhalt einer Dokumentvorlage

Dokumentvorlagen bilden quasi das Fundament neuer Dokumente und liefern im Idealfall sowohl das »Baumaterial« als auch die »Werkzeuge« frei Haus.

- **Standardtext und Grafiken** Wenn Sie ein neues Dokument beginnen, das auf einer Vorlage basiert, übernimmt Word alle Texte und Grafiken der Vorlage in das neue Dokument. Formatierungen, die Sie vorgenommen haben, bleiben dabei ebenfalls erhalten.

■ **Standardformatierungen des Dokuments**   Hierzu gehören benutzerdefinierte oder Standardformatvorlagen, die Sie selbst erstellt oder angepasst haben. Auch die Seitenabmessungen, Randeinstellungen und die Ausrichtung können in jeder Dokumentvorlage nach Bedarf eingestellt werden. Beim Erstellen eines Dokuments werden diese Formatierungseigenschaften von der Vorlage an das Dokument »vererbt« (dazu gleich mehr).

■ **Bausteine**   Beim Anlegen eines neuen Bausteins können Sie festlegen, ob der Baustein in der Vorlage gespeichert wird, auf der das aktuelle Dokument basiert, in der globalen Dokumentvorlage *Normal.dotx* oder in der speziellen Bausteinvorlage *Building Blocks.dotx*.

■ **Anpassungen der Symbolleiste für den Schnellzugriff**   Dokumentvorlagen können auch Einfluss auf die Symbolleiste für den Schnellzugriff nehmen. Dazu öffnen Sie die Vorlage, wechseln im Dialog *Word-Optionen* in die Kategorie *Symbolleiste für den Schnellzugriff* und wählen zuerst im Listenfeld *Symbolleiste für den Schnellzugriff anpassen* den Namen der Vorlage aus. Anschließend können Sie die gewünschten Änderungen an der Symbolleiste vornehmen. Wenn Sie dann ein neues Dokument auf Basis dieser Vorlage erstellen, tauchen die zuvor in der Vorlage hinzugefügten Schaltflächen in der Symbolleiste für den Schnellzugriff auf.

■ **Tastenkombinationen**   Die in Word enthaltenen Tastenkombinationen, die so genannten *Shortcuts*, können ergänzt oder verändert werden. Im Dialogfeld *Tastatur anpassen (Einfügen/Symbol/Weitere Symbole/Tastenkombination…)* legen Sie mit dem Listenfeld *Speichern in* die Vorlage fest, in der die vorgenommenen Änderungen gespeichert werden sollen.

■ **Makros**   Mit Makros kann die Funktionalität einer Dokumentvorlage nahezu beliebig erweitert werden. Eine Sonderstellung kommt dem Makro *AutoNew()* zu, das beim Erstellen eines neuen Dokuments automatisch aufgerufen wird. Dieses Makro eignet sich zum Beispiel zum Aufruf benutzerdefinierter Dialogfelder, in die Anwender zentrale Daten eingeben können.

Zusammenspiel von Word und Dokumentvorlagen

Um zu verstehen, wie sich Word, Dokumentvorlagen und Dokumente gegenseitig beeinflussen, muss man das Konzept kennen, das diese drei Elemente zu einer gemeinsamen Architektur verbindet. Dieses Zusammenspiel lässt sich am besten an einem dreischichtigen Modell erläutern.

Bild 19.11   Dokumentvorlagen sind die Schnittstelle zwischen Word und Dokument

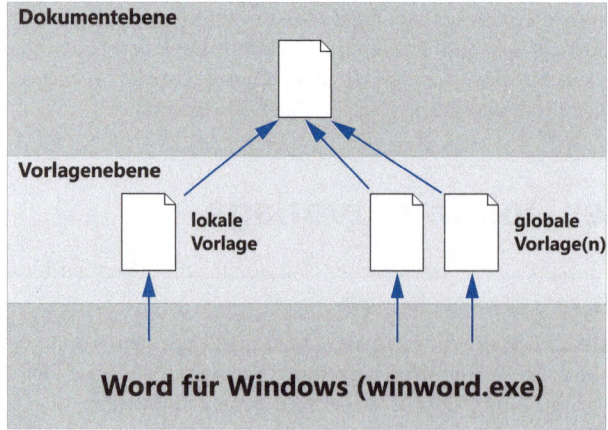

Dokumentebene

Vorlagenebene

lokale Vorlage

globale Vorlage(n)

Word für Windows (winword.exe)

Auf der untersten Ebene befindet sich Word selbst. Das Programm enthält die verschiedenen Funktionen, die Sie nicht verändern können, die aber allen Vorlagen und Dokumenten zur Verfügung stehen.

Auf der mittleren Ebene sind die Dokumentvorlagen angesiedelt, wobei man hier zwischen der lokalen Vorlage und den globalen Vorlagen unterscheiden muss. Diese Zwischenebene ist die Schnittstelle zwischen Word und dem eigentlichen Dokument, in der bestimmt werden kann, wie sich Word dem Anwender bei der Bearbeitung eines Dokuments präsentiert. Auf der obersten Ebene liegt dann das eigentliche Dokument.

Lokale Dokumentvorlagen

Word unterscheidet zwischen lokalen und globalen Dokumentvorlagen. Die lokale Dokumentvorlage ist die Vorlage, die mit einem Dokument direkt verbunden ist. Diese Verbindung wird beim Erstellen des Dokuments festgelegt, sie kann aber jederzeit über das Dialogfeld *Dokumentvorlagen und Add-Ins* geändert werden (siehe Abschnitt »Dokumente mit anderen Vorlagen verbinden« auf Seite 330).

Die Einstellungen in der lokalen Dokumentvorlage werden von Word vorrangig behandelt. Wenn Sie zum Beispiel einem Word-Befehl in der lokalen Vorlage den Shortcut Strg + A und in einer globalen Vorlage dem gleichen Befehl den Shortcut Strg + B zugewiesen haben, müssen Sie in allen Dokumenten, die auf dieser lokalen Vorlage basieren, den Shortcut Strg + A benutzen, um den Befehl aufzurufen.

Wenn Sie zwischen zwei Dokumenten wechseln, die auf unterschiedlichen Vorlagen basieren, verwendet Word immer die Einstellungen (Shortcuts, Makros etc.) aus der jeweiligen lokalen Vorlage. Dadurch ist es möglich, das Verhalten von Word auf das gerade bearbeitete Dokument anzupassen.

So sucht Word nach der Normal.dotx

Die Reihenfolge, in der Word verschiedene Ordner nach der *Normal.dotx* durchsucht, lautet: Word-Programmordner, Ordner mit Benutzervorlagen, Ordner mit Arbeitsgruppenvorlagen. Word bricht die Suche ab, sobald es eine Version der Datei gefunden hat. Konnte die Datei nicht gefunden werden, wird automatisch eine neue, leere *Normal.dotx* mit Standardwerten angelegt.

Globale Dokumentvorlagen

Im Gegensatz zu den lokalen Vorlagen, die sich immer auf ein bestimmtes Dokument beziehen, stehen globale Vorlagen allen Dokumenten zur Verfügung. So können Sie zum Beispiel eine Vorlage erstellen, die ein Makro enthält, das eine Grafik mit einem schattierten Rahmen versieht. Wenn Sie für dieses Makro einen Shortcut vergeben und die Vorlage global laden, haben Sie Word – aus Sicht des Anwenders – um einen neuen Befehl ergänzt, der in allen Dokumenten zur Verfügung steht. Sie kennen diese Technik bereits aus dem Beispiel der Übungsdatei *sunrise Logos*, in der einige Schnellbausteine enthalten waren (Seite 326).

Erstellen einer globalen Dokumentvorlage

Um aus einer *normalen* Vorlage eine globale Vorlage zu machen, braucht die Datei nicht verändert zu werden. Sie müssen Word lediglich mitteilen, dass es diese Vorlage als globale Vorlage behandeln soll. Das lässt sich auf zwei Wegen erreichen.

Kopieren Sie die Vorlage in den *AutoStart*-Ordner von Word. Alle Vorlagen, die sich in diesem Ordner befinden, werden beim Starten von Word automatisch geladen. Welchen Ordner Word als *AutoStart*-Ordner benutzt, können Sie im Dialog *Speicherort für Dateien* einstellen (siehe Seite 325).

Word 2010

Dokumentvorlagen, die nur gelegentlich als globale Vorlage benötigt werden, sollten nur bei Bedarf geladen werden. Rufen Sie dazu das Dialogfeld *Dokumentvorlagen und Add-Ins* auf (siehe Seite 326), klicken Sie auf *Hinzufügen* und wechseln Sie in den Ordner, in dem sich die gewünschte Vorlage befindet. Dort können Sie sie mit einem Doppelklick in die Liste *Globale Dokumentvorlagen und Add-Ins* des Dialogs übernehmen.

Die Vorlage wird jedoch nur während der aktuellen Word-Sitzung geladen. Wenn Sie das Dialogfeld beim nächsten Starten von Word erneut aufrufen, werden Sie feststellen, dass die Vorlage zwar noch in der Liste auftaucht, jedoch nicht mehr aktiv ist. Um sie erneut zu laden, schalten Sie einfach das Optionsfeld vor dem Namen der Vorlage ein.

Dokumente mit anderen Vorlagen verbinden

Sie können einem Dokument auch jederzeit eine andere Vorlage zuweisen:

1. Öffnen Sie das betreffende Dokument.

2. Zeigen Sie das Dialogfeld *Word-Optionen* an und wechseln Sie zur Kategorie *Add-Ins*.

3. Wählen Sie im Listenfeld *Verwalten* den Eintrag *Vorlagen* und klicken Sie auf *Gehe zu*.

4. Klicken Sie im Dialog *Dokumentvorlagen und Add-Ins* auf *Anfügen*.

5. Wählen Sie die gewünschte Vorlage und klicken Sie auf *Öffnen*.

6. Wenn Sie die Option *Dokumentformatvorlagen automatisch aktualisieren* einschalten, kopiert Word bei jedem Öffnen des Dokuments die Formatvorlagen aus der Vorlage in das Dokument. Das heißt, jede Änderung an den Formatvorlagen der Vorlage wirkt sich automatisch auf das Dokument aus. Vorsicht: Dieser Effekt kann auch unerwünscht sein, zum Beispiel bei Nummerierungen, deren Startwert manuell geändert wurde.

Bild 19.12:   Änderungen an den Formatvorlagen der Dokumentvorlage können automatisch übernommen werden

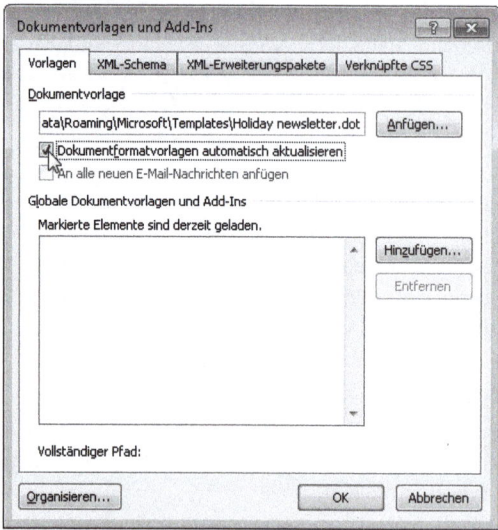

Vorlagen organisieren

Beim Erstellen einer neuen Dokumentvorlage bietet es sich oft an, bereits in anderen Vorlagen vorhandene Formatvorlagen und Makros zu übernehmen. Zu diesem Zweck existiert in Word ein eigenes Dialogfeld, mit dem sich diese Elemente zwischen Dokumentvorlagen verschieben und kopieren lassen.

Bild 19.13 Mit diesem Dialog lassen sich Formatvorlagen und Makros verwalten

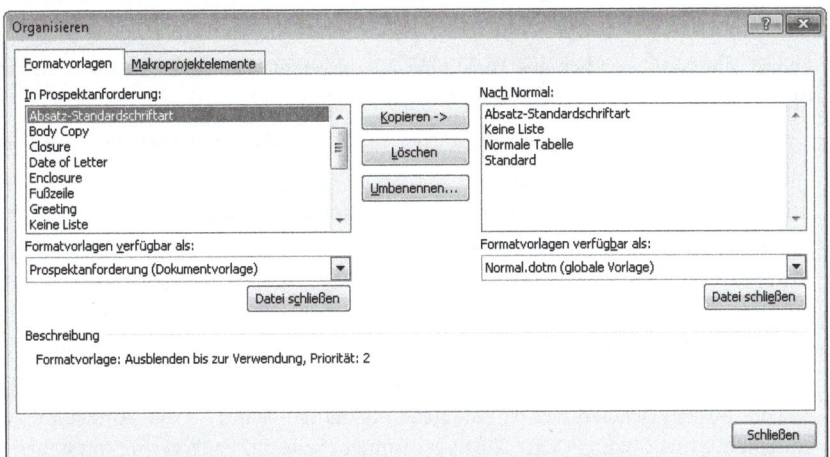

Das Kopieren funktioniert bei allen Elementen gleich:

1. Zeigen Sie das Dialogfeld *Word-Optionen* an *(Datei/Neu)*.
2. Wechseln Sie in die Kategorie *Add-Ins*.
3. Wählen Sie im Listenfeld *Verwalten* den Eintrag *Vorlagen* und klicken Sie auf *Gehe zu*.
4. Klicken Sie im Dialogfeld *Dokumentvorlagen und Add-Ins* auf *Organisieren*.
5. Wechseln Sie auf die Registerkarte, deren Elemente Sie bearbeiten wollen.
6. Öffnen Sie in der linken Liste (mit *Datei schließen* und anschließendem *Datei öffnen*) die Vorlage, aus der Sie kopieren wollen. Ist die Datei bereits in Word geöffnet, können Sie sie direkt aus dem Listenfeld *... verfügbar als* wählen.
7. In der rechten Liste öffnen Sie die Zielvorlage.
8. Markieren Sie in der linken Liste die gewünschten Elemente und klicken Sie auf *Kopieren*.

Das Umbenennen und Löschen von Elementen funktioniert nach dem gleichen Prinzip. Zu beachten ist lediglich, dass die internen Formatvorlagen von Word nicht gelöscht werden können.

Zusammenfassung

Der geschickte Einsatz von Vorlagen ist ein wichtiger Schlüssel für das effiziente Arbeiten mit Word. In diesem Kapitel haben Sie gelernt, wie Sie eigene Vorlagen erstellen und verwalten, die Sie dann als Basis für neue Dokumente verwenden können.

- Um eine Vorlage zu erzeugen, erstellen Sie zunächst ein normales Word-Dokument und speichern es dann als Word-Vorlage ab (Seite 318).

- Um auf Basis einer Vorlage ein neues Dokument zu erstellen, können Sie in einem Ordnerfenster auf der Vorlagendatei doppelklicken (Seite320).

- Damit eine Vorlage über das Dialogfeld *Neu* erreicht werden kann, muss sie im Vorlagenordner von Word gespeichert werden (Seite 322).

- Um eine Vorlage nachträglich zu bearbeiten, muss sie wie ein normales Dokument geöffnet werden (Seite 323).

- Indem Sie innerhalb des Vorlagenordners weitere Ordner anlegen, können Sie das Dialogfeld *Neu* um eigene Registerkarten erweitern (Seite 324).

- Vorlagen, die innerhalb eines Netzwerks von mehreren Anwendern genutzt werden sollen, müssen im Arbeitsgruppenordner abgelegt werden. Die Position dieses Ordners können Sie über das Dialogfeld *Speicherorte für Dateien* ermitteln bzw. ändern (Seite 324).

- Damit eine Vorlage von allen geöffneten Dokumenten genutzt werden kann, muss sie als globale Vorlage geladen werden. Sie haben dabei die Wahl, ob die Vorlage nur während der aktuellen Word-Sitzung (Seite 326) oder immer (Seite 327) zur Verfügung stehen soll.

- Konzeptionell stehen Vorlagen zwischen dem Dokument und Word selbst. Sie reduzieren den Aufwand beim Erstellen eines neuen Dokuments, indem sie vorgefertigte Inhalte liefern und den Funktionsumfang von Word ergänzen (Seite 327).

- Dokumente lassen sich nachträglich mit einer anderen Vorlage verbinden (Seite 330).

- Formatvorlagen und Makros können in andere Vorlagen kopiert werden (Seite 331).

Kapitel 20

Word-Optionen

In diesem Kapitel:

In diesem Kapitel stellen wir Ihnen die zahlreichen Einstellungsmöglichkeiten von Word 2010 vor, mit denen Sie das Verhalten von Word und die Bildschirmdarstellung der Dokumente an Ihre Wünsche und Bedürfnisse anpassen können. Wir beschränken uns dabei auf die Beschreibung der wichtigsten Optionen.

Die Palette reicht vom Ein- und Ausschalten des Warntons bis hin zur Wahl der verwendeten Maßeinheit. Schauen Sie sich die Optionen der Reihe nach an, da sich neben vielen banalen auch einige wichtige Funktionen dahinter verstecken.

Um das Dialogfeld aufzurufen, mit dem Sie die Word-Optionen einsehen und bearbeiten können, wechseln Sie durch einen Klick auf *Datei* in die Backstage-Ansicht und wählen dort den Befehl *Optionen*. Word zeigt dann das Dialogfeld *Word-Optionen* an, in dem die verschiedenen Optionen thematisch in Gruppen zusammengefasst sind, sodass Sie sich relativ schnell darin orientieren können.

Bild 20.1 Die zahlreichen Optionen sind thematisch gegliedert. Wenn Sie mit dem Mauszeiger auf ein Info-Symbol zeigen, erscheint ein kurzer erklärender Text

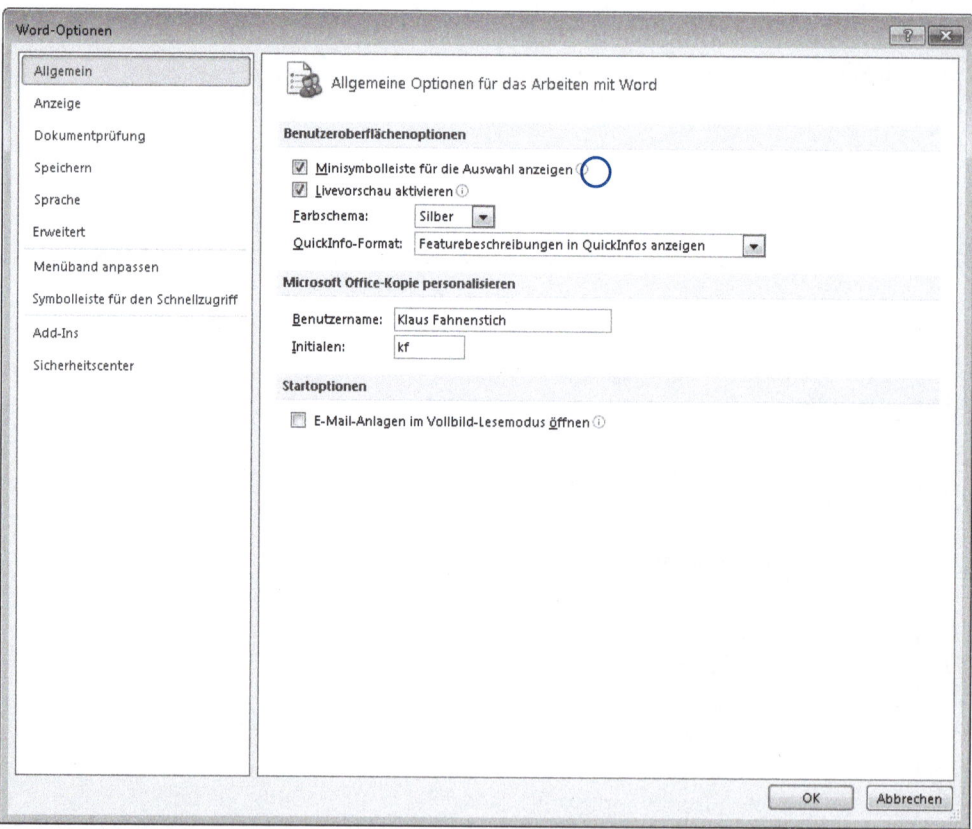

Allgemein

Minisymbolleiste Wenn Sie es als störend empfinden, dass Word jedes Mal die Minisymbolleiste einblendet, sobald Sie einen Text markieren, können Sie die Symbolleiste durch Ausschalten der Option vom Bildschirm verbannen.

Livevorschau Auch die Livevorschau lässt sich bei Bedarf deaktivieren. Da diese Funktion das Arbeiten mit Word erheblich erleichtert, sollten Sie dieses Feature nur dann ausschalten, wenn es Sie beim flüssigen Arbeiten mit Word behindert.

Farbschema Wenn Ihnen die Farbgebung des Word-Fensters nicht zusagt, können Sie hier noch zwei andere Varianten, nämlich *Blau* und *Schwarz,* ausprobieren.

QuickInfo-Format QuickInfos sind die kleinen Fenster, die Word automatisch anzeigt, wenn Sie den Mauszeiger über eine Schaltfläche halten. Mit dieser Option können Sie festlegen, ob überhaupt und wenn ja, in welcher Form Word diese QuickInfos anzeigen soll:

- **QuickInfos nicht anzeigen** Die automatische Anzeige wird unterbunden.

- **Featurebeschreibungen in QuickInfos nicht anzeigen** Wenn Sie diese Einstellung auswählen, zeigt Word lediglich den Namen der Schaltfläche an.

- **Featurebeschreibungen in QuickInfos anzeigen** Im QuickInfo erscheint zusätzlich zum Namen der Schaltfläche ein kurzer erläuternder Text. Falls für die Schaltfläche in der Online-Hilfe eine eigene Seite existiert, taucht im QuickInfo-Fenster zusätzlich der Text »Drücken Sie F1, um die Hilfe anzuzeigen« auf (siehe auch Kapitel 4).

Bild 20.2   QuickInfo mit Featurebeschreibung

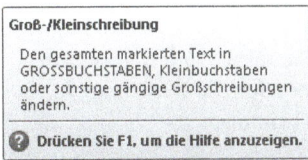

Anzeige

Leerraum zwischen Seiten in der Drucklayoutansicht anzeigen Diese Option ist normalerweise eingeschaltet und bewirkt, dass Word in der Seitenlayout-Ansicht die Seiten vollständig anzeigt. Mit vollständig ist hier gemeint, dass auch die oberen und unteren Seitenränder auf dem Bildschirm sichtbar sind. Da diese Bereiche aber in aller Regel leer sind, wird wertvoller Platz auf dem Bildschirm verschwendet.

Wenn Sie die Option ausschalten, »schneidet« Word die weißen Ränder ab, sodass die Textbereiche der Seiten direkt aneinander stoßen.

Bild 20.3   Word zeigt die leeren Randbereiche der beiden Seiten nicht mehr an

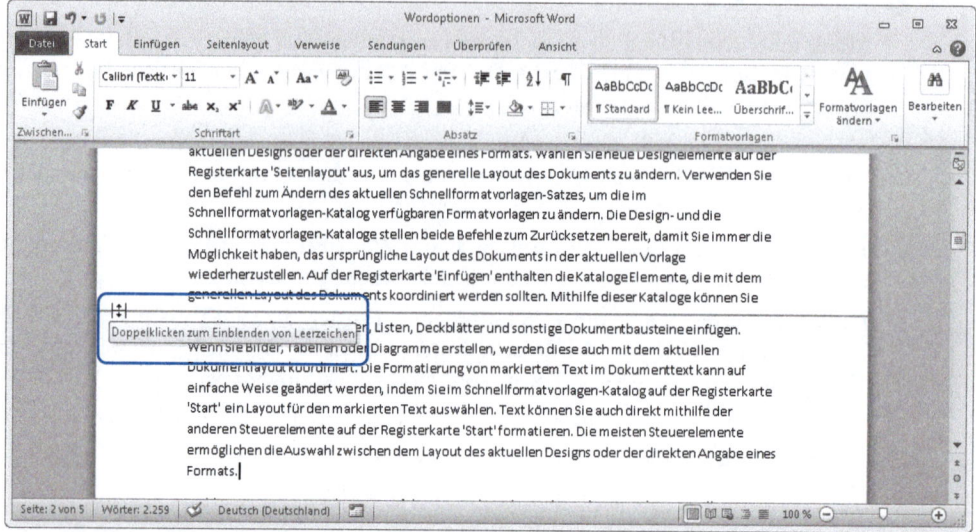

Um zwischen den beiden Darstellungsarten hin- und herzuschalten, können Sie den Mauszeiger zwischen zwei Seiten positionieren, bis er die Form aus Bild 20.3 annimmt, und dort doppelklicken.

Diese Formatierungszeichen immer auf dem Bildschirm anzeigen   Mit den Optionen dieser Gruppe können Sie festlegen, ob bestimmte Formatierungszeichen, unabhängig vom Status der Schaltfläche *Alle anzeigen* (sie befindet sich auf der Registerkarte *Start* in der Gruppe *Absatz*), immer auf dem Bildschirm angezeigt werden sollen.

In Word erstellte Zeichnungen drucken   Wenn Sie diese Option ausschalten, werden in Word erstellte Zeichnungen (z.B. SmartArts) nicht ausgedruckt. Die Einstellung bietet sich an, wenn Sie einen schnellen Konzeptausdruck Ihres Dokuments benötigen.

Dokumentprüfung

In dieser Rubrik können Sie das Verhalten der Rechtschreib- und Grammatikprüfung steuern. Dieses Thema wird ausführlich in Kapitel 12 behandelt.

Speichern

AutoWiederherstellen-Informationen speichern   Diese Option sollten Sie unbedingt eingeschaltet lassen. Word speichert dann in dem von Ihnen vorgegebenen Rhythmus nicht nur die gerade von Ihnen bearbeiteten Dokumente, sondern darüber hinaus auch Informationen über den aktuellen Zustand von Word selbst.

Wenn Word oder Ihr Rechner aus irgendeinem Grund abstürzen, lädt Word beim nächsten Programmstart nicht nur die zuletzt geöffneten Dateien, sondern versucht zusätzlich, die Bearbeitungssituation kurz vor dem Absturz zu rekonstruieren (wie z.B. die Anordnung der Fenster).

Schriftarten in der Datei einbetten Wenn Sie ein Dokument verschicken, werden Sie in aller Regel wünschen, dass es beim Empfänger genauso aussieht wie bei Ihnen. Damit dieses gelingt, müssen auf dem Computer des Empfängers die im Dokument verwendeten Schriften installiert sein.

Wenn Sie die Option *Schriftarten in der Datei einbetten* einschalten, speichert Word die vom Dokument benötigten Schriften mit im Dokument ab. Beim Anzeigen des Dokuments werden die Schriften dann bei Bedarf automatisch installiert.

Da sich dadurch der Umfang des Dokuments zum Teil deutlich erhöht, können Sie mit der Option *Nur im Dokument verwendete Zeichen einbetten* das Speichern unbenutzter Zeichen vermeiden. Außerdem lässt sich über die Option *Allgemeine Systemschriftarten nicht einbetten* das unnötige Verschicken von Schriften, die mit hoher Wahrscheinlichkeit auf jedem Rechner zu finden sind, vermeiden.

> **HINWEIS** **Beachten Sie die Urheberrechte der Schriften** Seit Jahr und Tag herrscht bei vielen Anwendern die Meinung vor, dass Schriften beliebig kopiert und weitergegeben werden dürfen. Diese Annahme ist jedoch falsch. Auch Schriften unterliegen dem Urheberrecht und der Hersteller einer Schrift kann somit genau festlegen, ob bzw. in welcher Art und Weise seine Schrift weitergegeben werden darf.

Sprache

Auf dieser Seite können Sie fremdsprachige Wörterbücher für die Rechtschreib- und Grammatikprüfung einrichten.

Außerdem lässt sich hier auch die Sprache der Bedieneroberfläche von Word ändern. In der Standardeinstellung übernimmt Word die für Windows eingestellte Sprache. Wenn Sie also einmal in die Verlegenheit kommen, auf einem fremdsprachlichen PC mit Word arbeiten zu müssen, wissen Sie nun, wie Sie sich helfen können.

Erweitert

Eingabe ersetzt markierten Text Wenn diese Option eingeschaltet ist, wird ein markierter Text durch die Eingabe des nächsten Zeichens überschrieben. Dieses Verhalten löst bei Word-Neulingen oft einen kleinen Schock aus, da sie den Zusammenhang zwischen Tastendruck und Löschen des markierten Textes nicht unmittelbar erkennen. Natürlich sind die gelöschten Daten nicht verloren und können über den Befehl *Rückgängig* wiederhergestellt werden.

Automatisch ganze Wörter markieren Bei aktivierter Option erleichtert Word das wortweise Markieren mit der Maus. Zum Markieren mehrerer Wörter brauchen Sie nur noch in das erste Wort zu klicken und können die Markierung dann wortweise aufziehen. Für das Markieren eines einzelnen Wortes hat diese Option keine Bedeutung, da Sie das am schnellsten über einen Doppelklick erledigen.

Drag und Drop für Text zulassen Mit diesem Optionsfeld können Sie das Umstellen von Text via Drag & Drop ein- bzw. ausschalten. Der Sinn dieser Flexibilität will nicht unbedingt einleuchten. Es mag einen triftigen Grund geben, wir kennen ihn leider nicht!

Automatisch beim Einfügen von AutoFormen einen neuen Zeichenbereich erstellen Zeichenbereiche sollen Sie beim Erstellen von Grafiken unterstützen, die aus mehreren Formen bestehen. Dieses Feature hat sich in der Praxis jedoch nicht richtig durchsetzen können. Außerdem gibt es mit der Einführung der neuen SmartArts heute noch weniger Gründe als früher, aufwändige Grafiken mühselig mit Hilfe von Formen zu erstellen.

EINFG-Taste zum Steuern des Überschreibmodus verwenden Mit dieser Option können Sie ein altes Relikt aus der Mottenkiste von Word herausholen: den Überschreibmodus. In diesem Modus ersetzen neu eingegebene Zeichen den bereits vorhandenen Text.

Es mag zwar Situationen geben, in denen diese Funktion einen gewissen Nutzwert hat. In aller Regel führt es jedoch eher zu Irritationen, wenn Word scheinbar unvermittelt Text überschreibt, nur weil Sie als Anwender möglicherweise unbeabsichtigt die `Einfg`-Taste gedrückt haben.

Klicken und Eingeben aktivieren Wenn Sie den Mauszeiger bei eingeschalteter Option über die Seite bewegen, sehen Sie, dass an dem Mauszeiger das Symbol für die Textausrichtung (linksbündig, zentriert, rechtsbündig) klebt. Wenn Sie dann eine beliebige Stelle doppelt anklicken, setzt Word die Einfügemarke an diese Stelle und Sie können dort Ihren Text eingeben.

Diese Funktion eignet sich besonders für das Erstellen von zentrierten Überschriften, rechtsbündigen Datumsangaben in einem Brief oder um ein einzelnes Wort an eine bestimmte Stelle in das Dokument aufzunehmen. Die notwendigen Formatierungen (Einzüge, Tabulatoren, Textumbruch usw.) werden von Word eigenständig vorgenommen.

Intelligentes Ausschneiden Mit dieser Option können Sie eine der praktischsten Funktionen von Word ein- bzw. ausschalten. Bei aktivierter Option sorgt Word dafür, dass beim Umstellen von Text die Leerzeichen anschließend richtig gesetzt werden. Wenn Sie zum Beispiel ein Wort an das Satzende stellen, ist automatisch gewährleistet, dass vor dem Punkt kein Leerzeichen steht.

Da sich das Verhalten von Word im Laufe der verschiedenen Programmversionen etwas geändert hat, haben Sie hier zusätzlich noch die Möglichkeit, die genaue Wirkungsweise dieser Funktion zu steuern. Klicken Sie dazu auf die Schaltfläche *Einstellungen* und wählen Sie in dem angezeigten Dialog Ihre bevorzugte Konfiguration.

Bild 20.4 Konfiguration des Leerstellenausgleichs

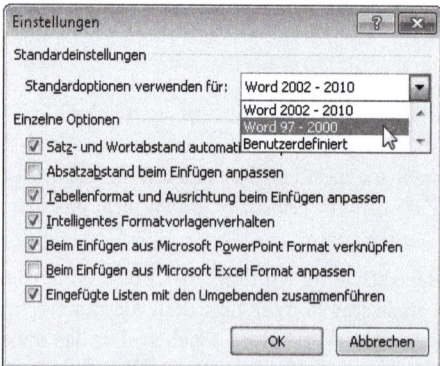

Platzhalter für Grafiken anzeigen Wenn Sie diese Option einschalten, zeigt Word anstelle einer Grafik einen leeren Rahmen an. Diese Option ist sinnvoll, um zum Beispiel einen schnelleren Bildlauf durchzuführen oder um bei einem Testausdruck Zeit und Tinte zu sparen.

Textanimationen anzeigen In früheren Versionen von Word (bis einschließlich Word 2003) war es möglich, Text mit Effekten zu versehen. So ließen sich z.B. funkelnde Buchstaben *(funkelnder Text)* oder wild blinkende Rahmen *(Las Vegas)* erzeugen. Diese Effekte werden seit Word 2007 nicht mehr unterstützt, sie lassen sich jedoch bei aktivierter Option noch anzeigen.

Textbegrenzungen anzeigen Bei aktivierter Option macht Word die eingestellten Seitenränder durch eine dünne punktierte Linie auf dem Bildschirm sichtbar. Auf diese Weise können Sie zum Beispiel besser abschätzen, wie weit der Text eine Seite bereits gefüllt hat, beziehungsweise, wie viel Platz auf der Seite noch frei ist.

Diese Anzahl zuletzt verwendeter Dokumente anzeigen Hier stellen Sie ein, wie viele Einträge die Seite *Zuletzt verwendet* im Backstage-Bereich maximal enthalten soll. Standardmäßig merkt sich Word die letzten 20 Dateien; Sie können diese Liste aber auf bis zu 50 Dateien ausbauen. Wenn Sie nicht möchten, dass jemand feststellen kann, an welchen Dokumenten Sie zuletzt gearbeitet haben, geben Sie hier eine Null ein.

Maße in folgenden Einheiten anzeigen Die im Listenfeld gewählte Maßeinheit wird von Word für das horizontale und das vertikale Lineal und für die meisten Maßangaben in Dialogfeldern verwendet. Einige Maßangaben, wie zum Beispiel die Abstände vor und nach einem Absatz, sind von der Einstellung unabhängig.

Feedback mit Sound bereitstellen Wenn Sie bei der Eingabe eines ungültigen Befehls bzw. einer ungültigen Tastenkombination von Word mit einem akustischen Signal gewarnt werden möchten, dann schalten Sie die Option ein. Das hat u.a. den Vorteil, dass Sie bei falschen Eingaben eine Reaktion von Word bekommen und Fehler so schneller bemerken.

Feedback mit Animation Mit dieser Einstellung können Sie verschiedene animierte Mauszeiger und kleine Animationen in der Statuszeile aktivieren, die erscheinen, wenn Word z.B. ein Dokument druckt oder speichert.

Dateiformatkonvertierung beim Öffnen bestätigen Sie können mit Word auch Texte bearbeiten, die mit anderen Programmen erstellt worden sind. Hinter dieser sich vielleicht banal anhörenden Aussage steckt ein Problem: Jeder Anbieter von Textverarbeitungsprogrammen verwendet in den Dateien, in denen die Texte abgespeichert werden, ein anderes Format. Damit Word z.B. ein mit OpenOffice erstelltes Dokument lesen und Sie das Dokument in Word bearbeiten können, muss das OpenOffice-Format zuerst in das Word-Format umgewandelt werden.

Word versucht beim Öffnen eines Fremdformates dessen Dateityp zu erkennen. Bei eingeschalteter Option haben Sie die Möglichkeit, Words Annahme über das Format zu überprüfen und evtl. korrigierend einzugreifen. Ist das Feld ausgeschaltet, findet die Konvertierung ohne Rückfrage statt.

Automatische Verknüpfungen beim Öffnen aktualisieren Diese Option wird für Sie wichtig, wenn Sie Objekte mit Ihren Dokumenten verknüpft haben. Bei eingeschaltetem Feld aktualisiert Word die Objekte automatisch beim Öffnen des Dokuments. Schalten Sie die Option aus, müssen Sie die Objekte manuell auf den neuesten Stand bringen.

Beide Varianten haben ihre Vor- und Nachteile: Aktivieren Sie das Optionsfeld, so ist zwar garantiert, dass sich die angezeigten Daten immer auf dem neuesten Stand befinden; das Öffnen der Dokumente dauert dann u.U. aber länger.

Seitenumbruch im Hintergrund Bei eingeschalteter Option hält Word die Seitenwechsel Ihres Dokuments immer auf dem aktuellen Stand und nimmt dazu in bestimmten Zeitabständen selbstständig einen Seitenumbruch vor. Besonders bei langen Dokumenten kann Word dadurch spürbar langsamer werden.

Wenn Sie sich beim Aufruf des Dialogs in der Seitenlayoutansicht befunden haben, können Sie die Option nicht verändern. Das würde allerdings auch keinen Sinn machen, da diese Ansicht ja den Zweck hat, das Dokument möglichst so darzustellen, wie es später auf dem Papier aussieht.

Dokument so gestalten, als ob es erstellt wurde in Die Kompatibilitätsoptionen von Word steuern die Art und Weise, wie Word ein Dokument auf dem Bildschirm darstellt bzw. ausdruckt. Das heißt, durch das Ein- oder Ausschalten bestimmter Optionen wird ein Word-Dokument nicht geändert. Es wird lediglich die Art der Darstellung beeinflusst.

Die meisten Optionen haben die Aufgabe, ein spezielles Verhalten älterer Word-Versionen nachzuahmen. Dadurch ist es in aller Regel möglich, dass ein Dokument, das mit einer früheren Version von Word erstellt wurde, in der aktuellen Programmversion korrekt dargestellt werden kann.

Ohne Kompatibilitätsoptionen würde sich bei alten Dokumenten häufig der Seitenumbruch ändern, da neue Word-Versionen auf ein- und dieselbe Formatierung unterschiedlich reagieren. Ein gutes Beispiel ist die Behandlung des Anfangs- und des Endeabstandes von Absätzen, die sich mit Word 2000 deutlich geändert hat.

Um ein Gefühl für die vielen kleinen Unterschiede im Verhalten der einzelnen Word-Versionen zu bekommen, können Sie interessehalber eine ältere Word-Version im Listenfeld einstellen und dann auf *Layoutoptionen* klicken. Im Dialog taucht dann eine schier endlose Liste von Optionen auf. Aktivierte Optionen deuten darauf hin, dass Word 2010 sich in dem betreffenden Punkt anders verhält, als die im Listenfeld gewählte Word-Version.

Bild 20.5 Kompatibilitätsoptionen zeigen die Unterschiede der einzelnen Word-Versionen auf

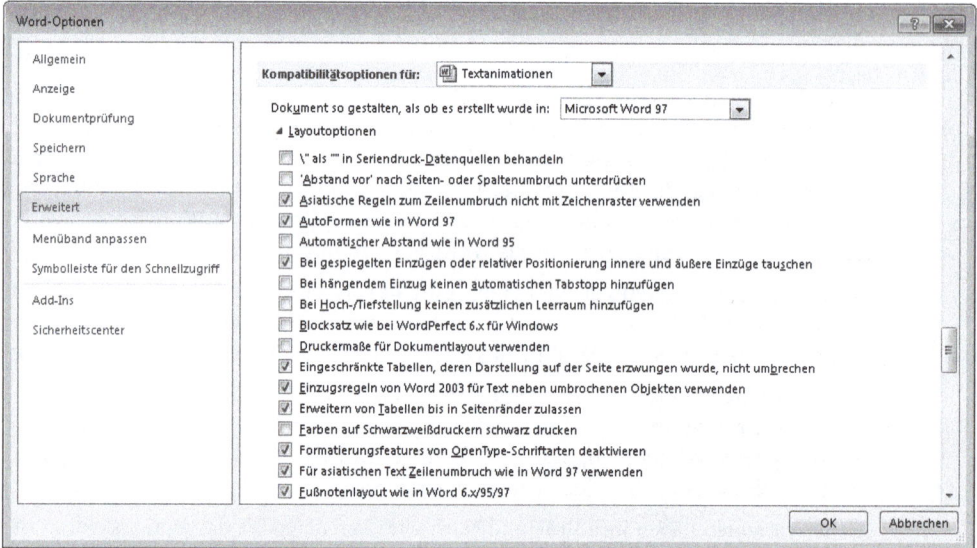

Menüband anpassen

In der Rubrik *Anpassen* können Sie die Registerkarten des Menübands konfigurieren. Ausführliche Informationen zu diesem Thema finden Sie in Anhang A.

Symbolleiste für den Schnellzugriff

Hier können Sie weitere Befehle in die Symbolleiste für den Schnellzugriff aufnehmen bzw. nicht benötigte Befehle aus ihr entfernen. Außerdem lässt sich hier die Reihenfolge der Schaltflächen auf der Symbolleiste verändern. Weitere Informationen zu diesem Thema finden Sie in Anhang A.

Add-Ins

In dieser Rubrik können Sie die Verwaltung der Add-Ins vornehmen, mit denen die Funktionalität von Word erweitert werden kann. Dieses Thema wird in diesem Buch nicht näher behandelt.

Sicherheitscenter

Im Sicherheitscenter, das in Word 2007 noch Vertrauensstellungscenter hieß, können Sie diverse Einstellung vornehmen, die u.a. das Verhalten von Word gegenüber Dokumenten aus unbekannten Quellen beeinflussen. So können Sie zum Beispiel bestimmte Herausgeber und Speicherorte als vertrauenswürdig einstufen, damit Word Dokumente aus diesen Quellen ohne Nachfrage öffnet.

Von besonderem Interesse sind auch die *Datenschutzoptionen*, mit denen Sie zum Beispiel steuern können, in welchem Umfang Office auf das Internet zugreift, um nach Aktualisierungen zu suchen.

Bild 20.6 Die Datenschutzoptionen erreichen Sie über die Schaltfläche *Einstellungen für das Sicherheitscenter* in der Rubrik *Sicherheitscenter*

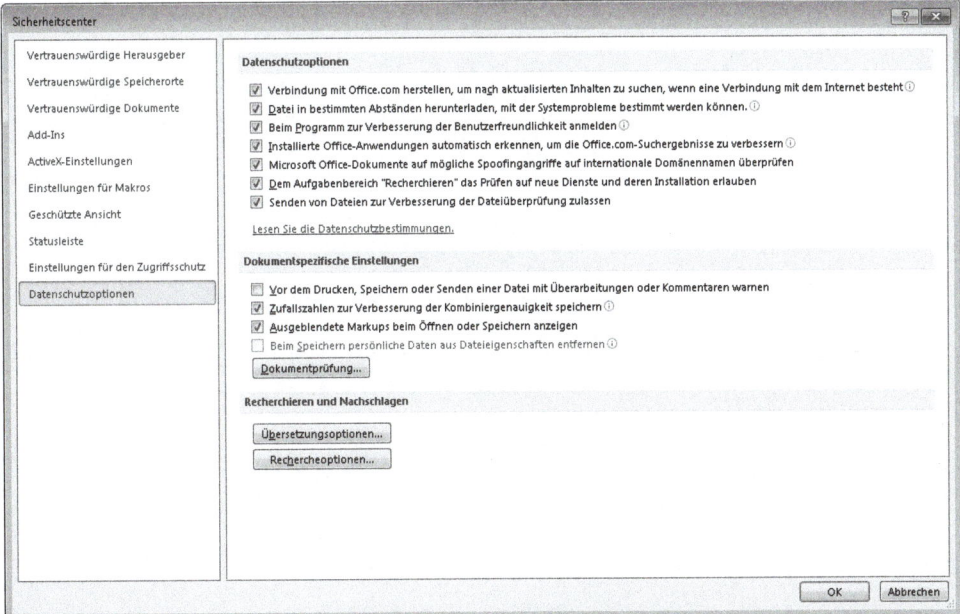

Zusammenfassung

In diesem Kapitel haben wir Ihnen die wichtigsten Einstellungen und Optionen von Word 2010 vorgestellt. Auch wenn wir aus Platzgründen nicht auf alle Optionen eingehen konnten, haben Sie jetzt zumindest eine Vorstellung davon, wie individuell sich das Verhalten von Word anpassen lässt.

Als Word-Neuling sollten Sie allerdings möglichst wenige Voreinstellungen ändern, da sich viele Optionen vor allem an Umsteiger von älteren Word-Versionen richten, denen damit die Gelegenheit gegeben werden soll, ihre gewohnten Arbeitsabläufe möglichst unverändert übernehmen zu können.

Teil C

Excel 2010

In diesem Teil:

Excel 2010 kennen lernen

In diesem Kapitel geben wir Ihnen einen kurzen Überblick über das neue Microsoft Excel 2010. Sie lernen den Aufbau des Programmfensters kennen und erfahren, in welchen Ansichten Sie eine Arbeitsmappe in Excel 2010 anzeigen können.

Im letzten Abschnitt geben wir Ihnen dann noch einen Überblick über die neuen Funktionen und Konzepte von Excel 2010, die Sie beim Erstellen professioneller Arbeitsmappen unterstützen.

Die neue Benutzeroberfläche

Da wir Ihnen in Kapitel 2 die neue Benutzeroberfläche von Microsoft Office 2010 bereits vorgestellt haben, sind Sie mit ihren Hauptkomponenten, wie dem Menüband, der Symbolleiste für den Schnellzugriff und der Backstage-Ansicht schon vertraut. Wir können uns daher in diesem Kapitel auf die Beschreibung der für Excel 2010 spezifischen Besonderheiten konzentrieren.

Die Standardregisterkarten von Excel 2010

Excel 2010 enthält in der Grundeinstellung die folgenden Registerkarten:

- Die Registerkarte *Start* enthält die Befehle für die Zwischenablage, die Formatierung von Schrift- und Zellenmerkmalen, die Formatvorlagen und die Gruppe *Bearbeiten*, über die Sie Suchen und Ersetzen und verschiedene Markierungsaktionen ausführen können.

- Die Registerkarte *Einfügen* führt alle Elemente auf, die Sie in eine Excel-Arbeitsmappe bzw. ein Tabellenblatt einfügen können. Hierzu gehören die PivotTables, Diagramme, weitere Tabellen, Abbildungen, Hyperlinks, Kopf- und Fußzeilen, Textobjekte und Symbole.

- Die Registerkarte *Seitenlayout* enthält die Befehle für das Einrichten der Seite (Druckbereich, Ränder, Hoch-/Querformat), für das Arbeiten mit Designs sowie Seitenhintergründen und für das Einstellen der Umbrüche und des Drucktitels. Außerdem können Sie mit den Befehlen der Gruppe *Anordnen* die Reihenfolge der Elemente auf Ihrer Seite verändern.

- Die Registerkarte *Formeln* enthält die Schaltflächen, mit denen Sie Formeln in die Tabellenblätter einfügen sowie Namen für Zellen und Bereiche festlegen und verwenden können. Außerdem steht Ihnen hier der Formeldetektiv zur Verfügung, mit dem Sie Fehler in Formeln finden und beheben können.

- Auf der Registerkarte *Daten* finden Sie die Werkzeuge, mit denen externe Daten in Tabellenblätter eingefügt und verwaltet werden können. Außerdem können Sie hier Daten sortieren und filtern und bei größeren Tabellenblättern die Gliederungsfunktion von Excel verwenden.

- Mit der Registerkarte *Überprüfen* stehen Ihnen die Werkzeuge zur Verfügung, mit denen Sie Ihre Arbeitsmappe prüfen lassen können (Rechtschreibprüfung, Thesaurus usw.) und um sie gemeinsamen mit anderen zu nutzen. Sie können Kommentare einfügen, Änderungen nachverfolgen und die von anderen vorgenommenen Änderungen bearbeiten. Außerdem können Sie hier einzelne Blätter oder die gesamte Arbeitsmappe schützen.

- Auf der Registerkarte *Ansicht* finden Sie die Befehle, mit denen Sie Ihr Dokument auf verschiedene Arten anzeigen lassen können: angefangen von den verschiedenen Dokumentansichten bis zu einer Gruppe von Optionen, um das Lineal, die Gitternetzlinien oder die Bearbeitungsleiste anzeigen zu lassen. Eine eigene Befehlsgruppe enthält die Befehle zum Arbeiten mit verschiedenen Dokumenten in verschiedenen Fenstern.

Eine weitere Registerkarte mit dem Namen *Entwicklertools* ist normalerweise nicht eingeblendet. Sie enthält die Werkzeuge, um Makros zu bearbeiten, den Visual Basic-Editor von Excel zu starten, dort Code zu erstellen und zu bearbeiten u.v.m. Sie können die Registerkarte einblenden, indem Sie auf *Datei* klicken und in der Backstage-Ansicht den Befehl *Optionen* aufrufen. Wechseln Sie dann im Dialog *Excel-Optionen* in die Rubrik *Menüband anpassen* und schalten Sie dort in der Liste der Hauptregisterkarten den Eintrag *Entwicklertools* ein.

Kontextbezogene Registerkarten

Die Registerkarten, die sich nach Bedarf ein- und ausblenden, haben das Ziel, Ihnen immer nur die Befehle anzuzeigen, die Sie im aktuellen Arbeitsschritt auch wirklich benötigen. Dieses Ziel verfolgen vor allem die kontextbezogenen Registerkarten, die Tools bereitstellen und zwar abhängig davon, was derzeit im Dokument, an dem Sie arbeiten, markiert ist bzw. wo sich gerade die Einfügemarke befindet.

Die Befehle dieser Registerkarten werden nur dann benötigt, wenn Sie ein bestimmtes Element bearbeiten. Wenn Sie beispielsweise auf der Registerkarte *Einfügen* ein neues Diagramm zur Darstellung der Daten eingefügt haben und sich die Einfügemarke in dem Diagramm befindet, blendet Excel 2010 die *Diagrammtools* ein, die die Registerkarten *Entwurf*, *Layout* und *Format* enthalten, auf denen Sie den Aufbau des Diagramms und seine Optik bearbeiten können.

Eine andere Kontextregisterkarte mit dem Namen *Format* wird für die *Bildtools* eingeblendet, wenn Sie eine Abbildung oder Grafik markiert haben.

Bild 21.1 Kontextregisterkarten werden eingeblendet, wenn sich die Einfügemarke in einem bestimmten Elementtyp (wie einem Diagramm, einer Abbildung, einer SmartArt usw.) befindet

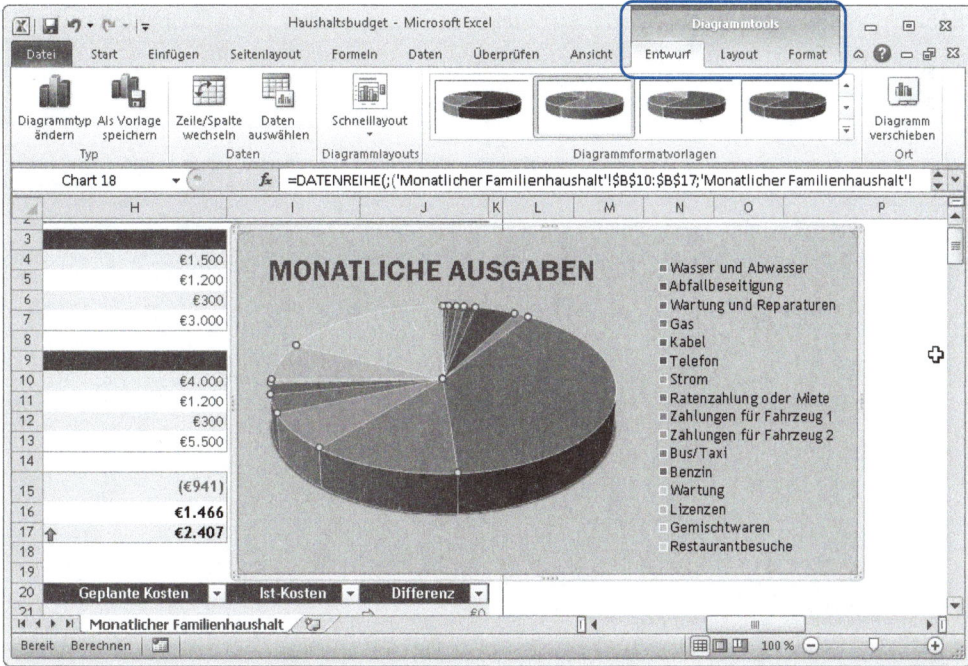

Excel 2010

HINWEIS Wenn Sie von Office 2003 auf die Version 2010 umsteigen, finden Sie im Ordner mit den Beispieldateien (siehe hierzu Kapitel 1) ein PDF-Dokument mit zahlreichen Tabellen, die Ihnen dabei helfen, die aus Excel 2003 vertrauten Menübefehle schnell im Menüband und dessen Registerkarten wiederzufinden.

Die neue Statusleiste

Die Position der Statusleiste am unteren Rand des Excel-Fensters ist unverändert geblieben, obwohl sich auch hier einige neue Funktionen verbergen. Bei Excel 2003 konnten Sie z.B. im Kontextmenü der Statusleiste eine Funktion (Mittelwert, Anzahl usw.) wählen, für die dann das Ergebnis der markierten Zellen in der Statusleiste angezeigt wurde. Bei Excel 2010 können hingegen die Ergebnisse mehrerer Funktionen angezeigt werden, wie Sie es in der folgenden Abbildung sehen.

Bild 21.2 In der Statusleiste werden nun die Ergebnisse mehrerer Funktionen angezeigt

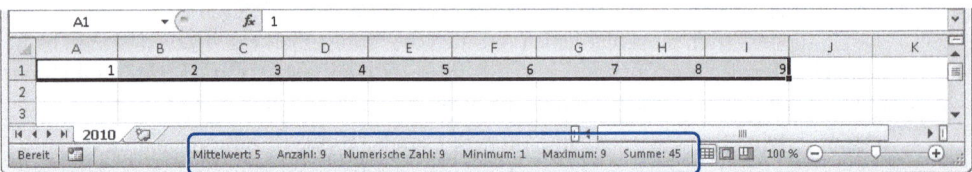

Das Konfigurieren der Statusleiste erledigen Sie über ein Kontextmenü, das sich öffnet, wenn Sie die Statusleiste mit der rechten Maustaste anklicken.

Bild 21.3 Welche Informationen in der Statusleiste angezeigt werden, legen Sie im Kontextmenü fest, das nach Klicken mit der rechten Maustaste auf die Leiste geöffnet wird

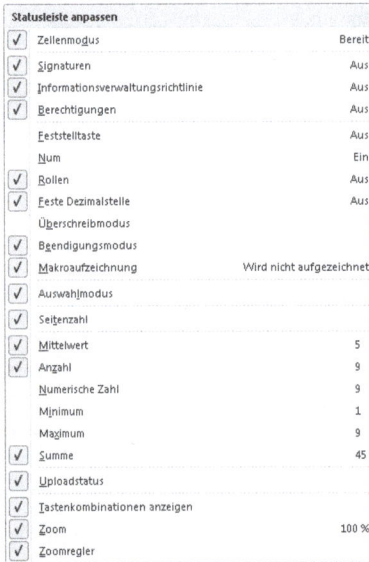

Die Ansichten einer Arbeitsmappe

Sie können eine Excel-Arbeitsmappe auf verschiedene Weisen auf dem Bildschirm anzeigen lassen. Dieses Merkmal von Excel wird *Arbeitsmappenansichten* genannt. Am schnellsten schalten Sie zwischen den verschiedenen Ansichten hin und her, indem Sie die kleinen Schaltflächen verwenden, die sich neben dem Zoomregler am rechten Rand der Statusleiste befinden, wenn Sie bei der Konfiguration der Statusleiste das Element *Tastenkombinationen anzeigen* ausgewählt haben.

Alternativ können Sie auch zur Registerkarte *Ansicht* wechseln. In der Gruppe *Arbeitsmappenansichten* stehen Ihnen die gleichen Auswahlmöglichkeiten zur Verfügung wie in der Statusleiste. Zusätzlich können Sie dort noch die ganze Bildschirmansicht aktivieren und benutzerdefinierte Ansichten erstellen und verwalten.

Bild 21.4   Mit diesen Schaltflächen in der Statusleiste schalten Sie bequem zwischen den verschiedenen Arbeitsmappenansichten um

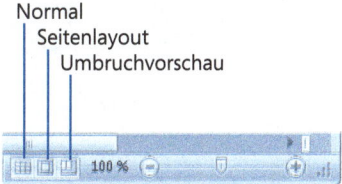

Die Ansicht Normal

Die Ansicht *Normal* ist die Standardansicht für eine Excel-Arbeitsmappe. Die Spalten und Zeilen der Tabellenblätter werden fortlaufend angezeigt, ohne dass dabei berücksichtigt wird, auf welcher Seite welche Informationen ausgedruckt werden. Diese Ansicht eignet sich gut für die Eingabe von Daten.

Die Ansicht Umbruchvorschau

In der Ansicht *Umbruchvorschau* sehen Sie, an welchen Stellen Ihrer Arbeitsmappe Excel automatisch Seitenumbrüche eingefügt hat und wo sich die von Ihnen manuell eingefügten Seitenumbrüche befinden.

Sie können die Umbruchvorschau beispielsweise verwenden, wenn Sie prüfen wollen, wie sich geänderte Formatierungen oder eine Änderung der Seitenausrichtung auf den automatischen Seitenumbruch auswirken. Außerdem können Sie in dieser Ansicht sowohl vertikale als auch horizontale Seitenumbrüche erstellen und so genau festlegen, was auf welcher Seite ausgedruckt wird.

Die Umbruchvorschau stellen wir Ihnen ausführlich in Kapitel 30 vor.

Bild 21.5 In der Ansicht *Umbruchvorschau* erhalten Sie einen guten Überblick über die Seitenaufteilung

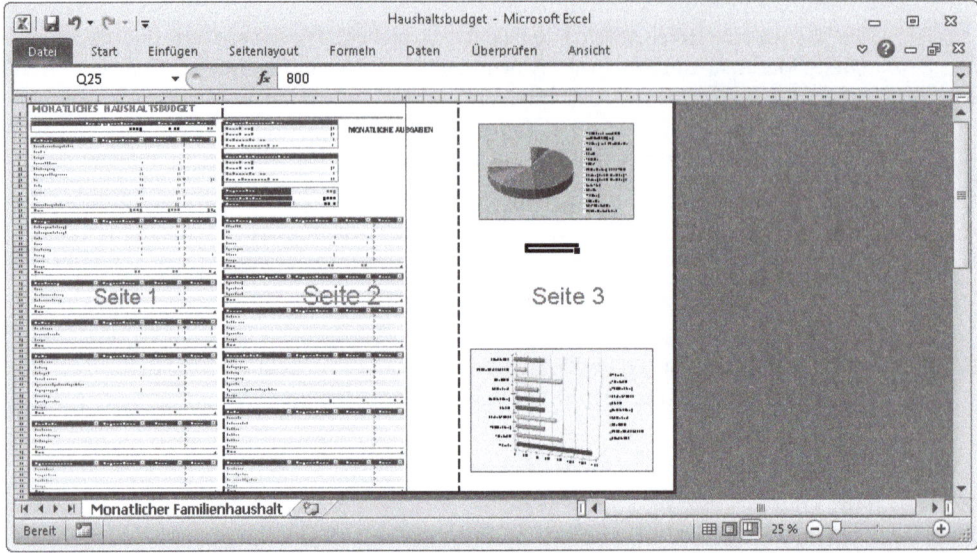

Die Ansicht Seitenlayout

Auch in der Ansicht *Seitenlayout* können Sie Daten in Tabellenzellen eingeben, jedoch wird das Tabellenblatt dabei so angezeigt, wie es gedruckt ausgegeben wird. Außerdem können Sie hier die Seitenränder mit der Maus einstellen und die Kopf- bzw. Fußzeile sehen und bearbeiten. Wir werden auf diese Ansicht in Kapitel 30 noch näher eingehen.

Bild 21.6 In der Ansicht *Seitenlayout* können Sie u.a. den Inhalt von Kopf- und/oder Fußzeile festlegen

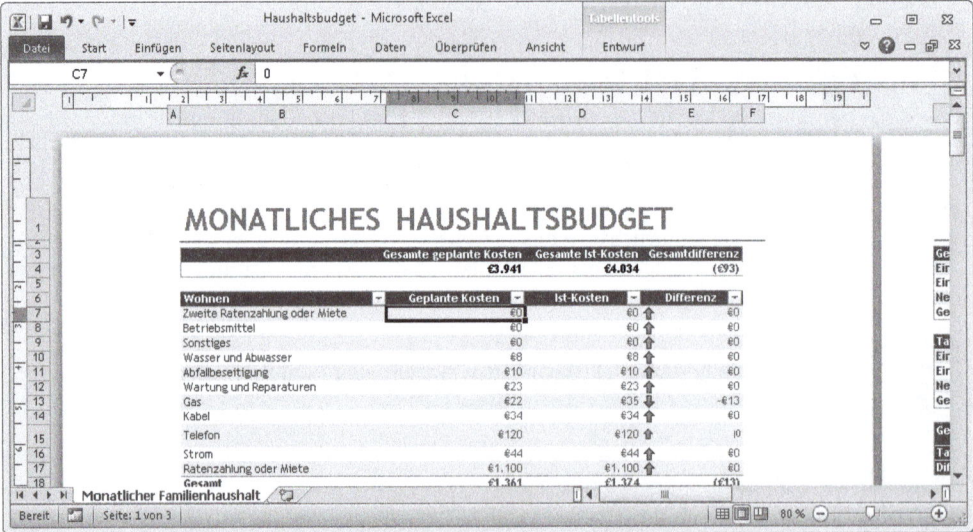

Neue und verbesserte Funktionen

Die meisten Neuerungen von Excel 2010 sind weniger grundsätzlicher Natur, sondern betreffen vor allem die Möglichkeiten zur Formatierung und Gestaltung von Tabellenblättern. Hier wurde vor allem Wert auf eine höhere Produktivität gelegt. Zum einen konnten Sie noch nie mit so wenig Aufwand so professionell wirkende Dokumente erstellen, zum anderen wurden auch die zentralen Funktionen zur Auswertung der Daten mit einem Komfort versehen, der seinesgleichen sucht.

Bedingte Formatierung

Bei der *bedingten Formatierung* ändert sich die Darstellung einer Zelle in Abhängigkeit von ihrem Inhalt. Zum Beispiel lassen sich alle Zellen einer Tabelle, die einen bestimmten Grenzwert überschreiten, rot einfärben. Die Kernaussage einer Tabelle lässt sich so vom Betrachter wesentlich schneller erfassen, als wenn er erst alle relevanten Zahlen der Reihe nachlesen und bewerten muss.

Diese Art der Formatierung war zwar bereits in früheren Versionen von Excel möglich, ihre Umsetzung erforderte jedoch einigen Aufwand. Um etwa bei einer Datenreihe mehrere Wertebereiche mit verschiedenen Farben zu hinterlegen, mussten diverse Bedingungen erstellt werden, mit denen die Farbgebung der einzelnen Zellen gesteuert wurde. Mit Excel 2010 ist diese Aufgabe in wenigen Sekunden erledigt, wobei Sie bei der Art der Darstellung noch zwischen Datenbalken, Farbskalen und verschiedenen Symbolsätzen wählen können.

Bild 21.7 Dank der bedingten Formatierungen lassen sich zum Beispiel Extremwerte einer Datenreihe sehr schnell identifizieren. Sie haben dabei die Wahl zwischen mehreren Darstellungsarten (im Bild von links nach rechts: Symbolsätze, Datenbalken, Farbskalen)

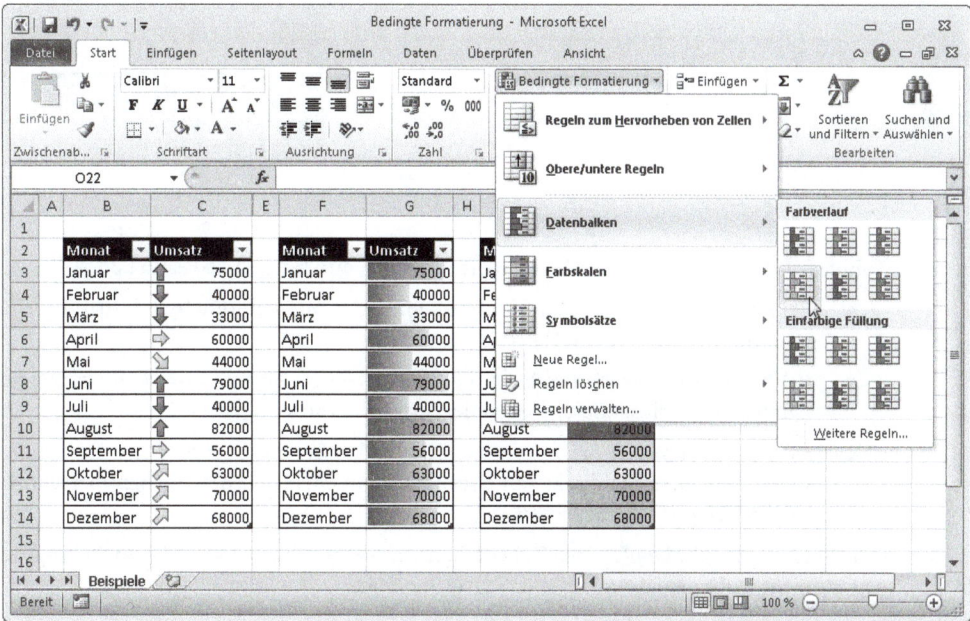

Excel-Tabellen

Seit der Version 2007 kennt Excel nun auch *Tabellenformatvorlagen*, mit deren Hilfe die Formatierung einer Tabelle (früher als *Excel-Listen* bezeichnet) zum Kinderspiel wird. Durch einfaches Zuweisen einer Formatvorlage lässt sich die gesamte Gestalt einer Tabelle festlegen. Besonders komfortabel ist dabei die Livevorschau: Während Sie mit der Maus über die verschiedenen Einträge des Auswahlmenüs fahren, zeigt Excel die Wirkung der jeweiligen Formatvorlagen direkt im Tabellenblatt an.

Bild 21.8 Die Formatierung einer Tabelle lässt sich mit drei Mausklicks erledigen

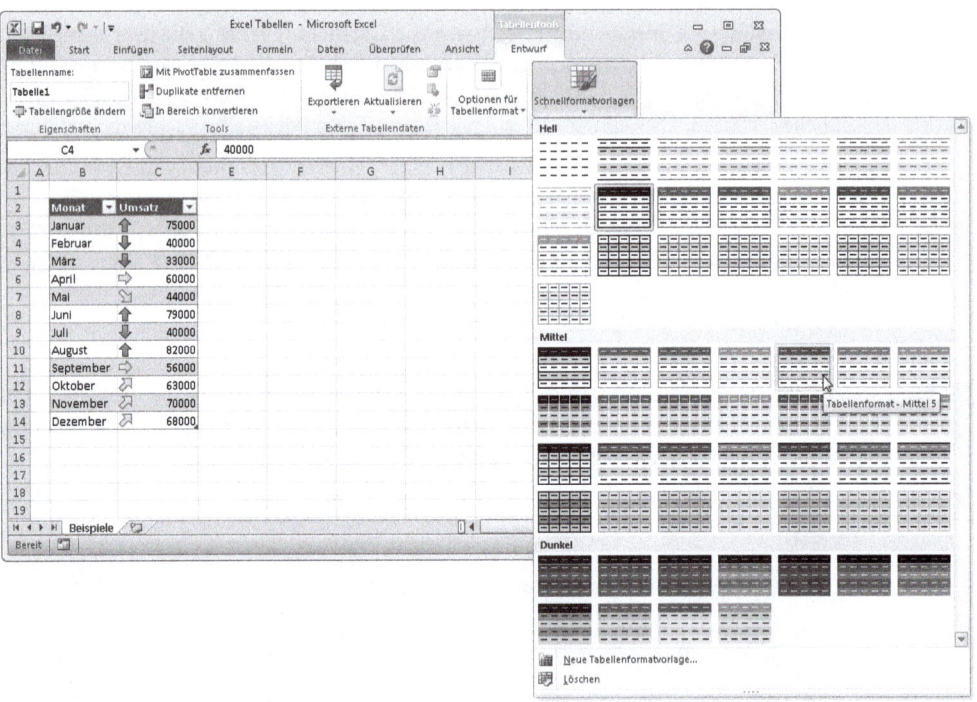

Eine Excel-Tabelle erleichtert Ihre Arbeit zusätzlich durch folgende Features:

- Bei langen Tabellen tauchen ihre Spaltenüberschriften automatisch in der Tabellenblattkopfzeile auf, wenn Sie in der Tabelle nach unten scrollen.

- Bei berechneten Spalten müssen Sie die verwendete Formel nur noch einmal eingeben. Das Duplizieren in die anderen Zellen der Spalte übernimmt Excel für Sie.

- In Formeln können Sie mit strukturierten Verweisen arbeiten. Anstelle von Angaben wie =C5*0,3 können Sie direkt mit dem Tabellennamen und den Spaltenüberschriften arbeiten: =Fahrtkosten[@Kilometer]*0,3.

- In der Ergebniszeile einer Tabelle können Sie nun auch eigene Formeln eingeben und sind nicht mehr an eine vorgegebene Liste von Standardfunktionen gebunden.

- Die Spaltenüberschriften einer formatierten Tabelle erhalten automatisch eine Schaltfläche, über die die Daten der Tabelle sortiert und gefiltert werden können.

Dokumentdesigns

Mit Office 2007 hat Microsoft das Konzept der *Dokumentdesigns* eingeführt. Diese Designs liegen nicht nur Excel-, sondern auch Word- und PowerPoint-Dokumenten zugrunde und sollen so die Basis für eine einheitliche Gestaltung von Office-Dokumenten schaffen. Ein Design umfasst dabei folgende Formatierungsmerkmale:

- 10 Designfarben

- 2 Schriftarten (je eine für Überschriften und Textkörper)

- zwanzig vordefinierte Effekte (Linien und Füll- und Spezialeffekte).

Alle weitern Formatvorlagen bauen auf diesen Merkmalen auf, d.h. sie verwenden die in ihnen definierten Farben, Schriftarten und Effekte. Auf diese Weise wird es möglich, in allen Office-Dokumenten eine unternehmensweite Layoutvorgabe umzusetzen. Wenn sich dann z.B. die in einer Firma zu verwendende Schrift ändert, muss lediglich das verwendete Design angepasst werden. Wir werden uns mit diesem wichtigen Thema in Kapitel 41 noch ausführlich befassen.

Diagramme

In den bisherigen Abbildungen dieses Kapitels haben Sie vielleicht schon eine Ahnung davon bekommen, wie stark sich die Darstellungsqualität in Excel 2010 verbessert hat. Besonders deutlich wird diese Entwicklung beim Erstellen von Diagrammen. Auch wenn es viele grafische Funktionen, wie Transparenz, Schatten und räumliche Formen bereits in den Vorgängerversionen von Excel gab, so haben sie doch in der aktuellen Version eine spürbar verbesserte Qualität erhalten.

Bild 21.9   Auch Diagramme lassen sich bequem per Formatvorlage formatieren

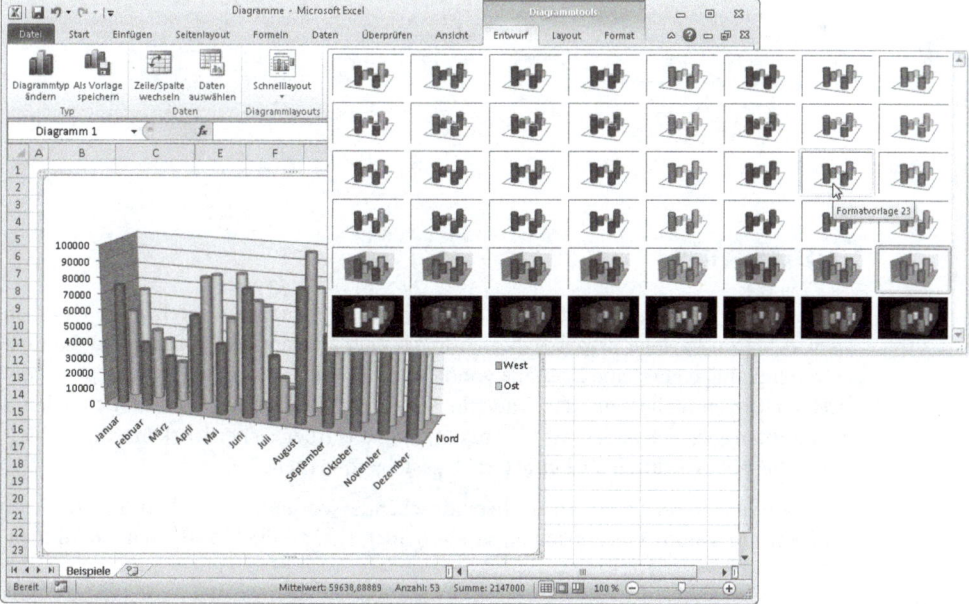

Mit Excel 2010 lassen sich mühelos Diagramme erstellen, die über eine anspruchsvolle Form- und Farbgebung verfügen. Ausgefeilte Licht- und Schatteneffekte lassen sich einfach per Katalog zuweisen – häufig unterstützt durch eine Vorschaufunktion, die die Wirkung nicht in einem Dialogfeld, sondern direkt im Dokument sichtbar macht.

Zusätzlich wurden in Excel 2010 die sogenannten *Sparklines* eingeführt. Dabei handelt es sich um kleine Diagramme, die Sie direkt in eine Zelle einfügen können. Mit diesen Mini-Diagrammen lassen sich zum Beispiel zeitliche Verläufe sehr schön direkt innerhalb einer Tabelle veranschaulichen.

Bild 21.10   Sparklines sind kleine Diagramme, die sich direkt in einer Zelle befinden

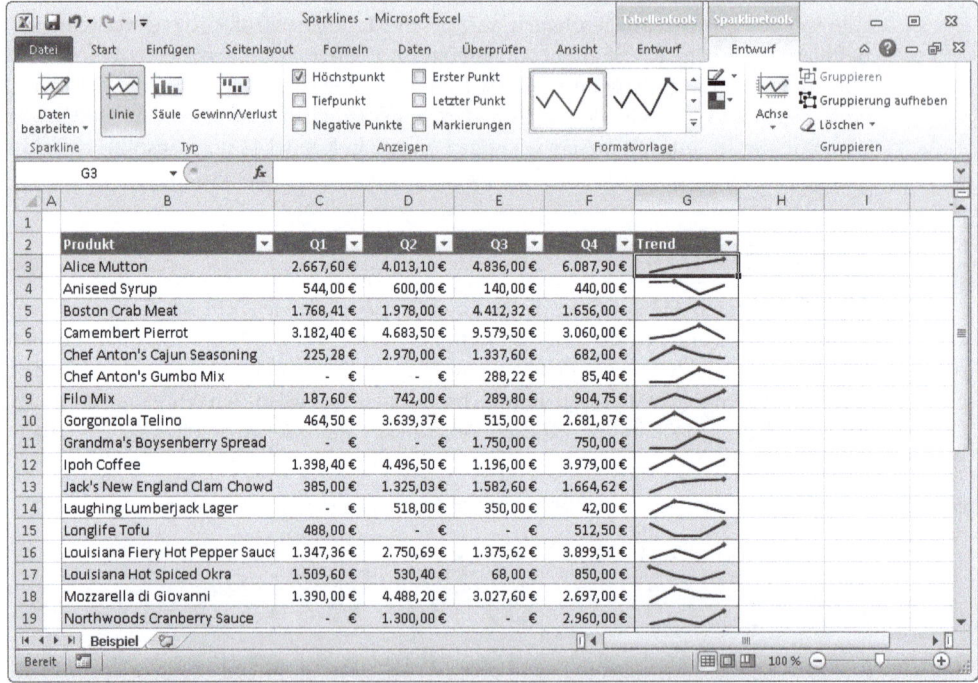

SmartArts

Wie der Name schon andeutet, handelt es sich bei *SmartArts* um intelligente Grafiken. Mit ihnen lassen sich zum Beispiel Prozesse, Beziehungen oder Hierarchien visualisieren. Natürlich sind solche Darstellungen eher eine Domäne von PowerPoint und Word. Im Grunde genommen profitiert Excel an dieser Stelle von der Tatsache, dass die neuen Grafikfunktionen allen drei Office-Programmen gleichermaßen zur Verfügung stehen. Aber sicherlich kann auch die Aussagekraft eines Arbeitsblattes durch eine gute Grafik gesteigert werden.

Das Besondere an SmartArts ist ihr beeindruckendes Verhältnis von Aufwand zu Ertrag. Sie lassen sich nicht nur komfortabel erstellen, sondern auch sehr flexibel bearbeiten. So können Sie sich auf die inhaltlichen Aspekte Ihrer Arbeit konzentrieren und ersparen sich stundenlanges »Gefummel« beim Erstellen von Grafiken, die trotz hohem Aufwand kein professionelles Aussehen annehmen wollen.

Mit SmartArts lassen sich innerhalb weniger Minuten Illustrationen von bestechender Qualität erstellen, die sich durch eine ausgewogene und aufeinander abgestimmte Form- und Farbgebung auszeichnen. Auch hier bilden die weiter oben angesprochenen Designs die Grundlage für die gewählten Farben und Effekte.

Bild 21.11 Form und Farbe von SmartArts lassen sich schnell per Vorlage ändern

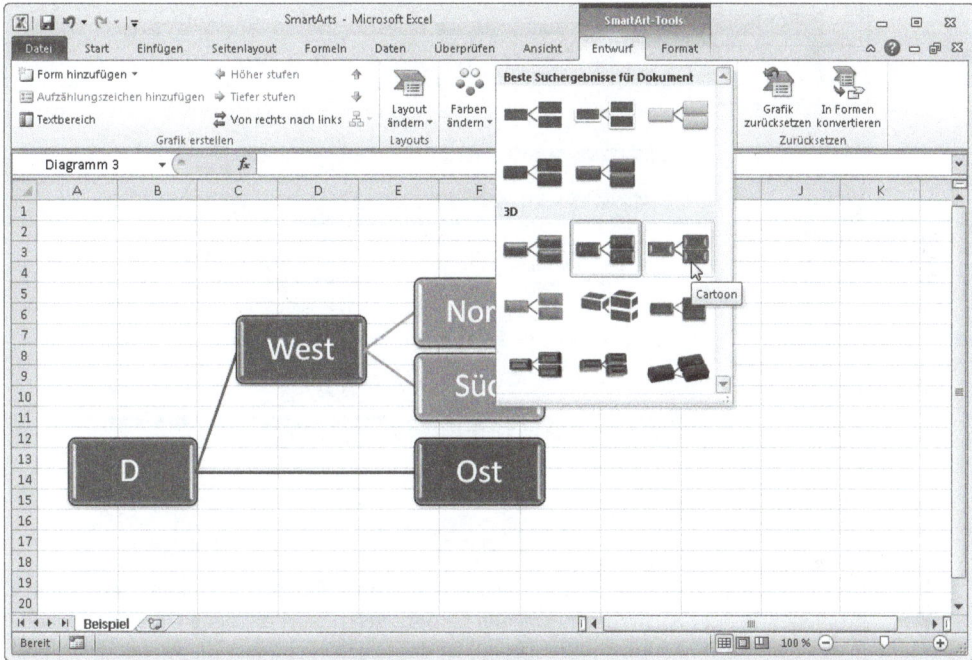

Seitenlayoutansicht

Ebenfalls neu (seit Excel 2007) ist die *Seitenlayoutansicht,* die wir weiter vorne in diesem Kapitel schon kurz erwähnt haben. Wenn Sie bereits mit Word gearbeitet haben, wovon man wohl bei jedem Excel-Anwender ausgehen kann, wird Ihnen diese Form der Dokumentdarstellung bereits bekannt sein. Kurz gesagt werden Ihre Arbeitsblätter in dieser Ansicht so auf dem Bildschirm dargestellt, wie sie beim Ausdruck auf dem Papier erscheinen werden.

Die neue Ansicht spielt ihre Stärken insbesondere beim Erstellen von Kopf- und Fußzeilen und beim Festlegen der Seitenränder und des Druckbereichs aus. Auch das exakte Positionieren von Diagrammen und Grafiken auf einer Seite lässt sich in der Seitenlayoutansicht problemlos vornehmen. Wie Sie in der nächsten Abbildung erkennen können, werden dazu in der Seitenlayoutansicht auch ein vertikales und ein horizontales Lineal angezeigt.

Bild 21.12 In der neuen Ansicht *Seitenlayout* wird das Arbeitsblatt so angezeigt, wie es später in gedruckter Form aussehen wird. Zum Wechsel der Ansicht verwenden Sie am einfachsten die drei kleinen Schaltflächen am unteren rechten Fensterrand

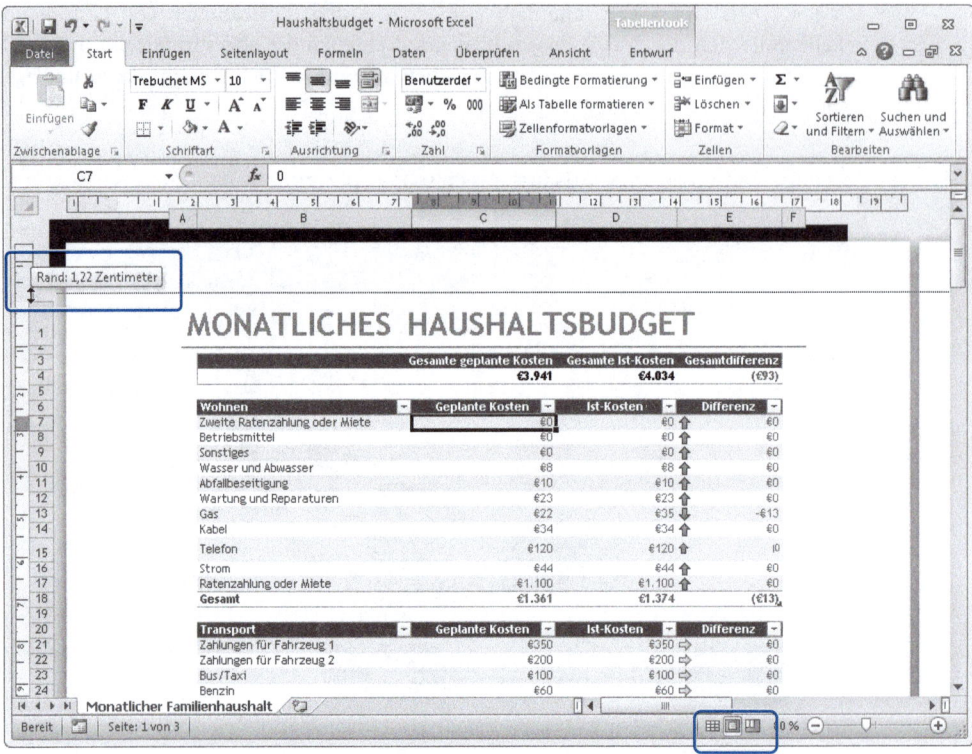

In der Seitenlayoutansicht können Sie auch die Auswirkungen der unterschiedlichen Designs ausprobieren. Bei der Auswahl eines neuen Designs zeigt Excel die neue Optik des Arbeitsblatts direkt in der Live-Vorschau an. Voraussetzung ist dabei natürlich, dass die verwendeten Formatvorlagen auf Designfarben, -schriftarten und -effekten basieren.

Pivot-Tabellen

Pivot-Tabellen werden zur Auswertung von großen Datenmengen benötigt. Mit ihrer Hilfe lassen sich Daten sehr kompakt darstellen, indem sie sich nach verschiedenen Kriterien gruppieren lassen. Ein klassischer Anwendungsfall für den Einsatz einer Pivot-Tabelle ist zum Beispiel die Auswertung von Umsatzzahlen, die nach Produkt, Kategorie und Verkaufszeitraum aufgeschlüsselt sind.

Der Umgang mit Pivot-Tabellen wurde von vielen Excel-Anwendern allerdings als zu kompliziert und unhandlich empfunden. Microsoft hat deshalb versucht, die Bedienung dieser Funktion intuitiver zu gestalten. Flankiert wird dieses Bemühen von einer erweiterten Rückgängig-Funktion, mit der die meisten Änderungen an einer Pivot-Tabelle zurückgenommen werden können.

Auch gegenüber Excel 2007 wurde dieser Bereich in der aktuellen Version erneut weiter verbessert und erweitert.

Bild 21.13 Das Erstellen von Pivot-Tabellen ist deutlich bequemer geworden

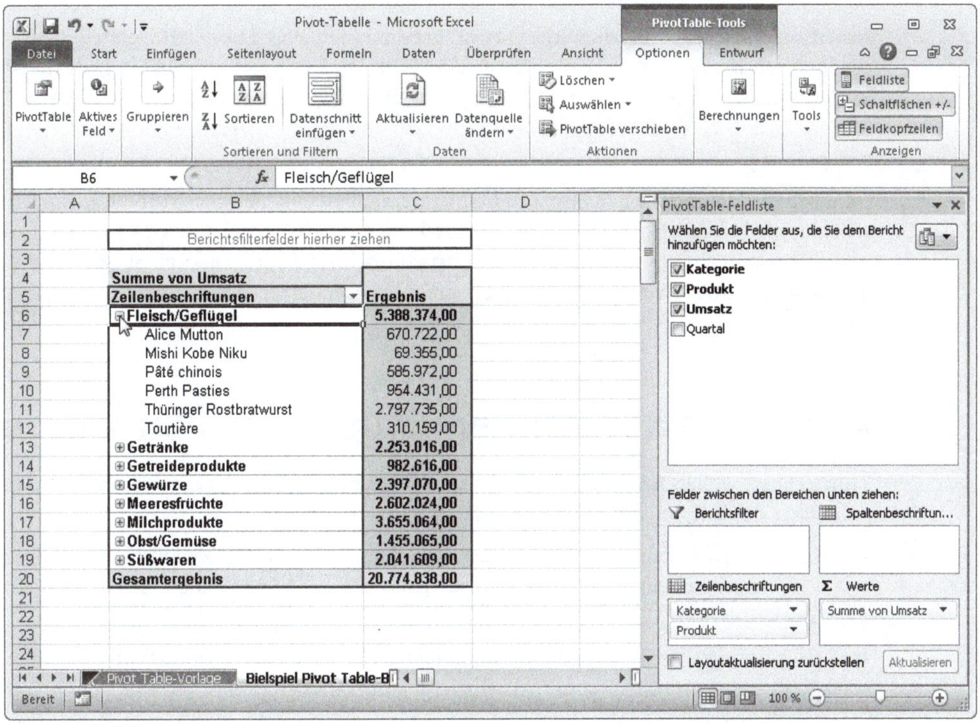

Neues Dateiformat

Mit Excel 2007 führte Microsoft ein neues Dateiformat ein. Es basiert auf XML (eXtensible Markup Language) und erleichtert dadurch u.a. die Weiterverarbeitung mit anderen Programmen. Die Dateien liegen jedoch nicht als normale XML-Dateien vor, sondern werden zusätzlich komprimiert, um ihre Dateigröße zu reduzieren. Laut Aussage von Microsoft ist das Dateiformat dadurch kompakter als seine Vorgängerversionen. Arbeitsmappen mit diesem Format besitzen die Dateinamenserweiterungen *.xlsx*, Excel-Vorlagen entsprechend *.xltx*.

Arbeitsmappen bzw. Vorlagen, die Makros enthalten, werden durch die neue Erweiterung *.xlsm* bzw. *.xltm* gekennzeichnet. Dem Anwender soll so die Möglichkeit gegeben werden, potenziell gefährliche Dokumente direkt beim Öffnen zu erkennen.

Durch einfaches Ändern der Dateinamenserweiterung lässt sich dieser Sicherungsmechanismus übrigens nicht überlisten. Excel erkennt in diesem Fall trotzdem, dass das betreffende Dokument Makros enthält und verhindert deren Ausführung. Dieses Verhalten lässt sich allerdings über das so genannte *Sicherheitscenter* konfigurieren.

Zusätzlich kennt Excel 2010 ein binäres Dateiformat, das die Abwärtskompatibilität von Excel unterstützt und das bei komplexen Arbeitsmappen zur Leistungssteigerung verwendet werden kann. Dieses Format besitzt die Erweiterung *.xlsb*.

Kompatibilität mit früheren Excel-Versionen

Arbeitsmappen, die mit einer der Vorgängerversionen von Excel 2010 erstellt wurden, werden automatisch in einem Kompatibilitätsmodus geöffnet. In diesem Modus ist gewährleistet, dass die in der Arbeitsmappe enthaltenen Berechnungen auch in Excel 2010 zu identischen Ergebnissen führen. Zusätzlich wird die Arbeitsmappe bei jedem Speichervorgang einer Kompatibilitätsprüfung unterzogen.

Generell wird dem Thema Kompatibilität in Excel 2010 eine deutlich größere Aufmerksamkeit geschenkt, als in den Programmen Word 2010 oder PowerPoint 2010. Das ist auch durchaus verständlich, denn ein verrutschter Seitenumbruch in einem Word-Dokument ist zwar ärgerlich, aber im Vergleich zu abweichenden Rechenergebnissen in einer Arbeitsmappe immer noch relativ harmlos.

Arbeitsblätter können deutlich größer werden

Zum Schluss wollen wir noch einige Eckdaten der neuen Excel-Version nachliefern, bei denen es gegenüber der Vorgängerversion signifikante Änderungen gibt:

- In Excel 2010 kann ein Arbeitsblatt aus maximal 1.048.576 Zeilen (2^{20}) und 16.384 Spalten (2^{14}) bestehen. Das bedeutet gegenüber Excel 2003 (65.536 Spalten, 260 Zeilen) eine deutliche Steigerung.

- Gleichzeitig wurden die Beschränkungen bei der maximalen Anzahl von Formatierungen und Zellbezügen innerhalb einer Arbeitsmappe aufgehoben. Sie ist jetzt nur noch vom verfügbaren Arbeitsspeicher abhängig.

- In der 32-Bit-Version kann Excel 2010 maximal 2 GB Arbeitsspeicher verwalten, (gegenüber 1 GB bei Excel 2003). In der 64-Bit-Version gilt diese Beschränkung nicht.

- Excel unterstützt nun auch Dualprozessorsysteme und Multithreading-Chipsätze und erlaubt so eine beschleunigte Berechnung der Arbeitsblätter.

Zusammenfassung

In diesem Kapitel haben Sie einen ersten Überblick über das neue Excel 2010 erhalten:

- Zuerst haben wir einen kurzen Blick auf die neue Benutzeroberfläche von Excel 2010 geworfen. Sie kennen nun die Aufgaben der verschiedenen Registerkarten des Menübands (Seite 346) und wissen, wie Sie die Statusleiste konfigurieren können (Seite 348).

- Anschließend haben Sie erfahren, dass Sie für eine Arbeitsmappe in den verschiedenen Phasen ihrer Erstellung spezielle Ansichten nutzen können: Sie kennen nun die Normalansicht (Seite 349), die Umbruchvorschau (Seite 349) sowie die Ansicht Seitenlayout (Seite 350).

- Zum Schluss haben wir Ihnen einige wichtige neue bzw. erweiterte Funktionen und Konzepte von Excel 2010 vorgestellt: Die bedingte Formatierung (Seite 351), Excel-Tabellen (Seite 352), Designs (Seite 353), Formatierung von Diagrammen (Seite 353), SmartArts (Seite 354), Pivot-Tabellen (Seite 356) und das neue Dateiformat (Seite 357).

Kapitel 22

Erste Schritte mit Excel 2010

In diesem Kapitel:

Nachdem wir Ihnen im letzten Kapitel die Oberfläche von Excel 2010 und die wichtigsten neuen Funktionen vorgestellt haben, erfahren Sie in diesem Kapitel, wie Sie eine neue, leere Arbeitsmappe anlegen. Anschließend zeigen wir Ihnen, wie Sie eine kleine Kalkulationstabelle anlegen und stellen Ihnen einige Tipps und Tricks vor, mit denen Sie sich die Dateneingabe erleichtern können.

Neue Arbeitsmappe erstellen

Wie bei den vorhergehenden Versionen von Excel können Sie auch bei Excel 2010 ein neues Dokument auf verschiedene Weisen erstellen: Sie können die Vorlagen verwenden, die sich auf Ihrem Computer befinden, die Vorlagen auf der Website *Office Online* nutzen oder eine neue Arbeitsmappe auf der Basis eines bereits vorhandenen Dokuments erstellen.

Der Weg führt in jedem Fall über die in Office 2010 neu eingeführte Backstage-Ansicht, die Sie mit einem Klick auf *Datei* erreichen (siehe Abbildung). Wechseln Sie dort zur Seite *Neu*, auf der Ihnen dann die verschiedenen Varianten zum Erstellen einer neuen Arbeitsmappe angeboten werden.

Bild 22.1   Über die Schaltfläche *Datei* (siehe Markierung) gelangen Sie in die Backstage-Ansicht.

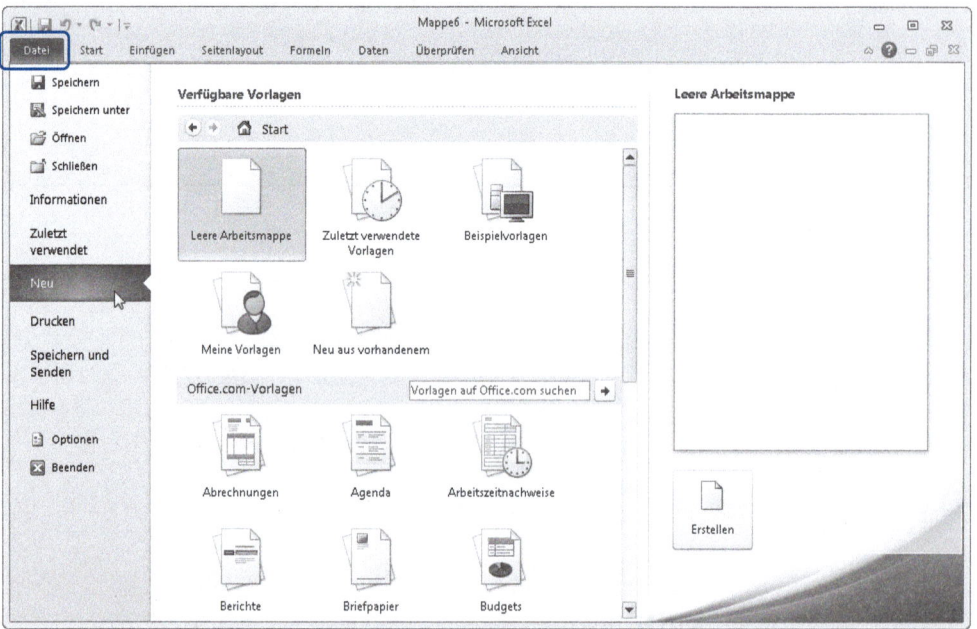

Die verfügbaren Vorlagen sind in zwei Gruppen unterteilt:

- Über die Symbole der oberen Gruppe erreichen Sie die Kategorien, mit denen Sie eine der lokalen Ressourcen als Grundlage für Ihre neue Arbeitsmappe verwenden können.

- In der zweiten Gruppe sind Vorlagen aus *Office Online* aufgeführt; das sind Vorlagen, die Sie kostenlos aus dem Office-Portal von Microsoft herunterladen können.

Um in diesen Kategorien zu navigieren, können Sie die drei Schaltflächen verwenden, die sich auf dem Balken oberhalb der Gruppen befinden (zwei Pfeile und das Haus).

Eine leere Arbeitsmappe erstellen

Wenn Sie ein neues, leeres Dokument erstellen wollen, gehen Sie so vor:

1. Rufen Sie die Backstage-Ansicht auf und klicken Sie dort auf *Neu*. In der Liste der verfügbaren Vorlagen ist dann bereits das Symbol *Leere Arbeitsmappe* markiert.

2. Klicken Sie rechts im Vorschaubereich auf *Erstellen*, um die neue Arbeitsmappe anzulegen.

Die neue Arbeitsmappe ist jedoch nicht wirklich leer, sondern enthält bereits drei Arbeitsblätter, die mit *Tabelle1* bis *Tabelle3* beschriftet sind. Wie Sie die neue Arbeitsmappe mit Inhalt füllen, erfahren Sie weiter hinten in diesem Kapitel ab Seite 364.

Beispielvorlagen verwenden

Bei der Installation von Excel 2010 werden auch mehrere Vorlagen auf Ihrem PC installiert, die Sie als Ausgangspunkt für neue Arbeitsmappen verwenden können. Die meisten dieser Vorlagen enthalten bereits formatierte Tabellen inklusive einiger Beispieldaten. Sie müssen dann »nur noch« Ihren eigenen Daten eingeben.

Welche Vorlagen das sind, können Sie sehen, wenn Sie in der Backstage-Ansicht in die Kategorie *Beispielvorlagen* wechseln.

1. Klicken Sie auf *Datei* und dann auf *Neu*.

2. Wählen Sie im Bereich *Verfügbare Vorlagen* die Rubrik *Beispielvorlagen*.

3. Klicken Sie im mittleren Bereich eine der Miniaturgrafiken an, um eine Vorschau zu sehen.

4. Doppelklicken Sie dann auf das Symbol der Vorlage, die Sie verwenden wollen.

Bild 22.2   Zum Installationsumfang von Excel 2010 gehören auch einige Vorlagen

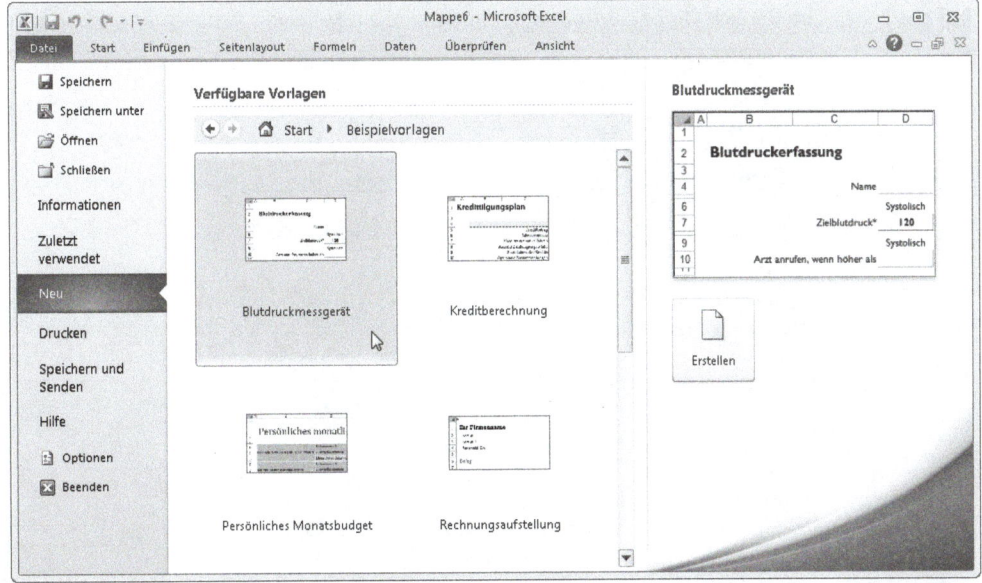

Excel 2010

Neue Arbeitsmappe auf vorhandener basieren

In der Praxis kommt es gelegentlich vor, dass Sie eine Arbeitsmappe erstellen möchten, die sich nur in einigen Details von einer bereits vorhandenen unterscheiden wird. Der einfachste Weg, um diese Aufgabe zu lösen, ist dann, die bereits vorhandene Arbeitsmappe als Grundlage zu verwenden.

1. Klicken Sie im Menüband auf *Datei* und zeigen Sie in der Backstage-Ansicht die Seite *Neu* an.

2. Klicken Sie im Bereich *Verfügbare Vorlagen* auf das Symbol *Neu aus vorhandenem*. Das Dialogfeld *Neu aus vorhandener Arbeitsmappe* wird angezeigt.

3. Wechseln Sie zu dem Ordner, in dem sich die Arbeitsmappe befindet, die Sie als Basis für Ihre neue Arbeitsmappe verwenden wollen.

4. Markieren Sie das Symbol der gewünschten Arbeitsmappe und klicken Sie auf *Öffnen*.

Vorlagen von Microsoft Office Online verwenden

Die größte Auswahl an Vorlagen finden Sie jedoch im Internet auf der Website *Microsoft Office Online* (http://office.com). Um diese Vorlagen zu durchsuchen und zu verwenden, ist es nicht notwendig, die Seite in einem Browser zu öffnen, sondern Sie können das ganz bequem direkt aus Excel erledigen.

1. Rufen Sie die Backstage-Ansicht auf und wechseln Sie dort auf die Seite *Neu*.

2. Die Vorlagen sind in viele verschiedene Kategorien unterteilt, die Sie über die Symbole des Bereichs *Office.com-Vorlagen* erreichen.

3. Suchen Sie in der Liste nach einer geeigneten Vorlage. Benutzen Sie dazu auch die Schaltflächen aus der Navigationsleiste (siehe Markierung in der folgenden Abbildung), mit denen Sie – nach Art eines Browsers – in den Kategorien vor- und zurückblättern können.

Bild 22.3   Im Bereich *Office.com-Vorlagen* finden Sie ein Fülle von Arbeitsmappenvorlagen

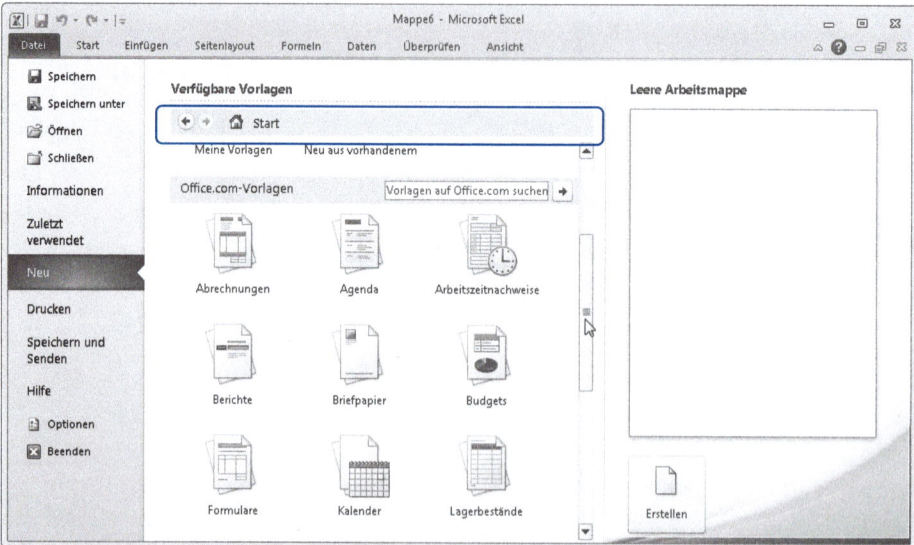

4. Wenn Sie auf diese Weise nicht fündig werden, sollten Sie die Suchfunktion einsetzen. Geben Sie dazu einfach einen Begriff in das Textfeld *Vorlagen auf Office.com suchen* ein und klicken Sie anschließend auf die Pfeil-Schaltfläche.

Bild 22.4   Nutzen Sie die Suchfunktion

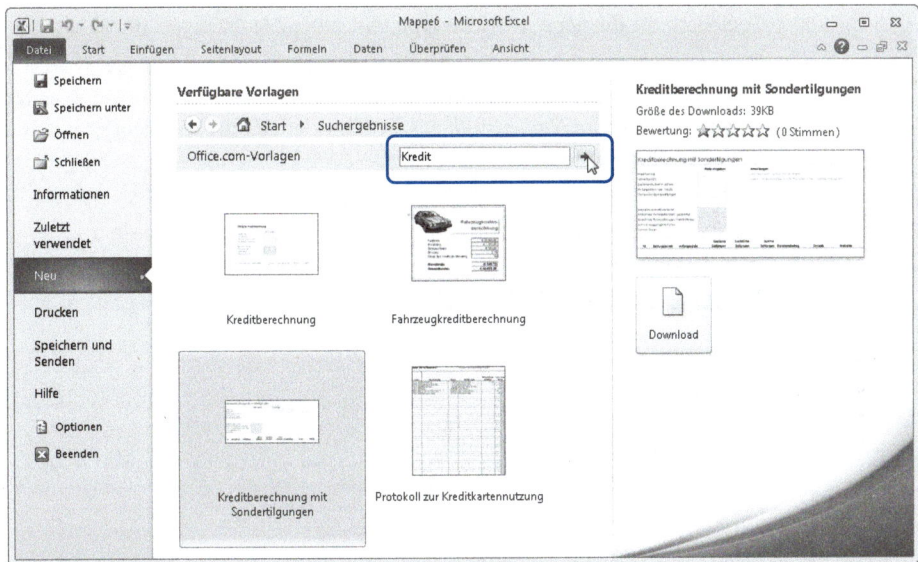

5. Haben Sie eine geeignete Vorlage gefunden, klicken Sie im Vorschaubereich die Schaltfläche *Download* an. Excel lädt die Vorlage herunter und erzeugt daraus eine neue Arbeitsmappe.

Bild 22.5   Ergebnis einer Arbeitsmappenvorlage

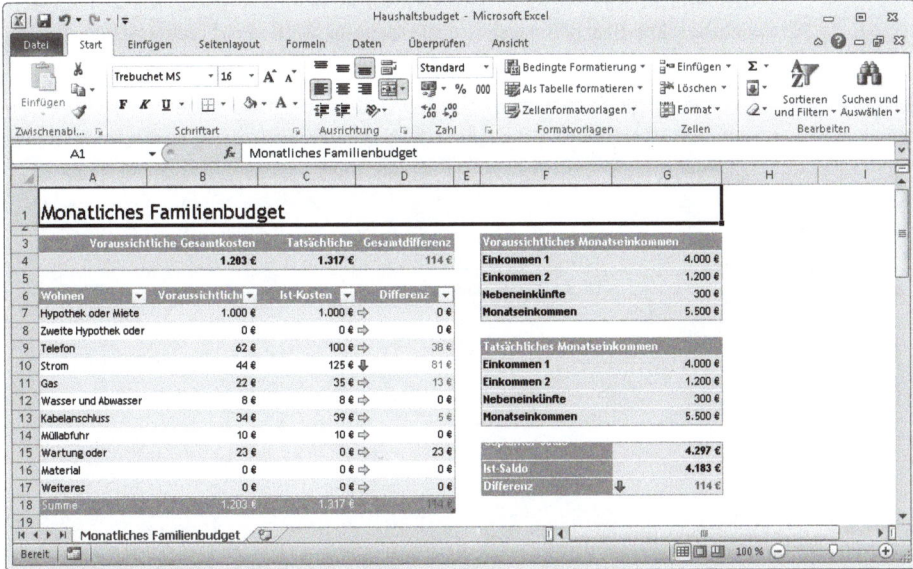

Excel 2010

Daten eingeben und verändern

In diesem Abschnitt wollen wir eine einfache Tabelle erstellen, mit der sich die Betriebskosten eines Autos erfassen lassen. Die fertige Tabelle soll so aussehen wie in Bild 22.8.

1. Legen Sie eine neue, leere Arbeitsmappe an. Das geht am schnellsten mit `Strg`+`N`.

2. Speichern Sie die neue Arbeitsmappe und geben Sie ihr den Namen *Auto*.

3. Klicken Sie die Zelle an, in der Sie eine Eingabe vornehmen wollen (hier B2). Die angeklickte Zelle wird mit einem Rahmen, die als *Zellmarkierung*, bezeichnet wird, hervorgehoben. Außerdem wird im *Namensfeld*, das sich links oben im Excel-Fenster befindet, die Adresse der Zelle bzw. ihr Name angezeigt.

Bild 22.6   Die Koordinaten der angeklickten Zelle erscheinen im Namensfeld

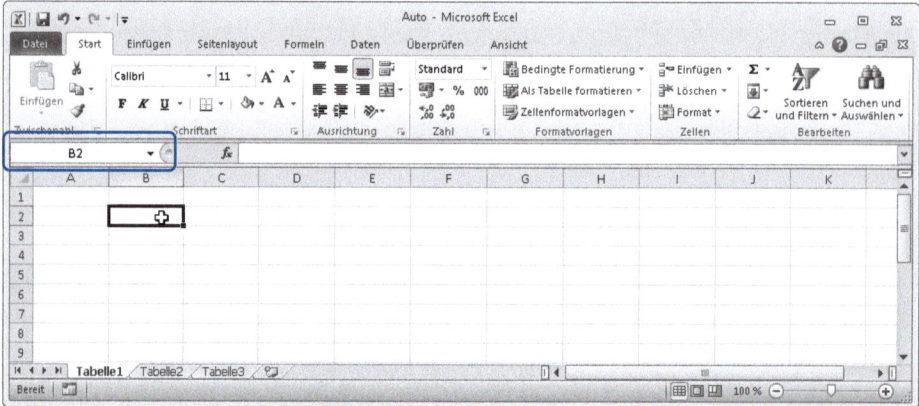

4. Tippen Sie nun den Text **Autokosten** ein, den wir später als Titel des Tabellenblatts verwenden wollen. Ihre Eingabe wird sowohl in der Zelle selbst als auch in der *Bearbeitungsleiste* sichtbar. Die Bearbeitungsleiste ist das lange weiße Feld rechts neben dem Namensfeld.

Bild 22.7   Der Inhalt der Zelle wird in der Bearbeitungsleiste angezeigt

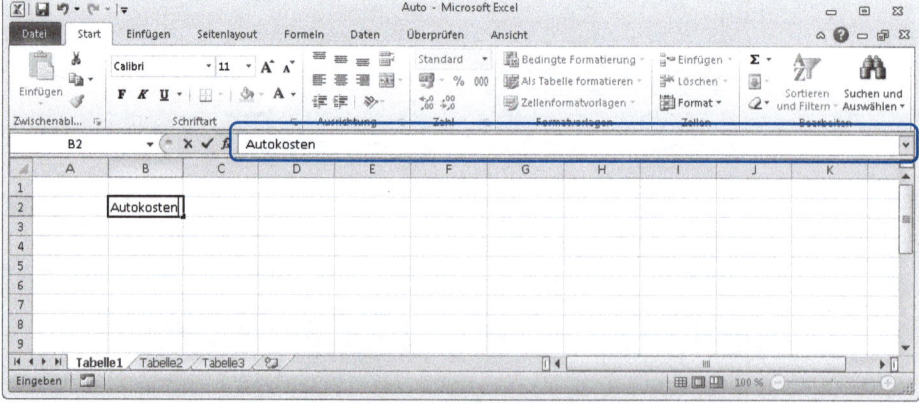

5. Schließen Sie die Eingabe mit der ⏎-Taste ab. Dadurch springt die Markierung automatisch eine Zelle nach unten.

PROFITIPP

Reaktion der Markierung auf die Eingabetaste

Wie die Markierung nach dem Drücken der Taste ⏎ verschoben wird, können Sie im Dialogfeld *Excel-Optionen* steuern, das Sie in der Backstage-Ansicht über den Befehl *Optionen* erreichen. Die Option nennt sich *Markierung nach Drücken der Eingabetaste verschieben* und befindet sich ganz oben auf der Seite *Erweitert*.

6. Geben Sie den Rest der Tabelle nach dem gleichen Muster ein, indem Sie erst die gewünschte Zelle anklicken, dann den Text oder die Zahlen eingeben und zum Bestätigen die ⏎-Taste drücken.

Bild 22.8   Die fertige Tabelle

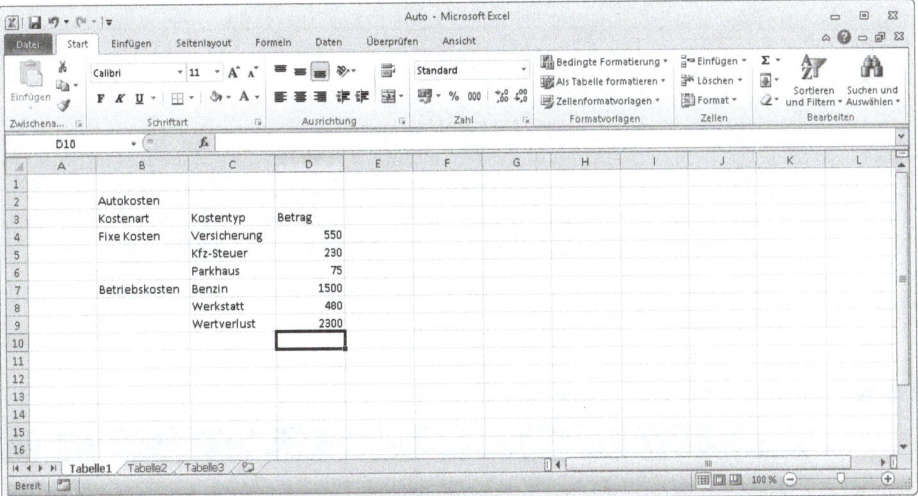

Bewegen der Zellmarkierung mit der Tastatur

Wenn Sie Daten in ein Tabellenblatt eingeben, legen Sie am besten die Maus zur Seite und bewegen die Zellmarkierung mit den Pfeiltasten. Das geht in aller Regel deutlich schneller, da Sie dann nicht ständig zwischen Maus und Tastatur wechseln müssen.

Beim Bewegen der Zellmarkierung mit der Tastatur kommt der Strg-Taste eine ganz besondere Bedeutung zu. Mit ihr können Sie die Wirkung der Pfeiltasten sowie der Tasten Pos1 und End folgendermaßen verändern:

■ Wenn Sie Strg in Kombination mit den Pfeiltasten drücken, springt die Markierung an den Anfang bzw. das Ende des aktuellen Bereichs, wobei mit Bereich eine zusammenhängende Gruppe ausgefüllter Zellen gemeint ist. Die folgende Abbildung soll das Verhalten verdeutlichen:

Bild 22.9 Bewegen der Zellmarkierung mit ⌈Strg⌉+Pfeiltaste

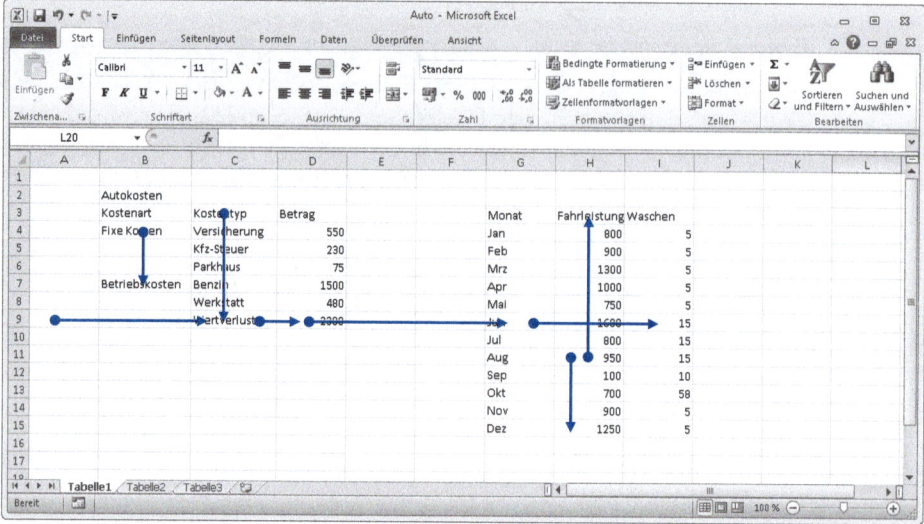

- ⌈Strg⌉+⌈Pos1⌉ springt zur Zelle A1.

- ⌈Strg⌉+⌈End⌉ springt in die rechte untere Ecke des vom Tabellenblatt momentan verwendeten Bereichs. Im Falle des Tabellenblatts aus dem obigen Bild würden Sie mit ⌈Strg⌉+⌈End⌉ also zur Zelle I15 springen. Würden Sie dann noch eine Zahl in die Zelle J2 eingeben, spränge die Zellmarkierung anschließend beim Drücken von ⌈Strg⌉+⌈End⌉ zur Zelle J15.

In der folgenden Tabelle finden Sie eine Übersicht der wichtigsten Tasten, mit denen Sie die Zellmarkierung bewegen können.

Tabelle 22.1 Bewegen der Zellmarkierung mit der Tastatur

Taste	Bewegen der Zellmarkierung
⌈↵⌉	eine Zelle nach unten (konfigurierbar über den Dialog *Excel-Optionen*)
⌈⇥⌉	eine Zelle nach rechts
⌈←⌉	eine Zelle nach links
⌈→⌉	eine Zelle nach rechts
⌈↓⌉	eine Zelle nach unten
⌈↑⌉	eine Zelle nach oben
⌈Pos1⌉	springt zur ersten Zelle der aktuellen Zeile
⌈End⌉	aktiviert/beendet einen speziellen Modus, mit dem die Zellmarkierung über größere Strecken bewegt werden kann. Zu diesem Zweck setzen Sie jedoch besser die ⌈Strg⌉-Taste ein (siehe folgender Abschnitt)

Eingabefehler korrigieren

Wenn sich in einer Zelle ein Tippfehler eingeschlichen hat und Sie ihn korrigieren möchten oder wenn Sie einen Wert verändern wollen, gehen Sie so vor:

1. Doppelklicken Sie auf die Zelle, die Sie bearbeiten wollen, oder bewegen Sie die Zellmarkierung mit den Pfeiltasten auf die Zelle und drücken Sie dann die Taste `F2`.

   Excel befindet sich jetzt im Bearbeitungsmodus und zeigt den Inhalt der Zelle in der Bearbeitungsleiste an. In der Zelle selbst ist die blinkende Einfügemarke sichtbar.

2. Verschieben Sie die Einfügemarke mit den Pfeiltasten an die Position, die Sie bearbeiten möchten.

3. Drücken Sie die Taste `Entf`, um das Zeichen *rechts* von der Einfügemarke zu löschen, oder die `←`-Taste (oberhalb der `↵`-Taste), um das Zeichen *links* von der Einfügemarke zu löschen.

4. Wenn Sie Zahlen oder Text ergänzen wollen, bewegen Sie die Einfügemarke mit den Pfeiltasten an die gewünschte Position und tippen den neuen Text direkt ein.

5. Wenn Sie die Bearbeitung der Zelle abgeschlossen haben, drücken Sie `↵` oder klicken Sie auf die Schaltfläche *Eingeben* (das Häkchen in der Bearbeitungsleiste).

HINWEIS Beachten Sie, dass die Pfeiltasten eine doppelte Bedeutung haben:

- Wenn der Bearbeitungsmodus für eine Zelle aktiv ist, bewegen Sie mit den Pfeiltasten die Einfügemarke innerhalb der Zelle.

- Ist der Bearbeitungsmodus nicht aktiv, dann bewegen Sie mit den Pfeiltasten die Zellmarkierung auf dem Tabellenblatt.

Excel 2010

Erleichterungen bei der Eingabe

Nachdem Sie nun die grundlegenden Verfahren zum Eingeben von Daten kennen gelernt haben, wollen wir Ihnen noch einige nützliche Merkmale von Excel vorstellen, mit denen die Dateneingaben schneller, einfacher und komfortabler zu bewerkstelligen sind.

Wir beginnen mit der Funktion *AutoVervollständigen*, die Ihnen vielleicht sogar schon bei Ihren ersten Eingabeversuchen in Excel begegnet ist.

AutoVervollständigen verwenden

Die AutoVervollständigen-Funktion hilft Ihnen, wenn in einer Spalte die gleichen Inhalte mehrmals vorkommen. Wenn Sie einen Begriff eintippen, der in der Spalte bereits vorhanden ist, trägt Excel für Sie die restlichen Zeichen in die Zelle ein, sobald es den Begriff anhand Ihrer Eingabe erkannt hat. Sie können den Eingabevorschlag dann übernehmen, indem Sie die `↵`-Taste drücken.

1. Geben Sie in untereinander liegenden Zellen verschiedene Begriffe ein, etwa so wie im folgenden Bild:

Mitarbeiter
Hubert
Schmidt
Müller
Koch

2. Geben Sie nun in die darunter liegende Zelle den Anfangsbuchstaben eines Begriffs ein, den Sie oben bereits verwendet haben. Excel vervollständigt die Zeile automatisch mit einem passenden Eintrag:

Mitarbeiter
Hubert
Schmidt
Müller
Koch
Schmidt

3. Um den Vorschlag zu übernehmen, drücken Sie ⏎, ansonsten schreiben Sie einfach weiter:

Mitarbeiter
Hubert
Schmidt
Müller
Koch
Suhrmann

> **TIPP** **AutoVervollständigen funktioniert nicht** Wenn das AutoVervollständigen nicht zu funktionieren scheint, ist die Funktion vermutlich deaktiviert. Klicken Sie dann in der Backstage-Ansicht auf *Optionen* und schalten Sie auf der Seite *Erweitert* die Option *AutoVervollständigen für Zellwerte aktivieren* ein.

Sie können sich auch eine Auswahlliste anzeigen lassen, die alle Begriffe aufführt, die in der aktuellen Spalte bereits eingegeben wurden. Um die Auswahlliste zu verwenden, gehen Sie folgendermaßen vor:

1. Markieren Sie die Zelle, in der Sie eine Eingabe machen wollen, und drücken Sie die Tastenkombination Alt + ↓. Alternativ klicken Sie die Zelle mit der rechten Maustaste an und wählen im so angezeigten Kontextmenü den Befehl *Dropdown-Auswahlliste*:

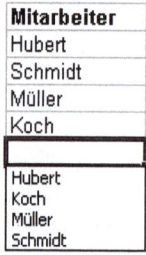

Mitarbeiter
Hubert
Schmidt
Müller
Koch
Hubert
Koch
Müller
Schmidt

2. Wählen Sie den gewünschten Begriff mit den Pfeiltasten aus und übernehmen Sie ihn mit ⏎ bzw. klicken Sie ihn einfach an, falls Sie die Liste mit der Maus geöffnet haben.

Listen verwenden – AutoAusfüllen

Eine Fähigkeit von Excel, die Ihnen viel Tipparbeit ersparen kann, ist das automatische Ausfüllen von Listen. Hierzu existieren verschiedene Varianten:

- Excel erkennt die Listen anhand von Daten, die sich bereits auf dem Tabellenblatt befinden.

- Excel kennt Listen für das Eingeben von Wochentagen und Monatsnamen; Jahreszahlen werden automatisch erweitert.

- Sie erstellen benutzerdefinierte Listen und können diese dann in Zellen automatisch ausfüllen lassen.

Die drei Varianten wollen wir in den folgenden Beispielen erläutern.

Textreihen

1. Legen Sie eine neue Arbeitsmappe an und füllen Sie sie so aus, wie auf dem nächsten Bild. Alternativ können Sie die Übungsdatei *AutoAusfüllen* öffnen, wenn Sie sich diese Tipparbeit ersparen möchten.

Bild 22.10   Die für das Beispiel benötigten Testdaten

⁄	A	B	C	D	E	F	G	H
1								
2			2010	2011				
3		Aachen						
4		Berlin						
5		Bremen						
6		Hamburg						
7		Köln						
8								
9								
10								
11								
12			Januar					
13			Jan					
14								

2. Markieren Sie die Städtenamen, indem Sie die oberste der Zellen anklicken und die Markierung dann mit gedrückter Maustaste nach unten aufziehen.

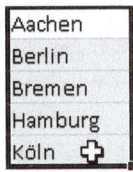

3. Zeigen Sie mit dem Mauszeiger auf das kleine Quadrat unten rechts an der Markierung. Der Mauszeiger wird dort zu einem Plus-Zeichen.

4. Ziehen Sie dann die Markierung mit gedrückter Maustaste um fünf Zellen nach unten. Während Sie die Markierung ziehen, sehen Sie in einem kleinen Popup-Fenster, welchen Wert Excel in die Zelle einfügt. In der Abbildung auf der nächsten Seite ist dieser Vorgang dargestellt.

Excel 2010

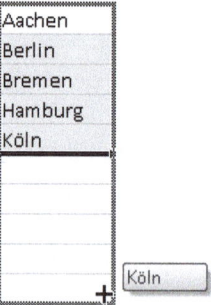

5. Lassen Sie die Maustaste los. In den fünf neu markierten Zellen stehen nun die gleichen Städtenamen wie in den anfänglich markierten Zellen.

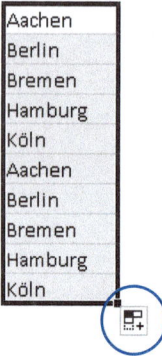

Auf die Schaltfläche, die Sie an der rechten unteren Ecke der Markierung sehen, gehen wir im weiteren Verlauf des Beispiels noch näher ein.

Zahlenfolgen

Mit dem gleichen Verfahren können Sie zum Beispiel auch fortlaufende Jahreszahlen eingeben:

1. Markieren Sie die beiden Zellen, die die Jahreszahlen enthalten.

2. Zeigen Sie mit dem Mauszeiger auf das Quadrat unten rechts an der Markierung und ziehen Sie die Markierung mit gedrückter Maustaste nach rechts auf. Während Sie die Markierung ziehen, sehen Sie in einem kleinen Popup-Fenster, welchen Wert Excel in die Zelle einfügt.

3. Sobald Sie die Maustaste loslassen, füllt Excel die Jahreszahlen richtig aus.

4. Klicken Sie nun auf die Schaltfläche *Auto-Ausfülloptionen*, die am Ende der Zahlenreihe erschienen ist. Dadurch öffnet sich das Menü der Schaltfläche.

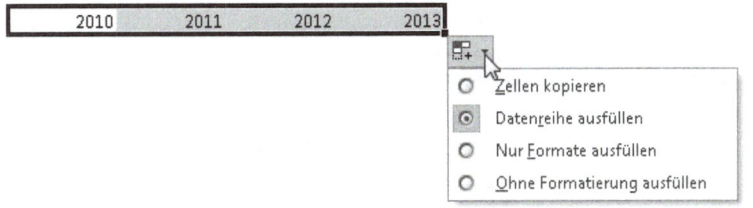

Wie Sie sehen, ist im Menü die Option *Datenreihe ausfüllen* eingeschaltet. Dies ist die Standardaktion, die Excel beim Aufziehen einer Markierung vornimmt, in der sich eine Datenreihe befindet. In unserem Fall bestand die Datenreihe aus den beiden Zahlen 2010 und 2011.

5. Klicken Sie im Menü auf *Zellen kopieren*.

Jetzt hat Excel die aufgezogene Markierung gefüllt, indem es die ursprüngliche Markierung kopiert hat (wie vorhin bei den Städtenamen).

Monatsfolgen

Lassen Sie uns nun testen, wie Excel sich beim Ausfüllen von Monaten verhält:

1. Markieren Sie die beiden Zellen, in denen »Januar« bzw. »Jan« steht.

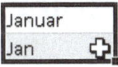

2. Ziehen Sie die Markierung in gewohnter Weise nach rechts auf.

3. Lassen Sie die Maustaste los, wenn der gewünschte Monat erreicht ist. Excel füllt nun die Nachbarzellen mit den Monatsnamen auf und beachtet dabei sogar die abkürzende Schreibweise in der unteren Zeile.

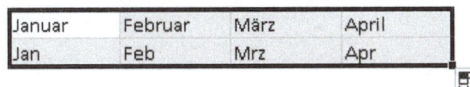

Excel holt sich die Daten offensichtlich aus einer Liste, in der alle Monatsnamen enthalten sind.

Datumsfolgen

Zum Schluss wollen wir Excel noch etwas auf die Probe stellen und eine Zelle erweitern, die sowohl eine Monats- als auch eine Jahresangabe enthält:

1. Geben Sie in eine Zelle *Jan 2010* ein und ziehen Sie die Markierung anschließend nach rechts auf. Excel füllt die Zellen dann folgendermaßen aus:

2. Klicken Sie auf die Schaltfläche *Auto-Ausfülloptionen*.

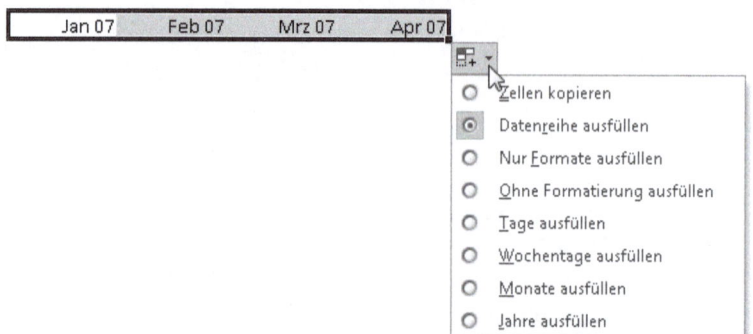

3. Wählen Sie in dem Auswahlmenü die Option *Jahre ausfüllen*. Excel ändert den Inhalt der markierten Zelle dann wie folgt ab:

Beim Ausfüllen wurde also nicht mehr der Monat, sondern das Jahr fortgesetzt.

Eigene Listen zum AutoAusfüllen erstellen

Angenommen, Sie erstellen regelmäßig Arbeitsblätter, in denen die Namen der Abteilungen Ihrer Firma als Spaltenüberschrift verwendet werden. Wäre es in diesem Fall nicht außerordentlich praktisch, wenn Sie diese Abteilungsnamen mittels AutoAusfüllen in das Tabellenblatt eingeben könnten? Mit Excel ist das tatsächlich möglich, Sie müssen lediglich mit den folgenden Schritten eine benutzerdefinierte Liste anlegen:

1. Wechseln Sie in die Backstage-Ansicht und klicken Sie auf *Optionen*.

2. Klicken Sie in der Kategorie *Erweitert* auf die Schaltfläche *Benutzerdefinierte Liste bearbeiten* (sie ist relativ weit unten), um das folgende Dialogfeld anzuzeigen.

Bild 22.11   Excel kennt bereits Listen mit Monaten und Wochentagen

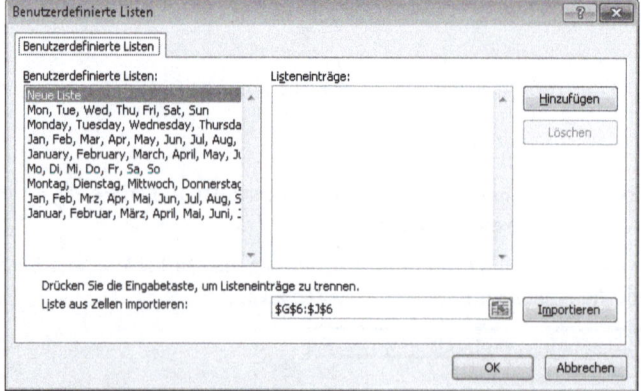

Auf der linken Seite des Dialogfeldes sehen Sie u.a. die Liste für die Monatsnamen, die Sie im letzten Beispiel verwendet haben.

3. Klicken Sie in das Feld *Listeneinträge* und geben Sie dort die folgende Liste ein:
    Einkauf, Personal, Verkauf, Forschung, Lager.

4. Klicken Sie auf *Hinzufügen.* Die Liste erscheint daraufhin im Feld *Benutzerdefinierte Listen.*

5. Schließen Sie beide Dialogfelder mit *OK.*

6. Testen Sie die von Ihnen erstellte Liste, indem Sie in eine Zelle das Wort »Einkauf« eintippen und anschließend die vier Nachbarzellen per AutoAusfüllen füllen.

Die Schaltfläche Füllbereich

Um das Thema Ausfüllen abzurunden, wollen wir Ihnen noch die Schaltfläche *Füllbereich* vorstellen, die sich auf der Registerkarte *Start* in der Gruppe *Bearbeiten* befindet.

Bild 22.12 Das Menü der Schaltfläche *Füllbereich*

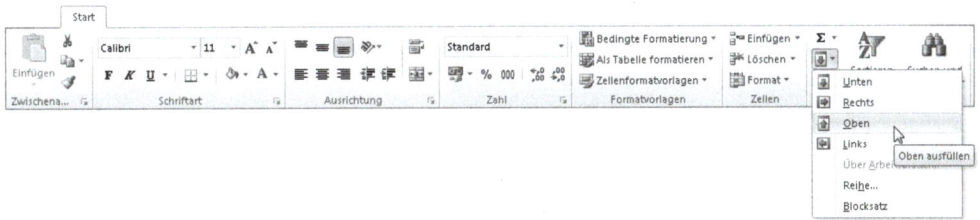

Mit den ersten vier Befehlen der Schaltfläche können Sie den Inhalt einer Nachbarzelle in eine leere Zelle kopieren. Der Name des Befehls gibt dabei die Richtung an, *in* die kopiert wird (nicht die Richtung, in der sich die gewünschte Nachbarzelle befindet). Am besten lässt sich das anhand eines Beispiels verstehen:

1. Erstellen Sie auf einem Tabellenblatt folgende Ausgangssituation und vergessen Sie bitte nicht, die richtige Zelle zu markieren:

2. Klicken Sie die Schaltfläche *Füllbereich* an und wählen Sie die Option *Unten.*

Die Befehle *Unten* und *Rechts* können Sie übrigens auch mit den Tastenkombinationen $\boxed{\text{Strg}}$+$\boxed{\text{U}}$ und $\boxed{\text{Strg}}$+$\boxed{\text{R}}$ aufrufen, was natürlich deutlich schneller ist.

Datenreihen erstellen

Der Befehl *Reihe*, der sich ebenfalls im Ausklappmenü der Schaltfläche *Füllbereich* befindet, unterstützt Sie besonders flexibel beim Eingeben von Datenreihen. Um zum Beispiel eine Spalte zu erstellen, die die Zweierpotenzen von 1 bis 1024 enthält, nehmen Sie diese Schritte vor:

1. Geben Sie die erste Zahl der Reihe ein und klicken Sie in der Bearbeitungsleiste auf die Schaltfläche *Eingeben* (das Häkchen). Damit Sie gleich im nächsten Schritt die Schaltfläche *Füllbereich* betätigen können, darf sich Excel nämlich nicht im Bearbeitungsmodus befinden, d.h. die Einfügemarke darf nicht in der Zelle blinken, in die Sie gerade die erste Zahl eingetragen haben.

2. Klicken Sie die Schaltfläche *Füllbereich* an und wählen Sie den Befehl *Reihe*. Excel zeigt dann das Dialogfeld *Reihe* an (siehe nächstes Bild).

3. Schalten Sie in der Gruppe *Reihe* die Option *Spalten* ein.

4. Aktivieren Sie in der Gruppe *Typ* die Option *Geometrisch*. Dadurch erreichen Sie, dass die Datenreihe nicht durch eine Addition erzeugt wird, sondern durch Multiplikation. Der Wert, mit dem die einzelnen Zahlen multipliziert werden, um die jeweils nächste Zahl der Reihe zu finden, entnimmt Excel dem Feld *Inkrement*.

5. Geben Sie in das Textfeld *Inkrement* eine 2 ein.

6. Zum Schluss tragen Sie noch in das Textfeld *Endwert* die Zahl **1024** ein.

Bild 22.13   Mit dem Dialog *Reihe* lassen sich auch geometrische Folgen erstellen

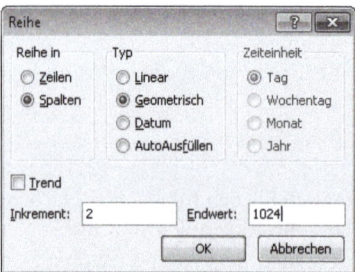

7. Klicken Sie auf *OK*, damit Excel die gewünschte Datenreihe einträgt.

Einfache Berechnungen

Zellen auf einem Excel-Tabellenblatt können drei verschiedene Arten von Daten enthalten: Text, Zahlen und Formeln. Die Eingabe von Text und Zahlen haben Sie bereits kennen gelernt. In diesem Abschnitt werden wir uns dem Eingeben von Formeln und dem Rechnen mit Excel widmen.

Die Vorgehensweise wollen wir anhand der Beispieltabelle *Autokosten* erläutern, die wir zu Beginn des Kapitels gemeinsam erstellt haben. Wir haben die Tabelle dazu noch ein wenig erweitert und im unteren Bereich den Text eingetragen, neben dem die Gesamtkosten pro Jahr und pro Monat ausgegeben werden sollen. Sie finden die Tabelle auch in der Übungsdatei *Einfache Berechnungen* auf dem Tabellenblatt *Start*. Lassen Sie uns mit der Berechnung der Gesamtkosten beginnen.

Bild 22.14 Dieses Tabellenblatt soll um zwei Formeln ergänzt werden

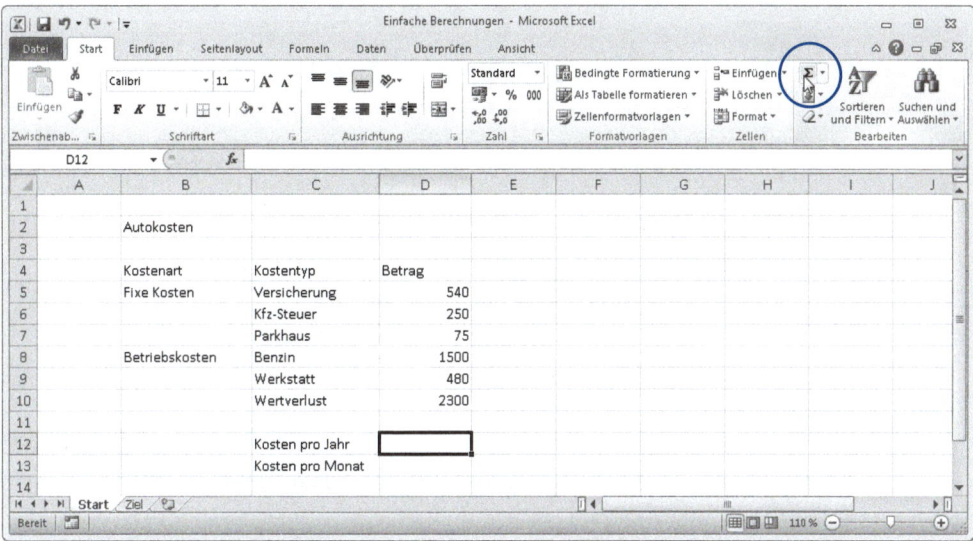

1. Markieren Sie die Zelle D12, in der die errechneten Gesamtkosten erscheinen sollen.

2. Klicken Sie in der Registerkarte *Start* auf die Schaltfläche *Summe* (siehe Bild oben).

   In der Zelle D12 wird jetzt die Formel =Summe(D5:D11) angezeigt (siehe nächstes Bild). Die Zellen, die mit dieser Formel addiert werden, sind mit einem gestrichelten Rahmen versehen. Excel hat also eigenständig erkannt, welche Zahlen des Tabellenblatts Sie addieren wollen.

Bild 22.15 Excel erkennt automatisch, welche Zahlen Sie addieren wollen

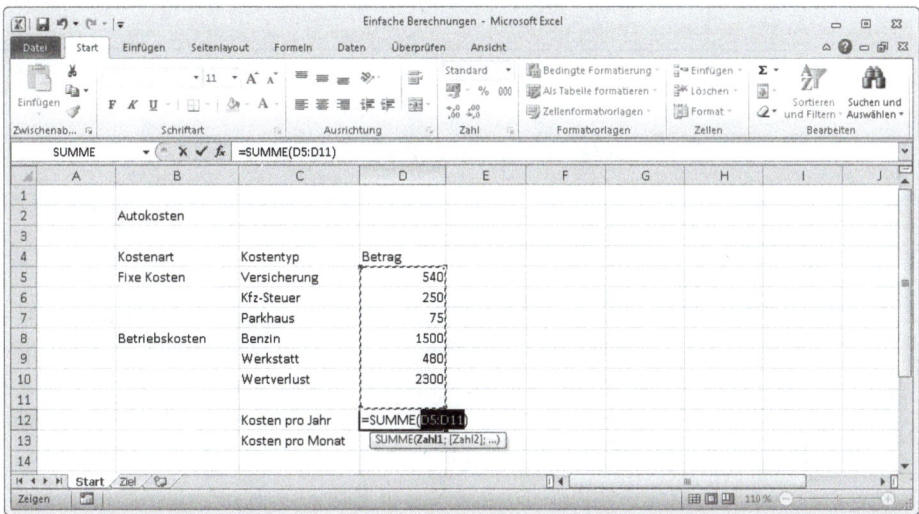

3. Drücken Sie die ⏎-Taste, um die Formel wie angezeigt zu übernehmen. In der Zelle D12 werden nun wie gewünscht die errechneten Gesamtkosten angezeigt.

Excel 2010

375

Bild 22.16   Excel hat die Summe korrekt berechnet

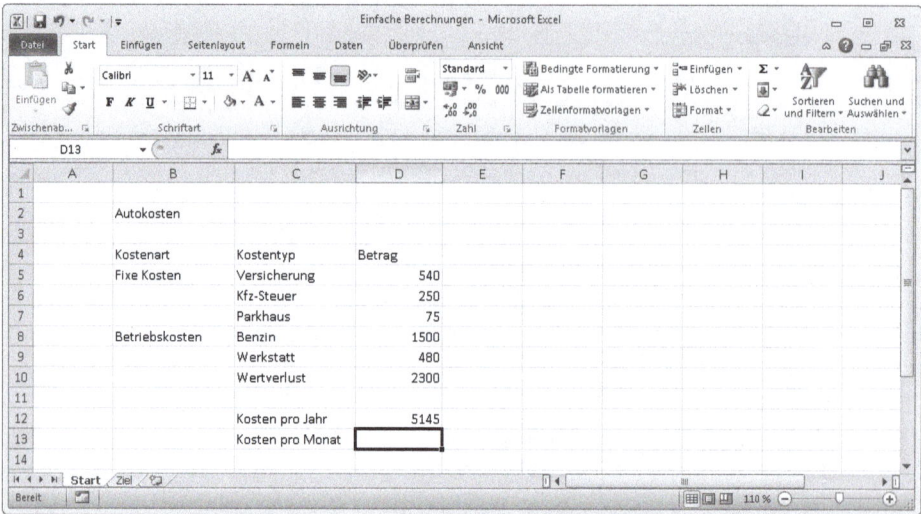

> **HINWEIS**   Der »Trick« mit der AutoSumme funktioniert so: Wenn Sie Excel durch Anklicken der Schaltfläche *Summe* mitteilen, dass Sie eine Summe bilden wollen, prüft Excel zuerst, ob sich oberhalb der markierten Zelle Zahlen befinden. Wird Excel fündig, werden die betreffenden Zahlen für die Summenbildung berücksichtigt. Sobald Excel bei der Zahlensuche auf eine Zelle trifft, die einen Text enthält oder leer ist, wird die Suche beendet. In dem hier vorgestellten Beispiel stoppt Excel also an der Spaltenüberschrift.

Falls sich oberhalb einer Zelle keine Zahlen befinden, untersucht Excel die linken Nachbarzellen. Sollten auch hier keine Zahlen enthalten sein, streicht Excel die Segel und überlässt Ihnen das Ausfüllen der Summenformel.

Bestandteile der Summenformel

Formeln in Excel beginnen immer mit einem Gleichheitszeichen. Anhand des Gleichheitszeichens kann Excel Formeln von Text und Zahlen unterscheiden.

`=SUMME(D5:D11)`

Im obigen Beispiel wird bei der Berechnung der Gesamtkosten die Funktion SUMME verwendet. Diese Funktion gehört zu den zahlreichen Funktionen, die in Excel eingebaut sind. Die meisten Funktionen benötigen Parameter, die hinter dem Funktionsnamen in runden Klammern eingeschlossen werden. Die Funktion SUMME erwartet als Parameter den Zellbereich, für den die Summe gebildet werden soll. In unserem Beispiel lautet die Bereichsangabe D5:D11. Der Doppelpunkt bedeutet *bis*.

Automatische Neuberechnung

Der Vorteil eines Tabellenkalkulationsprogramms wie Excel besteht darin, dass die Summe automatisch neu berechnet wird, wenn Sie z.B. den Betrag für einen Kostenpunkt ändern. Probieren Sie es einmal aus, indem Sie einige der Werte ändern und beobachten, wie sich das Ergebnis in der Zelle mit der Summe anpasst.

Einfache Formeln ohne Funktionen

Sie können auch Formeln erstellen, die keine Funktion verwenden, sondern stattdessen z.B. eine der vier Grundrechenarten. Um dies zu verdeutlichen, sollen in Zelle D13 die Kosten je Monat berechnet werden. Excel soll also die in der Zelle D12 berechneten Gesamtkosten durch 12 teilen:

1. Klicken Sie Zelle D13 an. Die Zelle wird mit der Zellmarkierung versehen.

2. Tippen Sie ein Gleichheitszeichen ein. Excel aktiviert den Bearbeitungsmodus für die Zelle.

3. Klicken Sie Zelle D12 an, in der sich die Gesamtkosten befinden. Dadurch wird hinter dem Gleichheitszeichen die Adresse der angeklickten Zelle eingetragen. Sie hätten die Adresse auch eintippen können, aber das Anklicken ist nicht nur schneller, sondern auch zuverlässiger.

4. Tippen Sie jetzt das Zeichen / ein. Der Schrägstrich ist der Divisionsoperator (nicht der Doppelpunkt, wie man berechtigterweise meinen könnte).

5. Geben Sie nun die **12** ein und drücken dann ⏎, um die Eingabe der Formel abzuschließen.

Bild 22.17   Dem Ergebnis liegt nach wie vor die eingegebene Formel zugrunde

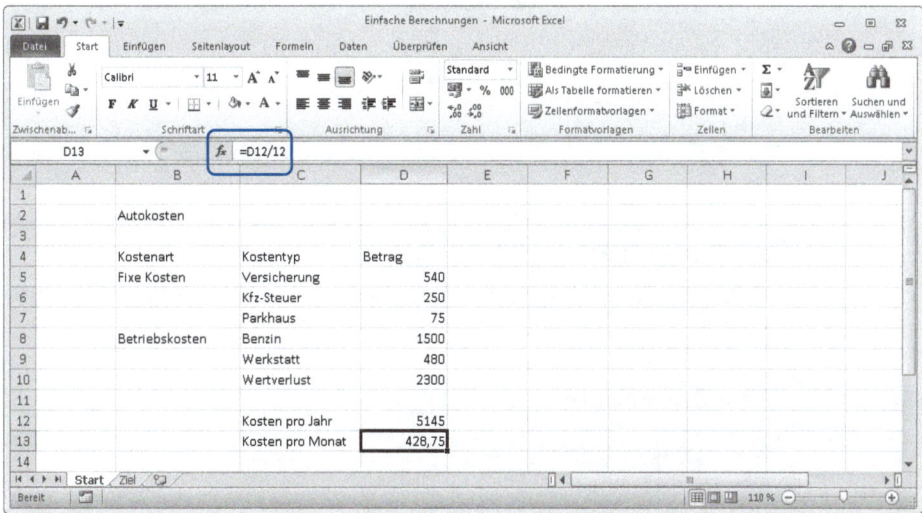

Excel führt die Berechnung durch und gibt das Ergebnis in Zelle D13 aus. Wenn Sie die Zelle D13 erneut anklicken und dann in die Bearbeitungsleiste schauen, sehen Sie, dass dort noch immer die eingegebene Formel angezeigt wird. Das Gleiche gilt natürlich auch für die Zelle mit der Summe.

Die hier vorgestellten Möglichkeiten zum Rechnen mit Excel können natürlich nur einen ersten Eindruck vermitteln. Mehr Informationen zu diesem Thema finden Sie in den ▶ Kapiteln 24 und 25.

Zeilen bzw. Spalten einfügen und löschen

Wenn Sie eine Tabelle nachträglich erweitern wollen, können Sie einzelne Zellen oder auch ganze Zeilen bzw. Spalten einfügen. Dadurch wird jedoch nicht die Größe des Arbeitsblattes geändert, sondern Excel schiebt beim Einfügen die »störenden« Zellen einfach entsprechend zur Seite.

Im folgenden Beispiel zeigen wir Ihnen, wie Sie eine Tabelle um eine weitere Zeile ergänzen können. Und zwar soll zwischen den beiden Zeilen, in denen die Benzin- und Werkstattkosten eingetragen sind, eine neue Zeile zur Erfassung der Kosten für Motoröl eingeschoben werden.

1. Erstellen Sie eine kleine Tabelle, die dem hier abgebildeten Beispiel ähnelt oder öffnen Sie die Übungsdatei *Einfache Berechnungen,* die Sie im letzten Abschnitt kennen gelernt haben.

Bild 22.18   Zwischen Zeile 8 und Zeile 9 soll eine neue Zeile eingefügt werden

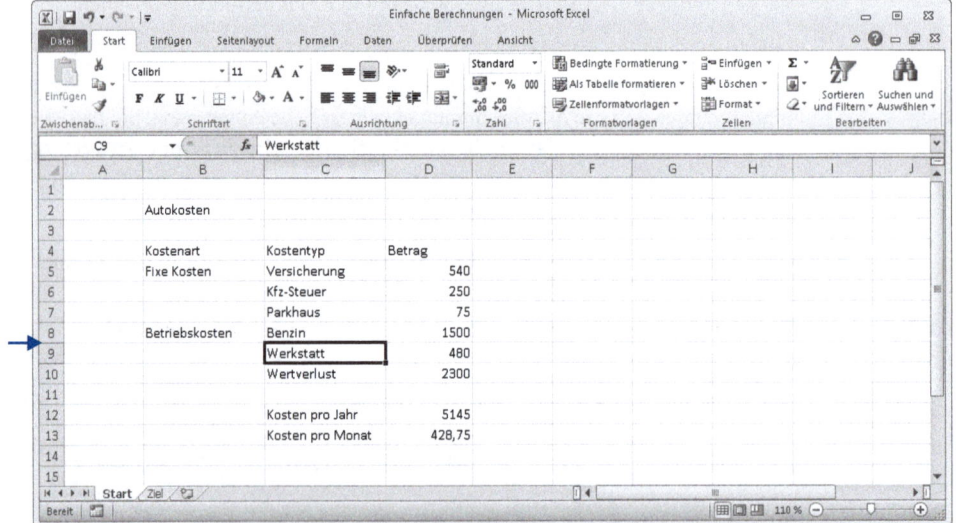

2. Markieren Sie eine beliebige Zelle in der Zeile, die den neuen Eintrag aufnehmen soll. In diesem Beispiel ist dies die Zeile 9.

3. Öffnen Sie das Ausklappmenü der Schaltfläche *Einfügen,* die sich auf der Registerkarte *Start* befindet.

Bild 22.19   Neue Zeile einfügen

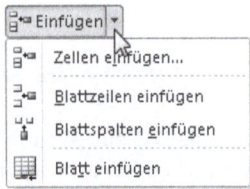

4. Wählen Sie den Befehl *Blattzeilen* einfügen.

Excel schiebt nun den Inhalt aller Zellen, die sich in Zeile 9 oder darunter befinden, um eine Zeile nach unten. Bei diesem Vorgang werden alle Formeln, die sich auf die verschobenen Zellen beziehen, angepasst.

In unserem Fall trifft das zum Beispiel auf die Formel zur Berechnung der Gesamtsumme zu. Wie Sie in Bild 22.18 sehen können, lautete die Formel vor dem Einfügen der leeren Zeile SUMME(D5:D11). Das nächste Bild zeigt, dass sich die Bereichsangabe der Funktion SUMME verändert hat. Die geänderte Formel lautet nun SUMME(D5:D12).

Bild 22.20   Zellbezüge werden beim Einfügen von Zellen automatisch angepasst

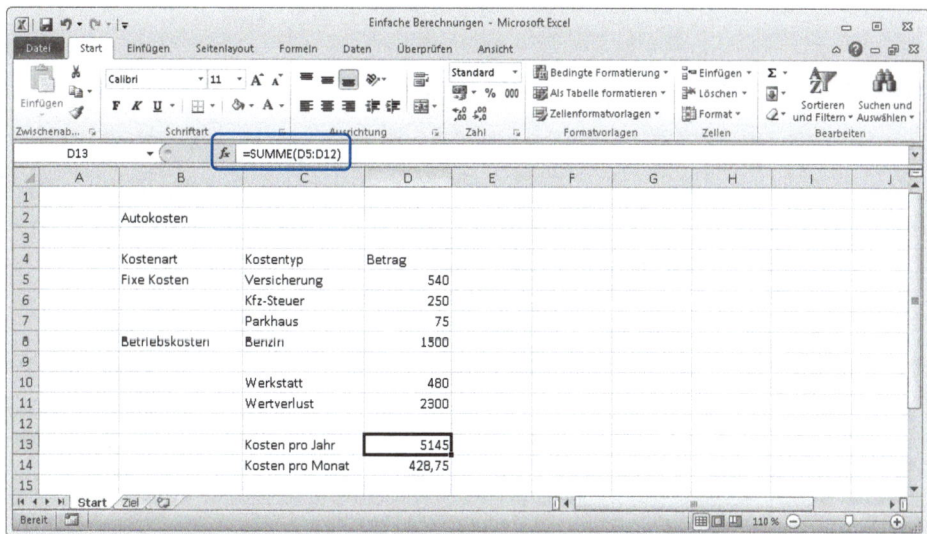

5. Jetzt können Sie die Beschriftung **Motoröl** in die Zelle C9 und die zugehörigen Kosten in ihre Nachbarzelle eintragen.

Mehrere Zeilen/Spalten einfügen

Wenn Sie auf einen Rutsch gleich mehrere Zeilen oder Spalten einfügen wollen, müssen Sie lediglich vor dem Aufruf des Befehls *Einfügen/Blattzeilen* bzw. *Einfügen/Blattspalten* entsprechend viele Zellen markieren. Wenn Sie zum Beispiel in der letzten Übung nicht nur eine neue Zeile für »Motoröl«, sondern noch eine weitere für »Waschen« einfügen wollten, hätten Sie dazu zwei Zellen der Zeilen 9 und 10 markieren müssen.

Einzelne Zellen und Zellbereiche einfügen

Bis jetzt haben Sie immer nur ganze Zeilen oder Spalten in das Tabellenblatt eingefügt. Dies funktioniert in der Regel aber nur dann reibungslos, wenn das Arbeitsblatt lediglich eine einzelne Tabelle enthält. Ansonsten würden Sie durch das Einfügen einer vollständigen Zeile oder Spalte höchstwahrscheinlich andere Tabellen auf dem Blatt beschädigen.

Excel 2010

In solchen Fällen können Sie auch einzelne Zellen oder einen bestimmten Zellbereich in ein Blatt einfügen. Im nächsten Beispiel sehen Sie wieder die bekannte Autokosten-Tabelle. Auf dem Tabellenblatt befindet sich jetzt aber noch eine zweite Tabelle, in der die einzelnen Tankbelege aufgeführt sind.

Bild 22.21 Dieses Tabellenblatt enthält zwei Tabellen

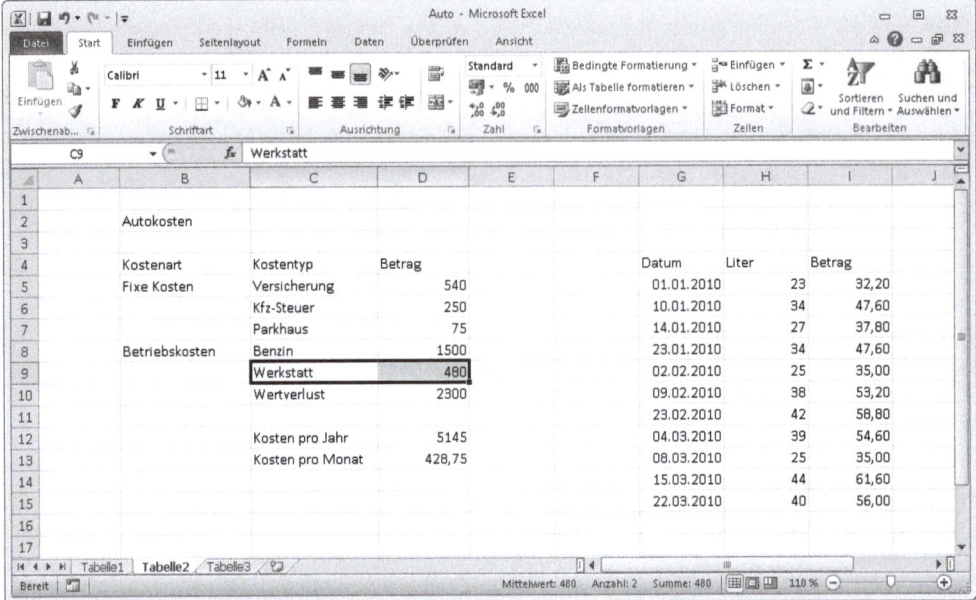

1. Markieren Sie die beiden Zellen C9 und D9 (wie im obigen Bild).

2. Öffnen Sie das Ausklappmenü der Schaltfläche *Einfügen* und wählen Sie den Befehl *Zellen einfügen*.

Bild 22.22 Einfügen von Zellbereichen

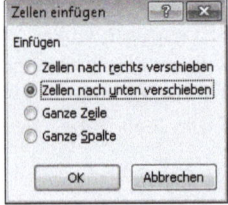

In diesem Dialogfeld können Sie festlegen, wie Excel die markierten Zeilen verschieben soll, um Platz für die neuen Zellen zu schaffen. Wie Sie sehen, haben Sie die Wahl zwischen vier verschiedenen Optionen, deren Wirkungsweise die folgenden Bilder veranschaulichen sollen:

Bild 22.23 Varianten beim Einfügen von Zellen in der Reihenfolge ihres Auftretens im Dialog *Zellen einfügen*

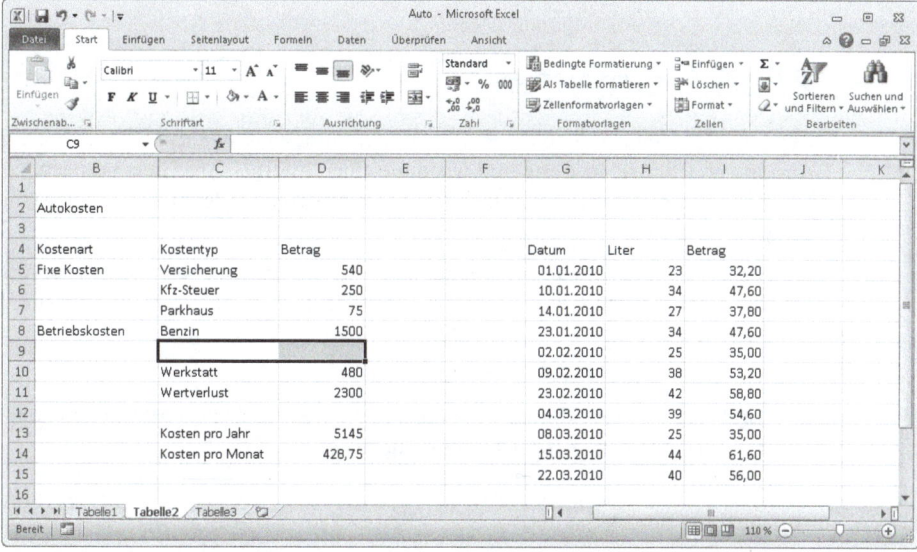

Benzin	1500			23.01.2010	34	47,60	
		Werkstatt	480			02.02.2010	25
Wertverlust	2300			09.02.2010	38	53,20	

Benzin	1500		23.01.2010	34	47,60
			02.02.2010	25	35,00
Werkstatt	480		09.02.2010	38	53,20

Benzin	1500		23.01.2010	34	47,60
Werkstatt	480		02.02.2010	25	35,00

	Benzin	1500	23.01.2010
	Werkstatt	480	02.02.2010
	Wertverlust	2300	09.02.2010

3. Offensichtlich benötigen Sie in diesem Fall die zweite Variante. Schalten Sie also die Option *Zellen nach unten verschieben* ein und klicken Sie auf *OK*.

Bild 22.24 Das Einfügen der Zellen hat sich nur auf die linke Tabelle ausgewirkt

Zellen löschen

Das Löschen von Zellen funktioniert im Prinzip genauso wie das Einfügen. Sie finden die dazu benötigte Schaltfläche *Löschen* auf der Registerkarte *Start* direkt unterhalb der Schaltfläche *Einfügen*. Die Schaltfläche ist ebenfalls mit einem Ausklappmenü versehen, dessen Befehle sich analog zu den soeben beschriebenen Befehlen der Schaltfläche *Einfügen* verhalten.

Illustrationen einfügen

Auch wenn Sie Excel in erster Linie dafür einsetzen werden, mit Zahlen und Formeln zu arbeiten, werden Sie gelegentlich eine Grafik in ein Arbeitsblatt einfügen wollen. Und Excel hat auch auf diesem Gebiet erstaunlich viel zu bieten. Das dürfte jedoch in erster Linie daran liegen, dass Excel an dieser Stelle von seinen beiden »Schwesterprogrammen« Word und PowerPoint profitiert, bei denen der Einsatz von Grafiken naturgemäß mehr im Mittelpunkt steht. Es war daher von Seiten der Entwickler kein spezieller Aufwand erforderlich, um Excel mit leistungsfähigen Grafikfunktionen auszustatten.

Die Befehle zum Einfügen der verschiedenen grafischen Elemente finden Sie auf der Registerkarte *Einfügen* in der Gruppe *Illustrationen*.

Bild 22.25 Über die Schaltflächen der Gruppe *Illustrationen* können Sie die verschiedenen grafischen Elemente in Ihre Arbeitsmappen einfügen

Stellvertretend für die vielen Möglichkeiten, die sich Ihnen hier bieten, wollen wir Ihnen das Einfügen von ClipArts vorstellen.

ClipArt einfügen

ClipArts sind kleine Zeichnungen, die im Lieferumfang von Excel bzw. Office enthalten sind. Die Auswahl an ClipArts ist riesig und wenn Sie einen Internet-Anschluss besitzen, können Sie zusätzlich z.B. auf die Bilderdatenbank von Microsoft zugreifen, deren ClipArts kostenlos heruntergeladen werden dürfen.

1. Zeigen Sie das Arbeitsblatt an, auf dem die ClipArt eingefügt werden soll und klicken Sie auf der Registerkarte *Einfügen* auf die Schaltfläche *ClipArt*. Excel blendet dann den Aufgabenbereich *ClipArt* ein.

2. Geben Sie im Feld *Suchen nach* einen Suchbegriff ein.

3. Im Feld *Ergebnisse* können Sie wählen, ob Excel nur nach Illustrationen oder auch nach anderen Medientypen (z.B. nach Fotos) suchen soll.

Bild 22.26 Auswahl des Medientyps

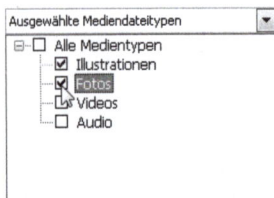

4. Schalten Sie die Option *Office.com-Inhalte berücksichtigen* ein, um auch die Online-Bilderdatenbank in die Suche einzubeziehen.

5. Starten Sie jetzt die Suche mit einem Klick auf *OK*. Nach kurzer Wartezeit zeigt Excel die gefundenen ClipArts im Aufgabenbereich an.

    Wenn Excel sehr viele ClipArts gefunden hat, empfiehlt es sich, die Breite des Aufgabenbereichs zu vergrößern. Dazu zeigen Sie mit der Maus auf den linken Rand des Aufgabenbereichs. Sobald der Zeiger zu einem waagerechten Doppelpfeil wird, drücken Sie die linke Maustaste und verschieben den Rand nach links.

6. Sie können eine vergrößerte Darstellung der ClipArts anzeigen, indem Sie sie mit der rechten Maustaste anklicken und im Kontextmenü den Befehl *Vorschau/Eigenschaften* aufrufen.

7. Suchen Sie ein Bild in der Liste aus und klicken Sie es dann mit der Maus an, um es auf dem Arbeitsblatt einzufügen.

Bild 22.27   Um die Größe der ClipArt zu ändern, ziehen Sie mit der Maus an einem ihrer Anfasser

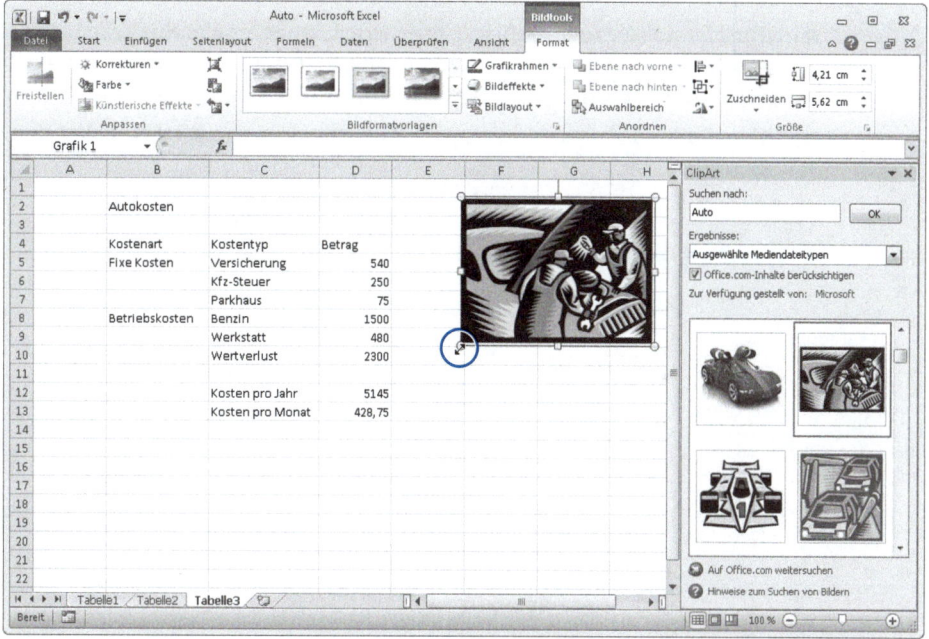

8. Ändern Sie bei Bedarf die Größe der ClipArt und schieben Sie sie mit der Maus an die gewünschte Position auf dem Arbeitsblatt.

Weitere Informationen zum Einfügen und Bearbeiten von Illustrationen finden Sie in Teil E des Buches in den Kapiteln 41 bis 43.

Zusammenfassung

In diesem Kapitel haben Sie zunächst gelernt, wie Sie eine neue Arbeitsmappe erstellen und haben sich dann mit den grundlegenden Techniken für die Arbeit mit Excel vertraut gemacht.

■ Zum Erstellen einer neuen Arbeitsmappe verwenden Sie den Befehl *Neu* in der Backstage-Ansicht. Sie können dann entscheiden, ob Sie mit einer leeren Mappe beginnen oder eine der angebotenen Vorlagen als Ausgangsbasis verwenden wollen (Seite 360).

■ In den nächsten Abschnitten haben Sie gesehen, wie Sie in Excel-Zellen Eingaben vornehmen (Seite 364), Eingabefehler korrigieren (Seite 367) und wie Sie sich mithilfe der Funktionen AutoVervollständigen (Seite 367) und AutoAusfüllen (Seite 369) das Leben einfacher machen können.

■ Anschließend haben Sie die Formeln kennen gelernt, mit denen in Excel Berechnungen vorgenommen werden können (Seite 374). Ein Teil der Formeln verwendet Funktionen wie die Summenformel (Seite 376), Sie können aber auch Formeln ohne Funktionen verwenden, in denen lediglich die Grundrechenarten vorkommen (Seite 377).

■ Um eine Tabelle nachträglich zu erweitern, können Sie einzelne Zellen oder auch ganze Zeilen bzw. Spalten einfügen. Excel schiebt dann die beim Einfügen »störenden« Zellen einfach zur Seite (Seite 378).

■ Zum Schluss haben Sie gelernt, wie Sie Illustrationen in ein Tabellenblatt einfügen (Seite 382).

Kapitel 23

Tabellenblätter formatieren

Excel 2010

In diesem Kapitel:

In den Beispielen des letzten Kapitels haben wir uns ausschließlich auf das Einfügen von Texten und Zahlen konzentriert und uns nicht weiter um die Darstellung der Daten gekümmert. Aber natürlich gehört zu einer fertigen Tabelle auch eine ansprechende Optik, die zum Beispiel die Zeilen- und Spaltenbeschriftungen sowie die Ergebniszeilen hervorhebt.

Wie Sie gleich sehen werden, gibt es in Excel zahlreiche Möglichkeiten, das Layout einer Tabelle zu verbessern. Sie können Schriften formatieren, Rahmen zuweisen, Farben und Muster benutzen und die Ausrichtung der Zellinhalte auf vielfältige Weise ändern. Viele dieser Formatierungen müssen Sie nicht mühsam Stück für Stück von Hand erstellen, sondern können sie sehr komfortabel mit einem Mausklick aus Formatkatalogen zuweisen.

Aber auch, wenn Sie in Excel nahezu jedes Detail einer Tabelle individuell gestalten können, sollten Sie nicht vergessen, dass bei einer Tabellenkalkulation die Daten im Mittelpunkt des Interesses stehen sollten und nicht die Farbe und Stärke einer Linie, mit der das Ergebnis einer Summe unterstrichen wird.

Wir werden uns daher auf die Funktionen konzentrieren, mit denen Sie Ihren Tabellen ohne großen Aufwand eine professionelle Optik verleihen können. Auf Standardaufgaben der Zeichenformatierung, wie sie in jeder Textverarbeitung anfallen – z.B. Schriftart wählen, Schriftgröße ändern etc. – gehen wir hier nicht näher ein, da wir mit guten Gewissen davon ausgehen können, dass sie mittlerweile zum Grundrepertoire eines jeden Office-Anwenders gehören.

Formatieren mit Zellenformatvorlagen

Wenn Sie »mal eben« eine kleine Tabelle erstellen wollen, können Sie sie am einfachsten mit Hilfe der so genannten *Zellenformatvorlagen* gestalten. In diesen Vorlagen werden mehrere Formatierungseigenschaften zusammengefasst – zum Beispiel Schriftart, -größe und -farbe –, die dann einer gewünschten Zelle mit einem einzigen Befehl zugewiesen werden können.

Um Ihnen den Gebrauch und die Effektivität der Zellenformatvorlagen zu demonstrieren, wollen wir nun die Autokosten-Tabelle, die wir im letzten Kapitel erstellt haben, in eine ansprechende Form bringen.

1. Öffnen Sie die Übungsdatei *Zellenformatvorlagen* und zeigen Sie das Blatt *Autokosten* an.

Bild 23.1   Die unformatierte Autokosten-Tabelle

⫟	A	B	C	D	E	F	G	H
1								
2		Autokosten						
3								
4		Kostenart	Betrag					
5		Versicherung	540					
6		Kfz-Steuer	250					
7		Parkhaus	75					
8		Benzin	1500					
9		Motoröl	120					
10		Werkstatt	480					
11		Wertverlust	2300					
12								
13		Kosten pro Jahr	5265					
14								

2. Markieren Sie die Zelle, die den Titel der Tabelle enthält (hier B2).

3. Zeigen Sie die Registerkarte *Start* an und klicken Sie in der Gruppe *Formatvorlagen* auf die Schaltfläche *Zellenformatvorlagen*. Excel zeigt dann folgendes Ausklappmenü an, in dem verschiedene Formatierungsvarianten angeboten werden.

Bild 23.2   Der Auswahlkatalog der Zellenformatvorlagen

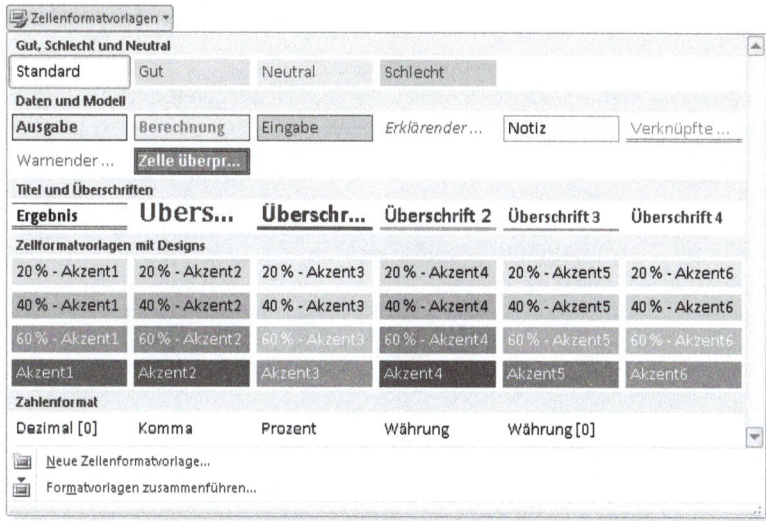

Wie Sie sehen, sind die Zellenformatvorlagen in verschiedene Gruppen eingeteilt:

- *Gut, Schlecht und Neutral*
- *Daten und Modell*
- *Titel und Überschriften*
- *Zellformatvorlagen mit Designs*
- *Zahlenformat.*

HINWEIS   **Designs**   Die in den Zellenformatvorlagen verwendeten Farben und Schriftarten hängen vom jeweiligen Design ab, das der aktuellen Arbeitsmappe zugewiesen wurde. Designs spielen bei der Formatierung von Office-Dokumenten eine zentrale Rolle. Es ist daher wichtig, dass Sie das dahinter stehende Konzept verstehen, damit Sie später keine bösen Überraschungen erleben. Da auch die anderen Office-Programme mit Designs arbeiten, behandeln wir dieses Thema in Teil E des Buches in ▶ Kapitel 41.

---

4. Zeigen Sie mit der Maus auf eine der Vorlagen aus der Gruppe *Titel und Überschriften*. Excel zeigt die Wirkung der verschiedenen Vorlagen direkt im Tabellenblatt an. Wenn Sie sich für eine der Vorlagen entschieden haben, übernehmen Sie diese durch Anklicken.

In einem zweiten Schritt sollen die Spaltenüberschriften formatiert werden:

5. Markieren Sie die beiden Spaltenüberschriften und klicken Sie erneut auf die Schaltfläche *Zellenformatierung*, um den Auswahlkatalog anzuzeigen.

Excel 2010

6. Wählen Sie einen Eintrag der Gruppe *Zellenformatvorlagen mit Designs*.

Nun kommen die Geldbeträge an die Reihe:

7. Markieren Sie die Geldbeträge und weisen Sie ihnen die Zellenformatvorlage *Währung* zu. Die Zahlen werden dann mit zwei Nachkommastellen und einem Eurozeichen dargestellt.

Zum Schluss soll noch das Ergebnis (also die Zelle C13) hervorgehoben werden.

8. Markieren Sie das Endergebnis und weisen Sie ihm die Zellenformatvorlage *Ergebnis* zu (aus der Gruppe *Titel und Überschriften*). Ihre Tabelle sollte dann in etwa so aussehen:

Bild 23.3   Die Tabelle wurde ausschließlich mit Zellenformatvorlagen formatiert

	A	B	C	D	E	F	G	H
1								
2		**Autokosten**						
3								
4		Kostenart	Betrag					
5		Versicherung	540,00 €					
6		Kfz-Steuer	250,00 €					
7		Parkhaus	75,00 €					
8		Benzin	1.500,00 €					
9		Motoröl	120,00 €					
10		Werkstatt	480,00 €					
11		Wertverlust	2.300,00 €					
12								
13		Kosten pro Jahr	**5.265,00 €**					
14								

Die gemäß der obigen Abbildung formatierte Tabelle finden Sie in der Übungsdatei auf dem Tabellenblatt *Autokosten, fertig*.

Excel-Tabellen

Die Tabelle aus dem letzten Beispiel ist aus Sicht von Excel einfach ein beliebiger Bereich des Tabellenblatts, in dem etwas Text und einige Zahlen stehen. Das heißt, Excel weiß nichts über die Struktur der Daten und kann zum Beispiel die Spaltenüberschriften nicht als solche erkennen.

Bereich in eine Excel-Tabelle umwandeln

Das lässt sich jedoch leicht ändern und anschließend stehen Ihnen weitaus komfortablere Funktionen zur Formatierung Ihrer Tabellen zur Verfügung als die im letzten Abschnitt vorgestellten Zellenformatvorlagen.

1. Markieren Sie den Bereich des Tabellenblatts, der Ihre Tabelle enthält.

2. Zeigen Sie die Registerkarte *Start* an und klicken Sie in der Gruppe *Formatvorlagen* auf die Schaltfläche *Als Tabelle formatieren*. Dadurch öffnet sich ein Auswahlkatalog mit diversen Tabellenformatvorlagen, die sich in ihrer Helligkeit und in der Art und Weise, wie die Spalten und Zeilen der Tabelle betont werden, unterscheiden.

Bild 23.4   Der ausgewählte Bereich soll zu einer Excel-Tabelle werden

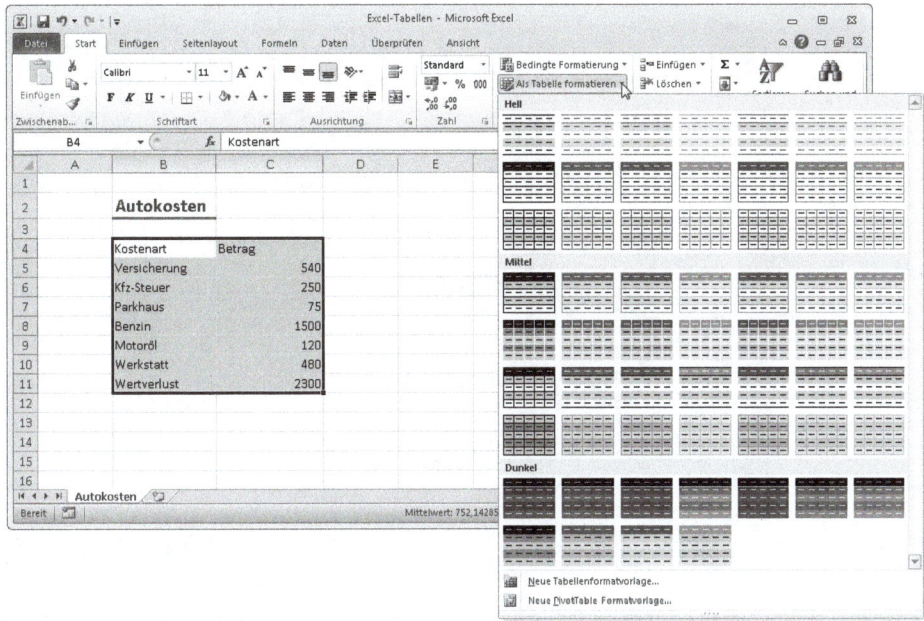

3. Wählen Sie aus dem angezeigten Katalog eine der angebotenen Tabellenformatvorlagen aus. Excel zeigt dann folgendes Dialogfeld an:

Bild 23.5   Bestätigung des zu formatierenden Bereichs

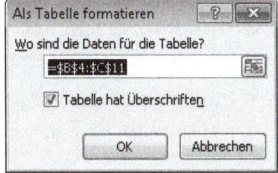

4. In diesem Dialog können Sie zum einen den Bereich festlegen, der als Tabelle formatiert werden soll und zum anderen angeben, ob die Tabelle Überschriften enthält oder nicht.

5. In unserem Fall können Sie die Vorgabe übernehmen und das Dialogfeld mit *OK* bestätigen.

   Den besonderen Status der neu erstellten Excel-Tabelle erkennen Sie unter anderem daran, dass im Menüband eine neue Registerkarte aufgetaucht ist, mit deren Befehlen Sie weitere Formatierungsaufgaben vornehmen können. Diese Registerkarte wird nur dann eingeblendet, wenn eine Zelle der Excel-Tabelle markiert ist (siehe Bild 23.6).

6. Schalten Sie auf der Registerkarte *Entwurf* in der Gruppe *Optionen für Tabellenformat* die Option *Ergebniszeile* ein. Die Excel-Tabelle wird dann automatisch um eine Zeile erweitert, in der die Zahlen der Tabelle addiert und in adäquater Form dargestellt werden.

7. Schalten Sie auch die Option *Erste Spalte* ein, um die Texte der ersten Spalte in fetter Schrift anzuzeigen.

Excel 2010

Bild 23.6 Die fertige Tabelle und die neue Registerkarte *Tabellentools/Entwurf*

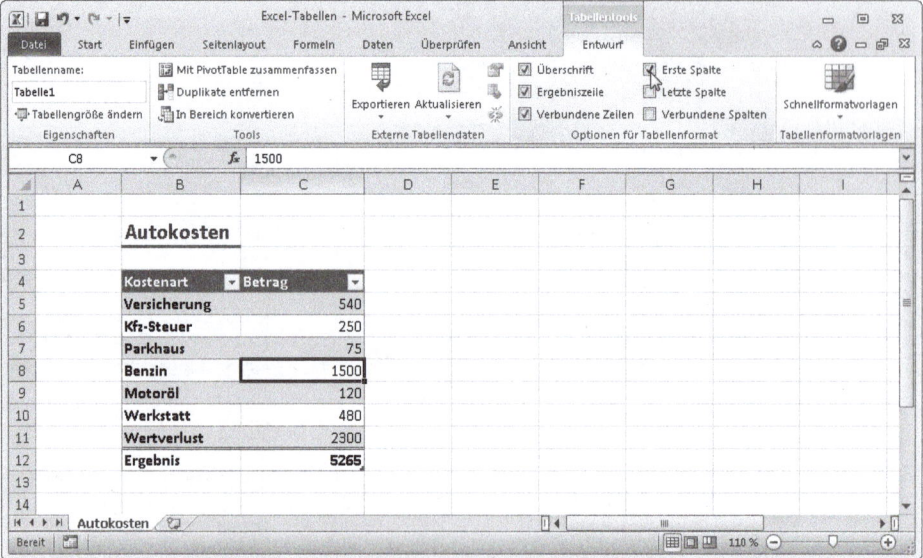

Wenn Sie anschließend den Auswahlkatalog für die Tabellenformatvorlagen anzeigen, werden Sie feststellen, dass bei den angebotenen Vorlagen auch die hervorgehobene Darstellung der ersten Spalte berücksichtigt wird. Außerdem kommen Sie nun auch in den Genuss der Livevorschau.

Excel-Tabellen erweitern

Wenn Sie eine Excel-Tabelle erweitern oder verkleinern werden Sie merken, dass deren Formatierung nicht fest mit den einzelnen Zellen verbunden ist, sondern dynamisch angepasst wird.

Im folgenden Bild wurde die linke Excel-Tabelle zweimal dupliziert und anschließend eine Zeile gelöscht bzw. eingefügt. Wie Sie sehen, wurde dadurch der automatische Farbwechsel der Tabellenzeilen nicht zerstört!

Bild 23.7 Auch beim Löschen (mittlere Tabelle) oder beim Einfügen (rechte Tabelle) einer Zeile bleibt die alternierende Farbgebung in der Excel-Tabelle erhalten

	A	B	C	D	E	F	G	H	I	J
1										
2		Kostenart	Betrag		Kostenart	Betrag		Kostenart	Betrag	
3		Versicherung	540		Versicherung	540		Versicherung	540	
4		Kfz-Steuer	250		Kfz-Steuer	250		Kfz-Steuer	250	
5		Parkhaus	75		Parkhaus	75		Parkhaus	75	
6		Benzin	1500		Benzin	1500		Benzin	1500	
7		Motoröl	120		Werkstatt	480		Motoröl	120	
8		Werkstatt	480		Wertverlust	2300				
9		Wertverlust	2300		Ergebnis	5145		Werkstatt	480	
10		Ergebnis	5265					Wertverlust	2300	
11								Ergebnis	5265	
12										

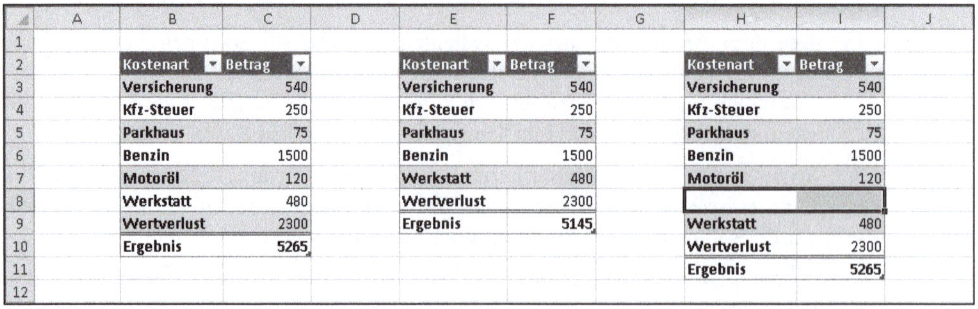

Die dazu benötigten Befehle erreichen Sie über das Kontextmenü der Excel-Tabelle:

- *Zeile/Spalte einfügen*
- *Zeile/Spalte löschen*

Beide Befehle besitzen ein kleines Untermenü mit dessen Befehlen Sie steuern können, wie sich die umgebenden Zellen beim Einfügen bzw. Löschen verhalten sollen.

Zeilenhöhe und Spaltenbreite ändern

Wenn Sie ein leeres Tabellenblatt vor sich haben, verwendet Excel Standardwerte für die Höhe der Zeilen und die Breite der Spalten. Doch vor allem die Spaltenbreiten werden in den seltensten Fällen für Ihre konkreten Tabellen geeignet sein. Nehmen Sie dann einfach mit der Maus die notwendigen Anpassungen vor.

Ändern der Zeilenhöhe

1. Bewegen Sie den Mauszeiger in den Zeilenkopf – das ist der Bereich am linken Fensterrand, in dem die Nummern der Zeilen stehen – und zeigen Sie auf die untere Linie der Zeile, deren Höhe Sie verändern möchten. Der Mauszeiger verändert sich dort in einen kleinen Doppelpfeil.

2. Drücken Sie die linke Maustaste und ziehen Sie die Maus nach oben bzw. unten, bis die Zeile die gewünschte Höhe besitzt. Die aktuelle Höhe der Zeile wird dabei in einem kleinen Fenster angezeigt.

PROFITIPP

Höhe mehrerer Zeilen verändern

Um die Höhe mehrerer Zeilen mit der Maus zu verändern, markieren Sie zuerst alle gewünschten Zeilen. Die Zeilen müssen dabei nicht zwingend direkt untereinander stehen. Sie können auch nicht zusammenhängende Bereiche markieren, indem Sie während des Markierens die `Strg`-Taste gedrückt halten. (Weitere Hinweise zum Markieren in Tabellen finden Sie im Abschnitt »Markieren auf Tabellenblättern« auf Seite 393.) Wenn Sie dann die Zeilenhöhe einer der markierten Zeilen ändern, übernimmt Excel die vorgenommene Einstellung für sämtliche Zeilen, die Sie zuvor markiert haben.

Das Einstellen der Zeilenhöhe mit der Maus eignet sich allerdings nur, wenn Sie lediglich einige wenige Zeilen ändern möchten und es Ihnen dabei nicht auf absolute Genauigkeit ankommt. Wenn Ihnen an einer exakten Einstellung der Zeilenhöhe gelegen ist, gehen Sie besser so vor:

1. Markieren Sie die betreffenden Zeilen.

2. Klicken Sie in der Registerkarte *Start* auf die Schaltfläche *Format* und wählen Sie in deren Menü den Befehl *Zeilenhöhe*.

Excel 2010

Bild 23.8   Festlegen der Zeilenhöhe per Dialogfeld

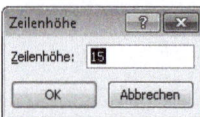

3.   Tragen Sie die gewünschte Zeilenhöhe ein. Der Maximalwert ist 409 Punkt, was im Ausdruck einer Höhe von ca. 10 cm entspricht.

Eine weitere Möglichkeit ist das Einstellen der so genannten *Optimalen Zeilenhöhe*. Dabei stellt Excel die Höhe der Zeile selbstständig so ein, dass der aktuelle Zeileninhalt exakt in die Zeile hineinpasst. Gehen Sie dazu so vor:

1.   Markieren Sie die betreffenden Zeilen.

2.   Klicken Sie in der Registerkarte *Start* auf die Schaltfläche *Format* und wählen Sie in deren Menü den Befehl *Zeilenhöhe automatisch anpassen*.

Ändern der Spaltenbreite

Um die Breite einer Tabellenspalte zu ändern, können Sie die im letzten Abschnitt beschriebenen Verfahren analog benutzen. Das heißt, Sie können

■   die Breite mit der Maus verändern, indem Sie den rechten Rand der Spaltenbeschriftung verschieben

■   exakte Werte in ein Dialogfeld eintragen, das Sie über den Befehl *Format/Spaltenbreite* erreichen oder

■   den Befehl *Format/Spaltenbreite automatisch anpassen* wählen, damit Excel die Spaltenbreite selbständig so einstellt, dass der breiteste Eintrag in dieser Spalte vollständig angezeigt werden kann.

Spalten oder Zeilen ein- und ausblenden

Sie können auch einzelne Zeilen oder Spalten (in denen sich beispielsweise Berechnungen befinden) »unsichtbar« machen. Dazu müssen Sie die betreffenden Zeilen bzw. Spalten mit den folgenden Schritten ausblenden:

1.   Klicken Sie die Überschrift der Spalte oder der Zeile, die Sie ausblenden wollen, mit der rechten Maustaste an.

2.   Wählen Sie im Kontextmenü den Befehl *Ausblenden*.

Bild 23.9   In diesem Tabellenblatt wurde die Spalte D ausgeblendet

◢	A	B	C	E	F	G	H	I	J
1									
2									
3									

Sie erkennen die ausgeblendete Spalte zum einen an der fehlenden Spaltenbeschriftung und zum anderen an der etwas dickeren Trennlinie im Spaltenkopf der beiden Nachbarspalten.

Um eine ausgeblendete Zeile oder Spalte wieder einzublenden, gibt es zwei Möglichkeiten. Wenn Sie mit der Maus gut zielen können und eine ruhige Hand haben, geht es mit diesem Verfahren am schnellsten:

1. Um eine Zeile wieder einzublenden, bewegen Sie den Mauszeiger im Zeilenkopf knapp unterhalb der gewünschten Zeile. Der Zeiger verändert sich zu einem Doppelpfeil. Bei Spalten zeigen Sie im Spaltenkopf analog knapp rechts neben die ausgeblendete Spalte.

2. Klicken Sie dann mit der rechten Maustaste und wählen Sie im Kontextmenü den Befehl *Einblenden*.

Wenn Ihnen dieses Verfahren zu »fummelig« ist, gehen Sie besser so vor:

1. Markieren Sie im Zeilenkopf die beiden Zeilen, die sich ober- und unterhalb der ausgeblendeten Zeile befinden bzw. im Spaltenkopf die beiden Spalten, die sich rechts und links neben der ausgeblendeten Spalte befinden.

2. Klicken Sie die Markierung rechts an und wählen Sie den Befehl *Einblenden*.

Markieren auf Tabellenblättern

Wie bei allen Office-Programmen gilt auch für Excel, dass Sie den Bereich, den Sie formatieren wollen, zuerst markieren müssen. Die nachfolgende Tabelle beschreibt, wie Sie die Maus zum Markieren verwenden:

Tabelle 23.1 Markieren mit der Maus in Excel

Bereich	Vorgehensweise
Eine Zelle	Klicken Sie die Zelle an.
Eine Zeile	Klicken Sie auf die Zeilenüberschrift.
Eine Spalte	Klicken Sie auf die Spaltenüberschrift.
Gesamte Tabelle	Klicken Sie auf die Schaltfläche *Alles markieren*. Sie befindet sich in der linken oberen Ecke des Tabellenblatts am Schnittpunkt der Zeilen- und der Spaltenüberschrift.
Einen rechteckigen Bereich	Klicken Sie die erste Zelle des Bereichs an und ziehen Sie die Markierung mit gedrückter Taste bis zur letzten Zelle auf.
Mehrere Zellen, die nicht nebeneinander stehen	Klicken Sie die erste Zelle an. Drücken Sie die Strg-Taste und halten Sie sie gedrückt. Klicken Sie die weiteren Zellen an. Lassen Sie Strg los, wenn alle Zellen markiert sind.
Mehrere Spalten oder Zeilen, die nicht nebeneinander stehen	Klicken Sie auf die erste Spalten- bzw. Zeilenüberschrift. Drücken Sie die Strg-Taste und halten Sie sie gedrückt. Klicken Sie nacheinander die Zeilen- bzw. Spaltenüberschriften der anderen Zeilen/Spalten an. Lassen Sie die Strg-Taste los, wenn alle Zeilen/Spalten markiert sind.

Zahlenformatierung im Detail

In Excel kann die Darstellung von Zahlenwerten auf verschiedene Arten geändert werden:

- Mit den Schaltflächen der Gruppe *Zahl* auf der Registerkarte *Start,* die sich auch auf der Minisymbolleiste befinden.

- Über die Zuweisung von vordefinierten Zahlenformaten wie *Standard, Währung, Buchhaltung, Bruch, Wissenschaft* usw.

- Durch das Erstellen von eigenen Zahlenformaten, deren Möglichkeiten weit über die vordefinierten Formate hinausgehen.

Diese Varianten werden in den folgenden Abschnitten ausführlich beschrieben.

Verwendung der Schaltflächen

Auf der Registerkarte *Start* befinden sich in der Gruppe *Zahl* einige Schaltflächen, mit denen Sie häufig benötigte Formatänderungen durch einen einzigen Mausklick vornehmen können. Dazu gehören zum Beispiel das Ein- oder Ausschalten von Tausenderpunkten und das Ändern der Nachkommastellen.

Eine kurze Beschreibung der Schaltflächen finden Sie in der folgenden Tabelle.

Tabelle 23.2 Schaltfläche zum Ändern des Zahlenformats

Schaltfläche	Name	Wirkung
	Buchhaltungszahlenformat	Stellt die Zahl als Geldbetrag dar und verwendet dazu das in Windows eingestellte Währungssymbol. Andere Währungssymbole sind über das Ausklappmenü der Schaltfläche erreichbar. Zusätzliche Informationen zu diesem Zahlenformat finden Sie im Abschnitt »Buchhaltungs- vs. Währungsformat« auf der Seite 397.
%	Prozentformat	Stellt die Zahl als Prozentzahl dar. Beispiel: 0,1 wird zu 10%
000	1.000er-Trennzeichen	Gibt Tausenderpunkte aus, wodurch die Lesbarkeit von großen Zahlen verbessert wird. Zusätzlich erhält die Zahl auch noch zwei Nachkommastellen. So wird z.B. die Zahl 2500000 als 2.500.000,00 dargestellt.
	Dezimalstelle hinzufügen	Fügt der Zahl eine weitere Dezimalstelle hinzu. Aus 23,5 wird also 23,50.
	Dezimalstelle löschen	Entfernt eine Nachkommastelle und rundet dabei automatisch auf oder ab. Aus 23,5 wird also 24 und nicht 23!

Die in der Tabelle aufgeführten Schaltflächen sind auch auf der Minisymbolleiste erreichbar, die erscheint, wenn Sie eine einzelne Zelle oder einen markierten Zellbereich mit der rechten Maustaste anklicken.

Bild 23.10   Die Minisymbolleiste lässt sich über einen Rechtsklick anzeigen

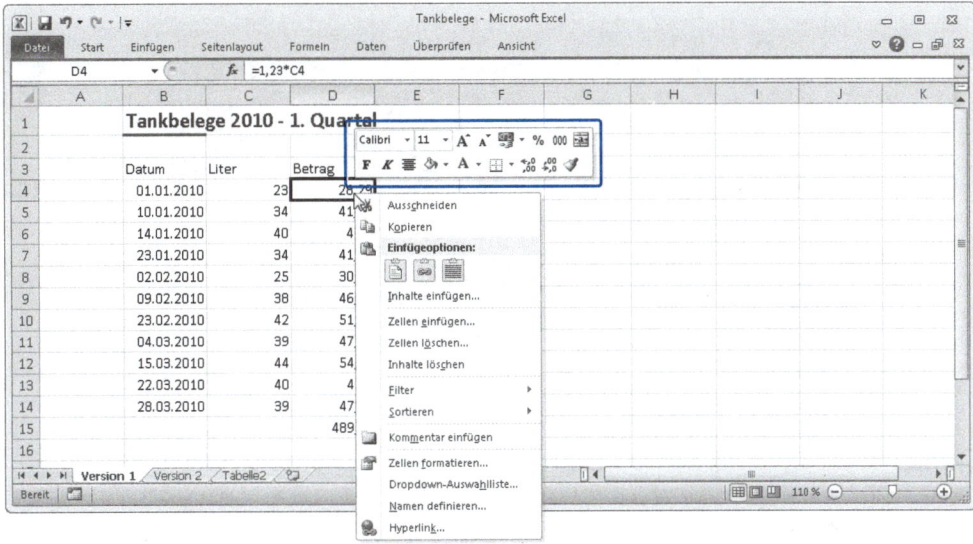

Zahlenformate verwenden

Die Anzeige von Zellen, in denen Zahlen enthalten sind, wird bei Excel über so genannte Zahlenformate gesteuert. Auch die Schaltflächen, die wir im letzten Abschnitt vorgestellt haben, weisen den Zellen letztendlich solche Zahlenformate zu. Das Zahlenformat der aktuellen Zelle wird auf der Registerkarte *Start* in der Gruppe *Zahl* angezeigt. Falls gerade mehrere Zellen markiert sind, erscheint dort nur das Format der ersten Zelle innerhalb der Markierung.

Bild 23.11   Hier wird das Zahlenformat der aktuellen Zelle angezeigt

Excel enthält eine große Anzahl vordefinierter Zahlenformate und sollten diese nicht ausreichen, können Sie sogar eigene Formate, die so genannten *benutzerdefinierten Zahlenformate* definieren.

Um einer Zelle oder einem Bereich eines dieser Zahlenformate zuzuweisen, gehen Sie so vor:

1. Markieren Sie die Zelle oder den Zellbereich, die/den Sie formatieren wollen. Hinweise zum Markieren von Tabellenbereichen finden Sie weiter vorne in diesem Kapitel auf Seite 393.

2. Zeigen Sie die Registerkarte *Start* an.

3. Öffnen Sie das Listenfeld *Zahlenformat* in der Gruppe *Zahl*. In der ausgeklappten Liste zeigt Excel eine Auswahl der gebräuchlichsten Zahlenformate an. Anstelle einer Livevorschau wird der Inhalt der markierten Zelle direkt im Menü in den jeweiligen Zahlenformaten dargestellt.

Excel 2010

Bild 23.12   Die Auswahlliste für Zahlenformate enthält sogar eine Vorschau

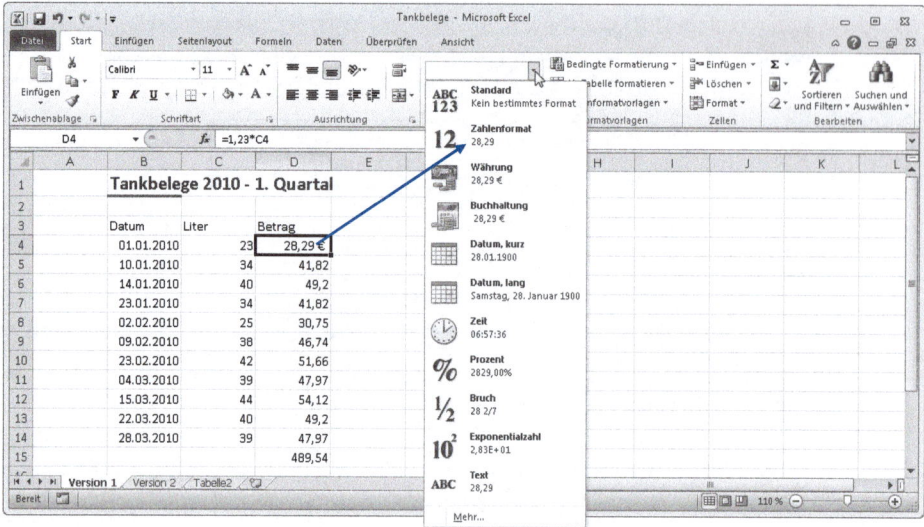

4. Wenn Sie in der Liste kein geeignetes Zahlenformat finden, wählen Sie den Befehl *Mehr*. Dadurch wird das Dialogfeld *Zellen formatieren* angezeigt (siehe Bild 23.13).

5. Wechseln Sie zur Registerkarte *Zahlen* und wählen Sie dort auf der linken Seite des Dialogs die gewünschte *Kategorie* aus. (Eine Übersicht finden Sie in der folgenden Tabelle.)

    Je nach gewählter Kategorie erscheinen auf der rechten Seite des Dialogs die verfügbaren Formate bzw. Einstellungsmöglichkeiten.

Bild 23.13   Die vordefinierten Zahlenformate von Excel

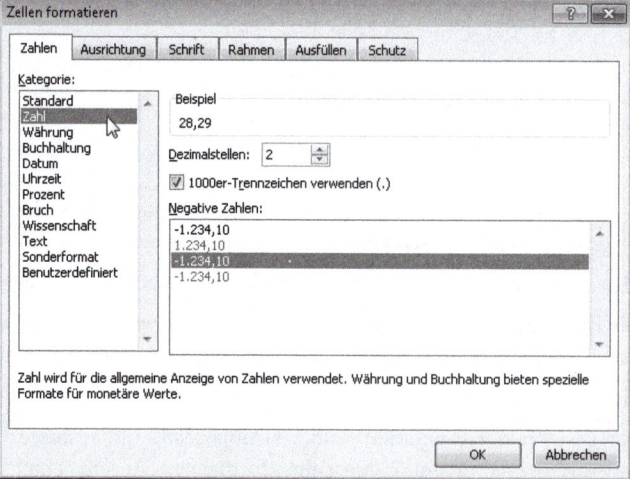

6. Ändern Sie bei Bedarf die Voreinstellungen des gewählten Formats und klicken Sie auf *OK*.

Tabelle 23.3 Kategorien für die Zahlenformatierung

Kategorie	Beschreibung
Standard	Gibt den Inhalt der Zelle so aus, wie er eingegeben wurde
Zahl	In dieser Kategorie können Sie festlegen, wie viele Dezimalstellen benutzt werden, ob Tausendertrennzeichen angezeigt werden und wie mögliche negative Werte aussehen sollen
Währung	Formatiert die Zahl als Währung, wobei Sie das Währungssymbol auswählen und die Anzahl der Dezimalstellen festlegen können
Buchhaltung	Ähnlich wie *Währung*. Weitere Hinweise finden Sie im Abschnitt »Buchhaltungs- vs. Währungsformat« im Anschluss an diese Tabelle.
Datum	Stellt diverse Anzeigeformate für Datumsangaben zur Verfügung
Uhrzeit	Stellt verschiedene Anzeigeformate für Zeitangaben zur Verfügung
Prozent	Multipliziert die Zahl mit 100 und gibt dahinter das Zeichen % aus
Bruch	Stellt Dezimalzahlen als Bruch dar. Belegen Sie zum Beispiel die Zahl 1,5 mit dem Format *Als Achtel (4/8)*, steht in der Zelle anschließend *1 4/8*. Bei *Als Zehntel (3/10)* erhalten Sie die Ausgabe *1 5/10*.
Wissenschaft	Die Zahlen werden in der Exponentialschreibweise ausgegeben, wodurch große Zahlen verkürzt dargestellt werden. Zum Beispiel wird aus dem Wert 3.000.000,00 der Wert 3,00E+06.
Sonderformat	In dieser Kategorie stehen Ihnen u.a. Postleitzahlenformate, Sozialversicherungsnummern und ISBN-Nummern zur Verfügung.

Buchhaltungs- vs. Währungsformat

Auch wenn es auf den ersten Blick so aussieht, als ob die beiden Zahlenformate *Buchhaltung* und *Währung* identisch sind, gibt es doch einige Unterschiede zwischen den beiden Darstellungsarten:

- Das Minuszeichen wird im Buchhaltungsformat am linken Rand der Zelle angezeigt, beim Währungsformat steht es hingegen direkt vor der Zahl.
- Die Null wird beim Buchhaltungsformat als waagerechter Strich dargestellt.
- Beim Buchhaltungsformat wird nach dem Währungssymbol noch ein Leerzeichen angezeigt, d.h. der Inhalt der Zelle ist am rechten Rand etwas eingerückt.

In der folgenden Abbildung sind diese Besonderheiten gut zu erkennen:

Bild 23.14 Die Unterschiede zwischen Buchhaltungs- und Währungsformat

	A	B	C	D	E	F
1						
2		**Standard**	-10,5	0	10,5	
3		**Buchhaltung**	- 10,50 €	- €	10,50 €	
4		**Währung**	-10,50 €	0,00 €	10,50 €	
5						

Eigene Zahlenformate erstellen

Wenn keines der vordefinierten Zahlenformate Ihren Anforderungen entspricht, können Sie auch ein eigenes Zahlenformat definieren. Als Beispiel soll hier das Format der Kontonummern bei niederländischen Banken (es gilt nicht für Konten bei der niederländischen Postbank) dienen, die aus neun Ziffern bestehen, wobei die ersten sechs jeweils 2er-Gruppen bilden und die Ziffern 7 bis 9 eine 3er-Gruppe. Die einzelnen Gruppen werden durch Punkte verbunden. Ein Beispiel dafür ist die Kontonummer 33.44.96.231.

Um ein maßgeschneidertes Format für niederländische Bankkontonummern zu erstellen, nehmen Sie folgende Schritte vor:

1. Markieren Sie die Zelle oder den Zellbereich, die/den Sie mit dem neuen Zahlenformat formatieren wollen.

2. Klicken Sie auf der Registerkarte *Start* in der Gruppe *Zahl* auf das kleine quadratische Kästchen, um das Dialogfeld *Zellen formatieren* anzuzeigen. Eindeutig schneller geht das mit der Tastenkombination ⌨Strg+⌨1.

3. Wählen Sie in der Liste *Kategorie* den Eintrag *Benutzerdefiniert*.

4. Nehmen Sie im Feld *Typ* folgende Eingabe vor:
   00"."00"."00"."000
   Eine ausführliche Erläuterung dieser Schreibweise folgt weiter unten im Abschnitt »Platzhalter in benutzerdefinierten Zahlenformaten« auf der Seite 399.

Bild 23.15   Erstellen eines benutzerdefinierten Zahlenformats für niederländische Kontonummern

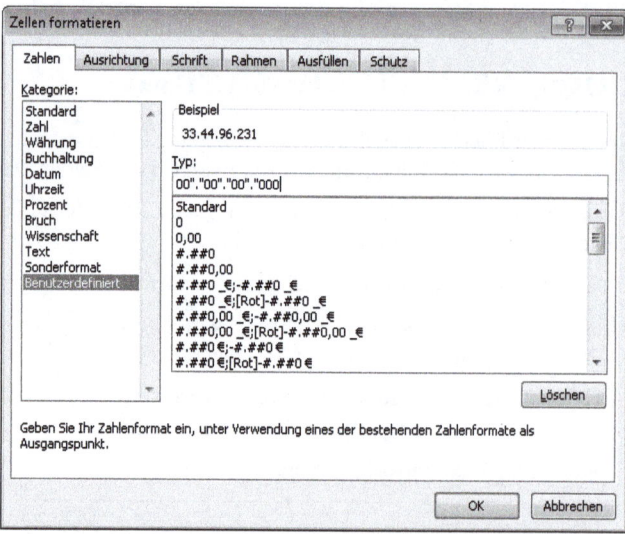

Im Vorschaubereich des Dialogfeldes (der mit *Beispiel* beschriftete Rahmen) sehen Sie, dass die Zelle, in die wir zuvor die Zahl 334496231 eingegeben haben, in der gewünschten Art und Weise dargestellt wird.

5. Klicken Sie auf *OK*, um das Format zuzuweisen.

Benutzerdefinierte Zahlenformate verwenden

Wenn Sie das neue Zahlenformat einer anderen Tabellenzelle zuweisen wollen, gehen Sie so vor:

1. Markieren Sie die betreffenden Zellen.

2. Drücken Sie [Strg]+[1], um das Dialogfeld *Zellen formatieren* aufzurufen. Alternativ klicken Sie in der Gruppe *Zahl* auf die Schaltfläche *Zellen Formatieren: Nummer*.

3. Wählen Sie in der linken Liste die Kategorie *Benutzerdefiniert*.

4. Jetzt können Sie in der Liste *Typ* das gewünschte Zahlenformat wählen.

Bild 23.16   Excel merkt sich alle benutzerdefinierten Zahlenformate

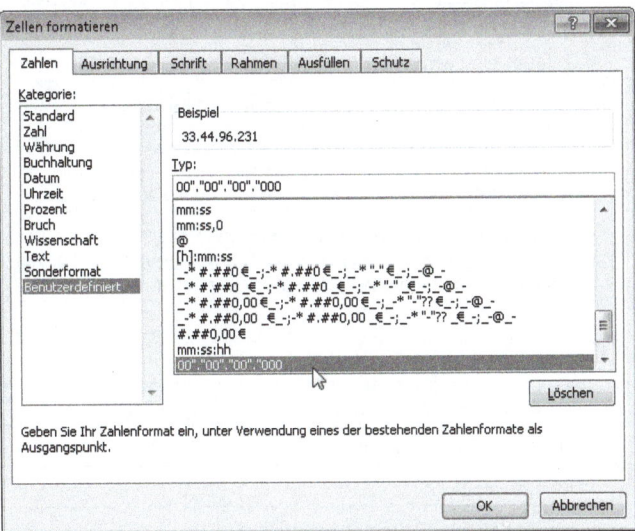

TIPP   Wenn Sie das betreffende Zahlenformat an anderer Stelle Ihres Tabellenblatts bereits verwendet haben, gibt es noch ein schnelleres Verfahren:

1. Klicken Sie die Zelle an, die das gewünschte Format besitzt.

2. Klicken Sie auf der Registerkarte *Start* auf die Schaltfläche *Format übertragen*. (Sie befindet sich in der Gruppe *Zwischenablage*.) Der Mauszeiger verändert sich dann zu einem Pinsel.

3. Übertragen Sie die Formatierung auf eine andere Zelle, indem Sie diese einfach mit dem Mauspinsel anklicken.

Platzhalter in benutzerdefinierten Zahlenformaten

Beim Festlegen eines benutzerdefinierten Zahlenformats geben Sie Platzhalter an, um das Aussehen der formatierten Zelle zu bestimmen. Im Beispiel mit der niederländischen Kontonummer aus dem letzten Abschnitt haben wir den Platzhalter 0 verwendet, mit dem festgelegt wird, dass an dieser Position auf jeden Fall eine Zahl ausgegeben werden soll.

Die Punkte zwischen den Zahlengruppen wurden in Anführungszeichen eingeschlossen, da Excel die Punkte ansonsten als Tausendertrennzeichen interpretiert hätte. Weitere wichtige Platzhalter, die auch *Formatcodes* genannt werden, finden Sie in der folgenden Tabelle:

Tabelle 23.4 Formatcodes für benutzerdefinierte Zahlenformate

Formatcode	Beschreibung
0 (Null)	Zeigt nichtsignifikante Nullen an, wenn eine Zahl weniger Stellen aufweist als Nullen im Format vorhanden sind.
#	Zeigt nur signifikante Ziffern an, nichtsignifikante Nullen werden ignoriert
" "	Um Text zusammen mit Zahlen in einer Zelle anzuzeigen, setzen Sie den Text in Anführungszeichen (" ") oder setzen Sie vor ein einzelnes Zeichen einen umgekehrten Schrägstrich (\).
_ (Unterstrich)	Erzeugt ein Leerzeichen in der Breite eines Zeichens
.	Um einen Punkt als 1.000er-Trennzeichen anzuzeigen oder Zahlen als Vielfache von Tausend anzugeben, fügen Sie einen Punkt ein
*	Soll das auf eine Zahl folgende Zeichen zum Ausfüllen der Spalte wiederholt werden, nehmen Sie ein Sternchen (*) in das Zahlenformat auf
[Schwarz], [Blau], [Zyan], [Grün], [Magenta], [Rot], [Weiß], [Gelb]	Mit diesen Codes wird die Farbe für einen Abschnitt des Formats festgelegt. Die Farbnamen müssen in eckigen Klammern eingegeben werden. Der Farbcode muss das erste Element im Abschnitt darstellen.
T	Tage als 1–31
TT	Tage als 01–31 (immer zweistellig)
TTT	Tage als So–Sa
TTTT	Tage als Sonntag–Samstag
M	Monate als 1–12
MM	Monate als 01–12 (immer zweistellig)
MMM	Monate als Jan–Dez
MMMM	Monate als Januar–Dezember
MMMMM	Monate mit dem ersten Buchstaben des Monats
JJ	Jahre als 00–99
JJJJ	Jahre als 1900–9999
h	Stunden als 0–23
hh	Stunden als 00–23 (immer zweistellig)
m	Minuten als 0–59
mm	Minuten als 00–59 (immer zweistellig)
s	Sekunden als 0–59
ss	Sekunden als 00–59 (immer zweistellig)

Zahlenformate mit Bedingungen

Die Formatierung einer Zelle kann auch von ihrem Inhalt abhängig gemacht werden. Sie können z.B. ein Zahlenformat definieren, das zwischen Singular und Plural unterscheidet. Nehmen wir an, Sie haben in eine Zelle Stunden eingegeben. Wenn die Zelle den Wert 1 erhält, soll *1 Stunde* angezeigt werden, ist die Zahl größer als 1, dann der Plural Stunden. Sie erreichen dies, indem Sie folgendes Format erstellen:

[=1] "1 Stunde"; 0 "Stunden"

Die Bedingung, die erfüllt sein muss, damit das Format vor dem Semikolon verwendet wird, ist in eckigen Klammern eingefasst. Wenn die Bedingung nicht zutrifft, wird das Format hinter dem Semikolon benutzt.

Bedingte Formatierung

Sinn und Zweck der bedingten Formatierung ist die optische Hervorhebung von Zahlen, die eine bestimmte Bedingung erfüllen. Auf diese Weise können Sie zum Beispiel Umsatzzahlen kennzeichnen, die eine vorgegebene Schwelle über- oder unterschreiten. Wichtige bzw. kritische Daten einer Tabelle lassen sich so auf einen Blick erfassen.

Im letzten Abschnitt haben wir schon kurz erwähnt, dass Zahlenformate mit einer Bedingung kombiniert werden können. Excel hat in diesem Bereich aber noch erheblich mehr zu bieten. Einen ersten Eindruck von den vielen Möglichkeiten der bedingten Formatierung haben Sie bereits in Kapitel 21 bei der Vorstellung der neuen Funktionen erhalten. In diesem Abschnitt werden wir uns nun eingehender mit diesem leistungsfähigen Feature beschäftigen.

Die Befehle für die bedingte Formatierung erreichen Sie zentral über die Schaltfläche *Bedingte Formatierung*, die sich auf der Registerkarte *Start* befindet.

Bild 23.17   Das Auswahlmenü der Schaltfläche *Bedingte Formatierung*

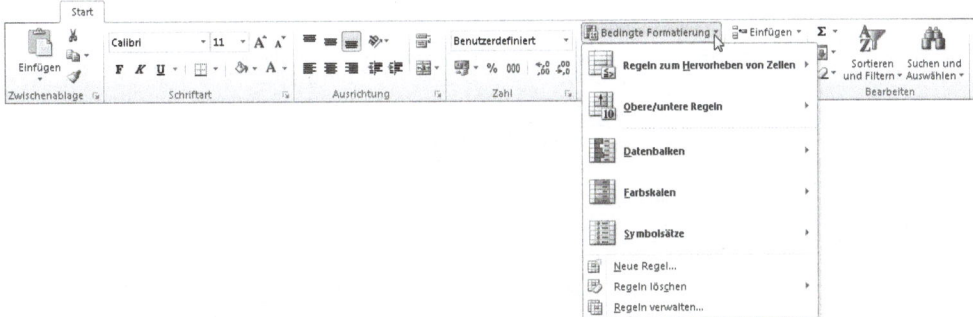

Mit den Befehlen dieses Menüs können Sie den Zellen eines Tabellenblatts Regeln zuweisen, mit denen die Formatierung der Zellen gesteuert wird. Im Gegensatz zu früheren Versionen ist es seit Excel 2007 auch möglich, mehrere Regeln für eine Zelle zu definieren. Über die ersten fünf Befehle können Sie vorgefertigte Regeln aufrufen, die nur noch minimal angepasst werden müssen. Wir stellen Ihnen die dazu notwendigen Schritte exemplarisch an drei Beispielen vor.

Beispiel 1: Regeln zum Hervorheben von Zellen

Im ersten Beispiel sollen in einer Umsatztabelle alle Umsatzzahlen, deren Wert unterhalb eines frei wählbaren Grenzwertes liegen, rot hinterlegt werden. Der Grenzwert soll dabei nicht fest in der Regel eingegeben werden, sondern aus einer bestimmten Zelle des Tabellenblatts ausgelesen werden können. Auf diese Weise lässt sich der Grenzwert bei Bedarf schnell ändern, indem man einfach eine andere Zahl in die betreffende Zelle eintippt.

Ausgangspunkt für dieses und die beiden folgenden Beispiele ist das Tabellenblatt *Start*, das Sie in der Übungsdatei *Bedingte Formatierung* finden:

Bild 23.18 Alle Umsatzzahlen, die unterhalb des vorgegebenen Grenzwertes liegen, sollen rot hinterlegt werden. Der Grenzwert befindet sich in der Zelle C2

	A	B	C	D	E	F	G	H	I
1									
2		Grenzwert	60000						
3									
4		**Monat**	**Umsatz**						
5		Januar	75000						
6		Februar	40000						
7		März	32000						
8		April	60000						
9		Mai	74000						
10		Juni	49000						
11		Juli	40000						
12		August	82000						
13		September	56000						
14		Oktober	63000						
15		November	70000						
16		Dezember	68000						
17									

1. Markieren Sie den gewünschten Zellbereich (siehe Bild oben).

2. Klicken Sie in der Registerkarte *Start* auf die Schaltfläche *Bedingte Formatierung*.

Bild 23.19 Das Zuweisen der Standardregeln ist sehr komfortabel gelöst

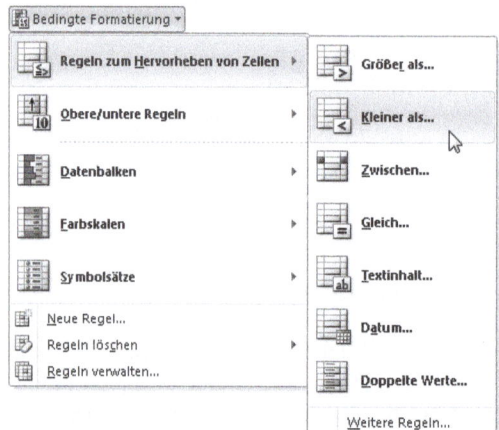

3. Zeigen Sie im Menü der Schaltfläche auf den Befehl *Regeln zum Hervorheben von Zellen* und klicken Sie im Untermenü auf *Kleiner als*. Excel zeigt dann folgendes Dialogfeld an:

Bild 23.20   Dialog zum Anpassen der neuen Regel

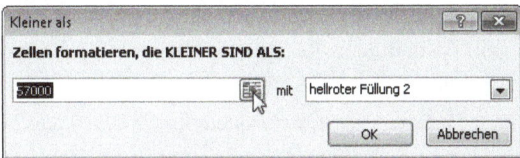

In diesem Dialogfeld geben Sie an, mit welchem Wert die Zahlen verglichen werden sollen und mit welcher Farbe die Zellen gefüllt werden sollen, deren Inhalt die Regel erfüllt, d.h. deren Inhalt kleiner als der angegebene Grenzwert ist.

4. Klicken Sie im Tabellenblatt auf die Zelle, in die Sie den Grenzwert eingeben wollen. In unserem Beispiel ist das die Zelle C2.

5. Wählen Sie im Listenfeld den Eintrag *hellroter Füllung*. Das Dialogfeld sollte anschließend so aussehen:

Bild 23.21   Das fertig ausgefüllte Dialogfeld

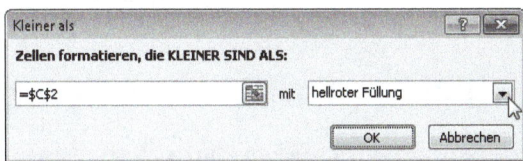

6. Klicken Sie auf *OK*, um die neue Regel zu erstellen.

Bild 23.22   Die Zahlen der Umsatztabelle werden gemäß der Regel markiert

⊿	A	B	C	D	E	F	G	H	I
1									
2		Grenzwert	60000						
3									
4		**Monat**	**Umsatz**						
5		Januar	75000						
6		Februar	40000						
7		März	32000						
8		April	60000						
9		Mai	74000						
10		Juni	49000						
11		Juli	40000						
12		August	82000						
13		September	56000						
14		Oktober	63000						
15		November	70000						
16		Dezember	68000						
17									

7. Geben Sie einen anderen Grenzwert ein und prüfen Sie, ob die Formatierung der Umsatztabelle entsprechend angepasst wird.

Excel 2010

Beispiel 2: Obere/untere Regeln

Im nächsten Beispiel sollen in einer Tabellenspalte alle Zellen hervorgehoben werden, deren Werte über dem Durchschnittswert aller Zahlen liegt.

1. Markieren Sie wieder zuerst den gewünschten Zellbereich.

2. Löschen Sie eventuell bereits vorhandene Regeln mit dem Befehl *Bedingte Formatierung/ Regeln löschen/Regeln in ausgewählten Zellen löschen*.

3. Rufen Sie den Befehl *Bedingte Formatierung/Obere/untere Regeln/Über dem Durchschnitt* auf.

Bild 23.23 Hier brauchen Sie nur noch die Art der Füllung auszuwählen

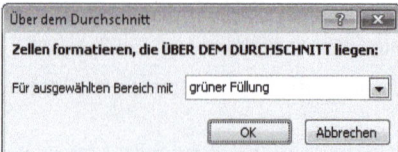

4. Wählen Sie die gewünschte Form der Hervorhebung und klicken Sie auf *OK*.

5. Ändern Sie einige Werte der Tabelle und prüfen Sie, ob die Darstellung der Zellen entsprechend wechselt.

Beispiel 3: Datenbalken, Farbskalen, Symbolsätze

Im letzten Beispiel werden wir eine der Standardregeln nachträglich bearbeiten, um in einer Umsatztabelle Datenbalken anstelle der Zahlen anzuzeigen.

1. Markieren Sie die gewünschten Zellen und löschen Sie gegebenenfalls bereits vorhandene Regeln (wie in Schritt 2 des letzten Beispiels).

2. Klicken Sie auf *Bedingte Formatierung* und zeigen Sie mit der Maus im ausgeklappten Menü auf den Befehl *Datenbalken*.

Bild 23.24 Hervorheben durch Datenbalken

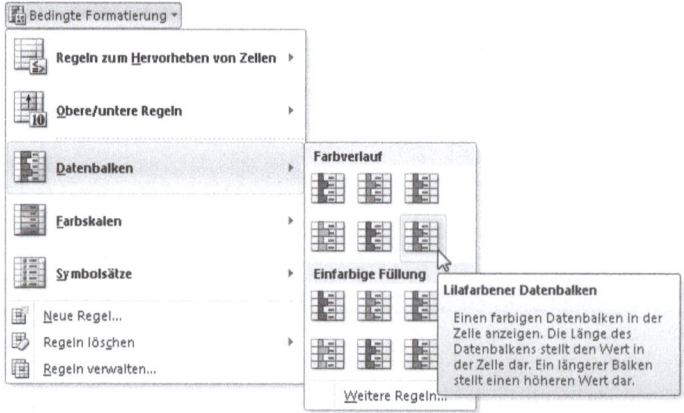

3. Bewegen Sie den Mauszeiger über die Symbole des Untermenüs. Excel zeigt die Wirkung der Befehle als Livevorschau in der Tabelle an. Klicken Sie dann eine der Varianten an, um die Formatierung zuzuweisen.

Bild 23.25 Visualisierung der Umsatzdaten mit Hilfe von Datenbalken

⊿	A	B	C	D	E	F	G	H	I
1									
2		Grenzwert	60000						
3									
4		**Monat**	**Umsatz**						
5		Januar	75000						
6		Februar	40000						
7		März	32000						
8		April	60000						
9		Mai	74000						
10		Juni	49000						
11		Juli	40000						
12		August	82000						
13		September	56000						
14		Oktober	63000						
15		November	70000						
16		Dezember	68000						
17									

Die Zellen werden nun mit einem Verlaufsbalken hinterlegt, dessen Länge proportional zum Wert der jeweiligen Zelle ist. Jetzt wollen wir die neue Regel noch nachbearbeiten, um die Anzeige der Zahlen zu unterdrücken.

4. Markieren Sie die Zellen wieder.

5. Klicken Sie in der Registerkarte *Start* auf *Bedingte Formatierung* und wählen Sie den Befehl *Regeln verwalten*.

Bild 23.26 Manager zum Verwalten der Formatierungsregeln

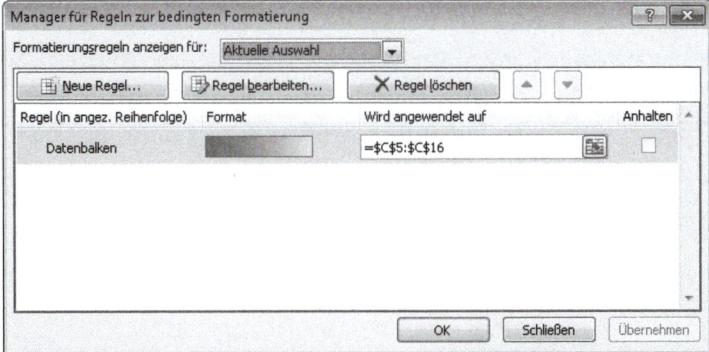

In diesem Fenster können Sie die Regeln eines Arbeitsblatts bzw. der aktuellen Auswahl verwalten. Wie Sie oben im Bild sehen, wurde der aktuellen Auswahl bisher erst eine Regel zugewiesen. Falls Sie mehrere Regeln kombinieren, können Sie in diesem Dialog zum Beispiel die Reihenfolge ändern, in der die einzelnen Regeln angewendet werden. (Excel wendet die Regeln von unten nach oben an.)

6. Wählen Sie die Regel aus und klicken Sie dann auf *Regel bearbeiten*.

Bild 23.27   Bearbeiten einer Regel

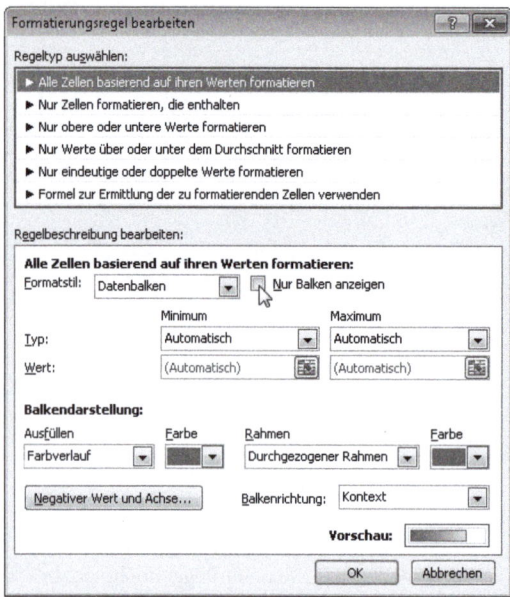

Die vielen Einstellungsmöglichkeiten des Dialogfeldes *Formatierungsregel bearbeiten* lassen erahnen, wie viel Zeit und Mühe Sie durch den Gebrauch der vorgegebenen Regeln sparen können. Wir wollen diese Thematik im Rahmen dieses Buches auch gar nicht weiter vertiefen, sondern nur einen kurzen Einblick in das Konzept der bedingten Formatierung geben.

7. Schalten Sie die Option *Nur Balken anzeigen* ein und schließen Sie die beiden Dialogfelder mit *OK*. Die fertige Umsatztabelle hat nun folgende Form:

Bild 23.28   In der Umsatztabelle werden jetzt nur noch die Datenbalken angezeigt. Sie können die dahinterliegenden Zahlen jedoch noch wie gewohnt bearbeiten.

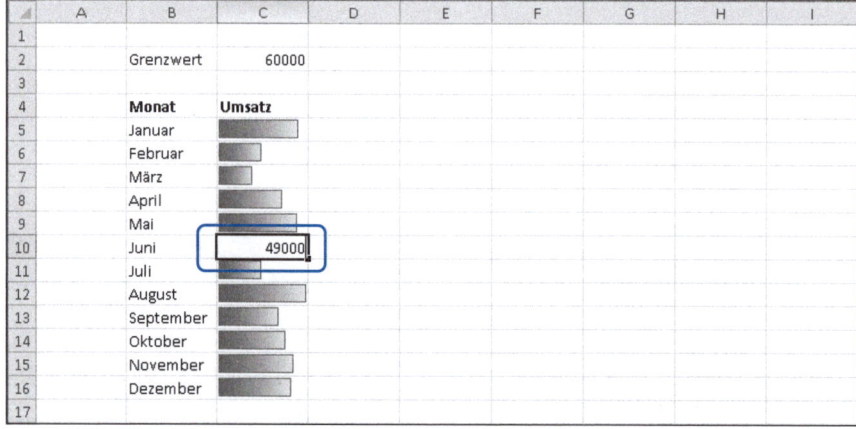

Zusammenfassung

In diesem Kapitel haben Sie gelernt, wie Sie die Texte und Zahlen Ihrer Tabellen mit Excel 2010 formatieren können:

- Durch Zuweisen von Zellenformatvorlagen lassen sich typische Bestandteile einer Tabelle wie Titel, Spaltenbeschriftung und Ergebniszellen, mit minimalem Aufwand gestalten (Seite 386).

- Wenn Sie einen Bereich eines Tabellenblatts als Excel-Tabelle deklarieren, behandelt Excel die Tabelle als Einheit. Solche Tabellen lassen sich mit Hilfe von Tabellenformatvorlagen noch schneller und komfortabler formatieren (Seite 388).

- Die Zeilenhöhe und die Spaltenbreiten eines Tabellenblatts lassen sich individuell einstellen (Seite 391). Außerdem können Sie einzelne Spalten und Zeilen auch ausblenden, um zum Beispiel Zwischenrechnungen zu verstecken (Seite 392).

- Excel kann die Zahlen eines Tabellenblatts in vielen verschiedenen Formaten darstellen. Die gängigsten Darstellungsarten lassen sich bequem per Schaltfläche zuweisen (Seite 394). Für speziellere Formatierungen stellt Excel weitere Zahlenformate zu Verfügung (Seite 395), die sogar bearbeitet und um eigene Zahlenformate ergänzt werden können (398).

- Die Formatierung einer Zelle lässt sich auch von einer Bedingung abhängig machen. Auf diese Weise können Sie z.B. Zahlen hervorheben, die eine vorgegebene Schwelle über- oder unterschreiten. Wichtige bzw. kritische Daten einer Tabelle lassen sich so auf einen Blick erfassen (Seite 401).

Excel 2010

Kapitel 24

Rechnen mit Excel

In diesem Kapitel:

Bis jetzt haben Sie lediglich mit der Summenfunktion von Excel Bekanntschaft gemacht. Da Excel natürlich einiges mehr zu bieten hat, steigen wir in diesem Kapitel etwas tiefer in die rechnerischen Fähigkeiten des Programms ein. Dabei geht es unter anderem um die Operatoren, ohne die man in Excel nicht viel berechnen kann, und um das Ausfüllen von Formeln und Reihen. Die fortgeschrittenen Funktionen von Excel behandeln wir in Kapitel 25.

Die grundlegenden Operatoren

Excel enthält eine Fülle von Operatoren, die in vier Gruppen unterteilt sind:

- Arithmetische Operatoren (+, -, *, /, %, ^)

- Vergleichsoperatoren (=, <, >, > =, < =, < >) vergleichen zwei Werte und liefern als Ergebnis den Wahrheitswert *WAHR* oder *FALSCH*

- Bezugsoperatoren (:, ; und Leerzeichen) dienen zur Verknüpfung von Zellbereichen für die Durchführung von Berechnungen

- Der Textoperator & verknüpft Texte aus verschiedenen Zellen

Die folgende Tabelle enthält alle Operatoren mit kurzen Beschreibungen.

Tabelle 24.1 Grundlegende Operatoren in Excel

Kategorie	Operator	Beschreibung
Arithmetisch	+	Addition
	–	Subtraktion
	/	Division
	*	Multiplikation
	%	Umrechnung Prozentwert in Dezimalbruch, also Division durch 100, z.B. ergibt =4% den Dezimalwert 0,04
	^	potenzieren
Vergleich	<	kleiner als
	>	größer als
	=	gleich
	< =	kleiner gleich
	> =	größer gleich
	< >	ungleich
Text	&	verkettet Texte miteinander

Tabelle 24.1 Grundlegende Operatoren in Excel *(Fortsetzung)*

Kategorie	Operator	Beschreibung
Bezug	:	Bereichsoperator (B5:B15)
	;	Verbindungsoperator; mit ihm können mehrere Bezüge zu einem Bezug verbunden werden: =(SUMME(B5:B10;D5:D10))
	(Leerzeichen)	bildet eine Schnittmenge von Bereichen (A1:B3 A2:B4)

Formeln einfügen und bearbeiten

Die Schritte beim Eingeben einer Formel sind vom Prinzip her immer gleich:

1. Klicken Sie die Zelle an, in die Sie die Formel eingeben möchten. Alternativ bewegen Sie die Markierung mit den Pfeiltasten.

2. Geben Sie ein Gleichheitszeichen ein (=). Hierdurch weiß Excel, dass Sie nun eine Formel eingeben möchten.

3. Fügen Sie dann die Formel in gewohnter Schreibweise ein.

HINWEIS Wenn Sie den Inhalt einer anderen Zelle in Ihre Formel »einbauen« wollen, geben Sie entweder den Namen der Zelle manuell in die Formel ein oder Sie klicken die gewünschte Zelle mit der Maus an. Excel trägt den Namen dann automatisch für Sie ein. Um die Formel fortzusetzen, geben Sie einfach den nächsten Operator ein.

4. Zum Abschließen der Formeleingabe drücken Sie die ↵-Taste. Excel zeigt das Ergebnis der Formel sofort im Tabellenblatt an.

TIPP Um die Formel nachträglich zu verändern, doppelklicken Sie entweder auf die Zelle oder Sie drücken bei markierter Zelle die Taste F2. Sie können dann die Formel entweder direkt in der Zelle oder in der Bearbeitungsleiste editieren.

Eingabewerte überprüfen

Wollen Sie sicherstellen, dass in einer Tabelle nur gültige Daten eingegeben werden, können Sie festlegen, welche Eingaben für die einzelnen Zellen oder Zellbereiche zulässig sind. Das ist z.B. für Zellen sinnvoll, die in Formeln bei einer Division als Divisor benutzt werden, um so zu verhindern, dass durch null dividiert wird.

1. Markieren Sie die Zelle(n), für die Sie eine Prüfung vornehmen wollen.

2. Wechseln Sie zur Registerkarte *Daten* und klicken Sie in der Gruppe *Datentools* auf die Schaltfläche *Datenüberprüfung*. Excel öffnet das gleichnamige Dialogfeld.

Excel 2010

Bild 24.1 Für Eingaben, die in einer Zelle vorgenommen werden, können Sie mit diesem Dialogfeld Gültigkeitsregeln einstellen

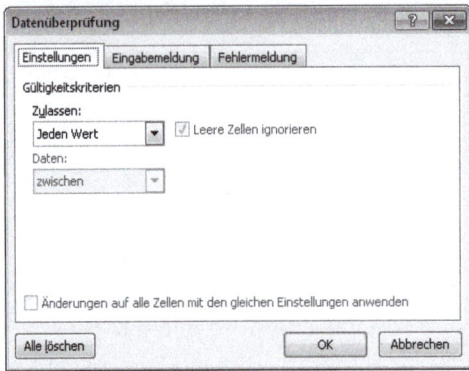

Auf der Registerkarte *Einstellungen* können Sie die geforderten Bedingungen eintragen. Um z.B. nur Werte zwischen 1 und 1000 zuzulassen, nehmen Sie diese Einstellungen vor:

3. Wählen Sie im Listenfeld *Zulassen* die Option *Ganze Zahl.*

4. Im zweiten Listenfeld *Daten* übernehmen Sie die Vorgabe *zwischen.*

5. Tragen Sie in die Felder *Minimum* und *Maximum* die Grenzwerte 1 und 1000 ein.

Bild 24.2 Die Grenzwerte wurden eingetragen

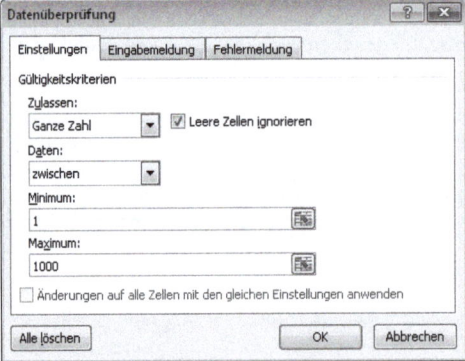

6. Auf den Registerkarten *Eingabemeldung* und *Fehlermeldung* können Sie jetzt noch die Meldungstexte eintragen, die Excel anzeigen soll, wenn die Zelle angewählt wird bzw. wenn jemand versucht, eine ungültige Zahl in die Zelle einzugeben.

Bild 24.3   Auf der Registerkarte *Fehlermeldung* legen Sie den Text fest, der angezeigt wird, wenn ungültige Daten eingegeben wurden

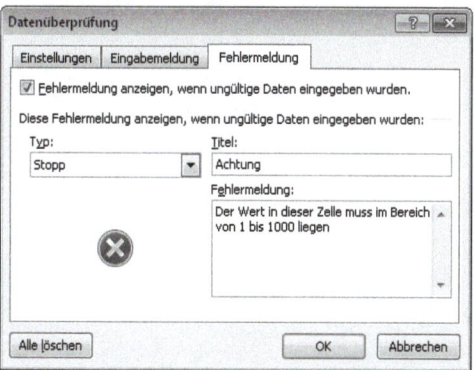

> **TIPP**   Über das Listenfeld *Typ* können Sie als Symbol des Meldungsfensters auch ein »i« (Information) oder ein Ausrufezeichen (Warnung) einstellen.

7. Schließen Sie das Dialogfeld mit *OK* und geben Sie probeweise eine ungültige Zahl in die Zelle ein, um die Reaktion von Excel zu testen.

Bild 24.4   Dieses Meldungsfenster zeigt Excel an, wenn in dem Beispiel eine ungültige Eingabe erfolgte

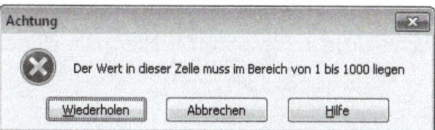

PROFITIPP   **Wertebereiche aus dem Tabellenblatt übernehmen**

Wenn sich der Wertebereich der erlaubten Eingaben ändern kann und sich der Minimum- oder Maximumwert in einer Tabellenzelle befindet, können Sie im Dialogfeld *Datenüberprüfung* die Adresse des entsprechenden Feldes in die Zelle übernehmen.

Formeln auf andere Zellen übertragen

Excel bietet die Möglichkeit, eine einmal eingegebene Formel *auszufüllen,* das heißt diese Formel auf andere Zellen zu übertragen, ohne sie neu einzugeben. Um diese Funktion zu demonstrieren, verwenden wir eine einfache Arbeitsmappe, mit der sich der Benzinverbrauch berechnen lässt.

Bild 24.5   In dieser Tabelle soll in Spalte E der Benzinverbrauch pro 100 km berechnet werden

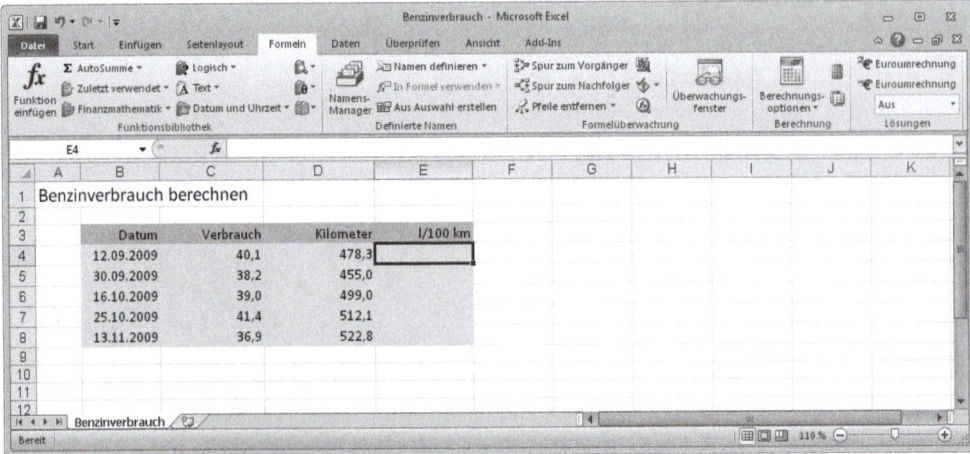

Um den Verbrauch für die verschiedenen Zeiträume, in denen getankt wurde, zu berechnen, würden Sie in diesem Beispiel so vorgehen:

1.   Öffnen Sie die Übungsdatei *Benzinverbrauch*.

2.   Markieren Sie Zelle E4, also die erste Zelle, in der der Verbrauch stehen soll.

3.   Berechnen Sie den Benzinverbrauch des Wagens mit der Formel »getankte Menge * 100 / gefahrene Kilometer«. Geben Sie dazu folgende Formel ein: =C4*100/D4.

Bild 24.6   Die Formel für den Benzinverbrauch wurde in die erste Tabellenzelle eingegeben

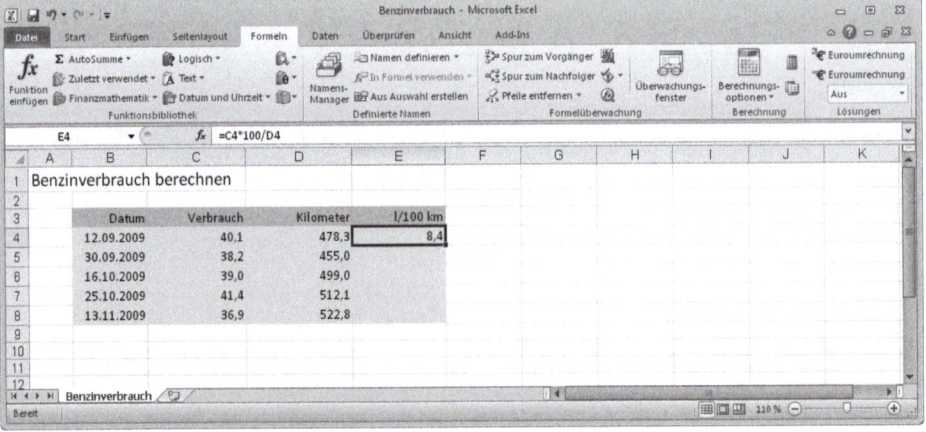

4.   Setzen Sie den Mauszeiger auf das kleine Quadrat unten rechts an der Zelle E4 (die Zelle mit der Formel) und ziehen Sie mit gedrückter Maustaste nach unten bis in die Zeile 8.

5.   Wenn Sie die Maustaste loslassen, zeigt Excel eine Smarttag-Schaltfläche an.

Bild 24.7   Excel zeigt die Smarttag-Schaltfläche *Auto-Ausfülloptionen* an

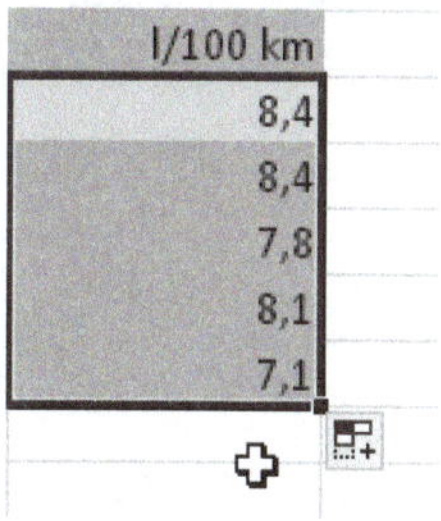

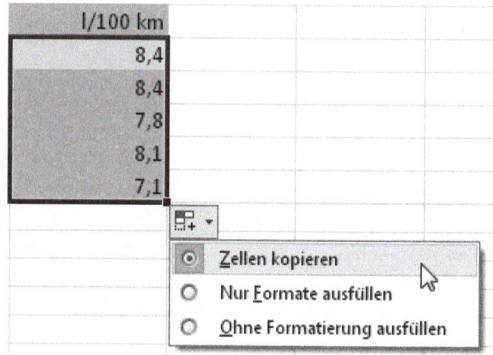

Über die Smarttag-Schaltfläche können Sie die soeben vorgenommene Aktion modifizieren.

6.   Klicken Sie auf den Smarttag, um sein Menü zu öffnen.

Bild 24.8   Im Menü der Smarttag-Schaltfläche stehen Ihnen mehrere Varianten zum Ausfüllen zur Verfügung

Die drei Befehle des Smarttags-Menüs haben folgende Bedeutung:

■   **Zellen kopieren**   Dies ist die Aktion, die Excel durch das Aufziehen der Markierung vorgenommen hat. In unserem Beispiel hat Excel also die Formel der Zelle E4 in alle Zellen der aufgezogenen Markierung kopiert. Das ist natürlich auch die Aktion, die wir beabsichtigt hatten.

■   **Nur Formate ausfüllen**   Wenn Sie diesen Befehl wählen, macht Excel das Kopieren der Formel wieder rückgängig und überträgt nur das Format der Ausgangszelle.

■   **Ohne Formatierung ausfüllen**   Mit dieser Option erreichen Sie, dass Excel zwar den Inhalt der Ausgangszelle kopiert, dabei jedoch nicht ihre Formatierung übernimmt.

Da Excel bereits exakt das erledigt hat, was wir erwartet haben – nämlich das Kopieren der Formel –, können Sie den Smarttag ignorieren.

Für die Abbildung auf der folgenden Seite haben wir auf der Registerkarte *Formeln* in der Gruppe *Formelüberwachung* die Schaltfläche *Formeln anzeigen* angeklickt, damit Excel alle Formeln des Tabellenblatts anzeigt, und nicht mehr die Ergebnisse der Formeln. Wie Sie beispielsweise in Zelle E8 sehen können, wurde aus C4 die Zellangabe C8 und aus D4 wurde D8.

Dass Excel die Formel beim Kopieren problemlos anpassen konnte, liegt daran, dass die in ihr enthaltenen Bezüge relativ sind. Denn die Formeln beziehen sich ja bei allen Zellen auf die gleichen Nachbarzellen. Dass dies nicht immer funktioniert, zeigt das Beispiel im nächsten Abschnitt.

Bild 24.9   Excel hat die Formel beim Kopieren korrekt angepasst

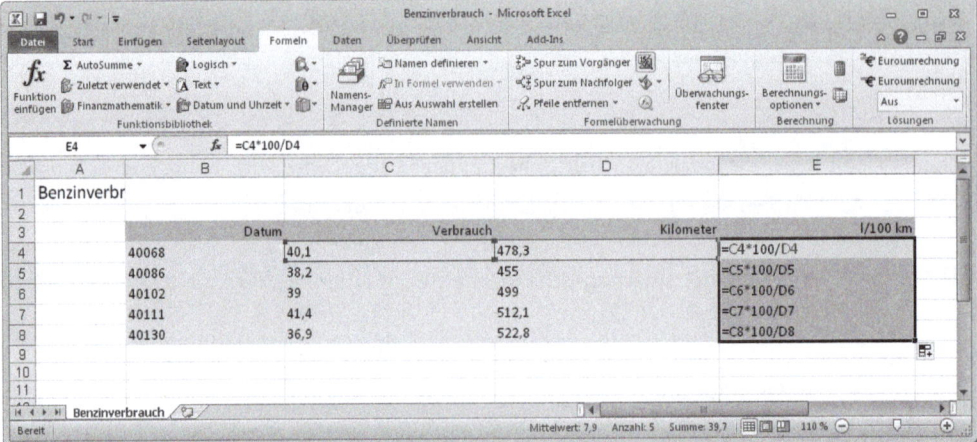

Relative und absolute Bezüge

Ein Bezug bezeichnet eine Zelle in einem Tabellenblatt und teilt Excel mit, wo sich die in einer Formel zu verwendenden Daten befinden. Mithilfe von Bezügen können Sie Daten aus unterschiedlichen Teilen eines Tabellenblatts in einer einzigen Formel verwenden.

Das Besondere an solchen Bezügen ist, dass sie von Excel automatisch angepasst werden, wenn sich die Lage der betreffenden Zellen verändert. Dieser Fall kann z.B. eintreten, wenn Sie in eine Tabelle neue Zeilen bzw. Spalten einfügen oder löschen.

Im letzten Abschnitt haben Sie bereits gesehen, dass Excel die Zellbezüge beim automatischen Ausfüllen anpasst. Und auch wenn Sie den Inhalt einer Zelle manuell kopieren, findet diese Anpassung statt.

In manchen Fällen kann es aber notwendig werden, dass immer auf ein und dieselbe Zelle zugegriffen werden soll. In diesem Fall brauchen Sie einen *absoluten* Bezug.

Wir wollen diesen Unterschied an einem kleinen Beispiel verdeutlichen: Nehmen Sie an, Sie wollen wissen, welchen prozentualen Anteil die einzelnen Kostenarten an der Gesamtsumme der Autokosten pro Jahr ausmachen. Hierfür haben Sie eine Tabelle ähnlich der erstellt, die Sie in der folgenden Abbildung sehen.

Bild 24.10 In dieser Tabelle soll in Spalte D der prozentuale Anteil der jeweiligen Kosten an den Gesamtkosten berechnet werden

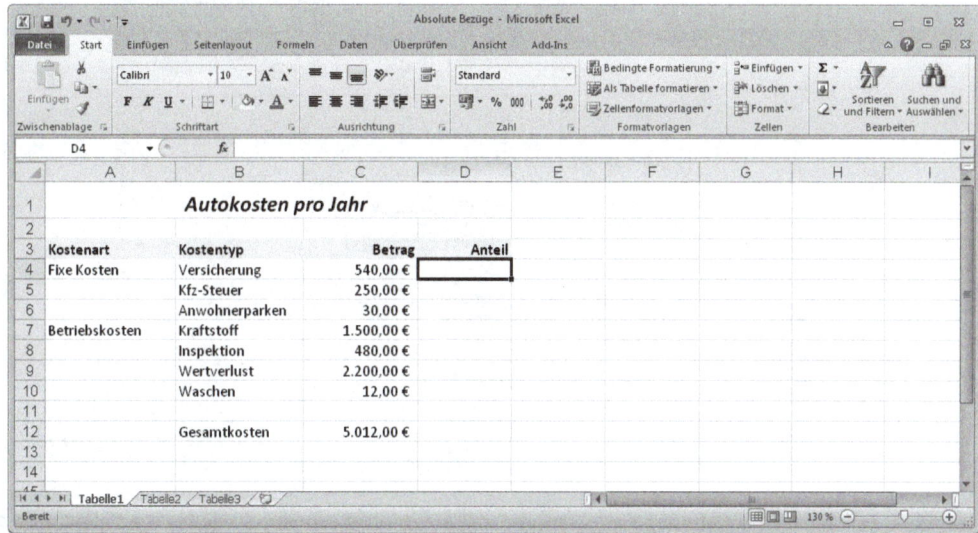

Um die prozentualen Anteile zu berechnen, gehen Sie folgendermaßen vor:

1. Öffnen Sie die Arbeitsmappe *Absolute Bezüge.*

2. Die prozentualen Anteile an den Gesamtkosten sollen in der Spalte D erscheinen. Markieren Sie daher die Zelle D4.

3. Geben Sie ein Gleichheitszeichen ein, um die Eingabe einer Formel einzuleiten.

4. Klicken Sie dann zuerst die linke Nachbarzelle (C4) an, geben Sie anschließend den Divisionsoperator / ein und klicken Sie zum Schluss auf die Zelle C12. In Zelle D4 steht nun *=C4/C12.*

5. Schließen Sie die Formel mit der ⏎-Taste ab.

6. Wechseln Sie zur Registerkarte *Start* und klicken Sie in der Befehlsgruppe *Format* auf die Schaltfläche *Prozentformat,* um das Ergebnis der Formel als Prozentzahl darzustellen.

7. Wenn Sie jetzt die Formel durch Ziehen auf die darunter stehende Zelle kopieren, erhalten Sie jedoch eine Fehlermeldung, wie es die Abbildung auf der folgenden Seite zeigt.

    Die Ursache dieser Fehlermeldung erkennen Sie, wenn Sie die Zelle mit der Fehlermeldung markieren: In der Bearbeitungsleiste sehen Sie, dass die Formel hinter dieser Zelle *=C5/C13* lautet. Excel hat also beim Übertragen der Formel C4 in C5 und C12 in C13 verändert. Die Gesamtkosten stehen aber nach wie vor in Zelle C12. In Zelle C13 dagegen befindet sich gar kein Wert. Dies ist der Grund für die Fehlermeldung.

Bild 24.11   Beim Kopieren der Formel ist ein Fehler aufgetreten

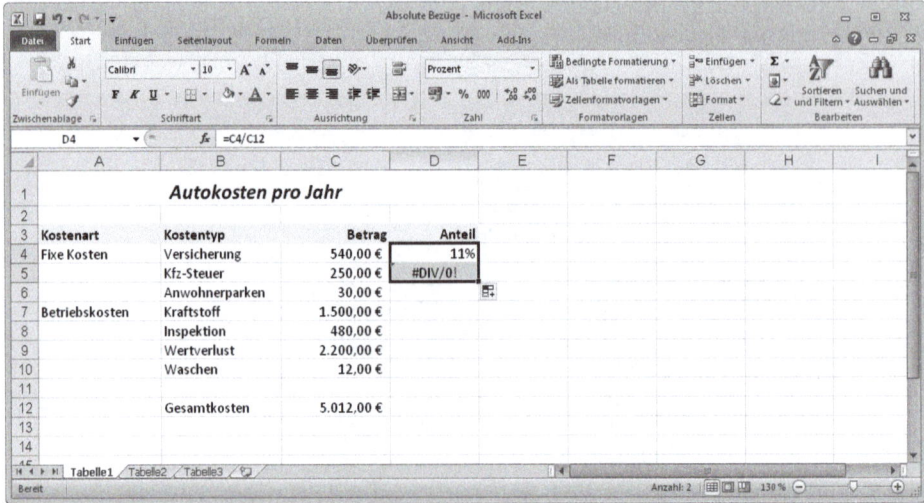

Um hier Abhilfe zu schaffen, müssen Sie in der Formel in Zelle D4 die Zelle C12 als absoluten Bezug definieren, damit Excel beim Kopieren diesen Bezug nicht anpasst, sondern übernimmt. Gehen Sie dazu wie folgt vor:

8. Löschen Sie die fehlerhaft kopierte Formel in Zelle D5.

9. Markieren Sie die Ursprungsformel in Zelle D4 und drücken Sie ⎡F2⎤. Sie können die Formel jetzt direkt in der Zelle bearbeiten.

10. Setzen Sie den Cursor innerhalb der Formel auf den Wert *C12*.

11. Drücken Sie ⎡F4⎤. Die Formel verändert sich von *C4/C12* zu *=C4/$C$12*. Das bedeutet, dass dieser Ausdruck nun einen absoluten Bezug zur Zelle C12 enthält.

Bild 24.12   Die Formel enthält nun einen absoluten Bezug auf die Zelle C12

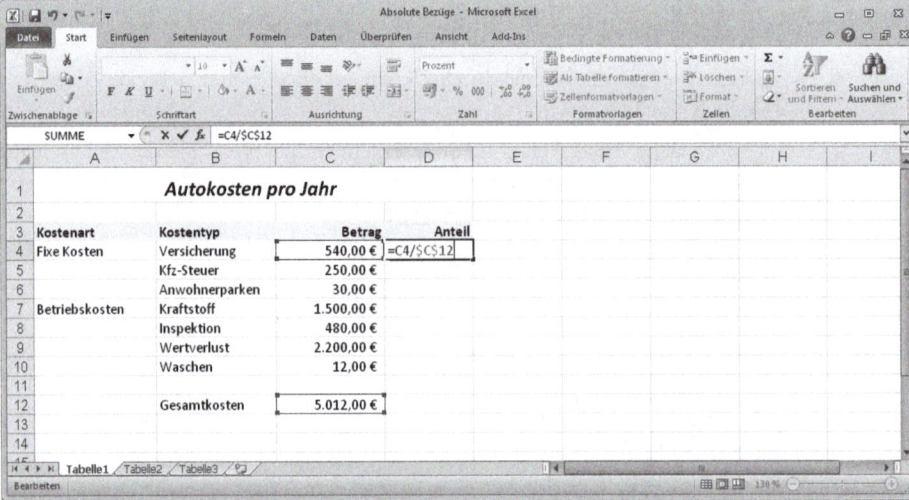

12. Schließen Sie die Formel mit der ⏎-Taste ab.

13. Markieren Sie Zelle D4 erneut und ziehen Sie die Markierung mit dem kleinen Quadrat bis zur Zelle D10 auf.

    Wie Sie sehen, erscheint jetzt keine Fehlermeldung mehr. Die Formel in der Zelle D5 bezieht sich nun wie gewollt auf die Zellen C12 und C5. Durch das Einfügen der $-Zeichen wurden aus den relativen Bezügen absolute Bezüge.

    Lassen Sie uns zum Schluss noch eine kleine Schönheitsoperation vornehmen, damit die »scheinbaren« Nullwerte richtig angezeigt werden.

14. Markieren Sie den Zellbereich D4 bis D10.

15. Wechseln Sie zur Registerkarte *Start* und klicken Sie in der Befehlsgruppe *Zahl* zweimal auf die Schaltfläche *Dezimalstelle hinzufügen*.

    Die fertige Tabelle sollte nun wie folgt aussehen:

Bild 24.13   Die fertige Tabelle mit den prozentualen Angaben

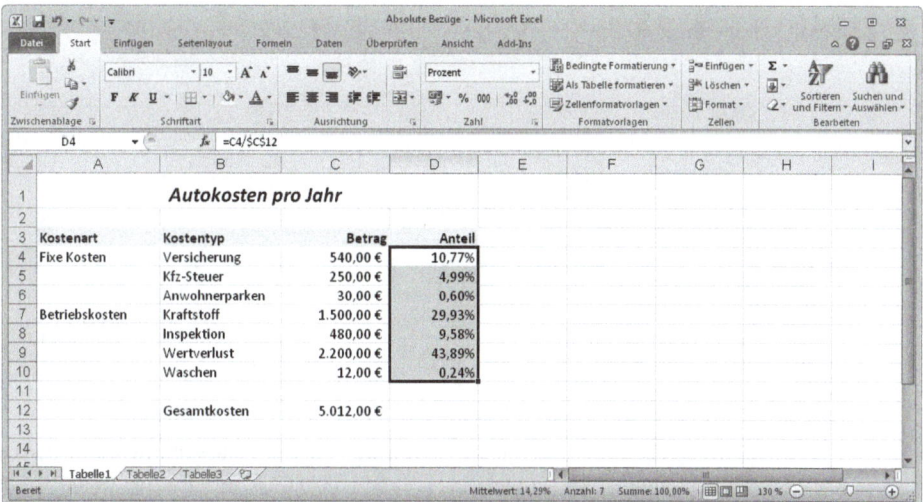

PROFITIPP   **Variation für absolute Bezüge**

Möchten Sie unter Umständen nur die Spalte variieren, nicht aber die Zeile, können Sie auch nur ein $-Zeichen in die Formel einsetzen, z.B. *C$12*. Die Zeile bleibt dann erhalten, und die Spalte wird angepasst. Sie erreichen dies, indem Sie entweder die Taste F4 mehrmals drücken oder das Dollarzeichen manuell löschen bzw. eingeben.

Namen für Zellen/Zellbereiche verwenden

Sie können einzelne Zellen, Zellbereiche, Zeilen oder Spalten auch mit einem Namen versehen und dann diesen Namen statt des Zellbezugs in Formeln verwenden. Die Vorteile bei der Verwendung von definierten Namen werden an einem Beispiel unmittelbar deutlich. Auch in dieser Beispielarbeitsmappe sollen die prozentualen Anteile der verschiedenen Kostenarten für einen Pkw berechnet werden.

1. Öffnen Sie die Übungsdatei *Namen verwenden*.

2. Markieren Sie die Zelle, der Sie einen Namen zuweisen wollen. In unserem Beispiel ist dies die Zelle C12, in der sich die Gesamtkosten befinden.

3. Klicken Sie in der Bearbeitungsleiste in das Namenfeld (dort steht die Zelladresse C12) und geben Sie dort **Gesamtkosten** ein.

4. Beenden Sie die Eingabe mit der ⏎-Taste.

Bild 24.14   Die Namen von Zellen werden automatisch in einer Auswahlliste angeboten

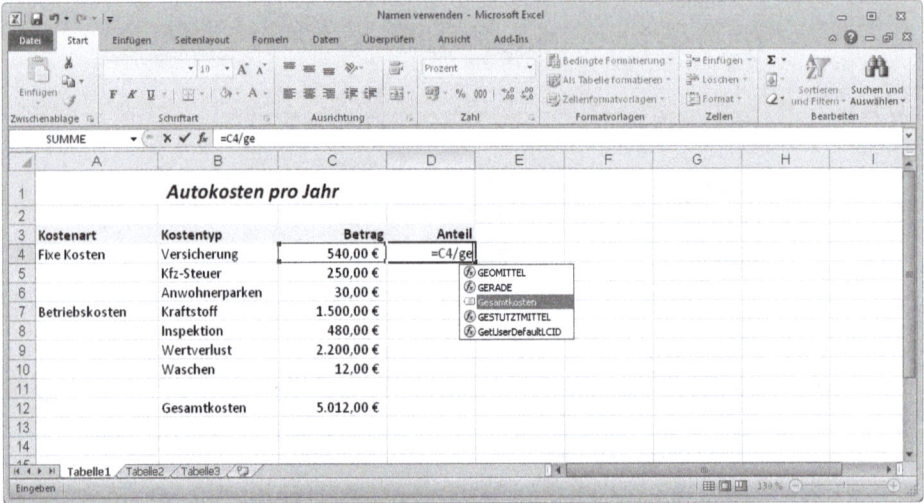

5. Geben Sie in die Zelle D4 folgende Formel ein: **=C4/Gesamtkosten**

   Während Sie die Formel eintippen, öffnet sich ein Auswahlmenü, in dem auch die Namen von benannten Zellen angezeigt werden. Klicken Sie den Eintrag *Gesamtkosten* an, um diesen Namen in die Formel zu übernehmen.

6. Füllen Sie die Zellen D5 bis D10 auf, indem Sie die rechte untere Ecke der Zellmarkierung von Zelle D4 nach unten aufziehen.

Excel verwendet direkt den richtigen Zellbezug für die Gesamtkosten; der Name der Zelle C12 wirkt sich also genauso aus wie ein absoluter Bezug.

Der Gebrauch von Namen hat demnach zwei entscheidende Vorteile: Das umständliche Eingeben von absoluten Bezügen entfällt und die Formeln werden durch die Verwendung von Namen deutlich verständlicher – natürlich vorausgesetzt, dass Sie auch »sprechende« Namen einsetzen und keine kryptischen Kürzel, die für Außenstehende nicht nachvollziehbar sind.

Zu benannten Zellen springen

In Excel haben Sie zwei Möglichkeiten, schnell zu den Zellen zu gelangen, denen Sie vorher einen Namen zugewiesen haben:

■   Mit dem Namenfeld oben links in der Bearbeitungsleiste: Klappen Sie mit dem kleinen Pfeil ganz einfach das Namenfeld auf und wählen Sie einen der vordefinierten Namen aus, dann springen Sie sofort in die entsprechende Zelle.

Bild 24.15   Benannte Zellen lassen sich über das Namenfeld anspringen

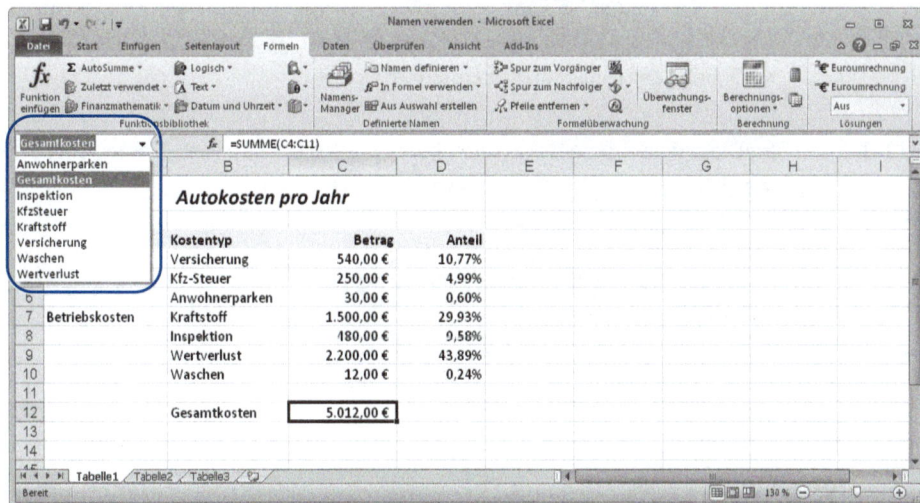

■   Indem Sie auf der Registerkarte *Start* in der Gruppe *Bearbeiten* auf *Suchen und Auswählen* und dann auf *Gehe zu* klicken. In einem Dialogfeld wird Ihnen eine Auswahl von Namen angezeigt. Per Doppelklick springen Sie zur entsprechenden Zelle. Unter *Verweis* können Sie dort auch eine Zelladresse angeben.

Bild 24.16   Über das Dialogfeld *Gehe zu* können Sie ebenfalls zu benannten Zellen springen

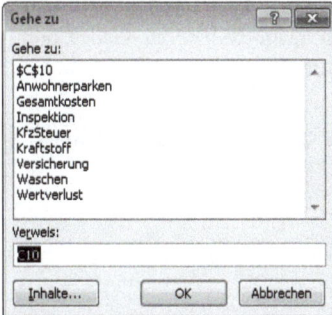

Den Namens-Manager verwenden

Um sich einen Überblick über alle in einer Arbeitsmappe enthaltenen Namen zu verschaffen, können Sie den Namens-Manager verwenden. Im Namens-Manager können Sie außerdem einen Namen löschen, einen definierten Namen umbenennen oder einem bereits definierten Namen eine andere Zelle bzw. einen anderen Zellbereich zuordnen.

1. Wechseln Sie zur Registerkarte *Formeln*.

2. Klicken Sie in der Gruppe *Definierte Namen* auf *Namens-Manager*.

   Im Dialogfeld *Namens-Manager* werden standardmäßig alle in der aktuellen Arbeitsmappe definierten Namen angezeigt. Wenn Sie auf die Schaltfläche *Filter* klicken, können Sie die angezeigten Namen auf die aktuelle Arbeitsmappe, auf Namen mit oder ohne Fehler oder auf die Namen der Datentabellen einschränken.

Bild 24.17 Im Dialogfeld *Namens-Manager* können Sie die definierten Namen verwalten

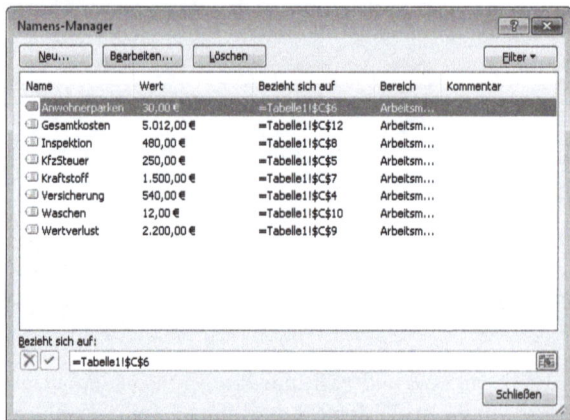

3. Führen Sie, in Abhängigkeit davon, was Sie tun möchten, einen der folgenden Schritte durch:

   - **Definierten Namen löschen** Markieren Sie in der Liste den Namen, den Sie löschen möchten, und klicken Sie auf die Schaltfläche *Löschen*.

   - **Namen umbenennen** Markieren Sie in der Liste den Namen, den Sie umbenennen möchten, und klicken Sie auf die Schaltfläche *Bearbeiten*. Geben Sie in das Feld *Name* den neuen Namen ein und klicken Sie auf *OK*.

Bild 24.18 Im Dialogfeld *Name bearbeiten* können Sie einen definierten Namen umbenennen

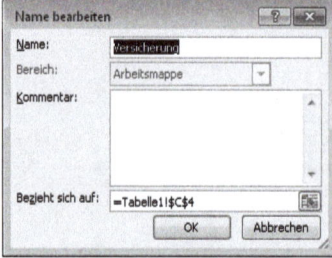

- **Ändern des dem Namen zugeordneten Zellbereichs**   Markieren Sie in der Liste den Namen, den Sie mit einer anderen Zelle bzw. einem anderen Zellbereich verknüpfen möchten. Klicken Sie auf die Schaltfläche *Dialogfeld reduzieren* und wählen Sie im Tabellenblatt die Zelle bzw. den Zellbereich aus, die/den Sie mit dem Namen verknüpfen wollen. Klicken Sie abschließend auf die Schaltfläche *Dialogfeld erweitern*.

4. Klicken Sie auf *OK*, um das Dialogfeld *Namens-Manager* zu schließen.

Die Formelüberwachung

Je größer Tabellenblätter werden, desto unübersichtlicher werden sie auch. Damit Sie später noch die Möglichkeit haben, die Zusammenhänge zwischen einzelnen Zellen nachzuvollziehen, gibt es in Excel die sogenannte *Formelüberwachung*. Gehen Sie z.B. folgendermaßen vor, um mit der Formelüberwachung festzustellen, welche Zellen für die Berechnungen in einer Formel verwendet wurden:

1. Markieren Sie zuerst die Zelle, deren Formel Sie untersuchen möchten.

2. Klicken Sie auf der Registerkarte *Formeln* in der Gruppe *Formelüberwachung* auf *Spur zum Vorgänger*.

    Auf dem Tabellenblatt zeigt Excel nun mit blauen Markierungen an, welche Zellen in der Formel der markierten Zelle verwendet werden. In unserem Beispiel handelt es sich um alle Werte in Spalte G, da aus diesen in Zelle B3 der Mittelwert berechnet wird.

Bild 24.19   Mit der Schaltfläche *Spur zum Vorgänger* können Sie sich anzeigen lassen, welche Zellen sich auf den Wert in der aktuell ausgewählten Zelle auswirken

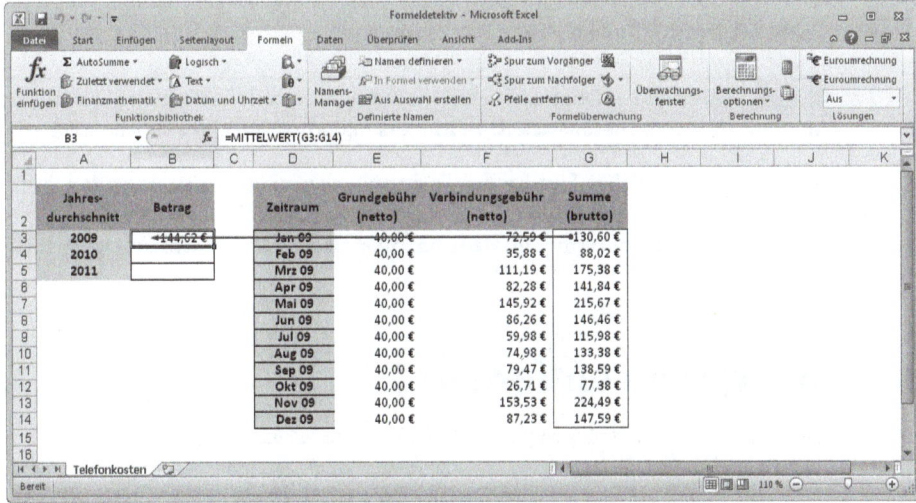

Wollen Sie wissen, ob eine bestimmte Zelle in anderen Formeln der Tabelle benutzt wird, gehen Sie folgendermaßen vor:

1. Markieren Sie die betreffende Zelle.

2. Klicken Sie auf der Registerkarte *Formeln* in der Gruppe *Formelüberwachung* auf *Spur zum Nachfolger*.

3. Wiederholen Sie den Befehl, um zu prüfen, ob noch Verknüpfungen mit anderen Zellen bestehen. Excel trägt dann gegebenenfalls weitere Pfeile ein.

Bild 24.20   Mit der Formelüberwachung lässt sich schnell feststellen, welche Zellen in eine Formel einfließen

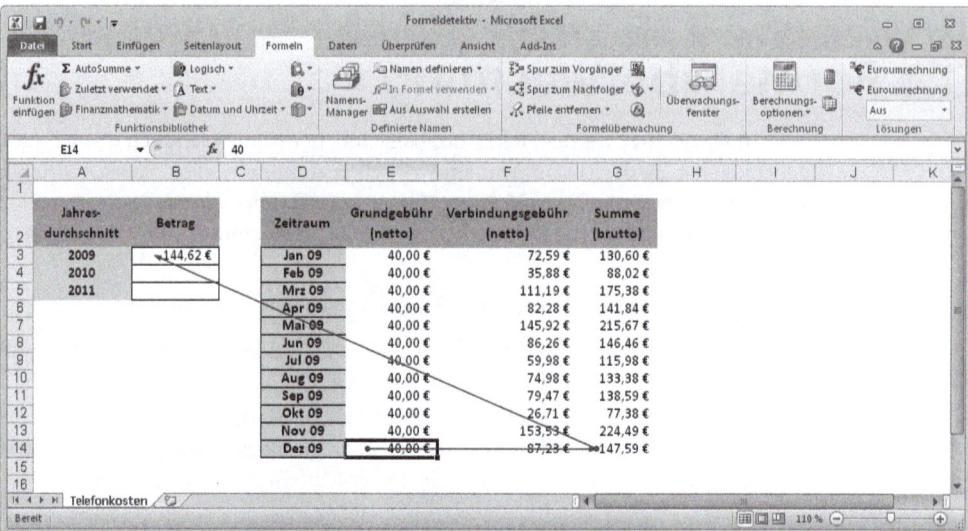

In der obigen Abbildung erkennen Sie, dass die Zelle E14 zur Berechnung der Zelle G14 benötigt wird. Die Zelle G14 wiederum fließt in die Berechnung der Zelle B3 ein, sodass die Zelle E14 indirekt auch in der Formel der Zelle B3 enthalten ist.

> **TIPP**   Durch einen Doppelklick auf die Verbindungspfeile können Sie zwischen den Zellen hin und her springen. Dieser Trick ist besonders bei umfangreichen Tabellenblättern nützlich.

Ein weiteres hilfreiches Feature der Formelüberwachung ist das Aufspüren von Fehlerursachen. Erhalten Sie in einer Zelle eine Fehlermeldung, können Sie auf den kleinen Pfeil der Schaltfläche *Fehlerüberprüfung* und dann im Menü auf *Spur zum Fehler* klicken, um dem Fehler auf die Schliche zu kommen.

Spurpfeile entfernen

Mit der Schaltfläche *Pfeile entfernen* in der Gruppe *Formelüberwachung* können Sie sämtliche Pfeile der Formelüberwachung wieder ausschalten. Wollen Sie hingegen nur die Pfeile einer bestimmten Zelle entfernen, klicken Sie auf den kleinen Pfeil der Schaltfläche *Pfeile entfernen* und benutzen dann den Befehl *Spur zum Vorgänger entfernen* bzw. *Spur zum Nachfolger entfernen*.

Der Formelüberwachungsmodus

Normalerweise zeigt Excel die Formel einer Zelle nur an, wenn Sie die Zelle markieren bzw. ihren Inhalt bearbeiten. Manchmal wäre es aber hilfreich, wenn man alle Formeln eines Tabellenblatts sehen könnte. Zum Beispiel wenn Sie versuchen, den Aufbau eines Tabellenblatts nachzuvollziehen, da Sie es ergänzen oder korrigieren müssen.

Zum Glück hält Excel auch für solche Situationen eine Lösung bereit: Klicken Sie auf der Registerkarte *Formeln* in der Gruppe *Formelüberwachung* auf *Formeln anzeigen* (schneller geht es mit der Tastenkombination $\boxed{\text{Strg}}$ + $\boxed{\#}$).

Excel zeigt dann alle Formeln auf dem Tabellenblatt an und verbreitert dazu die Spalten der Tabelle, damit Sie die Formeln vollständig sehen können.

Bild 24.21 Im Formelüberwachungsmodus zeigt Excel die Formeln aller Zellen an

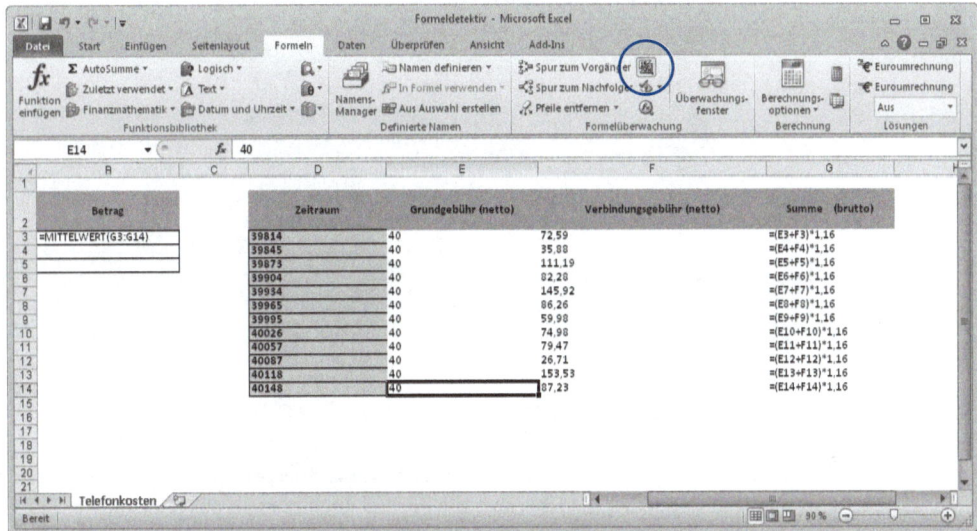

Um den Modus wieder zu verlassen, drücken Sie erneut $\boxed{\text{Strg}}$ + $\boxed{\#}$. Excel zeigt das Tabellenblatt dann wieder in seiner gewohnten Form an.

Das Überwachungsfenster

Eine sehr gute Möglichkeit, um den Inhalt einer Zelle im Blick zu behalten, ist das *Überwachungsfenster*. Zum Anzeigen des Fensters öffnen Sie die Registerkarte *Formeln* und klicken in der Gruppe *Formelüberwachung* auf *Überwachungsfenster*.

Excel blendet ein Fenster ein, in dem Name, Herkunft, Wert und Formel der Zelle angezeigt werden (siehe Abbildung auf der folgenden Seite). Mit den Schaltflächen *Überwachung hinzufügen* und *Überwachung löschen* können Sie weitere Zellen in das Fenster aufnehmen bzw. wieder daraus entfernen.

> **TIPP** Wenn Sie im Überwachungsfenster auf einen Eintrag doppelklicken, springt Excel direkt zu der betreffenden Zelle.

Bild 24.22 Mit dem Überwachungsfenster haben Sie den Wert wichtiger Zellen immer im Blick. Sie können im Überwachungsfenster auch den Wert von Zellen ablesen, die sich auf unterschiedlichen Tabellenblättern befinden.

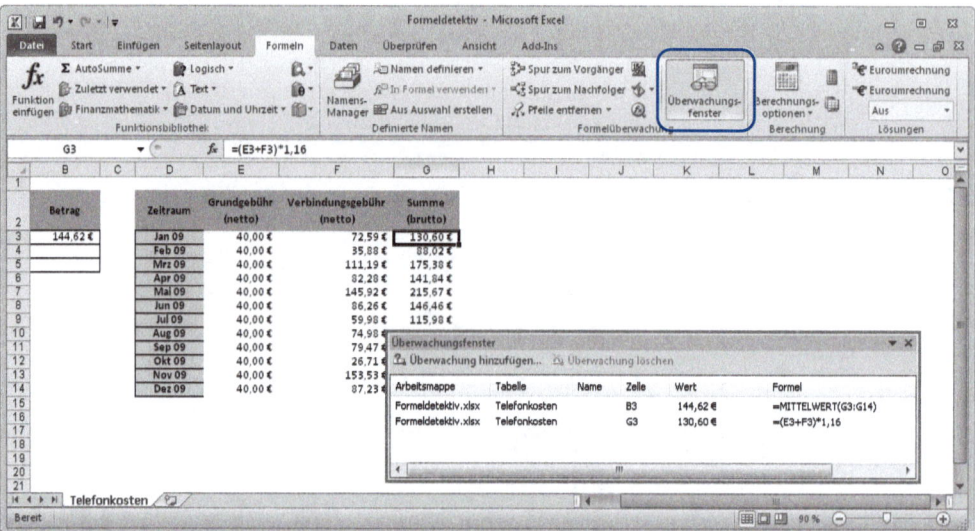

Fehlerüberprüfung

Auch wenn Excel jede Formel bereits bei ihrer Eingabe überprüft und nur formal richtige Eingaben zulässt, heißt das noch lange nicht, dass die Formel auch korrekt ausgewertet werden kann und das richtige Ergebnis liefert.

So ist z.B. die Formel = *B4* Mehrwertsteuer* zwar formal korrekt – wird also von Excel bei der Eingabe auf jeden Fall akzeptiert –, doch wenn keine Zelle mit dem Namen *Mehrwertsteuer* existiert, kann Excel die Formel nicht berechnen und gibt in der Zelle den Fehlerwert *#WERT!* aus. Eine Liste aller Fehlerwerte finden Sie in der folgenden Tabelle.

Tabelle 24.2 Fehlerwerte, mit denen Excel Hinweise bei fehlerhaften Formeln liefert

Fehlerwert	Ursache
#NULL!	Tritt auf, wenn Sie den Schnittpunktoperator (Leerzeichen) auf zwei Bereiche anwenden, die keine Schnittmenge besitzen. Beispiel: =Summe(A1:C1 A3:C3)
#DIV/0!	In der Formel wird durch null dividiert. Dieser Fehler tritt häufig auf, wenn eine Zelle, auf die in der Formel Bezug genommen wird, noch keinen Wert enthält.
#WERT!	In der Formel wird ein falscher Datentyp verwendet. Beispiel: =2 + "drei"

Tabelle 24.2 Fehlerwerte, mit denen Excel Hinweise bei fehlerhaften Formeln liefert *(Fortsetzung)*

Fehlerwert	Ursache
#BEZUG!	Die Formel nimmt Bezug auf eine nicht existierende Zelle. Tritt z.B. auf, wenn sich die Formel auf eine Zelle bezieht, die sich in einem inzwischen gelöschten Tabellenblatt befand.
#NAME?	In der Formel ist der Name einer Zelle enthalten, den Excel nicht kennt. Tritt auch auf, wenn Sie vergessen, dass Texte in Anführungszeichen eingefasst werden müssen. Beispiel: Falsch = A1 & mal , Richtig=A1 & " mal"
#ZAHL!	Ein Zahlenwert innerhalb der Formel hat entweder den falschen Typ oder er ist zu groß bzw. zu klein.
#NV	Der Wert #NV kann in eine Zelle eingegeben werden, um zu signalisieren, dass für die Zelle noch keine gültigen Daten vorliegen. Excel zeigt dann bei allen Formeln, in denen diese Zelle verwendet wird, ebenfalls den Wert #NV an. Damit vermeiden Sie, dass leere Zellen von Excel als 0 interpretiert und in Formeln akzeptiert werden, ohne eine Fehlermeldung anzuzeigen.
#####	Zeigt an, dass die Spalte zu schmal ist, um den Inhalt komplett darzustellen.

Um Sie bei der Fehlersuche zu unterstützen, zeigt Excel neben der betreffenden Zelle ein Smarttag an, dessen Menü verschiedene Hilfsangebote enthält.

Bild 24.23 Smarttags unterstützen Sie bei der Fehlersuche

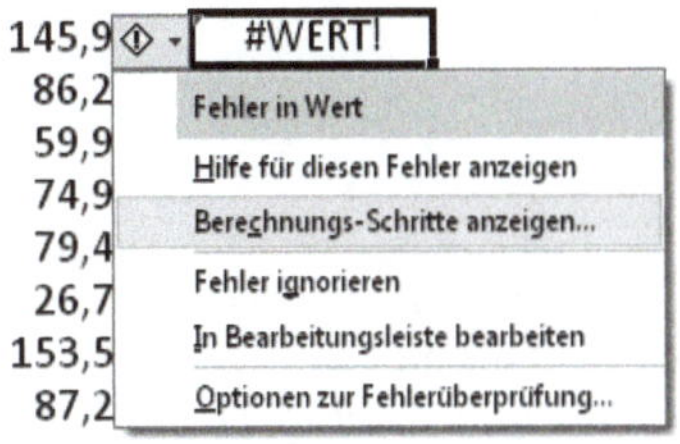

Sie haben nun mehrere Möglichkeiten:

■ Mit *Hilfe für diesen Fehler anzeigen* können Sie die Online-Hilfe aufrufen, in der zu jedem Fehlertyp Tipps für die Fehlersuche enthalten sind. Diese Informationen beziehen sich natürlich nicht konkret auf die von Ihnen eingegebene Formel, sondern nur allgemein auf den aufgetretenen Fehlertyp.

■ Mit dem Befehl *Berechnungs-Schritte anzeigen* können Sie ein Fenster aufrufen, mit dem Sie die Formel schrittweise durchlaufen können. Dieses Fenster wird im nächsten Abschnitt »Formeln auswerten« ausführlich vorgestellt.

■ Mit der Auswahl von *Fehler ignorieren* teilen Sie Excel mit, dass es den Fehler in Zukunft ignorieren soll. Dadurch verschwindet auch der Smarttag neben der Zelle. Damit Excel den Fehler wieder als solchen erkennt, klicken Sie zuerst auf die *Office-Schaltfläche* und dann auf *Excel-Optionen*. Wählen Sie in der Liste auf der rechten Seite die Kategorie *Formeln* aus und scrollen Sie dann auf der rechten Seite des Fensters nach unten, bis Sie den Abschnitt *Fehlerüberprüfung* sehen. Klicken Sie abschließend die Schaltfläche *Ignorierte Fehler zurücksetzen* an.

■ Die Option *In Bearbeitungsleiste bearbeiten* erklärt sich von selbst.

■ Der Befehl *Optionen zur Fehlerüberprüfung* zeigt die Kategorie *Formeln* des Dialogfeldes *Excel-Optionen* an, in dem Sie die Regeln einstellen können, nach denen Excel die Formeln Ihres Tabellenblatts untersucht.

Bild 24.24   Hier wird die Fehlerüberprüfung konfiguriert

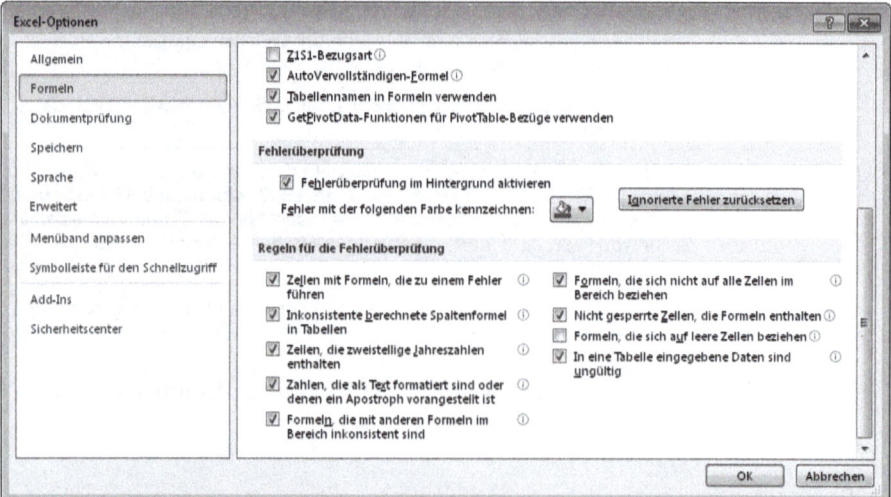

Formeln auswerten

In der Praxis kommt es naturgemäß häufiger vor, dass Sie beim Eingeben einer Formel einen Fehler machen. Solange Excel darauf mit einer Fehlermeldung reagiert, ist die Gefahr schon halb gebannt. Viel kritischer sind jedoch Fehler in Zellen, die von Excel nicht mit einem Fehlerwert gekennzeichnet werden, sondern nach außen hin völlig »normal« wirken.

Wenn Sie beim Prüfen einer Tabelle bemerken, dass die berechneten Ergebnisse nicht schlüssig sind, haben Sie im Prinzip zwei Möglichkeiten, um dem Fehler auf die Schliche zu kommen:

■ In einfachen Fällen reicht es aus, wenn Sie sich über die Schaltflächen der Gruppe *Formelüberwachung* auf der Registerkarte *Formeln* die Spuren zu den Vorgängerzellen anzeigen lassen. Auf diese Weise lassen sich z.B. falsche Bezüge sehr gut erkennen.

■ In hartnäckigen Fällen kann es aber auch notwendig werden, die Formel Schritt für Schritt auszuwerten, um die fehlerhafte Stelle in der Formel zu finden. Diese Möglichkeit wollen wir Ihnen jetzt an einem einfachen Beispiel vorstellen.

Das Beispiel, das wir in diesem Abschnitt verwenden, enthält eine Aufstellung über den Kauf einiger Gläser. Darin werden die Einzelpreise mit den Stückzahlen multipliziert, die Ergebnisse zu einer Zwischensumme aufaddiert und für diese die Mehrwertsteuer errechnet. Sie finden das Beispiel in der Übungsdatei *Formeln auswerten*.

Bild 24.25 Die Formel zur Berechnung der Gesamtsumme soll überprüft werden

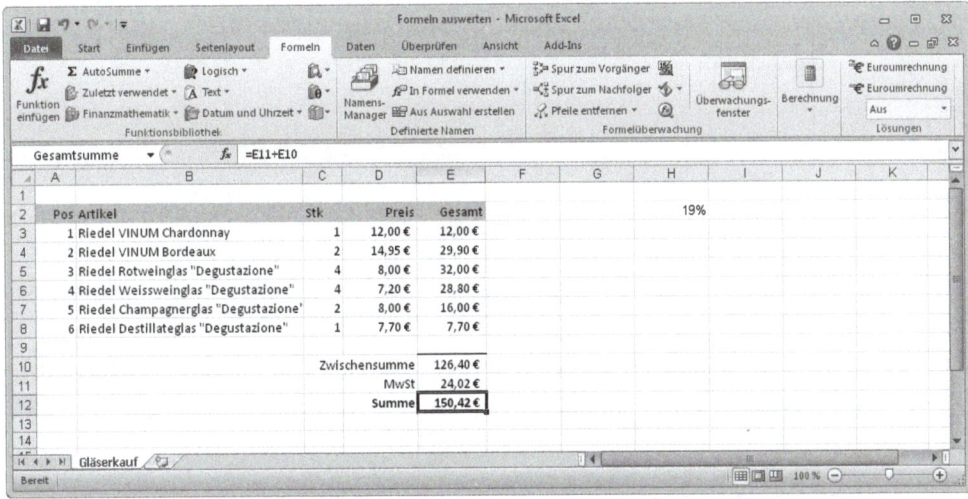

Um die Formel für die Gesamtsumme zu kontrollieren, gehen Sie folgendermaßen vor:

1. Klicken Sie die Zelle an, die die Formel enthält (hier E12).

2. Klicken Sie auf der Registerkarte *Formeln* in der Befehlsgruppe *Formelüberwachung* auf die Schaltfläche *Formelauswertung*. Excel zeigt das Dialogfeld *Formel auswerten* an.

Bild 24.26 Excel zeigt die zu prüfende Formel an, die sich in der vorher im Tabellenblatt ausgewählten Zelle befindet

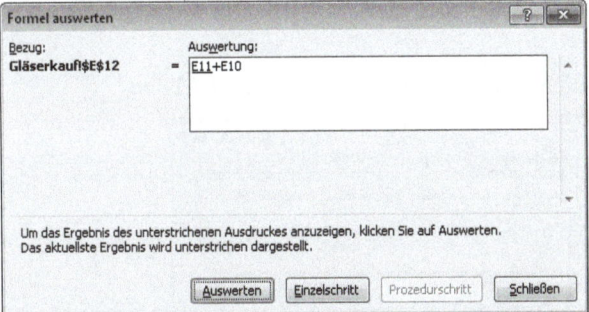

Im Dialogfeld *Formel auswerten* sehen Sie nun die Formel, die der markierten Zelle zugrunde liegt. Der erste Summand E11 ist dabei unterstrichen. Das bedeutet, dass Excel diesen Teil der Formel zuerst auswerten wird.

3. Klicken Sie auf *Auswerten*. Excel berechnet nun den Inhalt der Zelle E11 und trägt ihn in das Fenster ein. Außerdem ist nun der zweite Summand E10 unterstrichen.

Bild 24.27   Der erste Summand (die Zelle E11) ist bereits ausgewertet

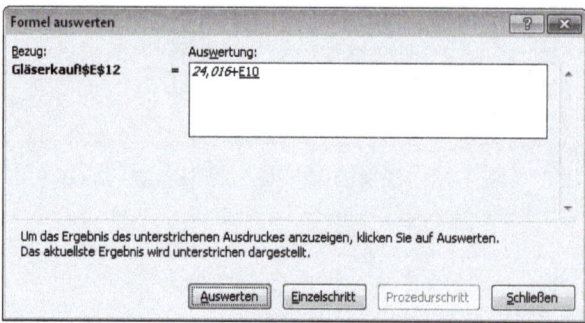

4.   Lassen Sie jetzt den zweiten Summanden berechnen, indem Sie erneut auf *Auswerten* klicken.

5.   Ein dritter Klick auf *Auswerten* führt dann zum endgültigen Ergebnis.

Formeln vollständig auswerten

Die Formel *E11+E10* ist jedoch eigentlich noch komplexer, da die Zellen E11 und E10 ja ebenfalls Formeln enthalten. Dieser Tatsache wollen wir nun Rechnung tragen und der Formel bis in ihre letzte Verästelung folgen.

1.   Klicken Sie im Dialogfeld *Formel auswerten* auf *Neu starten* oder rufen Sie das Fenster erneut auf, wenn Sie es zwischenzeitlich geschlossen haben.

2.   Starten Sie die Auswertung dieses Mal mit der Schaltfläche *Einzelschritt*. Die Schaltfläche ist nur dann aktiv, wenn der auszuwertende Ausdruck aus einer Formel besteht. Im Fenster erscheint jetzt ein neues Feld, in dem die Formel der Zelle E11 angezeigt wird.

Bild 24.28   Excel zeigt den Aufbau der untergeordneten Formel in E11 an

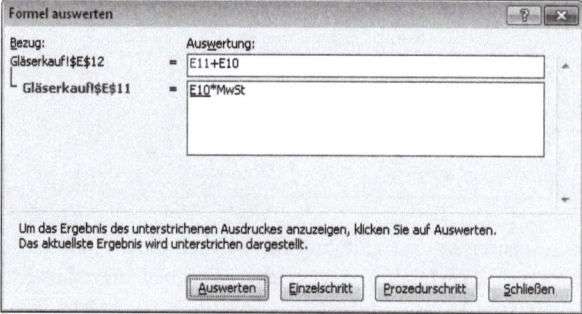

3.   An der Tatsache, dass die Schaltfläche *Einzelschritt* immer noch aktiv ist, erkennen Sie, dass die Zelle E10 ebenfalls eine Formel enthält. Klicken Sie daher erneut auf *Einzelschritt*, um auch diesen Teil der Formel untersuchen zu können.

Bild 24.29   Die Zelle E10 enthält eine Summen-Funktion

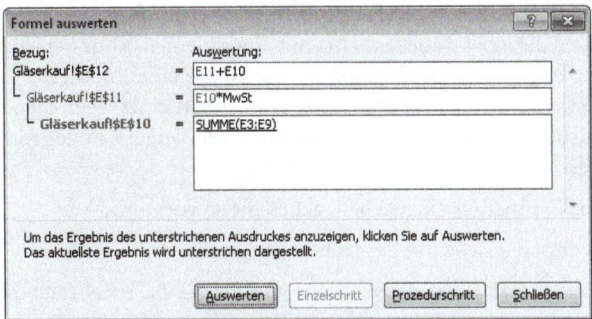

4. Sie sind nun am »Ende« der Formeln angekommen. Klicken Sie jetzt entweder auf *Auswerten*, damit Excel das Ergebnis der Summe anzeigt, oder überspringen Sie diesen Schritt, indem Sie auf *Prozedurschritt* klicken. Excel fügt dann das Ergebnis der Summe direkt in die Formel *E10*MwSt* ein.

5. Wenn Excel den Ausdruck *MwSt* auswerten will, können Sie sich mit *Einzelschritt* anzeigen lassen, auf welche Zelle sich der Name *MwSt* bezieht.

Bild 24.30   Der Name *MwSt* bezieht sich auf die Zelle H2

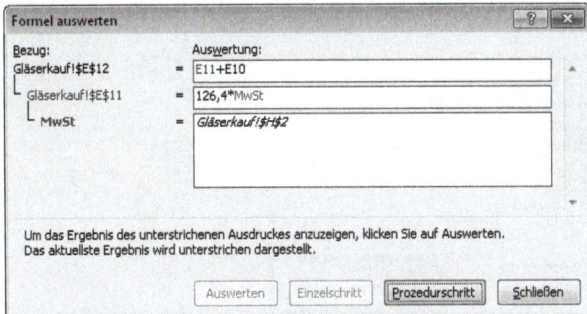

6. Durchlaufen Sie nun die Formel, bis Excel das Gesamtergebnis anzeigt.

An diesem kleinen Beispiel haben Sie vermutlich schon gemerkt, dass das Auswerten einer Formel eine hohe Konzentration erfordert. Im Grunde genommen entspricht diese Art der Fehlersuche dem Debuggen eines Programms, bei dem ebenfalls versucht wird, einen Fehler durch schrittweises Ausführen des Programms aufzuspüren.

Als Fazit lässt sich vielleicht sagen: Die Funktion *Formel auswerten* ist zwar recht unhandlich, führt aber in schwierigen Fällen fast immer zum Ziel.

Excel 2010

Kommentare in Excel

In Excel können Sie jede Zelle eines Tabellenblatts mit einer kleinen Notiz versehen. Diese Notizen werden als Kommentare bezeichnet und können beispielsweise eine Erläuterung zu einer komplizierten Formel enthalten oder als Erinnerungsstütze zum Inhalt einer Zelle dienen. Zellen, zu denen ein Kommentar existiert, werden mit einem kleinen roten Dreieck in der rechten oberen Ecke der Zelle gekennzeichnet.

Um zu einer Zelle einen Kommentar einzugeben, gehen Sie so vor:

1. Klicken Sie die gewünschte Zelle mit der rechten Maustaste an.

2. Wählen Sie im Kontextmenü den Befehl *Kommentar einfügen*. Excel zeigt daraufhin ein kleines Fenster an, in das Sie dann einen beliebigen Text eingeben können.

3. Geben Sie den gewünschten Kommentar ein und beenden Sie die Eingabe mit der ⏎-Taste.

4. Klicken Sie eine andere Zelle des Tabellenblatts an, verschwindet das Kommentarfenster vom Bildschirm. Die zugehörige Zelle ist nun mit einem kleinen roten Dreieck gekennzeichnet.

Bild 24.31   Einzelne Zellen lassen sich mit einem Kommentar versehen

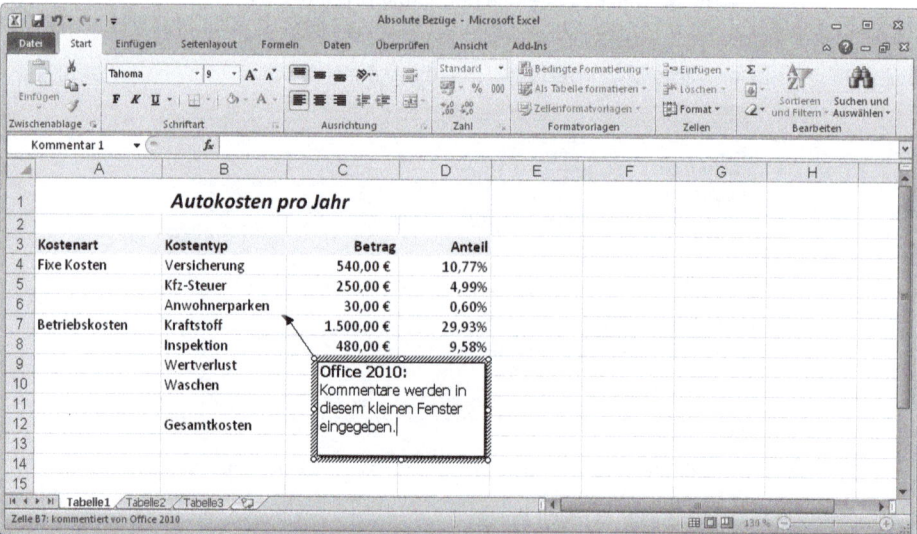

Kommentare bearbeiten

Um einen Kommentar nachträglich zu bearbeiten, gehen Sie so vor:

1. Klicken Sie die betreffende Zelle mit der rechten Maustaste an und wählen Sie im Kontextmenü den Befehl *Kommentar bearbeiten*.

2. Der Textcursor befindet sich automatisch im Text, sodass Sie den Text direkt bearbeiten können.

3. Um den Text zu formatieren, markieren Sie den betreffenden Textteil, klicken dann die Auswahl mit der rechten Maustaste an und wählen anschließend im Kontextmenü den Befehl *Kommentar formatieren* aus. Im gleichnamigen Dialogfeld nehmen Sie dann die gewünschten Formatierungen vor.

Die Befehlsgruppe Überprüfen/Kommentare

Auf der Registerkarte *Überprüfen* finden Sie in der Befehlsgruppe *Kommentare* zahlreiche Schaltflächen, mit denen Sie Kommentare sowohl einfügen und löschen als auch ein- und ausblenden können. Mit der Schaltfläche *Vorheriger* beispielsweise können Sie sich den *vorherigen,* mit der Schaltfläche *Weiter* den nächsten Kommentar anzeigen lassen.

Bild 24.32   Die Schaltflächen in der Gruppe *Kommentare*

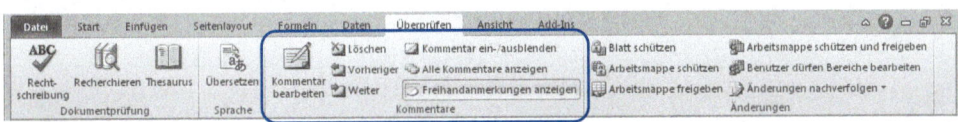

Wenn Sie alle Kommentare sehen wollen, klicken Sie die Schaltfläche *Alle Kommentare anzeigen* an.

Zusammenfassung

Dieses Kapitel hat Sie mit den grundlegenden rechnerischen Fähigkeiten von Excel vertraut gemacht. Dabei ging es unter anderem um die Operatoren, ohne die man in Excel nicht viel berechnen kann, und um das Ausfüllen von Formeln und Reihen. Im Einzelnen:

- Im ersten Abschnitt dieses Kapitels (ab Seite 410) haben Sie die grundlegenden Operatoren der folgenden vier Gruppen kennengelernt: arithmetische Operatoren, Vergleichsoperatoren, Bezugsoperatoren sowie den Textoperator.

- Anschließend haben Sie gesehen, wie Sie eine Formel in eine Zelle eingeben (Seite 411).

- Um sicherzustellen, dass in eine Zelle nur bestimmte Daten eingegeben werden können, können Sie eine Gültigkeitsregel definieren, die nach der Eingabe der Werte prüft, ob diese in den zulässigen Bereich fallen (Seite 411).

- Um Ihnen das mehrmalige Eingeben komplexerer Formeln zu ersparen, können Sie diese leicht auf andere Zellen übertragen (Seite 413).

- Wenn Sie in eine Zelle eine Formel eingeben, die Werte aus anderen Zellen enthält, ist es wichtig, die richtige Art des Zellbezugs anzugeben. Excel unterscheidet dabei zwischen relativen und absoluten Bezügen, die ab Seite 416 erläutert wurden.

- Sie können einzelne Zellen, Zellbereiche, Zeilen oder Spalten auch mit einem Namen versehen und dann diesen Namen statt des Zellbezugs (der Adresse) in Formeln verwenden. Die Formeln werden dadurch aussagekräftiger und sind auch dann noch zu verstehen, wenn Sie eine Excel-Tabelle zu einem späteren Zeitpunkt erneut benötigen. Die Verfahren hierzu wurden ab Seite 419 an einem Beispiel erklärt.

Excel 2010

■ Excel bietet verschiedene Möglichkeiten, sich die Verknüpfungen zwischen Zellen anzeigen zu lassen und Fehler in den Formeln zu finden. Folgende haben Sie in diesem Kapitel kennengelernt: die Formelüberwachung (Seite 423) und das Überwachungsfenster (Seite 425). Im Formelüberwachungsmodus (Seite 425) werden die Bezüge zwischen allen Formeln eines Tabellenblatts angezeigt. Um Fehler zu finden, können Sie die Fehlerprüfung (Seite 426) und die Möglichkeiten der Formelauswertung (Seite 428) verwenden.

■ Sie können jede Excel-Zelle mit einer kleinen Notiz versehen, die als Kommentar bezeichnet wird (Seite 432). Diese Kommentare können beispielsweise eine Erläuterung zu einer komplizierten Formel enthalten oder als Erinnerungsstütze zum Inhalt einer Zelle dienen.

Kapitel 25

Arbeiten mit Funktionen

In diesem Kapitel:

Excel kennt eine Vielzahl von nützlichen Funktionen, die Sie in Ihren Tabellen verwenden können. So gibt es neben den mathematischen Funktionen auch statistische und logische Funktionen, Datums- und Zeitfunktionen etc.

Diese Funktionen scheinen oft sehr kompliziert zu sein, aber wie Sie gleich sehen werden, ist ihr Einsatz meistens recht einfach. Natürlich gibt es auch Funktionen, die für fachfremde Anwender undurchschaubar sind, wenn man etwa an die statistischen oder finanzmathematischen Funktionen denkt.

Funktionsergebnisse in der Statusleiste anzeigen

Wenn Sie für einige Zellen in Ihrem Tabellenblatt schnell das Ergebnis einer Funktion sehen wollen, hält Excel seit der Version 2007 eine nützliche Neuerung für Sie bereit: Sie können das Funktionsergebnis der am häufigsten verwendeten Standardfunktionen (Summe, Mittelwertberechnung, Anzahl der Zellen usw.) direkt in der Statusleiste des Excel-Fensters anzeigen lassen. Dies spart Zeit, da Sie hierfür dann nicht mehr eine Formel eingeben, sich das Ergebnis, das Sie nur kurzzeitig benötigen, ansehen und dann die Formel wieder löschen müssen.

Vorherige Excel-Versionen besaßen ein ähnliches Feature, nur wurde dort immer und nur die Summe der markierten Zellen in der Statusleiste ausgegeben.

So konfigurieren Sie, welche Funktionsergebnisse in der Statusleiste angezeigt werden:

1. Klicken Sie die Statusleiste mit der rechten Maustaste an, um das Kontextmenü zu öffnen.

Bild 25.1 Legen Sie hier fest, welche Funktionsergebnisse in der Statusleiste angezeigt werden sollen

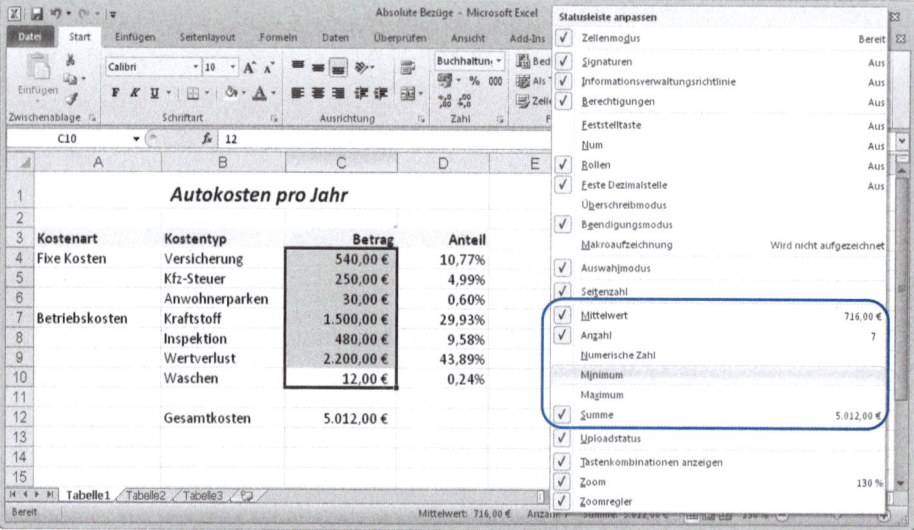

2. Klicken Sie die Namen der Funktionen an. Ist das Funktionsergebnis derzeit sichtbar, wird es ausgeschaltet und umgekehrt. Den aktuellen Status können Sie am Häkchen vor dem Funktionsnamen ablesen.

Folgende Funktionsergebnisse können Sie in der Statusleiste anzeigen lassen:

- **Mittelwert**   Berechnet das arithmetische Mittel der markierten Zellen.

- **Anzahl**   Zeigt die Anzahl der markierten Zellen an.

- **Numerische Zahl**   Zeigt die Anzahl der markierten Zellen an, in denen sich numerische Werte befinden.

- **Minimum**   Gibt den kleinsten Wert im markierten Zellbereich aus.

- **Maximum**   Gibt den größten Wert im markierten Zellbereich aus.

- **Summe**   Berechnet die Summe aller markierten Zellen, in denen sich numerische Werte befinden.

Der Funktions-Assistent

Excel bietet für fast alle Aufgaben die passende Funktion. Da es aber bei der Fülle der angebotenen Funktionen oft schwierig ist, die richtige Funktion zu finden, stellt Ihnen Excel mit dem Funktions-Assistenten eine wertvolle Hilfe zur Verfügung. Um ihn aufzurufen, gehen Sie folgendermaßen vor:

1. Markieren Sie die Zelle, in der Sie eine Funktion eingeben wollen.

2. Klicken Sie in der Bearbeitungsleiste auf die kleine Schaltfläche *Funktion einfügen* oder klicken Sie auf der Registerkarte *Formeln* in der Gruppe *Funktionsbibliothek* die Schaltfläche *Funktion einfügen* an.

    Es öffnet sich das Dialogfeld *Funktion einfügen,* das Sie bei der Suche nach einer passenden Funktion unterstützt. Die angebotenen Funktionen sind in verschiedene Kategorien eingeteilt, die Sie über eine Liste auswählen können.

Bild 25.2   In diesem Dialogfeld können Sie aus den angebotenen Funktionen auswählen

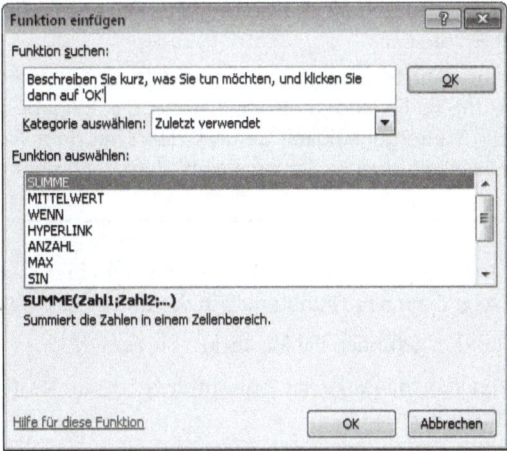

Der Clou des Assistenten verbirgt sich im Feld *Funktion suchen,* in dem Sie Ihre Wünsche um-gangssprachlich formulieren können. Excel versucht dann zu erkennen, welche Funktion Sie benötigen, und macht entsprechende Vorschläge. Um die Fähigkeiten des Assistenten auszu-loten, wollen wir eine Funktion suchen, die den Durchschnitt mehrerer Zahlen berechnen kann.

3. Geben Sie in das Feld *Funktion suchen* folgenden Text ein: **Durchschnitt mehrerer Zahlen be-rechnen**

4. Klicken Sie auf *OK,* damit Excel nach einer passenden Funktion sucht.

Bild 25.3 Excel führt einige Funktionen auf, die zu der gestellten Aufgabe passen

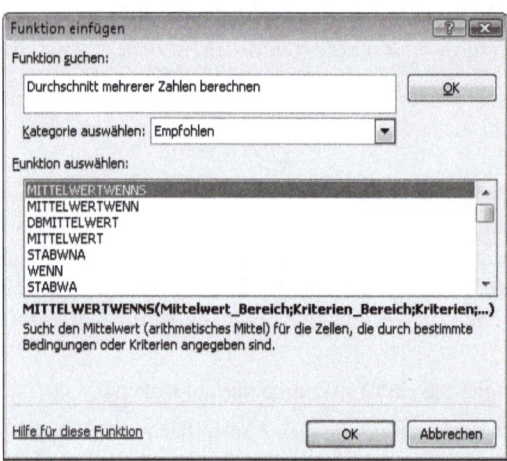

In der Liste *Kategorie auswählen* erscheint nun der neue Eintrag *Empfohlen* und im Listenfeld sehen Sie alle Funktionen, die mit der eingegebenen Suchanfrage in Zusammenhang stehen.

5. Klicken Sie die Listeneinträge mit der Maus an und suchen Sie mithilfe der angezeigten Be-schreibung die passende Funktion.

TIPP Wenn Sie die letzten Einträge der Liste ansehen, werden Sie feststellen, dass dort Funk-tionen auftauchen, die mit der Berechnung eines Durchschnittswertes mit Sicherheit nichts zu tun haben, wie z.B. *WERT* oder *RÖMISCH.*

Dies liegt an der Art, wie Sie Ihre Anfrage formuliert haben. Oft ist es nämlich sinnvoller, nur einzelne Begriffe einzugeben. Im vorliegenden Beispiel hätte die Eingabe des Suchbegriffs »Durchschnitt« zu einer höheren Treffergenauigkeit geführt, denn mit dem Wort »Zahlen« ent-hält die Anfrage aus Sicht von Excel ein zweites Schlüsselwort, dem dann eher allgemeine Funk-tionen zugeordnet werden.

6. Wird die gewünschte Funktion nicht aufgeführt, können Sie mit einer weiteren Eingabe die Suche spezifizieren. Excel zeigt dann neue Funktionen in der Kategorie *Empfohlen* an.

7. Wenn Sie die geeignete Funktion gefunden haben, klicken Sie auf *OK.*

Excel zeigt dann das Fenster *Funktionsargumente* an, in dem Sie eine ausführliche Hilfestel-lung beim Eingeben der Funktion erhalten.

Bild 25.4   Dieses Fenster macht das Eingeben von Formeln fast zum Kinderspiel

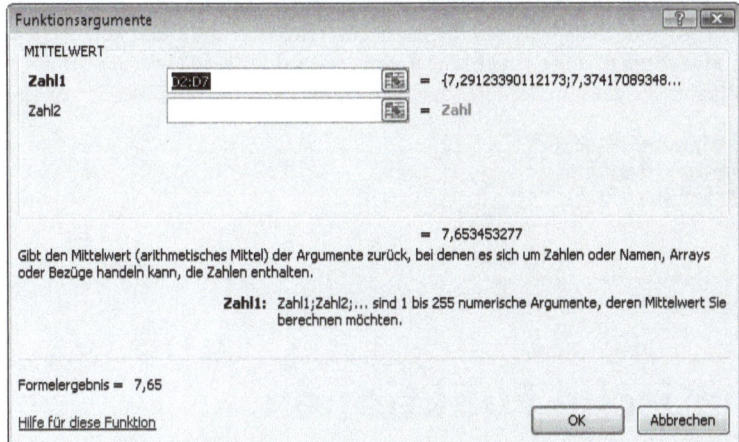

In der obigen Abbildung sehen Sie, dass die Funktion *MITTELWERT* bis zu 255 numerische Argumente verarbeiten kann, die durch Semikola getrennt werden müssen. Das Fenster *Funktionsargumente* stellt zunächst zwei Felder bereit *(Zahl1* und *Zahl2)*. Sobald Sie im unteren Feld eine Eingabe vornehmen, fügt Excel dem Fenster ein weiteres Feld hinzu.

Im konkreten Fall hat Excel sogar schon bei *Zahl1* eine Bereichsangabe eingetragen, da es in diesen Zellen geeignete Daten vorgefunden hat.

8.   Wenn Sie die Vorgaben von Excel nicht übernehmen wollen, benutzen Sie die Schaltfläche *Dialogfeld reduzieren*, um das Fenster zu einer Leiste zu verkleinern. Markieren Sie dann auf dem Tabellenblatt einen anderen Bereich und klappen Sie anschließend das Fenster *Funktionsargumente* mit der Schaltfläche *Dialogfeld wiederherstellen* wieder auf.

9.   Nachdem die Argumente der Funktion ausgefüllt sind, klicken Sie auf *OK*.

Bild 25.5   Excel hat die fertig ausgefüllte Funktion in die Bearbeitungsleiste eingetragen

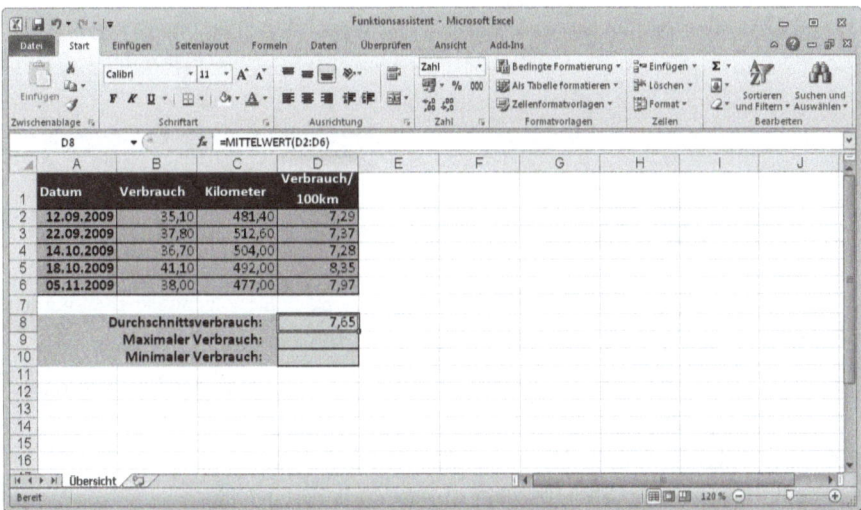

Auswahlliste für Funktionsnamen

Wenn Sie in einer Zelle das Gleichheitszeichen eingeben und dann anfangen, einen Funktionsnamen einzutippen, zeigt Ihnen Excel eine Auswahlliste an, wie Sie die folgende Abbildung
zeigt. Wählen Sie dann in der Liste den Namen der Funktion aus, die Sie verwenden möchten.

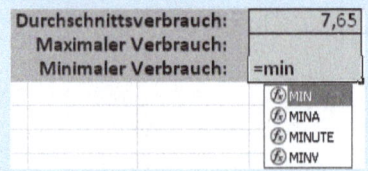

Mathematische Funktionen

Excel bietet eine Vielzahl von Funktionen aus dem mathematischen Bereich an, mit deren Hilfe Sie
nahezu alle Aufgaben lösen können. Wie Sie eine solche mathematische Funktion verwenden, werden wir Ihnen an einem Beispiel verdeutlichen, in dem die Funktion *RUNDEN()* benutzt wird.
Diese Funktion rundet einen Wert auf eine festgelegte Anzahl von Dezimalstellen. In dem Beispiel
soll der Benzinverbrauch pro 100 Kilometer auf zwei Dezimalstellen gerundet werden. Außerdem
werden Sie in der nächsten Schrittfolge sehen, wie Sie eine Funktion in eine bereits vorhandene
Formel einsetzen. Wie die folgende Abbildung zeigt, enthalten die Zellen B5 bis F5 bereits Formeln.

Bild 25.6   Die Verbrauchswerte in dieser Tabelle sollen auf zwei Dezimalstellen gerundet werden

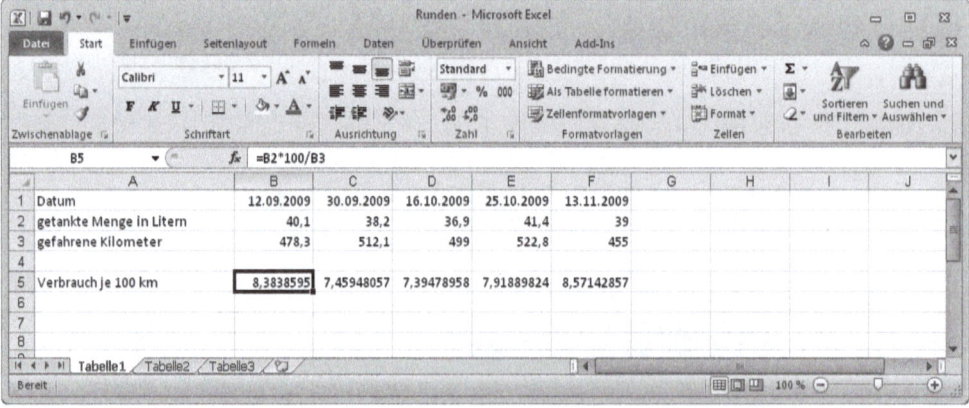

Um die Funktion RUNDEN hier einzufügen, würden Sie folgendermaßen vorgehen:

1. Öffnen Sie die Übungsdatei *Runden*.

2. Markieren Sie die Zelle B5 und drücken Sie ⟨F2⟩, um in den Bearbeitungsmodus zu wechseln.

3. Verschieben Sie die Einfügemarke mit den Pfeiltasten, sodass sie rechts neben dem Gleichheitszeichen steht. Dies ist erforderlich, da Sie an dieser Stelle die Funktion einfügen wollen.

4. Tippen Sie **RUNDEN(** ein und geben Sie dabei auch die öffnende runde Klammer ein.

Unterhalb der Zelle wird ein kleines Fenster eingeblendet, das Informationen zur Funktion *RUNDEN()* enthält. Sie können dort den Funktionsnamen anklicken und Excel öffnet die zugehörige Seite in der Excel-Hilfe.

Bild 25.7   In einem Tooltipp-Fenster zeigt Excel Informationen über die Funktionsargumente an

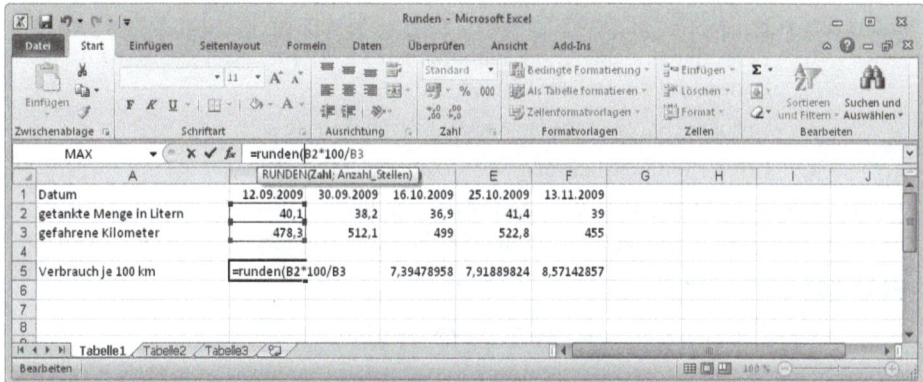

5.   Setzen Sie die Einfügemarke an das Ende der Zelle, geben Sie dort ein Semikolon, dann die Zahl 2 und dann eine schließende runde Klammer ein.

6.   Drücken Sie die ⏎-Taste, um die Eingabe zu beenden. Das Ergebnis der Formel wird in Zelle B5 ausgegeben.

7.   Übernehmen Sie die Formel aus Zelle B5 in die Zellen C5 bis F5.

In der folgenden Tabelle sind die wichtigsten mathematischen Funktionen, die Excel bietet, aufgeführt:

Tabelle 25.1 Wichtige mathematische Funktionen

Funktion	Beschreibung
PRODUKT(Zahl1;Zahl2;...)	errechnet das Produkt der in den Klammern stehenden Argumente (max. 14); als Argumente sind Zelladressen und Zahlen möglich
WURZEL(Zahl)	berechnet die Quadratwurzel einer Zahl; das Argument muss eine positive Zahl sein
ABS(Zahl)	bildet den Absolutwert einer Zahl, das heißt, diese Funktion macht aus einer negativen eine positive Zahl
SIN(Winkel) COS(Winkel) TAN(Winkel)	berechnet den Sinus, Cosinus oder Tangens eines im Bogenmaß angegebenen Winkels (Bogenmaß: Winkelangabe in Grad mit Pi/180 multiplizieren); Excel bietet auch die Funktionen ARCSIN(Zahl), ARCCOS(Zahl) sowie ARCTAN(Zahl) an
LN(Zahl)	berechnet den natürlichen Logarithmus einer Zahl
EXP(Zahl)	Umkehrfunktion zum natürlichen Logarithmus

Excel 2010

Datums- und Zeitfunktionen

Mithilfe der Datums- und Zeitfunktionen können Sie beispielsweise in einem Tabellenblatt automatisch das aktuelle Datum und die Uhrzeit eintragen lassen. Wir werden dies einmal an einem Beispiel zeigen, in dem wir die Funktion *JETZT()* verwenden.

1. Erstellen Sie eine leere Arbeitsmappe.

2. Geben Sie in Zelle A1 die Funktion **=JETZT**() ein. Excel zeigt dann in der Zelle das aktuelle Datum und die aktuelle Uhrzeit.

3. Speichern Sie die Arbeitsmappe und schließen Sie sie.

4. Öffnen Sie die Arbeitsmappe erneut.

Datum und Uhrzeit werden aktualisiert, da die Funktion *JETZT()* nicht das Erstelldatum und die Erstelluhrzeit, sondern immer das aktuelle Datum und die aktuelle Uhrzeit angibt.

Die Funktion DATUM()

Excel bietet die Möglichkeit zu einer anderen, sehr interessanten Berechnung mithilfe der Datums- und Zeitfunktionen: Sie können auf ganz einfache Weise den Wochentag bestimmen, an dem Sie geboren wurden oder an dem Sie Ihren Freund/Ihre Freundin kennen gelernt haben. Dazu benötigen Sie die Funktionen *DATUM()* und *WOCHENTAG()*.

Die Funktionen von Excel können Sie auch über die Gruppe *Funktionsbibliothek* der Registerkarte *Formeln* einfügen. Dort sind die Funktionen über Schaltflächen, die die Kategorie angeben, aufgeführt.

Gehen Sie folgendermaßen vor:

1. Setzen Sie die Zellmarkierung in eine freie Zelle.

2. Wechseln Sie zur Registerkarte *Formeln* und klicken Sie in der Gruppe *Funktionsbibliothek* auf die Schaltfläche *Datum und Uhrzeit*.

    Excel zeigt die Datums- und Zeitfunktionen in einem Menü an (siehe Abbildung auf der folgenden Seite).

Bild 25.8   Die Funktionen für die Datums- und Zeitberechnung werden in einem Menü angezeigt

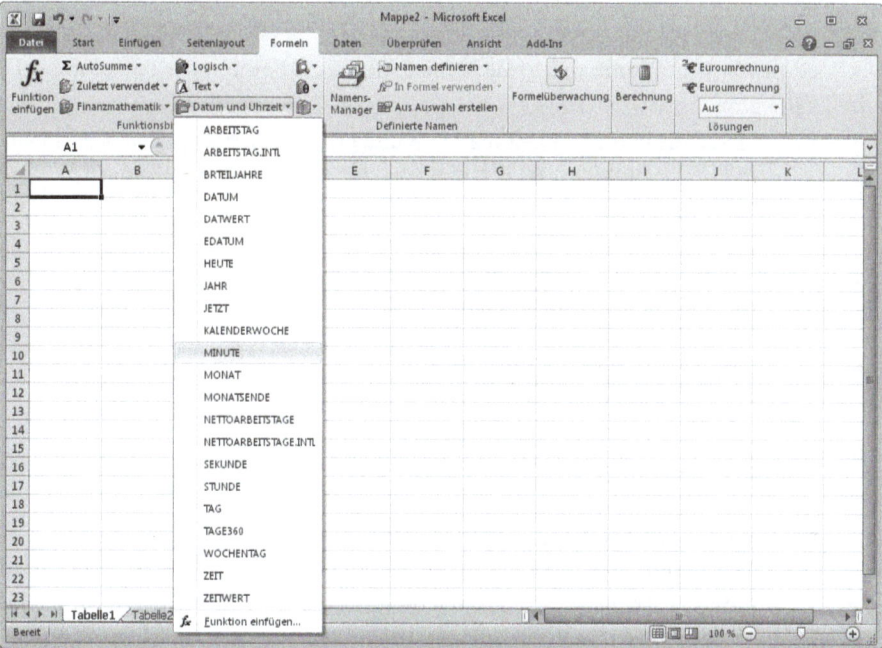

3. Klicken Sie auf *DATUM*. Das Dialogfeld *Funktionsargumente* wird angezeigt.

4. Geben Sie in die drei Felder das Datum ein, für das Sie den Wochentag berechnen wollen. Excel wandelt dieses Datum in eine sogenannte *serielle Zahl* um. Diese Zahl wird unten im Dialogfeld angezeigt.

Bild 25.9   In dieses Dialogfeld geben Sie die Argumente für die Funktion *DATUM()* ein

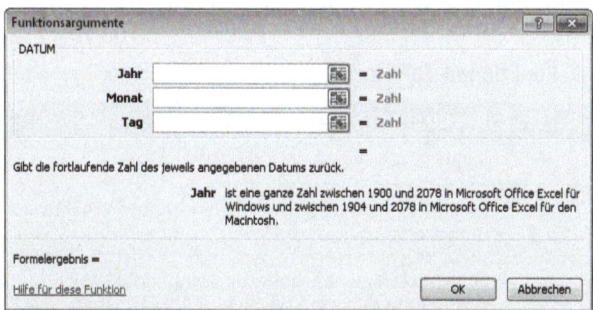

5. Klicken Sie auf *OK*, um die Eingabe der Funktion zu beenden.

HINWEIS   **Datumswerte in Excel**   In Excel werden Datumswerte intern durch natürliche Zahlen dargestellt. Dabei beginnt die Zeitrechnung mit dem 1.1. des Jahres 1900. Dies entspricht der Zahl 1. Die Zeitrechnung endet mit dem 31.12. des Jahres 9999, was durch die Zahl 2.958.465 dargestellt wird.

Die Funktion WOCHENTAG()

Als Nächstes benötigen Sie nun die Funktion *WOCHENTAG()*, die die gerade berechnete Zahl in einen Wochentag umwandelt. Sie können diese Funktion mit der Funktion *DATUM()* verschachteln.

6. Klicken Sie in die Bearbeitungsleiste und geben Sie zwischen dem Gleichheitszeichen und der *DATUM()*-Funktion **WOCHENTAG(** ein. Bitte vergessen Sie nicht die öffnende runde Klammer.

Bild 25.10 Auch die Funktionen für Datums- und Zeitberechnungen können ineinander verschachtelt aufgerufen werden

```
=WOCHENTAG(DATUM(1967;8;14))
   WOCHENTAG(Zahl; [Typ])
```

7. Geben Sie am Ende der Bearbeitungsleiste eine schließende Klammer ein und drücken Sie die ⏎-Taste.

8. Um den Wochentag als Text lesen zu können, weisen Sie abschließend der Zelle noch das benutzerdefinierte Format *TTTT* zu. (Ausführliche Informationen zu benutzerdefinierten Zahlenformaten finden Sie in Kapitel 23 im Abschnitt »Eigene Zahlenformate erstellen« ab Seite 390.)

Logische Funktionen

Wenn Sie eine Berechnung von einer bestimmten Bedingung abhängig machen wollen oder den Wahrheitsgehalt einer Bedingung ausgeben möchten, benötigen Sie eine Logik-Funktion. Diese Funktionen liefern als Ergebnis entweder den Wert WAHR oder den Wert FALSCH. Eine Übersicht aller logischen Funktionen finden Sie in der folgenden Tabelle:

Tabelle 25.2 Die wichtigsten logischen Funktionen von Excel

Funktion	Beschreibung
FALSCH()	liefert immer den Wert FALSCH
NICHT(Wert)	negiert den aktuellen Wahrheitswert; aus WAHR wird FALSCH und umgekehrt
ODER(Wert1, Wert2, ...)	liefert WAHR, wenn eines der Argumente WAHR ist; nur wenn alle Argumente den Wahrheitswert FALSCH haben, liefert die ODER()-Funktion den Wert FALSCH
UND(Wert1, Wert2, ...)	gewissermaßen das Gegenstück zu ODER(); liefert nur dann WAHR, wenn alle Argumente WAHR sind, in allen anderen Fällen ist das Ergebnis FALSCH
WAHR()	liefert immer den Wert WAHR

Tabelle 25.2 Die wichtigsten logischen Funktionen von Excel *(Fortsetzung)*

Funktion	Beschreibung
WENN(Prüfung; Dann; Sonst)	Wertet die im Argument *Prüfung* angegebene Bedingung aus. Liefert die Bedingung den Wert WAHR, wird als Ergebnis der Wert des Arguments *Dann* zurückgegeben, andernfalls der Wert des Arguments *Sonst*

Als Beispiel für die Verwendung der logischen Funktionen wollen wir in die Tabelle mit dem Benzinverbrauch pro 100 Kilometer vom Anfang des Kapitels einen Kommentar einfügen.

Dazu soll die Funktion *WENN(Prüfung; Dann_Wert; Sonst_Wert)* verwendet werden. Das Argument *Prüfung* enthält eine Bedingung. Ist sie erfüllt, wird der *Dann_Wert* ausgegeben, sonst der *Sonst_Wert*.

1. Öffnen Sie die Übungsdatei *Logische Funktionen*.

2. Setzen Sie die Einfügemarke in Zelle B7.

3. Klicken Sie auf der Registerkarte *Formeln* in der Befehlsgruppe *Funktionsbibliothek* auf die Schaltfläche *Logisch* und dann in deren Menü auf *WENN*.

Bild 25.11   Auswahl einer logischen Funktion auf der Registerkarte *Formeln*

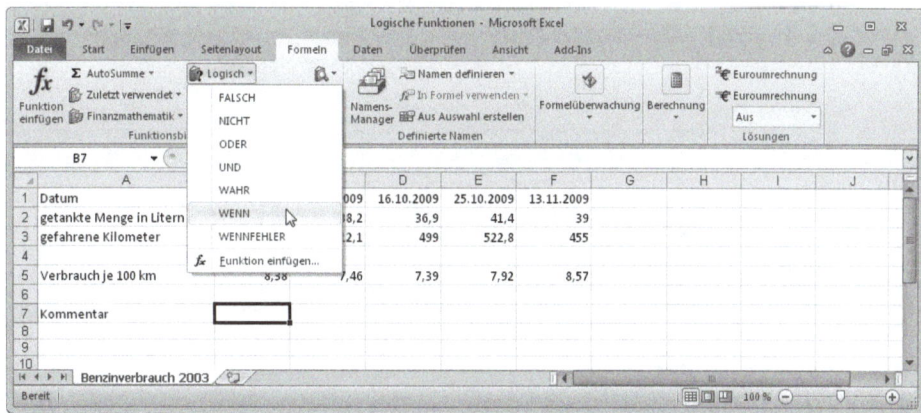

Nun erscheint, wie gewohnt, das Dialogfeld *Funktionsargumente*. Sie wollen hier nun prüfen, ob der Wert in Zelle B5, also der Verbrauch des Wagens auf 100 Kilometern, größer oder kleiner als 8 Liter ist.

4. Geben Sie im Feld *Prüfung* die Bedingung **B5<8** ein. Damit prüfen Sie, ob der Inhalt der Zelle B5 kleiner als der Wert 8 ist.

5. Im Feld *Dann_Wert* geben Sie den Text **OK** ein, der in B7 erscheinen soll, wenn die Bedingung der *WENN*-Funktion erfüllt ist, also der Wert in Zelle B5 kleiner als 8 ist.

6. Unter *Sonst_Wert* geben Sie ein, was erscheinen soll, wenn die Bedingung nicht erfüllt wurde, nämlich **zu viel**.

Bild 25.12   Alle Parameter für die *WENN*-Funktion wurden eingetragen

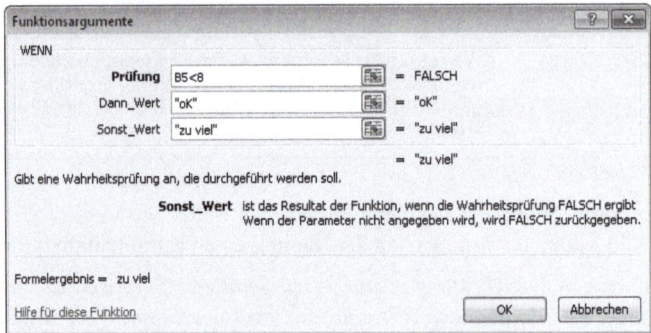

7.   Schließen Sie das Dialogfeld mit *OK*.

8.   Nun können Sie die Formel aus B7 noch nach rechts ausfüllen, indem Sie den Cursor auf das schwarze Quadrat unten rechts in der Zelle setzen und mit gedrückter Maustaste nach rechts ziehen.

Bild 25.13   Zum Schluss wird die Funktion in die Nachbarspalten übertragen

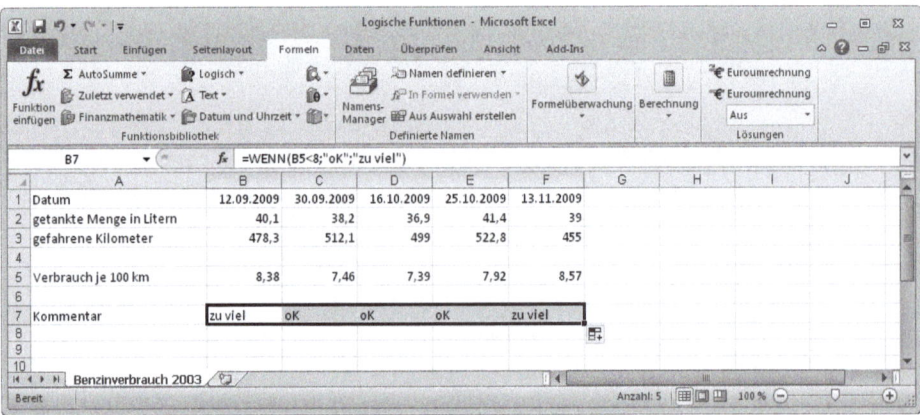

> **TIPP**   Wenn Sie im Dialogfeld *Funktionsargumente* reinen Text eingeben, setzt Excel diesen automatisch in Anführungszeichen. Dies können Sie auch in der Bearbeitungsleiste erkennen.

```
=WENN(F5<8;"OK";"zu viel")
```

Statistische Funktionen

Auch bezüglich statistischer Funktionen hat Excel einiges zu bieten, wobei ein großer Teil der angebotenen Funktionen für den Nicht-Statistiker wohl eher unverständlich ist.

Beachten Sie, dass in Excel 2010 die folgenden statistischen Funktionen ergänzt wurden: *CHIQHI.VERT.RE, CHIQU.INV, KONFIDENZ.T, KOVARIANZ.S, F.VERT, F.INV, MODUS.VIELF,*

QUANTIL.EXKL, QUANTILSRANG.EXKL, QUARTILE.EXKL, RANG.MITTELW, T.VERT sowie *T.INV.*

Zu Beginn dieses Kapitels, bei der Vorstellung des Funktions-Assistenten, haben Sie mit der Funktion *MITTELWERT()* bereits eine Statistik-Funktion kennen gelernt, mit der wir den durchschnittlichen Benzinverbrauch eines Autos berechnet haben.

Als weiteres einfaches Beispiel stellen wir Ihnen die Funktionen *MIN()* und *MAX()* vor, mit denen wir ermitteln wollen, was der größte und was der geringste Benzinverbrauch des Autos war. In der kleinen Tabelle der Übungsdatei ließe sich dieser Wert natürlich auch einfach ablesen; bei Tabellen mit vielen Werten wird das jedoch schnell unpraktikabel und fehleranfällig.

1. Öffnen Sie die Übungsdatei *Statistische Funktionen.*

2. Setzen Sie den Cursor in die Zelle D9 und klicken Sie auf der Registerkarte *Formeln* in der Gruppe *Funktionsbibliothek* auf den Pfeil der Schaltfläche *AutoSumme* und dann auf *Max.*

Bild 25.14   Im Menü der Schaltfläche *AutoSumme* stehen Ihnen weitere Funktionen zur Verfügung

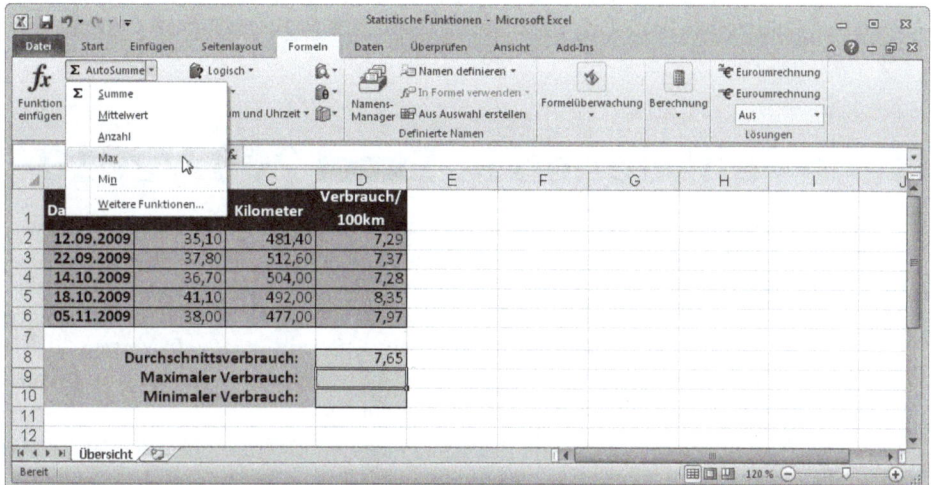

3. Markieren Sie den Zellbereich D2:D6, damit dieser als Parameter für die Funktion *MAX()* verwendet wird.

4. Drücken Sie die ⏎-Taste, um die Eingabe zu beenden. Das Ergebnis der *MAX()*-Funktion wird in Zelle D9 angezeigt.

5. Setzen Sie den Cursor in die Zelle D10 und klicken Sie auf der Registerkarte *Formeln* in der Gruppe *Funktionsbibliothek* auf den Pfeil der Schaltfläche *AutoSumme* und dann auf *Min.*

6. Markieren Sie den Zellbereich D2:D6, damit dieser ebenfalls als Parameter für die Funktion *MIN()* verwendet wird.

   In der Tabelle können Sie jetzt einfach erkennen, dass der geringste Verbrauch 7,28 Liter und der größte Verbrauch 8,35 Liter betrug (siehe Abbildung auf der nächsten Seite).

Bild 25.15   Die Funktionen *MIN()* und *MAX()* im Einsatz

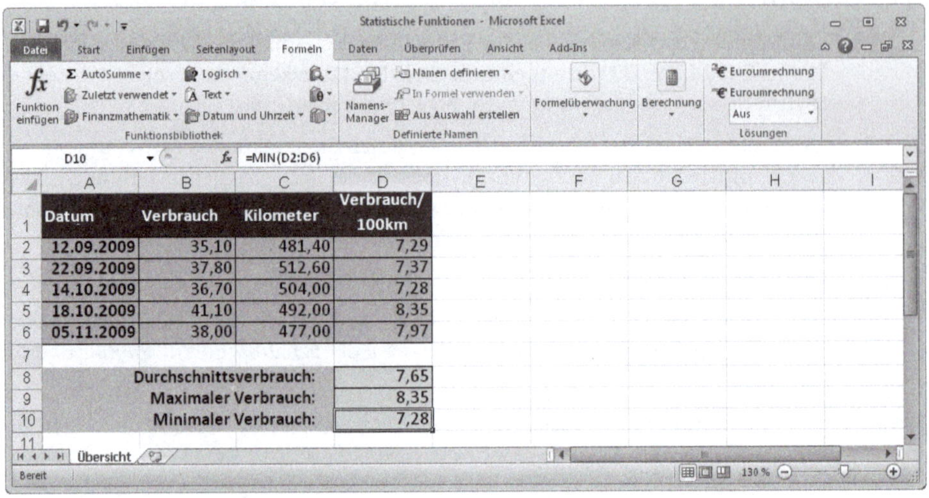

Neue Funktionen in Excel 2007/2010

Zu den neuen Features von Excel 2007 und Excel 2010, die nützlich sind, aber nicht so im Rampenlicht stehen wie all das, was die Benutzeroberfläche betrifft, gehören einige Ergänzungen der Funktionsbibliothek von Excel. Neben Funktionen zum Arbeiten mit Cubes (die im Rahmen dieses Buches nicht behandelt werden) enthält Excel seit Version 2007 Erweiterungen der Funktionen *MITTELWERT*, *SUMMEWENN*, *ZÄHLENWENN* und *WENN*. In Version 2010 sind in der Gruppe der Datums- und Zeitfunktionen zwei Funktionen zum Rechnen mit Arbeitstagen hinzugekommen sowie zahlreiche statistische Funktionen.

So lässt sich beispielsweise mit der neuen Funktion *MITTELWERTWENN* der Mittelwert der Werte der Zellen eines Zellbereichs ermitteln, bei denen der Zellwert bestimmten Bedingungen entspricht. Mit dieser Funktion können Sie beispielsweise in einem Tabellenblatt mit den Umsatzzahlen der Produkte den Mittelwert aller Produkte berechnen lassen, die mindestens 1.000 Mal verkauft worden sind.

Die folgende Aufzählung informiert Sie über einige der neuen Funktionen und wie diese mit bereits vorhandenen Funktionen in Zusammenhang stehen:

- **MITTELWERTWENN**   Mit dieser Funktion berechnen Sie den Mittelwert der Zellen eines Zellbereichs, die einer bestimmten Bedingung oder einem Kriterium entsprechen.

- **MITTELWERTWENNS**   Mit dieser Funktion berechnen Sie den Mittelwert der Zellen eines Zellbereichs, die *mehreren* Bedingungen Kriterien entsprechen.

- **SUMMEWENNS**   Mit dieser Funktion berechnen Sie die Summe der Zellen eines Zellbereichs, die *mehreren* Bedingungen und Kriterien entsprechen. Es handelt sich hierbei um eine Erweiterung der Funktion *SUMMEWENN*.

- **ZÄHLENWENNS**   Mit dieser Funktion können Sie die Anzahl der Zellen eines Zellbereichs ermitteln, die *mehreren* Bedingungen und Kriterien entsprechen. Es handelt sich hierbei um eine Erweiterung der Funktion *ZÄHLENWENN*.

- **WENNFEHLER** Mit *WENNFEHLER* können Sie festlegen, was Excel tun soll, wenn sich in der Formel einer Zelle ein Fehler befindet (und auch was passieren soll, wenn die Formel wie erwartet funktioniert). Es handelt sich um eine Erweiterung der Funktion *WENN*.

- **NETTOARBEITSTAGE.INTL** Gibt die Anzahl der vollen Arbeitstage zwischen zwei Datumsangaben zurück. Dabei werden Parameter verwendet, um anzugeben, welche und wie viele Tage auf Wochenenden fallen.

- **ARBEITSTAG.INTL** Gibt die fortlaufende Zahl des Datums zurück, das vor oder nach einer bestimmten Anzahl von Arbeitstagen liegt. Dabei werden Parameter verwendet, um anzugeben, welche und wie viele Tage auf Wochenenden fallen.

- **ISO.OBERGRENZE** Rundet eine Zahl auf die nächste Ganzzahl oder auf das kleinste Vielfache von Schritt (wird als Argument angegeben) auf.

> **HINWEIS** Bitte beachten Sie, dass Excel den Fehler *#NAME?* anzeigt, wenn Sie diese Funktionen in einer Arbeitsmappe verwenden und diese dann im Kompatibilitätsmodus speichern und in einer der früheren Excel-Versionen öffnen. Dieser Fehler wird auch dann angezeigt, wenn auf dem Computer mit Excel 2003 das *Microsoft Office Compatibility Pack für Dateiformate von Word, Excel und PowerPoint 2007* installiert ist und dort versucht wird, die im Dateiformat von Excel 2010 vorliegende Arbeitsmappe zu öffnen.

Zusammenfassung

In diesem Kapitel haben Sie zahlreiche der Funktionen kennen gelernt, die Sie in Ihren Tabellen verwenden können:

- Am Anfang des Kapitels haben Sie gesehen, wie Sie die Excel-Statusleiste so konfigurieren, dass dort für die markierten Zellen die Funktionsergebnisse der Standardfunktionen angezeigt werden, die Sie am häufigsten benötigen (Seite 436).

- Das Einfügen einer Funktion in eine Zelle geht am einfachsten mit dem Funktions-Assistenten, den Sie ab Seite 437 kennen gelernt haben.

- Am Beispiel der Funktion *RUNDEN()* haben Sie die Verwendung der mathematischen Funktionen kennen gelernt (Seite 440).

- Mit den Datums- und Zeitfunktionen können Sie in ein Tabellenblatt unter anderem automatisch das aktuelle Datum und die Uhrzeit eintragen lassen (Seite 442) oder Sie verwenden die Funktion *WOCHENTAG()*, um den Wochentag als Text anzeigen zu lassen.

- Logische Funktionen (Seite 444) liefern als Ergebnis entweder den Wert WAHR oder FALSCH und Sie können diesen dann verwenden, um weitere Berechnungen in einer Zelle von einer bestimmten Bedingung abhängig zu machen.

- Anhand der Funktion *MIN()* haben Sie schließlich noch den Einsatz einer der zahlreichen statistischen Funktionen ausprobieren können (Seite 446).

- Im letzten Abschnitt dieses Kapitels (Seite 448) haben Sie einen Überblick über die Funktionen erhalten, die in Excel 2007 und 2010 neu in die Funktionsbibliothek aufgenommen wurden.

Excel 2010

Kapitel 26

Tabellenblätter organisieren

In diesem Kapitel:

Dieses Kapitel stellt Ihnen die grundlegenden Techniken vor, die Sie zum Arbeiten mit mehreren Tabellenblättern benötigen. Dazu gehört zum Beispiel das Einfügen, Löschen, Verschieben und Kopieren von Tabellenblättern.

Außerdem erfahren Sie, wie Sie Tabellenblätter miteinander verknüpfen, um zum Beispiel die Ergebnisse mehrerer Blätter auf einem separaten Tabellenblatt zusammenzufassen. Natürlich lernen Sie dabei auch einige nützliche Tricks kennen, mit denen die Verwendung von Arbeitsmappen noch effizienter wird.

Zum Schluss des Kapitels beschäftigen wir uns mit dem Sicherheitskonzept von Excel. In diesem Abschnitt erfahren Sie, wie Sie Ihre Arbeitsmappen vor unberechtigten Zugriffen bzw. Veränderungen schützen können.

Zwischen Tabellenblättern wechseln

Nach dem Starten von Excel oder dem Erstellen einer neuen Arbeitsmappe sehen Sie auf dem Bildschirm eine Arbeitsmappe mit drei leeren Tabellenblättern. Am unteren Rand des Excel-Fensters befinden sich die so genannten Blattregisterkarten, in denen die Namen der einzelnen Tabellenblätter aufgeführt sind.

1. Um mit der Maus auf ein anderes Tabellenblatt zu wechseln, klicken Sie die Registerkarte des Blatts im Blattregister an.

2. Wenn die Arbeitsmappe mehr Tabellenblätter enthält als gleichzeitig im Blattregister angezeigt werden können, verwenden Sie die Registerlaufpfeile, mit denen Sie den Inhalt des Blattregisters rollen können.

Tabelle 26.1 Die Schaltflächen im Blattregister

Schaltfläche	Wirkung
⏮	rollt den Anfang des Blattregisters in den Fensterausschnitt
◀	rollt das Ende des Blattregisters in den Fensterausschnitt
▶	rollt den Inhalt des Blattregisters blattweise nach vorne
⏭	rollt den Inhalt des Blattregisters blattweise nach hinten

TIPP **Nicht alle Blattregister sind sichtbar** Wenn nicht alle Blattregister sichtbar sind oder die Schrift abgeschnitten ist, zeigen Sie auf den Registerteiler (ein dickerer Strich neben der waagerechten Bildlaufleiste). Der Mauszeiger wird dort zu einem Doppelpfeil. Ziehen Sie den Registerteiler nach rechts.

Blätter einfügen und löschen

Um ein weiteres Blatt in eine Arbeitsmappe einzufügen, gehen Sie folgendermaßen vor:

1. Klicken Sie das Tabellenblattregister mit der rechten Maustaste an.

2. Wählen Sie im Kontextmenü den Befehl *Einfügen*. Excel zeigt das Dialogfeld *Einfügen* an.

Bild 26.1   Neues Blatt in eine Arbeitsmappe einfügen

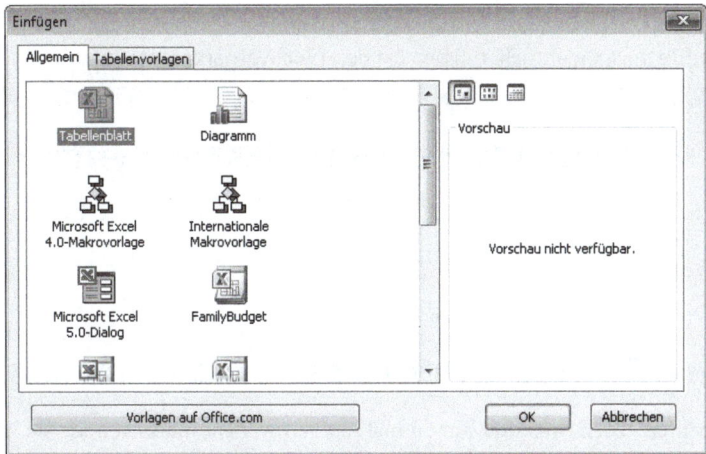

3. Klicken Sie auf *Tabellenblatt,* wenn das neue Blatt eine Tabelle sein soll, oder auf *Diagramm,* wenn es ein Diagramm erhalten soll.

> **HINWEIS**   Alternativ können Sie auch über die Schaltfläche *Vorlagen auf Office.com* eine Internetseite von Microsoft aufrufen, auf der eine Fülle von Vorlagen zu den verschiedenen Office-Produkten angeboten wird. Die Vorlagen sind thematisch sortiert und mit Benutzerbewertungen versehen. Vor dem (kostenlosen) Download können Sie sich eine Vorschau der Vorlagen ansehen.

4. Bestätigen Sie die Wahl mit *OK*, damit Excel das neue Blatt in die Arbeitsmappe einfügt.

Neue Tabellenblätter einfügen

Wenn Sie gezielt ein neues Tabellenblatt erstellen möchten, können Sie sich den Umweg über das Dialogfeld *Einfügen* sparen. Klicken Sie dann einfach im Blattregister auf das letzte »Tabellenblatt«. Es ist in Wirklichkeit eine Schaltfläche, mit der Sie ein neues Tabellenblatt einfügen können.

Bild 26.2   Einfügen eines neuen Tabellenblattes

Noch schneller geht es dann nur noch mit dem Shortcut $\boxed{\Diamond}$+$\boxed{\text{F11}}$.

Blätter einer Arbeitsmappe löschen

Das Löschen eines Blattes aus einer Arbeitsmappe ist denkbar einfach:

1. Klicken Sie im Blattregister die Registerkarte des zu löschenden Tabellenblattes mit der rechten Maustaste an.

2. Wählen Sie im Kontextmenü den Befehl *Löschen*. Excel zeigt dann das folgende Dialogfeld an (es erscheint allerdings nur, wenn auf dem Tabellenblatt mindestens eine Zelle Daten enthält; ein leeres Tabellenblatt wird also kommentarlos gelöscht):

Bild 26.3 Falls das Blatt Daten enthält, müssen Sie den Löschvorgang bestätigen

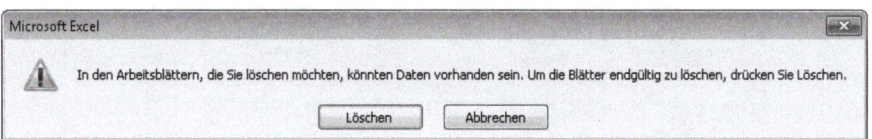

3. Klicken Sie auf *Löschen*.

Mehrere Blätter einer Arbeitsmappe löschen

Wenn Sie mehrere Tabellenblätter auf einmal löschen wollen, markieren Sie sie im Tabellenblattregister:

1. Klicken Sie die Registerkarte des ersten Tabellenblattes an.

2. Drücken Sie die Taste Strg und halten Sie sie gedrückt.

3. Klicken Sie die weiteren Registerkarten an und lassen Sie anschließend die Strg-Taste wieder los.

4. Wählen Sie dann wie oben beschrieben den Befehl *Löschen* aus dem Kontextmenü.

TIPP Wollen Sie mehrere, direkt hintereinander liegende Tabellenblätter markieren, klicken Sie das erste dieser Blätter an, drücken dann die Taste ⇧ und klicken anschließend mit weiterhin gedrückter Taste das letzte Blatt an.

Blattanzahl für neue Mappen festlegen

Wenn Sie in Excel eine neue Arbeitsmappe erstellen, besitzt diese standardmäßig drei leere Tabellenblätter. Sie können diese Vorgabe jederzeit ändern:

1. Klicken Sie auf *Datei,* um in die Backstage-Ansicht zu wechseln und wählen Sie dort den Befehl *Optionen*.

2. Wechseln Sie im angezeigten Dialog in die Rubrik *Allgemein*.

Bild 26.4   Einstellung für neue Arbeitsmappen ändern

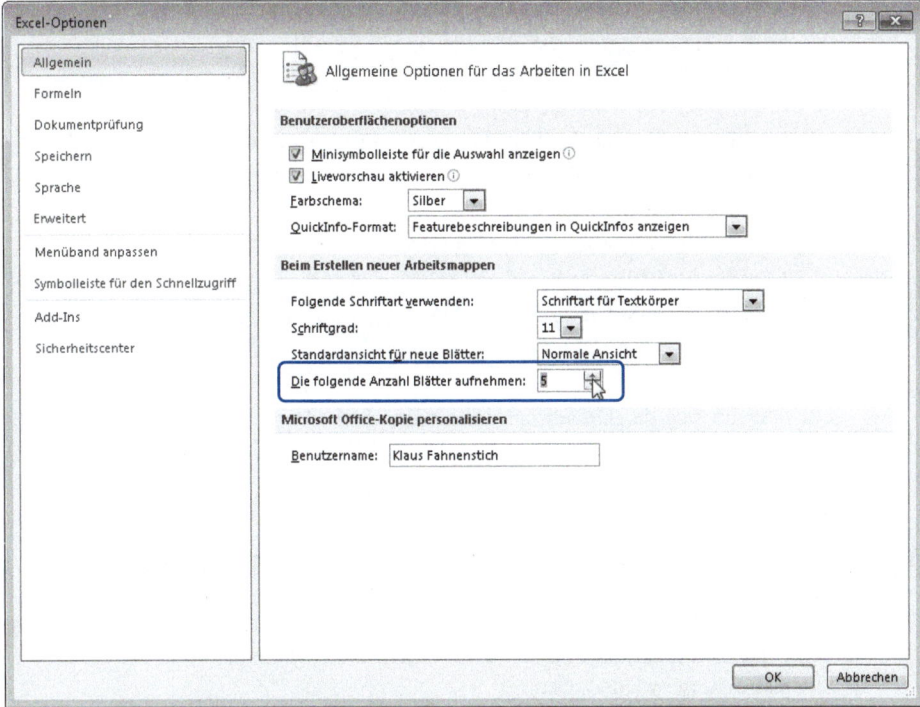

3.   Geben Sie in das Textfeld *Die folgende Anzahl Blätter aufnehmen* den gewünschten Wert ein. Er kann im Bereich zwischen 1 und 255 liegen.

4.   Klicken Sie auf *OK*.

Blätter verschieben oder kopieren

Die Reihenfolge der Tabellenblätter in der Arbeitsmappe können Sie nach Belieben ändern. Außerdem können Sie eine Kopie eines Arbeitsblattes erstellen:

1.   Wenn Sie ein Tabellenblatt kopieren wollen, drücken Sie die Taste `Strg` und halten sie gedrückt.

2.   Klicken Sie die Registerkarte des Blattes an, das Sie kopieren oder verschieben möchten, und ziehen Sie es mit gedrückter Maustaste an seine neue Position.

Während des Ziehens wird die neue Position des Tabellenblatts durch ein kleines schwarzes Dreieck angezeigt.

Excel 2010

Bild 26.5   Das kleine Dreieck zeigt die neue Position an

Wenn Sie das Tabellenblatt kopieren wollen, also die ⌈Strg⌉-Taste gedrückt halten, erscheint zusätzlich ein Plus-Zeichen.

Bild 26.6   Beim Kopieren erscheint ein Pluszeichen

3.   Wenn sich das Dreieck an der gewünschten Position befindet, lassen Sie die Maustaste und die ⌈Strg⌉-Taste wieder los.

Namen und Registerfarbe ändern

Excel verwendet als Namen für Tabellenblätter standardmäßig die Bezeichnung *Tabelle,* gefolgt von einer Nummer. Sie können (und sollten) diese Namen ändern, damit sie den Inhalt des Tabellenblattes besser wiedergeben.

1.   Klicken Sie im Blattregister die Registerkarte des Tabellenblattes, das Sie umbenennen wollen, mit der rechten Maustaste an.

2.   Klicken Sie im Kontextmenü auf *Umbenennen.* Der Text der Registerkarte wird dann invertiert ausgegeben.

3.   Tippen Sie den neuen Namen ein.

Bild 26.7   Der neue Name wird direkt auf der Registerkarte eingegeben

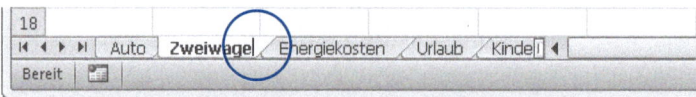

4.   Beenden Sie die Eingabe durch Drücken der ⌈↵⌉-Taste.

Ändern der Registerfarbe

Eine weitere Möglichkeit, um eine Arbeitsmappe übersichtlicher zu gestalten, besteht darin, die Farbe der Registerkarte zu ändern:

1.   Klicken Sie im Blattregister die Registerkarte des Tabellenblattes, dessen Farbe Sie ändern wollen, mit der rechten Maustaste an.

2.   Zeigen Sie im Kontextmenü auf den Befehl *Registerfarbe.*

Bild 26.8   Wählen Sie nach Möglichkeit eine der Designfarben aus

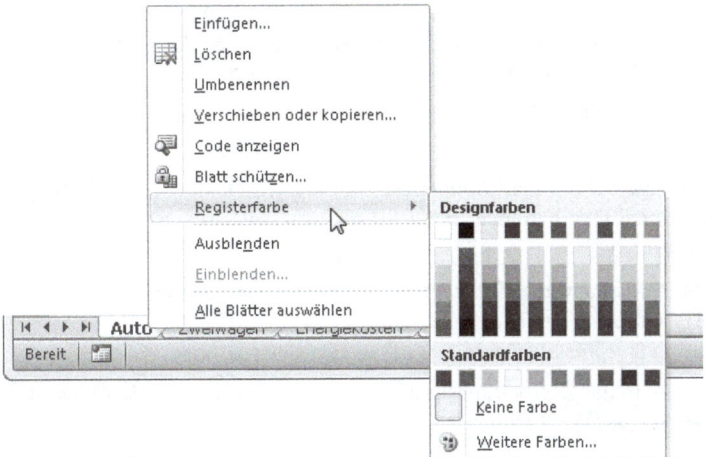

3.   Wählen Sie aus dem Untermenü die gewünschte Farbe aus. Falls Sie sich für eine der Design-
     farben entscheiden, kann sich die Registerfarbe nachträglich durch Zuweisen eines anderen
     Dokumentendesigns ändern. Wenn Sie das vermeiden wollen, müssen Sie eine der vorgege-
     benen Standardfarben wählen oder den Befehl *Weitere Farben* verwenden.

Die Farbmarkierung erscheint zunächst nur an der unteren Kante der Registerkarte, da das Blatt
aktiv ist. Sobald Sie auf ein anderes Blatt wechseln, wird die Registerkarte vollständig eingefärbt.

Tabellenblätter miteinander verknüpfen

Interessant ist der Einsatz von Arbeitsmappen dann, wenn Sie Daten eines Tabellenblattes mit Daten von anderen Tabellenblättern verknüpfen. Die Arbeitsmappe des folgenden Beispiels enthält
eine einfache Einnahmen-/Ausgaben-Rechnung. Auf einem Tabellenblatt soll der Gewinn bzw. der
Verlust berechnet werden, ein weiteres enthält die Aufstellung der Ausgaben und auf einem dritten
Blatt sind die Einnahmen aufgeführt.

Die Summen der ermittelten Ein- und Ausgaben sollen nun auf das Übersichtsblatt übertragen
werden, um dort addiert werden zu können. Das fertige Tabellenblatt sehen Sie in der folgenden
Abbildung.

Bild 26.9   Im Tabellenblatt **Übersicht** werden die ermittelten Einnahmen und Ausgaben addiert

◢	A	B	C	D	E	F
1						
2		Einnahmen	1.100,00 €			
3		Ausgaben	472,94 €			
4						
5		**Gewinn/Verlust**	**1.572,94 €**			
6						
7						

|◄ ◄ ► ►|| Übersicht ╱ Einnahmen ╱ Ausgaben ╱ 🖑 ╱

Excel 2010

1. Öffnen Sie die Übungsdatei *Einnahmen Ausgaben* und zeigen Sie das Tabellenblatt *Übersicht* an.

2. Markieren Sie die Zelle (hier C2), in die Sie die Summe der Einnahmen übernehmen wollen, die auf dem Tabellenblatt *Einnahmen* berechnet wurde.

3. Tippen Sie ein Gleichheitszeichen ein. Damit ist der Bearbeitungsmodus für die Zelle aktiviert.

4. Wechseln Sie auf das Blatt *Einnahmen* und klicken Sie dort die Zelle an, in der sich die Summe der Einnahmen befindet. In der Bearbeitungsleiste sehen Sie nun einen Eintrag der Form: *Einnahmen!D6*.

   Falls die Zahlen auf dem Tabellenblatt *Einnahmen* als Tabelle formatiert sind, sieht der Inhalt der Bearbeitungsleiste etwas anders aus:
   Tabelle1[[#Ergebnisse];[Betrag]]

5. Klicken Sie in der Bearbeitungsleiste auf die Schaltfläche *Eingeben* (das ist das Häkchen) oder drücken Sie die ⏎-Taste.

   Excel zeigt jetzt wieder das Tabellenblatt *Übersicht* an. In der Zelle C2 steht nun die Summe der Einnahmen. In der Bearbeitungsleiste sehen Sie, dass es sich dabei nicht um einen einfachen Wert handelt, sondern dass diese Zahl von einer andern Tabellenzelle übernommen wurde.

6. Tragen Sie auf dem Tabellenblatt *Übersicht* mit dem gleichen Verfahren die Summe der Ausgaben ein.

7. Berechnen Sie auf dem Tabellenblatt *Übersicht* den Gewinn bzw. Verlust. Das fertige Tabellenblatt *Übersicht* sollte nun so aussehen wie es Bild 26.10 zeigt.

Bild 26.10   Die Summen der Einnahmen und Ausgaben werden direkt von den entsprechenden Arbeitsblättern übernommen

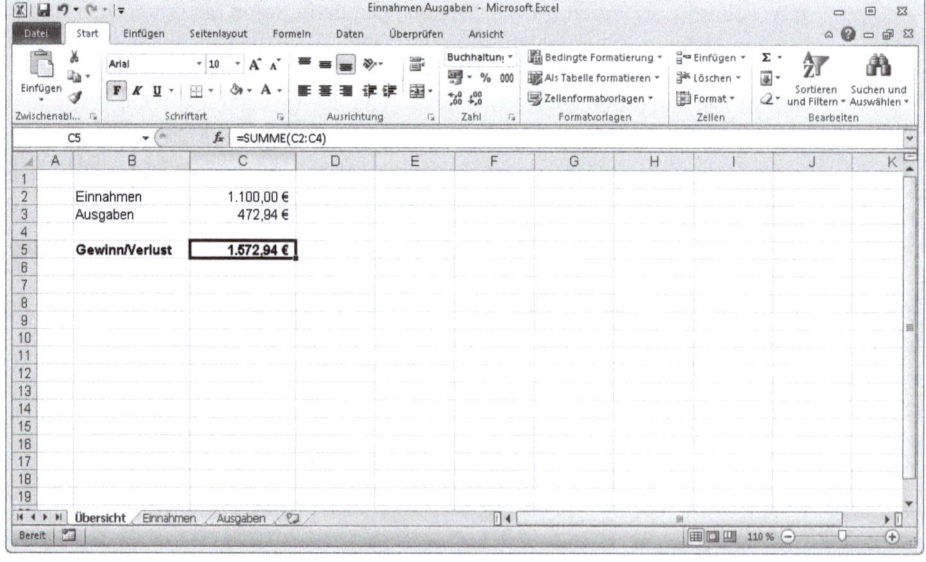

Zwischen verknüpften Zellen hin und her springen

Bei verknüpften Zellen kommt es relativ häufig vor, dass Sie »mal eben« nachsehen möchten, wie die Zahl, auf die Sie in der aktuellen Zelle verweisen, zustande gekommen ist. Gehen Sie dann am besten so vor:

1. Doppelklicken Sie auf die Zelle, deren Formel einen Bezug auf eine andere Zelle enthält.

2. Markieren Sie den gewünschten Zellbezug innerhalb der Zelle.

3. Drücken Sie die Taste `F5`. Das Dialogfeld *Gehe zu* erscheint.

Bild 26.11   Mit diesem Dialog können Sie beliebige Zellen direkt anspringen

Da Sie vor dem Aufruf des Dialogfeldes den Namen der Zielzelle markiert haben, ist diese Angabe bereits im Feld *Verweis* eingetragen.

4. Klicken Sie auf *OK*, damit Excel die gewünschte Zelle anzeigt. Excel wechselt auf das entsprechende Tabellenblatt und umgibt die Zelle mit einem gestrichelten Rahmen.

5. Jetzt können Sie die Zelle begutachten. Sie müssen jedoch daran denken, dass sich die Ausgangszelle zurzeit im Bearbeitungsmodus befindet.

6. Um zur Startzelle zurückzukehren, drücken Sie einfach `Esc`. Dadurch beenden Sie den Bearbeitungsmodus der Zelle und gelangen automatisch an den Anfangspunkt Ihrer Reise.

Das Sicherheitskonzept von Excel

Dem Wunsch, eine Excel-Datei vor dem Zugriff durch andere Benutzer zu schützen, liegen in aller Regel zwei Motive zugrunde: Entweder sollen unberechtigte Benutzer erst gar keinen Zugriff auf die Daten einer Arbeitsmappe erhalten oder die Arbeitmappe soll vor bestimmten Veränderungen durch autorisierte Benutzer geschützt werden. Dazu kommen verschiedene Mischformen, in denen mehrere Zugriffsbeschränkungen kombiniert werden sollen.

Excel hält für diese Bedürfnisse eine breite Palette an Schutzmechanismen bereit, auf die wir in diesem Abschnitt näher eingehen wollen. Das Sicherheitskonzept von Excel unterscheidet dabei generell zwischen dem Schutz der Arbeitsmappe und der in ihr enthaltenen Arbeitsblätter.

Damit Sie bei aller Vielfalt nicht die Übersicht verlieren, stellen wir Ihnen erst das Konzept als Ganzes vor und gehen anschließend im Detail auf die einzelnen Teilbereiche ein.

Excel 2010

Sicherheit auf Arbeitsmappen-Ebene

Für eine Arbeitsmappe können Sie folgende Bereiche schützen bzw. einschränken:

■ Das Öffnen und Bearbeiten einer Arbeitsmappe. Es stehen drei Varianten zur Verfügung:

- ■ Das Öffnen ist nur mit einem Kennwort möglich. Zusätzlich wird die Arbeitsmappe verschlüsselt.

- ■ Zum Bearbeiten bzw. Speichern ist ein Kennwort erforderlich.

- ■ Beim Öffnen wird das Aktivieren des Schreibschutzes lediglich empfohlen. Der Benutzer kann die Arbeitsmappe aber auch ohne Schreibschutz öffnen.

■ Die Struktur und die Anordnung der Fenster. Durch das Schützen der Struktur wird z.B. verhindert, dass Anwender einzelne Arbeitsblätter der Arbeitsmappe verschieben, löschen oder umbenennen können. Die Fensteranordnung bezieht sich auf die Größe und die Position der Arbeitsblatt-Fenster innerhalb des Excel-Fensters.

■ Zusätzlich können Sie eine Arbeitsmappe noch als *abgeschlossen* kennzeichnen. Die Arbeitsmappe kann dann nicht mehr bearbeitet werden. Da diese Eigenschaft jedoch nicht durch ein Kennwort abgesichert werden kann, handelt es sich dabei nicht um eine Schutzfunktion, sondern eher um eine Statusinformation.

Falls die Arbeitsmappe zur Bearbeitung durch mehrere Benutzer freigegeben ist, kann verhindert werden, dass ein Benutzer das Änderungsprotokoll löscht, in dem alle vorgenommenen Änderungen gespeichert werden.

Sicherheit auf Arbeitsblatt-Ebene

Unabhängig von den Schutzeinstellungen der Arbeitsmappen (außer bei freigegebenen Arbeitsmappen!) kann der Zugriff auf die einzelnen Zellen bzw. Objekte der Arbeitsblätter eingeschränkt werden. Dieser Schutzmechanismus arbeitet zweistufig:

■ Der Schutz wird auf der Ebene des Arbeitsblattes ein- und ausgeschaltet. Das heißt, in einer Arbeitsmappe können einzelne Arbeitsblätter geschützt, andere ungeschützt sein. Außerdem wird dabei auch festgelegt, welche Einschränkungen für das Arbeitsblatt gelten sollen. Möglich sind zum Beispiel ein Schreibschutz oder ein Schutz vor dem Löschen von Zeilen und Spalten.

■ Auf der untersten Ebene wird bestimmt, auf welche Zellen der gewählte Blattschutz wirken soll. Das heißt, damit sich der Blattschutz überhaupt auf eine Zelle auswirken kann, muss die Zelle entsprechend formatiert sein. Um es gleich vorwegzunehmen: Das ist bei den Zellen eines neuen Tabellenblatts zum Glück die Voreinstellung.

Die Wahl eines guten Kennworts

Einige Schutzfunktionen müssen, andere können optional mit einem Kennwort gesichert werden. Bei der Wahl eines Kennworts sollten Sie folgende Punkte bedenken:

■ Excel berücksichtigt bei Kennwörtern die Groß- und Kleinschreibung. Die Kennwörter *Geheim* und *geheim* sind also verschieden.

- Apropos geheim: Vermeiden Sie Kennwörter, die leicht zu erraten sind. Dazu gehören zum Beispiel Namen und Begriffe aus Ihrem privaten bzw. beruflichen Umfeld, Reiseziele oder Kennwörter wie *12345, Geheim, Password* etc. Ein gutes Kennwort sollte sich in keinem Lexikon finden lassen. Wie wäre es zum Beispiel mit *DirdGwinnl* (»Die ich rief, die Geister, werd ich nun nicht los« aus dem Zauberlehrling) oder *DsiniaTUbskawz* (»Da steh ich nun, ich armer Tor! Und bin so klug als wie zuvor« aus Faust)?

- Verwenden Sie in Ihren Kennwörtern keine Umlaute oder Buchstaben mit Akzent, wenn es notwendig sein könnte, das Dokument auch auf einem Macintosh oder einem Computer mit einem fremdsprachlichen Tastaturlayout zu öffnen (z.B. im Urlaub).

- Notieren Sie Ihre Kennwörter nach Möglichkeit nicht. Falls Sie es doch machen, dann legen Sie den Zettel bitte nicht unter die Tastatur und hängen Sie ihn auch nicht an die nächste Pinnwand! Nutzen Sie besser einen elektronischen »Password-Safe«.

- Gehen Sie nicht davon aus, dass Ihre Daten durch Vergeben eines Kennwortes hundertprozentig sicher sind. Bis jetzt ist noch jeder Kopierschutz früher oder später geknackt worden. Allerdings muss man zur Ehrenrettung von Microsoft sagen, dass der Kennwortschutz gegenüber früheren Versionen von Office erheblich verbessert wurde.

- Auch wenn wir gerade gesagt haben, dass sich jeder Kopierschutz aushebeln lässt: Verlassen Sie sich nicht darauf! Wenn Sie wirklich einmal das Kennwort für eine Arbeitsmappe mit wichtigen Daten vergessen, würde es Sie mit Sicherheit Zeit und Geld kosten, um das Kennwort zu rekonstruieren (falls es dann im konkreten Einzelfall überhaupt möglich ist).

Arbeitsmappen schützen

In diesem Abschnitt stellen wir Ihnen nun die Verfahren vor, mit denen Sie Ihre Arbeitsmappen vor ungewollten Änderungen schützen können:

- Arbeitsmappe abschließen
- Arbeitsmappe verschlüsseln
- Arbeitsmappe mit einem Schreibschutz versehen.

Arbeitsmappen abschließen

Wenn Sie den Anwendern einer Arbeitsmappe signalisieren möchten, dass es sich um die endgültige Version der Mappe handelt, an der keine Änderungen mehr vorgenommen werden sollen, können Sie die Arbeitsmappe *abschließen*:

1. Wechseln Sie in die Backstage-Ansicht und gehen Sie dort auf die Seite *Informationen*.

2. Klicken Sie hier auf die Schaltfläche *Arbeitsmappe schützen* und wählen Sie in ihrem Menü den Befehl *Als abgeschlossen kennzeichnen*.

3. Bestätigen Sie die nächste Meldung mit *OK*. Die Arbeitsmappe wird gespeichert und als abgeschlossen gekennzeichnet. Anschließend erscheint eine weitere Meldung mit Informationen über den neuen Status der Mappe.

4. Klicken Sie auf *OK*, um die Meldung zu schließen.

Excel 2010

Bild 26.12 Abgeschlossene Arbeitsmappen können nicht mehr bearbeitet werden

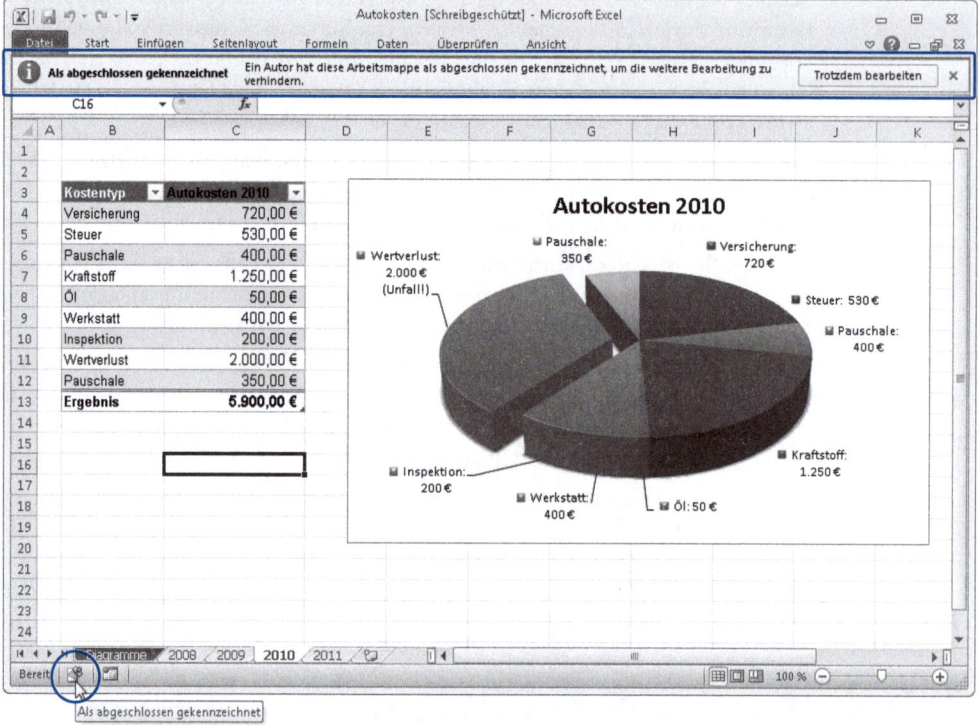

Dass eine Arbeitsmappe abgeschlossen ist, erkennen Sie gleich an mehreren Merkmalen:

■ Das Menüband ist minimiert und nahezu alle Befehle des Menübandes sind deaktiviert.

■ Unterhalb des Menübands wird eine entsprechende Meldung angezeigt.

■ In der Statusleiste taucht ein kleines Symbol auf.

Um die Arbeitsmappe wieder bearbeiten zu können, klicken Sie entweder in der Meldung auf *Trotzdem bearbeiten* oder Sie rufen den Befehl zum Abschließen der Präsentation erneut auf.

Arbeitsmappen verschlüsseln

Wie bereits im Abschnitt »Sicherheit auf Arbeitsmappen-Ebene« kurz erwähnt, erhalten Sie die größtmögliche Sicherheit für Ihre Daten, wenn Sie die komplette Arbeitsmappe schützen. Um diesen Schutzmechanismus zu aktivieren, nehmen Sie folgende Schritte vor:

1. Wechseln Sie in der Backstage-Ansicht auf die Seite *Informationen*, klicken Sie dort auf *Arbeitsmappe schützen* und wählen Sie im Menü der Schaltfläche den Befehl *Mit Kennwort verschlüsseln*.

2. Es erscheint ein Dialogfeld, das Sie zur Eingabe eines Kennworts auffordert. Dieses Kennwort benötigen Sie, um die Präsentation öffnen zu können. Kennwort benötigen Sie, um die Arbeitsmappe später öffnen zu können.

Bild 26.13   Kennwort für die verschlüsselte Arbeitsmappe vergeben

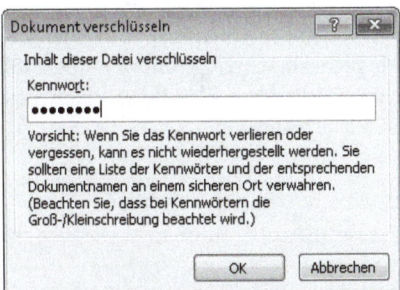

3. Geben Sie ein Kennwort ein und klicken Sie auf *OK*. Beachten Sie bei der Wahl des Kennworts unsere Hinweise aus dem Abschnitt »Die Wahl eines guten Kennworts« (auf Seite 460). Es erscheint ein weiteres Dialogfeld, in dem Sie das soeben eingegebene Kennwort bestätigen müssen.

4. Tippen Sie das Kennwort erneut ein. Damit wird kontrolliert, ob Sie sich beim ersten Eingeben des Kennwortes vertan haben.

Eine so gesicherte Arbeitsmappe kann nur noch von jemand geöffnet werden, der im Besitz des richtigen Kennwortes ist. (Das gilt auch für Sie persönlich – vergessen Sie Ihr Kennwort also nicht.) Zusätzlich bietet die Verschlüsselung einen weiteren Schutz gegen Datenspionage, da auch jemand, der die Datei mit einem Hex-Editor öffnet, keine lesbaren Inhalte vorfindet.

Wenn Sie die Verschlüsselung wieder ausschalten möchten, rufen Sie einfach den Befehl *Mit Kennwort verschlüsseln* erneut auf und löschen den Inhalt des Kennwortfeldes.

Arbeitsmappe mit einem Schreibschutz versehen

Wenn Sie zwar das Öffnen einer Arbeitsmappe ohne Kennwort zulassen wollen, jedoch andererseits verhindern möchten, dass jemand an der Arbeitsmappe Änderungen vornimmt, müssen Sie sie mit einem Schreibschutz versehen.

Um diesen Schutzmechanismus zu aktivieren, ist es erforderlich, dass Sie das Dokument speichern:

1. Wählen Sie in der Backstage-Ansicht den Befehl *Speichern unter*. Excel zeigt das gleichnamige Dialogfeld an.

2. Klicken Sie unten im Dialogfeld auf die Schaltfläche *Tools* und wählen Sie in deren Ausklappmenü den Befehl *Allgemeine Optionen*. Dadurch erscheint ein weiteres Dialogfeld (siehe Bild 26.14 auf der nächsten Seite).

Die Felder im Dialogfeld *Allgemeine Optionen* haben folgende Bedeutung:

■   **Kennwort zum Öffnen**   Wenn Sie in diesem Feld eine Eingabe vornehmen, hat das die gleiche Wirkung wie der im letzten Abschnitt vorgestellte Befehl *Mit Kennwort verschlüsseln*.

■   **Kennwort zum Ändern**   Geben Sie hier ein Kennwort ein, um die Arbeitsmappe mit einem Schreibschutz zu versehen. Die Arbeitsmappe kann dann anschließend zwar ohne Kennwort geöffnet werden, jedoch nur im Schreibschutz-Modus. Benutzer, die an der Arbeitsmappe Änderungen vornehmen wollen, benötigen dazu das richtige Kennwort.

Excel 2010

■ **Schreibschutz empfehlen** Bei Arbeitsmappen, für die kein erhöhtes Sicherheitsbedürfnis besteht, kann es auch ausreichend sein, wenn Sie nur die Option *Schreibschutz empfehlen* einschalten. Ein Benutzer wird dann beim Öffnen der Arbeitsmappe in einer Meldung darauf hingewiesen, dass er diese Datei nach Möglichkeit schreibgeschützt öffnen sollte. Er kann den Schreibschutz aber bei Bedarf deaktivieren. Wir empfehlen Ihnen, die Arbeitsmappe stattdessen als abgeschlossen zu kennzeichnen (siehe Seite 461).

Bild 26.14   Arbeitsmappen können mit einem Schreibschutz versehen werden

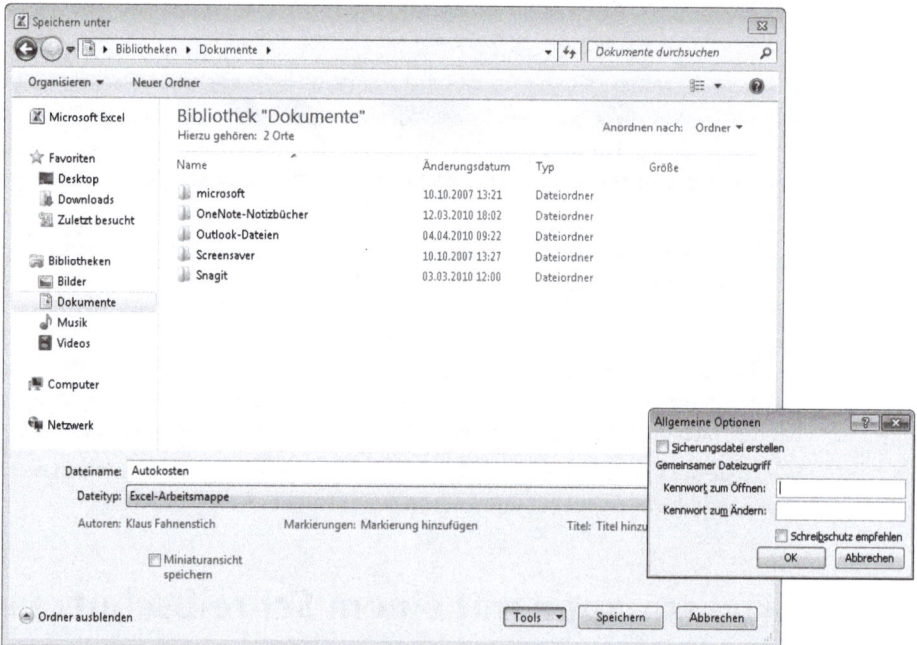

3.   Nehmen Sie im Feld *Kennwort zum Ändern* eine Eingabe vor, um die Arbeitsmappe mit einem Schreibschutz zu versehen und klicken Sie auf *OK*.

4.   Bestätigen Sie das Kennwort im nächsten Dialog und klicken Sie dann auf *Speichern*.

Wenn Sie den Schreibschutz zu einem späteren Zeitpunkt wieder entfernen wollen, müssen Sie das Dialogfeld *Allgemeine Optionen* erneut aufrufen und das Kennwort löschen. Anschließend müssen Sie das Dokument speichern.

Öffnen einer geschützten Arbeitsmappe

Beim Öffnen einer geschützten Arbeitsmappe werden Sie, je nach benutzten Sicherheitsmerkmalen, mit folgenden Dialogfeldern konfrontiert:

■ Falls Sie die Arbeitsmappe verschlüsselt bzw. ein Kennwort zum Öffnen der Arbeitsmappe vergeben haben, taucht das folgende kleine Fenster auf dem Bildschirm auf, in dem Sie das geforderte Kennwort eingeben müssen.

Bild 26.15   Die Arbeitsmappe lässt sich nur mit Kennwort öffnen

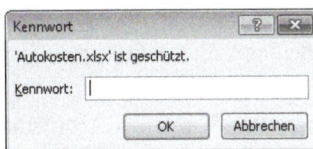

■ Wurde die Arbeitsmappe mit einem kennwortgeschützten Schreibschutz versehen, erscheint ein Fenster, mit dem Sie entweder den Schreibschutz per Kennworteingabe aufheben oder die Arbeitsmappe mit der Schaltfläche *Schreibschutz* im schreibgeschützten Modus öffnen können.

Bild 26.16   Der Schreibschutz kann per Kennwort aufgehoben werden

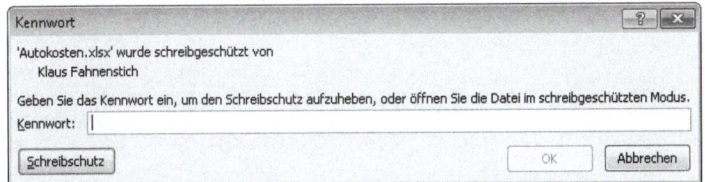

■ Ist die Arbeitsmappe nur mit einer Schreibschutz-Empfehlung versehen, zeigt Excel eine Meldung an, dass die Arbeitsmappe wahlweise mit oder ohne Schreibschutz geöffnet werden kann.

Bild 26.17   Hier haben Sie die freie Wahl

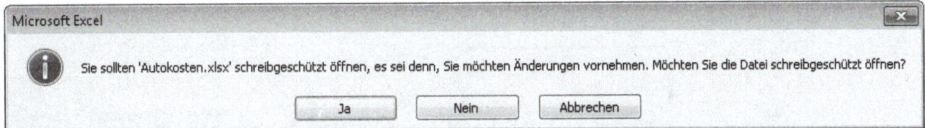

Struktur und Fenster von Arbeitsmappen schützen

Indem Sie den Aufbau einer Arbeitsmappe schützen, können Sie z.B. verhindern, dass ein Benutzer ein Tabellenblatt löschen oder einfügen kann.

1. Zeigen Sie die Registerkarte *Überprüfen* an.

2. Klicken Sie in der Gruppe *Änderungen* auf *Arbeitsmappe schützen*.

Bild 26.18   Struktur und Fenster der Arbeitsmappe schützen

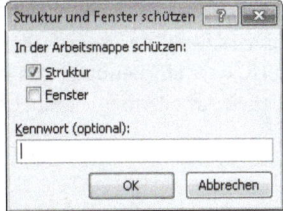

3. Schalten Sie die Option *Struktur* ein, wenn Sie verhindern wollen, dass Blätter verschoben, gelöscht, ausgeblendet, eingeblendet, umbenannt oder eingefügt werden können.

4. Mit der Option *Fenster* erreichen Sie, dass der Benutzer die Größe und die Position der Fenster in der Arbeitsmappe nicht verändern kann.

5. Um zu verhindern, dass unberechtigte Benutzer den Schutz der Arbeitsmappe wieder aufheben können, vergeben Sie noch ein Kennwort.

Wenn Sie eine derart geschützte Mappe öffnen, erkennen Sie die eingeschränkten Bearbeitungsmöglichkeiten z.B. an fehlenden Schaltflächen in den Titelleisten *(Minimieren, Maximieren/ Wiederherstellen* und *Schließen)* und an den inaktiven Befehlen im Kontextmenü der Blattregister.

Bild 26.19 Die Struktur und Fenster dieser Arbeitsmappe sind geschützt

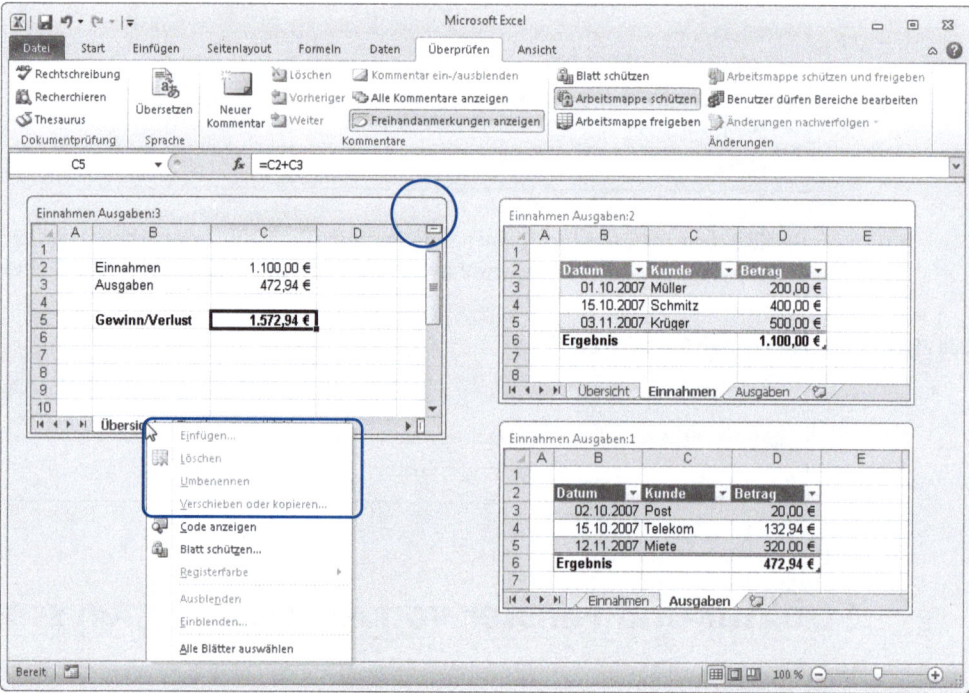

Arbeitsmappen schützen und freigeben

Mit Excel ist es auch möglich, Arbeitsmappen für die gemeinsame Bearbeitung durch mehrere Benutzer freizugeben. Auch solche Arbeitsmappen lassen sich gegen unbefugte Bearbeitung sichern.

Mit dem Befehl *Arbeitsmappe schützen und freigeben*, der sich auf der Registerkarte *Überprüfen* in der Gruppe *Änderungen* befindet, können Sie verhindern, dass ein Benutzer das Änderungsprotokoll löscht, in dem alle Veränderungen an der freigegebenen Arbeitsmappe gespeichert werden.

Diese Sperre können Sie zusätzlich noch mit einem Kennwort absichern. Dazu darf allerdings die Arbeitsmappe noch nicht mit dem Befehl *Arbeitsmappe freigeben* (ebenfalls auf der Registerkarte *Überprüfen*) freigegeben worden sein.

Bild 26.20   Schützen des Änderungsprotokolls mit einem Kennwort

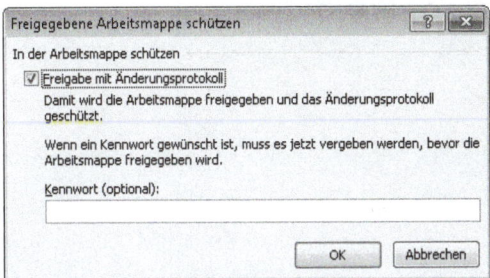

Arbeitsblätter schützen

Wenn Sie nicht möchten, dass die Inhalte eines der Arbeitsblätter einer Arbeitsmappe geändert werden können, können Sie das Blatt mit einem Kennwort vor unbefugtem Zugriff sichern. Dieser Schutz erfolgt unabhängig von den Schutzfunktionen der Arbeitsmappe, die wir in den vorangegangenen Abschnitten behandelt haben.

Wie wir bereits im Abschnitt »Sicherheit auf Arbeitsblatt-Ebene« auf Seite 460 kurz erwähnt haben, müssen Sie den Blattschutz in zwei Schritten konfigurieren bzw. aktivieren. Zuerst legen Sie fest, welche Zellen des Blattes überhaupt geschützt werden sollen. Erst danach aktivieren Sie den Blattschutz.

Zellen für den Blattschutz vorbereiten
Standardmäßig sind alle Zellen eines Arbeitsblattes so eingestellt, dass sie bei aktiviertem Blattschutz gesperrt sind. Diese Voreinstellung macht auch Sinn, da Sie dadurch mit wenig Aufwand die größtmögliche Sicherheit erhalten.

Normalerweise wird der Blattschutz für Tabellenblätter verwendet, auf denen einige Zellen für die Dateneingabe freigegeben sind und der Rest des Blattes für den Benutzer gesperrt ist. So lässt sich zum einen vermeiden, dass ein Anwender versehentlich Formeln verändert oder löscht, und zum anderen lassen sich wichtige Formeln vor dem Anwender verbergen.

Da Excel, wie gesagt, alle Zellen standardmäßig so einstellt, dass sie bei aktiviertem Blattschutz gesperrt sind, geht es im Regelfall darum, dass Sie vor dem Einschalten des Blattschutzes festlegen müssen, in welchen Zellen anschließend noch Eingaben gestattet sind und bei welchen Zellen Excel die hinterlegten Formeln ausblenden soll.

1.   Markieren Sie die Zelle(n), deren Schutzeinstellung Sie ändern möchten.

2.   Klicken Sie die Markierung mit der rechten Maustaste an und wählen Sie im Kontextmenü den Befehl *Zellen formatieren*. Alternativ drücken Sie den Shortcut $\boxed{\text{Strg}}+\boxed{1}$.

3.   Wechseln Sie im angezeigten Dialogfeld auf die Registerkarte *Schutz*.

Excel 2010

Bild 26.21   Zellen können gesperrt und ausgeblendet werden

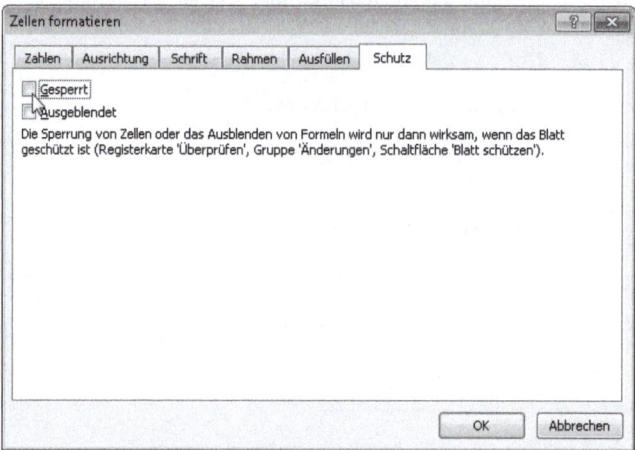

4. Schalten Sie die Option *Gesperrt* ein, wenn die markierte(n) Zelle(n) bei aktiviertem Blatt-schutz gesperrt sein soll(en). Wenn der Anwender in der Zelle Eingaben vornehmen soll, müssen Sie die Option also ausschalten.

5. Schalten Sie die Option *Ausgeblendet* ein, wenn die hinterlegten Formeln der Zelle(n) in ei-nem geschützten Blatt nicht angezeigt werden sollen. Der Benutzer sieht dann nur noch das Ergebnis der Zelle, kann aber nicht erkennen, wie es berechnet wurde.

6. Schließen Sie das Dialogfeld mit *OK*.

Blattschutz aktivieren

Wenn alle Zellen des zu schützenden Arbeitsblattes mit den richtigen Schutz-Eigenschaften forma-tiert sind, können Sie den Blattschutz aktivieren.

1. Markieren Sie im Blattregister das Tabellenblatt, das Sie schützen wollen.

2. Wechseln Sie auf die Registerkarte *Überprüfen* und klicken Sie in der Gruppe *Änderungen* auf die Schaltfläche *Blatt schützen*.

Bild 26.22   Der Blattschutz kann sehr detailliert eingestellt werden

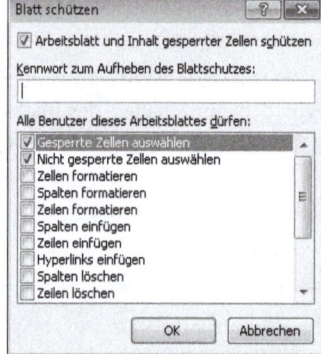

Im Dialogfeld *Blatt schützen* können Sie sehr feinkörnig einstellen, welche Operationen Sie auf dem Blatt zulassen bzw. verhindern wollen. In der Voreinstellung lassen sich gesperrte Zellen zwar auswählen, aber nicht ändern.

3. Geben Sie in das Feld *Kennwort zum Aufheben des Blattschutzes* ein Kennwort ein, denn ohne die Eingabe eines Kennwortes kann jeder Benutzer den Blattschutz problemlos wieder deaktivieren (was in der Regel wohl nicht gewollt ist).

4. Nehmen Sie die gewünschten Einstellungen vor und klicken Sie auf *OK*.

5. Geben Sie das Kennwort erneut ein, um zu gewährleisten, dass Sie sich bei der ersten Eingabe nicht vertippt haben. Nachdem Sie das Fenster mit *OK* geschlossen haben, ist der Blattschutz aktiv.

6. Prüfen Sie den Blattschutz, indem Sie versuchen, eine gesperrte Zelle zu verändern. Excel sollte dann mit folgender Meldung reagieren:

Bild 26.23   Fehlermeldung beim Versuch, ein geschütztes Blatt zu bearbeiten

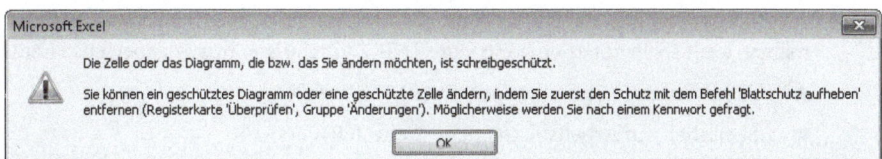

Schutz wieder aufheben

Wenn Sie den Blattschutz wieder aufheben möchten, klicken Sie auf der Registerkarte *Überprüfen* auf die Schaltfläche *Blattschutz aufheben* und geben das dazu notwendige Kennwort ein.

Excel 2010

PROFITIPP

Gleichzeitige Eingabe in Tabellenblätter

Wenn Sie eine Arbeitsmappe erstellen, deren einzelne Tabellenblätter die gleiche Struktur aufweisen sollen, können Sie die Struktur und Daten auch in mehrere Tabellenblätter gleichzeitig eingeben. Als Beispiel haben wir eine Übungsdatei vorbereitet, die die PKW-Kosten über mehrere Jahre verfolgen soll.

1. Öffnen Sie die Übungsdatei *Gleichzeitige Eingabe in mehrere Arbeitsblätter*.

2. Markieren Sie alle Tabellenblätter der Arbeitsmappe, indem Sie die Strg-Taste drücken und alle Registerkarten nacheinander anklicken.

3. Klicken Sie in Zelle B4 und geben Sie dort den Text **Versicherung** ein. Beachten Sie den Hinweis von Excel in der Titelzeile des Fensters, dass zurzeit eine Gruppe von mehreren Arbeitsblättern bearbeitet wird.

4. Wechseln Sie auf das Blatt *2010* und prüfen Sie, ob dort die Eingabe, die Sie auf dem Blatt *2012* vorgenommen haben, angekommen ist.

Auf diese Weise können nicht nur Texte, sondern auch Zahlen und Formeln gleichzeitig in die markierten Tabellenblätter eingegeben werden. Auch eine gemeinsame Formatierung von mehreren Blättern ist so möglich.

Zusammenfassung

Dieses Kapitel hat die grundlegenden Techniken zum Arbeiten mit mehreren Tabellenblättern vorgestellt.

■ Mit den Blattregisterkarten am unteren Ende des Excel-Fensters können Sie zwischen den verschiedenen Arbeitsblättern hin und her wechseln (Seite 452).

■ Die nachfolgenden Abschnitte haben dann gezeigt, wie Sie Tabellenblätter einfügen (Seite 453), löschen (Seite 454) und verschieben oder kopieren (Seite 455). Auch den Namen eines Tabellenblatts (Seite 456) und die Farbe der Registerkarte (Seite 456) können Sie nun ändern.

■ Standardmäßig besitzen neue Arbeitsmappen drei leere Tabellenblätter. Sie können diese Vorgabe jederzeit ändern (Seite 454).

■ Interessant ist der Einsatz von Arbeitsmappen dann, wenn Sie Daten eines Tabellenblattes mit Daten von anderen Tabellenblättern verknüpfen. Wie dies geht, haben wir ab Seite 457 an einem Beispiel verdeutlicht.

Im Rest des Kapitels haben Sie dann die verschiedenen Möglichkeiten gesehen, um eine Arbeitsmappe, ein Tabellenblatt oder einzelne Zellen zu schützen bzw. zu sperren. Themen waren hierbei:

■ Sicherheit auf Arbeitsmappen-Ebene (Seite 460)

■ Sicherheit auf Arbeitsblatt-Ebene (Seite 460)

■ Tipps für die Wahl eines sicheren Kennworts (Seite 460)

■ Verfahren zum Schützen und einer Arbeitsmappe (Seite 461)

■ Öffnen einer geschützten Arbeitsmappe (Seite 464)

■ Struktur und Fenster einer Arbeitsmappe schützen (Seite 465)

■ Sperren von einzelnen Zellen (Seite 467).

Kapitel 27

Daten gliedern, sortieren und filtern

Excel 2010

In diesem Kapitel:

Viele größere Tabellen wirken unübersichtlich, da sie zu viele Informationen gleichzeitig auf dem Bildschirm präsentieren. Für solche Fälle bietet Ihnen Excel die Gliederungsfunktion an, mit der Sie die eher unwichtigen Bereiche einer Tabelle zunächst vor dem Benutzer verbergen können. Ist der Benutzer dann doch an detaillierteren Daten interessiert, kann er die entsprechenden Zellen jederzeit einblenden lassen.

Dieses Kapitel stellt einige der Möglichkeiten vor, wie Sie Tabellen übersichtlich gliedern können. Außerdem zeigen wir, wie Sie mit der Funktion zum Anzeigen von Teilergebnissen schnell eine Tabelle analysieren können. Abschließend lernen Sie die AutoFilter-Funktion kennen, mit der Sie Tabellen auf einfache Weise nach bestimmten Kriterien filtern können.

Gliederungsfunktion konfigurieren

In den meisten Tabellen werden Daten in separaten Zeilen oder Spalten zusammengefasst bzw. summiert. Die Position dieser Summen innerhalb der Tabelle kann dabei variieren:

- Spaltensummen können links oder rechts neben den summierten Spalten (den sogenannten *Detaildaten*) stehen und

- Zeilensummen entsprechend über oder unter den zugehörigen Detaildaten.

Damit die Gliederungsfunktion von Excel die Struktur Ihrer Tabellen zuverlässig erkennen kann, müssen Sie daher zunächst einstellen, wie die verschiedenen Summenspalten bzw. Summenzeilen in Ihrer Tabelle angeordnet sind:

1. Wechseln Sie zur Registerkarte *Daten* und klicken Sie in der Befehlsgruppe *Gliederung* das *Startprogramm für ein Dialogfeld* an. Excel zeigt das Dialogfeld *Einstellungen* an.

Bild 27.1 In diesem Dialogfeld konfigurieren Sie die Gliederungsfunktion

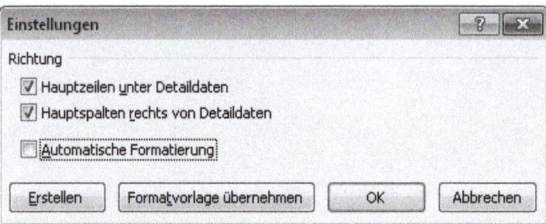

2. Wenn die Summenzeilen unterhalb der addierten Zahlen stehen, schalten Sie die Option *Hauptzeilen unter Detaildaten* ein. Befinden sie sich über den Zahlen, muss die Option ausgeschaltet werden.

3. Stehen die Summen rechts neben den addierten Zahlen, schalten Sie die Option *Hauptspalten rechts von Detaildaten* ein; stehen sie links, muss die Option ausgeschaltet werden.

4. Schließen Sie das Dialogfeld mit *OK*.

HINWEIS Die Hauptzeilen und -spalten müssen unmittelbar neben den zugehörigen Detaildaten liegen. Es dürfen also keine weiteren Zeilen bzw. Spalten dazwischen liegen.

Tabellen manuell gliedern

Um die Möglichkeiten vorzustellen, mit denen Sie eine Tabelle gliedern und gruppieren können, verwenden wir eine kleine Tabelle, in der die Weißwurst-Umsätze einer Firma für verschiedene Verkaufsgebiete und verschiedene Verkaufszeiträume eines Jahres enthalten sind. Die Ausgangslage sehen Sie in der folgenden Abbildung.

Die Spalten, die mit H1 und H2 beschriftet sind, enthalten die Summen der verkauften Stückzahlen für das 1. und 2. bzw. das 3. und 4. Quartal des Verkaufszeitraums. Die Aufgabe besteht darin, die Tabelle so zu gruppieren, dass die Quartals- und Halbjahresumsätze zusammengefasst und mit der Gruppierungsfunktion ausgeblendet werden können. Um mehrere Spalten oder Zeilen zu gruppieren, gehen Sie wie folgt vor:

1. Öffnen Sie die Datei, die Sie gruppieren wollen. (Wenn Sie die nachfolgenden Schritte nachvollziehen wollen, können Sie die Übungsdatei *Gruppieren* verwenden.)

2. Markieren Sie die Zeilen bzw. Spalten, die gruppiert werden sollen. In unserem Beispiel würden Sie die Spalten C bis H markieren.

Bild 27.2   Die markierten Spalten C bis H sollen gruppiert werden

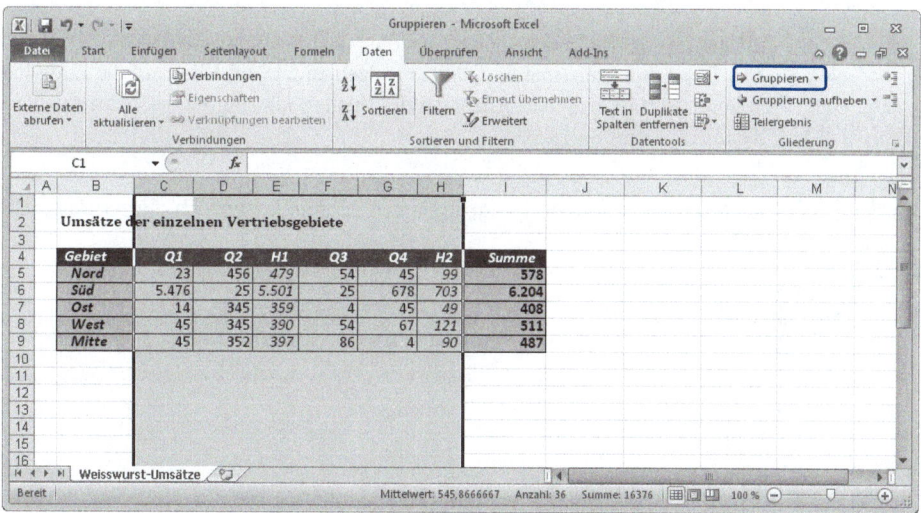

3. Öffnen Sie die Registerkarte *Daten*. Klicken Sie in der Befehlsgruppe *Gliederung* auf die Schaltfläche *Gruppieren*. Im Excel-Fenster erscheint daraufhin links bzw. oberhalb der Tabelle ein neuer Bereich, mit dem Sie die gruppierten Zeilen/Spalten ein- und ausblenden können (siehe Abbildung auf der nächsten Seite).

Bild 27.3   Oberhalb des Tabellenblatts erscheint ein neuer Bereich, in dem verschiedene
Gliederungssymbole angezeigt werden

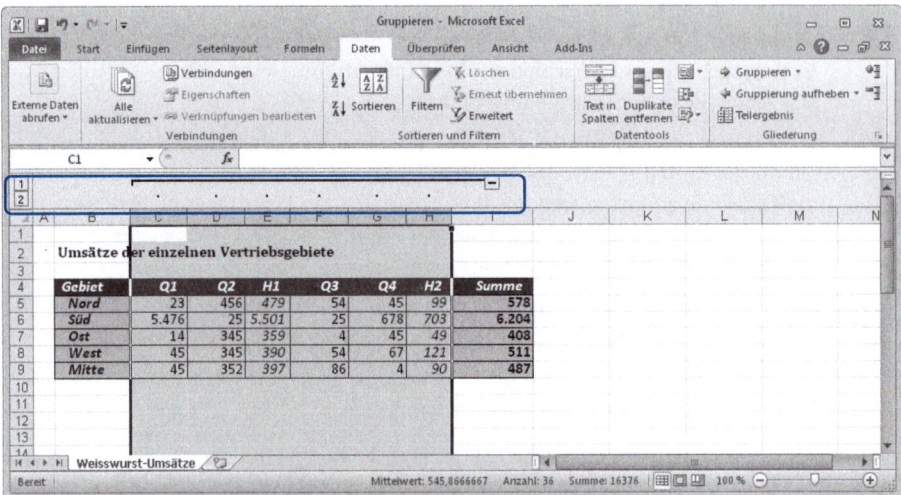

4.   Klicken Sie oberhalb der Spalte I auf die Schaltfläche mit dem Minuszeichen. Hierdurch wer-
den die gruppierten Spalten C bis H ausgeblendet (ein Klick auf die Linie führt zum gleichen
Ergebnis). Zum erneuten Anzeigen der Spalten klicken Sie das beim Ausblenden erschienene
Pluszeichen an.

Bild 27.4   Nach dem Ausblenden der gruppierten Spalten lassen sich die zentralen Daten mit einem
Blick erfassen

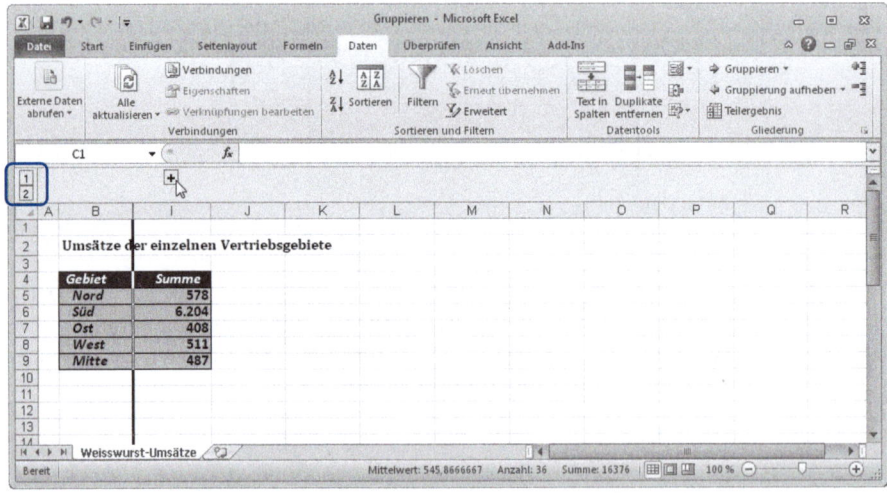

HINWEIS   Die verschiedenen Gliederungsebenen lassen sich auch durch Anklicken der kleinen
Zahlen ein- und ausblenden, die sich links im Excel-Fenster unterhalb des Namenfeldes befinden.

Weitere Gliederungsebenen einfügen

Sie können die Gruppierung eines Tabellenblatts auch noch weiter untergliedern. Für das Beispiel aus dem letzten Abschnitt wäre es natürlich sinnvoll, auch die Halbjahreszahlen zu gruppieren:

1. Zeigen Sie alle Spalten der Tabelle an, indem Sie auf die Gliederungsebene 2 klicken.

2. Markieren Sie die Spalten der beiden ersten Quartale (C und D) und gruppieren Sie sie, indem Sie auf der Registerkarte *Daten* in der Gruppe *Gliederung* auf *Gruppieren* klicken.

3. Gruppieren Sie auch die Spalten der Quartale Q3 und Q4.

Das Tabellenblatt enthält jetzt drei Gliederungsebenen:

■   In der Ebene 1 wird nur die Gesamtsumme angezeigt.

■   In der Ebene 2 sind zusätzlich die Halbjahressummen sichtbar.

■   In der Ebene 3 sind alle Daten eingeblendet.

Bild 27.5   Das Tabellenblatt wurde um eine dritte Gliederungsebene erweitert

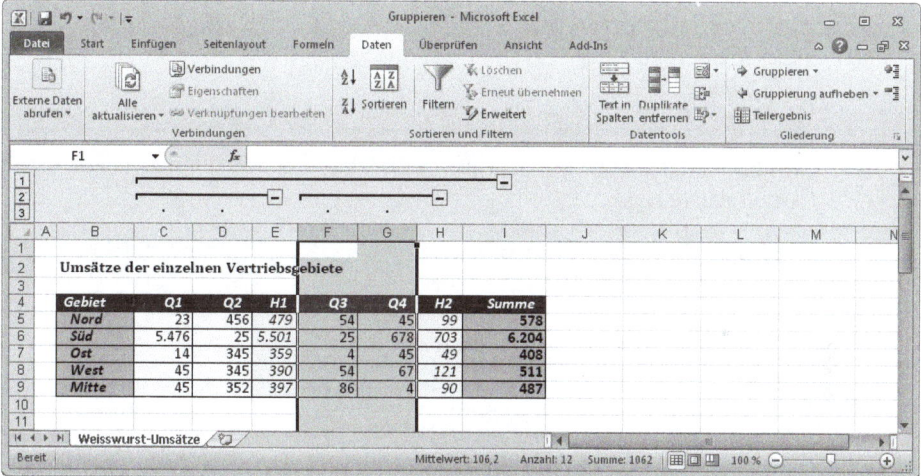

Gruppierungen aufheben

Um die Gruppierung bestimmter Spalten wieder aufzuheben, markieren Sie zuerst die betreffenden Spalten und klicken anschließend auf der Registerkarte *Daten* in der Befehlsgruppe *Gliederung* auf *Gruppierung aufheben*. Je nach Art der vorgenommenen Markierung löscht Excel die Markierung direkt oder zeigt zunächst noch ein kleines Dialogfeld an, in dem Sie angeben können, ob Sie eine Zeilen- oder eine Spaltengruppierung aufheben möchten.

Bild 27.6 Der Befehl, um die gesamte Gliederung zu entfernen, ist im Menü der Schaltfläche
Gliederung aufheben versteckt

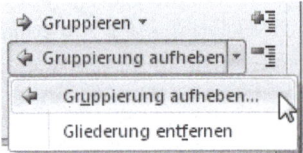

Um alle Gruppierungen auf einen Schlag aufzuheben, klicken Sie auf der Registerkarte *Daten* in der
Gruppe *Gliederung* auf den kleinen Pfeil an der Schaltfläche *Gruppierung aufheben* und anschließend auf *Gliederung entfernen*.

PROFITIPP **Gliederungssymbole ein- und ausblenden**

Sie können die Anzeige der Gliederungssymbole (die Plus- und Minuszeichen sowie die Zahlen
zur Darstellung der Gliederungsebene) ein- oder ausschalten, wenn Sie z.B. vermeiden wollen,
dass unerfahrene Anwender von einer komplexen Gliederung irritiert werden:

1. Klicken Sie auf die Registerkarte *Datei* und anschließend im Menü der Backstage-Ansicht
    auf *Optionen*.

2. Klicken Sie in der Kategorienliste auf der linken Seite auf *Erweitert*.

3. Scrollen Sie auf der rechten Seite des Dialogfeldes zum Abschnitt *Optionen für dieses
    Arbeitsblatt anzeigen*.

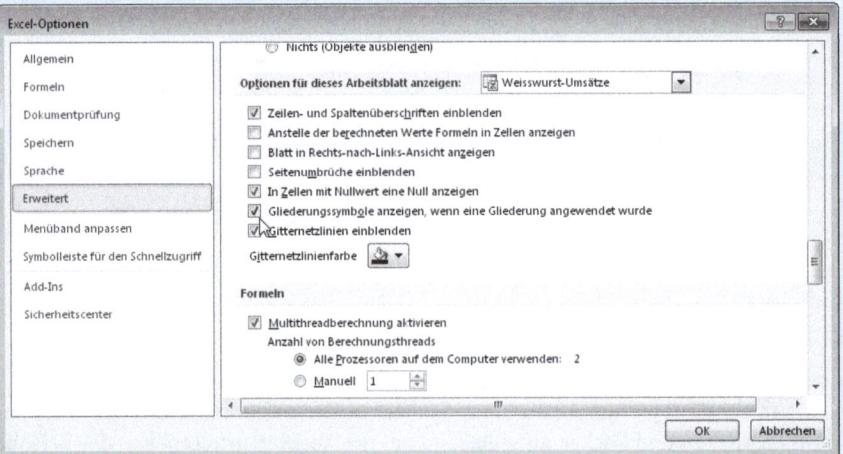

4. Schalten Sie das Kontrollkästchen *Gliederungssymbole anzeigen, wenn eine Gliederung an-
    gewendet wurde* aus.

5. Klicken Sie auf *OK*.

Wenn diese Option ausgeschaltet ist, kann ein Anwender dem Tabellenblatt nicht mehr ansehen,
dass ihm eine Gliederung zugrunde liegt.

Tabellen automatisch gliedern

Das manuelle Gliedern einer Tabelle ist recht mühselig. Bei sauber konstruierten Tabellen, das heißt bei Tabellen, die in sich konsistent sind, können Sie diese Arbeit auch unbesorgt von Excel erledigen lassen:

1. Konfigurieren Sie die Gliederungsfunktion, wie zu Beginn des Kapitels im Abschnitt »Gliederungsfunktion konfigurieren« beschrieben.

2. Markieren Sie den Bereich des Tabellenblatts, den Sie gruppieren möchten. Wenn Excel das ganze Tabellenblatt gliedern soll, klicken Sie eine beliebige Zelle an.

3. Klicken Sie auf der Registerkarte *Daten* in der Befehlsgruppe *Gliederung* auf den kleinen Pfeil der Schaltfläche *Gruppieren* und dann auf *AutoGliederung*. Excel fügt daraufhin gemäß der erkannten Tabellenstruktur eine oder mehrere Gliederungsebenen ein.

4. Wenn Sie mit dem Ergebnis nicht zufrieden sind, müssen Sie die Gliederung auf der Registerkarte *Daten* in der Gruppe *Gliederung* mit einem Klick auf *Gliederung aufheben* wieder rückgängig machen und die Tabelle manuell gliedern.

Tabellen sortieren

Mithilfe der Sortierfunktion von Excel können Sie eine Tabelle nach bestimmten Kriterien sortieren lassen. Für das folgende Beispiel verwenden wir eine Umsatztabelle, in der die Spalten *Produkt*, *Verkäufer*, *Stück* und *Umsatz* vorhanden sind.

Bild 27.7   Diese Tabelle ist derzeit nach der Spalte *Produkt* sortiert

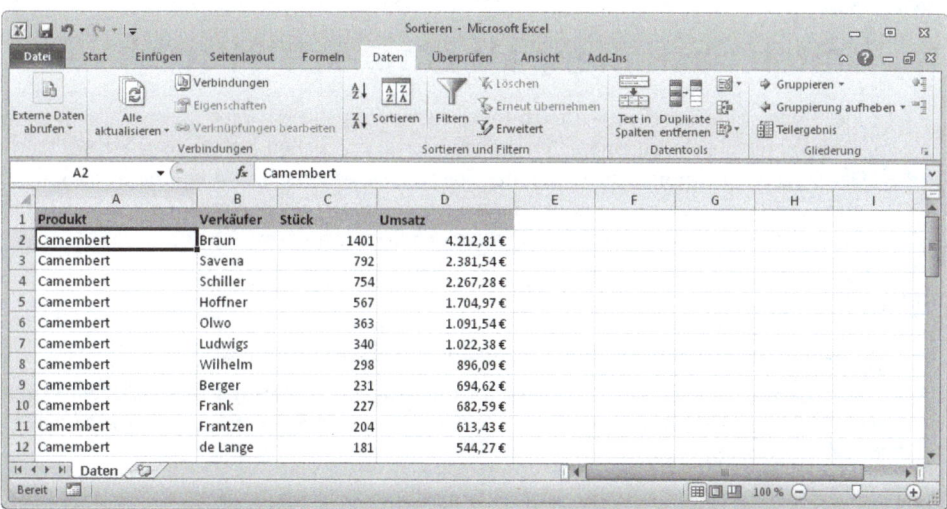

Die Sortierfunktion von Excel finden Sie auf der Registerkarte *Daten* in der Befehlsgruppe *Sortieren und Filtern*. Mit den Schaltflächen *Von A bis Z sortieren* und *Von Z bis A sortieren* können Sie eine Tabelle nach den Werten einer Spalte sortieren lassen. Über die Schaltfläche *Sortieren* öffnen Sie ein Dialogfeld, in dem Ihnen weitere Sortierkriterien zur Verfügung stehen.

Um eine Tabelle nach einer Spalte sortieren zu lassen, gehen Sie so vor:

1. Klicken Sie eine beliebige Zelle in der Spalte an, nach der Sie sortieren wollen.

2. Klicken Sie auf der Registerkarte *Daten* in der Befehlsgruppe *Sortieren und Filtern* auf *Von A bis Z sortieren,* wenn Sie aufsteigend sortieren wollen, oder auf *Von Z bis A sortieren,* wenn Sie absteigend sortieren wollen. (Dies funktioniert nicht nur mit Textwerten, sondern auch mit numerischen und Datumswerten.)

Bild 27.8   Die Tabelle wurde nach der Spalte *Stück* neu sortiert

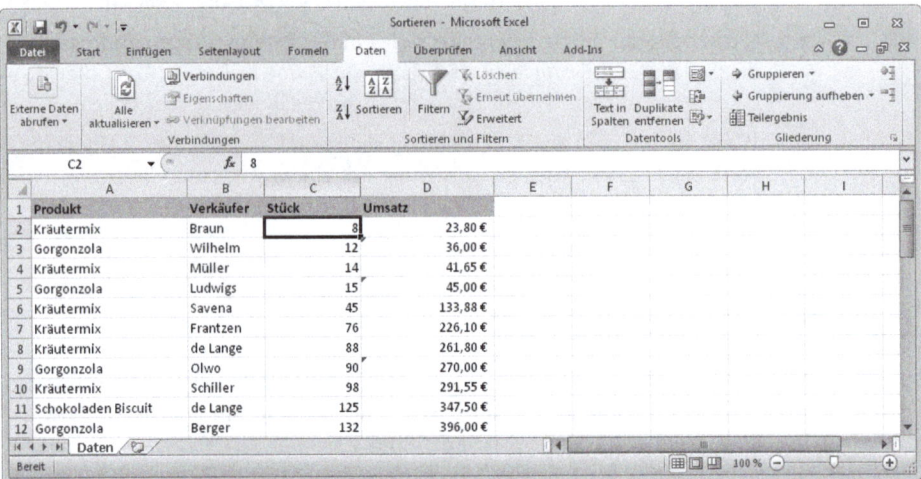

Daten nach mehr als einer Spalte sortieren

Sie können eine Tabelle auch nach mehr als einer Spalte sortieren lassen und dabei die Sortierreihenfolge für die einzelnen Spalten getrennt festlegen. Stellen Sie sich vor, Sie wollen die Tabelle in der obigen Abbildung zuerst nach der Spalte *Produkt* aufsteigend und dann nach der Spalte *Stück* absteigend sortieren lassen, um so ablesen zu können, welcher Verkäufer von welchem Produkt die meisten Stückzahlen verkauft hat. Dazu gehen Sie folgendermaßen vor:

1. Setzen Sie die Zellmarkierung in eine beliebige Zelle der Tabelle.

2. Klicken Sie auf der Registerkarte *Daten* in der Befehlsgruppe *Sortieren und Filtern* auf die Schaltfläche *Sortieren.* Das gleichnamige Dialogfeld wird angezeigt.

3. Öffnen Sie die Liste *Sortieren nach* und wählen Sie dort den Eintrag *Produkt* aus. Lassen Sie die Einstellungen in den Listen *Sortieren nach* und *Reihenfolge* unverändert, wie es die folgende Abbildung zeigt.

Bild 27.9   Das erste Sortierkriterium wurde festgelegt

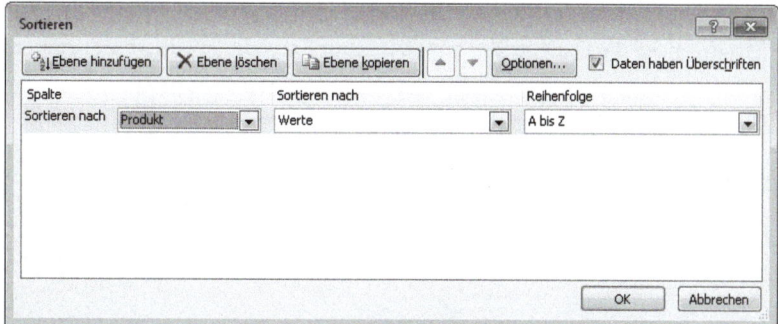

4. Klicken Sie auf *Ebene hinzufügen*. Im unteren Bereich des Dialogfeldes wird eine weitere Zeile eingefügt.

5. Öffnen Sie die Liste *Dann nach* und wählen Sie dort den Eintrag *Stück* aus.

6. Öffnen Sie in der Zeile *Stück* die Liste *Reihenfolge* und wählen Sie dort den Eintrag *Nach Größe (absteigend)* aus.

Bild 27.10   Die zweite Sortierebene verwendet eine andere Spalte und eine andere Reihenfolge

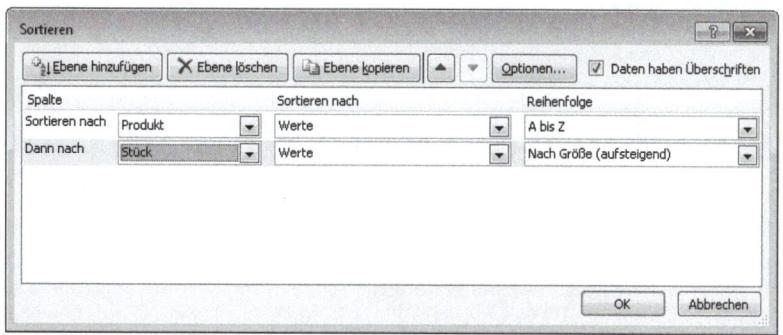

Bei Bedarf können Sie ein weiteres Mal auf *Ebene hinzufügen* klicken, um weitere Kriterien zu bestimmen.

7. Mit der Schaltfläche *Optionen* öffnen Sie das Dialogfeld *Sortieroptionen*, in dem Sie weitere Einstellungen vornehmen können.

Bild 27.11   In diesem Dialogfeld legen Sie weitere Sortieroptionen fest

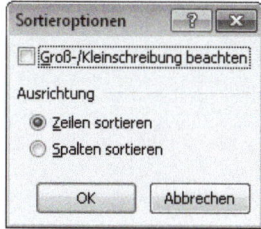

Hier können Sie z.B. angeben, dass Excel nicht die Zeilen, sondern die Spalten sortieren soll und festlegen, ob die Groß-/Kleinschreibung berücksichtigt werden soll.

8. Bestätigen Sie die Dialogfelder mit *OK*, damit Excel die gewünschte Sortierung durchführt.

Bild 27.12   Die Tabelle wurde nach zwei verschiedenen Spalten sortiert

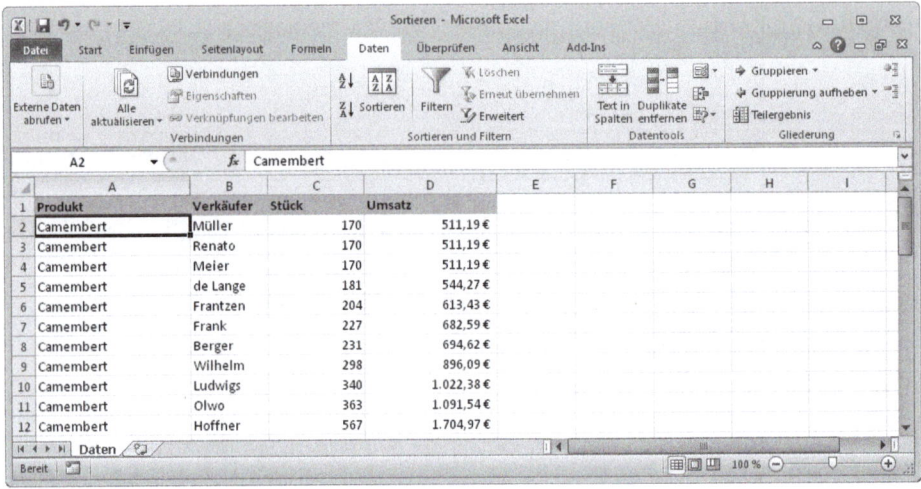

Benutzerdefinierte Listen zum Sortieren verwenden

Die alphabetische Sortierung oder die Sortierung nach dem Wert numerischer Zellen ist nicht immer die Sortierreihenfolge, die Sie benötigen. Schauen Sie sich das folgende Tabellenblatt an, in dem Umsätze verschiedener Produkte für die verschiedenen Monate eines Jahres aufgeführt sind.

Bild 27.13 In dieser Tabelle sollen die Daten auch nach dem Monat sortiert werden

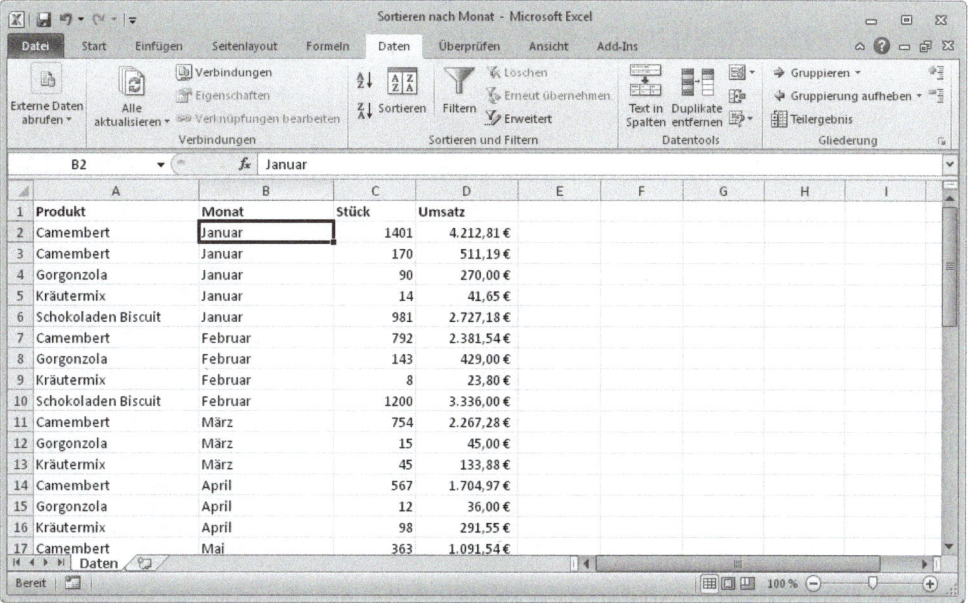

Diese Daten sollen so sortiert werden (beispielsweise um sie gruppieren zu können), dass die Umsätze aller Produkte untereinander stehen, und für jedes Produkt dann die Umsätze in aufsteigender Reihenfolge der Monate. Die alphabetische Reihenfolge können Sie für die Monate nicht verwenden, da dann z.B. der Februar vor dem Januar stehen würde.

Um diese Art von Sortierungen vorzunehmen, können Sie Daten nach einer sogenannten benutzerdefinierten Liste sortieren lassen. Excel enthält bereits vordefinierte benutzerdefinierte Listen, mit denen Sie z.B. nach Monatsnamen oder den Namen der Wochentage sortieren können.

Um die Sortierung in diesem Beispiel vorzunehmen, gehen Sie so vor:

1. Setzen Sie die Zellmarkierung in eine beliebige Zelle der Tabelle.

2. Klicken Sie auf der Registerkarte *Daten* in der Befehlsgruppe *Sortieren und Filtern* auf die Schaltfläche *Sortieren*.

3. Öffnen Sie die Liste *Sortieren nach* und wählen Sie dort den Eintrag *Produkt* aus. Lassen Sie die Einstellungen in den Listen *Sortieren nach* und *Reihenfolge* unverändert.

4. Klicken Sie auf *Ebene hinzufügen*.

5. Wählen Sie bei der zweiten Ebene die Spalte *Monat* aus, klicken Sie auf den Pfeil des Listenfeldes *Reihenfolge* und dann auf *Benutzerdefinierte Liste* (siehe Abbildung auf der nächsten Seite).

Bild 27.14   Zum Sortieren Ihrer Daten können Sie auch eine benutzerdefinierte Liste verwenden

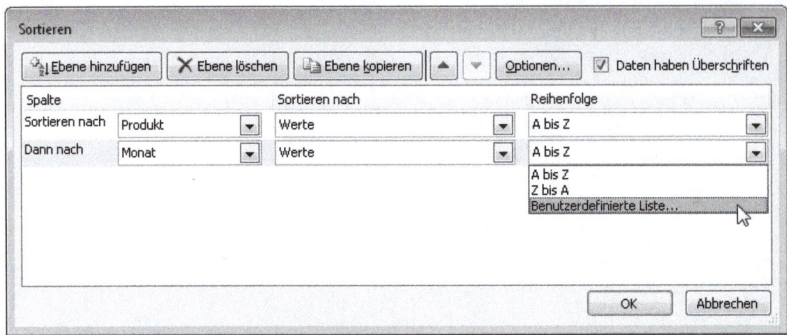

Excel zeigt das Dialogfeld *Benutzerdefinierte Listen* an.

Bild 27.15   Hier sehen Sie die Listen, die bereits in Excel enthalten sind

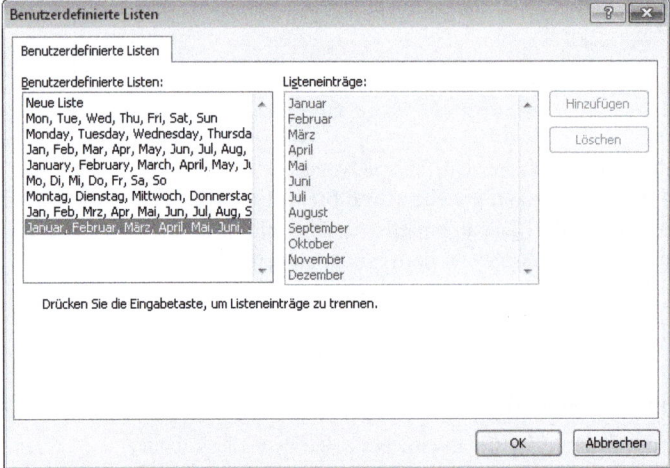

6. Klicken Sie bei *Benutzerdefinierte Listen* auf den Eintrag *Januar, Februar* ... und dann auf *OK*.

7. Klicken Sie im Dialogfeld *Sortieren* ebenfalls auf *OK*, um die Sortierung vornehmen zu lassen.

Bild 27.16   Diese Tabelle wurde nach den Produktnamen und den Monaten sortiert

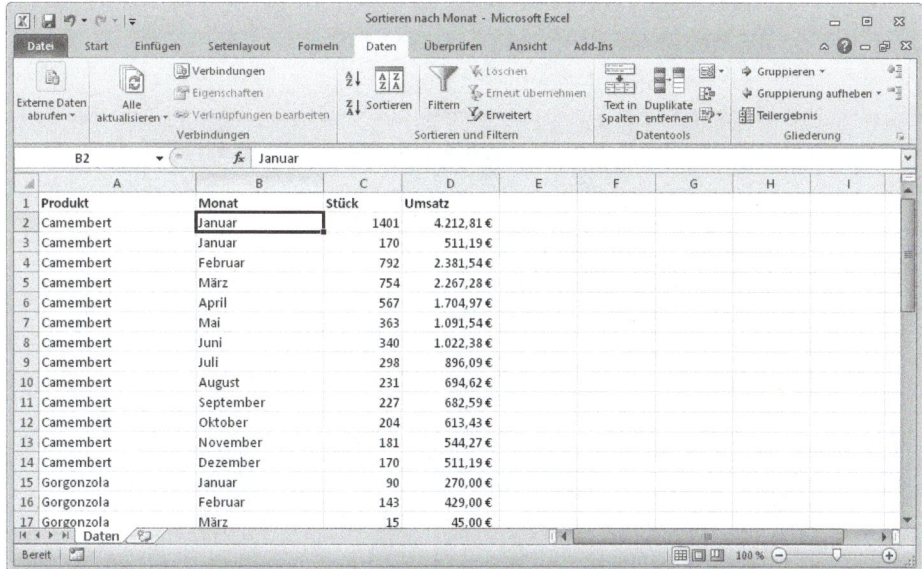

Eigene benutzerdefinierte Liste erstellen

Auch wenn diese Listen »benutzerdefinierte Listen« heißen, wurden die Listen, die Sie bisher gesehen haben, von den Leuten im Excel-Team und nicht von Ihnen, dem Benutzer, definiert. Sie können jedoch auch eigene Listen erstellen und mit diesen Listen dann die Sortierreihenfolge für Elemente festlegen, die sich weder alphabetisch noch nach ihrem Wert korrekt sortieren lassen. Als Beispiel soll eine Tabelle dienen, in denen die Umsätze nach Jahreszeiten sortiert werden sollen.

1. Setzen Sie die Zellmarkierung in eine beliebige Zelle der Tabelle.

2. Klicken Sie auf der Registerkarte *Daten* in der Befehlsgruppe *Sortieren und Filtern* auf die Schaltfläche *Sortieren*.

3. Wählen Sie die Spalte aus, in der die Jahreszeit enthalten ist, klicken Sie auf den Pfeil des Listenfeldes *Reihenfolge* und dann auf *Benutzerdefinierte Liste*.

4. Markieren Sie im Listenfeld *Benutzerdefinierte Listen* den Eintrag *Neue Liste*.

5. Geben Sie in das Feld *Listeneinträge* die einzelnen Elemente der Liste ein. Trennen Sie die einzelnen Listeneinträge durch Drücken der ⏎-Taste.

6. Klicken Sie auf die Schaltfläche *Hinzufügen*. Die neue Liste wird im Feld *Benutzerdefinierte Listen* angezeigt.

Excel 2010

Bild 27.17 Mit dieser neuen benutzerdefinierten Liste können Sie Tabellendaten nach den Jahreszeiten sortieren

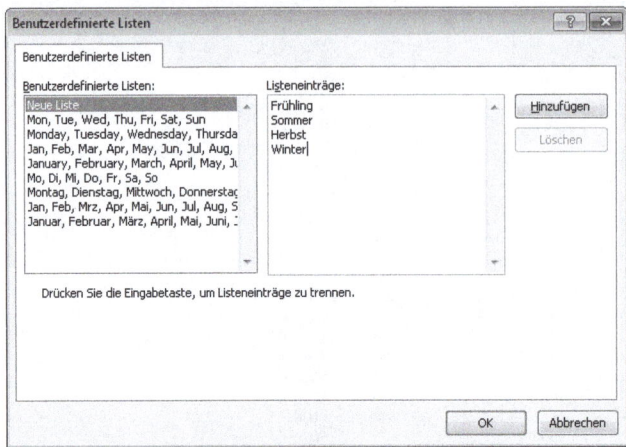

7. Klicken Sie auf *OK*, um nach dieser Liste zu sortieren.

8. Legen Sie bei Bedarf im Dialogfeld *Sortieren* weitere Sortierkriterien fest.

9. Klicken Sie auf *OK*, um die Sortierung vorzunehmen.

PROFITIPP **AutoAusfüllen und benutzerdefinierte Listen**

Benutzerdefinierte Listen können in Excel nicht nur zum Sortieren verwendet werden, sie stehen Ihnen auch beim AutoAusfüllen automatisch zur Verfügung. Wenn Sie z.B. die oben beschriebene Liste mit den Jahreszeiten erstellt haben, reicht es aus, in eine Zelle **Frühling** einzugeben und dann das AutoAusfüllen-Kästchen zu ziehen, um Reihen auszufüllen.

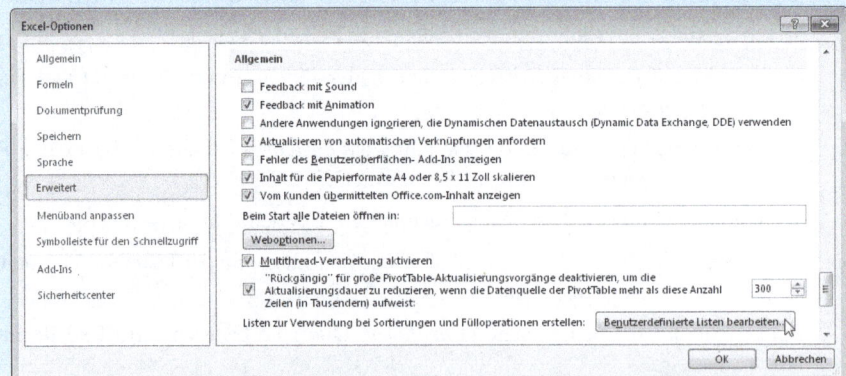

Sie können Ihre benutzerdefinierten Listen bearbeiten und erstellen – ohne den Umweg über das Dialogfeld *Sortieren* gehen zu müssen –, indem Sie auf die Registerkarte *Datei* und dann auf *Optionen* klicken. Lassen Sie im Dialogfeld *Excel-Optionen* die Kategorie *Erweitert* anzeigen und klicken Sie anschließend im Abschnitt *Allgemein* auf die Schaltfläche *Benutzerdefinierte Listen bearbeiten*.

Teilergebnisse anzeigen lassen

Eine interessante Möglichkeit der Gruppierung stellt Ihnen Excel mit der Funktion Teilergebnisse zur Verfügung. Mit ihr können Sie eine Tabelle gruppieren und dabei von Excel automatisch Zeilen mit Ergebnissen der Gruppierung einfügen lassen.

Nehmen Sie als Beispiel eine Tabelle mit Umsatzzahlen für unterschiedliche Produkte, die von unterschiedlichen Verkäufern erzielt wurden. Mithilfe von Teilergebnissen können Sie beispielsweise die Stückzahlen und den Gesamtumsatz jedes Verkäufers einfach anzeigen lassen. Gehen Sie dazu wie folgt vor:

1. Öffnen Sie das Tabellenblatt, in dem Sie Teilergebnisse anzeigen lassen wollen.

2. Sortieren Sie die Tabelle mit den Schritten, wie sie im vorigen Abschnitt beschrieben wurden, nach der Spalte, für die die Teilergebnisse angezeigt werden sollen. Da wir in diesem Beispiel am Umsatz der verschiedenen Verkäufer interessiert sind, würden wir die Tabelle nach der Spalte *Verkäufer* sortieren lassen.

3. Klicken Sie auf der Registerkarte *Daten* in der Befehlsgruppe *Gliederung* auf die Schaltfläche *Teilergebnis*. Das Dialogfeld *Teilergebnisse* wird angezeigt.

4. Öffnen Sie die Liste *Gruppieren nach* und wählen Sie dort den Eintrag *Verkäufer* aus, da die Teilergebnisse für diese Spaltenwerte berechnet werden sollen. Es sollte sich dabei um die Spalte handeln, nach der in Schritt 2 sortiert wurde.

Bild 27.18 Hier legen Sie fest, wie Excel die Teilergebnisse erstellen und anzeigen soll

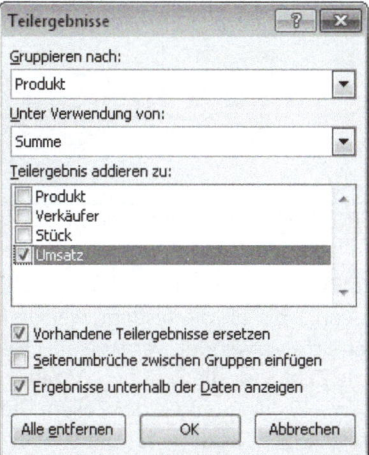

5. Wählen Sie im Listenfeld *Unter Verwendung von* die Funktion *Summe* aus, da diese zur Berechnung der Teilergebnisse verwendet werden soll.

6. Schalten Sie im Bereich *Teilergebnis addieren zu* die Kontrollkästchen der Spalten ein, für die Teilergebnisse berechnet werden sollen. Aktivieren Sie für dieses Beispiel die Kontrollkästchen *Stück* und *Umsatz*.

7. Aktivieren Sie die Kontrollkästchen *Vorhandene Teilergebnisse ersetzen* und *Ergebnisse unterhalb der Daten anzeigen*.

8. Klicken Sie auf *OK*, um das Dialogfeld zu schließen.

    Excel hat die Tabelle nach der festgelegten Spalte *(Verkäufer)* gruppiert und nach jedem Zellbereich mit den Daten eines Verkäufers eine weitere Zeile eingefügt, in der die Teilergebnisse angezeigt werden.

9. Klicken Sie links neben den Spaltenköpfen auf die Gliederungsebene 2. Excel zeigt dann nur die Teilergebnisse und das Gesamtergebnis an, wie es die folgende Abbildung zeigt.

Bild 27.19   Excel hat die Tabelle gruppiert und weitere Zeilen eingefügt, in der die Teilergebnisse angezeigt werden

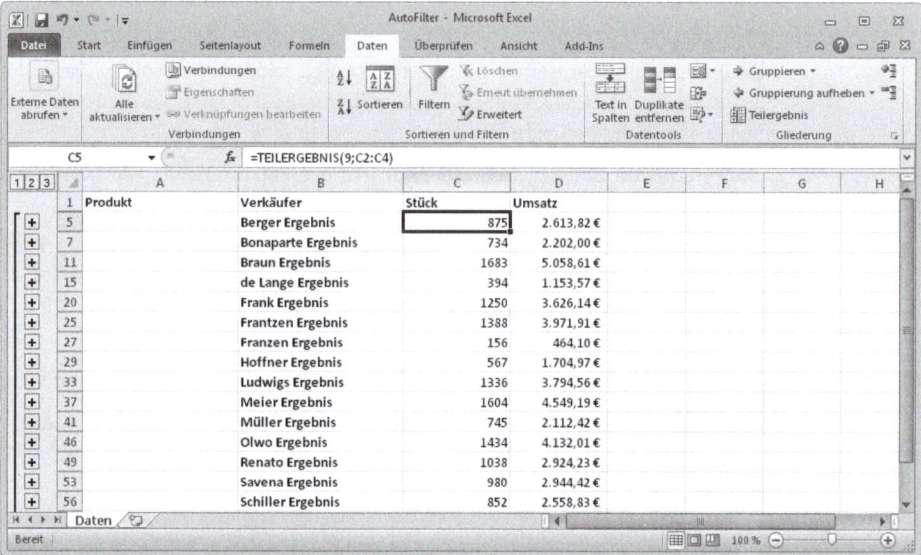

> **HINWEIS**   **Argumente der Funktion *TEILERGEBNIS***   Wenn Sie eine der Zellen markieren, in der die Ergebnisse angezeigt werden, können Sie in der Bearbeitungsleiste sehen, dass Excel zur Berechnung die Funktion *TEILERGEBNIS* verwendet.
>
> Das erste Argument ist eine Zahl im Bereich von 1 bis 11, die festlegt, welche Funktion bei der Berechnung des Teilergebnisses innerhalb der Liste verwendet werden soll. Die Zahl 1 steht dabei für Mittelwert, die Zahl 2 für die Anzahl, die Zahl 3 für die Funktion Anzahl2 und die Zahl 9 – die Sie in der obigen Abbildung sehen können – für die Summe der Zellen. Die weiteren Argumente von *TEILERGEBNIS* sind 1 bis 254 Bereiche oder Bezüge, für die Sie ein Teilergebnis berechnen möchten.

Anzeige der Teilergebnisse erweitern

Sie können die angezeigten Teilergebnisse auch erweitern lassen. Nehmen wir an, Sie wollen in dem bisher vorgestellten Beispiel zusätzlich noch anzeigen lassen, wie viel unterschiedliche Produkte jeder Verkäufer verkauft hat. Hierzu würden Sie folgendermaßen vorgehen:

1. Klicken Sie auf der Registerkarte *Daten* in der Befehlsgruppe *Gliederung* auf die Schaltfläche *Teilergebnis*. Das Dialogfeld *Teilergebnisse* wird angezeigt.

2. Öffnen Sie die Liste *Gruppieren nach* und wählen Sie dort den Eintrag *Verkäufer* aus, da die Teilergebnisse für diese Spaltenwerte berechnet werden sollen.

3. Wählen Sie im Listenfeld *Unter Verwendung von* die Funktion *Anzahl* aus, da diese zur Berechnung der Teilergebnisse verwendet werden soll.

4. Schalten Sie im Bereich *Teilergebnis addieren zu* das Kontrollkästchen der Spalte ein, für die zusätzlich ein Teilergebnis angezeigt werden soll. Aktivieren Sie für dieses Beispiel das Kontrollkästchen *Produkt*.

5. Schalten Sie das Kontrollkästchen *Vorhandene Teilergebnisse ersetzen* aus, damit die neuen Teilergebnisse zusätzlich angezeigt werden.

6. Klicken Sie auf *OK*.

Bild 27.20 Excel hat weitere Zeilen mit dem neuen Teilergebnis (Anzahl der verkauften Produkte je Verkäufer) eingefügt

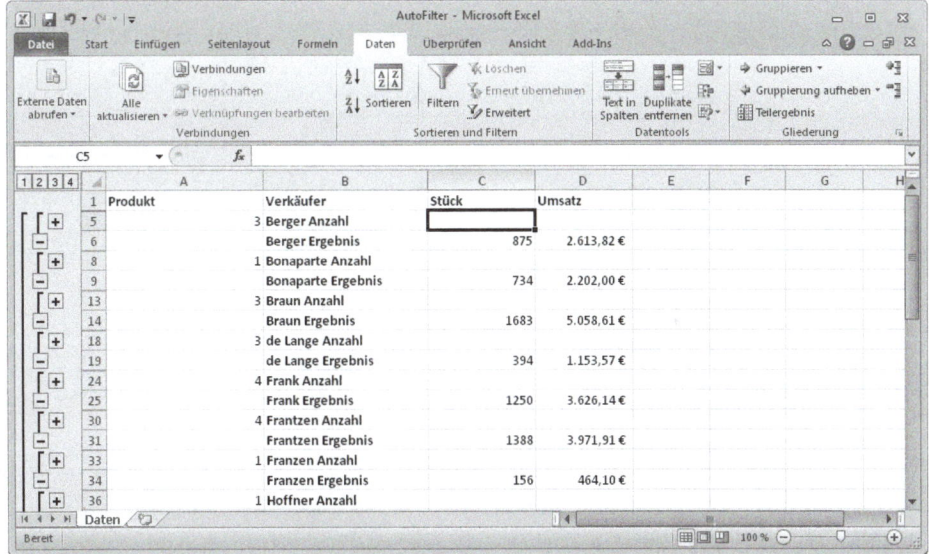

Um die Gruppierung und die Teilergebnisse wieder zu entfernen, klicken Sie auf der Registerkarte *Daten* in der Gruppe *Gliederung* die Schaltfläche *Teilergebnis* an und klicken dann im Dialogfeld *Teilergebnisse* auf die Schaltfläche *Alle entfernen*.

AutoFilter verwenden

Zum Abschluss dieses Kapitels wollen wir noch einen kurzen Blick auf die AutoFilter-Funktion werfen, mit der Sie sich in einer größeren Tabelle lediglich die Daten anzeigen lassen können, die Sie in einem bestimmten Moment interessieren.

1. Klicken Sie auf der Registerkarte *Daten* in der Befehlsgruppe *Sortieren und Filtern* auf die Schaltfläche *Filtern*.

   Neben den Spaltenüberschriften der Tabelle blendet Excel Pfeil-Schaltflächen ein.

2. Klicken Sie die Schaltfläche der Spalte an, nach der Sie filtern wollen. Ein Fenster wird geöffnet. Im unteren Bereich werden die Werte aller Einträge, die in dieser Spalte enthalten sind, angezeigt.

3. Schalten Sie das Kontrollkästchen *(Alles auswählen ...)* aus. Schalten Sie vor den Werten, die angezeigt werden sollen, die Kontrollkästchen ein.

Bild 27.21   Legen Sie in diesem Fenster das Filterkriterium für diese Spalte fest

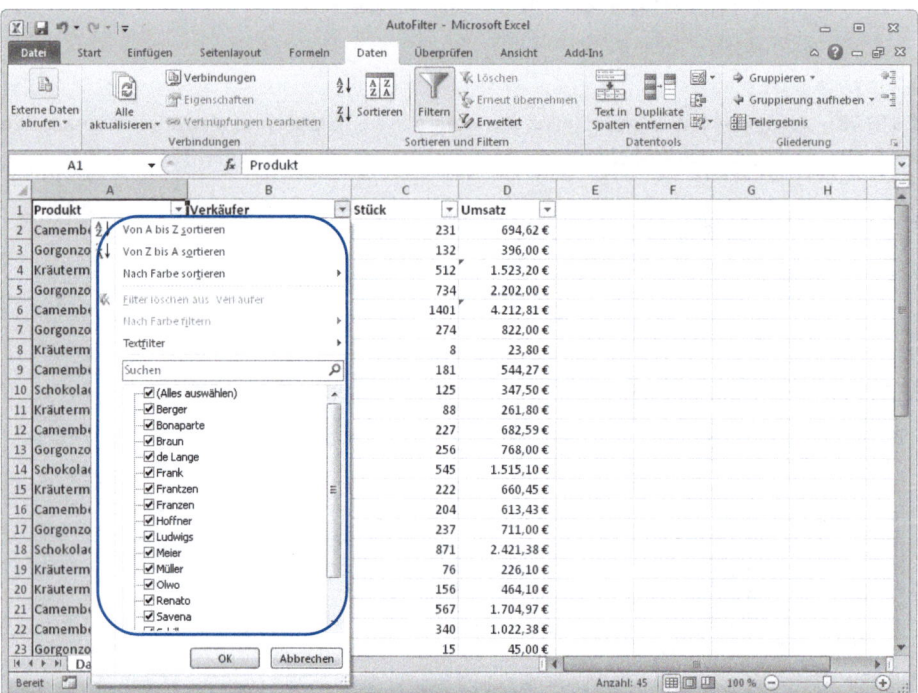

4. Klicken Sie auf *OK*.

   In der Tabelle werden nur noch die Zeilen angezeigt, die mit den festgelegten Kriterien übereinstimmen. In der Statusleiste können Sie sehen, wie viele der Zeilen den Kriterien entsprechen.

Bild 27.22 Die Tabelle zeigt nur noch die Zeilen an, die den gewählten Kriterien entsprechen. Die Spalte, nach der gefiltert wurde, können Sie an dem Filtersymbol (dem kleinen Trichter) erkennen

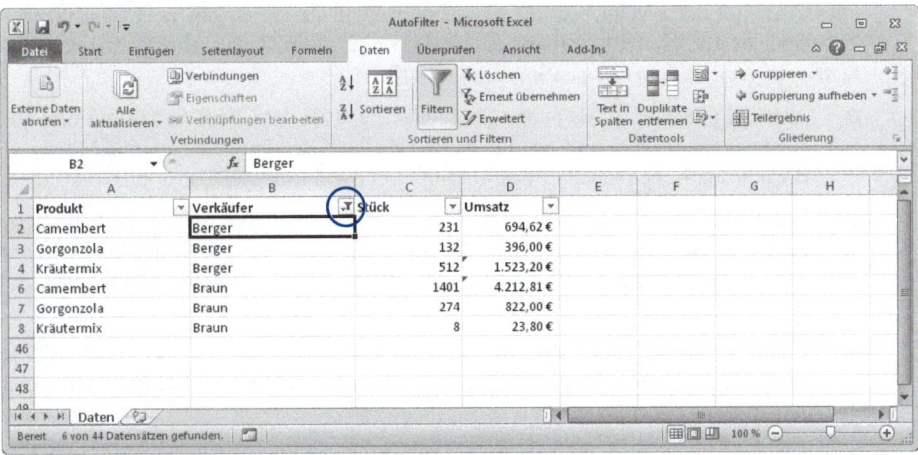

Sie können auch Filterkriterien für mehrere Spalten festlegen. Für die folgende Abbildung haben wir das Filterfenster für die Spalte *Produkt* geöffnet und dort lediglich das Kontrollkästchen für *Camembert* eingeschaltet. Somit erhalten Sie die Umsätze für die beiden zuerst ausgewählten Verkäufer, aber hier lediglich für das eine ausgewählte Produkt.

Bild 27.23 Sie können auch für mehrere Spalten Filterkriterien festlegen

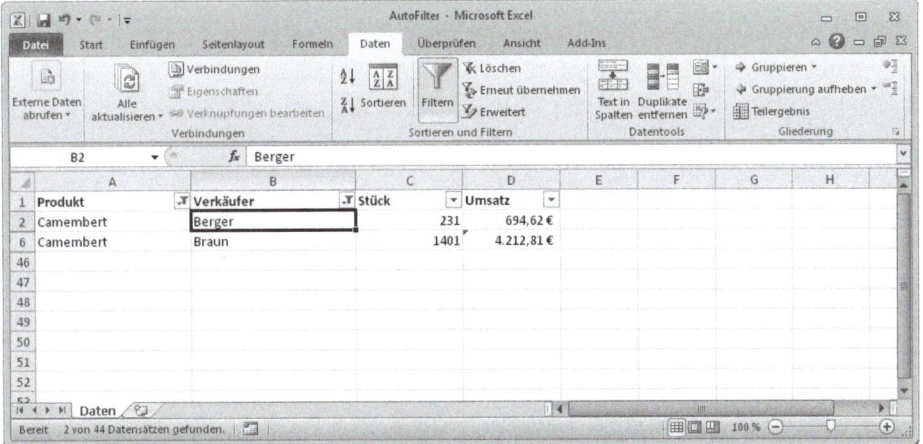

Um den Filterstatus zu entfernen, klicken Sie auf der Registerkarte *Daten* in der Gruppe *Sortieren und Filtern* auf die Schaltfläche *Löschen*. Es werden dann wieder alle Daten angezeigt. Die Pfeil-Schaltflächen in den Spaltenüberschriften bleiben so weiterhin sichtbar.

Wenn Sie die Pfeil-Schaltflächen in den Spaltenüberschriften entfernen wollen, klicken Sie auf der Registerkarte *Daten* in der Gruppe *Sortieren und Filtern* auf die Schaltfläche *Filtern*.

Zusammenfassung

Dieses Kapitel hat gezeigt, wie Sie auch bei großen Datenmangen noch den Überblick in Ihren Tabellenblättern behalten können, indem Sie sie gliedern, Teilergebnisse anzeigen lassen und die Daten auf verschiedene Weisen sortieren und filtern.

- Am Anfang des Kapitels haben Sie gesehen, wie Sie die Gliederungsfunktion von Excel konfigurieren (Seite 472) und wie Sie dann Tabellendaten entweder manuell (Seite 473) oder mit der automatischen Gliederungsfunktion von Excel (Seite 477) gruppieren können.

- Tabellen lassen sich einfach nach dem Wert ihrer Zellen entweder alphabetisch oder numerisch sortieren (Seite 477). Auch das Sortieren nach mehr als einer Spalte ist möglich (Seite 478), wobei in Excel 2010 die in Excel 2003 vorhandene Beschränkung auf drei Sortierkriterien nicht mehr besteht.

- Daten, die sich weder numerisch noch alphabetisch richtig sortieren lassen (wie Monatsnamen, Namen der Wochentage), können Sie anhand der in Excel bereits eingebauten benutzerdefinierten Listen sortieren lassen (Seite 480).

- Bei speziellen Sortieranforderungen, für die es noch keine benutzerdefinierte Liste gibt, können Sie schnell und einfach eine eigene Liste erstellen (Seite 483), die dann automatisch auch beim AutoAusfüllen verwendet wird.

- Eine weitere Möglichkeit, Daten zu gruppieren, besteht in der Verwendung der Teilergebnisse, die Sie ab Seite 485 kennen gelernt haben.

- Um die Menge der angezeigten Daten zu reduzieren, können Sie die AutoFilter-Funktion von Excel verwenden und dabei festlegen, welche Kriterien die Daten erfüllen müssen, damit sie weiterhin im Tabellenblatt sichtbar sind (Seite 487).

Kapitel 28

Tabellenblätter verknüpfen und konsolidieren

Excel 2010

In diesem Kapitel:

Häufig ergibt sich das Problem, Daten auszuwerten, die sich in unterschiedlichen Tabellenblättern befinden. Wie Sie Werte in verschiedenen Tabellenblättern oder in unterschiedlichen Arbeitsmappen miteinander verknüpfen können, ist Thema dieses Kapitels. Wie Sie eine einfache Verknüpfung erstellen, wurde bereits in Kapitel 26, »Tabellenblätter organisieren« beschrieben. In diesem Kapitel soll das Thema vertieft werden. Außerdem werden Sie sehen, wie sich Daten konsolidieren, das heißt verdichten lassen.

Arbeitsblätter verknüpfen

Zu Anfang ein einfaches Beispiel für die Verknüpfung von Daten, die sich in unterschiedlichen Arbeitsblättern in der gleichen Arbeitsmappe befinden.

Wir haben dazu die Arbeitsmappe *Preise* in zwei Fenstern öffnen lassen. Hierzu haben wir auf der Registerkarte *Ansicht* in der Gruppe *Fenster* zuerst die Schaltfläche *Neues Fenster* angeklickt. Excel öffnet daraufhin ein weiteres Fenster, in dem die derzeit geöffnete Arbeitsmappe geladen ist. Anschließend haben wir auf der Registerkarte *Ansicht* in der Gruppe *Fenster* die Schaltfläche *Alle anordnen* angeklickt. Excel zeigt dann das Dialogfeld *Fenster anordnen* an. Dort können Sie festlegen, ob die Fenster beispielsweise unter- oder nebeneinander positioniert werden sollen. Die verschiedenen Fenster, in denen die gleiche Arbeitsmappe geöffnet ist, sind mit *Preise:1* und *Preise:2* überschrieben.

Im linken Fenster sehen Sie im Tabellenblatt *Preisliste* eine kleine Preisliste. In der rechten Tabelle wurde eine Kalkulation erstellt, die den Text und die Preise aus der Preisliste verwendet. In Zelle C4 der Kalkulation steht die Formel: `=A4*Preisliste!B5`

A4 bezeichnet die Stückzahl der Kalkulation, während die Referenz `Preisliste!B5` auf den Stückpreis im Arbeitsblatt *Preisliste* verweist. Der Tabellenname und die Zelladresse werden durch ein Ausrufezeichen getrennt.

Bild 28.1   Zwei Arbeitsblätter, die sich in der gleichen Arbeitsmappe befinden, sind miteinander verknüpft

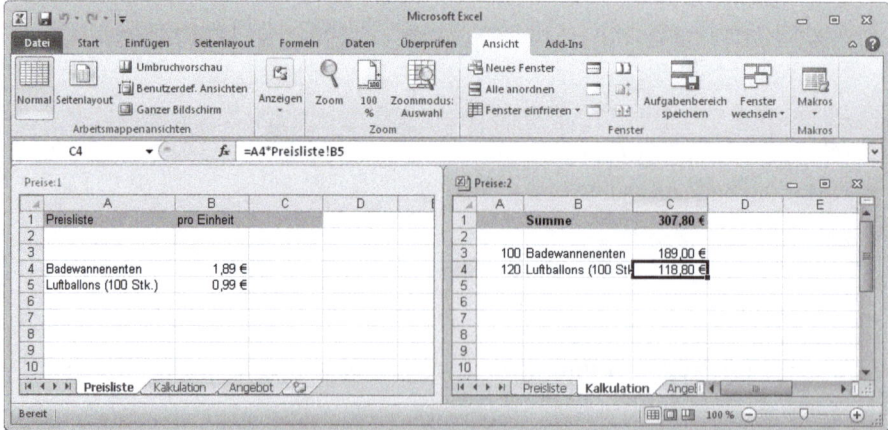

Das dritte Arbeitsblatt mit dem Namen *Angebot* enthält den Entwurf für ein Angebotsschreiben. In das Angebotsschreiben wurde ein Verweis auf die Gesamtsumme der Kalkulation eingearbeitet: `=Kalkulation!C1`

Bild 28.2 Das dritte Tabellenblatt enthält ein Angebot mit einem Verweis auf die Kalkulation

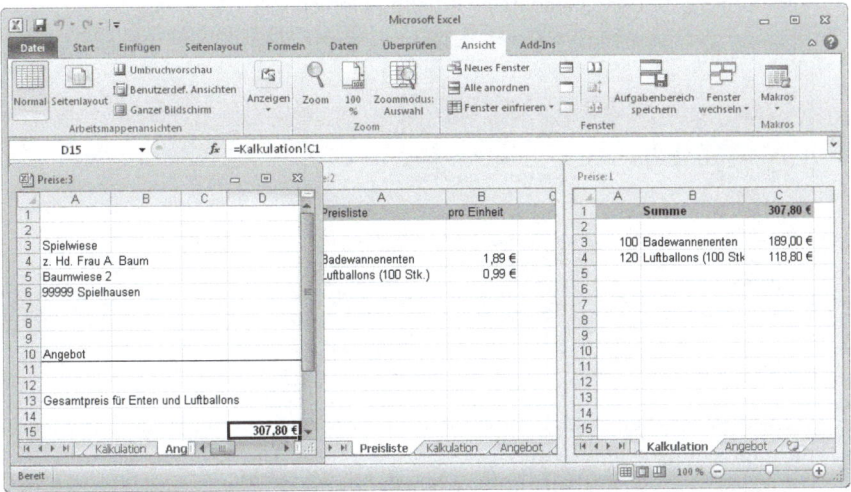

Verweis auf Zelle in anderer Arbeitsmappe

Angenommen, das Arbeitsblatt mit dem Angebot befindet sich in einer anderen Arbeitsmappe. Dann müsste der Verweis auf Zelle C1 des Arbeitsblatts *Kalkulation* der Arbeitsmappe *Preise* folgendermaßen heißen:

`=[Preise.xlsx]Kalkulation!$C$1`

Der Name der jeweiligen Mappe wird der Zelladresse in eckigen Klammern vorangestellt (siehe Abbildung auf der nächsten Seite).

Möchten Sie den Verweis nicht mit der Hand eintragen, da Sie Tippfehler befürchten oder eventuell auch nicht mehr so genau wissen, wie die Zeile richtig heißen muss, gehen Sie am besten folgendermaßen vor:

1. Klicken Sie die Zelle in der Arbeitmappe an, auf die verwiesen werden soll (hier: C1 im Tabellenblatt *Kalkulation* in der Arbeitsmappe *Preise*).

2. Kopieren Sie sie mit `Strg`+`C` in die Zwischenablage.

3. Wechseln Sie zu der Arbeitsmappe, in die der Verweis eingefügt werden soll. Verwenden Sie hierzu auf der Registerkarte *Ansicht* in der Befehlsgruppe *Fenster* die Schaltfläche *Fenster wechseln*.

4. Markieren Sie die Zelle, in die der Verweis eingefügt werden soll.

5. Klicken Sie auf der Registerkarte *Start* in der Gruppe *Zwischenablage* auf den Pfeil der Schaltfläche *Einfügen* und wählen Sie im Menü den Befehl *Inhalte einfügen*. Das gleichnamige Dialogfeld wird angezeigt.

Bild 28.3   In diesem Dialogfeld können Sie genau festlegen, was eingefügt werden und ob eine Verknüpfung zu den Quelldateien erhalten bleiben soll

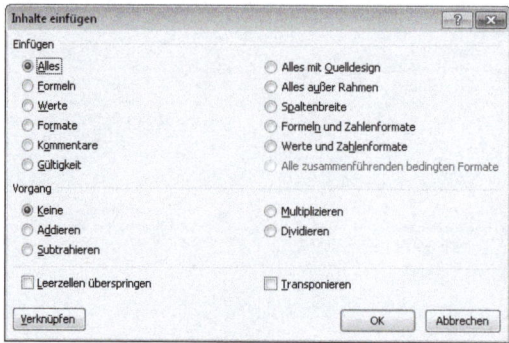

6.   Wählen Sie im Dialogfeld *Alles* oder *Alles außer Rahmen* (wenn Sie die Formatierung der Zelle nicht mit einfügen möchten).

7.   Klicken Sie dann auf die Schaltfläche *Verknüpfen*.

Der Verweis wird nun von Excel eingefügt und sieht erwartungsgemäß folgendermaßen aus:

Bild 28.4   Die Arbeitsmappe *Angebote* (linke Seite) enthält einen Verweis auf Zelle C1 des Tabellenblatts *Kalkulation* der Arbeitsmappe *Preise.xlsx*

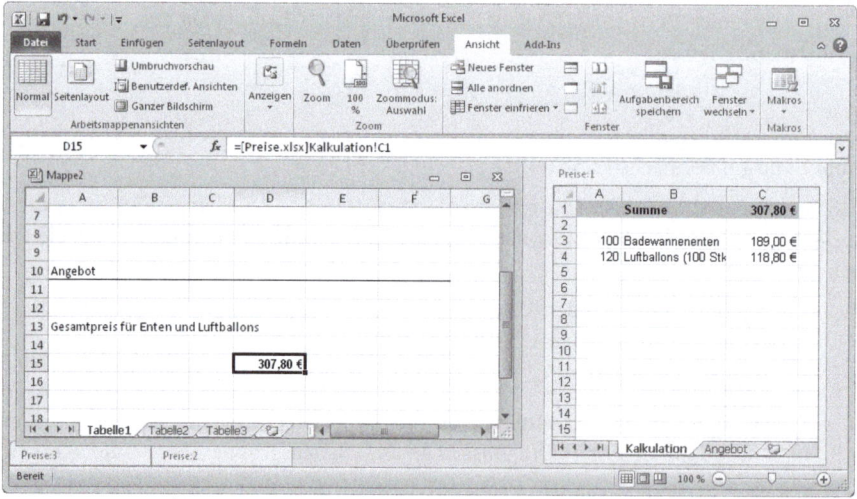

TIPP   **Verweise auf benannte Zellen**   In der Regel werden Sie bei Verknüpfungen auf absolute Adressen verweisen. Deshalb ist es durchaus sinnvoll, Zellen mit Namen zu versehen, um dann auf Namen verweisen zu können. Wurde beispielsweise Zelle C1 des Tabellenblatts *Kalkulation* mit *Summe* benannt (Registerkarte *Formeln*, Befehlsgruppe *Definierte Namen*, Schaltfläche *Namen definieren*), können Sie einfacher mit =Preise.xlsx!Summe auf diese Zelle verweisen. Die Benennung des Tabellenblatts ist hierbei nicht notwendig, da Namen in einer Arbeitsmappe eindeutig sein müssen, das heißt, es darf keine zwei Zellen mit gleichem Namen geben.

Verweise auf nicht geladene Arbeitsmappen

Die Verweise zwischen Arbeitsmappen können sich auch auf nicht geladene Blätter beziehen. Dazu muss allerdings der volle Pfadname der Datei angegeben werden. In der Formel wird der Dateiname dann in einfachen Anführungszeichen eingeschlossen, wie z.B.

```
='C:\Users\Rainer G. Haselier\Documents\Excel Beispiele\[Preise.xlsx]'!Summe
```

Haben Sie Zelle C1 nicht mit dem Namen *Summe* benannt, so finden Sie in der Bearbeitungsleiste

```
='C:\Users\Rainer G. Haselier\Documents\Excel Beispiele\[Preise.xlsx]'!$C$1
```

Wenn Sie eine Arbeitsmappe laden, in der sich Verweise auf andere Arbeitsmappen befinden, zeigt Excel unterhalb der Multifunktionsleiste eine Sicherheitswarnung an, die Sie darauf aufmerksam macht, dass die automatische Aktualisierung deaktiviert wurde.

Bild 28.5   Beim Öffnen einer Datei, die Verknüpfungen zu anderen Arbeitsmappen enthält, zeigt Excel diese Sicherheitswarnung an

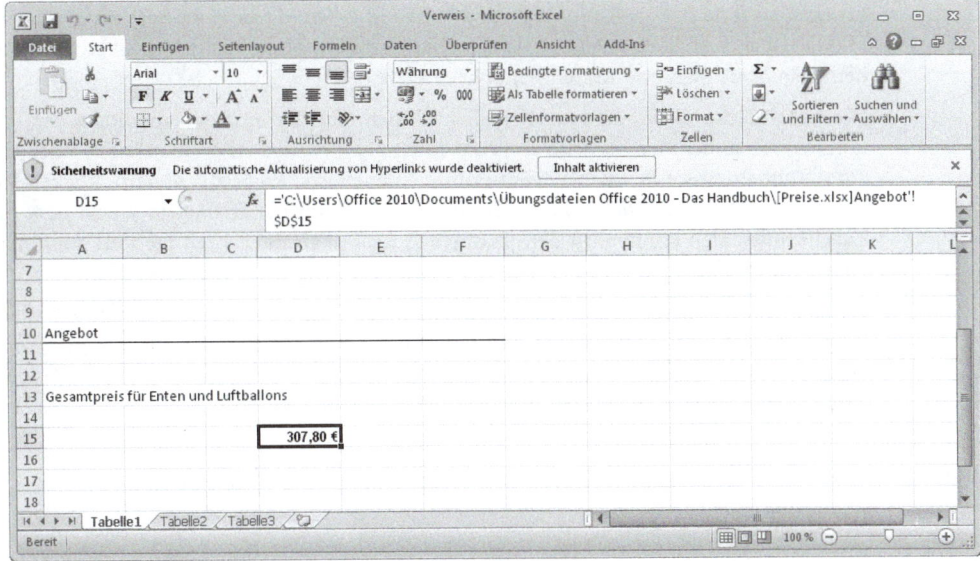

Klicken Sie auf die Schaltfläche *Inhalt aktivieren,* damit die aktuellen Werte aus den im Verweis bezeichneten Dateien verwendet werden.

Verknüpfte Dateien laden

In einem eigenen Dialogfeld können Sie sich alle Verknüpfungen ansehen, verknüpfte Dateien laden und eine andere Datei als Quelle der Verknüpfung festlegen. Klicken Sie auf die Registerkarte *Datei* und dann auf *Informationen.* Klicken Sie dann im rechten Bereich der Backstage-Ansicht auf *Verknüpfungen mit Dateien bearbeiten.* Excel zeigt das Dialogfeld *Verknüpfungen bearbeiten* an (siehe Abbildung auf der nächsten Seite).

Bild 28.6 Dieses Dialogfeld zeigt alle Verknüpfungen an, die in der geöffneten Arbeitsmappe enthalten sind

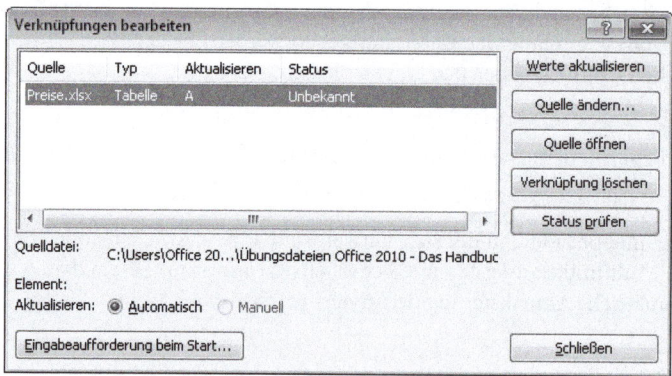

Mithilfe der Schaltfläche *Quelle öffnen* können Sie eine ausgewählte Datei laden. *Werte aktualisieren* bringt die Werte der Verknüpfung auf den neuesten Stand, ohne die verknüpfte Datei zu öffnen. Hierbei ist allerdings zu beachten, dass Verbindungen in eine nicht geöffnete Datei etwas mehr Zeit beim Neuberechnen und Aktualisieren benötigen.

Die Schaltfläche *Quelle ändern* ermöglicht Ihnen, die Bezugsdatei auszutauschen. Als Beispiel könnten wir annehmen, es gelte ab heute eine neue Preisliste und Sie müssen daher alle Verweise auf die alte Preisliste *Preise* in Verweise auf die neue Liste, *Preise_10*, ändern. Klicken Sie dazu einfach die Schaltfläche *Quelle ändern* an. Excel zeigt dann ein Dialogfeld an, in dem Sie die neue Tabelle auswählen können. In der gesamten Ausgangstabelle werden die Verknüpfungen entsprechend geändert.

Sie können außerdem festlegen, wie Excel reagieren soll, wenn eine Datei mit externen Verknüpfungen geladen wird. Klicken Sie dazu auf die Schaltfläche *Eingabeaufforderung beim Start*. Hier können Sie entscheiden, ob eine Warnung angezeigt werden soll oder ob keine Warnung aktiviert wird, ob automatisch aktualisiert werden soll oder nicht.

Bild 28.7 Hier legen Sie fest, was mit externen Verknüpfungen geschehen soll

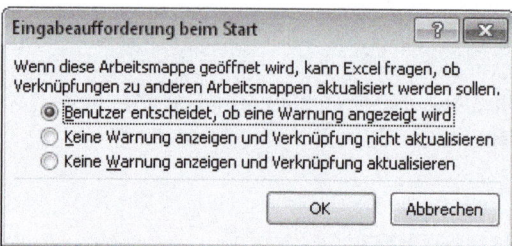

Verknüpfungen in Funktionen

Angenommen, Sie haben die Umsatzzahlen von verschiedenen Filialen für die Monate Januar bis März monatsweise in drei Tabellenblättern in einer Arbeitsmappe eingetragen und möchten nun eine Übersicht der einzelnen Monate erstellen.

Bild 28.8 Anhand der Monatszahlen der einzelnen Filialen soll der Gesamtumsatz pro Monat berechnet und in einem Übersichtsblatt eingetragen werden

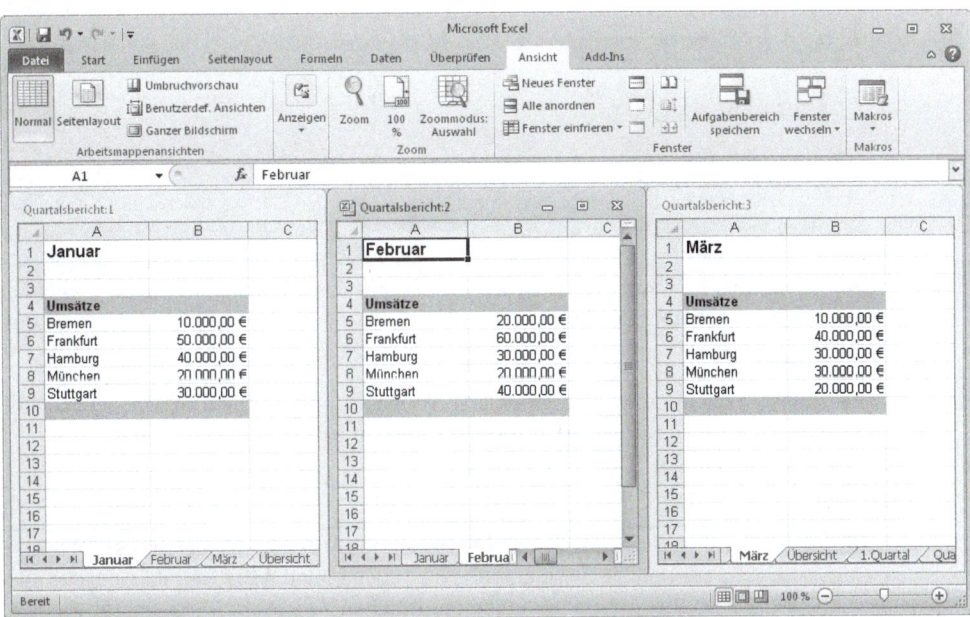

Dann könnten Sie entweder in jedem Arbeitsblatt die Umsätze addieren und auf der Übersicht einen Verweis auf die Zelle mit der Summe einfügen. Oder Sie errechnen die Summe direkt auf dem Übersichtsblatt. Das können Sie im Prinzip mit der folgenden Formel:

`=Januar!B5+Januar!B6+Januar!B7+Januar!B8+Januar!B9`

Je mehr Zellen addiert werden sollen, umso mühsamer ist es aber, diese Formel zu erstellen. Einfacher ist es, die Summenfunktion zu verwenden, und das geht so:

1. Fügen Sie in dem Tabellenblatt, auf dem die Umsatzübersicht stehen soll, in die gewünschte Zelle die Summenfunktion ein, indem Sie auf der Registerkarte *Formeln* in der Gruppe *Funktionsbibliothek* die Schaltfläche *AutoSumme* anklicken.

2. Wechseln Sie zum Tabellenblatt *Januar* und markieren Sie die entsprechenden Zellen (nämlich B5 bis B9).

3. Bestätigen Sie die Formel durch Drücken der ⏎-Taste.

Bild 28.9   Die Summenfunktion enthält einen Verweis auf ein anderes Arbeitsblatt

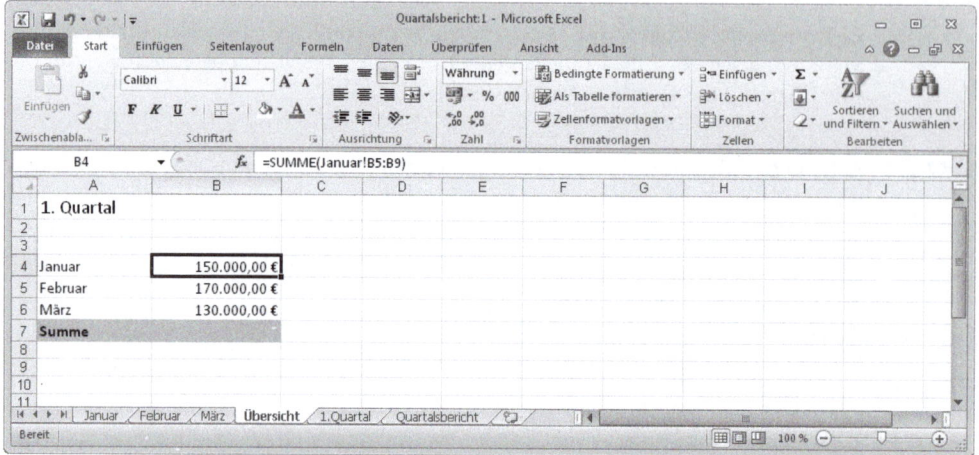

In die Summenfunktion wurde so der Verweis auf das Tabellenblatt *Januar* aufgenommen. Summiert werden soll über die Zellen B5 bis B9:

```
=SUMME(Januar!B5:B9)
```

Möchten Sie die Summe in einer anderen Arbeitsmappe erstellen, so wird zusätzlich in der Summenfunktion der Name der Arbeitsmappe eingefügt, wie in:

```
=SUMME([Quartalsbericht.xlsx]Januar!B5:B9)
```

> **TIPP**   **Benannte Bereiche**   Auch hierbei ist das Arbeiten mit benannten Bereichen eine gute Alternative. So können Sie beispielsweise im Tabellenblatt *März* den Bereich, der addiert werden soll – also B5 bis B9 –, mit einem Namen versehen, wie *WerteMärz*. Im Tabellenblatt *Übersicht* wird dann in die entsprechende Zelle nur *=SUMME(WerteMärz)* eingetragen, um die Summe über alle Werte im Bereich *WerteMärz* zu berechnen.

3D-Bezüge

Mithilfe der in den vorangegangenen Abschnitten beschriebenen Verknüpfungsmethoden können Sie Formeln erstellen, deren Bezüge sich auch auf andere Arbeitsblätter erstrecken. Eine spezielle Art der Verknüpfung über eine Reihe von Arbeitsblättern hinweg ist der 3D-Bezug.

Als Beispiel verwenden wir wieder die Arbeitsmappe *Quartalsbericht.xlsx* (siehe Bild 28.8), in der die Umsatzzahlen der Monate Januar bis März für verschiedene Filialen enthalten sind. In einem neuen Tabellenblatt mit dem Namen *1.Quartal* soll nun für jede Stadt über alle drei Tabellenblätter *Januar* bis *März* die Summe berechnet werden.

Das funktioniert im Prinzip mit der Formel

```
=Januar!B5+Februar!B5+März!B5
```

Diese Art der Schreibweise ist ebenso mühsam wie fehlerträchtig. Einfacher lässt sich die Problemstellung mit einem 3D-Bezug lösen. Hierbei wird die dritte Dimension genutzt, nämlich die hintereinander liegenden Arbeitsblätter. Die Formel für die Summe kann so einfach als

```
=SUMME(Januar:März!B5)
```

geschrieben werden. Durch den Doppelpunkt werden alle Arbeitsblätter, die zwischen *Januar* und *März* liegen, in die Berechnung mit eingeschlossen.

Bild 28.10   Die Summenformel verwendet einen 3D-Bezug

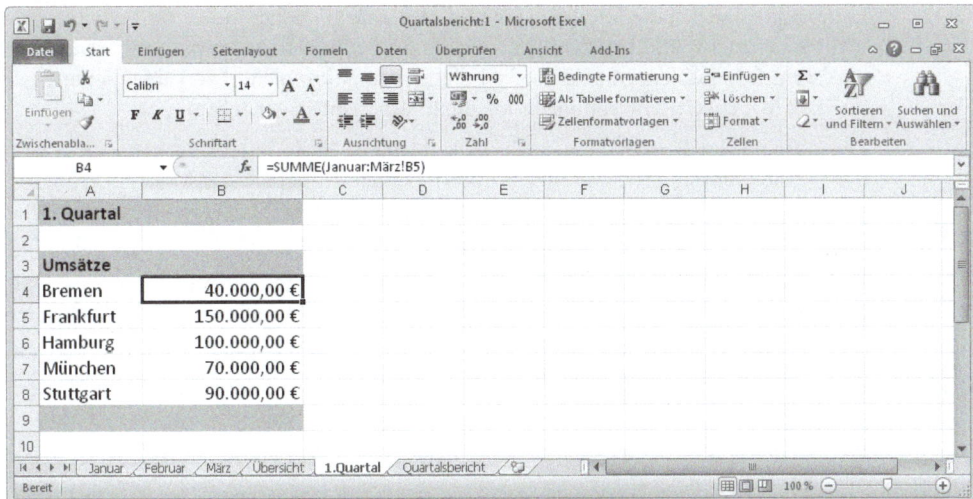

Daten konsolidieren

Eine weitere Methode für die Auswertung und Verdichtung von Daten ist die Konsolidierung. Sie können damit schnell Summen, Mittelwerte und statistische Berechnungen auch über mehrere Arbeitsblätter hinweg durchführen.

Excel unterscheidet die Konsolidierung nach Position oder nach Rubrik. Daten nach Position zu konsolidieren setzt voraus, dass die zusammenzufassenden Daten zwar in mehreren Arbeitsblättern verteilt sein können, aber immer in der gleichen Reihenfolge und immer an der gleichen Position angeordnet sein müssen. Verwenden Sie Daten mit identischen Zeilen- und Spaltenbeschriftungen, so lassen sich diese Daten mit übereinstimmenden Beschriftungen nach Rubriken zusammenfassen.

Im Folgenden möchten wir Ihnen in jeweils einem Beispiel eine Konsolidierung nach Position und eine nach Rubriken vorstellen.

Konsolidieren nach Position

Ihnen liegen drei Arbeitsblätter mit den Umsatzerlösen der Monate Januar, Februar und März in der Arbeitsmappe *Quartalsbericht.xlsx* vor, die alle drei gleich aufgebaut sind. In einer vierten Tabelle möchten Sie als Quartalsbericht die Umsatzsummen der Monate addieren. (Ebenso könnten Sie den Mittelwert oder den Maximalwert bestimmen.)

Sie könnten dieses Problem, wie in den vorangegangenen Abschnitten gezeigt, durch eine Verknüpfung lösen. Tragen Sie dazu in die Additionsformel die entsprechenden Verweise ein. Bei drei verknüpften Blättern ist dieser Vorgang noch überschaubar, aber bei sechs, sieben oder mehr Verknüpfungen werden die Formeln lang und unhandlich. Insbesondere sind die Rechenanweisungen nicht änderungsfreundlich, denn Sie müssen z.B. bei der Hinzunahme einer weiteren Verknüpfung alle Formeln anpassen. Mit der Konsolidierungsfunktion bietet Excel Ihnen eine elegante und bequeme Möglichkeit, Anwendungen wie Quartalsberichte zu erstellen.

Fügen Sie für den Bericht ein neues Tabellenblatt ein. Positionieren Sie den Cursor an der Stelle, an der Sie die konsolidierten Werte einfügen möchten. Rufen Sie das Konsolidierungsdialogfeld auf, indem Sie auf der Registerkarte *Daten* in der Befehlsgruppe *Datentools* die Schaltfläche *Konsolidieren* anklicken.

Links oben im Dialogfeld sehen Sie die möglichen mathematischen Funktionen, die Sie beim Konsolidieren von Daten verwenden können. Für unser Beispiel sollte dort *Summe* selektiert sein.

Bild 28.11 In der Liste *Funktion* sehen Sie die Funktionen, die Sie beim Konsolidieren der Daten verwenden können

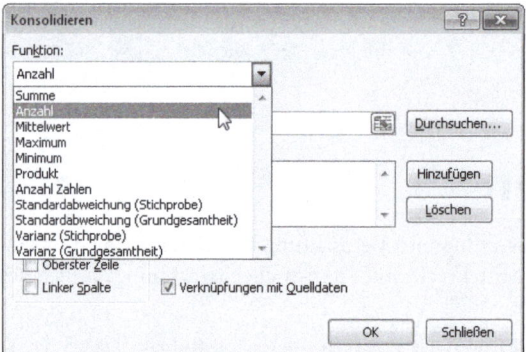

Unter *Verweis* (siehe Bild 28.12) werden die Verweise auf die zu konsolidierende Tabelle aufgenommen. Über die Schaltfläche *Hinzufügen* werden diese Bezüge dann nacheinander in die Liste, die mit *Vorhandene Verweise* betitelt ist, eingetragen.

Im Beispiel werden in den Bereich der *Vorhandenen Verweise* die Umsatzzahlen der einzelnen Monate aufgenommen. Die einzelnen Ursprungsbezugsbereiche werden, bildlich gesprochen, übereinandergelegt und addiert. Zusätzlich wurde ausgewählt, dass die Beschriftung aus der *Linken Spalte* stammen soll.

Bild 28.12 Die Daten, die zur Konsolidierung verwendet werden sollen, werden hier festgelegt

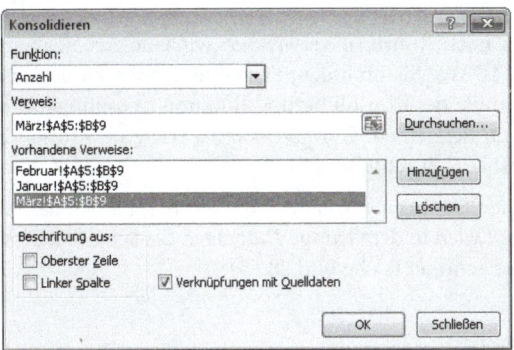

Im obigen Dialogfeld wurde zudem festgelegt, dass die konsolidierten Daten mit den ursprünglichen verknüpft werden sollen. Mithilfe von verknüpften Konsolidierungen ist es möglich, eine Verbindung zwischen der Ausgangs- und der Konsolidierungstabelle herzustellen, sodass bei Änderungen der Werte in den Quellbereichen automatisch die konsolidierten Daten aktualisiert werden. Gleichzeitig mit den Verknüpfungen wird Ihr Konsolidierungsarbeitsblatt gegliedert. Durch die Gliederung werden die Zwischenergebnisse versteckt. Zu jedem Ergebnis fügt Excel den Namen der Ursprungsdatei hinzu. In der folgenden Abbildung ist ein so verknüpftes und gegliedertes Blatt zu sehen, wobei für eine Zeile auch die Gliederungsdetails zu sehen sind.

Bild 28.13 Der konsolidierte Quartalsbericht ist fertig

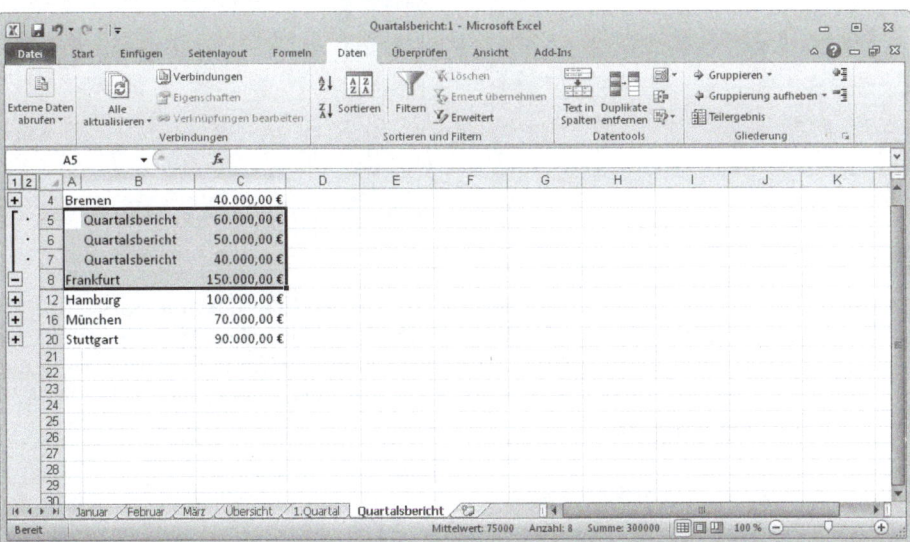

TIPP **Verknüpfung mit Quelldaten** Wenn Sie die Quelldaten nicht verknüpfen, erhalten Sie im Tabellenblatt mit den konsolidierten Daten nur die Ergebnisse der Konsolidierung. Möchten Sie eine Änderung der Ursprungsdaten in die Konsolidierung einbeziehen, müssen Sie erneut konsolidieren.

Konsolidieren nach Rubriken

Als Beispiel für die Konsolidierung nach Rubriken verwenden wir eine Arbeitsmappe mit dem Namen *Verkauf.xlsx* (siehe Bild 28.14). Wie Sie im linken Fenster erkennen können, ist eine Reihe der Artikel mehrfach aufgeführt. Mithilfe der Konsolidierungsfunktion ist es möglich, die Summen für die einzelnen Artikelnummern zu berechnen. Übrigens kann Excel eine Konsolidierung auch innerhalb ein- und desselben Arbeitsblatts durchführen.

Um diese Liste zu konsolidieren, gehen Sie folgendermaßen vor: Wechseln Sie in das rechte Fenster und klicken Sie auf der Registerkarte *Daten* in der Gruppe *Datentools* die Schaltfläche *Konsolidieren* an. Das Dialogfeld *Konsolidieren* wird geöffnet (siehe Bild 28.15).

Bild 28.14 Diese Artikelliste soll konsolidiert werden

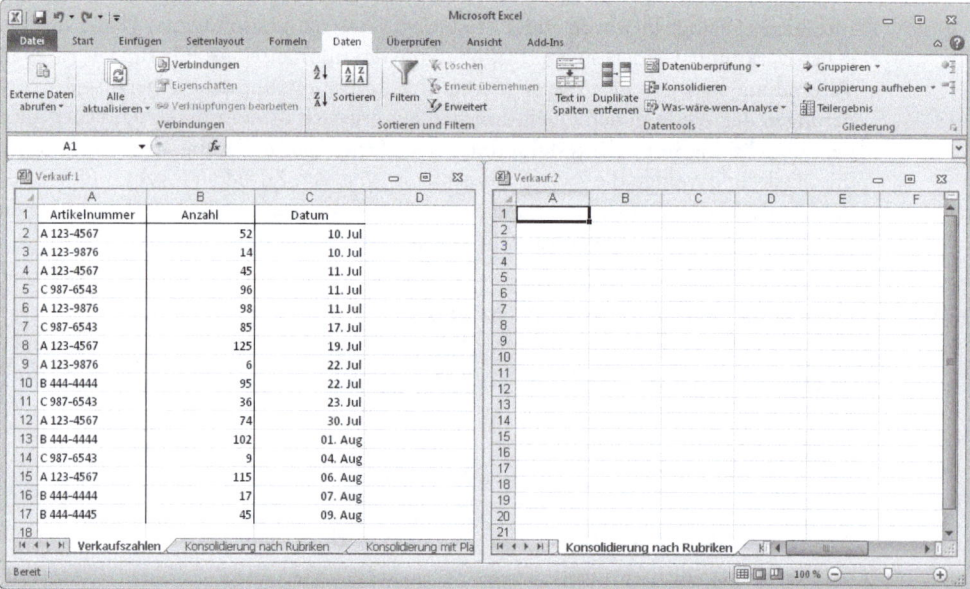

Als Verweis legen Sie dann den Tabellenbereich A2:B17 des linken Arbeitsblatts fest. Klicken Sie zusätzlich in der Gruppe *Beschriftung aus* das Kontrollkästchen *Linker Spalte* an. Dadurch wird Excel angewiesen, die Werte anhand der Beschriftungen in der linken Spalte des Bezugsbereichs zu unterscheiden. Ansonsten werden nur Werte konsolidiert, die relativ die gleichen Adressen innerhalb der Bereiche haben.

Bild 28.15   Mit diesen Einstellungen wird die Artikelliste nach Rubriken konsolidiert

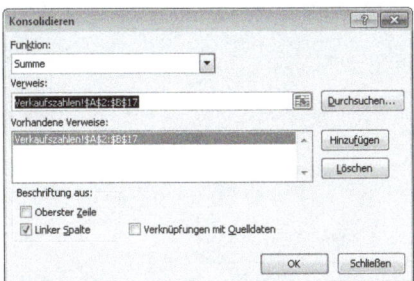

Excel konsolidiert die Ausgangsdaten und summiert über die Artikelnummern. Das Ergebnis ist in der folgenden Abbildung dargestellt.

Bild 28.16   Die Verkaufszahlen wurden nach Artikelnummern konsolidiert

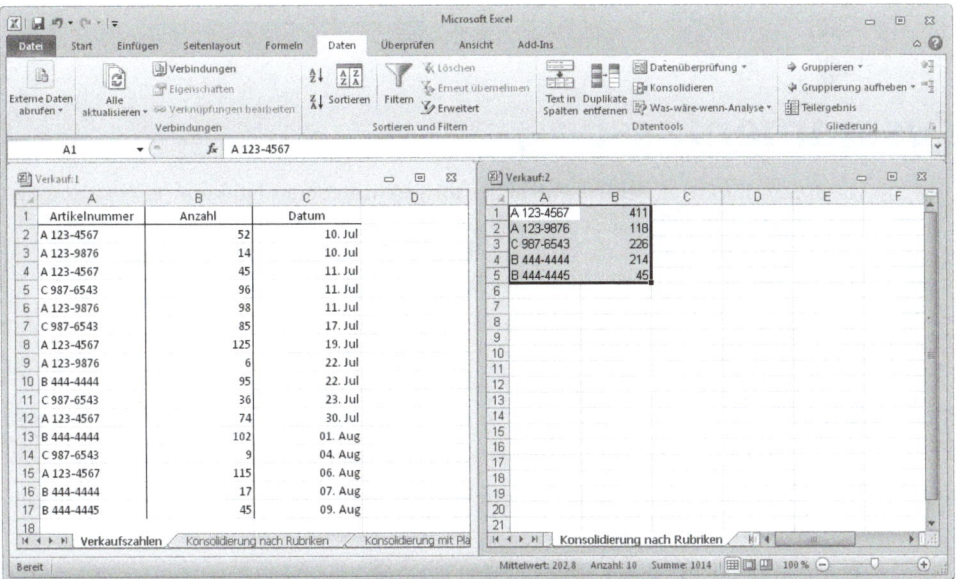

Platzhalter verwenden

Bei der Angabe der Rubriken gibt es noch weitere Möglichkeiten. Sie können mehrere Rubrikenarten durch die Angabe von Platzhaltersymbolen, wie * und ?, zusammenfassen. Ein Sternchen steht für beliebig viele Zeichen, ein Fragezeichen für ein beliebiges Zeichen.

In der folgenden Abbildung ist im linken Fenster wieder die Verkaufstabelle zu sehen. Im rechten Fenster wurden die Rubriken für die Konsolidierung geändert. Die Zeilen sind jetzt mit A*, B* und C* vorbesetzt. Der Stern als Platzhaltersymbol steht für beliebig viele Zeichen. In unserem Fall werden alle Rubriken, deren erstes Zeichen mit dem ersten Zeichen der Zeilenbeschriftung übereinstimmt, konsolidiert.

Bild 28.17 Beispiel für die Konsolidierung mit Platzhaltersymbolen

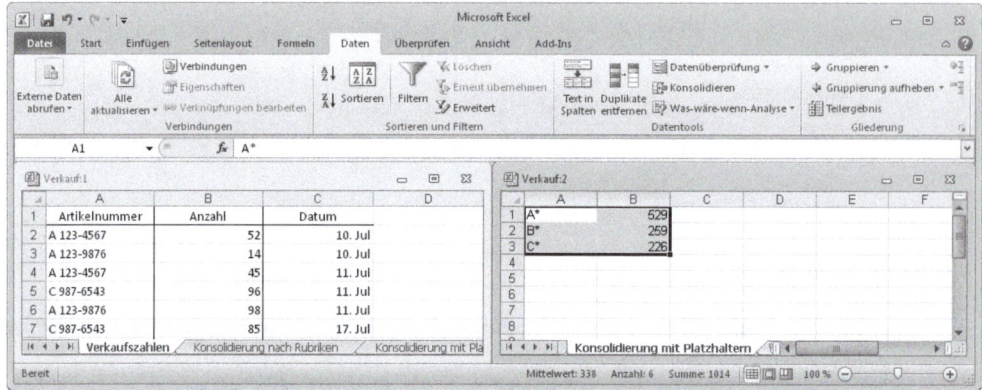

Markieren Sie vor der Konsolidierung die drei Zellen und rufen Sie dann erst das Dialogfeld zur Konsolidierung auf.

Zusammenfassung

In diesem Kapitel haben Sie einige der fortgeschritteneren Funktionen von Excel kennen gelernt, mit denen sich Zellen über die Grenzen eines Tabellenblatts hinaus verknüpfen lassen und mit denen Sie Daten, die sich in unterschiedlichen Tabellenblättern befinden, auf einem weiteren zusammenfassen und konsolidieren können.

- Am Anfang des Kapitels haben Sie an Beispielen gesehen, wie Sie Zellverknüpfungen zwischen verschiedenen Tabellenblättern der gleichen Arbeitsmappe (Seite 492) und zu Tabellenblättern in anderen Arbeitsmappen (Seite 493) erstellen können.

- Falls die Daten, auf die sich die Verknüpfung bezieht, in eine andere Mappe oder in ein anderes Blatt verschoben werden, können Sie eine andere Quelle angeben (Seite 495).

- An einem Beispiel haben Sie gesehen, wie Sie Verknüpfungen auch in Funktionen einsetzen können (Seite 497).

- Mit einem 3D-Bezug können Sie in einer Anweisung eine Zelle aus mehreren Arbeitsmappen referenzieren (Seite 498).

- Die Konsolidierung ermöglicht es Ihnen, schnell Summen, Mittelwerte und statistische Berechnungen auch über mehrere Arbeitsblätter hinweg durchzuführen (Seite 499). In den verschiedenen Abschnitten dieses Teils des Kapitels haben Sie gesehen, wie Sie nach Position (Seite 500) und nach Rubriken (Seite 502) konsolidieren können und wie Sie beim Konsolidieren Platzhalter verwenden (Seite 503).

Kapitel 29

Diagramme erstellen

Excel 2010

Diagramme helfen dabei, viele oder unübersichtliche Werte grafisch darzustellen und somit überschaubarer und verständlicher zu machen. Für die Darstellung prozentualer Verteilungen oder zeitlicher Verläufe sind Diagramme nahezu unverzichtbar, denn eine Zahlenreihe ist für einen menschlichen Betrachter bei weitem nicht so aussagekräftig wie eine steigende oder fallende Linie.

In diesem Kapitel zeigen wir Ihnen zunächst, wie Sie dank der neuen Benutzeroberfläche von Excel 2010 mit wenig Aufwand professionelle Diagramme erstellen können. Anschließend erklären wir, wie sich die einzelnen Bestandteile eines Diagramms verändern lassen, um seine Wirkung zu optimieren.

Sparklines einfügen

Bevor wir uns jedoch den »echten« Diagrammen zuwenden, wollen wir zunächst noch ein neues Feature von Excel 2010 vorstellen, die sogenannten *Sparklines*. Dabei handelt es sich um kleine Trendlinien oder auch Säulendiagramme, die sich innerhalb einer einzigen Zelle befinden und in der Praxis auch als Microcharts bezeichnet werden.

Das folgende Beispiel zeigt, wie Sie eine Tabelle mit solchen Sparklines ausstatten:

1. Öffnen Sie die Übungsdatei *Sparklines*.

2. Markieren Sie die rechte Spalte der Tabellen inklusive ihrer Ergebniszeile (also den Bereich G3:G20).

3. Wechseln Sie im Menüband auf die Registerkarte *Einfügen* und klicken Sie in der Gruppe *Sparklines* auf die Schaltfläche *Linie*. Excel zeigt dann das Dialogfeld *Sparklines erstellen* an.

4. Markieren Sie den Zellbereich, der die Daten für die neuen Sparklines enthält. In unserem Beispiel ist das der Bereich C3:F20. Excel trägt die Bereichsangabe automatisch in das Dialogfeld ein.

Bild 29.1   Festlegen des Datenbereichs

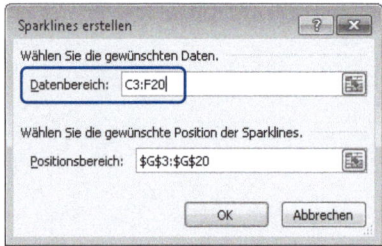

5. Klicken Sie auf *OK,* damit Excel die gewünschten Sparklines erzeugt. Zusätzlich blendet Excel die Registerkarte *Sparklinetools/Entwurf* ein, mit deren Funktionen Sie den Aufbau und die Darstellung der Sparklines modifizieren können.

6. Schalten Sie zum Beispiel auf der Registerkarte in der Gruppe *Anzeigen* die Option *Höchstpunkt* ein und nehmen Sie bei Bedarf weitere Formatierungen vor. Das Ergebnis sollte anschließend so aussehen, wie im nächsten Bild.

Bild 29.2   Mit Sparklines lassen sich zum Beispiel Tabellenzeilen mit Trendlinien ausstatten

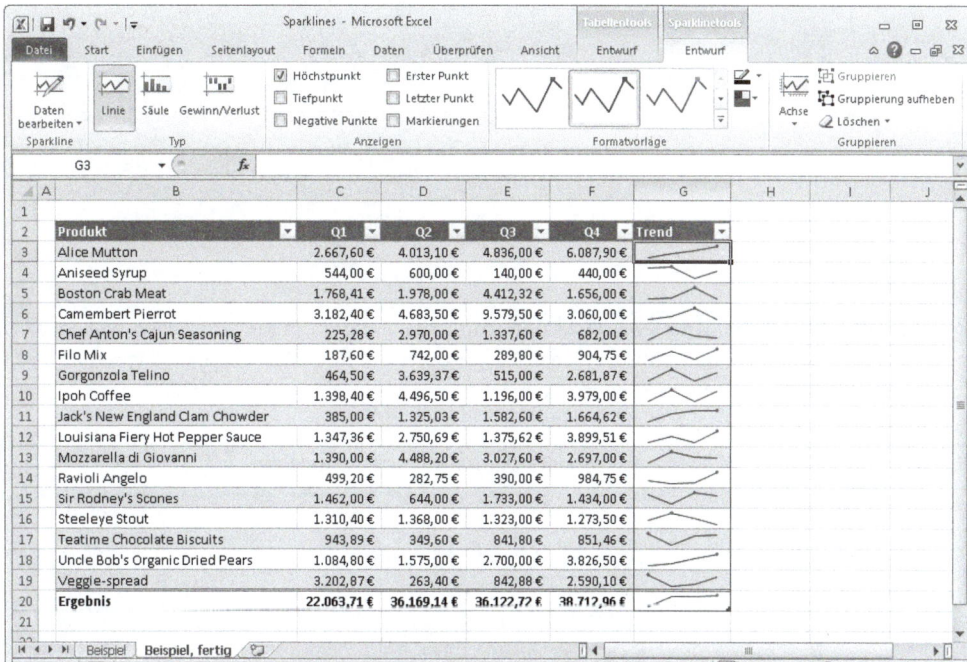

Wenn Sie einige oder alle Sparklines wieder entfernen wollen, markieren Sie die betreffenden Zellen, klicken die Markierung dann mit der rechten Maustaste an und wählen im Kontextmenü den Befehl *Sparklines/Ausgewählte Sparklines löschen.*

Diagramme einfügen

Mit Excel ist das Erstellen eines Diagramms eine Sache von wenigen Minuten. Ihre Aufgabe beschränkt sich dabei im Wesentlichen auf das Markieren der zugrunde liegenden Daten und die Wahl eines geeigneten Diagrammtyps. In einem zweiten Schritt können Sie dann das Diagramm optimieren, indem Sie zum Beispiel Formatierungsmerkmale ändern, Achsen hinzufügen oder entfernen usw.

1.   Öffnen Sie die Übungsdatei *Kreisdiagramm* und zeigen Sie das erste Arbeitsblatt an.

2.   Markieren Sie den Zellbereich, in dem sich die Daten befinden, aus denen Sie ein Diagramm erstellen wollen. Beachten Sie, dass Sie dabei nicht nur die Zahlenwerte, sondern auch die zugehörigen Beschriftungen auswählen. Falls die Daten in Form einer Excel-Tabelle vorliegen (wie in unserer Übungsdatei), genügt es, eine beliebige Zelle der Tabelle anzuklicken.

3.   Wechseln Sie auf die Registerkarte *Einfügen.* Hier finden Sie in der Gruppe *Diagramme* mehrere Schaltflächen, mit denen Sie verschiedene Diagrammtypen einfügen können. In den Ausklappmenüs der Schaltflächen werden die möglichen Variationen des jeweiligen Typs angezeigt. Dort können Sie z.B. zwischen einer zwei- oder einer dreidimensionalen Darstellung wählen.

Bild 29.3 Für jeden Diagrammtyp existieren mehrere Variationen

4. Wenn Sie lieber eine Liste mit sämtlichen Diagrammtypen anzeigen wollen, klicken Sie auf die kleine quadratische Schaltfläche rechts unten in der Gruppe *Diagramme* (sie ist oben im Bild durch einen Kreis markiert).

Bild 29.4 In diesem Dialog werden alle Diagrammtypen angezeigt

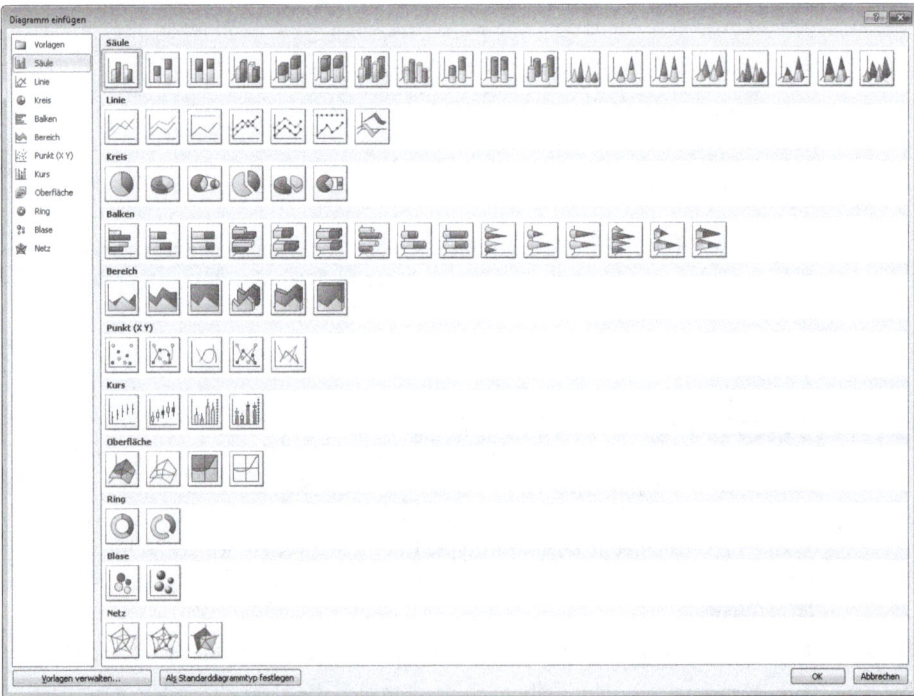

HINWEIS **Diagrammtyp** Sie können den Diagrammtyp auch im Nachhinein noch ändern, falls Sie sich später für eine andere Form der Darstellung entscheiden.

5. Wählen Sie über das Dialogfeld *Diagramm einfügen* oder eines der Ausklappmenüs einen Diagrammtyp aus. Excel fügt das neue Diagramm dann direkt auf dem aktuellen Arbeitsblatt ein.

Bild 29.5 Das neue Diagramm in der von Excel gelieferten Rohfassung. Beachten Sie, dass im Menüband drei neue Registerkarten aufgetaucht sind

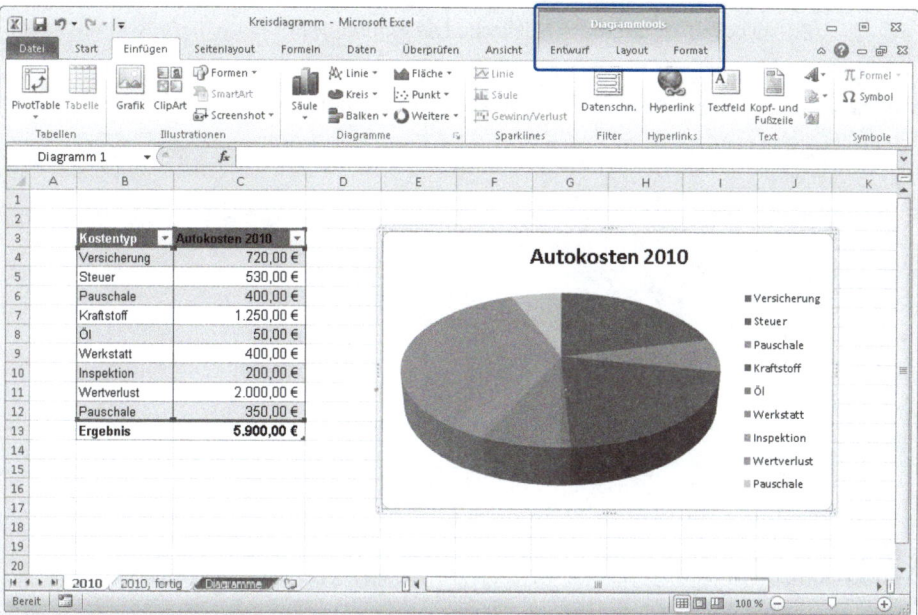

6. Schieben Sie das Diagramm an eine geeignete Position auf dem Blatt. Am besten fassen Sie dazu den Rahmen des Diagramms an. Mit dessen Anfassern (das sind die kleinen Pünktchen) lässt sich das Diagramm natürlich auch vergrößern oder verkleinern. Sie können das Diagramm auch auf ein anderes Arbeitsblatt verschieben. Wie das funktioniert beschreiben wir auf der Seite 511.

HINWEIS Zwischen dem Diagramm und den Daten, auf denen es basiert, besteht weiterhin eine Verbindung. Das heißt, wenn Sie die zugrundeliegenden Daten ändern, wird das Diagramm automatisch angepasst.

Damit ist das neue Diagramm im Grunde genommen schon fertig. Wir wollen trotzdem noch etwas an seinem Layout und seinem Aussehen feilen, denn auf der Registerkarte *Diagramm-tools/Entwurf* befinden sich noch zwei effektive Funktionen, mit denen Sie ein Diagramm bei minimalem Aufwand optisch aufwerten können. Und die Gelegenheit sollten Sie sich nicht entgehen lassen.

Schnelllayout

Jedes Excel-Diagramm besteht aus verschiedenen Elementen wie z.B. einem Titel, einer Legende, Beschriftungen usw. Wie Sie im weiteren Verlauf des Kapitels noch sehen werden, können Sie jedes dieser Elemente separat verändern. Oft ist dies jedoch gar nicht nötig, denn Excel bietet Ihnen mit den so genannten *Diagrammlayouts*, eine ganze Palette fertiger Alternativdarstellungen an.

Excel 2010

Um ein Schnelllayout anzuwenden, gehen Sie folgendermaßen vor:

1. Markieren Sie das Diagramm und zeigen Sie die Registerkarte *Entwurf* an.

2. Klicken Sie auf die Schaltfläche *Diagrammlayouts*.

Bild 29.6   Art und Umfang der Layoutvorschläge hängen vom Diagrammtyp ab

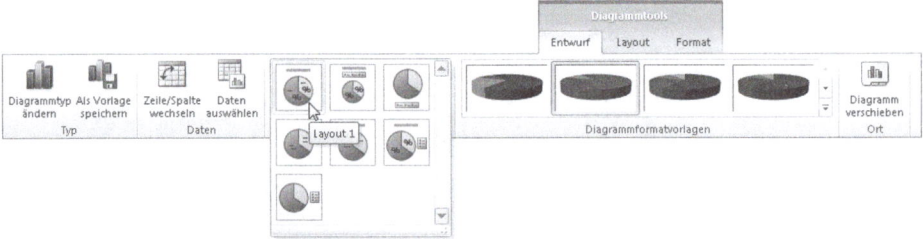

3. Wählen Sie eines der angebotenen Layouts aus. Leider zeigt Excel hier keine Livevorschau an und auf den kleinen Vorschaugrafiken des Ausklappmenüs ist es manchmal recht schwierig, die Details der Layouts zu erkennen.

Bild 29.7   Die Legende des Diagramms wurde durch Beschriftungen ersetzt

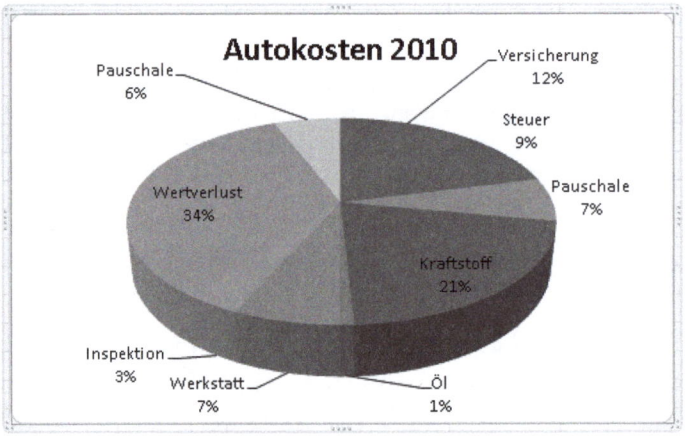

Diagrammformatvorlagen

Nachdem Sie nun den Typ und das Layout des Diagramms festgelegt haben, können Sie jetzt noch seine farbliche Gestaltung verändern. Dies lässt sich am einfachsten und schnellsten über die *Diagrammformatvorlagen* erledigen, die Sie ebenfalls auf der Registerkarte *Entwurf* zuweisen können.

Wenn Sie das Auswahlmenü der Diagrammformatvorlagen öffnen, werden Sie feststellen, dass dort in jeder Spalte eine andere Farbpalette angeboten wird. Die einzelnen Zeilen ergänzen die Optik mit weiteren Effekten (z.B. Beleuchtung).

Bild 29.8   Diagrammformatvorlagen haben Einfluss auf Farben und Effekte

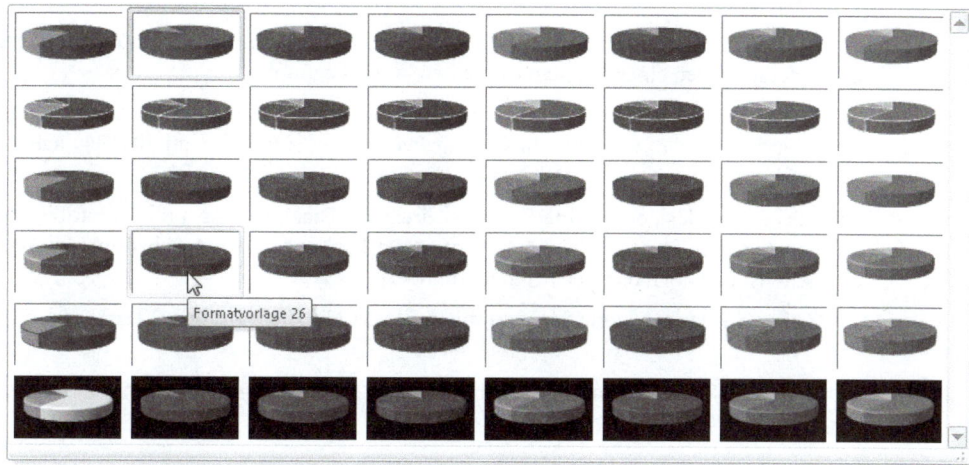

Diagramm auf anderes Arbeitsblatt verschieben

Wenn Sie möchten, können Sie das neue Diagramm noch auf ein anderes bzw. auf ein neues Arbeitsblatt verschieben. Gehen Sie dazu folgendermaßen vor:

1. Markieren Sie das Diagramm und klicken Sie in der Registerkarte *Entwurf* auf die Schaltfläche *Diagramm verschieben*. Excel zeigt dann das Dialogfeld *Diagramm verschieben* an, in dem Sie auswählen können, ob für das Diagramm ein neues Blatt angelegt werden soll, oder ob es auf ein anderes Blatt der Arbeitsmappe verschoben werden soll.

2. Nehmen Sie die gewünschten Einstellungen vor und bestätigen sie mit *OK*.

Diagrammelemente auswählen

Wie wir bereits weiter oben gesagt haben, können Sie viele der Komponenten, aus denen ein Diagramm zusammengesetzt ist, nachträglich ändern oder ihre Formatierung auf andere Merkmale einstellen. Vor dem Formatieren müssen Sie natürlich zuerst das entsprechende Diagrammelement markieren. Dazu haben Sie zwei verschiedene Möglichkeiten:

- Sie klicken das gewünschte Element direkt im Diagramm an. Dieses Verfahren eignet sich jedoch nicht für alle Teile eines Diagramms, da einige Elemente nur schwer mit der Maus zu treffen sind.

- Alternativ verwenden Sie die Registerkarte *Layout*, deren Gruppe *Aktuelle Auswahl* ein Listenfeld enthält, mit dem Sie die Elemente auswählen können.

Wenn ein Element im Diagramm mehrfach auftritt, werden in der Regel zunächst alle Vorkommen markiert. Das ist zum Beispiel bei Datenbeschriftungen oder auch bei Datenreihen der Fall. Wollen Sie nur ein bestimmtes Element markieren, müssen Sie es anschließend noch einmal explizit anklicken.

Excel 2010

511

Beispiel: Tortenstück herausziehen

Ein typischer Anwendungsfall, bei dem Sie nur ein Element aus einer Gruppe markieren müssen, ist das Herausziehen eines Segments aus einem Kreisdiagramm:

1. Klicken Sie das gewünschte Diagramm an und wählen Sie auf der Registerkarte *Layout* in der Gruppe *Aktuelle Auswahl* den Eintrag *Reihen "xy"*. Danach sind alle Segmente des Kreises markiert.

2. Klicken Sie das gewünschte Segment direkt im Diagramm an und achten Sie dabei darauf, dass Sie nicht in der Nähe einer eventuell vorhandenen Datenbeschriftung klicken. Anschließend ist nur noch das eine Segment markiert.

3. Ziehen Sie das markierte Segment mit der Maus ein Stück aus dem Kreis.

Bild 29.9   Einzelne Elemente können nur im Diagramm markiert werden

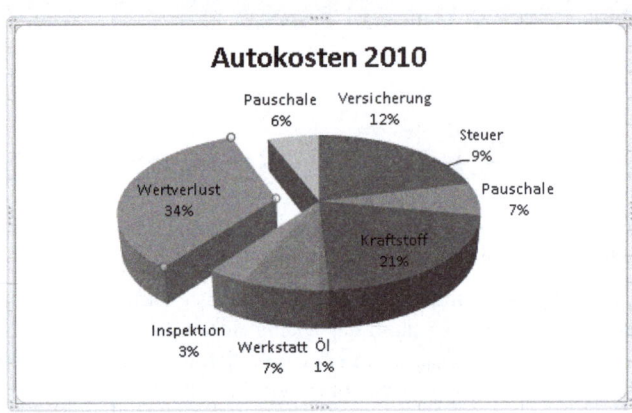

Beschriftung ändern

In jedem Diagramm sind diverse Beschriftungen enthalten, die Sie individuell positionieren und formatieren können. In diesem Abschnitt geht es zunächst darum, wie Sie die verschiedenen Beschriftungen ein- und ausschalten und wie Sie sie auf dem Diagramm anordnen können. Im weiteren Verlauf des Kapitels erfahren Sie dann noch, wie sich die Darstellung der Texte verändern lässt.

Alle in diesem Abschnitt vorgestellten Befehle finden Sie auf der Registerkarte *Layout* in der Gruppe *Beschriftungen*.

Bild 29.10   Hier können Sie die Sichtbarkeit und Position der Texte steuern

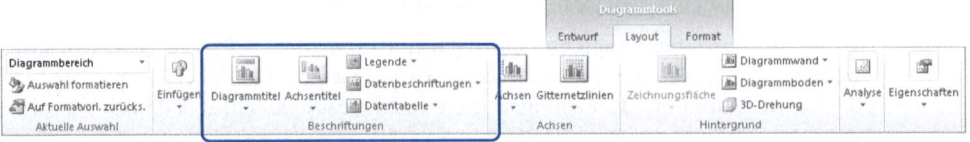

Position des Diagrammtitels ändern

Wenn das Diagramm bereits einen Titel enthält, können Sie ihn jederzeit mit der Maus verschieben oder ihn mit der `Entf`-Taste löschen. Wie sich der Rest des Diagramms beim Verschieben bzw. Löschen des Titels verhält, hängt davon ab, ob der Titel das Diagramm überlagert oder ob er sich den Diagrammbereich, also den Rahmen, in den das Diagramm eingefasst ist, teilt.

Über das Auswahlmenü der Schaltfläche *Diagrammtitel* können Sie zwischen den drei verschiedenen Darstellungsarten wechseln:

- **Keine**   Blendet den Diagrammtitel aus.

- **Zentrierter Überlagerungstitel**   Der Titel kann das Diagramm überlappen. Die Größe des Diagramms ist dadurch unabhängig von der Größe des Titels.

- **Über Diagramm**   Titel und Diagramm können sich nicht überlappen, sondern müssen sich den Platz innerhalb des Rahmens teilen. Wenn Sie den Titel vergrößern (z.B. indem Sie Text ergänzen oder die Schrift vergrößern), wird das Diagramm automatisch verkleinert.

Achsentitel bearbeiten

Mit Ausnahme der Kreis-, Ring- und Netzdiagrammtypen haben in Excel alle Diagramme Achsen. Excel bezeichnet die horizontale (waagerechte) Achse eines Diagramms auch als *Kategorienachse* (früher: *Rubrikenachse*) und die vertikale (senkrechte) Achse als *Wertachse* (früher: *Größenachse*). Jede Achse kann neben ihrer Beschriftung auch einen Titel besitzen, dessen Sichtbarkeit und Positionierung mit der Schaltfläche *Achsentitel* gesteuert wird.

Bild 29.11   Einstellen eines Titels für eine vertikale (senkrechte) Achse

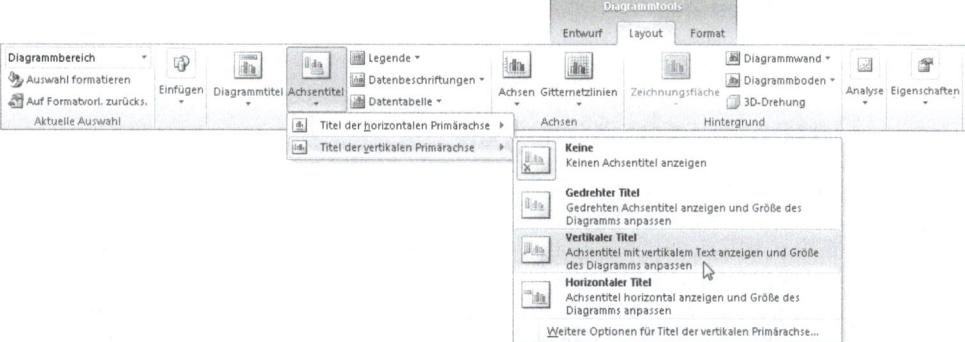

PROFITIPP   **Primär- und Sekundärachse**

Im Ausklappmenü der Schaltfläche *Achsentitel* taucht der Begriff der Primärachse auf. Die Verwendung dieses Begriffs ist unserer Meinung nach bei Standarddiagrammen überflüssig. Denn von einer Primärachse zu sprechen macht eigentlich erst dann Sinn, wenn das Diagramm auch eine Sekundärachse besitzt. Bei einer Sekundärachse handelt es sich um eine zusätzliche Achse, auf der die Werte einer Datenreihe angezeigt werden können, die einen abweichenden Datentyp oder einen anderen Maßstab als die übrigen Datenreihen besitzen.

Legende

Häufig sind die Daten eines Diagramms nicht direkt beschriftet, sondern es gibt eine Legende, in der die Bedeutung der verschiedenen Farben erläutert ist. Ihre Position steuern Sie über die Schaltfläche *Legende,* die sich ebenfalls auf der Registerkarte *Layout* in der Gruppe *Beschriftungen* befindet. Ähnlich wie beim Diagrammtitel, können Sie auch bei der Legende entscheiden, ob sie das Diagramm überlagern darf oder nicht.

Neben der Position können Sie aber auch die Größe der Legende beeinflussen. Ziehen Sie dazu einfach den Rahmen der Legende auf das gewünschte Format. Excel passt dann die Anordnung der einzelnen Elemente an den neuen Rahmen an und ändert dabei sowohl die Schriftgröße als auch die Zeilen- und Spaltenanzahl. Vorsicht: Wenn Sie den Rahmen zu klein machen, zeigt Excel die Elemente der Legende nicht mehr vollständig an!

Bild 29.12 Der Rahmen der Legende lässt sich mit der Maus verändern.

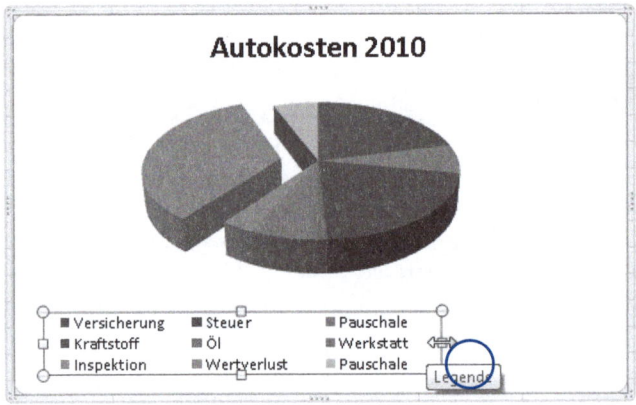

Datenbeschriftungen

Wenn in einem Diagramm die einzelnen Werte einer Datenreihe angezeigt werden, wird dies als *Datenbeschriftung* bezeichnet. Die optimale Positionierung dieser Beschriftungen hängt nicht nur vom Typ des Diagramms ab, sondern auch von seiner farblichen Darstellung. Wenn Sie zum Beispiel beim Tortendiagramm aus dem obigen Bild die Beschriftung auf den einzelnen Segmenten anzeigen lassen würden, wären sie – besonders auf den dunklen Flächen – nur schwer lesbar. In diesem Fall wäre es sicher sinnvoller, die Werte außerhalb der Grafik zu positionieren.

1. Markieren Sie das Diagramm und zeigen Sie die Registerkarte *Layout* an.

2. Klicken Sie in der Gruppe *Beschriftungen* auf *Datenbeschriftungen* und wählen Sie die Variante *Ende außerhalb.*

3. Falls Excel nicht alle Elemente optimal positionieren konnte, klicken Sie die Elemente an und ziehen sie dann mit der Maus an die gewünschte Stelle.

Bild 29.13   Eventuell müssen Sie einzelne Beschriftungen etwas verschieben

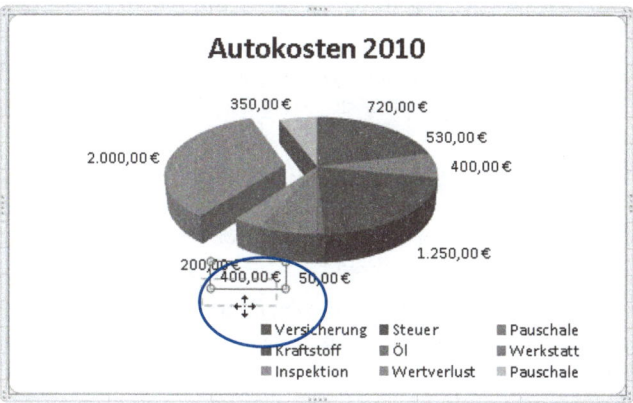

Sie können aber nicht nur die Position einer Datenbeschriftung steuern, sondern auch den Inhalt:

1. Wählen Sie das gewünschte Diagramm aus und achten Sie darauf, dass entweder kein Datenbeschriftungselement markiert ist oder aber alle.

2. Klicken Sie auf die Schaltfläche *Datenbeschriftungen* und rufen Sie den Befehl *Weitere Datenbeschriftungsoptionen* auf. Excel zeigt dann das Dialogfeld *Datenbeschriftungen formatieren* an. Alle Einstellungen, die Sie hier vornehmen, werden direkt im Diagramm angezeigt, ohne dass Sie dazu das Dialogfeld schließen müssen.

Bild 29.14   Hier können Sie den Inhalt der Datenbeschriftung festlegen

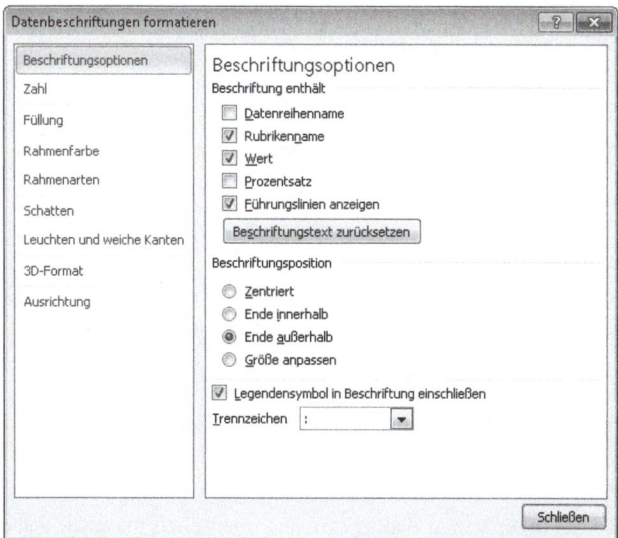

3. Mit den Optionen der Gruppe *Beschriftung enthält* können Sie bestimmen, welche Informationen in die Beschriftung aufgenommen werden. Im abgebildeten Beispiel soll nicht nur der Wert, sondern auch der Name der Rubrik (früher: Kategorie) angezeigt werden.

4. Die nächste Gruppe ist für die Positionierung der Beschriftungen verantwortlich und korrespondiert mit den Befehlen der Schaltfläche *Datenbeschriftungen,* die Sie weiter oben bereits kennen gelernt haben.

5. Bei Bedarf können Sie auch das Legendensymbol mit in die Beschriftung aufnehmen. Ob dies der Übersichtlichkeit zugute kommt, lässt sich nicht allgemein sagen, sondern hängt vom konkreten Diagramm ab.

6. Wenn Sie in Schritt 3 mehrere Elemente für die Beschriftung ausgewählt haben, können Sie mit dem Listenfeld *Trennzeichen* festlegen, wie die einzelnen Elemente von einander getrennt werden sollen. Sie sind jedoch nicht auf das Angebot des Listenfeldes beschränkt, sondern können auch eigene Zeichen (auch mehrere) in das Feld eintragen.

   Falls Ihre Beschriftung jetzt zuviel Raum im Diagramm beansprucht, können Sie unter Umständen etwas Platz schaffen, indem Sie das Zahlenformat ändern und zum Beispiel auf die Anzeige von Nachkommastellen verzichten.

7. Wechseln Sie dazu im Dialogfeld in die Rubrik *Zahl.*

8. Wählen Sie die Kategorie *Währung,* geben Sie im Feld *Dezimalstellen* eine Null ein und schließen Sie das Dialogfeld.

Bild 29.15 Entfernen der Nachkommastellen

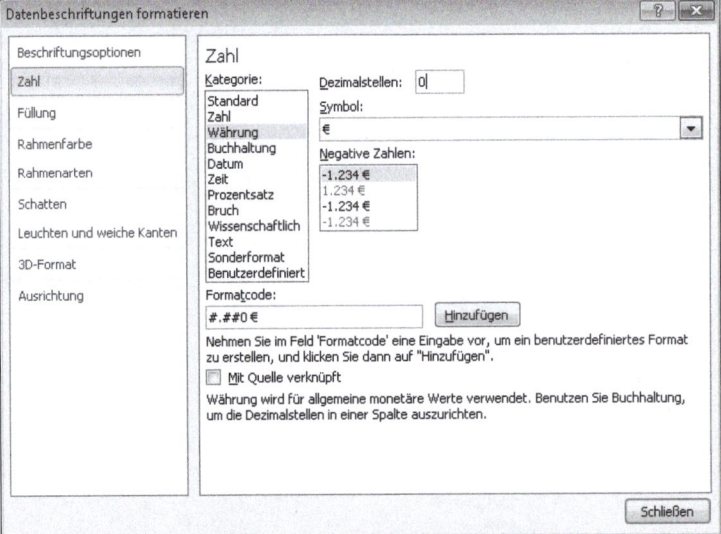

9. Falls Sie sich entschieden haben, den Kategorienamen in die Datenbeschriftung aufzunehmen, können Sie die Legende aus dem Diagramm entfernen. Klicken Sie die Legende dazu an und drücken Sie ⟨Entf⟩.

10. Eventuell müssen Sie in einzelnen Beschriftungsrahmen noch manuelle Zeilenumbrüche einfügen. Dazu klicken Sie ein bereits markiertes Beschriftungsfeld erneut an, bis der Rahmen zu einer gestrichelten Linie wird. Jetzt können Sie die Beschriftung wie einen normalen Text bearbeiten (und sogar formatieren).

Bild 29.16   Der Text der Datenbeschriftung lässt sich auch direkt editieren

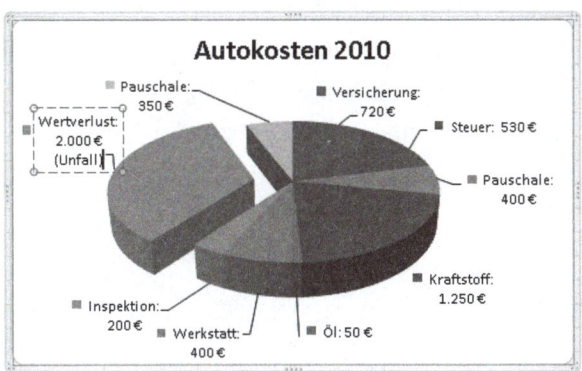

Achsen bearbeiten

Seit Excel 2007 ist die Bezeichnung der Diagrammachsen endlich auch für Anwender nachvollziehbar, die sich nicht tagtäglich mit Excel beschäftigen. Sie werden nun schlicht *horizontale Achse,*
vertikale Achse und *Tiefenachse* genannt.

Primär- und Sekundärachsen

Für leichte Verwirrung sorgt höchstens noch der Begriff *Primärachsen,* mit dem die normalen Diagrammachsen gemeint sind. Wie wir weiter vorne auf Seite 513 schon kurz erwähnt haben, lassen
sich Diagramme mit zusätzlichen Achsen – den so genannten *Sekundärachsen* – ausstatten, auf
denen für einzelne Datenreihen eine separate Skalierung vorgenommen werden kann. Das folgende Diagramm enthält z.B. neben den beiden Datenreihen *Hardware* und *Software,* deren Werte
Geldbeträge darstellen, noch die Datenreihe *Stunden.*

Bild 29.17   Die Werte der Datenreihen besitzen unterschiedliche Einheiten

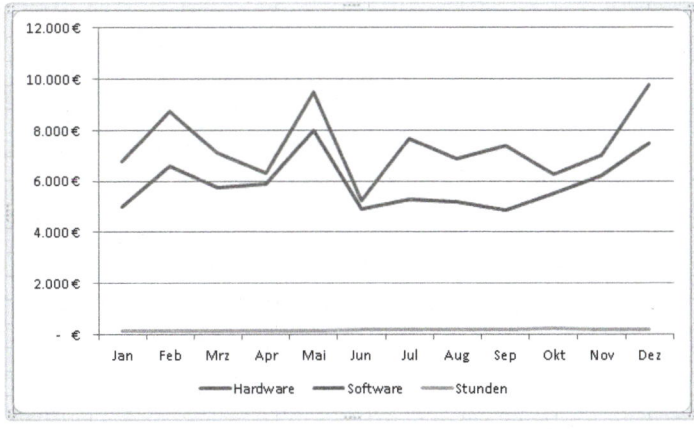

In dieser Form ist das Diagramm natürlich noch nicht zu gebrauchen. Um das Diagramm mit einer Sekundärachse auszustatten, gehen Sie wie folgt vor:

1.   Öffnen Sie die Übungsdatei *Sekundärachse* und zeigen Sie das Arbeitsblatt *Start* an.

2.   Markieren Sie das Diagramm und zeigen Sie die Registerkarte *Layout* an.

3.   Wählen Sie in der Gruppe *Aktuelle Auswahl* den Eintrag *Reihen "Stunden"*.

Bild 29.18   Auswählen der gewünschten Datenreihe des Diagramms

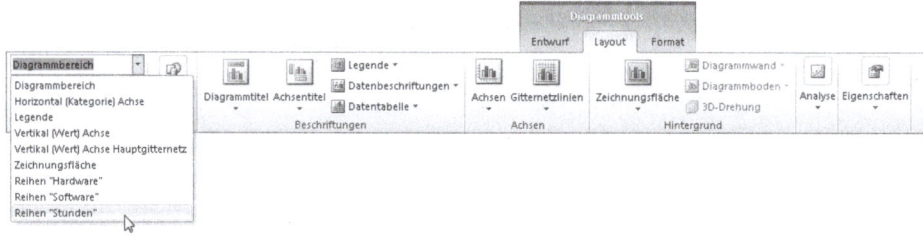

4.   Klicken Sie dann in der Gruppe *Aktuelle Auswahl* auf *Auswahl formatieren*.

5.   Schalten Sie in der Rubrik *Reihenoptionen* die Option *Sekundärachse* ein.

6.   Wechseln Sie in die Rubrik *Markierungsoptionen* und wählen Sie dort eine Einstellung, die sich von denen der anderen Datenreihen unterscheidet. Schließen Sie dann das Dialogfeld.

7.   Versehen Sie die Sekundärachse mit einem Titel, indem Sie in der Registerkarte *Layout* auf die Schaltfläche *Achsentitel* klicken, im Ausklappmenü auf *Titel der vertikalen Sekundärachse* zeigen und dann im Untermenü eine der angebotenen Varianten auswählen.

8.   Klicken Sie den neuen Achsentitel an und ändern Sie seinen Text sinnvoll ab.

Bild 29.19   Die Stunden werden auf der neuen Sekundärachse ausgegeben. Die Datenreihe wird zusätzlich durch eine Markierungsoption (Rauten) hervorgehoben

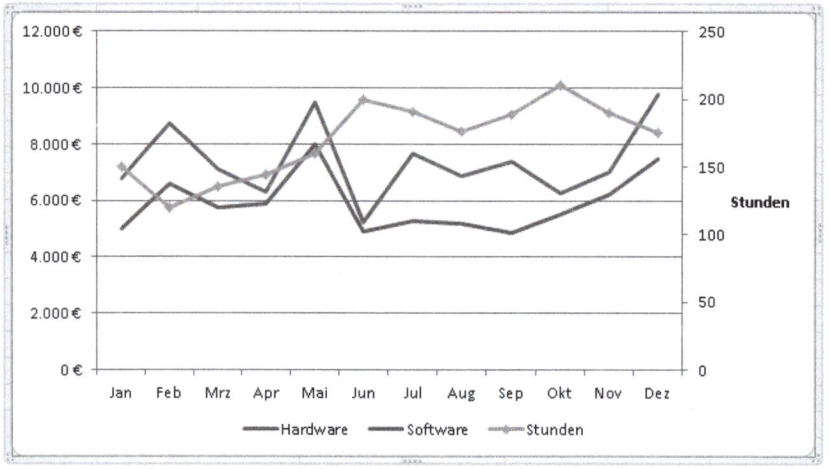

Skalierung der Achsen ändern

Die automatische Skalierung der Diagrammachsen lässt sich bei Bedarf nachträglich ändern, wobei Sie nahezu alle Aspekte beeinflussen können. Egal ob Sie einen neuen Maximalwert festlegen wollen, ob Sie den Nullpunkt verschieben oder eine logarithmische Skalierung wünschen – Excel macht's möglich.

1. Markieren Sie das Diagramm und zeigen Sie die Registerkarte *Layout* an.

2. Klicken Sie in der Gruppe *Achsen* auf die Schaltfläche *Achsen* und öffnen Sie das Untermenü der gewünschten Achse. Dort wählen Sie den Befehl *Weitere Optionen für …*

Bild 29.20 Ändern der automatischen Skalierung

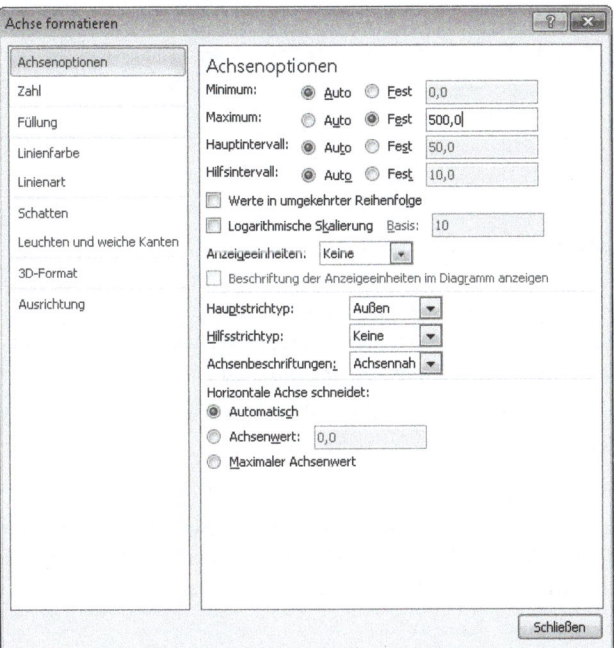

3. Nehmen Sie die gewünschten Änderungen im Dialogfeld vor. Vorsicht: Ihre Einstellungen wirken sich direkt auf das Diagramm aus!

4. Schließen Sie das Dialogfeld wieder.

Im nächsten Bild sehen Sie das Diagramm aus Bild 29.19, bei dem wir die Skalierung der Sekundärachse geändert haben, damit die Linie der Datenreihe *Stunden* etwas nach unten rutscht. Diese Fassung des Diagramms finden Sie in der Übungsdatei *Sekundärachse* auf dem Arbeitsblatt *Skalierung*.

HINWEIS Das Dialogfeld *Achse formatieren* können Sie auch aufrufen, indem Sie die gewünschte Achse mit der rechten Maustaste anklicken und im Kontextmenü den Befehl *Achse formatieren* aufrufen.

Bild 29.21 Ändern der automatischen Skalierung

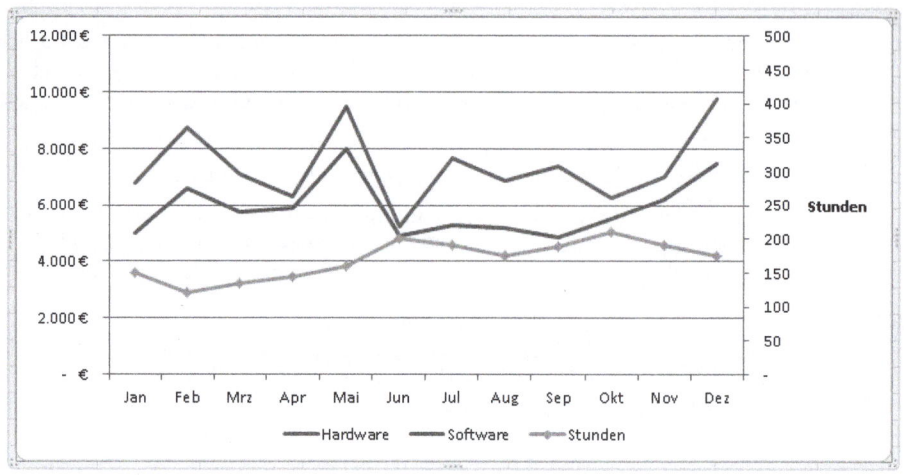

Gitternetzlinien

Gitternetzlinien können nicht nur Tabellen, sondern auch Diagramme übersichtlicher machen, denn mit ihrer Hilfe lassen sich die Werte der Datenpunkte leichter ablesen. Excel unterscheidet dabei für jede Achse zwischen dem *Hauptgitternetz* und dem feiner unterteilten *Hilfsgitternetz*.

Um für ein Diagramm festzulegen, ob und wie viele senkrechte und/oder waagerechte Gitternetzlinien angezeigt werden, gehen Sie folgendermaßen vor:

1. Markieren Sie das betreffende Diagramm.

2. Klicken Sie auf der Registerkarte *Layout* in der Gruppe *Achsen* auf die Schaltfläche *Gitternetzlinien*. Ihr Menü enthält für jede Achse des Diagramms einen Befehl, mit dessen Untermenü Sie das gewünschte Gitternetz ein- oder ausschalten können.

Bild 29.22 Gitternetzlinien können für jede Achse separat konfiguriert werden

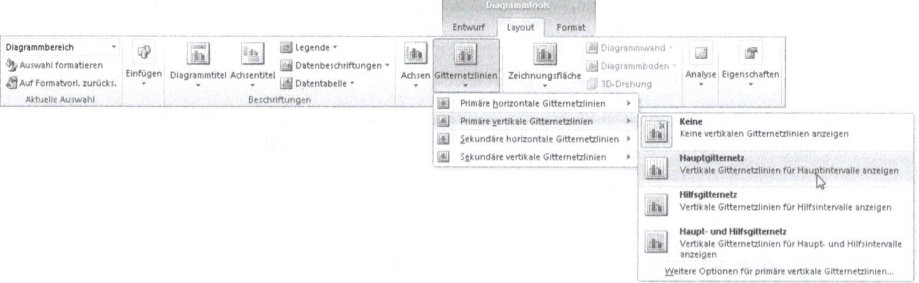

3. Falls Sie auch die Darstellung der Linien ändern möchten, wählen Sie in dem betreffenden Untermenü den Befehl *Weitere Optionen für ...*

Bild 29.23   Einstellen der Linienart für das Gitternetz

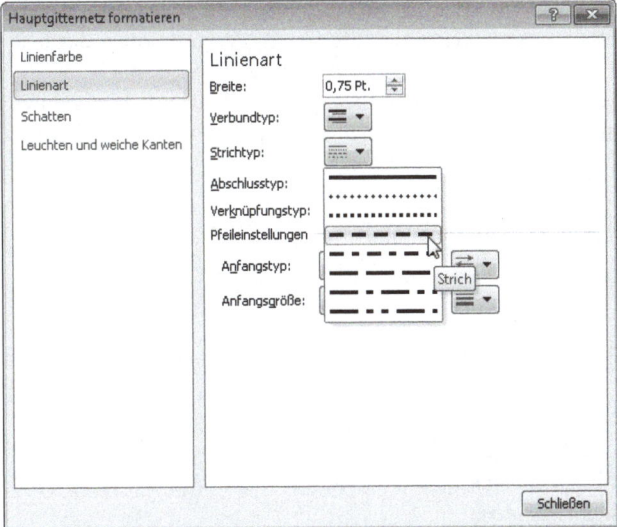

4. In diesem Dialog können Sie diverse Einstellungen für die Linien des Gitternetzes vornehmen. Die Änderungen werden wie gewohnt direkt umgesetzt.

5. Wenn Sie noch für andere Achsen das Gitternetz bearbeiten möchten, können Sie die betreffenden Linien auch direkt im Diagramm anklicken, ohne zuvor das Dialogfeld zu schließen. Im Dialog werden dann die Optionen des ausgewählten Gitternetzes angezeigt.

6. Schließen Sie den Dialog, wenn Sie mit dem Ergebnis zufrieden sind.

Die im folgenden Bild dargestellte Endfassung des Diagramms finden Sie in der Übungsdatei *Sekundärachse* auf dem Arbeitsblatt *Ziel*.

Bild 29.24   Das Diagramm wurde um ein Gitternetz für die horizontale Achse ergänzt. Um dieses Gitternetz nicht zu sehr in den Vordergrund treten zu lassen, sind seine Linien gestrichelt

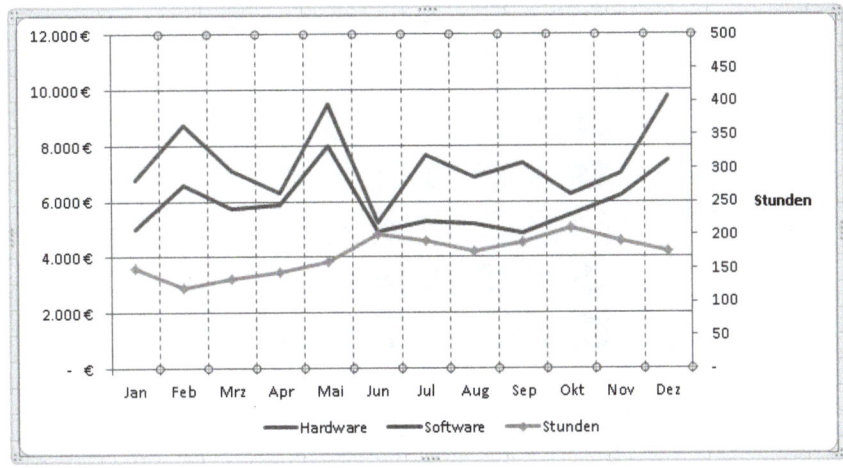

Die Registerkarte Format

Wenn Ihnen die Gestaltungsmöglichkeiten, die Ihnen die Funktionen der beiden Registerkarten *Entwurf* und *Layout* bieten, noch nicht genügen, sollten Sie einen Blick auf die Registerkarte *Format* werfen. Hier finden Sie eine nahezu unüberschaubare Fülle von Funktionen, mit denen Sie die Form und Farbgebung aller Diagrammelemente manipulieren können: Farbverläufe, 3D-Effekte, Schatten, Beleuchtung, Kantengestaltung etc. etc.

Bild 29.25　　Die Registerkarte *Format* der *Diagrammtools*

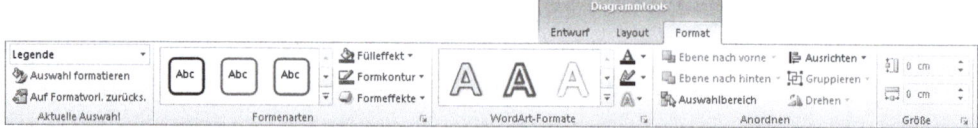

Diese Vielfalt birgt natürlich auch die Gefahr, sich zu verzetteln. Ob sich die Zeit, die Sie benötigen, um Ihr Diagramm mit optischen Finessen auszustatten, am Ende des Tages wirklich lohnt, müssen Sie letztendlich selbst entscheiden.

Am Beispiel eines Diagramms, das mit einem ansprechenden Rahmen versehen werden soll, wollen wir die Vorgehensweise beim Formatieren eines Diagrammelements kurz skizzieren:

1. Öffnen Sie die Übungsdatei *Diagramme formatieren* und zeigen Sie das Arbeitsblatt *Start* an.

2. Markieren Sie das Diagramm und holen Sie die Registerkarte *Format* nach vorne.

3. Wählen Sie den Diagrammbereich aus, indem Sie ihn direkt im Diagramm anklicken (das ist der Hintergrund des Diagramms) oder auf der Registerkarte im Listenfeld der Gruppe *Aktuelle Auswahl* einstellen.

4. Öffnen Sie den Auswahlkatalog der Gruppe *Formenarten* und wählen Sie eine Variante aus der ersten Reihe, die mit Ihrem Diagramm harmoniert.

Bild 29.26　　Die Formen der ersten Zeile besitzen keine Füllung

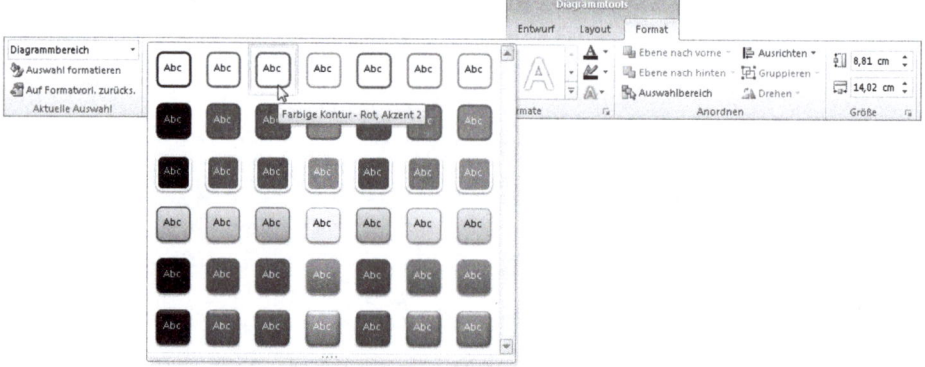

5. Klicken Sie anschließend noch auf die Schaltfläche *Formeffekte* und ändern Sie die Art der Abschrägung für den Rahmen.

Bild 29.27 Ändern der Abschrägung

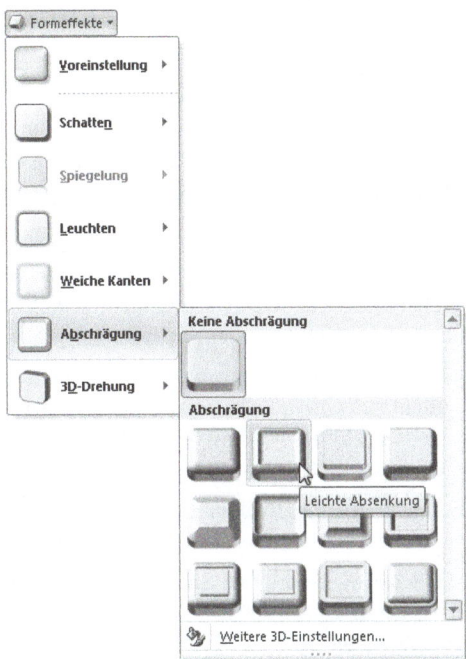

6. Wenn Sie den Rahmen noch etwas dicker machen wollen, klicken Sie auf *Formkontur* und wählen dort die gewünschte Strichstärke aus.

Der fertige Diagrammrahmen könnte anschließend zum Beispiel so aussehen:

Bild 29.28 Der fertige Rahmen des Diagramms

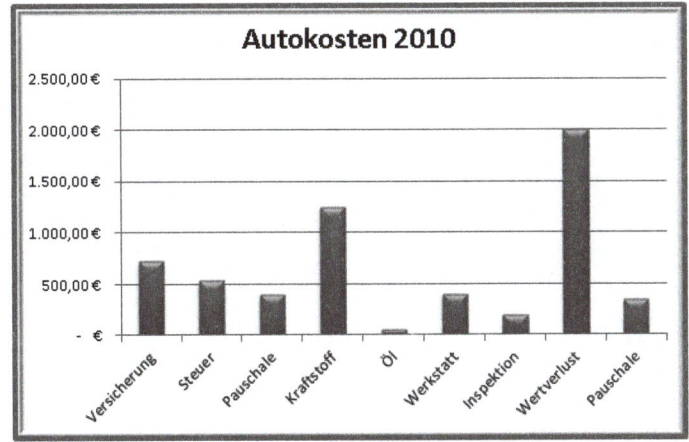

Excel 2010

Zusammenfassung

In diesem Kapitel haben Sie gesehen, wie Sie mit einem Diagramm viele oder unübersichtliche Zahlenwerte überschaubar und verständlich darstellen können.

■ Mit Sparklines können Sie einzelne Tabellenzellen mit einfachen Linien- und Balkendiagrammen ausstatten (Seite 506).

■ Aus den Daten einer Excel-Tabelle lässt sich mit minimalem Aufwand schnell und einfach ein professionelles Diagramm erstellen (Seite 506).

■ Mit Hilfe der Schnelllayouts können Sie die Anordnung von Titel, Datenbeschriftung und Legende eines Diagramms mit wenigen Mausklicks ändern (Seite 509).

■ Die farbliche Gestaltung Ihrer Diagramme ändern Sie am schnellsten durch Auswahl einer Diagrammformatvorlage (Seite 510).

■ Diagramme werden standardmäßig auf dem aktuellen Arbeitsblatt erstellt. Sie können jedoch problemlos auf andere Arbeitsblätter verschoben werden (Seite 511).

■ Nahezu jedes Element eines Diagramms lässt sich separat positionieren und formatieren. So können Sie zum Beispiel ein Segment aus einem Kreisdiagramm herausziehen, um es optisch zu betonen. Die dazu notwendige Auswahl des gewünschten Elements kann entweder direkt im Diagramm oder über die Registerkarte *Layout* erfolgen (Seite 511).

■ Diagramme können folgende Beschriftungen enthalten: Diagrammtitel, Legende, Achsentitel und Datenbeschriftungen. Auch diese Elemente lassen sich getrennt formatieren (Seite 512).

■ Diagramme lassen sich mit zusätzlichen Achsen – den Sekundärachsen – ausstatten, um unterschiedliche Maßstäbe für verschiedene Datenreihen zu realisieren (Seite 517). Die Skalierung der Achsen lässt sich individuell vorgeben (Seite 519).

■ Gitternetzlinien helfen beim Ablesen der Datenwerte und können für jede Achse separat konfiguriert werden (Seite 520).

■ Auf der Registerkarte *Format* befindet sich eine Fülle von Funktionen, mit denen sich Diagramme individuell formatieren lassen. Natürlich ist dazu ein höherer Zeitaufwand erforderlich, als bei Verwendung der Schnelllayouts und Diagrammformatvorlagen (Seite 522).

Kapitel 30

Arbeitsmappen drucken und veröffentlichen

In diesem Kapitel:

Nachdem Sie die Bearbeitung einer Excel-Arbeitsmappe abgeschlossen haben, besteht der letzte Schritt oft darin, sie anderen verfügbar zu machen. In den meisten Fällen werden Sie die gewünschten Tabellenblätter und Daten ausdrucken. Dieses Kapitel zeigt, wie Sie festlegen, welche Bereiche eines Tabellenblatts ausgedruckt werden sollen, wie Sie eine Kopf- und/oder Fußzeile definieren und wie Sie die verschiedenen Druckoptionen konfigurieren.

Seit Office 2007 können Sie Ihre Tabellenblätter auch in eine PDF-Datei »drucken«, die mit Adobe Reader gelesen werden kann. Dies eignet sich besonders gut für das Weiterleiten einer Arbeitsmappe als E-Mail-Anlage oder für die Veröffentlichung auf einer Website. Das Erstellen von PDF-Dateien ist bei allen Office 2010-Anwendungen gleich; wie Sie dabei vorgehen ist ausführlich in Kapitel 5 dieses Buches beschrieben.

Druckbereich festlegen

Wenn Sie die Registerkarte *Datei* anklicken und dann den Befehl *Drucken* auswählen, druckt Excel standardmäßig das gesamte Tabellenblatt aus. Bei kleinen Kalkulationstabellen, die bequem auf einer Seite Platz finden, ist das auch nicht weiter störend. Anders sieht es jedoch bei umfangreichen Kalkulationen aus oder wenn Sie ganz gezielt nur einen bestimmten Teil einer Tabelle ausdrucken möchten.

In diesen Fällen können Sie einen sogenannten *Druckbereich* festlegen, mit dem Sie Excel mitteilen, welcher Bereich des Tabellenblatts ausgedruckt werden soll:

1. Markieren Sie im Tabellenblatt den zu druckenden Bereich.

2. Wechseln Sie zur Registerkarte *Seitenlayout*.

3. Klicken Sie in der Befehlsgruppe *Seite einrichten* auf *Druckbereich* und dann auf *Druckbereich festlegen*.

Der Druckbereich wird im Tabellenblatt mit einem gestrichelten Rahmen versehen.

Bild 30.1 Die gestrichelte Linie kennzeichnet den Druckbereich

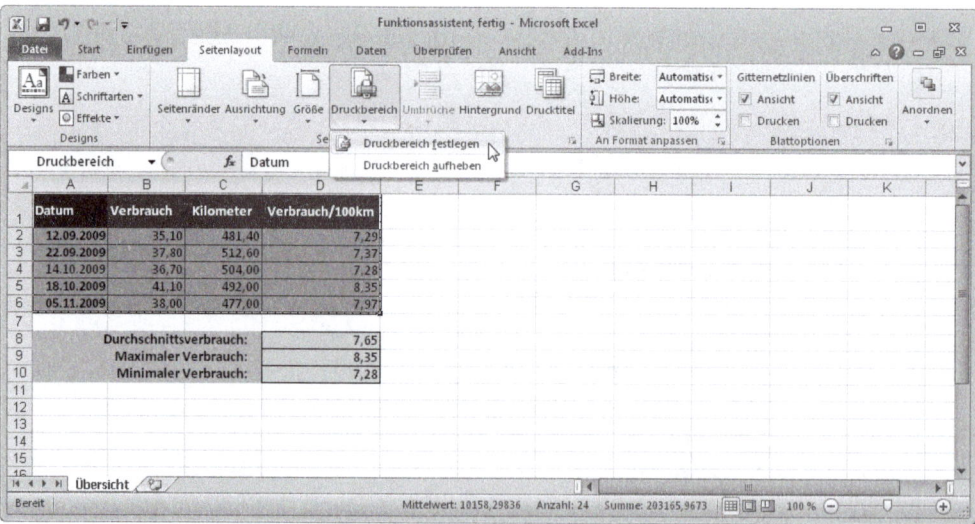

Um den Druckbereich wieder zu entfernen, legen Sie entweder einen neuen Druckbereich fest oder Sie klicken auf der Registerkarte *Seitenlayout* in der Gruppe *Seite einrichten* zuerst auf *Druckbereich* und dann *Druckbereich aufheben*.

TIPP **Mehrfachauswahl als Druckbereich definieren** Sie können beim Markieren des Druckbereichs auch die ⌈Strg⌉-Taste gedrückt halten, wenn Sie einen Druckbereich definieren wollen, der aus mehreren Zellbereichen besteht. Excel druckt dann die markierten Zellbereiche jeweils auf einer eigenen Seite aus.

Seitenabmessungen und Ränder einstellen

Wenn Sie Ihre Excel-Tabelle auf A4-Papier im Hochformat mit den Standardwerten ausdrucken wollen, können Sie das Ausdrucken direkt nach dem Festlegen des Druckbereichs starten. Falls Sie jedoch eine genauere Kontrolle darüber haben wollen, wie das Tabellenblatt auf dem Papier erscheint, können Sie alle Einstellungen wie das Papierformat, die Seitenränder und die Ausrichtung in der Gruppe *Seite einrichten* der Registerkarte *Seitenlayout* vornehmen:

■ **Seitenränder** Wenn Sie auf der Registerkarte *Seitenlayout* in der Befehlsgruppe *Seite einrichten* auf *Seitenränder* klicken, zeigt Excel ein kleines Auswahlmenü an, in dem drei verschiedene Randeinstellungen zur Auswahl stehen. Sie können dort zwischen normalen, breiten und schmalen Seitenrändern wählen. Die Werte der Randeinstellungen für die drei Standardoptionen werden im Menü ebenfalls angezeigt.

Bild 30.2 Die drei Standardeinstellungen für die Ränder finden Sie im Menü der Schaltfläche *Seitenränder*

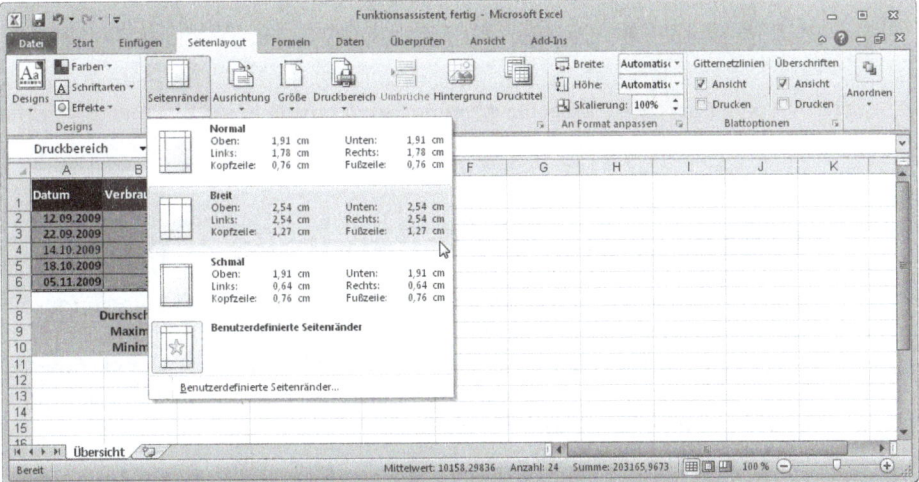

Sollte keine der Einstellungen Ihren Anforderungen entsprechen, klicken Sie im unteren Bereich des Menüs auf *Benutzerdefinierte Seitenränder*. Excel zeigt dann die Registerkarte *Seitenränder* des Dialogfeldes *Seite einrichten* an (siehe Abbildung auf der nächsten Seite); dort können Sie die gewünschten Werte eintragen.

Bild 30.3 Auf der Registerkarte *Seitenränder* des Dialogfeldes *Seite einrichten* können Sie jeden der Ränder exakt einstellen

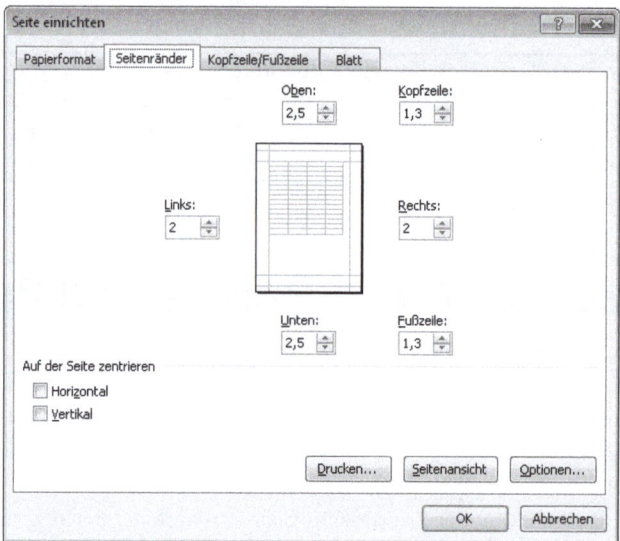

Die beiden Kontrollkästchen *Horizontal* und *Vertikal* im unteren Bereich des Dialogfeldes ermöglichen es, das Tabellenblatt innerhalb der eingestellten Ränder zu zentrieren. Das kleine Vorschaubild spiegelt die aktivierten Einstellungen wider. Ist beim Aufruf dieser Registerkarte ein Diagramm markiert, sehen Sie anstelle des Tabellenblatts ein Diagramm in der Mitte des Dialogfeldes.

■ **Orientierung** Hinter der Schaltfläche *Orientierung* (Registerkarte *Seitenlayout*, Gruppe *Seite einrichten)* verbirgt sich ein kleines Menü, über das Sie einfach zwischen Hoch- und Querformat wechseln können, indem Sie den betreffenden Befehl anklicken.

■ **Größe** Wenn Sie die Schaltfläche *Größe* (Registerkarte *Seitenlayout*, Gruppe *Seite einrichten)* anklicken, zeigt Excel ein Menü an, in dem verschiedene Standardpapierformate aufgeführt sind. Wählen Sie dort die Papiergröße aus, die Sie verwenden.

Tabelleninhalt an Seitengröße anpassen

In der Befehlsgruppe *An Format anpassen* auf der Registerkarte *Seite einrichten* können Sie festlegen, ob das Tabellenblatt beim Ausdrucken verkleinert oder vergrößert wird. Im Feld *Skalierung* können Sie einen Prozentwert eintragen: Ist er größer als 100 %, wird die Ausgabe vergrößert, ist er kleiner als 100 %, wird die Ausgabe verkleinert. Alternativ können Sie in den Listenfeldern *Breite* und *Höhe* eintragen, auf wie vielen Seiten Ihre Tabelle angeordnet werden soll. Excel kümmert sich dann automatisch um die Berechnung der passenden Skalierung.

Drucktitel festlegen und weitere Optionen einstellen

Wenn Sie in der Gruppe *Seite einrichten* auf *Drucktitel* klicken, öffnet Excel die Registerkarte *Blatt* des Dialogfeldes *Seite einrichten*. Im Bereich *Drucktitel* können Sie für Ihr Tabellenblatt Zeilen oder Spalten festlegen, die im Ausdruck auf jeder Seite wiederholt werden. Um einen Drucktitel festzulegen, geben Sie ihn entweder manuell ein oder Sie gehen analog zum gerade beschriebenen Verfahren vor und wählen ihn aus der Tabelle aus:

1. Klicken Sie auf die kleine Schaltfläche neben einer der beiden Eingabezeilen. Das Dialogfeld verkleinert sich zu einer Zeile.

2. Wählen Sie mit der Maus den gewünschten Bereich aus.

3. Klappen Sie das Dialogfeld durch erneutes Anklicken der Schaltfläche wieder auf. Nun sehen Sie die gewählten Zeilen oder Spalten in den Eingabefeldern *Wiederholungszeilen* bzw. *Wiederholungsspalten*.

Bild 30.4   Auf der Registerkarte *Blatt* legen Sie den Drucktitel fest und stellen weitere Druckoptionen ein

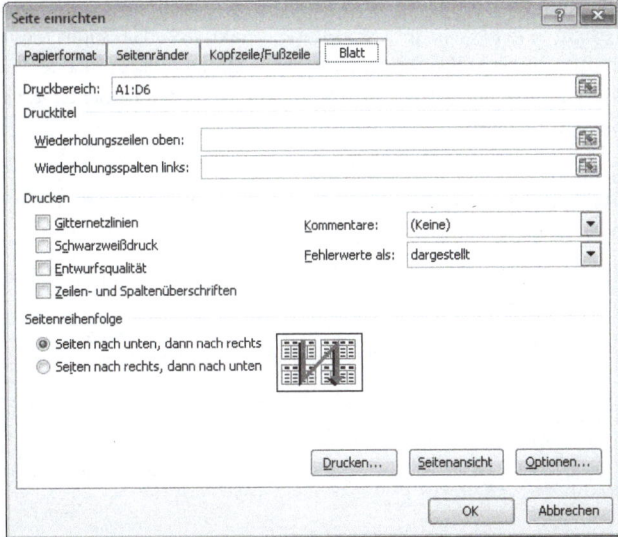

> **TIPP**   Sie können für den Drucktitel mehrere Zellen markieren, die nicht nebeneinander liegen. Halten Sie dazu beim Markieren die [Strg]-Taste gedrückt.

Im Bereich *Drucken* des oben gezeigten Dialogfeldes können Sie noch die folgenden Einstellungen vornehmen:

- Das Kontrollkästchen *Gitternetzlinien* steuert, ob die Linien der Tabelle beim Drucken mit ausgegeben werden sollen oder nicht.

- Mit der Option *Zeilen- und Spaltenüberschriften* können Sie die jeweiligen Überschriften bei Bedarf ein- oder ausschalten.

■ Um eine farbige Tabelle im Schwarz-Weiß-Modus auszudrucken, schalten Sie die Option *Schwarzweißdruck* ein.

■ Wenn Sie einzelne Zellen mit Kommentaren versehen haben und diese mit ausdrucken wollen, können Sie in der Liste *Kommentare* festlegen, ob sie an der Originalstelle oder am Ende des Blattes gedruckt werden sollen.

■ Wenn Sie die Option *Entwurfsqualität* einschalten, geht der Ausdruck schneller vonstatten, die Qualität ist dafür aber nicht so gut.

■ Im Listenfeld *Fehlerwerte* können Sie zwischen verschiedenen Darstellungsarten wählen, die Excel für Zellen verwendet, die Fehler enthalten.

■ Wenn Ihr Arbeitsblatt so umfangreich ist, dass Sie es auf mehreren Seiten ausdrucken müssen, können Sie mit den Optionen der Gruppe *Seitenreihenfolge* festlegen, ob Excel das Tabellenblatt spalten- oder zeilenweise abarbeiten soll. Die gewählte Einstellung wird durch eine kleine Grafik veranschaulicht.

Inhalt von Kopfzeile/Fußzeile festlegen

Die Inhalte, die in der Kopf- bzw. Fußzeile ausgegeben werden sollen, legen Sie am schnellsten und einfachsten in der Ansicht *Seitenlayout* fest. Um diese zu aktivieren, klicken Sie in der Statusleiste von Excel auf die Schaltfläche *Seitenlayout* oder Sie wechseln zur Registerkarte *Ansicht* und klicken dort in der Befehlsgruppe *Arbeitsmappenansichten* auf die Schaltfläche *Seitenlayout*. Excel zeigt die Tabelle dann so an, wie sie auch ausgedruckt würde.

Bild 30.5 Über die Registerkarte *Kopf- und Fußzeilentools/Entwurf* lassen sich individuelle Kopf- und Fußzeilen erstellen

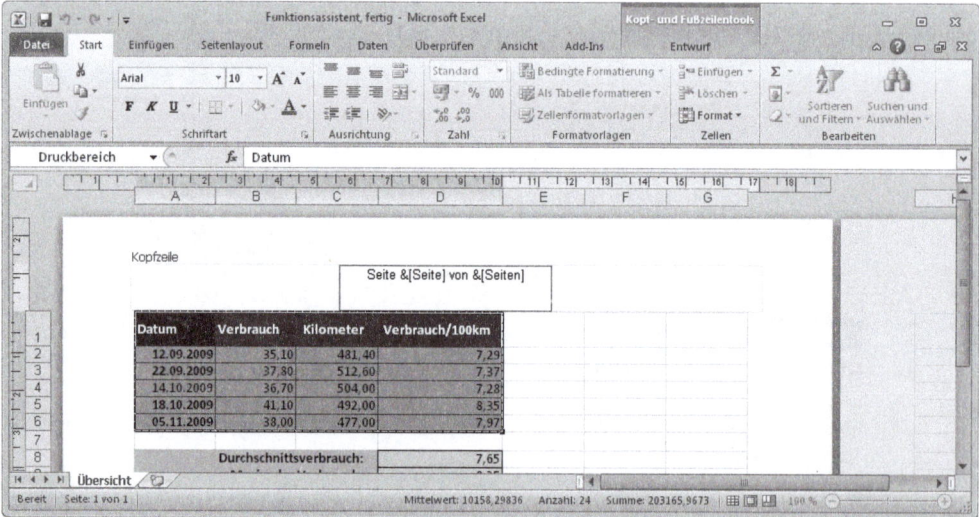

Wenn Sie noch keine Kopf- oder Fußzeile festgelegt haben, sehen Sie auf der Seite im Bereich der Kopf- bzw. Fußzeile die Meldung *Hier klicken, um eine Kopfzeile/Fußzeile hinzuzufügen*. Wenn Sie diese Meldung anklicken, blendet Excel die Kontextregisterkarte *Kopf- und Fußzeilentools/Entwurf* ein, die Sie in der Abbildung auf der vorigen Seite sehen.

Wenn Sie die Schaltfläche *Kopfzeile* oder die Schaltfläche *Fußzeile* in der Gruppe *Kopf- und Fußzeile* anklicken, zeigt Excel eine Auswahlliste mit einer Fülle verschiedener Beschriftungsmöglichkeiten an, mit denen Sie den bedruckten Seiten verschiedene Standardkopf- und/oder -fußzeilen hinzufügen können.

Wenn keine dieser Optionen dem entspricht, was Sie benötigen, verwenden Sie die Schaltflächen in der Befehlsgruppe *Kopf- und Fußzeilenelemente,* um die verschiedenen Platzhalter (für die Nummer der aktuellen Seite, die Gesamtanzahl der Seiten usw.) einzufügen. Weiteren Text, den Sie in die Kopf- oder Fußzeile einfügen wollen, geben Sie einfach in den Kopfzeilen- oder Fußzeilenbereich der Seite ein.

Seitenumbrüche ansehen und verändern

Wollen Sie ein größeres Tabellenblatt ausdrucken, kann es wichtig sein, vorher zu wissen, an welchen Stellen Excel einen Seitenumbruch einfügt, und die eingefügten Seitenumbrüche auch verändern zu können. Dies erledigen Sie am besten in der *Umbruchvorschau,* die Sie entweder mit der gleichnamigen Schaltfläche in der Statusleiste aktivieren oder indem Sie auf der Registerkarte *Ansicht* in der Gruppe *Arbeitsmappenansichten* auf *Umbruchvorschau* klicken. Excel zeigt daraufhin dieses Dialogfeld an:

Bild 30.6   Dieses Dialogfeld lässt sich dauerhaft ausschalten

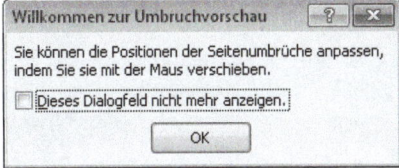

Um zu verhindern, dass das Fenster bei der nächsten Seitenumbruchvorschau erneut auftaucht, schalten Sie das Kontrollkästchen *Dieses Dialogfeld nicht mehr anzeigen* ein. Schließen Sie das Dialogfeld mit einem Klick auf *OK.*

Sie sehen dann eine Ansicht Ihres Tabellenblatts, auf dem die Umbrüche als blau gestrichelte Linien angezeigt werden. In grauer Schrift wird eingeblendet, um welche Seite es sich jeweils handelt. Eventuell müssen Sie die Darstellung noch mit dem Zoomregler in der Statusleiste verkleinern, damit die einzelnen Seiten vollständig angezeigt werden können. Anschließend können Sie mit der Maus sowohl die Seitenumbrüche als auch die Ränder verschieben. Während des Ziehens können Sie den aktuellen Wert für den Rand in der Statusleiste ablesen.

Wenn Sie die Seitenumbrüche nach Ihren Vorstellungen geändert haben, können Sie durch Anklicken der Schaltfläche *Normal* in der Statusleiste wieder zur Normalansicht zurückkehren.

Excel 2010

Seitenumbruch manuell festlegen   Sie können einen Seitenumbruch manuell festlegen, indem Sie den Cursor in die Zelle unterhalb bzw. neben dem gewünschten Umbruch setzen und auf der Registerkarte *Seitenlayout* in der Gruppe *Seite einrichten* auf *Umbrüche* und dann auf *Seitenumbruch einfügen* klicken. Die Linie eines manuellen Seitenumbruchs ist etwas dicker als die eines automatischen. Zum Löschen eines manuellen Umbruchs setzen Sie den Cursor in eine Zelle unter bzw. rechts neben dem Umbruch und klicken auf *Umbrüche/Seitenumbrüche entfernen*.

Bild 30.7   In dieser Ansicht lassen sich die Seitenumbrüche bei Bedarf optimal korrigieren

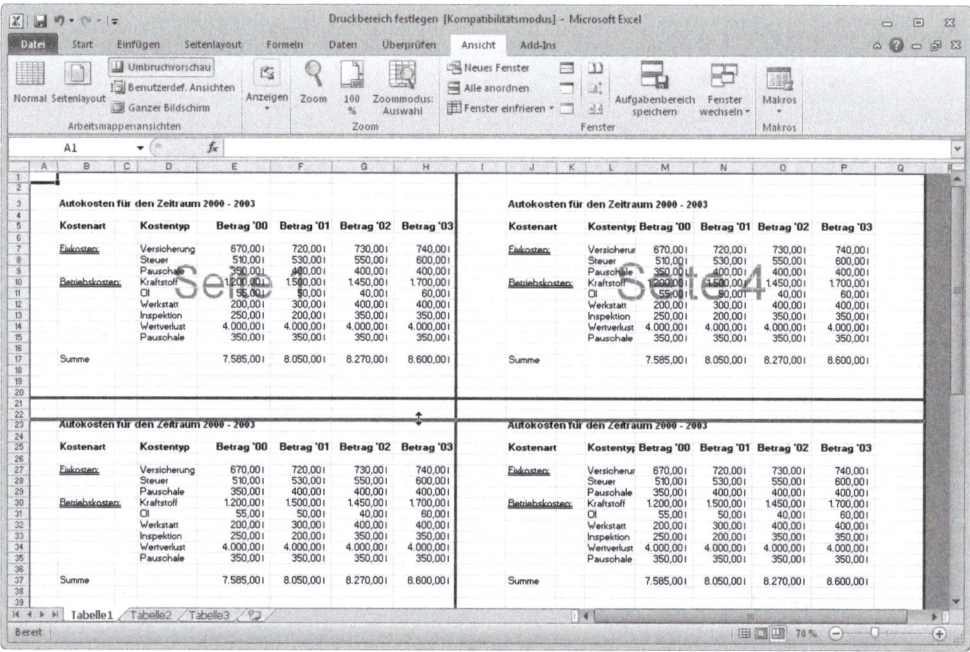

Arbeitsmappe drucken

Um eine Arbeitsmappe auszudrucken, klicken Sie auf die Registerkarte *Datei* und dann auf *Drucken.* Excel öffnet die Backstage-Ansicht für das Drucken. (Alternativ können Sie auch die Tastenkombination Strg + P drücken.) In der Backstage-Ansicht *Drucken* sind mehrere Funktionen miteinander kombiniert, die sich in vorherigen Excel-Versionen im Dialogfeld *Drucken,* der Seitenansicht und im Dialogfeld *Seite einrichten* befanden.

Bild 30.8 In der neuen Backstage-Ansicht *Drucken* finden Sie die Seitenansicht, zahlreiche Einstellmöglichkeiten für das Drucken und die wichtigsten Optionen für die Seiteneinrichtung

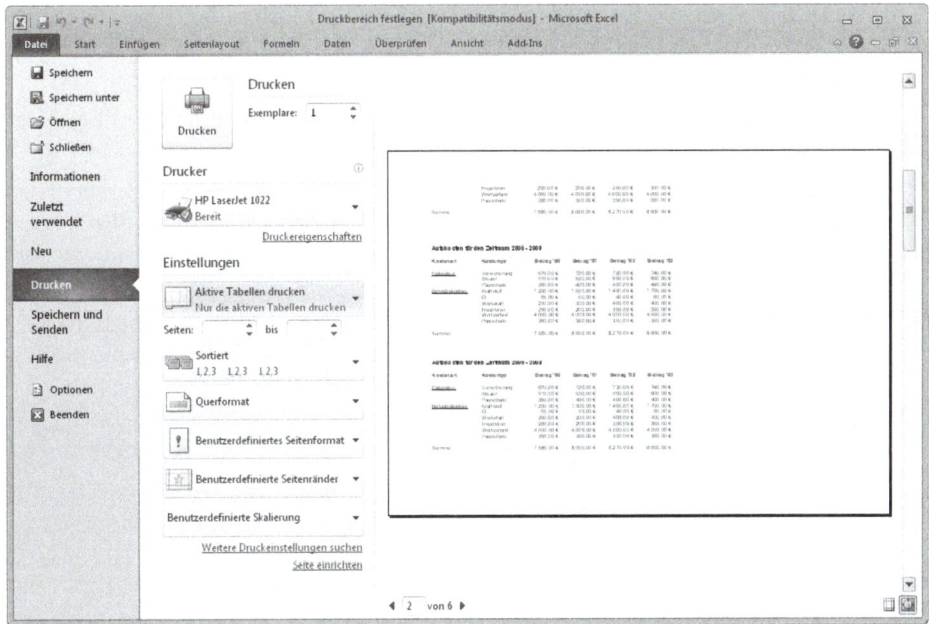

In der Backstage-Ansicht können Sie eine oder mehrere der folgenden Aktionen durchführen:

- **Drucker auswählen** Klicken Sie im Bereich *Drucker* auf die Schaltfläche mit dem aktuellen Drucker, um den Drucker auszuwählen, auf dem die Ausgabe erfolgen soll.

- **Anzahl der Ausdrucke festlegen** Im Bereich *Exemplare* legen Sie fest, wie viele Kopien gedruckt und ob diese sortiert ausgedruckt werden sollen. Wenn die Option *Sortiert* eingeschaltet ist, werden zunächst alle Seiten der Mappe gedruckt und danach eine weitere Kopie.

- **Seiten festlegen, die gedruckt werden sollen** Im Bereich *Einstellungen* legen Sie fest, ob die aktiven Tabellen, die gesamte Arbeitsmappe oder nur die markierte Auswahl gedruckt werden soll. Wenn Sie nur bestimmte Seiten ausdrucken wollen, geben Sie die gewünschten Seitenzahlen in die Felder *Seiten von* und *Seiten bis* ein.

- **Seiteneinrichtung** Mit den vier weiteren Schaltflächen haben Sie Zugriff auf einige der Optionen, die Ihnen auch auf der Registerkarte *Seitenlayout* zur Verfügung stehen. Sie können hier die Seitenausrichtung, das Seitenformat, die Seitenränder und die Skalierung einstellen.

- **Seitenansicht** Auf der rechten Seite der Backstage-Ansicht sehen Sie die Seitenansicht, die Ihnen die Arbeitsmappe so zeigt, wie sie mit den aktuellen Einstellungen ausgedruckt wird. Sie können mit den Bildlauffeldern am unteren Rand zwischen den verschiedenen Seiten blättern.

Klicken Sie auf die Schaltfläche *Drucken,* wenn alle Einstellungen wie gewünscht vorgenommen wurden und Sie die Tabelle/Arbeitsmappe wie in der Seitenansicht gezeigt ausdrucken wollen.

Excel 2010

Zusammenfassung

Dieses Kapitel hat Sie mit den speziellen Druckmöglichkeiten vertraut gemacht, die über die in allen Office-Anwendungen vorhandenen und in Kapitel 5 beschriebenen Druckfunktionen hinausgehen.

- Wenn Sie nur einen bestimmten Teil eines Tabellenblatts drucken wollen, legen Sie den zu druckenden Bereich fest (Seite 526).

- Anschließend haben Sie gesehen, wie Sie auf der Registerkarte *Seitenlayout* und mit dem Dialogfeld *Seite einrichten* das Papierformat und die Seitenränder einstellen können (Seite 527) und wie Sie den Inhalt der Tabelle von Excel automatisch an eine bestimmte Anzahl von Seiten anpassen lassen können (Seite 528).

- Außerdem haben Sie gesehen, wie Sie durch Einrichten eines Drucktitels die Zeilen und Spalten festlegen können, die im Ausdruck auf jeder Seite wiederholt werden (Seite 529), und wie Sie eine Kopf- und/oder Fußzeile definieren (Seite 530).

- In der Seitenumbruchvorschau können Sie die von Excel automatisch eingefügten Seitenwechsel ansehen und ändern (Seite 531).

Teil D

PowerPoint 2010

In diesem Teil:

Kapitel 31

PowerPoint 2010 kennen lernen

PowerPoint 2010

In diesem Kapitel geben wir Ihnen einen kurzen Überblick über das neue Microsoft PowerPoint 2010. Sie lernen den Aufbau des Programmfensters kennen und erfahren, in welchen Ansichten Sie eine Präsentation in PowerPoint 2010 anzeigen können. Außerdem zeigen wir Ihnen, wie Sie sich schnell und effizient auch in größeren Präsentationen bewegen.

Im letzten Abschnitt geben wir Ihnen dann noch einen Überblick über die neuen Funktionen und Konzepte von PowerPoint 2010, die Sie beim Erstellen professioneller Präsentationen unterstützen.

Die neue Benutzeroberfläche

Da wir Ihnen in Kapitel 2 die neue Benutzeroberfläche von Microsoft Office 2010 bereits vorgestellt haben, sind Sie mit ihren Hauptkomponenten wie dem Menüband, der Symbolleiste für den Schnellzugriff und der Backstage-Ansicht schon vertraut. Wir können uns daher in diesem Kapitel auf die Beschreibung der für PowerPoint 2010 spezifischen Besonderheiten konzentrieren.

Die Hauptregisterkarten von PowerPoint 2010

PowerPoint 2010 enthält in der Grundeinstellung folgende Registerkarten:

- Die Registerkarte *Start* enthält Befehle für die Verwendung der Zwischenablage, das Einfügen neuer Folien, die Formatierung von Schrift- und Absatzmerkmalen, das Einfügen und Bearbeiten von Formen (früher als AutoFormen bezeichnet) und die Gruppe *Bearbeiten*, über die Sie Text suchen und ersetzen sowie verschiedene Markierungsaktionen ausführen können.

- Die Registerkarte *Einfügen* führt alle Elemente auf, die Sie auf einer Folie bzw. in eine Präsentation einfügen können. Hierzu gehören Tabellen, Grafiken, ClipArts, SmartArts, Hyperlinks, Kopf- und Fußzeilen, Textobjekte, Symbole und last but not least Film- und Sounddateien.

- Die Registerkarte *Entwurf* enthält die Befehle für das Einrichten der Seite (Ränder, Hoch-/Querformat), für das Arbeiten mit Designs und zum Formatieren der Folienhintergründe.

- Die Registerkarte *Übergänge* enthält Funktionen, mit denen Sie die optischen und akustischen Effekte beim Einblenden eine Folie festlegen können. Außerdem können Sie hier einstellen, ob der Folienwechsel per Mausklick ausgelöst werden oder automatisch erfolgen soll. Diese Funktionen befanden sich in Office 2007 noch auf der Registerkarte *Animationen*.

- Die Registerkarte *Animationen* enthält die Schaltflächen, mit denen Sie steuern können, mit welchen Effekten die verschiedenen Inhalte einer Folie (also Überschriften, Aufzählungen, Grafiken usw.) auf der Folie auftauchen sollen. So kann eine Textzeile z.B. von der Seite her »einfliegen« oder langsam aufzoomen.

- Auf der Registerkarte *Bildschirmpräsentation* finden Sie die Werkzeuge, mit denen Sie die Art und Weise festlegen können, wie Ihre Bildschirmpräsentation abgespielt werden soll. Mögliche Optionen sind zum Beispiel die Wahl der anzuzeigenden Folien (für zielgruppengerechte Präsentationen) und die Einstellung der Bildschirmauflösung. Natürlich befinden sich hier auch die Schaltflächen zum Starten der Präsentation.

- Mit der Registerkarte *Überprüfen* stehen Ihnen Werkzeuge zur Prüfung Ihrer Folientexte zur Verfügung (Rechtschreibprüfung, Thesaurus usw.). Außerdem können Sie hier Kommentare einfügen bzw. bearbeiten.

- Auf der Registerkarte *Ansicht* befinden sich die Befehle, mit denen Sie die Folien Ihrer Präsentation auf verschiedene Arten anzeigen lassen können. Dazu gehören z.B. die Schaltflächen zum Anzeigen der Folien-, Handzettel- und Notizenmaster. Auch die Sichtbarkeit des Lineals und der Gitternetzlinien lässt sich hier steuern. Eine weitere Befehlsgruppe enthält die Befehle zum Arbeiten mit mehreren Fenstern.

Eine weitere Registerkarte mit dem Namen *Entwicklertools* ist normalerweise nicht eingeblendet. Sie enthält die Werkzeuge, um Makros zu bearbeiten, den Visual Basic-Editor von PowerPoint zu starten, dort Code zu erstellen und zu bearbeiten u.v.m. Sie können die Registerkarte einblenden, indem Sie auf *Datei* klicken und in der Backstage-Ansicht den Befehl *Optionen* aufrufen. Wechseln Sie dann im Dialog *PowerPoint-Optionen* in die Rubrik *Menüband anpassen* und schalten Sie dort in der Liste der Hauptregisterkarten den Eintrag *Entwicklertools* ein.

Kontextbezogene Registerkarten

Die verschiedenen Registerkarten, die sich nach Bedarf ein- und ausblenden, haben das Ziel, Ihnen immer nur die Befehle anzuzeigen, die Sie in einem bestimmten Arbeitsschritt auch wirklich benötigen. So soll die unüberschaubare Vielfalt an Befehlen, die in vorhergehenden Versionen für viele Anwender problematisch war, reduziert werden. Dieses Ziel verfolgen vor allem die *kontextbezogenen Registerkarten*. Sie stellen Kontexttools bereit und zwar abhängig davon, was auf der aktuellen Folie markiert ist.

Bild 31.1   Kontextregisterkarten werden eingeblendet, wenn bestimmte Elementtypen wie Diagramme, Grafiken oder SmartArts markiert sind

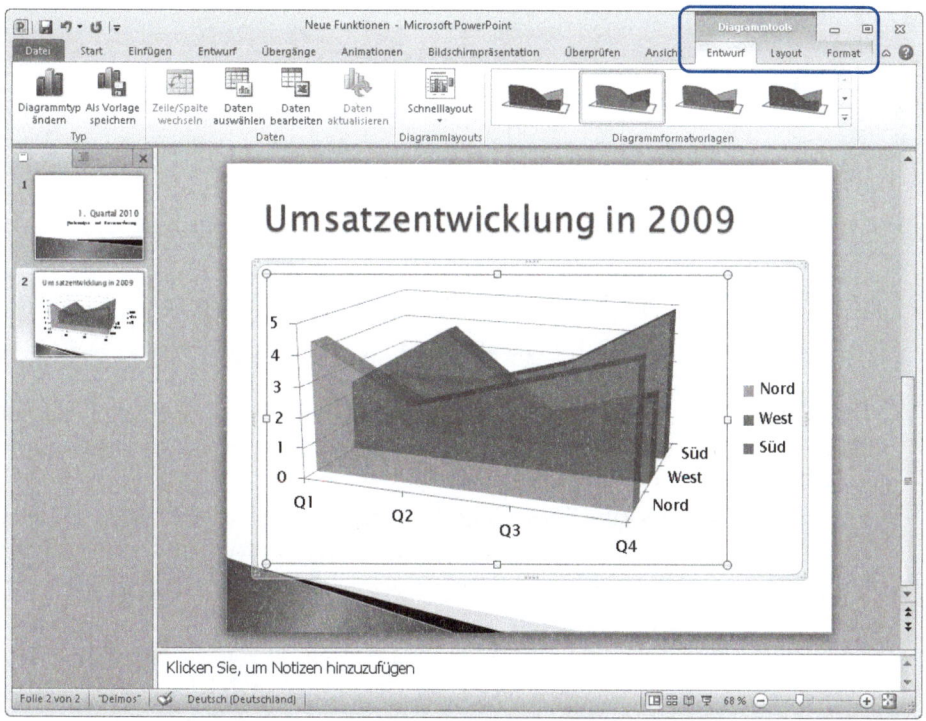

Wenn Sie beispielsweise momentan ein Diagramm markiert haben, blendet PowerPoint 2010 die *Diagrammtools* ein, die die Registerkarten *Entwurf, Layout* und *Format* enthalten, mit deren Befehlen Sie den Aufbau und die optische Gestaltung des Diagramms bearbeiten können (siehe Abbildung 31.1). Bei einer ausgewählten Grafik blendet PowerPoint die *Bildtools* ein, zu denen lediglich die Registerkarte *Format* gehört, auf der diverse Befehle zur Bildbearbeitung enthalten sind.

Die Kontextregisterkarten werden automatisch wieder ausgeblendet, sobald das Element, für das sie eingeblendet wurden, nicht mehr markiert ist.

HINWEIS   Wenn Sie von Office 2003 auf die Version 2010 umsteigen, finden Sie im Ordner mit den Beispieldateien (siehe hierzu Kapitel 1) ein PDF-Dokument mit zahlreiche Tabellen, die Ihnen dabei helfen, die aus PowerPoint 2003 vertrauten Menübefehle schnell im Menüband und dessen Registerkarten wiederzufinden.

Die Statusleiste

Auch die Statusleiste, die sich am unteren Rand des PowerPoint-Fensters befindet, kann mit einigen neuen Funktionen aufwarten. Außerdem können Sie die Statusleiste nun über ein Kontextmenü konfigurieren, das sich öffnet, wenn Sie die Leiste mit der rechten Maustaste anklicken.

Bild 31.2   Welche Informationen in der Statusleiste angezeigt werden, legen Sie im Kontextmenü fest, das nach Klicken mit der rechten Maustaste auf die Leiste geöffnet wird

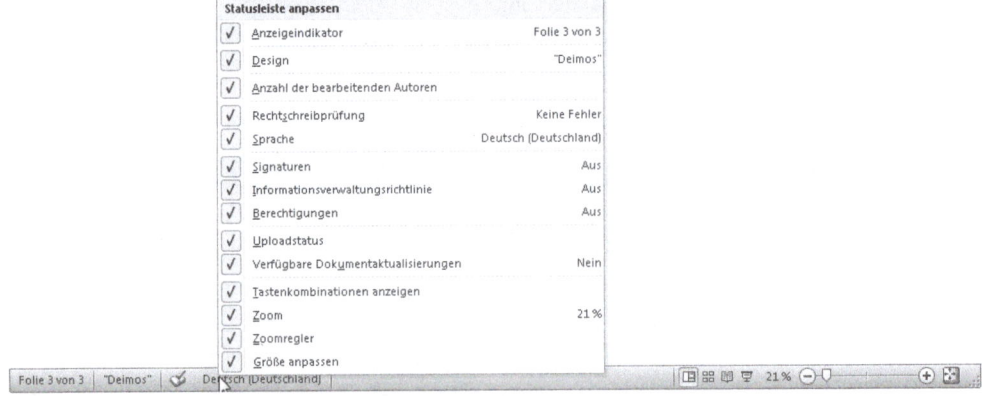

Der Befehl *Tastenkombinationen anzeigen* des Kontextmenüs bezieht sich auf die Schaltflächen, mit denen die Präsentationsansichten umgeschaltet werden können (mehr dazu gleich in ▶ Abschnitt »Die Ansichten einer Präsentation« ab Seite 542).

Hier ist offensichtlich bei der Übersetzung des englischen Originalbefehls *View shortcuts* ein kleiner Fehler passiert. Da er in dieser Form bereits in Office 2003 enthalten war, besteht zurzeit wohl wenig Hoffnung, dass Microsoft diese missverständliche Benennung in einem der nächsten Service Packs korrigieren wird.

Zoomen

Am rechten Rand der Statusleiste befinden sich drei Bedienelemente, mit denen Sie den Zoomfaktor für die angezeigte Folie einstellen können (In Bild 31.2 können Sie erkennen, dass Sie diese Elemente einzeln ein- und ausschalten können.):

Bild 31.3   Bedienelemente zum Einstellen des Zoomfaktors

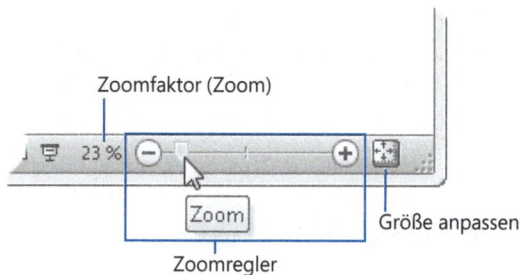

- **Zoom**   Zeigt den aktuellen Zoomfaktor an. Ein Klick auf den Zoomfaktor öffnet das Dialogfeld *Zoom*. Die Verwendung dieses Dialogfeldes macht in der Praxis allerdings wenig Sinn, da sich der Zoomfaktor mit dem Regler wesentlich schneller und komfortabler einstellen lässt.

- **Zoomregler**   Mit dem Regler können Sie den Zoomfaktor stufenlos zwischen 10% und 400% einstellen. Sie können den Regler dazu entweder mit der Maus ziehen oder die gewünschte Position direkt auf der Skala anklicken. Die runden Schaltflächen links und rechts neben dem Schieberegler ändern den Zoomfaktor in Schritten von 10%.

- **Größe anpassen**   Wenn Sie diese Schaltfläche anklicken, stellt PowerPoint den Zoomfaktor so ein, dass die aktuelle Folie vollständig sichtbar ist und den Arbeitsbereich optimal ausfüllt.

Sich in der Präsentation bewegen

Sobald eine Präsentation nicht mehr in das PowerPoint-Fenster passt – weil sie mehr als eine Folie enthält und/oder weil die Ansicht zu groß für den Bildschirm ist – erscheinen am rechten und unteren Rand des Aufgabenbereichs die so genannten *Bildlaufleisten*. Mit der senkrechten Bildlaufleiste können Sie sowohl im Text einer Folie als auch in der gesamten Präsentation navigieren.

Bild 31.4   Die Bildlaufleiste

PowerPoint 2010

■ Klicken Sie auf den kleinen schwarzen Pfeil am oberen/unteren Ende der Bildlaufleiste, um zeilenweise nach oben/unten zu springen – ist der Rand der Folie erreicht, springt PowerPoint in die nächste Folie.

■ Klicken Sie zwischen Pfeil und Bildlauffeld (das ist der kleine Schieber), um in größeren Schritten – eine ganze Bildschirmansicht – zu springen.

■ Klicken Sie auf den Doppelpfeil nach oben/unten, um die vorherige bzw. die nächste Folie anzuzeigen.

■ Klicken Sie auf das Bildlauffeld in der Mitte der Bildlaufleiste, halten Sie die Maustaste gedrückt und ziehen Sie das Bildlauffeld nach oben oder unten. Ein kleines Textfeld zeigt die jeweilige Foliennummer und die Überschrift an. Sobald Sie loslassen, springt PowerPoint in die angegebene Folie.

Die Ansichten einer Präsentation

PowerPoint 2010 kann eine Präsentation in verschiedenen Ansichten anzeigen, die jeweils für bestimmte Arbeitsschritte vorgesehen sind:

■ Normalansicht

■ Foliensortierungsansicht

■ Notizenseitenansicht

■ Bildschirmpräsentationsansicht

■ Leseansicht.

Am schnellsten schalten Sie zwischen den verschiedenen Ansichten hin und her, indem Sie die kleinen Schaltflächen in der Statusleiste verwenden, die sich links neben dem Zoomregler befinden. Sollten diese Schaltflächen nicht sichtbar sein, können Sie sie über das Kontextmenü der Statusleiste mit dem Befehl *Tastenkombinationen anzeigen* einblenden. (Wie im vorigen Abschnitt erwähnt, müsste dieser Befehl eigentlich *Ansicht-Schaltflächen* heißen.)

Alternativ können Sie auf der Registerkarte *Ansicht* die Schaltflächen der Gruppe *Präsentationsansichten* verwenden.

Bild 31.5 PowerPoint 2010 kann eine Präsentation in verschiedenen Ansichten darstellen

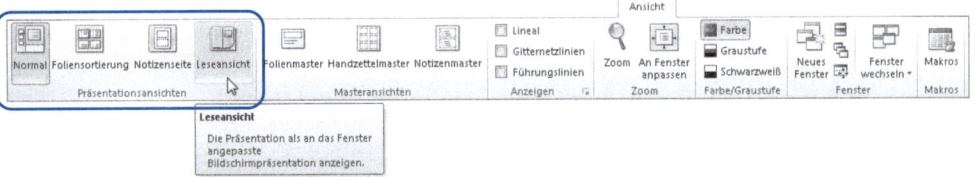

Die Ansicht Normal

Die Normalansicht ist die Standardansicht, in der Sie die Folien Ihrer Präsentation bearbeiten. In dieser Ansicht ist der Bildschirm in mehrere Bereiche unterteilt:

- Folienbereich
- Gliederungsbereich mit den Registerkarten *Folien* und *Gliederung*
- Notizenfeld.

Den größten Raum nimmt der Folienbereich ein, in dem Sie die Folien Ihrer Präsentation erstellen bzw. gestalten und zum Beispiel Texte, Bilder oder Diagramme einfügen. Sie können die Größe der Bereiche je nach Bedarf einstellen, indem Sie deren Begrenzungslinien mit der Maus verschieben. Bewegen Sie dazu den Mauszeiger über die Begrenzungslinien zwischen den Bereichen, bis sich die Pfeilspitze in einen Doppelpfeil verwandelt und verschieben Sie die Linie dann mit gedrückter Maustaste, bis die Bereiche die gewünschte Größe besitzen (siehe Bild 31.6).

Bild 31.6 Die Registerkarte *Folien* und der Folienbereich in der Normalansicht. Durch Verschieben der Begrenzungslinien können Sie die Größe der Bereiche ändern (siehe Markierung)

Links neben dem Folienbereich befindet sich der Gliederungsbereich. Er enthält eine praktische Übersicht über alle in der Präsentation enthaltenen Folien, und zwar auf zwei verschiedenen Registerkarten:

- Auf der Registerkarte *Folien* (siehe Bild 31.6) sehen Sie die Miniaturansichten der Folien. Wenn Sie eine der Miniaturansichten anklicken, wird die zugehörige Folie im Folienbereich angezeigt. Sie können diesen Bereich aber auch nutzen, um die Reihenfolge der Folien umzustellen.

- Die Registerkarte *Gliederung* (siehe Bild 31.7) zeigt eine Übersicht über den auf den Folien enthaltenen Text. Durch einen Doppelklick auf ein Foliensymbol können Sie den gesamten Text einer Folie ein- oder ausblenden.

Unterhalb des Folienbereichs erscheint ein kleines Fenster mit der Aufforderung »Klicken Sie, um Notizen hinzuzufügen«. Mit dieser grammatikalisch ausgefeilten Formulierung ist gemeint, dass Sie in diesem Fenster Anmerkungen bzw. Notizen eingeben können, die auf der Folie nicht erscheinen sollen, die Sie jedoch beim Vortragen als Gedankenstütze parat haben möchten.

Bild 31.7 Die Registerkarte *Gliederung* eignet sich besonders zur Bearbeitung des Folientextes. Im Notizenfeld können Sie erläuternde oder ergänzende Informationen zu den Folien eintragen

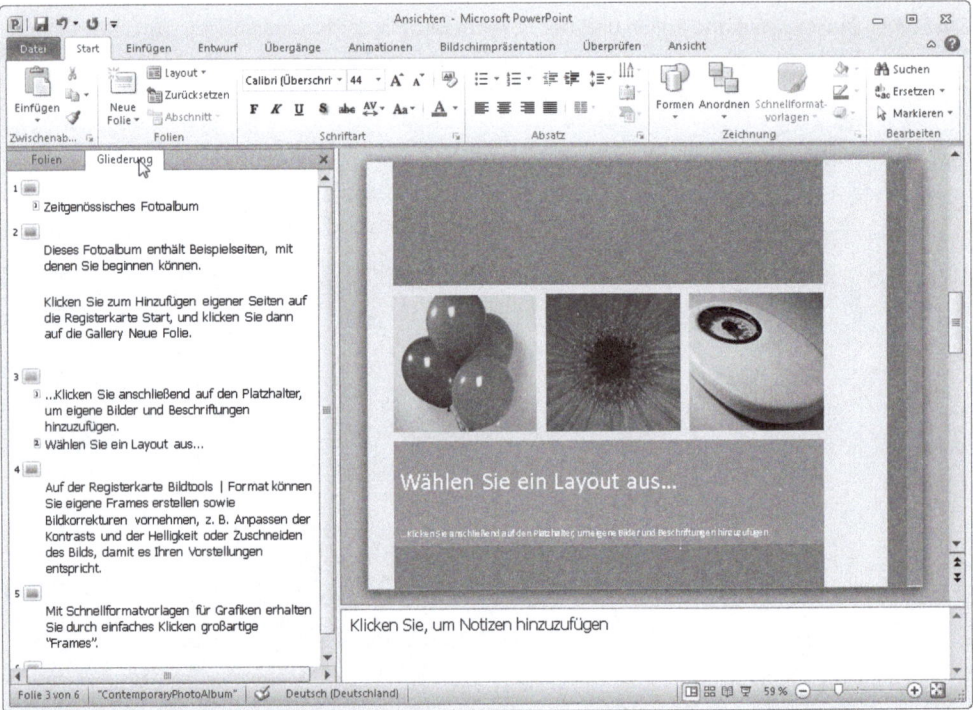

Die Ansicht Foliensortierung

In der Foliensortierungsansicht werden die Folien der Präsentation als kleine Vorschaubilder im Arbeitsbereich angezeigt. Auf diese Weise können Sie sich schnell einen Überblick über eine Präsentation verschaffen und einzelne Folien bequem mit der Maus umstellen oder aus der Präsentation löschen. Außerdem können Sie sich in dieser Ansicht auch die Animationen anzeigen lassen, die Sie für die einzelnen Folienübergänge definiert haben.

Bild 31.8 Die Foliensortierungsansicht eignet sich zum Umstellen von Folien. Darüber hinaus bietet sie auch eine Vorschaufunktion auf die eingerichteten Folienübergänge (siehe Markierung)

Die Ansicht Notizenseite

Wenn Sie für eine Folie Anmerkungen in das Notizenfeld eingegeben haben, können Sie diese gemeinsam auf einer Seite ausdrucken. Wie diese Seite im Ausdruck aussehen wird, zeigt PowerPoint 2010 in der Notizenansicht auf dem Bildschirm an. Diese Ansicht ist jedoch keine reine Vorschaufunktion, sondern erlaubt auch eine Bearbeitung der Notizen.

Die Ansicht Leseansicht

Die Leseansicht ist mit PowerPoint 2010 neu eingeführt worden. In dieser Ansicht zeigt Power-Point die Präsentation im aktuellen Fenster an, also nicht auf dem gesamten Bildschirm. Das hört sich zunächst nicht besonders spektakulär an, ist jedoch im Alltag enorm praktisch. Sie können nun nämlich zum Beispiel eine Präsentation, die Sie als Vorlage verwenden, in der Leseansicht anzeigen, während Sie gleichzeitig an einer anderen Präsentation arbeiten.

Bild 31.9 In der Leseansicht spielt PowerPoint die Präsentation in einem eigenen Fenster ab (oben links). Parallel dazu können auch noch andere Präsentationen geöffnet und bearbeitet werden.

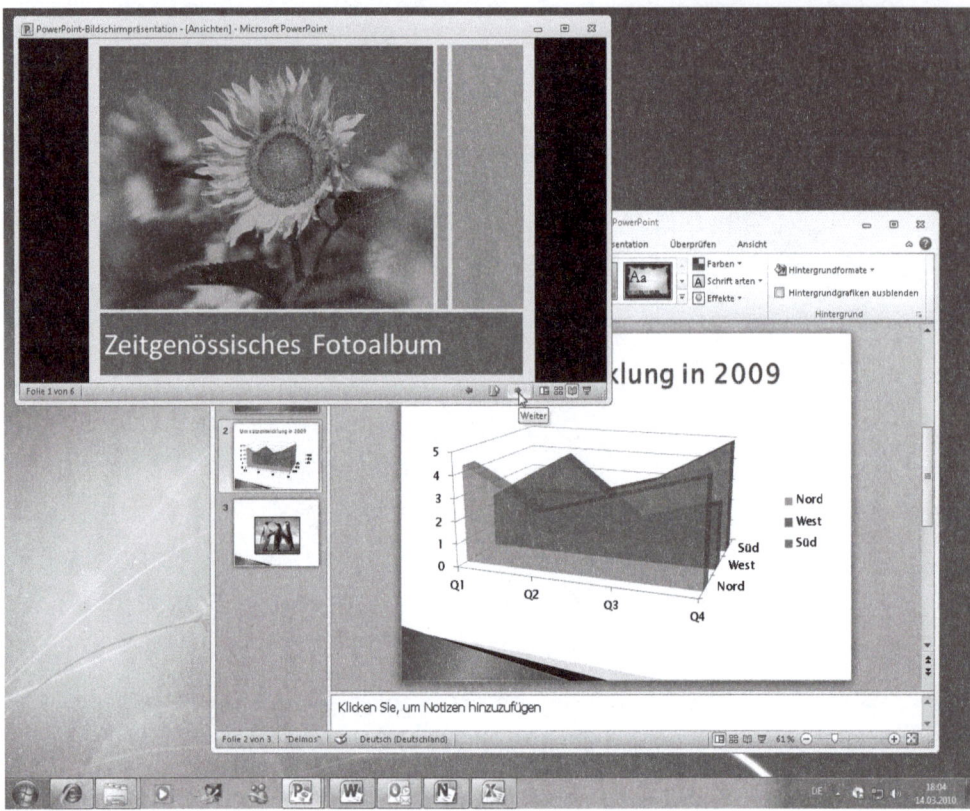

Die Ansicht Bildschirmpräsentation

Die Bildschirmpräsentation ist der Modus, in dem eine Präsentation direkt am Computer vorgeführt wird, also zum Beispiel mit einem Beamer auf eine Leinwand projiziert wird. In dieser Ansicht nehmen die Folien – im Gegensatz zur eben vorgestellten Leseansicht – den gesamten Bildschirm ein, das heißt, Windows tritt in diesem Modus optisch vollständig in den Hintergrund.

In der Bildschirmpräsentation wechseln Sie mit einfachem Mausklick – oder etwas zeitgemäßer und eleganter mit einem Knopfdruck auf Ihrer drahtlosen Fernbedienung – zur nächsten Folie. Um zurückzublättern oder um eine bestimmte Folie der Präsentation anzuzeigen, können Sie ein Kontextmenü aufrufen, in dem noch verschiedene andere Befehle enthalten sind, die Sie beim Vortragen Ihrer Präsentation einsetzen können. Wir gehen auf diese Möglichkeiten in ▶ Kapitel 39 noch ausführlich ein.

Bild 31.10 Im Kontextmenü der Bildschirmpräsentation können Sie zum Beispiel den Mauszeiger zu einem Filzstift oder einem Textmarker umschalten, mit dem Sie auf den Folien »schreiben« können

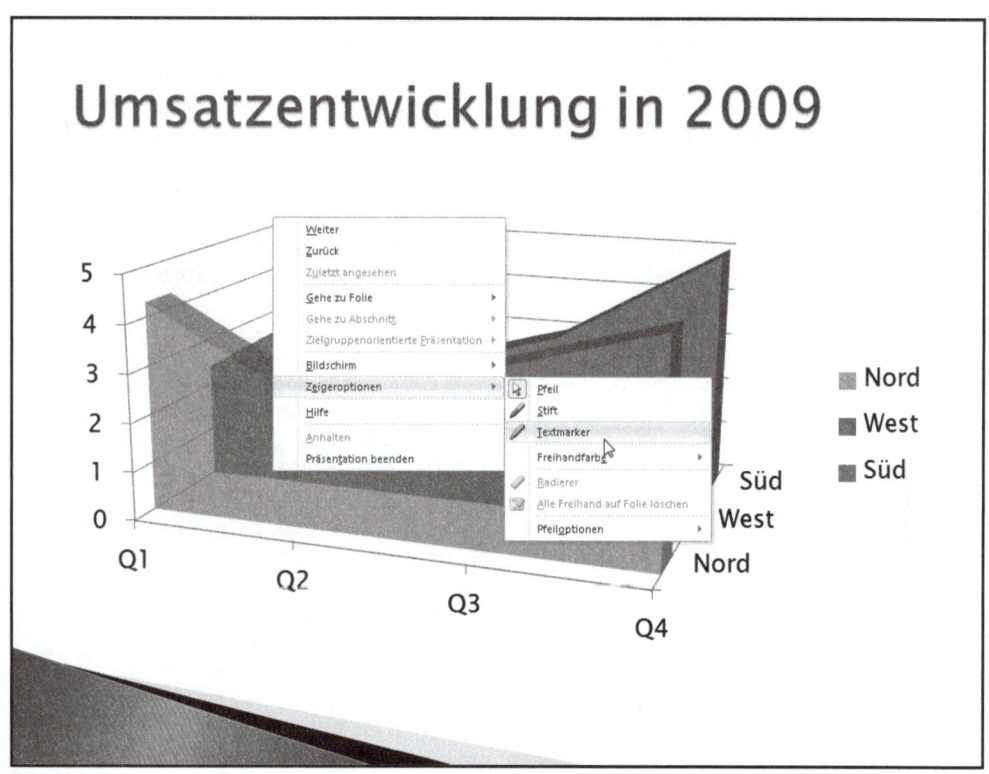

Neue und verbesserte Funktionen

Mit spektakulären neuen Funktionen kann die neue PowerPoint-Version nicht unbedingt glänzen. Es wäre ja – vor allem im Hinblick auf Anwender, die bislang noch mit Office 2003 gearbeitet haben – geradezu kontraproduktiv, auf der einen Seite die komplette Oberfläche des Programms umzukrempeln, um seine Komplexität zu verringern, und dann auf der anderen Seite einen Strauß neuer Funktionen zu implementieren, der diese Bemühungen ad Absurdum führt.

Die meisten Änderungen bzw. Neuerungen sind daher weniger grundsätzlicher Natur, sondern betreffen neben einigen neuen Textfunktionen (z.B. Textumbrüche in Formen und vertikal verlaufende Texte) vor allem die Möglichkeiten zur grafischen Gestaltung von Folien. Hier wurde vor allem Wert auf eine höhere Produktivität gelegt.

Mit PowerPoint 2010 hat Microsoft das in PowerPoint 2007 eingeführte Bedienerkonzept konsequent ausgebaut, sodass PowerPoint nun einen insgesamt konsistenteren Eindruck macht, als sein Vorgänger. Auch die Qualität der graphischen Werkzeuge hat sich mit PowerPoint 2010 noch einmal spürbar verbessert.

PowerPoint 2010

Formatierung mit Katalogen und Livevorschau

Damit sich die Folien Ihrer Präsentation möglichst komfortabel und effektiv erstellen lassen, stehen Ihnen an vielen Stellen des Menübands so genannte *Kataloge* zur Verfügung, in denen die Formatierungsoptionen als kleine Grafiken dargestellt werden. Sie finden die Kataloge beispielsweise bei den Tabellenformatvorlagen, den Formateinstellungen für Diagramme, bei den Designs, den Rändern, der Positionierung von grafischen Elementen, bei den neuen SmartArts und natürlich auch bei den WordArt-Objekten.

Bild 31.11 Mit Katalogen können Sie sich einfach für eine Formatierungsoption entscheiden. Die Livevorschau zeigt Ihnen die Auswirkung Ihrer Auswahl direkt auf der Folie an, bevor Sie diese tatsächlich zuweisen

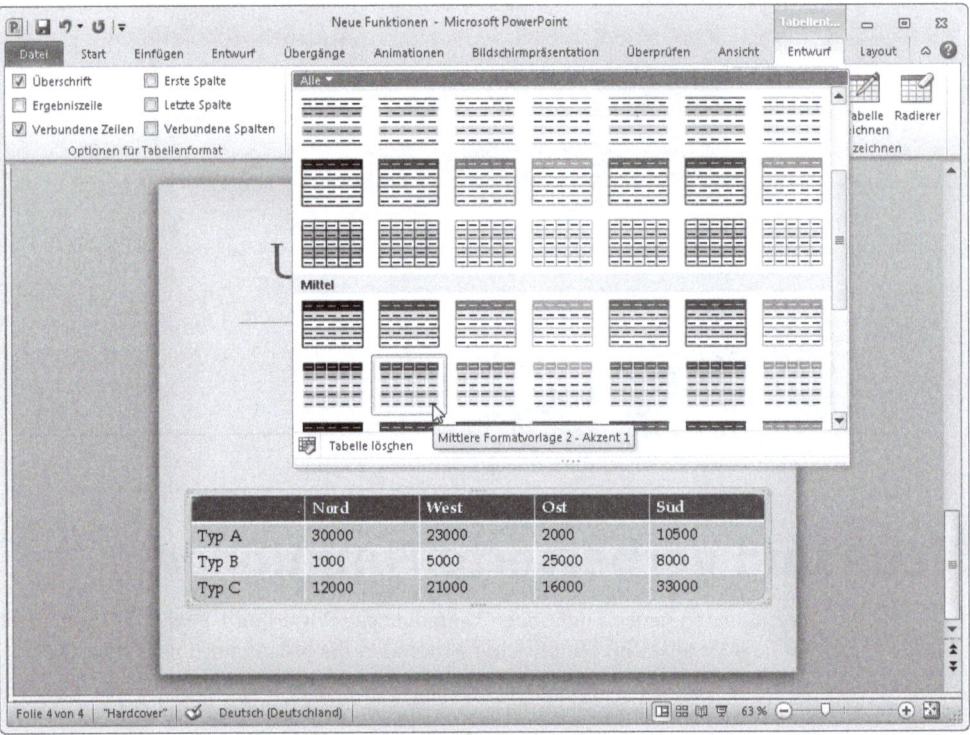

Wenn ein Katalog nur wenige Auswahlmöglichkeiten enthält, werden diese als Bestandteil der Befehlsgruppe im Menüband angezeigt. Kataloge, die zahlreiche Auswahlmöglichkeiten enthalten, werden als Dropdown-Katalog angezeigt, in dem Sie Ihre Auswahl treffen können. Sie können dann auf einen Blick sehen, welche Farbkombinationen, Formatierungen, Farbschemata, Diagrammtypen oder Animationen vorhanden sind.

Besonders nützlich sind die Kataloge in Kombination mit der so genannten Livevorschau. Wenn dieses Feature aktiviert ist, können Sie den Mauszeiger über die Optionen des Katalogs bewegen, und zwar ohne zu klicken. PowerPoint zeigt dann die Auswirkung der Option direkt auf der Folie an. Der Befehl wird erst dann definitiv angewendet, wenn Sie eine der Optionen anklicken. So können Sie die Wirkung einer Formatierungsoption einfach, bequem und schnell testen.

Livevorschau deaktivieren

Auch die Livevorschau kann abgeschaltet werden, was Sie wahrscheinlich aber nur dann machen werden, wenn Sie PowerPoint 2010 auf einem älteren, langsamen Computer einsetzen. Falls Sie die Livevorschau nicht verwenden möchten, klicken Sie auf *Datei* und dann auf den Befehl *Optionen*. Wechseln Sie im angezeigten Dialogfeld in die Rubrik *Allgemein* und schalten Sie dort das Kontrollkästchen *Livevorschau aktivieren* aus.

Bild 31.12 Behindert die Livevorschau auf Ihrem Rechner ein zügiges Arbeiten, können Sie sie deaktivieren

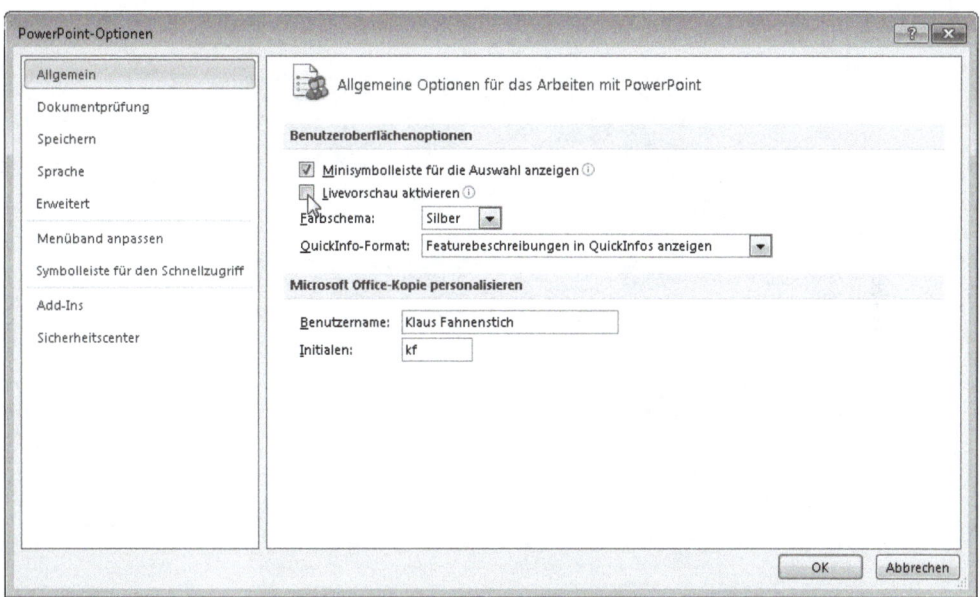

Einheitliche Gestaltung durch Designs

Mit Office 2007 hat Microsoft das Konzept der *Dokumentdesigns* eingeführt. Wenn Sie schon Erfahrungen mit einer älteren Version von PowerPoint besitzen, haben Sie vermutlich bereits mit Farbschemata gearbeitet, mit denen es möglich war, allen Folien einer Präsentation eine neue Farbgebung zuzuweisen. Die neuen Designs setzen auf diesem Konzept auf und erweitern es um neue Formatierungsmerkmale. Außerdem liegen sie nicht nur PowerPoint-, sondern auch Word- und Excel-Dokumenten zugrunde und sollen so die Basis für eine einheitliche Gestaltung von Office-Dokumenten schaffen.

Ein Design umfasst folgende Formatierungsmerkmale:

- Farben
- Schriftarten
- Effekte (Linien und Füll- und Spezialeffekte).

Konkret handelt es sich dabei um zehn so genannte *Designfarben,* zwei verschiedene Schriftarten (je eine für Überschriften und Textkörper) sowie zwanzig vordefinierte Effektkombinationen.

Alle weiteren Formatvorlagen bauen auf diesen Designs auf, das heißt, sie verwenden die in ihnen definierten Farben, Schriftarten und Effekte. Auf diese Weise wird es nun möglich, in allen Office-Dokumenten eine unternehmensweite Layoutvorgabe umzusetzen. Wenn sich dann zum Beispiel die in einer Firma zu verwendende Schriftart ändert, muss lediglich das verwendete Design angepasst werden.

Bild 31.13 Durch die Zuweisung eines Designs lassen sich die Farben, Schriftarten und Effekte aller Folien einer Präsentation mit einem Mausklick verändern

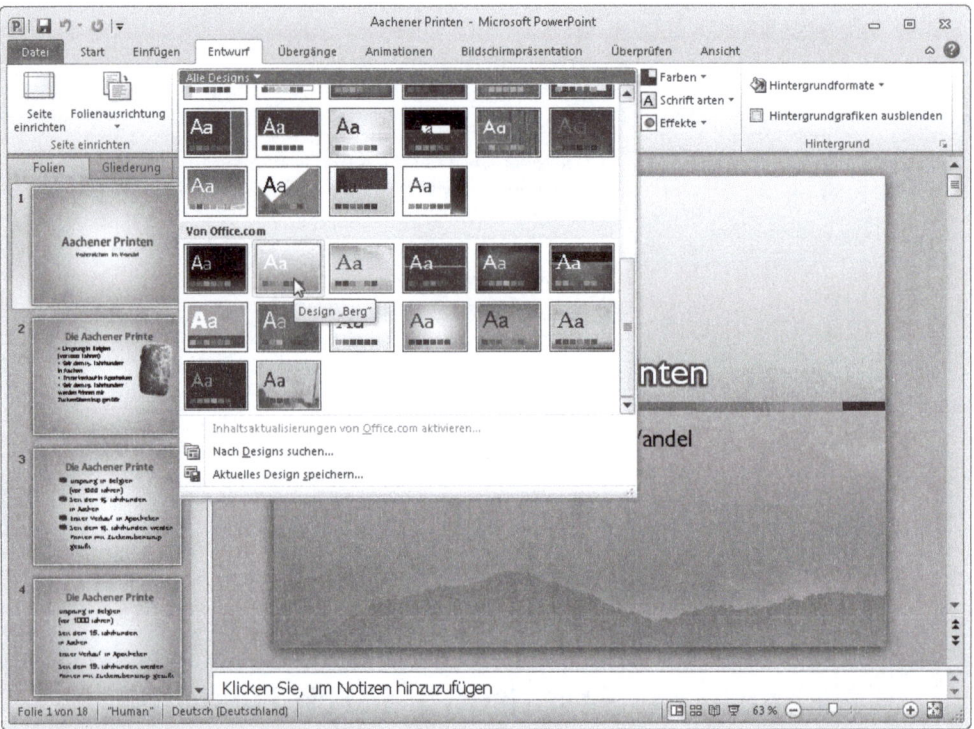

Da Designs eine zentrale Rolle in Microsoft Office 2010 spielen, werden wir uns in Kapitel 41 noch ausführlich mit diesem Thema befassen.

Benutzerdefinierte Folienlayouts

Wenn Sie eine neue Folie in eine Präsentation einfügen, müssen Sie nicht mit einer leeren Folie beginnen, sondern können auf so genannte *Folienlayouts* zurückgreifen. Auf diesen Vorlagen befinden sich bereits Platzhalter für die verschiedenen Elemente, aus denen eine Folie aufgebaut sein kann, wie zum Beispiel Hintergrundobjekte, Titel- und Untertitelplatzhalter, Platzhalter für Textkörper oder Kopf- und Fußzeilen. Da diese Platzhalter bereits fertig formatiert sind, beschränkt sich das Erstellen einer Folie im Idealfall auf das Eintippen des Textes und das Einfügen der gewünschten Illustrationen.

Während Sie in früheren Versionen von PowerPoint (bis PowerPoint 2003) auf die mitgelieferten Standardlayouts beschränkt waren, können Sie seit PowerPoint 2007 auch eigene Layouts entwerfen. Sie können zum Beispiel Vorlagen erstellen, die benutzerdefinierte Layouts bereitstellen, die die Vorgaben an Präsentationen in Ihrer Firma exakt erfüllen. Durch den Einsatz solcher Layouts lassen sich Präsentationen deutlich schneller erstellen und die Anwender der Vorlage müssen keine Zeit mehr in das Anpassen von Standardlayouts investieren.

Bild 31.14   In PowerPoint lassen sich jetzt auch eigene Layouts erstellen

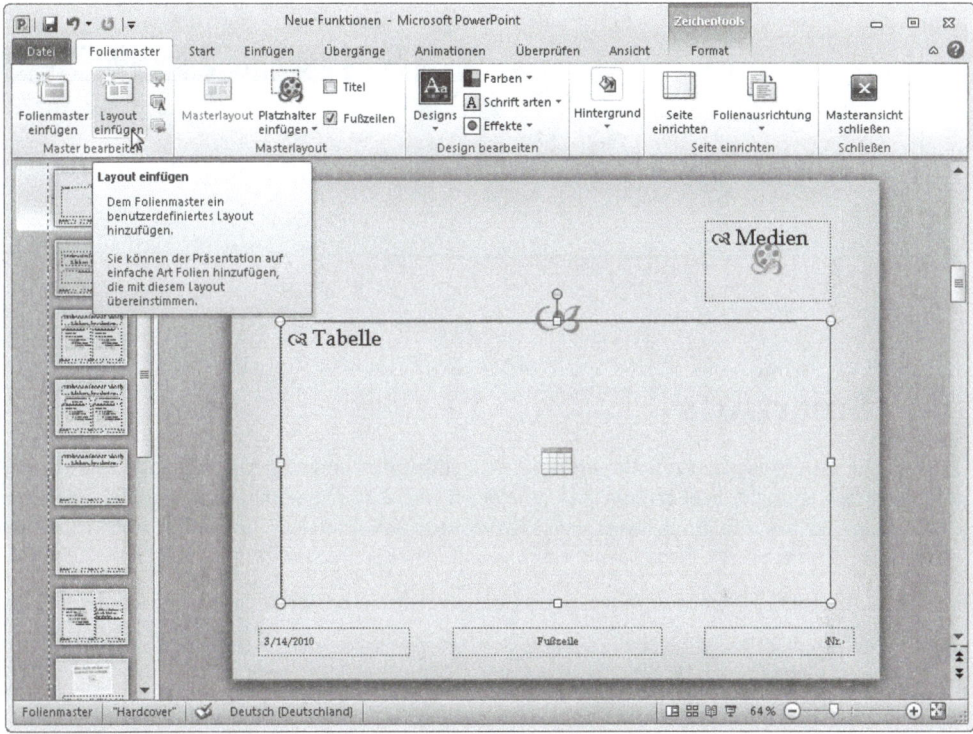

Diagramme

In den Abbildungen der letzten Abschnitte haben Sie vielleicht schon eine Ahnung davon bekommen, wie stark sich die Darstellungsqualität in PowerPoint 2010 verbessert hat. Ganz besonders deutlich wird diese Entwicklung beim Bearbeiten von Diagrammen. Mit PowerPoint 2010 lassen sich mühelos Diagramme erstellen, die über eine anspruchsvolle Form- und Farbgebung verfügen. Ausgefeilte Licht- und Schatteneffekte lassen sich einfach per Katalog zuweisen – häufig unterstützt durch eine Vorschaufunktion, die die Wirkung nicht in einem Dialogfeld, sondern direkt auf der Folie sichtbar macht (siehe Bild 31.15 auf der folgenden Seite).

PowerPoint 2010

Bild 31.15 Auch Diagramme lassen sich bequem per Formatvorlage formatieren

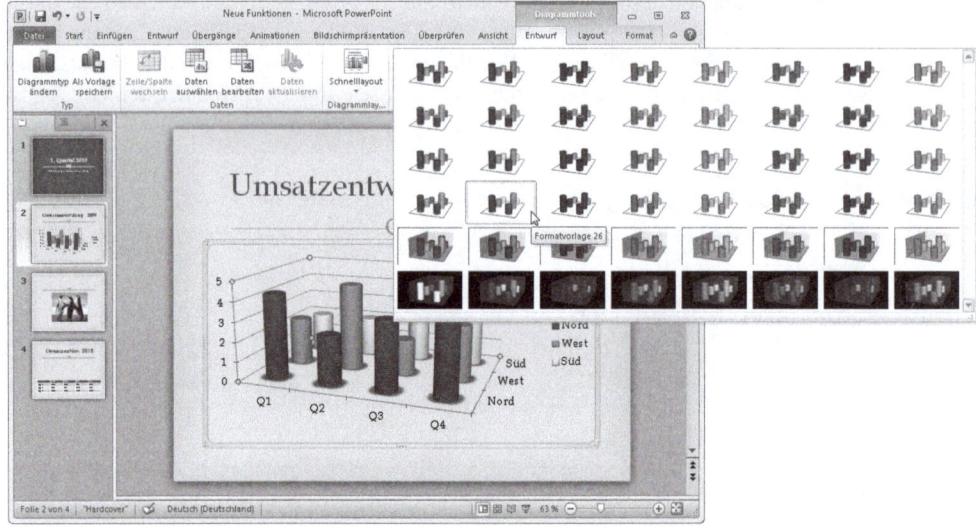

SmartArts

SmartArts wurden mit PowerPoint 2007 eingeführt und in der aktuellen Version von PowerPoint noch einmal erheblich erweitert. Wie der Name schon andeutet, handelt es sich dabei um intelligente Grafiken. Mit ihnen lassen sich z.B. Prozesse, Beziehungen oder Hierarchien visualisieren.

Bild 31.16 Office 2010 bietet für nahezu jede Gelegenheit die passende SmartArt-Grafik

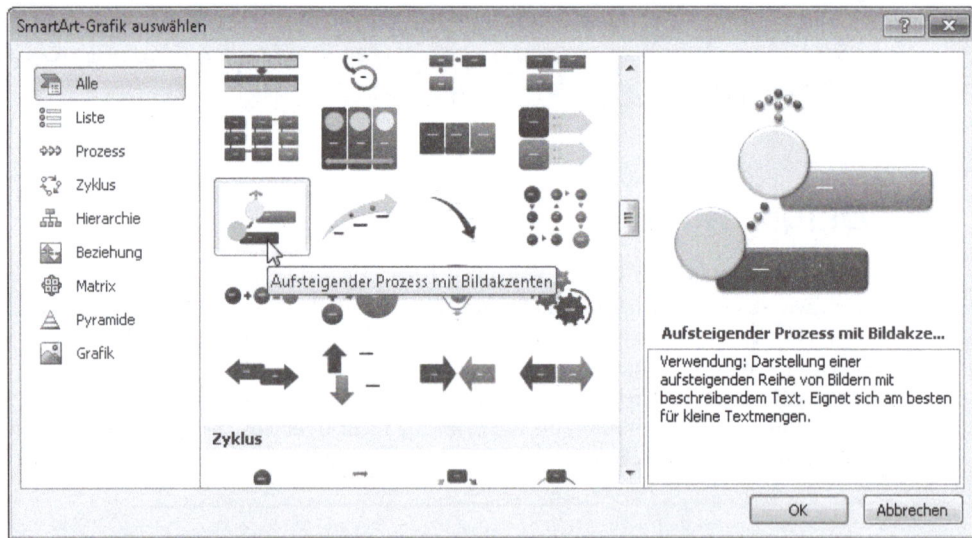

Das Besondere an SmartArts ist das beeindruckende Verhältnis von Aufwand zu Ertrag. SmartArts lassen sich nicht nur äußerst komfortabel erstellen, sondern auch sehr flexibel bearbeiten. Dank SmartArts können Sie sich auf die inhaltlichen Aspekte Ihrer Folien konzentrieren und ersparen sich stundenlanges »Gefummel« beim Erstellen von Grafiken, die trotz hohem Aufwand kein professionelles Aussehen annehmen wollen.

Mit SmartArts lassen sich innerhalb weniger Minuten Illustrationen von bestechender Qualität erstellen, die sich durch eine ausgewogene und aufeinander abgestimmte Form- und Farbgebung auszeichnen. Auch hier bilden die weiter oben angesprochenen Designs die Grundlage für die gewählten Farben und Effekte.

Bild 31.17 Form und Farbe von SmartArts lassen sich schnell per Vorlage ändern

Neue Sicherheitsfunktionen

Bei Präsentationen, die nicht ausschließlich von Ihnen selbst genutzt werden, kommt automatisch der Aspekt der Sicherheit ins Spiel. Dabei geht es vor allem darum, dass von Ihnen weitergegebene Präsentationen keine unerwünschten Daten enthalten (z.B. in persönlichen Kommentaren, die Sie versehentlich nicht gelöscht haben) und dass Sie Ihre Präsentationen vor einer Veränderung durch Dritte schützen können.

Beim Aufspüren sicherheitsrelevanter Metadaten in einer Präsentation (wie Kommentare, persönliche Daten etc.) hilft die so genannte *Dokumentprüfung*. Dieses Tool kann die relevanten Bereiche einer Präsentation prüfen und bietet eine automatische Entfernung der gefundenen Daten an.

Bild 31.18   Die Dokumentprüfung kann sensible Daten aus Ihren Präsentationen entfernen

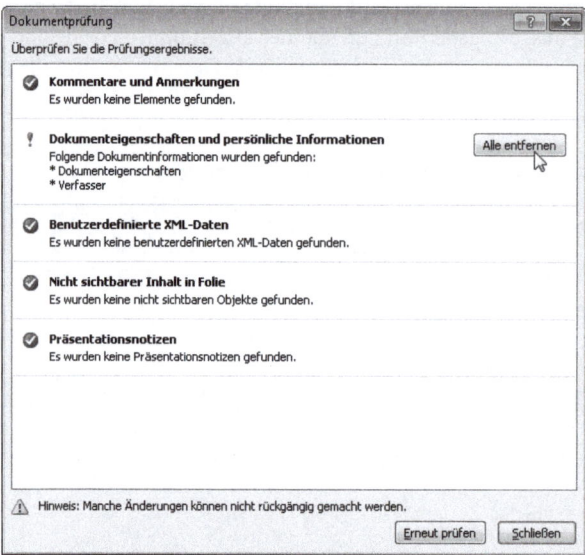

Als Schutz gegen unerwünschte Änderungen kann PowerPoint Ihre Präsentationen verschlüsseln und/oder mit einer Signatur versehen. Außerdem können Sie individuelle Zugriffsrechte für eine Präsentation festlegen, wenn Sie in Ihrer Firma mit den Rechteverwaltungsdiensten von Windows 2008 Server arbeiten.

Folienbibliotheken

Das letzte neue Feature, auf das wir in diesem Kapitel kurz eingehen wollen, sind die so genannten *Folienbibliotheken*. Um diese Funktion nutzen zu können, benötigen Sie allerdings Zugriff auf einen Office SharePoint Server 2010. Auf diesem Server lassen sich PowerPoint-Folien zentral abspeichern und können dann von dort aus in andere Präsentationen übernommen werden. Für eine so eingefügte Folie können Sie dann festlegen, ob sie mit der Bibliothek verknüpft bleiben soll, um spätere Veränderungen an der Originalfolie automatisch übernehmen zu können.

Das neue Dateiformat

Mit PowerPoint 2007 führte Microsoft auch ein neues Dateiformat ein. Es basiert auf XML und erleichtert daher die Weiterverarbeitung mit anderen Programmen. Die Dateien liegen jedoch nicht als normale XML-Dateien vor, sondern werden zusätzlich komprimiert, um ihre Dateigröße zu reduzieren. Laut Aussage von Microsoft ist das neue Dateiformat dadurch kompakter und robuster als seine Vorgängerversionen. Präsentationen mit diesem Format besitzen die Dateinamenserweiterungen *.pptx,* PowerPoint-Vorlagen entsprechend *.potx.*

Präsentationen bzw. Vorlagen, die Makros enthalten, werden durch die neue Erweiterung *.pptm* bzw. *.potm* gekennzeichnet. Dem Anwender soll so die Möglichkeit gegeben werden, potenziell gefährliche Dokumente direkt beim Öffnen zu erkennen. Durch einfaches Ändern der Dateinamenserweiterung lässt sich dieser Sicherungsmechanismus übrigens nicht überlisten. PowerPoint erkennt in diesem Fall trotzdem, dass das betreffende Dokument Makros enthält und verhindert deren Ausführung. Dieses Verhalten lässt sich allerdings über das so genannte *Sicherheitscenter* konfigurieren.

Kompatibilität mit früheren PowerPoint-Versionen
Präsentationen, die mit der Vorgängerversion PowerPoint 2003 oder früher erstellt wurden, werden automatisch in einem Kompatibilitätsmodus geöffnet. Dazu wird in diesem Modus bei jedem Speichervorgang eine Kompatibilitätsprüfung vorgenommen.

Zusammenfassung

In diesem Kapitel haben Sie einen ersten Überblick über das neue PowerPoint 2010 erhalten:

- Zuerst haben wir einen kurzen Blick auf die neue Benutzeroberfläche von PowerPoint 2010 geworfen. Sie kennen nun die Aufgabenbereiche der verschiedenen Registerkarten des Menübands (Seite 538) und sind mit der Bedienung der Statusleiste vertraut (Seite 540).

- Anschließend haben Sie erfahren, dass Sie für eine Präsentation in den verschiedenen Phasen ihrer Erstellung spezielle Ansichten nutzen können: Sie kennen nun die Normalansicht (Seite 543), die Foliensortierungsansicht (Seite 544), die Notizenansicht (Seite 545), die Leseansicht (Seite 545) sowie die Bildschirmpräsentation (Seite 545).

- Zum Schluss haben wir Ihnen wichtige neue Funktionen und Konzepte von PowerPoint 2010 vorgestellt: Kataloge und Livevorschau (Seite 548), Dokumentdesigns (Seite 549), benutzerdefinierte Folienlayouts (Seite 550), Diagramme (Seite 551), SmartArts (Seite 552), den Dokumentinspektor (Seite 553), Folienbibliotheken (Seite 554) und das neue Dateiformat (Seite 554).

PowerPoint 2010

Kapitel 32

Erste Schritte mit PowerPoint 2010

In diesem Kapitel:

Nachdem wir Ihnen im letzten Kapitel die geänderte Oberfläche von PowerPoint 2010 und die wichtigsten neuen Funktionen vorgestellt haben, erfahren Sie in diesem Kapitel, wie Sie eine neue, leere Präsentation anlegen. Anschließend zeigen wir Ihnen, wie Sie eine Präsentation um weitere Folien ergänzen, und wie Sie Folien kopieren oder verschieben können.

Im letzten Abschnitt stellen wir Ihnen dann die so genannten *Platzhalter* vor, die Ihnen dabei helfen, den Folien Ihrer Präsentation ein einheitliches Layout zu geben.

Neue Präsentation erstellen

Wie schon bei den vorhergehenden Versionen gibt es auch bei PowerPoint 2010 verschiedene Wege, um eine neue Präsentation zu erstellen: Sie können die Vorlagen verwenden, die sich auf Ihrem Computer befinden, die Vorlagen auf der Website *Office Online* nutzen oder eine Präsentation als Basis verwenden, die Sie zu einem früheren Zeitpunkt fertig gestellt und gespeichert haben.

Der Weg führt in jedem Fall über die in Office 2010 neu eingeführte Backstage-Ansicht, die Sie mit einem Klick auf *Datei* erreichen (siehe Abbildung). Wechseln Sie dort zur Seite *Neu*, auf der Ihnen dann die verschiedenen Varianten zum Erstellen einer neuen Präsentation angeboten werden.

Bild 32.1 In der linken oberen Ecke des PowerPoint-Fensters befindet sich die Schaltfläche *Datei*, über die Sie in die Backstage-Ansicht gelangen.

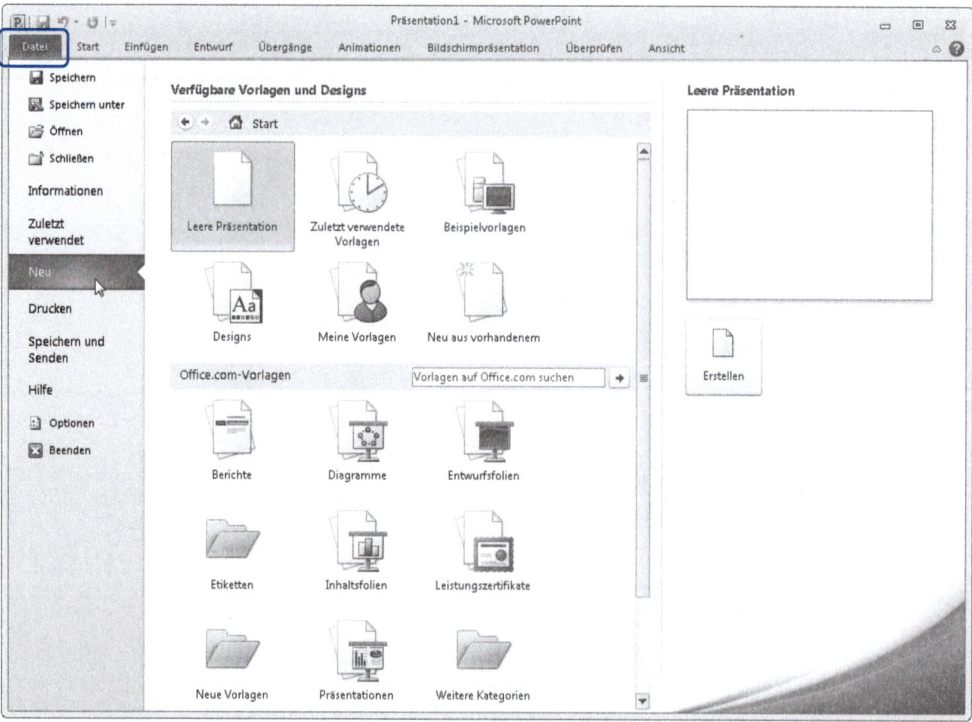

Die verfügbaren Vorlagen und Designs sind in zwei Gruppen unterteilt:

- Über die Symbole der oberen Gruppe erreichen Sie die Kategorien, mit denen Sie eine der lokalen Ressourcen als Grundlage für Ihre neue Präsentation verwenden können. Um in diesen Kategorien zu navigieren, können Sie die drei Schaltflächen verwenden, die sich auf dem Balken oberhalb der Gruppe befinden (zwei Pfeile und das Haus).

- In der zweiten Gruppe sind Vorlagen aus *Office Online* aufgeführt; das sind Vorlagen, die Sie kostenlos aus dem Office-Portal von Microsoft herunterladen können.

Eine leere Präsentation erstellen

Wenn Sie eine neue, leere Präsentation erstellen wollen, gehen Sie so vor:

1. Rufen Sie die Backstage-Ansicht auf und klicken Sie dort auf *Neu*. In der Liste der verfügbaren Vorlagen und Designs ist dann bereits das Symbol *Leere Präsentation* markiert.

2. Klicken Sie rechts im Vorschaubereich auf *Erstellen,* um die neue Präsentation anzulegen.

Die neue Präsentation ist jedoch nicht wirklich leer, sondern enthält bereits eine einzelne Folie. Diese Folie ist dafür vorgesehen, den Titel und Untertitel Ihrer Präsentation aufzunehmen und enthält zu diesem Zweck bereits entsprechende Platzhalter. Wie Sie die neue Präsentation mit Inhalt füllen, erfahren Sie weiter hinten in diesem Kapitel ab Seite 577 sowie in ▶ Kapitel 33.

Leere Präsentation aus Design-Vorlagen erstellen

Bei der im letzten Abschnitt erstellten leeren Präsentation beginnen Sie im übertragenen Sinn mit einem weißen Blatt Papier. Sie können jedoch auch von Anfang an Farbe ins Spiel bringen, indem Sie die neue Präsentation auf der Basis eines installierten Designs erstellen. In diesem Fall werden die Folien der neuen Präsentation automatisch mit einem mehr oder wenig aufwendig gestalteten Hintergrund ausgestattet. Außerdem wird durch ein Design die Verwendung bestimmter Schriften und Farben vorgegeben.

1. Klicken Sie auf *Datei* und wechseln Sie auf die Seite *Neu*.

2. Klicken Sie in der Liste der verfügbaren Vorlagen und Designs auf das Symbol *Designs*. Sie sehen nun die Liste der installierten Designs (siehe Abbildung auf der nächsten Seite).

3. Wenn Sie die kleinen Miniaturansichten der Designs anklicken, erscheint rechts im Fenster eine vergrößerte Vorschau.

4. Um das markierte Design auf die neue Präsentation anzuwenden, klicken Sie auf *Erstellen*. Alternativ können Sie auch in der Liste auf dem gewünschten Design-Symbol doppelklicken.

Die neue Präsentation enthält ebenfalls eine Folie für den Titel bzw. den Untertitel, die jedoch bereits mit einem gestalteten Hintergrund ausgestattet ist. Natürlich können Sie den Hintergrund der Folie noch nachträglich ändern. Wie Sie später noch sehen werden, lässt sich auch das Design der Präsentation mit wenigen Mausklicks austauschen. Mit der Entscheidung für ein bestimmtes Design müssen Sie sich also nicht verbindlich festlegen.

Genau genommen ist einer Präsentation sogar immer ein Design zugewiesen. Denn auch eine leere Präsentation besitzt ein Design und zwar das Design *Larissa*.

PowerPoint 2010

Bild 32.2   Liste der vorhandenen Designs. Um von hier wieder zur Übersichtsseite zu gelangen, klicken Sie
auf die Schaltfläche *Start* (siehe Markierung)

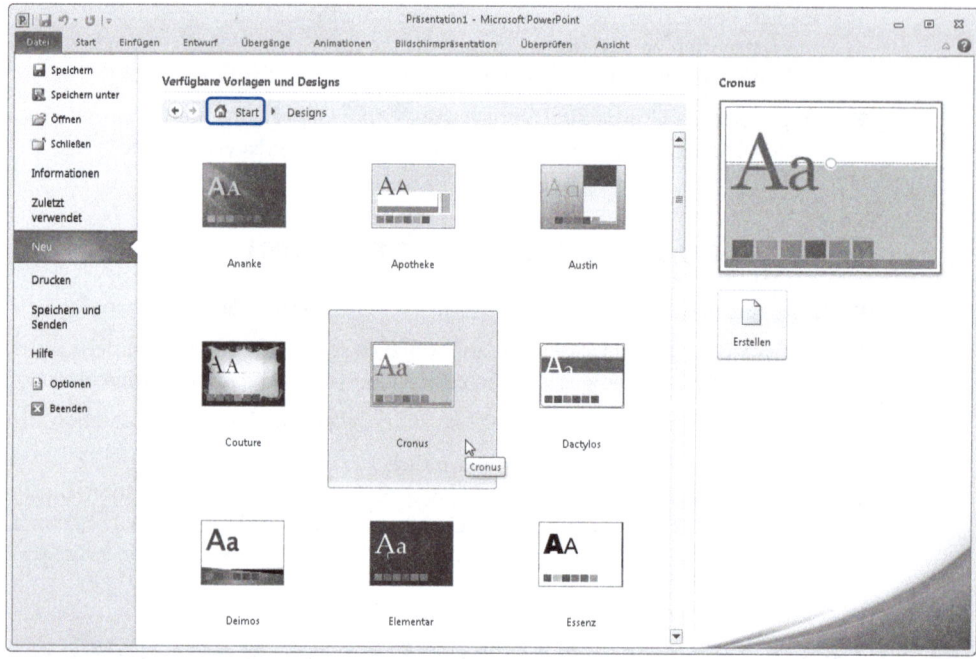

WICHTIG   Die Trennung von Inhalt und Gestaltung ist ein wichtiges Prinzip einer PowerPoint-
Präsentation, das Ihnen immer wieder begegnen wird. Wenn Sie dieses Prinzip konsequent umsetzen, werden Ihre Präsentationen optimal flexibel.

Beispielvorlagen verwenden

Bei der Installation von PowerPoint 2010 werden mehrere Vorlagen auf Ihrem PC installiert, die
Sie als Ausgangspunkt für neue Präsentationen verwenden können. Die meisten dieser Vorlagen
enthalten bereits mehrere gestaltete Folien inklusive eines Textgerüstes. Sie müssen dann »nur
noch« Ihren eigenen Text eingeben und bei Bedarf weitere Folien einfügen.

Welche Vorlagen das sind, können Sie sehen, wenn Sie in der Backstage-Ansicht in die Kategorie
Beispielvorlagen wechseln.

1.   Klicken Sie auf *Datei* und dann auf *Neu*.

2.   Wählen Sie im Bereich *Verfügbare Vorlagen und Designs* die Rubrik *Beispielvorlagen*.

3.   Klicken Sie im mittleren Bereich eine der Miniaturgrafiken an, um eine Vorschau zu sehen.

4.   Doppelklicken Sie dann auf das Symbol der Vorlage, die Sie verwenden wollen. Die neue Präsentation wird erstellt.

Bild 32.3   Zum Installationsumfang von PowerPoint 2010 gehören einige sehr interessante Vorlagen

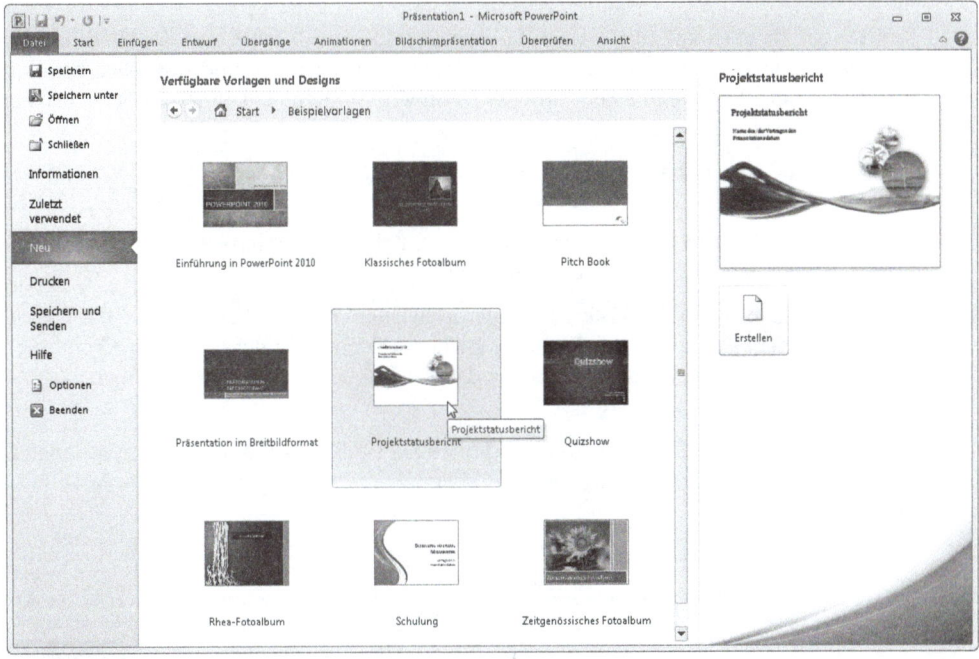

Es lohnt sich, die Beispielvorlagen der Reihe nach zu erstellen und in der Leseansicht zu betrachten. Auf diese Weise können Sie die vielen optischen Effekte, Animationen und
Folienübergänge ohne großen Aufwand entdecken.

Neue Präsentation auf vorhandener basieren

In der Praxis kommt es gelegentlich vor, dass Sie eine Präsentation erstellen möchten, die sich nur
in einigen Details von einer bereits vorhandenen unterscheiden wird. Der einfachste Weg, um diese
Aufgabe zu lösen, besteht darin, die bereits vorhandene Präsentation als Grundlage zu verwenden.

1. Klicken Sie dazu im Menüband auf *Datei* und zeigen Sie in der Backstage-Ansicht die Seite
   Neu an.

2. Klicken Sie im Bereich *Verfügbare Vorlagen und Designs* auf das Symbol *Neu von vorhandenem.* Das Dialogfeld *Neu aus vorhandener Präsentation* wird angezeigt.

3. Wechseln Sie zu dem Ordner, in dem sich die Präsentation befindet, die Sie als Basis für Ihre
   neue Präsentation verwenden wollen.

4. Markieren Sie das Symbol der gewünschten Präsentation und klicken Sie auf *Öffnen*.

PowerPoint 2010

Vorlagen von Microsoft Office Online verwenden

Die größte Auswahl an Vorlagen finden Sie jedoch im Internet auf der Website *Microsoft Office Online* (http://office.com). Um diese Vorlagen zu durchsuchen und zu verwenden, ist es aber nicht notwendig, die Seite in einem Browser zu öffnen, sondern Sie können das ganz bequem direkt aus PowerPoint erledigen.

1. Rufen Sie durch einen Klick auf *Datei* die Backstage-Ansicht auf und wechseln Sie dort auf die Seite *Neu*.

2. Die Vorlagen sind in viele verschiedene Kategorien unterteilt, die Sie über die Symbole des Bereichs *Office.com-Vorlagen* erreichen.

3. Suchen Sie in der Liste nach einer geeigneten Vorlage. Benutzen Sie dazu auch die Schalt-flächen aus der Navigationsleiste (siehe Markierung in der folgenden Abbildung), mit denen Sie – nach Art eines Browsers – in den Kategorien zurückblättern können.

Bild 32.4   Im Bereich *Office.com-Vorlagen* finden Sie ein Fülle von Präsentationsvorlagen zu den unterschiedlichsten Themen

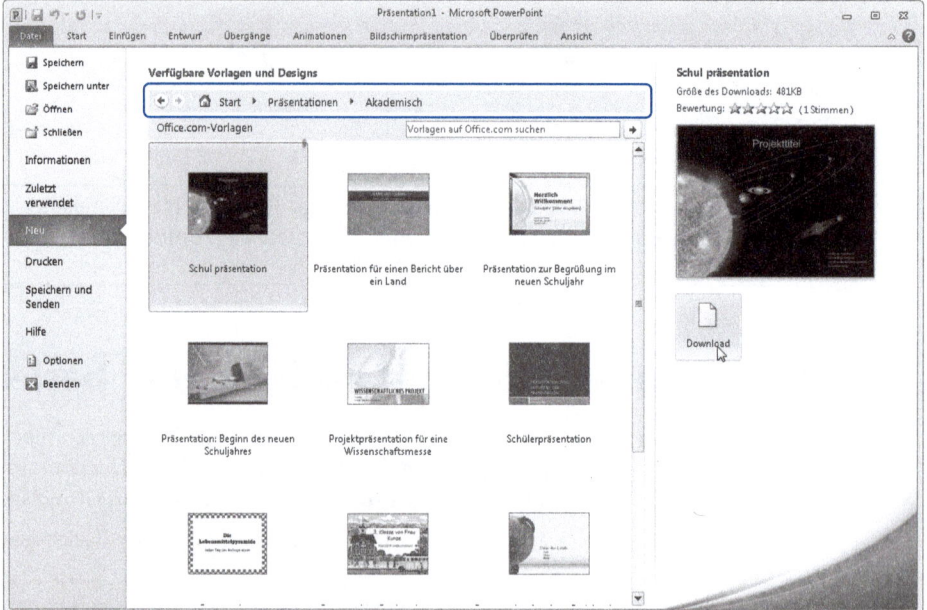

4. Wenn Sie auf diese Weise nicht fündig werden, sollten Sie die Suchfunktion einsetzen. Geben Sie dazu einfach einen Begriff in das Textfeld *Vorlagen auf Office.com suchen* ein und klicken Sie anschließend auf die Pfeil-Schaltfläche.

5. Haben Sie eine passende Vorlage gefunden, klicken Sie rechts im Vorschaubereich die Schalt-fläche *Download* an. PowerPoint lädt die gewählte Vorlage dann herunter und erstellt daraus eine neue Präsentation.

Neue Folien einfügen

Eine PowerPoint-Präsentation setzt sich aus einzelnen Folien zusammen, die vergleichbar den Seiten eines Dokuments nach und nach ergänzt werden. Wie Sie weiter hinten in diesem Kapitel noch sehen werden, können Sie dazu auch Folien aus bereits vorhandenen Präsentationen übernehmen oder sogar eine Gliederung als Ausgangsbasis verwenden. Im einfachsten Fall haben Sie, wie im letzten Abschnitt beschrieben, eine neue leere Präsentation begonnen und wollen die Präsentation um eine weitere, leere Folien ergänzen.

Dazu gehen Sie folgendermaßen vor:

1. Wechseln Sie auf dem Menüband zur Registerkarte *Start*.

2. Zeigen Sie mit der Maus in der Gruppe *Folien* auf die Schaltfläche *Neue Folie*. Dadurch wird erkennbar, dass die Schaltfläche aus zwei Bereichen besteht.

Bild 32.5   Die Schaltfläche *Neue Folie* ist zweigeteilt

3. Klicken Sie auf den oberen Bereich der Schaltfläche. PowerPoint 2010 fügt dann direkt eine leere Folie in Ihre Präsentation ein.

Bild 32.6   Die Folie wurde durch Anklicken der oberen Hälfte der Schaltfläche *Neue Folie* eingefügt

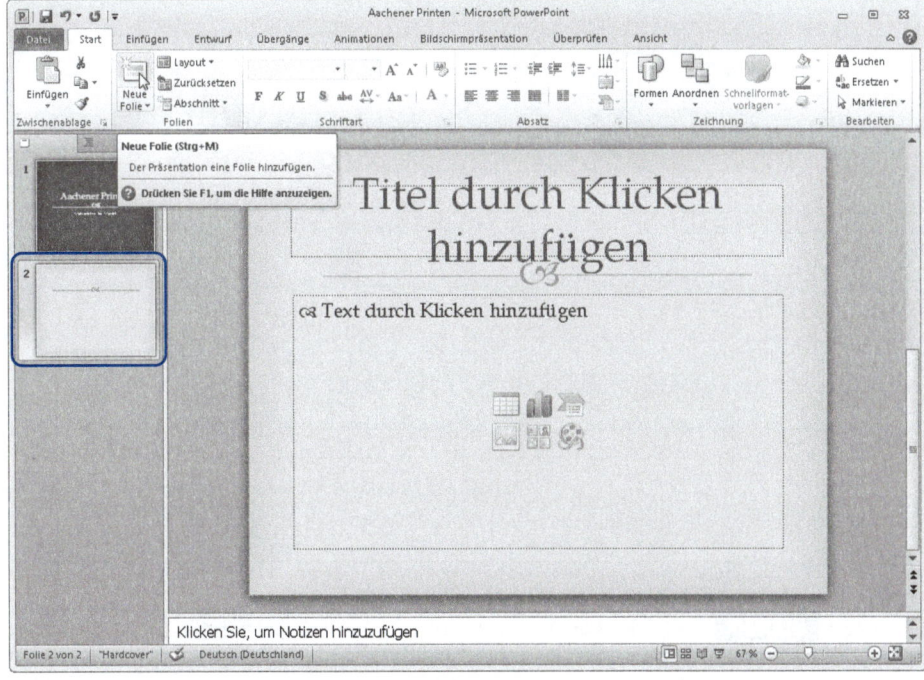

PowerPoint 2010

Wenn Sie nun im Gliederungsbereich (das ist der schmale Streifen am linken Fensterrand) die Miniaturansicht der neuen Folie betrachten, sehen Sie, dass dort eine leere Folie dargestellt wird. Im Folienbereich besitzt die Folie hingegen zwei Rahmen, die den Text »*Titel durch Klicken hinzufügen*« bzw. »*Text durch Klicken hinzufügen*« sowie sechs kleine Symbole enthalten. Bei diesen beiden Rahmen handelt es sich um so genannte *Platzhalter*, die erst noch mit Inhalt gefüllt werden müssen.

Die Aufgabe dieser Platzhalter ist es, den Folien einer Präsentation eine einheitliche Struktur zu geben. Dadurch wird gewährleistet, dass sich die Zuschauer beim Vorführen der Präsentation ganz auf die inhaltlichen Aspekte der Folien konzentrieren können und nicht bei jeder Folie mit einer neuen Anordnung von Texten und Bildern konfrontiert sind. Wir werden auf Platzhalter weiter hinten in diesem Kapitel noch näher eingehen. Für das aktuelle Beispiel benötigen Sie keine weiteren Hintergrundinformationen zu diesem Thema.

4. Klicken Sie den oberen Platzhalter mit der Maus an und geben Sie den Titel der neuen Folie ein. Der Vorgabetext »*Titel durch Klicken hinzufügen*« verschwindet automatisch, sobald Sie den Platzhalter anklicken.

5. Füllen Sie auf die gleiche Art und Weise auch den zweiten Platzhalter mit etwas Text. Wie Sie sehen, wird dieser Text automatisch als Aufzählung formatiert, ohne dass Sie dazu einen einzigen Mausklick investieren müssen.

Bild 32.7 Der eingegebene Text wird automatisch formatiert

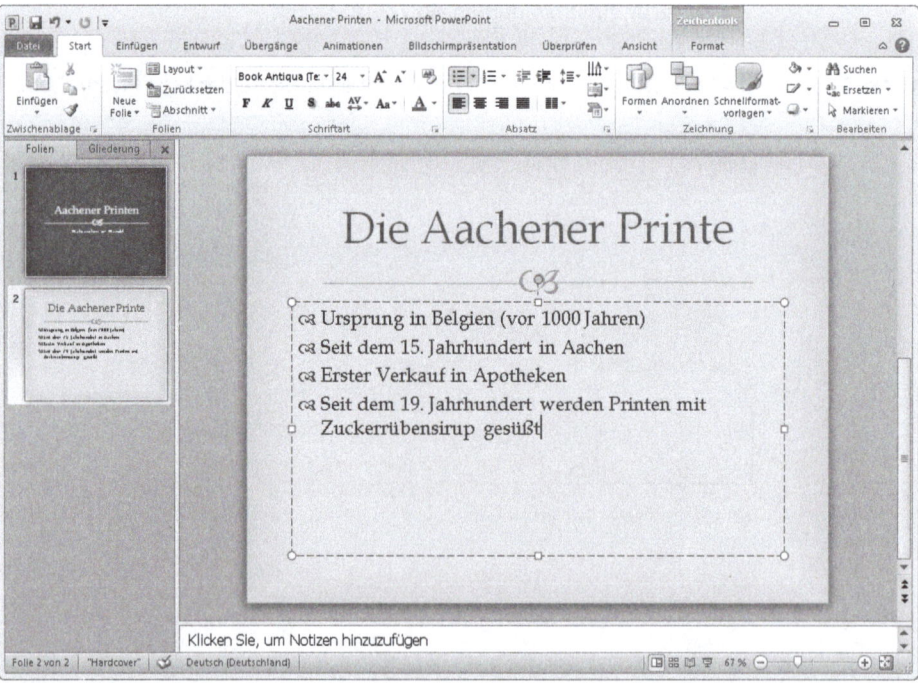

HINWEIS Wie Sie den Text einer Folie formatieren, beschreiben wir detailliert in Kapitel 33.

Auswahl eines Layouts

Dieser oben beschriebene Service ist ein Verdienst des *Layouts*, das dieser Folie zugrunde liegt. Layouts sind ein zentraler Bestandteil einer Präsentation und wir werden dieses Thema in Kapitel 37 »Arbeiten mit Vorlagen« noch ausführlich behandeln. Für den Moment genügt es zu wissen, dass allen Folien einer Präsentation ein Layout zugrunde liegt, das den Typ und die Anordnung der Platzhalter vorgibt.

Lassen Sie uns nun einen Blick auf die verschiedenen Layouts werfen, die Sie für die Folien Ihrer Präsentation verwenden können.

1. Klicken Sie erneut auf die Schaltfläche *Neue Folie,* dieses Mal jedoch auf den unteren Teil der Schaltfläche (also auf die Beschriftung).

Bild 32.8   Im Menü der Schaltfläche *Neue Folie* können Sie zwischen verschiedenen Layouts auswählen

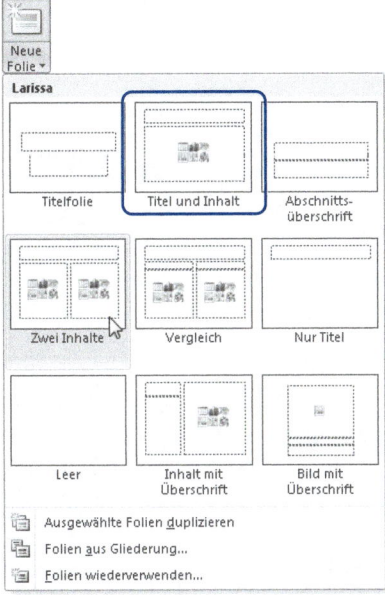

In dem dadurch ausgeklappten Menü der Schaltfläche *Neue Folie* bietet Ihnen PowerPoint 2010 verschiedene Layouts an, die sich in Anzahl und Art der verwendeten Platzhalter unterscheiden. Im obigen Bild sehen Sie zum Beispiel in der ersten Reihe das Layout *Titel und Inhalt,* das beim Einfügen der ersten Folie (in Schritt 3 des letzten Abschnitts) automatisch verwendet wurde. Wie viele Layouts in diesem Menü enthalten sind und wie diese aufgebaut sind, hängt von der verwendeten Vorlage bzw. dem verwendeten Design ab.

2. Prüfen Sie, welches Layout sich für den Inhalt der neuen Folie am besten eignet und klicken Sie sein Vorschaubild an.

3. Ersetzen Sie die Platzhalter der neuen Folie durch die gewünschten Inhalte.

Für die dritte Folie wurde das Layout *Zwei Inhalte* gewählt

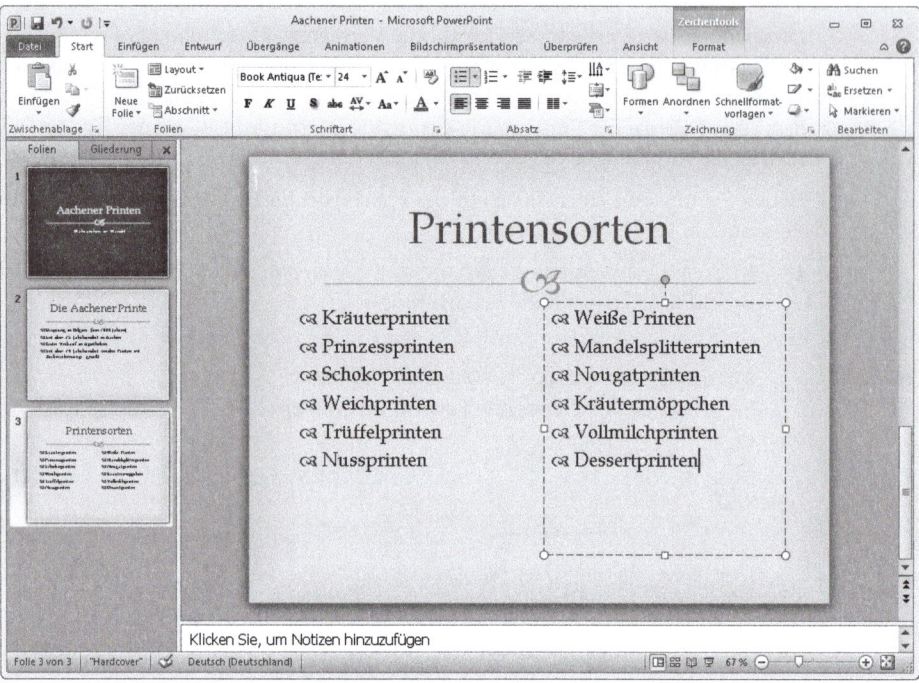

Layout nachträglich austauschen

Wenn sich das für eine Folie ausgewählte Layout im Nachhinein als ungeeignet erweist, ist das weiter kein Problem, denn Sie können das Layout einer Folie jederzeit austauschen. Der bereits auf der Folie vorhandene Inhalt wird dabei automatisch auf die Platzhalter verteilt, die im neuen Folienlayout enthalten sind, oder, falls es keine passenden Platzhalter gibt, als frei platzierbares Objekt eingefügt.

1. Zeigen Sie die gewünschte Folie an, indem Sie sie links im Gliederungsbereich anklicken.

2. Wechseln Sie auf die Registerkarte *Start*.

3. Klicken Sie in der Gruppe *Folien* auf die Schaltfläche *Layout*. Im Menü der Schaltfläche finden Sie die gleiche Auswahl an Layouts, wie Sie sie bereits von der Schaltfläche *Neue Folie* her kennen (siehe Bild 32.8).

4. Wählen Sie ein neues Layout für die Folie aus.

Im Bild auf der nächsten Seite können Sie erkennen, dass PowerPoint 2010 den vorhandenen Inhalt der Folie an das neue Layout anpasst.

Bild 32.10   Die Folie erscheint mit dem neuen Layout, die vorhandenen Inhalte bleiben erhalten

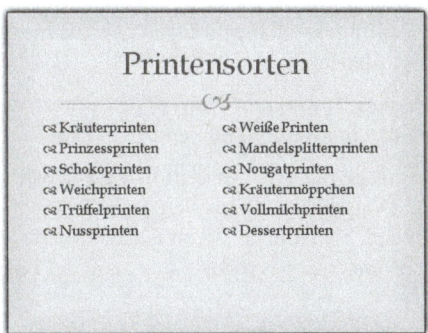 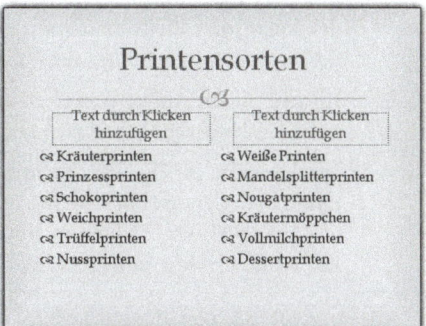

Folien aus Präsentationen übernehmen

Wenn Sie häufiger Präsentationen zu ähnlichen Themen erstellen, werden Sie besonders aussagekräftige Folien mehrfach verwenden wollen. PowerPoint bietet eine sehr komfortable Methode, Folien aus existierenden Präsentationen einzubauen.

1. Zeigen Sie zuerst die Folie an, hinter der Sie die Folie einfügen wollen.

2. Öffnen Sie dann auf der Registerkarte *Start* das Menü der Schaltfläche *Neue Folie* und wählen Sie dort den Befehl *Folien wiederverwenden*. PowerPoint zeigt dann den gleichnamigen Aufgabenbereich an.

Bild 32.11   Der Aufgabenbereich *Folien wiederverwenden*

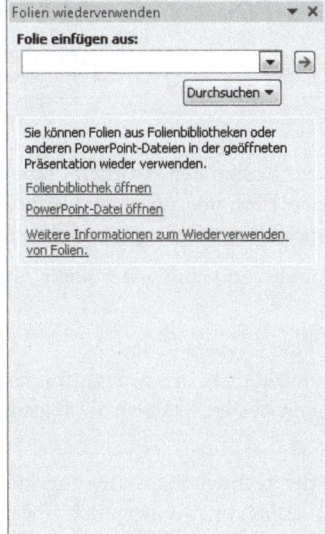

In diesem Aufgabenbereich können Sie entweder die Folien einer so genannten *Folienbibliothek* oder einer normalen PowerPoint-Datei anzeigen. Da zum Aufbau einer Folienbibliothek der Microsoft Office SharePoint Server benötigt wird, beschränken wir uns hier auf das Wiederverwenden von Folien aus Präsentationsdateien.

3. Klicken Sie im Aufgabenbereich auf den Link *PowerPoint-Datei öffnen*. Alternativ klicken Sie auf die Schaltfläche *Durchsuchen* und wählen in ihrem Menü den Befehl *Datei durchsuchen*.

4. Wechseln Sie im Dialogfeld *Durchsuchen* in den Ordner, in dem sich die gewünschte Präsentation befindet, und öffnen Sie sie durch Doppelklick. Die Folien der geöffneten Präsentation werden als Miniaturbilder im Aufgabenbereich angezeigt. Wenn Sie den Mauszeiger auf eines der Miniaturbilder bewegen, zeigt PowerPoint eine vergrößerte Vorschau der Folie an.

Bild 32.12 Die Folien der geöffneten Präsentation im Aufgabenbereich

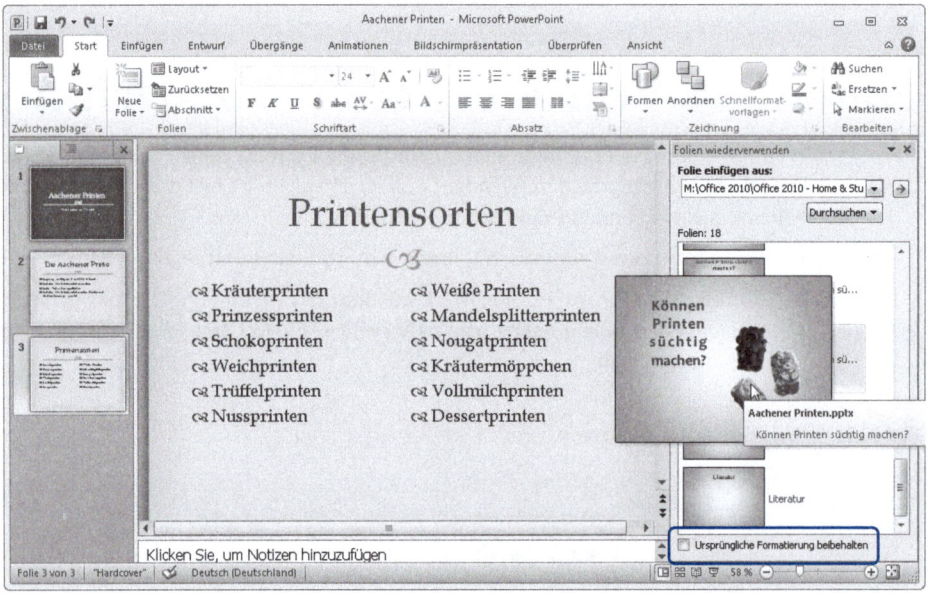

5. Normalerweise werden eingefügte Folien an das Design der aktuellen Präsentation angepasst. Soll die Folie unverändert in die aktuelle Präsentation übernommen werden, schalten Sie unten im Aufgabenbereich die Option *Ursprüngliche Formatierung beibehalten* ein.

6. Klicken Sie die Folie(n) an, die Sie in Ihre Präsentation einfügen wollen.

Das Kontextmenü des Aufgabenbereichs

Wenn Sie im Aufgabenbereich *Folien wiederverwenden* eines der Miniaturbilder mit der rechten Maustaste anklicken, erscheint ein Kontextmenü, mit dessen Befehlen Sie folgende Aktionen ausführen können:

- **Folie einfügen** Fügt die Folie, die Sie mit der rechten Maustaste angeklickt haben, in die Präsentation ein. Dieser Befehl ist in diesem Kontextmenü eigentlich überflüssig, da Sie die Folie schneller durch einfaches Anklicken der Miniaturansicht einfügen können.

- **Alle Folien einfügen** Fügt alle im Aufgabenbereich angezeigten Folien ein.

- **Design für alle Folien übernehmen** Wendet das Design (nicht das Layout) der im Aufgabenbereich geöffneten Präsentation auf alle Folien Ihrer Präsentation an.

- **Design für ausgewählte Folien übernehmen** Wendet das Design der im Aufgabenbereich geöffneten Präsentation nur auf die zuvor im Gliederungsbereich markierten Folien an. Wie Sie mehrere Folien einer Präsentation markieren können, erfahren Sie gleich im Abschnitt »Folien markieren« auf Seite 570.

Bild 32.13   Eingefügte Folie ohne (links) und mit (rechts) Übernahme der ursprünglichen Formatierung

Folien aus Gliederungen erstellen

Mit PowerPoint 2010 können Sie sogar ein Textdokument als Grundlage für Ihre Präsentationen verwenden. Diese Möglichkeit bietet sich zum Beispiel an, wenn Sie den Inhalt einer technischen Dokumentation als PowerPoint-Präsentation aufbereiten wollen.

Die Gliederung kann als unformatierte Textdatei, im RTF-Format, als Webseite oder als Word-Dokument vorliegen. Die besten Ergebnisse erhalten Sie, wenn Sie mit einem Word-Dokument arbeiten, das die Formatvorlagen *Überschrift 1, Überschrift 2* usw. verwendet. PowerPoint erstellt in diesem Fall für jede Überschrift der obersten Ebene eine eigene Folie und übernimmt den Text der untergeordneten Überschriften als Folientext. Der restliche Text des Dokuments wird von PowerPoint nicht berücksichtigt.

 Wir wollen Ihnen das Verfahren an einem Beispiel demonstrieren und haben dazu die Übungsdatei *Überschrift.docx* benutzt, die Sie in Bild 32.14 sehen. Die für die einzelnen Überschriften verwendeten Formatvorlagen haben wir mit den Abkürzungen *Ü1, Ü2* und *Ü3* kenntlich gemacht.

1.   Erstellen Sie eine neue leere Präsentation.

2.   Wechseln Sie auf die Registerkarte *Start*.

3.   Klicken Sie in der Gruppe *Folien* die untere Hälfte der Schaltfläche *Neue Folie* an und wählen Sie im Ausklappmenü den Befehl *Folien aus Gliederung*.

4.   Navigieren Sie im Dialog *Gliederung einfügen* zu dem Ordner, der das Word-Dokument mit der Gliederung enthält und öffnen Sie das Dokument. PowerPoint analysiert dann den Inhalt der Datei und fügt die entsprechenden Folien in die Präsentation ein (siehe Bild 32.15).

PowerPoint 2010

Bild 32.14   Aus diesem Word-Dokument sollen PowerPoint-Folien erstellt werden

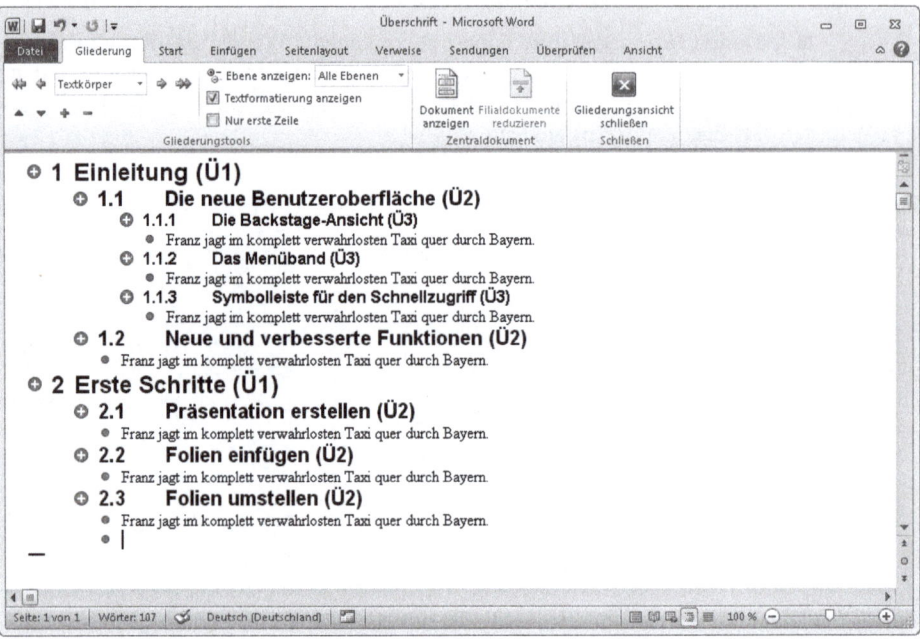

Bild 32.15   Diese Folien wurden aus der Gliederung erzeugt

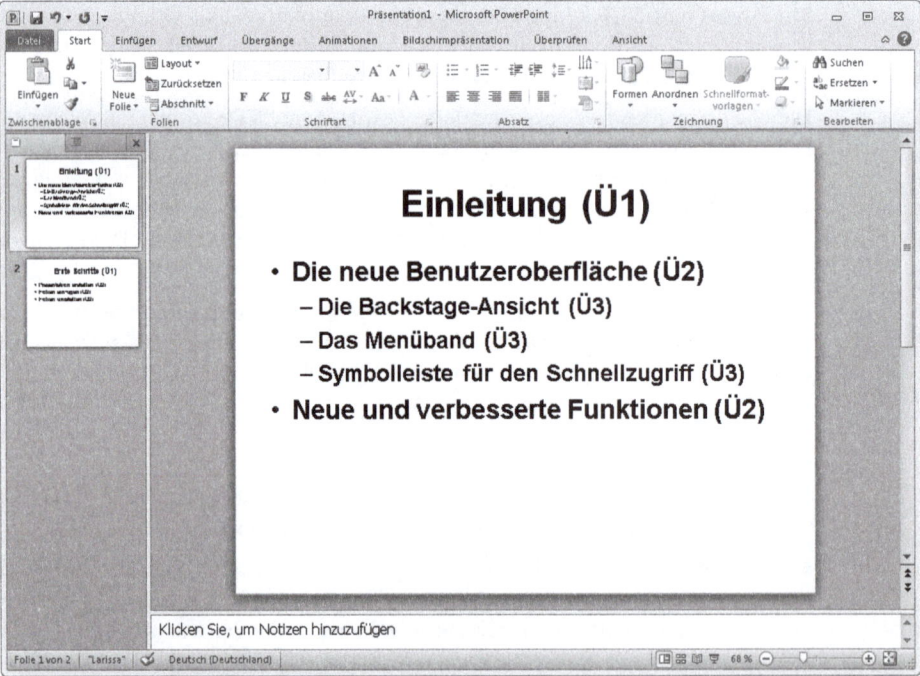

Folien kopieren, verschieben und löschen

Zu den wichtigsten Vorgängen in PowerPoint gehört es, Folien zu kopieren, um sie an anderer Stelle, eventuell leicht abgewandelt, wiederzuverwenden, Folien zu verschieben, um die Reihenfolge in einer Präsentation zu verändern, oder Folien zu löschen, wenn sie nicht mehr gebraucht werden. Für all diese Vorgänge werden Folien zunächst markiert.

Folien markieren

Folien werden markiert, um sie kopieren, löschen oder verschieben zu können. Sie können dazu den Gliederungsbereich der Normalansicht oder die Foliensortierungsansicht verwenden. Das Verfahren ist in beiden Fällen dasselbe.

1. Wenn Sie die Folien im Gliederungsbereich der Normalansicht markieren wollen, holen Sie dort die Registerkarte *Folien* nach vorne. Wollen Sie lieber in die Foliensortierungsansicht wechseln, klicken Sie in der Statusleiste auf die Schaltfläche *Foliensortierung*.

2. Markieren Sie eine Folie, die Sie kopieren möchten, durch Anklicken. PowerPoint hebt die Folie dann mit einem Rahmen hervor.

Bild 32.16 In dieser Präsentation wurden die Folien 7, 8 und 14 markiert, indem die Folien bei gedrückter Strg-Taste einzeln angeklickt wurden

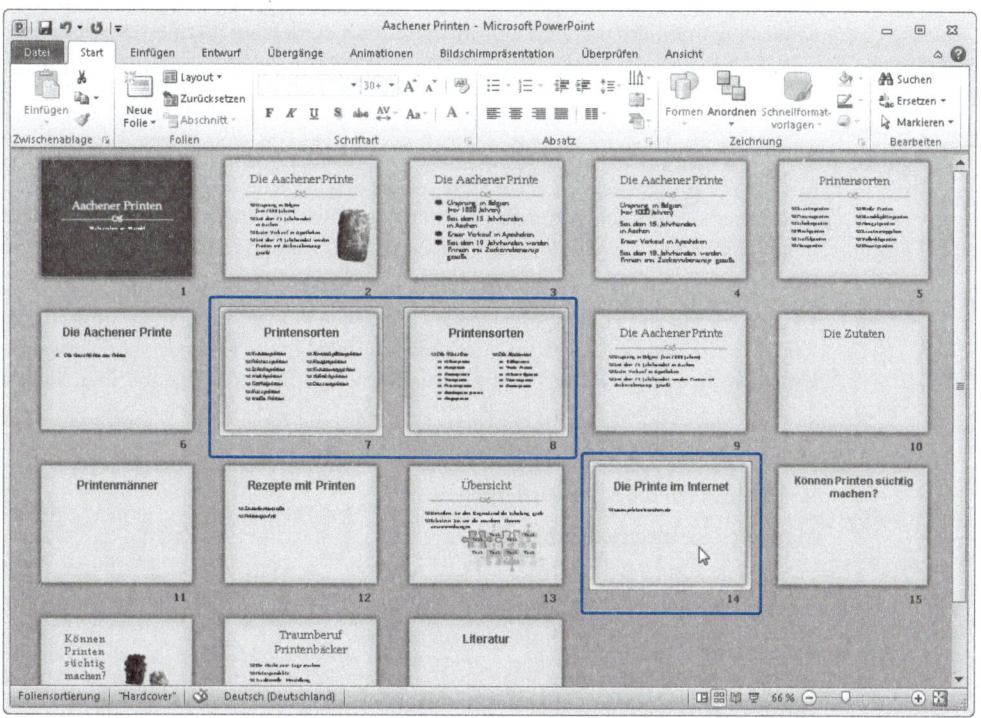

Mehrere Folien markieren   Und so markieren Sie mehrere Folien:

■ Bei mehreren aufeinander folgenden Folien klicken Sie die erste Folie an, halten die ⬆-Taste gedrückt und klicken dann auf die letzte Folie, die markiert werden soll.

■ Liegen die Folien nicht nebeneinander, halten Sie die Strg-Taste gedrückt und klicken dann alle Folien an, die Sie auswählen möchten.

Wenn Sie die Markierung einer Folie wieder aufheben wollen, klicken Sie die Folie einfach ein zweites Mal an.

Folien kopieren und duplizieren

Folien, die Sie mit geringen Änderungen mehrmals verwenden möchten, können Sie einfach kopieren bzw. duplizieren. Am einfachsten geht das in der Foliensortierungsansicht, da Sie dort die beste Übersicht über Ihre Präsentation haben.

1. Klicken Sie rechts unten in der Statusleiste auf die Schaltfläche *Foliensortierung*, um zur Foliensortierungsansicht zu wechseln.

2. Markieren Sie mit dem im letzten Abschnitt beschriebenen Verfahren eine oder mehrere Folien, die Sie kopieren möchten.

3. Wechseln Sie auf die Registerkarte *Start* und öffnen Sie das Menü der Schaltfläche *Folie einfügen*.

4. Wählen Sie im Menü den Befehl *Ausgewählte Folien duplizieren*. PowerPoint fügt dann eine Kopie aller markierten Folien unmittelbar hinter der letzten markierten Folie ein.

Wenn Sie die Kopie bzw. die Kopien gezielter positionieren möchten – an eine andere Stelle oder in eine andere Präsentation – können Sie so vorgehen:

1. Markieren Sie die zu kopierenden Folien wie oben beschrieben.

2. Klicken Sie auf der Registerkarte *Start* auf die Schaltfläche *Kopieren*. Alternativ können Sie eine der markierten Folien mit der rechten Maustaste anklicken und im angezeigten Kontextmenü den Befehl *Kopieren* wählen. Und selbstverständlich funktioniert auch hier der gewohnte Shortcut Strg+C.

3. Klicken Sie auf die Folie, hinter der Sie die Kopie einfügen möchten, und klicken Sie in der Registerkarte *Start* auf *Einfügen*. Auch hier können Sie das Kontextmenü verwenden bzw. den Shortcut Strg+V. PowerPoint fügt die Kopien dann an der gewünschten Stelle ein.

Es gibt auch noch eine weitere, schnellere Methode, die Sie eventuell schon vom Kopieren von Dateien oder Ordnern kennen:

1. Wechseln Sie in die Foliensortierungsansicht.

2. Markieren Sie die gewünschten Folien.

3. Drücken Sie die Strg-Taste und bewegen Sie den Mauszeiger an die Stelle, an der Sie die duplizierten Folien einfügen möchten. Durch das Drücken der Strg-Taste wird der Mauszeiger mit einem kleinen Pluszeichen versehen.

4. Sobald Sie die Maustaste wieder loslassen, fügt PowerPoint die Folien an der Stelle ein, die vorher durch eine dünne senkrechte Linie gekennzeichnet war.

Bild 32.17 Wenn Sie beim Verschieben einer markierten Folie ⌈Strg⌉ drücken, fügt PowerPoint eine Kopie der Folie ein

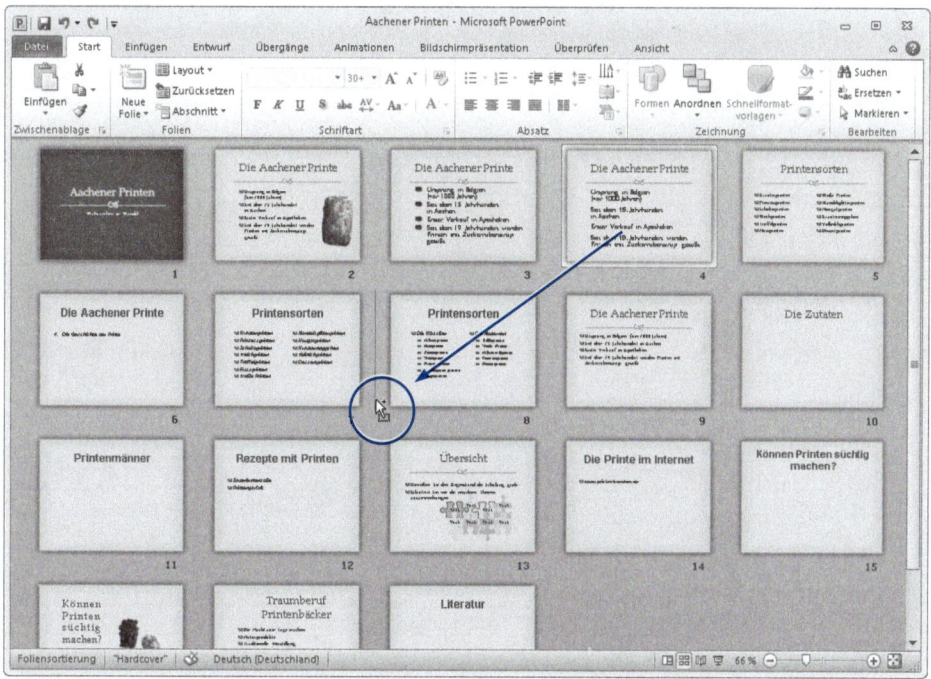

Die Zwischenablage

Wenn Sie bereits mit Windows-Programmen gearbeitet haben, wissen Sie wahrscheinlich, dass es eine so genannte *Zwischenablage* gibt, die ähnlich wie eine Pinnwand funktioniert. Sie können dort etwas anheften, um es später wieder abzunehmen. In den Schrittfolgen des letzten Abschnitts haben Sie die Zwischenablage sogar schon verwendet, nämlich durch die Befehle *Kopieren* (= anheften) und *Einfügen* (= abnehmen).

In der Office-Zwischenablage können bis zu 24 Elemente abgelegt werden. Mit dem Befehl *Einfügen* wird jedoch immer das Element in Ihre Präsentation eingefügt, das Sie als letztes in die Zwischenablage aufgenommen haben. Wenn Sie ein anderes Element aus der Zwischenablage einfügen möchten, müssen Sie den Aufgabenbereich *Zwischenablage* verwenden:

1. Wechseln Sie auf die Registerkarte *Start* und klicken Sie dort in der Gruppe *Zwischenablage* auf das kleine Kästchen in der rechten unteren Ecke der Gruppe. PowerPoint blendet dann den Aufgabenbereich *Zwischenablage* ein (siehe nächstes Bild).

2. Markieren Sie die Folie, hinter der Sie eine Folie aus der Zwischenablage einfügen wollen.

3. Klicken Sie das Vorschaubild der einzufügenden Folie im Aufgabenbereich *Zwischenablage* an. PowerPoint fügt die Folie an der gewünschten Position in Ihre Präsentation ein.

PowerPoint 2010

Im Aufgabenbereich *Zwischenablage* sind mehrere Folien enthalten, die auch aus verschiedenen Präsentationen stammen können

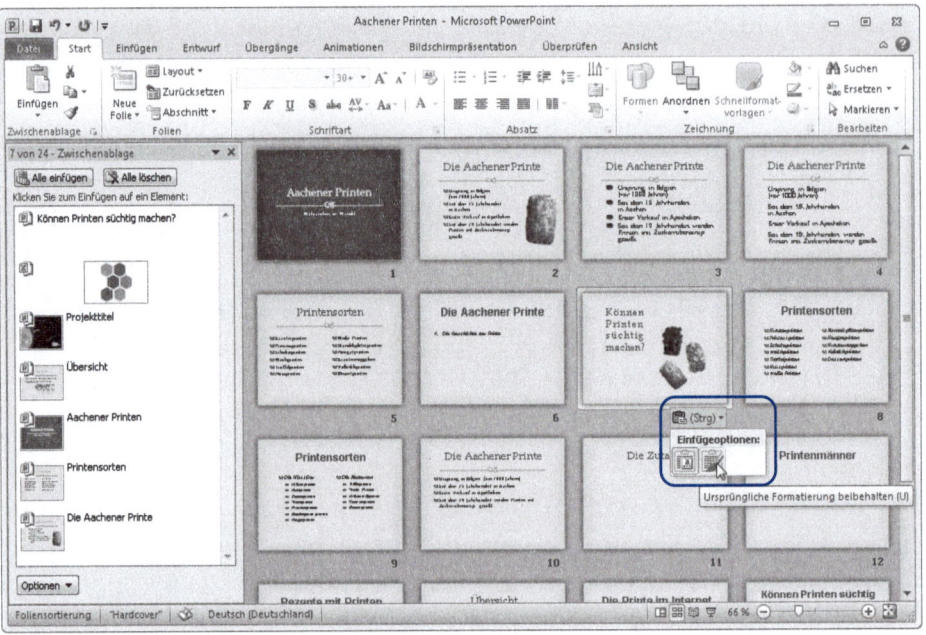

Falls das Design der eingefügten Folie nicht mit dem Design der aktuellen Präsentation identisch ist, wird die neue Folie mit einem kleinen Symbol versehen. Wenn Sie das Symbol anklicken, erscheint ein Menü, mit dem Sie steuern können, ob PowerPoint das originale Design der Folie beibehalten soll oder ob die Folie an das Design der Präsentation angepasst werden soll.

Folien verschieben

Wenn sich die Gliederung einer Präsentation ändert, ist es wichtig, Folien problemlos an eine andere Stelle bewegen zu können. Dies ist sowohl im Gliederungsbereich der Normalansicht als auch in der Foliensortierungsansicht möglich. In der Normalansicht gehen Sie so vor:

1. Holen Sie im Gliederungsbereich die Registerkarte *Folien* nach vorne und markieren Sie die Miniaturansicht einer oder mehrerer Folien, die Sie verschieben möchten.

2. Klicken Sie erneut auf die markierte(n) Folie(n), halten Sie die Maustaste gedrückt und ziehen Sie die Folie(n) an die gewünschte Stelle.

Bei sehr umfangreichen Präsentationen, ist das Verschieben von Folien in der Foliensortierungsansicht vorzuziehen, denn hier können wesentlich mehr Folien auf einmal angezeigt werden.

Folien löschen

Folien, die Sie nicht mehr benötigen, löschen Sie einfach aus der Präsentation. Markieren Sie dazu die Folien im Gliederungsbereich oder der Foliensortierungsansicht und drücken dann [Entf].

Folien durch Abschnitte organisieren

Seit PowerPoint 2010 können Sie die Folien einer umfangreichen Präsentation in Abschnitte unterteilen. Dadurch wird die Orientierung in der Präsentation sowohl bei der Bearbeitung enorm erleichtert, als auch später während der Bildschirmpräsentation. Und auch, um sich einen schnellen Überblick über eine Präsentation zu verschaffen, sind Abschnitte eine große Hilfe.

Abschnitte einfügen

Um einen Abschnitt einzufügen, gehen Sie folgendermaßen vor:

1. Zeigen Sie in der Normalansicht diejenige Folie an, mit der der Abschnitt beginnen soll.

2. Klicken Sie in der Registerkarte *Start* auf die Schaltfläche *Abschnitt* und wählen Sie dann in ihrem Menü den Befehl *Abschnitt hinzufügen*. Links im Gliederungsbereich taucht nun vor der aktuellen Folie die Überschrift *Abschnitt ohne Titel* auf.

3. Klicken Sie diese Zeile mit der rechten Maustaste an und wählen Sie im Kontextmenü den Befehl *Abschnitt umbenennen* (siehe Abbildung). PowerPoint zeigt dann ein kleines Dialogfeld an, in dem Sie einen aussagekräftigen Namen für den Abschnitt eingeben können.

Bild 32.19   Abschnitte lassen sich am einfachsten über ihr Kontextmenü bearbeiten. Ein Rechtsklick auf einen leeren Folien-Zwischenraum erlaubt das Einfügen eines neuen Abschnitts

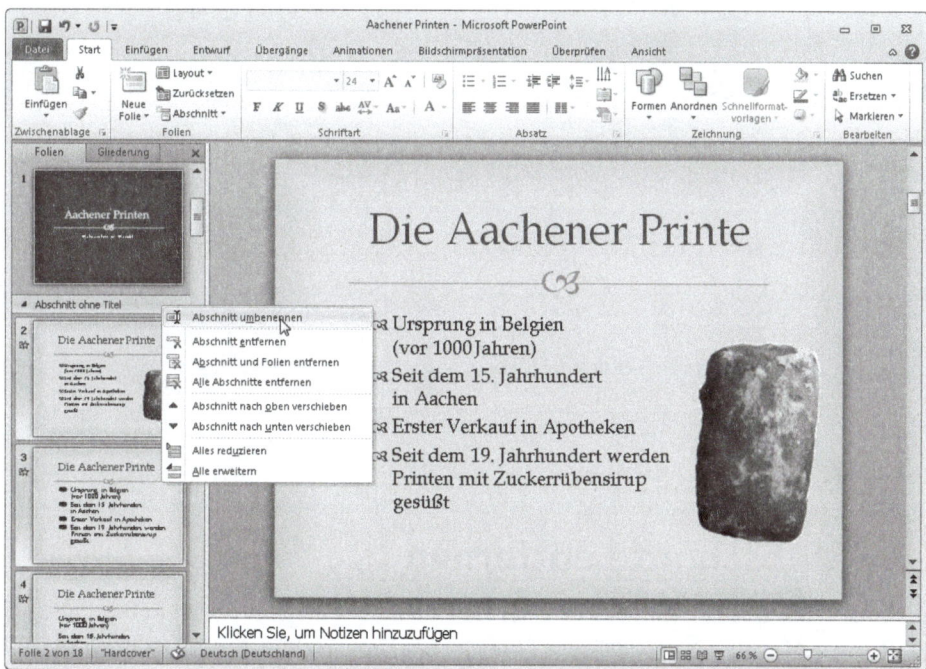

4. Fügen Sie nun auf die gleiche Art und Weise weitere Abschnitte ein, um die Folien Ihrer Präsentation in inhaltlich zusammenhängende Gruppen zu organisieren.

PowerPoint 2010

Folien organisieren

Wenn Sie die Folien Ihrer Präsentation in mehreren Abschnitten organisiert haben, können Sie sich nicht nur sehr schnell einen Überblick über Ihre Präsentation verschaffen, sondern auch die Anordnung der Folien sehr komfortabel ändern.

1. Zeigen Sie die Präsentation in der Normal- oder in der Foliensortierungsansicht an.

2. Klicken Sie in der Titelleiste eines Abschnitts auf das kleine Dreieck, um die zugehörigen Folien ein- bzw. auszublenden.

3. Um alle Folien der Präsentation ein- oder auszublenden klicken Sie einen der Abschnitte mit der rechten Maustaste an und wählen im Kontextmenü *Alle erweitern* bzw. *Alles reduzieren*.

4. Das Umstellen von Folien ist nun denkbar einfach: Ziehen Sie den entsprechenden Abschnitt einfach mit der Maus an die gewünschte neue Position (siehe Abbildung).

Bild 32.20 Abschnitte lassen sich am einfachsten über ihr Kontextmenü bearbeiten

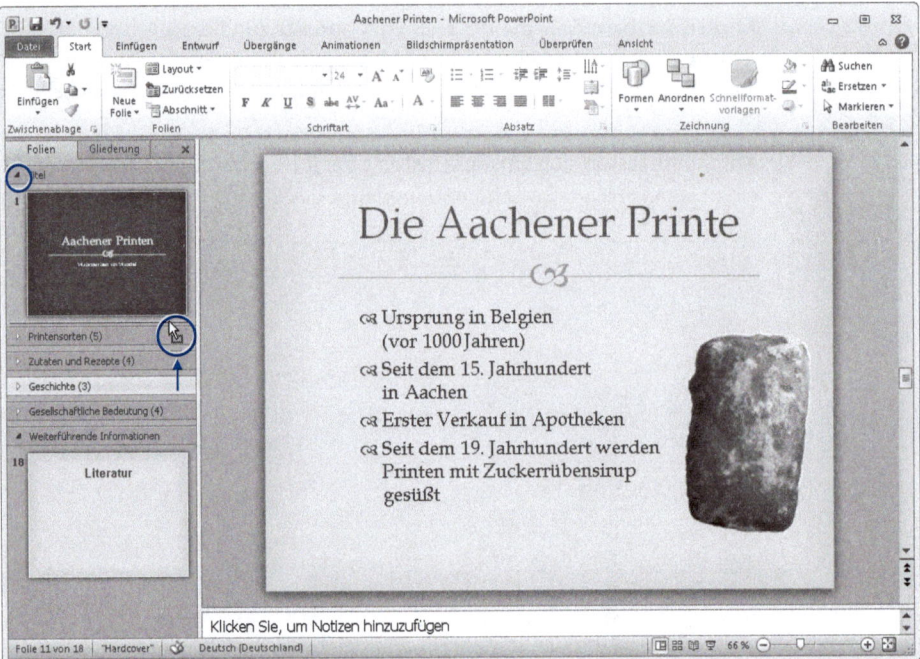

Abschnitte entfernen

Die Befehle zum Löschen eines Abschnitts finden Sie in dessen Kontextmenü. Sie können dabei wählen, ob Sie lediglich den Abschnitt selbst oder zusätzlich auch seine Folien entfernen möchten.

HINWEIS Die Abschnitte einer Präsentation besitzen – anders als die Abschnitte eines Word-Dokuments – keine Formatierungsdaten. Das Entfernen eines Abschnitts hat daher keinerlei Einfluss auf den Inhalt und die Formatierung der zugehörigen Folien.

Arbeiten mit Platzhaltern

Die meisten Folien enthalten Textblöcke mit einer Aufzählung von Argumenten. Wie Sie im Abschnitt »Auswahl eines Layouts« auf Seite 565 bereits erfahren haben, arbeitet PowerPoint mit Folienlayouts, die Platzhalter für ganzseitigen oder zweispaltigen Text oder für Text kombiniert mit anderen Objekten – wie Diagrammen oder Bildern – enthalten. Sie brauchen in einen Textplatzhalter lediglich mit der Maus zu klicken und können den vorgegebenen Text durch Ihren eigenen ersetzen.

Platzhalter auswählen und markieren

Die Platzhalter, die PowerPoint in seinen Folienlayouts anbietet, können ganz nach Wunsch vergrößert, verkleinert oder verschoben werden. Dazu ist es hilfreich zu wissen, in welchem Zustand sich ein Platzhalter befindet:

- Solange kein Text eingegeben ist und wenn ein Platzhalter nicht aktiviert ist, erscheint sein Rand als punktierte Linie (siehe nächstes Bild, Fall 1).

- Ein nicht ausgewählter Platzhalter, der bereits Text enthält, besitzt keine erkennbare Randlinie (siehe nächstes Bild, Fall 2).

- Wenn Sie in einen Platzhalter klicken, verändert sich der Rand zu einer gestrichelten Linie (siehe nächstes Bild, Fall 3).

- Wenn Sie auf den Rand des Platzhalters klicken, wird der Rand zu einer durchgezogenen Linie. Nun ist der ganze Platzhalter ausgewählt.

Bild 32.21 Der Rand eines Platzhalters gibt Aufschluss über seinen aktuellen Status

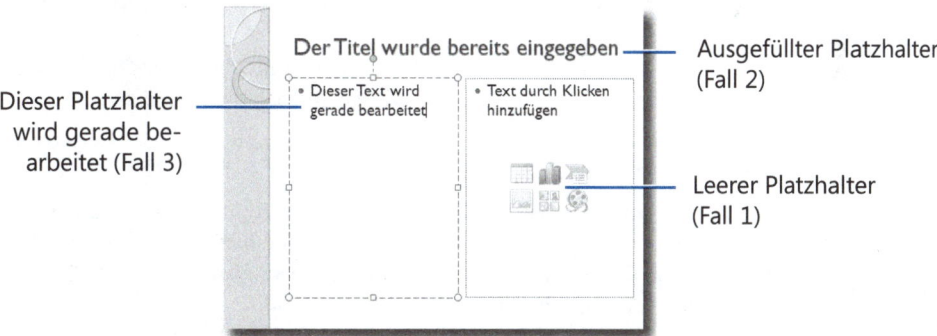

Ist der Platzhalter ausgewählt, sehen Sie außerdem an allen Ecken und Seiten kleine weiße Kreise bzw. Quadrate – das sind Anfasspunkte, an denen der Platzhalter vergrößert oder verkleinert werden kann. Dies gilt übrigens auch für alle anderen PowerPoint-Objekte, die Sie in späteren Kapiteln kennen lernen werden.

PowerPoint 2010

Platzhalter verschieben

Befindet sich der Platzhalter nicht an der gewünschten Position, können Sie ihn mit den folgenden Schritten verschieben:

1. Klicken Sie in den Platzhalter, damit Sie seine Randlinie erkennen.

2. Bewegen Sie die Maus über den Rand des Platzhalters. An der Spitze des Mauszeigers erscheint dann ein kleiner vierfacher Pfeil.

3. Drücken Sie die linke Maustaste und halten Sie sie gedrückt, um den Platzhalter zu verschieben. Weitere Hinweise zum Verschieben und Ausrichten von Objekten finden Sie weiter hinten in diesem Buch in ▶ Kapitel 43.

PROFITIPP

Automatische Ausrichtung am Raster verhindern

Beim Verschieben des Platzhalters werden Sie feststellen, dass sich sein Rahmen nicht stufenlos bewegen lässt, sondern nur in kleinen Sprüngen. Dies liegt daran, dass PowerPoint den Platzhalter beim Verschieben an den Linien eines unsichtbaren Rasters ausrichtet, die als *Gitternetzlinien* bezeichnet werden (nicht zu verwechseln mit den Gitternetzlinien in einem Diagramm!).

Sie können diese Funktion jedoch temporär deaktivieren, indem Sie beim Verschieben des Platzhalters die Taste [Alt] drücken. Der Platzhalter lässt sich dann stufenlos bewegen.

Weitere Informationen zu diesem Thema finden Sie in Kapitel 43.

Größe eines Platzhalters ändern

Ist der Platzhalter zu groß oder zu klein, verwenden Sie die Anfasspunkte, um seine Größe zu verändern:

1. Wählen Sie den Platzhalter aus, indem Sie auf den Rand klicken. Dadurch erscheinen an den vier Eckpunkten sowie an den Längsseiten insgesamt acht Anfasspunkte.

2. Bewegen Sie die Maus über einen der acht Anfasspunkte. Der Mauszeiger verwandelt sich dort in einen Doppelpfeil.

3. Halten Sie die Maustaste gedrückt und ziehen Sie die Maus in die gewünschte Richtung, bis der Platzhalter die gewünschte Größe besitzt. Während dieses Vorgangs zeigt PowerPoint die geänderte Größe durch eine halbtransparente Darstellung an. Auch hier können Sie die Taste [Alt] drücken, damit sich die Linie stufenlos bewegen lässt.

Platzhalter drehen

Wenn Sie einen Platzhalter anklicken, erhält er neben seinen acht Anfassern noch einen grünen Punkt, der knapp oberhalb seines Rahmens angezeigt wird. An diesem Punkt können Sie den Platzhalter auf der Folie drehen. Für Platzhalter, die Text enthalten, ist dies vielleicht nicht unbedingt sinnvoll, aber eine leicht gekippte Grafik kann einer Folie durchaus das »gewisse Etwas« verleihen.

1. Klicken Sie den gewünschten Platzhalter an.

2. Ziehen Sie den grünen Punkt mit der Maus und führen Sie dabei eine kreisförmige Bewegung aus, um dem Platzhalter zu drehen. Wenn Sie zusätzlich die ⬆-Taste drücken, dreht sich die Form in 15°-Schritten.

Bild 32.22   Mit dem grünen Punkt können Sie einen Platzhalter drehen

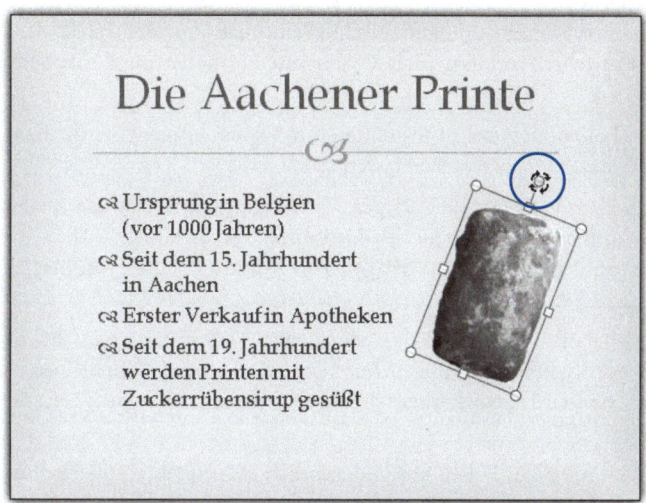

Platzhalter und Illustrationen

Wie Sie in Bild 32.22 sehen, können Platzhalter nicht nur Texte, sondern auch grafische Elemente, wie Bilder, Formen, SmartArts oder Diagramme aufnehmen. Diese Objekte werden in Microsoft Office 2010 allgemein als *Illustrationen* bezeichnet. Da sich der Umgang mit Illustrationen in den verschiedenen Programmen des Office-Pakets sehr stark ähnelt, haben wir die entsprechenden Funktionen in einem eigenen Buchteil beschrieben (▶ Teil E, Kapitel 41 bis 43). Wir gehen dort natürlich auch auf die spezifischen Besonderheiten der einzelnen Programme ein.

Originalzustand des Platzhalters wiederherstellen

Manchmal wurde ein Platzhalter vergrößert, verkleinert oder verschoben und später stellt sich heraus, dass der ursprüngliche Ort doch passender gewesen wäre. Sie können den Originalzustand aller Platzhalter der betreffenden Folie dann mit folgenden Schritten wiederherstellen:

1. Wechseln Sie auf die Registerkarte *Start*.

2. Klicken Sie in der Befehlsgruppe *Folien* auf die Schaltfläche *Zurücksetzen*.

Alle Platzhalter und alle anderen Elemente, die Teil des Layouts sind, werden auf die ursprüngliche Größe und Position zurückgesetzt.

PowerPoint 2010

Zusammenfassung

In diesem Kapitel haben Sie gelernt, wie Sie eine neue Präsentation erstellen und wie Sie neue Folien in eine Präsentation einfügen können.

■ Zum Erstellen einer neuen Präsentation verwenden Sie die Seite *Neu* aus der Backstage-Ansicht (Seite 558).

■ Wollen Sie »bei Null« beginnen, doppelklicken Sie in der Backstage-Ansicht auf das Symbol *Leere Präsentation*. Sie müssen dann anschließend nicht nur den Inhalt der Präsentation vollständig selbst erstellen, sondern auch die gesamte Formatierung der Folien vornehmen (Seite 559).

■ Wenn Sie die Folien nicht selbst formatieren möchten, können Sie die neue Präsentation auf Basis einer Design-Vorlage erstellen lassen (Seite 559).

■ Es lassen sich aber auch fertige Vorlagen als Ausgangspunkt für eine neue Präsentation verwenden. Sie können entweder die im Lieferumfang von Office 2010 enthaltenen Vorlagen nutzen (Seite 560) oder auf die Vorlagen von Microsoft Office Online zurückgreifen (Seite 562).

■ Anschließend haben wir Ihnen die verschiedenen Verfahren vorgestellt, mit denen Sie neue Folien in Ihre Präsentation einfügen können. Beim Einfügen einer leeren Folie können Sie entweder das Standard-Layout übernehmen (Seite 563) oder eines der angebotenen Layouts auswählen (Seite 565).

■ Es ist aber auch möglich, Folien aus anderen Präsentationen zu übernehmen, indem Sie den Aufgabenbereich *Folien wiederverwenden* nutzen (Seite 567). Über das Kontextmenü des Aufgabenbereichs können Sie festlegen, ob die neue Folie das Design der Zielpräsentation übernehmen soll oder nicht (Seite 568).

■ Wenn Ihrer Präsentation ein Word-Dokument zugrunde liegt, können Sie aus dessen Gliederung automatisch Folien für Ihre Präsentation erstellen lassen (Seite 569).

■ Folien lassen sich innerhalb einer Präsentation kopieren, verschieben und löschen (Seite 571).

■ Um umfangreiche Präsentationen besser zu strukturieren, können Sie ihre Folien in Abschnitten zusammenfassen. Diese Funktion wurde mit PowerPoint 2010 neu eingeführt (Seite 575).

■ Im letzten Abschnitt dieses Kapitels haben Sie erfahren, wie sich die Platzhalter einer Folie auswählen, markieren und verschieben lassen und wie Sie ihre Größe ändern (Seite 577).

Kapitel 33

Text eingeben und formatieren

PowerPoint 2010

In diesem Kapitel erfahren Sie, wie Sie Text eingeben und so formatieren, dass er mit dem Erscheinungsbild der Präsentation harmoniert. Entdecken Sie hier außerdem, wie Sie Ihren Vortrag durch Aufzählungen und nummerierte Listen strukturieren und wie Sie den Text durch Anpassung der Zeilenabstände optimal auf einer Folie verteilen.

Text eingeben

Im letzten Kapitel haben Sie gesehen, dass eine neue Folie in PowerPoint nicht gänzlich leer ist, sondern bereits verschiedene Platzhalter enthält. Diese Platzhalter sind u.a. für die Aufnahme von Text vorgesehen und besitzen bereits bestimmte Formatierungseigenschaften. So wird zum Beispiel die Schrift in einem Platzhalter, der für den Folientitel vorgesehen ist, automatisch größer dargestellt, als in den Platzhaltern für den übrigen Folientext. Das Schöne an diesem Prinzip ist, dass Sie sich in aller Regel nicht mit der Formatierung des Textes beschäftigen müssen, sondern sich ganz auf die inhaltlichen Aspekte konzentrieren können.

Wir wollen die Vorgehensweise an einem einfachen Beispiel kurz durchspielen und dabei auf einige Besonderheiten hinweisen:

1. Erstellen Sie eine neue Präsentation auf Basis eines der installierten Designs. Hier noch einmal zur Erinnerung die erforderlichen Schritte in Kurzform: *Office-Schaltfläche, Neu, Designs,* Design auswählen, *Erstellen.*

2. Klicken Sie den oberen Platzhalter an, der den Titel der Präsentation aufnehmen soll. Der Vorgabetext verschwindet und in dem Platzhalter blinkt erwartungsvoll die Einfügemarke.

3. Geben Sie nun einen Titel ein, der sich über mehr als zwei Zeilen erstreckt. PowerPoint wird dann automatisch die Schriftgröße reduzieren, damit der Text den durch den Platzhalter vorgegebenen Bereich nicht überschreitet.

Bild 33.1   PowerPoint passt die Schriftgröße im Platzhalter bei Bedarf automatisch an. Dieses Verhalten lässt sich über ein Smarttag (siehe Markierung) steuern

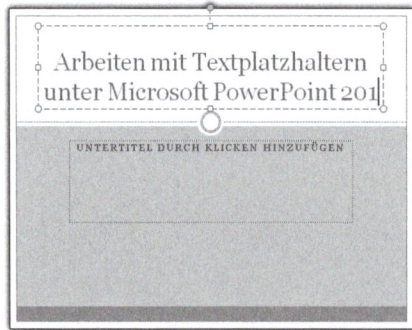 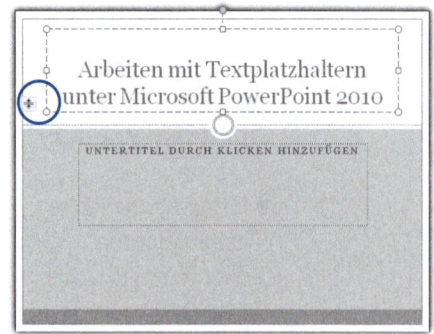

In dem Moment, in dem PowerPoint die Schriftgröße ändert, erscheint links neben dem Platzhalter ein kleines Symbol, das *Smarttag* genannt wird. Mit ihm können Sie die automatische Anpassung der Schriftgröße kontrollieren.

4. Klicken Sie das Symbol an. Es erscheint ein kleines Menü, mit dem Sie die Änderung der Schriftgröße rückgängig machen können.

Menü der Smarttag-Schaltfläche

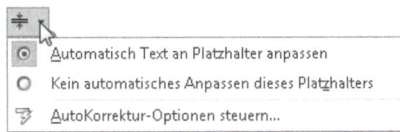

5. Schalten Sie die Option *Kein automatisches Anpassen dieses Platzhalters* ein. Die Schrift erhält dadurch ihre ursprüngliche Größe, sie füllt aber den Platzhalter nicht mehr optimal aus.

Der Titel belegt in der ursprünglichen Schriftgröße drei Zeilen

6. Klicken Sie die Smarttag-Schaltfläche erneut an und aktivieren Sie wieder die Option *Automatisch Text an Platzhalter anpassen.*

7. Geben Sie anschließend in den zweiten Platzhalter einen Untertitel ein.

Listenebenen

Die meisten Folien einer PowerPoint-Präsentation bestehen in der Regel aus einem Titel und einer Liste von mehreren Schlagworten oder kurzen Statements. Da Listen so häufig benötigt werden, lassen sie sich sehr komfortabel erstellen:

1. Fügen Sie Ihrer Präsentation eine neue Folie hinzu, indem Sie auf der Registerkarte *Start* auf den oberen Teil der Schaltfläche *Neue Folie* klicken.

2. Geben Sie einen Titel für die Folie ein.

3. Klicken Sie den zweiten Platzhalter an und geben Sie dort mehrere Begriffe ein. Drücken Sie nach jedem Begriff die ⏎-Taste, um einen neuen Spiegelpunkt zu beginnen. Das Ergebnis sollte dann ungefähr so aussehen:

Bild 33.4   Die meisten Folien enthalten eine Liste

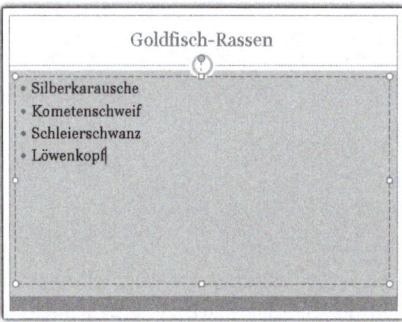

Bisher hat die Liste erst eine einzige Ebene, d.h. alle Spiegelpunkte stehen gleichberechtigt untereinander. Wenn Sie jedoch zu den einzelnen Begriffen noch weitere Detailinformationen einfügen wollen, benötigen Sie eine zweite Ebene.

4. Zeigen Sie mit der Maus hinter den ersten Listeneintrag und klicken Sie die Folie dort an. Dadurch erscheint die Einfügemarke.

5. Drücken Sie die ⏎-Taste, um einen neuen Listeneintrag zu erstellen. Der neue Eintrag hat zunächst die gleiche Ebene wie der erste Eintrag.

6. Klicken Sie in der Registerkarte *Start* auf die Schaltfläche *Listenebene erhöhen*. PowerPoint stuft den neuen Listeneintrag dann um eine Ebene nach oben, was Sie unschwer an der Einrückung der Zeile erkennen können.

7. Geben Sie den gewünschten Text für den neuen Listeneintrag an. Wenn Sie anschließend die ⏎-Taste drücken, können Sie einen weiteren Eintrag auf der gleichen Ebene erstellen.

Bild 33.5   Liste mit zwei Ebenen

8. Um einen Eintrag wieder um eine Ebene zurückzustufen, klicken Sie auf die Schaltfläche *Listenebene verringern*.

TIPP   Mit ⇥ stufen Sie einen Absatz eine Ebene nach oben und ⇧+⇥ eine Ebene nach unten. Die Einfügemarke muss sich dazu am Anfang des Absatzes befinden.

Mehrspaltige Texte

Wenn eine Liste aus vielen kurzen Einträgen besteht, bietet es sich in der Regel an, die Liste mehrspaltig zu formatieren. Der Platz auf der Folie wird dadurch besser ausgenutzt, sodass der Schriftgrad größer werden kann und die Folie einen ausgewogeneren Eindruck macht.

1. Erstellen Sie eine Folie mit einer umfangreichen Liste, ähnlich wie in folgender Abbildung.

Bild 33.6   Mit einer einspaltigen Liste ist diese Folie unbrauchbar

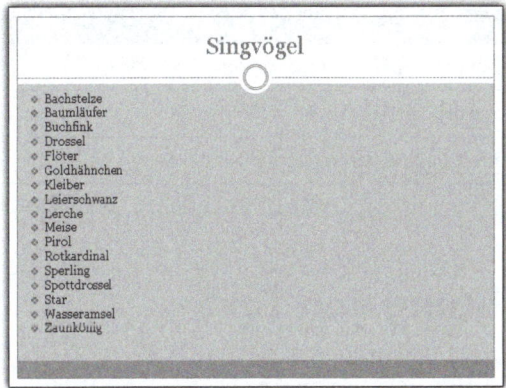

2. Klicken Sie die Liste an, um den zugehörigen Platzhalter zu markieren.

3. Klicken Sie in der Registerkarte *Start* auf die Schaltfläche *Spalten* und wählen Sie in ihrem Auswahlmenü die Option *Zwei Spalten*. PowerPoint verteilt den Inhalt der Liste dann wie gewünscht auf zwei Spalten und verwendet dazu eine deutlich größere Schriftart.

Bild 33.7   In der zweispaltigen Darstellung ist der Text gut lesbar

Text ausrichten

Ein Text kann innerhalb seines Platzhalters auf verschiedene Arten ausgerichtet werden. Zunächst lässt sich der Text, wie Sie es auch von der Textverarbeitung her gewohnt sind, linksbündig, zentriert, rechtsbündig oder im Blocksatz formatieren. Die entsprechenden Schaltflächen finden Sie auf der Registerkarte *Start* in der Gruppe *Absatz*. Falls Sie lieber mit Tastenkombinationen arbeiten, werden Sie in der nächsten Tabelle fündig.

Tabelle 33.1 Tastenkombinationen für die Formatierung von Absätzen

Tastenkombination	Beschreibung
Strg + L	Formatiert den Absatz linksbündig
Strg + R	Formatiert den Absatz rechtsbündig
Strg + E	Zentriert den Absatz horizontal auf der Seite

Vertikale Ausrichtung von Text

Neben der horizontalen Ausrichtung können Sie in PowerPoint auch die vertikale Ausrichtung festlegen. Wenn Sie mit Word arbeiten, kennen Sie diese Art der Formatierung vielleicht bereits aus der Arbeit mit Tabellen.

Um die vertikale Ausrichtung eines Textes in seinem Platzhalter zu ändern, gehen Sie folgendermaßen vor:

1. Klicken Sie in den Text des Platzhalters, um den Platzhalter zu markieren.

2. Wechseln Sie auf die Registerkarte *Start* und klicken Sie in der Gruppe *Absatz* auf die Schaltfläche *Text ausrichten*.

Bild 33.8 Hier ändern Sie die vertikale Ausrichtung des Textes im Platzhalter

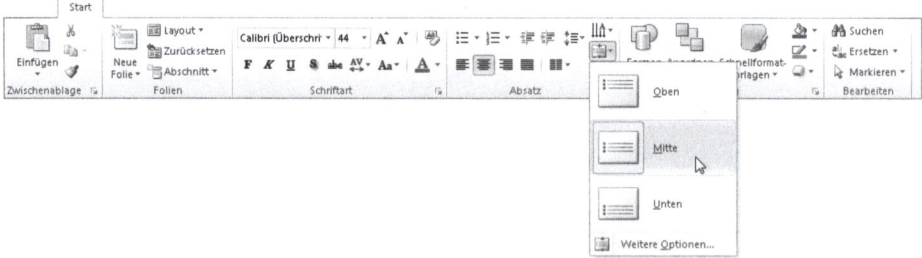

3. Wählen Sie eine der drei Optionen *Oben, Mitte* und *Unten* aus.

Zeilenabstand ändern

Zu manchen Themen einer Präsentation fällt Ihnen mehr ein als zu anderen – damit bei Letzteren die Folien nicht zu leer wirken, hilft PowerPoint dabei, die Argumente auf der Seite zu verteilen:

1. Markieren Sie den gesamten Textplatzhalter, damit alle Zeilenabstände gleichmäßig angepasst werden. Dazu klicken Sie zuerst auf den Text, sodass der Platzhalter angezeigt wird, und dann auf die gestrichelte Linie des Platzhalters. Der Platzhalter ist richtig markiert, wenn die Linie durchgezogen ist.

2. Wechseln Sie auf die Registerkarte *Start* und klicken Sie in der Gruppe *Absatz* auf die Schaltfläche *Zeilenabstand*.

Bild 33.9   Auswahl eines vordefinierten Zeilenabstandes

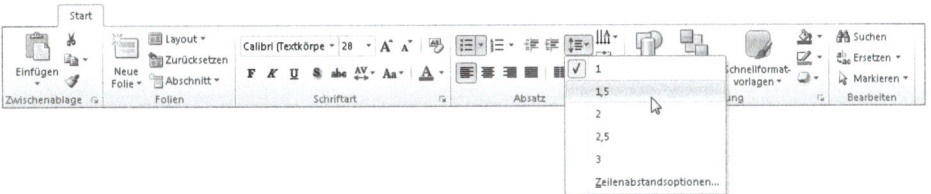

3. Wählen Sie im Menü der Schaltfläche den gewünschten Zeilenabstand aus. Wenn Sie den Zeilenabstand auf einen Wert einstellen wollen, der nicht im Menü angeboten wird, rufen Sie den Befehl *Zeilenabstandsoptionen* auf.

Bild 33.10   Eingabe eines individuellen Zeilenabstandes

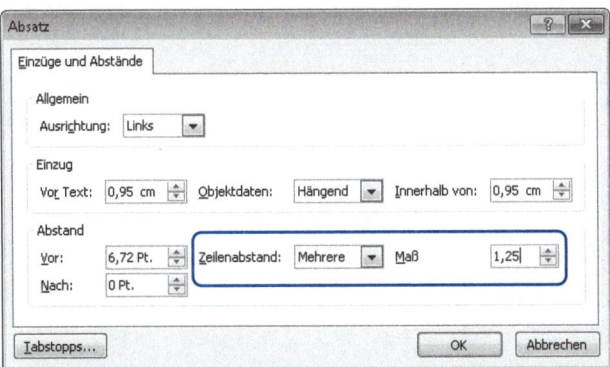

4. Stellen Sie dann im Listenfeld *Zeilenabstand* die Option *Mehrere* ein und geben Sie den gewünschten Wert für den Zeilenabstand rechts daneben im Feld *Maß* ein.

Textrichtung ändern

Standardmäßig folgt der Text in einem Platzhalter der normalen Leserichtung, also von links nach rechts. Mit PowerPoint 2010 ist es aber auch möglich, den Text innerhalb des Platzhalters so zu drehen, dass er anschließend von oben nach unten bzw. von unten nach oben verläuft.

1. Passen Sie zunächst die Form und Größe des betreffenden Platzhalters an, damit er den Text in der gewünschten Textrichtung aufnehmen kann.

2. Öffnen Sie auf der Registerkarte *Start* das Ausklappmenü der Schaltfläche *Textrichtung*.

Bild 33.11 Texte in Platzhaltern können um 90° gedreht oder gestapelt werden

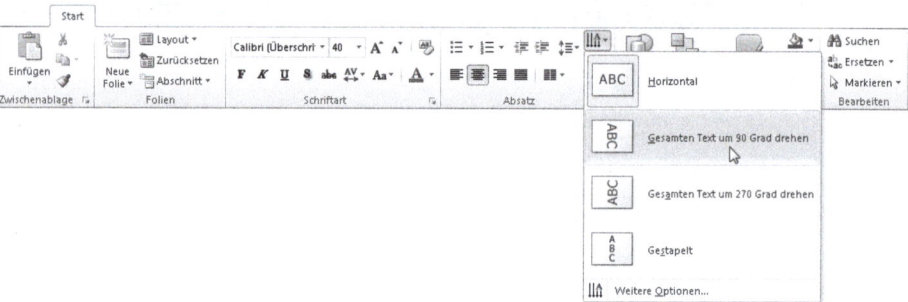

3. Wählen Sie die gewünschte Textrichtung.

4. Passen Sie bei Bedarf die Größe und/oder die Position des Platzhalters an.

Bild 33.12 Beispiel für die möglichen Textrichtungen

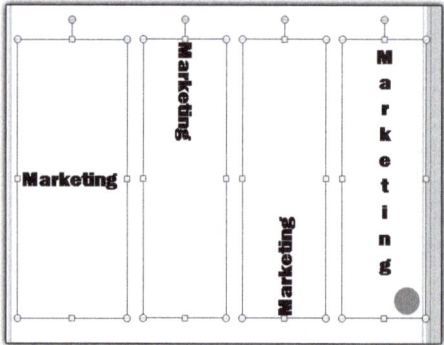

Beachten Sie in diesem Zusammenhang auch die Möglichkeit, die Textrichtung über das Drehen des Platzhalters zu beeinflussen (siehe Seite 570).

Text markieren

Die Textbearbeitung und -formatierung funktioniert in PowerPoint ganz ähnlich, wie Sie es vielleicht aus Word kennen. Der größte Unterschied ist, dass es in PowerPoint keine längeren Texte über mehrere Seiten bzw. Folien gibt, sondern nur kurze Abschnitte, die in den Platzhaltern einzelner Folien Platz finden.

Um einen Text formatieren zu können, müssen Sie zunächst wissen, wie er markiert wird. Die folgende Tabelle zeigt, wie Sie dabei am schnellsten zum Ziel kommen.

Tabelle 33.2 Markieren von Text

Markieren Sie ...	Gehen Sie so vor ...
ein Wort	Doppelklicken Sie auf das Wort.
einen Absatz	Führen Sie einen Dreifachklick auf dem Absatz aus.
einen Absatz einer Aufzählung	Klicken Sie mit der Maus auf das Aufzählungszeichen.
mehrere hintereinander stehende Wörter oder Zeilen	Klicken Sie an den Beginn der Markierung, halten Sie die Maustaste gedrückt und ziehen Sie den Mauszeiger bis zum Ende des zu markierenden Bereichs. Lassen Sie dort die Maustaste los.
den gesamten Text innerhalb eines Platzhalters	Drücken Sie Strg + A oder klicken Sie in der Registerkarte *Start* auf *Markieren* und dann auf *Alles markieren*.

Sie erkennen markierten Text jeweils daran, dass er invers dargestellt wird. Änderungen, die Sie z.B. an der Zeichenformatierung vornehmen, beziehen sich dann immer nur auf diesen ausgewählten Text.

Wenn Sie einen gesamten Textplatzhalter durch Klicken auf den Rand auswählen, werden ebenfalls alle Formatierungen, die Sie jetzt zuweisen, auf den gesamten Text innerhalb des Platzhalters angewendet. In diesem Fall wird der ausgewählte Text nicht invers dargestellt.

Mit der Tastatur markieren

Einzelne Zeichen und kurze Passagen lassen sich in der Regel am schnellsten mit der Tastatur markieren, da Sie die Hände beim Schreiben sowieso schon auf der Tastatur liegen haben. Die Vorgehensweise ist dabei immer die gleiche:

1. Drücken Sie die ⇧-Taste und halten Sie sie gedrückt.

2. Erweitern Sie die Markierung mit den Cursortasten, die Sie auch zum Bewegen der Einfügemarke verwenden.

Sie können sich diesen Vorgang bildlich so vorstellen: Durch das Festhalten der ⇧-Taste wird die Einfügemarke an der aktuellen Position eingefroren. Wenn Sie dann die Cursortasten drücken, wird die Markierung von der Einfügemarke aus erweitert, und zwar in die Richtung, die Sie mit den Tasten angeben. Wenn Sie beispielsweise die ⇧-Taste gemeinsam mit Strg + → drücken, dann erweitert PowerPoint die Markierung bis zum nächsten Wort.

Nicht zusammenhängenden Text markieren

Sie können mit der Maus auch Text markieren, der nicht direkt nebeneinander steht. Gehen Sie dazu folgendermaßen vor:

1. Drücken Sie die ⌨Strg⌨-Taste und halten Sie sie gedrückt.

2. Markieren Sie Wörter, Zeilen und Absätze mit den Techniken, die wir in den beiden vorigen Abschnitten beschrieben haben.

3. Lassen Sie die ⌨Strg⌨-Taste wieder los.

Bild 33.13 Beispiel für eine Mehrfachauswahl (durch Drücken der ⌨Strg⌨-Taste)

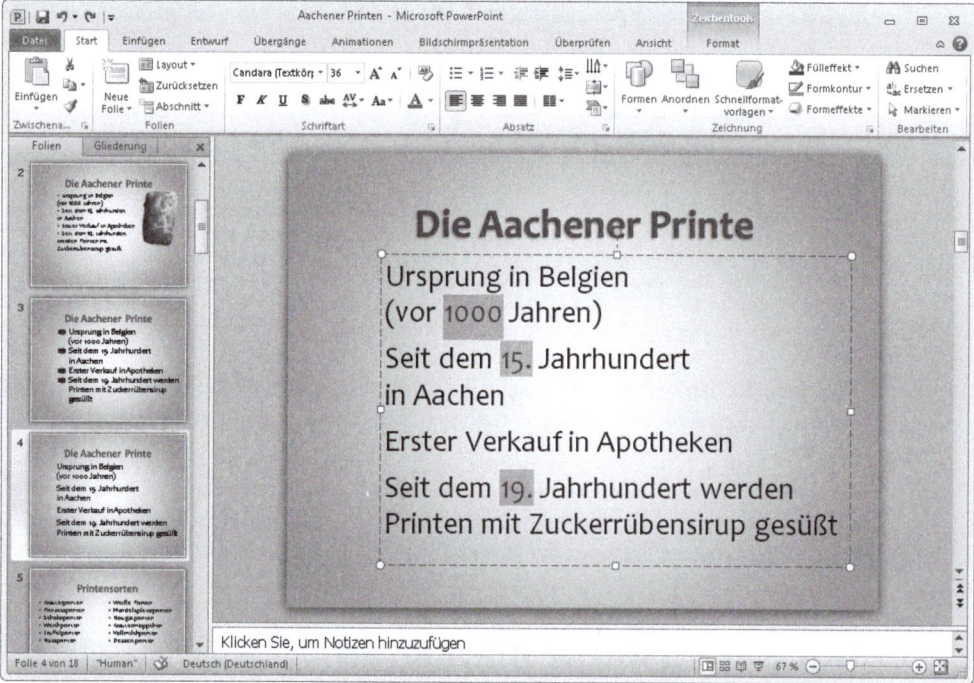

Zeichen formatieren

Die Veränderungen, die Sie an der Schrift vornehmen, werden als *Zeichenformatierung* bezeichnet. Dazu gehören z.B. die Größe der Schrift oder ihre Auszeichnung (fett, kursiv, unterstrichen etc.). Das Zuweisen von Formaten kann auf verschiedene Weisen erfolgen:

■ Mit den Schaltflächen der Registerkarte *Start*

■ Mit den Schaltflächen der Minisymbolleiste

■ Über das Dialogfeld *Schriftart*

■ Mit den korrespondierenden Tastenkombinationen

Alle diese Varianten haben ihre Vor- und Nachteile:

- Die Verwendung der Schaltflächen ist sehr intuitiv, nachdem Sie einmal ihre Bedeutung kennen. Der Nachteil besteht darin, dass Sie auf diese Weise nicht alle Zeichenmerkmale zuweisen können. Außerdem müssen Sie bei dieser Variante lange Wege mit der Maus zurücklegen.

- Die Minisymbolleiste verkürzt zwar die Wege mit der Maus, aber sie taucht leider nicht zuverlässig auf dem Bildschirm auf.

- Das Dialogfeld *Schriftart* enthält alle Optionen für die Zeichenformatierung. Allerdings erfordert sein Einsatz ebenfalls etwas mehr »Mausarbeit«.

- Besonders schnell ist die Verwendung der Tastenkombinationen, da Sie hierfür die Hände nicht von der Tastatur nehmen müssen. Der Nachteil ist natürlich, dass Sie die Tastenkombinationen zuerst erlernen müssen.

Für alle Varianten gilt die Regel: *Zuerst markieren, dann formatieren* (siehe auch Seite 589).

Formatieren mit der Registerkarte Start

In den allermeisten Fällen beschränkt sich die Formatierung von Text auf das Wählen einer geeigneten Schriftart und -größe sowie auf einige wenige Attribute wie fett, kursiv oder unterstrichen. Die dazu notwendigen Schaltflächen finden Sie auf der Registerkarte *Start* in der Gruppe *Schriftart*.

Bild 33.14 Die Gruppe *Schriftart* enthält die Schaltflächen zur Zeichenformatierung

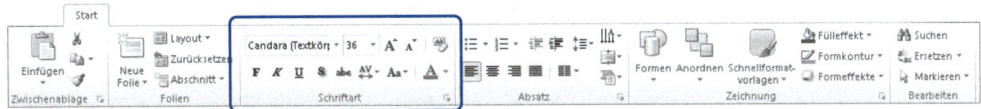

Die Bedeutung der verschiedenen Schaltflächen können Sie der nachfolgenden Tabelle entnehmen.

Tabelle 33.3 Die Schaltflächen zur Zeichenformatierung

Schaltfläche	Beschreibung
Arial ▼	In der Liste sind alle Schriftarten aufgeführt, die auf Ihrem Rechner installiert sind. Die Schriften sind dabei in drei Gruppen aufgeteilt: ■ *Designschriftarten* Die beiden Schriften, die durch das Design definiert sind, das der Präsentation zugrundeliegt (je eine Schriftart für die Überschriften und die Textkörper). ■ *Zuletzt verwendete Schriftarten* Schriftarten, die Sie zuletzt mit diesem Listenfeld zugewiesen haben. ■ *Alle Schriftarten* Sämtliche installierte Schriftarten. Zum Auswählen einer Schriftart klicken Sie den Namen einfach in der Liste an. Sie können auch – wie bei Kombinationsfeldern üblich – die Anfangsbuchstaben der gewünschten Schriftart in das Feld eingeben. PowerPoint springt dann automatisch zum ersten passenden Eintrag in der Liste.
36 ▼	Mit diesem Kombinationsfeld können Sie die Größe der Zeichen, den so genannten Schriftgrad, einstellen. Auch hier können Sie einen Wert aus der Liste wählen oder ihn ins Textfeld eintippen und dann ⏎ drücken.

Tabelle 33.4 Die Schaltflächen zur Zeichenformatierung *(Fortsetzung)*

Schaltfläche	Beschreibung
A˄ A˅	Mit den Schaltflächen *Schriftart vergrößern* bzw. *Schriftart verkleinern* können Sie markierten Text schrittweise vergrößern bzw. verkleinern.
Aa	Macht alle Formatierungen rückgängig.
F	Formatiert den markierten Text in fetter Schrift.
K	Formatiert den markierten Text in kursiver Schrift.
U	Unterstreicht den markierten Text.
S	Hinterlegt den markierten Text mit einem Schatten.
abe	Streicht den markierten Text durch.
AV ↔ ▾	Ändert den Abstand der einzelnen Zeichen voneinander. Diese Funktion können Sie zum Beispiel verwenden, um die Breite einer Überschrift etwas zu verringern, damit sie vollständig in eine Zeile passt.
Aa ▾	Ändert die Groß-/Kleinschreibung des markierten Textes.
A ▾	Die Schaltfläche weist bei einfachem Klick die Schriftfarbe zu, mit der das darauf abgebildete »A« unterstrichen ist. Klicken Sie auf den Pfeil, um ein Menü mit weiteren Farben zu öffnen, aus denen Sie auswählen können.

Formatieren mit der Minisymbolleiste

Sicher ist Ihnen beim Markieren schon einmal aufgefallen, dass neben einer Markierung ein blasses Fenster auftaucht, dessen Farben immer kräftiger werden, wenn Sie mit dem Mauszeiger in seine Nähe kommen. Bei diesem Fenster handelt es sich um eine *Minisymbolleiste*. Auf ihr bietet Ihnen PowerPoint eine Auswahl von Funktionen an, die Sie im aktuellen Kontext am häufigsten benötigen werden. Die Bedeutung der Schaltflächen ist mit denen auf der Registerkarte *Start* identisch.

Bild 33.15   Mit der automatisch eingeblendeten Symbolleiste lassen sich die häufigsten Formatierungsaufgaben erledigen (hier: Textfarbe ändern)

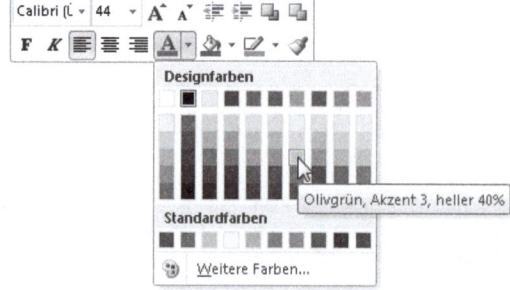

Minisymbolleiste anzeigen

Falls die Minisymbolleiste nicht automatisch auf dem Bildschirm erscheint, können Sie sie anzeigen, indem Sie mit der rechten Maustaste in eine Markierung klicken. Allerdings erscheint dadurch auch ein Kontextmenü, das Sie jedoch ignorieren können.

Das Dialogfeld Schriftart

Wenn Sie alle in PowerPoint 2010 vorhandenen Möglichkeiten für die Zeichenformatierung übersichtlich anzeigen oder bearbeiten möchten, rufen Sie am besten das Dialogfeld *Schriftart* auf. Sie erreichen das Dialogfeld auf folgenden Wegen:

- Klicken Sie in der Registerkarte *Start* auf die kleine quadratische Schaltfläche, die sich rechts unten in der Befehlsgruppe *Schriftart* befindet.

- Drücken Sie die Tastenkombination ⇧ + Strg + A .

Bild 33.16   Das Dialogfeld *Schriftart*

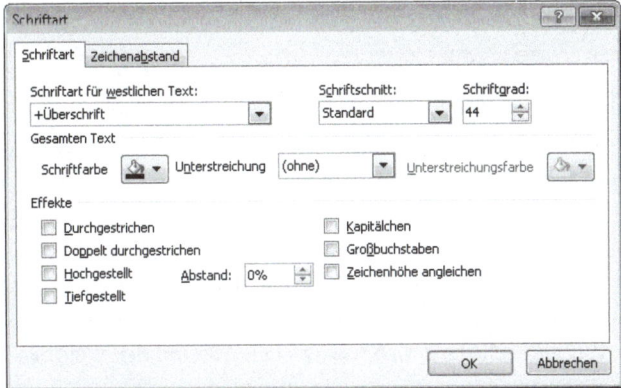

Mit diesem Dialogfeld können Sie folgende erweiterte Zeichenformatierungen durchführen:

- Linienart und Farbe einer Unterstreichung wählen

- Doppelte Durchstreichungen

- Hoch- und Tiefstellungen (z.B. wie in »E = mc^2« oder »H$_2$O«)

- Kapitälchen (Beispiel)

- Zeichenhöhe anpassen; alle Buchstaben erhalten die gleiche Höhe und stehen auf einer Linie (Beispiel)

- Einstellen des Zeichenabstandes (siehe nächster Abschnitt).

Zeichenabstand einstellen

Das Dialogfeld *Schriftart* enthält zudem die Registerkarte *Zeichenabstand*, mit der Sie den Abstand zwischen einzelnen Buchstaben verkleinern oder vergrößern können. Mit dieser Funktion können Sie zum Beispiel zwei Wörter, die normalerweise eine unterschiedliche Breite besitzen, auf die gleiche Breite bringen:

1.   Öffnen Sie die Übungsdatei *Zeichenabstand* und zeigen Sie die zweite Folie an.

Bild 33.17   Die Wörter der Folie sollen auf eine einheitliche Breite gebracht werden

2.   Markieren Sie den Text, für den Sie den Zeichenabstand ändern möchten.

3.   Klicken Sie in der Registerkarte *Start* auf die Schaltfläche *Zeichenabstand* und wählen Sie in Ihrem Menü einen der vordefinierten Abstände aus (z.B. *Sehr Weit*).

4.   Da der Text anschließend höchstwahrscheinlich noch nicht exakt die gewünschte Breite besitzt, müssen Sie jetzt noch eine Korrektur vornehmen. Klicken Sie daher erneut auf die Schaltfläche *Zeichenabstand* und wählen Sie diesmal den Befehl *Weitere Abstände*. PowerPoint zeigt das Dialogfeld *Schriftart* mit der Registerkarte *Zeichenabstand* an.

5.   Ändern Sie den Wert im Feld *Innerhalb von,* um den Abstand der einzelnen Zeichen etwas zu vergrößern bzw. zu verkleinern.

Bild 33.18   Justieren des Zeichenabstandes

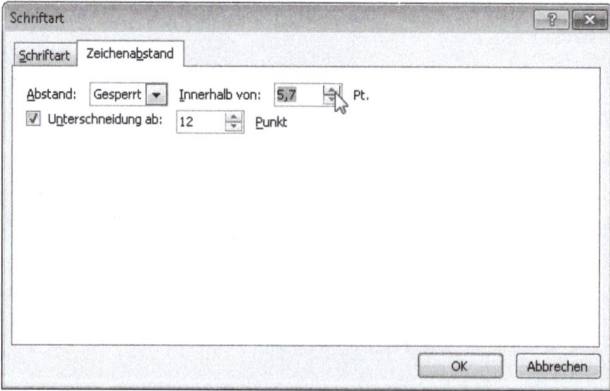

6. Klicken Sie auf *OK*, um die Änderung zuzuweisen. Prüfen Sie die Wirkung Ihrer Einstellung und nehmen Sie, falls nötig, eine weitere Justierung vor.

7. Wiederholen Sie die Schritte 2 bis 6, um auch die restlichen Wörter der Folie auf die gleiche Breite zu bringen. Das Ergebnis sollte anschließend ungefähr so wie in der folgenden Abbildung aussehen.

Bild 33.19   Jetzt besitzen alle vier Wörter die gleiche Breite

Unterschneidung

Der typographische Begriff *Unterschneidung*, auch *Kerning* genannt, meint, dass der Abstand zwischen bestimmten Buchstabenpaaren individuell angepasst wird. Dieses Erfordernis hängt mit der besonderen Form einzelner Buchstaben zusammen. Lassen Sie uns dies an dem Buchstabenpaar »Tr« verdeutlichen. Der Buchstabe T besitzt eine relativ große Weite, obwohl sie nur für den oberen Strich des Buchstabens benötigt wird. Die vertikale Linie, der Stamm des T ist schmal. Um ein ausgewogeneres Schriftbild zu erreichen, das nicht durch einen zu großen weißen Raum zwischen den Buchstaben gestört wird, verringert man mit der Unterschneidung den Zeichenabstand zwischen diesem Buchstabenpaar. Dieser Eingriff ist jedoch nur bei großen Schriftgraden sinnvoll; bei einer normalen Lesegröße ist eine Unterschneidung nicht erforderlich.

HINWEIS   Der Begriff Unterschneidung stammt aus der Zeit vor dem elektronischen Satz, als zum Setzen noch Bleibuchstaben verwendet wurden, bei denen jeder Buchstabe auf einer eigenen Letter vorhanden war. Entdeckte der Setzer, vor allem beim Setzen von Überschriften in großen Punktgrößen, dass zwei aufeinander folgende Buchstaben zur Gruppe der kritischen Buchstabenpaare gehörten, wurde(n) die Letter(n) zurechtgeschnitten, um so den Buchstabenabstand optimal zu gestalten.

PowerPoint 2010 nimmt standardmäßig ab einer Schriftgröße von 12 Punkt eine Unterschneidung vor. Diesen Schwellenwert können Sie im Dialog *Schriftart* auf der Registerkarte *Zeichenabstand* ändern oder die Automatik durch Ausschalten der Option *Unterschneidung* komplett deaktivieren.

Auf der nächsten Beispielfolie haben wir für die zweite Version der Titelzeile die automatische Unterschneidung ausgeschaltet. Der Effekt ist beim Buchstabenpaar »Tr« deutlich zu erkennen.

Bild 33.20 Titel mit (oben) und ohne (unten) Unterschneidung

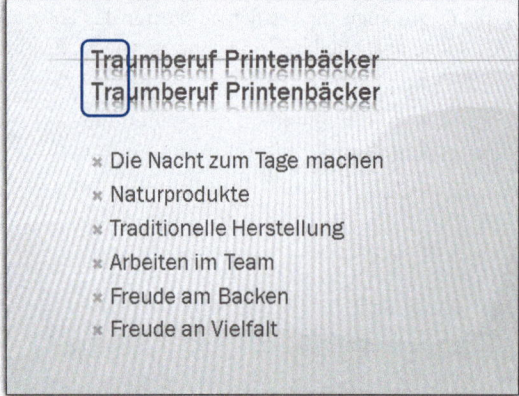

 Wenn Sie das Beispiel nachvollziehen möchten, können Sie dazu die zweite Folie der Übungsdatei *Unterschneidung* verwenden.

Zeichenformatierungen mit Shortcuts

Die schnellste Möglichkeit zur Zeichenformatierung ist sicherlich die Verwendung der Shortcuts. Die folgende Tabelle führt die wichtigsten Shortcuts auf, die Sie zur Zeichenformatierung benutzen können.

Tabelle 33.5 Tastenkombinationen für die Zeichenformatierung

Tastenkombination	Beschreibung
⇧ + Strg + A	Das Dialogfeld *Schriftart* anzeigen
⇧ + Strg + U	durchgehend unterstreichen (ein/aus)
⇧ + Strg + F	fett (ein/aus)
⇧ + Strg + K	kursiv (ein/aus)
Strg + +	tieferstellen (ein/aus)
⇧ + Strg + +	höherstellen (ein/aus)
⇧ + Strg + Z	auf Standardformat zurücksetzen

Formatierungen löschen und übertragen

Wenn Sie eine Zeichenformatierung für mehrere Textstellen verwenden wollen, ist es nicht erforderlich, die gleichen Formatierungsbefehle wieder und wieder zu verwenden. Stattdessen können Sie eine bereits vorhandene Formatierung einfach auf eine andere Stelle übertragen:

1. Markieren Sie den Text, dessen Formatierung Sie übertragen wollen.

2. Klicken Sie auf der Registerkarte *Start* in der Gruppe *Zwischenablage* auf die Pinsel-Schaltfläche. Falls Sie die Formatierung für mehrere Textstellen übernehmen wollen, führen Sie einen Doppelklick auf der Schaltfläche aus.

3. Streichen Sie mit dem Mauszeiger über die Textstelle(n), die die gleiche Formatierung erhalten soll(en).

4. Falls Sie in Schritt 3 die Pinsel-Schaltfläche mit einem Doppelklick aktiviert haben, müssen Sie zum Schluss entweder die Schaltfläche erneut anklicken oder die Taste (Esc) drücken, um den Übertragungsmodus zu beenden.

Aufzählungen und nummerierte Listen

Die meisten Folien enthalten Aufzählungen von Argumenten, daher ist dies die Standardeinstellung für Textplatzhalter in PowerPoint. Dafür wird eine große Auswahl an Aufzählungszeichen und Arten der Nummerierung bereitgestellt.

Aufzählungen

Wenn Ihnen die Aufzählungszeichen einer Liste nicht zusagen, können Sie sie mit folgenden Schritten gegen andere Zeichen bzw. Symbole austauschen:

1. Öffnen Sie die Übungsdatei *Aufzählungen* und zeigen Sie die zweite Folie an.

2. Markieren Sie den Text, den Sie mit Aufzählungszeichen versehen möchten – in diesem Fall also den gesamten Textplatzhalter. Hinweise zum Markieren von Text finden Sie weiter vorne in diesem Kapitel ab Seite 589.

3. Klicken Sie auf der Registerkarte *Start* in der Gruppe *Absatz* auf den kleinen Pfeil der Schaltfläche *Aufzählungszeichen*.

Bild 33.21   Auswahlkatalog mit Aufzählungszeichen (Beachten Sie, dass PowerPoint bei diesem Katalog eine Livevorschau vornimmt. Zeigen Sie dazu einfach mit dem Mauszeiger auf die verschiedenen Symbole)

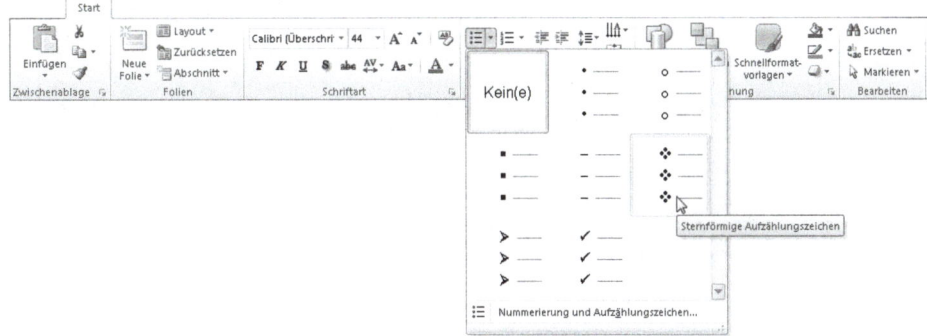

PowerPoint 2010

4. Wenn Ihnen keines der angebotenen Zeichen gefällt, klicken Sie unterhalb des Katalogs auf den Befehl *Nummerierung und Aufzählungszeichen.*

Bild 33.22 Über dieses Dialogfeld erreichen Sie weitere Aufzählungszeichen

5. In diesem Dialog können Sie nicht nur die Größe und die Farbe der Aufzählungszeichen ändern, sondern auch andere Symbole auswählen. Klicken Sie dazu auf die Schaltfläche *Bild.* Dadurch erscheint das Dialogfeld *Bildaufzählungszeichen,* das Ihnen eine Fülle an Bildsymbolen anbietet. Sie können die Auswahl zusätzlich erweitern, indem Sie im Dialog die Option *Inhalte von Office.com einschließen* einschalten. PowerPoint greift dann auf die Website *Office Online* zu und sucht dort nach weiteren Symbolen.

Bild 33.23 Die Auswahl an Symbolen ist sehr umfangreich

Animierte Aufzählungszeichen

Einige der Bilder im Dialogfeld *Bildaufzählungszeichen* sind durch das Sternsymbol besonders gekennzeichnet; das bedeutet, dass das Aufzählungszeichen animiert ist und sich in der Bildschirmpräsentation bewegt. Sie können auch eigene animierte Bilder im GIF-Format verwenden.

6. Wenn Sie hier fündig werden, markieren Sie das gewünschte Bild und klicken auf *OK*.

7. Möchten Sie hingegen ein nicht aufgelistetes Bild als Aufzählungspunkt verwenden, das Sie auf Ihrem Computer gespeichert haben, klicken Sie auf die Schaltfläche *Importieren*. Dadurch öffnet sich das Dialogfeld *Clips zum Organizer hinzufügen*.

8. Navigieren Sie, wie Sie es aus dem Dialogfeld *Öffnen* gewohnt sind, zum Ordner, in dem das gesuchte Bild gespeichert ist. (Im Verzeichnis mit den Übungsdateien zu diesem Kapitel finden Sie eine kleine Grafik, mit der Sie dieses Beispiel nachvollziehen können.) Doppelklicken Sie darauf, um es der Liste des Dialogfeldes *Bildaufzählungszeichen* hinzuzufügen.

9. Wählen Sie das neue Aufzählungszeichen und klicken Sie auf *OK*.

Bild 33.24   Für diese Folie wurde eine Grafik als Aufzählungszeichen verwendet

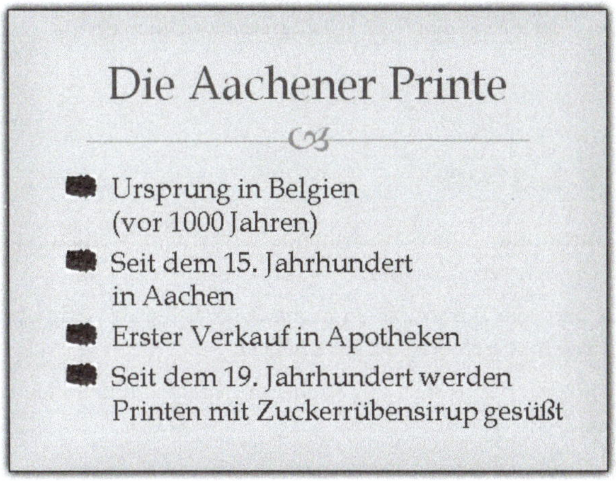

> ## Die Aachener Printe
>
>
>
> 🔲 Ursprung in Belgien
>   (vor 1000 Jahren)
>
> 🔲 Seit dem 15. Jahrhundert
>   in Aachen
>
> 🔲 Erster Verkauf in Apotheken
>
> 🔲 Seit dem 19. Jahrhundert werden
>   Printen mit Zuckerrübensirup gesüßt

Symbole als Aufzählungszeichen verwenden

Falls Sie anstelle eines Bildes ein Zeichen verwenden möchten, von dem Sie wissen, dass es in einer der installierten Schriften enthalten ist, gehen Sie so vor:

1. Öffnen Sie den Dialog *Nummerierung und Aufzählungszeichen*.

2. Klicken Sie auf die Schaltfläche *Anpassen*.

3. Wählen Sie in der Liste *Schriftart* die Schriftart aus, in der das Zeichen enthalten ist.

Bild 33.25 Sie können auch ein beliebiges Zeichen einer Schriftart wählen

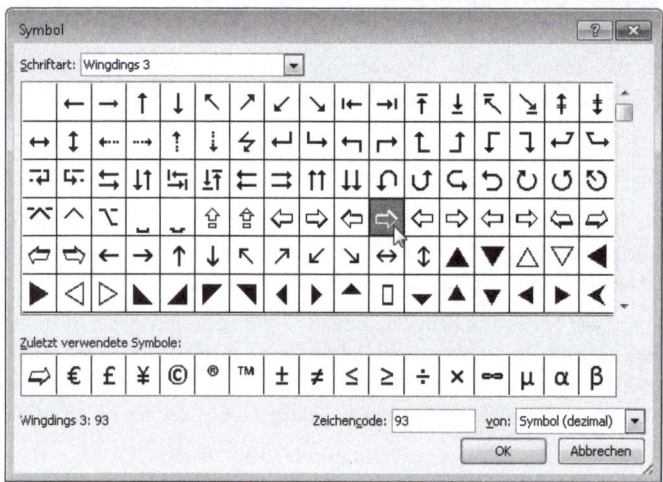

4. Wählen Sie das Zeichen, das Sie als Aufzählungszeichen verwenden möchten, durch Anklicken aus. Sie gelangen dann wieder in das Dialogfeld *Nummerierung und Aufzählungszeichen*.

5. Schließen Sie das Dialogfeld mit *OK*, um die Aufzählung durch das gewählte Aufzählungszeichen zu gliedern.

Nummerierte Listen

Neben Listen, die Argumente nur optisch voneinander abtrennen, werden häufig auch nummerierte Listen verwendet. Diese setzen Sie so ein:

1. Markieren Sie den Text, der durch Zahlen gegliedert werden soll. Hinweise zum Markieren finden Sie weiter vorne in diesem Kapitel ab Seite 589.

2. Klicken Sie auf der Registerkarte *Start* in der Gruppe *Absatz* auf den kleinen Pfeil der Schaltfläche *Nummerierung*.

Bild 33.26 Auswahlkatalog zum Erstellen von nummerierten Listen

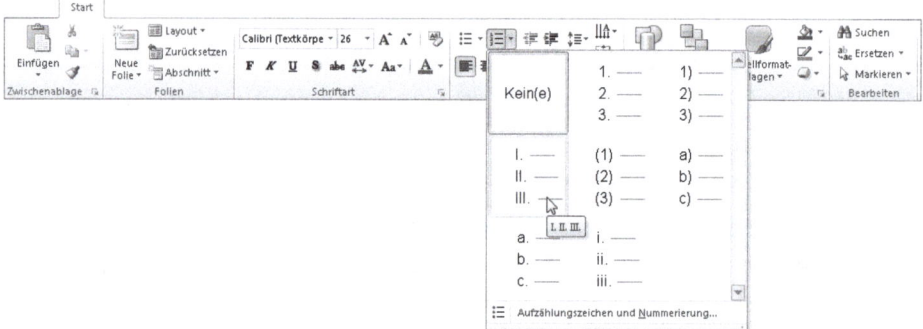

3. Bewegen Sie den Mauszeiger auf die verschiedenen Vorschaubilder des Auswahlkatalogs. PowerPoint zeigt dann die Wirkung der jeweiligen Option in einer Livevorschau direkt auf Ihrer Folie an.

4. Falls eine der vorgeschlagenen Nummerierungen Ihren Vorstellungen entspricht, wählen Sie diese durch Anklicken aus.

5. Wollen Sie jedoch die Größe oder die Farbe der Zeichen ändern oder soll die Nummerierung mit einer anderen Zahl als 1 beginnen, klicken Sie stattdessen unterhalb des Auswahlkatalogs auf den Befehl *Aufzählungszeichen und Nummerierung,* wodurch das gleichnamige Dialogfeld auf dem Bildschirm erscheint.

Bild 33.27

Hier können Sie weitere Einstellungen für eine nummerierte Liste vornehmen

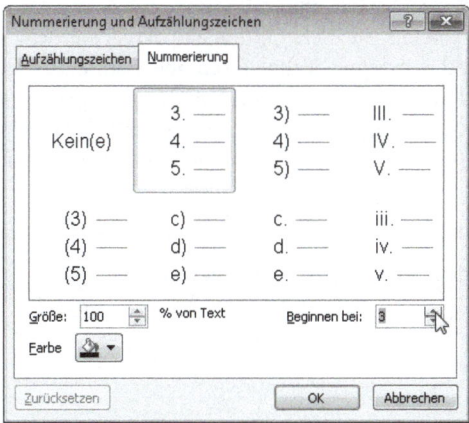

6. Wählen Sie das gewünschte Format für die Nummerierung aus.

7. Soll die Nummerierung mit einer anderen Zahl als 1 beginnen, geben Sie diese im Feld *Beginnen bei* ein.

8. Schließen Sie das Dialogfeld mit *OK*, um die Einstellungen zu übernehmen.

Suchen und Ersetzen

Wenn Sie in einer umfangreichen Präsentation nach einer bestimmten Textstelle suchen, hilft Ihnen die Suchfunktion von PowerPoint 2010, mit der Sie der Reihe nach alle Fundstellen anzeigen können, die den gesuchten Begriff enthalten. Die Suche lässt sich durch zusätzliche Kriterien präzisieren, indem Sie zum Beispiel festlegen, dass die Groß-/Kleinschreibung beachtet werden soll.

1. Wechseln Sie im Menüband auf die Registerkarte *Start.*

2. Klicken Sie in der Gruppe *Bearbeiten* auf die Schaltfläche *Suchen.* PowerPoint zeigt dann das Dialogfeld *Suchen* an.

3. Geben Sie den Suchbegriff in das Feld *Suchen nach* ein.

Das Dialogfeld *Suchen*

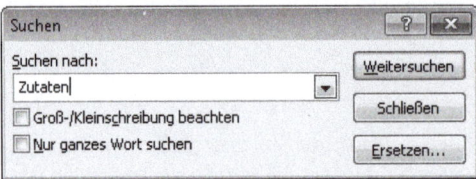

4. Stellen Sie bei Bedarf weitere Suchoptionen ein, um die Suche zu verfeinern:

    - **Groß-/Kleinschreibung beachten**   Wenn Sie das Feld einschalten, wird eine Textstelle nur dann gefunden, wenn die Groß- und Kleinschreibung im Text mit Ihrer Eingabe im Textfeld *Suchen nach* exakt übereinstimmt.

    - **Nur ganzes Wort suchen**   Wenn Sie diese Option aktivieren, werden nur eigenständige Wörter gesucht, die durch Leerzeichen, Tabulatoren oder Satzzeichen getrennt sind. Bei ausgeschalteter Option (dies ist die Vorgabe von PowerPoint) werden auch alle Textstellen gefunden, in denen der Suchbegriff nicht als eigenständiges Wort vorkommt. Zum Beispiel würde dann bei dem Suchbegriff »und« auch das Wort »Kunden« gefunden werden.

5. Klicken Sie auf *Weitersuchen,* um die erste bzw. die nächste Fundstelle anzuzeigen.

6. Sie können jederzeit zwischen dem Dialogfeld und den Folien wechseln.

7. Wenn Sie das Dialogfeld nicht mehr benötigen, beenden Sie es mit *Schließen.*

Text ersetzen

Genauso wie Sie nach Text suchen können, ist es auch möglich, den gefundenen Text durch einen neuen ersetzen zu lassen. Dazu verwenden Sie den Befehl *Ersetzen*, der sich ebenfalls in der Gruppe *Bearbeiten* auf der Registerkarte *Start* befindet. Wenn das Dialogfeld *Suchen* bereits angezeigt wird, können Sie auch einfach im Dialog die Schaltfläche *Ersetzen* anklicken.

Das Dialogfeld *Ersetzen*

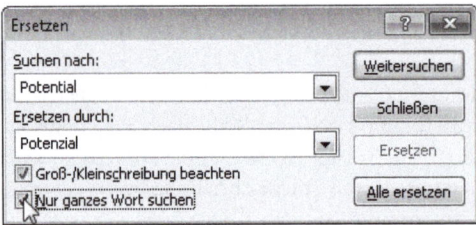

Wie Sie sehen, unterscheidet sich das Dialogfeld *Ersetzen* von dem Dialogfeld *Suchen* im Wesentlichen durch das Feld *Ersetzen durch*. In dieses Feld können Sie den Text eingeben, der anstelle des gefundenen in die Folie aufgenommen werden soll. Wenn Sie dieses Feld leer lassen, wird der gefundene Text aus der Präsentation entfernt.

Nachdem Sie alle Eingaben vorgenommen und die gewünschten Optionsfelder eingeschaltet haben, können Sie mit den folgenden Schaltflächen das Ersetzen starten:

■ **Weitersuchen**   Sucht das erste bzw. nächste Vorkommen des Suchtextes in der Präsentation. War die Suche erfolgreich, zeigt PowerPoint die entsprechende Folie im Arbeitsbereich an, sodass Sie die gefundene Textstelle lesen können.

■ **Ersetzen**   Ersetzt den gefundenen Text durch die neue Eingabe. Nachdem PowerPoint den markierten Text ersetzt hat, springt es automatisch zur nächsten Fundstelle. Wird der Suchbegriff nicht mehr gefunden, erscheint ein entsprechender Hinweis.

■ **Alle ersetzen**   Mit dieser Schaltfläche können Sie alle Vorkommen des Suchtextes in der gesamten Präsentation ersetzen. Benutzen Sie diese Schaltfläche nur, wenn Sie sich Ihrer Sache sicher sind und auf die individuelle Überprüfung der einzelnen Fundstellen verzichten wollen.

Schriftarten ersetzen

Genau wie in Word können Sie auch in PowerPoint 2010 Textformatierungen ersetzen. Allerdings sind die Möglichkeiten in PowerPoint recht bescheiden. Das einzige Schriftmerkmal, das Sie per Suchen und Ersetzen austauschen können, ist die Schriftart:

1. Wechseln Sie im Menüband auf die Registerkarte *Start*.

2. Klicken Sie in der Gruppe *Bearbeiten* auf den kleinen Pfeil der Schaltfläche *Ersetzen* und wählen Sie im Menü der Schaltfläche den Befehl *Schriftarten ersetzen*. PowerPoint zeigt dann das Dialogfeld *Schriftarten ersetzen* an.

Bild 33.30   Das Dialogfeld *Schriftart ersetzen*

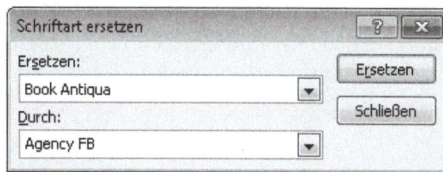

3. Wählen Sie im Listenfeld *Ersetzen* die Schriftart aus, die Sie ersetzen möchten. In dem Listenfeld werden nur diejenigen Schriften aufgeführt, die in der Präsentation auch tatsächlich verwendet werden.

4. Stellen Sie im Listenfeld *Durch* die neue Schrift ein. Hier haben Sie die Auswahl aus allen auf Ihrem Rechner installierten Schriften.

5. Klicken Sie auf *Ersetzen*, um die gewünschte Schrift auszutauschen. Achtung: Der Ersetzungsvorgang betrifft die gesamte Präsentation und lässt sich nicht auf einen markierten Textbereich beschränken.

Zusammenfassung

In diesem Kapitel haben Sie gelernt, wie Sie neue Folien erstellen, Folien formatieren, kopieren oder verschieben und wie Sie Folien aus anderen Präsentationen einfügen.

- Im ersten Abschnitt dieses Kapitels haben Sie erfahren, wie Sie Text auf einer Folie eingeben und wie sich die automatische Anpassung der Textgröße ausschalten lässt (Seite 581).

- Im folgenden Abschnitt haben Sie gelernt, wie Sie Listen erstellen können, die mehrere Ebenen besitzen und wie Sie einzelne Absätze nachträglich höher- oder tieferstufen (Seite 583).

- Umfangreiche Listen können auch mehrspaltig formatiert werden. Auf diese Weise wird das Platzangebot auf der Folie besser ausgenutzt und Sie können eine größere Schriftgröße für die Liste verwenden (Seite 585).

- Anschließend haben Sie gesehen, wie Sie den Text in Platzhaltern ausrichten (Seite 586) und wie Sie die Zeilenabstände einstellen können (Seite 587).

- Auch die Richtung des Textes lässt sich in PowerPoint ändern, sodass er anschließend von oben nach unten bzw. von unten nach oben verläuft (Seite 588).

- Bevor Sie einen Text formatieren können, müssen Sie ihn zunächst markieren. Dazu können Sie entweder die Maus oder die Tastatur nutzen (Seite 589).

- In den folgenden Abschnitten haben Sie die verschiedenen Möglichkeiten kennen gelernt, die PowerPoint 2010 für die Zeichenformatierung bereithält. Dazu gehören die Registerkarte *Start*, die Minisymbolleiste und das Dialogfeld *Schriftart* (Seite 590).

- Für das Formatieren von Aufzählungen stellt PowerPoint 2010 nicht nur eine Vielzahl von Symbolen bereit, sondern unterstützt sogar die Verwendung von Grafiken und animierten Aufzahlungszeichen (Seite 597).

- Der letzte Abschnitt dieses Kapitels hat schließlich gezeigt, wie Sie eine Präsentation nach Text durchsuchen und ihn durch anderen Text ersetzen können (Seite 601). Dabei haben Sie auch erfahren, dass PowerPoint nicht nur Text suchen und ersetzen kann, sondern auch Schriftarten (Seite 603).

Kapitel 34

Die Gliederungsansicht

In diesem Kapitel:

Wenn Sie eine neue Präsentation erstellen, werden Sie den Text für Ihre Folien in den seltensten Fällen fertig im Kopf haben. Vielmehr wird es in aller Regel so sein, dass Sie zunächst ein grobes Konzept für die Präsentation entwerfen, das Sie dann nach und nach mit Inhalten füllen. Da es in dieser Phase regelmäßig vorkommt, dass Sie Folien umstellen oder neue Folien einfügen, ist die normale Folienansicht für diese Zwecke zu unhandlich. Solche Aufgaben erledigen Sie besser in der Gliederungsansicht, in der Sie sich voll auf den Text und seine Struktur konzentrieren können.

Die Gliederungsansicht

Um eine Präsentation in der Gliederungsansicht zu bearbeiten, müssen Sie zunächst in die Normalansicht wechseln. Dazu klicken Sie entweder unten rechts in der Statusleiste auf die Schaltfläche *Normal* oder Sie wechseln auf die Registerkarte *Ansicht* und klicken dort in der Gruppe *Präsentationsansichten* auf die Schaltfläche *Normal*.

Anschließend holen Sie im linken Fensterbereich die Registerkarte *Gliederung* nach vorne, auf der Sie den Text für die Folien eingeben und bearbeiten können. Falls die beiden Registerkarten keine Beschriftung tragen, weil der Bereich sehr schmal ist, klicken Sie auf die rechte Registerkarte. Sie sollten dann auf jeden Fall den Bereich etwas breiter machen, indem Sie die Begrenzungslinie zum Folienbereich mit der Maus verschieben.

PowerPoint merkt sich die eingestellte Breite separat für beide Registerkarten. Wenn Sie also von der Registerkarte *Gliederung* wieder auf die Registerkarte *Folien* wechseln, stellt PowerPoint die zuvor für diese Registerkarte eingestellte Breite wieder her.

Bild 34.1 Wenn Sie den Text Ihrer Präsentation in der Gliederungsansicht bearbeiten wollen, sollten Sie den Gliederungsbereich verbreitern

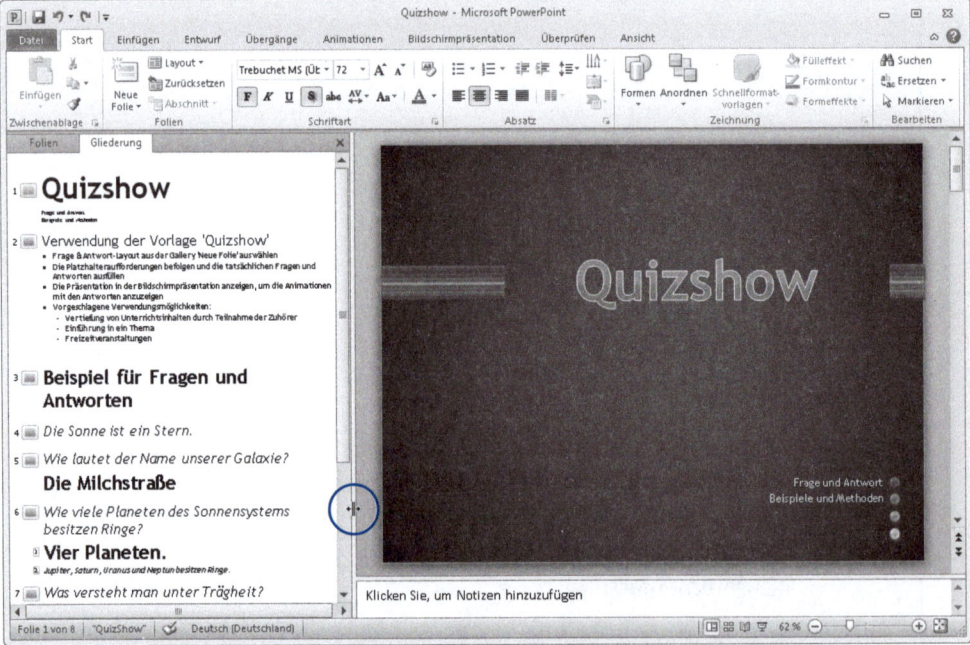

Wenn Ihre Präsentation bereits einige Folien enthält, erkennen Sie, dass die Titel der einzelnen Folien in der Gliederungsansicht mit einem kleinen Symbol gekennzeichnet sind. Die Symbole sind fortlaufend nummeriert und stellen die einzelnen Folien Ihrer Präsentation dar. Mit ihnen können Sie zum Beispiel eine Folie ganz einfach mit der Maus innerhalb der Präsentation verschieben.

Leider ist es in PowerPoint nicht möglich, die Anzeige auf der Registerkarte *Gliederung* zu vergrößern, denn der Zoomregler der Statusleiste wirkt ausschließlich auf den Folienbereich. Daher sind vor allem Texte, die sich in der zweiten oder dritten Ebene einer Aufzählung befinden, nur schlecht zu erkennen. Wir werden Ihnen aber gleich im nächsten Abschnitt noch eine Möglichkeit vorstellen, wie Sie die Lesbarkeit des Textes in der Gliederungsansicht verbessern können.

Falls eine Folie zusätzlich zum Titel noch mehrere Textplatzhalter besitzt, werden diese in der Gliederungsansicht mit einem kleinen Zahlensymbol gekennzeichnet:

Bild 34.2   Die Zahlensymbole kennzeichnen die Textplatzhalter

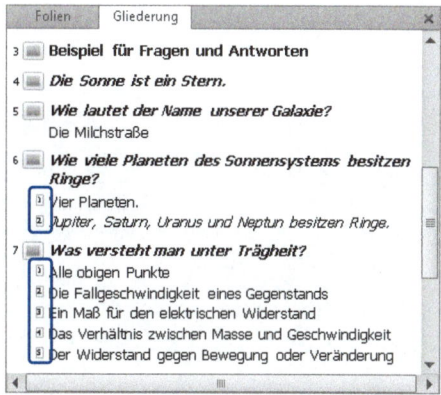

Text bearbeiten und formatieren

Um den Text einer Folie zu bearbeiten, klicken Sie die entsprechende Textstelle auf der Registerkarte *Gliederung* an und nehmen dort die gewünschte Änderung vor. PowerPoint zeigt die zugehörige Folie automatisch im Folienbereich an, sodass Sie direkt sehen, wie sich die Folie verändert.

In der Gliederungsansicht können Sie auch die üblichen Textformatierungen durchführen. Einfache Formatierungen, wie fette oder kursive Darstellung werden auf der Registerkarte *Gliederung* angezeigt. Andere Merkmale, wie zum Beispiel Farbe und Schatten, bleiben in der Gliederungsansicht unberücksichtigt.

Textformatierung anzeigen

Wenn Sie sich in Bild 34.1 einmal die verschiedenen Folientitel ansehen, werden Sie feststellen, dass sie sehr unterschiedlich formatiert sind. Auf einigen Folien ist sogar der Folientext in einem größeren Schriftgrad formatiert, als der zugehörige Folientitel (wie zum Beispiel auf den Folien 5 und 6). Da sich das Auge jedoch unwillkürlich an den Schriftgrößen orientiert, ist es bei dieser Präsentation relativ schwierig, die tatsächliche Struktur auf einen Blick zu erfassen.

In solchen Fällen empfiehlt es sich, auf die Anzeige der Textformatierung zu verzichten:

1. Öffnen Sie die Übungsdatei *Quizshow*.

2. Wechseln Sie in die Normalansicht und holen Sie links im Gliederungsbereich die Registerkarte *Gliederung* nach vorne.

3. Klicken Sie den Text auf der Registerkarte *Gliederung* mit der rechten Maustaste an.

4. Wählen Sie im Kontextmenü den Befehl *Textformatierung anzeigen.* Dieser Befehl wirkt wie ein Schalter, das heißt, wenn Sie die Textformatierungen wieder anzeigen wollen, rufen Sie ihn einfach erneut auf.

Bild 34.3   Wenn Sie im Gliederungsbereich auf die Darstellung der Textformatierungen verzichten, ist die Struktur der Präsentation wesentlich besser zu erkennen

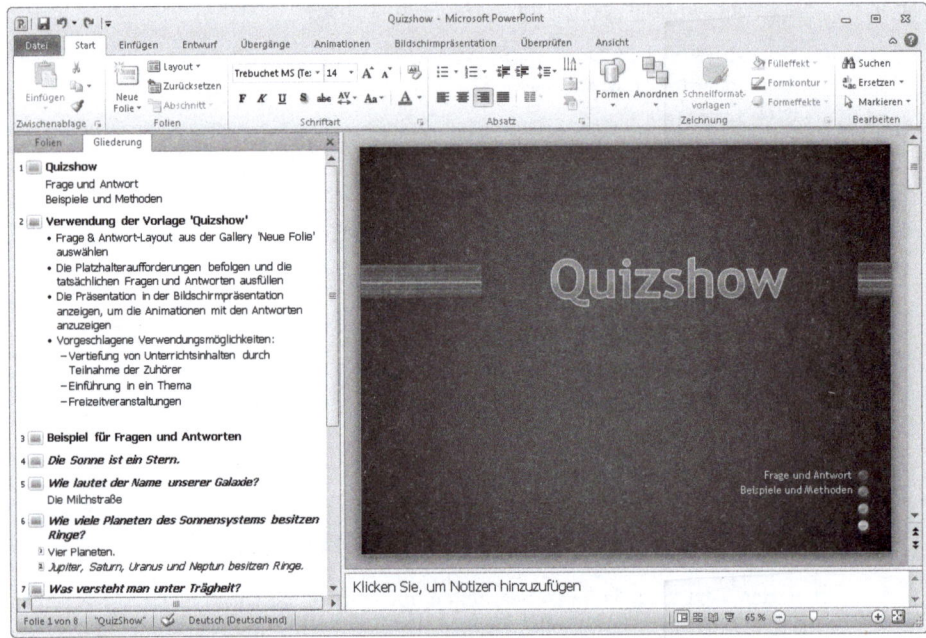

PowerPoint verwendet nun in der Gliederungsansicht für alle Folientitel eine einheitliche Darstellung. Auch für den restlichen Folientext wird nur eine Schrift und eine feste Schriftgröße verwendet. Dadurch lassen sich die Titel und Texte der Folien eindeutig voneinander unterscheiden.

Wie Sie in der Abbildung erkennen, sind jedoch nicht sämtliche Formatierungen verschwunden. So wird zum Beispiel eine kursive Schriftauszeichnung auch in dieser Ansicht nicht unterdrückt.

Gliederung erweitern und reduzieren

Wenn Sie schon einmal mit der Gliederungsfunktion von Microsoft Word gearbeitet haben, wissen Sie, dass man dort die Anzahl der angezeigten Gliederungsebenen einstellen kann. Auf diese Weise können Sie exakt festlegen, wie detailliert die Gliederung des Dokuments angezeigt werden soll.

Auch PowerPoint kann in der Gliederungsansicht mit einem ähnlichen Feature aufwarten. Allerdings haben Sie hier lediglich die Wahl zwischen der reduzierten Anzeige, in der nur die Folientitel angezeigt werden, und der erweiterten Darstellung, in der der vollständige Folientext erscheint.

1. Klicken Sie den Text der gewünschten Folie mit der rechten Maustaste an.

2. Zeigen Sie im Kontextmenü auf den Befehl *Gliederung reduzieren* bzw. *Gliederung erweitern.*

3. Im dadurch ausgeklappten Untermenü können Sie wählen, ob sich der Befehl nur auf die aktuelle Folie oder auf die gesamte Präsentation auswirken soll.

Bild 34.4   Alle untergeordneten Texte ausblenden

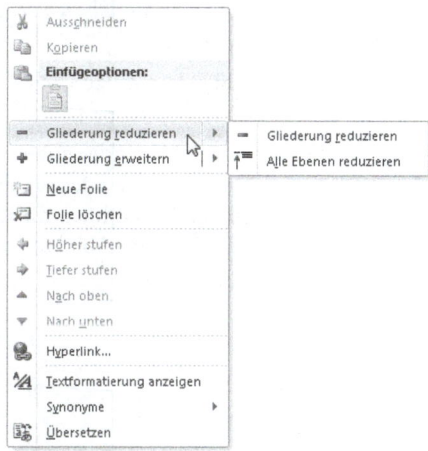

Zum Ein- und Ausblenden der Folientexte gibt es in PowerPoint auch einige Tastenkombinationen, die in der folgenden Tabelle aufgeführt sind.

Tabelle 34.1 Tastenkombinationen zum Ein- und Ausblenden von untergeordnetem Text

Tastenkombination	Wirkung
Alt + ⇧ + 1	zeigt nur die oberste Überschriftenebene an (die Titel)
Alt + ⇧ + +	zeigt den untergeordneten Text einer Überschrift an
Alt + ⇧ + −	blendet den untergeordneten Text einer Überschrift aus

Folien einfügen, löschen und umstellen

Zum Einfügen und Löschen von Folien können Sie in der Gliederungsansicht die gleichen Techniken verwenden, die wir in Kapitel 32 für den Folienbereich vorgestellt haben:

■ Mit der Schaltfläche *Neue Folie* auf der Registerkarte *Start*.

■ Über die Zwischenablage.

■ Über die Befehle *Neue Folie* und *Folie löschen* aus dem Kontextmenü, das erscheint, wenn Sie den Text in der Gliederungsansicht rechts anklicken.

PowerPoint 2010

Wesentlich interessanter ist jedoch das Verschieben einzelner Absätze und ganzer Folien, das sich in der Gliederungsansicht sehr effektiv und komfortabel erledigen lässt.

Vollständige Folien verschieben

Wir hatten weiter oben in diesem Kapitel bereits kurz erwähnt, dass die kleinen Symbole mit denen die Folientitel im Gliederungsbereich gekennzeichnet sind, zum Verschieben der Folien benötigt werden. Die Vorgehensweise ist dabei denkbar einfach:

1. Reduzieren Sie die Gliederung, sodass nur noch die Titel der Folien angezeigt werden. Verwenden Sie dazu entweder den Befehl *Gliederung reduzieren/Alle Ebenen reduzieren* aus dem Kontextmenü oder drücken Sie den Shortcut `Alt`+`⇧`+`1`.

2. Zeigen Sie mit der Maus auf das Symbol der Folie, die Sie verschieben wollen. Der Mauszeiger verändert sich dort zu einem Vierfachpfeil.

3. Ziehen Sie das Symbol nun mit gedrückter Maustaste nach oben oder unten. Beachten Sie die blaue waagerechte Linie. Diese Linie kennzeichnet die Position, an der die Folie eingeordnet wird, sobald Sie die Maustaste loslassen. Falls die blaue Linie bei Ihnen nicht angezeigt wird, bewegen Sie den Mauszeiger etwas nach rechts auf den Text (siehe Abbildung).

Bild 34.5   Folie innerhalb der Präsentation verschieben

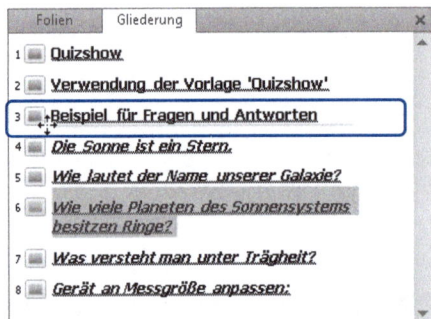

Einzelne Absätze verschieben

Etwas kniffliger, aber in bestimmten Situationen auch außerordentlich praktisch, ist das Umstellen einzelner Absätze. Dazu können Sie im einfachsten Fall den gewünschten Absatz markieren und mit den Tastenkombinationen der folgenden Tabelle nach oben oder unten verschieben.

Tabelle 34.2 Tastenkombinationen zum Verschieben von Absätzen

Tastenkombination	Wirkung
`Alt`+`⇧`+`↑`	verschiebt die markierten Absätze nach oben
`Alt`+`⇧`+`↓`	verschiebt die markierten Absätze nach unten

Natürlich lassen sich Absätze auch mit der Maus verschieben. Im nächsten Beispiel soll ein Spiegelpunkt einer Aufzählung unter Verwendung der Maus auf die nächste Folie geschoben werden. Die Ausgangsituation sehen Sie in Bild 34.6. Wie gut das hier beschriebene Verfahren funktioniert, hängt wesentlich vom Layout der beteiligten Folien ab.

1. Öffnen Sie die Beispieldatei *Absatz verschieben* und wechseln Sie im Gliederungsbereich auf die Registerkarte *Gliederung*.

2. Erweitern Sie die Gliederung so, dass alle Texte angezeigt werden. Rufen Sie dazu im Kontextmenü *Gliederung erweitern/Alle Ebenen erweitern* auf.

Bild 34.6   Der Absatz »Schritt 5« soll auf die nächste Folie verschoben werden

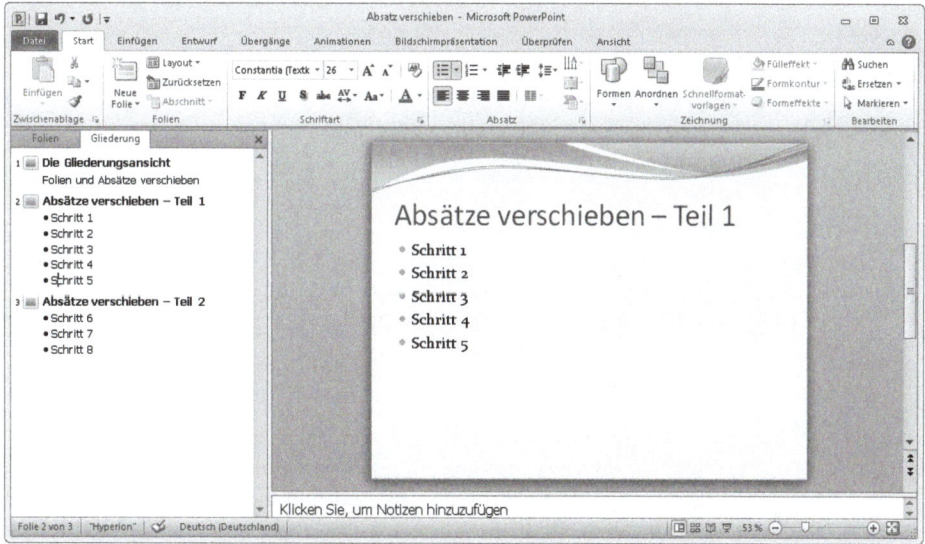

3. Zeigen Sie auf der Registerkarte *Gliederung* mit dem Mauszeiger auf den Spiegelpunkt des Absatzes, den Sie verschieben wollen. Der Zeiger wird dort zu einem Vierfachpfeil.

4. Drücken Sie die Maustaste und ziehen Sie die Maus nach unten. PowerPoint zeigt dann eine hellblaue waagerechte Linie an. Erscheint eine senkrechte Linie, haben Sie die Maus zuerst nach links oder rechts bewegt. Drücken Sie dann `Esc` und starten Sie einen neuen Versuch.

Bild 34.7   Absatz auf eine andere Folie schieben

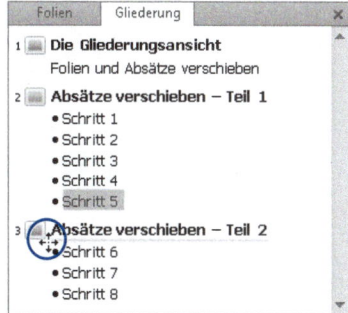

5.   Lassen Sie die Maustaste los, sobald die blaue Linie die gewünschte Einfügeposition erreicht hat.

Bild 34.8   Der Absatz »Schritt 5« befindet sich nun auf der nächsten Folie

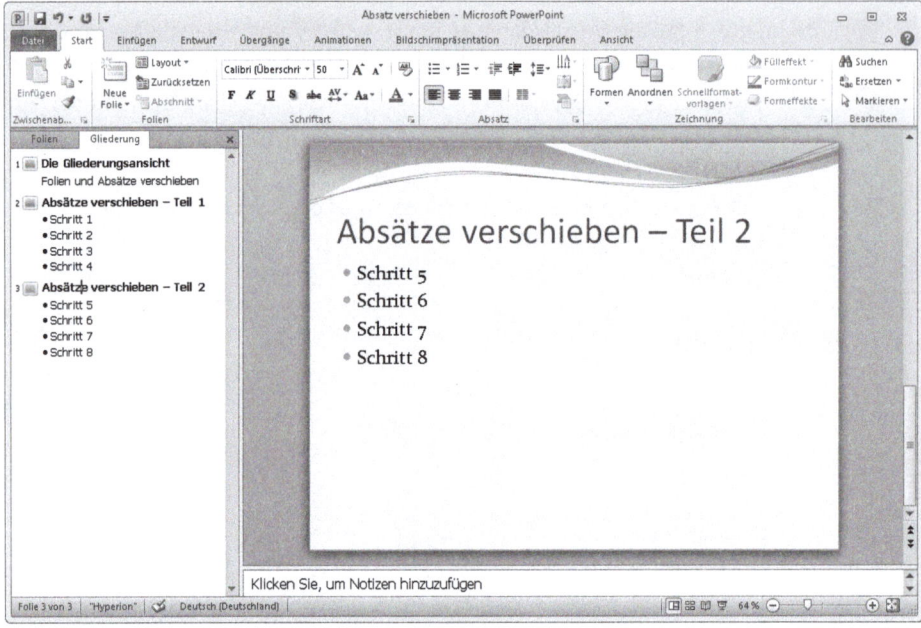

Wenn Sie das Beispiel nachvollzogen haben, werden Sie gemerkt haben, dass man dafür eine ruhige Maushand braucht. Erschwerend kommt noch die Minisymbolleiste hinzu, die beim Verschieben eines Absatzes nach oben die Sicht auf den Text und die blaue Linie versperrt. Wem dies alles zu lästig ist, der kann auch auf die Befehle *Nach oben* und *Nach unten* des Kontextmenüs oder auf die Tastenkombinationen aus Tabelle 34.2 zurückgreifen.

Bild 34.9   Folie oder Absatz nach oben schieben

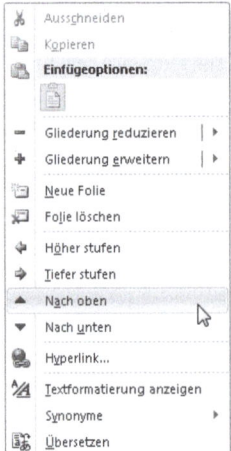

Absätze höher- und tieferstufen

In Kapitel 33 haben Sie erfahren, dass bei Aufzählungen die Einrückung der einzelnen Spiegelpunkte durch ihre Listenebene gesteuert wird. Die Ebene können Sie in der Gliederungsansicht
nachträglich ändern, indem Sie die Spiegelpunkte mit der Maus nach links oder rechts schieben.
Dabei ist es auch möglich, lange Aufzählungen auf mehrere Folien zu verteilen, wie es das nächste
Beispiel zeigt:

1. Öffnen Sie die Übungsdatei *Höher- und Tieferstufen* und wechseln Sie im Gliederungsbereich
   auf die Registerkarte *Gliederung*.

2. Klicken Sie den Text auf der Registerkarte *Gliederung* mit der rechten Maustaste an und wählen Sie im Kontextmenü den Befehl *Gliederung erweitern/Alle Ebenen erweitern*.

3. Klicken Sie mit der Maus auf den gewünschten Spiegelpunkt und halten Sie die Maustaste gedrückt. PowerPoint markiert den zugehörigen Text und alle untergeordneten Absätze des
   Punktes.

Bild 34.10   Der Spiegelpunkt »Entsorgung« soll höhergestuft werden

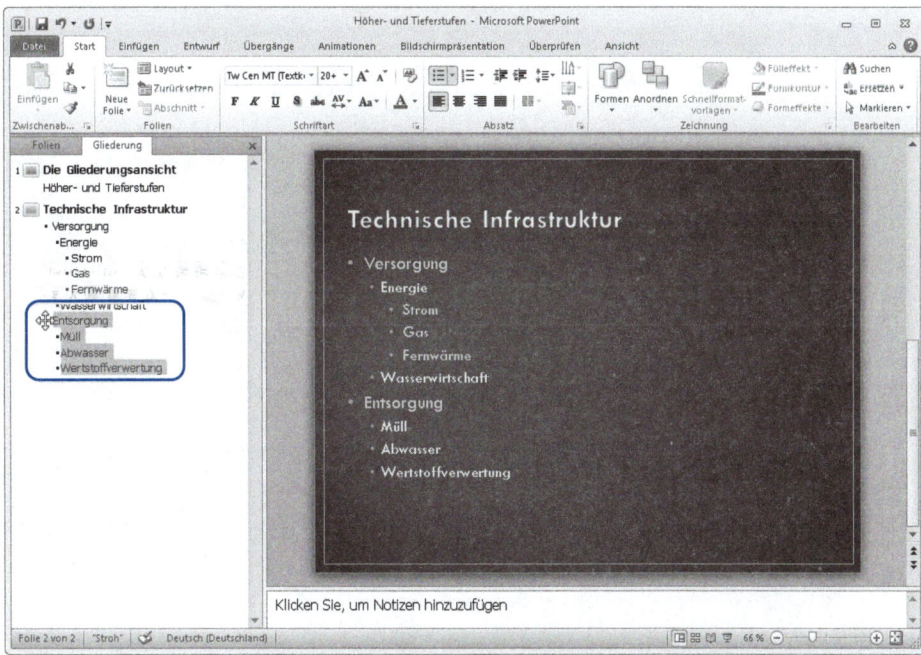

4. Bewegen Sie die Maus soweit nach links, dass die senkrechte blaue Linie zwischen der Folien-
   nummerierung und den Foliensymbolen steht.

Bild 34.11   Höherstufen eines Absatzes

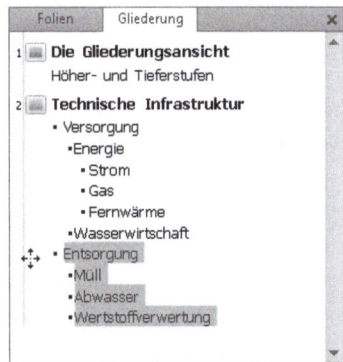

5. Lassen Sie die Maustaste los.

Bild 34.12   Der Aufzählungspunkt wurde zum Folientitel hochgestuft

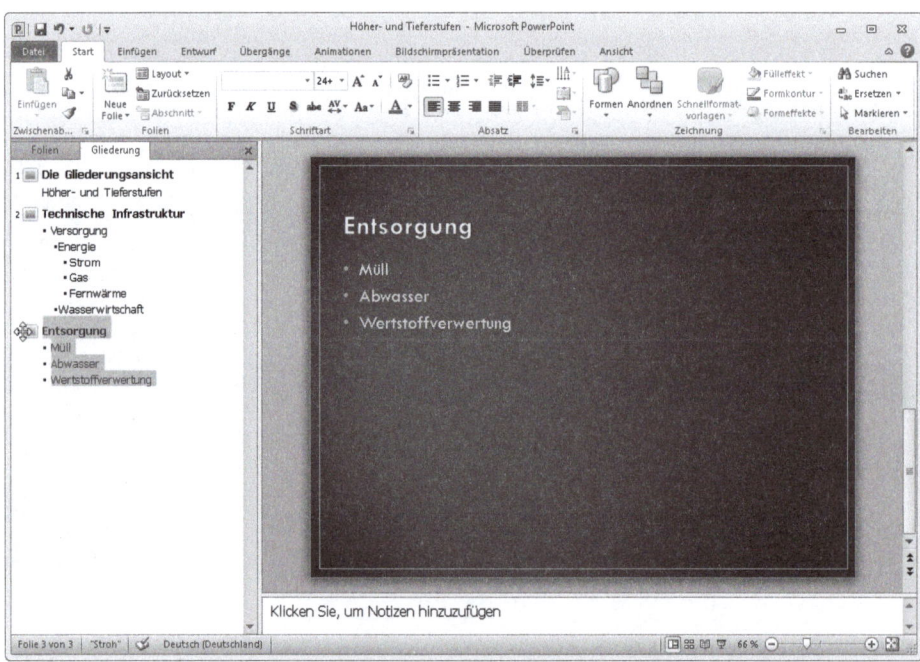

Natürlich können Sie auch auf das Kontextmenü oder auf Shortcuts zurückgreifen.

Tabelle 34.3   Tastenkombinationen zum Höher- und Tieferstufen eines Absatzes

Tastenkombination	Wirkung
`Alt` + `⇧` + `←`	Stuft einen Absatz eine Ebene nach oben
`Alt` + `⇧` + `→`	Stuft einen Absatz eine Ebene nach unten

Zusammenfassung

In diesem Kapitel haben Sie gelernt, wie Sie die Struktur einer Präsentation in der Gliederungsansicht bearbeiten können.

- Im ersten Abschnitt dieses Kapitels haben Sie gelernt, wie Sie die Struktur einer Präsentation in der Gliederungsansicht anzeigen können. Sie haben gesehen, dass sich die Struktur besonders gut erkennen lässt, wenn Sie die Darstellung der Textformatierung ausschalten (Seite 606).

- In den folgenden Abschnitten haben Sie erfahren, wie Sie auf der Registerkarte *Gliederung* ganze Folien oder auch einzelne Absätze innerhalb der Präsentation verschieben können. In diesem Zusammenhang haben wir Ihnen auch gezeigt, dass sich dabei Absätze sogar auf andere Folien bewegen lassen (Seite 609).

- Der letzte Abschnitt dieses Kapitels hat schließlich gezeigt, wie Sie die Gliederungsansicht nutzen können, um einzelne Absätze höher- oder tieferzustufen. Mit dieser Technik können Sie zum Beispiel Aufzählungen mit mehreren Ebenen erstellen oder aus einem Aufzählungspunkt eine separate Folie erstellen (Seite 613).

PowerPoint 2010

Kapitel 35

Arbeiten mit Tabellen

PowerPoint 2010

In diesem Kapitel:

In diesem Kapitel erfahren Sie, wie Sie Ihre Folien mit Tabellen ausstatten können. PowerPoint 2010 hat auch auf diesem Gebiet eine Menge zu bieten und macht das Erstellen von professionell gestalteten Tabellen zum Kinderspiel.

Wir stellen Ihnen zunächst die verschiedenen Verfahren vor, mit denen Sie eine leere Tabelle auf einer Folie einfügen können und gehen anschließend auf die diversen Gestaltungs- und Formatierungsmöglichkeiten ein. Im letzten Teil des Kapitels erfahren Sie, wie Sie Excel-Tabellen in eine PowerPoint-Präsentation integrieren können.

Leere Tabelle einfügen

Um mit PowerPoint 2010 eine leere Tabelle auf einer Folie einzufügen, können Sie zwischen einer der folgenden Vorgehensweisen wählen. Sie können:

- die Tabelle in einen Platzhalter einfügen

- sie als neues Objekt auf der Folie einfügen

- oder die Tabelle mit einem »Stift« direkt auf die Folie zeichnen.

Während sich die beiden ersten Varianten durch ihre Geschwindigkeit auszeichnen, liegt der Vorteil beim Zeichnen einer Tabelle bei der nahezu uneingeschränkten Flexibilität.

Tabellen in Platzhalter einfügen

Die meisten Folienlayouts einer Präsentation enthalten Platzhalter, die neben Texten, Diagrammen, SmartArts, Grafiken auch Tabellen aufnehmen können. Die Vorgehensweise ist denkbar einfach:

1. Erstellen Sie eine neue Folie mit einem Inhalt- oder Tabellenplatzhalter.

Bild 35.1   Platzhalter zur Aufnahme der neuen Tabelle

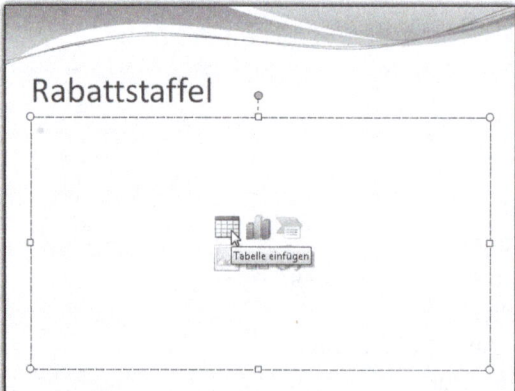

2. Klicken Sie im Platzhalter das Tabellensymbol an. PowerPoint zeigt ein kleines Dialogfeld an, in dem Sie die Spalten- und Zeilenanzahl für die neue Tabelle eingeben können.

Bild 35.2   Ausdehnung der Tabelle festlegen

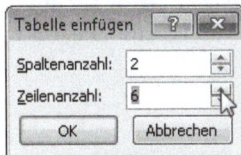

3.   Nehmen Sie die gewünschten Eingaben vor und klicken Sie auf *OK*. PowerPoint fügt dann eine leere Tabelle mit der entsprechenden Spalten- und Zeilenanzahl ein und weist ihr die durch das Design der Folie vorgegebene Formatierung zu.

Bild 35.3   Die neue, noch leere Tabelle

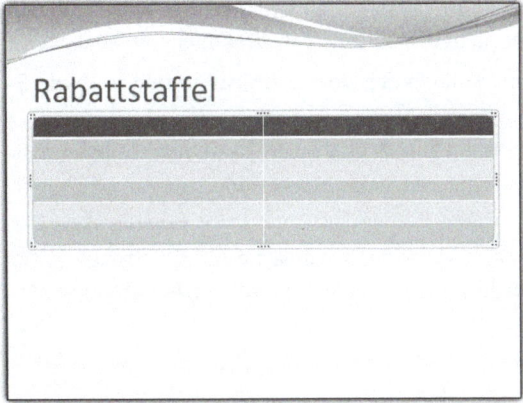

4.   Füllen Sie die Tabelle mit Inhalt. Um ins nächste Feld zu gelangen, drücken Sie einfach die ⇆-Taste. Mit der Tastenkombination ⇧+⇆ können Sie sich in die andere Richtung bewegen.

Bild 35.4   Die ausgefüllte Tabelle

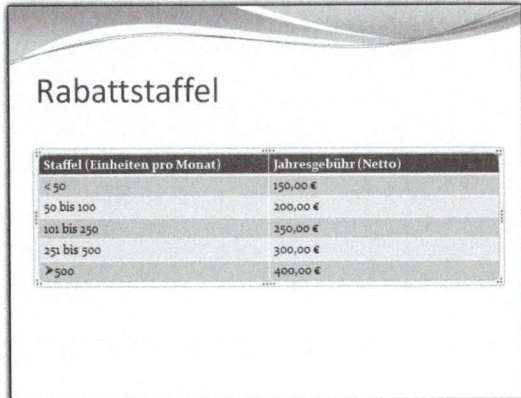

PowerPoint 2010

Natürlich ist die Größe der Tabelle noch nicht optimal an ihren Inhalt angepasst. Und auch die Formatierung werden Sie vermutlich noch etwas ändern wollen. Bevor wir auf diese Themen eingehen, wollen wir Ihnen jedoch noch die beiden anderen Varianten vorstellen, mit denen Sie eine Tabelle auf einer Folie einfügen können.

Tabelle als neues Objekt einfügen

Falls Sie einer Folie ein neues Layout zuweisen, werden Größe und Position der auf ihr enthaltenen Platzhalter an das zugewiesene Layout angepasst. Während dieser Automatismus bei Textplatzhaltern noch relativ unkritisch ist, wird bei Platzhaltern, die eine Tabelle enthalten, in der Regel das Layout der Tabelle in Mitleidenschaft gezogen.

Wenn Sie dieses Problem vermeiden möchten, können Sie die Tabelle als eigenständiges Objekt einfügen, das unabhängig vom Folienlayout ist. Außerdem eignet sich das Verfahren für Folien, die keinen leeren Platzhalter besitzen, in den Sie eine Tabelle aufnehmen können.

1. Zeigen Sie die gewünschte Folie in der Normalansicht an und wechseln Sie auf die Registerkarte *Einfügen.*

2. Klicken Sie auf die Schaltfläche *Tabelle* und geben Sie im Ausklappmenü die gewünschte Spalten- und Zeilenanzahl an (ohne gedrückte Maustaste).

Bild 35.5　Wenn Sie den Mauszeiger im Menü der Schaltfläche *Tabelle* bewegen, zeigt PowerPoint eine Vorschau der neuen Tabelle auf der Folie an. Die aktuelle Ausdehnung der Tabelle können Sie oben im Menü ablesen

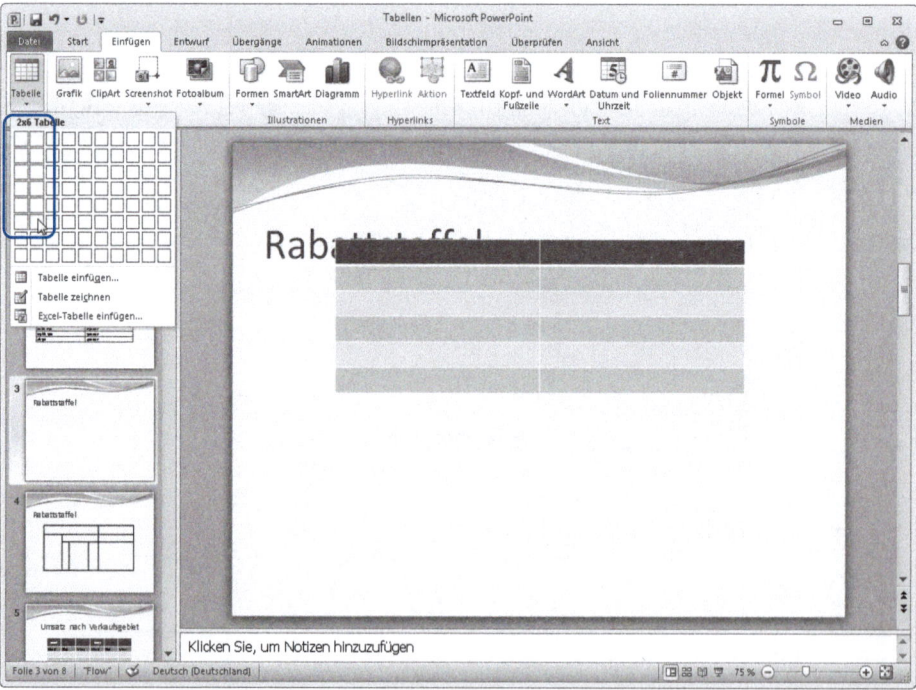

3. Um die Tabelle einzufügen, klicken Sie das gewünschte Kästchen im Menü an. Alternativ können Sie auch den Befehl *Tabelle einfügen* aufrufen. Es erscheint dann das Dialogfeld aus Bild 35.2, in das Sie die Spalten- und Zeilenanzahl eingeben können. Das Ergebnis ist in beiden Fällen das gleiche.

Bild 35.6   Die eingefügte leere Tabelle

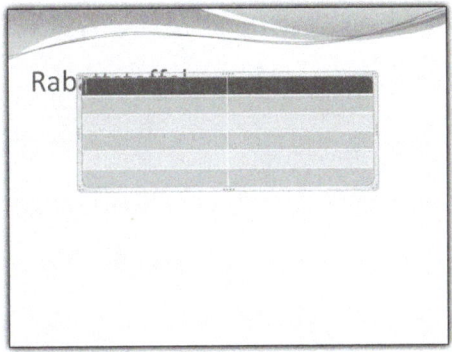

4. Schieben Sie die Tabelle an die gewünschte Position und geben Sie die Daten ein.

Tabellen zeichnen

Tabellen, deren Spalten und Zeilen nicht regelmäßig wie bei den Standardtabellen angeordnet sind, können Sie in PowerPoint sehr flexibel per Hand erstellen. Mit diesem Verfahren können Sie die Zellen einer Tabelle nicht nur nahezu beliebig anordnen, sondern Sie können auch die Stärke und die Farbe der Linien komfortabel formatieren. Außerdem ist es beim Zeichnen einer Tabelle sogar möglich, Tabellenzellen diagonal zu unterteilen.

TIPP   Sie können die Zeichenfunktion jederzeit für eine bestehende Tabelle aufrufen, um Korrekturen oder Änderungen an ihr vorzunehmen.

Das Prinzip der Zeichenfunktion ist denkbar einfach:

1. Wechseln Sie im Menüband auf die Registerkarte *Einfügen* und klicken Sie in der Gruppe *Tabellen* die Schaltfläche *Tabelle* an.

2. Klicken Sie dann im Ausklappmenü der Schaltfläche auf *Tabelle zeichnen*. PowerPoint wechselt in den Zeichenmodus für Tabellen. Sie erkennen dies daran, dass der Mauszeiger die Form eines Stiftes erhält.

3. Ziehen Sie mit der Maus einen Rahmen in der gewünschten Tabellengröße auf. Selbstverständlich können Sie die Größe der Tabelle noch nachträglich ändern, wenn Sie merken, dass Sie die ursprüngliche Größe falsch gewählt haben.

4. Sobald Sie die Maustaste loslassen, wird die Tabelle in der aktuell eingestellten Linienart eingefügt. Außerdem tauchen im Menüband die *Tabellentools* mit ihren beiden Kontextregisterkarten *Entwurf* und *Layout* auf (siehe Abbildung auf der nächsten Seite).

PowerPoint 2010

Bild 35.7   Von der neuen Tabelle ist zunächst nur ein leerer Rahmen zu sehen

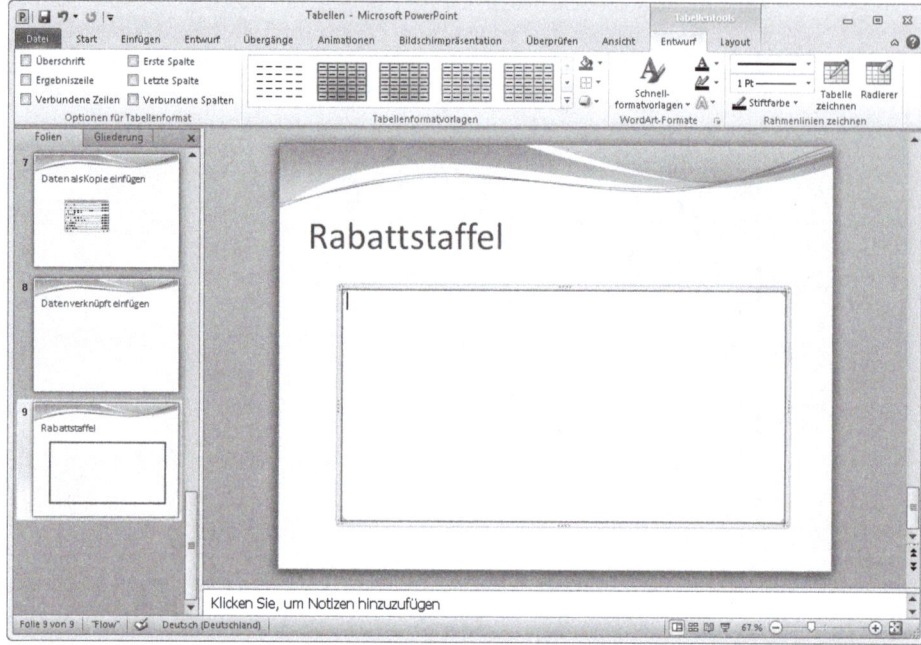

5.   Nehmen Sie mit dem Stift weitere Unterteilungen vor, indem Sie die gewünschten Linien einfach einzeichnen. Die Linienart, -stärke und -farbe können Sie in den Listenfeldern auf der Registerkarte *Tabellentools/Entwurf* in der Gruppe *Rahmenlinien zeichnen* auswählen. PowerPoint sorgt dabei automatisch dafür, dass die Linien richtig aneinander ansetzen.

Bild 35.8   Weitere Linien in eine bestehende Tabelle einfügen

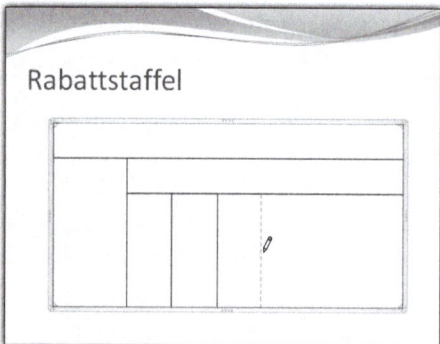

6.   Falsche oder nicht mehr benötigte Linien entfernen Sie mit dem Radiergummi. Klicken Sie zuerst auf der Registerkarte *Tabellentools/Entwurf* in der Gruppe *Rahmenlinien zeichnen* die Schaltfläche *Radierer* und dann die Linie an, die Sie entfernen wollen.

7.   Mit der Taste `Esc` oder einem Klick auf die Schaltfläche *Tabelle zeichnen* in der Gruppe *Rahmenlinie zeichnen* beenden Sie den Zeichenmodus.

Formatieren mit Tabellenformatvorlagen

Nachdem Sie eine Tabelle erstellt – und eventuell schon mit Inhalt gefüllt – haben, können Sie die Tabelle formatieren, um ihr eine ansprechende Optik zu geben. Hierbei können Sie auf die zahlreichen Tabellenformatvorlagen zurückgreifen, die Ihnen in PowerPoint zur Verfügung stehen und mit denen das Formatieren einer Tabelle nur ein paar Sekunden dauert.

1. Klicken Sie die Tabelle an und wechseln Sie auf die Registerkarte *Tabellentools/Entwurf*.

2. Zeigen Sie in der Gruppe *Tabellenformatvorlagen* auf eines der Vorschaubilder. PowerPoint zeigt dann auf der Folie eine Livevorschau der Vorlage an.

Bild 35.9 Mit den Tabellenformatvorlagen lässt sich eine komplette Tabelle in Sekunden formatieren

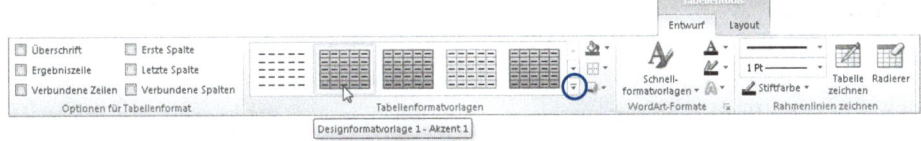

3. Falls in der Gruppe *Tabellenformatvorlagen* keine Formatierung sichtbar ist, die Ihnen geeignet erscheint, klicken Sie auf die Schaltfläche *Weitere* (in der obigen Abbildung mit einem Kreis markiert), um den Formatvorlagenkatalog zu öffnen. Blättern Sie im Katalog, bis Sie eine geeignete Formatvorlage gefunden haben, und klicken Sie sie an, um sie der Tabelle zuzuweisen.

Bild 35.10 Im Formatvorlagenkatalog finden Sie zahlreiche weitere Tabellenformatvorlagen.

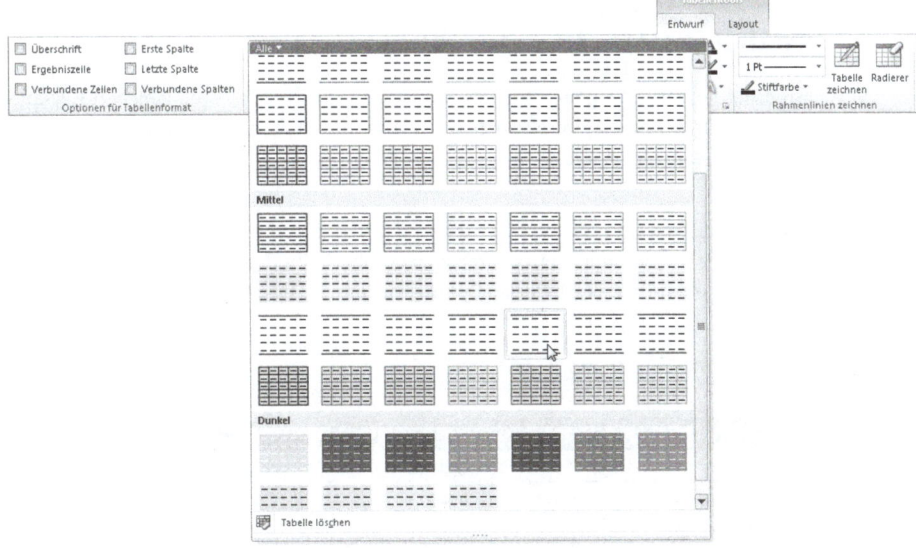

4. In der Gruppe *Optionen für Tabellenformat* können Sie festlegen, ob bestimmte Elemente der Tabelle besonders formatiert werden sollen.

PowerPoint 2010

Welche der Kontrollkästchen Sie einschalten, hängt davon ab, welche Informationen sich in der Tabelle befinden. Wenn Sie z.B. eine Tabelle erstellt haben, in der sich in der ersten Zeile die Spaltenüberschriften befinden, dann schalten Sie das Kontrollkästchen *Überschrift* ein. Bei Tabellenarten, bei denen in der letzten Spalte die Summen der einzelnen Zeilen angezeigt werden, bietet es sich an, das Kontrollkästchen *Letzte Spalte* einzuschalten.

Wenn Sie die Optionen *Verbundene Zeilen* und *Verbundene Spalten* einschalten, erhalten die Zeilen bzw. Spalten abwechselnd einen anderen Hintergrund, was die Lesbarkeit verbessert.

Die Wirkung der Einstellungen können Sie auch direkt im Auswahlkatalog für die Tabellenformatvorlagen beurteilen. Wenn Sie zum Beispiel die Option *Erste Spalte* einschalten, werden Sie feststellen, dass bei allen angebotenen Vorlagen die erste Spalte hervorgehoben wird.

Markieren in Tabellen

Um den Text einer Tabelle oder den Hintergrund einzelner Zellen zu formatieren, müssen Sie den betreffenden Bereich markieren. Je nachdem, was Sie markieren möchten, eignet sich dazu besser die Tastatur oder die Maus. Die folgenden Abschnitte stellen Ihnen die wichtigsten Verfahren vor.

Markieren mit der Tastatur

Um einzelne Zeichen zu markieren, drücken Sie die ⇧-Taste und verwenden dann die Pfeiltasten, um die Markierung aufzuziehen. Wenn Sie die Markierung dabei über das Ende des Zellentextes bewegen, erweitert sich die Markierung anschließend nicht mehr zeichen-, sondern zellenweise.

Markieren mit der Maus

Innerhalb einer Zelle gelten für das Markieren mit der Maus die gleichen Regeln wie in normalem Text. Darüber hinaus gibt es noch einige Besonderheiten, um bequem Spalten, Zeilen oder Zellen einer Tabelle zu markieren.

Ganze Spalte markieren
1.   Bewegen Sie den Mauszeiger direkt oberhalb der gewünschten Spalte, bis er zu einem schwarzen Pfeil wird, der nach unten weist.

Bild 35.11   Gesamte Spalte markieren

Staffel (Einheiten pro Monat)	Jahresgebühr (Netto)
bis 50	150,00 €
510 bis 100	200,00 €
101 bis 250	250,00 €
251 bis 500	300,00 €
ab 501	400,00 €

2. Klicken Sie, um die Spalte zu markieren.

3. Um mehrere Spalten zu markieren, ziehen Sie die Markierung mit gedrückter Maustaste nach links oder rechts auf.

Ganze Zeile markieren

Um einzelne oder mehrere Zeilen einer Tabelle zu markieren, gehen Sie analog zum Markieren von Spalten vor. Den Markierungspfeil erhalten Sie, indem Sie den Mauszeiger links vor die gewünschte Zeile bewegen.

Einzelne Zelle markieren

1. Bewegen Sie den Mauszeiger an den Anfang der Zelle. Er wird dort zu einem schräg nach oben zeigenden Pfeil. (Die Tabelle muss nicht markiert sein!)

Bild 35.12 Markieren einer einzelnen Zelle

Staffel (Einheiten pro Monat)	Jahresgebühr (Netto)
bis 50	150,00 €
51 bis 100	200,00 €
101 bis 250	250,00 €
251 bis 500	300,00 €
ab 501	400,00 €

2. Klicken Sie, um die Zelle zu markieren.

3. Um mehrere Zellen zu markieren, können Sie die Markierung mit gedrückter Maustaste in eine beliebige Richtung aufziehen.

Markieren mit Menübefehlen

Wenn Ihnen das Markieren mit der Maus oder der Tastatur zu umständlich ist, können Sie auch die Befehle des Menüs *Auswählen* verwenden, das Sie auf der Registerkarte *Tabellentools/Layout* in der Gruppe *Tabelle* finden. Mit den Unterpunkten des Menüs können Sie zumindest die rudimentären Markierungsaufgaben erledigen.

Bild 35.13 Markieren über das Menü *Auswählen*

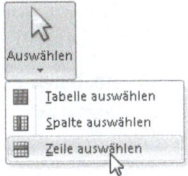

Zum Markieren setzen Sie zuerst die Einfügemarke in die gewünschte Zeile bzw. Spalte und wählen dann im Menü den entsprechenden Befehl.

Spaltenbreite und Zeilenhöhe ändern

Unabhängig davon, mit welchem Verfahren Sie eine Tabelle erstellt haben, werden in den meisten Fällen noch Korrekturen an der Breite einzelner Spalten oder der Höhe der Zeilen notwendig sein. Am einfachsten lassen sich diese Arbeiten in der Regel mit der Maus erledigen. Es gibt jedoch auch Situationen, in denen sich die Schaltflächen der Registerkarte *Tabellentools/Layout* besser eignen.

Einstellen mit der Maus

Um eine Spaltenbreite oder Zeilenhöhe mit der Maus zu verändern, gehen Sie so vor:

1. Setzen Sie den Mauszeiger auf die Trennlinie, die Sie verschieben wollen. Der Mauszeiger verändert sich dort in einen Doppelpfeil.

Bild 35.14   Einstellen der Spaltenbreite einer Tabelle

Staffel (Einheiten pro Monat)	Jahresgebühr (Netto)
bis 50	150,00 €
510 bis 100	200,00 €
101 bis 250	250,00 €
251 bis 500	300,00 €
ab 501	400,00 €

2. Verschieben Sie die Trennlinie, bis die Spalte/Zeile das gewünschte Maß hat, und lassen Sie dann die Maustaste wieder los.

TIPP   Beachten Sie, dass sich die anderen Trennlinien der Tabelle durch das Verschieben nicht verändern – wie das z.B. bei Word-Tabellen der Fall ist. Auch das Drücken von ⇧, Alt oder Strg hat in PowerPoint keine Auswirkung auf das Verhalten der restlichen Tabelle.

Spaltenbreite und Zeilenhöhe auf der Registerkarte einstellen

Auf der Registerkarte *Tabellentools/Layout* finden Sie in der Gruppe *Zellengröße* zwei Eingabefelder, in denen Sie die gewünschte Breite und Höhe einer Tabellenzelle manuell eingeben können.

Diese Vorgehensweise hat nicht nur den Vorteil, dass Sie die Maße exakt einstellen können, sondern auch, dass sich beim Ändern der Spaltenbreite die Breite der Tabelle automatisch anpasst. Das heißt, die rechts von der Trennlinie liegenden Spalten verschieben sich durch die Bewegung.

Bild 35.15   Auf der Registerkarte *Layout* können Sie die Spaltenbreite und die Zellenhöhe exakt einstellen

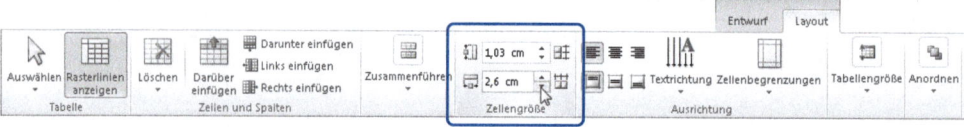

Spalten und Zeilen gleichmäßig verteilen

Wenn Sie zum Beispiel die Spalten einer Tabelle gleichmäßig aufteilen wollen, sollten Sie nicht versuchen, diese Aufgabe manuell mit der Maus zu erledigen. Das Ergebnis wäre mit Sicherheit nicht hundertprozentig exakt und da das menschliche Auge sehr empfindlich auf Asymmetrie reagiert, sollten Sie hier kein Risiko eingehen.

Gehen Sie dann besser so vor:

1. Öffnen Sie die Übungsdatei *Tabellen*.

2. Zeigen Sie die vierte Folie der Präsentation an, auf der sich eine gezeichnete Tabelle befindet (siehe folgende Abbildung).

3. Markieren Sie die gewünschten Zellen bzw. Spalten der Tabelle. Wenn Sie alle Spalten oder Zeilen der Tabelle verteilen wollen, genügt es, wenn sich die Einfügemarke irgendwo in der Tabelle befindet.

Bild 35.16   Einstellen der Spaltenbreite bei einer Tabelle, die mit der Zeichenfunktion erstellt wurde; die drei markierten Zellen sollen auf die gleiche Breite gebracht werden

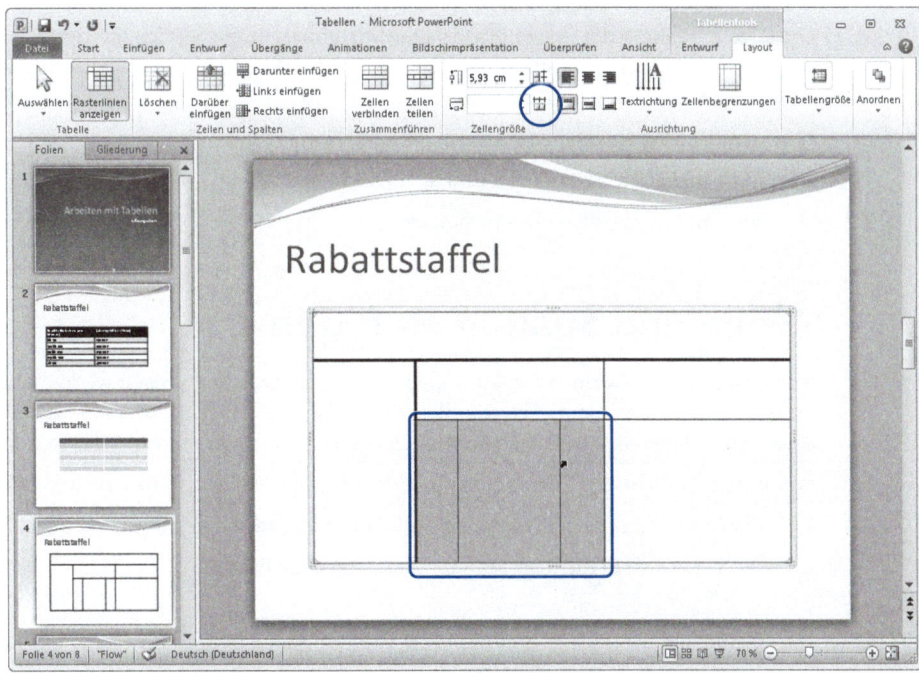

4. Wechseln Sie auf die Registerkarte *Layout* und klicken Sie in der Gruppe *Zellengröße* auf die Schaltfläche *Spalten verteilen* (siehe Markierung in der obigen Abbildung).

Bild 35.17   Die drei Zellen haben nun exakt die gleiche Breite

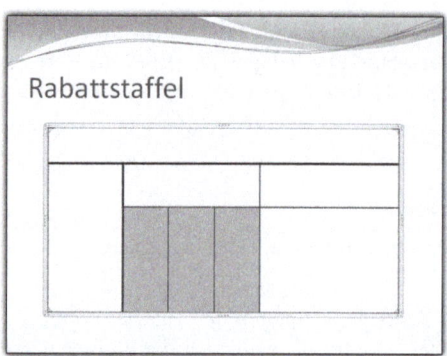

Ändern der Tabellenstruktur

Die erste Einteilung der Zeilen und Spalten wird nicht immer der endgültigen Version der Tabelle entsprechen. Früher oder später werden Sie vor der Aufgabe stehen, die Aufteilung einer Tabelle ändern zu müssen. Dabei können Sie

- neue Zeilen und Spalten einfügen
- nicht mehr benötigte Zeilen und Spalten löschen
- einzelne Zellen teilen oder verbinden.

Zeilen und Spalten einfügen

Im einfachsten Fall werden Sie der Tabelle eine neue Zeile hinzufügen wollen. Dazu setzen Sie die Einfügemarke einfach in die letzte Zelle der Tabelle und drücken dort die ⎘-Taste. Diese Vorgehensweise kennen Sie höchstwahrscheinlich bereits von der Arbeit mit Microsoft Word.

Wenn Sie innerhalb der Tabelle eine neue Zeile einfügen wollen, gehen Sie folgendermaßen vor:

1. Klicken Sie in die Zeile, über oder unter der Sie eine neue Zeile einfügen wollen.

2. Wechseln Sie auf die Registerkarte *Tabellentools/Layout*.

Bild 35.18   Die Schaltflächen zum Einfügen von Spalten/Zeilen befinden sich auf der Registerkarte *Tabellentools/Layout*

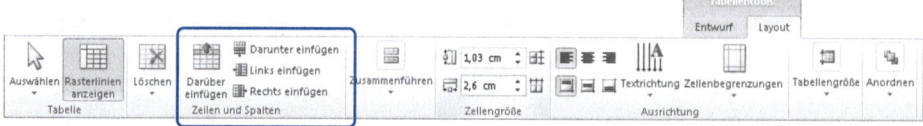

3. Klicken Sie in der Gruppe *Zeilen und Spalten* auf die Schaltfläche *Darüber einfügen* bzw. *Darunter einfügen*.

Zum Einfügen neuer Spalten gehen Sie analog vor und verwenden entsprechend die Schaltflächen *Links einfügen* bzw. *Rechts einfügen*.

Mehrere Zeilen/Spalten einfügen

Wollen Sie mehrere Zeilen oder Spalten gleichzeitig einfügen, können Sie vorher entsprechend viele Zeilen bzw. Spalten in der Tabelle markieren und müssen den Befehl dann nicht mehrfach aufrufen.

Zeilen und Spalten mit dem Kontextmenü einfügen

Im Kontextmenü für Tabellen finden Sie den Befehl *Einfügen,* den Sie ebenfalls zum Einfügen neuer Zeilen und Spalten nutzen können. Die Verwendung des Kontextmenüs erspart die Navigation zur richtigen Registerkarte im Menüband.

Zeilen und Spalten löschen

Wenn Sie überflüssige Zeilen und Spalten aus einer Tabelle entfernen wollen, können Sie diese Zellen auf zwei Wegen aus der Tabelle löschen:

■ Mit der Schaltfläche *Löschen* auf der Registerkarte *Tabellentools/Layout.* Das Menü dieser Schaltfläche enthält die beiden Befehle *Spalten löschen* und *Zeilen löschen.* Um mehrere Zeilen oder Spalten zu löschen, müssen Sie diese vor dem Aufruf des entsprechenden Befehls markieren.

■ Mit den Befehlen *Zeilen löschen* und *Spalten löschen* aus dem Kontextmenü für Tabellen. Auch hier können Sie mehrere Spalten oder Zeilen löschen, indem Sie diese vor dem Aufruf des Löschbefehls markieren.

Zellen verbinden und teilen

Wenn Sie eine Tabelle erstellen, bei der sich eine Überschrift über mehrere Spalten erstrecken soll, können Sie zwei oder mehr Tabellenzellen zu einer einzigen zusammenführen. Wenn sich in den einzelnen Zellen bereits Text befindet, wird der Text jeder Zelle in einem eigenen Absatz in der zusammengeführten Zelle aufgenommen.

Das folgende Beispiel zeigt, wie Sie in einem solchen Fall vorgehen müssen:

1. Öffnen Sie die Übungsdatei *Tabellen.*

2. Zeigen Sie die fünfte Folie an, auf der sich die Tabelle der nächsten Abbildung befindet.

3. Markieren Sie die Zellen, die Sie zusammenführen wollen. Dies können sowohl nebeneinander als auch untereinander stehende Zellen sein.

Bild 35.19 Die erste Zeile soll lediglich aus zwei Zellen bestehen, damit die Jahreszahlen zentriert über den zugehörigen Spalten stehen

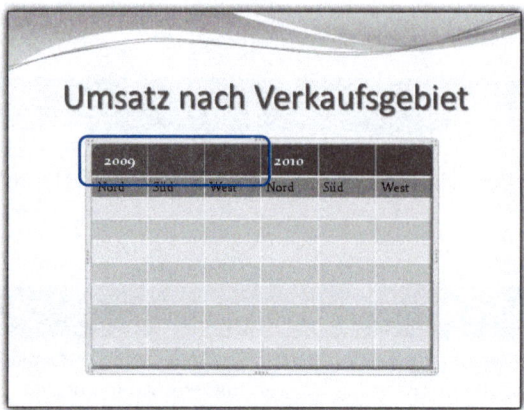

4. Wechseln Sie auf die Registerkarte *Tabellentools/Layout*.

5. Klicken Sie in der Gruppe *Zusammenführen* auf *Zellen verbinden*.

Bild 35.20 Die ersten drei Zellen wurden zusammengefasst

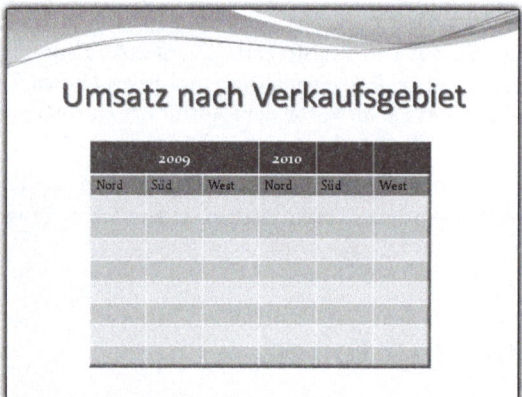

Zellen unterteilen

Auch der umgekehrte Weg ist möglich, nämlich dass Sie aus einer Tabellenzelle mehrere machen:

1. Klicken Sie die Zelle an, die Sie teilen möchten. Wenn Sie mehr als eine Zelle teilen wollen, dann markieren Sie die betreffenden Zellen.

2. Öffnen Sie die Registerkarte *Tabellentools/Layout*.

3. Klicken Sie in der Gruppe *Zusammenführen* auf *Zellen teilen*. Das gleichnamige Dialogfeld wird angezeigt.

Bild 35.21   Hier legen Sie fest, in wie viele Spalten und Zeilen die markierte(n) Zelle(n) aufgeteilt werden soll(en)

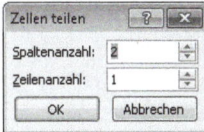

4. Geben Sie im Dialogfeld die Anzahl der Zeilen und Spalten an, in die die markierte(n) Zelle(n) aufgeteilt werden soll(en) und klicken Sie auf *OK*.

Excel-Tabellen einfügen

Für einfache Tabellen werden Sie mit den in PowerPoint eingebauten Tabellenfunktionen sicher gut zurecht kommen. Aber gelegentlich werden Sie auch eine Tabelle benötigen, die die ausgefeilteren Kalkulations- und Rechenmöglichkeiten von Microsoft Excel erfordert. Oder Sie haben bereits eine Tabelle in Excel erstellt und wollen diese in Ihre Präsentation einfügen. Dieser Abschnitt stellt Ihnen beide Möglichkeiten vor, mit denen Sie eine Excel-Tabelle in einer PowerPoint-Präsentation entsprechend verwenden können.

Neue Excel-Tabelle als Objekt einfügen

Wenn Sie eine Excel-Tabelle als neues Objekt auf einer Folie platzieren, wird die Excel-Tabelle in derselben Datei gespeichert, in der sich auch die anderen Daten der Präsentation befinden. Die Verwendung eines eingefügten Objekts hat den Vorteil, dass seine Bearbeitung innerhalb von PowerPoint direkt auf der Folie stattfinden kann. Außerdem wird die Weitergabe der Präsentation vereinfacht, da sie nur aus einer einzelnen Datei besteht.

Der Nachteil bei diesem Verfahren ist, dass es keine Verknüpfung zu einer eventuell bereits vorhandenen Excel-Datei gibt und somit die Daten innerhalb des Excel-Objekts nicht automatisch aktualisiert werden können, wenn sich die Ursprungsdaten ändern.

So fügen Sie eine Excel-Tabelle als Objekt auf einer Folie ein:

1. Zeigen Sie die Folie, auf der Sie die Tabelle einfügen wollen, im Folienbereich an.

2. Wechseln Sie auf die Registerkarte *Einfügen*, klicken Sie auf die Schaltfläche *Tabelle* und dann auf *Excel-Tabelle einfügen*.

   Auf der Folie erscheint nun ein Excel-Arbeitsblatt mit den vertrauten Zeilen- und Spaltenköpfen, das Sie direkt in PowerPoint bearbeiten können. Beachten Sie, dass in der Titelleiste »Microsoft PowerPoint« steht und auch die Statusleiste von PowerPoint angezeigt wird. Das Menüband ist jedoch das von Excel. Auch die Office-Schaltfläche ist nicht sichtbar, stattdessen sehen Sie unterhalb der Titelleiste das von vorhergehenden PowerPoint-Versionen her bekannte *Datei*-Menü.

PowerPoint 2010

Während Sie die auf der Folie eingefügte Excel-Tabelle innerhalb von PowerPoint bearbeiten, wird das Menüband von Excel eingeblendet

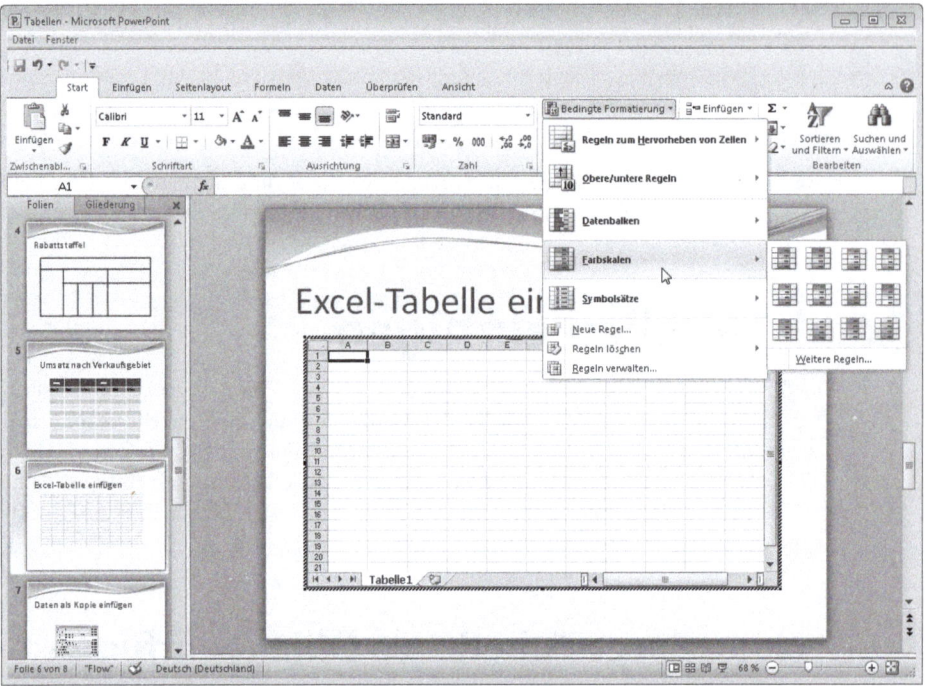

3. Erstellen Sie die Tabelle auf dem Arbeitsblatt, wie Sie es von Excel gewohnt sind. Achten Sie darauf, dass die Tabelle oben links in der Zelle A1 beginnt.

4. Passen Sie die Größe des Arbeitsblattes an die fertige Tabelle an, indem Sie die rechte untere Ecke des schraffierten Rahmens verschieben.

5. Klicken Sie außerhalb des Excel-Objekts, um den Bearbeitungsmodus für Excel-Tabellen zu verlassen.

6. Wenn Sie die Tabelle noch vergrößern oder verkleinern wollen, verwenden Sie dazu die Anfasser an den Ecken des Objekt-Rahmens.

Wollen Sie anschließend die Excel-Tabelle erneut bearbeiten, gelangen Sie mit einem Doppelklick in den Bearbeitungsmodus. Alternativ klicken Sie die Excel-Tabelle mit der rechten Maustaste an und zeigen dann im Kontextmenü auf *Arbeitsblatt-Objekt*.

■ Klicken Sie auf *Bearbeiten*, wenn Sie die Excel-Tabelle wiederum innerhalb von PowerPoint bearbeiten wollen.

■ Klicken Sie auf *Öffnen*, um das Excel-Objekt im normalen Programmfenster von Excel zu bearbeiten. Nachdem Sie die Bearbeitung in Excel abgeschlossen haben, klicken Sie in Excel auf *Datei* und wählen dort den Befehl *Schließen*.

Daten aus Excel-Tabelle als Kopie einfügen

Wenn Sie bereits eine Tabelle mit Excel erstellt haben und diese in einer Präsentation verwenden wollen, gehen Sie folgendermaßen vor:

1. Starten Sie Excel und öffnen Sie dort die Arbeitsmappe, in der sich die betreffende Tabelle befindet (zum Beispiel die Übungsdatei *Businessplan*).

2. Markieren Sie in Excel den Bereich, den Sie auf Ihrer Folie einfügen wollen.

3. Klicken Sie auf der Registerkarte *Start* in der Gruppe *Zwischenablage* auf *Kopieren*.

4. Wechseln Sie zu PowerPoint und zeigen Sie die gewünschte Folie an.

5. Klicken Sie auf der Registerkarte *Start* in der Gruppe *Zwischenablage* auf *Einfügen*. Im Menü der Schaltfläche können Sie wählen, in welchem Format die Daten eingefügt werden sollen. Bewegen Sie dazu einfach die Maus auf die angebotenen Eingabeoptionen. PowerPoint zeigt Ihnen dann eine Vorschau der einzufügenden Daten auf der Folie an.

Bild 35.23   Hier können Sie das Format der einzufügenden Daten vorgeben

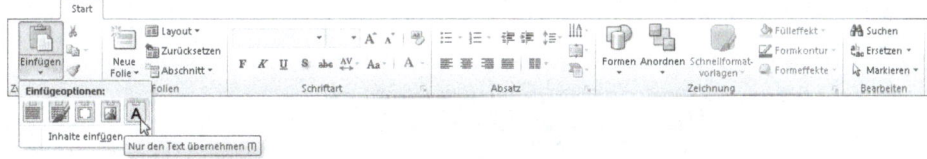

6. Klicken Sie eines der Symbole an, um die kopierte Tabelle auf der Folie einzufügen.

Bild 35.24   Das Format der eingefügten Tabelle lässt sich auch nachträglich noch ändern.

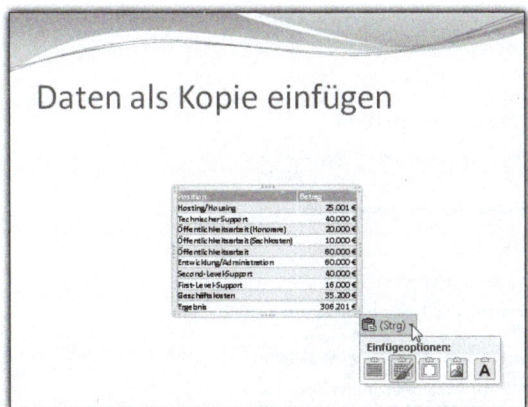

Die auf der Folie eingefügte Excel-Tabelle hat mit dem Arbeitsblatt keine Verbindung mehr, das heißt, es handelt sich um eine echte Kopie. Wenn Sie die Daten der Tabelle im originalen Arbeitsblatt verändern, hat dies auf die Tabelle in Ihrer Präsentation keinerlei Auswirkung.

PowerPoint 2010

Daten aus Excel-Tabelle verknüpft einfügen

Wenn Sie möchten, dass die Excel-Tabelle in Ihrer Präsentation eine Änderung an der zugrunde liegenden Excel-Arbeitsmappe automatisch übernehmen kann, müssen Sie sie verknüpft einfügen:

1. Führen Sie die im letzten Abschnitt beschriebenen Schritte 1 bis 4 aus.

2. Klicken Sie jetzt in der Registerkarte *Start* auf den unteren Teil der Schaltfläche *Einfügen,* um das zugehörige Menü anzuzeigen.

3. Wählen Sie im Menü der Schaltfläche den Befehl *Inhalte einfügen*.

4. Schalten Sie im dadurch angezeigten Dialogfeld die Option *Verknüpfung einfügen* ein.

Bild 35.25 In diesem Dialog können Sie festlegen, dass die Tabelle verknüpft eingefügt werden soll.

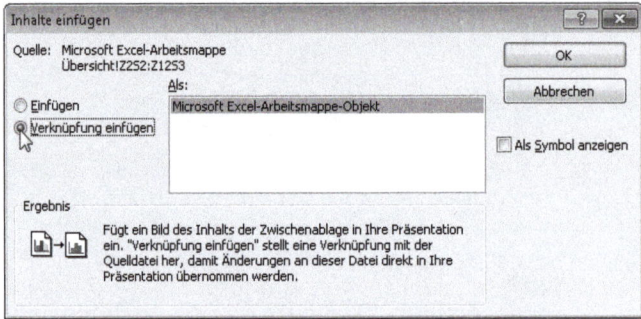

5. Klicken Sie auf *OK,* um den markierten Bereich des Arbeitsblattes auf der Folie einzufügen.

Wenn Sie die Präsentation dann schließen und anschließend erneut öffnen, zeigt PowerPoint 2010 ein Dialogfeld an, in dem Sie darauf hingewiesen werden, dass die Präsentation Verknüpfungen enthält. Mit einem Klick auf die Schaltfläche *Verknüpfungen aktualisieren* können Sie dann die Aktualisierung der Daten veranlassen.

Bild 35.26 PowerPoint weist Sie auf die Verknüpfung hin

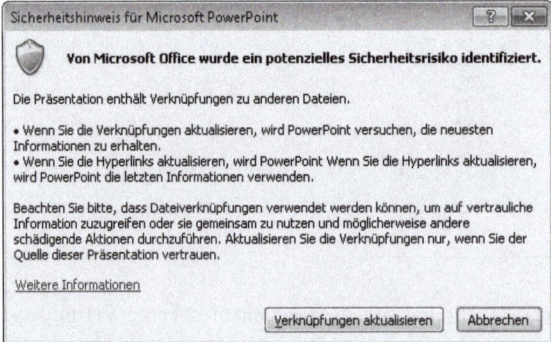

Alternativ können Sie die Aktualisierung jederzeit manuell auslösen, indem Sie die Excel-Tabelle auf der Folie mit der rechten Maustaste anklicken und in ihrem Kontextmenü den Befehl *Verknüpfung aktualisieren* aufrufen.

Bild 35.27   Manuelles Aktualisieren einer Verknüpfung

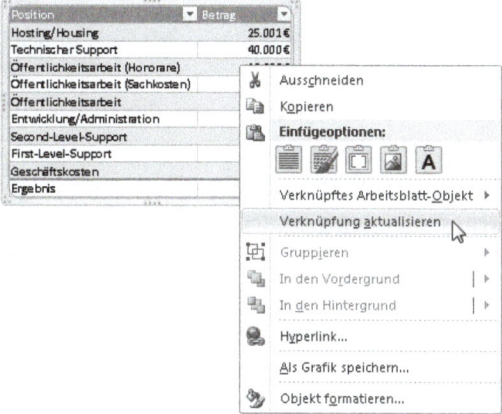

Verknüpfung bearbeiten

Wenn das Dokument, auf das sich eine Verknüpfung bezieht, umbenannt oder in ein anderes Verzeichnis verschoben wurde, kann PowerPoint natürlich nicht mehr auf die Originaldaten zugreifen. In diesem Fall müssen Sie PowerPoint die neue Position des Dokuments mitteilen.

1.   Öffnen Sie die Präsentation, die die defekte Verknüpfung enthält.

2.   Wechseln Sie auf die Registerkarte *Datei* und klicken Sie im Bereich *Informationen* auf *Verknüpfungen mit Dateien bearbeiten*. Dieser Befehl befindet sich unten rechts und ist nur vorhanden, wenn die aktuelle Präsentation mindestens eine Verknüpfung enthält.

Bild 35.28   Hier können Sie die in der Präsentation enthaltenen Verknüpfungen bearbeiten.

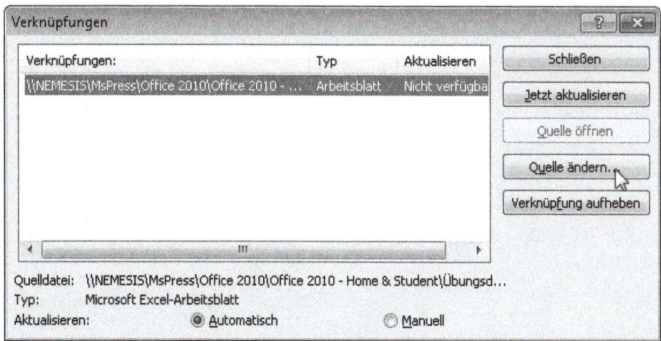

3.   Markieren Sie die betreffende Verknüpfung und klicken Sie auf *Quelle ändern*. PowerPoint zeigt dann den Dialog *Quelle ändern* an.

4.   Geben Sie die neue Position der Quelldatei an.

5.   Prüfen Sie mit einem Klick auf die Schaltfläche *Jetzt aktualisieren*, ob die geänderte Verknüpfung funktionsfähig ist.

6.   Schließen Sie das Dialogfeld *Verknüpfungen* wieder.

Zusammenfassung

In diesem Kapitel haben Sie die verschiedenen Möglichkeiten kennen gelernt, Tabellen in eine Präsentation einzufügen und sie nachträglich zu bearbeiten.

- Im einfachsten Fall nutzen Sie einfach ein Folienlayout, das einen Platzhalter enthält, der für die Aufnahme einer Tabelle vorgesehen ist (Seite 618).

- Alternativ können Sie eine leere Tabelle auch als eigenständiges Objekt einfügen (Seite 620).

- Um individuelle Tabellen zu erstellen, verwenden Sie die Zeichenfunktion für Tabellen. Mit ihr lassen sich Tabellen mit beliebiger Zellenaufteilung erzeugen (Seite 621).

- Im folgenden Abschnitt haben Sie erfahren, wie Sie eine Tabelle mit Hilfe von Tabellenformatvorlagen schnell und professionell formatieren können (Seite 623).

- Um einzelne Bereiche einer Tabelle zu formatieren, müssen Sie diese zunächst markieren. Dazu können Sie entweder die Tastatur oder die Maus benutzen. Der Mauszeiger signalisiert durch seine Form, an welchen Stellen Sie klicken müssen, um eine einzelne Zelle, eine Zeile oder eine Spalte der Tabelle zu markieren. Anschließend können Sie die Markierung bei Bedarf weiter aufziehen (Seite 624).

- Die Zeilenhöhen und Spaltenbreiten einer Tabelle lassen sich am schnellsten mit der Maus verändern. Falls Sie jedoch präzise Einstellungen vornehmen wollen, sollten Sie die gewünschten Maße auf der Registerkarte *Tabellentools/Layout* vornehmen (Seite 626).

- Um die Struktur einer Tabelle zu ändern, können Sie sowohl mehrere Zellen zu einer einzigen Zelle zusammenfassen, als auch eine einzelne Zelle in mehrere Zellen aufteilen (Seite 628).

- Der letzte Abschnitt dieses Kapitels hat schließlich gezeigt, wie Sie eine Excel-Tabelle auf einer Folie einfügen können (Seite 631)und wie Sie eine Präsentation mit externen Daten verknüpfen (Seite 634).

Kapitel 36

Präsentationen drucken

In diesem Kapitel:

In diesem Kapitel dreht sich alles ums Drucken, denn hier hat PowerPoint viel zu bieten: Sie können Folien einfach, wie sie sind, auf Papier oder Folie drucken, Notizenseiten als Vortragsmanuskript oder Handzettel zum Verteilen an das Publikum drucken. Bei den Handzetteln ist vor allem die Möglichkeit interessant, mehrere Folien auf ein Blatt zu drucken.

Folien drucken

Nicht immer werden Sie Ihre Präsentationen nur als Bildschirmpräsentation vorführen – vielleicht sollen sie auf transparente Overhead-Folien oder einfach auf Papier ausgedruckt werden. Wie wir in Kapitel 5 bereits kurz erwähnt haben, gibt es in PowerPoint zwei Möglichkeiten, den Druckvorgang zu starten:

■ Über die Backstage-Ansicht *Drucken* (die Sie auch mit dem Shorcut Strg + P erreichen)

■ und über den Befehl *Schnelldruck*.

Im Normalfall werden Sie die erste Variante verwenden, weil Sie nur hier den Drucker auswählen und verschiedene Druckoptionen einstellen können:

Bild 36.1   Einstellen der Druckoptionen in der Backstage-Ansicht *Drucken*

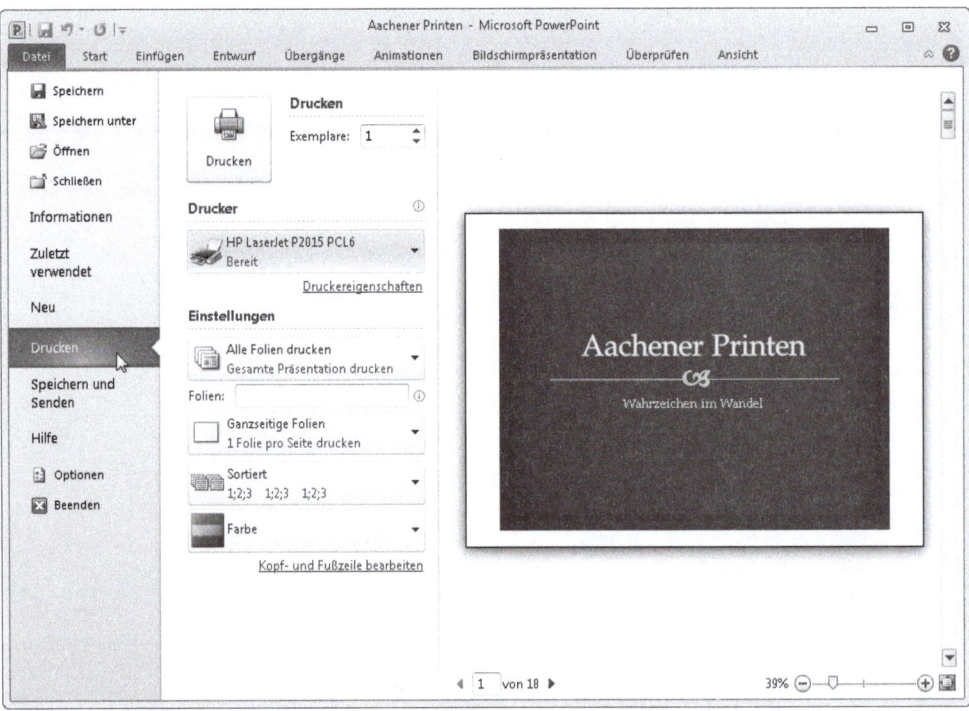

- **Drucken/Exemplare**   Geben Sie hier an, wie viele Kopien gedruckt werden sollen. Wie die Ausdrucke dabei sortiert werden, beschreiben wir weiter unten auf dieser Seite.

- **Drucker**   Hier geben Sie an, an welchen Drucker die Druckdaten geschickt werden. Wenn Sie diese Einstellung ändern möchten, wählen Sie den gewünschten Drucker aus dem Listenfeld aus.

  Über den Link *Druckereigenschaften* erreichen Sie ein Dialogfeld, in dem Sie spezielle Einstellungen für den gewählten Drucker vornehmen können. Welche Möglichkeiten Ihr Drucker hier anbietet, entnehmen Sie bitte der Druckerdokumentation.

- **Einstellungen**   Mit den Auswahllisten dieser Gruppe legen Sie u.a. fest, welche Bereiche der Präsentation Sie drucken möchten und welches Papierformat dazu verwendet werden soll.

  - Im ersten Menü bestimmen Sie, welche Folien der Präsentation gedruckt werden:

    - Alle Folien

    - Nur die markierten Folien

    - Nur die aktuelle (also die momentan angezeigte) Folie

    - Nur bestimmte Folien, deren Nummern Sie in das Feld unterhalb der Auswahlliste eintippen können

    - Nur die Folien eines bestimmten Abschnitts (siehe Kapitel 32)

    - Nur die Folien einer bestimmten zielgruppenorientierten Präsentation

    - Folien, die während der Präsentation ausgeblendet bleiben, können auf Wunsch dennoch mit ausgedruckt werden, indem Sie den Befehl *Ausgeblendete Folien drucken* einschalten.

  - Im zweiten Menü geben Sie an, was gedruckt wird:

    - Folien, Notizenseiten, Gliederung

    - Verschiedene Formen von Handzetteln

    - Den Befehl *Folienrahmen* sollten Sie vor allem dann einschalten, wenn Ihre Folien einen hellen oder sogar einen weißen Hintergrund besitzen.

    - Mit dem Befehl *Auf Seitenformat anpassen* können Sie den Platz auf dem Papier optimal nutzen.

  - Im dritten Menü steuern Sie die Druckreihenfolge, falls Sie mehrere Exemplare drucken. Bei der ersten Option druckt PowerPoint alle Seiten eines Exemplars, bevor es mit dem nächsten Exemplar beginnt. Dadurch sind die ausgedruckten Seiten zwar direkt sortiert, der Druckvorgang dauert jedoch länger, da PowerPoint jede Seite mehrmals an den Drucker schicken muss. Bei der zweiten Variante werden zunächst alle Kopien der ersten Seite gedruckt, dann die der zweiten usw. Dieses Verfahren ist bei vielen Druckern deutlich schneller.

  - Im vorletzten Menü können Sie entscheiden, ob PowerPoint den Ausdruck im Hoch- oder im Querformat vornimmt. Dank der Vorschaufunktion der Backstage-Ansicht können Sie sofort beurteilen, welche Einstellung für Ihren konkreten Druckauftrag am sinnvollsten ist.

  - Wenn Sie einen Schwarzweiß-Drucker benutzen, können Sie im letzten Menü noch zwischen *Graustufen* oder *Reines Schwarzweiß* wählen.

PowerPoint 2010

So drucken Sie eine Präsentation

1. Wechseln Sie mit *Datei/Drucken* oder mit `Strg`+`P` in die Backstage-Ansicht.

2. Nehmen Sie alle notwendigen Einstellungen vor.

3. Starten Sie den Druckvorgang mit einem Klick auf *Drucken*.

Schnelldruck

Beim Schnelldruck gibt PowerPoint die Folien ohne Nachfrage kommentarlos auf dem Standard-Drucker aus. Das heißt, Sie können den Druckvorgang hier nicht beeinflussen. Die Funktion ist vor allem dafür gedacht, dass Sie einen Druckvorgang ohne großen Aufwand erneut auslösen können, wenn Sie zum Beispiel beim ersten Ausdruck feststellen, dass Sie noch eine Kleinigkeit an der Folie ändern müssen. Da Sie in diesem Fall bereits alle notwendigen Druckeinstellungen vorgenommen haben, können Sie sich den erneuten Aufruf der Backstage-Ansicht *Drucken* ersparen.

Bevor Sie den Befehl *Schnelldruck* nutzen können, müssen Sie ihn erst in die Symbolleiste für den Schnellzugriff aufnehmen. Klicken Sie dazu auf den kleinen Pfeil am Ende der Symbolleiste und wählen dann den Befehl *Schnelldruck* aus dem Aufklappmenü.

Bild 36.2 Befehl *Schnelldruck* in die Symbolleiste aufnehmen

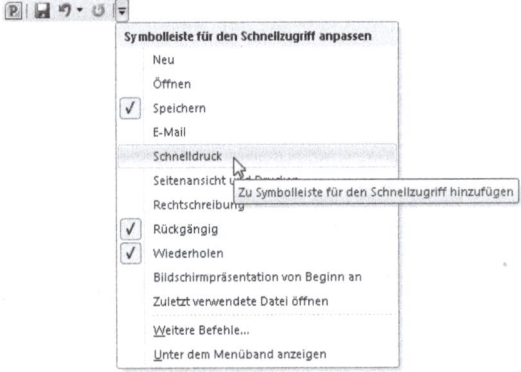

Notizenseiten erstellen

In Ihrer Präsentation möchten Sie möglichst knapp auf den Punkt kommen und nur die wichtigsten Informationen übersichtlich und verständlich darstellen. Was also tun Sie, wenn Sie während des Vortrags zusätzliche Informationen zur Hand haben möchten?

Ganz einfach: Fügen Sie zu Ihren Folien Notizenseiten hinzu, auf denen Sie Erläuterungen zu jeder Folie eingeben. Dazu können zum Beispiel detailliertes Zahlenmaterial und ergänzende Informationen gehören, die Sie in Ihrem Vortrag nicht erwähnen wollen, die Sie aber für eventuelle Nachfragen gerne parat haben. Diese Notizenseiten können Sie ausdrucken und als Grundlage Ihres Vortrags benutzen. Präsentiert werden nur die Folien, doch Sie haben jede Zusatzinformation zur Hand, die Sie brauchen, um gelassen vor dem Publikum zu stehen.

Kurze Notizen geben Sie direkt im Notizenfeld der Normalansicht ein. Falls dieser Bereich auf Ihrem Bildschirm nicht sichtbar ist, ziehen Sie einfach die waagerechte Begrenzungslinie, die direkt oberhalb der Statusleiste liegt, ein Stück nach oben.

Den Inhalt des Notizenfeldes können Sie mit den üblichen Funktionen formatieren, um zum Beispiel wichtige Stichwörter optisch hervorzuheben.

Bild 36.3   Kurze Notizen geben Sie direkt im Notizenfeld der Normalansicht ein. Um die Größe des Notizenfeldes zu ändern, verschieben Sie die Begrenzungslinie

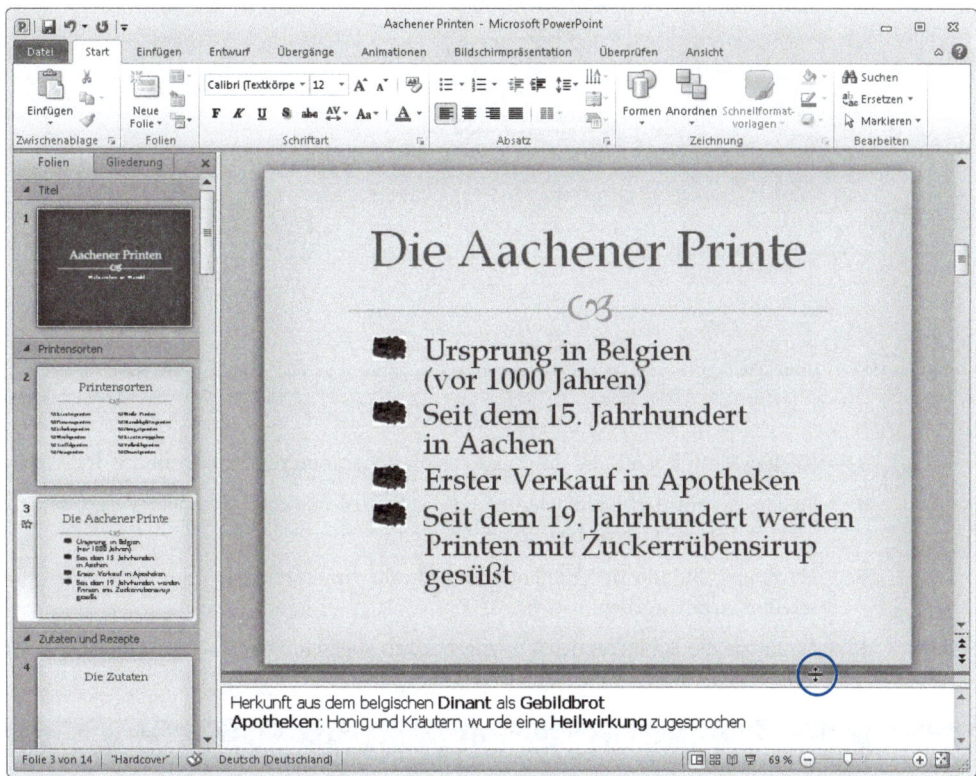

Soll der Notizenbereich den gesamten Vortragstext zu jeder Folie aufnehmen, ist der Platz im Notizenfeld zu knapp und zu unübersichtlich. In diesem Fall wechseln Sie besser in die Notizenansicht. Dort finden Sie auch alle Funktionen, die Ihnen bereits aus der Arbeit mit Textfolien bekannt sind.

1. Wechseln Sie auf die Registerkarte *Ansicht* und klicken Sie dort in der Gruppe *Präsentationsansichten* auf die Schaltfläche *Notizenseite*. Das Standardlayout einer Notizenseite besteht aus einer Vorschau auf die Folie, die den oberen Bereich einnimmt, und dem Raum für Notizen in einem darunter positionierten Textfeld.

2. Klicken Sie das Vorschaubild der Folie an und richten Sie Position oder Größe mithilfe der Anfasser aus – zum Beispiel, wenn Sie mehr Platz für Text benötigen.

Am Anfang ist es verwirrend, dass es nicht möglich ist, den Folieninhalt an dieser Stelle zu bearbeiten; es geht aber tatsächlich nicht – Sie müssen dazu zunächst in die Normalansicht zurückkehren.

PowerPoint 2010

Bild 36.4 Das Vorschaubild der Folie auf der Notizenseite können Sie verkleinern und verschieben

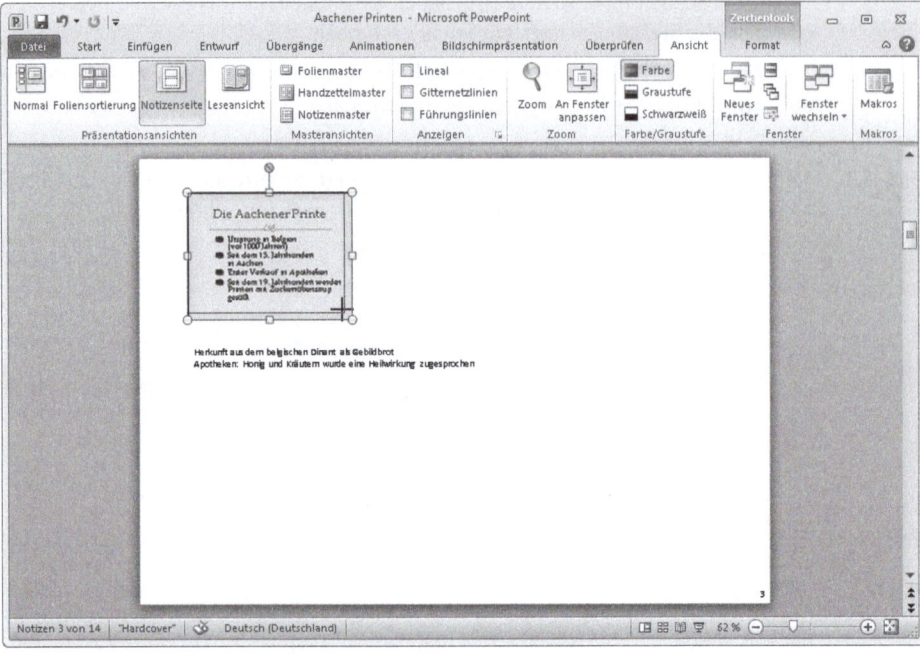

3. Klicken Sie auf den Rand des Textfelds und positionieren Sie es mithilfe der Anfasser.

4. Stellen Sie mit den Bedienelementen der Statusleiste eine geeignete Vergrößerung ein, damit Sie den Text vernünftig bearbeiten können.

5. Navigieren Sie mit den Bildlaufleisten durch die Präsentation, um den Vortragstext für weitere Folien einzugeben.

6. Wenn Sie die Arbeit an den Vortragsnotizen abgeschlossen haben, kehren Sie mit einem Klick auf die Schaltfläche *Normal* zu den Folien zurück.

PROFITIPP

Einstellungen für alle Notizenseiten

Wenn Sie die Aufteilung von Folienvorschau und Textfeld für alle Notizenseiten ändern möchten, brauchen Sie das nicht auf jeder Folie einzeln zu tun. Lesen Sie dann in Kapitel 37, wie Sie die Masteransichten verwenden, um Änderungen an der gesamten Präsentation vorzunehmen.

Notizen drucken

Um Notizenseiten auszudrucken, gehen Sie folgendermaßen vor:

1. Wechseln Sie mit *Datei/Drucken* oder mit `Strg`+`P` in die Backstage-Ansicht *Drucken*.

2. Legen Sie den Drucker fest, auf dem die Notizenseiten ausgedruckt werden sollen.

3. Geben Sie den Druckbereich an. Standardmäßig ist hier *Alle Folien drucken* ausgewählt.

4. In der zweiten Auswahlliste der Gruppe *Einstellungen* wählen Sie *Notizenseiten*.

5. Geben Sie außerdem an, ob das Bild der Folien oben auf der Notizenseite einen Rahmen erhalten soll.

6. Klicken Sie auf *OK*, um den Druckvorgang zu starten.

Bild 36.5   Mit PowerPoint ausgedruckte Notizseite

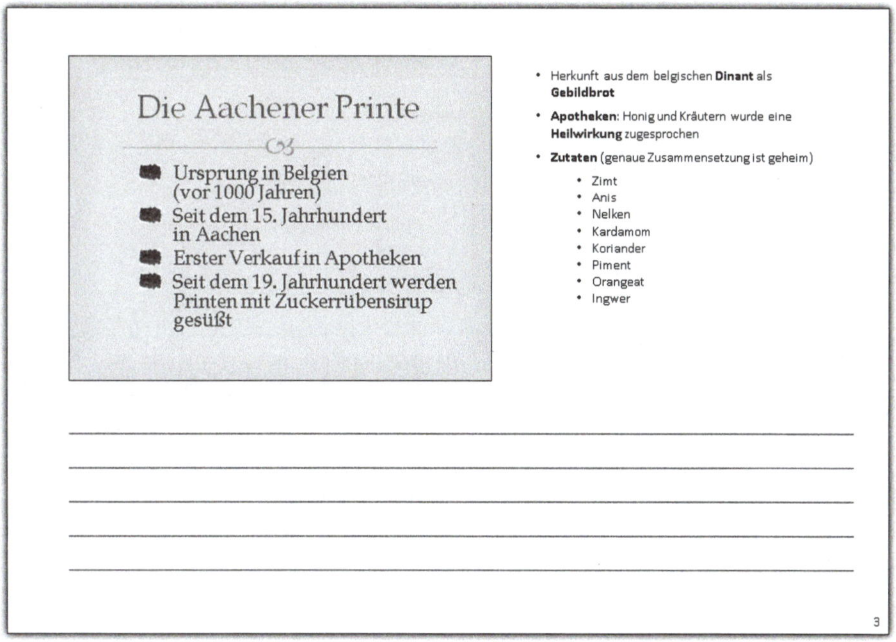

Handzettel drucken

Handzettel sind Ausdrucke der Folien einer Präsentation, die ans Publikum verteilt werden. Dabei können Sie entscheiden, ob Sie nur eine oder mehrere Folien auf einer Seite ausdrucken möchten.

Als besonders vorteilhaft hat sich der Ausdruck von je zwei Folien auf ein Blatt erwiesen: Für eine Bildschirmpräsentation ist in der Regel eine Schriftgröße sinnvoll, die auf Papier in halber Größe noch gut lesbar ist; außerdem ergeben zwei Folien im Querformat ein Blatt Papier im Hochformat, das so bequem betrachtet oder auch abgeheftet werden kann.

So drucken Sie Handzettel:

1. Wechseln Sie mit *Datei/Drucken* oder mit `Strg`+`P` in die Backstage-Ansicht *Drucken*.

2. Geben Sie an, wie viele Exemplare der Präsentation Sie ausdrucken möchten.

3. Legen Sie gegebenenfalls den Drucker fest, auf dem die Handzettel ausgedruckt werden sollen.

4. Geben Sie den Druckbereich an, d.h. den Bereich der Präsentation, der gedruckt werden soll.

5. In der zweiten Auswahlliste wählen Sie eines der angebotenen Handzettel-Layouts. Beachten Sie, dass PowerPoint zwischen vertikaler und horizontaler Reihenfolge unterscheiden kann.

PowerPoint 2010

Bild 36.6 Layout-Varianten für Handzettel

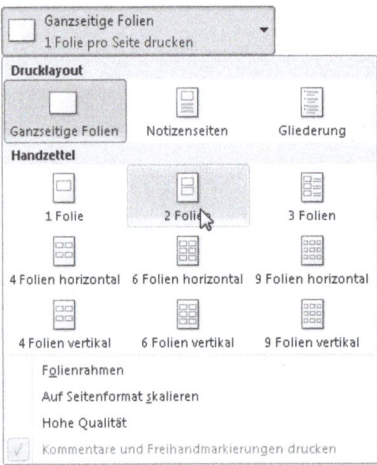

6. Stellen Sie die gewünschte Sortierreihenfolge ein. Wenn Sie sich nicht die Mühe machen möchten, später von Hand eine größere Anzahl Handzettel in die richtige Reihenfolge zu bringen, wählen Sie hier die erste Option.

Bild 36.7 Einstellungen für das Drucken von Handzetteln

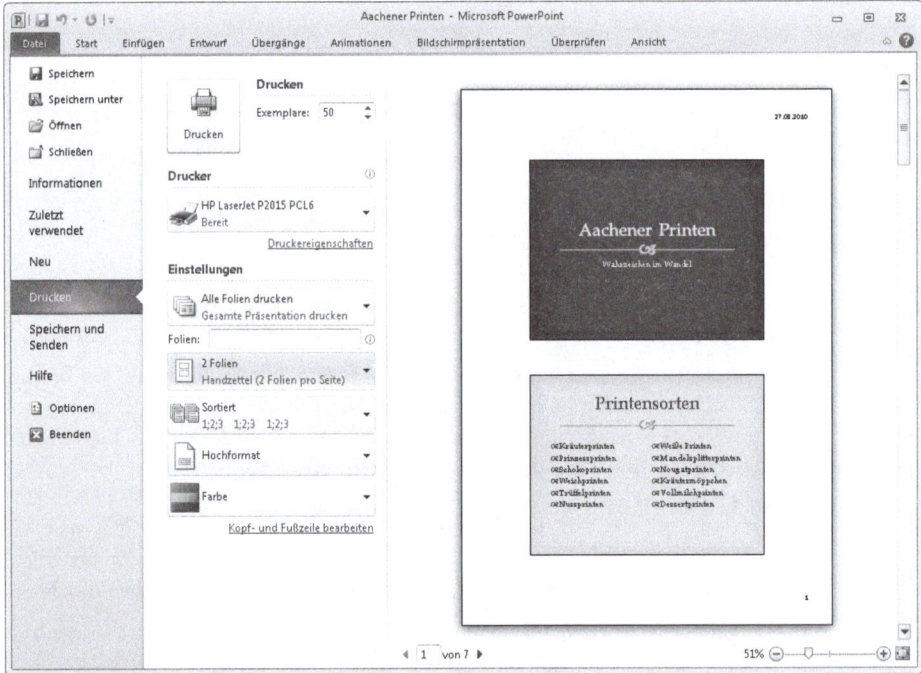

7. Klicken Sie auf *Drucken*, um den Druckvorgang zu starten.

Kopf- und Fußzeilen

Wenn Sie auf den ausgedruckten Seiten eine Seitennummer, einen Copyright-Hinweis oder Ähnliches aufnehmen wollen, können Sie in der Backstage-Ansicht *Drucken* eine entsprechende Kopf- bzw. Fußzeile konfigurieren. Gehen Sie dazu folgendermaßen vor:

1. Wechseln Sie mit *Datei/Drucken* oder mit ⌨Strg+⌨P in die Backstage-Ansicht *Drucken*.

2. Klicken Sie in der Gruppe *Einstellungen* ganz unten auf den Link *Kopf- und Fußzeile bearbeiten*. PowerPoint zeigt dann das Dialogfeld aus Bild 36.8 an.

HINWEIS Dieses Dialogfeld erreichen Sie auch, indem Sie auf der Registerkarte *Einfügen* in der Gruppe *Text* auf die Schaltfläche *Kopf- und Fußzeile* klicken.

3. Wechseln Sie auf eine der beiden Registerkarten *Folie* und *Notizenblätter und Handzettel*, je nachdem, wofür Sie die Kopf- und Fußzeilen erstellen wollen.

Bild 36.8 Dialog zum Einrichten von Kopf- und Fußzeile

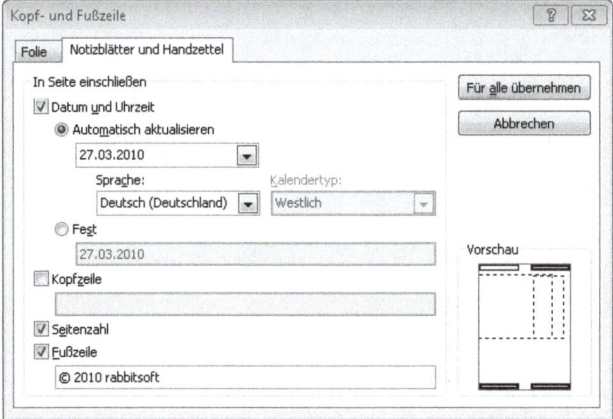

4. Schalten Sie die gewünschten Optionen ein und nehmen Sie gegebenenfalls weitere Feineinstellungen vor. Im Vorschaubereich des Dialogs werden die aktivierten Elemente mit einem fetten Rahmen dargestellt, sodass Sie ihre Platzierung gut erkennen können. Falls Sie das Datum ausgeben lassen, achten Sie darauf, dass die richtige Sprache ausgewählt ist, damit PowerPoint ein für Ihre Zuschauer geeignetes Datumsformat verwendet.

5. Falls Sie Sonderzeichen in ein Textfeld aufnehmen wollen (wie das Copyright-Zeichen in der obigen Abbildung), können Sie diese vorher mit einem anderen Programm (z.B. Word) in die Zwischenablage kopieren und dann mit ⌨Strg+⌨V in das Dialogfeld einfügen.

6. Klicken Sie auf *Für alle übernehmen* bzw. *Übernehmen*, um die vorgenommenen Einstellungen auf alle Folien bzw. auf die aktuelle Folie anzuwenden.

PowerPoint 2010

Zusammenfassung

In diesem Kapitel haben Sie gelernt, wie Sie eine Präsentation, einzelne Folien, Handzettel usw. auf Papier oder Folie ausdrucken können.

- Im ersten Hauptabschnitt dieses Kapitels konnten Sie sehen, wie Sie eine Präsentation ausdrucken und welche Druckoptionen Ihnen zur Verfügung stehen (Seite 638).

- In den folgenden Abschnitten haben Sie erfahren, wie Sie Notizenseiten erstellen (Seite 640) und wie Sie die Notizen ausdrucken können (Seite 642).

- Der letzte Abschnitt dieses Kapitels hat schließlich gezeigt, wie Sie Handzettel (Ausdrucke der Folien einer Präsentation, die ans Publikum verteilt werden) formatieren und ausdrucken können (Seite 643).

Kapitel 37

Arbeiten mit Vorlagen

PowerPoint 2010

In diesem Kapitel:

Dieses Kapitel beschäftigt sich mit Funktionen und Formatierungsmerkmalen, die sich auf alle Folien einer Präsentation auswirken. Denn ein konsistentes Erscheinungsbild ist eines der wichtigsten Kriterien für eine professionelle Wirkung Ihrer Präsentationen.

Zunächst zeigen wir Ihnen, wie Sie den Hintergrund der Folien einheitlich gestalten können. Anschließend lernen Sie, wie Sie mithilfe so genannter *Mastereinstellungen* Text und andere Elemente homogen formatieren und positionieren.

Aufbauend auf diesen Grundlagen können Sie leicht eigene Vorlagen erstellen, die Sie immer wieder als Ausgangsposition für neue Präsentationen verwenden können.

Zum Schluss dieses Kapitels erfahren Sie noch, wie Sie das Layout der Notizenseiten und Handzettel festlegen und wie Sie die Folien einer Präsentation mit Kopf- und Fußzeilen ausstatten.

Bitte beachten Sie in diesem Zusammenhang auch Kapitel 41, in dem wir das neue Konzept der Dokument-Designs vorstellen, das sowohl PowerPoint-, Word- als auch Excel-Dokumente betrifft.

Folienhintergrund bearbeiten

Unabhängig vom aktuellen Design einer Präsentation können Sie für einzelne oder für alle Folien die Hintergrundfarbe bearbeiten. Dieses Verfahren wird hier an einem Beispiel demonstriert, in dem der Folienhintergrund der gesamten Präsentation einen Farbverlauf erhält.

1. Klicken Sie in der Registerkarte *Entwurf* auf *Hintergrundformate*.

2. Zeigen Sie mit der Maus auf die Vorschaubilder des Auswahlmenüs, damit PowerPoint den jeweiligen Hintergrund für die aktuelle Folie anzeigt.

Bild 37.1   Zuweisen eines neuen Folienhintergrundes

3. Klicken Sie das gewünschte Hintergrundformat an, um es zu übernehmen. PowerPoint 2010 wendet das ausgewählte Hintergrundformat dann auf alle Folien der Präsentation an.

Falls Sie den Hintergrund lediglich für eine einzelne Folie ändern wollen oder wenn Ihnen die angebotene Auswahl an Hintergrundformaten nicht zusagt, müssen Sie den Weg über das Dialogfeld *Hintergrund formatieren* gehen.

Nehmen Sie in diesem Fall folgende Schritte vor:

1. Zeigen Sie die gewünschte Folie an.

2. Klicken Sie die Folie mit der rechten Maustaste an und wählen Sie in ihrem Kontextmenü den Befehl *Hintergrund formatieren.* Alternativ können Sie auf der Registerkarte *Entwurf* in der Gruppe *Hintergrund* die Schaltfläche *Hintergrund formatieren* betätigen (das ist die kleine Schaltfläche in der rechten unteren Ecke der Gruppe).

Bild 37.2   Auswahl eines künstlerischen Effekts

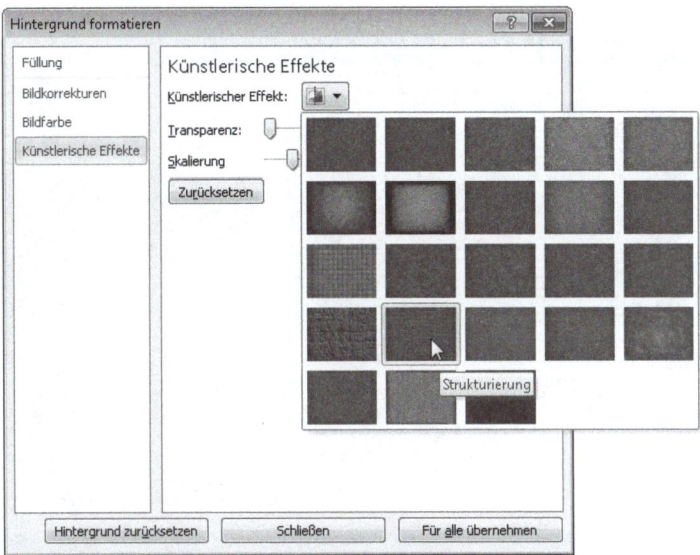

Die Varianten, die PowerPoint für die Gestaltung der Folienhintergründe anbietet, erstrecken sich von einfarbigen Hintergründen über graduierte Verläufe bis hin zu Texturen, hinterlegten Grafiken und diversen künstlerischen Effekten (siehe Abbildung). Am besten experimentieren Sie in einer ruhigen Stunde etwas mit diesem Dialogfeld, um seine Möglichkeiten auszuloten. Weitere Hinweise finden Sie in ▶ Kapitel 43, in dem wir uns mit dem Bearbeiten von Illustrationen beschäftigen.

3. Nehmen Sie die gewünschten Einstellungen für den Folienhintergrund vor.

4. Klicken Sie auf *Schließen,* um nur den Hintergrund der aktuellen Folie zu ändern bzw. auf die Schaltfläche *Für alle übernehmen,* wenn alle Folien der Präsentation den neuen Hintergrund erhalten sollen.

Der Folienmaster

Was tun, wenn Sie die Schriftart für eine ganze Präsentation ändern oder ein Firmenlogo auf jeder Folie einfügen möchten? Versuchen Sie nicht, jede einzelne Folie zu bearbeiten, das wäre viel zu umständlich.

In PowerPoint gibt es den so genannten *Folienmaster*, auf dem alle Formatierungen, Hintergrundgrafiken und sämtliche Elemente, die auf allen Folien übereinstimmen sollen, eingerichtet werden. Um den Folienmaster bearbeiten zu können, müssen Sie in eine spezielle Ansicht wechseln:

1. Wechseln Sie auf die Registerkarte *Ansicht* und klicken Sie in der Gruppe *Masteransichten* auf die Schaltfläche *Folienmaster*. PowerPoint wechselt in die Folienmasteransicht und blendet im Menüband die zugehörige Registerkarte ein.

Bild 37.3   Die Folienmasteransicht

Wie Sie in der obigen Abbildung erkennen können, enthält der Folienmaster einen Platzhalter für den Folientitel und für weiteren Text, sowie einige optionale Elemente in der Fußzeile, die zwar in dieser Ansicht angezeigt, aber standardmäßig nicht auf den Folien ausgeben werden: Datum und Uhrzeit, Fußzeilentext sowie die Foliennummer. Wie diese Elemente aktiviert werden, erfahren Sie im Abschnitt »Kopf- und Fußzeilen« ab Seite 657.

2. Halten Sie die ⇧-Taste gedrückt und klicken Sie nacheinander sämtliche Textplatzhalter an, die dieselbe Schriftart bzw. Formatierung erhalten sollen, und weisen diese in einem Arbeitsgang zu.

3. Verändern Sie Position, Ausrichtung und Absatzformate der Überschrift- und Textplatzhalter, wie Sie es bereits während der Arbeit mit Textfolien kennen gelernt haben.

Schriftgröße im Textplatzhalter bearbeiten

Vielleicht haben Sie bemerkt, dass die Schriftgrößen für Absätze nachgeordneter Ebenen immer kleiner werden. Um dieses Phänomen beizubehalten, markieren Sie den Textplatzhalter und verändern die Schriftgröße mithilfe der *Schaltflächen Schriftart* verkleinern bzw. *Schriftart vergrößern* (sie befinden sich auf der Registerkarte *Start*).

4. Fügen Sie ClipArts oder eigene Bilder als Hintergrundgrafiken ein.

5. Klicken Sie auf der Registerkarte *Folienmaster* auf die Schaltfläche *Masteransicht schließen*, um in die Präsentation zurückzukehren.

Textplatzhalter auf dem Folienmaster

Beachten Sie, dass die Textplatzhalter des Folienmasters lediglich der Formatierung dienen und etwa eingegebener Text nicht auf den Folien angezeigt wird. Wenn Sie Text verwenden möchten, der auf jeder Folie erscheint, verwenden Sie Textfelder oder benutzen Sie das Dialogfeld Kopf- und Fußzeilen, das im ▶ Abschnitt »Kopf- und Fußzeilen« ab Seite 657 vorgestellt wird.

Eigene Layouts erstellen

In Kapitel 32 haben Sie bereits erfahren, dass Sie beim Einfügen einer neuen Folie zwischen verschiedenen Layouts wählen können, um der Folie eine geeignete Struktur zu geben. Ein solches Layout besteht aus einer Kombination folgender Elemente bzw. Formatierungen:

- Hintergrundobjekt
- Hintergrundfüllbereich
- Titelplatzhalter
- Untertitelplatzhalter
- Platzhalter für Textkörper (inkl. Grafik, Diagramme etc.)
- Kopf- und Fußzeilen
- Platzhalterformatierung

Innerhalb einer Präsentation sind Layouts dem Folienmaster zugeordnet, was Sie in Bild 37.3 gut erkennen können. Die verschiedenen Layouts tauchen dort im linken Fensterbereich unterhalb des Folienmasters auf und sind durch eine dünne gestrichelte Linie mit ihm verbunden. Standardmäßig besitzt ein Folienmaster elf Layouts, die das gängige Spektrum bei der Gestaltung von Folien abdecken.

Sie können einem Folienmaster aber auch eigene Layouts zuweisen, um so Ihre individuellen Anforderungen an die Gestaltung von Folien zu berücksichtigen. Im folgenden Beispiel erstellen wir ein Layout, auf dem sich ein Bild-Platzhalter befindet, der bereits mit einer bestimmten Formatierung versehen ist.

1. Öffnen Sie die gewünschte Präsentation und zeigen Sie den Folienmaster an, indem Sie auf der Registerkarte *Ansicht* auf die Schaltfläche *Folienmaster* klicken.

2. Markieren Sie im linken Fensterbereich das unterste Layout und klicken Sie dann auf der Registerkarte *Folienmaster* in der Gruppe *Master bearbeiten* auf die Schaltfläche *Layout einfügen*. PowerPoint fügt dann ein neues, leeres Layout ein.

3. Klicken Sie in der Gruppe *Masterlayout* auf die untere Hälfte der Schaltfläche *Platzhalter einfügen* und wählen Sie einen Platzhaltertyp aus.

Bild 37.4   Einfügen eines Platzhalters in das neue, noch leere Layout

4. Ziehen Sie auf der Folie einen Rahmen in der gewünschten Form und Größe auf. Positionieren Sie den Rahmen und versehen Sie ihn mit einigen Formatierungen.

5. Klicken Sie den Platzhalter mit der rechten Maustaste an und wählen Sie im Kontextmenü den Befehl *Text bearbeiten*. Jetzt können Sie den Vorgabetext des Platzhalters verändern.

6. Ändern Sie gegebenenfalls auch den Platzhalter für den Folientitel. Das Ergebnis könnte anschließend so aussehen wie in der nächsten Abbildung.

7. Klicken Sie das Vorschaubild des neuen Layouts mit der rechten Maustaste an und wählen Sie im Kontextmenü den Befehl *Layout umbenennen*.

8. Tragen Sie einen sinnvollen Namen für das Layout ein und klicken Sie auf *Umbenennen*.

Bild 37.5   Das Layout enthält nun einen Bild-Platzhalter, der mit einem Schatteneffekt versehen ist

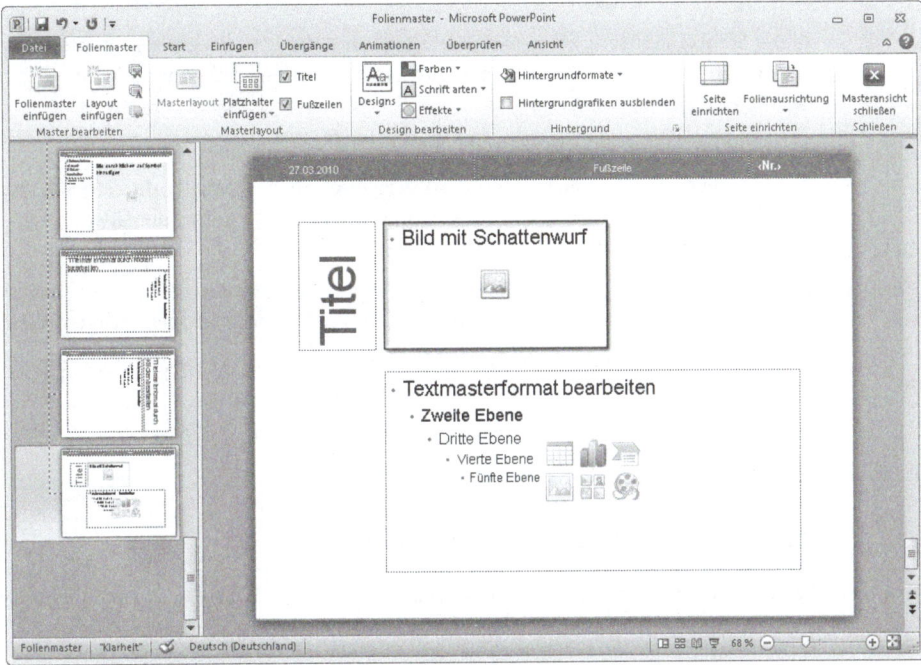

9. Schließen Sie die Folienmasteransicht und öffnen Sie auf der Registerkarte *Start* das Menü der Schaltfläche *Neue Folie*. Sie sehen, dass das neue Layout im Ausklappmenü angeboten wird.

Bild 37.6   Das neue Layout kann zum Erstellen von Folien benutzt werden

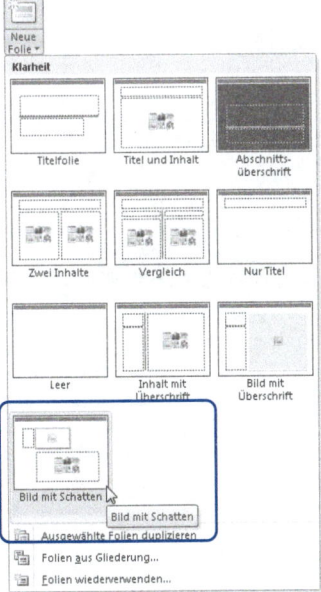

Eigene Vorlagen erstellen

Wenn Sie viel Zeit und Mühe auf das Design und die Layouts einer Präsentation verwendet haben, können Sie sie als Vorlage speichern. Eine solche Vorlage steht dann als Muster für weitere Präsentationen immer zur Verfügung.

1. Öffnen Sie die Präsentation, die Sie als neue Vorlage speichern möchten.

2. Löschen Sie alle Folien, denn die Vorlage soll nur als Muster dienen, jedoch keine Folien enthalten. Zum Löschen der Folien wechseln Sie am besten in die Gliederungs- oder die Foliensortierungsansicht.

3. Klicken Sie auf *Datei,* um in die Backstage-Ansicht zu wechseln und rufen Sie dort den Befehl *Speichern unter* auf. PowerPoint zeigt dann das Dialogfeld *Speichern unter* an.

4. Wählen Sie im Dialog als Dateityp *PowerPoint-Vorlage*. PowerPoint wechselt dann in das Verzeichnis, in dem Vorlagen gespeichert werden.

5. Tragen Sie einen Dateinamen ein und klicken Sie auf *Speichern*.

Eigene Vorlagen verwenden

Wenn Sie eine Präsentation erstellen wollen, die auf dieser Vorlage basiert, gehen Sie so vor:

1. Öffnen Sie die Backstage-Ansicht und gehen Sie auf die Seite *Neu*.

2. Klicken Sie dort das Symbol *Meine Vorlagen* an. PowerPoint zeigt daraufhin das Dialogfeld *Neue Präsentation* an.

Bild 37.7   Verwenden von selbst erstellten Vorlagen

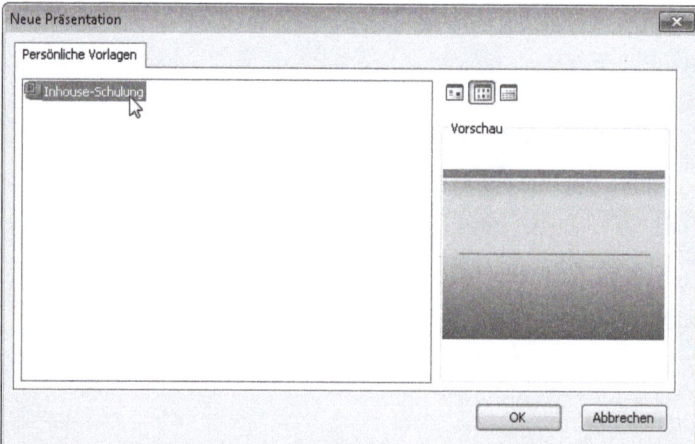

3. Markieren Sie im Dialog die gewünschte Vorlage und klicken Sie auf OK, um eine neue Präsentation zu erstellen.

Den Notizenmaster bearbeiten

Neben dem Folienmaster gibt es in PowerPoint noch den Notizenmaster. Er dient dazu, das Layout Ihrer Notizenseiten zu gestalten und die Größe der Folie sowie des Textplatzhalters für den Vortragstext zu gestalten.

1. Wählen Sie auf der Registerkarte *Ansicht* den Befehl *Notizenmaster*.

Bild 37.8   Der Notizenmaster

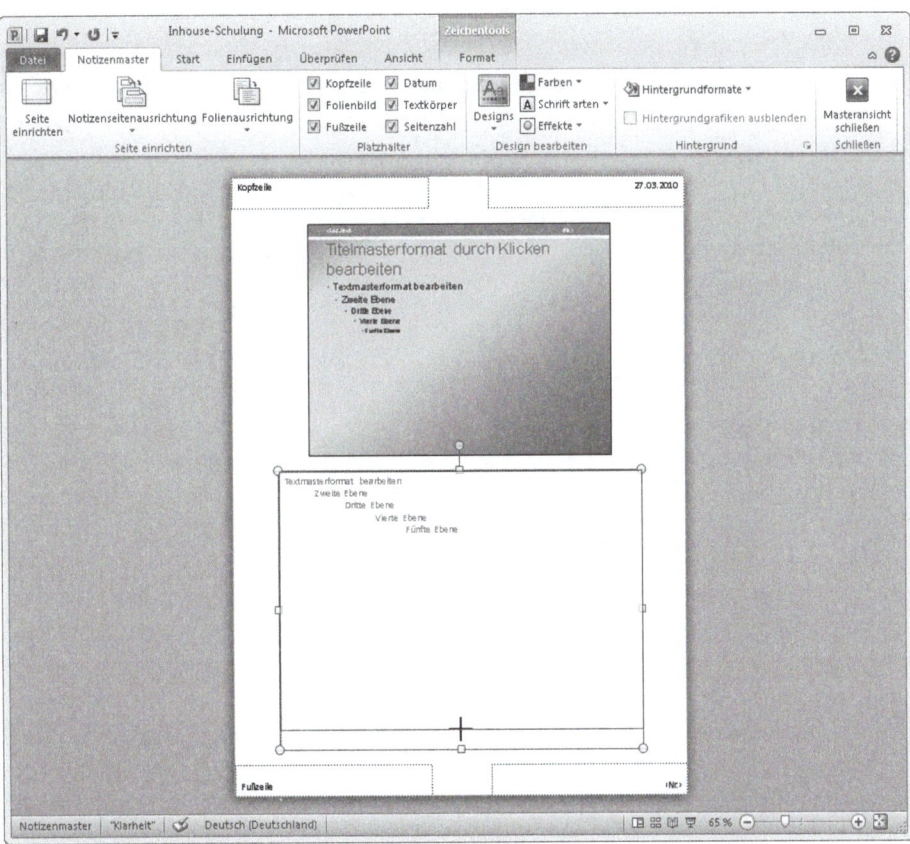

2. Klicken Sie das Bild der Folie an und skalieren oder verschieben Sie es nach Bedarf.

3. Formatieren Sie Schriftart, Schriftgröße und Ausrichtung der Textplatzhalter. Auch für Kopf- und Fußzeilen werden hier nur die Formatierungen festgelegt. Um ihren Inhalt kümmern wir uns im ▶ Abschnitt »Kopf- und Fußzeilen« auf Seite 657.

4. Schließen Sie die Ansicht durch Anklicken der Schaltfläche *Masteransicht schließen*.

PowerPoint 2010

Den Handzettelmaster bearbeiten

Im Handzettelmaster bestimmen Sie, wie Handzettel aussehen, für die mehrere Folien auf ein Blatt gedruckt werden. Wie viele Folien in der Masteransicht auf einem Blatt zu sehen sind, hängt von der aktuellen Druckeinstellung ab (siehe Kapitel 36). Für die Einrichtung in der Masteransicht spielt dies jedoch keine Rolle.

Die Gestaltungsmöglichkeiten im Handzettelmaster beschränken sich auf die Formatierung der Textplatzhalter für Kopf- und Fußzeilen. Gehen Sie dazu folgendermaßen vor:

1. Klicken Sie auf der Registerkarte *Ansicht* auf *Handzettelmaster*.

Bild 37.9   Der Handzettelmaster (die Orientierung der Handzettel wurde auf Querformat umgestellt)

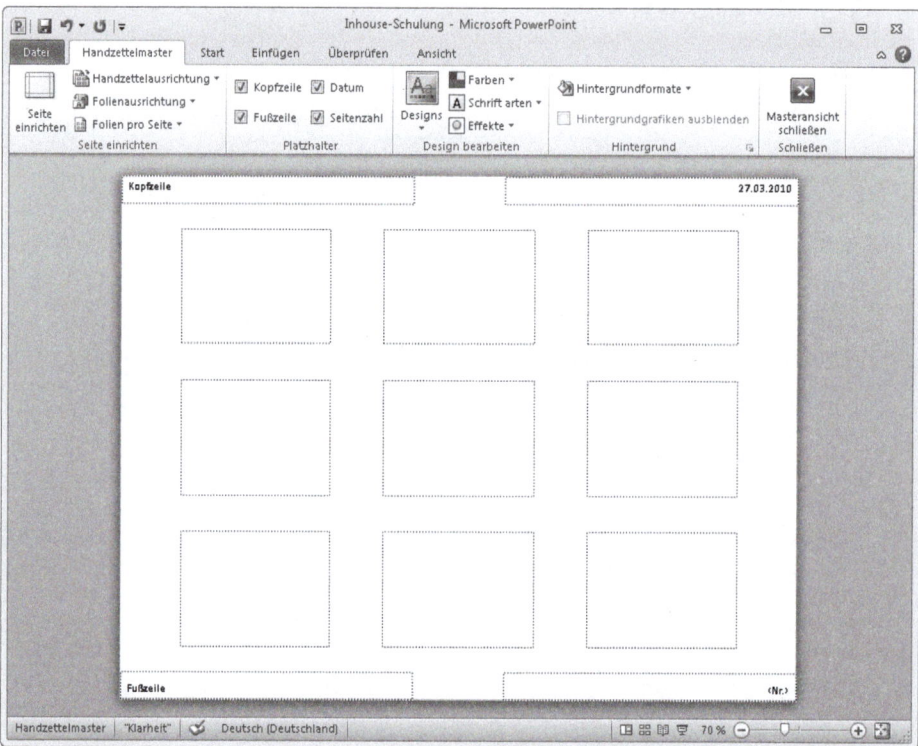

2. Stellen Sie im Menü der Schaltfläche *Folien pro Seite* ein, wie viele Folien auf eine Seite gedruckt werden sollen.

3. Falls Sie Kopf- und Fußzeilen benutzen möchten, bearbeiten Sie deren Format und Position nach Wunsch. Wie Sie ihren Inhalt verändern, zeigen wir Ihnen im nächsten Abschnitt »Kopf- und Fußzeilen«.

4. Mit einem Klick auf die Schaltfläche *Masteransicht schließen* kehren Sie zur Präsentation zurück.

Kopf- und Fußzeilen

PowerPoint bietet die Möglichkeit, auf jeder Folie sowie auf Notizenseiten und Handzetteln Seitenzahlen, das Datum oder eine benutzerdefinierte Fußzeile anzuzeigen.

Fußzeilen auf Folien

Auf allen Folien wiederkehrende Elemente wie die Angabe des Datums, die Foliennummer oder
eine Fußzeile können folgendermaßen integriert werden:

1. Klicken Sie auf der Registerkarte *Einfügen* in der Gruppe *Text* auf die Schaltfläche *Kopf- und
   Fußzeile*.

Bild 37.10   Konfigurieren der Kopf- und Fußzeile

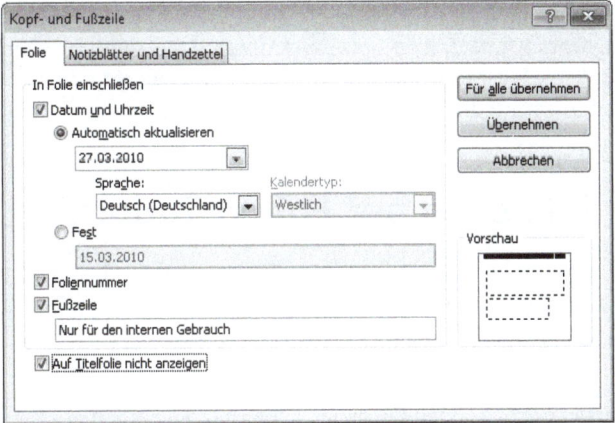

Auf der Registerkarte *Folie* können drei Standardelemente in den Folienmaster eingefügt werden, indem Sie die entsprechenden Kontrollkästchen aktivieren:

- Datum und Uhrzeit
- Foliennummer
- Fußzeile

2. Wenn gewünscht, aktivieren Sie die Option *Datum und Uhrzeit*.

   - Wählen Sie *Automatisch aktualisieren*, so wird immer das aktuelle Datum angezeigt und
     zwar in einem Format, das Sie aus dem Listenfeld auswählen. Achten Sie auch auf die
     korrekte Einstellung für die Sprache.

   - Die Option *Fest* bezeichnet ein festes Datum, beispielsweise den Präsentationstermin,
     den Sie von Hand eingeben.

3. Bei Bedarf aktivieren Sie die Option *Foliennummer*; diese wird standardmäßig rechts unten
   auf der Folie eingeblendet.

4. Soll eine benutzerdefinierte *Fußzeile*, zum Beispiel der Präsentationstitel oder eine Copyright-Meldung, erscheinen, aktivieren Sie das Kontrollkästchen und geben Sie den gewünschten Text in das Textfeld ein.

5. Wenn diese Standardelemente auf der Titelfolie nicht zu sehen sein sollen, aktivieren Sie das Kontrollkästchen *Auf Titelfolie nicht anzeigen*.

6. Klicken Sie auf die Schaltfläche *Für alle übernehmen*, um die ausgewählten Elemente in der gesamten Präsentation anzuzeigen, oder auf *Übernehmen*, um die Elemente nur in die aktuelle Folie einzufügen.

Kopf- und Fußzeilen bei Notizenseiten oder Handzetteln

Für Notizenseiten und Handzettel geben Sie Kopf- und Fußzeilen entsprechend an. Holen Sie im Dialogfeld *Kopf- und Fußzeilen* die Registerkarte *Notizblätter und Handzettel* nach vorne.

Hier gibt es ein zusätzliches Element, die Kopfzeile. Aktivieren Sie sämtliche Kontrollkästchen, die Sie benötigen, tragen Sie die entsprechenden Texte in die Textfelder ein und verlassen Sie das Dialogfeld dann mit einem Klick auf die Schaltfläche *Für alle übernehmen*.

Kopf- und Fußzeilen auf Folien ändern

Standardmäßig werden die beschriebenen Elemente alle unten auf der Folie als Fußzeile eingefügt. Diese Position können Sie natürlich ändern.

1. Aktivieren Sie die Folienmasteransicht.

Bild 37.11   In der Folienmasteransicht können Sie die Position und die Formatierung der Kopf- und Fußzeilen bearbeiten

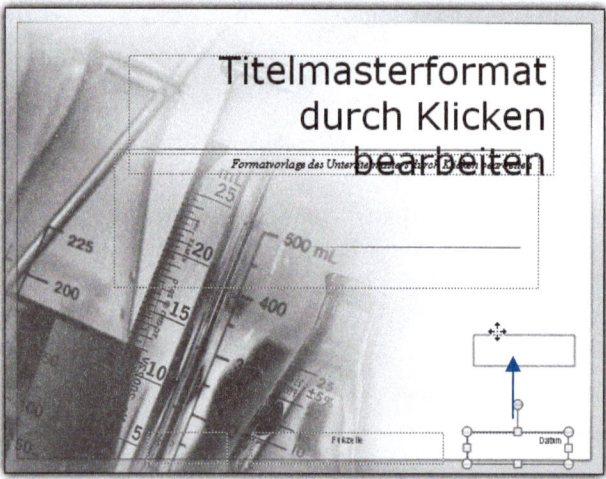

In der Masteransicht sehen Sie am unteren Folienrand die Textplatzhalter für die Fußzeilen-elemente. Alle drei sind im Folienmaster immer vorhanden, unabhängig davon, ob Sie sie, wie oben beschrieben, aktiviert haben oder nicht. In der Präsentation werden später nur die aktivierten Elemente angezeigt. Sie können nun alle Arten der Textformatierung und die Position der Elemente ändern.

2. Falls sich die nachfolgenden Änderungen nur auf ein bestimmtes Layout auswirken sollen, markieren Sie dies im linken Fensterbereich.

3. Wählen Sie die Platzhalter aus und weisen Sie ihnen die gewünschten Formate zu.

4. Verschieben Sie die Platzhalter oder vergrößern oder verkleinern Sie sie an ihren Anfassern.

5. Wenn es besser zum Folienlayout passt, können Sie sie auch am oberen Folienrand als Kopf-zeile positionieren.

6. Klicken Sie danach auf der Registerkarte *Folienmaster* auf *Masteransicht schließen*, um zur Prä-sentation zurückzukehren.

Zusammenfassung

In diesem Kapitel haben Sie Funktionen und Formatierungsmerkmale kennen gelernt, die sich auf alle Folien einer Präsentation auswirken:

■ Der Folienhintergrund lässt sich entweder für einzelne Folien oder für alle Folien einer Prä-sentation ändern (Seite 648).

■ Um zum Beispiel die Schriftarten der gesamten Präsentation zu ändern oder um auf allen Fo-lien ein Firmenlogo einzufügen, nehmen Sie Änderungen an den Masterfolien vor (Seite 650).

■ Wenn die Platzhalter der Standard-Layouts Ihren individuellen Anforderungen an die Gestal-tung der Folien nicht genügen, können Sie auch eigene Layouts erstellen (Seite 651).

■ Aufwendig gestaltete Präsentationen lassen sich als Vorlage speichern und stehen anschlie-ßend für weitere Präsentationen als Muster zur Verfügung (Seite 654).

■ Neben dem Folienmaster gibt es in PowerPoint noch den Notizenmaster, der dazu dient, das Layout Ihrer Notizenseiten zu gestalten und die Größe der Folie sowie des Textplatzhalters für den Vortragstext zu gestalten (Seite 655).

■ Im Handzettelmaster bestimmen Sie, wie Handzettel aussehen, für die mehrere Folien auf ein Blatt gedruckt werden (Seite 656).

■ In den letzten Abschnitten dieses Kapitels haben Sie schließlich erfahren, wie Sie auf Folien und auf den Notizenseiten bzw. Handzetteln die Kopf- und Fußzeilen bearbeiten (Seite 657).

PowerPoint 2010

Kapitel 38

Folienübergänge und Animationen

In diesem Kapitel:

Wenn Sie Ihre Präsentation nicht einfach nur auf Folien drucken, sondern mit einem Beamer direkt aus dem Computer vorführen wollen, sorgen animierte Übergänge und sich schrittweise aufbauende Folien mit Text- und Objektanimationen für Spannung. Lernen Sie in diesem Kapitel, wie Sie damit Ihren Präsentationen den letzten professionellen Schliff verleihen.

Folienübergänge festlegen

Wenn Sie Ihre Folien als Bildschirmpräsentation vorführen, sorgen animierte Übergänge für einen optisch angenehmen Wechsel zwischen den Folien. PowerPoint enthält eine große Zahl von animierten Folienübergängen, die bequem auf der Registerkarte *Übergänge* konfiguriert werden können.

Bild 38.1   Die Registerkarte *Übergänge*

Um einen animierten Folienübergang zu erzeugen, gehen Sie folgendermaßen vor:

1.   Zeigen Sie die einzublendende Folie an und wechseln Sie auf die Registerkarte *Übergänge*.

2.   Öffnen Sie den Auswahlkatalog der Gruppe *Übergang zu dieser Folie*.

Bild 38.2   Auswahl eines animierten Folienübergangs

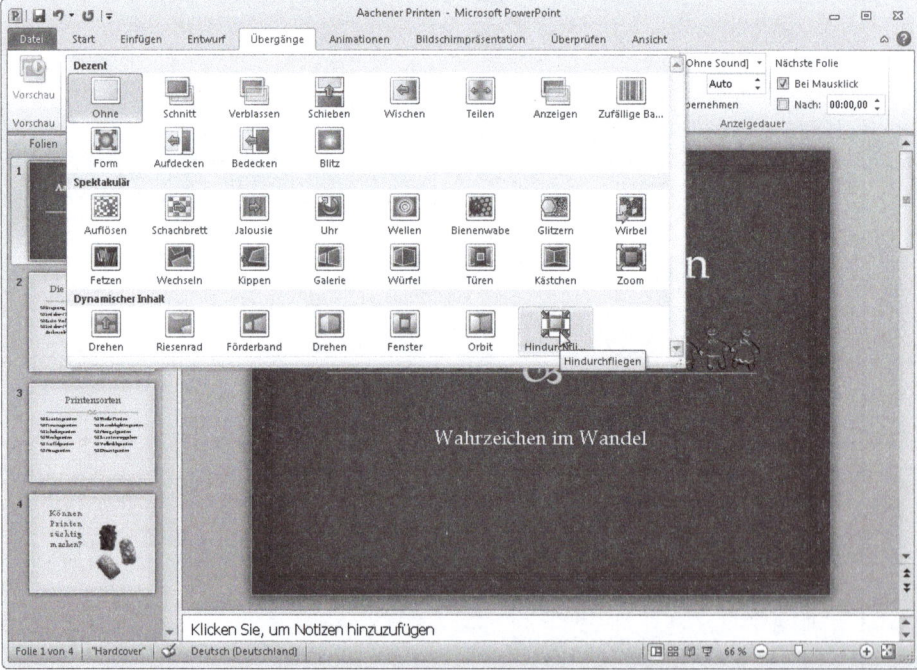

3. Wählen Sie einen der zahlreichen Folienübergängen aus.

HINWEIS Der Folienübergang wird stets für die aktuelle bzw. für die im Gliederungsbereich ausgewählte(n) Folie(n) übernommen.

4. Im Listenfeld *Sound* können Sie ein Begleitgeräusch bestimmen. Wählen Sie entweder einen der angebotenen Sounds aus der Liste aus oder klicken Sie auf den Befehl *Anderer Sound,* um eine beliebige Klangdatei zu verwenden. PowerPoint unterstützt allerdings nur das WAV-Format!

Bild 38.3 Auswahl eines begleitenden Sounds

Sound wiederholen

Wenn der Sound nur relativ kurz ist, können Sie im Menü der Schaltfläche *Sound* den Befehl *Wiederholen bis zum nächsten Sound* aktivieren. PowerPoint wiederholt den Sound dann für die Dauer des Folienübergangs. Die Qualität des Ergebnisses hängt natürlich von der Art des gewählten Sounds ab. Bei einfachen Geräuschen empfiehlt sich das in der Regel nicht, da die Wiederholung zu stark auffällt.

5. Im Feld *Dauer* können Sie die Geschwindigkeit des Folienübergangs exakt vorgeben. Während ältere PowerPoint-Versionen nur die drei Varianten *Langsam, Mittel* oder *Schnell* kannten, können Sie nun einen Wert zwischen 0,01 und 59 Sekunden vorgeben. Damit lassen sich zum Beispiel sehr schöne Zeitlupeneffekte erzeugen.

6. Bestimmen Sie, wann eine Folie gewechselt werden soll, indem Sie die Kontrollkästchen *Bei Mausklick* und/oder *Nach* einschalten. Wenn Sie beide Möglichkeiten aktivieren, erfolgt der Wechsel automatisch, falls Sie nicht innerhalb der vorgegebenen Zeit manuell mit der Maus weitergeschaltet haben.

PowerPoint 2010

7. Klicken Sie ganz links in der Registerkarte auf *Vorschau*, damit PowerPoint den gewählten Übergang abspielt. Wollen Sie den Effekt im Vollbildmodus testen, klicken Sie in der Statusleiste auf *Bildschirmpräsentation*. Die Präsentation wird dann mit der aktuellen Folie gestartet.

8. Gefällt Ihnen ein Effekt so gut, dass Sie ihn auf die gesamte Präsentation anwenden möchten, klicken Sie in der Registerkarte *Übergang* auf die Schaltfläche *Für alle übernehmen*.

Bild 38.4   Vorschau eines Folienübergangs

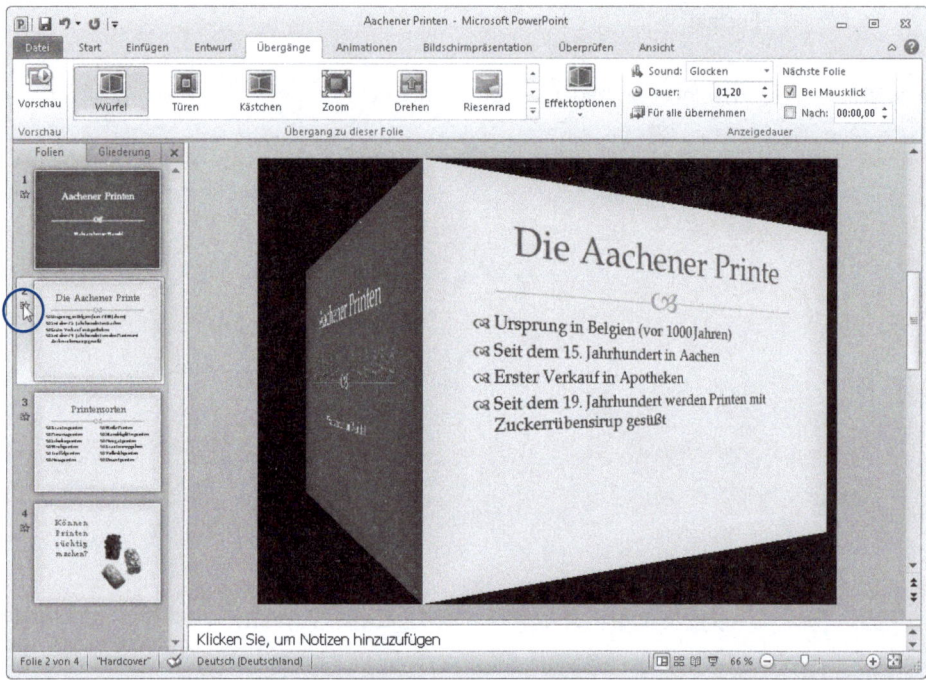

Links im Gliederungsbereich sehen Sie, dass Folien, für die ein animierter Übergang definiert wurde, mit einem Sternchen markiert sind. Ein Klick auf dieses Symbol zeigt eine Vorschau des zugeordneten Effekts an.

Sounds von Microsoft Office Online nutzen

Da das Angebot an Sounds doch recht dürftig ist, wollen wir Ihnen in diesem Abschnitt kurz zeigen, wie Sie auf der Website von *Microsoft Office Online* für Nachschub sorgen können:

1. Starten Sie Ihren Browser und rufen Sie die Seite *office.com* auf. Sie werden dann automatisch auf die richtige Adresse umgeleitet.

2. Wechseln Sie auf die Registerkarte *ClipArt*.

3. Geben Sie in das Eingabefeld der Gruppe *Suchen* einen geeigneten Suchbegriff ein.

4. Klicken Sie auf das kleine Dreieck der Schaltfläche *Suchen* und wählen Sie im dadurch aufgeklappten Menü den Befehl *Sounds*.

Bild 38.5   Trefferliste der gefundenen Sounds. Anhand des angezeigten Dateinamens können Sie feststellen, ob es sich um WAV-Dateien handelt oder nicht

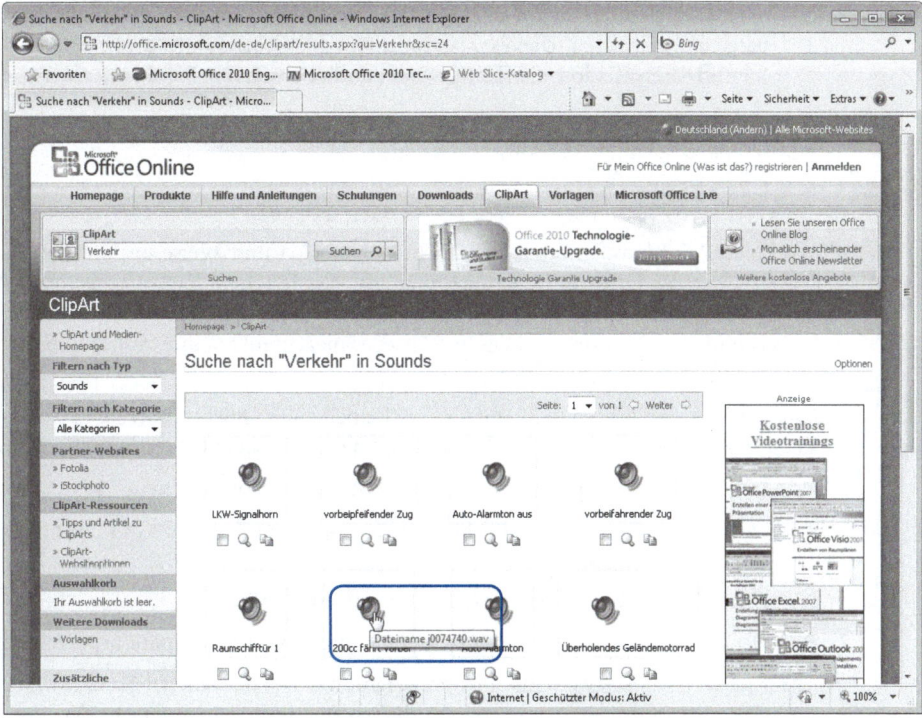

5. Falls die Suche zu einem oder mehreren Treffern geführt hat, werden diese auf der Website angezeigt. Um sich die Sounds anzuhören, klicken Sie auf das Lautsprechersymbol. Prüfen Sie auch, ob es sich um eine WAV-Datei handelt, da PowerPoint keine anderen Dateien abspielen kann. Schalten Sie bei den Sounds, die Sie herunterladen möchten, das Auswahlkästchen ein.

6. Klicken Sie im linken Bereich der Seite auf *x Elemente herunterladen,* um die ausgewählten Sounds auf Ihre Festplatte zu kopieren.

Bild 38.6   Herunterladen der ausgewählten Sounds

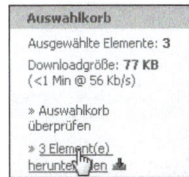

7. Sie gelangen dann auf eine Seite, auf der Sie zunächst den Nutzungsbedingungen der Website zustimmen müssen. Anschließend können Sie den Download mit einem Klick auf die Schaltfläche *Jetzt herunterladen* starten. Die Sounds werden dann im Microsoft Clip Organizer geöffnet. Je nachdem, mit welcher Windows-Version Sie arbeiten, erscheinen dabei ein oder mehrere Dialogfelder, mit denen Sie den Vorgang bestätigen müssen.

PowerPoint 2010

8. Schließen Sie den Microsoft Clip Organizer und wechseln Sie zu PowerPoint.

9. Öffnen Sie in der Registerkarte *Übergänge* die Liste *Sound* und wählen Sie den Befehl *Anderer Sound*. Navigieren Sie im Dialog in das Verzeichnis, in dem der Clip Organizer die Sounddateien abgelegt hat. Dies ist standardmäßig das Verzeichnis *Bilder/Microsoft Clip Organizer*. Identifizieren Sie dort die richtige Datei und übernehmen Sie sie mit einem Klick auf *OK*.

Animationen

Mit PowerPoint können Sie jedoch nicht nur die Art und Weise beeinflussen, wie eine Folie als Ganzes eingeblendet wird. Es ist auch möglich, den Inhalten der Folie, also zum Beispiel den einzelnen Texten und Grafiken, individuelle Effekte zuzuweisen. Sie haben sicher schon einmal eine PowerPoint-Präsentation gesehen, bei der die Spiegelpunkte einer Aufzählung vom Vortragenden per Mausklick »eingeflogen« wurden.

Animationen sind jedoch nicht auf das Erscheinen eines Objekts beschränkt, sondern können auch zu anderen Gelegenheiten ausgelöst werden. PowerPoint kennt insgesamt vier Animationsarten:

■ Die Eingangsanimation, mit der ein Objekt auf der Folie erscheint

■ Die Hervorhebung eines Objekts zu einem späteren Zeitpunkt (z. B. wenn der Punkt im Vortrag konkret angesprochen wird)

■ Das animierte Entfernen eines Objekts von einer Folie

■ Das Bewegen eines Objekts entlang eines vordefinierten Animationspfades.

Anspruchsvolle animierte Bildschirmpräsentationen zu erstellen, gehört zu den fortgeschritteneren Techniken in PowerPoint. Um dieses Vorhaben zu erleichtern, unterscheidet PowerPoint zwischen »normalen« und »erweiterten« Animationen:

■ Normale Animationen bestehen aus einem einzigen Effekt und werden durch einige wenige Grundeinstellungen konfiguriert.

■ Erweiterte Animationen bestehen in der Regel aus mehreren Effekten, deren Zusammenspiel Sie bis ins kleinste Detail steuern können.

Im weiteren Verlauf dieses Kapitel werden wir Sie Schritt für Schritt in die Thematik einführen und dabei die Komplexität der Beispiele nach und nach steigern.

Einzelne Objekte animieren

Wir beginnen mit einer einfachen Eingangsanimation, bei der der Folientitel von oben eingeflogen werden soll.

1. Zeigen Sie die gewünschte Folie an. Die Folie sollte einen Titel und einen mit mehreren Absätzen ausgefüllten Textplatzhalter besitzen.

2. Markieren Sie den Folientitel.

3. Wechseln Sie auf die Registerkarte *Animationen* und öffnen Sie in der Gruppe *Animation* die Liste der Effekte. Die Effekte dieser Liste sind in die vier Gruppen *Eingang*, *Betont*, *Beenden* und *Animationspfade* unterteilt, die wir weiter oben bereits erwähnt haben.

Bild 38.7   Es gibt vier verschiedene Typen von Animationseffekten

4.   Bei diesen Effekten handelt es sich jedoch lediglich um eine Vorauswahl! Um alle Effekte einer
      Gruppe sehen zu können, müssen Sie unten im Menü den entsprechenden *Weitere*-Befehl
      aufrufen.

Bild 38.8   Die vollständige Liste der Eingangseffekte

5. Wählen Sie den Effekt *Einfliegen.* (Sie finden ihn oben in der Liste.)

6. Öffnen Sie nun die Liste Effektoptionen (siehe nächste Abbildung) und legen Sie fest, dass der Titel von oben nach unten bewegt werden soll.

Bild 38.9   Einstellen von Effektoptionen, Dauer und Startverhalten

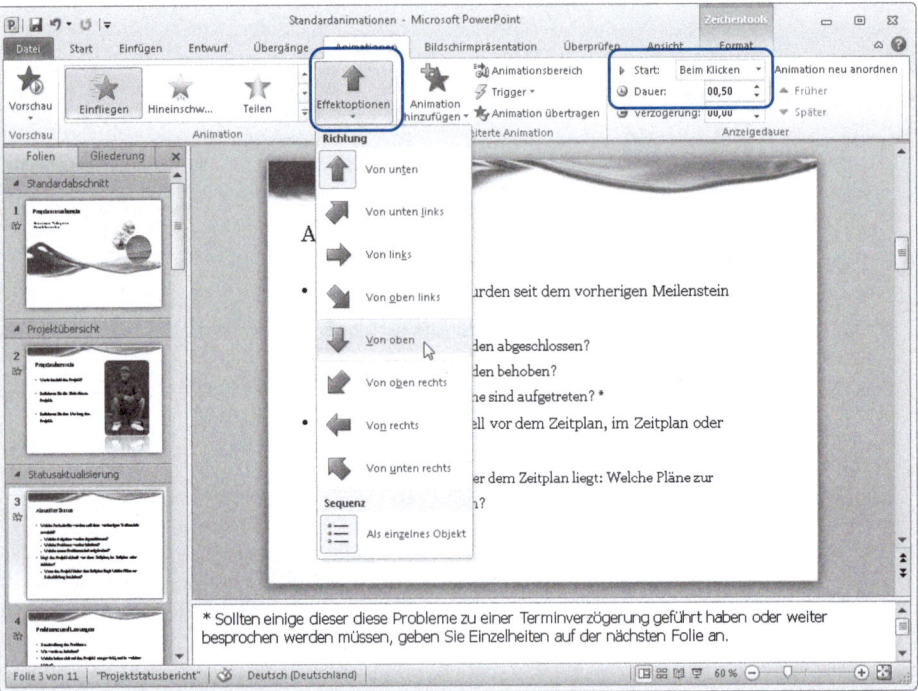

7. Wenn Sie die Geschwindigkeit der Bewegung ändern möchten, ändern Sie auf der Register-karte *Animationen* den Wert des Feldes *Dauer*.

8. Jetzt muss nur noch die Frage geklärt werden, wann bzw. wodurch der Effekt ausgelöst wer-den soll. Normalerweise werden Effekte durch einen Mausklick gestartet. In unserem Fall ist es jedoch sinnvoller, dass der Effekt zeitgleich mit dem Anzeigen der Folie beginnt. Dies errei-chen Sie, indem Sie im Feld *Start* den Eintrag *Mit Vorherigen* auswählen.

9. Testen Sie die Effekte auf jeden Fall, indem Sie die Bildschirmpräsentation starten, da bei der Vorschaufunktion (die erste Schaltfläche der Registerkarte *Animationen)* nicht berücksichtigt wird, dass die einzelnen Animationen per Mausklick ausgelöst werden müssen.

Mehrere Objekte auf einer Folie animieren

Im nächsten Schritt soll nun ein zweites Objekt auf der Folie animiert werden. In diesem Beispiel werden Sie weitere Effektoptionen kennenlernen und erfahren, wie Sie die Ablauffolge der einzel-nen Animationen erkennen können.

1. Markieren Sie den Textplatzhalter auf der Folie.

2. Weisen Sie ihm den Eingangseffekt *Zoom* zu.

3. Wenn Sie das Menü der Schaltfläche *Effektoptionen* öffnen, werden Sie feststellen, dass die Liste nun völlig anders aussieht als beim ersten Beispiel. Dies liegt nicht nur an dem unterschiedlichen Effekt, sondern hängt auch damit zusammen, dass der Textplatzhalter mehrere Absätze enthält.

Bild 38.10   Einstellen der Sequenz bei mehreren Absätzen

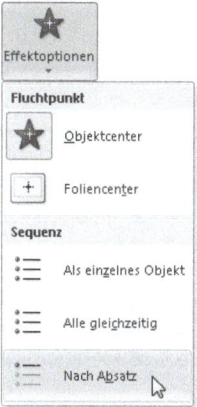

4. Zeigen Sie mit der Maus auf die verschiedenen Optionen. Dank der Livevorschau können Sie die jeweilige Wirkung direkt auf der Folie beobachten. Beachten Sie vor allem die drei verschiedenen Sequenztypen. Wählen Sie anschließend die Option *Nach Absatz*.

Bild 38.11   Anhand der Nummern lässt sich die Ablauffolge ablesen

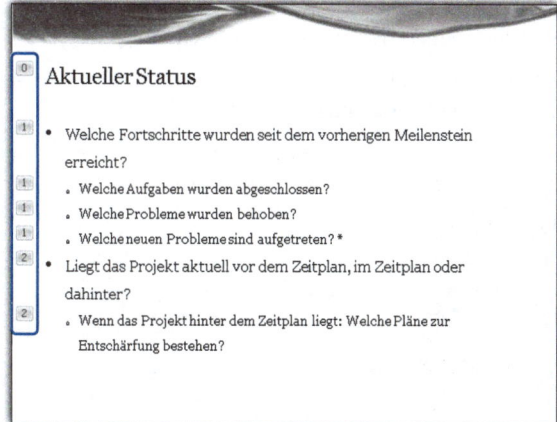

Sie sehen nun, dass die einzelnen Absätze der Folie mit Nummern versehen sind. Anhand dieser Zahlen lässt sich erkennen, dass der Titel sofort (also ohne extra Mausklick) erscheint und die anderen Absätze nach dem ersten bzw. zweiten Mausklick auftauchen werden.

PowerPoint 2010

Der Aufgabenbereich für Animationen

Die volle Kontrolle über den zeitlichen Ablauf der verschiedenen Effekte erhalten Sie in einem spe-
ziellen Aufgabenbereich, in dem Sie die Verkettung der Effekte analysieren und verändern können.
Um diesen Aufgabenbereich einzuschalten, klicken Sie in der Registerkarte *Animationen* auf die
Schaltfläche *Animationsbereich*.

Bild 38.12 Im Animationsbereich lassen sich die zeitlichen Abläufe der Effekte manipulieren

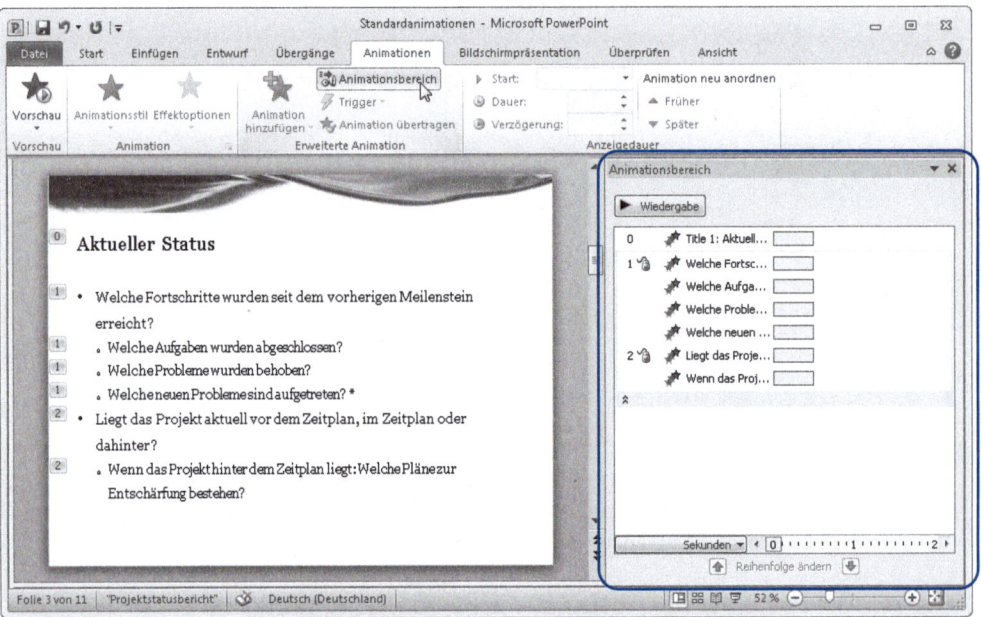

Wir wollen nun das letzte Beispiel dahingehend erweitern, dass die Spiegelpunkte automatisch eingeblendet werden und zusätzlich die eingerückten Absätze mit einer kleinen Verzögerung starten.

1. Klicken Sie im Aufgabenbereich den mit 1 nummerierten Eintrag mit der rechten Maustaste
an. Dadurch erscheint ein kleines Kontextmenü.

Bild 38.13 Über das Kontextmenü lassen sich die Effekte konfigurieren

2. Wählen Sie im Kontextmenü den Befehl *Nach vorherigem beginnen.*

3. Verfahren Sie mit dem zweiten Spiegelpunkt genauso. Anschließend können Sie im Aufgabenbereich die zeitliche Abfolge der Effekte gut erkennen.

Bild 38.14   Mit der Schaltfläche *Sekunden* können Sie die Zeitachse skalieren

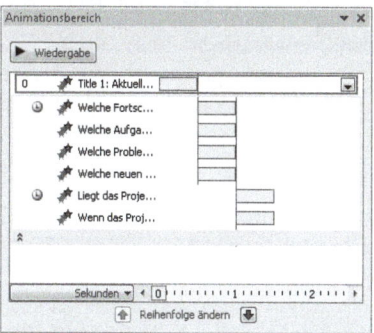

4. Um nun noch die eingerückten Spiegelpunkte mit einer kleinen Verzögerung einzublenden, klicken Sie die Einträge der Reihe nach an und stellen auf der Registerkarte *Animationen* die gewünschte Zeitverzögerung ein. Dabei können Sie im Aufgabenbereich sehen, wie sich dadurch die betreffenden Zeitrahmen verschieben.

Bild 38.15   Mit der Schaltfläche *Sekunden* können Sie die Zeitachse skalieren

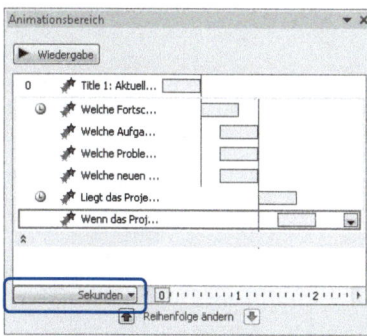

5. Wenn Sie einen Effekt mit einem Sound unterlegen wollen, wählen Sie im Menü des Effekts den Befehl *Effektoptionen.* Dieser Befehl ruft ein Dialogfeld auf, in dem Sie die entsprechende Einstellung auf der Registerkarte *Effekt* vornehmen können.

6. Dort finden Sie auch die Option *Nach Animation,* mit der Sie steuern können, was mit dem animierten Objekt nach dem Ablauf der Animation geschehen soll. Sie haben hier folgende Möglichkeiten:

   ■ Sie können dem Objekt eine Farbe zuweisen.

   ■ Mit der Voreinstellung *Nicht abblenden* bleibt das Objekt unverändert.

   ■ Sie können das Objekt nach der Animation ausblenden lassen.

   ■ Sie können das Objekt durch den nächsten Mausklick ausblenden lassen.

Objekte mit mehreren Effekten belegen

Bei Bedarf können Sie einem Folienelement auch mehrere Effekte zuweisen. Auf diese Weise lässt sich zum Beispiel ein Element beim Anzeigen der Folie einfliegen und anschließend noch durch einen zweiten Effekt betonen.

Nicht zu viele verschiedene Animationen verwenden

Im Allgemeinen empfiehlt es sich, Animationen lieber sparsam als üppig einzusetzen. Wenn eine Präsentation überall zappelt, hüpft und blinkt, lenkt dies vom Inhalt eher ab, als dass es die Wirkung des Gesagten unterstützt, wie es doch eigentlich sein sollte.

Im folgenden Beispiel soll der Folientitel nach dem Einfliegen noch eine Wellenbewegung ausführen. Der Ausgangspunkt ist dabei das Beispiel aus dem letzten Absatz.

1. Markieren Sie den Folientitel.

2. Klicken Sie in der Registerkarte *Animationen* auf die Schaltfläche *Animation hinzufügen* und wählen Sie aus der Gruppe *Betont* den Effekt *Welle* aus. Der Aufgabenbereich *Animationsbereich* sollte anschließend wie in der folgenden Abbildung aussehen.

Bild 38.16   Der Folientitel besitzt nun zwei Effekte (siehe Markierung)

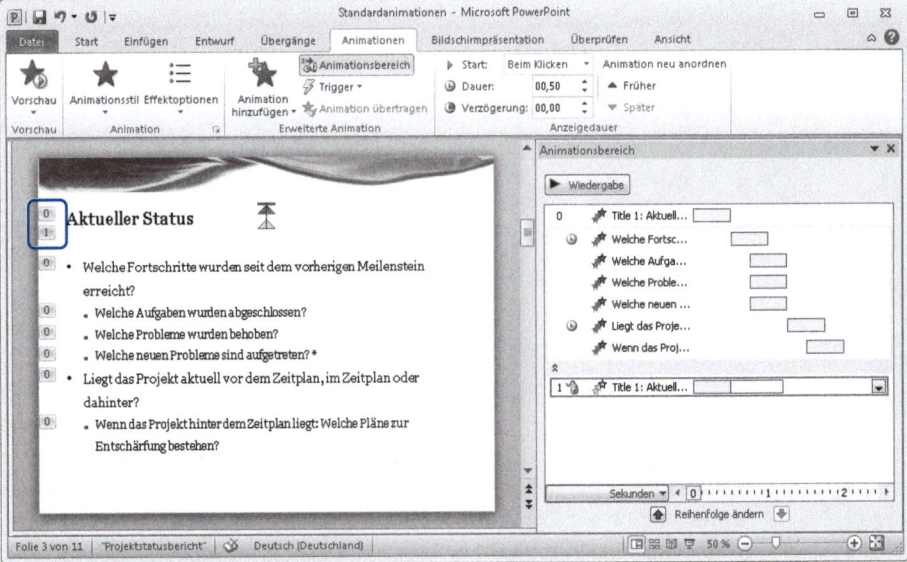

3. Jetzt muss der neue Effekt noch in die richtige zeitliche Reihenfolge gebracht werden. Markieren Sie dazu im Aufgabenbereich den untersten Eintrag und schieben ihn mit der Pfeilschaltfläche am unteren Rand des Aufgabenbereichs nach oben an die zweite Position.

4. Anschließend öffnen Sie das Menü des Eintrags und wählen dort den Befehl *Nach vorherigem beginnen*. Damit erreichen Sie, dass die Animation erst abgespielt wird, wenn die Eingangsanimation des Titels abgeschlossen ist.

Bild 38.17   Die beiden Titelanimationen laufen direkt nacheinander ab

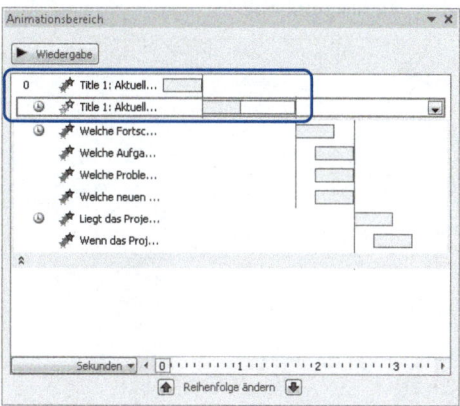

Diagramme animieren

Für das Animieren von Diagrammen stehen zusätzliche Optionen zur Verfügung. Sie können ganz nach Wunsch Datenserien oder Kategorien nacheinander einblenden, sodass z.B. Säulendiagramme von unten nach oben wachsen oder Linien sich von links nach rechts entwickeln. So können Sie die Aussage Ihrer Diagramme durch die passende Animation noch verstärken.

1.   Öffnen Sie die Übungsdatei *Diagramme animieren*. Die Präsentation enthält nur eine einzige Folie, auf der sich ein Diagramm befindet.

2.   Markieren Sie ein Diagramm und weisen Sie ihm einen geeigneten Effekt zu. In diesem Fall eignet sich zum Beispiel der Eingangseffekt *Einfliegen.*

3.   Klicken Sie auf der Registerkarte *Animationen* auf die Schaltfläche *Effektoptionen.* Hier können Sie wie gewohnt die »Flugrichtung« und die Sequenz der Animation einstellen. Wählen Sie in diesem Fall die Richtung *Von unten* und die Sequenz *Nach Serien.*

4.   Wenn Sie jetzt eine Vorschau der Animation anzeigen, werden Sie feststellen, dass nicht nur die Säulen des Diagramms animiert werden, sondern auch der Hintergrund des Diagramms. Dieses Verhalten wollen wir nun noch ändern.

5.   Um das Animieren des Hintergrunds zu verhindern, müssen Sie einfach die entsprechende Animation löschen. Klicken Sie dazu auf der Registerkarte *Animationen* auf die Schaltfläche *Animationsbereich*, um den gleichnamigen Aufgabenbereich anzuzeigen. In diesem Bereich sind alle Animationen der aktuellen Folie aufgeführt. Eventuell müssen Sie die Liste noch durch einen Klick auf den kleinen Doppelpfeil ausklappen. Wenn Sie nun mit der Maus langsam über die Einträge fahren, zeigt PowerPoint in einem kleinen Fenster den Namen des zugehörigen Objekts an. Haben Sie den richtigen Eintrag gefunden (in diesem Fall ist es natürlich der erste) löschen Sie ihn, indem Sie ihn anklicken und die Taste ⎡Entf⎤ drücken.

6.   Starten Sie die Präsentation mit ⎡⇧⎤+⎡F5⎤, um die zugewiesenen Animationen unter Livebedingungen zu testen.

Bild 38.18 Am Diagramm ist die Nummerierung für die Animationsschritte erkennbar (die Datenbalken werden gebietsweise eingeblendet)

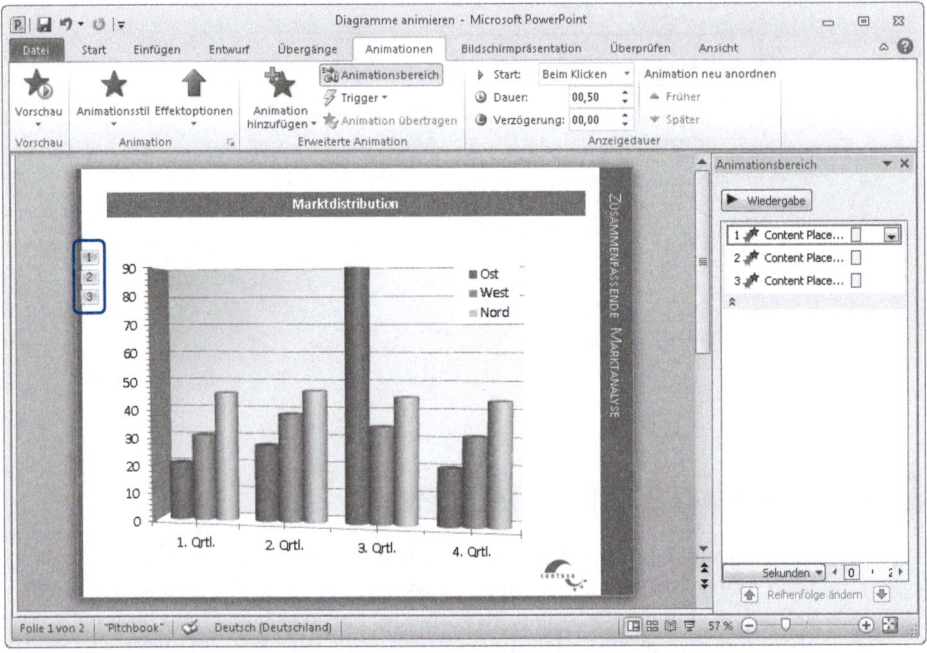

Animationspfade verwenden

Eine Besonderheit stellen Animationen entlang eines vorher definierten Pfads dar. Sie sind besonders geeignet, um Objekte die Position wechseln zu lassen, während eine Folie angezeigt wird.

1. Markieren Sie das zu animierende Objekt auf der Folie.

2. Wechseln Sie im Menüband auf die Registerkarte *Animationen* und klicken Sie dort auf die Schaltfläche *Animationsstil*. In der Gruppe *Animationspfade* haben Sie nun die Wahl zwischen einer Reihe vordefinierter Pfadrichtungen. Bei Bedarf erreichen Sie über den Befehl *Weitere Animationspfade* ein Dialogfeld, in dem Sie diverse Pfade vom einfachen Kreis oder Herz bis hin zu komplizierten Pfaden wie Spiralen oder einem Neutron vorfinden. In diesem Beispiel wollen wir uns mit einer einfachen Linie begnügen.

3. Der Verlauf des eingefügten Animationspfads wird zwischen einem grünen Dreieck für den Beginn und einem roten Dreieck für das Ende angezeigt (siehe folgende Abbildung).

4. Fassen Sie den Pfad mit der Maus, um ihn zu bewegen, oder ziehen Sie an den Anfassern, um seine Anfangs- und Endpunkte zu verschieben.

5. Testen Sie das Ergebnis mit einem Klick auf *Wiedergabe*.

Das Ergebnis dieses Beispiels finden Sie in der Übungsdatei *Benutzerdefinierte Animationen* auf der ersten (und einzigen) Folie. Beachten Sie, dass Sie den Animationspfad nur dann sehen können, wenn die Registerkarte *Animationen* sichtbar ist.

Bild 38.19 Verlaufspfad der Animation ändern

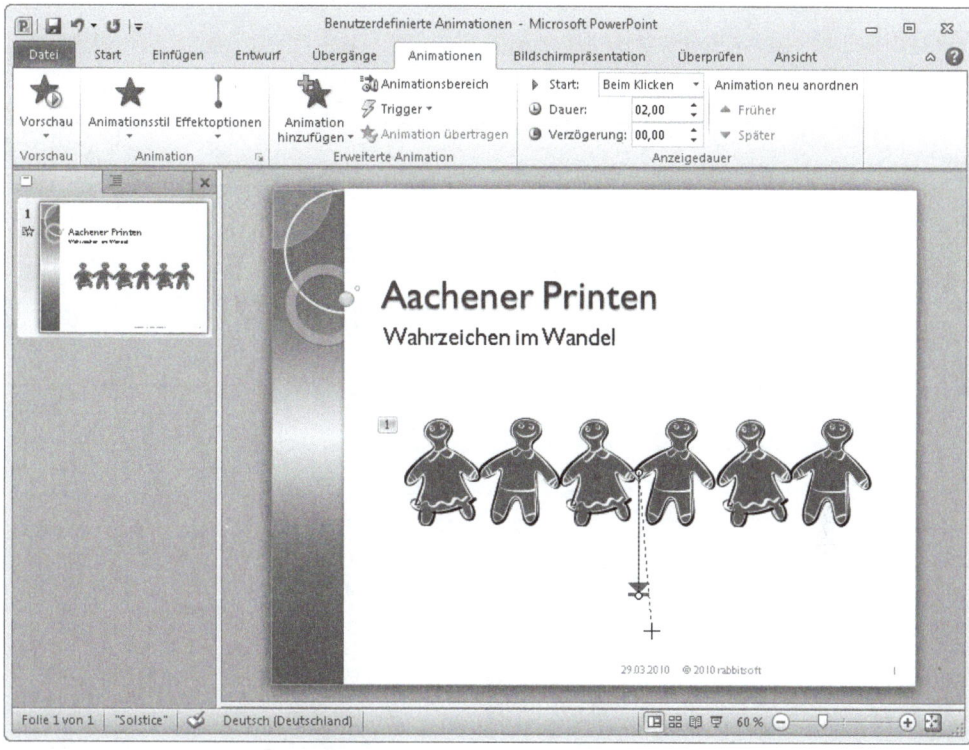

Zusammenfassung

In diesem Kapitel haben Sie gelernt, wie Sie den Wechsel zwischen den Folien mit Übergängen versehen und sich schrittweise aufbauende Folien mit Text- und Objektanimationen erstellen.

- PowerPoint kann Folien mit den unterschiedlichsten Effekten einblenden. Die verschiedenen Übergänge werden auf der Registerkarte *Übergänge* zugewiesen und konfiguriert (Seite 662).

- Die Animationen und Effekte können zusätzlich mit Sounds hinterlegt werden (Seite 663).

- Zusätzlich zu den im Lieferumfang von PowerPoint enthaltenen Sounds können Sie auch Sounds von *Microsoft Online* herunterladen und in Ihren Präsentationen verwenden (Seite 664).

- Sie können jedoch nicht nur die Art und Weise beeinflussen, wie eine ganze Folie eingeblendet wird, sondern auch einzelnen Absätzen und Grafiken individuelle Effekte zuweisen. Auf diese Weise können zum Beispiel die Spiegelpunkte einer Aufzählung per Mausklick »eingeflogen« werden (Seite 666).

- PowerPoint kann auch Diagramme animieren. Zum Beispiel lassen sich Datenserien oder Kategorien nacheinander einblenden, sodass etwa Säulendiagramme von unten nach oben wachsen oder Linien sich von links nach rechts entwickeln (Seite 673).

- Im letzten Abschnitt dieses Kapitel haben Sie gelernt, wie sich Objekte auf einer Folie entlang eines vordefinierten Pfades, des so genannten *Animationspfades* bewegen lassen (Seite 674).

Kapitel 39

Präsentationen halten

PowerPoint 2010

In diesem Kapitel erfahren Sie, wie Sie Ihre fertige Präsentation am Bildschirm bzw. am Beamer vorführen. Wir zeigen Ihnen, welche Möglichkeiten Sie während der Präsentation haben, um zwischen den einzelnen Folien zu wechseln und wie Sie mit einem virtuellen Stift auf den Folien schreiben können.

Anschließend stellen wir Ihnen die so genannten *benutzerdefinierten* oder auch *zielgruppenorientierten* Präsentationen vor. Dabei handelt es sich um maßgeschneiderte Präsentationen, bei denen nur ein bestimmter Teil der Folien gezeigt wird. Auf diese Weise können Sie mehrere Fassungen einer Präsentation vorbereiten, die Sie dann passend zur aktuellen Situation bzw. dem anwesenden Publikum auswählen können.

Wenn Ihre Präsentation hingegen unbeaufsichtigt auf einem Rechner ablaufen soll – zum Beispiel auf einer Messe –, können Sie Ihre Folien mit interaktiven Schaltflächen ausstatten, die es dem Benutzer erlauben, sich innerhalb der Präsentation auf vorgegebenen Bahnen zu bewegen.

Bildschirmpräsentation starten

Beim Erstellen Ihrer Folien haben Sie bestimmt schon gelegentlich eine Bildschirmpräsentation gestartet, um zum Beispiel einen Folienübergang zu begutachten. Im einfachsten Fall klicken Sie dazu in der Statusleiste auf die Schaltfläche *Bildschirmpräsentation*, die die Präsentation mit der aktuellen Folie startet. Um die Präsentation von Anfang an zu betrachten, müssen Sie bei diesem Verfahren also zunächst die erste Folie anzeigen.

Alternativ können Sie die Präsentation auch von der Registerkarte *Bildschirmpräsentation* starten. Dort finden Sie ganz links die beiden Schaltflächen *Von Beginn an* und *Aus aktueller Folie.*

Am schnellsten lässt sich eine Bildschirmpräsentation über die Tastatur starten:

- Drücken Sie F5 , um die Präsentation mit der ersten Folie zu starten, oder

- drücken Sie ⇧ + F5 , damit die Präsentation an der aktuellen Folie beginnt.

Zwischen den Folien wechseln

Um während einer Präsentation zur nächsten Folie zu wechseln, können Sie einfach die linke Maustaste drücken. Falls Ihre Folien Animationen enthalten (siehe Kapitel 38), löst das Drücken der Maustaste nicht zwangsweise einen Folienwechsel aus, sondern – falls vorhanden – die nächste Animation der Folie. Auf diese Weise können Sie sich ganz leicht Schritt für Schritt durch Ihre Präsentation bewegen.

Doch was machen Sie, wenn Sie auf die Frage eines Zuhörers reagieren und dazu eine Folie zurückblättern möchten? Nun in diesem Fall können Sie die integrierten Schaltflächen der Präsentation verwenden, die PowerPoint unten links auf den Folien einblendet.

Bild 39.1 Unten links auf dem Bildschirm blendet PowerPoint vier Navigationsschaltflächen ein, mit denen Sie die Präsentation steuern können

In ihrer Normaldarstellung sind die vier Schaltflächen so blass, dass sie kaum wahrnehmbar sind. Erst wenn Sie mit dem Mauszeiger über die Schaltflächen fahren, treten sie etwas deutlicher hervor. Die Bedeutung der einzelnen Schaltflächen können Sie der folgenden Tabelle entnehmen.

Tabelle 39.1 Integrierte Navigationsschaltflächen für die Bildschirmpräsentation

Schaltfläche	Wirkung
←	geht eine Folie bzw. ein Schritt (bei Animationen) zurück
✎	zeigt das Menü zur Auswahl der Stiftfunktion an
▤	zeigt ein Menü mit Befehlen zur Steuerung der Präsentation an
→	geht eine Folie bzw. einen Schritt (bei Animationen) weiter

Wenn Sie während einer Präsentation zu einer bestimmten Folie wechseln möchten, gehen Sie am besten so vor:

1. Klicken Sie unten links auf die dritte Schaltfläche.

Bild 39.2   Menü für die Navigation

2. Zeigen Sie auf den Befehl *Gehe zu Folie* und wählen Sie im ausgeklappten Untermenü die gewünschte Folie aus.

Bild 39.3   Menü für die Navigation

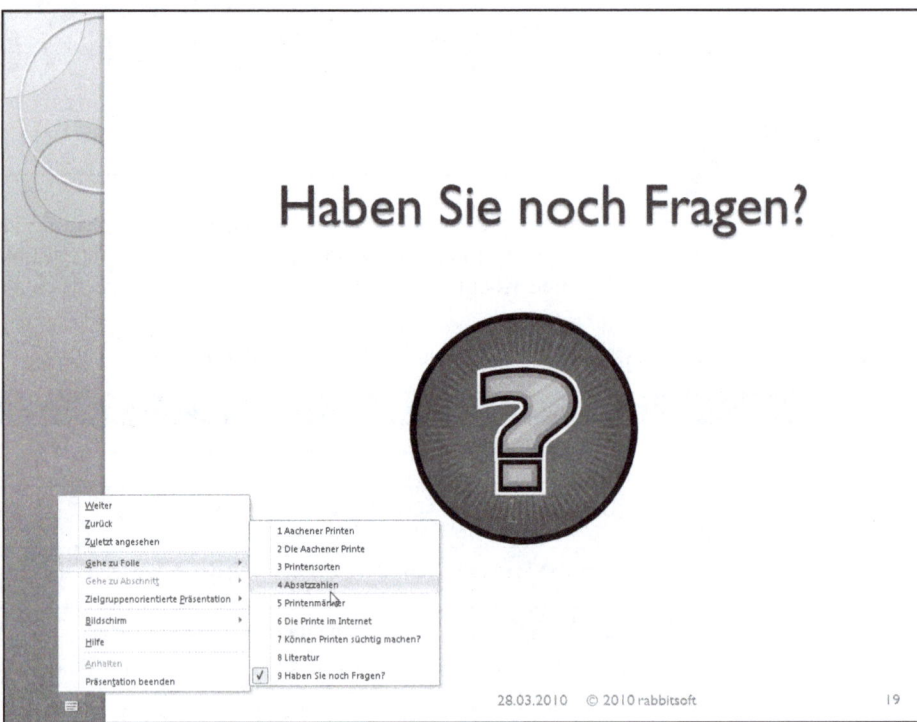

3. Falls Sie anschließend wieder zu der Folie zurückkehren möchten, die vor dem Wechsel zu sehen war, rufen Sie das Menü erneut auf und wählen den Befehl *Zuletzt angesehen*.

Präsentation mit der Tastatur steuern

Die Bedienung des Popup-Menüs während der Vorführung ist in der Praxis jedoch eher unpraktisch. Denn in der Regel werden Sie für Ihre Präsentation einen Laptop einsetzen und müssen dann stehend versuchen, mit dem Touchpad die Menübefehle anzusteuern. Wenn Sie dann etwas aufgeregt sind, kann es schnell passieren, dass Sie die falschen Befehle erwischen oder sogar versehentlich eine Folie weiterschalten.

Solche Missgeschicke können Sie vermeiden, wenn Sie die Shortcuts kennen, mit denen sich eine PowerPoint-Präsentation steuern lässt. Die wichtigsten Shortcuts haben wir für Sie in der folgenden Tabelle zusammengestellt; eine vollständige Liste erhalten Sie, wenn Sie während einer Bildschirmpräsentation F1 drücken oder im Popup-Menü den Befehl *Hilfe* aufrufen.

Tabelle 39.2 Wichtige Shortcuts zur Steuerung einer Bildschirmpräsentation

Schaltfläche	Wirkung
→	zur nächsten Folie
←	zur vorherigen Folie
Nummer + ↵	zur Folie mit der eingegebenen Nummer springen
B	Bildschirm schwarz schalten (ein/aus)
W	Bildschirm weiß schalten (ein/aus)
Strg + S	Dialogfeld zur Auswahl einer Folie anzeigen
Strg + T	Taskleiste einblenden
Esc	Präsentation abbrechen

Um zum Beispiel während des Vortrags eine bestimmte Folie ohne Verwendung der Maus anzuzeigen, gehen Sie folgendermaßen vor:

1. Drücken Sie Strg + S. PowerPoint zeigt dann ein Dialogfeld an, in dem alle Folien der aktuellen Präsentation aufgeführt sind.

Bild 39.4 Mit diesem Dialogfeld können Sie zu einer bestimmten Folie wechseln

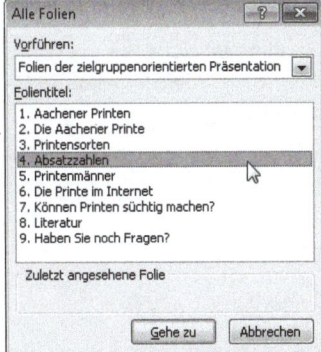

PowerPoint 2010

2. Falls Sie gerade eine zielgruppenorientierte Präsentation vorführen (nähere Hinweise dazu finden Sie ab Seite 684), können Sie oben im Dialogfeld wählen, ob nur die Folien der zielgruppenorientierten Präsentation oder alle in der Präsentation verfügbaren Folien angezeigt werden sollen. Auf diese Weise können Sie zu Folien wechseln, die Sie ursprünglich nicht zeigen wollten.

3. Wählen Sie die gewünschte Folie aus und drücken Sie die ⏎-Taste.

Freihandlinien

Mit PowerPoint ist es auch möglich, während des Vortrags auf den Folien zu »schreiben«. Zur Auswahl stehen Ihnen dabei zwei Stifttypen:

- Stift

- Textmarker

Natürlich gibt es auch einen Radierer, mit dem Sie Ihre Anmerkungen korrigieren bzw. entfernen können. Damit Ihre Markierungen bzw. Beschriftungen einigermaßen lesbar sind, sollten Sie auf jeden Fall ein Digitalisiertablett verwenden. Eine Maus oder gar das Touchpad Ihres Laptops, sind gänzlich ungeeignet.

1. Klicken Sie während der Präsentation unten links auf die Schaltfläche mit dem Pinsel. PowerPoint zeigt dann folgendes Popup-Menü auf dem Bildschirm an:

Bild 39.5 Einstellen von Stifttyp und -farbe

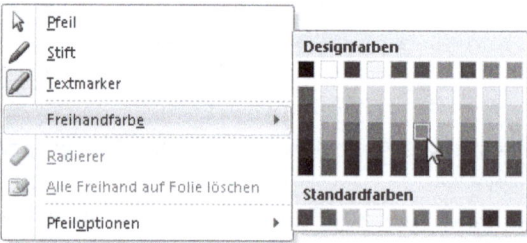

2. Wählen Sie den Stifttyp aus, den Sie verwenden möchten. Über den Befehl *Freihandfarbe* können Sie zusätzlich die gewünschte Farbe einstellen.

3. Nehmen Sie die gewünschte Beschriftung vor.

4. Wenn Sie den Radierer benötigen, drücken Sie den Shortcut Strg+E. Um alle Freihandlinien der Folie zu entfernen, drücken Sie die Taste L. Alternativ können Sie die Linien auch temporär mit Strg+M aus- und wieder einblenden.

5. Wenn Sie die Präsentation beenden, können Sie entscheiden, ob die Freihandlinien erhalten oder verworfen werden sollen.

Bild 39.6   Folie mit Freihandlinien

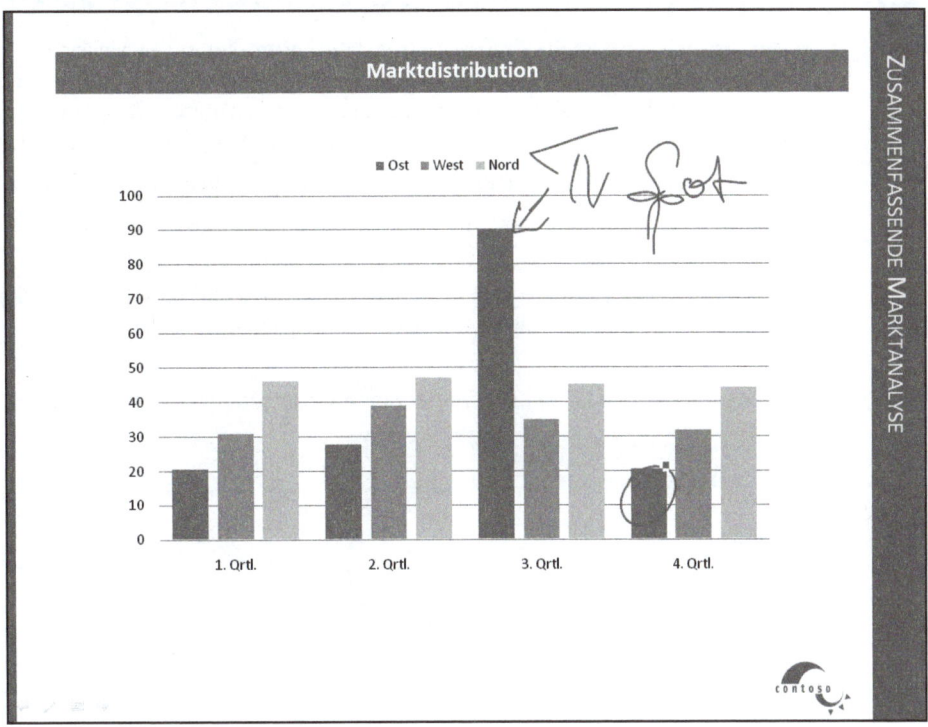

Folien ausblenden

Eine Folie, die während der Vorführung nicht gezeigt werden soll, die Sie jedoch auch nicht aus der Präsentation entfernen möchten, können Sie während der Bildschirmpräsentation ausblenden. Dazu stehen Ihnen mehrere Möglichkeiten zur Verfügung:

■ Klicken Sie auf der Registerkarte *Bildschirmpräsentation* auf die Schaltfläche *Folie ausblenden*. Dies blendet die aktuelle Folie aus.

■ Klicken Sie im Gliederungsbereich oder in der Foliensortierungsansicht die Folie mit der rechten Maustaste an und wählen im Kontextmenü den Befehl *Folie ausblenden*.

Eine ausgeblendete Folie erkennen Sie daran, dass im Gliederungsbereich bzw. in der Foliensortierungsansicht die Foliennummer durchgestrichen ist.

Um eine Folie wieder einzublenden, rufen Sie den Befehl *Folie ausblenden* erneut auf. Der Befehl funktioniert also wie ein Schalter.

Zielgruppenorientierte Präsentationen

Wenn Sie eine umfassende Präsentation erstellt haben, kommt es vielleicht vor, dass nicht alle Folien für jedes Publikum gleich interessant bzw. geeignet sind. Für solche Gelegenheiten bietet PowerPoint die Funktion an, aus einer Präsentation so genannte *zielgruppenorientierte* Präsentationen zusammenzustellen, auf die Sie später bei verschiedenen Gelegenheiten zurückgreifen können.

Um eine zielgruppenorientierte Präsentation zu erstellen, gehen Sie folgendermaßen vor:

1. Öffnen Sie die Präsentation und wechseln Sie auf die Registerkarte *Bildschirmpräsentation*.

2. Klicken Sie in der Gruppe *Bildschirmpräsentation starten* auf die Schaltfläche *Benutzerdefinierte Bildschirmpräsentation* und wählen Sie im Menü der Schaltfläche den Befehl *Zielgruppenorientierte Präsentation*. PowerPoint zeigt dann folgendes Dialogfeld an:

Bild 39.7   Es existiert noch keine benutzerdefinierte Präsentation

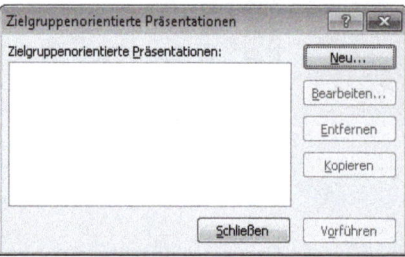

3. Klicken Sie auf die Schaltfläche *Neu*. Es erscheint ein weiteres Dialogfeld auf dem Bildschirm, in dem Sie die Folien zusammenstellen können, aus denen die zielgruppenorientierte Präsentation bestehen soll.

4. Geben Sie in dem neuen Dialogfeld einen Namen für die Zielgruppe ein.

Bild 39.8   Hier legen Sie fest, welche Folien in die Präsentation aufgenommen werden sollen

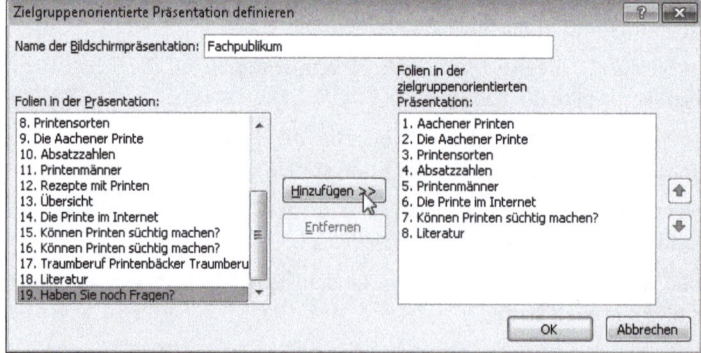

5. Klicken Sie links in der Liste eine Folie an, die in der zielgruppenorientierten Präsentation enthalten sein soll, und befördern Sie sie mit der Schaltfläche *Hinzufügen* in die rechte Liste. Wenn Sie die ⌜Strg⌝-Taste gedrückt halten, können Sie auch mehrere Folien anklicken und auf einmal hinzufügen.

6. Um die Reihenfolge der Folien in der Präsentation zu ändern, markieren Sie die gewünschten Folien und verschieben Sie mit den beiden Pfeilschaltflächen nach oben oder unten.

7. Wenn Sie fertig sind, schließen Sie das Dialogfeld mit *OK*. Sie gelangen wieder in das Dialogfeld *Zielgruppenorientierte Präsentationen*, in dem Sie weitere zielgruppenorientierte Präsentationen mit *Neu* hinzufügen oder vorhandene bearbeiten können.

Bild 39.9   Sie können auch mehrere zielgruppenorientierte Präsentationen anlegen

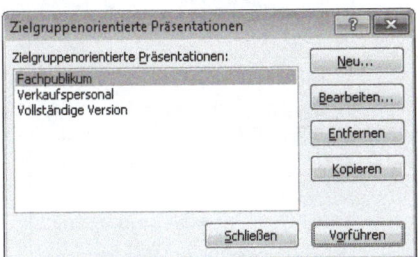

8. Mit *Schließen* kehren Sie in die Präsentation zurück.

Zielgruppenorientierte Präsentation vorführen

1. Klicken Sie auf der Registerkarte *Bildschirmpräsentation* auf die Schaltfläche *Benutzerdefinierte Bildschirmpräsentation*.

2. Wählen Sie die gewünschte Präsentation aus dem Menü der Schaltfläche aus.

Bild 39.10   Auswahl der Präsentation

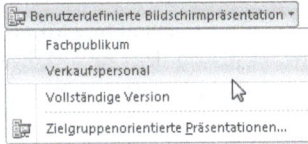

Bildschirmpräsentation einrichten

Für eine Bildschirmpräsentation, die durch eine Person vorgetragen wird, die dazu selbst den Beamer bedient, sind in der Regel keine besonderen Einstellungen notwendig. Es genügt, die Präsentation mit einem der Verfahren, die wir im Abschnitt »Bildschirmpräsentation starten« auf Seite 678 beschrieben haben, zu starten.

PowerPoint bietet aber noch weitere Möglichkeiten, Präsentationen vorzuführen; beispielsweise auf allein stehenden Rechnern auf Messen oder Veranstaltungen. Diese Präsentationen können entweder völlig eigenständig ablaufen oder über eingeschränkte Navigationsmöglichkeiten verfügen, mit denen sich ein Betrachter innerhalb der Präsentation bewegen kann.

PowerPoint 2010

Das Festlegen der gewünschten Rahmenbedingungen wird in PowerPoint als *Einrichten* der Bildschirmpräsentation bezeichnet. Dazu gehen Sie folgendermaßen vor:

1.   Wechseln Sie auf die Registerkarte *Bildschirmpräsentation* und klicken Sie dort auf *Bildschirmpräsentation einrichten*. Es öffnet sich das Dialogfeld *Bildschirmpräsentation einrichten*.

Bild 39.11   Konfigurieren der Bildschirmpräsentation

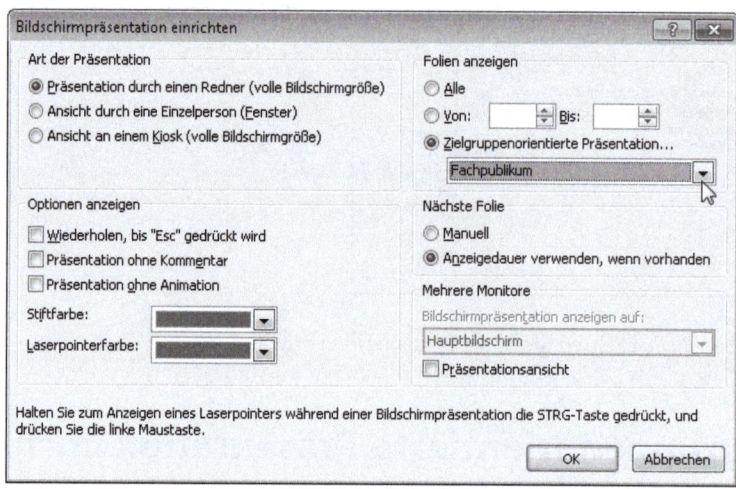

Sie können hier zwischen verschiedenen Arten der Präsentation auswählen:

■ **Präsentation durch einen Redner (volle Bildschirmgröße)**   Dies ist die häufigste Art, eine Präsentation vorzuführen. Bei dieser Option werden keine weiteren Einstellungen benötigt, optional kann eine Auswahl an Folien oder eine zielgruppenorientierte Präsentation voreingestellt werden.

■ **Ansicht durch eine Einzelperson (Fenster)**   Die Präsentation wird nicht unbedingt im Vollbildmodus abgespielt, sondern in dem Fenster, in dem zuvor PowerPoint angezeigt wurde. Die Steuerung erfolgt über das mit der rechten Maustaste zugängliche Kontextmenü oder die Tasten `Bild↑` und `Bild↓`.

■ **Ansicht an einem Kiosk (volle Bildschirmgröße)**   Damit ist ein allein stehender Rechner gemeint, der z.B. auf Messen oder anderen Veranstaltungen frei zugänglich ist, sodass Besucher sich selbstständig informieren können. Oft sind hier weder Maus noch Tastatur vorhanden, sodass der Ablauf automatisiert werden muss. Achten Sie daher darauf, dass alle Animationen und Folienübergänge zeitgesteuert sind, sonst gibt es keine Möglichkeit, in der Präsentation weiterzublättern. Ausnahme: Wenn eine Maus vorhanden ist, können damit interaktive Schaltflächen benutzt werden (siehe Abschnitt »Interaktive Schaltflächen« ab Seite 687).

2.   Wählen Sie eine der drei Vorführungsarten aus.

3.   In der Gruppe *Folien anzeigen* können Sie entscheiden, ob alle Folien der Präsentation angezeigt werden sollen oder nur eine bestimmte Gruppe. Falls Sie nur einen Teil der Folien anzeigen wollen, definieren Sie am besten eine zielgruppenorientierte Präsentation (siehe Abschnitt »Zielgruppenorientierte Präsentationen« ab Seite 684).

4. Legen Sie in der Gruppe *Optionen anzeigen* fest, ob während der Präsentation eventuell vorhandene Kommentare oder Animationen abgespielt werden.

5. Auch die Farbe des Stiftes (siehe Abschnitt »Freihandlinien« auf Seite 682) und des sogenannten Laserpointers können Sie hier voreinstellen. Der Laserpointer ist ein kleiner »Lichtfleck«, den Sie anstelle des Mauszeigers anzeigen können, indem Sie bei gedrückter Strg-Taste die linke Maustaste drücken. Dabei müssen Sie darauf achten, dass Sie erst Strg drücken und erst anschließend die Maustaste betätigen – ansonsten lösen Sie eine Animation oder einen Folienwechsel aus.

6. Wenn die Folien während der Präsentation automatisch gewechselt werden sollen, aktivieren Sie in der Gruppe *Nächste Folie* die Option *Anzeigedauer verwenden, wenn vorhanden*. In diesem Fall müssen Sie auf der Registerkarte *Übergänge* für jede Folie eine entsprechende Zeitangabe festlegen (in der Gruppe *Anzeigedauer*).

7. Falls Ihr Rechner die Verwendung von zwei (voneinander unabhängigen) Bildschirmen unterstützt, können Sie mit der so genannten *Referentenansicht* arbeiten. Legen Sie dann in der Gruppe *Mehrere Bildschirme* fest, auf welchem Bildschirm die Präsentation für das Publikum abläuft und welcher Monitor die Referentenansicht darstellt.

8. Stellen Sie die gewünschte Auflösung ein und schließen Sie das Dialogfeld mit *OK*.

Interaktive Schaltflächen

Bei einer normalen Bildschirmpräsentation können Sie die Präsentation entweder über einfache Mausklicks, mit Hilfe der integrierten Navigationsschaltflächen oder über das Kontextmenü steuern. Wenn Ihre Präsentation jedoch selbstständig ablaufen soll, sollten Sie die Navigationsmöglichkeiten beschränken, damit sich ein Betrachter zwar noch innerhalb der Präsentation bewegen, aber keinen störenden Einfluss auf sie nehmen kann.

Zu diesem Zweck verwenden Sie interaktive Schaltflächen, die Sie mit den gewünschten Funktionen versehen. Im nächsten Beispiel statten wir eine leere Präsentation mit drei Schaltflächen aus, die folgende Navigation erlauben:

■   Wechsel zur vorherigen Folie

■   Wechsel zur ersten Folie

■   Wechsel zur nächsten Folie.

Das Ergebnis dieses Beispiels finden Sie in der Übungsdatei *Schaltflächen*.

1. Erstellen Sie eine neue leere Präsentation und zeigen Sie den Folienmaster an (Registerkarte *Ansicht*, Schaltfläche *Folienmaster*). Indem wir die Schaltflächen auf dem Folienmaster platzieren, stehen sie automatisch auf allen Folien der Präsentation zur Verfügung.

2. Wechseln Sie auf die Registerkarte *Einfügen* und klicken Sie in der Gruppe *Illustrationen* auf die Schaltfläche *Formen*. Die Formen für die interaktiven Schaltflächen befinden sich ganz unten im Ausklappmenü der Schaltfläche.

Bild 39.12 Die interaktiven Schaltflächen befinden sich ganz unten im Menü der Schaltfläche *Formen*

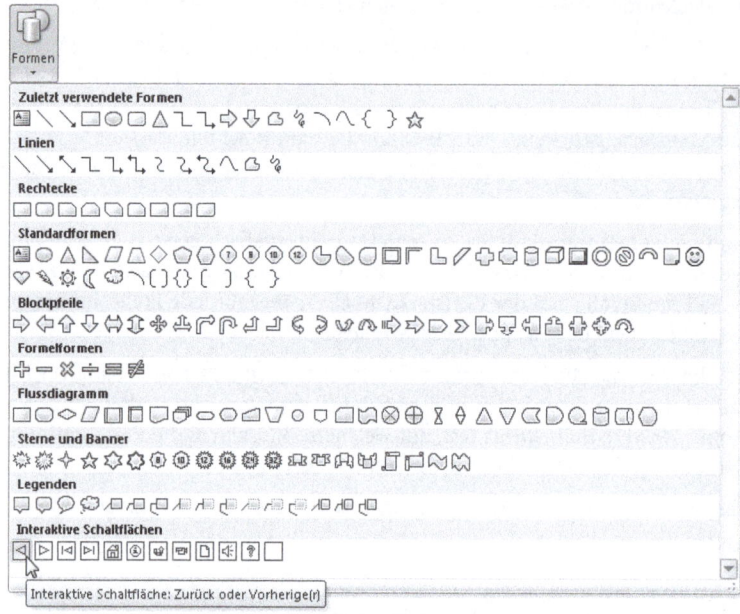

3. Klicken Sie die erste der Schaltflächen an und ziehen Sie dann ein Rechteck in der gewünschten Größe auf dem Folienmaster auf.

Bild 39.13 Aufziehen einer interaktiven Schaltfläche

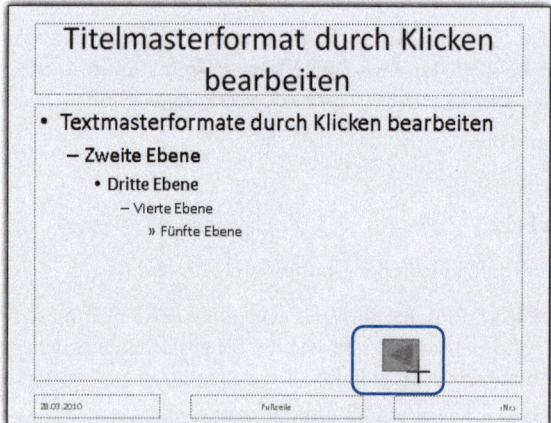

4. Sobald Sie die Maustaste loslassen, erscheint das Dialogfeld *Aktionseinstellungen* auf dem Bildschirm. In ihm können Sie festlegen, welche Aktion ausgeführt werden soll, wenn der Benutzer die Schaltfläche anklickt.

Bild 39.14   Auswahl der gewünschten Aktion

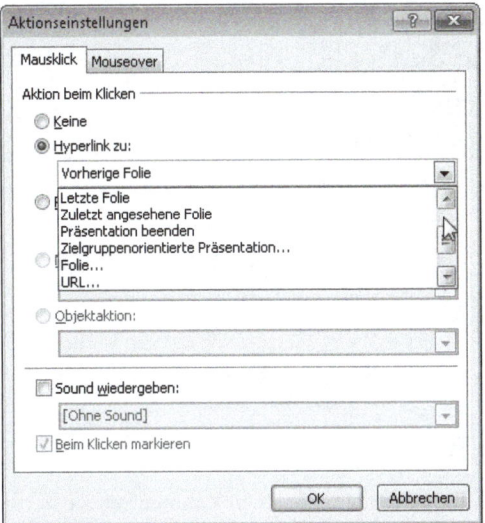

Die meisten der interaktiven Schaltflächen sind mit voreingestellten Aktionen verknüpft, die aus den Symbolen deutlich hervorgehen (so setzt die Schaltfläche mit dem kleinen Haus erwartungsgemäß einen Hyperlink auf die erste Folie). Im Dialogfeld *Aktionseinstellungen* ist die voreingestellte Aktion bereits ausgewählt – Sie können sie aber jederzeit ändern.

5. Wählen Sie aus der Auswahlliste *Hyperlink zu*, wohin bei einem Klick auf die Schaltfläche gewechselt werden soll. Zur Auswahl stehen die Folien der aktuellen Präsentation, andere Präsentationen oder auch beliebige Hyperlinks, die mit einer URL angegeben werden.

Weitere Aktionen neben dem Setzen von Hyperlinks sind:

■ das Ausführen von Programmen

■ das Ausführen von Makros

■ Objektaktionen für eingefügte Objekte – z.B. erlaubt diese Funktion es, ein Excel-Objekt zu öffnen, um es zu bearbeiten

■ das Abspielen von Sound.

6. Falls eine Aktion nicht durch Mausklick, sondern bereits durch Mausberührung ausgelöst werden soll, wechseln Sie auf die Registerkarte *Mouseover* und wählen die Aktion dort aus.

7. Fügen Sie auf die gleiche Art und Weise noch zwei Schaltflächen ein, mit denen Sie zur ersten bzw. zur nächsten Folie wechseln können. Anschließend sollte Ihr Folienmaster in etwa so aussehen, wie in Bild 39.15 auf der nächsten Seite.

Damit haben wir die gewünschte Funktionalität realisiert. Allerdings lässt das Aussehen der Schaltflächen noch etwas zu wünschen übrig. Wir werden daher in den nächsten Schritten zunächst die Größe der Schaltflächen vereinheitlichen und anschließend für eine ansprechende Optik sorgen.

PowerPoint 2010

Bild 39.15   Der Folienmaster enthält nun drei Schaltflächen

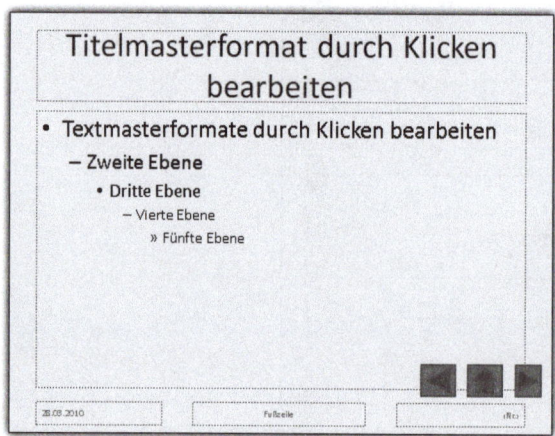

8. Markieren Sie die drei Schaltflächen, indem Sie einen Rahmen um sie herum aufziehen oder sie bei gedrückter `Strg`-Taste einzeln anklicken. Achten Sie darauf, dass Sie wirklich nur die Schaltflächen und keinen der Platzhalter markieren.

9. Wechseln Sie auf die Registerkarte *Format* der *Zeichentools* und geben Sie dort in der Gruppe *Größe* die gewünschten Werte für die Höhe und die Breite der Schaltflächen ein.

10. Klicken Sie in der Gruppe *Anordnen* auf *Ausrichten* und wählen Sie im Menü den Befehl *Oben ausrichten*. Die Schaltflächen befinden sich nun alle auf gleicher Höhe.

11. Öffnen Sie erneut das Menü der Schaltfläche *Anordnen* und wählen Sie diesmal den Befehl *Horizontal verteilen*. Dadurch bekommen die Schaltflächen einen gleichmäßigen Abstand.

12. Wenn Ihnen die Größe und Positionierung der Schaltflächen zusagt, sollten Sie sie zu einer Gruppe zusammenfassen, die Sie als Einheit auf der Folie bewegen können. Klicken Sie dazu in der Gruppe *Anordnen* auf *Gruppieren* und wählen Sie im Menü den Befehl *Gruppieren*.

Bild 39.16   Die Schaltflächen sind jetzt präzise ausgerichtet und zu einer Gruppe zusammengefasst

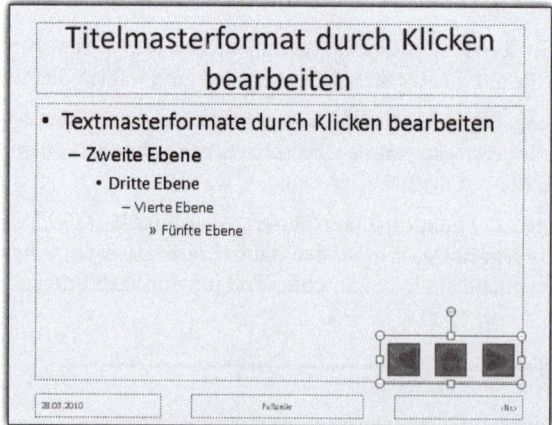

13. Zum Schluss sollen die Schaltflächen noch etwas ansprechender gestaltet werden. Öffnen Sie dazu den Auswahlkatalog der Gruppe *Formenarten*.

14. Suchen Sie mit Hilfe der Livevorschau ein geeignetes Format aus und weisen es den drei Schaltflächen zu.

Bild 39.17 Die Formatvorlagen machen die professionelle Gestaltung der Schaltflächen zum Kinderspiel. Beachten Sie, dass die Schaltflächen auf allen Layouts des Folienmasters auftauchen.

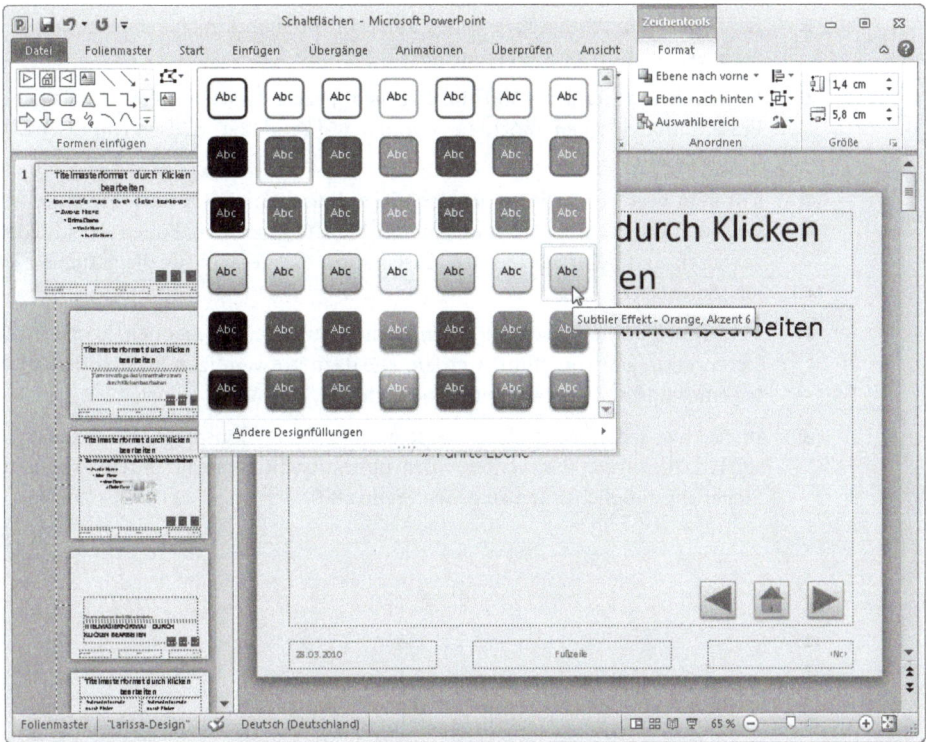

Eigene interaktive Schaltflächen verwenden

Falls die vordefinierten Schaltflächen nicht zu Ihrer Präsentation passen, können Sie auch eigene Schaltflächen erstellen. Sie können dazu jeder beliebigen Form oder auch einer eingefügten Grafik eine Aktion zuweisen.

Um z. B. ein ClipArt-Objekt als Navigations-Schaltfläche zu verwenden, gehen Sie wie folgt vor:

1. Fügen Sie das gewünschte ClipArt-Objekt auf der Folie bzw. auf dem Folienmaster ein.

2. Markieren Sie es und klicken Sie auf der Registerkarte *Einfügen* auf die Schaltfläche *Aktion*. Es erscheint das Dialogfeld aus Bild 39.14.

3. Wählen Sie die gewünschte Aktion aus und klicken Sie auf *OK*.

4. Wechseln Sie auf die Registerkarte *Format* und gestalten Sie das Objekt.

Zusammenfassung

In diesem Kapitel haben Sie gelernt, wie Sie eine Präsentation vorführen können.

- Zum Starten drücken Sie entweder ⌨F5, um die Präsentation mit der ersten Folie zu starten, oder ⌨⇧+⌨F5, damit die Präsentation an der aktuellen Folie beginnt (Seite 678).

- Während der Vorführung können Sie die Präsentation über automatisch eingeblendete Navigationsschaltflächen (Seite 678), ein Kontextmenü oder über die Tastatur (Seite 681) steuern.

- Bei Bedarf können Sie Ihre Folien auch mit Freihandlinien versehen, um gezielt auf wichtige Sachverhalte hinzuweisen (Seite 682).

- Folien, die während der Vorführung nicht gezeigt werden sollen, die Sie jedoch nicht aus der Präsentation löschen möchten, können während der Bildschirmpräsentation ausgeblendet werden (Seite 683).

- Mit dem Feature »Zielgruppenorientierte Präsentation« können Sie aus einer umfangreichen Präsentation mehrere machen, indem Sie die einzelnen Folien verschiedenen Zielgruppen zuweisen und beim Starten der Präsentation die Version für die aktuelle Zielgruppe auswählen (Seite 684).

- Eine PowerPoint-Präsentation kann auch auf allein stehenden Rechnern auf Messen oder Veranstaltungen vorgeführt werden. Die dazu notwendigen Einstellungen werden als *Einrichten* einer Bildschirmpräsentation bezeichnet (Seite 685).

- Interaktive Schaltflächen bieten eine weitere Navigationsmöglichkeit. Sie eignen sich zum Beispiel dazu, einem Betrachter einer unbeaufsichtigt ablaufenden Präsentationen begrenzte Steuerungsmöglichkeiten zu geben (Seite 687).

Kapitel 40

Präsentationen veröffentlichen

In diesem Kapitel erfahren Sie zunächst, wie Sie Ihre Präsentationen vor unberechtigten Zugriffen bzw. Veränderungen schützen können. Anschließend zeigen wir Ihnen, wie Sie gewährleisten, dass Präsentationen, die Sie an Dritte weitergeben, keine versteckten privaten Informationen mehr enthalten. Im letzten Abschnitt dieses Kapitels lernen Sie dann, wie Sie eine fertige Präsentation zur Weitergabe vorbereiten.

Präsentationen schützen

Dem Wunsch, eine PowerPoint-Präsentation vor dem Zugriff durch andere Benutzer zu schützen, liegen in aller Regel zwei Motive zugrunde: Entweder sollen unberechtigte Benutzer erst gar keinen Zugriff auf die Daten der Präsentation erhalten oder die Präsentation soll vor Veränderungen durch autorisierte Benutzer geschützt werden.

In diesem Abschnitt stellen wir Ihnen drei Verfahren zum Schutz Ihrer Präsentationen vor:

- Präsentation abschließen
- Präsentation verschlüsseln
- Präsentation mit einem Schreibschutz versehen.

Präsentation abschließen

Wenn Sie eine Präsentation *abschließen,* deaktiviert PowerPoint alle Funktionen, mit denen eine Präsentation bearbeitet werden kann. Die Präsentation lässt sich dann also nicht mehr verändern.

Da diese Eigenschaft jedoch nicht durch ein Kennwort abgesichert werden kann, handelt es sich dabei nicht um eine Schutzfunktion, sondern eher um eine Statusinformation. Sie dient also dazu, einem Anwender zu signalisieren, dass es sich um die endgültige Version der Präsentation handelt.

Um eine Präsentation abzuschließen, nehmen Sie folgende Schritte vor:

1. Wechseln Sie in die Backstage-Ansicht und gehen Sie dort auf die Seite *Informationen.*

2. Klicken Sie hier auf die Schaltfläche *Präsentation schützen* und wählen Sie in ihrem Menü den Befehl *Als abgeschlossen kennzeichnen.*

3. Bestätigen Sie die nächste Meldung mit *OK*. Die Präsentation wird gespeichert und als abgeschlossen gekennzeichnet. Anschließend erscheint eine weitere Meldung mit Informationen über den neuen Status der Präsentation.

Bild 40.1   Die Präsentation ist als abgeschlossen gekennzeichnet

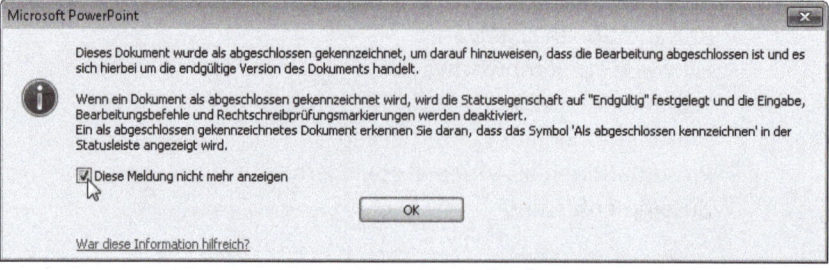

4. Klicken Sie auf *OK,* um die Meldung zu schließen. Wenn Sie nicht möchten, dass diese Meldung in Zukunft erneut erscheint, schalten Sie vorher noch die Option *Diese Meldung nicht mehr anzeigen* ein.

Dass eine Präsentation abgeschlossen ist, erkennen Sie gleich an mehreren Merkmalen:

■ Das Menüband ist minimiert und nahezu alle Befehle des Menübandes sind deaktiviert.

■ Unterhalb des Menübands wird eine entsprechende Meldung angezeigt.

■ In der Statusleiste taucht ein kleines Symbol auf.

Bild 40.2   Abgeschlossene Präsentationen können nicht mehr bearbeitet werden

Um die Präsentation wieder bearbeiten zu können, klicken Sie entweder in der Meldung auf *Trotzdem bearbeiten* oder Sie rufen den Befehl zum Abschließen der Präsentation erneut auf.

Präsentation verschlüsseln

Die größtmögliche Sicherheit für Ihre Daten erhalten Sie, wenn Sie die Präsentation verschlüsseln. Um diesen Schutzmechanismus zu aktivieren, nehmen Sie folgende Schritte vor:

1. Wechseln Sie in der Backstage-Ansicht auf die Seite *Informationen,* klicken Sie auf *Präsentation schützen* und wählen Sie im Menü der Schaltfläche den Befehl *Mit Kennwort verschlüsseln.*

2. Es erscheint ein Dialogfeld, das Sie zur Eingabe eines Kennworts auffordert. Dieses Kennwort benötigen Sie, um die Präsentation öffnen zu können.

PowerPoint 2010

Bild 40.3   Kennworteingabe

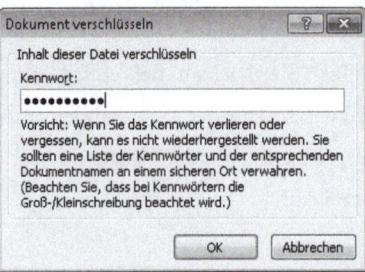

3.   Geben Sie ein Kennwort ein und klicken Sie auf *OK*. Beachten Sie bei der Wahl des Kenn-
     worts unsere Hinweise aus dem Abschnitt »Hinweise zur Kennwortwahl« (auf Seite 698). Es
     erscheint ein weiteres Dialogfeld, in dem Sie das soeben eingegebene Kennwort bestätigen
     müssen.

Bild 40.4   Kennwort bestätigen

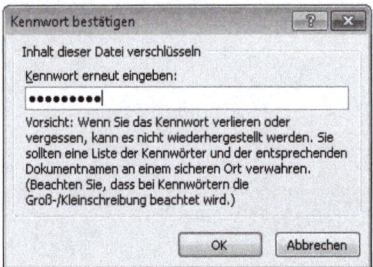

4.   Tippen Sie das Kennwort erneut ein. Damit wird kontrolliert, ob Sie sich beim ersten Einge-
     ben des Kennwortes nicht vertan haben.

Eine so gesicherte Präsentation kann nur noch von jemand geöffnet werden, der im Besitz des richtigen Kennwortes ist. (Das gilt auch für Sie persönlich – vergessen Sie Ihr Kennwort also nicht.)
Zusätzlich bietet die Verschlüsselung einen weiteren Schutz gegen Datenspionage, da auch jemand,
der die Datei mit einem Hex-Editor öffnet, keine lesbaren Inhalte vorfindet.

Bild 40.5   Öffnen einer verschlüsselten Präsentation

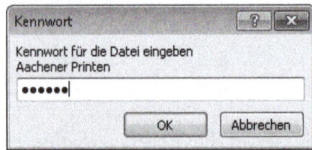

Wenn Sie die Verschlüsselung wieder aufheben möchten, rufen Sie den Befehl *Mit Kennwort verschlüsseln* erneut auf und löschen den Inhalt des Kennwortfeldes.

Präsentation mit einem Schreibschutz versehen

Wenn Sie zwar das Öffnen einer Präsentation ohne Kennwort zulassen wollen, jedoch andererseits verhindern möchten, dass jemand an der Präsentation Änderungen vornimmt, können Sie sie mit einem Schreibschutz versehen.

Um diesen Schutzmechanismus zu aktivieren, ist es erforderlich, dass Sie das Dokument speichern:

1. Wählen Sie in der Backstage-Ansicht den Befehl *Speichern unter*. PowerPoint zeigt das gleichnamige Dialogfeld an.

2. Klicken Sie unten im Dialogfeld auf die Schaltfläche *Tools* und wählen Sie in deren Ausklappmenü den Befehl *Allgemeine Optionen*. Dadurch erscheint ein weiteres Dialogfeld.

Bild 40.6   Präsentationen können mit einem Schreibschutz versehen werden

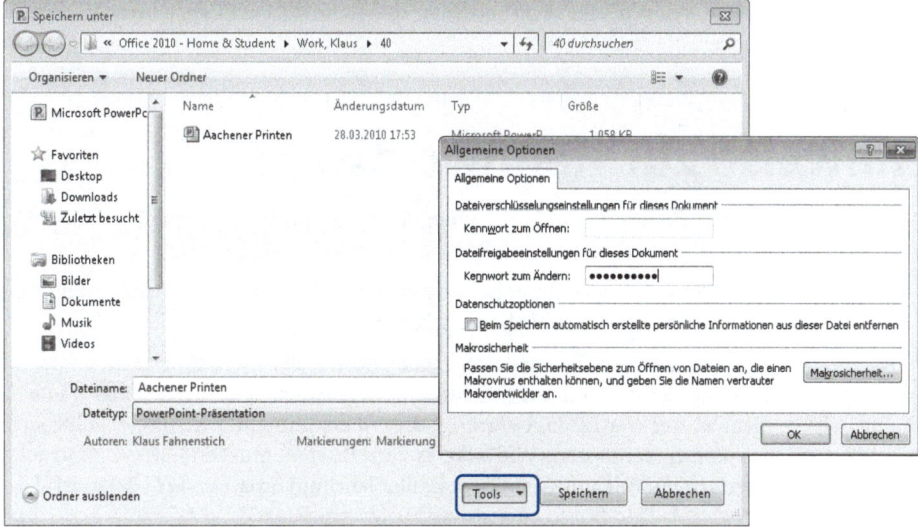

Die Felder im Dialogfeld *Allgemeine Optionen* haben folgende Bedeutung:

- **Kennwort zum Öffnen**   Eine Eingabe in diesem Feld hat die gleiche Wirkung wie der im letzten Abschnitt vorgestellte Befehl *Mit Kennwort verschlüsseln*.

- **Kennwort zum Ändern**   Wenn Sie hier ein Kennwort eingeben, wird die Präsentation mit einem Schreibschutz versehen. Die Präsentation kann anschließend zwar ohne Kennwort geöffnet werden, jedoch nur im Schreibschutz-Modus. Benutzer, die an der Präsentation Änderungen vornehmen wollen, benötigen dazu das richtige Kennwort.

- **Datenschutzoptionen**   Schalten Sie diese Option ein, wenn PowerPoint beim Speichern der Präsentation automatisch eventuell vorhandene persönliche Daten aus der Präsentation entfernen soll (siehe auch ▶ Abschnitt »Präsentation prüfen« auf Seite 699).

3. Nehmen Sie im Feld *Kennwort zum Ändern* eine Eingabe vor, um die Präsentation mit einem Schreibschutz zu versehen und klicken Sie auf *OK*.

4. Bestätigen Sie das Kennwort im nächsten Dialog.

5. Klicken Sie auf *Speichern*, um den Vorgang abzuschließen.

PowerPoint 2010

Wenn Sie eine Präsentation öffnen wollen, die mit einem kennwortgeschützten Schreibschutz versehen ist, erscheint ein Fenster, mit dem Sie entweder den Schreibschutz per Kennworteingabe aufheben oder die Präsentation mit der Schaltfläche *Schreibgeschützt* im schreibgeschützten Modus öffnen können.

Bild 40.7 Der Schreibschutz kann per Kennwort aufgehoben werden

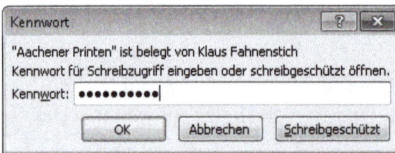

Um den Schreibschutz zu einem späteren Zeitpunkt wieder zu entfernen, rufen Sie das Dialogfeld *Allgemeine Optionen* erneut auf, löschen das Kennwort und speichern die Präsentation anschließend wieder.

Hinweise zur Kennwortwahl

Einige Schutzfunktionen müssen, andere können optional mit einem Kennwort gesichert werden. Bei der Wahl eines Kennworts sollten Sie folgende Punkte bedenken:

- PowerPoint berücksichtigt bei Kennwörtern die Groß- und Kleinschreibung. Die Kennwörter *Geheim* und *geheim* sind also verschieden.

- Apropos geheim: Vermeiden Sie Kennwörter, die leicht zu erraten sind. Dazu gehören zum Beispiel Namen und Begriffe aus Ihrem privaten bzw. beruflichen Umfeld, Reiseziele oder Kennwörter wie *12345, Geheim, Password* etc. Ein gutes Kennwort sollte sich auch in keinem Lexikon finden lassen. Wie wäre es zum Beispiel mit *DirdGwinnl* (»Die ich rief, die Geister, werd ich nun nicht los« aus dem Zauberlehrling) oder *DsiniaTUbskawz* (»Da steh ich nun, ich armer Tor! Und bin so klug als wie zuvor« aus Faust)?

- Verwenden Sie in Ihren Kennwörtern keine Umlaute oder Buchstaben mit Akzent, wenn es notwendig sein könnte, das Dokument auch auf einem Macintosh oder auf einem PC mit fremdländischer Tastatur (z.B. während eines Urlaubs) zu öffnen.

- Notieren Sie Ihre Kennwörter nach Möglichkeit nicht. Falls Sie es doch machen, dann legen Sie den Zettel bitte nicht unter die Tastatur und hängen Sie ihn auch nicht an die nächste Pinnwand! Verwenden Sie besser einen elektronischen »Password-Safe«.

- Gehen Sie nicht davon aus, dass Ihre Daten durch Vergeben eines Kennwortes hundertprozentig sicher sind. Bis jetzt ist noch jeder Kopierschutz früher oder später geknackt worden. Allerdings muss man zur Ehrenrettung von Microsoft sagen, dass der Kennwortschutz gegenüber früheren Versionen von Office erheblich verbessert wurde.

- Auch wenn wir gerade gesagt haben, dass sich jeder Kopierschutz aushebeln lässt: Verlassen Sie sich nicht darauf! Wenn Sie wirklich einmal das Kennwort für eine Präsentation mit wichtigen Daten vergessen, würde es Sie mit Sicherheit Zeit und Geld kosten, um das Kennwort zu rekonstruieren (falls es dann im konkreten Einzelfall überhaupt möglich ist).

Präsentation prüfen

Durch die ständige Präsenz immer neuer Viren hat das Thema Sicherheit in den letzten Jahren an Bedeutung gewonnen. Ein Aspekt, der von vielen Anwendern allerdings häufig übersehen wird, sind die vielen versteckten Informationen, die man durch das Versenden eines Office-Dokumentes ungewollt aus der Hand gibt. Zu diesen – als Metadaten – bezeichneten Informationen, gehören zum Beispiel die Namen aller Personen, die das Dokument bearbeitet haben. Häufig lassen sich sogar mit geeigneten Programmen noch gelöschte Texte finden.

Microsoft hat auf diese Problematik reagiert und in Office 2007 den sogenannten *Dokumentinspektor* eingeführt. In Office 2010 nennt sich diese Funktion etwas schlichter *Dokumentprüfung*. Dieses Tool durchsucht ein Dokument nach Metadaten sowie nach persönlichen Informationen und kann sie auf Wunsch entfernen. Wenn Sie planen, eine Präsentation weiterzugeben, sollten Sie dieses Tool auf jeden Fall anwenden.

1. Klicken Sie auf *Datei*, um in die Backstage-Ansicht zu gelangen und zeigen Sie dort die Seite *Informationen* an.

2. Betätigen Sie die Schaltfläche *Auf Problem überprüfen* und wählen Sie in ihrem Menü den Befehl *Dokument prüfen*. PowerPoint zeigt das folgende Dialogfeld an.

Bild 40.8   Die Dokumentprüfung

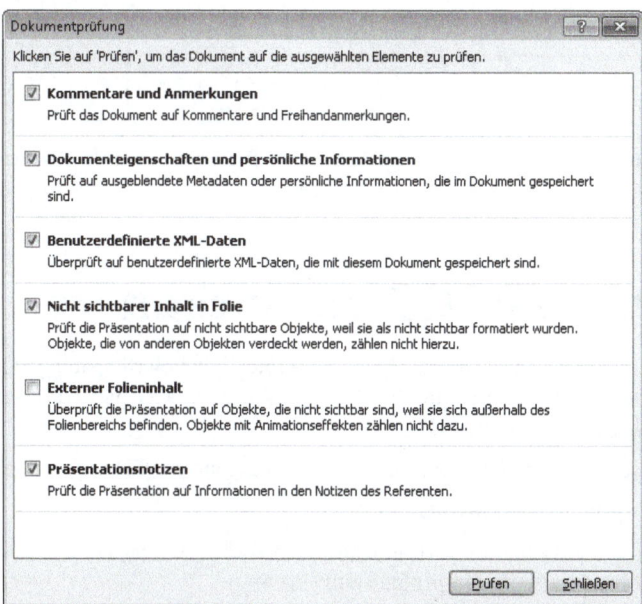

Wie Sie sehen, lässt sich der Umfang der Prüfung detailliert konfigurieren. Wie hoch Ihr Sicherheitsbedürfnis ist, müssen Sie letztendlich selbst einschätzen. Vielen Anwendern genügt es vielleicht schon, wenn ihre persönlichen Daten wie Name und Adresse aus den Dokumenten entfernt werden. Andere hingegen achten mit Argusaugen darauf, dass Dritte keinerlei persönliche Daten (wie z.B. Foliennotizen) erhalten.

PowerPoint 2010

3. Wählen Sie die zu untersuchenden Bereiche der Präsentation aus und klicken Sie auf *Prüfen*, damit PowerPoint Ihre Präsentation analysiert.

Bei der Prüfung wurden zwei kritische Bereiche entdeckt

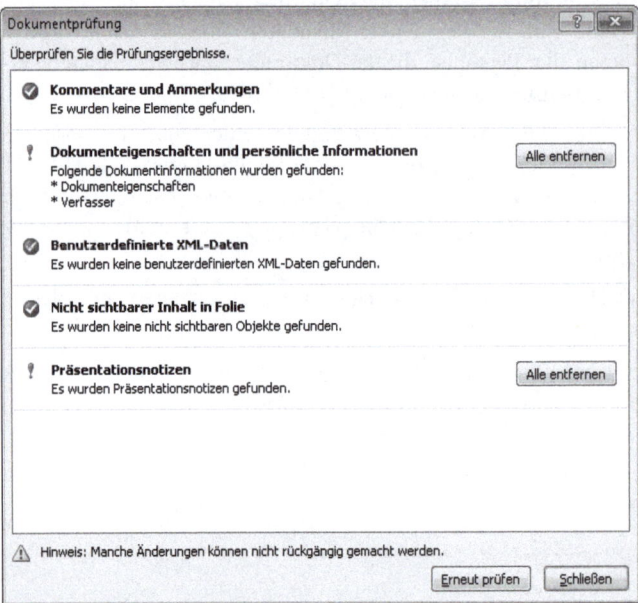

4. Klicken Sie auf *Alle entfernen*, um die kritischen Informationen zu löschen. Vorsicht: Der Löschvorgang erfolgt ohne vorherige Nachfrage!

Präsentationen auf CD verpacken

Häufig wird eine Präsentation zwar am eigenen Rechner konzipiert, später jedoch mithilfe von Notebook und Beamer präsentiert. Für die Weitergabe mittels CD bietet PowerPoint ein praktisches Verfahren an: Verpacken für CD.

So gehen Sie vor, wenn Sie eine Präsentation für die Weitergabe per CD vorbereiten wollen.

1. Öffnen Sie die gewünschte Präsentation.

2. Prüfen Sie, ob die Präsentation vertrauliche Daten enthält, die Sie nicht an Dritte weitergeben wollen (Abschnitt »Präsentation prüfen« auf Seite 699).

3. Wechseln Sie in der Backstage-Ansicht auf die Seite *Speichern und Senden*.

4. Klicken Sie in der Gruppe *Dateitypen* auf *Bildschirmpräsentation für CD verpacken*.

5. Jetzt erscheint im rechten Bereich die Schaltfläche *Verpacken für CD*. Starten Sie den Vorgang, indem Sie diese Schaltfläche anklicken.

6. Eventuell taucht nun noch ein Dialogfeld mit einem Hinweis auf, dass für einige Dateien das Dateiformat aktualisiert werden muss. Bestätigen Sie diesen Hinweis mit *OK*.

Bild 40.10   Geben Sie einen Namen für die CD ein

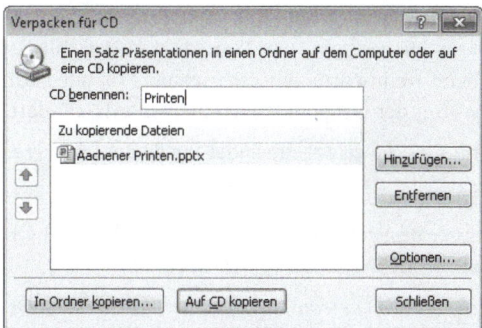

7. Tragen Sie im Dialogfeld den Namen ein, den die CD erhalten soll.

8. Wenn auf der CD noch weitere Dateien oder Präsentationen verpackt werden sollen, klicken Sie auf *Hinzufügen* und wählen Sie die gewünschte(n) Datei(en) im gewohnten Dateidialog aus. Im Dialogfeld *Verpacken für CD* erscheint dann eine Liste der ausgewählten Dateien.

Bild 40.11   Es wurden zwei Präsentationen ausgewählt

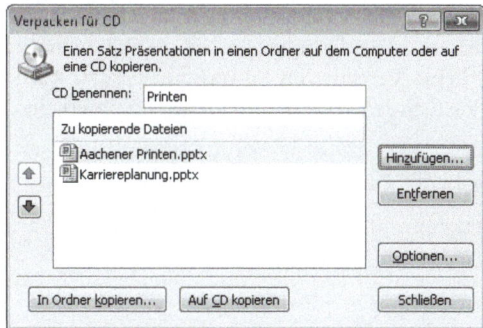

9. Als Nächstes klicken Sie auf *Optionen*, um noch weitere Einstellungen vorzunehmen.

Bild 40.12   Einstellen weiterer Optionen

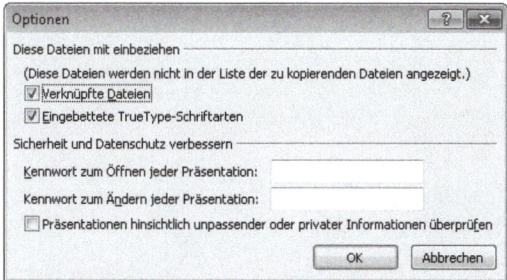

10. Wenn die Präsentationen mit externen Dateien, z.B. Grafiken, verknüpft sind, schalten Sie das Kontrollkästchen *Verknüpfte Dateien* ein.

11. Haben Sie Schriften eingebettet, aktivieren Sie die Option *Eingebettete TrueType-Schriftarten*.

12. Sollen die Präsentationen vor dem Zugriff durch Unbefugte geschützt werden, können Sie ein Passwort angeben – geben Sie es zweimal ein, um Tippfehler auszuschließen. Dadurch werden eventuell bereits vorhandene Kennwörter überschrieben! Das gilt natürlich nur für die Kopien auf der CD; die Kennwörter der Originaldateien bleiben unverändert.

13. Schließen Sie das Dialogfeld mit *OK*. Sie gelangen wieder ins Dialogfeld *Verpacken für CD*.

14. Hier haben Sie zwei Möglichkeiten:

    ■ Wenn Sie einen CD-Brenner besitzen, der das direkte Schreiben auf CD unter Windows unterstützt, klicken Sie auf die Schaltfläche *Auf CD kopieren*.

    ■ Andernfalls wählen Sie *In Ordner kopieren*, geben einen Ordnernamen und Speicherort an und brennen den Inhalt des Ordners mit Ihrem gewohnten Brennprogramm auf CD.

15. Schließen Sie das Dialogfeld. Auf der CD bzw. im gewählten Ordner finden Sie nun die gewählten Präsentationen sowie einige weitere Dateien, die eine kleine Bedieneroberfläche auf HTML-Basis erzeugen.

Gepackte Präsentation einsetzen

Die Verwendung einer CD mit gepackten Präsentationen ist denkbar einfach. Nach dem Einlegen der CD wird eine einfache HTML-Seite angezeigt, über die Sie die Präsentationen aufrufen können. Falls der Empfänger der CD keine Version von PowerPoint besitzt, kann er sich über die Schaltfläche *Download Viewer* den kostenlosen PowerPoint-Viewer herunterladen.

Bild 40.13   Bedieneroberfläche zur Auswahl der Präsentation

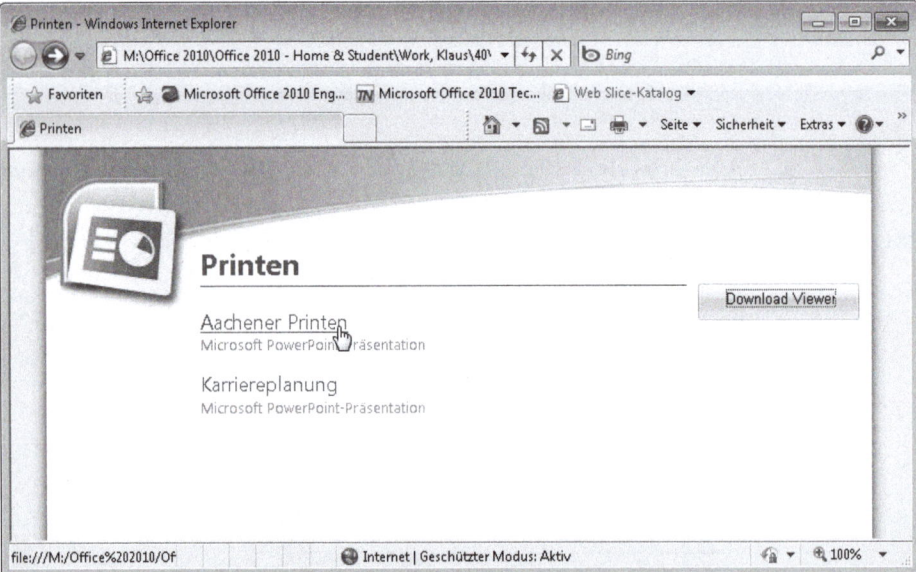

Präsentationen als Video abspeichern

Mit PowerPoint 2010 können Sie eine Präsentation auch in ein Video konvertieren. Die so erzeugte Datei lässt sich dann auf jedem Rechner problemlos abspielen. Die Bildqualität der Videos lässt sich kaum von einer Live-Präsentation unterscheiden. Lediglich aufwändige Folienübergänge und Animationen laufen im Video nicht ganz so flüssig wie bei einer Live-Präsentation.

Zum Konvertieren einer Präsentation nehmen Sie folgende Schritte vor:

1. Wechseln Sie in die Backstage-Ansicht und gehen Sie dort auf die Seite *Speichern und Senden*.

2. Klicken Sie in der Gruppe *Dateitypen* auf *Video erstellen*.

3. Wählen Sie nun auf der rechten Seite die gewünschte Bildschirmauflösung.

4. Zusätzlich müssen Sie noch entscheiden, ob die Folien nach einer festen Zeitspanne gewechselt werden oder ob PowerPoint die in der Präsentation gespeicherten Zeitabläufe verwenden soll. Diese Zeitvorgaben werden mit der Funktion *Bildschirmpräsentation aufzeichnen* erstellt, die Sie auf der Registerkarte *Bildschirmpräsentation* finden.

Bild 40.14   Einstellen der Video-Eigenschaften

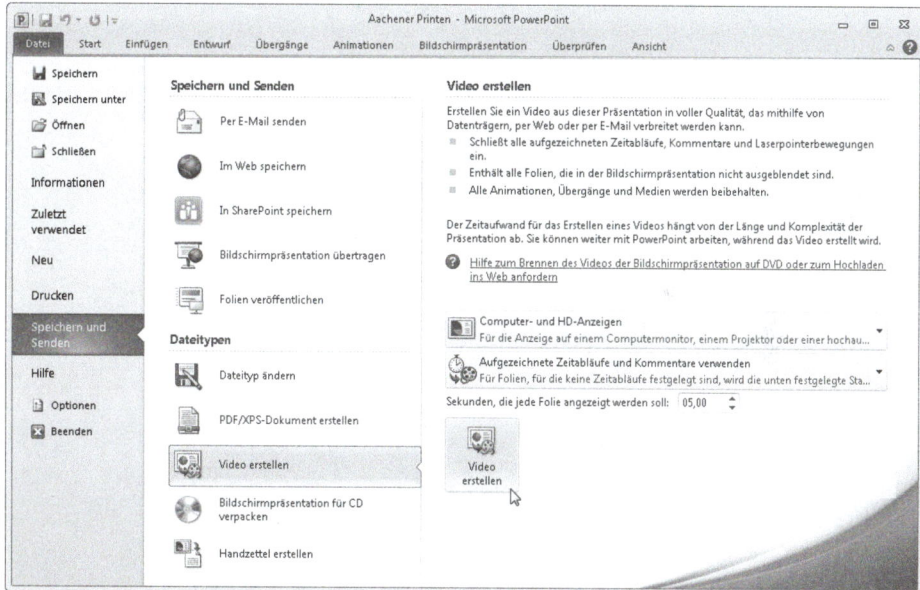

5. Klicken Sie auf *Video erstellen*, um den Vorgang zu starten. Den aktuellen Status zeigt PowerPoint unten in der Statusleiste an. Seien Sie dabei nicht zu ungeduldig, die Konvertierung langer Präsentation kann durchaus mehrere Minuten in Anspruch nehmen.

Der Platzbedarf für ein Video mit der Auflösung 960 × 720 beträgt nach unseren Erfahrungen etwa 3 MByte pro Sekunde.

PowerPoint 2010

Zusammenfassung

In diesem Kapitel haben Sie gelernt, wie Sie eine Präsentation veröffentlichen können:

■ Zunächst haben Sie erfahren, wie Sie Ihre Präsentationen vor unberechtigten Zugriffen bzw. Veränderungen schützen (Seite 694).

■ Anschließend haben wir Ihnen gezeigt, wie Sie gewährleisten, dass Präsentationen, die Sie an Dritte weitergeben, keine versteckten privaten Informationen mehr enthalten (Seite 699).

■ Außerdem wissen Sie nun, wie Sie eine fertige Präsentation zur Weitergabe auf einer CD vorbereiten (Seite 700).

■ Im letzten Abschnitt des Kapitels haben wir Ihnen noch gezeigt, wie Sie eine Präsentation in ein Video umwandeln können (Seite 703).

Mit diesem Kapitel endet Teil D dieses Buches, der sich ausschließlich mit PowerPoint beschäftigt hat. Die drei Kapitel des folgenden Teils E zeigen Ihnen, wie Sie in den Programmen Word, Excel und PowerPoint mit Illustrationen (Grafiken, Bildern, Formen, SmartArts etc.) arbeiten.

Teil E

Illustrationen

Kapitel 41

Arbeiten mit Designs

Illustrationen

707

Als die Entwickler bzw. Softwaredesigner von Microsoft das Konzept für Office 2007, dem direkten Vorgänger von Office 2010, entwickelt haben, floss in ihre Überlegungen unter anderem die Erkenntnis ein, dass die Wirkung eines Dokuments auf einen Betrachter entscheidend von der Qualität seiner grafischen Elemente abhängt. Und genau hier haben die Entwickler bei älteren Office-Versionen ein deutliches Manko entdeckt. Es waren zwar bereits leistungsfähige Grafikfunktionen vorhanden, doch ihre Bedienung war für normale Nutzer zu kompliziert, als dass sie mit ihnen ansprechende Grafiken hätten erzeugen können. Der richtige Einsatz von Licht und Schatten und die Wahl geeigneter Farben erfordern ein Maß an fachlichem Knowhow, über das ein Laie schlichtweg nicht verfügt.

Microsoft hat deshalb ein Konzept entworfen, das das Erstellen von professionellen Grafiken dramatisch vereinfacht und eine programmübergreifende Gestaltung von Office-Dokumenten erlaubt.

Das Konzept der Designs

Wenn Sie schon Erfahrungen mit einer älteren Version von PowerPoint (bis einschließlich 2003) besitzen, haben Sie vermutlich bereits mit Farbschemata gearbeitet, mit denen es möglich war, allen Folien einer Präsentation eine neue Farbgebung zuzuweisen. Die neuen Designs setzen auf diesem Konzept auf und erweitern es um neue Formatierungsmerkmale. Außerdem sind Designs nicht allein auf PowerPoint beschränkt, sondern liegen auch Word- und Excel-Dokumenten zugrunde und schaffen so die Basis für eine einheitliche Gestaltung von Office-Dokumenten. Selbst Ihren mit Outlook erstellten Emails können Sie ein Design zuweisen.

Damit Designs von so verschiedenen Programmen wie PowerPoint, Word, Excel und Outlook gemeinsam genutzt werden können, muss die in einem Design enthaltene Formatierungsinformation möglichst abstrakt und einfach gehalten werden. Zum Beispiel schreibt ein Design lediglich zwei Schriftarten vor: eine für die Überschriften und eine für den normalen Textkörper. Und auch die räumlichen Effekte werden in einem Design lediglich in die drei Kategorien »schwach«, »mittel« und »stark« unterteilt. Wie die Effekte im Einzelnen aussehen, ist Sache des jeweiligen Designs. Für Sie als Anwender hat das den Vorteil, dass Sie durch die Auswahl eines Designs einmalig die Stilrichtung für die grafische Gestaltung Ihres Dokuments festlegen und anschließend aus einer überschaubaren Menge von aufeinander abgestimmten Farben und Effekten auswählen können.

Ein Design beeinflusst folgende Formatierungsmerkmale:

- Farben
- Schriftarten
- Effekte (Linien und Füll- und Spezialeffekte; in PowerPoint auch Hintergrundeffekte).

Konkret handelt es sich dabei um zehn so genannte *Designfarben,* zwei verschiedene Schriftarten (je eine für Überschriften und Textkörper) sowie 12 vordefinierte Effektkombinationen.

Designs anwenden

Jedem Dokument, das Sie mit Word 2010, Excel 2010 oder PowerPoint 2010 erstellen, liegt automatisch ein Design zugrunde, dessen Informationen im Dokument selbst gespeichert werden. Ob das Dokument die Vorgaben des Designs konsequent nutzt oder nicht, liegt dabei in der Verantwortung des jeweiligen Autors.

Damit die hinter den Designs stehende Idee auch tatsächlich funktionieren kann, müssen die durch das Design vorgegebenen Formatierungsmerkmale, also Designfarben, Designschriften und Designeffekte durchgängig benutzt werden. Wenn Sie zum Beispiel für einen Teil Ihrer SmartArts Designfarben verwenden und für einen anderen Teil eigene Farben definieren, kann die Zuweisung eines neuen Designs schwerlich ein Erfolg werden.

Es gibt jedoch auch durchaus gute Gründe, mit »festen« Farben zu arbeiten. Wenn Sie zum Beispiel möchten, dass in Ihren Excel-Tabellen negative Zahlen immer in Rot dargestellt werden, sollten Sie für die Formatierung keine Designfarbe verwenden, da sie sich dann beim Zuweisen eines neuen Designs ändern würde.

Um einem Dokument ein neues Design zuzuweisen, gehen Sie wie folgt vor:

1. Wechseln Sie auf die Registerkarte *Entwurf* (PowerPoint) bzw. *Seitenlayout* (Word und Excel).

2. Öffnen Sie das Menü der Schaltfläche *Designs* und bewegen Sie den Mauszeiger über die verschiedenen Vorschaubildchen. Beobachten Sie dabei, wie sich sowohl die Schriftarten als auch die Farben des Dokuments verändern.

3. Übernehmen Sie das gewünschte Design, indem Sie es anklicken.

Bild 41.1 Das Zuweisen eines Designs hat Einfluss auf Farbgebung und Schrift

Wenn Sie die neuen Designs auch in Outlook 2010 verwenden wollen, müssen Sie Ihre Emails im HTML-Format erstellen. Anschließend können Sie dann auf der Registerkarte *Optionen* das gewünschte Design zuweisen (siehe Bild 41.2). Ob der Empfänger Ihrer Email sich anschließend über Ihre formvollendete Email freut oder Sie wegen der unerwünschten Datenmenge verwünscht, bleibt abzuwarten.

Illustrationen

Bild 41.2   Sogar in Outlook 2010 können Sie die neuen Designs verwenden

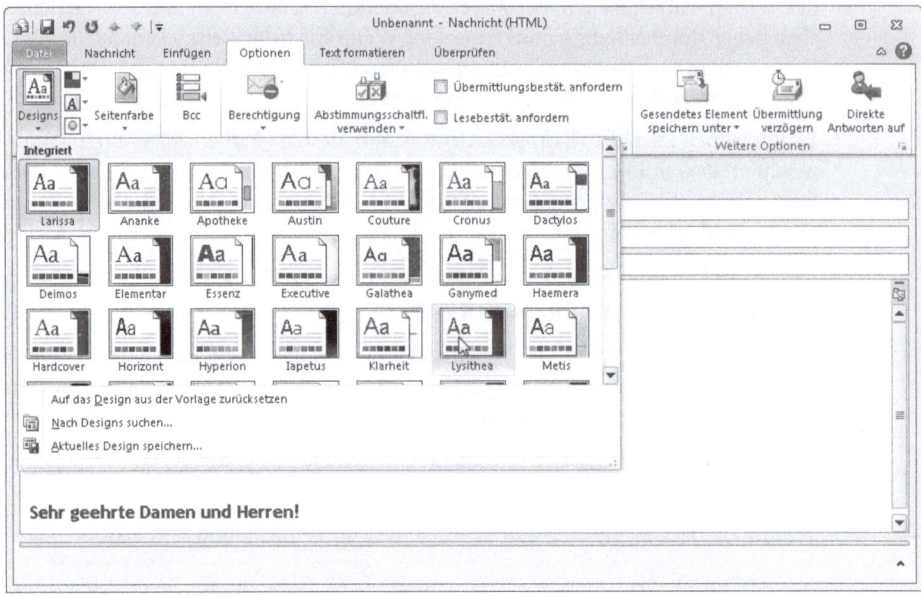

Designfarben

Wie wir eingangs des Kapitels bereits erwähnt haben, enthält ein Design zehn verschiedene Farben. Diese Farben sind als Gruppe zusammengefasst und lassen sich sehr leicht durch andere Gruppen austauschen. Auf diese Weise können Sie die komplette Farbgebung eines Designs ändern, ohne die anderen Gestaltungsmerkmale zu beeinflussen.

Bei der Wahl der Farben musste u.a. berücksichtigt werden, dass in Word-Dokumenten in aller Regel ein heller (weißer) Untergrund verwendet wird, in PowerPoint-Präsentationen jedoch oft ein dunkler Folienhintergrund zum Einsatz kommt. Ein Design enthält daher vier Hintergrundfarben (die auch für den Text verwendet werden) und sechs Vordergrundfarben, die sich auf allen vier Hintergrundfarben abheben. Zusätzlich gibt es noch zwei Farben zur Darstellung von Hyperlinks bzw. besuchten Hyperlinks.

Bild 41.3   Prinzipieller Aufbau eines Farbschemas aus vier Hintergrund- und sechs Vordergrundfarben

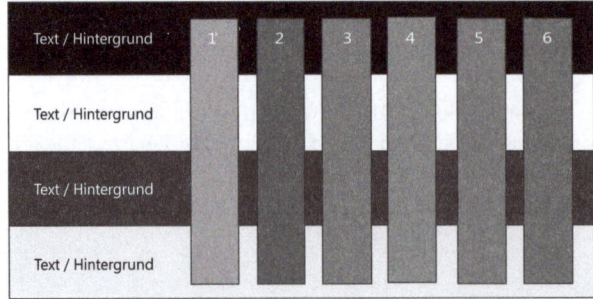

Wenn Ihnen die Farben eines Designs zum Beispiel zu bunt sind, können Sie ihm mit folgenden Schritten besser geeignete Designfarben zuweisen:

1. Wechseln Sie auf die Registerkarte *Entwurf* (PowerPoint) bzw. *Seitenlayout* (Word und Excel).

2. Klicken Sie in der Gruppe *Designs* auf die Schaltfläche *Designfarben* (sie trägt die Beschriftung *Farben*). Es öffnet sich ein Ausklappmenü, in dem die Farbpaletten der verschiedenen Designs enthalten sind.

3. Wählen Sie das gewünschte Farbset aus, um das aktuelle Design zu ändern.

Bild 41.4   Wahl eines neuen Farbsets für ein Design

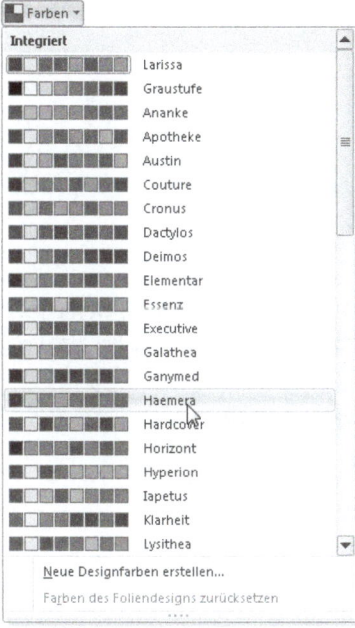

Designfarben erstellen

Falls Sie in der angebotenen Auswahl keine Farbkomposition vorfinden, die Ihren Vorstellungen entspricht, können Sie auch eigene Designfarben definieren.

1. Öffnen Sie wie oben beschrieben die Liste der Designfarben und wählen Sie unten im Menü den Befehl *Neue Designfarben erstellen*. Es erscheint das Dialogfeld aus Bild 41.5, in dem Sie gut erkennen können, welche Bedeutung die verschiedenen Farben in einem Design besitzen. Beachten Sie auch die Beispieldarstellung oben rechts im Dialog, die die aktuelle Farbeinstellung reflektiert.

2. Klicken Sie nun die Schaltflächen der Farben an, die Sie ändern möchten und weisen Sie ihnen neue Werte zu.

3. Geben Sie anschließend einen Namen für das neue Farbset ein und klicken Sie auf *Speichern*.

Illustrationen

Bild 41.5   Wahl einer neuen Designfarbe

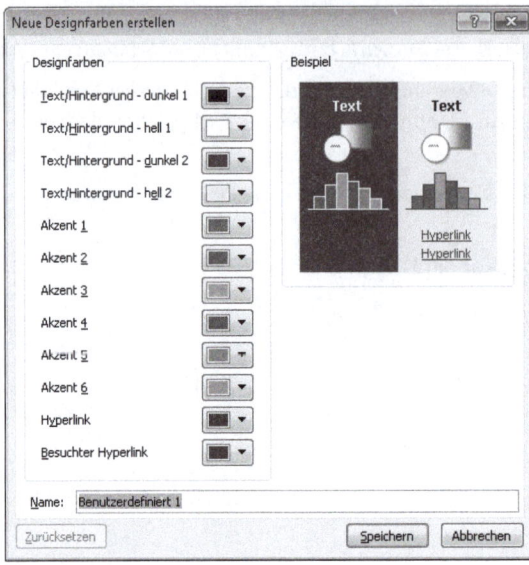

4. Wenn Sie jetzt erneut auf die Schaltfläche *Designfarben* klicken, werden Sie feststellen, dass das von Ihnen erstellte Farbset ganz oben im Menü in der Gruppe *Benutzerdefiniert* auftaucht.

Bild 41.6   Das neue Farbset taucht bei der Farbauswahl ganz oben in der Liste auf

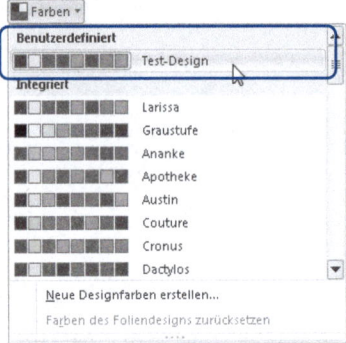

Designschriftarten

Nachdem Sie nun wissen, wie Sie Designfarben verwenden, können wir uns bei der Beschreibung der Designschriftarten kurz fassen. Sie wissen auch bereits, dass ein Design lediglich zwei Schriftarten enthält: eine für die Überschriften und eine für den Textkörper.

Und genau wie Sie benutzerdefinierte Designfarben erstellen können, können Sie auch eigene Designschriftarten definieren. Dieser Fall ist für die Praxis wesentlich relevanter, denn die konsequente Verwendung einer »Hausschrift« ist heute in vielen Firmen Standard.

Bild 41.7   Die beiden Designschriften erscheinen bei der Wahl der Schriftart ganz oben in der Liste

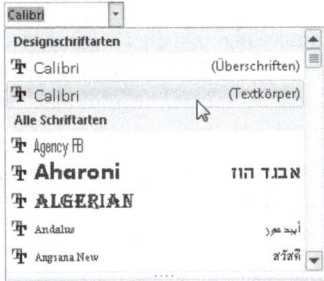

Um eine neue Designschriftart anzulegen, gehen Sie folgendermaßen vor:

1. Klicken Sie auf der Registerkarte *Entwurf* (PowerPoint) bzw. auf der Registerkarte *Seitenlayout* (Word und Excel) auf die Schaltfläche *Schriftarten*.

2. Rufen Sie im Ausklappmenü den Befehl *Neue Designschriftarten erstellen* auf.

3. Stellen Sie die Schriftarten für die Überschriften und den Textkörper ein.

Bild 41.8   Einstellen einer neuen Designschriftart

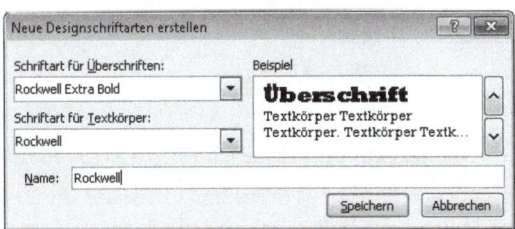

4. Vergeben Sie einen Namen und klicken Sie auf *Speichern*.

5. Wenn Sie anschließend das Menü der Schaltfläche *Designschriftarten* öffnen, sehen Sie, dass im Menü die neue Gruppe *Benutzerdefiniert* auftaucht, die die neue Designschriftart enthält.

Bild 41.9   Die benutzerdefinierten Schriftarten erscheinen oben im Menü

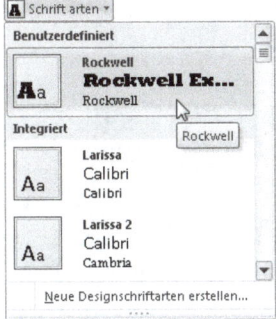

Designeffekte

Der dritte Bereich eines Designs sind die Designeffekte, mit denen u.a. die Darstellung von Formen, Diagrammen und SmartArts gesteuert wird. Im Gegensatz zu Designfarben und -schriftarten lassen sich die Effekte jedoch nicht individuell bearbeiten, sondern Sie müssen sich für eine der im aktuellen Design angebotenen Effekteinstellungen entscheiden.

Den Effekten liegt eine einfache Matrix zugrunde, die für die drei Eigenschaften Linienart, Füllung und räumliche Tiefe jeweils drei unterschiedliche Formatierungen definiert.

Bild 41.10   Matrix der Designeffekte

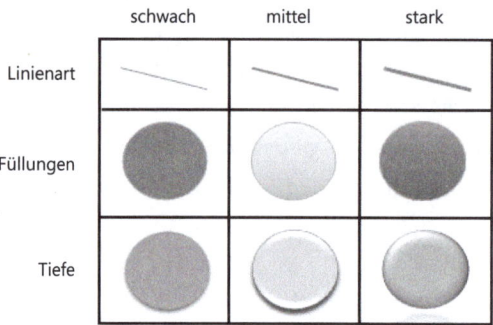

Um einem grafischen Element einen Effekt aus dem aktuellen Design zuzuweisen, gehen Sie so vor:

1. Wechseln Sie auf die Registerkarte *Entwurf* (PowerPoint) bzw. auf die Registerkarte *Seitenlayout* (Word und Excel) und klicken Sie in der Gruppe *Designs* auf die Schaltfläche *Effekte*.

Bild 41.11   Designeffekte lassen sich leider nicht bearbeiten

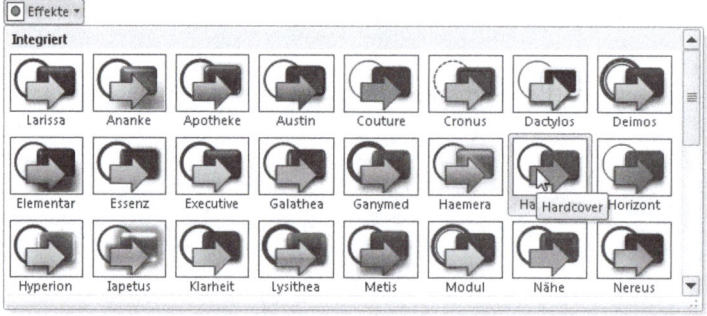

2. Zeigen Sie mit dem Mauszeiger auf die verschiedenen Vorschaugrafiken. Die Wirkung des gewählten Effekts wird dann live im Dokument angezeigt (natürlich nur, wenn es mindestens ein grafisches Element mit Effekten enthält).

3. Klicken Sie den gewünschten Designeffekt an, um ihn zu übernehmen.

Hintergrundformate

Neben den bisher vorgestellten Elementen enthält ein Design noch drei weitere Fülleffekte, die als Basis für die so genannten *Hintergrundformate* dienen. Ein Blick in die dem Design zugrunde liegende XML-Datei (siehe Bild 41.12) zeigt, dass diese Elemente (*bgFillStyleList*) den Design-Effekten (*fmtSchema*) untergeordnet sind.

Bild 41.12 Blick in den XML-Code eines Designs

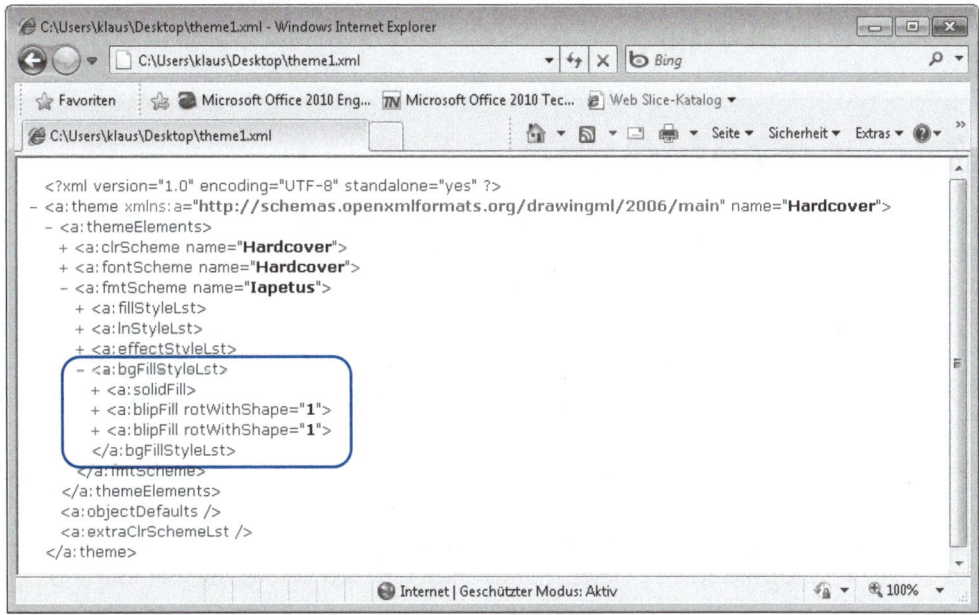

Die Formate werden in Office 2010 jedoch lediglich von PowerPoint genutzt. Wenn Sie auf der Registerkarte *Folienmaster* das Auswahlmenü der Schaltfläche *Hintergrundformate* öffnen, werden Sie feststellen, dass PowerPoint insgesamt 12 Hintergrundformate anbietet.

Bild 41.13 In PowerPoint sind zusätzlich 12 verschiedene Hintergrundformate definiert

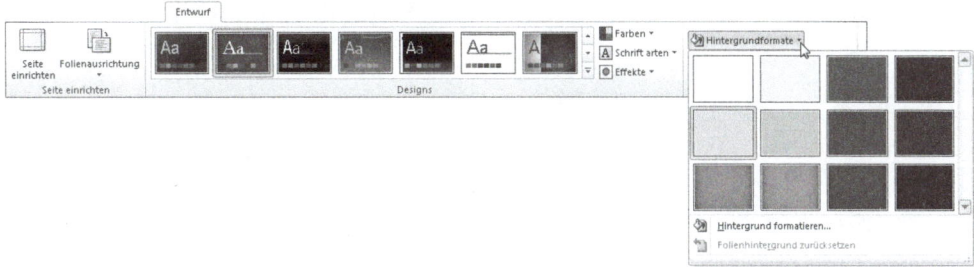

Diese Varianten entstehen aus der Kombination der drei Hintergrundeffekte mit den vier Hintergrundfarben des Designs. Während die Hintergründe der oberen Reihe immer aus einer einfarbigen Füllung bestehen, besitzen die unteren beiden Reihen Verläufe und/oder Strukturen.

Illustrationen

Designs speichern und öffnen

Sie können die aktuellen Einstellungen eines Designs in einer neuen Datei speichern. Die so erzeugte Datei hat die Erweiterung *.thmx* und besitzt – genau wie ein Office 2010-Dokument – ein komprimiertes Dateiformat. Zum Speichern klicken Sie in der Registerkarte *Seitenlayout* (Word und Excel) bzw. *Entwurf* (PowerPoint) auf die Schaltfläche *Designs* und wählen in ihrem Menü den Befehl *Aktuelles Design speichern*.

Umgekehrt ist es natürlich auch möglich, ein zuvor gespeichertes Design zu laden. Wählen Sie dazu im gleichen Menü den Befehl *Nach Designs suchen* und öffnen Sie das gewünschte Design über den angezeigten Dialog.

Zusammenfassung

In diesem Kapitel haben Sie das neue Konzept der Designs kennen gelernt, das Sie beim Erstellen von professionellen Office-Dokumenten unterstützt.

- Ein Design definiert Farben, Schriftarten und verschiedene Effekte (Seite 708).

- Designs werden von folgenden Programmen unterstützt: Word 2010, Excel 2010, PowerPoint 2010 und Outlook 2010 (Seite 708).

- Ein Design definiert zwölf verschiedene Farben: vier Hintergrundfarben, sechs Vordergrundfarben und zwei Farben für die Darstellung von Hyperlinks (Seite 710).

- In einem Design werden lediglich zwei Schriftarten vorgegeben: eine für Überschriften und eine für Textkörper (Seite 712).

- Die räumliche Wirkung wird durch Designeffekte vorgegeben, die im Gegensatz zu den Designfarben und Designschriften nicht verändert werden können (Seite 714).

- PowerPoint 2010 verwendet als einziges Programm der Office-Familie die drei Hintergrundformate eines Designs. Durch Kombination mit den vier Hintergrundfarben erzeugt PowerPoint insgesamt zwölf mögliche Varianten (Seite 715).

- Ein geändertes Design kann als separate Datei gespeichert und dann auf andere Dokumente angewendet werden (Seite 716).

Kapitel 42

Bilder und Illustrationen einfügen

Illustrationen

Die ohnehin schon üppigen Funktionen zur Bildbearbeitung sind in der neuen Version von Office noch einmal ordentlich aufgestockt worden. Wir geben Ihnen daher in diesem Kapitel zunächst einen Überblick, wie Sie die verschiedenen grafischen Elemente, die in Office 2010 als *Bilder* bzw. als *Illustrationen* bezeichnet werden, in ein Dokument einfügen. Im folgenden Kapitel lernen Sie dann die Verfahren kennen, mit denen Sie eine Illustration nachträglich bearbeiten können.

Zum Glück ist der Umgang mit Illustrationen in den verschiedenen Programmen der Office-Familie sehr einheitlich gelöst, sodass Sie die hier beschriebenen Verfahren in der Regel eins zu eins auf die drei Programme Word, Excel und PowerPoint übertragen können. Auf etwaige Besonderheiten weisen wir Sie explizit hin.

Überblick

Die Befehle zum Einfügen der verschiedenen grafischen Elemente finden Sie in allen Programmen auf der Registerkarte *Einfügen*. Während die dazu benötigten Schaltflächen bei Word, Excel und Outlook in der gemeinsamen Gruppe *Illustrationen* zusammengefasst sind, teilt PowerPoint die Symbole in die beiden Gruppen *Bilder* und *Illustrationen* ein.

Bild 42.1 Über die Schaltflächen der Gruppe *Illustrationen* können Sie die verschiedenen grafischen Elemente in Ihre Dokumente einfügen (hier: Word)

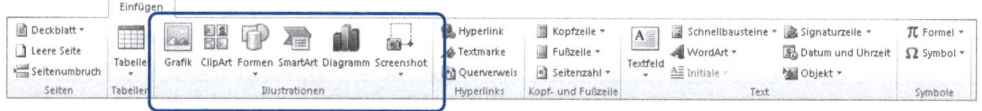

PowerPoint: Einfügen in Platzhalter

In PowerPoint korrespondieren die Schaltflächen der Gruppen *Bilder* und *Illustrationen* mit den Symbolen, die sich in den Platzhaltern der Folien befinden.

Bild 42.2 In PowerPoint können Sie durch Anklicken eines der Symbole die entsprechende Illustration in den Platzhalter einfügen

Ob Sie die Schaltflächen der Registerkarte oder die eines Platzhalters verwenden, hängt davon ab, ob Sie die Illustration als eigenes Objekt (über die Registerkarte) oder als Inhalt eines Platzhalters (der die Größe und die Position der Illustration vorgibt) einfügen wollen.

Einfügeposition bestimmen

Bevor Sie eine neue Illustration in ein Dokument einfügen, müssen Sie zunächst festlegen, an welcher Position des Dokuments Sie sie aufnehmen wollen:

- **Word 2010, Outlook 2010**   Setzen Sie die Einfügemarke an die gewünschte Position.

- **Excel 2010** Zeigen Sie das Arbeitsblatt an, auf dem Sie die Illustration einfügen wollen.

- **PowerPoint 2010** Zeigen Sie die Folie an, auf der Sie die Illustration einfügen wollen.

Wie Sie im weiteren Verlauf des Kapitels noch sehen werden, können Sie die Position der eingefügten Illustration in allen Programmen nachträglich verändern.

Grafiken einfügen

Im einfachsten Fall liegt die Grafik, die Sie einfügen wollen, bereits als Datei auf Ihrem Rechner vor. Dabei ist es völlig egal, ob Sie das Bild mit einem Zeichenprogramm selbst erstellt haben oder ob es fertig von einem Programm, z.B. auf CD-ROM, mitgeliefert wurde. Sie müssen nur wissen, in welchem Ordner es sich befindet.

1. Legen Sie die Position fest, an der Sie die Grafik einfügen möchten.

2. Wechseln Sie auf die Registerkarte *Einfügen* und klicken Sie auf die Schaltfläche *Grafik*. Das Dialogfeld *Grafik einfügen* wird angezeigt.

Bild 42.3   Auswahl der einzufügenden Grafik

3. Falls Sie nach Bildern eines bestimmten Typs suchen (z.B. TIF, BMP, GIF etc.), können Sie ihn im Dialogfeld als Dateityp voreinstellen. Das erleichtert die Suche, weil dann im Dialogfeld nur diese Dateien aufgelistet werden.

4. Lassen Sie bei Bedarf mit Hilfe der Schaltfläche *Ansichten* Vorschaubilder (Miniaturansichten) der Grafiken im Dialogfeld anzeigen.

5. Wechseln Sie in den Ordner, in dem sich die gesuchte Datei befindet, und markieren Sie die gewünschte Grafik.

6. Klicken Sie auf *Einfügen*, um die Grafik im Dokument zu platzieren.

PROFITIPP

Grafiken verknüpft einfügen

Wenn Sie möchten, dass sich spätere Änderungen an der Grafik automatisch auf das Dokument auswirken (z.B. bei einem Firmenlogo), müssen Sie die Grafik verknüpft einfügen. Klicken Sie dazu auf das kleine Dreieck der Schaltfläche *Einfügen* und wählen Sie dann im ausgeklappten Menü den Befehl *Mit Datei verknüpfen*.

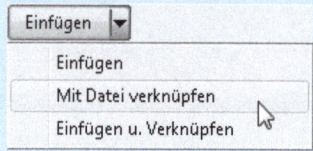

Größe einer Grafik ändern

Beim Einfügen einer Grafik versucht Office, die Originalgröße des Bildes beizubehalten. Da das aber in den seltensten Fällen die richtige Größe sein wird, müssen Sie die Grafik in der Regel anschließend noch vergrößern oder verkleinern. Am schnellsten können Sie das mit der Maus erledigen. Dazu benutzen Sie die acht Anfasser der Grafik, die erscheinen, sobald Sie die Grafik mit der Maus anklicken.

■ Mit den Anfassern an den vier Ecken des Rahmens können Sie die Größe der Grafik verändern, ohne die Grafik dabei zu verzerren. Das heißt, das Höhen-/Breitenverhältnis der Grafik bleibt erhalten.

■ Wenn Sie einen der seitlichen Anfasser ziehen, können Sie die Grafik nur in der Breite bzw. der Höhe verändern. Dabei wird die Grafik verzerrt.

Zusätzlich können Sie die Größenänderung der Grafik noch durch das Drücken zweier Tasten beeinflussen:

■ Wenn Sie beim Bewegen der Maus die Taste [Strg] festhalten, erfolgt die Größenänderung bezogen auf den Mittelpunkt der Grafik (das heißt, der Mittelpunkt der Grafik wird nicht verschoben).

■ Wenn Sie [Alt] drücken, schalten Sie die Wirkung des Rasters um. Das Raster erleichtert das Ausrichten von grafischen Elementen, indem es dafür sorgt, dass sich Objekte nicht stufenlos, sondern nur in einer voreingestellten Schrittweite bewegen lassen. Durch das Drücken von [Alt] schalten Sie ein aktiviertes Raster aus bzw. ein deaktiviertes Raster ein. Weitere Informationen zu diesem Thema finden Sie weiter hinten in diesem Kapitel ab Seite 731.

Wenn Sie die Größe einer Grafik exakt einstellen wollen, kommen Sie mit der Maus nicht weiter. In diesem Fall tragen Sie die gewünschte Größe besser auf der Registerkarte *Format* ein, die automatisch angezeigt wird, sobald Sie die Grafik mit der Maus angeklickt (markiert) haben. Die benötigten Eingabefelder befinden sich auf der Registerkarte ganz rechts.

Bild 42.4 Auf der Registerkarte *Format* können Sie die Grafikgröße exakt vorgeben

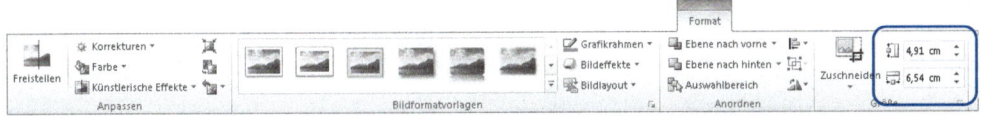

ClipArts einfügen

ClipArts sind kleine Zeichnungen, die im Lieferumfang von Office enthalten sind und die Sie in Ihren Dokumenten einsetzen können. Die Auswahl an ClipArts ist riesig und wenn Sie einen Internet-Anschluss besitzen, können Sie zusätzlich z.B. auf die Bilderdatenbank von Microsoft zugreifen, deren ClipArts Sie kostenlos herunterladen dürfen.

1. Legen Sie die Position fest, an der Sie die ClipArt einfügen möchten.

2. Klicken Sie auf der Registerkarte *Einfügen* auf die Schaltfläche *ClipArt*. Dadurch wird der Aufgabenbereich *ClipArt* eingeblendet.

Bild 42.5 Aufgabenbereich zum Einfügen von ClipArts

3. Geben Sie im Feld *Suchen nach* einen Suchbegriff ein.

4. Schalten Sie die Option *Office.com-Inhalte berücksichtigen* ein, wenn Sie auch die Online-Bilddatenbank von Microsoft durchsuchen möchten.

Illustrationen

Welchen Medientyp suchen Sie?

In der Standardeinstellung sucht Office 2010 nach allen Mediendaten, die es kennt: ClipArts, Fotos, Filme und Sounds (Klangdateien). Mit der Liste *Ergebnisse* können Sie die Suche auch auf bestimmte Medientypen einschränken. Das kann z.B. sinnvoll sein, wenn sehr viele angezeigte Treffer die Trefferliste unübersichtlich machen würden.

5.   Beschränken Sie die Suche gegebenenfalls auf bestimmte Medientypen.

Bild 42.6   Auswahl des gewünschten Medientyps

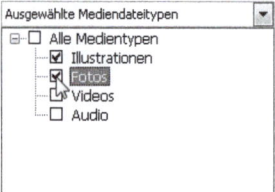

6.   Starten Sie jetzt die Suche mit einem Klick auf *OK*. Nach kurzer Wartezeit werden die gefundenen ClipArts im Aufgabenbereich angezeigt.

Bild 42.7   Die gefundenen ClipArts werden im Aufgabenbereich angezeigt

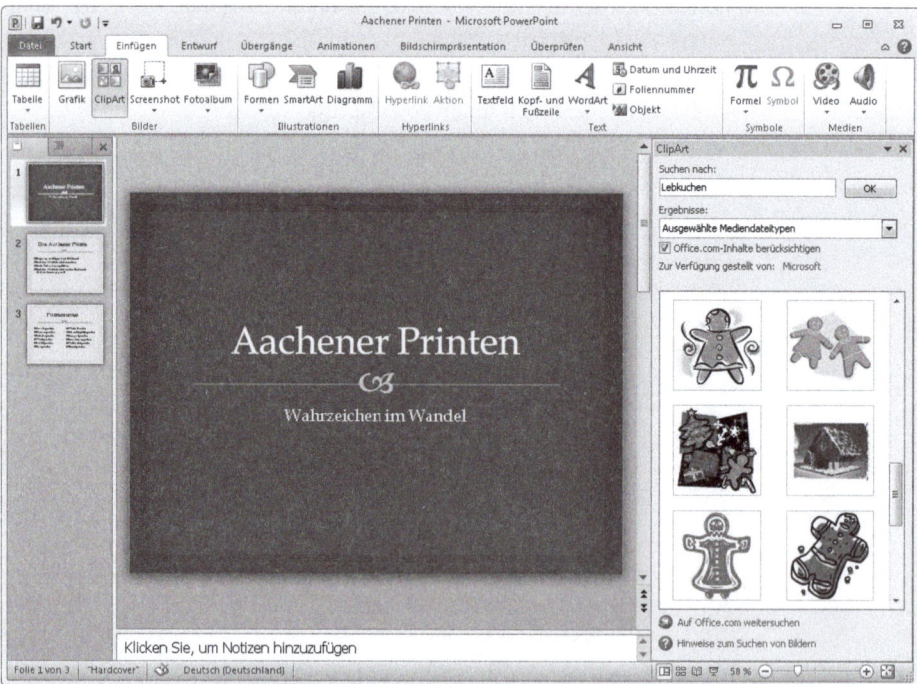

7. Sie können eine vergrößerte Darstellung der ClipArts anzeigen, indem Sie mit der Maus auf das Bild zeigen, dann auf die dadurch am rechten Bildrand eingeblendete Schaltfläche klicken und in deren Menü den Befehl *Vorschau/Eigenschaften* aufrufen.

Bild 42.8   Im Vorschaufenster einer ClipArt finden Sie unter anderem eine Liste von Schlüsselwörtern, die Ihnen bei der Suche nach verwandten Grafiken helfen kann

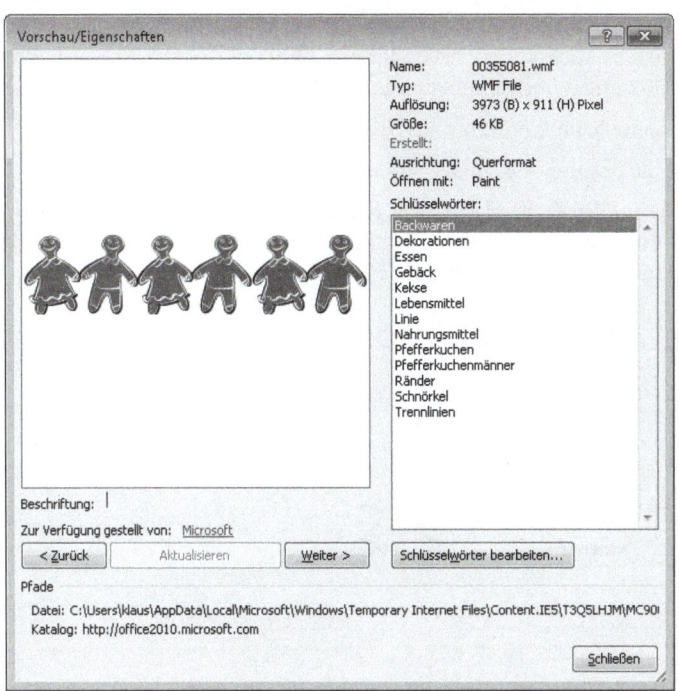

TIPP   Wenn Office sehr viele ClipArts gefunden hat, empfiehlt es sich, die Breite des Aufgabenbereichs zu vergrößern. Dazu zeigen Sie mit der Maus auf den linken Rand des Aufgabenbereichs. Sobald sich der Mauszeiger zu einem waagerechten Doppelpfeil verändert, drücken Sie die linke Maustaste und verschieben den Rand nach links.

8. Suchen Sie ein Bild in der Liste aus und klicken Sie es dann mit der Maus an, um es in das Dokument zu übernehmen. Informationen, wie Sie die Größe einer ClipArt ändern, finden Sie auf Seite 720 im Abschnitt »Größe einer Grafik ändern«.

Wenn Ihnen die Suchfunktion des Aufgabenbereichs *ClipArt* zu unübersichtlich sein sollte, können Sie Ihre Suche auch direkt auf der Website von *Microsoft Office* durchführen. Klicken Sie dazu unten im Aufgabenbereich auf den Link *Auf Office.com weitersuchen,* um die Seite in Ihrem Browser anzuzeigen.

Die Suche folgt dort ebenfalls dem hier beschriebenen Prinzip. Zusätzlich haben Sie dort noch die Möglichkeit, die gewünschte Bildgröße vorzugeben und die gefundenen Bilder nach verschiedenen Kriterien zu sortieren (Datum, Anzahl der bisherigen Downloads, Bewertungen).

Um ein Bild einzufügen, können Sie es entweder in die Zwischenablage übernehmen oder in einen Auswahlkorb stellen, den Sie dann herunterladen und in den Clip Organizer importieren können.

Illustrationen

Screenshots einfügen

Seit Office 2010 können Sie nun auch Bildschirmabbildungen direkt aus Word, Excel, PowerPoint und Outlook erstellen. Dabei kann es sich z.B. um eine im Browser angezeigte Webseite oder ein Dialogfeld handeln, das Sie in eine Präsentation oder eine technische Dokumentation einfügen möchten. Außerdem lassen sich auch beliebige, rechteckige Bildschirmbereiche »abfotografieren«.

Grundsätzlich können Sie von allen Fenstern, die aktuell auf dem Bildschirm zu sehen sind, einen Screenshot erstellen. Auch wenn ein Fenster nur zum Teil sichtbar ist, wird es anschließend vollständig in Ihr Dokument übernommen. Minimierte Fenster lassen sich hingegen nicht aufnehmen.

Die Vorgehensweise beim Einfügen eines Screenshots ist denkbar einfach:

1. Legen Sie die Position fest, an der Sie den Screenshot einfügen möchten.

2. Klicken Sie auf der Registerkarte *Einfügen* auf die Schaltfläche *Screenshot*. Dadurch klappt eine Liste mit Vorschaubildern aller momentan geöffneten Fenster auf – allerdings mit Ausnahme des Programms, in dem Sie sich gerade befinden.

Bild 42.9   Zeigen Sie mit der Maus auf eines der Vorschaubilder, um den Fenstertitel anzuzeigen

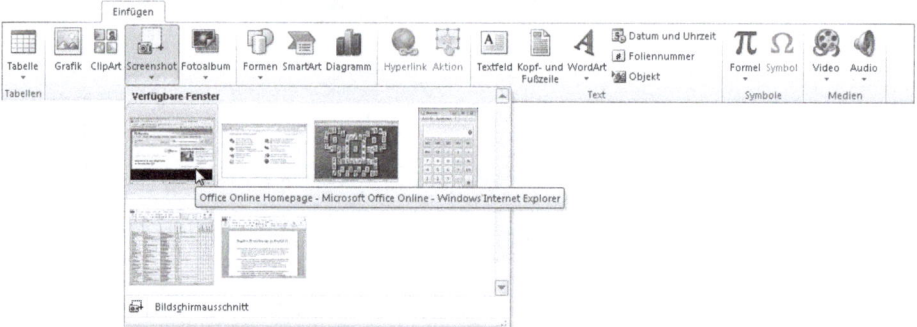

3. Fügen Sie den Screenshot des gewünschten Fensters ein, indem Sie seine Vorschau anklicken.

Falls Sie nicht das gesamte Fenster eines Programms, sondern nur einen bestimmten Ausschnitt abbilden möchten, wählen Sie im Ausklappmenü der Schaltfläche *Screenshot* den Befehl *Bildschirmausschnitt*. Dadurch verschwindet das Programm, in dem Sie sich gerade befinden, vom Bildschirm, der nun eine blasse Darstellung bekommen hat. Jetzt können Sie den gewünschten (rechteckigen) Bereich mit der Maus markieren. Sie haben dabei leider keine Möglichkeit, Ihre Auswahl zu korrigieren: Sobald Sie die Maustaste loslassen, wird der Ausschnitt als Screenshot in Ihr Dokument eingefügt.

> **TIPP**   Wie Sie in der obigen Abbildung sehen, taucht das Programmfenster von PowerPoint nicht in der Screenshot-Liste auf. Ein Office-Programm kann sich also nicht selbst aufnehmen. Wenn Sie zum Beispiel einen Screenshot von Word erstellen möchten, müssen Sie daher den Umweg über ein anderes Programm der Office-Familie gehen.
>
> Alternativ können Sie natürlich auch das neue Snipping-Tool von Windows 7 oder ein anderes Programm Ihrer Wahl verwenden.

Formen einfügen

Wenn Sie eine kleine Skizze oder auch ein Flussdiagramm in Ihrem Dokument verwenden wollen, brauchen Sie nicht gleich zu einem Grafikprogramm zu greifen. Arbeiten Sie einfach mit *Formen*, die in einer verschwenderischen Fülle vorhanden sind. Formen gehören bereits seit mehreren Versionen zum Portfolio von Office. Sie hießen allerdings bislang *AutoFormen*, da sie aus einer Ära stammen, in der das Präfix »Auto« inflationär benutzt wurde.

Formen werden, genau wie Grafiken und ClipArts, über die Registerkarte *Einfügen* erstellt. Klicken Sie dazu in der Gruppe *Illustrationen* auf das Symbol *Formen*, um eine Liste der angebotenen Formen anzuzeigen.

Bild 42.10   Die Auswahl an Formen ist überaus reichhaltig

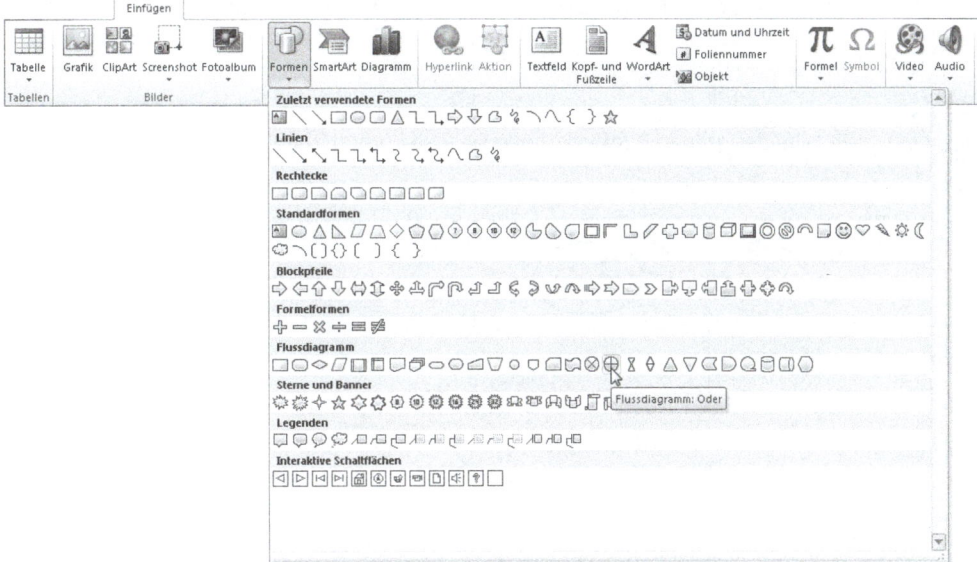

Um eine Form einzufügen, wählen Sie das gewünschte Symbol aus der Liste aus, klicken mit der Maus in Ihr Dokument und ziehen dann mit gedrückter Maustaste einen Rahmen in der gewünschten Größe auf.

Die Bedeutung der gelben Rauten

Viele Formen verfügen neben den normalen Anfassern noch über eine oder mehrere gelbe Rauten. Mit ihnen können Sie die Proportionen einer Form nachträglich modifizieren, indem Sie sie mit der Maus verschieben. Office deutet die neue Form dabei mit einer punktierten Linie auf dem Bildschirm an.

Bild 42.11 Mit Hilfe der gelben Rauten lassen sich die Formen verändern

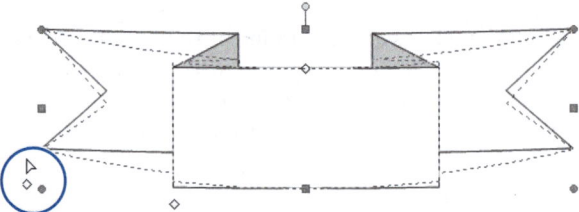

Drehen einer Form

Mit dem grünen Anfasser können Sie eine Form um ihren Mittelpunkt drehen. Durch Drücken der ⇧-Taste erreichen Sie, dass die Drehung in 15°-Schritten erfolgt. Die neue Lage der Form wird beim Drehen durch eine punktierte Linie angezeigt.

Bild 42.12 Mit Hilfe der grünen Punkte können Sie eine Form drehen

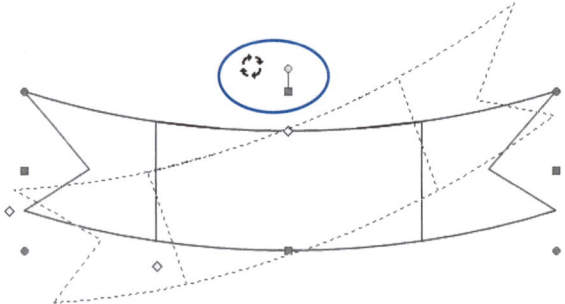

HINWEIS In älteren Versionen von Microsoft Word konnte man durch Drücken der Strg-Taste erreichen, dass die Drehung um den Anfasser ausgeführt wurde, der dem grünen Anfasser gegenüber lag. Dieser »Trick« funktioniert in Word 2010 nicht mehr.

Formen mit Text füllen

Wenn Sie eine Form beschriften wollen, können Sie den betreffenden Text direkt der Form zuweisen. Dies funktioniert bei allen geschlossenen Formen (und zusätzlich bei Kurven):

1. Markieren Sie die Form und tippen Sie den gewünschten Text einfach ein. Dabei erscheint innerhalb der Form ein blinkender Cursor.

2. Anschließend können Sie den Text mit den gewohnten Werkzeugen formatieren und zum Beispiel die Größe und Auszeichnung der Schrift ändern.

Bild 42.13 Eine beschriftete Form

Schnellformatvorlagen zuweisen

In der Regel werden Sie bei einer neuen Form die vorgegebene Darstellung noch verändern wollen. Dazu verwenden Sie am besten eine der Schnellformatvorlagen, mit deren Hilfe sich diese Aufgabe in wenigen Sekunden erledigen lässt:

1. Markieren Sie die gewünschte Form.

2. Zeigen Sie die Registerkarte *Zeichentools/Format* an und öffnen Sie den Auswahlkatalog der Gruppe *Formenarten*.

Bild 42.14 Zuweisen einer Schnellformatvorlage

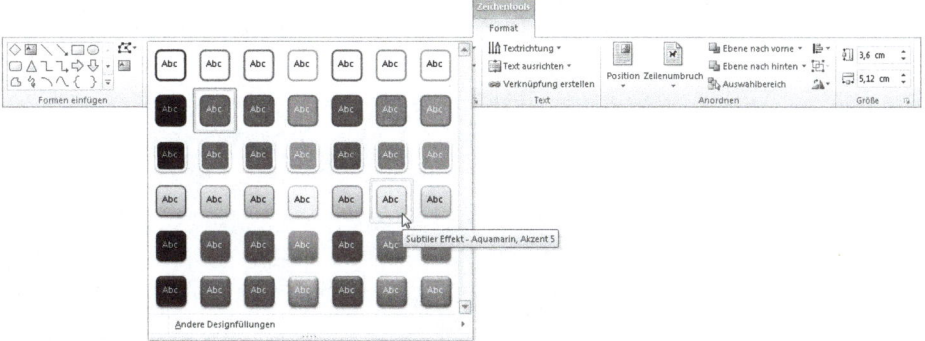

3. Wandern Sie mit dem Mauszeiger über die Einträge des Auswahlkatalogs und begutachten Sie die Wirkung der Formatvorlagen direkt im Dokument. Übernehmen Sie die gewünschte Vorlage durch Anklicken.

TIPP Die in der Liste angebotene Auswahl hängt von dem jeweiligen Design ab, das Sie dem aktuellen Dokument zugewiesen haben. Ausführliche Informationen über das Design-Konzept finden Sie in ▶ Kapitel 41.

Illustrationen

SmartArts einfügen

SmartArts sollen Ihnen helfen, Sachverhalte grafisch umzusetzen – frei nach dem Motto: »Ein Bild sagt mehr als tausend Worte«. Wie Sie gleich noch sehen werden, liegt die besondere Stärke von SmartArts in ihrer enormen Effektivität. Es ist in der Tat mit erstaunlich wenig Aufwand möglich, professionelle Illustrationen zu erstellen, die Ihre Dokumente deutlich aufwerten können.

In diesem Abschnitt werden wir mit Hilfe von SmartArts ein Diagramm anfertigen, das den Kreislauf der Software-Entwicklung nach dem Modell des *Extreme Programming (XP)* verdeutlichen soll. Die dazu erforderliche Vorgehensweise zeigt die folgende Grafik, die selbst eine SmartArt ist.

Bild 42.15   Entstehungsprozess einer SmartArt-Grafik

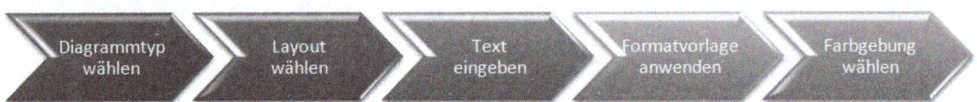

1. Legen Sie die Position fest, an der Sie die SmartArt einfügen möchten.

2. Wechseln Sie auf die Registerkarte *Einfügen* und klicken Sie dort in der Gruppe *Illustrationen* auf die Schaltfläche *SmartArt*. Es erscheint der SmartArt-Katalog, in dem die verschiedenen Layouts nach Typen geordnet aufgeführt sind (siehe Bild 42.16).

3. Wählen Sie einen Typ aus, mit dem sich die Zusammenhänge, die Sie darstellen möchten, am besten visualisieren lassen. In unserem Fall ist dies sicherlich der Typ *Zyklus*. Im Katalog werden dann nur noch die Layouts des gewählten Typs angezeigt.

4. Wenn Sie die einzelnen SmartArt-Layouts anklicken, erscheint rechts im Fenster eine kurze Erläuterung, die Hinweise zum sinnvollen Einsatz der jeweiligen Layouts liefert.

Bild 42.16   Der SmartArt-Katalog enthält eine reichhaltige Auswahl

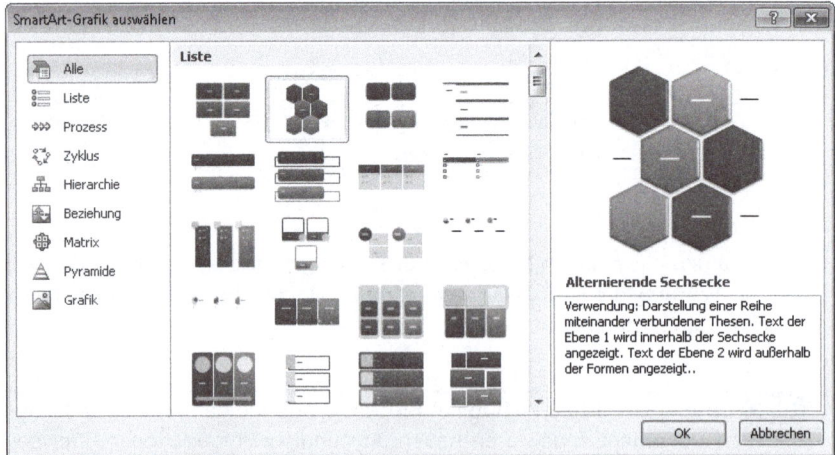

5. Übernehmen Sie das gewählte Layout mit *OK*. Dadurch wird die Rohfassung der SmartArt in das Dokument eingefügt. Außerdem tauchen im Menüband zwei Registerkarten auf, auf die wir gleich noch eingehen werden.

6. Sie könnten nun die Textplatzhalter bereits im Diagramm durch eigene Texte ersetzen. Komfortabler lässt sich das jedoch in einem speziellen Textbereich vornehmen, den Sie durch einen Klick auf den kleinen Griff am linken Rand des SmartArt-Rahmens einschalten können.

Bild 42.17   Im Textbereich lassen sich die Texte der SmartArt bequem editieren

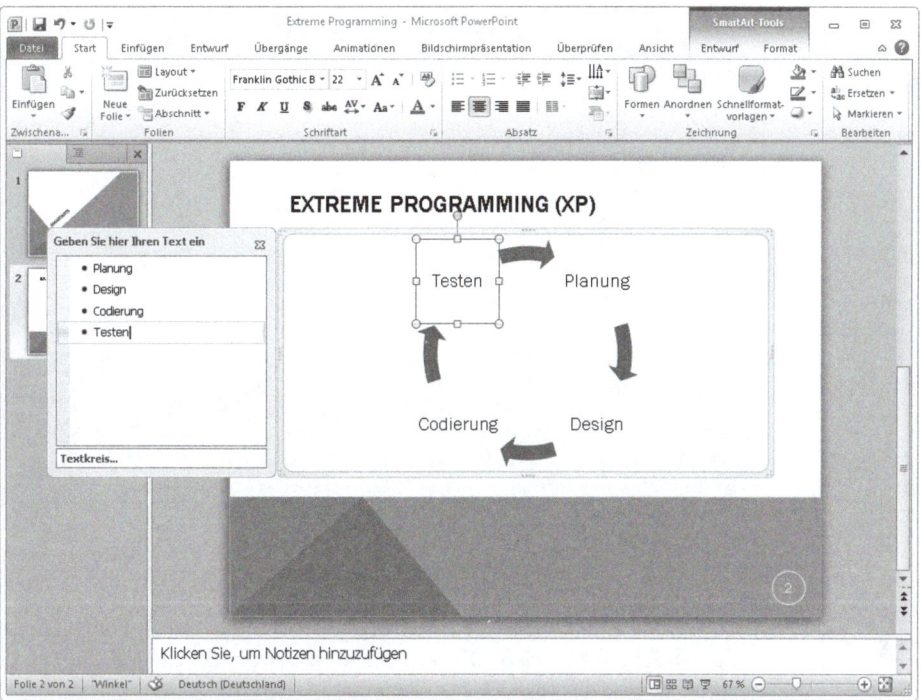

7. Geben Sie die Texte in den Textbereich ein. Beachten Sie, dass sich die Schriftgröße an die eingegebene Textmenge anpasst. Bei Bedarf können Sie nicht benötigte Listeneinträge löschen oder neue Einträge ergänzen.

8. Wenn Sie alle Textplatzhalter ausgefüllt haben, können Sie den Textbereich über seine *Schließen*-Schaltfläche wieder ausblenden.

Damit liegt die Grundstruktur der SmartArt fest und Sie können im nächsten Schritt ihre optische Gestaltung ändern. Dazu verwenden Sie am besten eine der angebotenen Formatvorlagen, auch wenn es prinzipiell möglich ist, die einzelnen Bestandteile einer SmartArt individuell zu bearbeiten.

9. Öffnen Sie in der Registerkarte *Entwurf* die Auswahlliste für die *SmartArt-Formatvorlagen*. Zeigen Sie dann mit der Maus auf die verschiedenen Vorlagen, um ihre Wirkung direkt im Dokument anzuzeigen. Beachten Sie auch, dass einige Formatvorlagen einen räumlichen Effekt haben.

Illustrationen

Bild 42.18   Zeigen Sie mit der Maus auf die verschiedenen Formatvorlagen, um ihre Wirkung direkt im Dokument beurteilen zu können

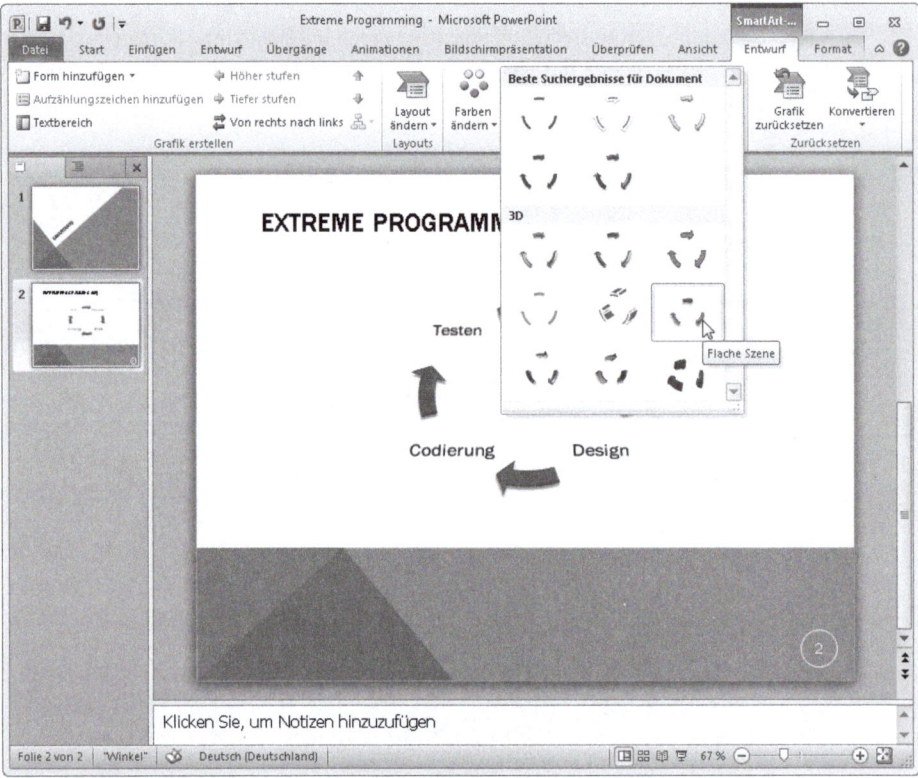

10. Nachdem Sie eine geeignete Formatvorlage ausgewählt haben, können Sie noch die Farbgebung der SmartArt ändern. Klicken Sie dazu auf die Schaltfläche *Farben ändern* und übernehmen Sie eine der angebotenen Varianten.

Wenn Sie sich das letzte Bild noch einmal ansehen, werden Sie bemerken, dass der Text noch nicht optimal mit den Pfeilen harmoniert. Der Text ist zwar, genau wie die Pfeile, optisch nach hinten gekippt, aber der fehlende Schatten stört den Gesamteindruck. Dieses Manko soll nun noch mit möglichst wenig Aufwand behoben werden.

11. Klicken Sie die SmartArt an und schalten Sie den Textbereich ein.

12. Markieren Sie im Textbereich den gesamten Text.

13. Wechseln Sie auf die Registerkarte *Format*, öffnen Sie das Menü der Schaltfläche *Texteffekte* und klappen Sie das Untermenü *Schatten* auf.

14. Suchen Sie für die Texte einen passenden Effekt aus. Dank der Live-Vorschau brauchen Sie dazu nur mit dem Mauszeiger auf die verschiedenen Vorschaubilder des Katalogs zeigen.

Bild 42.19   Der markierte Text lässt sich mit diversen Spezialeffekten versehen

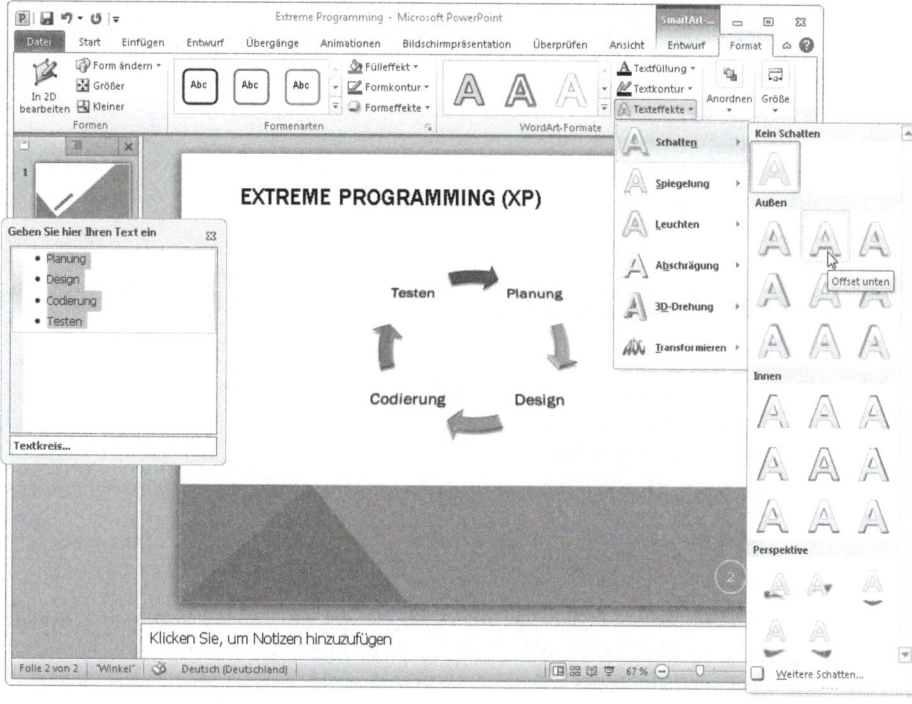

An dieser Stelle wollen wir die Vorstellung der SmartArts beenden – auch wenn auf den beiden Registerkarten *Entwurf* und *Format* noch eine Fülle von hoch-interessanten Funktionen schlummern. Am besten probieren Sie in einer ruhigen Stunde die verschiedenen Effekte der Reihe nach aus.

Das Zeichnungsraster

Wenn Sie eine Grafik oder eine Form verschieben, bewegt sie sich nicht völlig gleichmäßig, sondern in kleinen kaum wahrnehmbaren Sprüngen. Die Ursache für dieses Verhalten ist das so genannte Zeichnungsraster, mit dem Office das exakte Positionieren von Grafiken und das Zeichnen von Formen unterstützt. Dieser Abschnitt beschreibt, wie Sie dieses Raster auf dem Bildschirm sichtbar machen und wie Sie seine Einstellungen verändern können.

Leider verhalten sich Excel, Word und PowerPoint in diesem Punkt etwas unterschiedlich:

- **Excel 2010**   verwendet kein spezielles Raster, sondern die Gitternetzlinien des Arbeitsblattes.

- **Word 2010**   nutzt ein Zeichnungsraster, bei dem Sie die horizontalen und vertikalen Linien unabhängig voneinander konfigurieren können.

- **PowerPoint 2010**   arbeitet mit einem quadratischen Zeichnungsraster, bei dem sich die Größe der Kästchen einstellen lässt. Zusätzlich können aber auch Führungslinien eingeblendet werden, an denen sich ebenfalls Objekte ausrichten lassen.

In allen Programmen werden die Rasterlinien zusätzlich auch als Gitternetzlinien bezeichnet.

Das automatische Einrasten beim Zeichnen bzw. beim Verschieben von Objekten können Sie beeinflussen, indem Sie die automatische Ausrichtung von Objekten ein- bzw. ausschalten. Sie haben dabei die Wahl zwischen einer kurzzeitigen Deaktivierung und einem dauerhaften Ausschalten.

Wenn Sie die automatische Ausrichtung nur für das Verschieben eines einzelnen Objektes umschalten wollen, drücken Sie beim Verschieben die $\boxed{\text{Alt}}$-Taste. Dadurch wird die Wirkung der Funktion umgekehrt: Ist die automatische Ausrichtung zurzeit aktiv, wird sie durch Drücken von $\boxed{\text{Alt}}$ temporär deaktiviert und Sie können das Objekt frei verschieben. Im anderen Fall, also wenn die Funktion ausgeschaltet war, wird sie beim Drücken der Taste wieder wirksam.

Konfiguration des Rasters in Excel 2010

In Excel kann man eigentlich nicht von einem echten Zeichnungsraster sprechen. Das Raster wird hier durch die Begrenzungslinien der Zeilen und Spalten gebildet. Die Sichtbarkeit der Trennlinien steuern Sie, indem Sie auf der Registerkarte *Ansicht* in der Gruppe *Anzeigen* die Option *Gitternetzlinien* ein- bzw. ausschalten.

Um das Standardverhalten des Rasters einzustellen, gehen Sie folgendermaßen vor:

1. Markieren Sie eine Grafik, ClipArt oder Form.

2. Wechseln Sie auf die Registerkarte *Format* der *Bildtools*.

3. Klicken Sie in der Gruppe *Anordnen* auf die Schaltfläche *Ausrichten* und wählen Sie den Befehl *Am Raster ausrichten*. Der Befehl wirkt wie ein Schalter, d.h. jeder Aufruf wechselt den aktuellen Status der Einrast-Funktion.

Beachten Sie, dass bei aktiviertem Raster alle Seiten eines Objekts einrasten können. Die ClipArt in der folgenden Abbildung ist zum Beispiel einmal an ihrer linken und einmal an ihrer rechten Seite eingerastet.

Bild 42.20   In Excel wirken die Rahmenlinien der Zellen als Raster

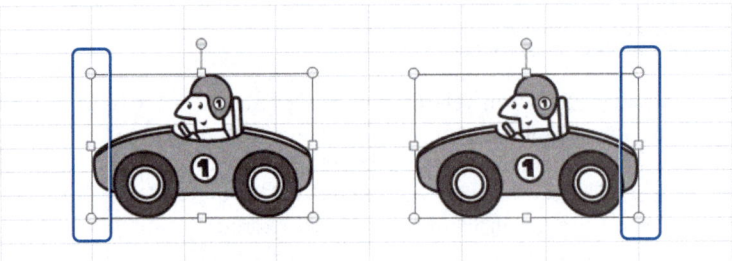

Konfiguration des Rasters in Word 2010

In Word ist das Zeichnungsraster normalerweise ausgeschaltet. Um es auf dem Bildschirm sichtbar zu machen, müssen Sie auf der Registerkarte *Ansicht* in der Gruppe *Anzeigen* die Option *Gitternetzlinien* einschalten. Für die eigentliche Konfiguration des Rasters existiert ein eigenes Dialogfeld, das Sie mit folgenden Schritten aufrufen können:

1. Wechseln Sie auf die Registerkarte *Seitenlayout*.

2. Klicken Sie in der Gruppe *Anordnen* auf die Schaltfläche *Ausrichten* und wählen Sie in ihrem Menü den Befehl *Rastereinstellungen*.

Bild 42.21   Konfiguration des Zeichnungsrasters in Word

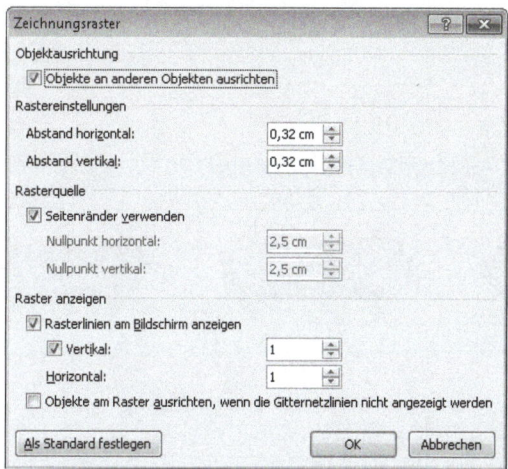

3. Mit den beiden Eingabefeldern *Abstand horizontal* und *Abstand vertikal* können Sie die Weite des Rasters einstellen. Der etwas merkwürdig anmutende Vorgabewert von 0,32 cm kommt dadurch zustande, dass Word nicht in Zentimetern rechnet, sondern in der typographischen Maßeinheit *Punkt* (die intern sogar noch in *Twips* unterteilt ist, wobei in einem Punkt 20 Twips enthalten sind). Der Wert 0,32 cm entspricht dabei exakt 9 Punkt.

4. Normalerweise beginnt das Zeichnungsraster in der linken oberen Ecke des Textbereichs, also des Bereichs, der durch die festgelegten Seitenränder definiert ist. Sie können aber auch die Papierränder als Referenzpunkte benutzen. Schalten Sie dann im Dialogfeld die Option *Seitenränder verwenden* aus und tragen Sie die gewünschten Maßangaben in die Felder *Nullpunkt horizontal* und *Nullpunkt vertikal* ein.

5. Um die Rasterlinien anzuzeigen, schalten Sie die Option *Rasterlinien am Bildschirm anzeigen* ein. Zusätzlich können Sie mit der Option *Vertikal* steuern, ob zusätzlich zu den waagerechten auch die senkrechten Linien angezeigt werden sollen. Mit den beiden Zahlenangaben der Optionen *Vertikal* und *Horizontal* legen Sie fest, ob alle Linien des Rasters angezeigt werden sollen – das entspricht der Eingabe einer 1 – oder nur jede zweite, dritte usw.

6. Normalerweise rasten die Objekte beim Verschieben nur dann im Zeichnungsraster ein, wenn die Rasterlinien auf dem Bildschirm angezeigt werden. Wenn Sie das Raster jedoch dauerhaft aktivieren wollen, schalten Sie unten im Dialogfeld die Option *Objekte am Raster ausrichten, wenn die Gitternetzlinien nicht angezeigt werden* ein.

7. Wenn Sie möchten, dass die im Dialogfeld vorgenommenen Einstellungen nicht nur für das aktuelle, sondern für alle Dokumente gelten, klicken Sie auf die Schaltfläche *Als Standard festlegen* und bestätigen die anschließende Nachfrage mit *Ja*. Dieser Schritt wirkt sich jedoch nur auf die Konfiguration des Rasters aus (also auf den Rasterabstand, die Rasterquelle und die Anzahl der Rasterlinien). Die Sichtbarkeit der Rasterlinien betrifft immer alle Dokumente.

Bild 42.22   Word mit eingeschaltetem Zeichnungsraster. Beachten Sie, dass nicht die Ecken der Formen, sondern ihre Anfasser auf den Kreuzungspunkten der Gitternetzlinien einrasten

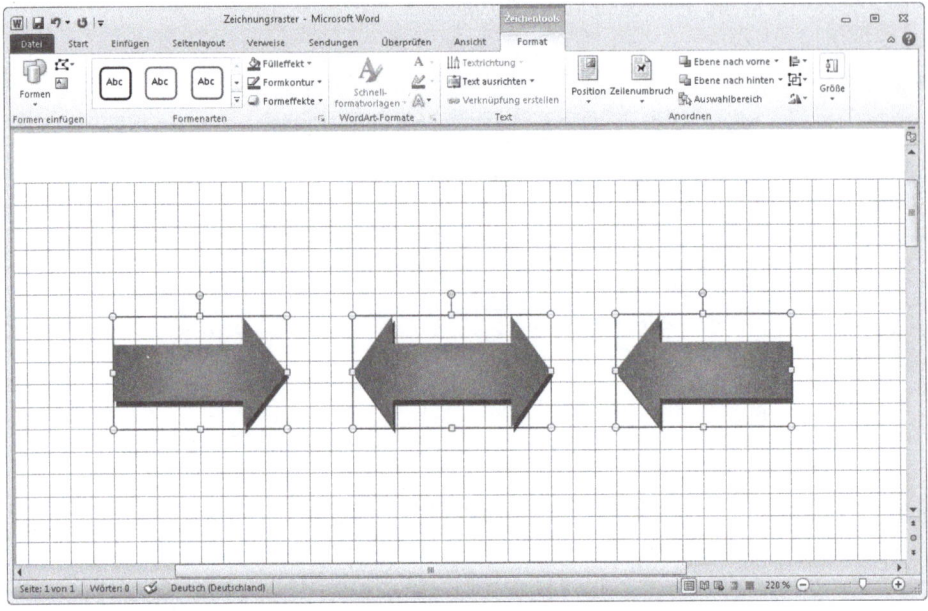

Konfiguration des Rasters in PowerPoint 2010

Das Zeichnungsraster von PowerPoint ist etwas einfacher organisiert als das von Word. Allerdings gibt es in PowerPoint auch so genannte *Führungslinien*. Dies sind frei verschiebbare Linien, an denen Sie die Objekte einer Folie ausrichten können (ähnlich den Hilfslinien in Adobe Photoshop und Adobe Illustrator). Um das Raster auf dem Bildschirm anzuzeigen, schalten Sie auf der Registerkarte *Ansicht* in der Gruppe *Anzeigen* die Option *Gitternetzlinien* ein. Alternativ können Sie auch den Shortcut ⟨⇧⟩ + ⟨F9⟩ verwenden.

Die Konfiguration des Rasters erfolgt über ein Dialogfeld, das Sie am einfachsten über das Kontextmenü der angezeigten Folie aufrufen. Der Befehl heißt dort *Raster und Führungslinien*.

Bild 42.23   Konfiguration des Zeichnungsrasters in PowerPoint

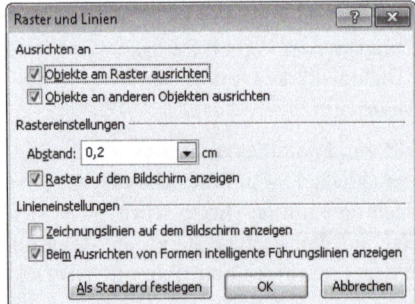

Mit der ersten Option legen Sie fest, ob Objekte standardmäßig am Raster ausgerichtet werden sollen oder nicht. Im Gegensatz zu Word gibt es bei PowerPoint keine Kopplung zwischen der Einrastfunktion und der Sichtbarkeit des Rasters.

Die Rasterweite stellen Sie im Kombinationsfeld *Abstand* ein, indem Sie entweder einen Wert aus der Liste auswählen oder eine eigene Angabe eintragen. Beachten Sie, dass hier nicht zwischen dem vertikalen und horizontalen Abstand unterschieden wird.

Bild 42.24 Bei PowerPoint wird das Raster nicht durch Linien, sondern durch Punkte dargestellt. Bei den gestrichelten Linien handelt es sich um Führungslinien (im Dialog Zeichnungslinien genannt)

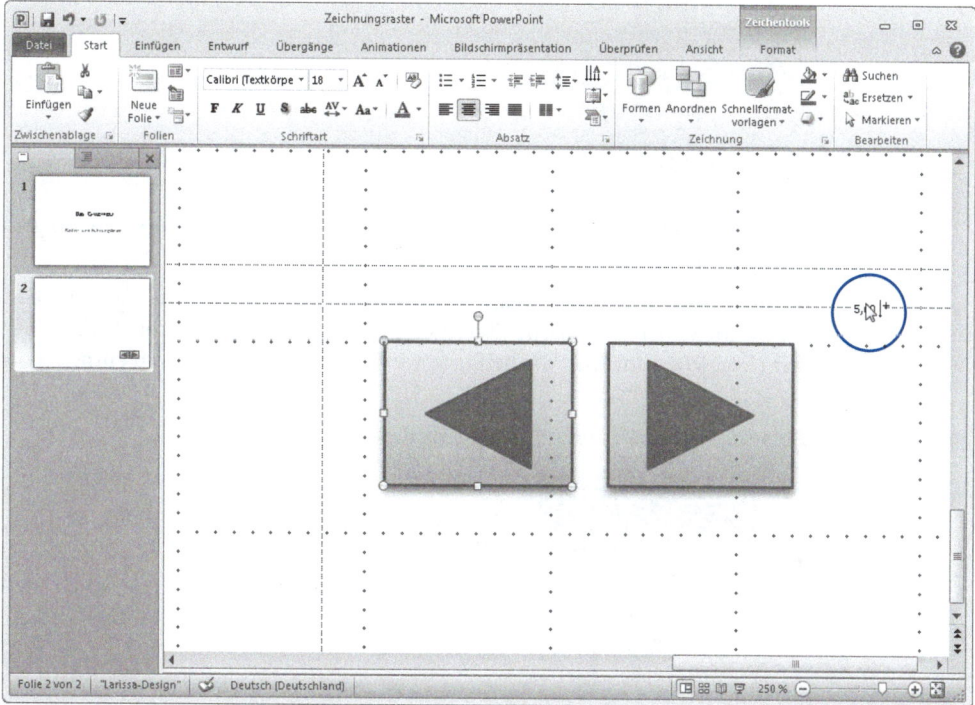

Führungslinien

Hinter der Option *Zeichnungslinien auf dem Bildschirm anzeigen* verbergen sich die eingangs erwähnten Führungslinien. Diese Linien können frei auf der Folie verschoben werden und wirken auf die Objekte »magnetisch«. Wenn Sie Ihre Objekte mithilfe dieser Linien ausrichten wollen, empfehlen wir Ihnen, dass Sie die Funktion des Rasters deaktivieren.

Standardmäßig zeigt PowerPoint nur eine senkrechte und eine waagerechte Führungslinie an. Sie können jedoch weitere Linien erzeugen, indem Sie mit der Maus auf eine bestehende Linie zeigen, die Taste Strg drücken und dann das so erzeugte Duplikat zur Seite wegziehen (siehe Bild 42.24). Um die Linie anschließend wieder zu entfernen, ziehen Sie sie einfach aus der Folie hinaus.

Illustrationen

Objekte überlappen

Wenn eine Folie mehrere, sich überlappende Grafiken enthält, können Sie die Art und Weise, wie sich die einzelnen Grafiken abdecken, genau einstellen:

1. Fügen Sie mehrere Formen ein und verschieben Sie sie anschließend so, dass sich die Formen teilweise überdecken.

Bild 42.25   Die Formen wurden in der Reihenfolge ihrer Nummern eingefügt

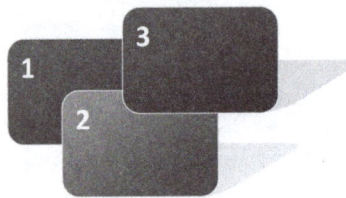

2. In einem ersten Schritt soll nun die Form mit der Ziffer 3 ganz nach hinten gestellt werden. Klicken Sie dazu die betreffende Form an.

3. Wechseln Sie auf die Registerkarte *Format* der *Zeichentools,* öffnen Sie in der Gruppe *Anordnen* das Menü der Schaltfläche *Ebene nach hinten* und wählen Sie dort *In den Hintergrund.* Die Form liegt jetzt zuunterst, das heißt, sie wird von den beiden anderen Formen überdeckt.

Bild 42.26   Die dritte Form befindet sich nun ganz hinten

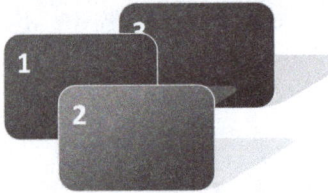

4. Im zweiten und letzten Schritt soll nun noch die zweite Form zwischen die beiden anderen Formen gestellt werden. Markieren Sie dazu die Form mit der Ziffer 2.

5. Wählen Sie nun auf der Registerkarte *Zeichentools/Format* den Befehl *Eine Ebene nach hinten.* Dadurch rutscht die Form wie gewünscht zwischen die beiden anderen Formen.

Bild 42.27   Die drei Formen in umgekehrter Reihenfolge

Wenn Ihnen der Weg über die Registerkarte zu umständlich ist, können Sie zum Umstellen der Ebenen auch auf das Kontextmenü der Formen zurückgreifen. Durch die verkürzten Mauswege ist dies in der Praxis das schnellere Verfahren.

Bild 42.28 Die Befehle des Kontextmenüs erlauben ein schnelleres Arbeiten

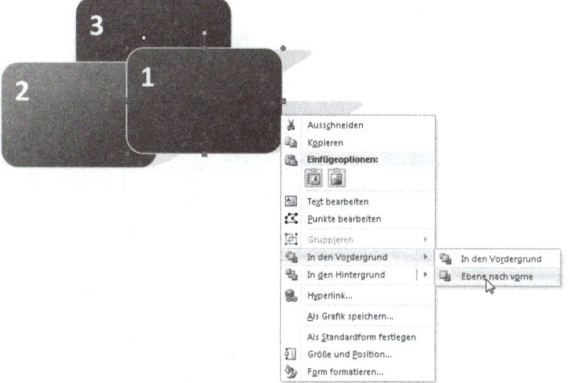

Der Aufgabenbereich Auswahl und Sichtbarkeit

Seit Word 2010 gibt es einen neuen Aufgabenbereich, mit dem sich Objekte besonders komfortabel auswählen und anordnen lassen. Es ist sogar möglich, die Sichtbarkeit der einzelnen Objekte zu steuern. Zum Anzeigen des Bereichs wählen Sie den Befehl *Start/Markieren/Auswahlbereich*.

Bild 42.29 Der Aufgabenbereich *Auswahl und Sichtbarkeit* zeigt die Reihenfolge der Objekte als Liste an

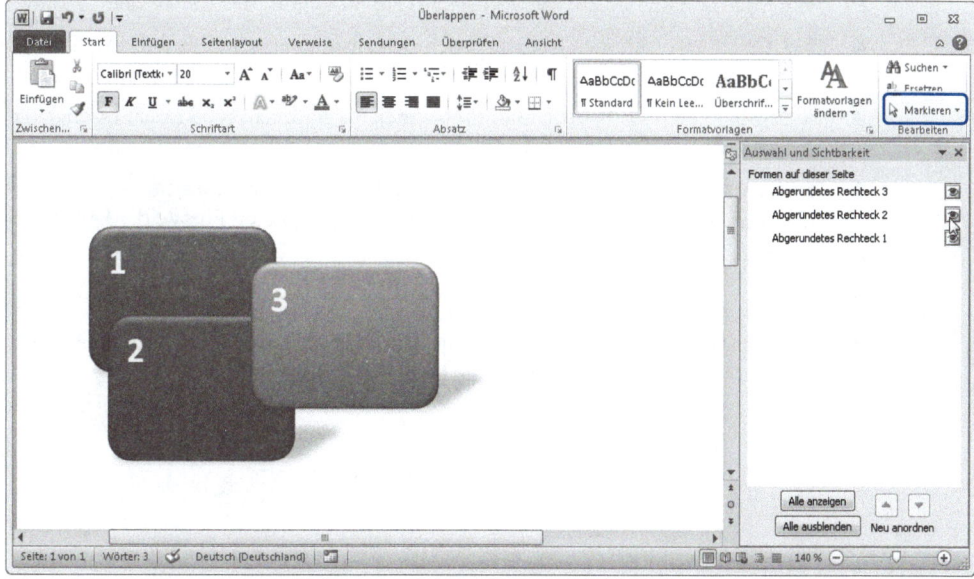

In diesem Aufgabenbereich können Sie folgende Aktionen vornehmen:

- **Markieren**   Um ein Objekt auszuwählen, klicken Sie einfach seinen Namen in der Liste an. Wenn ein Dokument sehr viele Objekte enthält, kann es allerdings manchmal schwierig sein, das gesuchte Objekt auf Anhieb anhand seines Namens zu identifizieren.

- **Anordnen**   Wenn Sie ein Objekt nach vorne oder nach hinten schieben möchten, markieren Sie es in der Liste und bewegen den Eintrag dann mithilfe der beiden Pfeilschaltflächen nach oben bzw. nach unten.

- **Ein-/Ausblenden**   Indem Sie das Augensymbol eines Listeneintrags anklicken, können Sie das zugehörige Objekt ausblenden. Das betreffende Objekt wird dann nicht mehr auf dem Bildschirm angezeigt und auch nicht mit ausgedruckt. Um das Objekt wieder sichtbar zu machen, klicken Sie das – dann leere – Symbol erneut an.

Zusammenfassung

In diesem Kapitel haben Sie gelernt, wie Sie Illustrationen in Ihre Dokumente einfügen und in ihnen positionieren können:

- Die Befehle zum Einfügen der verschiedenen grafischen Elemente finden Sie in allen Programmen auf der Registerkarte *Einfügen* in der Gruppe *Illustrationen*. In PowerPoint können Sie zusätzlich Platzhalter verwenden, um Illustrationen auf einer Folie einzufügen (Seite 718).

- Office 2010 unterstützt viele verschiedene Bildformate, sodass Sie fast jede Bilddatei in Ihre Dokumente einfügen können. Bei Bedarf können Grafiken auch verknüpft eingefügt werden und lassen sich dann jederzeit aktualisieren (Seite 719).

- Um die Größe einer Grafik zu ändern, können Sie entweder ihre Anfasser verschieben oder die gewünschten Größenangaben auf der Registerkarte *Format* eintragen (Seite 720).

- ClipArts sind kleine Vektorgrafiken, deren Vorteil ihr geringer Speicherplatzbedarf ist und die von Microsoft auf *Office Online* kostenlos zur Verfügung gestellt werden.

- Mit Office 2010 können Sie jetzt auch Screenshots erstellen und so Abbildungen von Programmfenstern oder beliebigen Bildschirmausschnitten in ein Dokument einfügen (Seite 724).

- Kleine Skizzen oder Flussdiagramme können Sie mithilfe von Formen erzeugen, die in großer Auswahl vorhanden sind. Geschlossene Formen können mit Text gefüllt werden (Seite 724).

- SmartArts eignen sich besonders zum Anfertigen von Diagrammen. Der SmartArt-Katalog ist thematisch gegliedert und gibt Hinweise für den geeigneten Einsatz der Layouts (Seite 728).

- Das Zeichnungsraster unterstützt Sie beim exakten Positionieren von Objekten (Seite 731).

- Die Reihenfolge, in der sich Objekte überlappen, kann leicht geändert werden (Seite 736).

- Mit dem neuen Aufgabenbereich *Auswahl und Sichtbarkeit* lassen sich die Anordnung und die Sichtbarkeit von Objekten besonders bequem steuern (Seite 737).

Kapitel 43

Bilder und Illustrationen bearbeiten

Illustrationen

Dieses Kapitel stellt die verschiedenen Werkzeuge von Office 2010 vor, mit denen Sie eine Grafik bearbeiten können. Office hat auch auf diesem Gebiet eine Menge zu bieten. Wie wir schon an anderer Stelle erwähnt haben, liegt der Fokus dabei vor allem auf grafischen »Komplettlösungen«, mit denen Sie eine Grafik ohne viel Aufwand optisch aufwerten können. Wir beginnen das Kapitel mit einer recht unspektakulären Funktion, dem Zuschneiden von Grafiken.

Sofern wir nicht explizit auf etwaige Besonderheiten hinweisen, gelten die hier beschriebenen Schrittfolgen gleichermaßen für Word 2010, Excel 2010 und PowerPoint 2010. Außerdem benutzen wir durchgängig den allgemeinen Begriff Dokument, um Begriffe wie Folie, Präsentation oder Arbeitsblatt zu vermeiden.

Grafiken zuschneiden

Manchmal will man eine Grafik nicht komplett verwenden, sondern nur einen bestimmten Teil davon. Den dazu notwendigen Zuschnitt müssen Sie jedoch nicht in einem Grafikprogramm vornehmen, sondern können die nicht benötigten Teile der Grafik direkt im Dokument abschneiden. So können Sie sich zum Beispiel von überflüssigen Bildrändern trennen oder einem Bild andere Proportionen verleihen.

1. Fügen Sie eine Grafik ein bzw. markieren Sie eine Grafik.

2. Wechseln Sie auf die Registerkarte *Format* und klicken Sie dort in der Gruppe *Größe* auf die Schaltfläche *Zuschneiden*. Das Programm befindet sich nun im Zuschneidemodus, was Sie an dem geänderten Mauszeiger und der geänderten Bildmarkierung erkennen können.

Bild 43.1   Grafik im Zuschneidemodus (hier: PowerPoint)

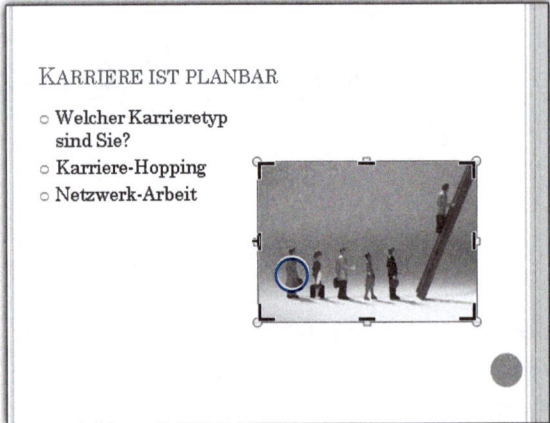

3. Ziehen Sie an den Anfassern der Grafik, um die unerwünschten Bildränder wegzuschneiden.

4. Um den Zuschneidemodus zu beenden, betätigen Sie entweder erneut die Schaltfläche *Zuschneiden* oder Sie klicken außerhalb der Grafik in das Dokument.

5. Passen Sie zum Schluss noch die Größe und die Position der Grafik an.

Bild 43.2   Der fertige Bildausschnitt

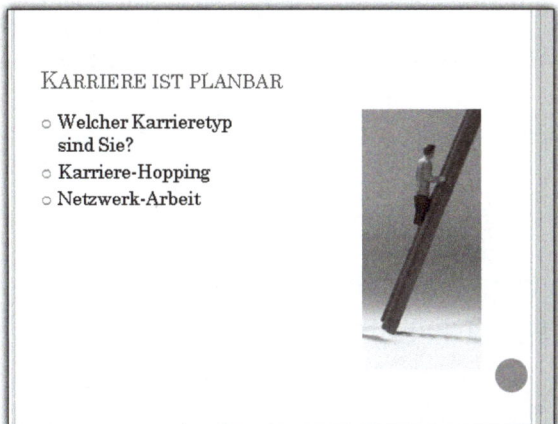

HINWEIS   **Es geht nichts verloren**   Beim Zuschneiden wird nur der sichtbare Bereich der Grafik geändert, die Grafik selbst bleibt unverändert. Sie können also den Zuschnitt nachträglich korrigieren oder sogar ganz rückgängig machen (dazu das Bild mit der rechten Maustaste anklicken, den Befehl *Größe und Position* wählen und im Dialog auf *Zurücksetzen* klicken).

Motive freistellen

Dass Office sich vor einem echten Bildbearbeitungsprogramm nicht verstecken muss, merken Sie spätestens, wenn Sie das erste Mal ein Bildmotiv mit Office freistellen. Diese Funktion ist eine der Neuerungen in Office 2010 und kann sich wirklich sehen lassen. Auch wenn ihre Handhabung auf den ersten Blick etwas sperrig wirken mag: Die Ergebnisse sind absolut überzeugend!

Bild 43.3   Die rechte Person soll freigestellt werden

1. Fügen Sie eine Grafik ein bzw. markieren Sie eine Grafik.

2. Wechseln Sie auf die Registerkarte *Format* und klicken Sie ganz links auf *Freistellen*. Office analysiert das Bild und stellt im ersten Schritt automatisch einen Bereich des Bildes frei. Die Teile des Bildes, die Office entfernen möchte, erhalten eine violette Farbgebung.

Bild 43.4 Office stellt automatisch den Kopf der Person frei, da er der markanteste Teil des Bildes ist.

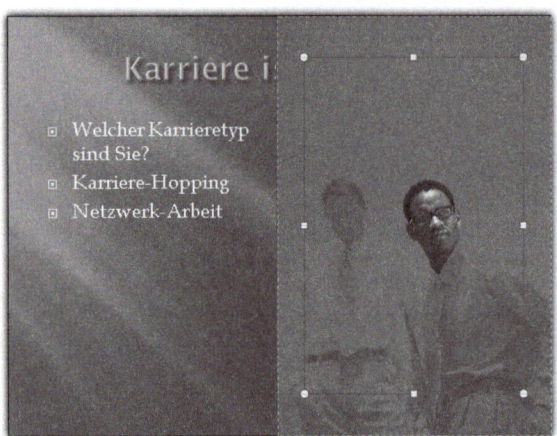

3. Passen Sie den Rahmen mithilfe seiner Anfasser so an, dass er den freizustellenden Bereich des Bildes umfasst.

Bild 43.5 Nach dem Anpassen des Rahmens ist die Person bereits nahezu vollständig freigestellt.

4. Um die jetzt noch fehlenden Bildbereiche (z.B. den Schulterbereich) freizustellen, müssen Sie noch etwas nacharbeiten. Dazu benötigen Sie die Schaltflächen der Registerkarte *Freistellen*, die Sie in der nächsten Abbildung sehen.

Bild 43.6   Mit den ersten drei Schaltflächen können Sie den freigestellten Bereich beeinflussen.

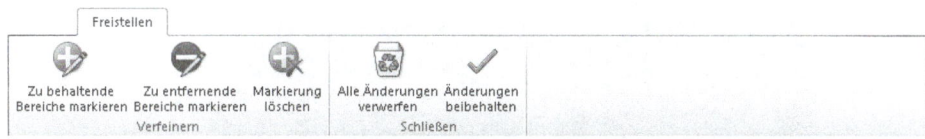

5. Klicken Sie die erste Schaltfläche an und ziehen Sie mit dem Stift-Werkzeug kurze Linien in die Bereiche des Bildes, die zusätzlich freigestellt werden sollen. Sobald Sie die Maustaste loslassen, können Sie die Wirkung der Linien beurteilen. Wie Sie in der folgenden Abbildung erkennen, müssen die Linien nicht unbedingt den Konturen der Figur folgen, sondern können auch senkrecht dazu stehen.

6. Leider lassen sich die Linien nicht nachträglich bearbeiten. Sie müssen die Linien daher bei Bedarf löschen und einen neuen Versuch starten. Verwenden Sie dazu entweder die normale Rückgängig-Funktion aus der Symbolleiste für den Schnellzugriff oder benutzen Sie das Werkzeug *Markierung löschen* aus der Registerkarte *Freistellen*.

7. Um einen freigestellten Bereich zu entfernen, fügen Sie mit der Schaltfläche *Zu entfernende Bereiche markieren* nach dem gleichen Prinzip »negative« Linien ein.

Bild 43.7   Der freizustellende Bereich lässt sich durch Markierungslinien vergrößern und verkleinern

8. Wenn Sie mit dem Ergebnis zufrieden sind, klicken Sie in der Registerkarte *Freistellen* auf die Schaltfläche *Änderungen behalten.*

Illustrationen

Bild 43.8 Das Ergebnis ist trotz minimalem Aufwand beeindruckend

Wenn Sie das hier gezeigte Beispiel nachvollziehen möchten, öffnen Sie die Übungsdatei *Freistellen* in PowerPoint. Markieren Sie das Bild auf der ersten Folie und klicken Sie dann vorne auf der Registerkarte *Bildtools/Format* auf die Schaltfläche *Freistellen.*

Farben einer Grafik bearbeiten

In Office können Sie auch verschiedene Farbeinstellungen einer Grafik ändern. Diese Funktionen sind zum Beispiel hilfreich, um mehrere Grafiken aufeinander abzustimmen und so einen einheitlichen Gesamteindruck zu erzeugen. Ihnen stehen dabei folgende Möglichkeiten zur Verfügung:

- Helligkeit ändern
- Kontrast einstellen
- Wählen zwischen verschiedenen Farbmodi
- Bilder neu einfärben
- Transparente Farbe definieren

Sie finden diese Funktionen auf der Registerkarte *Format* der *Bildtools* in der Gruppe *Anpassen.*

Helligkeit und Kontrast einstellen

Zum Einstellen von Helligkeit und Kontrast finden Sie auf der Registerkarte *Format* die Schaltfläche *Korrekturen.* (In Office 2007 gab es zu diesem Zweck noch zwei separate Schaltflächen.) Die Schaltfläche besitzt ein einfaches Auswahlmenü mit Vorschaubildern, über das Sie die entsprechenden Werte in 20%-Schritten vergrößern oder verkleinern können. Diese Abstufung ist zwar relativ grob, aber in den meisten Fällen durchaus ausreichend.

Bild 43.9   Über das Auswahlmenü lassen sich Helligkeit und Kontrast einer Grafik in 20%-Schritten ändern

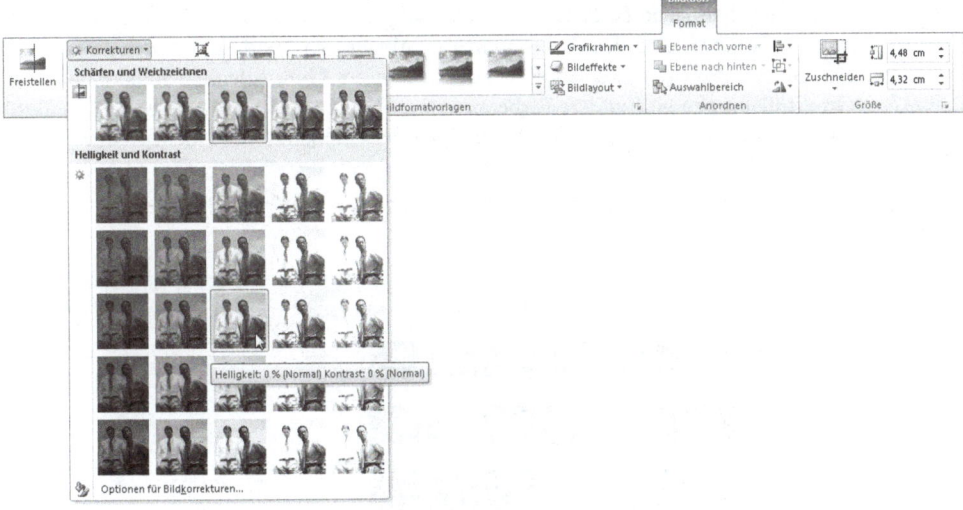

Wenn Sie die Helligkeit oder den Kontrast einer Grafik in feineren Abstufungen verändern möchten, müssen Sie auf das Dialogfeld *Grafik formatieren* zurückgreifen. Sie erreichen das Dialogfeld entweder über den Befehl *Optionen für Bildkorrekturen,* der sich ganz unten im Ausklappmenü Schaltfläche *Korrekturen* befindet, oder indem Sie die Grafik mit der rechten Maustaste anklicken und aus ihrem Kontextmenü den Befehl *Grafik formatieren* aufrufen.

Bild 43.10   In diesem Dialogfeld können Sie die Helligkeit und den Kontrast stufenlos einstellen. Benutzen Sie dazu entweder die jeweiligen Regler oder geben Sie die gewünschten Werte direkt ein

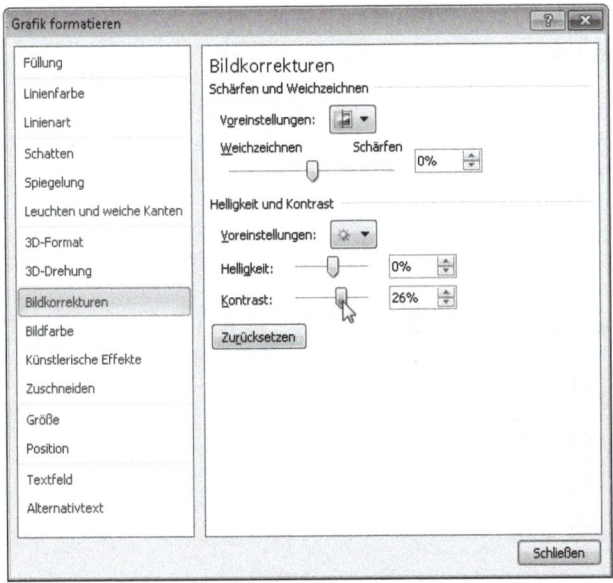

Illustrationen

Neu einfärben

Über die Schaltfläche *Farbe* lässt sich die Farbgebung eines Bildes beeinflussen. Sie können nicht nur die Sättigung und den Farbton einer Grafik ändern, sondern ihr auch eine neue Farbe geben. Bei diesem Vorgang wird das Bild zunächst in ein Graustufenbild umgewandelt und dann die Graustufen gegen eine andere Farbe ausgetauscht. Zudem können Sie eine Farbe des Bildes transparent machen. Dadurch kann z. B. ein hinter der Grafik liegendes Element durchscheinen.

Bild 43.11 Über dieses Menü können Sie die Farbgebung einer Grafik modifizieren

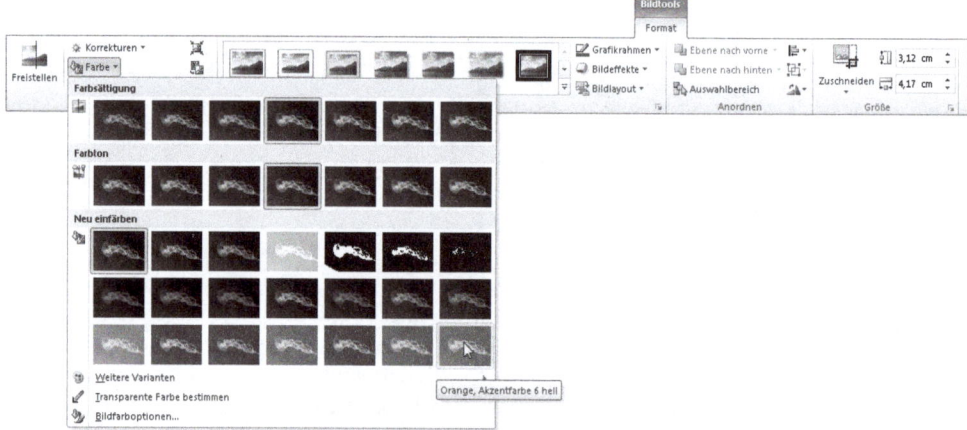

Auch hier gilt wieder, dass Sie für eine Feineinstellung der Werte das Dialogfeld *Grafik formatieren* verwenden können bzw. müssen. Sie erreichen es über den Menübefehl *Bildfarboptionen* oder wie gewohnt über den Befehl *Grafik formatieren* aus dem Kontextmenü der Grafik.

Bilder verfremden

Office 2010 kann noch mit einer weiteren neuen Funktion aufwarten, die sonst nur bei »echten« Bildbearbeitungsprogramme anzutreffen ist: Über die Schaltfläche *Künstlerische Effekte* haben Sie Zugriff auf über 20 Effekte, mit denen Sie Ihre Bilder auf interessante Weise verfremden können.

Bild 43.12 Office kann jetzt sogar Filtereffekte auf Bilder anwenden

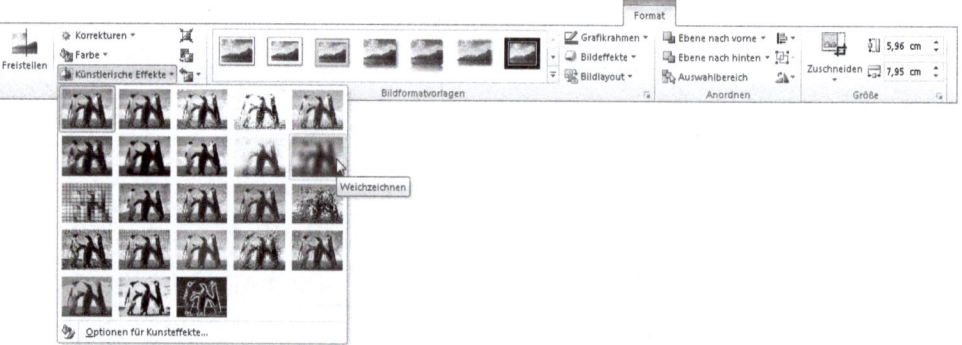

Bildformatvorlagen

Neben der bereits erwähnten Einstellung von Helligkeit, Kontrast und Farbe können Sie einer Grafik auch noch Schatten-, Licht- und 3D-Effekte zuweisen oder sie mit einem Rahmen versehen, der natürlich ebenfalls in Linienart, -stärke und -farbe veränderbar ist. Diese Vielzahl an Grafikeffekten ist zwar durchaus beeindruckend, sie kann aber auch erschlagend wirken. Es stehen Ihnen damit zwar alle Möglichkeiten bei der Bildgestaltung offen, aber Sie laufen gleichzeitig Gefahr, sich beim Erstellen Ihrer Grafiken zu verzetteln und zu viel Zeit zu investieren, die Sie lieber für andere Aufgaben eingesetzt hätten.

Dieser Problematik versucht Office mit den so genannten *Bildformatvorlagen* entgegenzutreten. Dabei handelt es sich um vorgefertigte Schablonen, die eine bestimmte Auswahl an grafischen Effekten kombinieren und per Mausklick auf eine Grafik übertragen. Dieses Konzept ist konkurrenzlos schnell und ermöglicht Ihnen zudem reproduzierbare Ergebnisse, d.h. Sie können mehrere Grafiken mit exakt den gleichen Effekten versehen.

Natürlich lassen sich Bildformatvorlagen auch als Ausgangspunkt für eigene Kreationen verwenden, die Sie dann mit einigen zusätzlichen Effekten »individualisieren« können. Genau diesen Ansatz werden wir auf den folgenden Seiten verwenden, um ein Foto ins rechte Licht zu setzen.

1. Erstellen Sie ein neues leeres Dokument und fügen Sie eine Grafik Ihrer Wahl ein (z.B. eines der Beispielbilder aus dem Ordner *Eigene Bilder*).

2. Klicken Sie die Grafik an, wechseln Sie auf die Registerkarte *Format* und öffnen Sie dort den Katalog der Bildformatvorlagen. Bewegen Sie den Mauszeiger über die verschiedenen Symbole. Die jeweilige Bildformatvorlage wird der markierten Grafik direkt zugewiesen.

Bild 43.13   Die Wirkung der Bildformatvorlagen können Sie direkt im Dokument begutachten

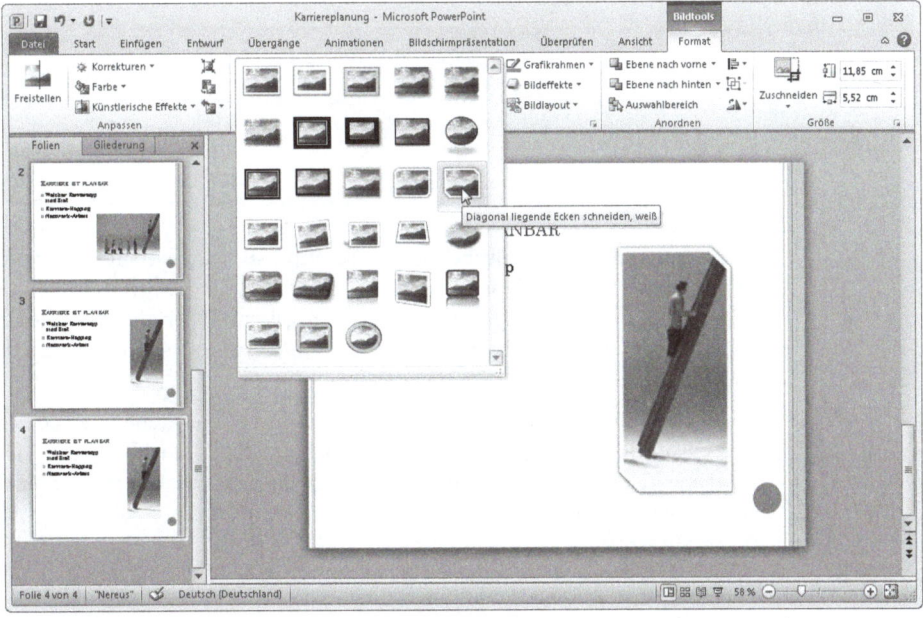

3. Wenn Sie sich für eine Vorlagen entschieden haben, klicken Sie ihr Symbol an und sind fertig.

Illustrationen

Bildform

Die im letzten Abschnitt vorgestellte Bildformatvorlage hat das Bild nicht nur mit einem Rahmen und einem Schattenwurf versehen, sondern ihm darüber hinaus auch eine spezielle Form gegeben (die beiden abgeschnittenen Ecken). Von dieser Vorgabe können Sie sich jedoch ohne Schwierigkeiten lösen und der Grafik eine vollkommen andere Gestalt geben.

1. Markieren Sie die Grafik, deren Form Sie verändern möchten.

2. Wechseln Sie auf die Registerkarte *Format* und klappen Sie das Auswahlfenster der Schaltfläche *Zuschneiden* auf. Dort finden Sie den Befehl *Auf Form zuschneiden*, der ebenfalls mit einem Auswahlmenü aufwarten kann.

Bild 43.14   Die Auswahl der Formen ist sehr reichhaltig

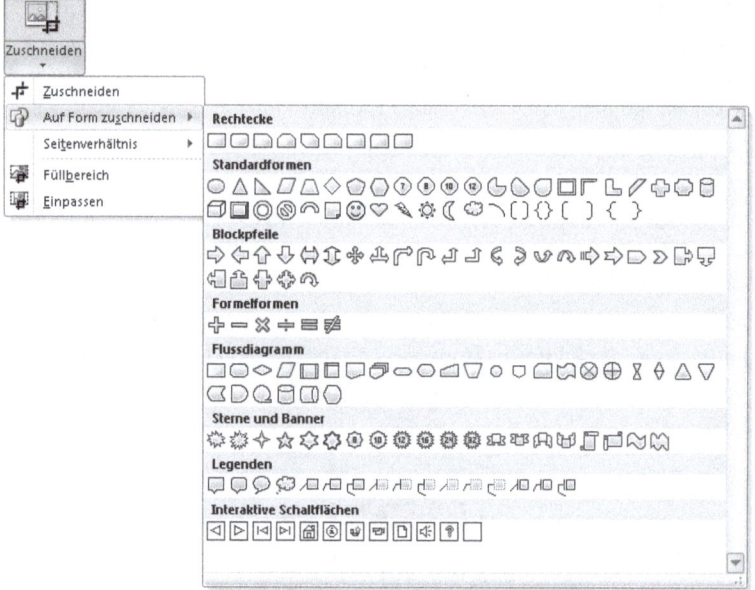

Wenn Ihnen diese Auswahl bekannt vorkommt, so hat das seinen guten Grund. Es handelt sich nämlich exakt um dieselbe Auswahl an Formen, die Sie bereits in Kapitel 42 bei der Vorstellung des Befehls *Einfügen/Formen* kennen gelernt haben. In PowerPoint ist die Liste der Formen noch um die Gruppe *Interaktive Schaltflächen* erweitert, die sich aber nicht für eine Formgebung eignen.

3. Wählen Sie eine der Formen aus (leider müssen Sie hier ohne Live-Vorschau zurechtkommen). Natürlich sind nicht alle Formen gleichermaßen brauchbar, aber seien Sie ruhig etwas experimentierfreudig und probieren Sie auch Formen aus, die auf den ersten Blick weniger geeignet erscheinen.

Bild 43.15   Bildformatvorlage kombiniert mit einer Form

Bildeffekte

Hinter dem schlichten Begriff *Bildeffekte* verbirgt sich ein halbes Dutzend grafischer Effekte, die jeweils über diverse Varianten verfügen:

- **Schatten**   können in drei verschiedenen Varianten dargestellt werden: innerhalb oder außerhalb des Rahmens sowie in einer perspektivischen Form, die den Eindruck erweckt, als würde die Grafik über dem Dokument schweben. Die Farbe des Schattens kann dabei frei gewählt werden.

- **Spiegelung**   erweckt den Eindruck, als würde die Grafik auf einem spiegelnden Untergrund bzw. knapp darüber in der Luft stehen.

- **Leuchten**   versieht den Rahmen einer Grafik mit fluoreszierendem Licht. Auch hier gilt, dass Sie die Leuchtfarbe und deren Transparenz frei einstellen können.

- **Weiche Kanten**   hellt die Ränder einer Grafik auf, um einen fließenden Übergang zur Umgebung zu schaffen.

- **Abschrägung**   Versieht den Rand (bzw. den Rahmen) einer Grafik mit einem eingeprägten Profil.

- **3D-Drehung**   dreht und kippt die Grafik, sodass eine räumliche Wirkung erzielt wird.

- **Allgemeine Effekte**   Bei allen oben genannten Effekten können Sie zusätzlich einstellen, welche Beschaffenheit die Oberfläche des Bildes haben soll (zum Beispiel matt oder metallisch). Und auch bei der Art der Beleuchtung haben Sie die Qual der Wahl: Soll das Licht hart oder weich sein? Warm oder kalt? Und wenn Sie sich für warmes Licht entscheiden: Soll es wie am frühen Morgen, wie beim Sonnenaufgang oder eher wie beim Sonnenuntergang scheinen?

Wie Sie sehen, können Sie Ihre Kreativität hier voll entfalten.

Wir wollen uns jedoch beschränken und zeigen Ihnen die Anwendung dieser Funktionen beispielhaft an einem 3D-Effekt:

1. Markieren Sie die Grafik, die Sie mit einem Bildeffekt belegen wollen.

2. Wechseln Sie auf die Registerkarte *Format* und klicken Sie in der Gruppe *Bildformatvorlagen* auf die Schaltfläche *Bildeffekte*.

3. Zeigen Sie mit der Maus auf den gewünschten Effekt, hier also *3D-Drehung*.

4. Bewegen Sie die Maus über die angebotenen Varianten und prüfen Sie ihre Wirkung in der Live-Vorschau.

Bild 43.16   Auch 3D-Effekte lassen sich mit wenigen Mausklicks realisieren

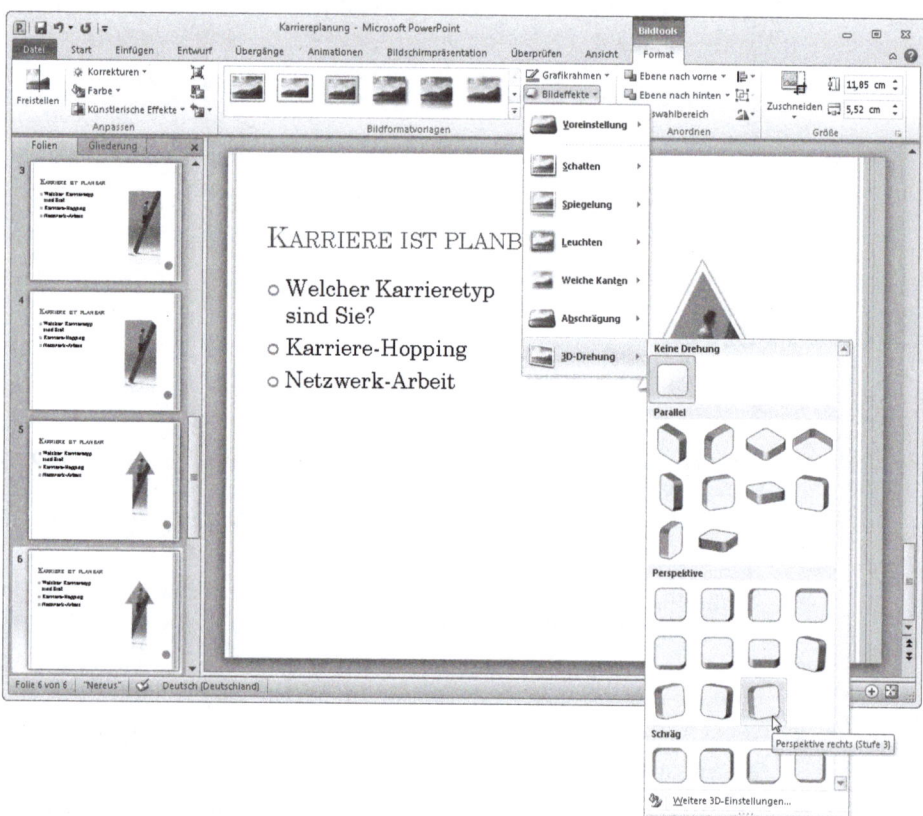

5. Haben Sie eine Voreinstellung übernommen, klicken Sie die Grafik mit der rechten Maustaste an und wählen im Kontextmenü *Grafik formatieren*. Dadurch erscheint das Dialogfeld *Grafik formatieren,* das Sie in Bild 43.17 sehen können.

6. Hier können Sie die Grafik mit Hilfe der verschiedenen Regler in allen drei Richtungen des Raumes drehen sowie die Perspektive verändern. Beachten Sie, dass Ihre Einstellungen direkt übernommen werden, da es keine Schaltfläche *Abbrechen* gibt. Bei Bedarf verwenden Sie den Befehl *Rückgängig*.

Bild 43.17   Für die Feineinstellung eignet sich der Dialog *Grafik formatieren*

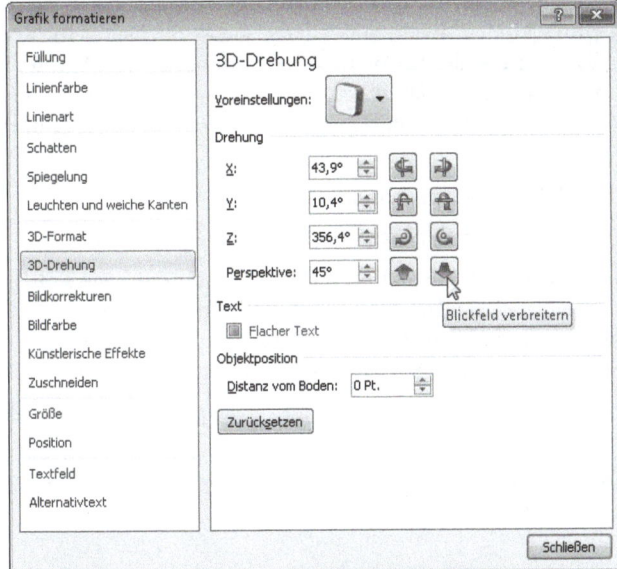

7.   Wenn Sie Einstellungen an der Art der Beleuchtung oder der Oberflächenbeschaffenheit der Grafik vornehmen möchten, wechseln Sie im Dialog zur Rubrik *3D-Format*.

Bild 43.18   Einstellen der Lichteffekte (hier: Sonnenuntergang)

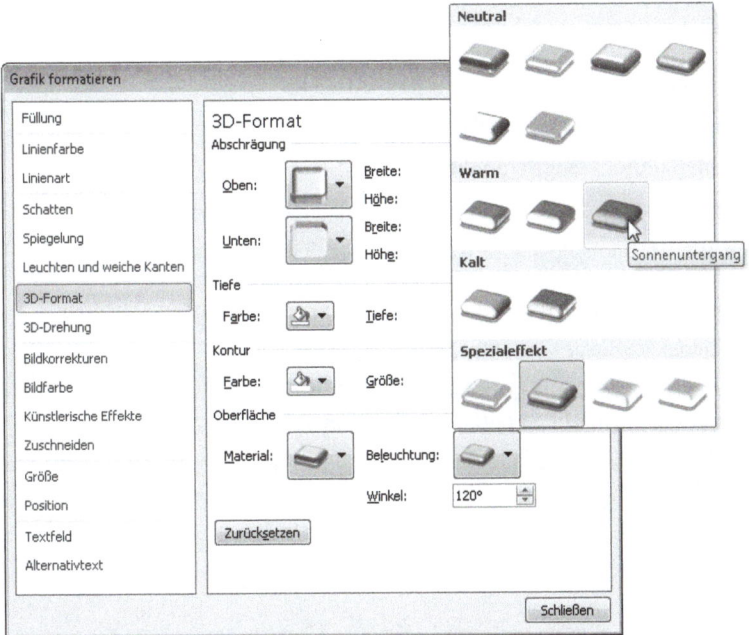

Bildeffekte übertragen

In aller Regel enthält ein Dokument mehrere Grafiken, sodass Sie häufig vor der Aufgabe stehen werden, mehrere Grafiken auf die gleiche Art und Weise zu bearbeiten. Wenn Sie sich dabei nur auf die Verwendung der Bildformatvorlagen beschränken, ist das kein großes Problem. Wie aber gehen Sie vor, wenn Sie individuelle Bildeffekte wünschen, deren Erzeugung mit einigem Aufwand verbunden ist?

Die Lösung ist mit Office 2010 verblüffend einfach:

1. Markieren Sie die Grafik, deren Bildeffekte Sie übernehmen möchten.

2. Wechseln Sie auf die Registerkarte *Start* und klicken Sie dort auf den Pinsel (er befindet sich vorne in der Gruppe *Zwischenablage)*. Wenn Sie ein Format auf mehrere Grafiken anwenden wollen, doppelklicken Sie auf den Pinsel. Die Funktion »rastet« dann ein und schaltet sich nicht mehr automatisch ab, sobald Sie die erste Grafik angeklickt haben.

3. Jetzt brauchen Sie nur noch mit dem Pinsel-Cursor die gewünschte(n) Grafik(en) anklicken und sind fertig!

4. Falls Sie im 2. Schritt die Pinsel-Schaltfläche doppelt angeklickt haben, drücken Sie jetzt noch die Taste Esc , um den Modus wieder zu beenden.

Grafikrahmen

Auch wenn 3D-Effekte auf den ersten Blick sehr spektakulär aussehen, sollte man sie in der Praxis möglichst sparsam einsetzen. Gerade in technisch orientierten Präsentationen empfiehlt sich häufig eine etwas zurückhaltendere Form der Darstellung. Hierzu eignen sich einfache Rahmen, die mit Office 2010 durchaus ansprechend formatiert werden können.

Folgende Eigenschaften eines Rahmens können Sie beeinflussen:

- Linienstärke (Linienbreite)
- Strichtyp (durchgezogen, punktiert etc.)
- Die Ausformung der Ecken (abgerundet, abgeschrägt etc.)
- Linienfarbe (hier sind auch Farbverläufe und Transparenz möglich).

Im einfachsten Fall erstellen Sie einen Grafikrahmen mit folgenden Schritten:

1. Markieren Sie die gewünschte Grafik.

2. Wechseln Sie auf die Registerkarte *Bildtools/Format* und klicken Sie dort in der Gruppe *Bildformatvorlagen* auf die Schaltfläche *Grafikrahmen*.

3. Mit den Befehlen dieses Menüs können Sie die Farbe, die Stärke und die Strichart der Linien einstellen.

Bild 43.19   Zuweisen eines einfachen Grafikrahmens

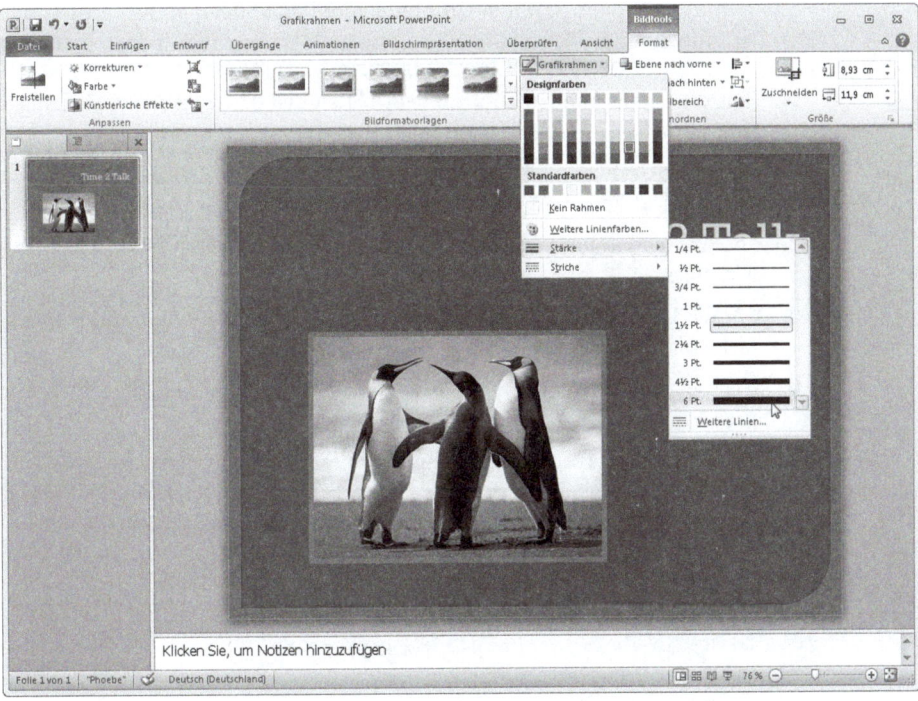

4. Für weitergehende Formatierungen klicken Sie die Grafik mit der rechten Maustaste an und wählen im Kontextmenü den Befehl *Grafik formatieren*.

5. Zum Einstellen von Linienart und -stärke wählen Sie im linken Bereich des Dialogfeldes die Rubrik *Linienart* aus.

Bild 43.20   Rahmen mit abgerundeten Ecken erstellen

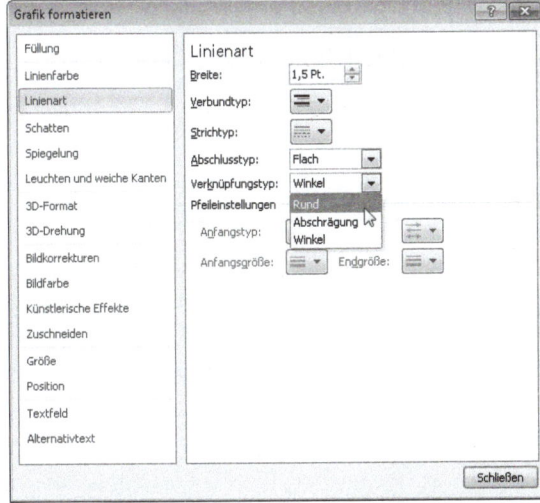

HINWEIS Das Dialogfeld *Grafik formatieren* erreichen Sie übrigens auch über die Schaltfläche *Form formatieren,* die sich in der Gruppe *Bildformatvorlagen* in der rechten unteren Ecke befindet. Der Weg über das Kontextmenü ist unserer Meinung nach jedoch deutlich bequemer.

6. Falls die Grafik momentan noch keinen Rahmen besitzt, müssen Sie zunächst die Breite der Linie einstellen.

7. Wenn der Grafikrahmen aus einer doppelten oder dreifachen Linie bestehen soll, können Sie im Listenfeld *Verbundtyp* die entsprechende Einstellung vornehmen.

8. Anschließend können Sie dann den gewünschten Strichtyp (also punktiert, gestrichelt, usw.) auswählen.

9. Um die Ecken eines Rahmens abzurunden, stellen Sie die Option *Verknüpfungstyp* auf *Rund* (siehe Bild 43.20).

10. Wechseln Sie dann zur Rubrik *Linienfarbe.* Hier ist standardmäßig die Option *Einfarbige Linie* ausgewählt.

11. Für optisch anspruchsvollere Rahmen sollten Sie die Option *Graduelle Linie* aktivieren. Das Dialogfeld wird dann durch einen ganzen Schwung weiterer Eingabefelder und Schaltflächen ergänzt, mit denen Sie die diversen Farbeinstellungen vornehmen können.

Bild 43.21 Hier können Sie einen fertigen Farbverlauf auswählen

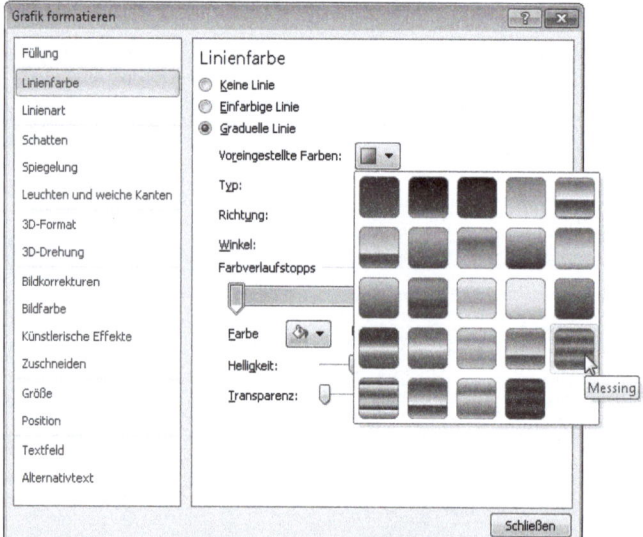

12. Wenn Sie nicht einen der angebotenen Farbverläufe verwenden wollen, können Sie auch eigene Verläufe erzeugen. Dazu müssen Sie so genannte *Stopppositionen* anlegen, mit denen Sie den Farbwert und die Transparenz an einer bestimmten Stelle des Rahmens festlegen. Am besten sehen Sie sich die Stopppositionen der vordefinierten Farbverläufe einmal an, um das Prinzip zu verstehen.

Bild 43.22   Farbverläufe werden durch so genannte *Stopppositionen* definiert

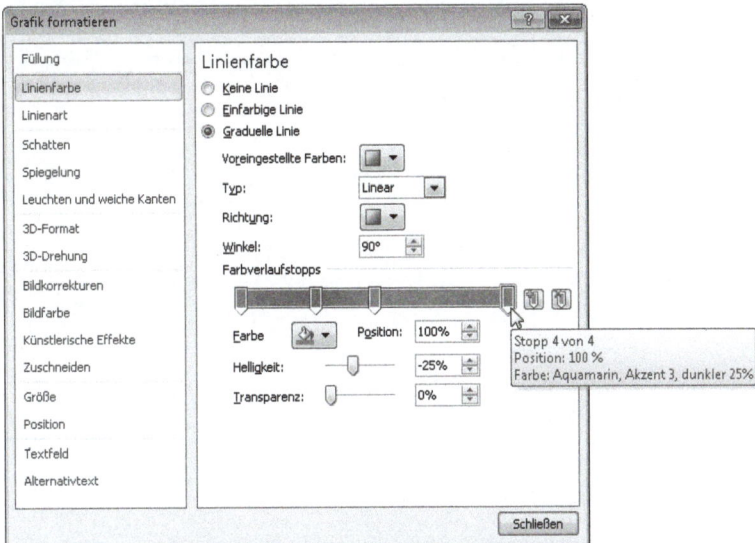

Zusammenfassung

In diesem Kapitel haben Sie gelernt, welche Möglichkeiten es in Office 2010 gibt, um eine Grafik zu bearbeiten. Viele der Funktionen konnten wir aus Platzgründen nur kurz vorstellen, aber mit dem hier erworbenen Basiswissen werden Sie auch den übrigen Feinheiten auf die Spur kommen.

■ Nicht benötigte Bereiche einer Grafik lassen sich durch Zuschneiden entfernen (Seite 740).

■ Office besitzt eine sehr leistungsstarke Funktion zum halbautomatischen Freistellen von Bildmotiven (Seite 741).

■ Um die Farbgebung einer Grafik zu ändern, können Sie ihre Helligkeit und ihren Kontrast einstellen. Außerdem lassen sich Grafiken neu einfärben und mit einer transparenten Farbe versehen (Seite 744).

■ Mit den praktischen Bildformatvorlagen verleihen Sie Ihren Grafiken mit minimalem Aufwand ein professionelles Aussehen (Seite 747).

■ Die äußere Gestalt einer Grafik lässt sich durch einfaches Zuweisen einer neuen Bildform ändern (Seite 748).

■ Office kann eine Grafik mit einer Fülle von grafischen Effekten ausstatten. Dazu gehören Schatten, Spiegelungen, Leuchten, Weiche Kanten, Abschrägungen und 3D-Drehungen. Zusätzlich lassen sich diese Effekte noch mit Änderungen der Oberflächenstruktur und einer individuellen Beleuchtung kombinieren (Seite 749).

■ Bildformatierungen lassen sich mit der Pinsel-Schaltfläche einfach auf andere Grafiken übertragen (Seite 752).

■ Grafiken lassen sich mit Rahmen versehen, die sich ebenfalls sehr vielseitig formatieren lassen (Seite 752).

Illustrationen

Teil F

Outlook 2010

In diesem Teil:

Kapitel 44

Umsteigen von Outlook 2003 und 2007

In der Version 2010 wird nun auch für die Outlook-Benutzeroberfläche das Menüband verwendet. Outlook 2007 benutzte im Unterschied zu den 2007er-Versionen von Word, Excel und Power-Point noch die althergebrachte Menüleiste. Umsteiger von Outlook 2007 werden sich in Outlook 2010 schnell in der neuen Menübandumgebung zurechtfinden, da sie diese von den anderen Office-Anwendungen her kennen und sich der Funktionsumfang von Outlook 2010 im Vergleich zu Outlook 2007 nur in wenigen Punkten unterscheidet.

Dieses Kapitel gibt Ihnen einen Überblick über die Neuerungen und Änderungen in Outlook 2010, richtet sich sowohl an Umsteiger von Outlook 2003 als auch von Outlook 2007 und weist Sie auf die weiteren Kapitel in diesem Buch hin, in denen die einzelnen Features und Programmmerkmale ausführlicher beschrieben werden. Das Menüband ist ausführlich in Kapitel 2 beschrieben.

Navigationsleiste und Aufgabenleiste

Wenn Sie Outlook 2010 zum ersten Mal starten und vorher mit Outlook 2003 gearbeitet haben, fällt Ihnen wohl gleich die geänderte Aufteilung des Fensters auf. Wie gewohnt sehen Sie an der linken Seite des Fensters die Navigationsleiste. Neu ist die Schaltfläche mit dem Pfeil in der Titelleiste des Navigationsbereichs, mit der Sie die Navigationsleiste bei Bedarf minimieren können. Wenn Sie die Schaltfläche anklicken, wird die Leiste als schmaler Streifen am Fensterrand dargestellt. Die Schaltflächen, um zu einem anderen Outlook-Modul zu wechseln, bleiben weiterhin sichtbar; ein Klick auf die minimierte Navigationsleiste blendet die Ansichts- und Auswahloptionen ein. Nachdem Sie dort Ihre Auswahl getroffen haben, wird die Navigationsleiste wieder als schmaler Streifen angezeigt. Durch die Möglichkeit, die Navigationsleiste zu minimieren, können Sie dem Arbeitsbereich von Outlook mehr Platz zuweisen, gleichzeitig stehen Ihnen die Auswahlmöglichkeiten des Navigationsbereichs schnell zur Verfügung. Die Navigationsleiste wird in Kapitel 45 vorgestellt.

Bild 44.1 Die Navigationsleiste von Outlook kann minimiert werden. An der rechten Seite des Outlook-Fensters sehen Sie die Aufgabenleiste.

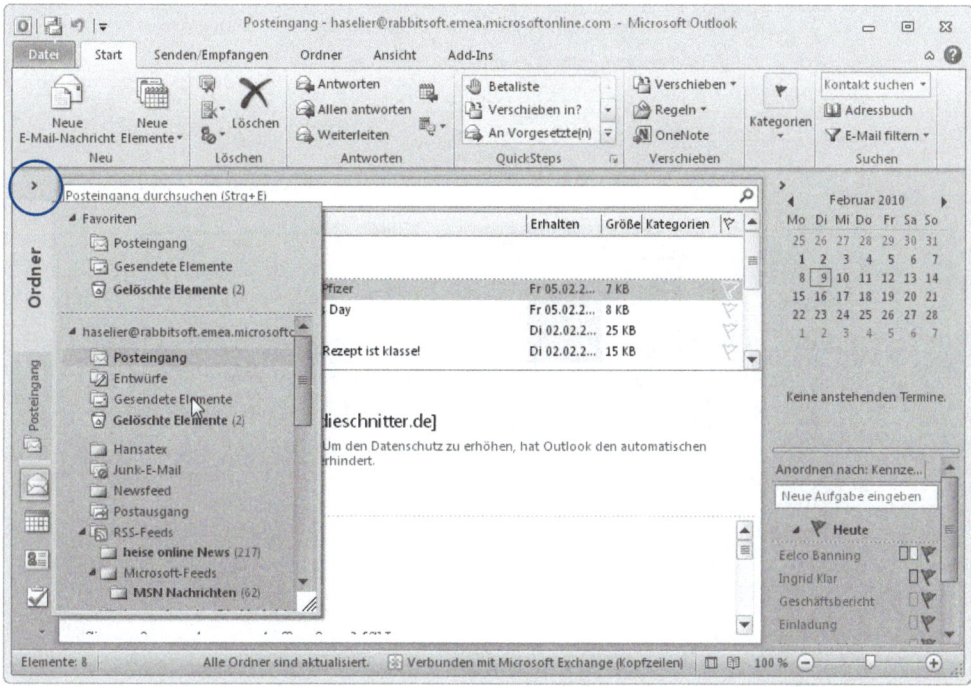

Der Arbeitsbereich befindet sich weiterhin in der Mitte des Outlook-Fensters. Eine weitere Neuerung für Outlook 2003-Anwender ist die Aufgabenleiste, die Sie am rechten Rand des Fensters sehen und die Ihnen dabei hilft, den Überblick über Ihre Termine und Aufgaben zu bewahren. Mit dem Datumswechsler im oberen Bereich können Sie einen bestimmten Tag im Kalender anzeigen lassen und im mittleren Bereich sehen Sie die nächsten anstehenden Termine. Der untere Bereich wird *Aufgabenliste* genannt; dort werden zu erledigende Aufgaben und zur Nachverfolgung gekennzeichnete Outlook-Elemente angezeigt.

Aufgaben und Nachverfolgung

Vor Outlook 2007 gab es eine strikte Trennung zwischen Aufgaben und den Outlook-Elementen, die Sie zur Nachverfolgung gekennzeichnet hatten. Aufgaben wurden im Aufgabenmodul und bei aktiviertem Kalendermodul unterhalb des Datumswechslers angezeigt, wenn der Aufgabenblock eingeschaltet wurde. Um die Elemente zu sehen, die zur Nachverfolgung gekennzeichnet waren, mussten Sie in der Navigationsleiste die Ordnerliste öffnen und in den Suchordnern den Ordner *Zur Nachverfolgung* auswählen. Diese Trennung machte es nicht einfach, sich einen schnellen Überblick über die anstehenden Aufgaben zu verschaffen.

Bild 44.2   Outlook 2010 zeigt in der Vorgangsliste sowohl die klassischen Aufgaben an als auch die Elemente, die zur Nachverfolgung gekennzeichnet wurden

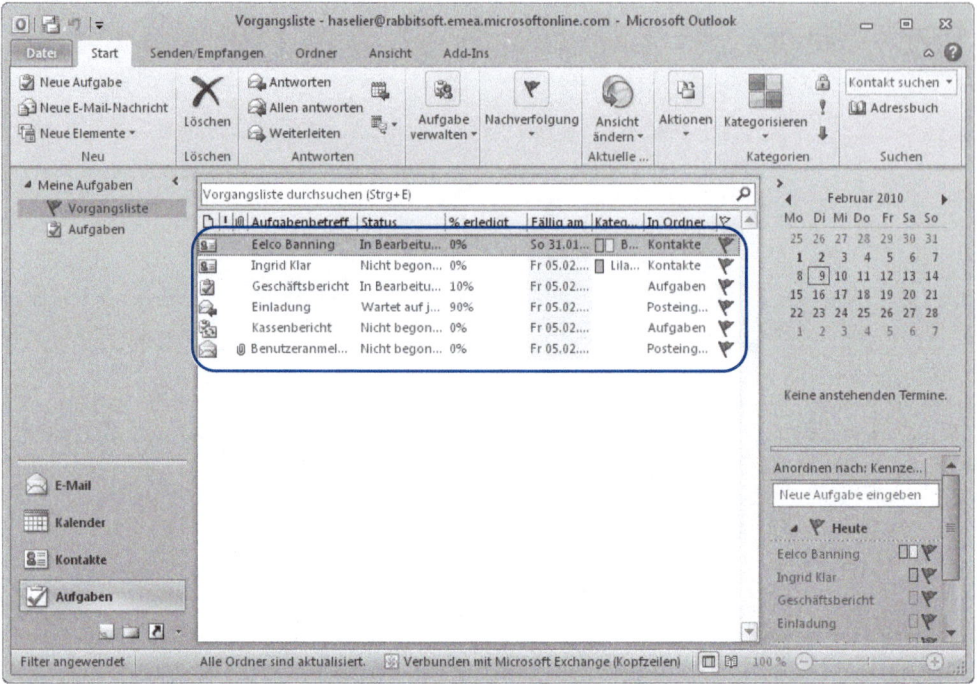

Diese Trennung zwischen Aufgaben und zur Nachverfolgung gekennzeichneten Elementen besteht seit Outlook 2007 nicht mehr. Wenn Sie beispielsweise eine E-Mail-Nachricht mit einem Nachverfolgungskennzeichen versehen, taucht diese Erinnerung sofort als neuer Eintrag in der Aufgabenleiste auf. Wenn Sie im Navigationsbereich die Aufgaben öffnen, können Sie dort im Bereich *Meine Aufgaben* zwischen der Vorgangsliste und den Aufgaben wählen. Bei den Aufgaben handelt es sich um die »klassischen« Aufgaben, wie sie Sie von den vorhergehenden Outlook-Versionen her kennen.

Die Vorgangsliste umfasst sowohl die klassischen Aufgaben als auch die Elemente, die Sie zur Nachverfolgung gekennzeichnet haben. Ein Beispiel hierfür sehen Sie in der obigen Abbildung. Beachten Sie die kleinen Symbole vor den Listeneinträgen im Ansichtsbereich des Outlook-Fensters. An ihnen können Sie erkennen, ob es sich um eine Aufgabe oder um ein zur Nachverfolgung gekennzeichnetes Element handelt. Die Vorgänge, die Sie in der Liste sehen, entsprechen den Einträgen in der Liste im unteren Bereich der Aufgabenleiste. Der untere Bereich wird Aufgabenliste genannt, die Bezeichnung Vorgangsliste würde den Inhalt der Liste jedoch besser beschreiben.

Wie die Navigationsleiste können Sie auch die Aufgabenleiste minimieren. Außerdem können Sie festlegen, welche Bereiche in der Aufgabenleiste angezeigt werden sollen. Ausführliche Informationen zur Aufgabenleiste finden Sie in Kapitel 52.

Sofortsuche

Outlook 2010 verwendet die gleiche Suchtechnologie, wie sie in Microsoft Windows 7 standardmäßig vorhanden ist. Hierdurch wird das Suchen und Finden von Informationen schneller und komfortabler, als es in früheren Outlook-Versionen der Fall war.

Bild 44.3 Die neue Sofortsuche zeigt die Ergebnisse bereits an, während Sie die Suchbegriffe eingeben

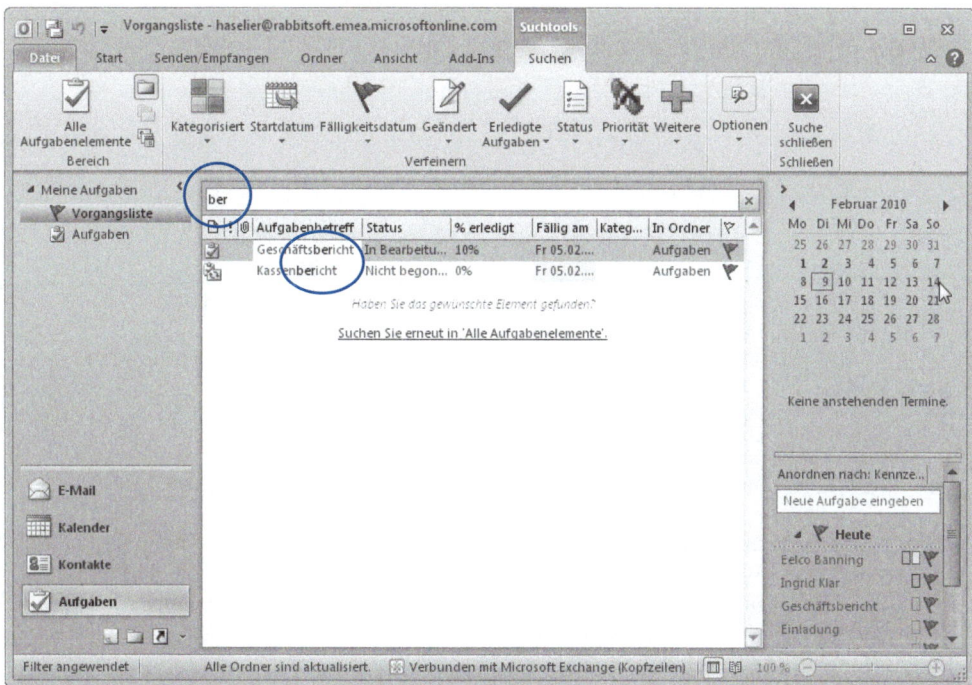

In der Titelleiste des Ansichtsbereichs der verschiedenen Outlook-Module finden Sie ein Textfeld, in das Sie die Suchbegriffe eingeben können. Während Sie dort die Suchabfrage formulieren, sucht Outlook bereits im Hintergrund und zeigt dann nur noch die Elemente an, die mit der Suchabfrage übereinstimmen. Für die obige Abbildung wurde die Zeichenfolge »ber« eingegeben, damit alle Elemente in der Vorgangsliste gefunden werden, in denen das Wort »Bericht« vorkommt. Outlook hat zwei Elemente gefunden, noch bevor der Suchbegriff komplett eingegeben wurde. Die Fundstellen werden in der Liste hervorgehoben dargestellt (standardmäßig gelb unterlegt).

Wenn die einfache Suche nicht ausreichend ist, können Sie die Registerkarte *Suchen* und dort die Schaltflächen der Gruppe *Verfeinern* verwenden. Einige der Schaltflächen funktionieren wie Filter, d.h., es werden beispielsweise nur erledigte oder überfällige Aufgaben angezeigt oder nur E-Mail-Nachrichten, denen eine Datei angehängt wurde. Mit der Schaltfläche *Weitere* und den im Dropdownmenü der Schaltfläche angebotenen Informationsfeldern können Sie Ihr eigenes Suchformular erstellen und so die Felder festlegen, in denen gesucht werden soll, und welche Suchbegriffe in den einzelnen Feldern enthalten sein sollen. Je nachdem, in welchem der Outlook-Module Sie sich gerade befinden, zeigt Outlook daraufhin eine Liste mit weiteren Informationsfeldern an, in denen Sie suchen können. Die folgende Abbildung zeigt exemplarisch die Kriterienauswahlliste des Aufgaben-Moduls.

Bild 44.4   Wenn Sie die Suche eingrenzen wollen, können Sie mithilfe der Schaltfläche *Weitere* (Registerkarte *Suchen*, Gruppe *Verfeinern*) weitere Kriterien in das Suchformular einfügen

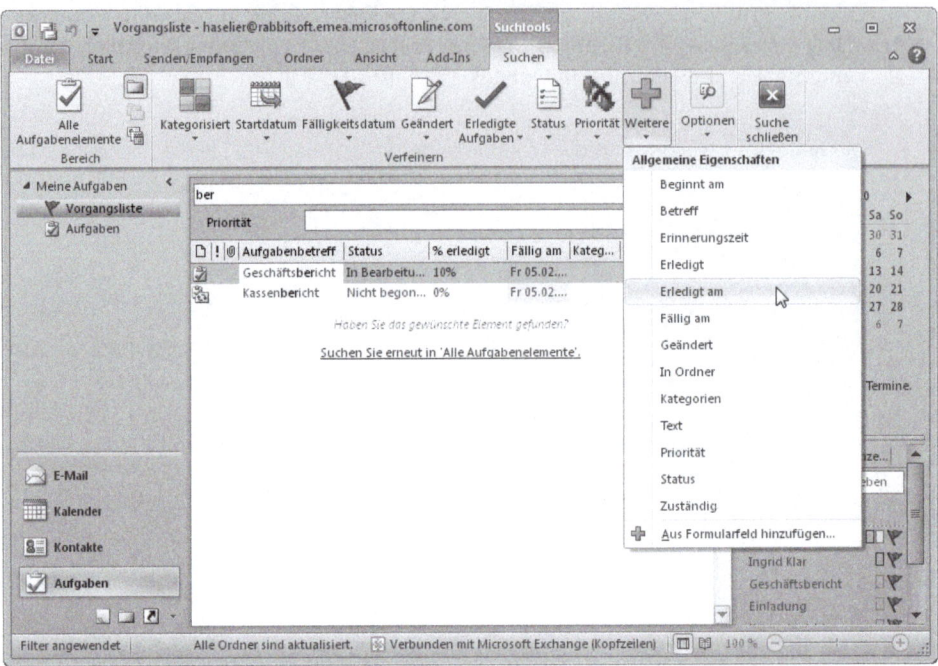

Standardmäßig durchsucht die Sofortsuche nur den jeweils ausgewählten Outlook-Ordner. Diese und andere Einstellungen können Sie jedoch anpassen, indem Sie die Registerkarte *Datei* öffnen, auf *Optionen* klicken und dann im Dialogfeld *Outlook-Optionen* die Kategorie *Durchsuchen* öffnen. Wenn Sie im Bereich *Ergebnisse* die Option *Allen Ordnern* auswählen, sucht Outlook in allen Outlook-Ordnern nach dem eingegebenen Begriff.

Bild 44.5   In den Suchoptionen können Sie festlegen, dass nicht nur der aktuell ausgewählte, sondern alle Outlook-Ordner durchsucht werden sollen

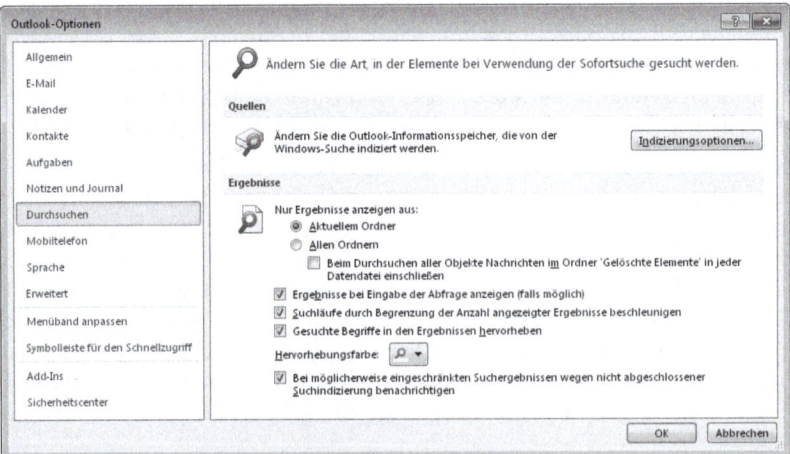

Außerdem können Sie die Suche auf den Ordner *Gelöschte Elemente* erweitern und festlegen, dass Outlook nicht bereits während der Eingabe des Suchbegriffs suchen soll (was sich bei langsameren PCs anbietet), und einstellen, ob und in welcher Farbe die Fundstellen markiert werden sollen.

Farbkategorien

Alle Outlook-Elemente können wie bisher kategorisiert werden. Im Unterschied zu früheren Outlook-Versionen, bei denen Textkategorien verwendet wurden, stehen seit Outlook 2007 die neuen Farbkategorien zur Verfügung, mit denen Sie die Outlook-Elemente auf visuellem Wege schnell anpassen und unterscheiden können.

Standardmäßig stellt Ihnen Outlook 2010 sechs verschiedene Farbkategorien zur Verfügung, denen jeweils eine Farbe und ein allgemeiner Text *(Rote Kategorie, Blaue Kategorie* usw.) zugeordnet sind.

Wenn Sie ein Outlook-Element anklicken, wird auf der Registerkarte *Start* in der Gruppe *Kategorien* die Schaltfläche *Kategorisieren* aktiviert. Wenn Sie diese anklicken, wird ein Menü geöffnet, in dem Sie die Kategorie auswählen können, die Sie dem Element zuweisen wollen.

Bild 44.6 Über die Schaltfläche *Kategorisieren* weisen Sie dem markierten Outlook-Element eine Farbkategorie zu

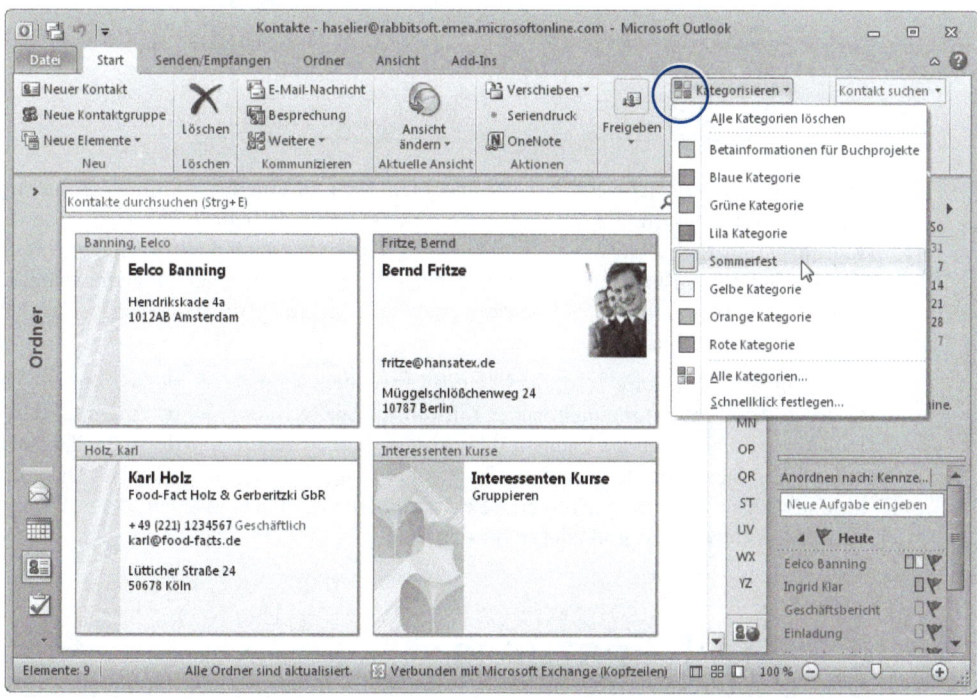

Der Befehl *Alle Kategorien* in dem Menü öffnet ein Dialogfeld, in dem Sie den markierten Elementen mehrere Farbkategorien zuweisen können, ohne dazu mehrmals das Menü öffnen zu müssen; außerdem können Sie hier weitere Farbkategorien erstellen und den Text der vorhandenen Farbkategorien anpassen.

- Um dem markierten Element mehrere Farbkategorien zuzuweisen, schalten Sie einfach die Kontrollkästchen vor den betreffenden Kategorien ein.

- Um den Namen einer Kategorie zu ändern, markieren Sie sie, klicken auf *Umbenennen* und geben dann den neuen Namen ein.

- Um eine neue Farbkategorie zu erstellen, klicken Sie auf *Neu* und geben dann im Dialogfeld *Neue Kategorie hinzufügen* einen Anzeigenamen ein und wählen eine Farbe aus.

Bild 44.7   Die Farbkategorien verwalten Sie mit diesem Dialogfeld

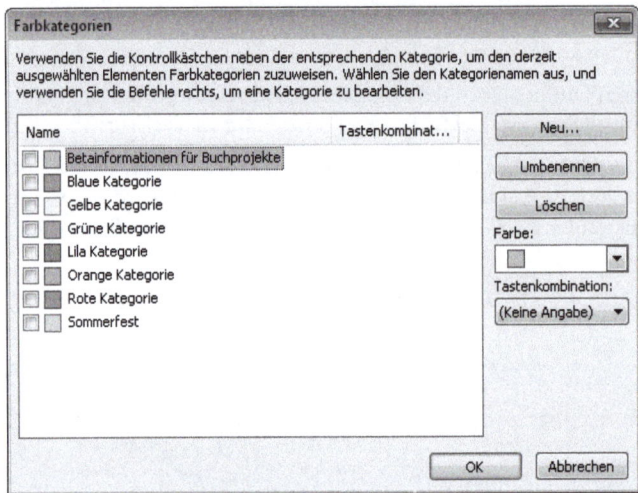

Stellen Sie sich beispielsweise vor, Sie möchten allen zu einem bestimmten Projekt gehörenden Elementen eine bestimmte Farbkategorie zuweisen. Da dieselbe Farbkategorie sowohl E-Mail-, Kalender- und Aufgabenelementen zugewiesen werden kann, sind alle Elemente eines bestimmten Projekts auf einen Blick sofort erkennbar. Sollen die Informationen zu einem späteren Zeitpunkt gefunden werden, kann nach Farbkategorien sortiert und gesucht werden, sodass das Gesuchte schnell visuell erkannt werden kann.

Wenn Sie eine Kategorie besonders häufig verwenden, können Sie sie als Schnellklick-Kategorie festlegen. Es reicht dann ein einfacher Klick in die Spalte *Kategorien* im Ansichtsbereich von Outlook, um dem betreffenden Element diese Kategorie zuzuweisen. Um das Schnellklicken zu aktivieren, klicken Sie auf der Registerkarte *Start* in der Gruppe *Kategorien* die Schaltfläche *Kategorisieren* an und wählen dann im Menü den Befehl *Schnellklick festlegen*. Wählen Sie im Dialogfeld die gewünschte Kategorie aus und klicken Sie dann auf *OK*.

Neue E-Mail-Features

Neben der geänderten Fensteroptik und der neuen Benutzeroberfläche, die Sie beim Erstellen und Beantworten von E-Mail-Nachrichten verwenden, hat sich auch hinsichtlich der Features im Bereich E-Mail bei Outlook 2010 im Vergleich zu Outlook 2003 und 2007 einiges getan.

Automatische Konteneinrichtung

Wenn Sie ein neues E-Mail-Konto zu Outlook hinzufügen möchten, werden Sie vom Assistenten zum automatischen Einrichten von Konten unterstützt. Sie brauchen lediglich Ihren Kontonamen bzw. Ihre E-Mail-Adresse und das Kennwort einzugeben; den Rest erledigt Outlook automatisch für Sie. In den seltenen Fällen, in denen die automatische Konteneinrichtung nicht funktioniert, können Sie wie bisher alle Einstellungen auch manuell eingeben.

Bild 44.8   Die Angaben in diesem Dialogfeld reichen in den meisten Fällen aus, um automatisch ein neues E-Mail-Konto hinzuzufügen

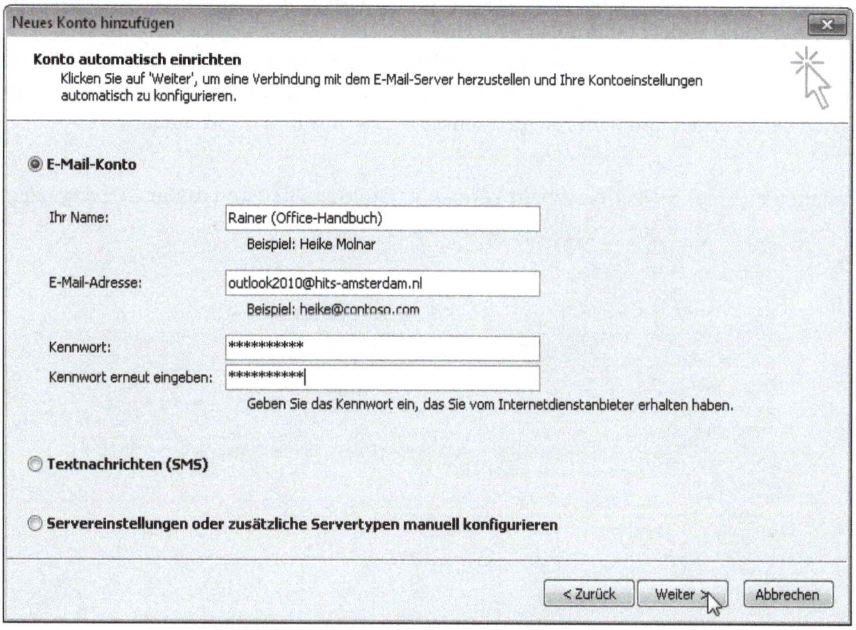

In Outlook 2010 können IMAP-Konten leichter eingerichtet werden als in früheren Versionen. Wenn in Outlook 2010 ein neues Konto hinzufügt wird, legt die automatische Konfiguration eines Webmailkontos den Kontotyp für IMAP-unterstützte Webmailkonten wie Google Mail standardmäßig auf IMAP fest. Beachten Sie, dass Sie den Kontotyp in POP3 ändern können, indem Sie im Dialogfeld *Neues Konto hinzufügen* die Option *Servereinstellungen oder zusätzliche Servertypen manuell konfigurieren* auswählen.

Außerdem wurden in Outlook 2010 die Lösch- und Sendevorgänge für IMAP-Konten verbessert. IMAP-Konten enthalten nun einen eigenen Ordner *Gelöschte Elemente*. Außerdem wird in Outlook 2010 keine Anforderung nach einem Ordner *Gesendete Elemente* gestellt, wie es in Outlook 2007 der Fall ist.

E-Mail-Nachrichten kennzeichnen

Wie im Abschnitt »Aufgaben und Nachverfolgung« bereits beschrieben, ist das Kennzeichnen von E-Mails zur Nachverfolgung nun viel praktischer geworden. Wenn Sie eine E-Mail-Nachricht mit einer Kennzeichnung versehen, weil Sie beispielsweise noch eine Antwort schreiben oder den Inhalt der E-Mail mit einer Kollegin diskutieren wollen, erstellt Outlook automatisch eine Aufgabe, die Sie in der Aufgabenleiste, der Vorgangsliste und im Kalender daran erinnert, dass hier noch etwas zu tun ist. Auch die neuen Farbkategorien können Sie bei den E-Mail-Nachrichten verwenden, um so Outlook-weit beispielsweise alle Elemente, die zu einem bestimmten Projekt gehören, kategorisieren und schnell wiederfinden zu können.

Anlagenvorschau

Wenn Sie in der vorhergehenden Version von Outlook eine E-Mail erhalten haben, der eine Anlage beigefügt war, öffnete Outlook zur Anzeige der Anlage ein externes Programm. Bei Outlook 2010 können Sie die Anlagen mit nur einem einzigen Klick innerhalb des Lesebereichs anzeigen lassen. Mit den Schaltflächen, wie Sie sie in der folgenden Abbildung sehen, können Sie zeitsparend zwischen den Anlagen und dem Nachrichtentext selbst hin- und herschalten.

Bild 44.9   Anlagen zu einer E-Mail-Nachricht können in Outlook 2010 im Lesebereich angezeigt werden

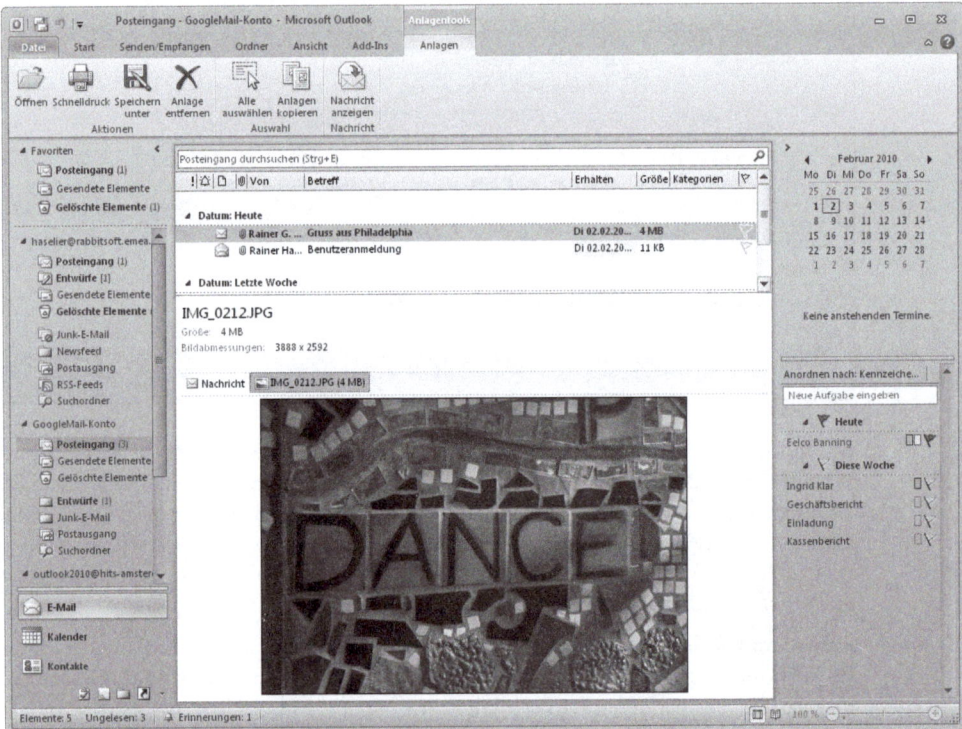

Outlook als RSS-Reader

Bei der Abkürzung RSS (Really Simple Syndication) handelt es sich um ein Verfahren, mit dem eine Website neue Inhalte (beispielsweise neue Meldungen einer Nachrichten-Website oder neue

Einträge in einem Weblog) einem interessierten Personenkreis zur Verfügung stellen kann. Der Übermittlungsmechanismus wird RSS-Feed genannt. Ein RSS-Feed ist quasi eine Liste mit den aktuellsten Infos einer Website. Bisher mussten Sie zum Abonnieren und Lesen von RSS-Feeds ein externes Programm verwenden, die Version 2010 von Outlook fungiert auch als RSS-Reader. Die RSS-Funktionalität von Outlook 2010 arbeitet mit der von Interner Explorer 8 zusammen. Beide Programme verwenden den gleichen Datenspeicher für die RSS-Feeds. Einen Feed, den Sie in Internet Explorer 8 abonniert haben, können Sie auch in Outlook 2010 lesen und umgekehrt. Ausführliche Informationen zu RSS finden Sie in Kapitel 53 dieses Buches.

Verbesserte Sicherheit

Zum Schutz von persönlichen und unternehmensinternen Informationen stellt Outlook 2010 eine Reihe leistungsstarker Tools zur Verfügung. Eines davon ist das sogenannte E-Mail-Siegel. Bei den E-Mail-Siegeln von Outlook handelt es sich um eine neue Microsoft-Technologie, um Spam-E-Mails zu vermeiden. Bei dieser Technologie wird der Computer des Absenders zum Durchführen einer Berechnung oder zum Lösen eines Rätsels angewiesen. Diese Aufgabe wird der Nachricht anschließend zum Bestätigen der Zulässigkeit zugewiesen. Das Erstellen von E-Mail-Siegeln erschwert Spammern das Versenden von Massen-E-Mails und macht den Vorgang zu einem zeitaufwendigen Unterfangen, während Sie beim Versenden zulässiger E-Mail-Nachrichten keinerlei Unterschied feststellen werden. Beim Empfangen einer mit einem elektronischen Siegel versehenen E-Mail-Nachricht kann von Outlook auf einfache Weise die Gültigkeit der Nachricht festgestellt werden. Handelt es sich um ein gültiges Siegel, ist das ein Beleg dafür, dass der Computer des Absenders für das Senden der Nachricht einen gewissen Aufwand betrieben hat. Aus diesem Grund landen mit elektronischen Siegeln versehene Nachrichten auch im *Posteingang* und nicht im Ordner *Junk-E-Mail.*

Outlook 2010 verfügt über einen verbesserten Junk-E-Mail-Filter, durch den noch mehr unerwünschte E-Mail-Nachrichten als zuvor aussortiert werden. Darüber hinaus ist ein neuer Schutz vor Phishing (Verwendung betrügerischer E-Mail-Nachrichten, die zur Weitergabe persönlicher Informationen verleiten sollen) enthalten. Verdächtige E-Mail-Nachrichten werden von Outlook 2010 nachverfolgt. Darüber hinaus werden Hyperlinks in solchen Nachrichten so lange deaktiviert, bis Sie sie ausdrücklich freischalten. Innerhalb der E-Mail-Nachricht wird vor potenziell gefährlichen oder böswilligen Sites gewarnt.

Elektronische Visitenkarten

Für die Outlook-Kontakte können Sie nun eine elektronische Visitenkarte erstellen. Wenn Sie für sich selbst eine elektronische Visitenkarte anlegen, können Sie Ihre Karte entweder als Anlage zu einer E-Mail mitschicken oder die Visitenkarte als Teil Ihrer E-Mail-Signatur verwenden. Elektronische Visitenkarten ermöglichen das Anpassen persönlicher Informationen sowie das Hinzufügen von Logos oder Fotos. Elektronische Visitenkarten werden einfach per E-Mail-Nachricht ausgetauscht und können im Ordner *Kontakte* gespeichert werden.

QuickSteps

Die sogenannten QuickSteps, die in Outlook 2010 eingeführt wurden, sind Schaltflächen, die nach dem Anklicken mehrere Aktionen gleichzeitig ausführen können, und mit denen sich wiederkehrende Aufgaben bei der Verwaltung von E-Mail-Nachrichten automatisieren lassen. Outlook enthält einige vordefinierte QuickSteps, die Sie anpassen können. Außerdem ist es möglich, eigene QuickSteps zu erstellen.

Die QuickSteps stehen Ihnen im Modul *E-Mail* auf der Registerkarte *Start* in der Gruppe *QuickSteps* zur Verfügung. Wenn Sie die Schaltfläche *Weitere* anklicken, wird das Dropdownmenü mit allen QuickSteps geöffnet. Außerdem können Sie mit weiteren Befehlen die vorhandenen QuickSteps anpassen und neue erstellen. Die QuickSteps werden in Kapitel 47 beschrieben.

Unterhaltungsansicht

Die sogenannte Unterhaltungsansicht ist die neue Standardansicht von Outlook 2010. Die Unterhaltungsansicht stellt die E-Mail-Nachrichten in einem Outlook-Ordner als Diskussionsfadenansicht dar. Die Unterhaltungsansicht steht zur Verfügung, wenn die Nachrichten nach dem Datum gruppiert werden, und sie kann auf der Registerkarte *Ansicht* in der Gruppe *Unterhaltung* mit der Schaltfläche *Nachrichten in Unterhaltungen anzeigen* ein- und ausgeschaltet werden. Diese verbesserte Unterhaltungsansicht soll dabei helfen, größere Mengen eingehender E-Mail-Nachrichten einfacher zu verwalten.

Bild 44.10   Beispiel für die Unterhaltungsansicht

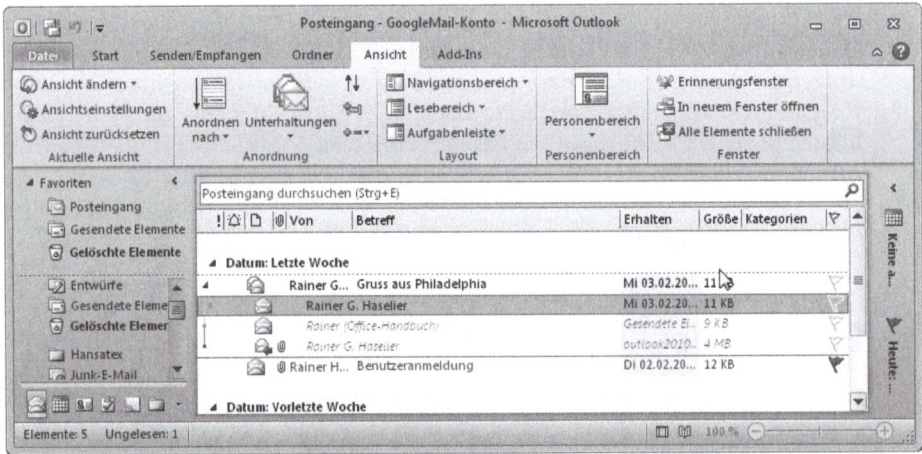

Neue Features im Kalender

Zum Abschluss dieses Kapitels, das Ihnen einen Überblick über die wichtigsten Neuerungen von Outlook 2010 gibt, wollen wir noch einen Blick auf den Outlook-Kalender werfen und einige der Neuerungen vorstellen, die Sie dort antreffen.

Kalender per E-Mail versenden und im Internet veröffentlichen

Sie können Ihren Kalender nun an eine beliebige Person per E-Mail versenden. Der Kalender kann dann vom Empfänger entweder in dessen Webbrowser oder in Outlook geöffnet werden.

Bild 44.11 Wenn Sie einen Snapshot Ihres Kalenders per E-Mail versenden, können Sie festlegen, welche Informationen enthalten sein sollen und welche nicht

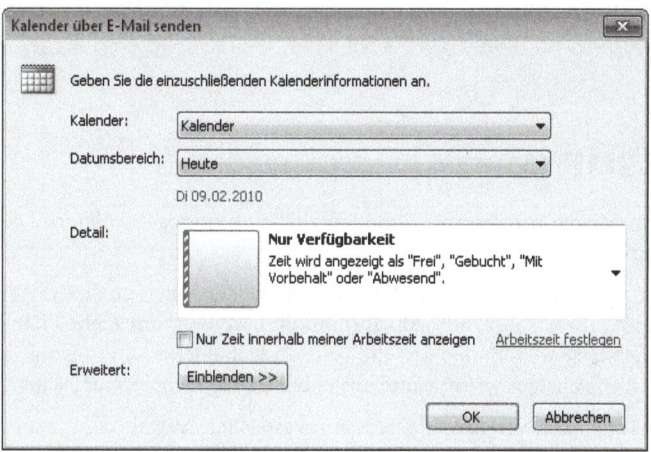

Wenn Sie Ihren Kalender einem größeren Personenkreis zur Verfügung stellen wollen, können Sie ihn auf Office Online veröffentlichen. Beide Features werden ausführlich in Kapitel 51 vorgestellt.

Anzeige der aktuellen Aufgaben und Vorgänge im Kalender

Die aktuellen Aufgaben und die Elemente, die Sie zur Nachverfolgung gekennzeichnet haben, tauchen nicht nur in der Aufgabenleiste und der Vorgangsliste auf, sondern sie werden von Outlook 2010 in die *Tägliche Aufgabenliste* integriert, sodass die Aufgaben unterhalb der täglichen Termine und Besprechungen angezeigt werden.

Ziehen Sie zum Einplanen von Zeit für das Arbeiten mit Aufgaben einfach die Aufgabe auf den Kalender. Wird eine Aufgabe an einem bestimmten Tag erledigt, verbleibt sie an diesem Tag, was Ihnen einen visuellen Überblick über bereits erledigte Arbeiten bietet. Nicht erledigte Aufgaben werden in den nächsten Tag übernommen und so lange gesammelt, bis sie als erledigt gekennzeichnet werden.

Internetkalenderabonnements

Internetkalender sind Kalender, die über das Internet freigegeben werden. Sie werden – unabhängig davon, ob sie in Outlook oder in einer anderen Anwendung erstellt wurden – von einem Veröffentlichungsdienst für Kalender oder von einer besonderen Website heruntergeladen, auf der Kalender gehostet und abonniert werden können. In den Informationen des Internetkalenderabonnements sind auch Anweisungen für Outlook enthalten, wo und wie oft eine Aktualisierungsanfrage gestellt werden soll.

Überlagern von Kalendern

Das überlagerte Anzeigen von Kalendern ermöglicht das Navigieren in mehreren übereinander angeordneten Kalendern, was das Vergleichen des eigenen Kalenders mit dem eines Arbeitskollegen oder mit einem Teamkalender und somit das Finden freier Besprechungstermine stark vereinfacht.

Zusammenfassung

Outlook 2010 hat eine Menge interessanter und nützlicher Features zu bieten. Die Highlights haben Sie in diesem Kapitel kennen gelernt:

- Das Hauptfenster von Outlook 2010 besitzt wie frühere Versionen auch an der linken Seite die Navigationsleiste, diese kann nun jedoch minimiert werden, um mehr Platz zu schaffen. An der rechten Fensterseite befindet sich die neue Aufgabenleiste, die sowohl den Datumswechsler als auch die nächsten Termine und anstehende Aufgaben anzeigt (Seite 760).

- Die strikte und häufig auch verwirrende Trennung zwischen Aufgaben und zur Nachverfolgung gekennzeichneten Elementen besteht nicht mehr. Beide werden in der neuen Aufgabenleiste angezeigt, sind auch im Aufgaben-Modul sichtbar (Seite 761) und können dort bearbeitet werden.

- Die neue Sofortsuche (Seite 763) findet gesuchte Elemente bereits während der Eingabe der Suchbegriffe und macht das Suchen in Outlook zum Vergnügen.

- Mit den neuen Farbkategorien (die die alten Namenskategorien ablösen) können Sie die Outlook-Elemente in Gruppen zusammenfassen (Seite 765).

- Auch beim E-Mailen und im Kalender hat sich einiges getan: E-Mail-Konten können automatisch eingerichtet werden (Seite 767), RSS-Feeds lassen sich in Outlook abonnieren und lesen (Seite 768), die Sicherheit beim Mailen wurde verbessert (Seite 769), mit QuickSteps lassen sich wiederkehrende Aufgaben automatisieren (Seite 770)und die Unterhaltungsansicht stellt E-Mail-Nachrichten übersichtlich als Diskussionsfaden dar (Seite 770). Kalender lassen sich einfach per E-Mail versenden oder im Internet veröffentlichen (Seite 771) und Sie können nun mehrere Kalender überlagert anzeigen lassen (Seite 772).

Kapitel 45

Outlook
kennen lernen

Während im ersten Kapitel dieses Teils vor allem Umsteiger von Outlook 2003 und 2007 einen Überblick über die Änderungen an dem Programm und über die neuen Features von Microsoft Outlook 2010 erhalten haben, so richtet sich dieses Kapitel vor allem an Einsteiger, die Outlook zum ersten Male verwenden. Sie lernen hier verschiedene Einsatzmöglichkeiten von Outlook 2010 kennen, werden beim ersten Programmstart von Outlook begleitet und erhalten einen Überblick über das Outlook-Programmfenster und die verschiedenen Module, die Ihnen in Outlook zur Planung und Überwachung Ihrer Termine und Aufgaben und zur Verwaltung Ihrer E-Mail-Nachrichten zur Verfügung stehen.

Einsatzszenarien für Outlook 2010

Je nachdem, in welchem Bereich Sie Outlook einsetzen, steht Ihnen dabei ein unterschiedliches Funktionsspektrum zur Verfügung. Es lassen sich grob drei Szenarien unterscheiden: Outlook mit Exchange Server, Outlook mit Business Contact Manager und Outlook als Einzelplatzlösung auf Ihrem PC zu Hause.

Outlook-Einsatz im Büro mit Exchange Server

Microsoft Exchange Server unterstützt die zahlreichen Aktivitäten im Bereich Zusammenarbeit von Teams in Unternehmen. Hierzu gehören Zeitplanungsfunktionen für Gruppen, Diskussionsgruppen und Teamordner.

Bild 45.1   Die Ordnerliste zeigt im oberen Bereich das Postfach auf dem Exchange Server sowie freigegebene öffentliche Ordner, die gemeinsam von allen Anwendern genutzt werden können

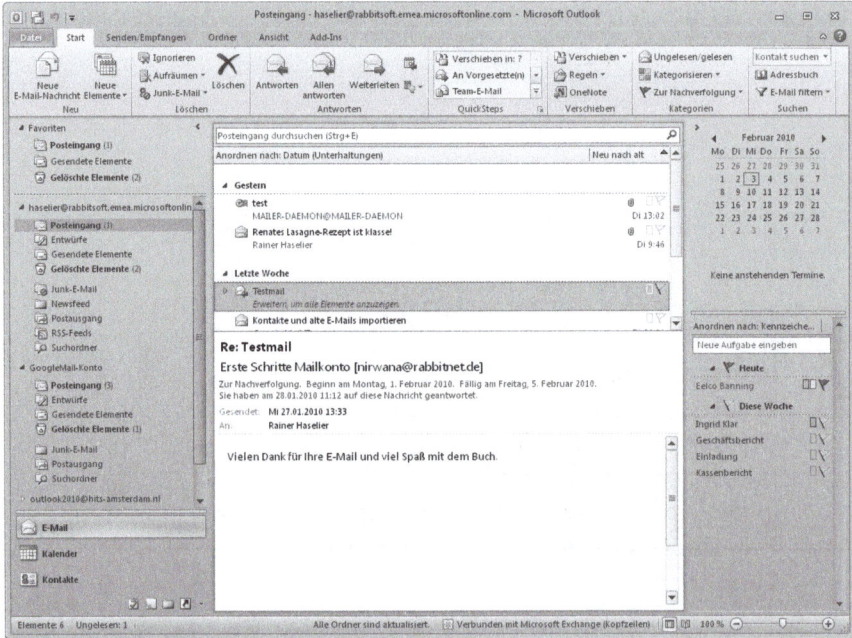

Gleichzeitig dient Exchange Server auch als E-Mail-Server. Wird in Ihrem Unternehmen Outlook zusammen mit dem Exchange Server eingesetzt, können Sie damit das volle Funktionsspektrum nutzen:

- Interne Kommunikation per E-Mail

- E-Mail-Kommunikation mit dem Rest der Welt

- Kalender, Kontakte oder andere Ordner anderer Benutzer einsehen und anzeigen

- Gemeinsame Verwendung von öffentlichen Ordnern für allgemeine Kalender oder allgemeine Kontakte

- Einbindung von Informationen aus SharePoint Services-Teamwebseiten

- Einsatz des Abwesenheitsassistenten zum automatischen Erzeugen von Antworten auf E-Mails während Ihrer Abwesenheit

Wenn Sie Outlook in einer Exchange Server-Umgebung verwenden, wird im Navigationsbereich das Postfach angezeigt, das für Sie auf dem Exchange Server angelegt wurde. In der Ordnerliste sehen Sie außerdem für Sie freigegebene Ordner. Gegebenenfalls finden Sie hier auch die SharePoint-Ordner.

Outlook-Einsatz in kleinen Unternehmen

In kleineren Unternehmen ohne Exchange Server kann Outlook in Kombination mit dem Business Contact Manager verwendet werden. Hierbei stehen Ihnen zwar die Exchange Server-Funktionen (wie z.B. öffentliche Ordner) nicht zur Verfügung, aber Informationen aus SharePoint Services-Teamwebseiten lassen sich in Outlook einbinden.

Der Business Contact Manager bietet eigene Unternehmenstools mit speziellen Kontaktformularen für Firmen- und Geschäftskontakte.

Im Kontakte-Modul erscheinen die zusätzlichen Ordner für Firmen und Geschäftskontakte. Die Funktionen des Business Contact Manager steuern Sie über den zusätzlichen Menüpunkt *Unternehmenstools*.

HINWEIS Der Business Contact Manager ist in den folgenden Editionen von Microsoft Office 2010 enthalten: Office Professional 2010 und Office Professional Plus Ultimate 2010.

Outlook-Einsatz zu Hause

Mit Outlook können Sie auch zu Hause Ihre E-Mail-Kommunikation abwickeln und Ihre persönlichen Termine und Informationen organisieren. Ihre E-Mails und alle anderen Outlook-Elemente werden jetzt in einem persönlichen Ordner abgelegt. Da Outlook das Einrichten von unterschiedlichen Benutzerprofilen unterstützt, kann Outlook auf dem gleichen Computer von mehreren Anwendern eingesetzt werden. Kapitel 48 beschreibt ausführlich, wie Sie auf einem Computer mehrere Outlook-Profile einrichten und so sicherstellen können, dass jeder Nutzer des Computers nur auf seine eigenen E-Mails zugreifen kann.

Der größte Unterschied zum Einsatz von Outlook im Büro ist, dass Sie sich selbst um die Einrichtung Ihrer E-Mail-Konten kümmern müssen und es keinen Administrator gibt, der das für Sie erledigt.

Outlook beim ersten Programmstart einrichten

Wenn Sie Outlook 2010 neu installieren (also keine Update-Installation vornehmen), wird beim ersten Programmstart der Assistent für die Outlook-Einrichtung gestartet, der in diesem Abschnitt beschrieben wird. Falls Sie Outlook 2010 auf einem Computer installieren, auf dem sich bereits eine ältere Version von Outlook befindet, können Sie diesen Abschnitt überspringen und beim Abschnitt »Das Outlook-Programmfenster« ab Seite 779 weiterlesen.

Bild 45.2 Beim ersten Starten von Outlook meldet sich der Start-Assistent

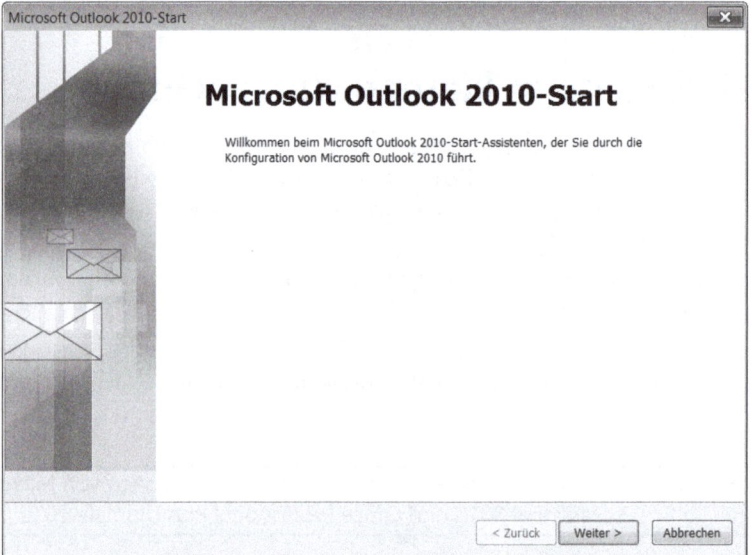

1. Klicken Sie auf *Weiter*. Die Seite *E-Mail-Konten* wird angezeigt.

Bild 45.3   Klicken Sie auf *Ja* und dann auf *Weiter*, um Ihr E-Mail-Konto einzurichten

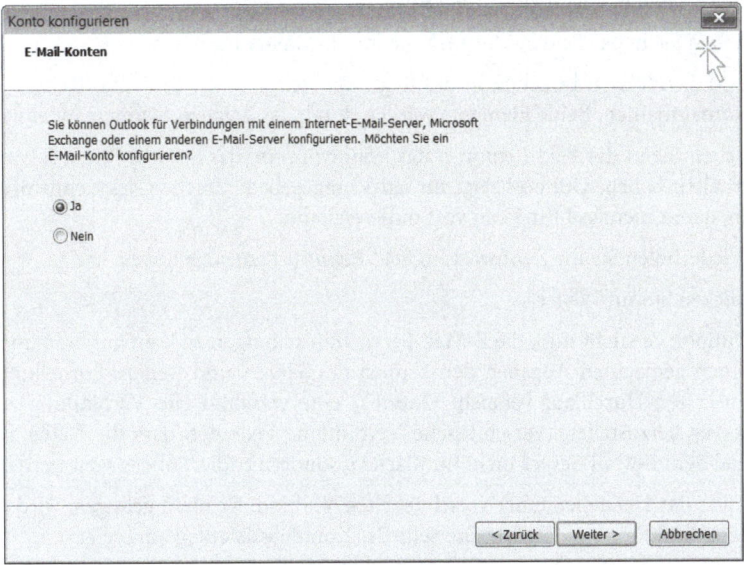

2.   Einer der Haupteinsatzbereiche von Outlook ist die Verwaltung Ihrer E-Mail-Nachrichten. Damit Sie mit Outlook E-Mails senden und empfangen können, müssen Sie ein E-Mail-Konto einrichten. Klicken Sie daher das Optionsfeld *Ja* an und klicken Sie dann auf *Weiter*.

Outlook zeigt die Seite zum automatischen Einrichten eines E-Mail-Kontos an.

Bild 45.4   Füllen Sie die Felder auf dieser Seite des Assistenten aus, damit Outlook das E-Mail-Konto automatisch konfigurieren kann

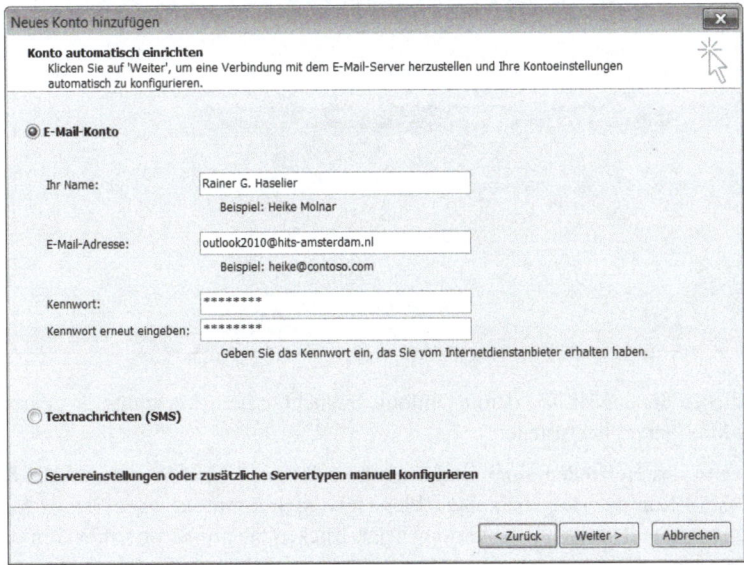

3. Geben Sie in das Feld *Ihr Name* Ihren Namen ein, so wie er im Absenderfeld der E-Mails, die Sie versenden, angezeigt werden soll.

4. Geben Sie in das Feld *E-Mail-Adresse* Ihre E-Mail-Adresse ein.

   E-Mail-Adressen bestehen in der Regel aus dem Namen Ihres Postfachs und Ihrem E-Mail-Domainnamen. Beide Elemente werden durch das Zeichen @ miteinander verbunden.

5. Geben Sie in das Feld *Kennwort* das Kennwort ein, das Sie von Ihrem E-Mail-Dienstanbieter erhalten haben. Outlook zeigt für jedes eingegebene Zeichen des Kennwortes lediglich ein * an, damit niemand Ihr Kennwort mitlesen kann.

6. Wiederholen Sie Ihr Kennwort im Feld *Kennwort erneut eingeben*.

7. Klicken Sie auf *Weiter*.

   Outlook versucht nun, die E-Mail-Server-Einstellungen zu konfigurieren und anhand der von Ihnen gemachten Angaben den Namen des Servers und weitere Einstellungen zu ermitteln. Im ersten Durchlauf versucht Outlook, eine verschlüsselte Verbindung zu Ihrem E-Mail-Server herzustellen (verschlüsselte Verbindung bedeutet, dass die Daten zwischen Outlook und dem E-Mail-Server nicht im Klartext, sondern codiert übertragen werden).

   Sollte das Herstellen einer verschlüsselten Verbindung nicht gelingen, wird die in der folgenden Abbildung wiedergegebene Seite des Kontenassistenten angezeigt:

Bild 45.5   Das Herstellen einer verschlüsselten Verbindung zum E-Mail-Server ist fehlgeschlagen

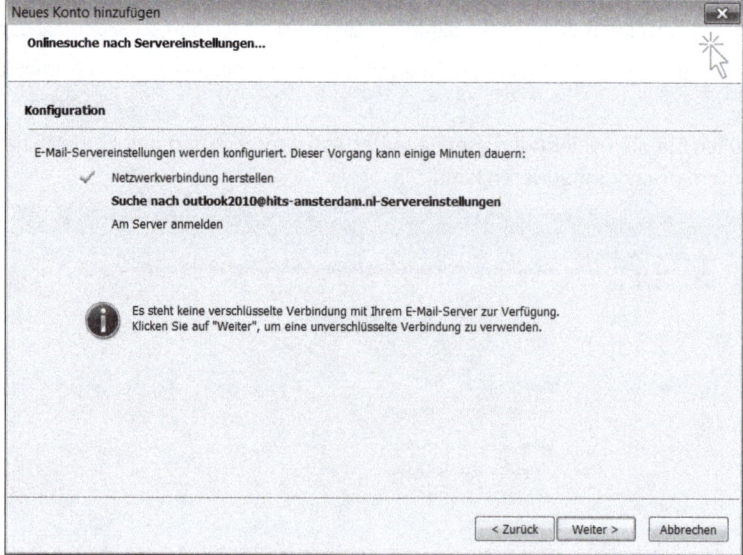

8. Klicken Sie auf *Weiter,* damit Outlook versucht, eine unverschlüsselte Verbindung zu Ihrem E-Mail-Server herzustellen.

   Wenn das Herstellen einer Verbindung zu Ihrem E-Mail-Server und die Konfiguration des E-Mail-Kontos erfolgreich abgeschlossen werden konnten, sehen Sie die Meldung des Assistenten, die die folgende Abbildung zeigt. Klicken Sie auf *Fertig stellen,* um den Assistenten zu beenden.

Sollte die automatische Konfiguration fehlschlagen, schalten Sie das Kontrollkästchen *Servereinstellungen manuell konfigurieren* ein. Sie müssen dann die Einstellungen von Hand vornehmen. Ausführliche Informationen zur manuellen Konfiguration eines E-Mail-Kontos finden Sie in Kapitel 48 dieses Buches.

Bild 45.6   Das E-Mail-Konto wurde von Outlook erfolgreich konfiguriert

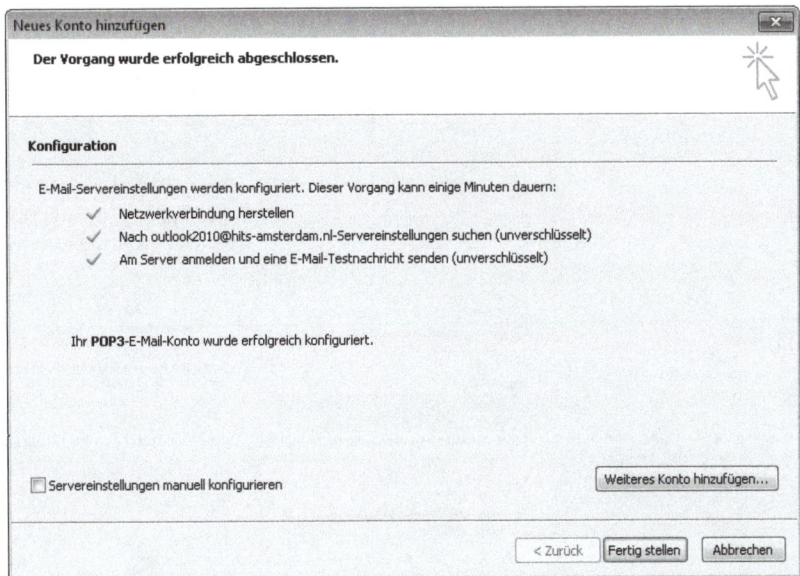

Das Outlook-Programmfenster

Nachdem Sie Outlook gestartet (und beim ersten Programmstart den Start-Assistenten durchlaufen) haben, wird das in der Abbildung auf der folgenden Seite zu sehende Outlook-Fenster geöffnet.

Das Menüband im oberen Bereich des Outlook-Fensters kennen Sie bereits von den anderen Office 2010-Anwendungen. Bei Outlook finden Sie unter dem Menüband auf der linken Seite des Fensters den Navigationsbereich, in der Mitte den eigentlichen Arbeitsbereich, der auch als Ansichtsbereich bezeichnet wird, und daneben den Lesebereich. Am rechten Rand des Outlook-Fensters sehen Sie die Aufgabenleiste, die für die Abbildung auf der folgenden Seite minimiert wurde.

Die Statusleiste schließt das Programmfenster nach unten ab. Im Folgenden sollen die wichtigsten Elemente des Outlook-Fensters kurz vorgestellt werden.

- **Titelleiste**   Am oberen Rand des Outlook-Fensters befindet sich die Titelleiste. Sie enthält links neben dem Namen des Programms *Microsoft Outlook* die Bezeichnung dessen, was gerade im Ansichtsbereich angezeigt wird. Nach dem Starten ist hier der *Posteingang* eingetragen.

- **Navigationsbereich**   Auf der linken Seite des Fensters befindet sich der Navigationsbereich. Über diesen können Sie die unterschiedlichen Module von Outlook im Ansichtsbereich anzeigen lassen. Um beispielsweise zum Kalender zu wechseln, klicken Sie unten im Navigationsbereich auf die Schaltfläche *Kalender*.

■ **Ansichtsbereich** Im Ansichtsbereich werden die Inhalte des derzeit aktiven Moduls angezeigt. Dies kann beispielsweise Ihr Outlook-Kalender oder Ihr Posteingang sein.

Bild 45.7 Das Programmfenster von Outlook 2010 mit den fünf Hauptbereichen:
Menüband, Navigationsbereich, Ansichtsbereich, Lesebereich und Aufgabenleiste (v.l.n.r.)

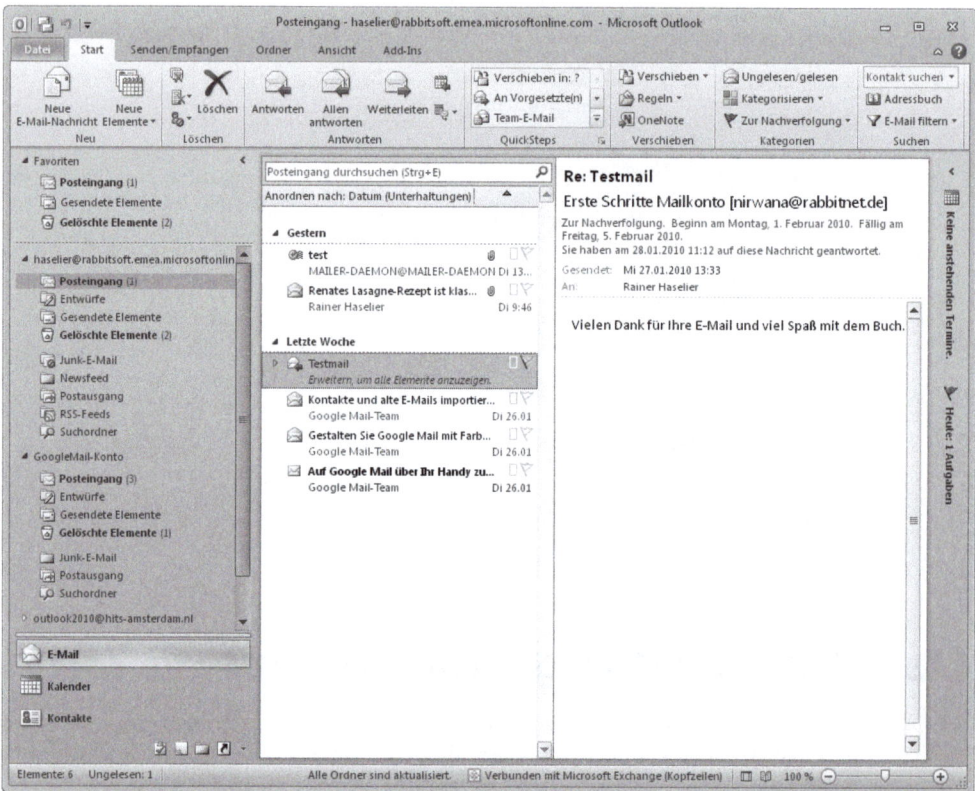

■ **Lesebereich** Wenn Sie im Ansichtsbereich des Posteingangs auf eine E-Mail klicken, erscheint rechts im Lesebereich eine Vorschau auf den Inhalt dieser E-Mail. Der Lesebereich ist beispielsweise im Kalender-Modul standardmäßig ausgeblendet. Der Lesebereich lässt sich jedoch einblenden, indem Sie die Registerkarte *Ansicht* öffnen und in der Gruppe *Layout* auf *Lesebereich* und dann auf *Rechts* klicken. Wenn Sie im Menü der Schaltfläche *Lesebereich* statt auf *Rechts* auf *Unten* klicken, wird der Lesebereich unterhalb des Ansichtsbereichs angezeigt.

Bild 45.8 Für diese Abbildung wurde der Lesebereich unterhalb des Ansichtsbereichs angezeigt. Auf der rechten Seite des Fensters sehen Sie die aufgeklappte Aufgabenleiste.

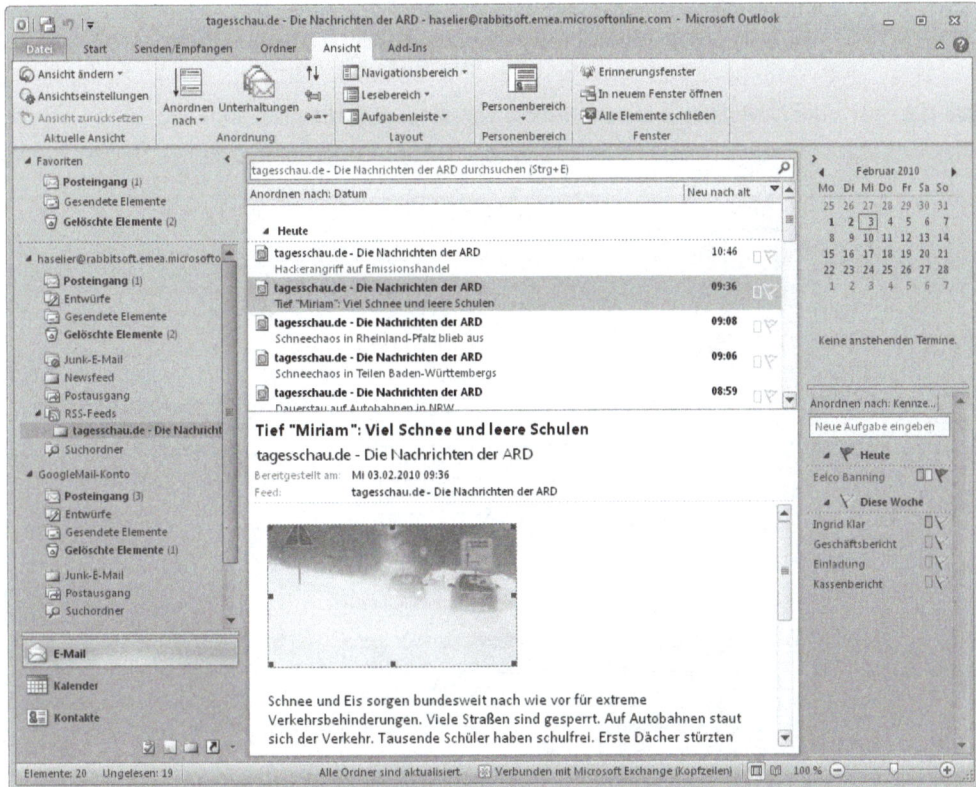

- **Die Aufgabenleiste** Die Aufgabenleiste ist seit Outlook 2007 in der Benutzeroberfläche von Outlook vorhanden. Sie enthält einen Datumswechsler, um im Kalender einen bestimmten Tag zu öffnen, die anstehenden Termine und im unteren Bereich die Aufgaben, die Sie erstellt haben, sowie alle Elemente (wie E-Mails, Kontakte), die Sie mit einem Nachverfolgungskennzeichen versehen haben, da Sie sie weiter bearbeiten müssen.

Den Navigationsbereich, den Ansichtsbereich und die Aufgabenleiste können Sie mit den gleichnamigen Schaltflächen in der Gruppe *Layout* auf der Registerkarte *Ansicht* ein- und ausschalten. Der Navigationsbereich und die Aufgabenleiste können außerdem minimiert dargestellt werden, um so mehr Platz für den Ansichtsbereich zu schaffen. Verwenden Sie hierfür den Befehl *Minimiert* im Dropdownmenü der Schaltfläche *Navigationsbereich* bzw. *Aufgabenleiste*. Um diese Leisten zu minimieren, können Sie auch auf die Schaltfläche mit dem kleinen Pfeil klicken, die in der Titelleiste der Leisten zu sehen ist.

In der Ordnerliste einen Überblick erhalten

In Outlook sind mehrere unterschiedliche Module unter einer einheitlichen Oberfläche zusammengefasst. In der Ordnerliste können Sie sich einen Überblick über die zur Auswahl stehenden

Outlook-Module und die Ordner, in denen die Daten des jeweiligen Moduls gespeichert werden, verschaffen.

1. Klicken Sie ganz unten im Navigationsbereich auf die kleine Schaltfläche *Ordnerliste*. Im oberen Teil des Navigationsbereichs erscheint damit die Ordnerliste.

Bild 45.9   Im Navigationsbereich wird die vollständige Ordnerliste angezeigt

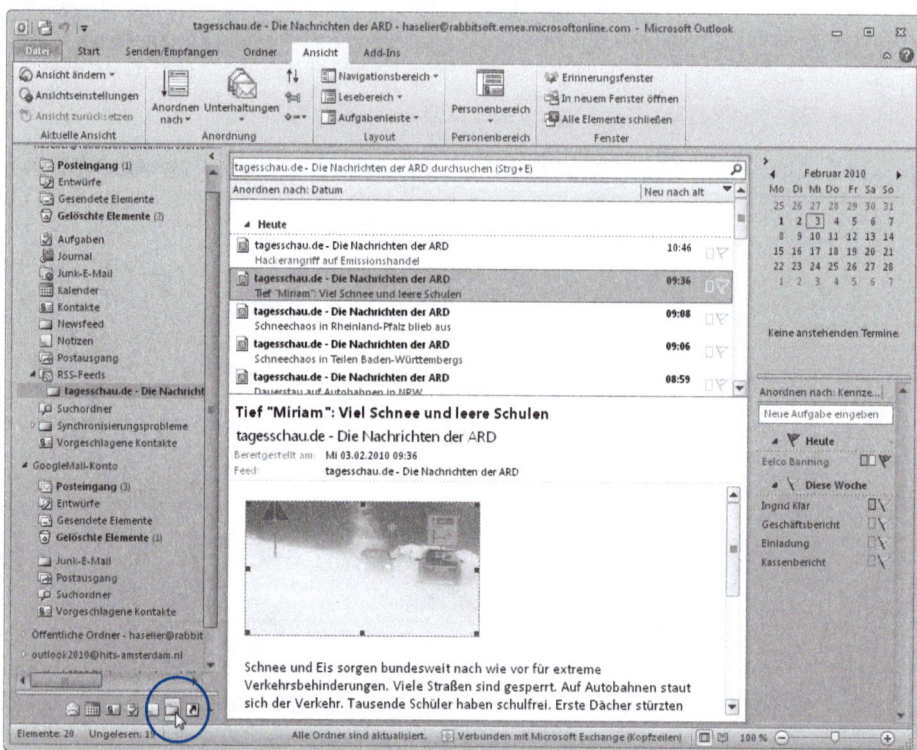

2. Klicken Sie auf einen der aufgeführten Ordner, um die in ihm enthaltenen Elemente im Ansichtsbereich anzeigen zu lassen.

So sehen Sie nach einem Klick auf *Posteingang* die dort enthaltenen E-Mails und nach einem Klick auf *Kalender* die dort eingetragenen Termine. Bei der Anzeige des Kalenders erscheint standardmäßig im Navigationsbereich oberhalb der Ordnerliste eine kleine Kalenderübersicht.

HINWEIS   **Ordnerangebot hängt von der Umgebung ab, in der Sie Outlook einsetzen** Wenn Sie Outlook zu Hause verwenden, stehen Ihnen die Ordner *Synchronisierungsprobleme* und *Öffentliche Ordner* nicht zur Verfügung. Beim Outlook-Einsatz im Büro-Netz mit Exchange Server ermöglichen die öffentlichen Ordner beispielsweise die gemeinsame Nutzung von zentralen Kalendern oder Kontakten.

Outlook-Module als Ordner mit Elementen

Die einzelnen Outlook-Ordner enthalten Elemente der entsprechenden Module. In der Statusleiste wird dabei die Anzahl der im Ordner enthaltenen Elemente angezeigt.

So finden sich beispielsweise im Kalender-Ordner für die im Kalender angezeigten Termine einzelne Termin-Elemente mit den jeweiligen Angaben zum Termin. Im Ansichtsbereich lassen sich die im geöffneten Ordner enthaltenen Elemente dann in unterschiedlichen Ansichten anzeigen. Im Kalender können Sie beispielsweise in der Tagesansicht gezielt nur die Elemente eines Tages anzeigen lassen, in der Monatsansicht hingegen alle Elemente eines Monats.

HINWEIS **Outlook-Ordner finden Sie nicht im Dateisystem** Der Inhalt der Outlook-Ordner lässt sich nur mit Outlook betrachten. Outlook-Ordner können nicht wie Ordner des Dateisystems mit dem Windows-Explorer oder über den Arbeitsplatz geöffnet werden. Diese Ordner befinden sich in sogenannten Datendateien. Ausführliche Informationen zu Datendateien finden Sie in Kapitel 49 dieses Buches.

Navigation zwischen den Outlook-Modulen

Im vorigen Abschnitt haben wir beschrieben, wie Sie die Ordnerliste zum Navigieren verwenden können. Das schnelle Wechseln zwischen den unterschiedlichen Modulen geht jedoch am einfachsten über den Navigationsbereich.

Im unteren Teil des Navigationsbereichs sehen Sie mehrere Schaltflächen. Standardmäßig sind die Schaltflächen *E-Mail*, *Kalender*, *Kontakte* und *Aufgaben* groß, mit Symbol und entsprechender Bezeichnung und alle weiteren Schaltflächen darunter klein und nur mit Symbol aufgeführt.

1. Klicken Sie auf eine der im unteren Teil des Navigationsbereichs aufgeführten Schaltflächen – beispielsweise auf *Kalender*.

Bild 45.10   Das Kalender-Modul wurde geöffnet

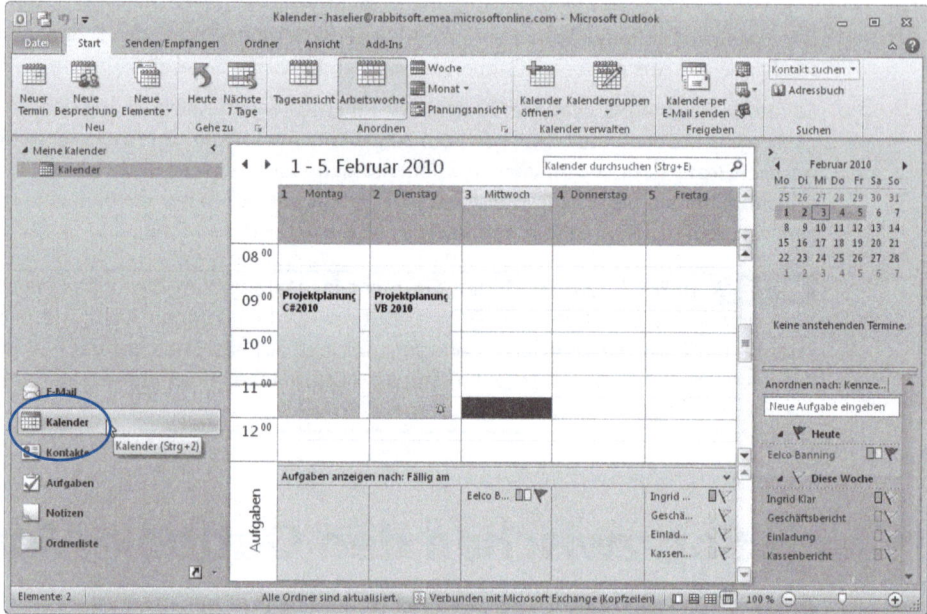

2.   Damit wechseln Sie zum betreffenden Modul. Nach einem Klick auf *Kalender* wird also das Kalender-Modul angezeigt und der obere Teil des Navigationsbereichs sowie der Ansichtsbereich ändern sich entsprechend.

Navigation mit Tastenkombinationen

Wenn Sie den Navigationsbereich ausgeschaltet haben und daher die Schaltflächen zum Wechseln des Moduls nicht sichtbar sind, können Sie die entsprechenden Tastenkombinationen verwenden, um ein anderes Modul zu öffnen. Die Tastenkombinationen lassen sich leicht merken, da die Zahl, die Sie gemeinsam mit Strg drücken müssen, der Reihenfolge entspricht, in der die Schaltflächen im unteren Bereich der Navigationsleiste angeordnet sind.

Tabelle 45.1 Tastenmkombinationen, um zwischen den Outlook-Modulen zu wechseln

Tastenkombination	Wechselt zu
Strg + 1	E-Mail
Strg + 2	Kalender
Strg + 3	Kontakte
Strg + 4	Aufgaben
Strg + 5	Notizen
Strg + 6	Ordnerliste

Zusammenfassung

Dieses Kapitel hat Sie bei der Ersteinrichtung von Outlook 2010 auf Ihrem Computer unterstützt, Sie mit dem Programmfenster vertraut gemacht und Ihnen einen ersten Eindruck über die verschiedenen Outlook-Module verschafft, die Sie ausführlicher in den weiteren Kapitel dieses Teils des Buches kennenlernen werden.

- Am Anfang des Kapitels haben Sie verschiedene Einsatzszenarien für Outlook (Seite 774) kennen gelernt.

- Beim ersten Starten von Outlook 2010 auf einem Computer, auf dem keine der Vorgängerversionen installiert ist, meldet sich der Outlook-Start-Assistent, der Sie durch die Schritte beim Einrichten eines E-Mail-Kontos führt (Seite 776).

- Die Outlook-Ordnerliste (Seite 781), die Bestandteil des Navigationsbereichs ist (Seite 783), verschafft Ihnen Zugang zu den verschiedenen Outlook-Modulen.

- Am schnellsten wechseln Sie zwischen den Outlook-Modulen mit den Tastenkombinationen; wenn Sie lieber die Schaltflächen im Navigationsbereich verwenden, gelangen Sie so ebenfalls ans Ziel (Seite 784).

Kapitel 46

E-Mail-Grundlagen

In diesem Kapitel:

Das Modul *E-Mail* ist vermutlich die Komponente von Microsoft Outlook 2010, die Sie am meisten verwenden werden. In Kapitel 45 haben Sie bei der Vorstellung der Ordnerliste bereits einige der Ordner gesehen, die für E-Mails verwendet werden. Wenn Sie Outlook 2010 neu installiert und wie in Kapitel 45 beschrieben den Start-Assistenten ausgeführt haben, ist Ihr Outlook bereits mit einem funktionierenden E-Mail-Konto konfiguriert.

Wenn Sie noch kein E-Mail-Konto eingerichtet haben, lesen Sie am besten zuerst Kapitel 48, in dem beschrieben ist, wie Sie in Outlook ein neues E-Mail-Konto einrichten und konfigurieren.

Der Themenbereich E-Mail wird in diesem Buch in diesem und dem folgenden Kapitel behandelt. Dieses Kapitel stellt Ihnen die Grundfunktionen beim Einsatz von E-Mail vor, wie das Erstellen von neuen Nachrichten, das Empfangen und Lesen, die Konfiguration des Ansichtsbereichs für E-Mails usw. Im folgenden Kapitel lernen Sie dann einige der fortgeschrittenen Einsatzmöglichkeiten kennen.

Eine E-Mail schreiben und senden

Bevor Sie E-Mails verschicken können, muss Outlook entsprechend eingerichtet sein. An Ihrem fertig eingerichteten Outlook-Arbeitsplatz im Büro können Sie im Normalfall sofort mit dem Verschicken von E-Mails loslegen. Nutzen Sie Outlook zu Hause, benötigen Sie einen funktionierenden Internetzugang und müssen zumindest ein E-Mail-Konto in Outlook eingerichtet haben. Wie das geht, ist in Kapitel 48 beschrieben. In Outlook werden E-Mails als Nachrichten bezeichnet. Eine neue E-Mail-Nachricht versenden Sie aus dem E-Mail-Modul heraus.

Die Ordner, in denen E-Mails abgelegt werden

Um das E-Mail-Modul zu öffnen, klicken Sie im Navigationsbereich auf die Schaltfläche *E-Mail* oder drücken die Tastenkombination ⌈Strg⌉+⌈1⌉.

Im oberen Bereich der Navigationsleiste werden dann die Ordner angezeigt, in denen bei Outlook die E-Mails verwaltet werden. Standardmäßig wird nach dem Öffnen des E-Mail-Moduls der Ordner *Posteingang* angezeigt. Im Ansichtsbereich sehen Sie eine Liste der eingegangenen E-Mails oder die Meldung »Es gibt keine Elemente, die in dieser Ansicht angezeigt werden«, wenn Sie noch keine E-Mail erhalten haben.

Bild 46.1   Wenn Sie das Modul *E-Mail* öffnen, wird standardmäßig der Inhalt des Ordners *Posteingang* angezeigt

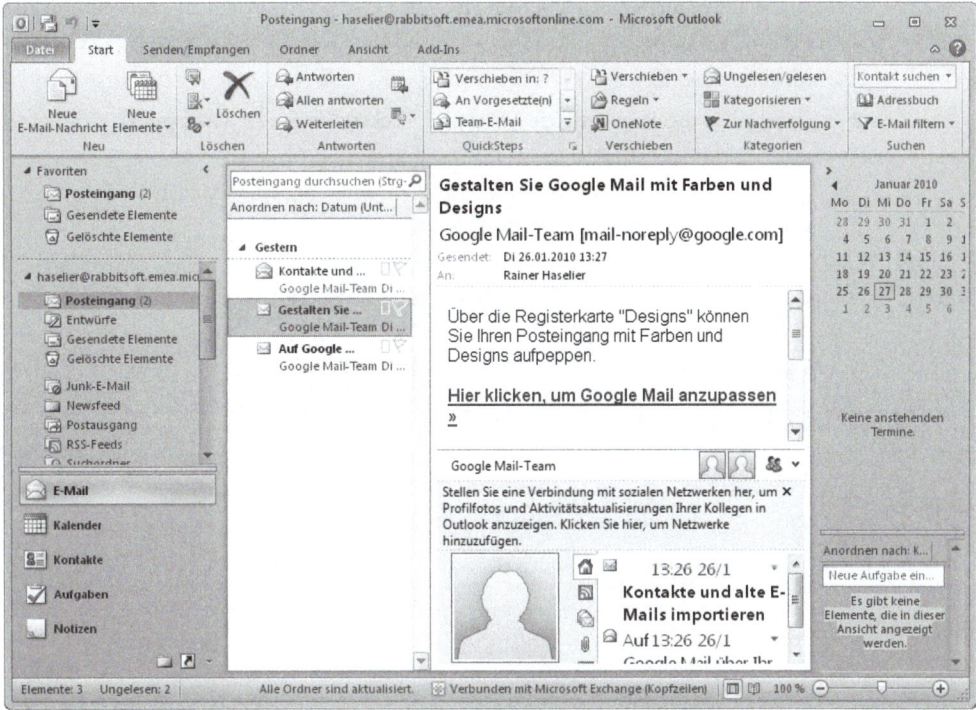

In der Ordnerliste für die E-Mails sehen Sie verschiedene Ordner, deren Bedeutung nachfolgend beschrieben ist:

- **Entwürfe**   Im Ordner *Entwürfe* speichert Outlook die E-Mails zwischen, wenn Sie während des Erstellens einer neuen Nachricht in ein anderes Outlook-Modul wechseln.

- **Gesendete Objekte**   In diesem Ordner befinden sich alle E-Mail-Nachrichten, die erfolgreich versendet wurden.

- **Junk-E-Mail**   In diesem Ordner legt Outlook alle E-Mails ab, die vom integrierten Filter als Spam kategorisiert wurden. Mehr Informationen zu Spam und sicherem Mailen mit Outlook finden Sie in Kapitel 47.

- **Postausgang**   Hier werden die von Ihnen erstellten E-Mail-Nachrichten gespeichert, bis sie versendet wurden. Nach dem Versand befinden sich die E-Mails im Ordner *Gesendete Objekte*.

- **Posteingang**   In diesem Ordner befinden sich alle Mails, die Sie erhalten haben.

- **RSS-Feeds**   Dieser Spezialordner dient dazu, die Meldungen der RSS-Feeds abzuspeichern, die Sie abonniert haben. Ausführliche Informationen zum Thema RSS-Feeds finden Sie in Kapitel 53.

In der Abbildung oben auf dieser Seite können Sie erkennen, dass die Namen von einigen Ordnern in Fettschrift ausgegeben werden. In diesen Ordnern befinden sich Nachrichten, die noch nicht gelesen wurden. Die Anzahl der ungelesenen Nachrichten wird hinter dem Ordnernamen in Klammern angezeigt.

E-Mail-Nachricht erstellen und versenden

Nehmen Sie folgende Schritte vor, um eine neue E-Mail-Nachricht zu erstellen und zu versenden:

1. Klicken Sie im Navigationsbereich auf die Schaltfläche *E-Mail*, falls das E-Mail-Modul noch nicht geöffnet ist.

2. Öffnen Sie die Registerkarte *Start* und klicken Sie in der Gruppe *Neu* auf *Neue E-Mail-Nachricht*.

   Outlook öffnet das Fenster zum Erstellen einer neuen E-Mail-Nachricht, das Sie in der folgenden Abbildung sehen.

Bild 46.2   Das Fenster zum Erstellen einer neuen E-Mail-Nachricht verwendet die Menübandoberfläche von Office 2010

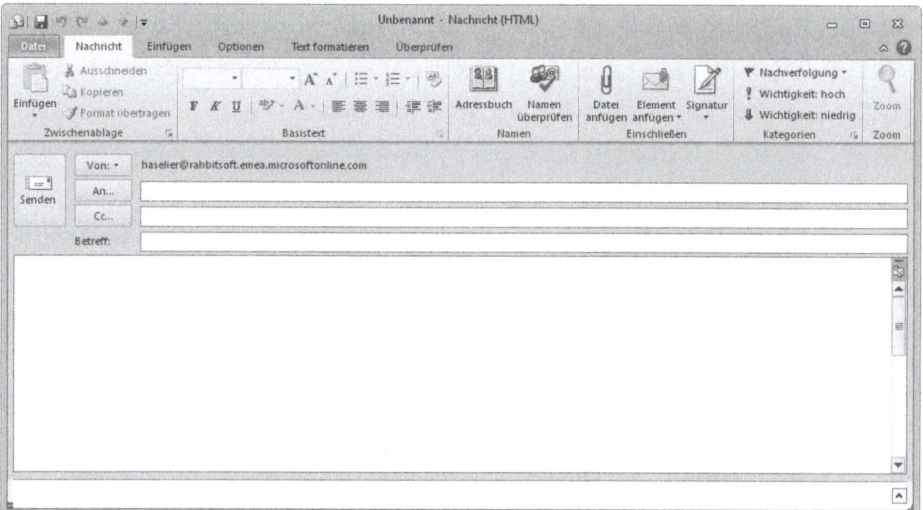

> **HINWEIS**   **Für Umsteiger: Wo ist was?**   Wenn Sie von Outlook 2003 auf die Version 2010 umsteigen, finden Sie im Ordner mit den Beispieldateien PDF-Dokumente mit zahlreiche Tabellen die Ihnen helfen, die neue Position der Befehle aus den Menüs der 2003er-Version schnell in Outlook 2010 wiederzufinden. Weitere Informationen zur Installation der Beispieldateien finden Sie in Kapitel 1 dieses Buches.

3. Tragen Sie in der *An*-Zeile die E-Mail-Adresse des Empfängers ein (das @-Zeichen geben Sie mit AltGr+Q ein).

   Zum Ausprobieren können Sie eine E-Mail an folgende E-Mail-Adresse senden: *ersteschritte@rabbitnet.de*, die wir speziell für dieses Buch so eingerichtet haben, dass Sie auch automatisch eine Antwort auf Ihre Mail erhalten.

4. Tragen Sie in die Zeile *Betreff* eine aussagekräftige Überschrift für Ihre Mail ein.

5. Geben Sie im großen Eingabefeld den Text Ihrer Nachricht ein.

6. Klicken Sie oberhalb des Feldes mit dem Nachrichtentest auf die Schaltfläche *Senden*.

Bild 46.3 Die E-Mail-Nachricht ist fertiggestellt. Zum Versenden klicken Sie auf *Senden*.

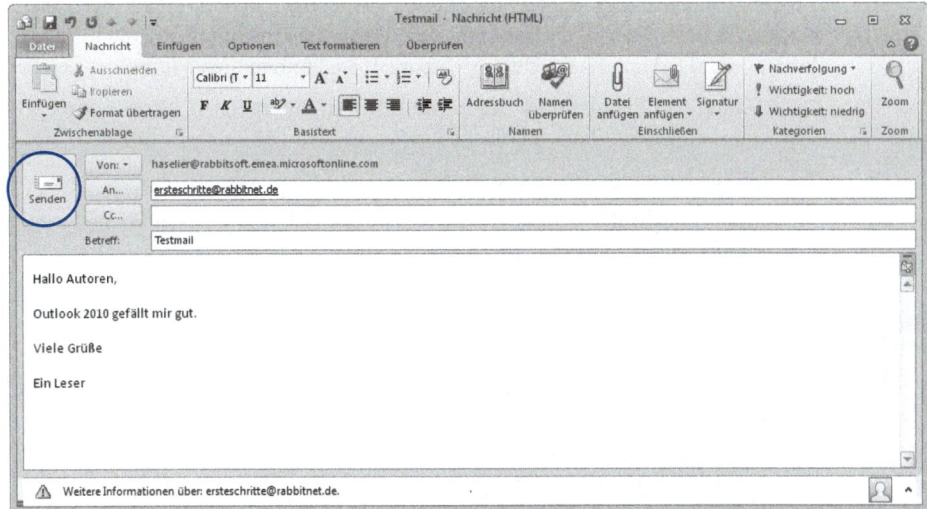

Nach dem Klick auf *Senden* wird standardmäßig eine Kopie der E-Mail im Ordner *Gesendete Objekte* abgelegt, den Sie über die Ordnerliste anzeigen lassen können. Wenn Sie später nachschauen wollen, was Sie in einer E-Mail eigentlich geschrieben haben, brauchen Sie also nur den Ordner *Gesendete Objekte* zu öffnen, indem Sie diesen Ordner in der Navigationsleiste anklicken.

Wenn Sie mit Outlook im vernetzten Büro arbeiten, wird die E-Mail nach dem Klick auf *Senden* im Normalfall sofort verschickt. Dabei sorgt beispielsweise der häufig in Kombination mit Outlook eingesetzte Exchange Server für den Austausch von E-Mails zwischen den vernetzten Computern im Unternehmen und stellt die Verbindung zu E-Mail-Empfängern außerhalb des Unternehmens her.

Auch wenn Sie zu Hause im Onlinebetrieb arbeiten, wird die Nachricht jetzt verschickt. Gibt es bereits eine bestehende Internetverbindung, wird diese dabei genutzt. Ansonsten wird versucht, eine neue Internetverbindung aufzubauen, wozu möglicherweise Ihre Bestätigung erforderlich sein kann.

E-Mails empfangen, lesen und beantworten

Ihre E-Mails landen im Posteingang, der standardmäßig direkt nach dem Starten von Outlook angezeigt wird und den Sie in der E-Mail-Komponente auswählen können. Im Ansichtsbereich von Outlook wird standardmäßig sowohl der Inhalt des geöffneten Ordners angezeigt als auch der Inhalt der E-Mail-Nachricht, die in der Nachrichtenliste derzeit markiert ist. Der Nachrichteninhalt wird im sogenannten Lesebereich angezeigt.

Lesebereich konfigurieren

In der Voreinstellung zeigt Outlook den Lesebereich rechts neben der Liste mit den E-Mail-Nachrichten an. Persönlich finde ich diese Einstellung nicht günstig, da hierdurch nur ein Teil der Liste mit den E-Mail-Nachrichten sichtbar ist. Sie können die Position des Lesebereichs ändern.

1. Achten Sie darauf, dass das E-Mail-Modul geöffnet ist; klicken Sie eventuell im Navigationsbereich auf die Schaltfläche *E-Mail,* um das Modul zu öffnen.

2. Öffnen Sie die Registerkarte *Ansicht.*

3. Klicken Sie in der Gruppe *Layout* auf *Lesebereich* und dann auf eine der folgenden Optionen: *Rechts, Unten* oder *Aus.*

Bild 46.4   Der Lesebereich wird unterhalb der Nachrichtenliste angezeigt

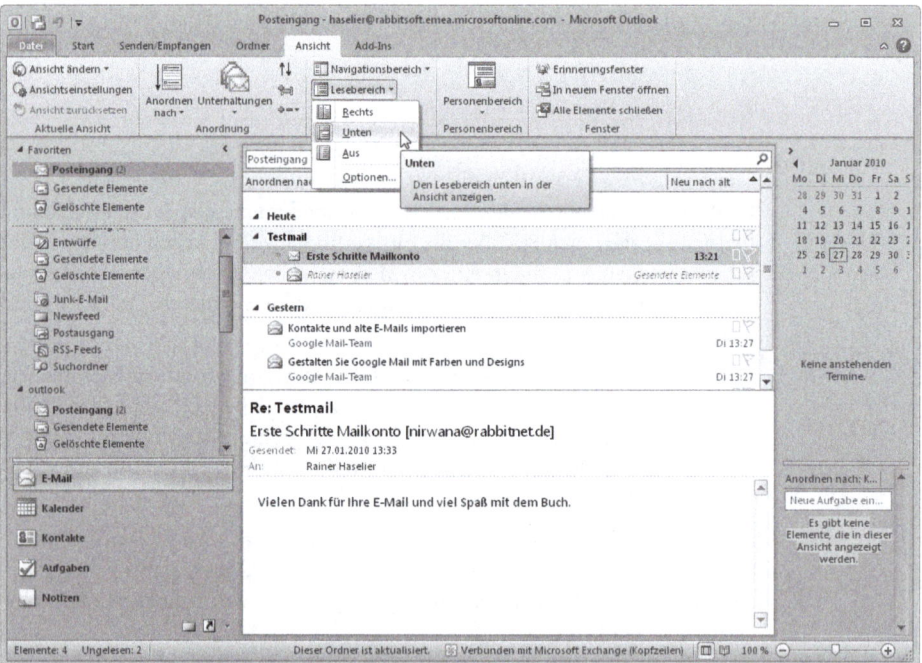

Eingegangene E-Mail-Nachricht öffnen

Dieser Abschnitt beschreibt, wie Sie neue E-Mail-Nachrichten abrufen, eine eingegangene E-Mail-Nachricht öffnen und eine Antwort schreiben und versenden.

1. Lassen Sie im Ansichtsbereich den Posteingang anzeigen (Tastenkombination ⌜Strg⌟+⌜1⌟).

2. Klicken Sie in der Symbolleiste für den Schnellzugriff auf *Alle Ordner senden/empfangen* oder drücken Sie ⌜F9⌟.

In der Standardeinstellung ruft Outlook in bestimmten Intervallen Ihre E-Mail-Konten ab und stellt die eingetroffenen E-Mail-Nachrichten im Posteingang bereit. Daher landen die an Sie gerichteten E-Mails normalerweise automatisch in Ihrem Posteingang, wenn Sie Outlook in einem vernetzten Büro mit Internetzugang oder zu Hause mit einem DSL-Anschluss und einer Flatrate verwenden.

Sollten Sie zu Hause per ISDN und Modem auf das Internet zugreifen, versucht Outlook nach dem Anklicken von *Alle Ordner senden/empfangen,* eine Internetverbindung aufzubauen, was Sie gegebenenfalls bestätigen müssen. Wenn sich in Ihrem Postausgang noch Nachrichten befinden, werden diese jetzt verschickt. Sofern für Sie neue E-Mails vorhanden sind, werden diese empfangen und im Posteingang abgelegt.

Bild 46.5   Der Ordner *Posteingang* ist geöffnet; es gibt zwei ungelesene E-Mails. Im Lesebereich können Sie bereits den Inhalt der in der Liste markierten E-Mail einsehen.

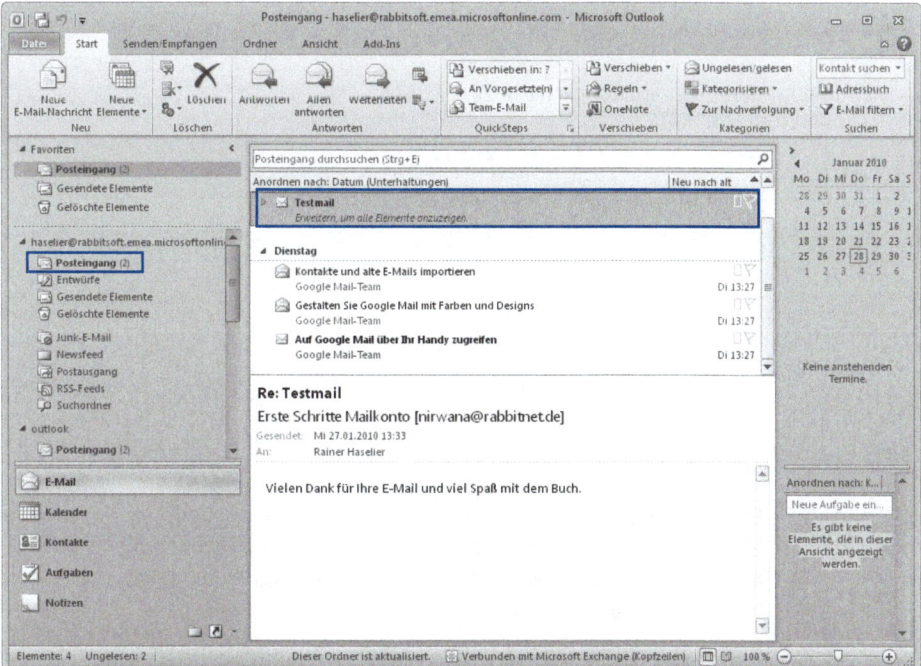

Eine noch ungelesene E-Mail wird in fetter Schrift dargestellt und mit dem Symbol eines geschlossenen Briefumschlags gekennzeichnet. Im Lesebereich erscheint eine Vorschau auf den Inhalt. (Wenn Sie wie im Abschnitt »E-Mail-Nachricht erstellen und versenden« beschrieben eine E-Mail-Nachricht an *ersteschritte@rabbitnet.de* gesendet haben, erhalten Sie nach einem kurzen Moment automatisch eine Antwort.)

3. Markieren Sie in der Liste *Posteingang* im Ansichtsbereich die E-Mail, die Sie lesen möchten. Outlook zeigt den Inhalt der E-Mail im sogenannten Lesebereich an.

   Den Lesebereich sehen Sie in der Abbildung auf der vorigen Seite unterhalb der Liste mit dem Posteingang. Wenn der Lesebereich bei Ihnen nicht sichtbar ist, wechseln Sie zur Registerkarte *Ansicht* und klicken in der Gruppe *Layout* auf *Lesebereich*. Wählen Sie anschließend den Befehl *Rechts* oder *Unten* aus, je nachdem, wo der Lesebereich angezeigt werden soll.

4. Doppelklicken Sie in der Liste auf die eingegangene E-Mail-Nachricht, damit sie in einem eigenen Fenster geöffnet wird. In der Titelleiste des neuen Fensters zeigt Outlook neben dem Betreff auch das Format der E-Mail an (siehe hierzu Seite 804).

Bild 46.6   Die E-Mail wurde in einem eigenen Fenster geöffnet; von dort aus können Sie beispielsweise eine Antwort an den Absender erstellen

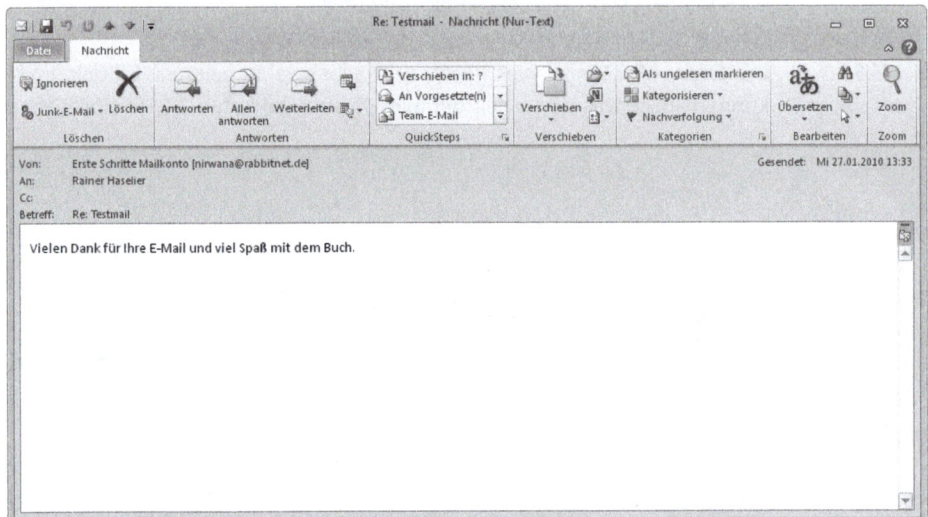

 Im Posteingang wird vor der E-Mail jetzt das Symbol eines geöffneten Briefumschlags angezeigt.

5. Möchten Sie die E-Mail beantworten, klicken Sie in der Gruppe *Antworten* auf *Antworten*. Die Antwortmail wird geöffnet, in der automatisch der Absender der Ursprungsmail als Adressat eingetragen ist. Dem Betreff wurde *AW:* (Antwort) vorangestellt. Der Inhalt der Ursprungsmail wurde im großen Eingabefeld eingefügt.

6. Zum Beantworten einer E-Mail schreiben Sie Ihren Text gleich oben am Anfang der Mail über den unten angefügten Ursprungstext. Es steht Ihnen frei, den Ursprungstext ganz oder teilweise zu löschen.

Bild 46.7   Eine Antwort auf eine E-Mail schreiben

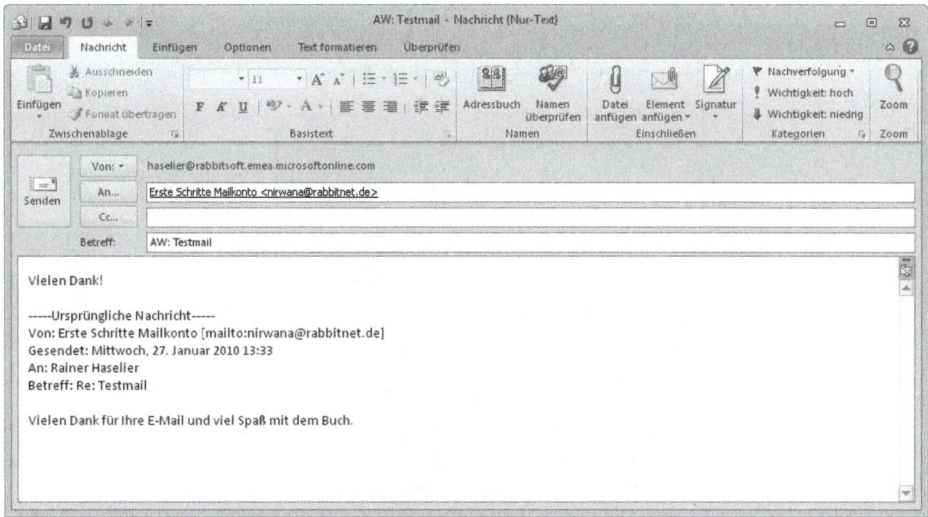

7.   Senden Sie die E-Mail, indem Sie auf *Senden* klicken.

Im Posteingang ist vor der Ursprungsmail jetzt ein geändertes Briefumschlagsymbol zu sehen, das die E-Mail als beantwortet kennzeichnet.

8.   Schließen Sie zum Abschluss die noch offene Ursprungsmail, die Sie gerade zum Lesen und Beantworten geöffnet hatten, mit Klick auf die *Schließen*-Schaltfläche.

Übermittlungseinstellungen

Weiter oben haben wir erwähnt, dass Outlook in der Standardeinstellung automatisch in einem bestimmten Intervall neue E-Mail-Nachrichten abruft. Dieses Intervall können Sie einstellen. Falls Sie mehrere E-Mail-Konten verwenden, so werden die Übermittlungseinstellungen in sogenannten Senden-Empfangen-Gruppen festgelegt. Auch die Senden-Empfangen-Gruppen lassen sich nach Bedarf konfigurieren.

Führen Sie folgende Schritte durch, um das Intervall zum Abrufen von E-Mail-Nachrichten einzustellen:

1.   Lassen Sie im Ansichtsbereich den Posteingang anzeigen (Tastenkombination $\boxed{\text{Strg}}$+$\boxed{1}$).

2.   Öffnen Sie die Registerkarte *Senden/Empfangen.*

3.   Klicken Sie in der Gruppe *Senden/Empfangen* zuerst auf *Senden-Empfangen-Gruppen* und dann auf *Senden-Empfangen-Gruppen definieren.*

Outlook zeigt das Dialogfeld *Senden-Empfangen-Gruppen* an (siehe Abbildung auf der nächsten Seite). Outlook fasst E-Mail-Konten zu Senden-Empfangen-Gruppen zusammen. Standardmäßig ist immer die Gruppe *Alle Konten* vorhanden, in der alle E-Mail-Konten zusammengefasst sind. Verwenden Sie den unteren Bereich des Dialogfeldes *Senden-Empfangen-Gruppen*, um die Übermittlungseinstellungen der im oberen Listenfeld markierten Gruppe zu definieren.

Einstellen des Intervalls für die automatische Übermittlung von Nachrichten

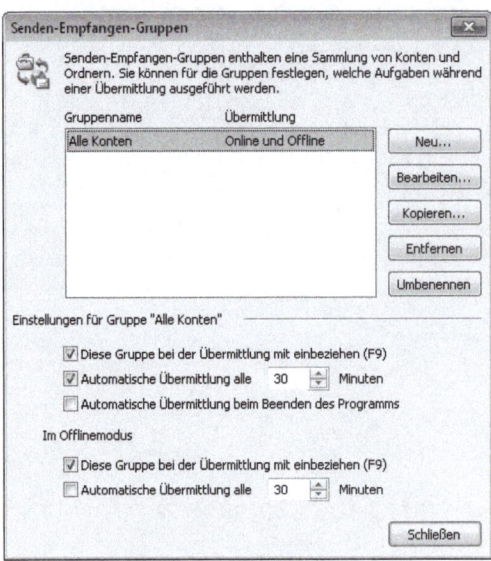

4. Achten Sie darauf, dass im Bereich *Einstellungen für Gruppe "Alle Konten"* das Kontrollkästchen *Automatische Übermittlung alle x Minuten* eingeschaltet ist.

5. Legen Sie im Feld vor *Minuten* das Intervall fest und klicken Sie dann auf Schließen.

Falls Sie mehrere E-Mail-Konten eingerichtet haben, können Sie für einzelne Konten festlegen, ob nur der Empfang, nur der Versand oder beides automatisch erfolgen soll, und es können einzelne Konten von der automatischen Übermittlung ausgeschlossen werden. Führen Sie dazu folgende Schritte durch:

1. Öffnen Sie die Registerkarte *Senden/Empfangen,* klicken Sie in der Gruppe *Senden/Empfangen* zuerst auf *Senden-Empfangen-Gruppen* und dann auf *Senden-Empfangen-Gruppen definieren.*

2. Markieren Sie im Listenfeld oben im Dialogfeld die Senden-Empfangen-Gruppe, deren Eigenschaften Sie ändern möchten.

3. Klicken Sie auf *Bearbeiten.* Das Dialogfeld *Übermittlungseinstellungen* wird angezeigt (siehe Abbildung auf der nächsten Seite).

   Auf der linken Seite des Dialogfeldes werden alle E-Mail-Konten angezeigt, die zu der Senden-Empfangen-Gruppe gehören. Auf der rechten Seite des Dialogfeldes sehen Sie die Eigenschaften, die Sie für jedes Konto ändern können.

4. Markieren Sie in der Liste *Konten* das Konto, dessen Eigenschaften Sie bearbeiten möchten.

5. Führen Sie eine oder mehrere der folgenden Aktionen durch:

   ■ Schalten Sie das Kontrollkästchen *Konto in dieser Gruppe mit einbeziehen* ein bzw. aus, um festzulegen, ob für das markierte Konto E-Mail-Nachrichten übertragen werden sollen oder nicht, wenn Sie den Befehl *Alle Ordner senden/empfangen* verwenden.

   ■ Mit den Kontrollkästchen *Nachrichten empfangen* und *Nachrichten senden* legen Sie fest, welche Übermittlung für dieses Konto durchgeführt werden soll.

■ Mit den Optionen im Bereich *Ordneroptionen* können Sie eine Größenbeschränkung für E-Mail-Nachrichten konfigurieren. Schalten Sie dazu die Option *Element samt Anlagen herunterladen* und das Kontrollkästchen *Nur Kopfzeilen herunterladen, wenn das Element größer ist als x KB* ein. Legen Sie anschließend den Schwellenwert fest.

Bild 46.9 Übermittlungseinstellungen für einzelne Konten festlegen

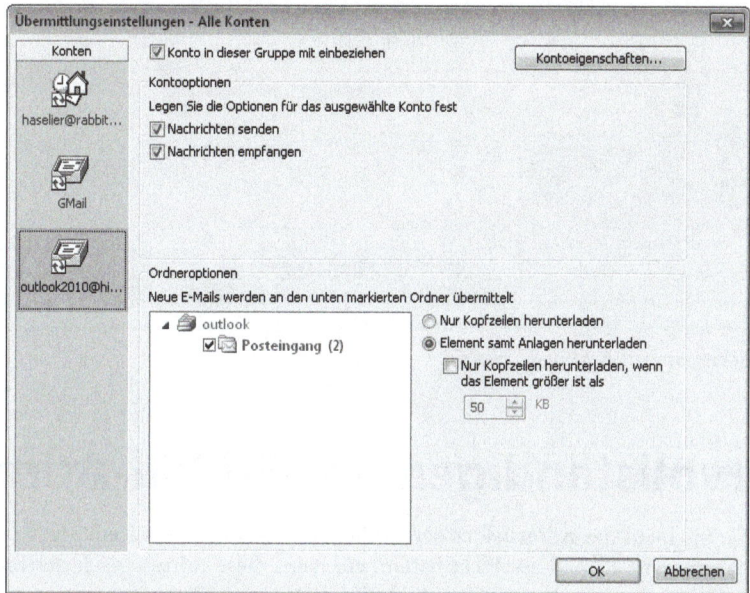

6. Klicken Sie jeweils auf OK, um die beiden geöffneten Dialogfelder zu schließen.

Varianten beim Erstellen einer E-Mail

In Outlook gibt es mehrere Möglichkeiten, eine neue E-Mail zu erstellen. Sie können eine E-Mail über die Schaltflächen *Neue E-Mail-Nachricht* und *Neue Elemente* oder per Doppelklick auf eine leere Stelle im Ansichtsbereich erstellen.

Wenn im Ansichtsbereich kein Ordner aus dem E-Mail-Modul geöffnet ist, sondern beispielsweise der Kalender angezeigt wird, können Sie wie folgt vorgehen:

1. Wechseln Sie falls erforderlich zur Registerkarte *Start*.

2. Klicken Sie in der Gruppe *Neu* auf *Neue Elemente*. Outlook zeigt das folgende Dropdown-menü an:

Bild 46.10   Über die Schaltfläche *Neue Elemente* können Sie alle Arten von Outlook-Elementen erstellen und zwar unabhängig davon, welches Modul derzeit geöffnet ist

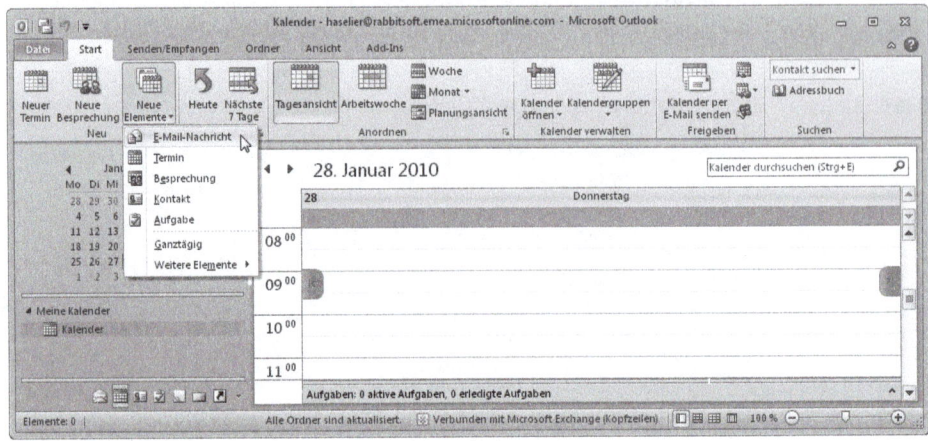

3.   Klicken Sie auf *E-Mail-Nachricht.*

AutoVervollständigen der E-Mail-Adresse

Wenn Sie in einem der Adressfelder der E-Mail eine E-Mail-Adresse eintippen, an die Sie bereits vorher einmal eine E-Mail geschickt hatten, erscheint diese Adresse nach der Eingabe der ersten drei Buchstaben in einer Auswahlliste. Falls Sie noch weitere E-Mail-Adressen eingegeben hatten, die mit denselben Buchstaben beginnen, werden auch diese in der Liste zur Auswahl gestellt.

1.   Erstellen Sie eine leere E-Mail.

2.   Geben Sie im Feld *An* die ersten drei Buchstaben einer E-Mail-Adresse ein, an die Sie bereits eine E-Mail verschickt haben.

Bild 46.11   Outlook vervollständigt die E-Mail-Adresse oder bietet Ihnen in einer Auswahlliste mehrere Alternativen an

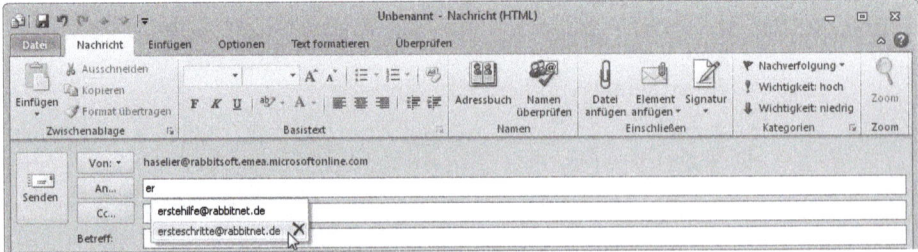

Daraufhin öffnet sich eine Auswahlliste, die die E-Mail-Adressen enthält, an die Sie schon einmal eine E-Mail geschickt haben und die mit den gleichen Buchstaben beginnen. Wurde nur ein Eintrag gefunden, erscheint der Rest der Adresse direkt im Adressfeld.

HINWEIS   Haben Sie, wie in den nächsten beiden Abschnitten beschrieben, eine E-Mail-Adresse über das Modul *Kontakte* eingetragen, erscheint neben der E-Mail-Adresse auch der im Kontakt festgelegte Anzeigename.

3.   Klicken Sie in der Auswahlliste auf den gewünschten Eintrag, um ihn in das Adressfeld zu übernehmen. (Wurde nur ein Eintrag gefunden, können Sie diesen übernehmen, indem Sie die ⇥-Taste drücken oder in die nächste Zeile klicken.)

Damit wird die ausgewählte Adresse in das Adressfeld übernommen.

Neue E-Mail an einen Kontakt erstellen

Für einen markierten oder geöffneten Kontakt (siehe auch Kapitel 50) können Sie direkt eine an diesen adressierte E-Mail erstellen. Im nächsten Abschnitt ist beschrieben, wie Sie die E-Mail-Adresse des Kontakts direkt in der E-Mail auswählen.

1.   Lassen Sie die Outlook-Kontakte im Ansichtsbereich anzeigen (Tastenkombination Strg + 3).

2.   Klicken Sie mit der rechten (!) Maustaste auf einen Kontakt, für den eine E-Mail-Adresse eingetragen ist.

3.   Wählen Sie im Kontextmenü den Befehl *Erstellen/E-Mail Nachricht*.

Bild 46.12   So können Sie eine neue E-Mail-Nachricht aus den Kontakten heraus erstellen

Damit wird eine E-Mail geöffnet, die bereits an den Kontakt adressiert ist.

> **HINWEIS**   **Neue E-Mail an einen geöffneten Kontakt erstellen**   Falls der Kontakt bereits ge-
> öffnet ist, klicken Sie auf der Registerkarte *Kontakt* in der Gruppe *Kommunizieren* auf *E-Mail-
> Nachricht.*

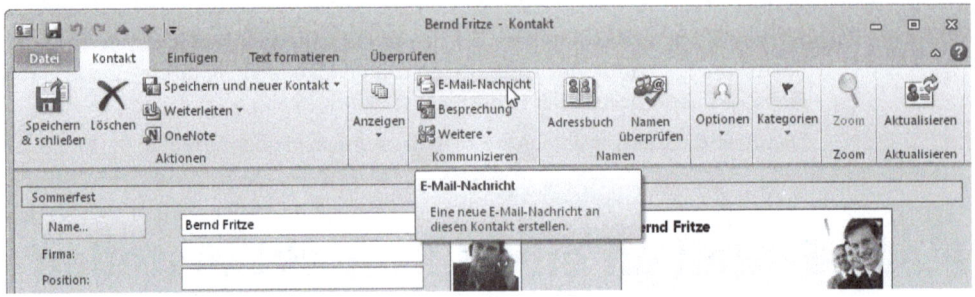

E-Mail an einen Kontakt adressieren

Nachdem Sie im vorigen Abschnitt erfahren haben, wie Sie für einen markierten oder geöffneten
Kontakt eine an diesen adressierte E-Mail erstellen, geht es jetzt darum, wie Sie die E-Mail-Adresse
des Kontakts direkt in der E-Mail auswählen.

E-Mail-Adresse aus Kontakten auswählen

1. Erstellen Sie eine leere E-Mail-Nachricht.

2. Klicken Sie vor dem Eingabefeld für die E-Mail-Adresse auf die Schaltfläche *An*.

   Das Dialogfeld *Namen auswählen* wird angezeigt. Hier können Sie aus Ihren Outlook-
   Kontakten und gegebenenfalls aus weiteren Adressbüchern den/die Empfänger für Ihre
   E-Mail auswählen.

> **HINWEIS**   **Statt Kontakte erscheint die globale Adressliste**   Wenn Sie in einem Büro mit Ex-
> change Server arbeiten, werden normalerweise nicht Ihre Outlook-Kontakte angezeigt, sondern
> es erscheint die globale Adressliste. Hier stehen Ihnen E-Mail-Adressen für die Kommunikation
> innerhalb des Unternehmens zur Auswahl. Nach einem Klick auf den Pfeil der Liste *Adressbuch*
> können Sie gegebenenfalls ein anderes Adressbuch anzeigen lassen und statt der globalen Ad-
> ressliste zu Ihren Outlook-Kontakten wechseln.

Bild 46.13   Wählen Sie in diesem Dialogfeld die Empfänger Ihrer E-Mail aus

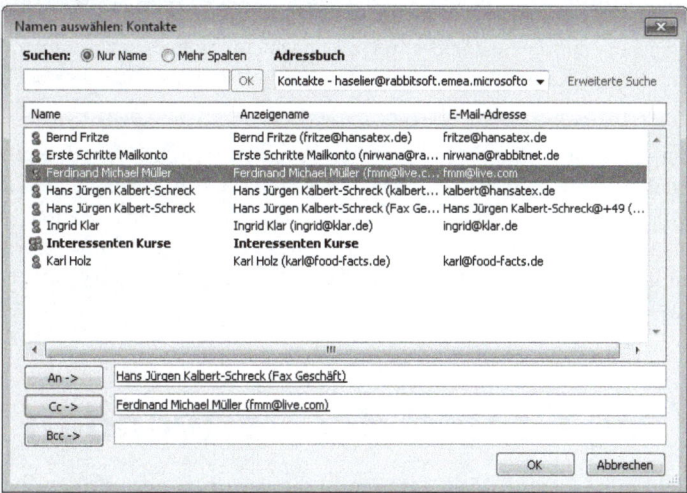

3. Wählen Sie eine Adresse aus. Sind sehr viele Adressen eingetragen, können Sie im Feld *Suchen* den gesuchten Namen eingeben. Bei gedrückter ⎡Strg⎤-Taste lassen sich mehrere Adressen markieren.

4. Übernehmen Sie die ausgewählte(n) Adresse(n) mit einem Klick auf *An*.

Auf dieselbe Weise können Sie Adressen in das *Cc*-Feld und das *Bcc*-Feld übernehmen (Informationen zur Verwendung dieser Felder finden Sie im folgenden Abschnitt).

5. Mit einem Klick auf *OK* übernehmen Sie die ausgewählten Adressen in die E-Mail.

Adressierung durch Eingabe des Namens

Als Alternative zum oben beschriebenen Nachschlagen einer für einen Kontakt eingetragenen E-Mail-Adresse können Sie diese auch ganz einfach beim Schreiben der E-Mail von Outlook heraussuchen lassen.

1. Erstellen Sie eine leere E-Mail-Nachricht.

2. Geben Sie im Feld *An* den Namen des Kontakts ein.

3. Klicken Sie in eine andere Zeile (beispielsweise in die Zeile *Betreff*, um dort etwas einzutragen). Standardmäßig überprüft Outlook jetzt alle eingetragenen Kontakte. Wurde ein passender Eintrag gefunden, fügt Outlook die E-Mail-Adresse ein und stellt sie unterstrichen dar.

Bild 46.14   Anhand des Namens des Kontakts hat Outlook die E-Mail-Adresse ermittelt und in das *An*-Feld eingetragen

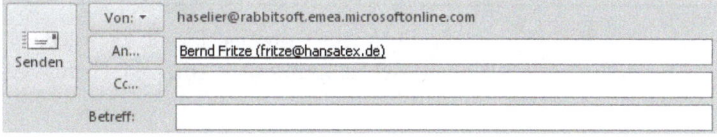

AutoVervollständigen funkt dazwischen

Wenn Sie versuchen, auf die beschriebene Weise nach einem Namen zu suchen, kann Ihnen das weiter vorn in diesem Kapitel beschriebene AutoVervollständigen der Adresse dazwischenfunken.

Angenommen, Sie wollen eine E-Mail an einen Frank Meier schreiben, dessen E-Mail-Adresse in Ihren Kontakten steht, dem Sie aber noch nie gemailt haben. Wenn Sie jetzt *Meier* eingeben, kann es sein, dass automatisch die Adresse eines Hans Meier, an den Sie bereits eine Mail gesendet haben, ergänzt wird. Wenn Sie nun die ⌐Entf⌐-Taste drücken, wird die vorgeschlagene Adresse gelöscht und Sie können in die nächste Zeile wechseln, um automatisch nach dem Namen *Meier* suchen zu lassen.

Die Felder An, Cc und Bcc verwenden

Wie Sie aus dem Adressbuch E-Mail-Adressen in die einzelnen Adressfelder übernehmen, wurde im vorigen Abschnitt beschrieben. Dieser Abschnitt stellt Ihnen die drei Felder vor, die Sie zur Adressierung der E-Mail-Nachricht verwenden können.

Das An-Feld

Im Normalfall tragen Sie die E-Mail-Adresse des Empfängers in das *An*-Feld der E-Mail ein. Der Empfänger kann in der erhaltenen E-Mail sehen, dass er im *An*-Feld eingetragen ist. Die folgende Abbildung zeigt, wie eine an *o2010handbuch@gmail.com* adressierte E-Mail beim Empfänger ankommt.

Bild 46.15   Eine E-Mail mit einem Empfänger im *An*-Feld

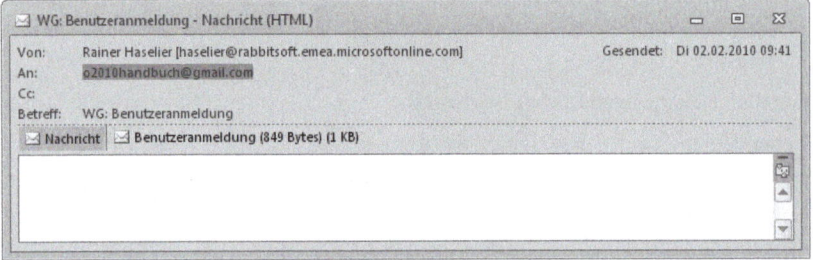

HINWEIS   Um Platz zu sparen, haben wir die Höhe des Fensters für die obige Abbildung verkleinert. Outlook blendet das Menüband dann automatisch aus.

Wenn Sie mehrere Adressen in das *An*-Feld aufgenommen haben, kann jeder Empfänger in der E-Mail, die er bekommen hat, alle im *An*-Feld eingetragenen Adressen sehen.

Das Cc-Feld

Auch alle im *Cc*-Feld eingetragenen Adressen sind von allen Empfängern zu lesen. Die in das Feld *Cc* eingetragenen E-Mail-Adressen sind damit als Kopieempfänger gekennzeichnet – *Cc* steht für »carbon copy« (Kohlekopie, Kohledurchschlag). Den eigentlichen Adressaten, den Sie auch im Mailtext ansprechen, tragen Sie im *An*-Feld ein. Die Kopieempfänger stehen im *Cc*-Feld.

TIPP   **E-Mail-Adressen anzeigen lassen** Wenn Sie in einer E-Mail, die Sie erhalten haben, auf einen Namen doppelklicken, der in einem der Adressfelder eingetragen ist, wird die zugehörige Visitenkarte angezeigt. Wenn Sie dort auf *Bearbeiten* klicken, öffnet Outlook ein Kontaktformular für diese E-Mail-Adresse. Im Formular können Sie entweder einen vorhandenen Kontakt bearbeiten oder für diese E-Mail-Adresse einen neuen Kontakt erstellen.

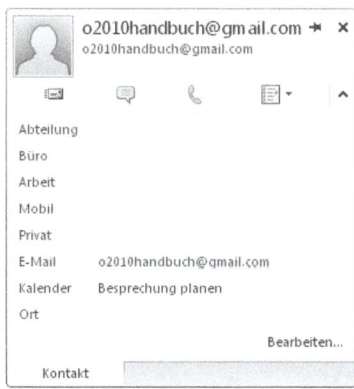

Das Bcc-Feld

Bcc steht für »blind carbon copy« (Blindkopie, unsichtbarer Kohledurchschlag). Alle im *Bcc*-Feld eingetragenen Adressen sind für die Empfänger der Mail nicht zu erkennen. Ob und gegebenenfalls was der Absender in das *Bcc*-Feld eingetragen hat, lässt sich in der empfangenen E-Mail nicht anzeigen. Das heißt, wenn Sie selbst eine E-Mail erhalten, bei der Sie im Feld *Bcc* eingetragen waren, erkennen Sie das nur daran, dass Ihre E-Mail-Adresse weder im *An*- noch im *Cc*-Feld auftaucht!

TIPP   *Bcc*-Feld im Bereich mit den Empfängeradressen des Mailformulars einblenden Wenn Sie eine E-Mail schreiben, können Sie das *Bcc*-Feld in der geöffneten E-Mail einblenden lassen, indem Sie die Registerkarte *Optionen* öffnen und in der Gruppe *Felder anzeigen* auf *Bcc* klicken (siehe Abbildung auf der nächsten Seite).

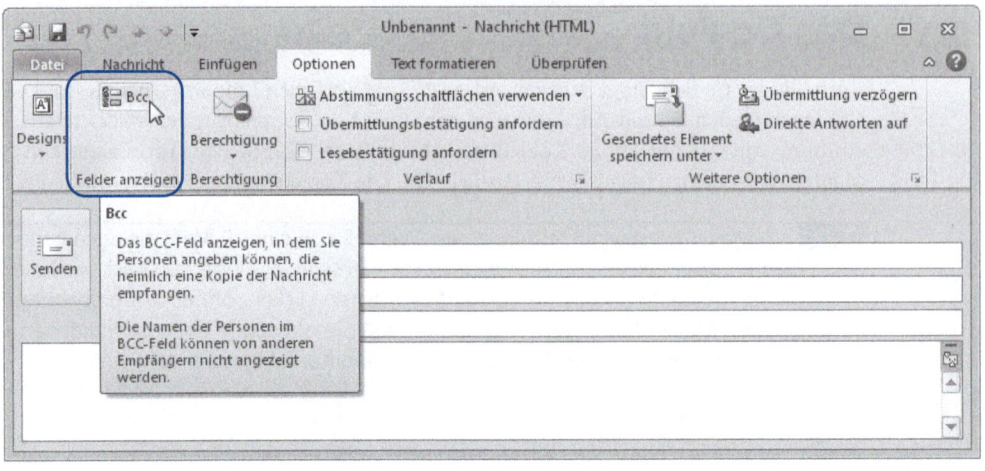

Das E-Mail-Format einstellen

Sie können das Standardformat ändern, in dem E-Mails verschickt werden, und außerdem das Format jeder einzelnen Mail einstellen.

Das Standardformat ändern

In Outlook können Sie ein Standardformat für Ihre E-Mails festlegen. Sie haben dabei die Auswahl zwischen drei Formaten:

- HTML
- Rich-Text
- Nur-Text

Für die Nutzung im Firmennetz wird es sicherlich eine Vorgabe für die zu verwendenden Einstellungen geben (meist wird hier HTML oder Outlook Rich-Text verwendet).

Wenn Sie zu Hause einen einzelnen Rechner nutzen und von dort aus E-Mails über das Internet verschicken, ist das Format Outlook Rich-Text uninteressant.

Das HTML-Format bietet viele Gestaltungsmöglichkeiten, aber E-Mails im HTML-Format sind größer als Nur-Text-Mails und können von einigen älteren E-Mail-Programmen nicht richtig angezeigt werden. Außerdem gibt es beim Empfang von HTML-Mails gewisse Sicherheitsrisiken, sodass HTML-Mails von manchen Empfängern nicht gerne gesehen sind.

> **HINWEIS** Im Fenster, in dem Sie eine neue E-Mail erstellen, bieten Ihnen die Registerkarten *Einfügen* und *Text formatieren* sehr viele Gestaltungsmöglichkeiten für Ihre E-Mails, die denen von Word 2010 im nichts nachstehen. Wenn Sie bereits mit Word vertraut sind, werden Sie sich auf den beiden Registerkarten schnell zurechtfinden, da sie ähnlich aufgebaut sind. Und es wird Ihnen leichtfallen, auch optisch anspruchsvolle E-Mails zu gestalten.

Als Alternative bietet sich das schlanke Nur-Text-Format an, das von allen E-Mail-Programmen gelesen werden kann. Die Nachrichten haben in diesem Format eine wesentlich geringere Größe. Dafür ist es z.B. nicht möglich, Textpassagen in fetter Schrift hervorzuheben oder andere Formatierungen vorzunehmen. Zum Teil kann es auch bei der Übertragung von Umlauten zu Problemen kommen, sodass Sie »AE« statt »Ä« usw. schreiben müssen, wenn Sie ganz sicher sein wollen, dass Ihre Nachricht beim Empfänger richtig ankommt. Für den puren Informationsaustausch ist das Nur-Text-Format trotzdem erste Wahl.

Um das Standardformat zu ändern, gehen Sie wie folgt vor:

1. Klicken Sie auf die Registerkarte *Datei* und dann auf *Optionen*. Wechseln Sie im Dialogfeld *Outlook-Optionen* zur Kategorie *E-Mail*.

Bild 46.16 In diesem Dialogfeld legen Sie das Standardformat für E-Mails fest

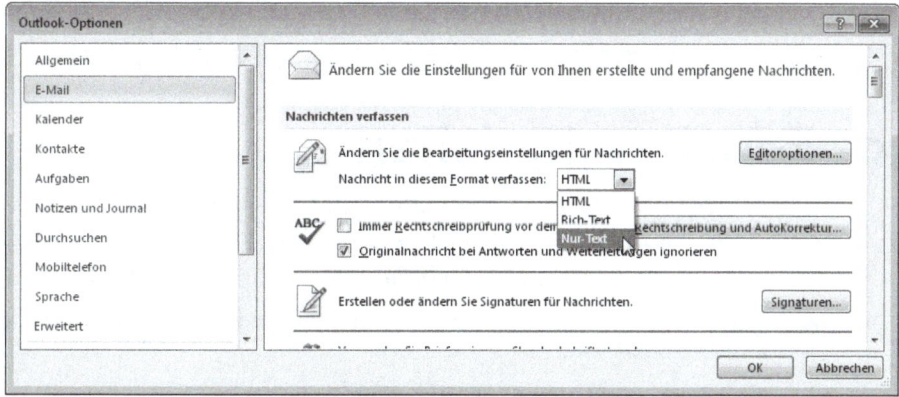

2. Öffnen Sie die Liste *Nachrichten in diesem Format verfassen* und wählen Sie das gewünschte Format aus.

3. Übernehmen Sie die Einstellungen mit *OK*.

Das Format einer einzelnen Nachricht ändern

Sie können auch für eine einzelne Nachricht ein von Ihren Standardeinstellungen abweichendes Nachrichtenformat festlegen.

1. Erstellen Sie eine leere E-Mail-Nachricht.

2. Öffnen Sie die Registerkarte *Text formatieren*.

3. Klicken Sie in der Gruppe *Format* auf *HTML*, *Nur Text* oder *Rich-Text*, je nachdem, welches Format Sie einstellen wollen (siehe Abbildung auf der nächsten Seite).

Bild 46.17 In der Befehlsgruppe *Format* legen Sie das Nachrichtenformat für die geöffnete E-Mail-Nachricht fest

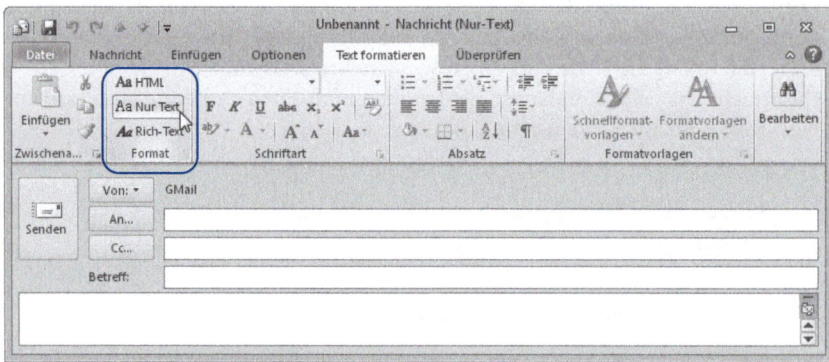

Eine E-Mail weiterleiten

Eine erhaltene E-Mail können Sie an einen anderen Empfänger weiterleiten. Dabei können Sie gegebenenfalls eine eigene Anmerkung hinzufügen.

1. Lassen Sie den Posteingang im Ansichtsbereich anzeigen (Tastenkombination Strg + 1).

2. Doppelklicken Sie in der Liste auf die E-Mail, die Sie weiterleiten möchten, damit das E-Mail-Fenster geöffnet wird.

3. Klicken Sie in der Gruppe *Antworten* auf *Weiterleiten*.

   Es wird eine neue E-Mail geöffnet, in der jetzt dem ursprünglichen Betreff »WG« (für »weitergeleitet«) vorangestellt ist. Der ursprüngliche Text der E-Mail ist wieder im großen Eingabefeld eingefügt.

4. Schreiben Sie gegebenenfalls ein paar einleitende Worte.

5. Tragen Sie einen Adressaten für die E-Mail ein.

6. Versenden Sie die E-Mail.

7. Falls Sie die Ursprungsmail geöffnet hatten, müssen Sie diese nun noch mit einem Klick auf die *Schließen*-Schaltfläche schließen.

E-Mail-Versand bei mehreren Konten

Haben Sie mehrere E-Mail-Konten eingerichtet, können Sie direkt in der E-Mail einstellen, über welches Konto sie verschickt werden soll.

1. Erstellen Sie eine leere E-Mail-Nachricht.

2. Klicken Sie auf die Schaltfläche *Von* und wählen Sie das gewünschte E-Mail-Konto aus. Wenn Sie hier nichts auswählen, wird das Standardkonto verwendet.

Bild 46.18   Hier können Sie das Konto auswählen, über das die E-Mail versendet werden soll

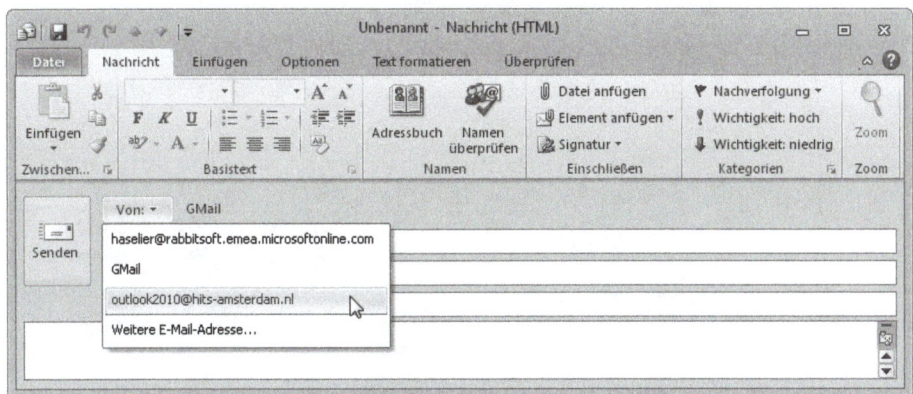

3. Nachdem Sie die E-Mail fertiggestellt haben, können Sie sie wie gewohnt versenden.

HINWEIS   **Standard-E-Mail-Konto festlegen**   In Kapitel 48, »Profile und E-Mail-Konten« ist beschrieben, wie Sie das Standard-E-Mail-Konto einstellen können.

Dateianlagen verwenden

Neben dem reinen Nachrichtentext werden Sie häufiger eine Datei, beispielsweise ein Word- oder Excel-Dokument, zu einer E-Mail hinzufügen wollen. Oder aber Sie wollen ein anderes Outlook-Element, wie einen bestimmten Termin oder eine Aufgabe, an den Empfänger der E-Mail schicken. In beiden Fällen wird die E-Mail um eine Dateianlage erweitert. Die Schritte, um dies zu tun, sind sehr ähnlich.

Eine Datei oder ein Outlook-Element zu einer E-Mail hinzufügen

Nehmen Sie folgende Schritte vor, um eine E-Mail zu erstellen, die als Anlage eine Datei oder ein Outlook-Element enthält:

1. Erstellen Sie eine leere E-Mail-Nachricht.

2. Führen Sie eine oder beide der folgenden Aktionen durch:

    ■   **Datei anfügen**   Klicken Sie auf der Registerkarte *Nachricht* in der Gruppe *Einschließen* auf *Datei anfügen,* wenn Sie eine Datei mit der E-Mail versenden wollen. Outlook zeigt das Dialogfeld *Datei einfügen* an (siehe Abbildung auf der nächsten Seite).

    Wechseln Sie zu dem Ordner, in dem sich die Datei befindet, die Sie anfügen wollen, markieren Sie diese und klicken Sie dann auf *Einfügen.*

Bild 46.19   In diesem Dialogfeld wählen Sie die Datei aus, die Sie an die E-Mail anhängen wollen

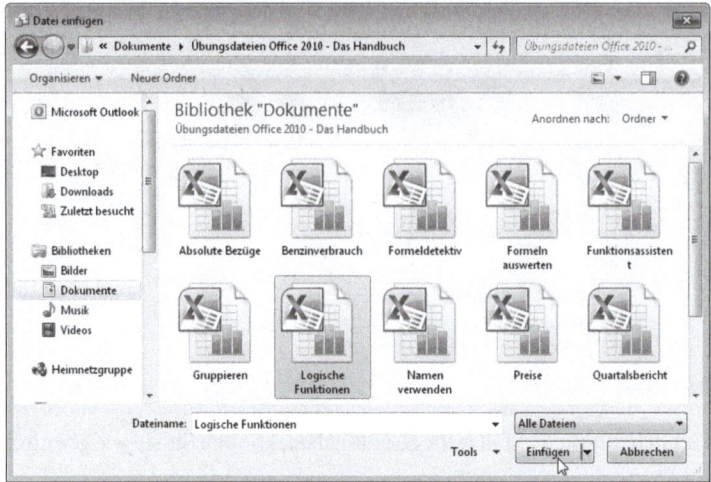

■   **Outlook-Element anfügen**   Klicken Sie auf der Registerkarte *Nachricht* in der Gruppe *Einschließen* auf *Element anfügen,* wenn Sie ein Outlook-Element mit der E-Mail versenden wollen.

Bild 46.20   Festlegen, welches Outlook-Element eingefügt werden soll

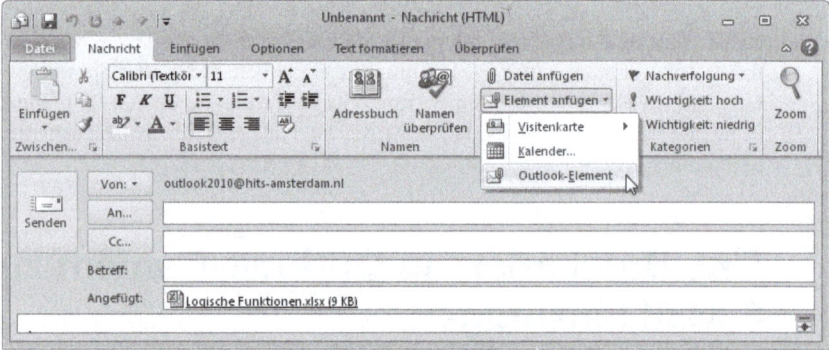

Wenn Sie Ihre Visitenkarte mit versenden wollen, klicken Sie im Dropdownmenü auf *Visitenkarte.* Wenn Sie Ihren Kalender einfügen wollen, klicken Sie auf *Kalender.* Outlook zeigt daraufhin das Dialogfeld *Kalender über E-Mail senden* an, das ausführlich in Kapitel 51 beschrieben wird.

Um ein beliebiges anderes Outlook-Element einzufügen, klicken Sie auf *Outlook-Element.* Outlook zeigt das Dialogfeld *Element einfügen* an. Wählen Sie im Bereich *Suchen in* den Ordner aus, der das Element enthält, das Sie versenden wollen. Die im Ordner vorhandenen Elemente werden in der Liste *Elemente* angezeigt. Markieren Sie das Element, das Sie anfügen wollen, und schließen Sie dann das Dialogfeld mit *OK.*

Bild 46.21   In diesem Dialogfeld wählen Sie das Element aus, das Sie an die E-Mail anhängen
wollen. Die Liste *Suchen in* entspricht vom Aufbau her der Ordnerliste, die Sie im
Navigationsbereich anzeigen lassen können.

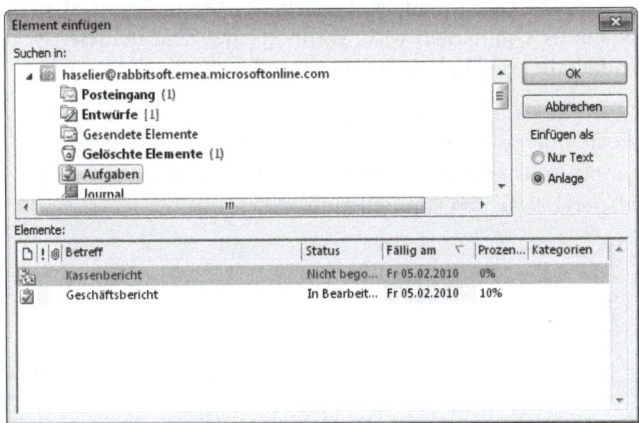

Bild 46.22   Die Elemente, die Sie markiert haben, werden im Feld *Angefügt* des E-Mail-Formulars
angezeigt.

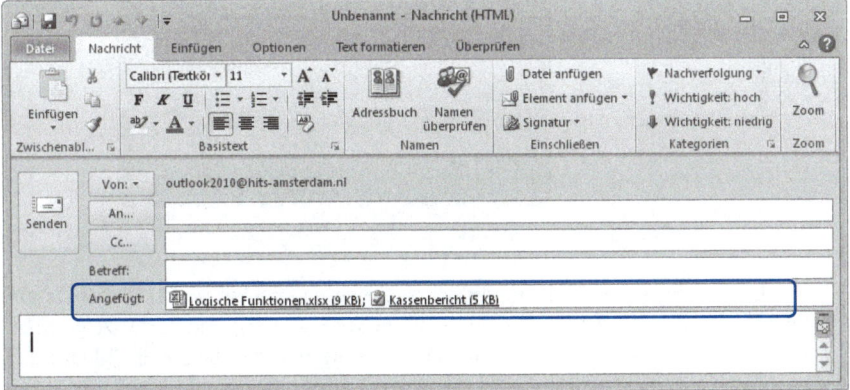

3.   Fügen Sie die Empfängeradresse(n), den Betreff und den Nachrichtentext wie gewohnt ein.

4.   Klicken Sie auf *Senden*, um die E-Mail-Nachricht abzuschicken.

Erhaltene Anlagen ansehen und speichern

Wenn Sie selbst eine E-Mail erhalten, die eine Anlage enthält, können Sie dies bereits im Posteingang erkennen. Die Liste im oberen Bereich des Posteingangs enthält die Spalte *Anlage*, die durch eine Büroklammer symbolisiert wird. Wenn in einer Zeile in dieser Spalte die Büroklammer angezeigt wird, enthält diese E-Mail-Nachricht eine oder mehrere Anlagen.

Bild 46.23 In der Liste des Posteingangs können Sie E-Mail-Nachrichten mit Anlagen an dem Büroklammer-Symbol erkennen. Im Lesebereich finden Sie Schaltflächen, mit denen Sie eine Vorschau der Anlagen betrachten können.

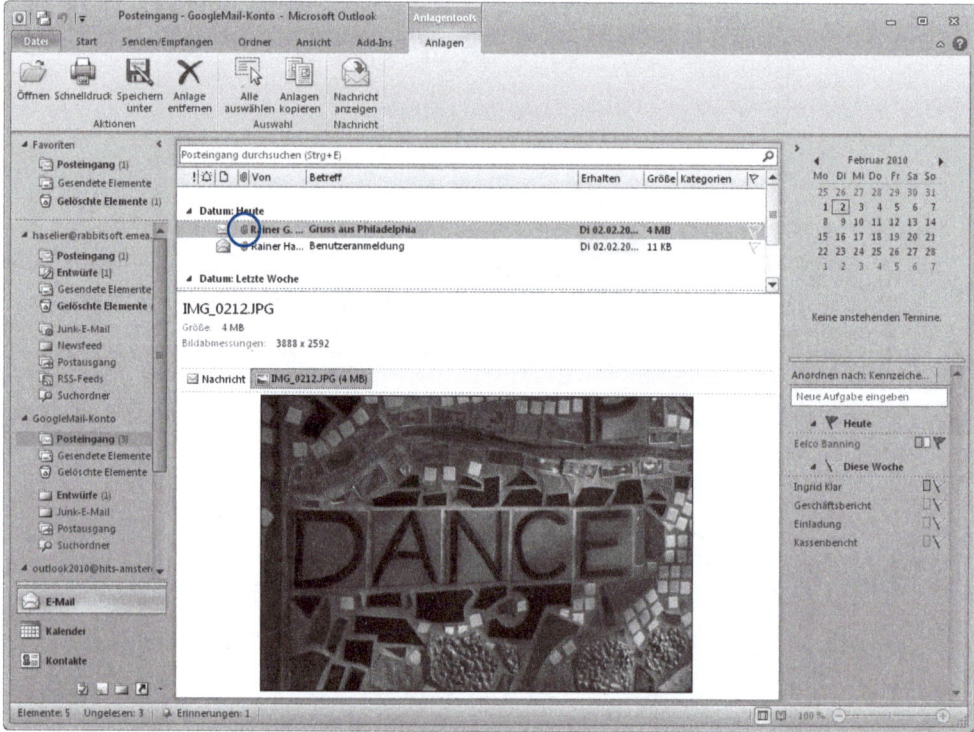

Der Lesebereich der E-Mail enthält bei Nachrichten, die Anlagen enthalten, zwei oder mehr Schaltflächen, mit denen Sie zwischen der Anzeige der Nachricht und der Anzeige einer der Anlagen umschalten können. Für das obige Bild haben wir die Schaltfläche für die Bildanlage angeklickt.

Wenn Sie den Mauszeiger einen Moment auf einer der Schaltflächen stehen lassen, zeigt Ihnen Outlook weitere Informationen zu der Anlage an.

Wenn Sie die Schaltfläche einer Anlage anklicken, blendet Outlook die Registerkarte *Anlagen* ein.

Mit der Schaltfläche *Speichern unter* in der Gruppe *Aktionen* können Sie die Dateianlage aus der E-Mail-Nachricht extrahieren und in einer eigenen Datei auf Ihrem Computer speichern. Wenn Sie diese Schaltfläche anklicken, wird das Dialogfeld *Anlage speichern* geöffnet. Wechseln Sie dort zu dem Ordner, in dem Sie die Datei abspeichern wollen, und klicken Sie abschließend auf *Speichern*.

Zusammenfassung

Dieses Kapitel hat Sie mit den grundlegenden Funktionen im Bereich E-Mail mit Outlook 2010 vertraut gemacht. Im Einzelnen wurden hierbei folgende Themen behandelt:

- Am Anfang des Kapitels haben Sie gesehen, wie Sie eine neue E-Mail schreiben und versenden (Seite 788) und wie Sie E-Mails empfangen, lesen und beantworten können (Seite 791).

- Sie haben verschiedene Varianten beim Erstellen einer E-Mail kennen gelernt, und zwar die Schaltfläche *Neue E-Mail-Nachricht* (Seite 790), die Schaltfläche *Neue Elemente* (Seite 797) und das Erstellen einer E-Mail aus den Kontakten heraus (Seite 800).

- Beim Eingeben der E-Mail-Adresse werden Sie von der Funktion AutoVervollständigen unterstützt (Seite 798) oder Sie erstellen eine E-Mail aus den Kontakten heraus (Seite 799).

- Sie haben außerdem die drei verschiedenen Felder kennen gelernt, in die Sie die E-Mail-Adressen der Empfänger eintragen können: das *An*-Feld (Seite 802), das *Cc*-Feld (Seite 803) und das *Bcc*-Feld (Seite 803). Diese Felder können Sie auch beim Weiterleiten einer E-Mail (Seite 806) verwenden.

- Outlook kann E-Mails in verschiedenen Formaten erstellen. Sie haben gesehen, wie Sie das Format für eine einzelne E-Mail (Seite 805) und das Standardformat (Seite 804) ändern können.

- Den Umgang mit mehreren E-Mail-Konten haben Sie im Abschnitt ab Seite 806 kennen gelernt.

- Im letzten Abschnitt dieses Kapitels haben Sie dann noch gesehen, wie Sie eine Anlage in eine E-Mail einfügen können (Seite 807). Hierbei kann es sich sowohl um eine Datei handeln als auch um ein beliebiges anderes Outlook-Element. Sollten Sie eine E-Mail-Nachricht erhalten, die eine Anlage enthält, können Sie sich deren Inhalt im Lesebereich ansehen und die Anlage auch auf Ihrem Computer abspeichern (Seite 810).

Im nächsten Kapitel lernen Sie weitere der Outlook-Features im Bereich E-Mail kennen.

Outlook 2010

Kapitel 47

E-Mail – fortgeschrittenere Techniken

Im vorigen Kapitel haben Sie die grundlegenden Verfahren beim Erstellen, Versenden und Empfangen von E-Mail-Nachrichten kennen gelernt. Dieses Kapitel stellt Ihnen einige der fortgeschritteneren Möglichkeiten vor, die Ihnen Outlook 2010 bei der E-Mail-Erstellung und der Verwaltung und Organisation Ihrer E-Mail-Nachrichten zur Verfügung stellt. Sie werden sehen, wie Sie die verschiedenen Ansichten im Posteingang nutzen, wie Sie schnell E-Mail-Nachrichten wiederfinden und den Posteingang durch die Erstellung von weiteren Ordnern, mit den Farbkategorien und mithilfe von Regeln übersichtlich organisieren können.

Häufig sind nach dem Erhalt einer E-Mail-Nachricht Aktionen erforderlich. Diese können von einem erforderlichen Anruf, dem Vorbereiten und Erstellen einer Antwort bis zum Einplanen der Informationen aus der E-Mail für ein Meeting reichen. Damit bei der Fülle an E-Mails die zu erledigenden Schritte nicht in Vergessenheit geraten, können Sie eine E-Mail-Nachricht zur Nachverfolgung kennzeichnen, die dann in der Aufgabenliste von Outlook erscheint. Wie Sie hierbei am besten vorgehen, beschreibt dieses Kapitel.

Verschiedene Ansichten für E-Mails nutzen

Wenn Sie den Posteingang öffnen, werden die Nachrichten standardmäßig in der Unterhaltungsansicht angezeigt. Die Unterhaltungsansicht stellt die E-Mail-Nachrichten in Form eines Diskussionsfadens dar. Ein Beispiel für diese Ansicht zeigt die folgende Abbildung.

Bild 47.1 Die E-Mail-Nachrichten werden im Posteingang standardmäßig in der Unterhaltungsansicht angezeigt; gleichzeitig ist die Ansicht gruppiert

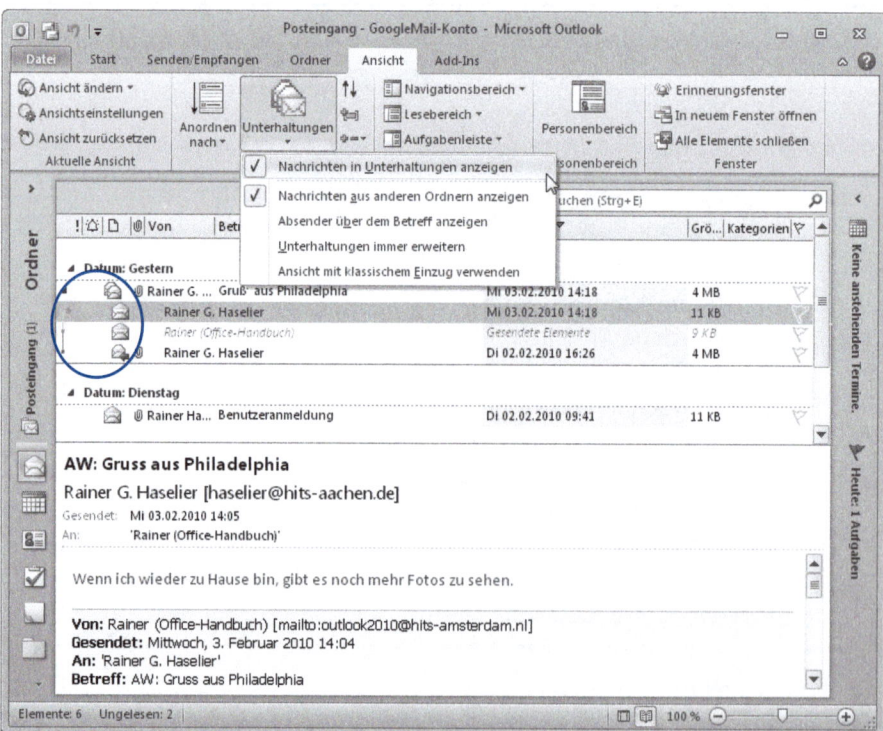

Die Nachrichtenliste in der Abbildung auf der vorigen Seite ist nach dem Datum gruppiert. Das Datum stellt hierbei die oberste Ebene dar. Die erster Gruppe zeigt alle E-Mail-Nachrichten an, die »Gestern« eingegangen sind und die zweite Gruppe die Nachrichten von »Dienstag«. Diese beschrifteten Gruppen werden von Outlook automatisch erstellt, wenn die Option *In Gruppen anzeigen aktiviert* ist. Um die Gruppierung zu aktivieren und um das Kriterium festzulegen, nach dem gruppiert wird, führen Sie folgende Schritte durch:

1. Wechseln Sie zur Registerkarte *Ansicht*.

2. Klicken Sie in der Gruppe *Anordnung* auf *Anordnen nach* und wählen Sie im oberen Bereich des Dropdownmenüs aus, nach welchem Kriterium die Gruppierung erfolgen soll.

Bild 47.2   Auswahl des Kriteriums zur Gruppierung und Aktivierung der Gruppierungsfunktion

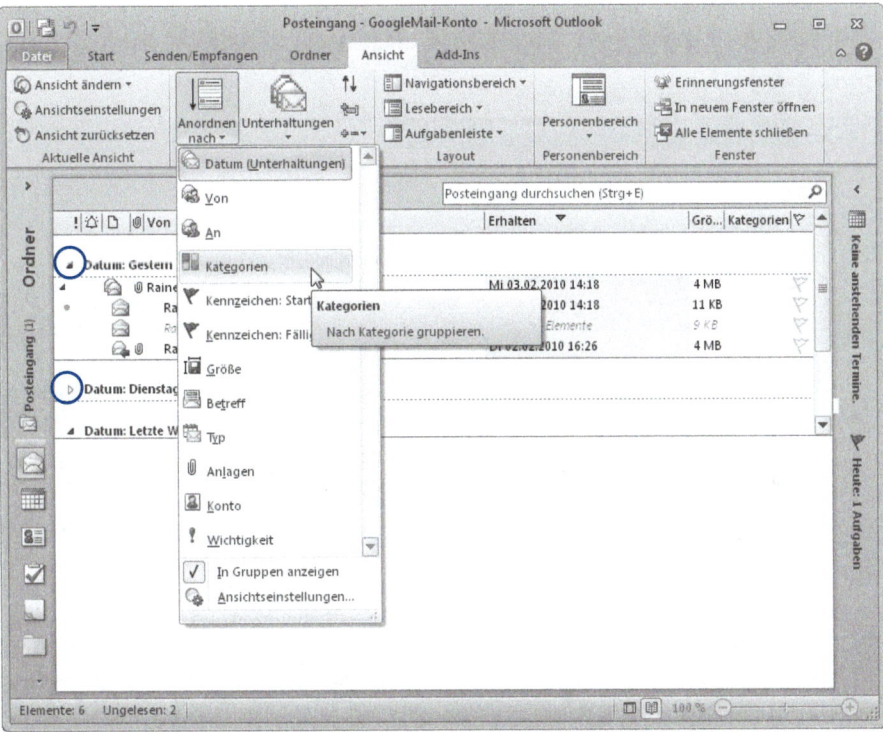

3. Klicken Sie in der Gruppe *Anordnung* auf *Anordnen nach* und überprüfen Sie, ob die Option *In Gruppen anzeigen* eingeschaltet ist; schalten Sie diese Option ggf. ein.

Wenn diese Option ausgeschaltet ist, werden die E-Mail-Nachrichten nach dem ausgewählten Kriterium sortiert, jedoch nicht gruppiert.

Wenn Sie die Gruppierung einschalten oder das Kriterium ändern, dauert es einen kleinen Moment, bis Outlook die E-Mail-Nachrichten neu sortiert hat und anzeigen kann. Vor den beschrifteten Gruppen (wie *Datum: Gestern, Datum: Donnerstag* usw.), befinden sich kleine Schaltflächen, mit denen Sie die Gruppe erweitern oder reduzieren können. Die obige Abbildung zeigt diese gruppierte Ansicht, wobei die Gruppe *Datum: Dienstag* reduziert und die Gruppe *Datum: Gestern* erweitert dargestellt wird.

Bild 47.3 Für diese Abbildung wurden die E-Mail-Nachrichten nach der Größe gruppiert

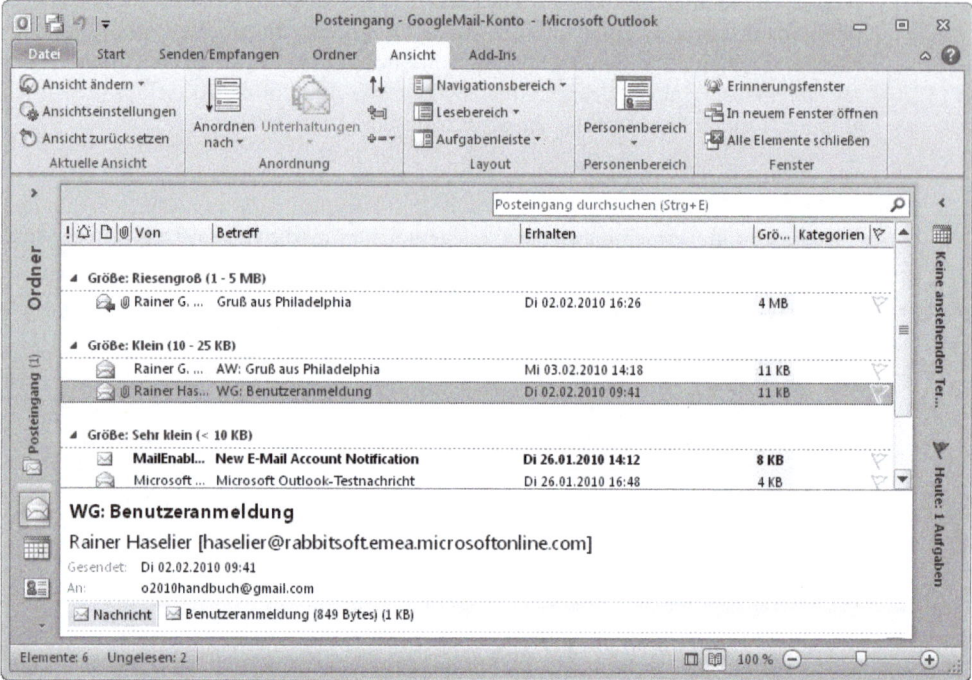

Die E-Mail-Nachrichten im Posteingang können schnell sortiert bzw. gruppiert werden, indem Sie in der Liste die Spaltenüberschrift anklicken, nach der sortiert werden soll. Nach dem ersten Klick auf eine der Spaltenüberschriften werden die Nachrichtenelemente aufsteigend sortiert; wenn Sie ein weiteres Mal diese Spaltenüberschrift anklicken, wird die Sortierreihenfolge umgekehrt.

Die E-Mail-Nachrichten werden innerhalb dieses übergeordneten Kriteriums nach Unterhaltungen anzeigt, was gut in Abbildung 47.1 sichtbar ist. Die Unterhaltung »Gruß aus Philadelphia« besteht aus vier E-Mails; die neueste E-Mail wird ganz oben angezeigt. Damit die Nachrichten nach Unterhaltungen angezeigt werden, klicken Sie auf der Registerkarte *Ansicht* in der Gruppe *Anordnung* auf *Unterhaltungen* und dann auf *Nachrichten in Unterhaltungen anzeigen*. Die Unterhaltungsansicht steht nur dann zur Verfügung, wenn die Nachrichten nach dem Datum gruppiert werden sollen.

In der Unterhaltungsansicht können nicht nur Nachrichten aus dem aktuellen Ordner, beispielsweise dem Ordner *Posteingang*, angezeigt werden, sondern auch Nachrichten, die zu der Unterhaltung gehören, sich aber in anderen Ordnern befinden. Ein Beispiel hierfür sehen Sie in der Abbildung auf der Seite 814: beim dritten Eintrag in der Nachrichtenliste handelt es sich um eine Antwort, die sich im Ordner *Gesendete Elemente* befindet. Um in Unterhaltungen auch Nachrichten aus anderen als dem aktuellen Ordner anzuzeigen, klicken Sie auf der Registerkarte *Ansicht* in der Gruppe *Anordnung* auf *Unterhaltungen* und dann auf *Nachrichten aus anderen Ordnern anzeigen*.

Die AutoVorschau verwenden

Unabhängig davon, nach welchem Kriterium Sie die E-Mail-Nachrichten gruppieren lassen, können Sie für den Posteingang die sogenannte AutoVorschau einschalten. In einer der Standardansichten für das E-Mail-Modul ist die AutoVorschau aktiviert. Führen Sie folgende Schritte durch, um diese Ansicht auszuwählen:

1. Wechseln Sie zur Registerkarte *Ansicht.*

2. Klicken Sie in der Gruppe *Aktuelle Ansicht* auf *Ansicht ändern* und dann auf *Vorschau.*

Bild 47.4   Auswahl der Ansicht, in der die AutoVorschau aktiviert ist

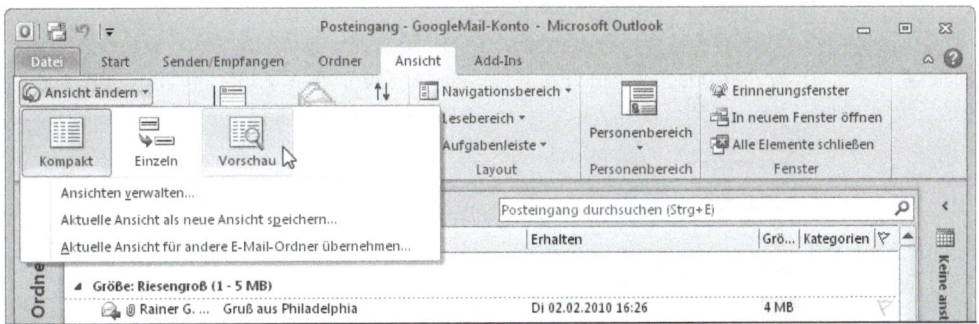

Wenn Sie diese Ansicht aktiviert haben, zeigt Outlook im Posteingang die ersten drei Zeilen der ungelesenen E-Mail-Nachrichten an, wie es die folgende Abbildung zeigt.

Bild 47.5   Für den Posteingang wurde die AutoVorschau eingeschaltet, wodurch in der Liste die ersten Zeilen der ungelesenen Nachrichten eingeblendet werden

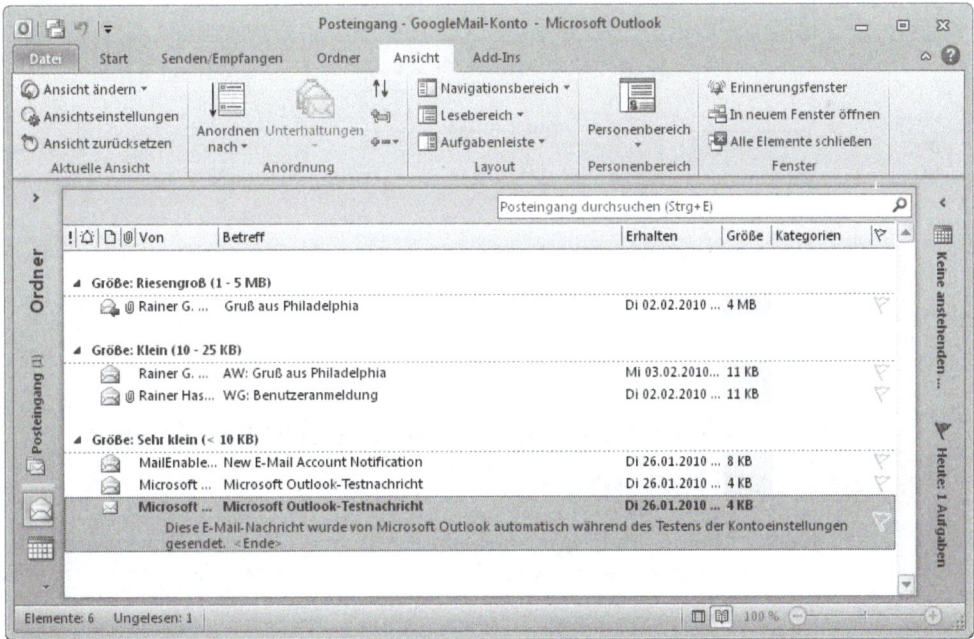

Die AutoVorschau können Sie auch in jeder anderen Ansicht aktivieren, jedoch ist hierfür ein kleiner Umweg erforderlich, da die Registerkarte *Ansicht* keine Schaltfläche enthält, um die AutoVorschau ein- oder auszuschalten. Führen Sie folgende Schritte durch, um die AutoVorschau für eine Ansicht einzuschalten und zu konfigurieren:

1. Wechseln Sie zur Registerkarte *Ansicht,* klicken Sie in der Gruppe *Aktuelle Ansicht* auf *Ansicht ändern* und dann auf die Ansicht, die Sie bearbeiten wollen.

2. Klicken Sie in der Gruppe *Aktuelle Ansicht* auf *Ansichtseinstellungen.* Das gleichnamige Dialogfeld wird angezeigt.

3. Klicken Sie auf *Weitere Einstellungen.*

Bild 47.6   Über dieses Dialogfeld können Sie die AutoVorschau konfigurieren

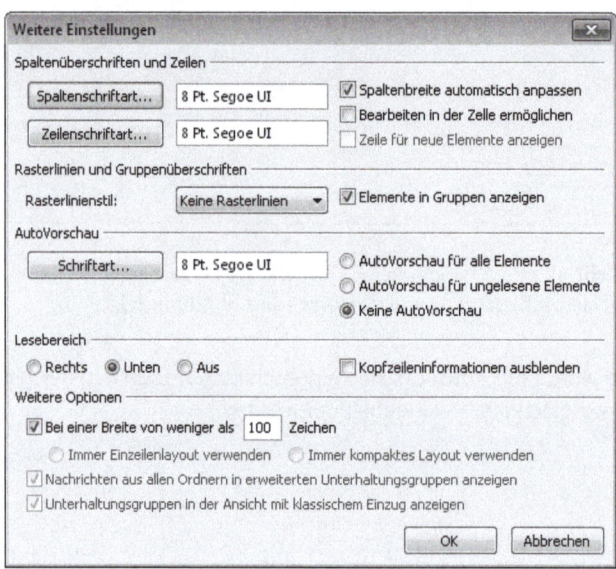

4. Klicken Sie im Bereich *AutoVorschau* auf *Schriftart,* um die Schriftart und Schriftfarbe für die AutoVorschau festzulegen.

5. Schalten Sie entweder das Optionsfeld *AutoVorschau für alle Elemente* oder das Optionsfeld *AutoVorschau für ungelesene Elemente* ein.

6. Schließen Sie die geöffneten Dialogfelder.

Spalten hinzufügen und die Reihenfolge der Spalten ändern

Die Ansichten für den Posteingang sind sehr flexibel und können von Ihnen nach Bedarf angepasst werden. Wenn Sie der Liste eine Spalte hinzufügen wollen, gehen Sie folgendermaßen vor:

1. Klicken Sie eine beliebige Spaltenüberschrift mit der rechten Maustaste an, um das Kontextmenü zu öffnen, und wählen Sie den Befehl *Feldauswahl.* Das Dialogfeld *Feldauswahl* wird angezeigt.

2. Öffnen Sie die Liste im oberen Bereich des Dialogfeldes, um die Kategorie der Felder auszuwählen, die angezeigt werden sollen.

3. Ziehen Sie das Feld, das Sie in die Liste einfügen wollen, mit gedrückter Maustaste an die gewünschte Stelle zwischen zwei Spalten. Outlook zeigt die Einfügeposition der neuen Spalte durch ein rotes Dreieck an.

Bild 47.7 Mit der Maus ziehen Sie eine neue Spalte aus dem Dialogfeld *Feldauswahl* an die gewünschte Position in den Spaltenüberschriften

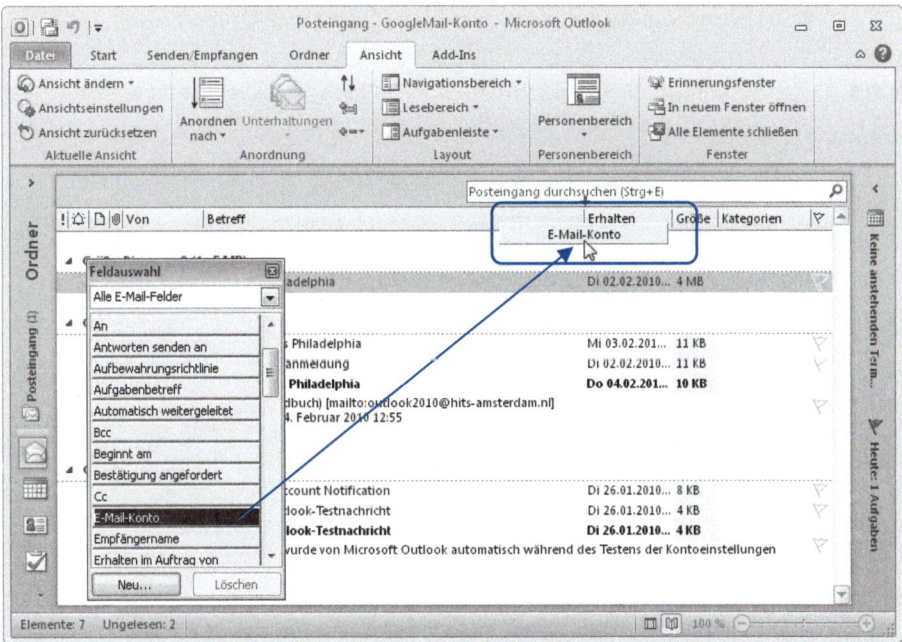

4. Lassen Sie die Maustaste los, um das Feld in die Überschriftenzeile einzufügen.

5. Schließen Sie das Dialogfeld *Feldauswahl*.

Sie können die Reihenfolge, in der die Spalten angezeigt werden, verändern, indem Sie eine Spaltenüberschrift mit gedrückter Maustaste an die gewünschte Position ziehen. Auch hierbei kennzeichnet Outlook die neue Position durch ein rotes Dreieck. Um eine Spalte aus der Überschriftenzeile zu entfernen, ziehen Sie die Spaltenüberschrift mit gedrückter Maustaste nach unten, bis das Symbol mit einem großen X durchgestrichen wird; lassen Sie dann die Maustaste los.

Ordner und Farbkategorien verwenden

Alle eingehenden E-Mail-Nachrichten werden von Outlook standardmäßig im Ordner *Posteingang* abgelegt. Wenn Sie viele E-Mails erhalten, kann der Posteingang sehr voll sein und es kann schwierig werden, den Überblick zu behalten. Dieser und die folgenden Abschnitte stellen Ihnen einige der Möglichkeiten von Outlook vor, mit denen Sie Ihre E-Mail-Nachrichten optimal verwalten können.

Weitere Ordner anlegen

Eine Möglichkeit, um die Übersicht über die erhaltenen E-Mails zu behalten, besteht darin, weitere Ordner anzulegen, in denen Sie die E-Mail-Nachrichten beispielsweise nach Projekten oder den Firmen, mit denen Sie geschäftliche Beziehungen unterhalten, ablegen.

Um einen neuen Ordner zu erstellen, gehen Sie folgendermaßen vor:

1. Wechseln Sie zur Registerkarte *Ordner* und klicken Sie in der Gruppe *Neu* auf *Neuer Ordner*. Das Dialogfeld *Neuen Ordner erstellen* wird angezeigt.

2. Geben Sie in das Feld *Name* den Namen des neuen Ordners ein.

Bild 47.8 Sie können die Ordnerstruktur von Outlook um beliebige neue Ordner erweitern. Achten Sie darauf, den richtigen Ordnertyp auszuwählen.

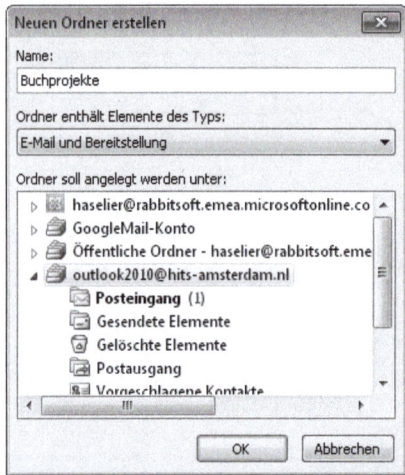

3. Achten Sie darauf, dass in der Liste *Ordner enthält Elemente des Typs* die Option *E-Mail und Bereitstellung* ausgewählt ist.

4. Markieren Sie in der Liste *Ordner soll angelegt werden unter* den Ordner, unterhalb dessen der neue Ordner erstellt werden soll. (In der obigen Abbildung wurde der Ordner *Persönliche Ordner* ausgewählt. Der neue Ordner wird daher auf der gleichen Ebene wie die Ordner *Aufgaben* und *Posteingang* erstellt.)

5. Schließen Sie das Dialogfeld mit *OK*. Der neue Ordner wird im Navigationsbereich angezeigt.

Nachrichten in einen anderen Ordner kopieren/verschieben

Um die neuen Ordner zur Organisation Ihrer E-Mail-Nachrichten zu verwenden, können Sie Nachrichtenelemente in andere Ordner verschieben oder in einem anderen Ordner eine Kopie erstellen. Dies können Sie entweder manuell tun (dies wird in diesem Abschnitt beschrieben) oder automatisch von einer Outlook-Regel erledigen lassen (dies wird ab Seite 827 vorgestellt).

Nachricht per Drag & Drop verschieben bzw. kopieren

Mit der Maus verschieben Sie ein Nachrichtenelement, indem Sie es im Posteingang markieren und dann mit gedrückter Maustaste auf den Zielordner im Navigationsbereich ziehen, wie es die folgende Abbildung zeigt.

Bild 47.9 Ziehen Sie ein Nachrichtenelement aus dem Posteingang auf den gewünschten Ordner im Navigationsbereich, um es dorthin zu verschieben

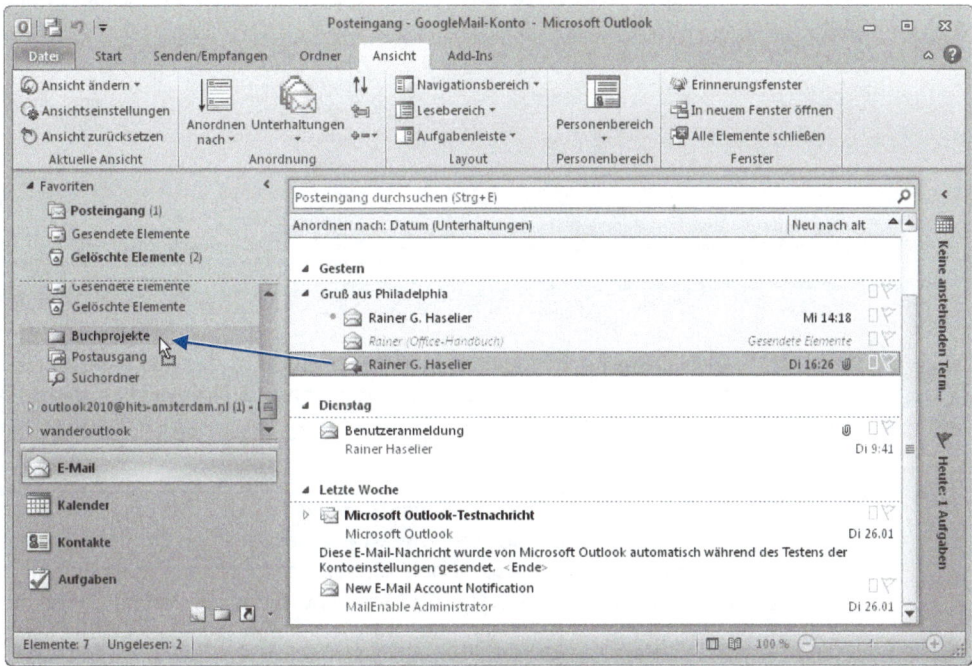

Wenn Sie das Nachrichtenelement kopieren (und nicht verschieben) wollen, halten Sie während des Ziehens die `Strg`-Taste gedrückt.

Nachricht vom E-Mail-Fenster aus verschieben bzw. kopieren

Wenn Sie neu eingetroffene E-Mails im Nachrichtenformular lesen, können Sie die E-Mail-Nachricht auch direkt von dort aus im gewünschten Zielordner ablegen. Klicken Sie dazu in der Befehlsgruppe *Verschieben* auf die Schaltfläche *Verschieben* und wählen Sie dann einen der im oberen Bereich des Menüs angezeigten Ordner aus (siehe Abbildung auf der nächsten Seite). Wenn der gewünschte Ordner nicht angezeigt wird, klicken Sie auf *Anderer Ordner* und legen den Zielordner im Dialogfeld *Element verschieben nach* fest.

Bild 47.10 Bereits beim Lesen einer neuen E-Mail-Nachricht können Sie sie in den gewünschten Ordner verschieben

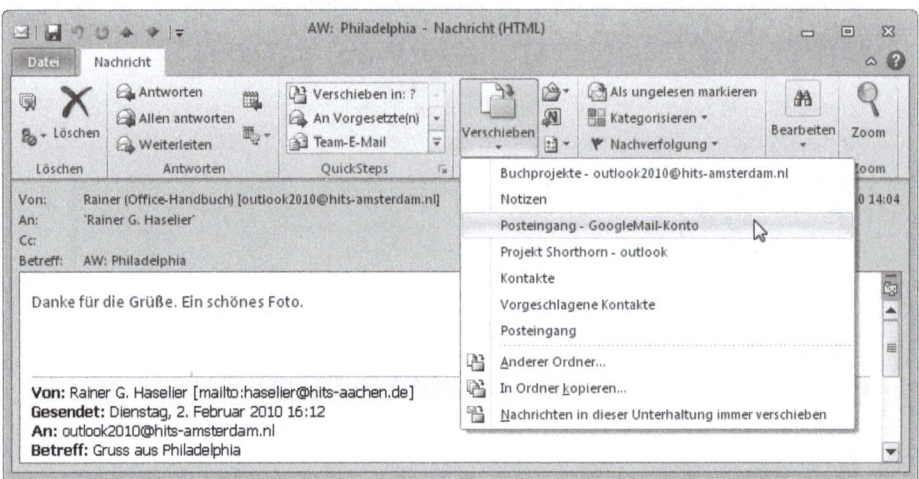

Wenn Sie die E-Mail-Nachricht kopieren wollen, klicken Sie im Dropdownmenü der Schaltfläche *Verschieben* auf *In Ordner kopieren*. Outlook zeigt daraufhin ein Dialogfeld an, in dem Sie den Zielordner auswählen können.

> **HINWEIS**   Sie können nicht nur vom Ordner *Posteingang* aus E-Mail-Nachrichten in einen anderen Ordner verschieben oder kopieren. Dies ist ebenfalls aus den Ordnern *Gesendete Elemente, Junk-E-Mail* usw. heraus möglich. Öffnen Sie dazu den Ordner, indem Sie ihn im Navigationsbereich anklicken. Markieren Sie dort die Nachricht, klicken Sie sie mit der rechten Maustaste an, um das Kontextmenü zu öffnen, und wählen Sie den Befehl *In Ordner verschieben* und wählen Sie dann den Zielordner aus.

Farbkategorien zuweisen

Mit dem Erstellen von Ordnern für E-Mail-Nachrichten können Sie diesen Typ Outlook-Element übersichtlich organisieren. Mit den Farbkategorien steht Ihnen ein Organisationsfeature zur Verfügung, das nicht nur für E-Mail-Nachrichtenelemente verwendet werden kann, sondern allen Outlook-Elementen zugewiesen werden kann. Standardmäßig stellt Ihnen Outlook 2010 sechs verschiedene Farbkategorien zur Verfügung, denen jeweils eine Farbe und ein allgemeiner Text (Rote Kategorie, Blaue Kategorie usw.) zugeordnet ist.

Wenn Sie eine E-Mail-Nachricht anklicken und auf der Registerkarte *Start* in der Gruppe *Kategorien* auf *Kategorisieren* klicken, wird ein Menü geöffnet, in dem Sie die Kategorie auswählen können, die Sie der E-Mail-Nachricht zuweisen wollen.

Bild 47.11 Über die Schaltfläche *Kategorisieren* weisen Sie der markierten E-Mail eine Farbkategorie zu

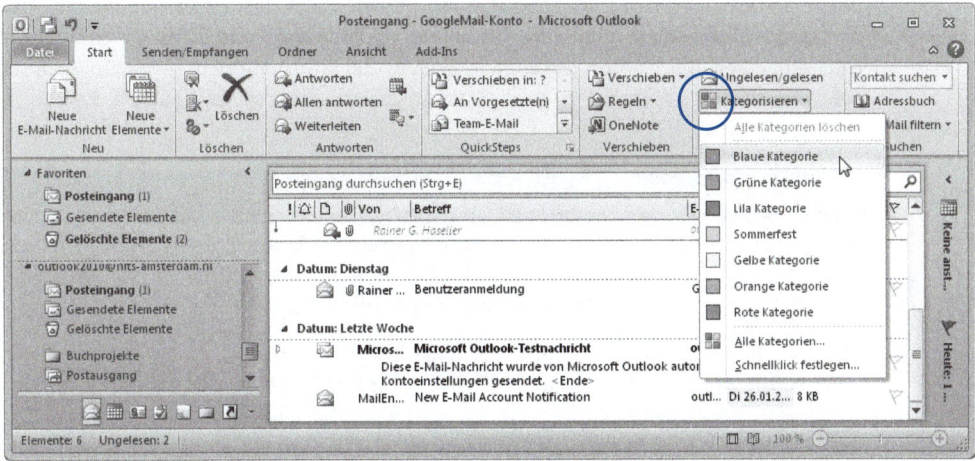

Der Befehl *Alle Kategorien* im Dropdownmenü der Schaltfläche *Kategorisieren* öffnet ein Dialog-feld, in dem Sie den markierten Elementen mehrere Farbkategorien zuweisen können, ohne dazu mehrmals das Menü öffnen zu müssen, sowie weitere Farbkategorien erstellen und den Text der vorhandenen Farbkategorien anpassen können.

- Um dem markierten Element mehrere Farbkategorien zuzuweisen, schalten Sie einfach die Kontrollkästchen vor den gewünschten Kategorien ein.

- Um den Namen einer Kategorie zu ändern, markieren Sie sie, klicken auf *Umbenennen* und geben den neuen Namen ein.

- Um eine neue Farbkategorie zu erstellen, klicken Sie auf *Neu,* geben im Dialogfeld *Neue Kate-gorie hinzufügen* einen Anzeigenamen ein und wählen eine Farbe aus.

Bild 47.12 Ihre Farbkategorien verwalten Sie mit diesem Dialogfeld

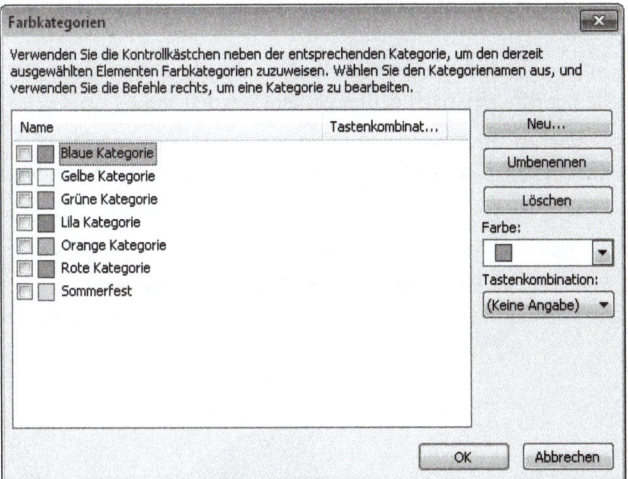

Stellen Sie sich beispielsweise vor, Sie möchten allen zu einem bestimmten Projekt gehörenden Elementen eine Farbkategorie zuweisen. Da dieselbe Farbkategorie sowohl E-Mail- als auch Kalender- und Aufgabenelementen zugewiesen werden kann, sind alle Elemente eines bestimmten Projekts auf einen Blick sofort erkennbar. Sollen die Informationen zu einem späteren Zeitpunkt gefunden werden, können Sie nach Farbkategorien sortieren und suchen und so das Gesuchte schnell erkennen.

PROFITIPP | **Schnellklicken!**

Wenn Sie eine Kategorie besonders häufig verwenden, können Sie sie als Schnellklick-Kategorie festlegen. Es reicht dann ein einfacher Klick in die Spalte *Kategorien* im Ansichtsbereich von Outlook, um einem Element diese Kategorie zuzuweisen.

Um das Schnellklicken festzulegen, klicken Sie in der Gruppe *Kategorien* auf die Schaltfläche *Kategorisieren* und wählen dann im Menü den Befehl *Schnellklicken festlegen*. Legen Sie dann im Dialogfeld die gewünschte Kategorie fest und klicken Sie auf *OK*.

E-Mail-Nachrichten suchen

Eines der neuen Merkmale seit Outlook 2007 ist die Sofortsuche, bei der, sofern möglich, bereits während der Eingabe Ihrer Suchabfrage die gefundenen Treffer angezeigt werden. Damit dies funktioniert, werden die Elemente der Outlook-Datendateien im Hintergrund indiziert, und die Sofortsuche greift auf diesen Index zu, um die Suchergebnisse anzuzeigen. Da hierbei nicht wie früher die Nachrichtenelemente selbst durchsucht werden müssen, ist die Suche extrem schnell.

Die Sofortsuche verwenden

Um die Sofortsuche nach E-Mail-Nachrichten zu verwenden, gehen Sie wie folgt vor:

1. Klicken Sie im Navigationsbereich auf die Schaltfläche *E-Mail,* damit der Posteingang geöffnet wird.

2. Klicken Sie im oberen Bereich des Posteingangs in das Feld *Alle E-Mail-Elemente durchsuchen* und geben Sie dort die Begriffe ein, nach denen gesucht werden soll.

    Während Sie die Suchbegriffe eingeben, sucht Outlook im Hintergrund nach Elementen, in denen die Suchbegriffe vorkommen, und zeigt diese an. Die Fundstellen werden farblich hervorgehoben.

3. Doppelklicken Sie auf das Element, das Sie öffnen wollen.

4. Klicken Sie auf die Schaltfläche *Suche schließen* (rechts neben dem Feld für die Eingabe der Suchbegriffe), um das Suchfeld zu leeren und um wieder alle Nachrichtenelemente anzeigen zu lassen.

Sofortsuche nach Details

Wenn Sie die Suche verfeinern und festlegen wollen, in welchen Informationselementen der Nachrichtenelemente wonach gesucht werden soll, gehen Sie so vor:

1. Klicken Sie im Navigationsbereich auf die Schaltfläche *E-Mail*, damit der Posteingang geöffnet wird.

2. Klicken Sie im oberen Bereich des Posteingangs in das Feld *Alle E-Mail-Elemente durchsuchen*. Outlook blendet die Registerkarte *Suchen* ein.

Bild 47.13   Grenzen Sie die Suche mit den Schaltflächen der Gruppe *Verfeinern* ein

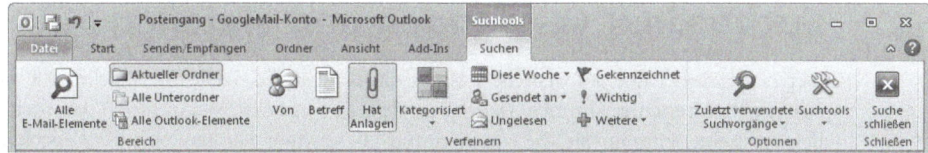

Die Gruppe *Verfeinern* auf der Registerkarte *Suchen* enthält einige Schaltflächen, mit denen Sie ganz gezielt bestimmte Felder der E-Mail-Nachrichten durchsuchen können, und um beispielsweise Mails zu finden, die eine Anlage oder eine hohe Priorität besitzen.

3. Führen Sie eine oder mehrere der folgenden Aktionen durch:

   ■ **Nach Absender suchen**   Klicken Sie auf die Schaltfläche *Von*, wenn Sie nach einem bestimmten Absender suchen wollen. Outlook fügt in das Suchfeld den Text *von: (Absendername)* ein. Der Text *Absendername* ist markiert. Geben Sie den gesamten oder einen Teil des Absendernamens ein. Das Suchfeld sieht dann beispielsweise so aus: *von:(Pohlmann)*.

   ■ **Nach Betreff suchen**   Klicken Sie auf die Schaltfläche *Betreff*, wenn Sie E-Mail-Nachrichten suchen wollen, die ein bestimmtes Betreff enthalten. Outlook fügt in das Suchfeld den Text *thema:(Schlüsselwörter)* ein. Der Text *Schlüsselwörter* ist markiert. Geben Sie die gewünschten Suchbegriffe ein. Das Suchfeld sieht dann beispielsweise so aus: *thema:(Word)*.

   ■ **Nach anderen Kriterien suchen**   Klicken Sie eine der folgenden Schaltflächen an, um E-Mail-Nachrichten zu suchen, die Anlagen besitzen *(Hat Anlagen)*, die zur Nachverfolgung gekennzeichnet sind *(Gekennzeichnet)*, die eine hohe Priorität besitzen *(Wichtig)* oder die noch nicht gelesen wurden *(Ungelesen)*.

   Mit der Schaltfläche *Kategorisiert* suchen Sie nach bestimmten Kategorien, mit der Schaltfläche *Diese Woche* nach Mails mit einem bestimmten Datum.

   ■ **In anderen Nachrichtenfeldern suchen**   Wenn Sie in anderen Nachrichtenfeldern suchen wollen, für die die Gruppe *Verfeinern* keine Schaltfläche enthält, klicken Sie auf *Weitere* und dann auf das gewünschte Nachrichtenfeld. Outlook fügt in das Suchformular ein neues Eingabefeld ein, in das Sie das Suchkriterium eingeben oder aus eine Liste auswählen können (siehe Abbildung auf der nächsten Seite).

Bild 47.14   Beispiel für ein erweitertes Suchformular

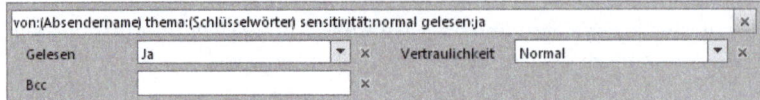

4. Doppelklicken Sie auf die E-Mail-Nachricht, die Sie öffnen wollen.

5. Klicken Sie auf die Schaltfläche *Suche schließen,* um den Posteingang wieder in den ursprünglichen Zustand zu versetzen.

Suchordner verwenden und erstellen

Der Nachteil bei der Sofortsuche besteht darin, dass Sie, wenn Sie regelmäßig nach bestimmten Kriterien suchen, diese immer wieder neu eingeben müssen. Wenn Ihnen das auch etwas umständlich erscheint, können Sie die sogenannten Suchordner verwenden, die Sie sich wie eine gespeicherte Suchabfrage vorstellen können. Sie können recht einfach eigene Suchordner erstellen und dabei selbst die Kriterien festlegen, nach denen gesucht werden soll. So gehen Sie dabei vor:

1. Klicken Sie im Navigationsbereich auf die Schaltfläche *E-Mail,* damit der *Posteingang* geöffnet wird.

2. Wechseln Sie zur Registerkarte *Ordner* und klicken Sie in der Gruppe *Neu* auf *Neuer Suchordner.* Das gleichnamige Dialogfeld wird angezeigt.

   Die Liste, die Sie im Dialogfeld sehen, enthält bereits weitere vordefinierte Suchordner, die nach Aufgaben sortiert sind, und die von Ihnen nach Bedarf angepasst werden können.

   In der Gruppe *Nachrichten von Personen und Listen* sehen Sie beispielsweise den Eintrag *Nachricht von oder an bestimmte Personen.* Wenn Sie diesen Eintrag anklicken, können Sie im Bereich *Suchordner anpassen* die Schaltfläche *Auswählen* anklicken und dann die gewünschte Person aus den Outlook-Kontakten auswählen.

Bild 47.15   Wählen Sie einen der Suchordner aus und passen Sie ihn an Ihre Erfordernisse an, indem Sie im Bereich *Suchordner anpassen* die gewünschten Kriterien eingeben

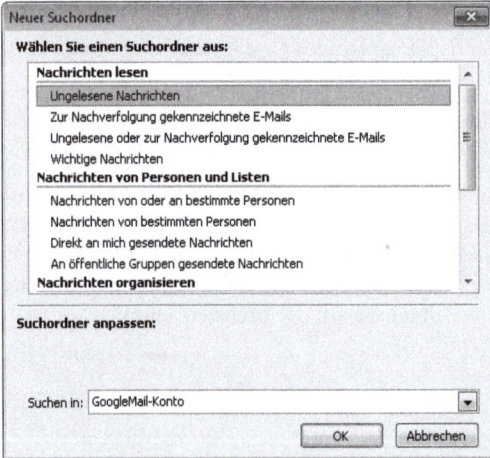

Um beispielsweise alle Nachrichtenelemente zu finden, denen Sie eine bestimmte Farbkategorie zugeordnet haben, würden Sie folgende Schritte durchführen:

3. Scrollen Sie in der Liste nach unten, bis Sie die Gruppe *Nachrichten organisieren* sehen.

4. Markieren Sie den Eintrag *Kategorisierte E-Mail*.

5. Klicken Sie im Bereich *Suchordner anpassen* auf die Schaltfläche *Auswählen*. Das Dialogfeld *Farbkategorien* wird angezeigt.

6. Schalten Sie die Kontrollkästchen vor den Farbkategorien ein, die diesem Suchordner zugeordnet sein sollen, und klicken Sie abschließend auf *OK*.

   Ihre Auswahl wird im Bereich *Suchordner anpassen* des Dialogfeldes *Neuer Suchordner* angezeigt.

7. Schließen Sie das Dialogfeld *Neuer Suchordner* mit einem Klick auf *OK*.

Der neue Suchordner steht Ihnen sofort zur Verfügung.

Bild 47.16 Der neue Suchordner wird im Navigationsbereich angezeigt

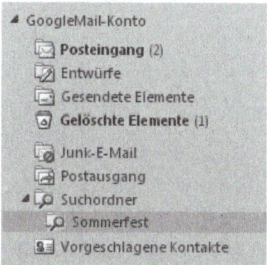

Wenn Sie einen Suchordner nicht mehr benötigen, klicken Sie ihn mit der rechten Maustaste an und wählen im Kontextmenü den Befehl *Ordner löschen*. Bestätigen Sie die Meldung, die Outlook anzeigt, mit einem Klick auf *Ja*.

E-Mail-Regeln erstellen

Etwas weiter vorn in diesem Kapitel haben Sie gesehen, wie Sie neue Ordner erstellen und die Farbkategorien verwenden können, um Ihre E-Mail-Nachrichten so besser zu verwalten. Das Verschieben in einen anderen Ordner oder das Zuweisen einer Farbkategorie haben Sie bisher immer manuell gemacht. Sie können diese Aufgabe aber auch automatisieren und von Outlook erledigen lassen. Dazu erstellen Sie eine Regel, in der festgelegt ist, welche Kriterien eine E-Mail erfüllen muss (beispielsweise von einem bestimmten Absender stammen) und was dann mit dieser E-Mail passieren soll (beispielsweise in einen Ordner verschieben oder eine Farbkategorie zuweisen).

Die von Ihnen definierten Regeln werden von Outlook entweder beim Versenden oder beim Empfangen einer E-Mail ausgewertet und dann werden, sollten die von Ihnen festgelegten Kriterien zutreffen, die entsprechenden Aktionen durchgeführt.

Gehen Sie folgendermaßen vor, um eine Regel zu erstellen:

1. Wechseln Sie zur Registerkarte *Start* und klicken Sie in der Gruppe *Verschieben* auf *Regeln* und dann auf *Regeln und Warnungen verwalten*. Das Dialogfeld *Regeln und Benachrichtigungen* wird angezeigt. Wechseln Sie falls erforderlich zur Registerkarte *E-Mail-Regeln*.

Bild 47.17 Auf dieser Registerkarte sehen Sie die erstellten Regeln. Außerdem können Sie hier neue Regeln erstellen und die Reihenfolge festlegen, in der die Regeln angewendet werden.

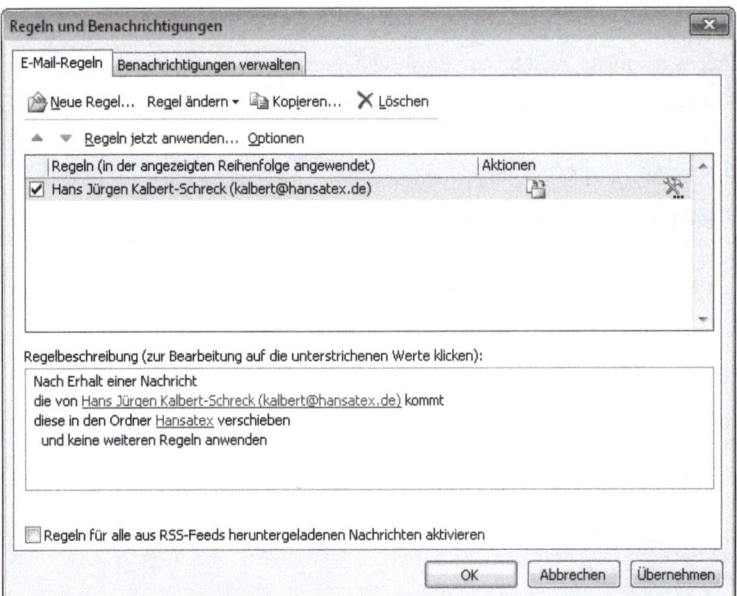

TIPP **Mehrere Regeln** Auf der Registerkarte *E-Mail-Regeln* werden alle definierten Regeln angezeigt. Bei Regeln, die aktiviert sind, ist das Kontrollkästchen in der betreffenden Zeile eingeschaltet. Wenn Sie mehrere Regeln definiert haben, werden diese in der Reihenfolge angewendet, in der sie in der Liste aufgeführt sind. Um die Reihenfolge zu ändern, markieren Sie die Regel, die Sie verschieben wollen, und verwenden die beiden Schaltflächen oberhalb der Liste, um die Position der Regel zu verändern.

2. Klicken Sie auf die Schaltfläche *Neue Regel*. Das Dialogfeld *Regel-Assistent* wird angezeigt.

Das Erstellen einer E-Mail-Regel vollzieht sich in zwei Schritten, die auch im Dialogfeld *Regel-Assistent* abgebildet sind. Im ersten Schritt wählen Sie eine Regelvorlage aus, die allgemein beschreibt, welche Bedingung die Regel überprüft (beispielsweise E-Mail eines bestimmten Absenders) und welche Aktion durchgeführt werden soll (beispielsweise E-Mail in einen bestimmten Ordner verschieben).

Im zweiten Schritt konkretisieren Sie die allgemeine Regelbeschreibung und legen hierbei dann beispielsweise den gewünschten Absender und bei der Aktion in Ordner verschieben den Zielordner fest.

Wenn Sie in den beiden Kategorien *Den Überblick behalten* und *Auf dem Laufenden* bleiben keine Vorlage finden, die Ihren Anforderungen entspricht, können Sie mit der Kategorie *Regel ohne Vorlage erstellen* eine der beiden Optionen auswählen, um so eine Regel völlig neu zu erstellen, die entweder bei der Ankunft oder beim Versenden einer E-Mail durchgeführt werden soll.

Die nachfolgenden Schritte beschreiben exemplarisch das Erstellen einer Regel mit und ohne eine Vorlage. Die erste Regel soll E-Mails von einem bestimmten Absender in einen Ordner verschieben.

Bild 47.18   Der Regel-Assistent hilft Ihnen beim Erstellen von E-Mail-Regeln, die entweder beim Versand oder beim Empfang von E-Mail-Nachrichten ausgeführt werden können

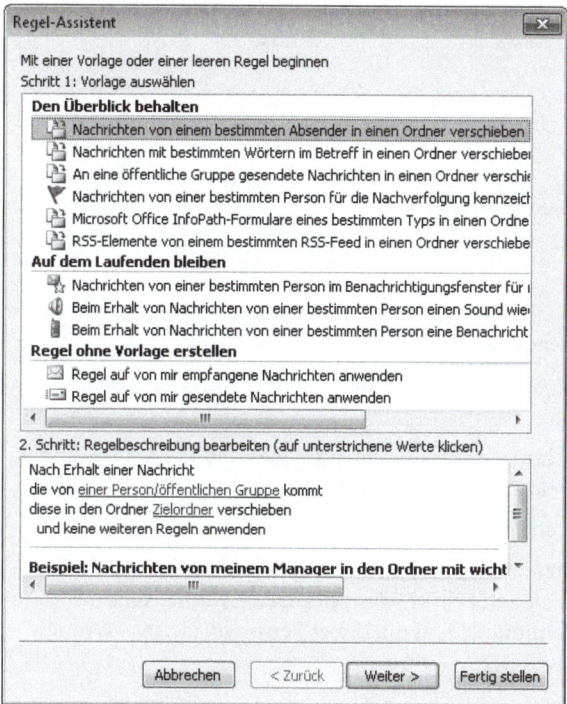

3. Markieren Sie in der Kategorie *Den Überblick behalten* den Eintrag *Nachricht von einem bestimmten Absender in einen Ordner verschieben*.

4. Klicken Sie im Feld *2. Schritt* auf den Link *einer Person/öffentlichen Gruppe*. Das Dialogfeld *Regel-Adressen* wird angezeigt (siehe Abbildung auf der nächsten Seite).

Bild 47.19   Wählen Sie in diesem Dialogfeld die Person bzw. Verteilerliste aus, für die die Regel gelten soll

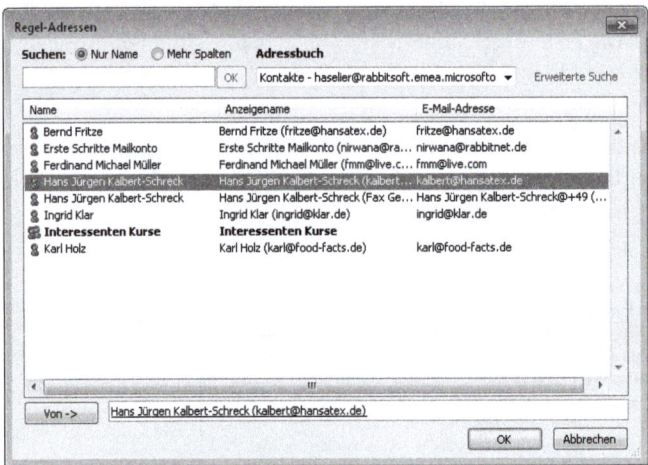

5.   Markieren Sie in der Liste den gewünschten Absender, klicken Sie auf *Von* und dann auf *OK*. Der ausgewählte Absender wird im Feld *2. Schritt* angezeigt.

6.   Klicken Sie im Feld *2. Schritt* auf den Link *Zielordner*. Das Dialogfeld *Regeln und Benachrichtigungen* wird angezeigt.

7.   Markieren Sie in der Liste den gewünschten Ordner und klicken Sie auf *OK*. Der ausgewählte Zielordner wird im Feld *2. Schritt* angezeigt.

8.   Klicken Sie auf *Fertig stellen*.

Erstellen Sie nun eine weitere Regel, die alle E-Mails, die Sie an den in Schritt 5 ausgewählten Kontakt schreiben, ebenfalls in den in Schritt 6 festgelegten Zielordner verschiebt. Auf diese Weise landet die gesamte E-Mail-Kommunikation mit dieser Person im gleichen Ordner.

1.   Klicken Sie auf die Schaltfläche *Neue Regel*.

2.   Markieren Sie in der Kategorie *Regel ohne Vorlage erstellen* den Eintrag *Regel auf von mir gesendete Nachrichten anwenden*.

3.   Klicken Sie auf *Weiter*.

4.   Schalten Sie das Kontrollkästchen *die an eine Person/öffentliche Gruppe gesendet wurde* ein.

5.   Klicken Sie im Feld *2. Schritt* auf *eine Person/öffentliche Gruppe*. Das Dialogfeld *Regel-Adressen* wird angezeigt. Wählen Sie dort den gewünschten Kontakt aus.

Bild 47.20   Wenn Sie eine Regel ohne Vorlage erstellen, wählen Sie im ersten Schritt die Bedingung aus, die von der Regel überprüft werden soll

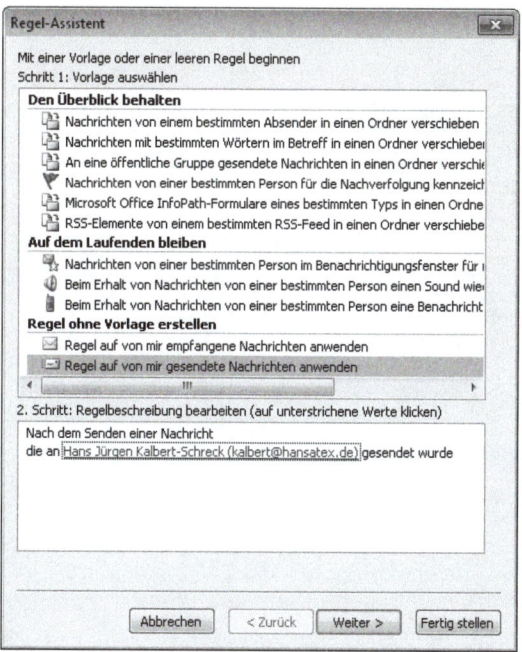

> **TIPP**   **Regeln mit mehreren Bedingungen und/oder mehreren Aktionen**   Wenn Sie eine Regel ohne Vorlage erstellen, ist es möglich, mehrere Bedingungen festzulegen. Schalten Sie dazu einfach die Kontrollkästchen vor den Bedingungen ein, die Sie auswerten lassen möchten. Damit die zugehörige Aktion durchgeführt wird, müssen alle definierten Bedingungen zutreffen. Sie können auch mehrere Aktionen festlegen, indem Sie (wie weiter unten gezeigt) bei allen Aktionen, die ausgeführt werden sollen, das Kontrollkästchen einschalten.

6.   Klicken Sie auf *Weiter*. Sie können jetzt die Aktion festlegen, die ausgeführt werden soll.

7.   Schalten Sie das Kontrollkästchen *eine Kopie davon in den Ordner Zielordner verschieben* ein und klicken Sie anschließend im Feld *2. Schritt* auf *Zielordner*. Das Dialogfeld *Regel und Benachrichtigungen* wird angezeigt.

8.   Markieren Sie in der Liste den Zielordner und klicken Sie dann auf *OK*.

9.   Klicken Sie auf *Fertig stellen*. Im Dialogfeld *Regeln und Benachrichtigungen* werden die neu erstellten Regeln angezeigt.

Bild 47.21 Wenn Sie eine Regel ohne Vorlage erstellen, legen Sie die Aktion fest, die ausgeführt werden soll

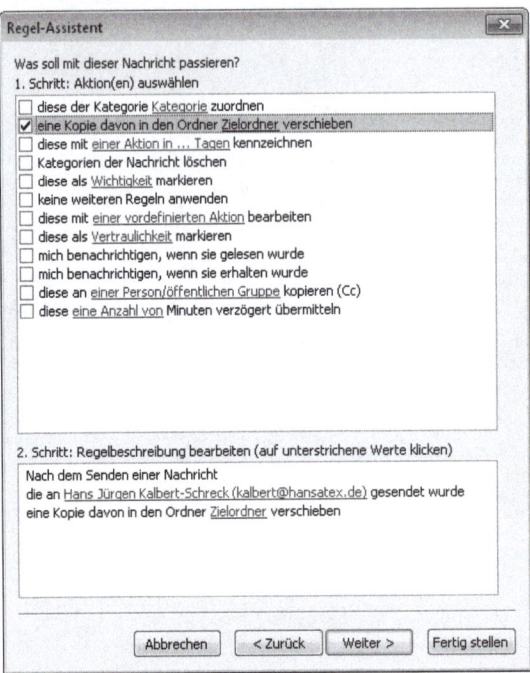

Bild 47.22 Die beiden neuen Regeln werden angezeigt. Die Regelbeschreibung sehen Sie im unteren Bereich des Dialogfeldes. Wenn Sie eine erstellte Regel anpassen wollen, markieren Sie die Regel und klicken auf einen der unterstrichenen Werte.

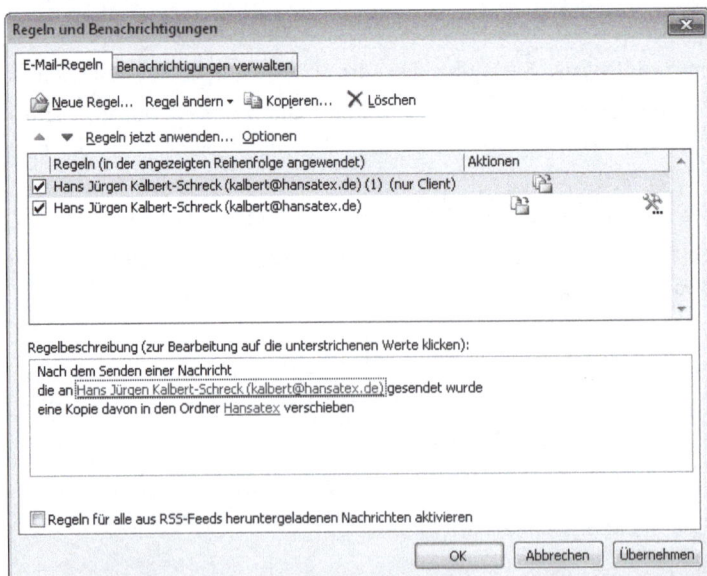

Weitere Optionen für den E-Mail-Versand

In Kapitel 46 haben Sie gesehen, wie Sie E-Mails erstellen und versenden können. Dieser Abschnitt stellt Ihnen überblicksartig drei weitere Optionen vor, die Sie beim Erstellen von E-Mail-Nachrichten verwenden können.

Priorität der E-Mail-Nachricht festlegen

Beim Erstellen einer Nachricht können Sie deren Wichtigkeit festlegen. Neben der Stufe *Standard* stehen Ihnen die Stufen *Hoch* und *Niedrig* zur Verfügung. Um die Priorität festzulegen, klicken Sie auf der Registerkarte *Nachricht* in der Gruppe *Kategorien* entweder auf *Wichtigkeit: hoch* oder auf *Wichtigkeit: niedrig*.

Bild 47.23 Mit diesen Schaltflächen legen Sie die Priorität einer Nachricht fest

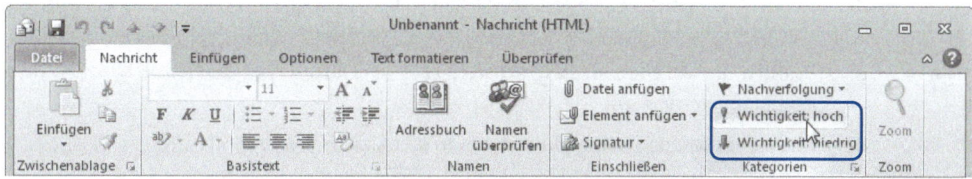

Die Priorität einer Nachricht wird von Outlook im Posteingang in einer eigenen Spalte angezeigt. Die Priorität kann außerdem beim Suchen nach Nachrichten und beim Erstellen von Nachrichtenregeln verwendet werden.

Übermittlungs- und Lesebestätigung anfordern

Wenn eine E-Mail-Nachricht in Ihrem Ordner *Gesendete Elemente* liegt, wissen Sie nicht, ob diese auch wirklich an den Empfänger übermittelt oder ob die Nachricht vom Empfänger gelesen wurde. Sie können bei wichtigen Nachrichten zwei Verlaufsoptionen verwenden und sowohl eine Übermittlungs- als auch eine Lesebestätigung anfordern.

Hierzu öffnen Sie beim Erstellen der E-Mail die Registerkarte *Optionen* und schalten in der Gruppe *Verlauf* entweder das Kontrollkästchen *Übermittlungsbestätigung anfordern* oder das Kontrollkästchen *Lesebestätigung anfordern* oder beide ein.

Bild 47.24 Mit diesen Kontrollkästchen können Sie eine Übermittlungs- und/oder Lesebestätigung für die aktuelle E-Mail-Nachricht anfordern

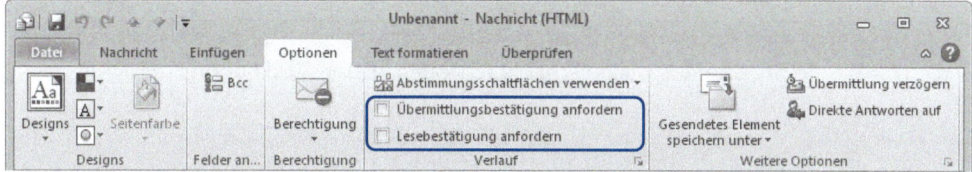

Die Übermittlungsbestätigung informiert Sie lediglich darüber, dass die E-Mail im Postfach des Empfängers abgelegt wurde, aber nicht, dass der Empfänger die Nachricht geöffnet oder gelesen hat. Sie können sich nicht hundertprozentig darauf verlassen, dass Sie immer eine Lesebestätigung erhalten, da bei Microsoft Outlook und auch bei anderen E-Mail-Programmen der Nachrichten-empfänger die Möglichkeit hat, das Senden einer Lesebestätigung abzulehnen.

Verzögerte Übermittlung

Wenn Sie möchten, dass eine Nachricht nicht sofort, sondern zu einem späteren Zeitpunkt versendet wird, können Sie das Feature verzögerte Übermittlung verwenden.

Beachten Sie, dass Outlook gestartet sein muss, damit dieses Feature bei POP3-Konten funktio-niert. Bei Verwendung eines Kontos auf einem Exchange Server wird die E-Mail-Nachricht von Exchange zu dem festgelegten Zeitpunkt versendet und Outlook muss daher nicht gestartet bleiben.

1. Erstellen Sie wie in Kapitel 46 beschrieben eine neue E-Mail-Nachricht.
2. Wechseln Sie zur Registerkarte *Optionen* und klicken Sie in der Gruppe *Weitere Optionen* auf *Übermittlung verzögern*. Das Dialogfeld *Eigenschaften* wird angezeigt.
3. Wählen Sie für *Übermittlung verzögern bis* das Datum und die Uhrzeit aus, an dem die E-Mail versendet werden soll.
4. Schließen Sie das Dialogfeld mit einem Klick auf *Schließen*.

Bild 47.25 Legen Sie im Dialogfeld *Eigenschaften* das Datum und die Uhrzeit fest, zu der die Nachricht versendet werden soll

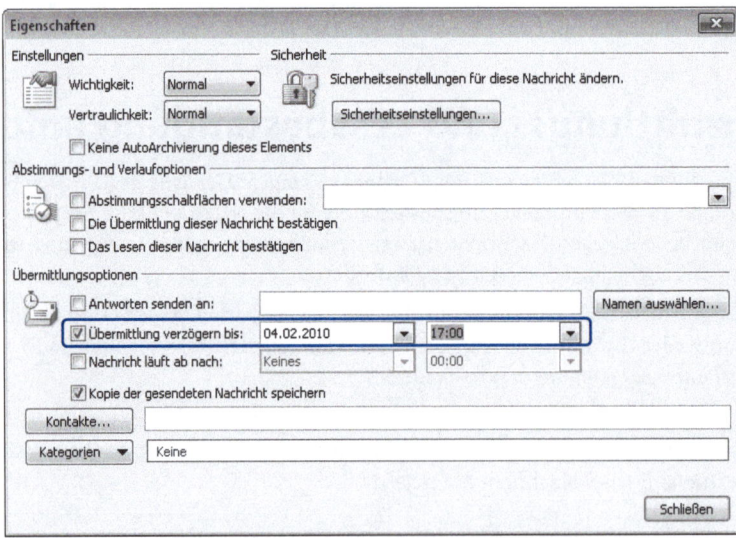

5. Stellen Sie die E-Mail-Nachricht fertig und klicken Sie dann auf *Senden*.

Automatische Signatur einrichten

Sie können mit der sogenannten AutoSignatur-Funktion automatisch am Ende einer Nachricht einen beliebigen Text anhängen. Dieser Text kann beispielsweise einen freundlichen Gruß oder Absenderangaben enthalten.

Führen Sie folgende Schritte durch, um eine Signatur zu erstellen:

1. Wechseln Sie zur Registerkarte *Datei* und klicken Sie auf *Optionen*.

2. Wechseln Sie zur Kategorie *E-Mail* und klicken Sie auf *Signaturen*.

Bild 47.26   Hierüber öffnen Sie das Dialogfeld, um Signaturen zu erstellen und zu bearbeiten

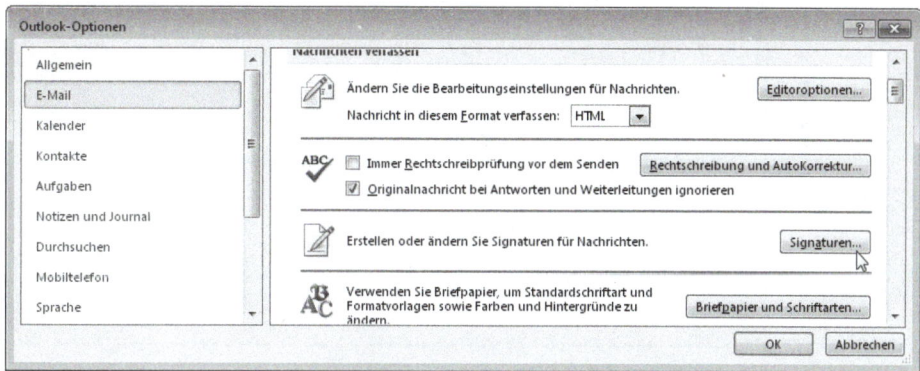

Das Dialogfeld *Signaturen und Briefpapier* wird angezeigt.

3. Klicken Sie auf *Neu*. Das Dialogfeld *Neue Signatur* wird angezeigt.

Bild 47.27   Legen Sie als Erstes den Namen für die Signatur fest

4. Geben Sie einen Namen für die neue Signatur ein und klicken Sie dann auf *OK*. Sie kehren zum Dialogfeld *Signaturen und Briefpapier* zurück.

Bild 47.28　Auf dieser Registerkarte können Sie Ihre Signaturen erstellen und bearbeiten. Außerdem können Sie festlegen, welche Signatur für welches E-Mail-Konto verwendet werden soll und ob die Signatur nur bei neuen Nachrichten oder auch bei Antworten und Weiterleitungen angefügt werden soll.

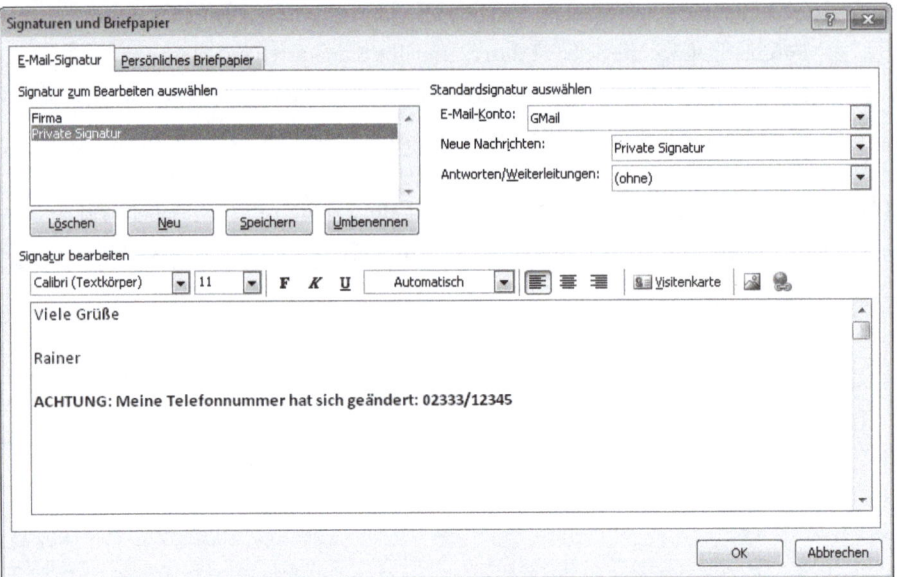

5. Geben Sie in das Feld *Signatur bearbeiten* den Text ein, den Sie als Signatur verwenden wollen. Sie können die verschiedenen Formatierungsschaltflächen benutzen, wenn Sie andere Schriftarten oder Hervorhebungen verwenden wollen.

6. Öffnen Sie die Liste *E-Mail-Konto* und wählen Sie dort das Konto aus, für das die Signatur verwendet werden soll.

TIPP　**Outlook passt Signatur automatisch an das benutzte Konto an**　In der neuen Outlook-Version wurde auch der Umgang mit Signaturen und mehreren Konten verbessert. Wenn Sie mehrere Konten eingerichtet und für die Konten unterschiedliche Signaturen angelegt haben, reicht es nun aus, beim Versenden der E-Mail das Konto zu wechseln (siehe hierzu den Abschnitt »E-Mail-Versand bei mehreren Konten« in Kapitel 46), und Outlook ersetzt eine vorhandene Signatur durch die Standardsignatur, die dem neuen Konto zugeordnet ist.

7. Wählen Sie dann über die Pfeilschaltfläche neben *Neue Nachrichten* die Signatur aus, die automatisch an Ihre Nachrichten angehängt werden soll. Wollen Sie später nicht mehr, dass eine Signatur eingefügt wird, wählen Sie den Eintrag *(ohne)*.

8. Klicken Sie auf *Speichern* und dann auf *OK*, um die Einstellungen zu übernehmen.

TIPP　**Keine Signatur für Antworten und Weiterleitungen**　Für Antworten und Weiterleitungen ist es sinnvoll, standardmäßig keine Signatur anzuhängen. Wenn Sie möchten, können Sie aber auch hier eine Ihrer Signaturen auswählen, oder Sie erstellen eine spezielle Signatur für Antworten und Weiterleitungen, die dann knapper gehalten sein sollte.

Wenn Sie eine Signatur zu einem späteren Zeitpunkt bearbeiten wollen, öffnen Sie das Dialogfeld *Signaturen und Briefpapier* und markieren in der Liste *Signatur zum Bearbeiten auswählen* die Signatur, die Sie verändern möchten.

Signatur verwenden

Wenn Sie nun eine neue E-Mail-Nachricht erstellen, erscheint die Signatur für neue Nachrichten sofort im großen Eingabefeld. Bei der Signatur handelt es sich um ganz normalen Text, den Sie einfach ändern oder löschen können.

Auch wenn Sie keine Standardsignatur gewählt haben, können Sie eine Ihrer Signaturen gezielt einfügen, indem Sie auf der Registerkarte *Start* in der Gruppe *Einschließen* auf *Signatur* klicken und im Menü die gewünschte Signatur auswählen.

Bild 47.29 Auch beim Verfassen einer E-Mail-Nachricht können Sie eine Signatur auswählen

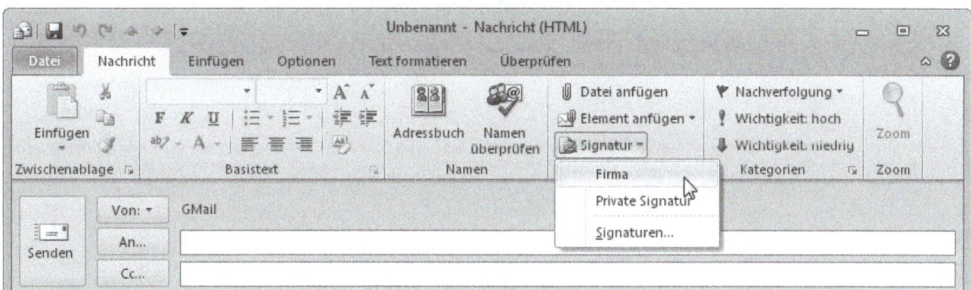

Aus E-Mails werden Aufgaben

Wenn Sie eine E-Mail erhalten, können Sie die Outlook-Kennzeichnungen verwenden, damit Sie nicht vergessen, die Nachricht auf die eine oder andere Weise nachzuverfolgen. Outlook enthält eine Reihe von Standardkennzeichnungen mit Daten (beispielsweise *Heute, Morgen* oder *Nächste Woche*). Sie können den so gekennzeichneten Nachrichten auch benutzerdefinierte Daten oder Erinnerungen zuweisen. Wenn Sie eine E-Mail-Nachricht gekennzeichnet haben, wird dies im Posteingang in einer eigenen Spalte angezeigt.

Eines der neuen Features seit Outlook 2007 ist die bessere Integration der Aufgaben, der Elemente, die zur Nachverfolgung gekennzeichnet wurden, und des Kalenders. Dadurch werden gekennzeichnete Elemente auch in der Aufgabenliste der Aufgabenleiste, im Kalender unter *Tägliche Aufgabenliste* und im Aufgaben-Modul angezeigt. Weitere Informationen zu den neuen Outlook-Features finden Sie in Kapitel 44, der Kalender und die tägliche Aufgabenliste werden in Kapitel 51 beschrieben und das Aufgaben-Modul wird in Kapitel 52 vorgestellt.

Eine Nachricht zur Nachverfolgung kennzeichnen

Um eine Nachricht zur Nachverfolgung zu kennzeichnen, gehen Sie folgendermaßen vor:

1. Doppelklicken Sie auf die Nachricht im Posteingang, um das Formular zum Lesen von Nachrichten zu öffnen.

2. Klicken Sie in einer geöffneten Nachricht auf der Registerkarte *Nachricht* in der Gruppe *Kategorien* auf *Nachverfolgung* und klicken Sie anschließend auf eine der Kennzeichnungen (siehe Tabelle 47.1).

Bild 47.30 Über die Schaltfläche *Nachverfolgung* können Sie eine E-Mail-Nachricht mit einer Kennzeichnung versehen

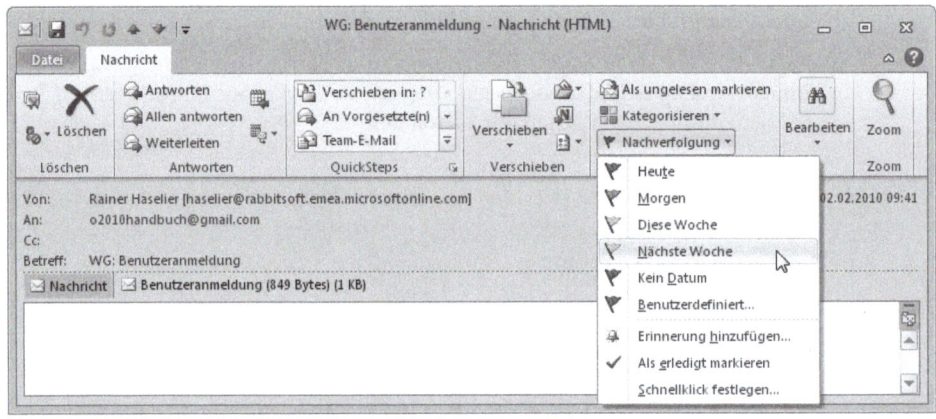

3. Schließen Sie die Nachricht.

Wenn Sie nun zum Kalender wechseln und dort den Zeitraum anzeigen lassen, zu dem die Nachverfolgung beginnen soll, sehen Sie für diese E-Mail-Nachricht in der täglichen Aufgabenliste einen Eintrag. Auch in der Aufgabenliste am unteren Ende der Aufgabenleiste wurde für diese Nachverfolgung ein Eintrag hinzugefügt.

Sie können auch in der Liste des Posteingangs eine Nachricht mit einer Kennzeichnung versehen: Klicken Sie die gewünschte Nachricht mit der rechten Maustaste an, zeigen Sie auf *Zur Nachverfolgung* und wählen Sie eine Kennzeichnung aus. Das Menü, das dort angezeigt wird, entspricht dem, das Sie auch in der obigen Abbildung sehen.

Tabelle 47.1 Die verschiedenen Kennzeichnungen zur Nachverfolgung

Kennzeichnung	Beginnt am	Fällig am	Erinnerung
Heute	Aktuelles Datum	Aktuelles Datum	1 Stunde vor Ende des aktuellen Arbeitstags
Morgen	Aktuelles Datum plus ein Tag	Aktuelles Datum plus ein Tag	Startzeit des aktuellen Tages plus ein Arbeitstag
Diese Woche	Aktuelles Datum plus zwei Tage, aber nicht später als der letzte Arbeitstag dieser Woche	Letzter Arbeitstag dieser Woche	Startzeit des aktuellen Tags plus zwei Arbeitstage
Nächste Woche	Erster Arbeitstag der nächsten Woche	Letzter Arbeitstag der nächsten Woche	Startzeit des ersten Arbeitstags der nächsten Woche

Tabelle 47.1 Die verschiedenen Kennzeichnungen zur Nachverfolgung *(Forsetzung)*

Kennzeichnung	Beginnt am	Fällig am	Erinnerung
Kein Datum	Kein Datum	Kein Datum	Aktuelles Datum
Benutzerdefiniert	Das Dialogfeld *Benutzerdefiniert* wird angezeigt. Dort können Sie das Anfangs- datum und das Enddatum der Aufgabe festlegen sowie den Zeitpunkt der Erinnerung einstellen.		

Bild 47.31 Aus der Nachverfolgungskennzeichnung hat Outlook automatisch eine Aufgabe erstellt

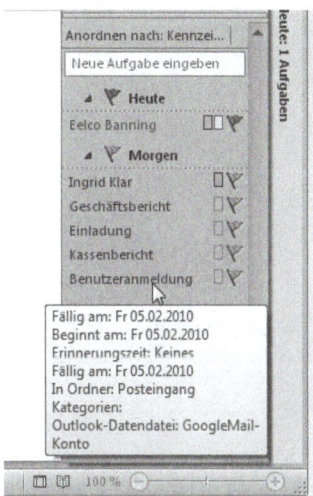

Kennzeichnung entfernen oder Nachverfolgung als erledigt markieren

Um die Kennzeichnung zu entfernen, können Sie das Element als erledigt markieren oder die Kennzeichnung deaktivieren:

- Um die Kennzeichnung zu löschen, klicken Sie im Posteingang die Spalte *Kennzeichnungs- status* mit der rechten Maustaste an und wählen den Befehl *Kennzeichnung löschen*.

- Um die Nachverfolgung als erledigt zu markieren, klicken Sie im Posteingang die Spalte *Kennzeichnungsstatus* mit der rechten Maustaste an und wählen den Befehl *Als erledigt mar- kieren*.

Bild 47.32 Das Kontextmenü, das Sie in dieser Abbildung sehen, steht Ihnen immer dann zur Verfügung, wenn Sie an einer beliebigen Stelle in Outlook auf ein Nachverfolgungskennzeichen (die kleine Flagge) klicken

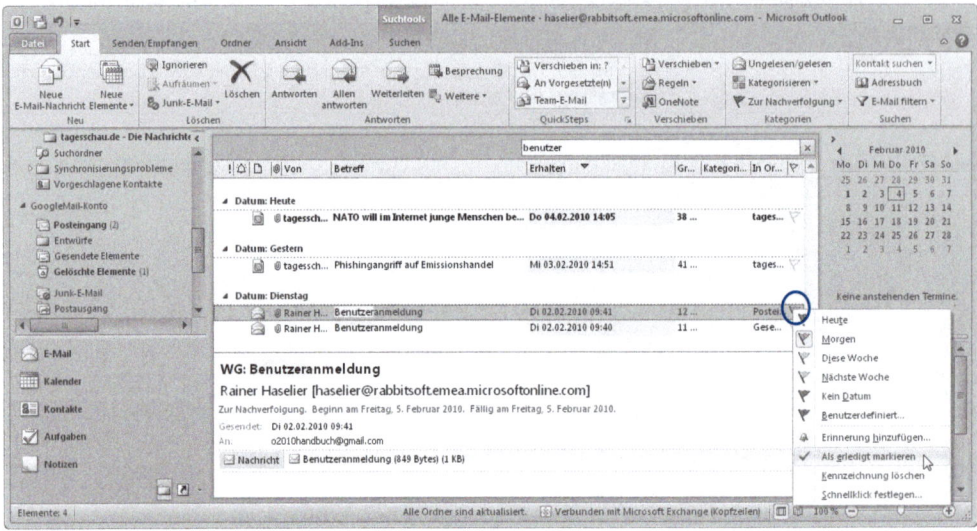

QuickSteps verwenden und anpassen

Eines der neuen Features von Outlook 2010 sind die sogenannten QuickSteps. Ein QuickStep hilft, wiederkehrende Aufgaben bei der Verwaltung des Postfachs zu automatisieren, da in einem Quick-Step mehrere Aktionen zusammengefasst werden, die alle durch Anklicken einer einzigen Schalt-fläche ausgeführt werden. Outlook enthält einige vordefinierte QuickSteps, die Sie anpassen kön-nen. Außerdem ist es möglich, eigene QuickSteps zu erstellen.

Die QuickSteps stehen Ihnen im Modul *E-Mail* auf der Registerkarte *Start* in der Gruppe *QuickSteps* zur Verfügung. Wenn Sie die Schaltfläche *Weitere* anklicken, wird das Dropdownmenü mit allen QuickSteps geöffnet (siehe Abbildung auf der nächsten Seite). Außerdem können Sie mit weiteren Befehlen des Menüs die vorhandenen QuickSteps anpassen und neue erstellen.

Bild 47.33 Das geöffnete QuickSteps-Dropdownmenü

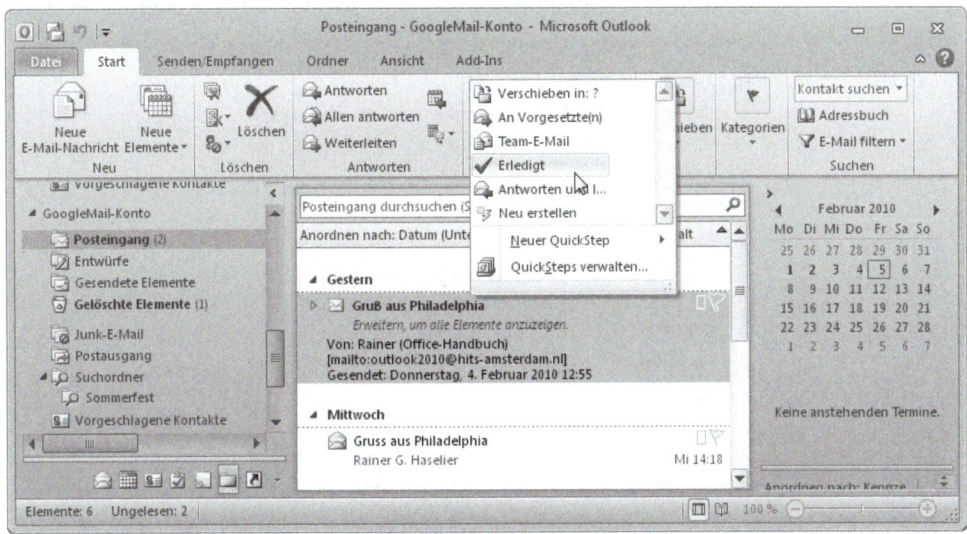

Die folgende Tabelle enthält eine kurze Übersicht zu den vordefinierten QuickSteps.

Tabelle 47.2 Die vordefinierten QuickSteps

Name	Beschreibung, Aktionen
Verschieben in	Verschiebt die ausgewählte Nachricht in einen E-Mail-Ordner; die Nachricht wird als gelesen gekennzeichnet.
An Vorgesetzten	Leitet eine E-Mail-Nachricht an einen oder mehrere Empfänger weiter.
Team-E-Mail	Erstellt eine neue E-Mail-Nachricht an die Mitglieder Ihres Teams. Bei der ersten Verwendung wählen Sie die E-Mail-Empfänger aus.
Erledigt	Verschiebt die ausgewählte Nachricht in einen E-Mail-Ordner; außerdem wird die Nachricht sowohl als gelesen als auch als erledigt gekennzeichnet.
Antworten und löschen	Öffnet ein Antwortformular für die ausgewählte Nachricht; gleichzeitig wird die ursprüngliche Nachricht gelöscht.
Neu erstellen	Öffnet das Dialogfeld *QuickStep bearbeiten*. Dort können Sie einen neuen QuickStep erstellen und die gewünschten Aktionen festlegen.

QuickStep verwenden

Führen Sie folgende Schritte durch, um einen QuickStep zu verwenden. Beachten Sie, dass bei einigen der vordefinierten QuickSteps ein Konfigurationsdialogfeld angezeigt wird, wenn Sie den QuickStep zum ersten Mal verwenden.

1. Wechseln Sie zum Modul *E-Mail* und klicken Sie auf der Registerkarte *Start* in der Gruppe *QuickSteps* auf die Schaltfläche *Weitere*.

    Das Dropdownmenü für QuickSteps wird geöffnet.

2. Klicken Sie den gewünschten QuickStep an.

Einige der QuickSteps müssen bei der ersten Verwendung konfiguriert werden. Wenn Sie beispielsweise den QuickStep *Erledigt* anklicken, zeigt Outlook das folgende Dialogfeld an:

Bild 47.34   Einrichten des QuickSteps *Erledigt*

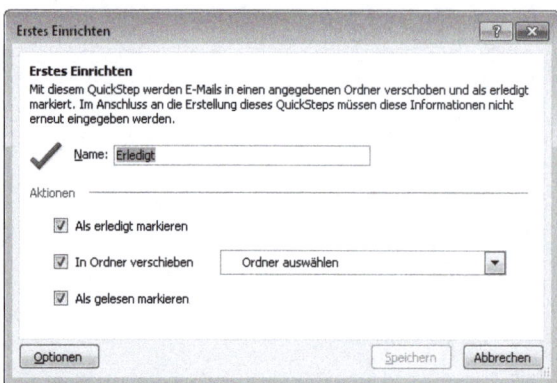

3.   Geben Sie in das Feld *Name* einen Namen für den QuickStep ein, wenn Sie den vorgeschlagenen Namen ändern möchten.

Im Bereich *Aktionen* sind die Aktionen aufgeführt, die der QuickStep ausführt.

4.   Öffnen Sie das Listenfeld *Ordner auswählen* und wählen Sie den Ordner aus, in den die E-Mail verschoben werden soll.

5.   Klicken Sie auf *Speichern*.

Dieser QuickStep ist nun konfiguriert und Outlook führt die eingestellten Aktionen für die markierte E-Mail-Nachricht durch.

Neuen QuickStep erstellen

Führen Sie folgende Schritte durch, um einen neuen QuickStep zu erstellen:

1.   Wechseln Sie zum Modul *E-Mail* und klicken Sie auf der Registerkarte *Start* in der Gruppe *QuickSteps* auf die Schaltfläche *Weitere*.

Das Dropdownmenü für QuickSteps wird geöffnet.

2.   Klicken Sie auf *Neuer QuickStep*.

Das Dialogfeld QuickStep bearbeiten wird geöffnet.

3.   Geben Sie in das Feld *Name* einen Namen für den QuickStep ein.

4.   Klicken Sie auf das Bild neben dem Feld *Name* und wählen Sie im Dialogfeld *Symbol auswählen* ein Bild für den QuickStep aus. Dieses Bild wird in der QuickSteps-Liste auf der Registerkarte *Start* angezeigt.

5.   Öffnen Sie im Bereich *Aktionen* das Listenfeld *Aktion auswählen*. In der Liste sind alle Aktionen aufgeführt, die mittels eines QuickSteps automatisiert werden können. Die Abbildung auf der folgenden Seite zeigt exemplarisch die Auswahl der Aktion *Nachricht kategorisieren*.

6. Bei zahlreichen Aktionen sind weitere Angaben erforderlich. Für die Aktion *Nachricht kategorisieren* muss beispielsweise noch die Kategorie ausgewählt werden. Öffnen Sie dazu das entsprechende Listenfeld und nehmen Sie die weiteren Angaben vor.

Bild 47.35   Mit diesem Dialogfeld erstellen und bearbeiten Sie die QuickSteps

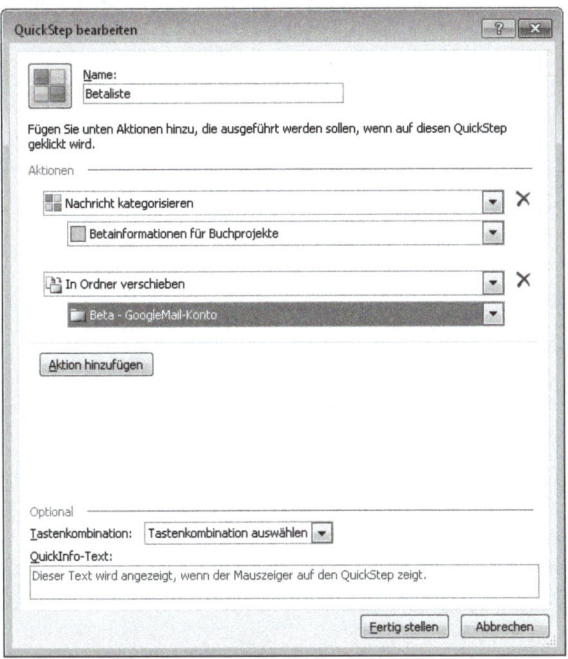

7. Wenn Sie durch den QuickStep weitere Aktionen ausführen lassen möchten, klicken Sie auf *Aktion hinzufügen* und wiederholen für die neue Aktion die Schritte 5 und 6.

8. Um den QuickStep mit einer Tastenkombination aufrufen zu können, öffnen Sie das Listenfeld *Tastenkombination* und wählen die gewünschte Tastenkombination aus.

9. Geben Sie in das Feld *QuickInfo-Text* einen kurzen Text ein, der angezeigt werden soll, wenn der Mauszeiger auf dem QuickStep steht.

10. Klicken Sie auf *Fertig stellen.*

QuickSteps bearbeiten

Alle QuickSteps können bearbeitet werden, d.h., Sie können die zugewiesenen Aktionen ändern oder erweitern oder nicht mehr benötigte QuickSteps löschen. Klicken Sie dazu auf der Registerkarte *Start* in der Gruppe *QuickSteps* auf die Schaltfläche *Weitere* und dann auf *QuickSteps verwalten*. Outlook zeigt das gleichnamige Dialogfeld an. Führen Sie in dem Dialogfeld eine der folgenden Aktionen durch:

■   Um einen QuickStep zu löschen, markieren Sie ihn in der Liste *QuickSteps,* und klicken dann auf *Löschen.*

■ Um einen QuickStep zu bearbeiten, markieren Sie ihn in der Liste *QuickStep* und klicken dann auf *Bearbeiten.* Outlook zeigt daraufhin das Dialogfeld *QuickStep bearbeiten* an, in dem Sie die Aktionen ändern oder erweitern können.

■ Verwenden Sie die beiden Pfeilschaltflächen unterhalb der Liste *QuickStep,* um die Reihenfolge der QuickSteps zu ändern. Hierbei wird immer der markierte QuickStep verschoben. Die QuickSteps werden auf der Registerkarte *Start* in der hier festgelegten Reihenfolge angezeigt.

Bild 47.36 Alle Funktionen zur Verwaltung von QuickSteps finden Sie in diesem Dialogfeld

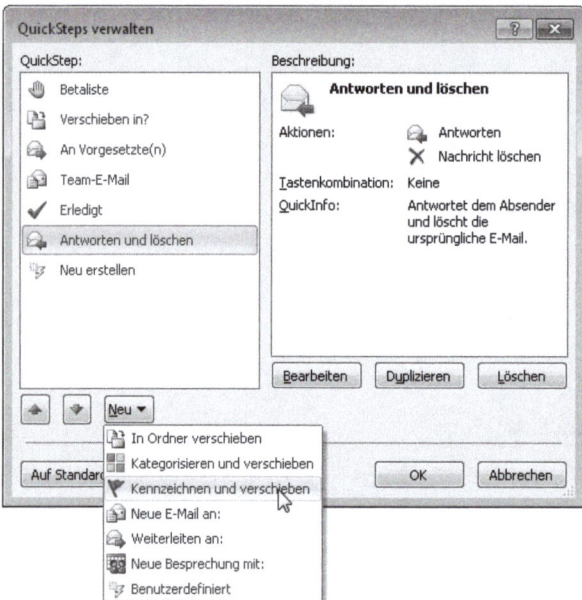

■ Klicken Sie auf die Schaltfläche *Neu,* um einen neuen QuickStep zu erstellen. Wenn Sie einen QuickStep mit einer der Standardaktionen erstellen wollen, klicken Sie die gewünschte Aktion an. Anderenfalls klicken Sie auf *Benutzerdefiniert.* In beiden Fällen wird das Dialogfeld *QuickStep bearbeiten* angezeigt, in dem Sie die Aktionen einrichten können.

Unerwünschte Junk-E-Mail filtern

Outlook bietet eine Junk-E-Mail-Funktion, die automatisch E-Mails, bei denen es sich offensichtlich um unerwünschte E-Mails handelt, in den Ordner *Junk-E-Mail* verschiebt. Dieser Filter wertet unterschiedliche Kriterien aus und ist standardmäßig auf die niedrigste Stufe eingestellt, sodass die Gefahr gering ist, dass wichtige E-Mails fälschlicherweise im Ordner *Junk-E-Mail* verschwinden.

Zusätzlich zum automatischen Junk-E-Mail-Filter können Sie

■ *Absender zur Liste blockierter Absender hinzufügen*, sodass alle E-Mails, die Sie von diesen Absendern erhalten, im Ordner *Junk-E-Mail* landen,

■ *Absender zur Liste sicherer Absender hinzufügen,* deren E-Mails nie als Junk klassifiziert werden, und

- *Absender zur Liste sicherer Empfänger hinzufügen;* wenn Sie mehrere E-Mail-Adressen haben, können Sie eine oder mehrere davon zu den sicheren Empfängern hinzufügen, sodass keine an diese E-Mail-Adresse gerichtete E-Mail in den Ordner *Junk-E-Ma*il verschoben wird.

Um eine E-Mail entsprechend zu kennzeichnen, gehen Sie wie folgt vor:

1. Klicken Sie mit der rechten (!) Maustaste auf die E-Mail, zeigen Sie im Kontextmenü auf *Junk-E-Mail* und wählen Sie im Untermenü den gewünschten Eintrag.

Bild 47.37   Über dieses Kontextmenü können Sie einen Absender in die Liste der blockierten oder in die Liste der sicheren Absender aufnehmen

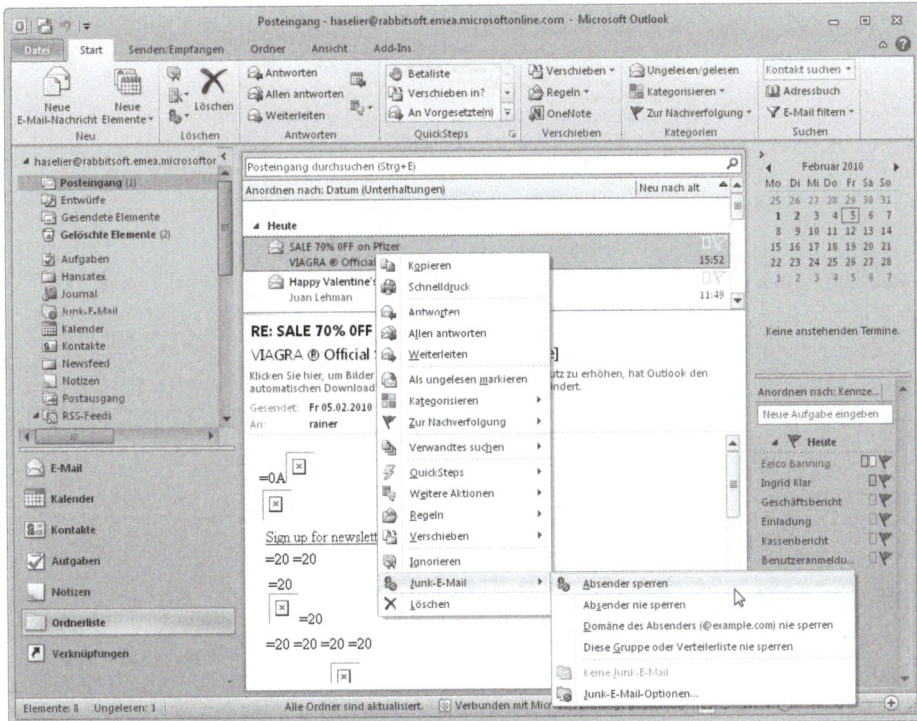

2. Wenn Sie im Untermenü auf *Junk-E-Mail-Optionen* klicken, können Sie die drei oben beschriebenen Listen einsehen und gegebenenfalls ändern und außerdem die Stufe des automatischen Filters anpassen, wobei Sie im Normalfall zunächst keine höhere Stufe einstellen sollten.

Bild 47.38

Auf dieser Registerkarte können Sie die Optionen für Junk-E-Mail einstellen; auf den Registerkarten *Sichere Empfänger, Blockierte Absender* und *Sichere Absender* können Sie die verschiedenen Listen einsehen und bearbeiten

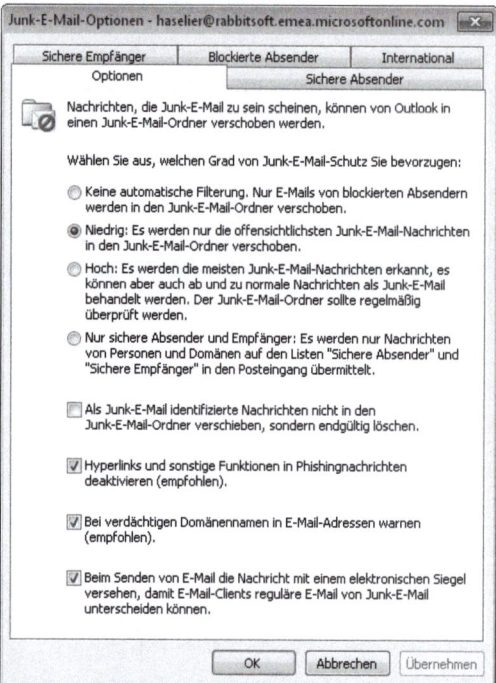

Sicherheit beim Mailen

Der Posteingang kann über das Internet zahlreichen Gefahren ausgesetzt sein, beispielsweise Spam, Viren oder Phishing.

Schutz vor Spam

Fast jeder E-Mail-Nutzer kennt die Flut an Massen-E-Mails, die oftmals den Posteingang überschwemmt. Das meiste davon fällt in die Kategorie Spam. Outlook tritt diesem Spam-Problem mittels des Junk-E-Mail-Filters entgegen, von dem eingehende Nachrichten automatisch bewertet und als Spam eingestufte Nachrichten an den Ordner *Junk-E-Mail* gesendet werden.

Outlook verfügt zudem über ein weiteres Anti-Spam-Feature. In Nachrichten im HTML-Format sind oftmals Bilder oder Sounds von externen Internetquellen enthalten. Diese Technik wird gerne von seriösen Absendern eingesetzt, die das Einbetten umfangreicher Grafiken in die Nachricht vermeiden möchten. Absender von Junk-E-Mails nutzen diese Möglichkeit jedoch oftmals als sogenanntes »Webbeacon«, um auf diese Weise an Ihre E-Mail-Adresse heranzukommen. Wenn Sie die Nachricht öffnen und der Inhalt automatisch heruntergeladen wird, lassen Sie den Absender unabsichtlich wissen, dass es sich bei der Adresse um eine gültige E-Mail-Adresse handelt. Ihre E-Mail-Adresse kann dann an Spammer verkauft werden, was ein noch höheres Spamaufkommen in Ihrem Postfach zur Folge hat. In Outlook ist das Blockieren des automatischen Herunterladens von Bildern deshalb standardmäßig aktiviert.

Schutz vor Phishing

Beim sogenannten Phishing handelt es sich um eine Vorgehensweise, durch die Sie zum Offenlegen privater Informationen wie Kontonummern oder Kennwörtern verleitet werden sollen. Phishing-nachrichten enthalten oftmals irreführende Hyperlinks zu nicht vertrauenswürdigen Websites, auf denen Sie zum Eingeben persönlicher Informationen gedrängt werden. Ihre persönlichen Informationen werden dann von Kriminellen dazu genutzt, Ihre Identität, Ihr Geld oder gar beides zu stehlen. Wenn Sie solch eine E-Mail im Posteingang sehen, wird dort als Absender eine Sparkasse, Bank o. Ä. angezeigt.

Da das Unterscheiden zwischen Phishing-E-Mails und seriösen Nachrichten, wie sie beispielsweise von Ihrer Bank versendet werden, nicht immer einfach ist, werden alle eingehenden Nachrichten vom Junk-E-Mail-Filter ausgewertet, um festzustellen, ob eine Nachricht möglicherweise verdächtig ist, verdächtige Hyperlinks enthält oder von einer unzulässigen E-Mail-Adresse stammt. Wird die Nachricht vom Filter als verdächtig eingestuft, wird sie an den Ordner *Junk-E-Mail* gesendet und die in der Nachricht enthaltenen Hyperlinks werden deaktiviert. Damit Sie nicht versehentlich auf eine Nachricht mit gefälschter E-Mail-Adresse antworten, sind die Funktionen *Antworten* und *Allen antworten* in solchen Nachrichten deaktiviert. Zusätzlich werden alle Anlagen in der verdächtigen Nachricht blockiert.

Wenn eine E-Mail fälschlicherweise als verdächtig eingestuft wurde, können Sie die Warnmeldung mit der rechten Maustaste anklicken und den Befehl *In Posteingang verschieben* auswählen. Sie haben dann wieder den vollen Zugriff auf die Nachricht.

Schutz vor Viren

Makroviren und andere Virentypen werden häufig über Anlagen versendet, die einer E-Mail-Nachricht beigefügt sind. Vor diesen Viren schützen Sie sich am besten, indem Sie eine Anti-Virus-Software installieren und darauf achten, dass Sie diese regelmäßig aktualisieren, damit Sie auch vor neuen Viren geschützt sind.

Es gibt verschiedene Anti-Virus-Software, die sich in den Datenverkehr zwischen Outlook und Ihrem E-Mail-Server einklinken und alle E-Mails bereits auf Viren untersuchen, während diese vom E-Mail-Server abgerufen werden. Viele Programme können dabei dann auch die E-Mail-Anlagen auf Viren untersuchen. Andere Programme wiederum greifen ein, wenn Sie eine E-Mail-Anlage auf Ihrem Computer speichern, da sie alle Schreib- und Lesevorgänge auf die Festplatte(n) Ihres Computers untersuchen.

Sie können auch selbst Ihren Teil dazu beitragen, sich vor Computerviren, die per E-Mail übertragen werden, zu schützen, indem Sie nur Anlagen speichern und öffnen, die von Absendern stammen, die Sie kennen und denen Sie vertrauen. Da häufig auch falsche E-Mail-Adressen als Absender verwendet werden, sollten Sie, wenn ein Rest Unsicherheit bleibt, ob die E-Mail-Nachricht von dem Absender stammt, der in der E-Mail angegeben ist, bei diesem nachfragen, ob die Mail wirklich von ihm stammt.

Zusammenfassung

Dieses Kapitel hat Sie mit vielen Outlook-Funktionen bekannt gemacht, die beim Verwalten und Organisieren Ihrer E-Mail-Nachrichten sehr hilfreich sind:

■ Im ersten längeren Abschnitt dieses Kapitels haben Sie verschiedene Ansichten des Posteingangs kennen gelernt und gesehen, wie Sie eingegangene E-Mail-Nachrichten gruppieren können und wie die Unterhaltungsansicht funktioniert (Seite 814). Die Spalten, die im Ansichtsbereich angezeigt werden, können Sie bei Bedarf anpassen (Seite 818) und die Spaltenüberschriften anklicken, um die Sortierreihenfolge zu ändern.

■ Wenn Sie den Lesebereich (siehe vorheriges Kapitel) nicht verwenden, bietet Ihnen Outlook die Möglichkeit, dennoch einen ersten Eindruck vom Inhalt der E-Mails zu erhalten, indem Sie die AutoVorschau einschalten (Seite 816). Natürlich ist es auch möglich, sowohl den Lesebereich als auch die AutoVorschau zu aktivieren.

■ Das größte Problem beim E-Mailen besteht häufig darin, den Überblick zu bewahren. Sie können weitere Ordner anlegen (Seite 820), um dort die Nachrichten nach Projekten, Kunden oder einem anderen Kriterium abzulegen. Die E-Mail-Nachrichten können Sie dann entweder manuell (Seite 820), durch eine Regel, die Sie selbst definieren (Seite 827) oder von einem QuickStep (Seite 840), in den gewünschten Ordner kopieren oder verschieben.

■ Auch innerhalb eines E-Mail-Ordners können Sie die Nachrichten organisieren, indem Sie ihnen eine Farbkategorie zuweisen (Seite 822). Nachrichten zu einem bestimmten Thema lassen sich dann leichter finden, da Sie sie im Ansichtsbereich auch nach den Kategorien gruppieren lassen können.

■ Wenn Sie schnell eine E-Mail finden müssen, die von einem bestimmten Absender kommt oder in der bestimmte Wörter enthalten sind, geben Sie Ihre Suchbegriffe in das Suchfeld der Sofortsuche ein (Seite 824). Outlook zeigt während Sie noch tippen die ersten Suchergebnisse an. Bei komplizierteren Suchabfragen verwenden Sie die Detailsuche (Seite 825), bei der Sie festlegen können, in welchem E-Mail-Feld welche Information enthalten sein soll.

■ Sollten Sie eine bestimmte Suchabfrage häufiger benötigen (beispielsweise um alle E-Mails von und zu einem bestimmten Kontakt oder alle E-Mails mit einer bestimmten Farbkategorie zu finden), dann können Sie diese als sogenannten Suchordner speichern (Seite 826) und können die einmal definierte Suche dann mit einem Mausklick ausführen lassen.

■ Beim Versenden einer E-Mail-Nachricht können Sie verschiedene Optionen einstellen. Hierzu gehört das Festlegen ihrer Priorität (Seite 833), ob sie verzögert übermittelt werden soll (Seite 834) und ob Sie eine Übermittlungs- und/oder Empfangsbestätigung erhalten möchten (Seite 833).

■ Um Outlook zu veranlassen, beim Versenden oder Beantworten einer E-Mail in diese automatisch Ihren Namen und weitere Kontaktdetails einzufügen, erstellen Sie Signaturen (Seite 835). Auch wenn Sie das automatische Anhängen der Signatur nicht wünschen, können Sie diese im Einzelfall in eine E-Mail-Nachricht einfügen lassen (Seite 837).

■ Ein kleines, aber sehr feines neues Outlook-Feature erstellt aus einer E-Mail-Nachricht, die Sie später beantworten oder auf andere Weise bearbeiten wollen, eine Aufgabe (Seite 837), die neben den im Aufgaben-Modul erstellten Aufgaben automatisch in der Aufgabenleiste (die wir in Kapitel 52 vorstellen) angezeigt wird.

■ Sollten auch Sie unerwünschte Spam- und Werbemails erhalten, können Sie diese vom Junk-E-Mail-Filter (Seite 844) aussortieren, in einen Ordner verschieben oder löschen lassen.

Kapitel 48

Profile und E-Mail-Konten

Dieses Kapitel zeigt, wie Sie in Microsoft Outlook 2010 E-Mail-Konten einrichten und wie Sie für vorhandene Konten die Konteneinstellungen ändern können. Sie werden dabei den Setup-Assistenten für E-Mail-Konten kennenlernen, mit dem in den meisten Fällen das Hinzufügen eines neuen E-Mail-Kontos automatisch vonstatten geht. Für die Fälle, in denen die automatische Kontoeinrichtung nicht funktioniert, zeigt dieses Kapitel außerdem, wie Sie ein neues E-Mail-Konto manuell einrichten können.

Outlook-Profile im Überblick

Outlook 2010 verwendet wie die Vorgängerversionen sogenannte Profile, um Informationen zu den E-Mail-Konten, den Datendateien und dem Speicherort für E-Mails eines Benutzers zu speichern. Die Profile von Outlook 2010 sind mit den Identitäten von Windows Mail vergleichbar.

Folgende Informationen sind Bestandteil eines Outlook-Profils:

- **POP- oder IMAP-Konten (optional)** Sie können einem Outlook-Profil ein oder mehrere E-Mail-Konten des Typs POP oder IMAP zuweisen. Die Kontoinformationen (Anzeigename, Benutzername, Name des E-Mail-Servers und das Kennwort) werden ebenfalls im Outlook-Profil gespeichert.

- **Exchange-Postfach (optional)** Das dem Profil zugeordnete Exchange-Postfach. Ab Outlook 2010 können einem Profil auch mehrere Exchange-Konten zugewiesen werden. Die Exchange-Konten können sich in derselben oder einer anderen Domäne bzw. auf demselben oder einem anderen Server befinden.

- **Speicherort für E-Mails** Sie können für E-Mail-Konten festlegen, wo die eingehenden E-Mails gespeichert werden. Für Exchange-Postfächer ist dies standardmäßig die Offlineordnerdatei, in der die Daten gespeichert sind, die sich normalerweise auf dem Exchange-Server befinden, damit Sie auf die Daten auch dann zugreifen können, wenn Sie nicht mit dem Exchange-Server verbunden sind. Sie verwenden das Exchange-Postfach dann im Offline-Modus, daher der Name Offlineordnerdatei. Bei den anderen E-Mail-Kontenarten werden die eingehenden E-Mails in einer der persönlichen Datendateien gespeichert. Sie können im Rahmen der Konfiguration der E-Mail-Konten festlegen, in welcher Datendatei die E-Mails eines bestimmten Kontos abgelegt werden sollen. Die Vorgehensweise ist ab Seite 867 in diesem Kapitel beschrieben.

- **Datendateien (eine obligatorisch, weitere optional)** Jedem Outlook-Profil muss mindestens eine Datendatei zugewiesen sein, da in der Datendatei die Informationen aus allen Outlook-Modulen (E-Mail, Kontakte, Aufgaben usw.) gespeichert werden. Sie können optional für ein Outlook-Profil weitere Datendateien erstellen; wie das geht, ist in Kapitel 49 dieses Buches beschrieben.

Jedes Outlook-Profil ist einem Windows-Benutzerkonto zugeordnet. Wenn Sie sich bei Windows anmelden und Outlook starten, lädt Outlook das Benutzerprofil, das mit dem Benutzerkonto des angemeldeten Benutzers verknüpft ist. Sie benötigen dann mehrere Outlook-Profile, wenn Sie den gleichen Computer mit mehreren Personen nutzen und jeder dabei lediglich auf seine eigenen E-Mails und Konten zugreifen soll. Mögliche Szenarien für die Verwendung von mehreren Outlook-Profilen sind nachstehend beschrieben.

■ **Mehrere Benutzer verwenden auf dem gleichen PC das gleiche Windows-Benutzerkonto**
Dieses Szenario ist in der nachfolgenden Abbildung dargestellt. Auf dem Windows-PC gibt es
nur ein Benutzerkonto, dem wir hier den Namen »Tom« gegeben haben.

Dieses Windows-Konto wiederum enthält zwei verschiedene Outlook-Profile: eines mit dem
Namen »Outlook«, dem ein Google Mail-Konto zugeordnet ist, und ein weiteres Outlook-
Profil mit dem Namen »Paulus«, das ein Hotmail-Konto enthält. Die Profileinstellungen von
Outlook wurden so konfiguriert, dass beim Starten von Outlook ausgewählt werden kann,
welches Outlook-Profil verwendet werden soll. (Wenn Sie bei dieser Konfiguration sicherstellen wollen, dass niemand auf Ihr Outlook-Profil und die darin enthaltenen Daten zugreifen
kann, sollten Sie die persönliche Ordnerdatei mit einem Kennwort schützen. Mehr hierzu
finden Sie in Kapitel 49.)

Bild 48.1   Dem Windows-Benutzerkonto sind zwei Outlook-Profile zugeordnet. Beim Starten
von Outlook wird ausgewählt, welches Profil verwendet werden soll.

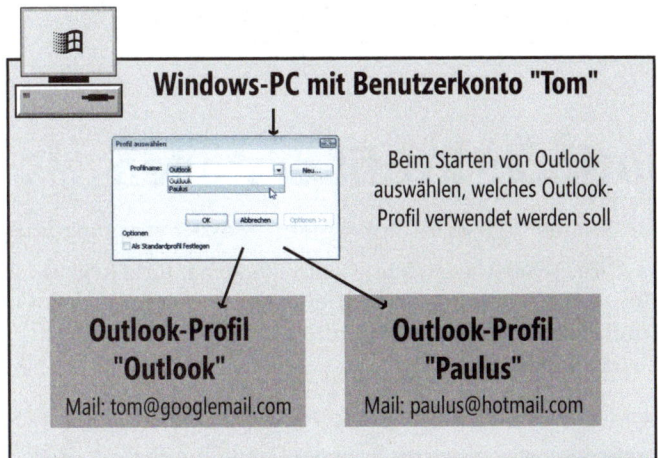

■ **Ein Benutzer benötigt mehrere Exchange-Konten**   Dieses Szenario entspricht vom Prinzip
her dem, das in Abbildung 48.1 dargestellt und im vorigen Punkt beschrieben wurde. Der
Unterschied ist lediglich, dass jedes Outlook-Profil die Kontoinformationen für unterschiedliche Exchange-Postfächer enthält. Wenn Sie ein anderes Exchange-Postfach verwenden wollen, müssen Sie zuerst Outlook beenden und dann beim erneuten Starten das Outlook-Profil
auswählen, in dem das gewünschte Exchange-Postfach enthalten ist.

■ **Mehrere Benutzer verwenden den gleichen PC und jeder Benutzer hat ein eigenes Windows-
Benutzerkonto**   Wenn Sie den gleichen Computer zu mehreren Personen verwenden und
für jede Person ein Windows-Benutzerkonto eingerichtet haben, dann benötigen Sie in der
Regel nur ein Outlook-Profil pro Benutzer. Dies ist in Abbildung 48.2 dargestellt. Die Infor-
mationen zum Outlook-Profil sind Bestandteil des Windows-Benutzerkontos. Nach der
Windows-Anmeldung und dem Starten von Outlook wird das entsprechende Profil geladen.

Wenn sich ein neu eingerichteter Windows-Benutzer anmeldet und Outlook startet, wird automatisch der Assistent gestartet, der für diesen Benutzer dann ein neues Outlook-Profil ein-
richtet. Der Standardname für ein Outlook-Profil lautet *Outlook*; da jedes der Profile einem
anderen Windows-Benutzerkonto zugeordnet ist, stellt die Namensgleichheit der Profile kein
Problem dar.

Bild 48.2   Jedem Windows-Benutzerkonto ist ein eigenes Outlook-Profil zugeordnet

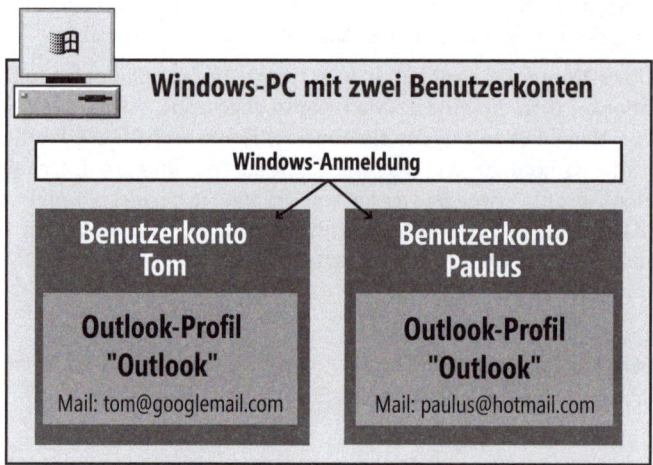

Ein neues Outlook-Profil erstellen

Um ein neues Outlook-Profil zu erstellen, öffnen Sie in der Systemsteuerung das Symbol *E-Mail*.

1.   Melden Sie sich bei Windows mit dem Benutzerkonto an, für das Sie ein weiteres Outlook-Profil erstellen wollen. (Dies ist nur dann erforderlich, wenn auf dem Computer mehrere Windows-Benutzerkonten eingerichtet wurden.)

2.   Beenden Sie Outlook, falls es derzeit gestartet ist.

3.   Klicken Sie auf *Start* und dann auf *Systemsteuerung*.

4.   Öffnen Sie in der Systemsteuerung das Symbol *E-Mail*.

> **TIPP**   **Symbol *E-Mail* ist nicht sichtbar**   Falls das Symbol *E-Mail* nicht sichtbar ist, öffnen Sie im Fenster *Systemsteuerung* das Listenfeld *Anzeige* und klicken Sie entweder auf *Große Symbole* oder auf *Kleine Symbole*.

Das Dialogfeld *Mail-Setup* wird angezeigt.

Bild 48.3   Mit diesem Dialogfeld lassen sich Outlook-Profile, E-Mail-Konten sowie Datendateien erstellen und bearbeiten

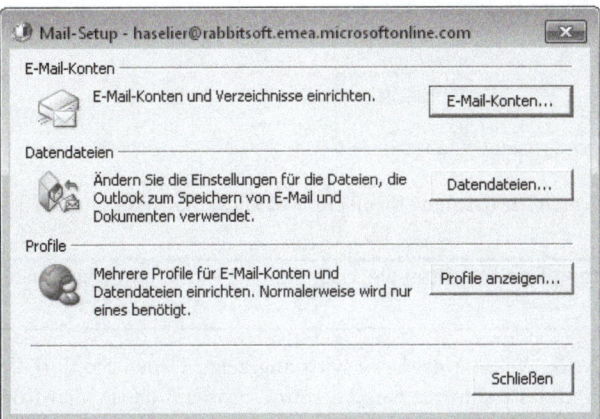

5.   Klicken Sie auf die Schaltfläche *Profile anzeigen*. Das Dialogfeld *E-Mail* wird geöffnet.

Bild 48.4   Im Dialogfeld *E-Mail* werden alle für den aktuellen Windows-Benutzer eingerichteten Outlook-Profile angezeigt

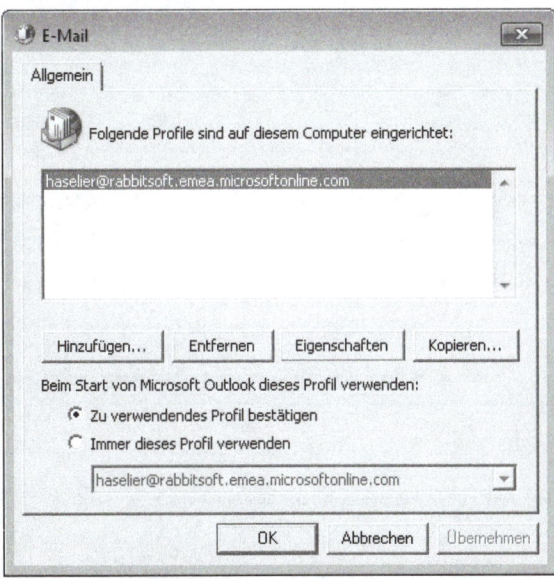

6.   Klicken Sie auf die Schaltfläche *Hinzufügen*. Das Dialogfeld *Neues Profil* wird geöffnet (siehe Abbildung auf der nächsten Seite).

Bild 48.5   Geben Sie im Dialogfeld *Neues Profil* den Anzeigenamen für das neue Outlook-Profil ein

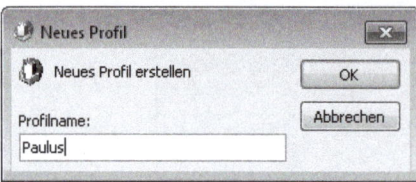

7.   Geben Sie den Namen für das neue Profil ein und klicken Sie dann auf *OK*.

HINWEIS   **Profilname**   Bitte beachten Sie, dass Sie den Profilnamen später nicht mehr ändern können.

8.   Das Dialogfeld *Neues Konto hinzufügen* wird angezeigt. Geben Sie dort Ihren Namen, Ihre E-Mail-Adresse und das Kennwort ein, das zum Zugriff auf das E-Mail-Konto benötigt wird. Klicken Sie anschließend auf *Weiter*.

Bild 48.6   Beim Erstellen eines neuen Outlook-Profils wird automatisch der Assistent zum Einrichten eines neuen E-Mail-Kontos gestartet

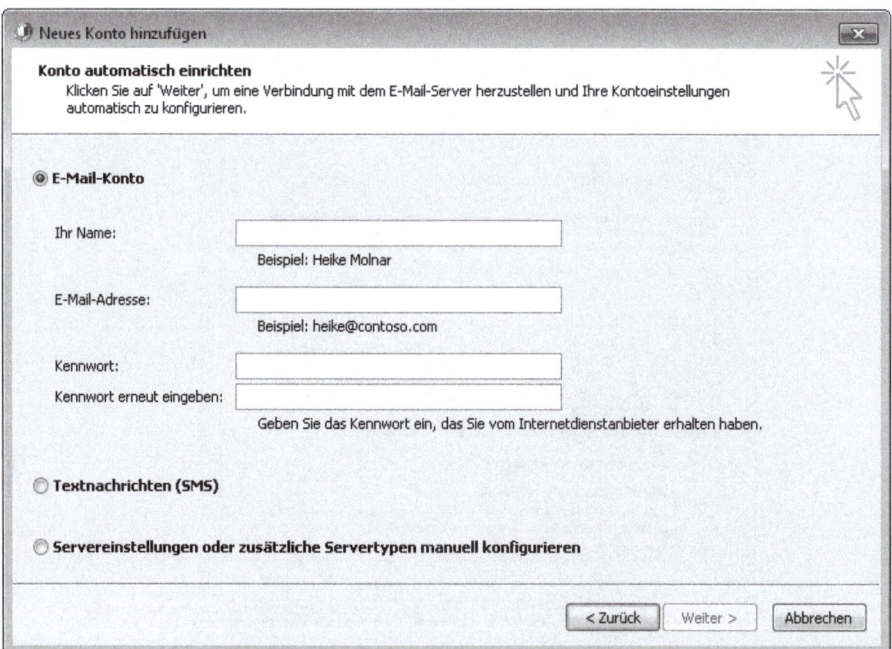

Der Assistent versucht nun, das neue E-Mail-Konto automatisch zu konfigurieren, und verwendet dabei eine verschlüsselte Verbindung zum Server. Sollte das Herstellen einer verschlüsselten Verbindung fehlschlagen, wird eine entsprechende Meldung angezeigt. Klicken Sie danach noch einmal auf *Weiter*. Sollte auch die automatische Konfiguration über eine unverschlüsselte Verbindung nicht gelingen, müssen Sie das Konto manuell konfigurieren. Ausführliche Informationen hierzu finden Sie ab Seite 856 in diesem Kapitel.

9. Wenn die Einrichtung des E-Mail-Kontos abgeschlossen ist, wird wieder das Dialogfeld *E-Mail* angezeigt. In der Liste sehen Sie nun außer dem Profil mit dem Namen *Outlook,* das bereits vorhanden war, den Namen des neu erstellten Profils. Wählen Sie im unteren Bereich des Dialogfeldes die Option *Zu verwendendes Profil bestätigen* aus und klicken Sie dann auf *OK.*

Bild 48.7   Das neu eingerichtete Outlook-Profil wird in der Liste aufgeführt. Im unteren Bereich des Dialogfeldes können Sie festlegen, ob Sie beim Starten von Outlook das zu verwendende Profil auswählen möchten oder ob immer ein bestimmtes Profil verwendet werden soll.

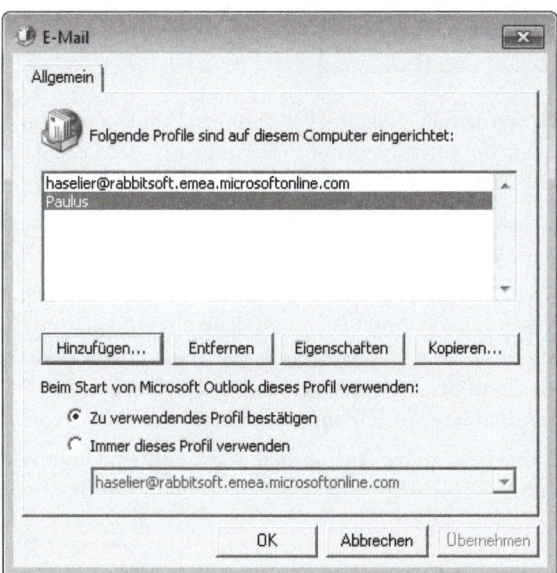

Auswahl des Outlook-Profils beim Starten von Outlook

Wenn Sie wie im vorigen Abschnitt beschrieben im Dialogfeld *E-Mail* bei *Beim Starten von Micro-soft Outlook dieses Profil verwenden* die Option *Zu verwendendes Profil bestätigen* ausgewählt haben, wird jedes Mal, wenn Sie Outlook starten, das Dialogfeld *Profil auswählen* angezeigt, das Sie in Abbildung 48.8 sehen.

Bild 48.8   In diesem Dialogfeld legen Sie fest, welches Outlook-Profil für die aktuelle Sitzung verwendet werden soll

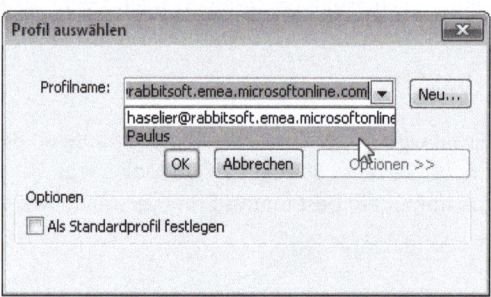

- In der Liste *Profilname* werden die Namen aller Outlook-Profile angezeigt, die für den angemeldeten Windows-Benutzer vorhanden sind. Sie können in der Liste dann das gewünschte Profil auswählen und mit einem Klick auf *OK* Outlook starten.

- Über die Schaltfläche *Neu* gelangen Sie zum Dialogfeld *Neues Profil* (siehe Schritt 6 auf Seite 853), in dem Sie dann ein weiteres Outlook-Profil erstellen können.

- Wenn Sie die Schaltfläche *Optionen* anklicken, wird das Kontrollkästchen *Als Standardprofil festlegen* eingeblendet. Wenn Sie es einschalten und dann auf *OK* klicken, wird das in der Liste *Profilname* ausgewählte Profil zum Standardprofil. Sie können diese Einstellung wieder rückgängig machen, indem Sie in der Systemsteuerung das Symbol *E-Mail* verwenden und dann im Dialogfeld *E-Mail* eine andere Einstellung vornehmen.

Die nächsten beiden Abschnitte beschreiben ausführlich, wie Sie einem Outlook-Profil ein weiteres E-Mail-Konto hinzufügen und wie Sie sich helfen können, wenn die automatische Kontoneinrichtung nicht funktioniert.

POP- oder IMAP-Mailkonto hinzufügen

Eine Übersicht aller Konten und eine Schaltfläche zum Hinzufügen eines neuen Kontos steht Ihnen im Dialogfeld *Kontoeinstellungen* zur Verfügung. Sie können dieses Dialogfeld folgendermaßen anzeigen lassen:

- Wenn Outlook nicht gestartet ist, öffnen Sie die Systemsteuerung, öffnen dort das Symbol *E-Mail* und klicken dann im Dialogfeld *Mail-Setup* auf die Schaltfläche *E-Mail-Konten*.

- Wenn Outlook gestartet ist, öffnen Sie die Registerkarte *Datei*, klicken auf *Informationen* und dann zweimal auf *Kontoeinstellungen*.

Bild 48.9   Die Registerkarte *E-Mail* des Dialogfeldes *Kontoeinstellungen* zeigt alle für das aktuelle Outlook-Profil eingerichteten E-Mail-Konten an

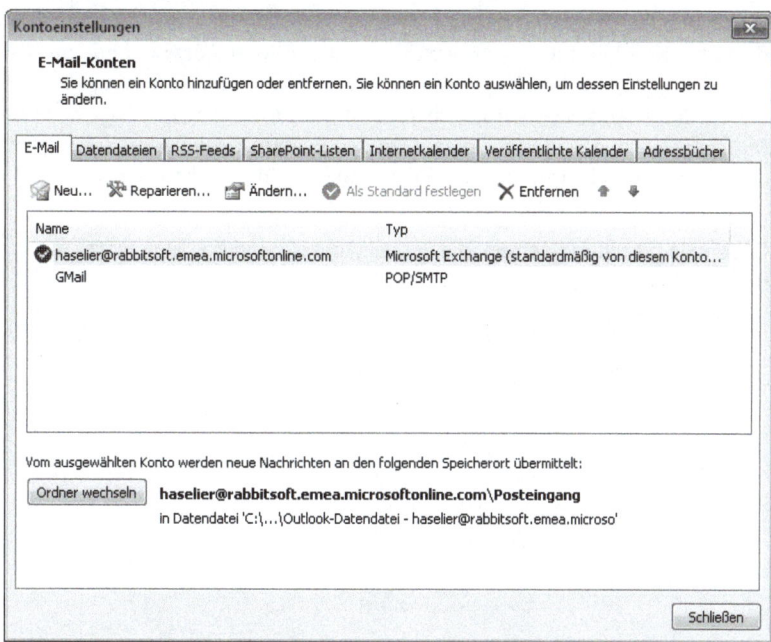

1. Klicken Sie auf der Registerkarte *E-Mail* auf *Neu*. Das Dialogfeld *Neues Konto hinzufügen* mit der Seite *Dienst auswählen* wird angezeigt.

Bild 48.10   Wählen Sie hier den Dienst aus, für den Sie ein neues Konto einrichten wollen

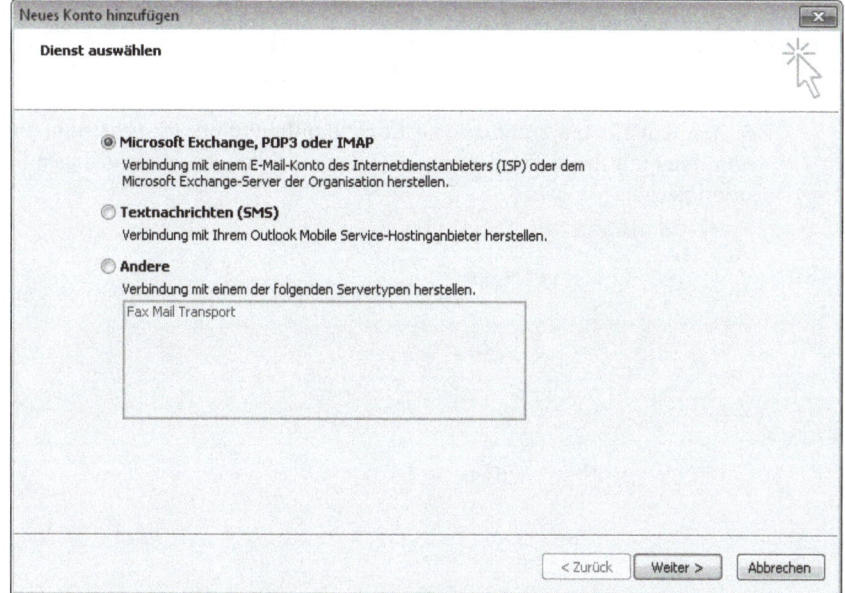

2. Achten Sie darauf, dass die Option *Microsoft Exchange, POP3 oder IMAP* ausgewählt ist und klicken Sie dann auf *Weiter.*

3. Die beiden einzigen Angaben, die Sie vom Dienstanbieter Ihres E-Mail-Kontos für die automatische Konfiguration benötigen, sind die E-Mail-Adresse und das Kennwort für das E-Mail-Konto. Das Feld *Ihr Name* ist lediglich der Anzeigename, wie er den Empfängern Ihrer E-Mails angezeigt wird. Geben Sie die Informationen auf der Seite *Konto automatisch einrichten* ein und achten Sie darauf, in den Feldern *Kennwort* und *Kennwort erneut eingeben* die gleichen Angaben zu machen. Klicken Sie anschließend auf *Weiter.*

Bild 48.11   Geben Sie hier Ihren Namen, die E-Mail-Adresse und das Kennwort des E-Mail-Kontos ein

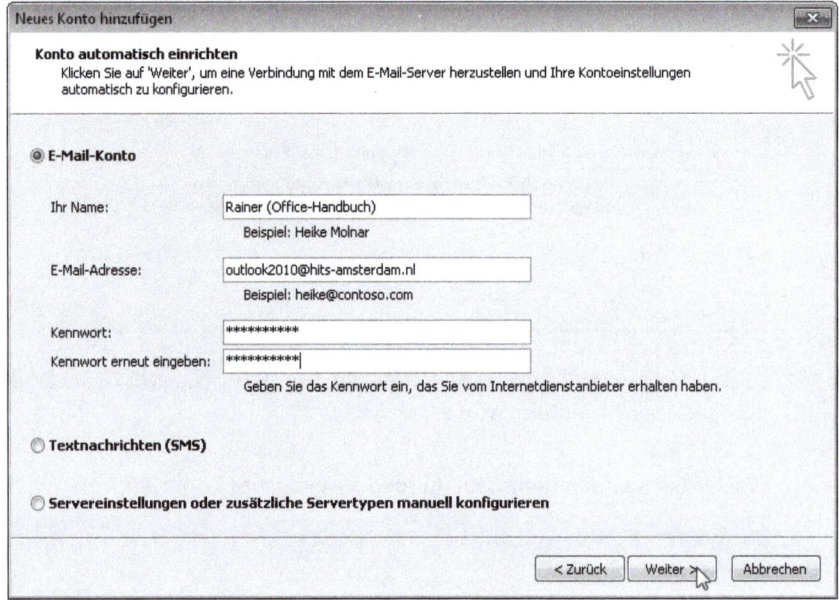

Der Assistent für die automatische Kontenkonfiguration versucht nun, eine verschlüsselte Verbindung mit dem E-Mail-Server aufzubauen. Sollte dies nicht gelingen, wird die folgende Seite angezeigt:

Bild 48.12   Mit dem E-Mail-Server konnte keine verschlüsselte Verbindung
hergestellt werden

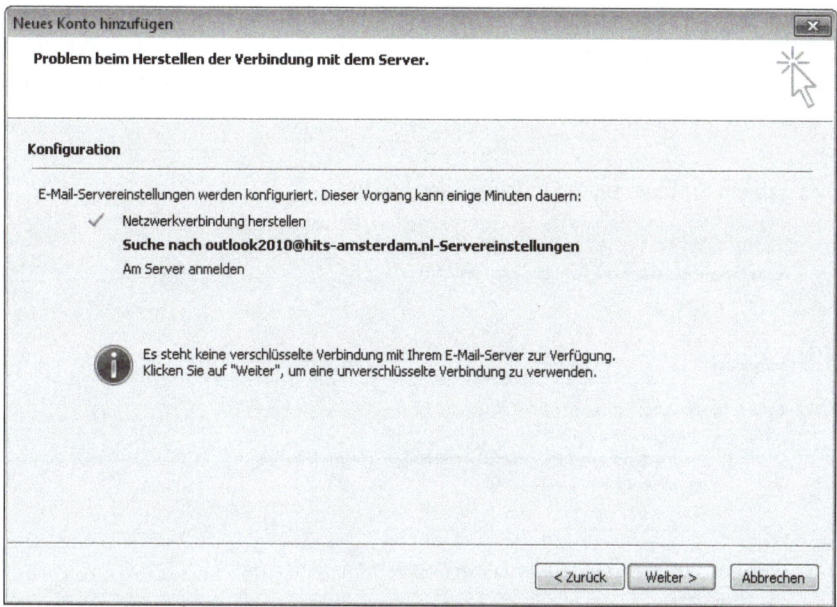

4.   Klicken Sie auf *Weiter*, damit der Assistent versucht, eine unverschlüsselte Verbindung mit
dem E-Mail-Server herzustellen. Wenn dies klappt, sehen Sie nach kurzer Wartezeit das folgende Fenster:

Bild 48.13   Das Konto wurde erfolgreich eingerichtet

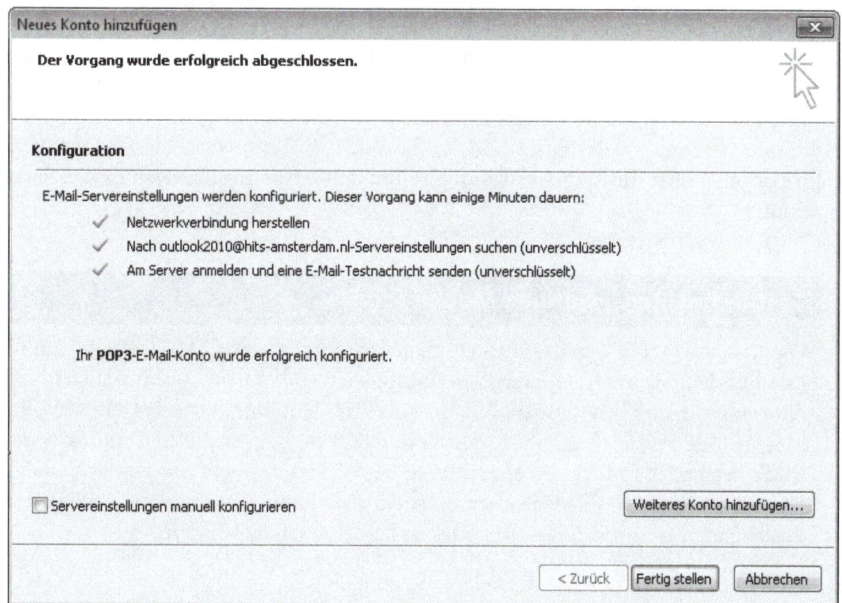

5. Klicken Sie auf *Fertig stellen,* wenn Sie kein weiteres Konto hinzufügen wollen, oder klicken Sie *Weiteres Konto hinzufügen,* um das Profil um ein weiteres Konto zu ergänzen.

Wenn die automatische Kontoeinrichtung nicht funktioniert hat, müssen Sie das Konto manuell einrichten. Sie sehen dann ein Fenster ähnlich dem folgenden (die genaue Meldung kann bei Ihnen ein wenig anders aussehen und hängt davon ab, an welcher Stelle der Prozess der automatischen Kontoeinrichtung gescheitert ist):

Bild 48.14   Es gab ein Problem beim Einrichten des Kontos

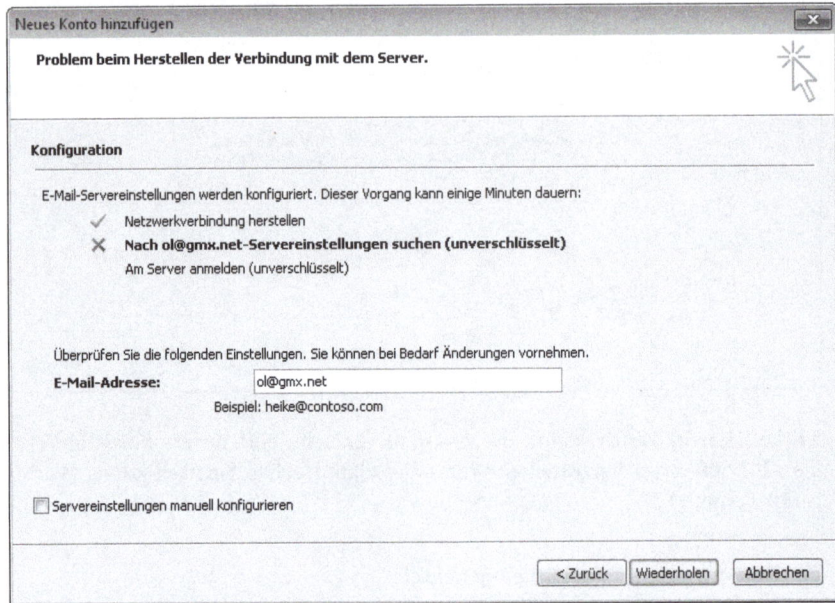

Um das Konto manuell einzurichten, schalten Sie das Kontrollkästchen *Servereinstellungen manuell konfigurieren* ein und klicken dann auf *Weiter.* Das manuelle Einrichten des E-Mail-Kontos ist auch nicht sehr schwer, Sie benötigen dafür lediglich Angaben über die Namen der E-Mail-Server und die Information, wie der E-Mail-Server Sie authentifiziert, wenn Sie E-Mails versenden. Mehr Informationen über die manuelle Konfiguration der Servereinstellungen finden Sie im folgenden Abschnitt.

PROFITIPP   **Textnachrichten – Outlook Mobile Services**

Die *Outlook Mobile Services* sind ein neues Feature, das seit Outlook 2007 zur Verfügung steht und mit dem Sie unter anderem von Outlook aus SMS oder Multimedianachrichten an ein Mobiltelefon verschicken können. Hierzu muss Ihr Mobilfunkbetreiber einen Webdienst für Outlook Mobile Services betreiben, der dann dafür sorgt, dass die in Outlook erstellten SMS oder MMS versendet werden. Auch der Weg in die andere Richtung ist dabei möglich. Wenn der Empfänger einer SMS/MMS hierauf antwortet, kann die Antwort wahlweise zurück an den Posteingang, an Ihr Mobiltelefon oder an beides gesendet werden.

Die Nutzungsmöglichkeiten von Outlook Mobile Services werden im Rahmen dieses Buches nicht beschrieben. Auf der Website Microsoft Office Online *(http://office.microsoft.com/de-de/)* finden Sie weitere Informationen zu diesem Dienst und eine Übersicht über die Mobilfunkbetreiber, die Outlook Mobile Services anbieten. Um die entsprechenden Informationen zu finden, geben Sie in die Suchleiste auf Microsoft Office Online als Suchbegriff **Mobile Services** ein.

Servereinstellungen manuell konfigurieren

Wenn die automatische Konfiguration der Servereinstellungen nicht funktioniert oder Sie ein E-Mail-Konto verwenden, das besondere Einstellungen erforderlich macht (beispielsweise ein Exchange-Postfach, über das Sie über das Internet zugreifen), dann nehmen Sie die Servereinstellungen manuell vor. Schalten Sie dazu das Kontrollkästchen *Servereinstellungen oder zusätzliche Servertypen manuell konfigurieren* ein, das Sie auf der ersten Seite des Assistenten zur Kontoeinrichtung finden, bzw. das Kontrollkästchen *Servereinstellungen manuell konfigurieren*, das Sie auf den weiteren Seiten des Assistenten im unteren Bereich des Dialogfeldes sehen.

Klicken Sie danach auf *Weiter,* bis Sie die Seite *Internet-E-Mail-Einstellungen* sehen, die in der folgenden Abbildung dargestellt ist.

Bild 48.15   Die Seite zur manuellen Einrichtung eines E-Mail-Kontos

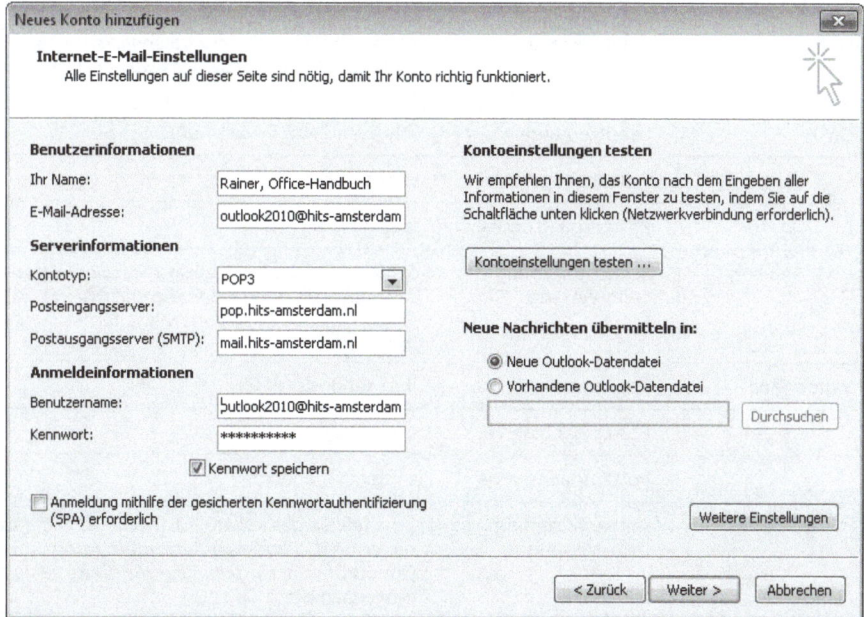

Die Bereiche *Benutzerinformationen* und *Anmeldeinformationen* unterscheiden sich nicht von der Seite, die für die automatische Kontoeinrichtung angezeigt wird. Lediglich der Bereich *Serverinformationen* ist neu; er wird verwendet, um den Kontotyp und die Namen für den Posteingangsserver und den Postausgangsserver festzulegen.

Beim Kontotyp stehen Ihnen die Optionen *POP3* und *IMAP* zur Verfügung. Bei *POP3* und *IMAP* nimmt Outlook direkt mit den E-Mail-Servern Kontakt auf; bei *IMAP* können Sie zusätzlich mit Ordnern für den Posteingang und den Postausgang arbeiten. Wenn Sie den Kontotyp *POP3* oder *IMAP* ausgewählt haben, müssen Sie sowohl in das Feld *Posteingangsserver* als auch in das Feld *Postausgangsserver* den jeweiligen Namen des E-Mail-Servers eintragen.

In den Unterlagen zu Ihrem E-Mail-Konto (oft auch in einer Bestätigungsmail, die Sie nach der Anmeldung erhalten haben) finden Sie in der Regel eine Aufstellung mit den Angaben, die Sie in die betreffenden Felder eintragen müssen. Die nachfolgende Tabelle führt für einige E-Mail-Anbieter die Einstellungen auf, die Sie auf der Seite *Internet-E-Mail-Einstellungen* eintragen müssen. Informationen zum Parameter *Authentifizierung beim Versand* finden Sie nach der Tabelle.

Tabelle 48.1 E-Mail-Einstellungen für einige wichtige E-Mail-Anbieter

E-Mail-Anbieter	Parameter	Einstellung
T-Online	Benutzername	Ihre E-Mail-Adresse ohne @t-online.de
	Posteingangsserver	popmail.t-online.de
	Postausgangsserver	smtpmail.t-online.de
	Kennwort	Geben Sie hier Ihr E-Mail-Passwort ein. Ihr E-Mail-Passwort müssen Sie vorher im Kundencenter selbst vergeben.
	Authentifizierung beim Versand	Schalten Sie das Kontrollkästchen *Der Postausgangsserver (SMTP) erfordert Authentifizierung* und die Option *Gleiche Einstellungen wie für Posteingangsserver verwenden* ein.
GMX	Benutzername	Ihre komplette E-Mail-Adresse
	Posteingangsserver	pop.gmx.net
	Postausgangsserver	mail.gmx.net
	Authentifizierung beim Versand	Schalten Sie das Kontrollkästchen *Der Postausgangsserver (SMTP) erfordert Authentifizierung* und die Option *Gleiche Einstellungen wie für Posteingangsserver verwenden* ein.
Yahoo Mail	Benutzername	Ihre Yahoo-ID
	Posteingangsserver	pop.mail.yahoo.de
	Postausgangsserver	smtp.mail.yahoo.de
	Authentifizierung beim Versand	Schalten Sie das Kontrollkästchen *Der Postausgangsserver (SMTP) erfordert Authentifizierung* und die Option *Gleiche Einstellungen wie für Posteingangsserver verwenden* ein.
Hotmail, Windows Live	Benutzername	Ihre vollständige E-Mail-Adresse
	Posteingangsserver	pop3.live.com
	Postausgangsserver	smtp.live.com

Tabelle 48.1 E-Mail-Einstellungen für einige wichtige E-Mail-Anbieter *(Fortsetzung)*

Hotmail, Windows Live	Kontotyp/Server-URL	Hotmail bzw. MSN; die Server-URL wird automatisch eingetragen.
	Serveranschluss-nummern	Schalten Sie das Kontrollkästchen *Posteingangsserver erfordert eine verschlüsselte Verbindung* ein. Wählen Sie für den *Postausgangsserver* als Verschlüsselungstyp die Option *TLS* aus.
Google Mail	Benutzername	Ihre E-Mail-Adresse ohne @gmail.com bzw. ohne googlemail.com
	Posteingangsserver	pop.gmail.com
	Postausgangsserver	smtp.gmail.com
	Authentifizierung beim Versand	Schalten Sie das Kontrollkästchen *Der Postausgangsserver (SMTP) erfordert Authentifizierung* und die Option *Gleiche Einstellungen wie für Posteingangsserver verwenden* ein.
	Serveranschluss-nummern	Schalten Sie das Kontrollkästchen *Posteingangsserver erfordert eine verschlüsselte Verbindung* ein.
web.de	Benutzername	Ihre E-Mai-Adresse ohne @web.de
	Posteingangsserver	pop3.web.de
	Postausgangsserver	smtp.web.de
	Authentifizierung beim Versand	Schalten Sie das Kontrollkästchen *Der Postausgangsserver (SMTP) erfordert Authentifizierung* und die Option *Gleiche Einstellungen wie für Posteingangsserver verwenden* ein.
	Serveranschluss-nummern	Schalten Sie das Kontrollkästchen *Posteingangsserver erfordert eine verschlüsselte Verbindung* ein.

Um möglichst zu verhindern, dass jemand anderes über Ihre E-Mail-Adresse Nachrichten versenden kann, ist es bei allen in der Tabelle aufgeführten (und auch fast allen anderen E-Mail-Anbietern) erforderlich, sich auch beim Versenden von Mails anzumelden, zu authentifizieren, und nicht nur dann, wenn Sie E-Mails abrufen. Die Einstellungen hierfür nehmen Sie vor, indem Sie auf der Seite *Internet-E-Mail-Einstellungen* die Schaltfläche *Weitere Einstellungen* anklicken und zur Registerkarte *Postausgangsserver* wechseln (siehe Abbildung auf der nächsten Seite).

Dort können Sie dann die Einstellungen für die Authentifizierung beim Versand vornehmen, wie sie in Tabelle 48.1 aufgeführt sind bzw. wie Sie sie von Ihrem Dienstanbieter erhalten haben.

Bild 48.16 Auf der Registerkarte *Postausgangsserver* legen Sie fest, ob und wie die Authentifizierung beim Versenden von E-Mail-Nachrichten vorgenommen werden soll

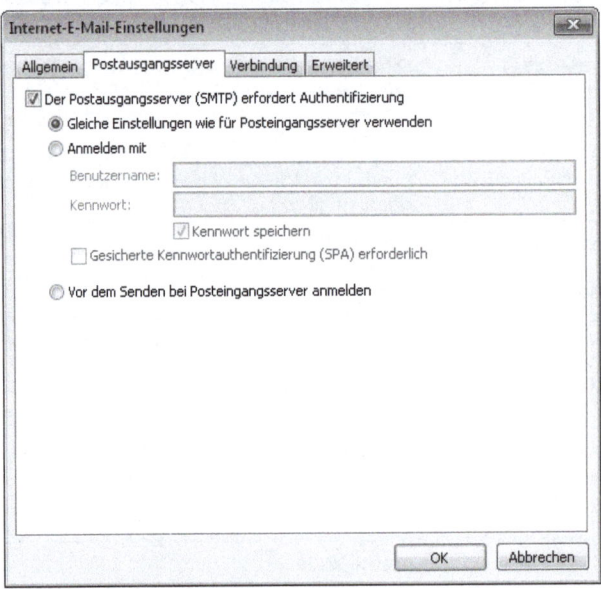

Eine weitere Option, die Sie bei manchen E-Mail-Anbietern einstellen müssen, ist, ob die Verbindung zu dem Server über eine verschlüsselte Verbindung hergestellt werden muss oder nicht.

Bild 48.17 Auf der Registerkarte *Erweitert* können Sie einstellen, ob für die Verbindung zum Posteingangs- und Postausgangsserver eine verschlüsselte Verbindung verwendet werden soll

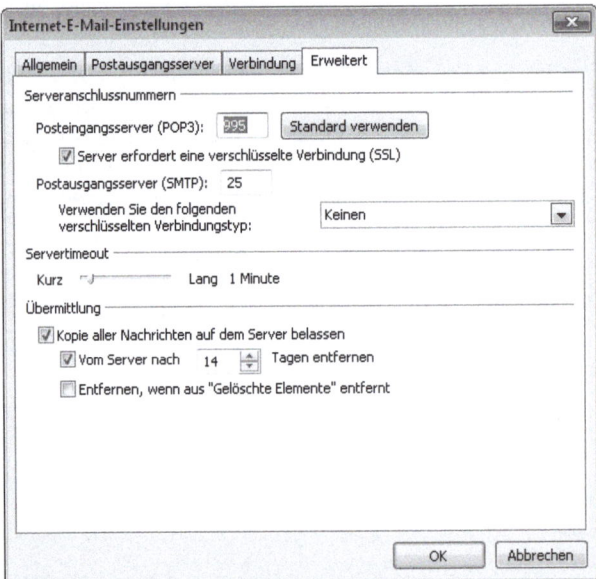

Bei einer verschlüsselten Verbindung werden die Daten, die zwischen Outlook und dem Mail-Server ausgetauscht werden, verschlüsselt und können so nicht mitgelesen werden. Standardmäßig werden die Daten im Klartext, also unverschlüsselt übertragen. Um diese Option einzustellen, klicken Sie auf der Seite *Internet-E-Mail-Einstellungen* die Schaltfläche *Weitere Einstellungen* an und wechseln zur Registerkarte *Erweitert*.

Um zum Posteingangsserver eine verschlüsselte Verbindung herzustellen, schalten Sie das Kontrollkästchen *Server erfordert eine verschlüsselte Verbindung (SSL)* ein. Outlook passt dann auch den Wert für die Anschlussnummer an.

Um auch für den Postausgangsserver eine verschlüsselte Verbindung zu verwenden, öffnen Sie die Liste *Verwenden Sie den folgenden verschlüsselten Verbindungstyp* und wählen dort die Art des Verschlüsselungsmechanismus aus. Diese Angabe erhalten Sie von Ihrem Dienstanbieter. Google Mail und Windows Live verwenden beispielsweise den Typ *TLS*, andere Anbieter den Typ *SSL*. Wenn Sie sich nicht sicher sind, können Sie auch die Einstellung *Automatisch* verwenden; sollte diese Einstellung nicht funktionieren, können Sie meist der Fehlermeldung, die Outlook beim Herstellen der Verbindung anzeigt, entnehmen, welchen Verbindungstyp der E-Mail-Server verwendet.

HINWEIS **Doppelte E-Mail-Konten** Sollte nach dem Hinzufügen eines neuen E-Mail-Kontos dieses auf der Registerkarte *E-Mail* doppelt auftauchen, schalten Sie kurz auf eine andere Registerkarte um. Es handelt sich hierbei nur um ein Darstellungsproblem und es kann sein, dass dieses in einem der Service Packs für Office 2010 behoben sein wird.

Exchange-Postfach hinzufügen

Um einem Outlook-Profil ein neues Exchange-Postfach zuzuordnen, müssen Sie Outlook beenden und das Symbol *E-Mail* in der Systemsteuerung verwenden. Exchange-Postfächer können nicht hinzugefügt werden, während Outlook ausgeführt wird.

1. Wenn Outlook gestartet ist, beenden Sie es.

2. Öffnen Sie die Systemsteuerung, öffnen Sie dort das Symbol *E-Mail* und klicken Sie dann im Dialogfeld *Mail-Setup – Outlook* auf die Schaltfläche *E-Mail-Konten*. Das Dialogfeld *Kontoeinstellungen* wird angezeigt.

3. Klicken Sie auf der Registerkarte *E-Mail* auf *Neu*.

4. Achten Sie darauf, dass die Option *Microsoft Exchange, POP3 oder IMAP* ausgewählt ist und klicken Sie auf *Weiter*.

5. Schalten Sie die Option *Servereinstellungen oder zusätzliche Servertypen manuell konfigurieren* ein und klicken Sie dann auf *Weiter*.

6. Markieren Sie auf der Seite *Dienst auswählen* die Option *Microsoft Exchange* und klicken Sie dann auf *Weiter*.

Bild 48.18 Für einen Exchange-Server, der sich in Ihrem lokalen Netzwerk befindet, reicht es meist aus, den Namen des Exchange-Servers und Ihren Benutzernamen einzutragen

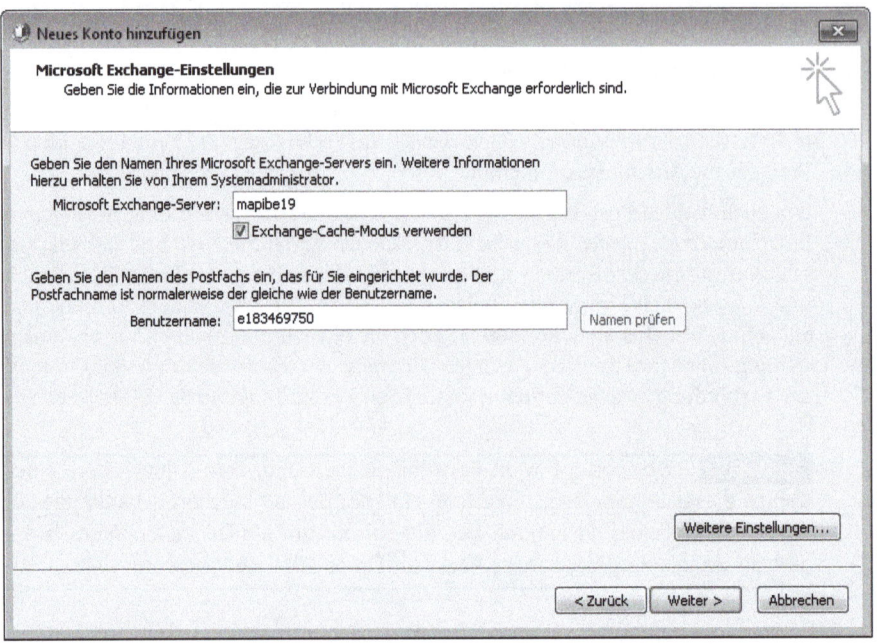

7. Wenn sich der Exchange-Server innerhalb Ihres Netzwerks befindet, reicht es aus, den Namen des Exchange-Servers und den Namen Ihres Exchange-Server-Postfachs einzugeben (siehe Bild 48.18). In den meisten Fällen ist der Name Ihres Exchange-Postfachs mit dem Namen Ihres Windows-Benutzerkontos identisch. Klicken Sie auf *Weiter*.

Falls Sie ein Exchange-Postfach auf einem externen Server verwenden oder über das Internet und nicht über das lokale Netzwerk auf Ihren Exchange-Server zugreifen, sind meist noch weitere Einstellungen erforderlich.

Klicken Sie auf *Weitere Einstellungen* und nehmen Sie die Konfiguration so vor, wie Sie es der Dokumentation Ihres Dienstanbieters entnehmen können. Die nächste Abbildung zeigt exemplarisch einen Teil der Verbindungseinstellungen für die Microsoft Online Services, wenn auf das Exchange-Postfach über das Internet zugegriffen wird.

Da in diesem Beispiel über das Internet via HTTP auf das Exchange-Postfach zugegriffen wird, muss ein Exchange-Proxyserver und ein Authenfizierungsmodus eingestellt werden.

Bild 48.19   Hier exemplarisch einige Einstellungen, die vorgenommen werden müssen, um mit den Microsoft Online Services auf ein Exchange-Server-Postfach zuzugreifen

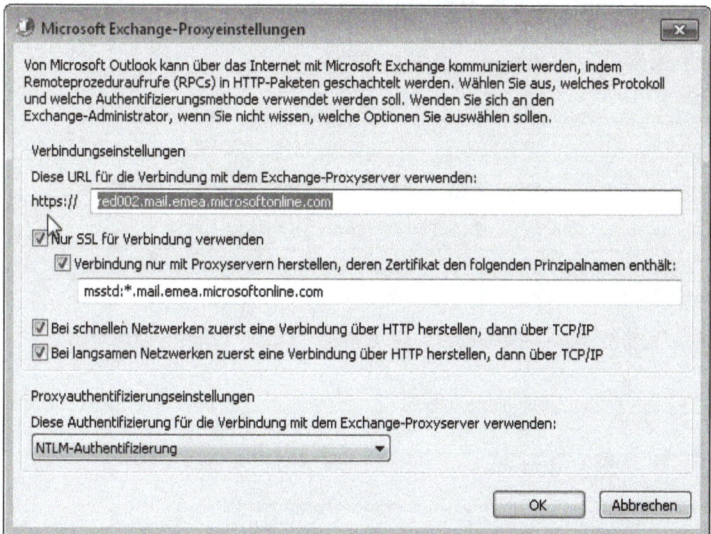

8.   Wenn das Exchange-Konto erfolgreich eingerichtet wurde, können Sie die Systemsteuerung schließen und Outlook starten. Beim ersten Start nach der Einrichtung eines neuen Exchange-Kontos führt Outlook automatisch weitere Schritte durch, die zur Fertigstellung der Kontoeinrichtung erforderlich sind.

Datendateien: Speicherort für E-Mails

Alle Daten, mit denen Sie in Outlook arbeiten, werden in sogenannten Datendateien gespeichert, die, gemeinsam mit den Kontoinformationen, Ihr Outlook-Profil ausmachen. Wie im Abschnitt über Profile beschrieben, kann ein Profil auch mehrere Datendateien beinhalten. (In Kapitel 49 dieses Buches ist beschrieben, wie Sie weitere Datendateien erstellen.)

Wenn Sie die Registerkarte *Datei* öffnen, dann zuerst auf *Informationen* und danach auf *Konto-einstellungen* klicken, werden auf der Registerkarte *E-Mail* alle eingerichteten E-Mail-Konten angezeigt (siehe Abbildung auf der nächsten Seite).

Bild 48.20 In der Liste werden alle eingerichteten E-Mail-Konten angezeigt. Wenn Sie einen Eintrag markieren, sehen Sie im unteren Bereich des Dialogfeldes, welche Datendatei als Speicherort für die E-Mail-Nachrichten dieses Kontos verwendet wird.

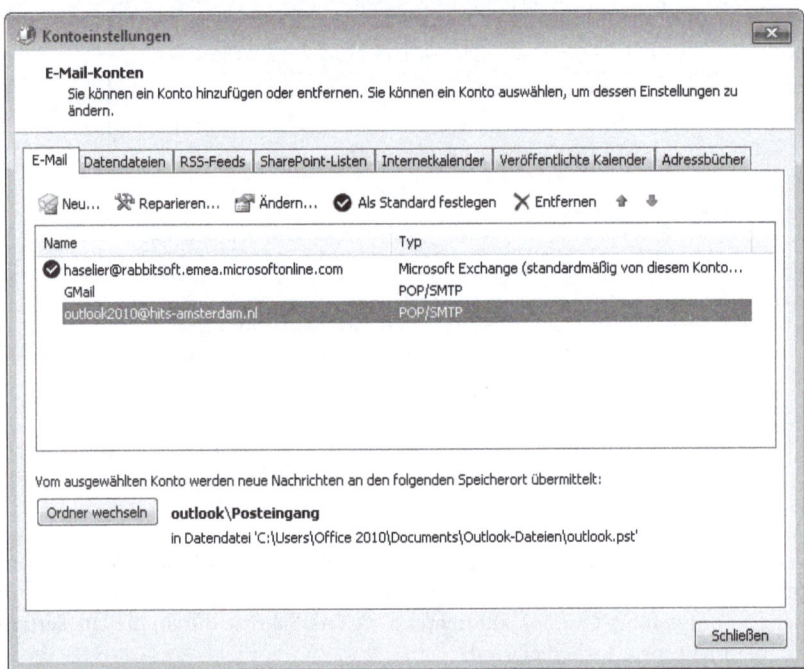

Um den Speicherort zu ändern, klicken Sie die Schaltfläche *Ordner wechseln* an und wählen dann im Dialogfeld *Neuer E-Mail-Übermittlungsort* den Ordner und die Datendatei aus, die Sie verwenden möchten.

Weitere Kontoeinstellungen vornehmen

Sie können die Einstellungen für die eingerichteten E-Mail-Konten über das Dialogfeld *Kontoeinstellungen* jederzeit ändern.

Standardkonto festlegen

Wenn Sie mehrere E-Mail-Konten eingerichtet haben, verwendet Outlook eines der Konten als Standardkonto. Wenn Sie eine neue E-Mail erstellen, wird die Mail dann automatisch über das Standardkonto versendet. (Sie können das Konto, über das eine Mail versendet wird, auch während des Erstellens der Nachricht ändern; dies ist in Kapitel 46 beschrieben.)

Um das Standardkonto zu ändern, markieren Sie auf der Registerkarte *E-Mail* das gewünschte Konto und klicken dann auf *Als Standard festlegen* (siehe Abbildung oben auf dieser Seite).

E-Mails auf dem Server belassen

Outlook 2010

Falls Sie ein E-Mail-Konto verwenden, auf das Sie auch über eine Website zugreifen können, kann es sinnvoll sein, die E-Mails sowohl mit Outlook abzurufen als auch auf dem Server zu belassen, damit sie auch beim Zugriff über die Website weiter zur Verfügung stehen. Standardmäßig werden die E-Mails nach dem erfolgreichen Abrufen vom E-Mail-Server gelöscht.

Damit die E-Mails auf dem Server vorhanden bleiben, gehen Sie wie folgt vor:

1. Öffnen Sie die Registerkarte *Datei,* klicken Sie dann zuerst auf *Informationen* und danach auf *Kontoeinstellungen.* Wechseln Sie zur Registerkarte *E-Mail.*

2. Markieren Sie in der Liste das E-Mail-Konto, deren Einstellungen Sie ändern möchten.

3. Klicken Sie auf *Ändern* und dann auf die Schaltfläche *Weitere Einstelllungen.*

4. Wechseln Sie zur Registerkarte *Erweitert.*

5. Schalten Sie im Bereich *Übermittlung* das Kontrollkästchen *Kopie aller Nachrichten auf dem Server belassen* ein.

6. Wenn Sie möchten, dass die E-Mails nach einer bestimmten Zeitspanne vom Server entfernt werden, schalten Sie das Kontrollkästchen *Vom Server nach x Tagen entfernen* ein und legen die Zeitspanne fest.

7. Um zu erreichen, dass Elemente, die Sie in Outlook gelöscht und aus dem Ordner *Gelöschte Objekte* entfernt haben, auch vom Server entfernt werden, schalten Sie das Kontrollkästchen *Entfernen, wenn aus "Gelöschte Elemente" entfernt* ein.

8. Klicken Sie auf *OK,* dann auf *Weiter* und abschließend auf *Fertig stellen.*

Bild 48.21   Im unteren Bereich des Dialogfeldes legen Sie fest, ob die E-Mails, die Sie mit Outlook abrufen, auf dem Mailserver belassen werden

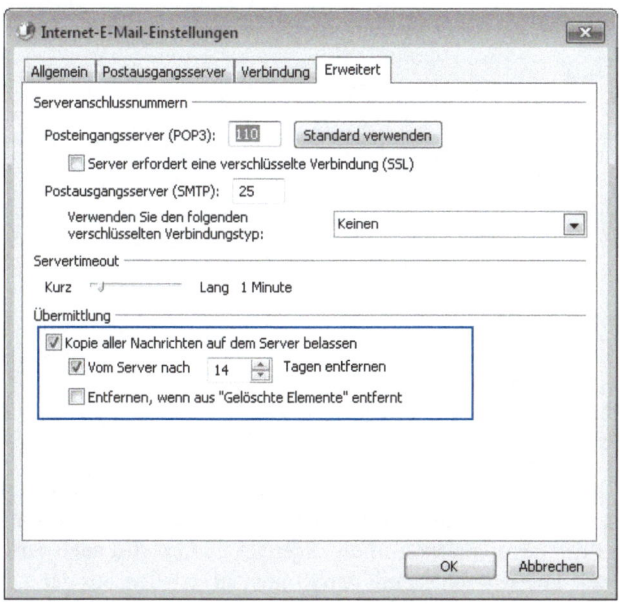

Servertimeout einstellen

Auf der Registerkarte *Erweitert* können Sie außerdem noch den Schwellenwert für den *Servertimeout* einstellen. Hierbei handelt es sich um die Zeitspanne, während der Outlook versucht, eine Verbindung zum E-Mail-Server herzustellen und die dort befindlichen E-Mails abzurufen.

Wenn Sie häufig entweder viele oder große E-Mail-Nachrichten abrufen und Sie dabei eine Timeout-Fehlermeldung erhalten, kann es helfen, den Timeout-Wert zu erhöhen. Der Standardwert ist 1 Minute; der Timeout-Schwellenwert kann zwischen 10 Sekunden und 10 Minuten eingestellt werden.

Falls das Hochsetzen des Servertimeouts keine Hilfe bringt und Sie über eine Website auf das E-Mail-Konto zugreifen können, dann versuchen Sie, die größte Mail zu löschen, und versuchen dann erneut, die E-Mails mit Outlook abzuholen.

Antwortadresse und Name der Organisation

Die drei letzten Einstellungen, die wir in diesem Kapitel vorstellen wollen, befinden sich alle auf der Registerkarte *Allgemein* des Dialogfeldes *Internet-E-Mail-Einstellungen*.

Bild 48.22 Auf der Registerkarte *Allgemein* können Sie unter anderem den Anzeigenamen für das E-Mail-Konto einstellen

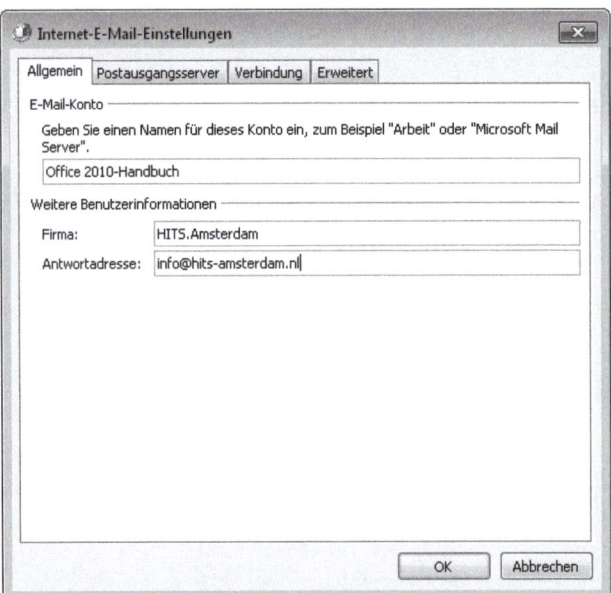

- **E-Mail-Konto** Im Feld *E-Mail-Konto* können Sie einen Anzeigenamen für das E-Mail-Konto eingeben. Der Anzeigename wird Outlook-intern verwendet. Beispielsweise wird der Anzeigename auf der Registerkarte *E-Mails* angezeigt und er wird auch verwendet, um beim Erstellen einer Mail die Auswahlliste mit den Konten zu erstellen, aus der Sie dann das Konto auswählen, über das die E-Mail versendet werden soll.

- **Firma** In das Feld *Firma* können Sie den Namen Ihrer Firma oder Organisation eintragen. Diese Information wird in den Kopfzeilen der E-Mail-Nachricht (einem normalerweise nicht sichtbaren Bereich der E-Mail) an den Empfänger übertragen.

- **Antwortadresse** Wenn die Antwort auf eine E-Mail, die Sie über dieses Konto verschicken, an eine andere E-Mail-Adresse als die Absenderadresse gesendet werden soll, dann geben Sie diese Adresse in das Feld *Antwortadresse* ein. Wenn der Empfänger der E-Mail auf *Antworten* klickt, wird die Antwort an die im Feld *Antwortadresse* eingetragene E-Mail-Adresse gesendet.

Zusammenfassung

Dieses Kapitel hat sich ausführlich mit den Themen Outlook-Profile und E-Mail-Konten beschäftigt, Informationen, die Ihnen zugutekommen, wenn sich mehrere Benutzer den gleichen Computer teilen und Outlook verwenden oder wenn Sie mehrere E-Mail-Konten einsetzen.

- Der erste Abschnitt dieses Kapitels hat Sie mit wichtigen Hintergrundinformationen zu Outlook-Profilen und deren Integration in die Windows-Benutzerkonten vertraut gemacht (Seite 850). Diese Informationen sollen bei der Entscheidung helfen, welche Konfiguration für Sie am besten geeignet ist.

- Die Schritte zum Erstellen eines neuen oder weiteren Outlook-Profils wurden im Abschnitt ab Seite 852 beschrieben. Dort haben Sie außerdem gesehen, wie Sie beim Starten von Outlook das gewünschte Profil auswählen können (Seite 855).

- In den meisten Fällen brauchen Sie zum Einrichten eines weiteren E-Mail-Kontos nur drei Felder auszufüllen und der Outlook-Assistent zur automatischen Kontoeinrichtung kümmert sich um den Rest (Seite 856). Sollten bei der automatischen Kontoeinrichtung Probleme auftreten, finden Sie ab Seite 861 alle Informationen, um ein Konto manuell einzurichten. Eine übersichtliche Tabelle mit den Parametern für wichtige E-Mail-Dienstanbieter können Sie hierbei als Referenz verwenden.

- Sollten Sie Outlook 2010 in einer Microsoft Exchange-Umgebung einsetzen, finden Sie ab Seite 865 die Informationen, die Sie dazu brauchen.

- Zum Abschluss dieses Kapitels haben Sie weitere Konfigurationsoptionen kennen gelernt, die Sie vielleicht nicht häufig brauchen, von denen es aber gut zu wissen ist, dass es sie gibt: Sie können bei mehreren E-Mail-Konten das Standardkonto festlegen (Seite 868) und sich entscheiden, die E-Mails beim Empfangen auch auf dem Server zu belassen, falls Sie Ihre Mails zusätzlich auch über eine Website lesen (Seite 869). Sollte beim Empfang von E-Mail-Nachrichten die Fehlermeldung angezeigt werden, dass der Server nicht innerhalb einer bestimmten Zeit geantwortet hat, können Sie das Servertimeout erhöhen (Seite 870), was häufig eine Lösung für dieses Problem darstellt.

Ein weiteres wichtiges Thema, das mit Outlook-Profilen und E-Mail-Konten im direkten Zusammenhang steht, sind die Datendateien, in denen sich die eigentlichen Daten (E-Mails, Kontakte Kalender usw.) befinden, die einem Outlook-Profil zugeordnet sind. Datendateien und deren Verwaltung lernen Sie im folgenden Kapitel kennen.

Kapitel 49

Outlook-Datendateien

Wenn Sie in Outlook 2010 Elemente wie einen Termin, eine Aufgabe oder eine E-Mail erstellen, müssen diese irgendwo aufbewahrt werden, damit sie beim Neustart von Outlook wieder zur Verfügung stehen. Outlook verwendet hierfür einen bestimmten Dateityp, der Datendatei genannt wird. Auch wenn es wegen der vielen Ordnersymbole in der Navigationsleiste von Outlook so aussieht, als ob sich diese Ordnerstruktur genauso auf der Festplatte Ihres Computers wiederfinden lässt, so ist dies nicht der Fall. All diese Ordner und deren Elemente befinden sich in der Regel in einer Datei, der Datendatei. (Das »in der Regel« bezieht sich auf eine Standardinstallation von Outlook. Sie können auch mehrere Datendateien verwenden, doch dazu mehr etwas später in diesem Kapitel.)

Dieses Kapitel stellt Ihnen diese Datendateien vor, führt einige Gründe vor, warum es sinnvoll sein kann, mit mehreren Datendateien zu arbeiten, und liefert Schritt-für-Schritt-Anleitungen für die wichtigsten Verfahren, die Sie bei der Verwendung von Datendateien kennen sollten.

Datendateien im Überblick

Datendateien ist der Oberbegriff für die Dateien, in denen Outlook seine Informationen abspeichert. Bei den Datendateien lassen sich zwei verschiedene Typen unterscheiden:

- **Persönliche Ordnerdatei** Die persönliche Ordnerdatei (Erweiterung .pst) wird verwendet, wenn Sie mit Outlook E-Mail-Konten des Typs POP3 oder IMAP benutzen.

  Auch wenn Sie mehrere E-Mail-Konten verwenden, landen alle eingehenden E-Mails in dieser einen Datendatei. Der Hauptzweck der Datei ist also die Verwaltung des Posteingangs und des Postausgangs und sie dient damit als Speicherort für Ihren E-Mail-Verkehr. Hierfür befinden sich in der persönlichen Ordnerdatei entsprechende Ordner, in dem Elemente des Typs E-Mail abgelegt werden können. In weiteren Ordnern in dieser Datei werden Kontakte, Termine, Aufgaben usw. gespeichert.

- **Offlineordnerdatei** Wenn Sie in Outlook mit einem Microsoft Exchange-Konto arbeiten, dann befinden sich all Ihre Daten (also E-Mails, Kontakte, Termine usw.) standardmäßig auch auf dem Exchange-Server, und nicht lokal auf Ihrem Computer.

  Damit Sie jedoch auch dann mit diesen Daten arbeiten können, wenn einmal keine Netzwerkverbindung zu Ihrem Exchange-Server besteht, verwendet Outlook den zweiten Typ von Datendatei, die Offlineordnerdatei (mit der Erweiterung .ost), um alle Daten, die auf dem Exchange-Server vorgehalten werden, zwischenzuspeichern. Wenn Sie einem Outlook-Profil ein Exchange Server-Konto hinzufügen, wird diese Offlineordnerdatei automatisch erstellt.

Welche Datendateien aktuell in Verwendung sind, können Sie sehen, wenn Sie die Registerkarte *Datei* öffnen und dann zweimal auf *Kontoeinstellungen* klicken. Wechseln Sie anschließend im Dialogfeld *Kontoeinstellungen* zur Registerkarte *Datendateien*. Ein Beispiel hierfür zeigt Abbildung 49.1.

Bild 49.1 Die Registerkarte *Datendateien* zeigt alle derzeit verwendeten Datendateien an

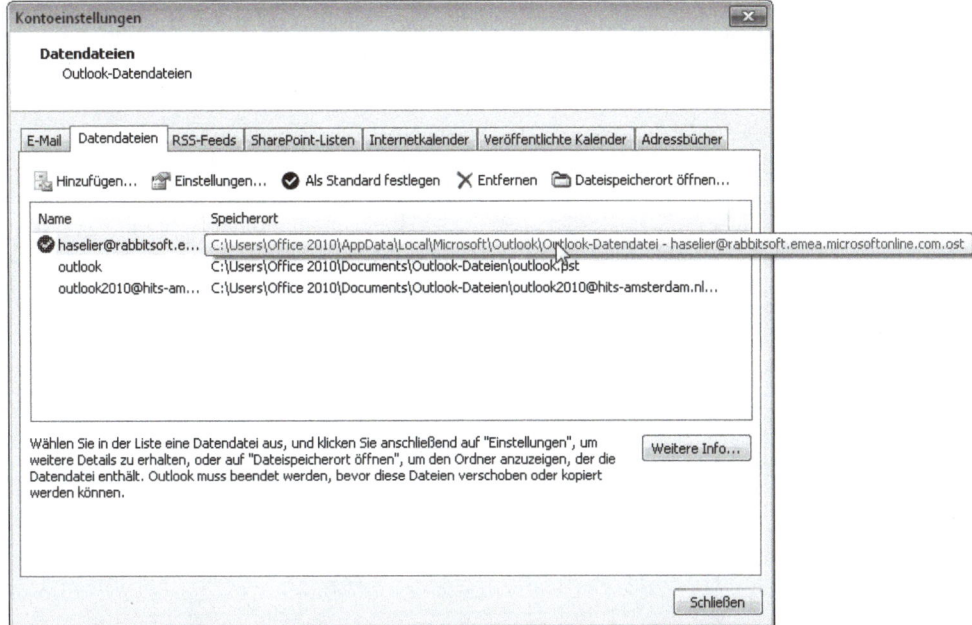

In der Spalte *Speicherort* können Sie den Dateinamen und den Ordner sehen, in dem die Datendatei gespeichert ist. In der obigen Abbildung wird eine Offlineordnerdatei verwendet (Endung *.ost)*, die dem Exchange Server-Postfach zugeordnet ist. Wenn Sie eine Offlineordnerdatei markieren und dann auf *Einstellungen* klicken, erhalten Sie weitere Informationen zu dem Exchange-Konto und der Offlineordnerdatei.

Bild 49.2 Diese Dialogfelder zeigen weitere Informationen zum Exchange-Konto und zur Offlineordnerdatei an

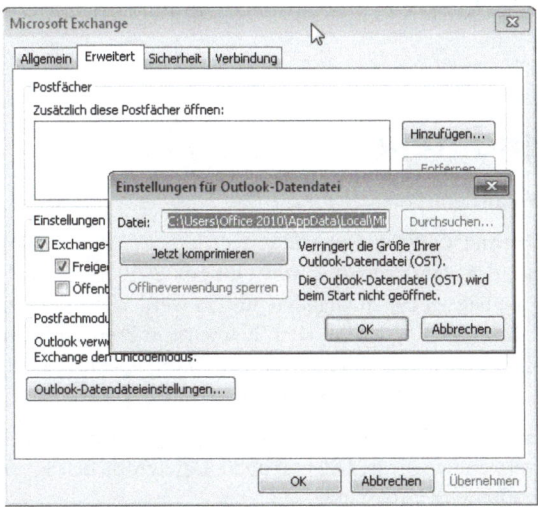

Der zweite Eintrag in der Liste in Abbildung 49.1 zeigt eine persönliche Ordnerdatei, deren Name *(outlook.pst)* in der Spalte *Speicherort* zu sehen ist. Wenn Sie einen Eintrag mit einer persönlichen Ordnerdatei markieren und dann auf *Einstellungen* klicken, sehen Sie weitere Informationen zu dieser Datei.

Bild 49.3   In diesem Dialogfeld können Sie den Speicherort, das Format und weitere Informationen zu einer persönlichen Ordnerdatei abrufen

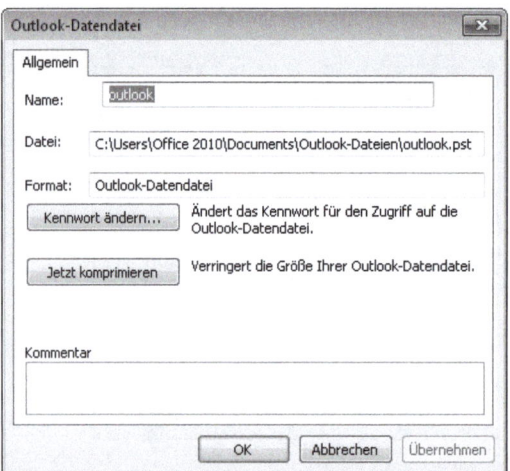

Im Feld *Name* steht der Anzeigename der persönlichen Ordnerdatei, wie er an anderen Stellen innerhalb von Outlook verwendet wird. Im Feld *Datei* sehen Sie den kompletten Pfadnamen der Datei und das Feld *Format* informiert Sie darüber, welches Format die Datei besitzt (mehr über die Formate von persönlichen Ordnerdateien im folgenden Abschnitt).

Mit den Schaltflächen des Dialogfeldes können Sie das Kennwort für diese Datendatei ändern oder eines vergeben, sofern die Datei noch kein Kennwort besitzt, und die Datei komprimieren, um so Speicherplatz zu sparen oder um die Größe der Datei zu reduzieren, bevor Sie eine Sicherungskopie erstellen. Mehr zu den Themen Kennwörter, Komprimierung und Datensicherungen finden Sie in späteren Abschnitten dieses Kapitels.

Formate der Datendateien

Outlook 2010 unterstützt zwei verschiedene Formate für die Datendateien:

- **Outlook-Datendatei**   Das Format *Outlook-Datendatei* wurde bei Outlook 2003 eingeführt und ist mit dem Dateiformat, das standardmäßig von Outlook 2010 verwendet wird, identisch. Die maximale Dateigröße beträgt ca. 20 Gigabyte und es werden die Zeichensätze ANSI und Unicode unterstützt, wodurch es möglich ist, auch Elemente in Fremdsprachen, die nicht im Standard-ANSI-Zeichensatz dargestellt werden können (beispielsweise Chinesisch oder Japanisch), in der persönlichen Ordnerdatei abzuspeichern.

- **Outlook 97-2002-Datendatei**   Hierbei handelt es sich um das Dateiformat, das von den Outlook-Versionen 97 bis 2002 verwendet wurde. Die maximale Dateigröße beträgt ca. 2 Gigabyte und es wird nur der ANSI-Zeichensatz unterstützt.

Wenn Sie Outlook das erste Mal starten und Ihr Profil einrichten, verwendet Outlook 2010 standardmäßig das neuere Format. Das Format der Datendatei wird festgelegt, wenn eine neue Datendatei erstellt wird; es kann später nicht geändert werden. Welches Format Ihre persönlichen Ordnerdateien besitzen, können Sie im Dialogfeld *Outlook-Datendatei* sehen (siehe Bild 49.3 auf der vorigen Seite).

Wo befinden sich die Datendateien?

Die Datendateien werden unterhalb des Ordners gespeichert, in dem sich die Daten zu Ihrem Windows-Benutzerkonto befinden. Bei Windows 7 befinden sich die Offlineordnerdateien für ein Exchange-Konto standardmäßig im Ordner *C:\Users\[Benutzername]\AppData\Local\Microsoft\Outlook*. Statt *[Benutzername]* müssen Sie Ihren Windows-Anmeldenamen in den Pfad einsetzen. Die persönlichen Ordnerdateien werden standardmäßig im Ordner *C:\Users\[Benutzername]\Dokumente\Outlook-Dateien* gespeichert.

Die genaue Pfadangabe jeder einzelnen persönlichen Ordnerdatei können Sie sich ansehen, wenn Sie auf der Registerkarte *Datendateien* des Dialogfeldes *Kontoeinstellungen* die persönliche Ordnerdatei markieren und dann auf *Einstellungen* klicken. Der komplette Pfadname der Datei wird im Feld *Datei* angezeigt. Wenn Sie in dem Feld ein wenig scrollen, ist der (sehr lange) Pfadname sichtbar.

Wenn Sie den Ordner mit den persönlichen Ordnerdateien schnell öffnen wollen, ohne sich dabei durch die Ordnerstruktur der Festplatte Ihres Computers hangeln zu müssen, können Sie auf der Registerkarte *Datendateien* des Dialogfeldes *Kontoeinstellungen* die Datei markieren, deren Ordner Sie öffnen wollen, und dann auf *Datenspeicherort öffnen* klicken. Outlook öffnet daraufhin den Ordner in Windows-Explorer, wie Sie es in der Abbildung auf der nächsten Seite sehen.

Wie Sie in der Abbildung erkennen können, werden in dem Ordner außer der/den persönlichen Ordnerdatei(en) von Outlook zusätzliche Dateien angelegt, die weitere Konfigurationseinstellungen enthalten.

Der Ordner mit der Offlineordnerdatei, wie er sich unter Windows 7 präsentiert

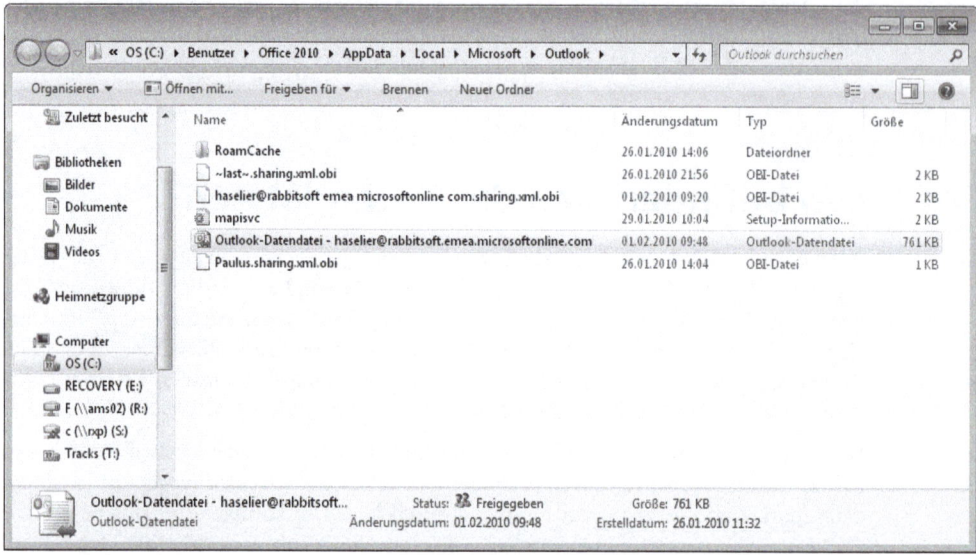

Weitere Datendateien erstellen

Normalerweise reicht es aus, mit einer persönlichen Ordnerdatei zu arbeiten. Es kann jedoch auch bestimmte Einsatzszenarien geben, bei denen es zumindest eine Überlegung wert ist, ob nicht mit mehreren Datendateien gearbeitet werden sollte:

- Sie haben sehr viele RSS-Feeds abonniert, wodurch die Größe der persönlichen Ordnerdatei stark zunimmt. Sie können ältere Nachrichten in einer eigenen Ordnerdatei archivieren.

- Sie nehmen die Datensicherung der persönlichen Ordnerdatei auf einem USB-Stick vor. Die Größe der Ordnerdatei überschreitet die verfügbare Kapazität auf dem USB-Stick. Sie können Elemente, die nicht so wichtig sind (wie ältere Nachrichten oder RSS-Feeds), in einer eigenen Ordnerdatei ablegen, so die Größe der Hauptordnerdatei reduzieren und diese dann wie gewohnt auf Ihrem USB-Stick sichern.

- Sie verwenden mehrere E-Mail-Konten (beispielsweise eines für geschäftliche, ein anderes für private Zwecke) und möchten gern, dass die E-Mail-Nachrichten nach E-Mail-Kontos getrennt in eigenen Ordnerdateien abgelegt werden.

- Sie verwenden Outlook auf mehreren PCs und wollen die Größe der Ordnerdatei, die die Informationen enthält, die Sie auf jedem PC benötigen, verkleinern, um so den Kopiervorgang zwischen den Computern zu beschleunigen.

- Sie wollen bestimmte sensible Daten, die Sie im Modul *Notizen* angelegt haben, in einer eigenen Ordnerdatei ablegen und diese Datei mit einem Kennwort schützen.

Dies sind nur einige der Einsatzbereiche, bei denen es sinnvoll ist, eine weitere persönliche Ordnerdatei zu erstellen. Um dies zu tun, gehen Sie wie folgt vor:

1. Wechseln Sie zur Registerkarte *Datei*, klicken Sie auf *Informationen* und dann zweimal auf *Kontoeinstellungen*. Das gleichnamige Dialogfeld wird geöffnet.

2. Klicken Sie auf der Registerkarte *Datendateien* auf *Hinzufügen*. Das Dialogfeld *Outlook-Datendatei erstellen oder öffnen* wird angezeigt.

3. Geben Sie in das Feld *Dateiname* einen aussagekräftigen Dateinamen ein, der den Verwendungszweck der neuen Datendatei widerspiegelt. Dieser Name wird an anderen Stellen innerhalb von Outlook verwendet und angezeigt; daher hilft ein sprechender Name später bei der Orientierung.

4. Falls Sie eine Datendatei erstellen wollen, die mit älteren Outlook-Versionen (97 bis 2002) kompatibel sein soll, öffnen Sie das Listenfeld *Dateityp* und wählen *Outlook 97-2002-Datendateien*. Anderenfalls können Sie die Option *Outlook-Datendateien* übernehmen.

Bild 49.5 Legen Sie hier den Namen der neuen Datendatei fest. Verwenden Sie am besten einen Namen, der den Zweck der Datendatei gut beschreibt.

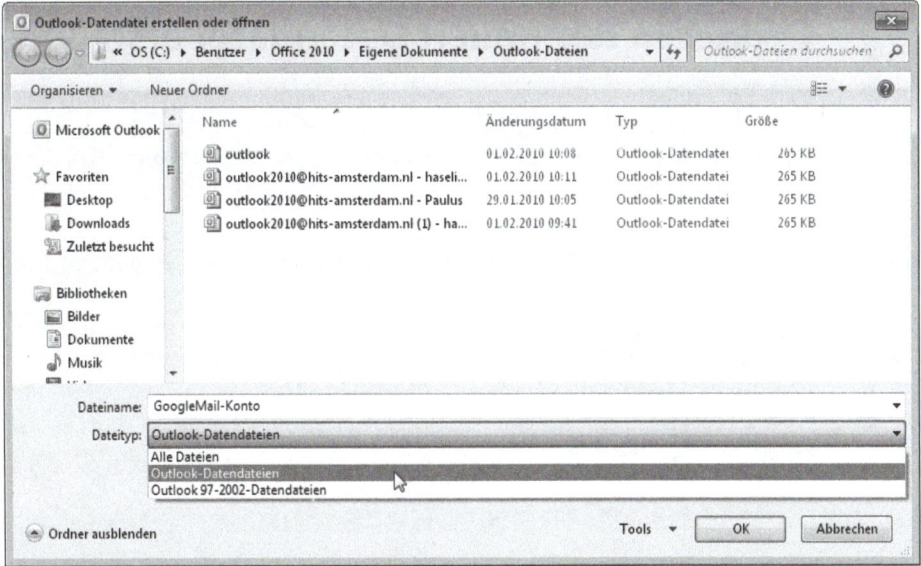

5. Wenn Sie die Datendatei durch ein Kennwort schützen wollen, schalten Sie das Kontrollkästchen *Optionales Kennwort hinzufügen* ein.

6. Klicken Sie auf *OK*.

7. Wenn Sie das Kontrollkästchen *Optionales Kennwort hinzufügen* eingeschaltet haben, wird das Dialogfeld *Outlook-Datendatei erstellen* angezeigt. Geben Sie dort das gewünschte Kennwort in die beiden Kennwortfelder ein. Das Öffnen der persönlichen Ordnerdatei ist danach nur noch durch die Eingabe des Kennworts möglich.

In diesem Dialogfeld legen Sie das Kennwort für die Outlook-Datendatei fest

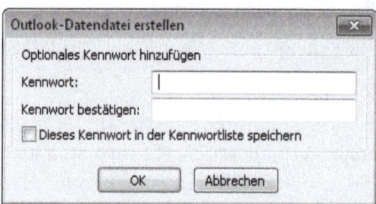

8. Wenn Sie das Kennwort nicht bei jedem Starten von Outlook eingeben wollen, schalten Sie das Kontrollkästchen *Dieses Kennwort in der Kennwortliste speichern* ein. Die Kennwortliste ist ein Teil Ihres Windows-Benutzerkontos, sie wird verschlüsselt in der Windows-Registrierung gespeichert.

9. Klicken Sie auf *OK,* um die Datendatei mit den eingestellten Optionen erstellen zu lassen.

Ordner in der neuen Datendatei erstellen

Nachdem Sie die neue Ordnerdatei erstellt haben, wird sie in der Ordnerliste angezeigt. Klicken Sie in der Navigationsleiste auf *Ordnerliste* oder drücken Sie Strg + F6. Sie können die neue persönliche Ordnerdatei in der Ordnerliste an dem Anzeigenamen erkennen, den Sie beim Erstellen der Datei festgelegt haben.

Bild 49.7 Eine neue persönliche Ordnerdatei enthält nach dem Erstellen lediglich die Ordner *Gelöschte Elemente* und *Suchordner*

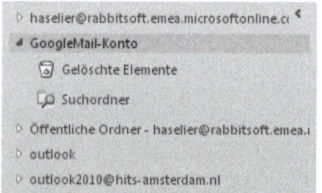

Wenn Sie auf das Dreieck vor dem Namen der persönlichen Ordnerdatei klicken, sehen Sie die Ordner, die in der Datei enthalten sind. Bei einer neu erstellten Datei sind dies lediglich die beiden Ordner *Gelöschte Elemente* und *Suchordner.* Legen Sie nun in der persönlichen Ordnerdatei die Ordner an, die dem Verwendungszweck der Ordnerdatei entsprechen.

1. Klicken Sie in der Ordnerliste den Anzeigenamen der Ordnerdatei mit der rechten Maustaste an und wählen Sie im Kontextmenü den Befehl *Neuer Ordner.* Das Dialogfeld *Neuen Ordner erstellen* wird angezeigt.

2. Geben Sie in das Feld *Name* den Namen ein, den der neue Ordner erhalten soll.

3. Öffnen Sie die Liste *Ordner enthält Elemente des Typs* und legen Sie fest, welche Outlook-Elemente Sie in diesem Ordner ablegen wollen.

Bild 49.8   In diesem Dialogfeld legen Sie den Namen und den Elementtyp fest, der in dem neuen
Ordner enthalten sein soll

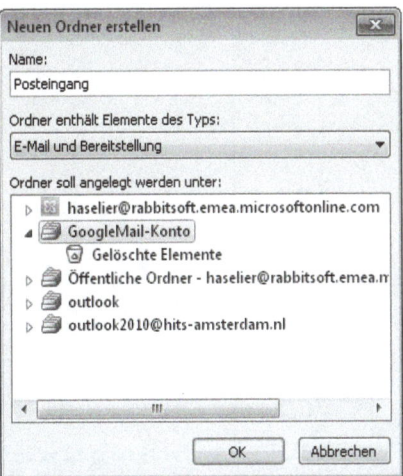

TIPP   **Ordner für RSS-Feeds**   Wählen Sie den Typ *E-Mail und Bereitstellung*, wenn Sie den
neuen Ordner als Speicherort für RSS-Feeds verwenden wollen.

4. Klicken Sie auf *OK*, um den neuen Ordner zu erstellen.

5. Wiederholen Sie die Schritte 1 bis 4 für alle weiteren Ordner, die Sie in der neuen persönli-
    chen Ordnerdatei erstellen wollen.

Speicherort für E-Mail-Nachrichten und RSS-Feeds festlegen

Wenn Sie eine persönliche Ordnerdatei verwenden, um dort beispielsweise alle RSS-Feeds abzulegen oder alle E-Mail-Nachrichten eines bestimmten E-Mail-Kontos aufzubewahren, müssen Sie
Outlook noch mitteilen, welche Daten in welchem Speicherort abgelegt werden sollen.

1. Wechseln Sie zur Registerkarte *Datei*, klicken Sie auf *Informationen* und dann zweimal auf
    Kontoeinstellungen. Das gleichnamige Dialogfeld wird geöffnet.

2. Wechseln Sie zur Registerkarte *E-Mail*, wenn Sie den Speicherort für ein E-Mail-Konto fest-
    legen wollen, oder zur Registerkarte *RSS-Feeds*, um den Speicherort eines RSS-Feeds zu än-
    dern.

3. Markieren Sie in der Liste das E-Mail-Konto bzw. den Feednamen und klicken Sie dann im
    unteren Bereich auf die Schaltfläche *Ordner wechseln*.

Bild 49.9 In diesem Dialogfeld legen Sie den Übermittlungs- und Speicherort des ausgewählten E-Mail-Kontos bzw. RSS-Feeds fest

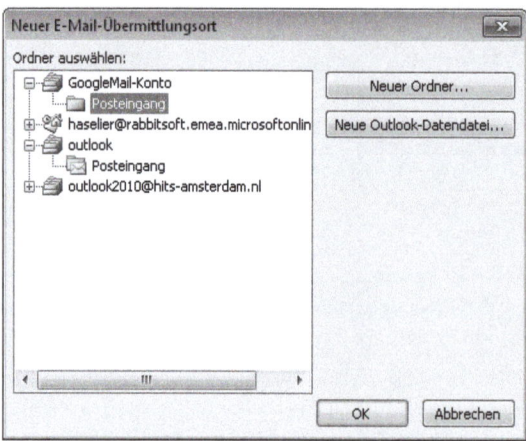

Das Dialogfeld *Neuer E-Mail-Übermittlungsort* bzw. *Neuer RSS-Feed-Übermittlungsort* wird geöffnet.

4. Markieren Sie in der Ordneranzeige auf der linken Seite den Ordner, der als Speicherort dienen soll, und klicken Sie dann auf *OK*.

TIPP Ordner *Postausgang, Gesendete Objekte* und *Junk-E-Mail* Wenn Sie eine persönliche Ordnerdatei für ein bestimmtes E-Mail-Konto erstellen wollen, reicht es aus, den Ordner *Posteingang* anzulegen und diesen als Speicherort einzustellen. Nachdem Sie die erste E-Mail über dieses Konto versendet haben, erstellt Outlook die Ordner *Postausgang, Gesendete Objekte* und *Junk-E-Mail* automatisch und weist diesen auch die Standardordnersymbole zu.

Datendateien mit Kennwort schützen

Beim Erstellen einer neuen persönlichen Ordnerdatei können Sie für die Datei ein Kennwort festlegen. Wenn Sie dies getan haben, können Sie das Kennwort jederzeit ändern; falls Sie beim Erstellen kein Kennwort vergeben haben, können Sie dies auch noch zu einem späteren Zeitpunkt tun.

1. Wechseln Sie zur Registerkarte *Datei*, klicken Sie auf *Informationen* und dann zweimal auf *Kontoeinstellungen*. Das gleichnamige Dialogfeld wird geöffnet.

2. Wechseln Sie zur Registerkarte *Datendateien*.

3. Markieren Sie die Datendatei, deren Kennwort Sie ändern möchten, und klicken Sie dann auf *Einstellungen*.

4. Klicken Sie im Dialogfeld *Outlook-Datendatei* auf *Kennwort ändern*.

Bild 49.10   In diesem Dialogfeld ändern Sie das Kennwort für eine persönliche Ordnerdatei

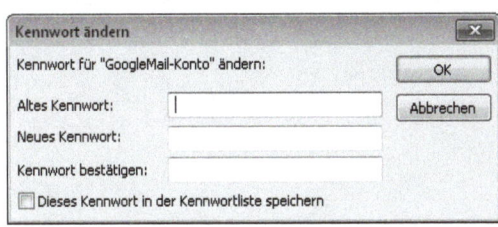

5. Wenn die Datei bereits ein Kennwort besitzt, geben Sie das aktuelle Kennwort in das Feld *Altes Kennwort* ein; ansonsten lassen Sie dieses Feld leer.

6. Geben Sie das gewünschte Kennwort in die Felder *Neues Kennwort* und *Kennwort bestätigen* ein.

7. Schalten Sie das Kontrollkästchen *Dieses Kennwort in der Kennwortliste speichern* ein, wenn Sie nicht bei jedem Öffnen das Kennwort eingeben wollen, sondern das Kennwort in der Kennwortliste Ihres Windows-Benutzerkontos gespeichert werden soll.

8. Klicken Sie auf *OK* und dann auf *OK* und *Schließen,* um alle geöffneten Dialogfelder zu schließen.

RSS-Feeds archivieren

Dieser Abschnitt stellt eine weitere Verwendungsmöglichkeit von mehreren Datendateien vor. Hier wird gezeigt, wie Sie RSS-Feeds von Outlook automatisch archivieren lassen können. Diese Methode bietet sich besonders dann an, wenn Sie lediglich ein Exchange Server-Konto verwenden, jedoch keines der anderen E-Mail-Konten. In diesem Fall verwenden Sie eine Offlineordnerdatei, um auch lokal auf Ihr Exchange-Postfach zugreifen zu können. Das Problem bei einem Exchange-Postfach kann eine Speicherplatzbegrenzung sein, die der Administrator des Exchange Server vorgenommen hat. Wenn Sie viele RSS-Feeds abonniert haben, die auch viele Nachrichten verschicken, kann es passieren, dass Sie das voreingestellte Limit des Postfachs erreichen und in Ihrem Exchange-Postfach keine Informationen mehr speichern können.

Um dieses Problem zu lösen, erstellen Sie eine persönliche Ordnerdatei und lassen RSS-Feeds, die beispielsweise älter sind als drei Tage, in dieser Datei archivieren. Gehen Sie dazu wie folgt vor:

1. Erstellen Sie eine neue persönliche Ordnerdatei wie in der Schrittfolge ab Seite 879 beschrieben. Nennen Sie diese beispielsweise *RSS-Archiv.*

2. Wechseln Sie zur Registerkarte *Datei,* klicken Sie auf *Informationen,* dann auf *Tools zum Aufräumen* und abschließend auf *Archivieren.* Das Dialogfeld *Archivieren* wird geöffnet (siehe Abbildung auf der nächsten Seite).

3. Wählen Sie im Dialogfeld *Archivieren* die Option *Diesen Ordner und alle Unterordner archivieren* aus.

4. Markieren Sie in der Ordnerliste den Ordner mit den RSS-Feeds.

5. Wählen Sie bei *Elemente archivieren, die älter sind als* ein Datum aus, um festzulegen, wie alt die Elemente sein müssen, damit sie archiviert werden.

Bild 49.11   Legen Sie in diesem Dialogfeld die Optionen für die Archivierung fest

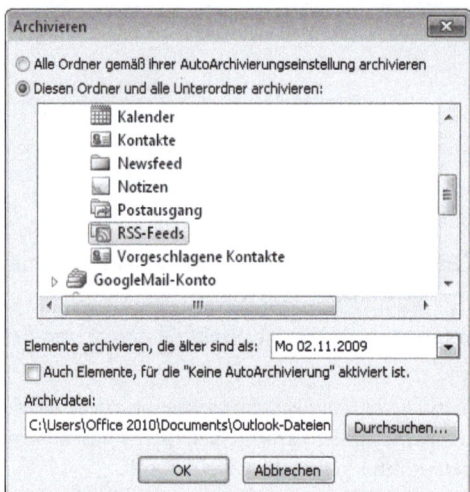

6.   Klicken Sie bei *Archivdatei* auf *Durchsuchen* und wählen Sie die persönliche Ordnerdatei aus, die Sie in Schritt 1 erstellt haben.

7.   Klicken Sie auf *OK,* um die Archivierung zu starten.

Nachdem Sie auf *OK* geklickt haben, werden alle RSS-Feednachrichten, die älter sind als im Dialogfeld *Archivieren* festgelegt, aus dem Exchange-Postfach entfernt und in die persönliche Ordnerdatei auf Ihrem Computer verschoben. Je nachdem, wie viele RSS-Feednachrichten vorhanden waren, haben Sie so wieder Platz in Ihrem Exchange-Postfach geschaffen. Da sich die RSS-Feeds in der persönlichen Ordnerdatei befinden, können Sie sie weiterhin verwenden und auch die Sofortsuche von Outlook einsetzen, um schnell bestimmte Nachrichten zu finden.

Wiederholen Sie die Schritte 2 bis 7 je nach Bedarf in regelmäßigen Intervallen, um Ihr Exchange-Postfach klein zu halten.

Datendateien auf mehreren Computern verwenden

Wenn Sie beispielsweise in Ihrem Büro an einem Desktop-PC arbeiten, dort Outlook einsetzen und auf Reisen Ihren Laptop mitnehmen und dort ebenfalls Outlook verwenden wollen, können Sie die persönlichen Ordnerdateien von einem auf den anderen PC verschieben. Da in den Datendateien nicht alle Ihre Outlook-Daten enthalten sind (siehe hierzu auch den Tipp im Abschnitt »Datendateien sichern« weiter hinten in diesem Kapitel), müssen Sie eine bestimmte Reihenfolge einhalten, damit dies problemlos funktioniert.

Das gleiche Verfahren können Sie übrigens auch dann verwenden, wenn Sie sich einen neuen PC angeschafft haben und nun Ihre alten Outlook-Daten auf den neuen Computer übertragen wollen.

Die folgende Anleitung verwendet die Bezeichnung *Computer 1* für den PC, auf dem sich die persönliche Ordnerdatei befindet, die entweder auf den zweiten PC verschoben oder dort abwechselnd verwendet werden soll. *Computer 2* ist, um die Beispiele vom Anfang dieses Abschnitts aufzugreifen, entweder der neue PC oder der Laptop.

Vorbereitungen auf Computer 1

In dieser Phase nehmen Sie die Vorbereitungen auf Computer 1 vor. Hierzu gehören das Erstellen eines aussagekräftigen Anzeigenamens für die persönliche Ordnerdatei, das Umbenennen der Datei und das Wiedereinbinden der umbenannten Datei in die Outlook-Konfiguration auf PC 1.

1. Starten Sie Outlook auf Computer 1.

2. Wechseln Sie zur Registerkarte *Datei*, klicken Sie auf *Informationen* und dann zweimal auf *Kontoeinstellungen*.

3. Markieren Sie auf der Registerkarte *Datendateien* die persönliche Ordnerdatei und klicken Sie dann auf *Einstellungen*.

4. Geben Sie in das Feld *Name* einen aussagekräftigen Namen ein, wie beispielsweise **Mein Posteingang** oder **Meine Nachrichten**.

5. Schauen Sie sich im Feld *Datei* den Pfad- und vor allem den Dateinamen der persönlichen Ordnerdatei an und merken Sie ihn sich. Wenn Sie am Dateinamen bisher keine Änderungen vorgenommen haben, ist der Dateiname *Outlook.pst*.

6. Klicken Sie auf *OK*, um zur Registerkarte *Datendateien* zurückzukehren.

7. Klicken Sie auf *Datenspeicherort öffnen*, damit ein Windows-Explorer-Fenster mit dem Ordner im Dateisystem geöffnet wird, in dem sich die persönliche Ordnerdatei befindet.

8. Lassen Sie das Windows-Explorer-Fenster geöffnet, wechseln Sie zurück zu Outlook und beenden Sie Outlook.

9. Kehren Sie zu Windows-Explorer zurück und markieren Sie die persönliche Ordnerdatei, deren Namen Sie in Schritt 5 ermittelt haben. Wenn in Windows-Explorer die Anzeige der Dateierweiterungen ausgeblendet ist und Sie mehrere Dateien mit dem gleichen Namen sehen, dann markieren Sie diese nacheinander und achten auf die Anzeige im unteren Bereich des Explorer-Fensters, in dem der Dateityp angegeben wird. Dort muss *Outlook-Datendatei* angezeigt werden – dann haben Sie die richtige Datei gefunden.

Bild 49.12   Im unteren Bereich des Explorer-Fensters sehen Sie den Dateityp der markierten Datei

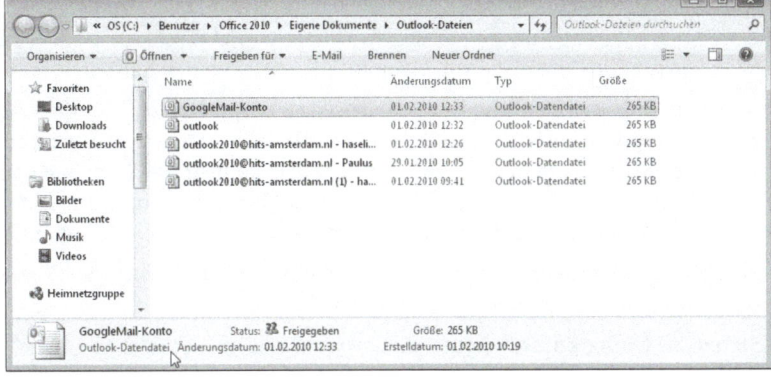

10. Klicken Sie die Datei mit der rechten Maustaste an, wählen Sie *Umbenennen* und geben Sie einen neuen Namen ein, der zu dem Anzeigenamen passt, den Sie in Schritt 4 festgelegt haben.

11. Starten Sie Outlook. Outlook zeigt folgende Fehlermeldung an:

Bild 49.13

Outlook kann die persönliche Ordnerdatei, die soeben umbenannt wurde, nicht mehr finden

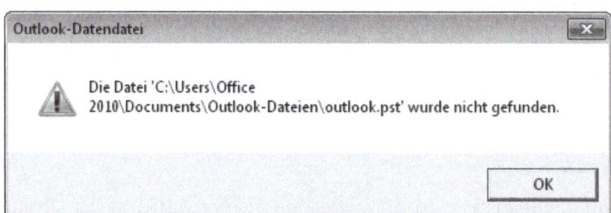

12. Klicken Sie auf *OK*. Outlook zeigt das Dialogfeld *Outlook-Datendatei erstellen/auswählen* an. Wählen Sie die Datei aus, die Sie in Schritt 10 umbenannt haben, und klicken Sie dann auf *Öffnen*.

Damit sind die Vorarbeiten auf Computer 1 abgeschlossen: Die persönliche Ordnerdatei besitzt nun sowohl einen aussagekräftigen Anzeige- als auch Dateinamen (was Konflikte beim Kopieren auf Computer 2 im Voraus ausschließt), und sie kann wieder von der Outlook-Installation auf Computer 1 verwendet werden.

Vorbereitungen auf Computer 2

Bevor Sie die auf Computer 1 vorbereitete persönliche Ordnerdatei verwenden können, müssen Sie auf Computer 2 Ihr Outlook-Profil erstellen. Starten Sie dazu Outlook auf diesem PC und folgen Sie den Schritten für die Einrichtung eines Kontos und eines neuen Profils. Verwenden Sie dazu den Assistenten, der ausführlich in Kapitel 45 beschrieben ist.

Im Rahmen der Outlook-Konfiguration wird auch auf Computer 2 eine persönliche Ordnerdatei erstellt; diese wird aber später nicht mehr benötigt.

Die erste Datenübernahme

Nachdem Sie die Vorbereitungen auf beiden Computern abgeschlossen haben, gehen Sie folgendermaßen vor, um die Datendatei von Computer 1 auf Computer 2 zu verwenden:

1. Kopieren Sie die persönliche Ordnerdatei von Computer 1 auf Computer 2. Verwenden Sie hierfür entweder eine Netzwerkverbindung oder einen externen Datenträger wie beispielsweise eine USB-Festplatte oder einen USB-Stick. Sie können die Datei auch auf eine CD-ROM oder DVD brennen; in diesem Fall müssen Sie daran denken, das Attribut *Schreibgeschützt* von der Ordnerdatei zu entfernen, nachdem Sie sie auf Computer 2 kopiert haben.

Sie können die Datei entweder in den Outlook-Standardordner für Datendateien kopieren oder auch in ein anderes beliebiges Verzeichnis.

2. Starten Sie Outlook auf Computer 2.

3. Wechseln Sie zur Registerkarte *Datei*, klicken Sie auf *Informationen* und dann zweimal auf *Kontoeinstellungen*.

4. Klicken Sie auf der Registerkarte *Datendateien* auf *Hinzufügen*.

5. Wechseln Sie zu dem Ordner, in den Sie in Schritt 1 die Datendatei von PC 1 kopiert haben, wählen Sie die Datei aus und klicken Sie dann auf *OK*. Die persönliche Ordnerdatei wird in Outlook geladen.

6. Wechseln Sie zur Registerkarte *E-Mail* und markieren Sie das Konto, das Sie in Schritt 1 eingerichtet haben.

7. Klicken Sie im unteren Bereich des Dialogfeldes auf *Ordner wechseln*.

8. Öffnen Sie in der Ordnerliste die persönliche Ordnerdatei, die Sie von Computer 1 kopiert haben; Sie können diese am Anzeigenamen gut erkennen.

9. Markieren Sie den Ordner *Posteingang* und klicken Sie dann auf *OK*. Sie kehren zum Dialogfeld *Kontoeinstellungen* zurück.

10. Wechseln Sie zur Registerkarte *Datendateien*.

11. Markieren Sie die Datendatei, die bei der Einrichtung von Outlook auf Computer 2 erstellt wurde. Sie sollte den Namen *Persönlicher Ordner* haben.

12. Klicken Sie auf *Entfernen*.

HINWEIS Wenn Sie auf *Entfernen* klicken, wird die Datendatei nur »entladen«. Sie wird dadurch nicht von der Festplatte gelöscht, sondern steht lediglich nicht mehr als Datenspeicher in Outlook zur Verfügung.

---

13. Klicken Sie auf die Schaltfläche *Schließen*, um das Dialogfeld *Kontoeinstellungen* zu schließen.

Nachdem Sie diese Schritte einmal durchgeführt haben, brauchen Sie nachfolgend lediglich die persönliche Ordnerdatei zwischen den beiden PCs hin- und herzukopieren, falls Sie dieses Verfahren verwenden, um die gleiche Datendatei auf mehreren PCs zu verwenden. Falls es lediglich darum ging, die Datendatei von Outlook auf den neuen PC zu übertragen, steht der Nutzung von Outlook mit den alten Daten nichts mehr im Wege.

Datendateien komprimieren

Die Outlook-Datendateien können im Laufe der Zeit sehr groß und Outlook dadurch auch nach und nach etwas langsamer werden. Wenn Sie beispielsweise viele E-Mails mit Dateianhängen versenden oder erhalten, befinden sich die Dateianhänge ebenfalls in der Datendatei. Auch wenn Sie ein Outlook-Element löschen, wird es hierdurch nicht automatisch auch aus der Datendatei entfernt.

Sie können die Größe der Outlook-Datendatei verringern, indem Sie die Datendatei komprimieren. Dies ist kein Vorgang, den Sie täglich ausführen müssen; es ist empfehlenswert, dies ca. alle vier Wochen zu tun. Am besten löschen Sie vorher im Postein- oder Postausgang die großen E-Mails, die Sie nicht mehr benötigen und löschen danach den Inhalt des Ordners *Gelöschte Elemente*.

Zum Komprimieren der Datendatei gehen Sie wie folgt vor:

1. Wechseln Sie zur Registerkarte *Datei,* klicken Sie auf *Informationen* und dann zweimal auf *Kontoeinstellungen.*

2. Wechseln Sie zur Registerkarte *Datendateien.*

3. Markieren Sie in der Liste mit den Datendateien die Datei, die Sie komprimieren wollen. (Sie können die Schaltfläche *Ordner öffnen* verwenden, um die aktuelle Größe der Ordnerdatei anzeigen zu lassen.)

4. Klicken Sie auf die Schaltfläche *Einstellungen.* Es wird ein Dialogfeld mit dem Namen der ausgewählten Datendatei angezeigt.

5. Klicken Sie auf *Jetzt komprimieren.* Outlook komprimiert die Datendatei. Dieser Vorgang kann je nach Größe der Datendatei ein wenig dauern. Während des Komprimiervorgangs wird das folgende Dialogfeld angezeigt:

Bild 49.14   Diese Meldung informiert Sie über den Fortschritt der Komprimierung

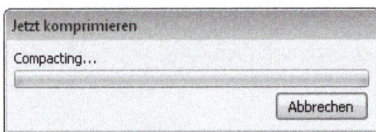

Datendateien reparieren

Wenn Outlook einmal abstürzen sollte und dabei die Datendateien nicht ordnungsgemäß geschlossen werden oder Sie eine Datendatei nicht öffnen können, kann es sein, dass die interne Struktur der Datendatei beschädigt ist. Im Lieferumfang von Outlook befindet sich das Tool ScanPST.exe, das Datendateien prüfen und reparieren kann. Dieses Tool wird standardmäßig im Ordner *C:\Programme\Microsoft Office\Office 14* installiert. So setzen Sie dieses Tool ein:

1. Beenden Sie Outlook, falls es derzeit gestartet ist.

2. Öffnen Sie den Arbeitsplatz, wechseln Sie zum Ordner *C:\Programme\Microsoft Office\Office 14* und suchen Sie nach der Datei *ScanPST.exe.*

3. Doppelklicken Sie auf *ScanPST.exe.* Das folgende Fenster wird angezeigt:

Bild 49.15   Wählen Sie mit einem Klick auf *Durchsuchen* die Datendatei aus, die Sie prüfen und reparieren lassen wollen

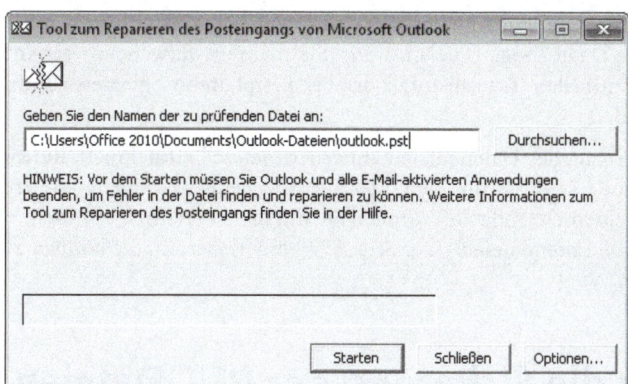

4. Klicken Sie auf *Durchsuchen* und wählen Sie die Datendatei aus, von der Sie vermuten, dass sie beschädigt ist.

5. Klicken Sie auf *Starten,* um den Prüfvorgang zu initialisieren.

   Während der Prüfung werden Sie in dem folgenden Fenster über den Fortgang informiert:

Bild 49.16   Die Statusanzeige im unteren Bereich des Fensters hält Sie über den Prüfvorgang auf dem Laufenden

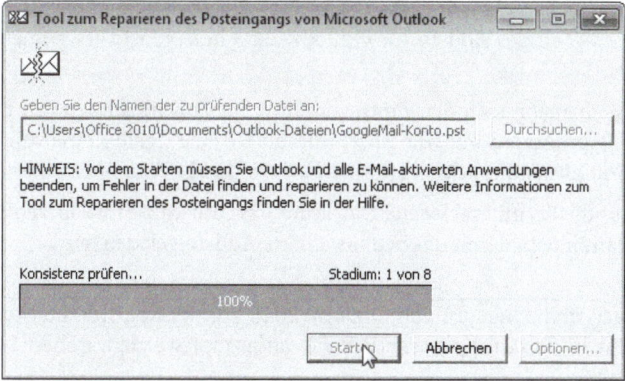

6. Wenn bei der Prüfung Fehler gefunden wurden, werden Sie aufgefordert, den Reparaturvorgang zu starten. Während des Reparaturvorgangs wird eine Sicherheitskopie erstellt, deren Name Sie im Feld *Name der Sicherungsdatei eingeben* festlegen können.

7. Klicken Sie auf *Reparieren.*

8. Wenn der Reparaturvorgang abgeschlossen ist, starten Sie Outlook und wählen den Befehl *Wechseln zu/Ordnerliste.*

9. Suchen Sie nach einem Ordner mit dem Namen *Elemente ohne Zuordnung.* Dieser enthält Outlook-Elemente, die zwar wiederhergestellt, aber keinem der Module zugeordnet werden konnten. Verschieben Sie die Elemente aus dem Ordner *Elemente ohne Zuordnung* in den richtigen Ordner. Anschließend können Sie den Ordner *Elemente ohne Zuordnung* löschen.

Datendateien sichern

Die persönliche Ordnerdatei enthält alle Daten, die Sie in Outlook eingegeben haben. Daher ist es eine gute Idee, diese Datei (oder Dateien, wenn Sie mehrere verwenden) regelmäßig zu sichern, damit bei einem eventuellen Totalabsturz oder bei Festplattenproblemen zumindest Ihre Daten noch vorhanden sind.

Sie können die Sicherung der Datendateien entweder manuell vornehmen, indem Sie die Dateien beispielsweise auf eine CD-ROM brennen oder auf eine weitere Festplatte kopieren. Den genauen Speicherort der einzelnen Datendateien können Sie mit dem Verfahren ermitteln, das im Abschnitt »Wo befinden sich die Datendateien?« auf Seite 877 beschrieben ist. Sie können zum Sichern auch ein Add-In benutzen.

Add-In für die Sicherung der PST-Dateien herunterladen

Microsoft stellt auf der Website *Office Online* ein Add-In für Outlook zur Verfügung, das Sie bei der Sicherung der Datendatei(en) unterstützt. Um das Add-In herunterzuladen, surfen Sie zur Website *http://office.microsoft.com*. Sie sollten dann sofort auf der deutschsprachigen Website von *Office Online* landen.

Klicken Sie im oberen Bereich der Website die Registerkarte *Downloads* an, geben Sie in das Suchfeld **PST-Sicherung** ein und klicken Sie auf *Suchen*.

Wenn in der Liste der Suchergebnisse das Add-In für Outlook 2010 angezeigt wird, laden Sie dieses herunter. Sollte lediglich das Add-In für Outlook 2003 in der Liste erscheinen, verwenden Sie dieses.

Klicken Sie in den Suchergebnissen den Eintrag an, um zur Download-Seite zu gelangen. Führen Sie dort die Gültigkeitsprüfung durch, die überprüft, ob Sie eine legale Kopie von Office 2010 verwenden. Nach der Gültigkeitsüberprüfung können Sie die Datei *PFBackup.exe* herunterladen.

Doppelklicken Sie auf die heruntergeladene Datei, um das Add-In zu installieren. Starten Sie Outlook nach der Installation neu, damit das neu installierte Add-In geladen wird.

> **HINWEIS** Sollte nach dem Neustart von Outlook 2010 auf der Registerkate *Add-Ins* der Befehl *Sicherungskopie* nicht in der Gruppe *Menübefehle* angezeigt werden, gehen Sie folgendermaßen vor:
>
> 1. Wechseln Sie zur Registerkarte *Datei* und klicken Sie auf *Optionen*.
> 2. Klicken Sie in der Kategorienliste auf der linken Seite des Dialogfeldes auf *Add-Ins*.
> 3. Wählen Sie in der Liste *Verwalten* auf der rechten Seite des Dialogfeldes den Eintrag *COM-Add-Ins* aus und klicken Sie dann auf *Gehe zu*.
> 4. Klicken Sie im Dialogfeld *COM-Add-Ins* auf *Hinzufügen*, wechseln Sie zum Ordner *C:\Programme\Microsoft Office\Office 14\ADDINS*, markieren Sie die Datei *outbak.dll* und klicken Sie auf *Öffnen*.
> 5. Schließen Sie alle geöffneten Dialogfelder und starten Sie Outlook neu.

PST-Dateien mit dem Add-In sichern

Wenn das Add-In zur Sicherung persönlicher Ordner geladen ist, finden Sie auf der Registerkarte *Add-Ins* die neue Schaltfläche *Sicherungskopie*.

1. Wechseln Sie zur Registerkarte *Add-Ins* und klicken Sie in der Gruppe *Menübefehle* auf *Sicherungskopie*.

Bild 49.17 Die Registerkarte *Add-Ins* zeigt die geladenen COM-Add-Ins an

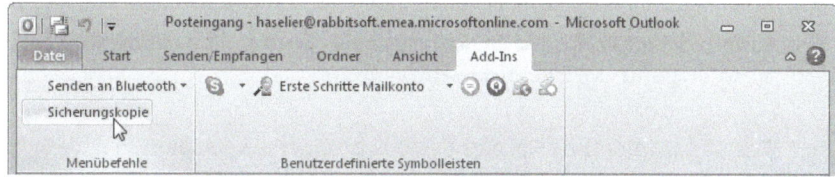

Das Dialogfeld *Outlook-Sicherung für Persönliche Ordner* wird angezeigt.

Bild 49.18 Über dieses Dialogfeld können Sie Ihre persönlichen Ordnerdateien sichern

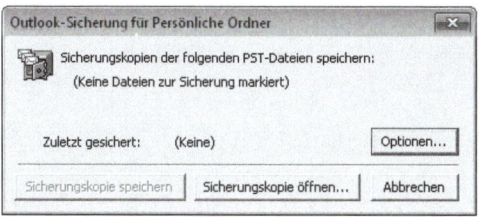

2. Klicken Sie die Schaltfläche *Optionen* an.

Bild 49.19 Im Dialogfeld *Optionen zur Sicherungskopie* wählen Sie aus, welche PST-Dateien gesichert werden sollen, und legen den Speicherort der Sicherungskopien fest

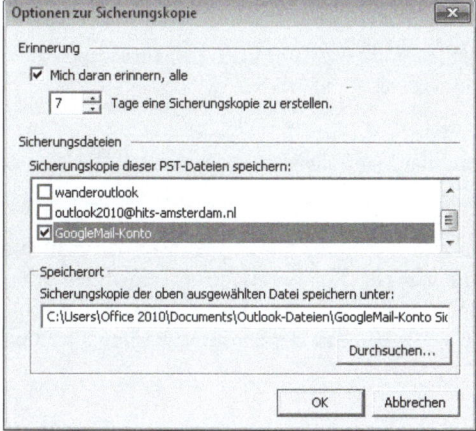

3. Wenn Sie von dem Add-In in regelmäßigen Intervallen daran erinnert werden wollen, eine Sicherungskopie zu erstellen, lassen Sie das Kontrollkästchen im Bereich *Erinnerung* eingeschaltet und legen das Intervall in Tagen fest.

4. Markieren Sie dann im Bereich *Sicherungsdateien* nacheinander die zu sichernden Dateien und klicken Sie im Bereich *Speicherort* auf die Schaltfläche *Durchsuchen*. Legen Sie für die ausgewählte(n) Datei(en) fest, wo die Sicherungskopie erstellt werden soll. Hier wählen Sie am besten eine andere Festplatte aus als die, auf der sich das Original der Ordnerdatei befindet.

5. Schließen Sie das Dialogfeld *Optionen* mit einem Klick auf *OK*.

6. Klicken Sie im Dialogfeld *Outlook-Sicherung für Persönliche Ordner* auf *Sicherungskopie speichern*. Folgendes Meldungsfeld wird angezeigt:

Bild 49.20   Das Add-In informiert Sie, dass Outlook beendet werden muss, um die Sicherungskopie(n) zu erstellen

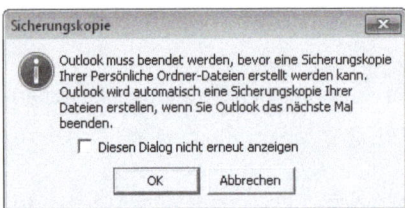

7. Klicken Sie auf *OK*, öffnen Sie die Registerkarte *Datei* und klicken Sie auf *Beenden*, damit die Datensicherung erfolgt.

PROFITIPP   **Sicherung der weiteren Daten von Outlook 2010**

Neben den Elementen, die in der persönlichen Ordnerdatei enthalten sind, speichert Outlook 2010 in verschiedenen Ordnern, in unterschiedlichen Dateien und in der Windows-Registrierungsdatenbank weitere Einstellungen und vorgenommene Konfigurationen. Zu den Daten, die nicht in der persönlichen Ordnerdatei enthalten sind, gehören:

- die Einstellungen für die E-Mail-Konten,
- die Anpassungen der Navigationsleiste,
- die erstellten Signaturen, das Briefpapier,
- Änderungen am Menüband und der Symbolleiste für den Schnellzugriff
- die Druckereinstellungen usw.

Wenn Sie eine vollständige Sicherung von Outlook vornehmen wollen, reicht es also nicht aus, nur die persönliche Ordnerdatei zu sichern. Da das Zusammentragen der Informationen aus den verschiedenen Windows-Ordnern etwas mühsam und für einen Nicht-Profi kaum machbar ist, setzen Sie hierzu eines der Tools ein, mit denen die Sicherung aller Outlook-Dateien viel einfacher möglich ist.

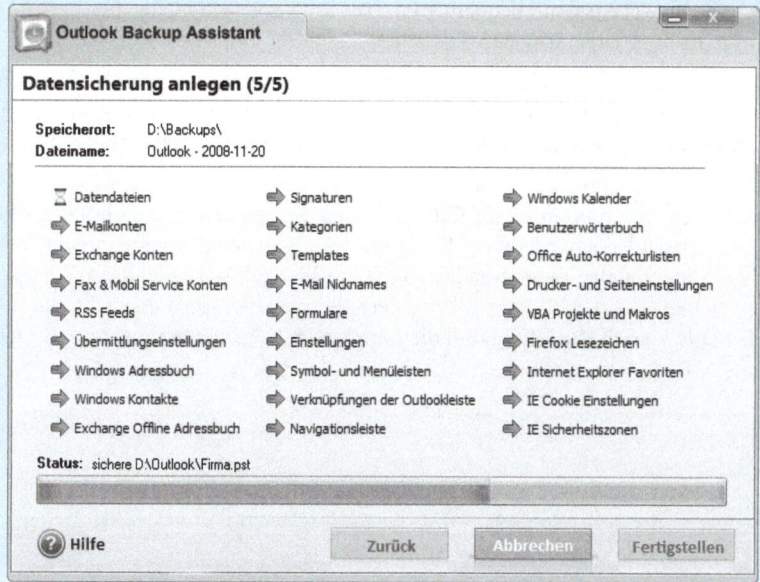

Die Abbildung zeigt ein Fenster des Shareware-Tools Outlook Backup, das alle Outlook-Daten über eine komfortable Benutzeroberfläche sichern und wiederherstellen kann. Eine eingeschränkte Testversion und weitere Informationen zu diesem Tool finden Sie auf der Website *www.outlook-backup.de.*

Zusammenfassung

Datendateien ist der Sammelbegriff für die Dateien, in denen Outlook seine Informationen abspeichert. Dieses Kapitel hat gezeigt, wie Sie Datendateien optimal einsetzen.

- Die beiden Typen von Datendateien (persönliche Ordnerdatei und Offlineordnerdatei) haben Sie im ersten Abschnitt dieses Kapitels kennen gelernt (Seite 874). Sie kennen die Formate der persönlichen Ordnerdateien (Seite 876) und wissen, wo sie sich auf Ihrem Computer standardmäßig befinden bzw. wie Sie die Dateien lokalisieren können (Seite 877).

- Falls Sie mehrere Datendateien verwenden wollen, um so beispielsweise die Daten mehrerer E-Mail-Konten jeweils in einer eigenen Datei abzulegen, können Sie mit den Schritten, die ab Seite 878 vorgestellt wurden, eine weitere Datendatei erstellen und anschließend in der Datendatei die benötigten Ordner anlegen (Seite 880). Des Weiteren haben Sie gesehen, wie Sie vorgehen müssen, um für ein E-Mail-Konto oder Ihre RSS-Feeds (mehr hierzu finden Sie in Kapitel 56) die Datendatei festzulegen, die als Speicherort dienen soll.

- Wenn Sie Ihre Datendateien vor unberechtigtem Zugriff schützen wollen, können Sie sie mit einem Kennwort versehen (Seite 882).

- Im Abschnitt ab Seite 883 haben Sie einen möglichen Einsatzbereich für die Verwendung mehrerer Datendateien kennen gelernt, der sich anbietet, wenn Sie Outlook in einer Exchange-Umgebung verwenden, der Speicherplatz Ihres Postfachs begrenzt ist und Sie nicht mehr wissen, wo Sie Ihre RSS-Feeds abspeichern können: mit einer weiteren Datendatei lassen sich die RSS-Feeds dann bequem vom Exchange-Postfach in eine persönliche Ordnerdatei auf Ihrem Computer verschieben.

- Die Schritte, die erforderlich sind, wenn Sie Ihre Datendateien auf mehr als einem Computer einsetzen wollen, haben Sie ab Seite 884 kennen gelernt. Das dort beschriebene Verfahren können Sie auch verwenden, wenn Sie die Datendatei(en) auf einen anderen Computer übernehmen wollen.

- In den letzten Abschnitten dieses Kapitels haben Sie gesehen, wie Sie wichtige Wartungsaufgaben für Datendateien erledigen: Sie können Datendateien komprimieren (Seite 887), beschädigte Datendateien reparieren lassen (Seite 888) und, was wohl das Wichtigste ist, Datendateien sichern (Seite 890), damit bei einem Festplattencrash o. Ä. nicht alle Informationen über E-Mails, zu den Kontakten und die Einträge im Kalender verloren gehen.

Kapitel 50

Kontakte

Hinter dem Ordner *Kontakte* verbirgt sich die Adressverwaltung von Outlook 2010. Bei einem Kontakt kann es sich um eine Firma, eine Person oder eine bestimmte Person in einer Firma handeln. Outlook stellt Ihnen für jeden Kontakt zahlreiche Felder zur Verfügung, in denen Sie Name, E-Mail-Adressen, verschiedene Postanschriften, verschiedene Telefonnummern u.v.m. eintragen können.

Ein weiteres Element, das von Outlook im Ordner *Kontakte* verwaltet wird, sind die Kontaktgruppen, die in früheren Outlook-Versionen Verteilerlisten genannt wurden. Wie der Name bereits sagt, ist eine Kontaktgruppe eine Gruppe von Kontakten, die Sie selbst definieren können und die, anstatt alle E-Mail-Adressen einzeln eingeben zu müssen, als Empfänger ausgewählt werden kann.

Ein weiteres Feature von Outlook 2010 sind die elektronischen Visitenkarten, die als Ansicht für die Kontakte zur Verfügung stehen, die Sie für jeden Kontakt einzeln anpassen und für die Sie die Informationen festlegen können, die auf ihr angezeigt werden sollen. Das Bild zum Kontakt, das bisher nur im Fenster zum Bearbeiten eines Kontakts sichtbar war, kann auch ein Anzeigeelement der Visitenkarte sein. Wenn Sie für sich selbst im Ordner *Kontakte* einen Eintrag nebst Visitenkarte anlegen, können Sie Ihre Visitenkarte als Teil der E-Mail-Signatur verwenden.

Eine Kontaktadresse anlegen

Ihre Kontaktadressen können Sie im Outlook-Ordner *Kontakte* sammeln und verwalten. Es lassen sich eine Vielzahl von Angaben für einen Kontakt eintragen. Es bietet sich an, für die Erfassung der Daten das Eingabeformular zu nutzen.

1. Lassen Sie die Outlook-Kontakte im Ansichtsbereich anzeigen (Tastenkombination `Strg`+`3`).

   Sofern Sie noch keine Kontakte eingetragen haben, sehen Sie im Ansichtsbereich den Hinweis, dass keine Elemente in dieser Ansicht angezeigt werden können.

2. Führen Sie eine der folgenden Aktionen durch:

   - Doppelklicken Sie in den leeren Bereich der Kontaktansicht. Dies können Sie auch tun, wenn bereits einige Kontakte eingetragen sind. Dabei ist es dann nur wichtig, nicht auf einen der Kontakte, sondern im freien Bereich doppelzuklicken.

   - Klicken Sie auf der Registerkarte *Start* in der Gruppe *Neu* auf *Neuer Kontakt*.

   - Klicken Sie auf der Registerkarte *Start* in der Gruppe *Neu* auf *Neue Elemente* und dann auf *Kontakt*.

   Damit wird ein Eingabeformular geöffnet, in das Sie die erforderlichen Angaben zur Kontaktadresse eintragen können (siehe Abbildung auf der folgenden Seite). Outlook 2010 verwendet auch für das Kontaktformular die Benutzeroberfläche mit dem Menüband anstelle der Menüs und der Symbolleisten, wie sie in Outlook 2003 verwendet wurden:

   - In der Befehlsgruppe *Aktionen* finden Sie die Schaltflächen, um den Kontakt zu speichern und neue Kontakte zu erstellen.

   - Die Optionen der Befehlsgruppe *Anzeigen* können Sie verwenden, um zwischen den verschiedenen Seiten des Formulars umzuschalten, auf denen Sie die zahlreichen Informationen für den Kontakt eintragen können.

   - Die Schaltflächen in der Befehlsgruppe *Kommunizieren* werden meistens dann verwendet, wenn Sie mit einem bereits vorhandenen Kontakt kommunizieren möchten. Sie können damit eine E-Mail-Nachricht versenden, eine Aufgabe zuweisen, die Website des Kontakts öffnen oder sich eine Landkarte mit der Adresse des Kontakts anzeigen lassen.

■ Über die Befehlsgruppe *Optionen* können Sie die elektronische Visitenkarte des Kontakts bearbeiten (ein Feature, das es seit der Version 2007 gibt) sowie ein Bild einfügen.

■ Über die Befehlsgruppe *Kategorien* können Sie dem Kontakt eine der Farbkategorien zuweisen, den Kontakt als privat markieren und ihn zur Nachverfolgung kennzeichnen.

Bild 50.1   Das Fenster zum Erstellen eines neuen Kontakts verwendet die Benutzeroberfläche mit dem Menüband

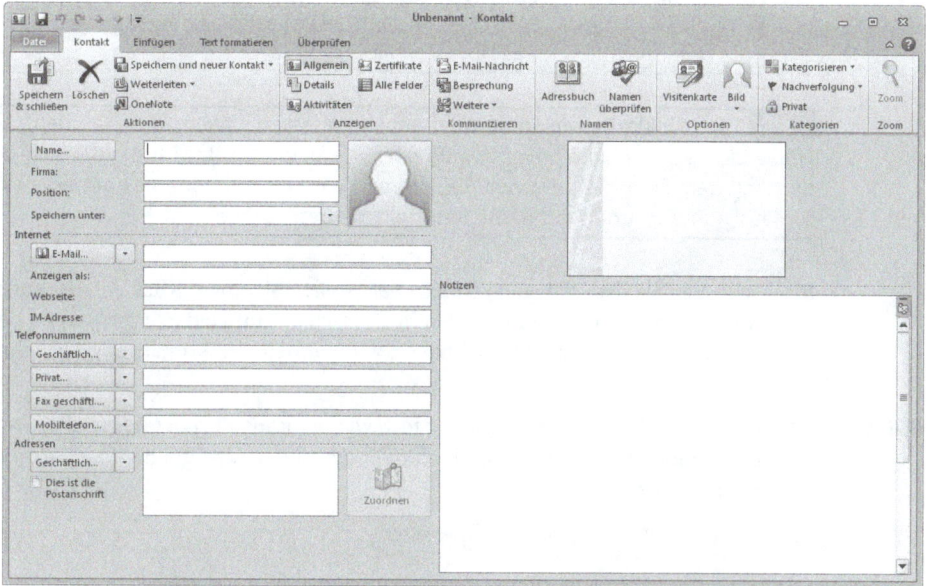

3. Geben Sie den Namen in das Eingabefeld neben *Name* ein. Sie können ganz normal nacheinander Vor- und Nachname schreiben. Beispielsweise *Hanna Krummteich* oder *Hans Jürgen Kalbert-Schreck*.

4. Um zu überprüfen, ob Outlook Vor- und Nachname richtig zuordnet, können Sie auf die Schaltfläche *Name* klicken.

Das Dialogfeld *Namen überprüfen* wird geöffnet (siehe Abbildung auf der nächsten Seite). Hier sehen Sie, wie Vor- und Nachname zugeordnet wurden. Die Zuordnung klappt selbst bei komplizierten Doppelnamen.

Bild 50.2   Das Dialogfeld *Namen überprüfen* hilft Ihnen dabei, die Anrede, die Vornamen und den Nachnamen richtig zuzuordnen

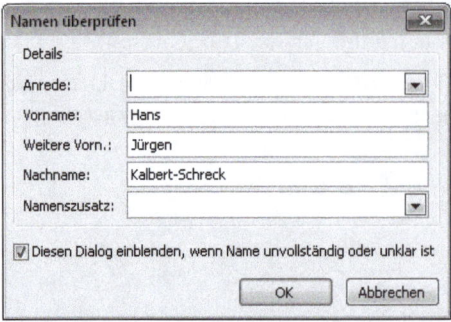

> **TIPP**   **Bei Unklarheiten Dialogfeld anzeigen lassen**   Wenn das Häkchen vor *Diesen Dialog einblenden, wenn Name unvollständig oder unklar ist* gesetzt ist, meldet sich Outlook automatisch mit dem Dialogfeld *Namen überprüfen,* wenn ein von Ihnen eingetragener Name nicht automatisch in Vor- und Nachname unterteilt werden konnte.

5.   Schließen Sie das Dialogfeld *Namen überprüfen* mit einem Klick auf *OK,* sofern Sie dort keine Änderungen vornehmen möchten. Jetzt erscheint im Feld *Speichern unter* der Nachname gefolgt vom Vornamen als Speicherbegriff, unter dem der Kontakt abgelegt wird.

Bild 50.3   Im Feld *Speichern unter* legen Sie fest, wie der neue Kontakt gespeichert wird. Die Option, die Sie hier auswählen oder eintragen, wird bei der Standardsortierung der Kontakte verwendet

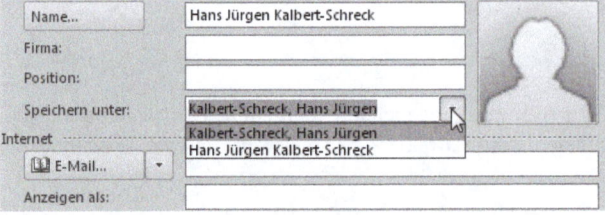

6.   Tragen Sie unter *Firma* die entsprechende Firmenbezeichnung für den Kontakt ein. Schließen Sie die Eingabe ab, indem Sie die ⏎-Taste oder die ⇆-Taste drücken oder in ein anderes Feld klicken.

7.   Klicken Sie in das Feld unter *Adressen* und tippen Sie Straße und Hausnummer ein. Wechseln Sie mit der ⏎-Taste in die nächste Zeile. Dort schreiben Sie hintereinander Postleitzahl und Ort.

Bild 50.4   Geben Sie hier die Adresse des Kontakts ein

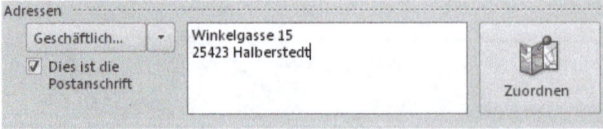

> **TIPP** **Mehrere Adressen eingeben** Im Bereich *Adressen* können Sie eine geschäftliche, eine private und eine weitere Adresse eintragen. Klicken Sie auf die Pfeil-Schaltfläche, um auszuwählen, welche der drei Adressen derzeit bearbeitet wird. Eine der drei Adressen kann als Postanschrift markiert werden. Die Postanschrift wird unter anderem benutzt, wenn Sie Outlook-Kontakte für ein Seriendruckprojekt mit Word verwenden.

8. Um zu überprüfen, ob Outlook Straße, PLZ und Ort richtig zuordnet, können Sie auf die Schaltfläche *Geschäftlich* klicken.

   Das Dialogfeld *Adresse überprüfen* wird geöffnet. Hier sehen Sie, wie Straße, PLZ und Ort zugeordnet wurden. Wenn das Kontrollkästchen *Diesen Dialog bei unvollständiger oder unklarer Adresse einblenden* eingeschaltet ist, meldet sich Outlook automatisch mit dem Dialogfeld *Adresse überprüfen*, wenn eine von Ihnen eingetragene Adresse nicht automatisch in Straße, PLZ und Ort unterteilt werden konnte.

Bild 50.5 Im Dialogfeld *Adresse überprüfen* können Sie die Zuordnung der verschiedenen Elemente der Anschrift prüfen und ändern

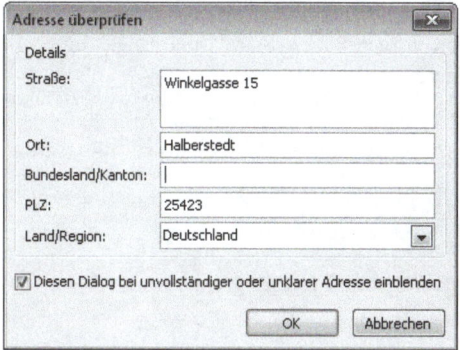

9. Schließen Sie das Dialogfeld *Adresse überprüfen* mit Klick auf *OK*, sofern Sie dort keine Änderungen vornehmen möchten.

10. Tragen Sie in die entsprechenden Felder Telefon- und Faxnummern ein.

    Wenn Sie die Telefonnummern einschließlich der internationalen Vorwahl erfassen wollen, geben Sie die Ortsvorwahl ohne die führende Null ein und schließen Sie sie in runde Klammern ein.

    Klicken Sie anschließend auf die Schaltfläche links neben dem Eingabefeld, um das Dialogfeld *Telefonnummer überprüfen* zu öffnen. In der Liste *Land/Region* ist standardmäßig das Land eingetragen, das in der Systemsteuerung als Standort eingetragen ist. In der Liste *Land/Region* können Sie bei Bedarf ein anderes Land einstellen. Im Bereich *Kontaktdetails* des Dialogfeldes *Telefonnummer überprüfen* wird die Landesvorwahl richtig eingetragen und ihr ein Pluszeichen vorangestellt.

> **TIPP** **Notizen zu einer Telefonnummer** Sie können direkt hinter die Telefonnummer eine kurze Anmerkung schreiben. Beispielsweise können Sie sich so daran erinnern, dass die Kontaktperson unter einer bestimmten Nummer immer erst ab einer bestimmten Uhrzeit zu erreichen ist.

Bild 50.6   Im Bereich *Telefonnummern* können Sie verschiedene Telefonnummern für einen Kontakt erfassen

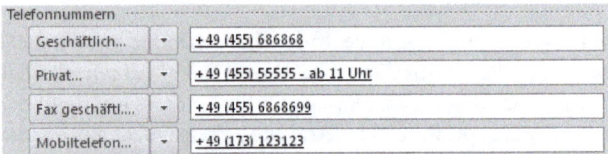

11. Tragen Sie im Feld *E-Mail* die E-Mail-Adresse des Kontakts ein. Schließen Sie die Eingabe ab, indem Sie die ⏎-Taste oder die 🔁-Taste drücken oder in ein anderes Feld klicken.

    Jetzt erscheint im Feld *Anzeigen als* ein Standardeintrag, der sich aus dem Namen und der E-Mail-Adresse zusammensetzt. Dieser Eintrag wird später verwendet, wenn Sie an den Kontakt eine E-Mail schreiben. Den vorgegebenen Standardeintrag können Sie gegebenenfalls durch eine für Sie aussagekräftigere Bezeichnung ersetzen.

Bild 50.7   Den Standardeintrag für die Anzeige der E-Mail-Adresse im Feld *Anzeigen als* können Sie bei Bedarf überschreiben

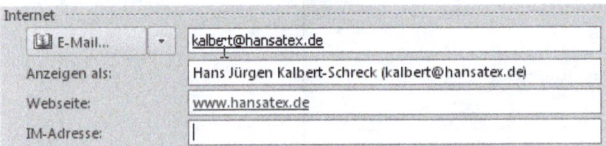

12. Geben Sie in das Feld *Webseite* die Adresse der Website des Kontakts ein. Sollte der Kontakt auch eine Instant Messaging-Adresse besitzen, tragen Sie diese in das Feld *IM-Adresse* ein.

    Die meisten der Angaben, die Sie zu dem Kontakt eingegeben haben, werden von Outlook in die Visitenkarte des Kontakts übernommen, die Sie auf der rechten Seite des Fensters sehen. Bei unserem Beispielkontakt sind dies sehr viele Angaben. Daher wirkt die Visitenkarte sehr unübersichtlich (siehe folgende Abbildung). Sie können die Visitenkarte jedes Kontakts individuell anpassen.

Bild 50.8   Outlook erstellt anhand der Informationen, die Sie eingegeben haben, die elektronische Visitenkarte für den neuen Kontakt

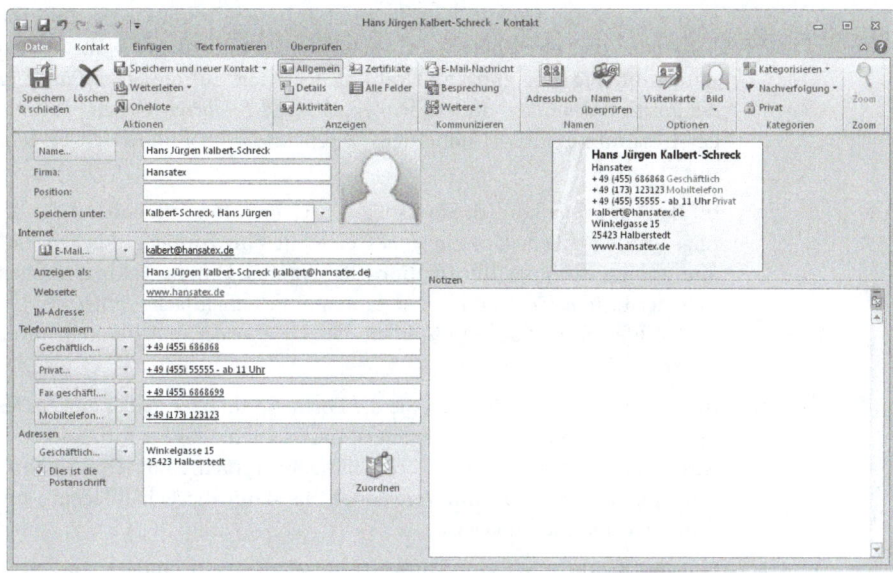

13. Klicken Sie auf der Registerkarte *Kontakt* in der Gruppe *Optionen* auf *Visitenkarte*. Das Dialogfeld *Visitenkarte bearbeiten* wird angezeigt.

Bild 50.9   Mit diesem Dialogfeld können Sie die Elemente festlegen, die auf der Visitenkarte angezeigt werden sollen, und das Layout der Karte ändern

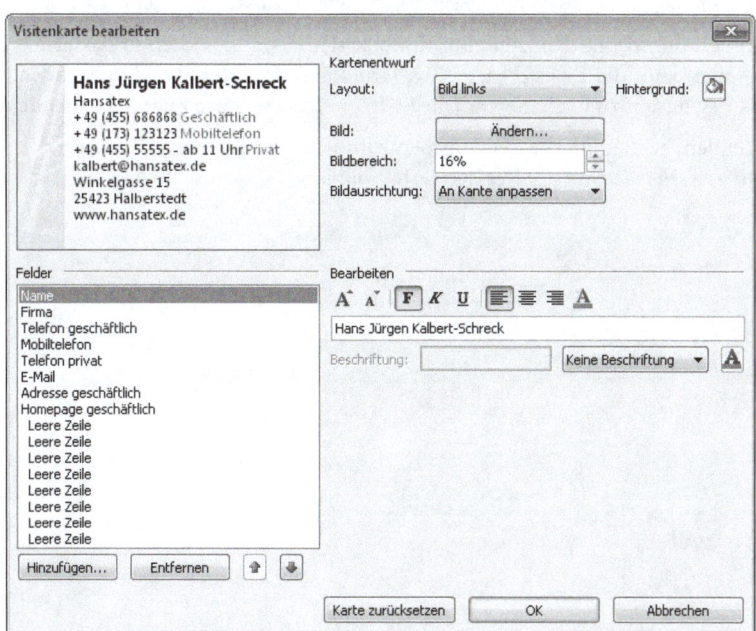

14. Führen Sie eine oder mehrere der folgenden Aktionen durch:

   - Im Bereich *Kartenentwurf* können Sie Einstellungen für das Layout der Visitenkarte vornehmen. Klicken Sie auf die Schaltfläche *Ändern,* wenn Sie ein Bild (beispielsweise ein Foto oder das Firmenlogo) in die Visitenkarte einfügen wollen. Outlook verwendet standardmäßig eine einfache Grafik. Klicken Sie auf die Schaltfläche *Layout,* wenn Sie die Position des Bildes ändern wollen. Im Feld *Bildbereich* legen Sie fest, wie viel Prozent der Gesamtbreite bzw. -höhe der Visitenkarte vom Bildbereich eingenommen werden soll.

   - Im Bereich *Felder* können Sie festlegen, welche Informationen auf der Visitenkarte angezeigt werden sollen. Um ein neues Element hinzuzufügen, klicken Sie auf *Hinzufügen* und wählen dann das Informationselement aus. Um ein Feld zu löschen, markieren Sie es in der Liste *Felder* und klicken dann auf die Schaltfläche *Entfernen.* Verwenden Sie die beiden Pfeil-Schaltflächen unterhalb der Liste *Felder,* um die Reihenfolge der Felder zu ändern.

   - Im Bereich *Bearbeiten* können Sie die Formatierung der Felder einzeln festlegen. Markieren Sie dazu in der Liste *Felder* zuerst das Element, das Sie formatieren wollen. Der Text wird in das Feld im Bereich *Bearbeiten* übernommen. Markieren Sie im Textfeld, was Sie formatieren möchten, und verwenden Sie dann die Schaltflächen, um die Formatierungsmerkmale festzulegen.

   - Um die Beschriftung eines Informationselements zu ändern, markieren Sie es in der Liste *Felder.* Geben Sie dann im Bereich *Bearbeiten* in das Feld *Beschriftung* den gewünschten Text ein und klicken Sie die nebenstehende Schaltfläche an, um die Position der Beschriftung zu ändern.

   - Wenn Sie die Visitenkarte wieder auf die Standardwerte zurücksetzen wollen, klicken Sie die Schaltfläche *Karte zurücksetzen* an.

15. Klicken Sie auf *OK,* wenn die Visitenkarte wie gewünscht aussieht.

16. Anmerkungen und Notizen zum Kontakt schreiben Sie unten in das große Feld *Notizen.* Sie können dann die Registerkarte *Text formatieren* im Menüband verwenden, um die Notizen wie gewünscht zu formatieren. Die geöffnete Registerkarte zeigt die folgende Abbildung.

17. Beenden Sie die Eingabe der Angaben zum Kontakt mit einem Klick auf die Schaltfläche *Speichern & schließen* auf der Registerkarte *Kontakt.*

Bild 50.10   Alle Angaben für den neuen Kontakt sind gemacht

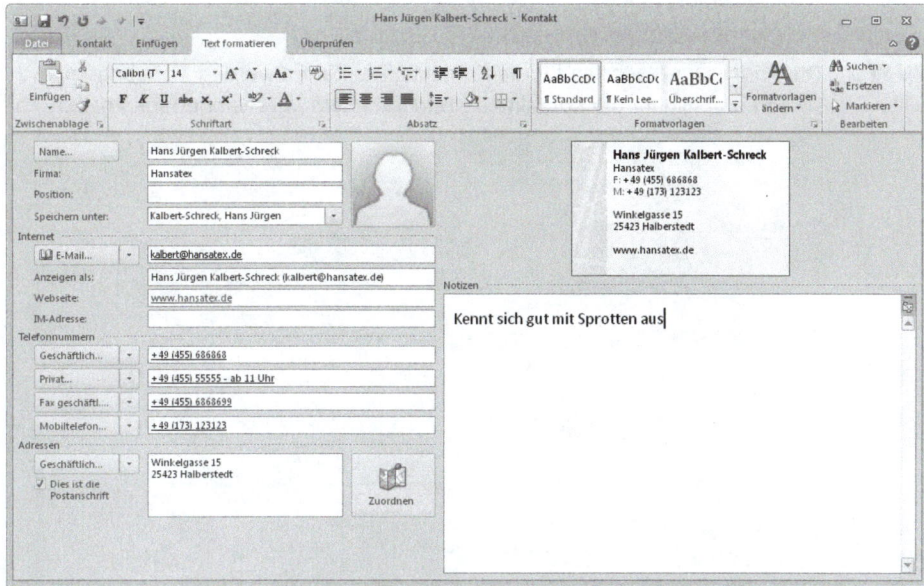

Nach dem Klick auf *Speichern & schließen* wird der Kontakt gespeichert und das Eingabeformular geschlossen.

Mehrere Kontaktadressen nacheinander eingeben

Möchten Sie mehrere Kontaktadressen nacheinander eintragen, sollten Sie statt *Speichern & schließen* besser die Schaltfläche *Speichern und neuer Kontakt* verwenden, denn damit steht Ihnen sofort nach dem Speichern und Schließen des aktuellen Kontakts ein neues, leeres Eingabeformular zur Verfügung.

Sollen mehrere Kontakte einer Firma eingetragen werden, können Sie auf der Registerkarte *Kontakt* auf den Pfeil der Schaltfläche *Speichern und neuer Kontakt* und dann auf *Kontakt in dieser Firma* klicken. Outlook öffnet daraufhin ein neues Kontaktformular, in dem bereits der Name der Firma, die Geschäftsadresse und die geschäftlichen Telefon- und Faxnummern eingetragen sind.

Eine Kontaktadresse finden und öffnen

Wenn Sie Ihre Outlook-Kontakte im Ansichtsbereich anzeigen lassen (Tastenkombination Strg + 3), erfolgt dies standardmäßig in der Ansicht *Visitenkarten*.

In der Ansicht *Visitenkarten* werden Ihre Kontaktadressen alphabetisch sortiert, und zwar nach der Bezeichnung, die Sie für den Kontakt im Eingabeformular im Feld *Speichern unter* gewählt haben. Die Bezeichnung aus dem Feld *Speichern unter* bildet jetzt grau unterlegt die Titelleiste der jeweiligen Visitenkarte. Wenn Sie eine Visitenkarte mit einem Klick markieren, wird deren Titelleiste farblich hervorgehoben.

Bild 50.11 Die Ansicht *Visitenkarten* für die Kontakte. Die Karten werden alphabetisch nach dem Text sortiert, den Sie für die Kontakte im Feld *Speichern unter* eingetragen haben.

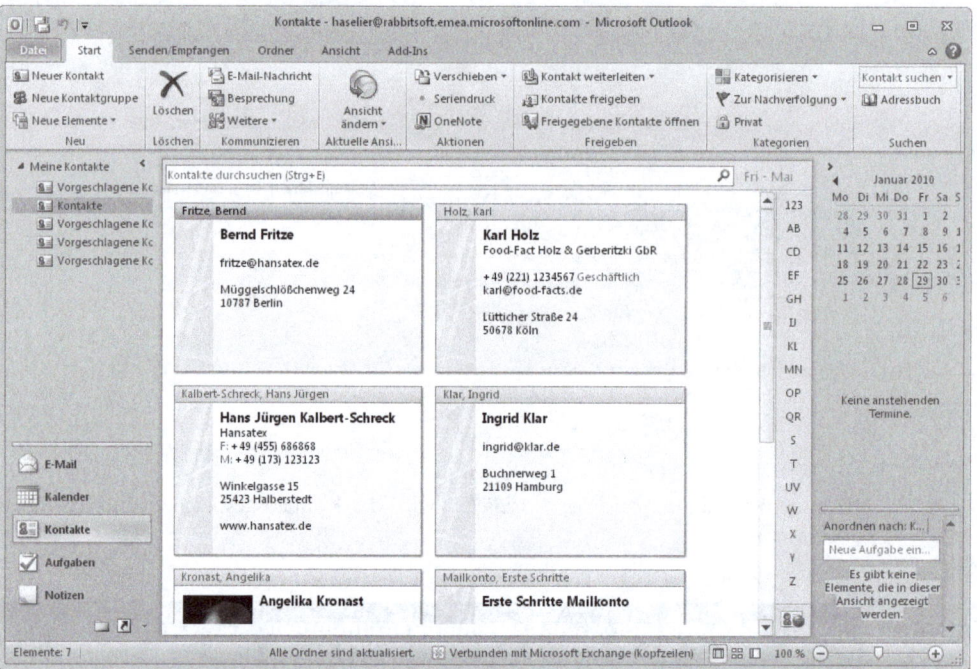

Das Eingabeformular einer Kontaktadresse öffnen

Möchten Sie alle Angaben zu einem Kontakt einsehen oder Änderungen vornehmen, öffnen Sie dazu den Kontakt im Eingabeformular.

1. Suchen Sie die Visitenkarte des Kontakts im Ansichtsbereich heraus.

2. Doppelklicken Sie auf die Visitenkarte. Hierdurch wird der Kontakt im Eingabeformular geöffnet. Falls Sie hier Änderungen vornehmen, müssen Sie diese, wie im vorigen Abschnitt beschrieben, mit einem Klick auf *Speichern & schließen* übernehmen.

Sofern Sie nur wenige Adressen eingetragen haben, reicht es möglicherweise, einfach nur die Bildlaufleiste am rechten Rand so weit zu verschieben, bis Sie die gesuchte Adresse sehen. Outlook bietet aber noch weitere Möglichkeiten, eine bestimmte Adresse zu finden.

Kontaktadresse über das Buchstabenregister finden

Am rechten Rand des Ansichtsbereichs finden Sie ein Buchstabenregister.

1. Klicken Sie auf einen Buchstaben des Buchstabenregisters. Die Visitenkarte des ersten unter diesem Anfangsbuchstaben gespeicherten Kontakts wird markiert und angezeigt.

2. Sofern zum gewählten Buchstaben mehrere Kontakte eingetragen sind und der von Ihnen gesuchte Kontakt nicht direkt angesprungen wird, drücken Sie so oft die Taste ⌊↓⌋, bis Sie die richtige Visitenkarte markiert haben.

HINWEIS **Wenn kein passender Kontakt gefunden wird** Gibt es zu einem Buchstaben keinen Kontakt, wird der Kontakt markiert, dessen Anfangsbuchstabe im Alphabet am dichtesten auf den gesuchten Buchstaben folgt. Gibt es keinen nachfolgenden Buchstaben, weil beispielsweise nur Visitenkarten bis »U« eingetragen sind, aber nach »Z« gesucht wird, wird der letzte Kontakt angezeigt.

Kontaktadresse mit der Sofortsuche finden

In Outlook 2010 wurde die Suchfunktion überarbeitet; diese heißt Sofortsuche und steht Ihnen über das Suchenfeld in der Titelleiste des Ansichtsbereichs zur Verfügung. Outlook 2010 durchsucht nun standardmäßig alle Informationsfelder der Kontakte und zeigt Ihnen die Suchergebnisse in Echtzeit an, während Sie Ihre Suchabfrage eingeben.

1. Klicken Sie in das Feld *Kontakte durchsuchen* und geben Sie den Suchbegriff ein.

   Outlook zeigt, während Sie den Text eingeben, nur die Visitenkarten an, die zum Suchbegriff passen. Für die folgende Abbildung haben wir lediglich die ersten Buchstaben von »Sprotten« eingegeben und Outlook zeigt sofort die passende Visitenkarte an. Beachten Sie hierbei besonders, dass sich der Suchtext in den Notizen zu diesem Kontakt befindet und dennoch von Outlook gefunden wird.

Bild 50.12 Um die Sofortsuche zu verwenden, geben Sie den Suchbegriff in das Feld *Kontakte durchsuchen* ein. Outlook zeigt die Suchergebnisse an, während Sie tippen.

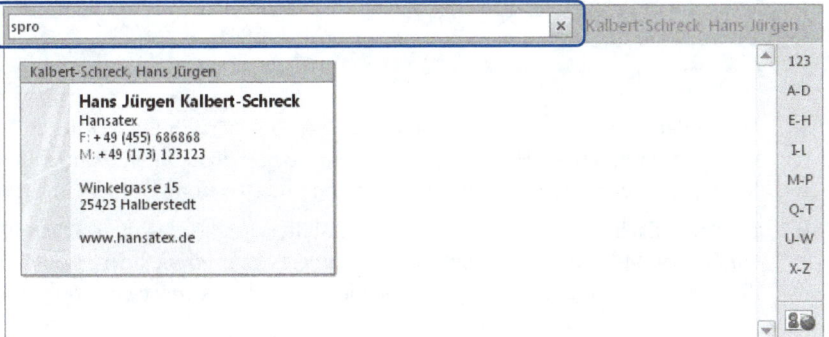

2. Doppelklicken Sie auf die Visitenkarte des Kontakts, den Sie bearbeiten wollen.

3. Wenn Sie die Suchabfrage löschen wollen, klicken Sie die Schaltfläche *Suche löschen* an (die mit dem kleinen x), oder klicken Sie auf der Registerkarte *Suchen* in der Gruppe *Schließen* auf *Suche schließen.*

Wenn Sie in das Suchenfeld klicken, blendet Outlook im Menüband automatisch die Registerkarte *Suchen* ein. Mit den Schaltflächen in der Gruppe *Verfeinern* können Sie festlegen, in welchen Informationselementen der Kontakte wonach gesucht werden soll.

Bild 50.13 Mit den Schaltflächen der Gruppe *Verfeinern* können Sie weitere Felder in das Suchformular einfügen

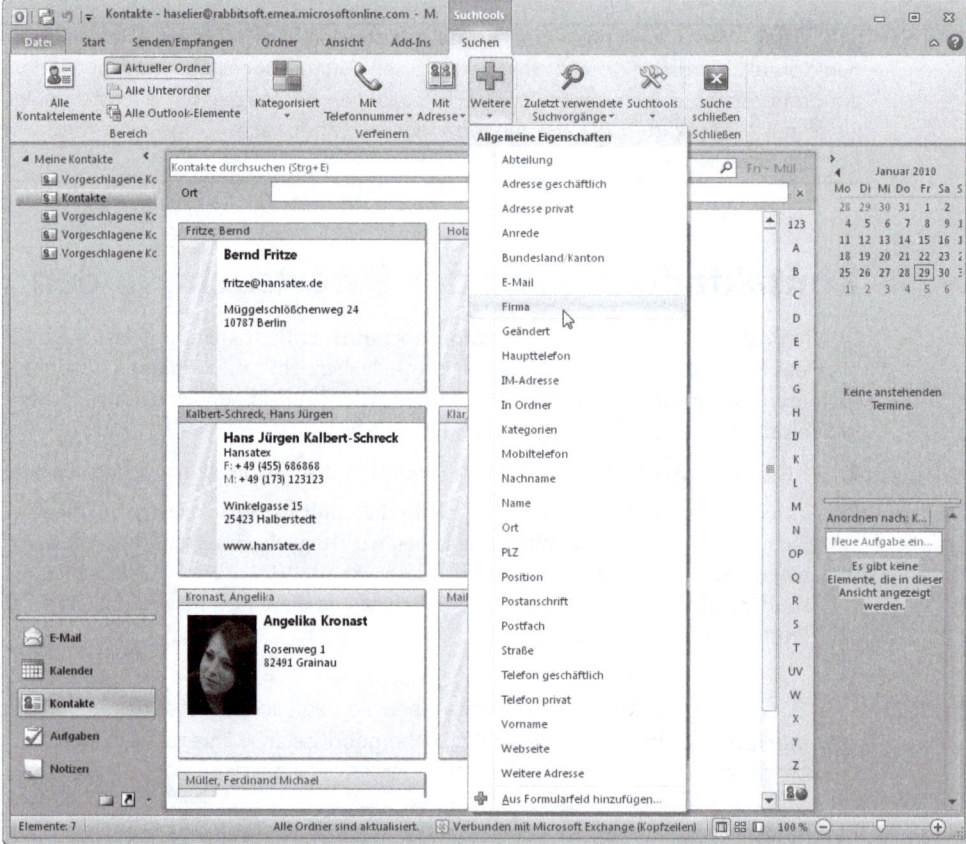

■ Hinter der Schaltfläche *Mit Telefonnummer* verbirgt sich ein Filter. Klicken Sie diese Schaltfläche an und wählen Sie *Hat Telefon Büro, Hat Telefon privat* oder *Hat Mobiltelefon,* um nur die Kontakte anzeigen zu lassen, für die die betreffende Telefonnummer eingetragen wurde.

■ Die Schaltfläche *Mit Adresse* ist ebenfalls ein Filter. Klicken Sie diese Schaltfläche an und dann auf *Hat E-Mail-Adresse, Hat IM-Adresse, Hat Geschäftsadresse* oder *Hat Privatadresse,* um nur die Kontakte anzeigen zu lassen, für die die betreffende Adresse eingetragen wurde.

- Wenn Sie in bestimmen Adressfeldern suchen wollen, klicken Sie auf die Schaltfläche *Weitere* und klicken Sie dann das Adressfeld an, nachdem Sie suchen möchten. Für das ausgewählte Adressfeld wird daraufhin unterhalb der Suchleiste ein Eingabefeld angezeigt. Mit dieser Funktion ist es beispielsweise möglich, alle Adressen aus dem Ort Köln zu suchen.

Mehr als vier Telefonnummern erfassen

Auf der Hauptseite für einen Kontakt sehen Sie vier Eingabefelder für unterschiedliche Telefonnummern. Insgesamt können Sie aber weit mehr Telefonnummern eintragen, falls dies erforderlich sein sollte.

1. Lassen Sie die Outlook-Kontakte im Ansichtsbereich anzeigen (Tastenkombination `Strg`+`3`).

2. Doppelklicken Sie auf einen der angezeigten Kontakte, um diesen zu öffnen.

3. Sofern noch keine Telefonnummern für den Kontakt erfasst sind, tragen Sie eine Telefonnummer ein.

4. Klicken Sie auf den Pfeil neben einem der Telefonnummern-Felder.

Bild 50.14   Über die Pfeil-Schaltfläche erhalten Sie Zugriff auf die Liste mit den Rufnummern, die Sie für einen Kontakt erfassen können

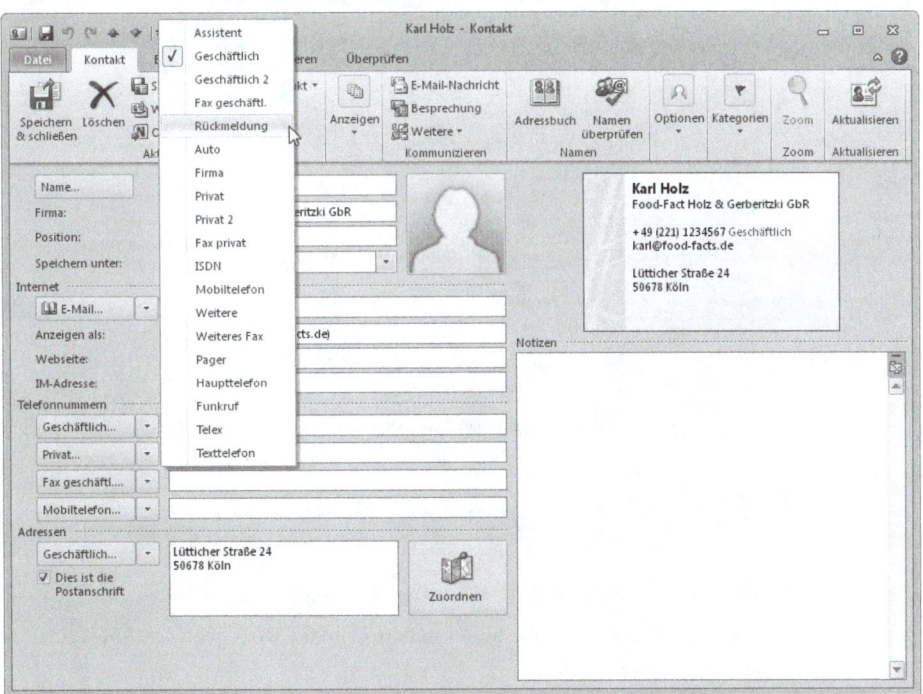

Damit klappt eine Liste mit allen Telefonnummern-Feldern auf. Felder, in denen bereits etwas eingetragen ist, sind mit einem Häkchen gekennzeichnet.

5. Klicken Sie auf einen Eintrag in der Liste, vor dem kein Häkchen steht. Damit wird jetzt das entsprechende Feld angezeigt.

6. Tragen Sie die gewünschte Telefonnummer ein.

7. Übernehmen Sie die Änderungen mit Klick auf *Speichern & schließen*.

Auf diese Weise können Sie also mehr als vier Telefonnummern eintragen, wovon sich aber immer nur vier gleichzeitig anzeigen lassen.

Kontakt aus E-Mail heraus erstellen

Sie können den Absender einer E-Mail direkt aus der erhaltenen E-Mail heraus in Ihre Kontakte aufnehmen.

1. Öffnen Sie die E-Mail-Nachricht, deren Absender Sie in die Kontakte aufnehmen wollen.

2. Klicken Sie im Feld *Von*, *An* oder *Cc* den Namen, den Sie in die Kontaktliste aufnehmen wollen, mit der rechten (!) Maustaste an.

Bild 50.15 Über das Kontextmenü des Absender-Feldes einer erhaltenen E-Mail können Sie einen Kontakt erstellen

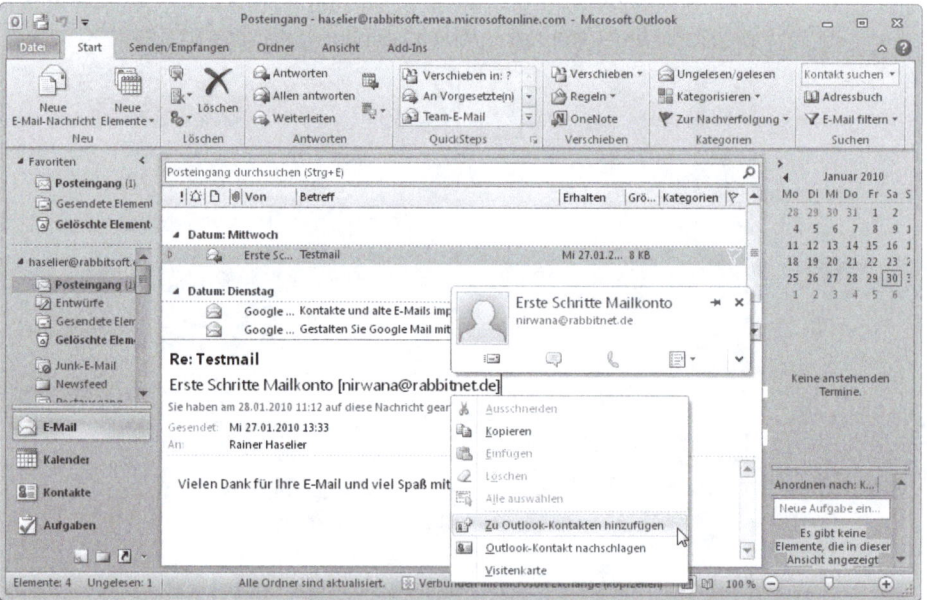

3. Klicken Sie auf *Zu Outlook-Kontakten hinzufügen*.

Das Eingabeformular für einen neuen Kontakt wird geöffnet. Die Felder *Name* und *E-Mail* sind bereits ausgefüllt.

4. Ändern Sie gegebenenfalls den automatisch eingetragenen Namen und ergänzen Sie weitere Informationen.

5. Klicken Sie auf *Speichern & schließen*.

Weitere Ansichten verwenden

Wie in den vorhergehenden Outlook-Versionen stehen Ihnen auch in Outlook 2010 verschiedene Ansichten für Ihre Kontakte zur Verfügung. Wie die Kontakte angezeigt werden, stellen Sie auf der Registerkarte *Ansicht* ein.

1. Wechseln Sie zur Registerkarte *Ansicht*.

2. Klicken Sie in der Gruppe *Aktuelle Ansicht* auf *Ansicht ändern*, um das betreffende Dropdownmenü zu öffnen.

3. Klicken Sie den Namen einer der vordefinierten Ansichten an.

   Die Ansicht *Visitenkarte* zeigt für jeden Kontakt eine Visitenkarte der gleichen Größe an; die Ansicht *Karte* zeigt für jeden Kontakt eine Karte an, auf der alle erfassten Informationen angezeigt werden. Die Ansicht *Telefon* zeigt die Kontakte in einer Listenansicht mit den erfassten Telefonnummern an und die Ansicht *Liste* ähnelt der Ansicht *Telefon*, jedoch werden hier auch die E-Mail-Adresse und andere Adressfelder eingeblendet. Außerdem werden die Kontakte nach den Kategorien gruppiert.

Bild 50.16 Das Dropdownmenü der Schaltfläche *Ansicht ändern* zeigt die vordefinierten Ansichten

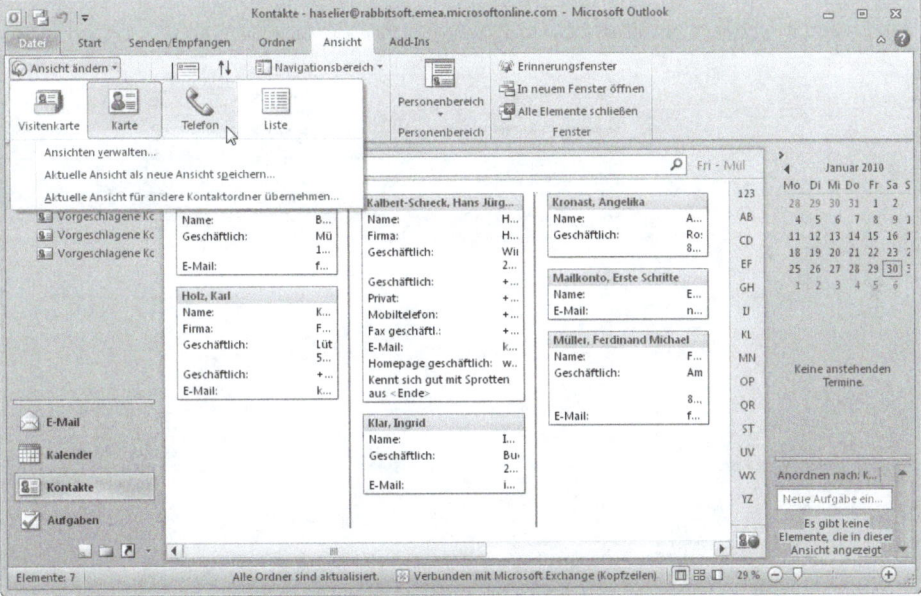

4. Klicken Sie den Namen einer der vordefinierten Ansichten an.

5. Klicken Sie in der Gruppe *Anordnung* im Bereich *Anordnen nach* auf *Kategorien,* um die Kontakte nach den Kategorien zu gruppieren. Diese Option steht nur in den Listenansichten zur Verfügung. Mehr zu den Kategorien finden Sie im nächsten Abschnitt.

Kategorien für Kontakte verwenden

Unter den verschiedenen Ansichten, die Sie für die Kontakte nutzen können, bietet vor allem die Ansicht *Nach Kategorien angeordnet* einen großen praktischen Nutzen. Hier können Sie Ihre Kontakte nach unterschiedlichen Kategorien gruppiert anzeigen lassen. Wie in den anderen Outlook-Modulen werden auch in den Kontakten für die Kategorisierung die sogenannten Farbkategorien verwendet.

Beispiel: Sommerfest organisieren

Wenn Sie beispielsweise gerade dabei sind, ein größeres Sommerfest zu organisieren, können Sie alle Kontaktadressen, die Sie dafür benötigen, unter der Kategorie *Sommerfest* zusammenfassen.

Bild 50.17   Hier ein Beispiel für die Ansicht *Liste nach Kategorien angeordnet*

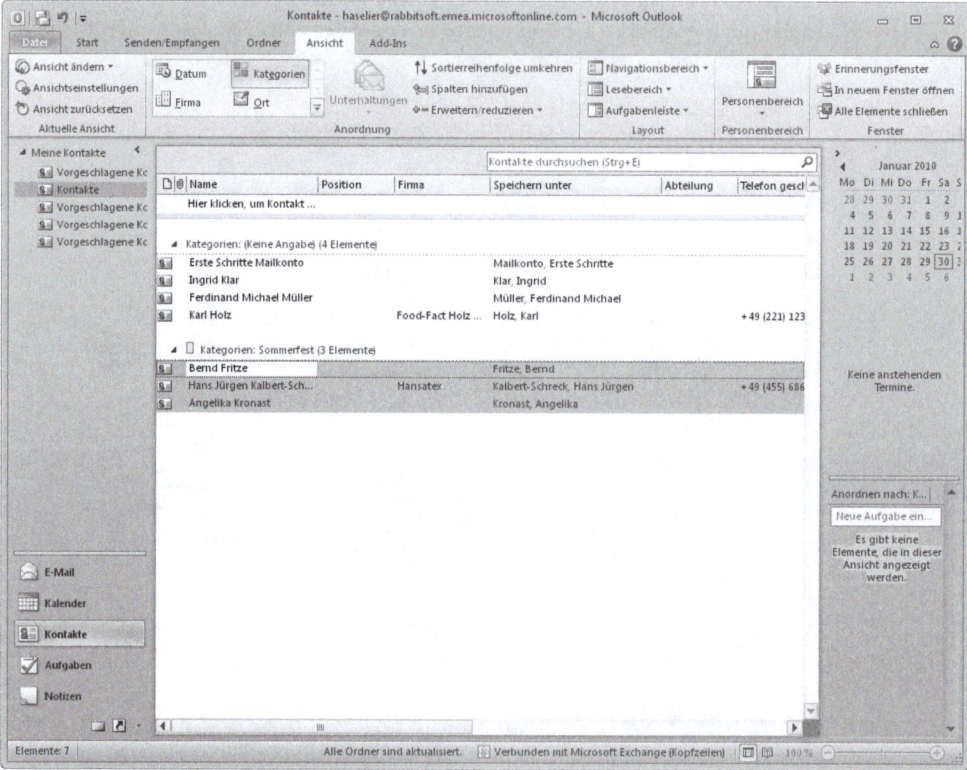

1.   Öffnen Sie den *Kontakte*-Ordner (Tastenkombination `Strg`+`3`).

2.   Wechseln Sie zur Registerkarte *Ansicht*, klicken Sie in der Gruppe *Aktuelle Ansicht* auf *Ansicht ändern* und dann auf *Liste*. Klicken Sie anschließend in der Gruppe *Anordnung* auf *Kategorien*.

   Jetzt werden Ihre Kontakte nicht mehr wie in der Standardansicht als Visitenkarten angezeigt, sondern nach Kategorien gruppiert. Solange Sie noch keine Kategorien für einzelne Kontakte vergeben haben, wird unter *(Keine Angabe)* nur die Gruppe der Kontakte ohne Kategorie angezeigt.

3. Klicken Sie auf die Schaltfläche vor der Gruppierungsüberschrift der Gruppe *(Keine Angabe)*. Damit werden alle in der Gruppe enthaltenen Kontakte aufgelistet.

4. Markieren Sie bei gedrückter $\boxed{\text{Strg}}$-Taste beispielsweise alle Kontakte, mit denen Sie wegen des Sommerfests telefonieren wollen.

5. Klicken Sie mit der rechten (!) Maustaste in den markierten Bereich und wählen Sie im Kontextmenü den Eintrag *Kategorisieren/Alle Kategorien*. Das Dialogfeld *Farbkategorien* wird angezeigt.

6. Klicken Sie auf *Neu*, um eine Farbkategorie zu erstellen. Das Dialogfeld *Neue Kategorie hinzufügen* wird angezeigt.

Bild 50.18   Geben Sie in diesem Dialogfeld den Namen einer neuen Farbkategorie ein und wählen Sie die gewünschte Farbe aus

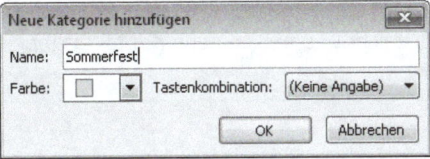

7. Geben Sie in das Feld *Name* einen Namen für die neue Kategorie ein und wählen Sie im Listenfeld *Farbe* einen Eintrag aus. Klicken Sie auf *OK*.

Bild 50.19   Dieses Dialogfeld zeigt alle vorhandenen Farbkategorien

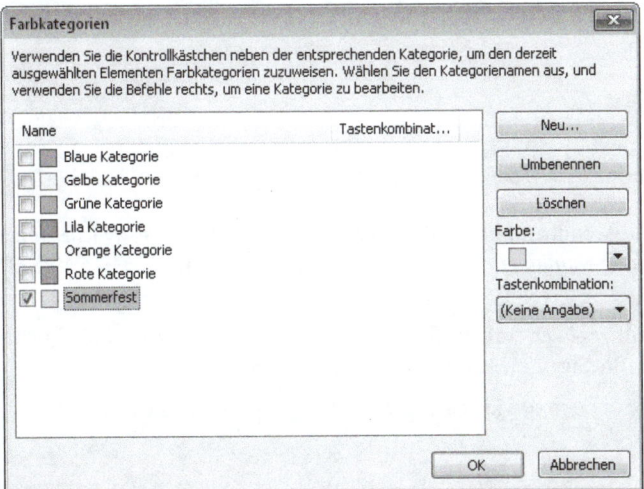

8. Schalten Sie im Dialogfeld *Farbkategorien* vor dem Namen der Kategorie, die Sie den markierten Kontakten zuweisen sollen, das Kontrollkästchen ein. Klicken Sie auf *OK*.

Kontaktgruppe erstellen

Wenn Sie häufig E-Mails an den gleichen Kreis von Empfängern schicken, können Sie dafür in den Kontakten eine Kontaktgruppe anlegen. Dann brauchen Sie in der E-Mail nicht mehr die einzelnen Empfänger, sondern nur noch den Namen der Kontaktgruppe anzugeben.

1. Öffnen Sie das Modul *Kontakte*, wechseln Sie zur Registerkarte *Start* und klicken Sie in der Gruppe *Neu* auf *Neue Kontaktgruppe*. Wenn Sie derzeit ein anderes Modul geöffnet haben, klicken Sie in der Gruppe *Neu* auf *Neue Elemente* und dann auf *Kontaktgruppe*.

    Outlook öffnet das Fenster zum Erstellen und Bearbeiten einer Kontaktgruppe, die in früheren Outlook-Versionen Verteilerliste genannt wurde.

2. Geben Sie im Feld *Name* eine Bezeichnung an, unter der die Kontaktgruppe später im *Kontakte*-Ordner gespeichert werden soll.

Bild 50.20   Geben Sie in das Feld *Name* die Bezeichnung für die neue Kontaktgruppe ein

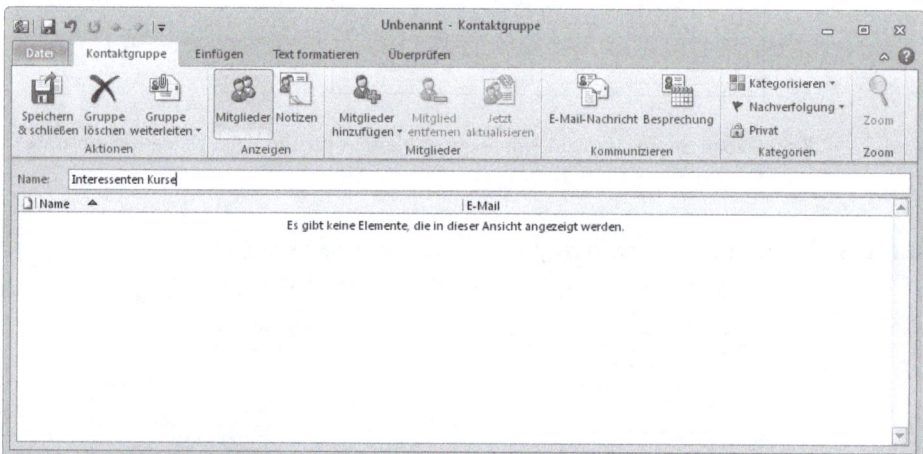

3. Klicken Sie im Menüband in der Befehlsgruppe *Mitglieder* auf *Mitglieder hinzufügen* und dann auf *Aus Outlook-Kontakten*. Das Dialogfeld *Mitglieder auswählen* wird geöffnet (siehe Abbildung auf der nächsten Seite).

4. In der Liste *Adressbuch* wählen Sie *Kontakte* oder ein anderes Adressbuch mit den E-Mail-Adressen aus, die Sie in die Kontaktgruppe aufnehmen möchten.

5. Markieren Sie oben in der Liste bei gedrückter [Strg]-Taste die gewünschten Kontakte.

Bild 50.21 Wählen Sie hier die Mitglieder für die neue Kontaktgruppe aus

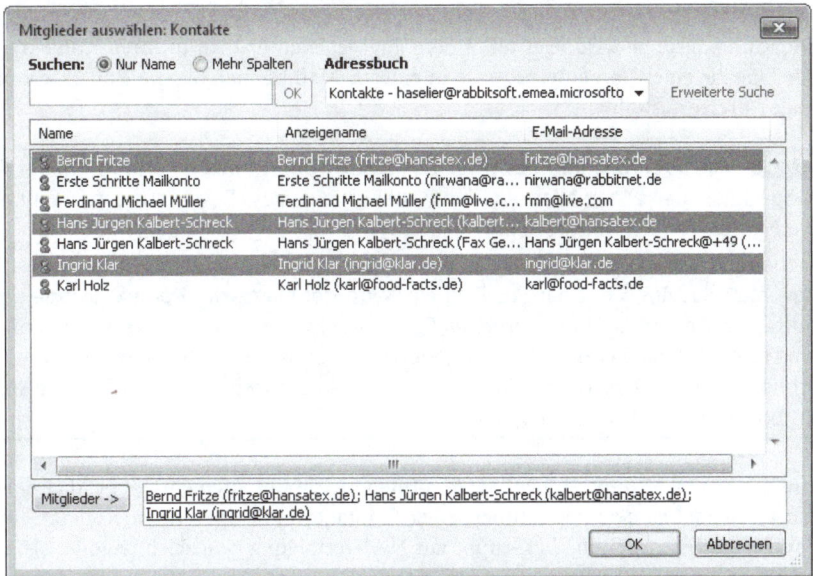

6. Klicken Sie zum Übernehmen der markierten Einträge auf die Schaltfläche *Mitglieder*. Hierdurch werden die ausgewählten Kontakte im Textfeld im unteren Bereich angezeigt.

7. Schließen Sie das Dialogfeld *Mitglieder auswählen* mit *OK*.

Bild 50.22 Die ausgewählten Kontakte werden in der Kontaktgruppe angezeigt

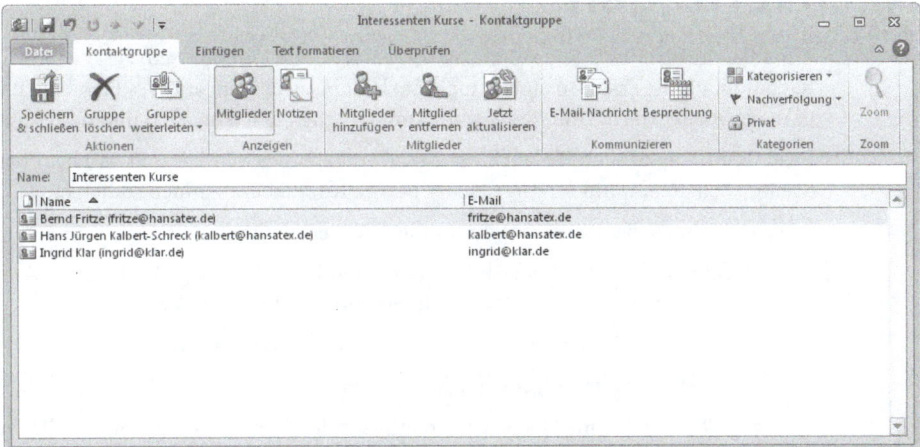

8. Klicken Sie in der Befehlsgruppe *Anzeigen* auf *Notizen*, wenn Sie für die Kontaktgruppe Notizen eingeben wollen. Verwenden Sie gegebenenfalls die Registerkarte *Text formatieren*, wenn Sie Ihre Notizen formatieren wollen, und die Registerkarte *Einfügen*, wenn Sie weitere Elemente, wie Abbildungen, Tabellen etc., in die Notizen einfügen wollen.

9.   Klicken Sie auf der Registerkarte *Kontaktgruppe* in der Gruppe *Aktionen* auf *Speichern & schließen*.

Die Kontaktgruppe wird jetzt unter dem angegebenen Namen in Ihren Kontakten aufgeführt. Bei der Eingabe einer Empfängeradresse in einer E-Mail können Sie die Kontaktgruppe wie eine normale Adresse auswählen.

> **TIPP**   **AutoVervollständigung für Kontaktgruppen nutzen**   Die in Kapitel 46 beschriebene Möglichkeit der automatischen Vervollständigung von E-Mail-Adressen funktioniert auch für die Namen von Kontaktgruppen.
>
> Tragen Sie also in einer E-Mail den Namen der Kontaktgruppe (oder nur die ersten Buchstaben davon) in das *An-*, *Cc-* oder *Bcc-*Feld ein. Wird der Name der Kontaktgruppe unterstrichen dargestellt, nachdem Sie in ein anderes Feld geklickt haben, wurde sie sofort gefunden. Erscheint eine rote Wellenlinie unter dem eingegebenen Namen, können Sie wieder (wie in Kapitel 46 beschrieben) mit der rechten (!) Maustaste auf den Eintrag klicken und die gewünschte Kontaktgruppe im Kontextmenü auswählen.

Um die Kontaktgruppe zu bearbeiten, öffnen Sie sie durch einen Doppelklick im Ansichtsbereich des Ordners *Kontakte*. Sie können einer Kontaktgruppe wie einem Kontakt eine oder mehrere Farbkategorien zuweisen, die Gruppe zur Nachverfolgung kennzeichnen oder als privat markieren.

Um einen Eintrag aus der Kontaktgruppe zu löschen, markieren Sie ihn und klicken dann auf der Registerkarte *Kontaktgruppe* in der Gruppe *Mitglieder* auf *Entfernen*. Verwenden Sie die Schaltfläche *Jetzt aktualisieren*, wenn Sie alle Mitglieder der Kontaktgruppe, die Sie aus dem Adressbuch hinzugefügt haben, mit den derzeitigen Informationen aus dem Adressbuch aktualisieren wollen.

Nachverfolgen

Eines der hilfreichsten und nützlichsten Features, die Outlook seit der Version 2007 anbietet, ist das automatische Erstellen eines Aufgabenelements, wenn ein anderes Element zur Nachverfolgung gekennzeichnet wurde, und die Verbindung zwischen den Aufgaben und dem Kalender.

Diese Funktion können Sie auch bei den Kontakten verwenden und so einen besseren Überblick darüber behalten, wann Sie mit welcher Person Kontakt aufnehmen sollten etc.

So kennzeichnen Sie einen Kontakt für die Nachverfolgung:

1.   Markieren Sie im Ansichtsbereich von Outlook den Kontakt, den Sie zur Nachverfolgung kennzeichnen wollen, und wechseln Sie zur Registerkarte *Start*.

2.   Klicken Sie in der Gruppe *Kategorien* auf *Zur Nachverfolgung*.

3.   Führen Sie eine der folgenden Aktionen durch:

   ■   Wählen Sie im Menü der Schaltfläche den Zeitpunkt aus, für den Sie die Aufgabe erstellen wollen. Outlook bietet die Optionen *Heute*, *Morgen*, *Diese Woche* und *Nächste Woche* an.

   ■   Wenn die Nachverfolgung nicht mit einem bestimmten Datum verbunden sein soll, wählen Sie die Option *Kein Datum* aus.

Bild 50.23   Im Menü *Zur Nachverfolgung* stehen einige Zeitpunkte zur Auswahl, zu denen die Nachverfolgung stattfinden soll

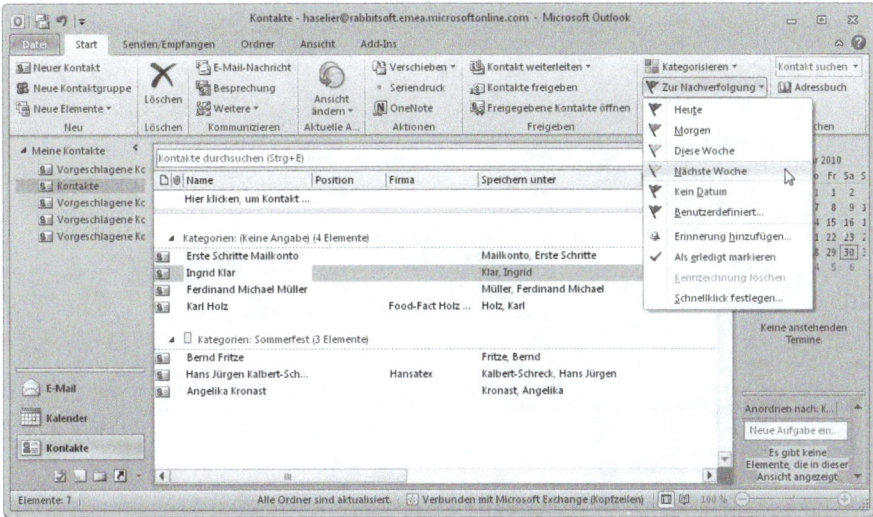

- Wenn Sie den Zeitpunkt und weitere Optionen genauer einstellen wollen, klicken Sie auf *Benutzerdefiniert*, um das gleichnamige Dialogfeld anzeigen zu lassen.

Bild 50.24   Die Nachverfolgung kann in diesem Dialogfeld individueller konfiguriert werden

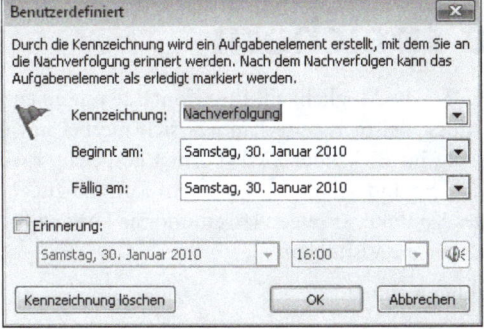

Wählen Sie dann in der Liste *Kennzeichnung* einen der vorhandenen Einträge aus oder geben Sie einen eigenen Kennzeichnungstext ein. Mit den Datumswählern *Beginnt am* und *Fällig am* können Sie das Anfangs- und das Enddatum für die Nachverfolgung einstellen. Wenn Sie zu einem bestimmten Zeitpunkt an diese Aufgabe erinnert werden wollen, wählen Sie den Zeitpunkt im Bereich *Erinnerung* aus. Schließen Sie das Dialogfeld mit *OK*.

Outlook erstellt automatisch ein neues Aufgabenelement, über das die Nachverfolgung verwaltet werden kann. Die neue Aufgabe wird in der Aufgabenleiste angezeigt (siehe Abbildung auf der nächsten Seite) und ist auch an den festgelegten Tagen im Aufgabenbereich des Kalenders sichtbar.

Bild 50.25 Zur Verwaltung der Nachverfolgung hat Outlook ein neues Aufgabenelement erstellt

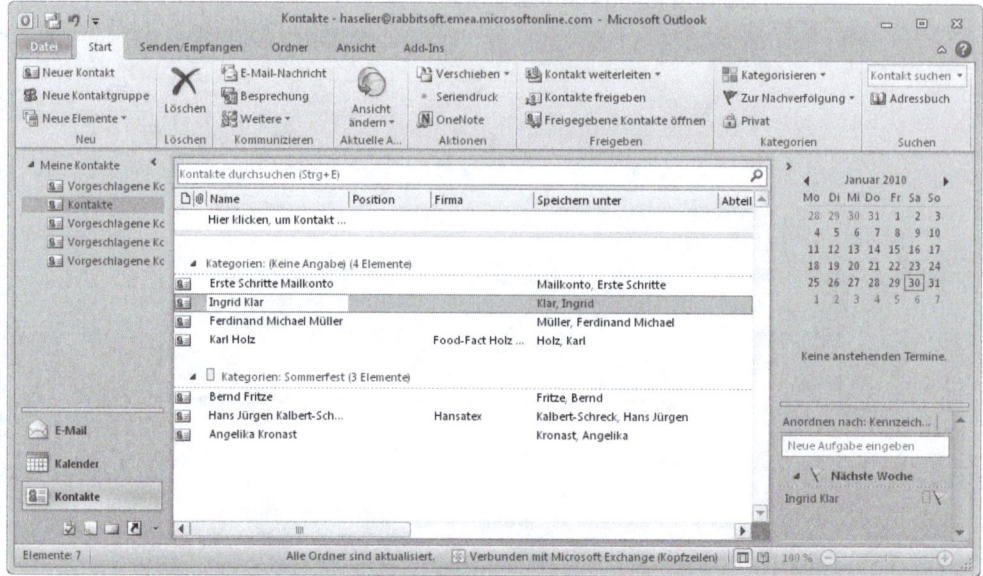

Weitere Informationen zum Kalender und zu Aufgaben finden Sie in den Kapiteln 51 und 52 dieses Buches.

Kontakt mit Foto speichern

Bereits in Outlook 2003 hatten Sie die Möglichkeit, Ihre Kontakte mit einem Foto zu versehen, das in digitaler Form vorliegen muss. Beispielsweise kann es sich hierbei um ein eingescanntes Bild oder ein Digitalfoto handeln, das im JPG- oder BMP-Format gespeichert wurde. In Outlook 2010 können Sie ein Foto (oder auch ein anderes Bild), das einem Kontakt zugeordnet ist, auch auf der elektronischen Visitenkarte des Kontakts anzeigen lassen und Sie können für das Kontaktformular ein anderes Foto auswählen als für die Visitenkarte.

1. Öffnen Sie den gewünschten Kontakt.

2. Klicken Sie auf der Registerkarte *Kontakt* in der Befehlsgruppe *Optionen* auf *Bild* und dann auf *Bild hinzufügen* oder klicken Sie auf dem Kontaktformular auf den Platzhalter für ein Bild. Das Dialogfeld *Kontaktbild hinzufügen* wird geöffnet.

3. Wechseln Sie zu dem Ordner, in dem sich das Bild befindet, das Sie dem Kontakt zuordnen wollen.

Bild 50.26   Wählen Sie hier das Bild aus, das Sie dem Kontakt zuordnen wollen

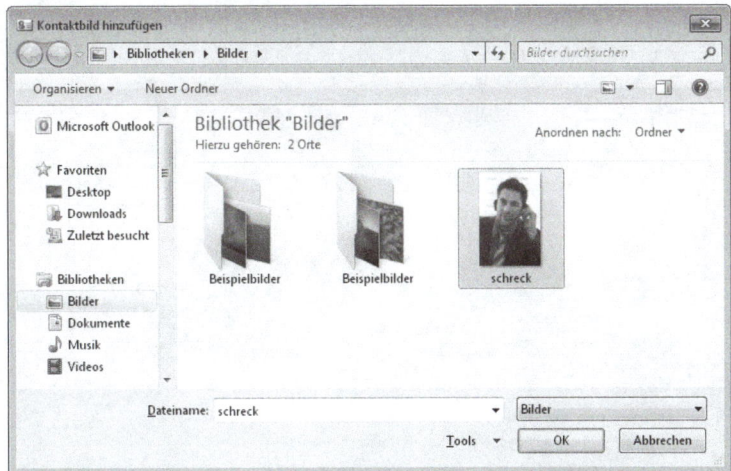

4. Klicken Sie das gewünschte Bild an und klicken Sie dann auf *OK*.

5. Wenn Sie nicht nur auf dem Kontaktformular, sondern auch auf der Visitenkarte ein Bild sehen wollen, doppelklicken Sie auf die Visitenkarte, um das Dialogfeld *Visitenkarte bearbeiten* zu öffnen. Klicken Sie im Bereich *Kartenentwurf* bei *Bild* auf *Ändern* und wählen Sie das Bild für den Kontakt aus.

6. Wenn Ihnen die Anordnung oder Größe des Bildes auf der elektronischen Visitenkarte nicht gefällt, wählen Sie im Bereich *Kartenentwurf* bei *Layout* eine andere Position für das Bild aus und legen die Größe des Bildes fest, indem Sie den *Bildbereich* vergrößern oder verkleinern.

7. Übernehmen Sie die Änderungen mit einem Klick auf *Speichern & schließen*.

Bild 50.27 Das Foto erscheint im Kontaktformular und auf der elektronischen Visitenkarte

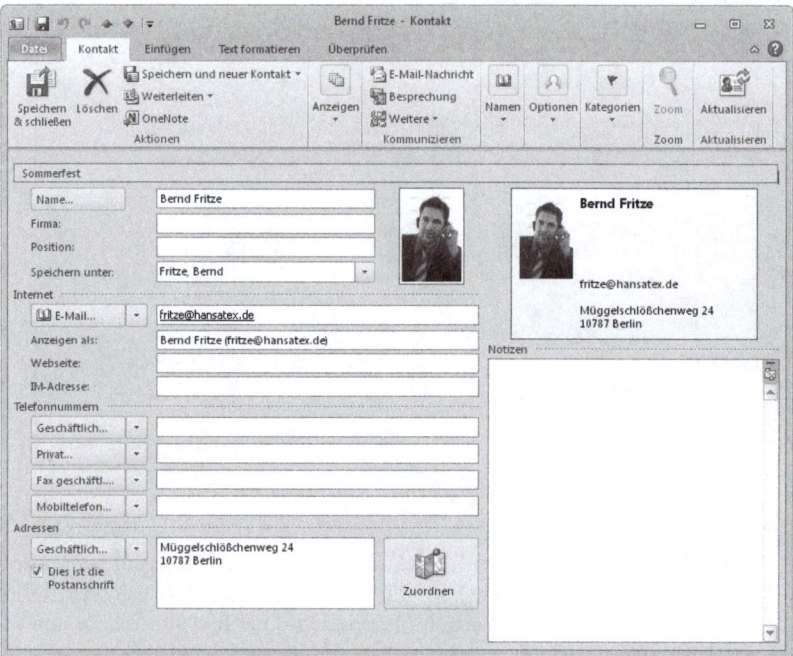

Bild 50.28 Die Größe und Position des Bildes auf der Visitenkarte können Sie leicht anpassen. Sie können für die Visitenkarte auch ein anderes Bild verwenden als für das Kontaktformular.

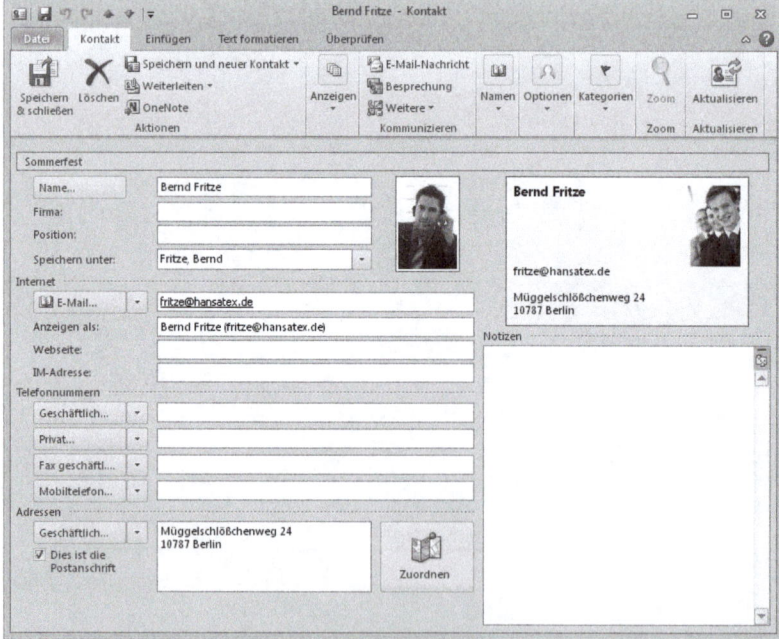

Bild wieder entfernen oder ändern

Wenn Sie mit der rechten (!) Maustaste auf das dem Kontakt zugeordnete Bild klicken, können Sie im Kontextmenü *Bild ändern* oder *Bild entfernen* auswählen.

Bild 50.29   Verwenden Sie das Kontextmenü, um das Bild zu ändern oder zu entfernen

Weitere Kontakte-Ordner verwenden

Standardmäßig verwendet Outlook einen Kontakte-Ordner, in dem alle Kontakte enthalten sind, die Sie hinzufügen. Sie können jedoch auch weitere Kontakte-Ordner erstellen, wenn Sie beispielsweise Adressen nur für ein bestimmtes Projekt benötigen oder wenn Sie private von geschäftlichen Kontakten trennen wollen.

So erstellen Sie einen weiteren Kontakte-Ordner:

1. Wechseln Sie im Menüband zur Registerkarte *Ordner* und klicken Sie auf *Neuer Ordner*. Das Dialogfeld *Neuen Ordner erstellen* wird angezeigt.

2. Geben Sie in das Feld *Name* die Bezeichnung für den neuen Kontakte-Ordner ein.

3. Öffnen Sie die Liste *Ordner enthält Elemente des Typs* und klicken Sie auf *Kontakt*.

Bild 50.30   Mit diesem Dialogfeld können Sie einen weiteren Kontakte-Ordner erstellen und so verschiedene Adressverzeichnisse verwalten

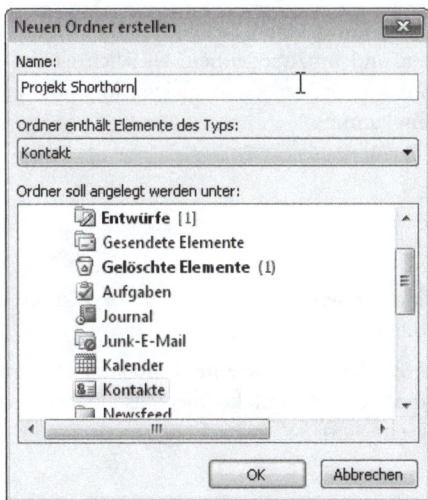

4. Markieren Sie in der Liste *Ordner soll angelegt werden unter* den Ordner, unter dem der neue Ordner eingeordnet werden soll.

5. Schließen Sie das Dialogfeld mit *OK*.

Der neue Ordner wird erstellt. Sie können neue Kontakte nun gezielt in einem der erstellten Ordner ablegen.

Bild 50.31   Im Navigationsbereich werden unterhalb von *Meine Kontakte* alle vorhandenen Kontakte-Ordner angezeigt. Klicken Sie den Namen eines Ordners an, um diesen zu öffnen.

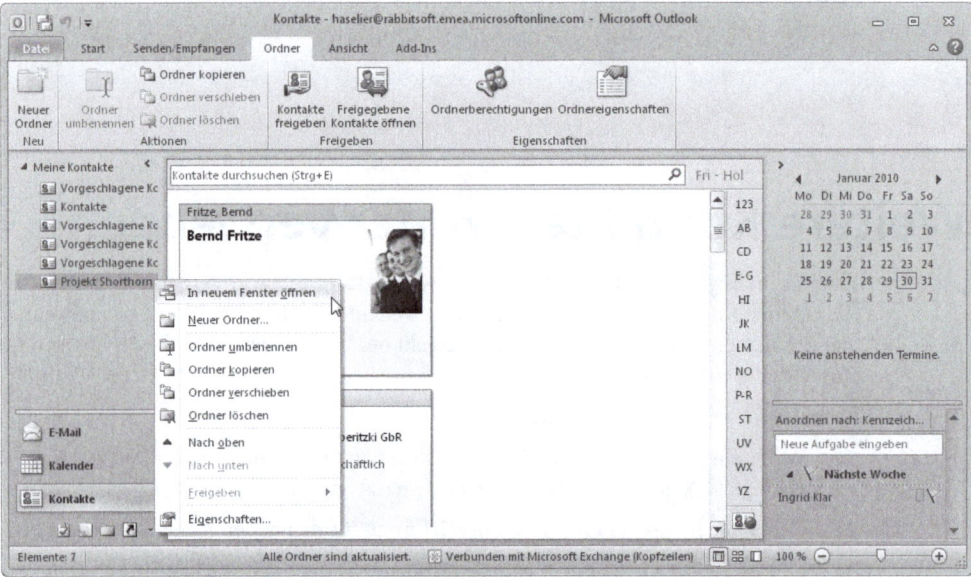

Im Navigationsbereich auf der linken Seite des Outlook-Fensters werden unterhalb von *Meine Kontakte* alle erstellten Ordner angezeigt. Um einen bestimmten Kontakte-Ordner zu öffnen, klicken Sie dessen Namen an.

Im Kontextmenü, das Sie in der obigen Abbildung sehen, stehen Ihnen Befehle zur Verfügung, um den Ordner zu verschieben, zu kopieren und umzubenennen. Nützlich ist der Befehl *In neuem Fenster öffnen,* da der angeklickte Kontakte-Ordner dann gleichzeitig mit anderen Kontakte-Ordnern auf dem Bildschirm sichtbar sein kann.

Zusammenfassung

In diesem Kapitel haben Sie die Kontakte kennen gelernt, das Outlook-Modul, mit dem Sie Ihre Adressen und andere Kontaktinformationen verwalten können.

- Am Anfang des Kapitels haben Sie gesehen, wie Sie eine Kontaktadresse anlegen (Seite 896) und welche Möglichkeiten Sie haben, einen Kontakt über das Buchstabenregister und die neue Sofortsuche wiederzufinden (Seite 905).

■ Anschließend haben Sie gelernt, wie Sie für einen Kontakt mehr als vier Telefonnummern erfassen können (Seite 907).

■ Wie Sie aus einer E-Mail, die Sie erhalten haben, anhand der Absenderadresse einen neuen Kontakt erstellen, haben Sie ab Seite 908 gesehen.

■ Outlook stellt Ihnen verschiedene Ansichten für die Kontakte zur Verfügung. Sie haben gesehen, wie Sie die Ansicht wechseln und Kontakte gruppieren können (Seite 909).

■ Wie Sie die neuen Outlook-Farbkategorien verwenden können, um die Kontakte in Gruppen einzuteilen, hat der Abschnitt ab Seite 910 gezeigt.

■ Kontaktgruppen fassen die E-Mail-Adressen mehrerer Kontakte zusammen. Nachdem Sie eine Kontaktgruppe erstellt haben (Seite 912), können Sie die Kontaktgruppe als Empfängeradresse für E-Mails verwenden.

■ Auch Kontakte können Sie mit einem Nachverfolgungskennzeichen versehen, wenn Sie sich darin erinnern lassen wollen, den Kontakt anzurufen oder ihm eine E-Mail zu senden. Wenn Sie einen Kontakt nachverfolgen (Seite 914), erstellt Outlook automatisch ein neues Aufgabenelement.

■ Sie können für einen Kontakt ein Foto speichern (Seite 914) und für den Kontakt eine elektronische Visitenkarte erstellen, auf der ein weiteres Bild enthalten sein kann.

■ Im letzten Abschnitt dieses Kapitels haben Sie schließlich noch gesehen, wie Sie weitere Kontakte-Ordner erstellen, wenn Sie beispielsweise Adressen nur für ein bestimmtes Projekt benötigen oder wenn Sie private von geschäftlichen Kontakten trennen wollen (Seite 919).

Kapitel 51

Terminverwaltung mit dem Kalender

Mit dem Outlook-Kalender verwalten Sie Ihre Termine und Ihre Aufgaben. Bei einem Termin kann es sich um ein einmaliges Ereignis handeln oder um eine Terminserie, bei der die Ereignisse in regelmäßigen Intervallen wiederkehren. Außerdem können Sie sich im Kalender an Jahres- oder Geburtstage erinnern lassen, die mit einem bestimmten Eintrag im Ordner *Kontakte* von Outlook verbunden sind.

Microsoft Office Outlook 2010 stellt Ihnen neue Ansichten auf Ihrem Kalender zur Verfügung. Die Tages- und die Wochenansicht, die es auch in vorherigen Outlook-Versionen gab, sind seit der Version 2007 um die tägliche Aufgabenliste erweitert worden, die unterhalb des Kalenders angezeigt wird. Dort können Sie alle Aufgaben und auch die zur Nachverfolgung gekennzeichneten Elemente sehen, die für den jeweiligen Tag eingeplant oder zur Bearbeitung vorgesehen waren.

Dieses Kapitel beschreibt die Möglichkeiten, die Ihnen im Outlook-Kalender zur Verfügung stehen. Sie werden lernen, wie Sie die verschiedensten Arten von Terminen und Ereignissen in den Kalender eintragen, wie Sie sich an Termine erinnern lassen können, wie die Aufgaben mit dem Kalender verknüpft sind, wie Sie Ihren Kalender als E-Mail versenden, den Kalender auf Office Online veröffentlichen u.v.m.

Einen Termin eintragen

Wenn Sie Ihre Termine in den Outlook-Kalender eintragen, können Sie sich automatisch an diese erinnern lassen.

1. Zeigen Sie den Outlook-Kalender im Ansichtsbereich an (Tastenkombination `Strg`+`2`).

Bild 51.1   Der Kalender wird standardmäßig in der Tagesansicht angezeigt. Im Navigationsbereich wird der im Kalender sichtbare Bereich grau hinterlegt; der heutige Tag ist rot umrandet

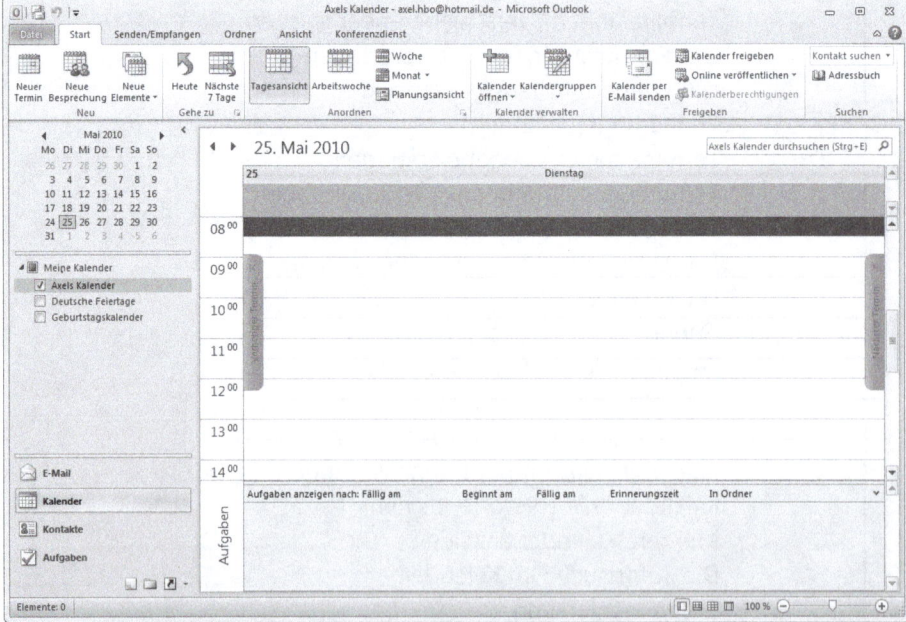

> **HINWEIS** **Ansicht ändern** Wird bei Ihnen statt der Tagesansicht ein Monatskalender oder eine Wochenansicht angezeigt, klicken Sie im Menüband auf der Registerkarte *Start* in der Gruppe *Anordnen* auf die Schaltfläche *Tagesansicht*.

2. Klicken Sie im Datumswechsler auf das Datum, für das Sie einen Termin eintragen wollen.

    Mit den beiden Pfeil-Schaltflächen im oberen Bereich des Datumswechslers können Sie zwischen den Monaten blättern. Wenn Sie den Monatsnamen anklicken, wird ein Menü geöffnet, in dem Sie direkt einen anderen Monat auswählen können.

Bild 51.2   Der Datumswechsler

Der gewählte Tag wird dann in der Tagesansicht angezeigt und im Datumswechsler markiert.

3. Verschieben Sie mit der vertikalen Bildlaufleiste den sichtbaren Bereich des Tages so, dass Sie auf der Zeitleiste die Uhrzeit sehen, zu der der Termin beginnen soll.

4. Klicken Sie in die Zeile neben der gewünschten Anfangszeit. Soll ein längerer Termin eingetragen werden, halten Sie die Maustaste gedrückt und ziehen die Markierung nach unten bis zum gewünschten Ende des Termins.

Bild 51.3   Die Dauer des Termins wurde im Kalender markiert

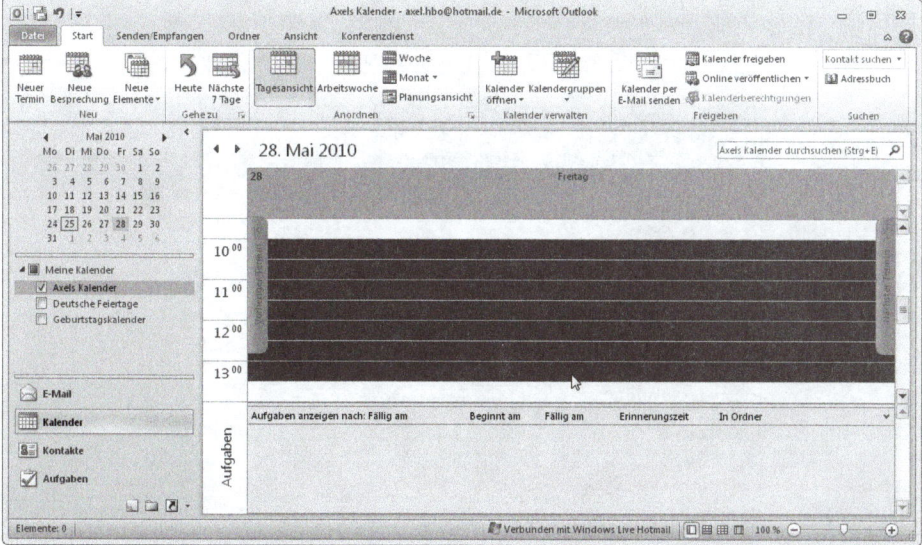

5. Jetzt können Sie direkt den Betreff des Termins eintippen. Damit wird automatisch ein neuer Termin geöffnet. An der blinkenden Einfügemarke erkennen Sie, dass Sie schreiben können.

Bild 51.4 Der neue Termin wird eingetragen

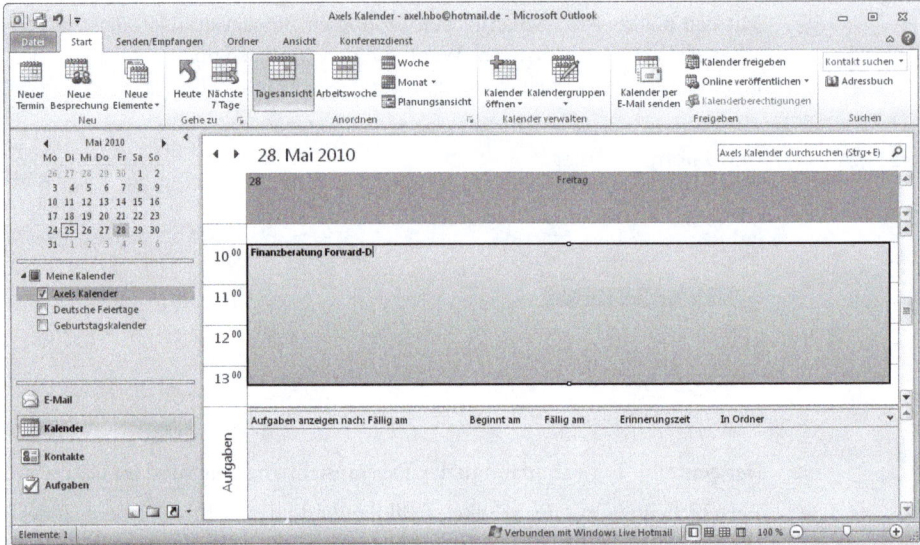

6. Schließen Sie Ihre Eingabe mit der ⏎-Taste ab oder klicken Sie in einen freien Bereich des Kalenders.

Bild 51.5 Der Termin wurde in den Kalender eingetragen

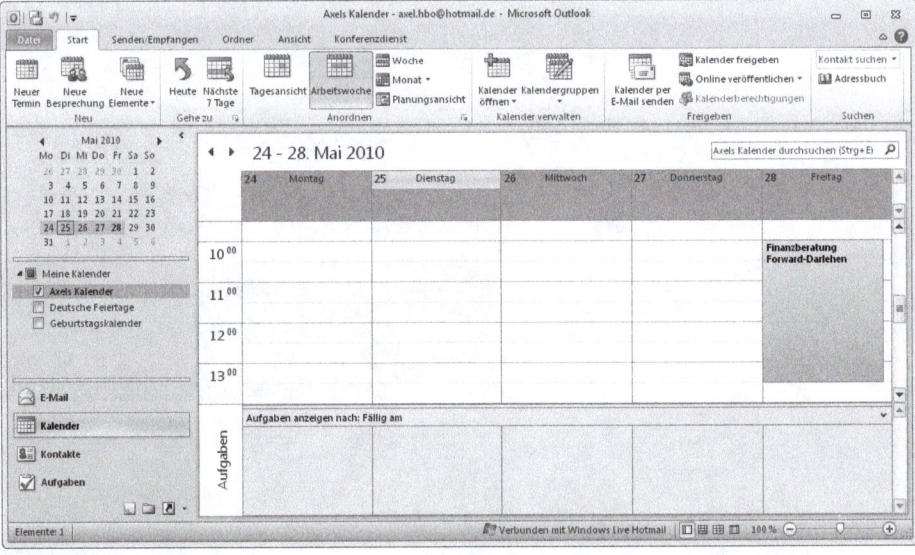

Termine ändern, verschieben oder löschen

Werden Termine abgesagt oder verschoben oder wird die Termindauer verändert, können Sie die Termineinträge in Ihrem Outlook-Kalender ganz leicht anpassen.

Termindauer verändern

In der Tagesansicht können Sie für einen eingetragenen Termin direkt die Anfangs- oder Endzeit ändern.

1. Zeigen Sie mit dem Mauszeiger auf die obere bzw. untere Kante des Termineintrags, bis sich der Mauszeiger in einen vertikalen Doppelpfeil verwandelt.

Bild 51.6   Die Dauer des Termins wird durch Ziehen mit der Maus verändert

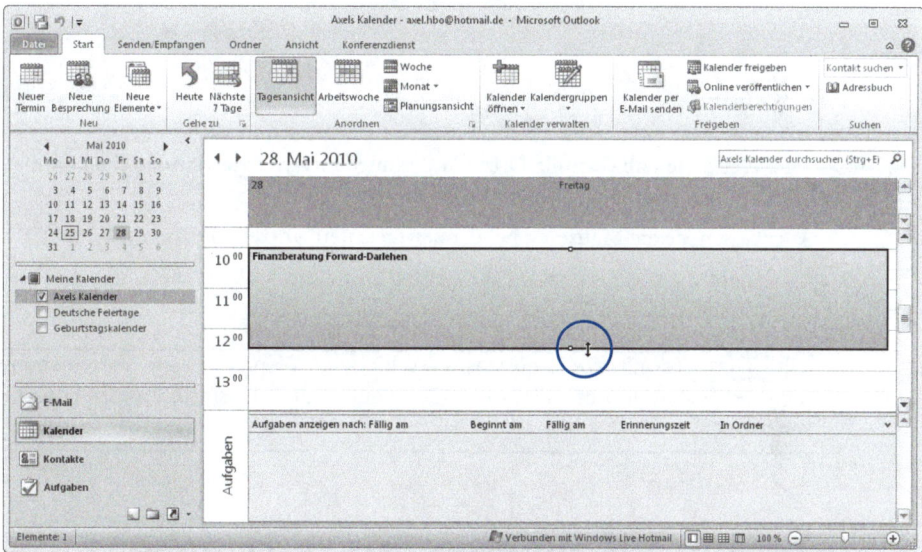

2. Ziehen Sie bei gedrückter Maustaste die Rahmenlinie auf die gewünschte Uhrzeit und lassen Sie dort die Maustaste los.

Termin auf andere Tageszeit verschieben

Einen bereits eingetragenen Termin können Sie ganz einfach mit der Maus auf eine frühere oder spätere Uhrzeit verschieben.

1. Zeigen Sie bei dem Termin, den Sie auf eine andere Uhrzeit verschieben wollen, auf eine beliebige Stelle innerhalb seines Rahmens.

2. Ziehen Sie den Termin nun mit gedrückter Maustaste auf den gewünschten Zeitpunkt.

Bild 51.7   Der Termin kann mit der Maus verschoben werden

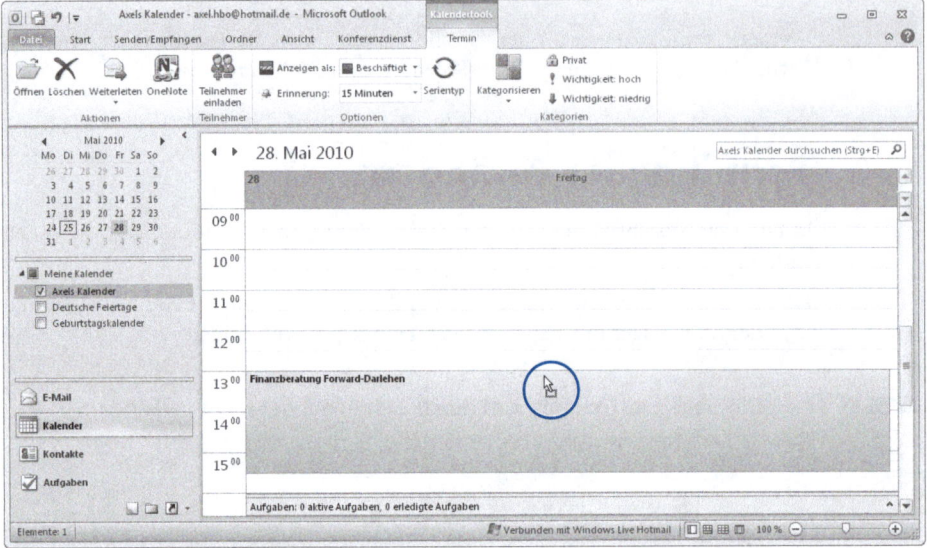

Wenn Sie dabei an die Grenzen des angezeigten Tageszeitbereichs kommen, verschiebt sich der angezeigte Zeitraum automatisch.

3. Lassen Sie die Maustaste bei der gewünschten Uhrzeit los.

Damit ist der Termin auf die neue Uhrzeit verschoben. Die Länge des Termins bleibt beim Verschieben erhalten.

HINWEIS   **Termin kopieren statt verschieben**   Wenn Sie beim Verschieben die ⌷Strg⌷-Taste gedrückt halten und dann beim Einfügen zuerst die Maustaste loslassen, wird der Termin nicht verschoben, sondern kopiert.

Termin auf anderen Tag verschieben

Nach demselben Prinzip können Sie einen Termin auch auf einen anderen Tag verschieben.

1. Zeigen Sie bei dem Termin, den Sie auf einen anderen Tag verschieben wollen, auf eine beliebige Stelle innerhalb seines Rahmens.

2. Ziehen Sie den Termin mit gedrückter Maustaste in den Datumswechsler.

3. Lassen Sie die Maustaste los, sobald Sie sehen, dass das Datum markiert ist, auf das der Termin verschoben werden soll.

Der Termin ist damit auf den gewählten Tag verschoben. Die Uhrzeiten haben sich dadurch nicht verändert.

Bild 51.8   Um das gewählte Datum wird im Datumswechsler ein Rechteck angezeigt

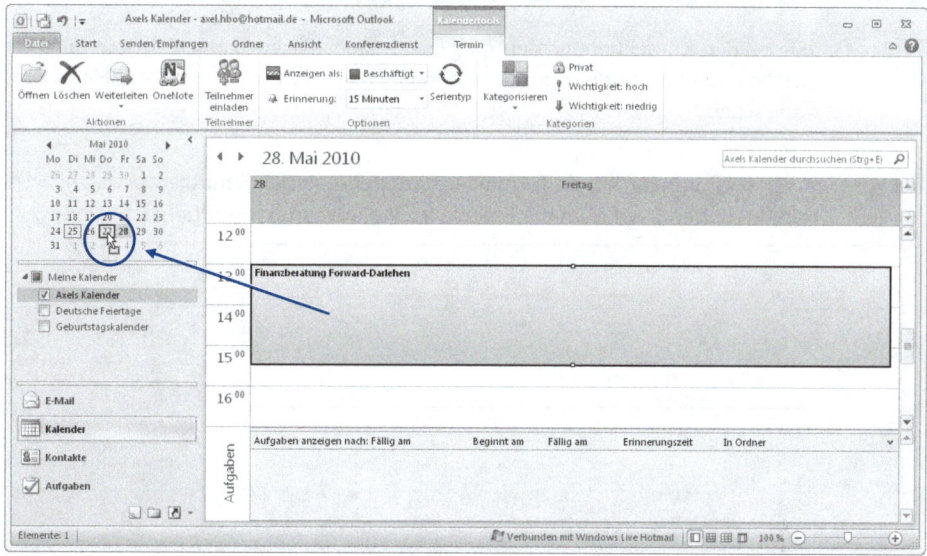

Das Verschieben eines Termins auf einen anderen Tag ist nicht nur in der Tagesansicht des Kalen
ders möglich, sondern auch in der Wochen- oder Monatsansicht. Verwenden Sie eine der Schaltflächen *Woche, Arbeitswoche* oder *Monat,* die im Menüband auf der Registerkarte *Start* angezeigt
werden, um die Ansicht zu wechseln.

PROFITIPP **Termin auf einen im Datumsnavigator nicht sichtbaren Tag verschieben**

Durch das Ziehen eines Termins in den Datumswechsler lassen sich Termine nur auf einen dort
sichtbaren Tag verschieben. Sie können aber im Navigationsbereich auch mehrere Monate anzeigen, indem Sie die Trennlinie unterhalb des Kalenders mit der Maus nach unten ziehen. Wie
viele Monate Sie auf diese Weise sehen können, hängt von dem zur Verfügung stehenden Platz ab.

Alternativ können Sie das Terminelement öffnen, indem Sie im Kalender darauf doppelklicken.
Outlook zeigt Ihnen dann das Formular für Termine an, in dem Sie neben anderen Einstellun-
gen auch den Tag des Termins verändern können. Weitere Informationen zum Formular für
Termine finden Sie im Abschnitt »Das Formular für Termine verwenden« ab Seite 930.

Termin löschen

1. Klicken Sie auf den im Kalender eingetragenen Termin, um ihn zu markieren.

2. Drücken Sie die Taste `Entf`. Damit wird der Termin ohne weitere Warnung aus dem Kalen-
    der entfernt und in den Papierkorb *Gelöschte Objekte* geschoben.

TIPP **Den aktuellen Tag im Kalender anzeigen lassen**   Wenn Sie schnell zum aktuellen Tag
zurückkehren und diesen im Kalender anzeigen lassen wollen, klicken Sie auf der Registerkarte
Start die Schaltfläche *Heute* an.

Das Formular für Termine verwenden

Wie bei den Kontakten und den Aufgaben können Sie auch einen Termin in einem eigenen Fenster erstellen und bearbeiten, dem sogenannten Formular für Termine, das Sie in der folgenden Abbildung sehen.

Bild 51.9 Auch das Formular für die Termine verwendet die neue Benutzeroberfläche von Office 2010 mit dem Menüband, auf dem die Befehle in Registerkarten untergebracht sind

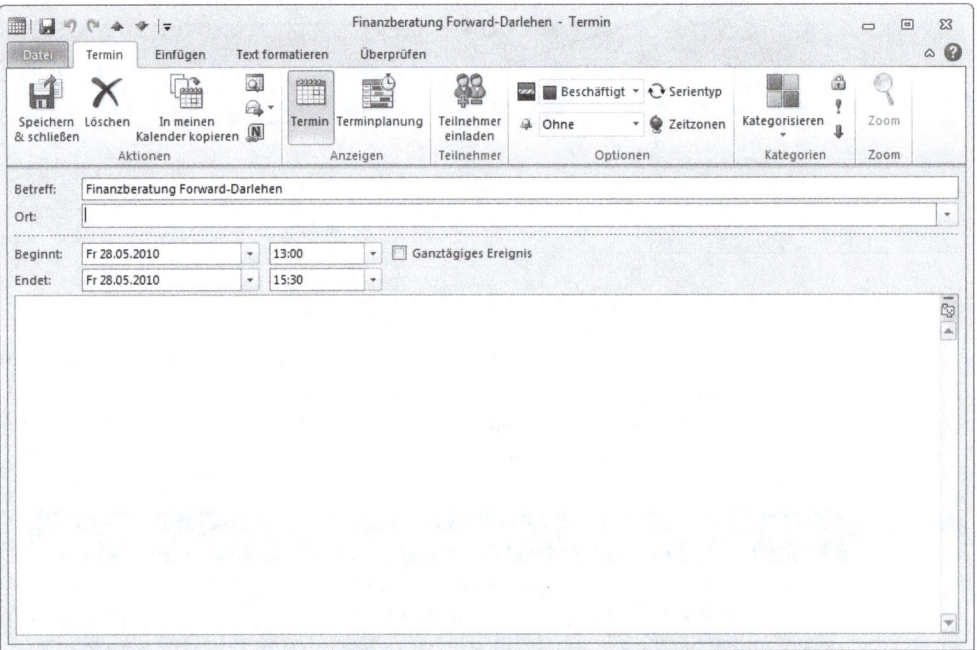

Um das Formular für einen bereits im Kalender eingetragenen Termin zu öffnen, doppelklicken Sie auf den Termin im Kalender. Um einen neuen Termin mit Hilfe des Formulars zu erstellen, klicken Sie auf der Registerkarte *Start* auf die Schaltfläche *Neuer Termin* oder Sie drücken den Shortcut Strg+N.

Das Formular für Termine besitzt im Menüband vier verschiedene Registerkarten:

- **Termin** In den Befehlsgruppen der Registerkarte *Termin* können Sie verschiedene Optionen für den geöffneten Termin festlegen. Hierzu gehört das Zuweisen einer Farbkategorie, das Bearbeiten einer Terminserie, das Festlegen der Erinnerungszeit usw.

- **Einfügen** Im unteren Bereich des Terminformulars sehen Sie einen großen Bereich, in den Sie Notizen zu dem Termin eintragen und bearbeiten können. Neben reinem Text können Sie auch andere Elemente in die Notizen einfügen, wie eine Tabelle, Abbildungen usw. Außerdem können Sie auch eine Datei oder eine elektronische Visitenkarte anfügen.

  All diese Elemente können Sie in den Termin einfügen, indem Sie die betreffenden Schaltflächen auf der Registerkarte *Einfügen* anklicken.

Bild 51.10   Mit den Schaltflächen der Registerkarte *Einfügen* können Sie in die Notizen für den Termin Dateien, Tabellen, elektronische Visitenkarten und viele weitere Elemente einfügen

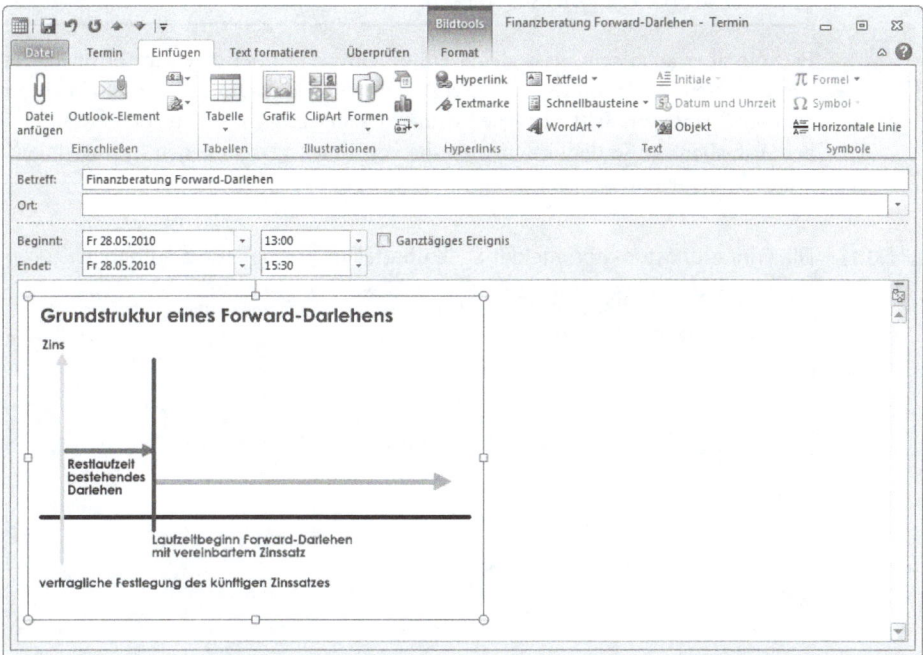

- **Text formatieren**   Die Optik und Formatierung des Notizentexts können Sie mit den Schaltflächen der Registerkarte *Text formatieren* ändern. Der Notizbereich des Terminformulars verhält sich so, wie Sie es von Word 2010 kennen; Sie können Schriftmerkmale und Absatzformatierungen verändern und zur Formatierung auch Formatvorlagen verwenden.

- **Überprüfen**   Auf dieser Registerkarte finden Sie die aus den anderen Office-Programmen bekannten Funktionen zur Dokumentüberprüfung, mit denen Sie u.a. den Text korrigieren und übersetzen können. Auch der Thesaurus und der Aufgabenbereich zum Recherchieren lassen sich über die Schaltflächen dieser Registerkarte erreichen.

Zwischen dem Menüband und dem Notizbereich werden die allgemeinen Merkmale des Termins angezeigt: der Betreff, der Ort, Anfangs- und Endzeit und ob es sich bei dem Termin um ein ganztägiges Ereignis handelt. Die folgenden Abschnitte stellen Ihnen die Verwendungsmöglichkeiten des Formulars für Termine an praktischen Beispielen vor.

Das Erinnerungsfenster verwenden

Wenn Sie in Outlook einen neuen Termin in den Kalender eintragen, wird er standardmäßig mit einer Erinnerung versehen. In der Voreinstellung macht Outlook 2010 Sie dann 15 Minuten vor dem festgelegten Beginn mit einem Erinnerungsfenster und einer kurzen Tonfolge auf den bevorstehenden Termin aufmerksam.

> **HINWEIS**   **Erinnerungsfenster manuell öffnen**   Sie können das Erinnerungsfenster manuell öffnen, indem Sie ganz rechts auf der Registerkarte *Ansicht* in der Gruppe *Fenster* auf die Schaltfläche *Erinnerungsfenster* klicken.

Es kann aber auch sein, dass gleichzeitig mehrere Erinnerungen im Erinnerungsfenster angezeigt werden. Wenn Sie beispielsweise morgens um 8:23 Uhr Outlook starten, bekommen Sie nicht nur für den Termin um 8:30 Uhr eine Erinnerung angezeigt, sondern auch für alle an diesem Tag fälligen Aufgaben. Außerdem erscheinen die von Ihnen verschobenen Erinnerungen für bereits überfällige Termine und Aufgaben.

Bild 51.11   Die Erinnerungsfunktion meldet auch überfällige Termine und Aufgaben

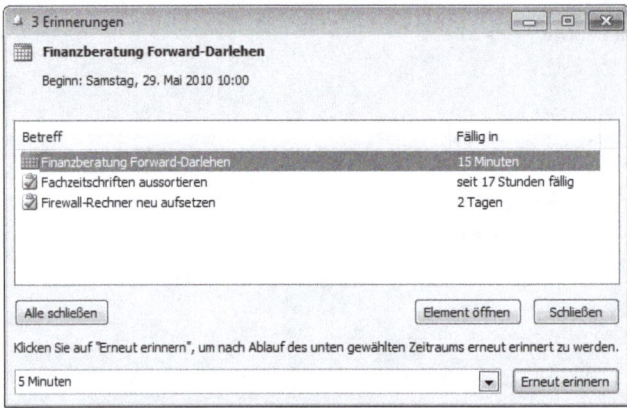

1. Markieren Sie im Erinnerungsfenster einen oder mehrere Einträge. Um mehrere Einträge zu markieren, klicken Sie die gewünschten Einträge bei gedrückter `Strg`-Taste der Reihe nach an. Falls Sie einen zusammenhängenden Block markieren wollen, markieren Sie besser zuerst den obersten Eintrag und klicken dann den untersten Eintrag bei gedrückter `⇧`-Taste an.

2. Für die markierten Einträge können Sie dann folgende Aktionen ausführen:

   - Durch einen Klick auf *Erneut erinnern* können Sie die Erinnerung wiederholen lassen. Standardmäßig ist hier ein Zeitraum von 5 Minuten eingestellt (siehe Bild oben), Sie können jedoch auch eine andere Zeitspanne eintragen oder auswählen.

   - Mit *Element öffnen* wird das Eingabeformular des betreffenden Elements geöffnet.

   - Um für die ausgewählten Einträge keine weitere Erinnerung zu erhalten, klicken Sie auf *Schließen*.

> **HINWEIS**   **Mit *Alle schließen* werden alle Erinnerungen gelöscht**   Wenn Sie im Erinnerungsfenster auf *Alle schließen* klicken, werden alle eingetragenen Erinnerungen gelöscht. Dabei besteht natürlich die Gefahr, versehentlich eine wichtige Erinnerung mit zu löschen.

Erinnerungszeit ändern

Sie können sowohl die Erinnerungszeit für jeden einzelnen Termin als auch die für alle neuen Termine geltende Standarderinnerung ändern.

Einzelne Erinnerung ändern

1. Erstellen Sie einen neuen Termin oder öffnen Sie einen vorhandenen Termineintrag.

2. Tragen Sie auf der Registerkarte *Termin* im Feld *Erinnerung* eine andere Zeit ein oder wählen Sie die Option *Ohne* aus, wenn Sie nicht an diesen Termin erinnert werden möchten.

3. Klicken Sie auf *Speichern & schließen*.

Bild 51.12   Auf der Registerkarte *Termin* können Sie die Erinnerungszeit auswählen

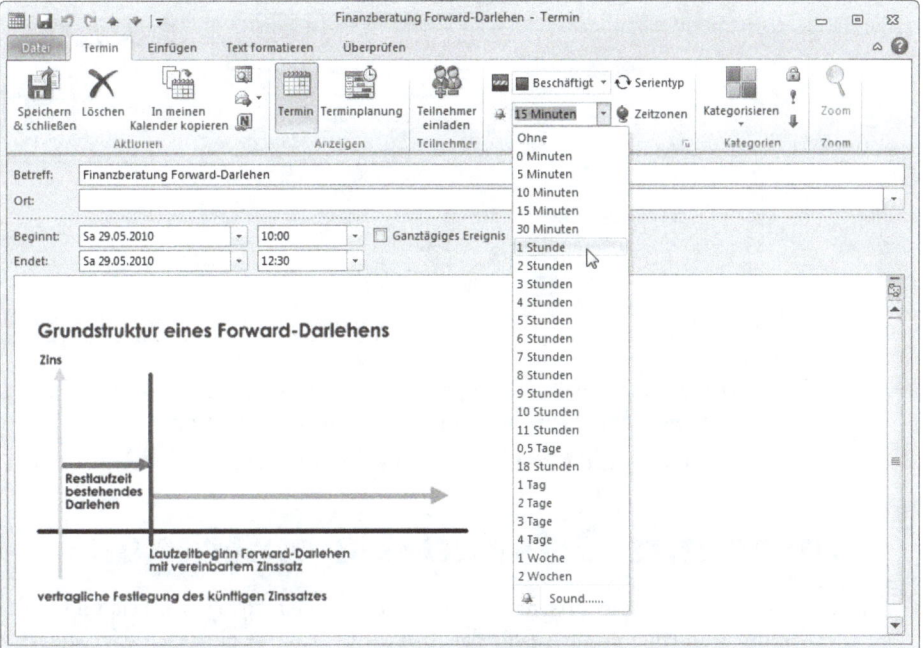

Standarderinnerung ändern

Wenn Sie die Erinnerungsfunktion von Outlook regelmäßig nutzen, die Voreinstellung der Erinnerungszeit auf 15 Minuten jedoch für Sie nicht den optimalen Wert darstellt, können Sie – anstatt die Erinnerungszeit für Terminelemente einzeln zu ändern – auch die Standarderinnerungszeit konfigurieren. Gehen Sie dazu so vor:

1. Wechseln Sie mit einem Klick auf *Datei* in die Backstage-Ansicht und wählen Sie dort den Befehl *Optionen*.

2. Zeigen Sie die Rubrik *Kalender* an.

Bild 51.13 Hier können Sie die Standarderinnerung für Terminelemente festlegen

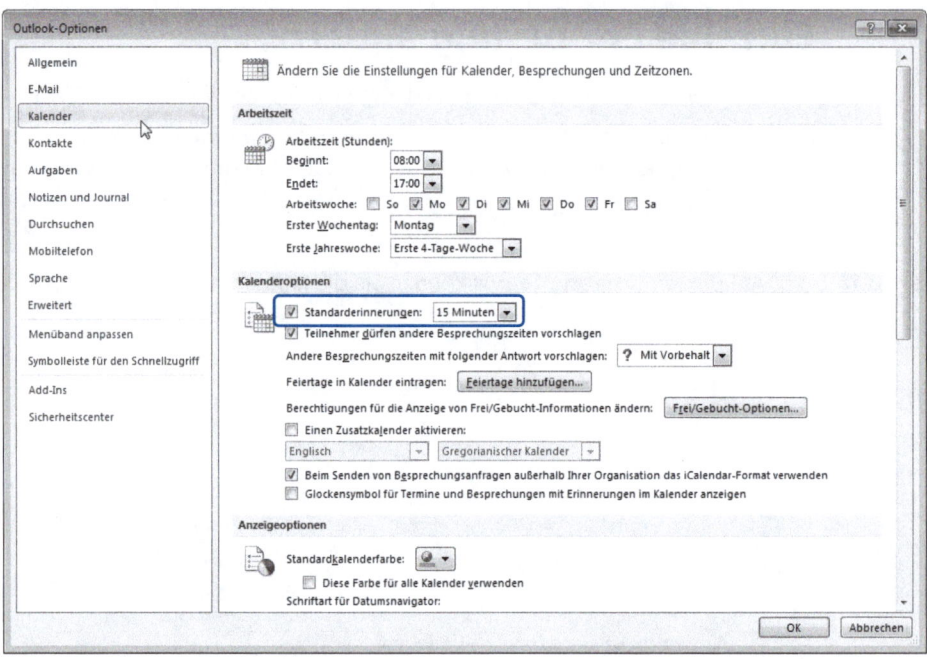

3. Jetzt können Sie in der Gruppe *Kalenderoptionen* die gewünschte Zeitspanne für *Standarderinnerungen* einstellen, die dann für alle neuen Termine gilt.

4. Übernehmen Sie die Änderungen mit einem Klick auf *OK*.

Termine mit Ortsangabe eintragen

Outlook speichert die Ortsangaben der Termine in einem eigenen Feld und stellt sie in der Kalenderansicht in einer eigenen Zeile dar. Um die Ortsangabe eintragen oder ändern zu können, müssen Sie das betreffende Terminelement öffnen.

1. Erstellen Sie einen neuen Termin über das Terminformular oder öffnen Sie einen bereits eingetragenen Termin, indem Sie im Kalender darauf doppelklicken.

2. Ändern Sie den Text im Feld *Ort* oder geben Sie dort eine Ortsangabe ein.

3. Klicken Sie auf der Registerkarte *Termin* auf *Speichern & schließen*.

In der Tages- und Wochenansicht wird der Ort in einer eigenen Zeile im Terminelement angezeigt. In der Monatsansicht bewegen Sie den Mauszeiger auf einen Termin und warten einen kurzen Moment, bis Outlook das QuickInfo-Fenster für den Termin anzeigt, in dem auch der Ort ausgegeben wird.

Bild 51.14 Anzeige der Ortsangabe für einen Termin in der Monatsansicht

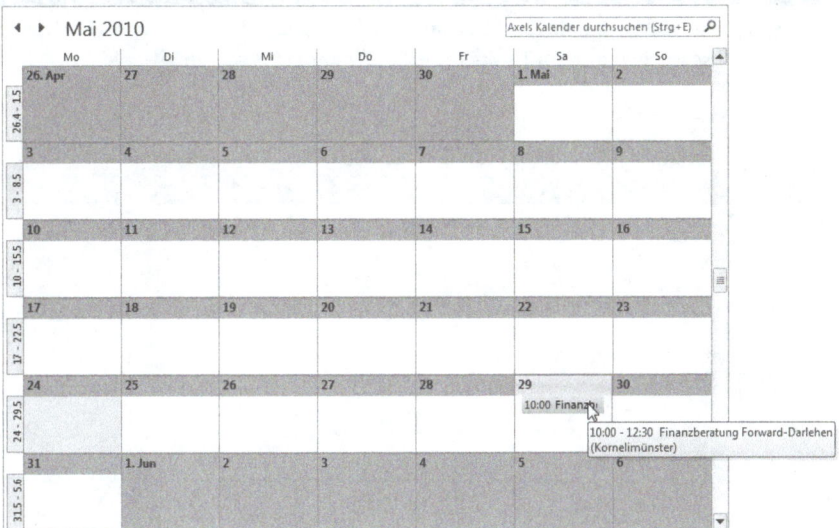

Termine mit »krummen« Zeiten eintragen

Um minutengenaue Zeiten für den Beginn und das Ende eines Termins einzutragen, gehen Sie so vor:

1. Erstellen Sie einen neuen Termin oder öffnen Sie einen bereits bestehenden Termineintrag.

2. Klicken Sie in das Uhrzeit-Feld neben *Beginnt* und ändern Sie die eingetragene Zeit.

3. Tragen Sie gegebenenfalls auch für das Ende des Termins eine andere Zeit ein.

4. Klicken Sie auf *Speichern & schließen*.

Die genaue Start- und Endzeit eines Termins mit »krummen« Zeiten können Sie sehen, wenn Sie den Mauszeiger auf das Terminelement bewegen und einen kurzen Moment warten, bis das QuickInfo-Fenster angezeigt wird.

Bild 51.15 Anzeige der Start- und Endzeit bei Zeitangaben, die nicht in das Standardraster passen

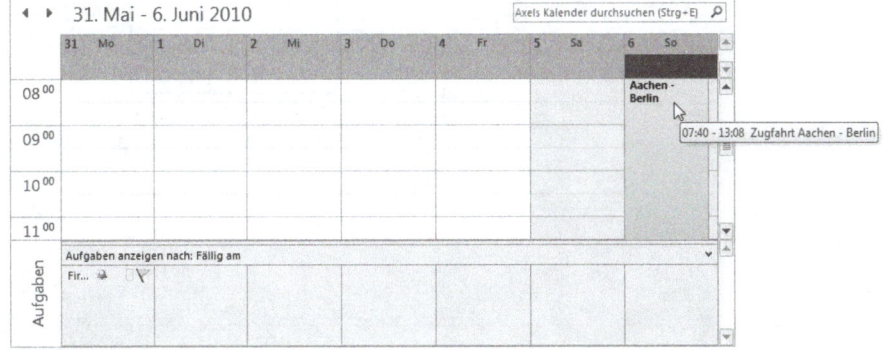

PROFITIPP

Einteilung der Zeitachse ändern

Das vorgegebene Halbstunden-Raster können Sie ändern, indem Sie mit der rechten Maustaste auf die Zeitachse klicken und im Kontextmenü eine andere Einteilung wählen.

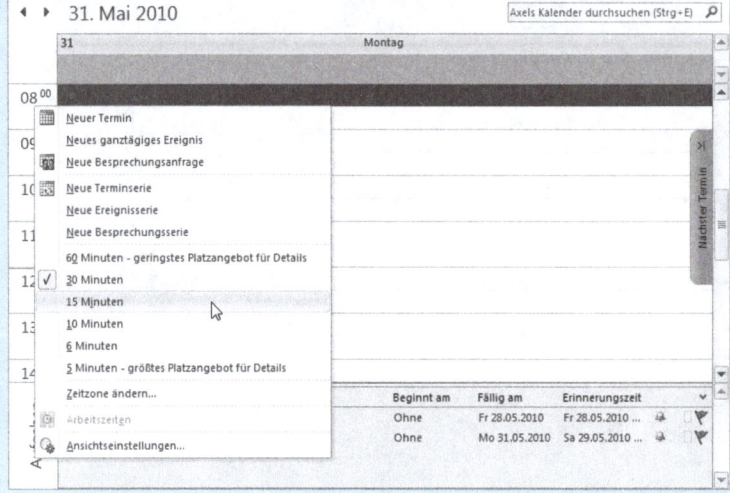

Termine unter Vorbehalt eintragen

Möchten Sie einen Termin eintragen, der noch nicht endgültig feststeht, können Sie ihn mit dem Status *Mit Vorbehalt* versehen. Er wird dann mit einer speziellen Markierung gekennzeichnet.

1. Erstellen Sie ein neues Terminelement.

2. Wählen Sie im Eingabeformular auf der Registerkarte *Termin* in der Befehlsgruppe *Optionen* im Feld *Anzeigen als* den Eintrag *Mit Vorbehalt*.

Bild 51.16   Hier legen Sie fest, wie der Termin im Kalender angezeigt werden soll

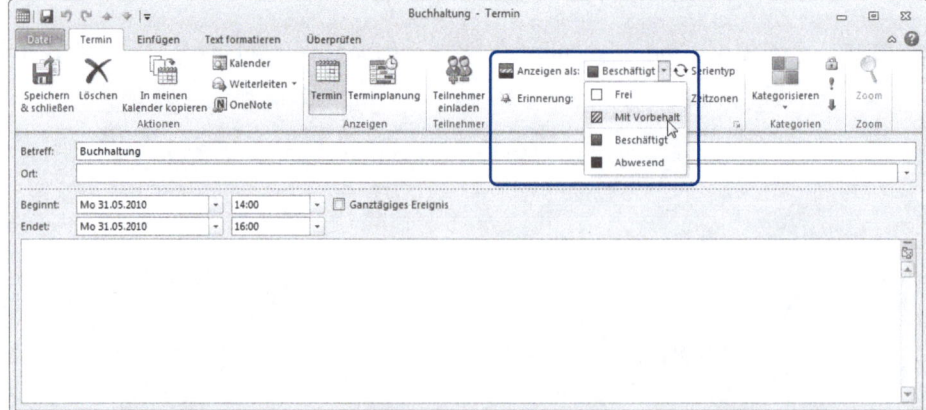

3. Klicken Sie auf *Speichern & schließen*.

   Damit wird der Termin im Kalender mit einem weißblau gestreiften Rand angezeigt.

TIPP   **Fett markierte Tage im Datumsnavigator**   Wenn Sie für einen Termin im Feld *Anzeigen als* den Eintrag *Beschäftigt, Mit Vorbehalt* oder *Abwesend* wählen, wird der Tag im Datumswechsler fett markiert. Bei als *Frei* gekennzeichneten Terminen ist dies nicht der Fall.

Farbkategorien für Termine verwenden

Um Termine auf den ersten Blick voneinander unterscheiden zu können, ist es in Outlook möglich, ihnen verschiedene Hintergrundfarben zu geben. Auch bei den Terminen werden hierzu die Farbkategorien verwendet, die Ihnen in den anderen Outlook-Modulen zur Verfügung stehen. Haben Sie einen Termin mit dem Status *Mit Vorbehalt* eingetragen, bleibt die Einfärbung des Randes davon unberührt (siehe auch »Termine unter Vorbehalt eintragen« auf Seite 936).

1. Erstellen Sie einen neuen Termin oder öffnen Sie einen bereits bestehenden Termineintrag.

2. Klicken Sie auf der Registerkarte *Termin* in der Gruppe *Optionen* auf die Schaltfläche *Kategorisieren*.

3. Wählen Sie eine der angezeigten Farbkategorien aus.

Bild 51.17   Über die Schaltfläche *Kategorisieren* können Sie einem Terminelement eine oder mehrere Farbkategorien zuweisen

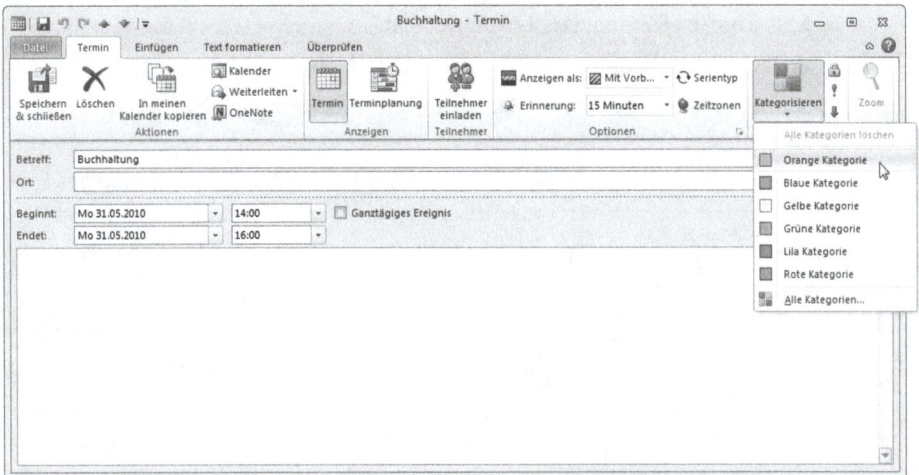

Die zugewiesenen Kategorien werden im Formular unterhalb des Menübands angezeigt; im Kalender wird der Termin mit der gewählten Hintergrundfarbe eingetragen.

4. Klicken Sie auf *Speichern & schließen*.

Beschriftung der Farbkategorien ändern Wenn Sie eine Farbkategorie zum ersten Mal verwenden, fordert Sie Outlook auf, die Beschriftung der Kategorie zu ändern. Sie können dies aber auch zu einem späteren Zeitpunkt erledigen, indem Sie im Menü der Schaltfläche *Kategorisieren* den Befehl *Alle Kategorien* wählen, damit das Dialogfeld *Farbkategorien* angezeigt wird. Markieren Sie die Kategorie, deren Name Sie ändern möchten, klicken Sie auf *Umbenennen* und geben Sie dann den neuen Namen ein.

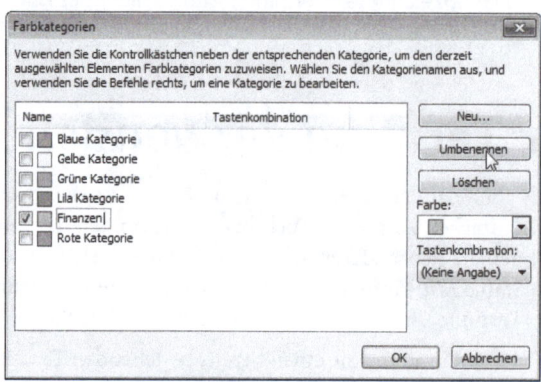

Urlaub eintragen

Sie können auch ganztägige Termine eintragen, die dann als Ereignisse bezeichnet werden.

1. Erstellen Sie ein neues Terminelement.

2. Geben Sie beispielsweise als Betreff **Urlaub** ein.

3. Schalten Sie das Kontrollkästchen *Ganztägiges Ereignis* ein.

Bild 51.18   Ein Ereignis erstellen Sie, indem Sie das Kontrollkästchen *Ganztägiges Ereignis* einschalten

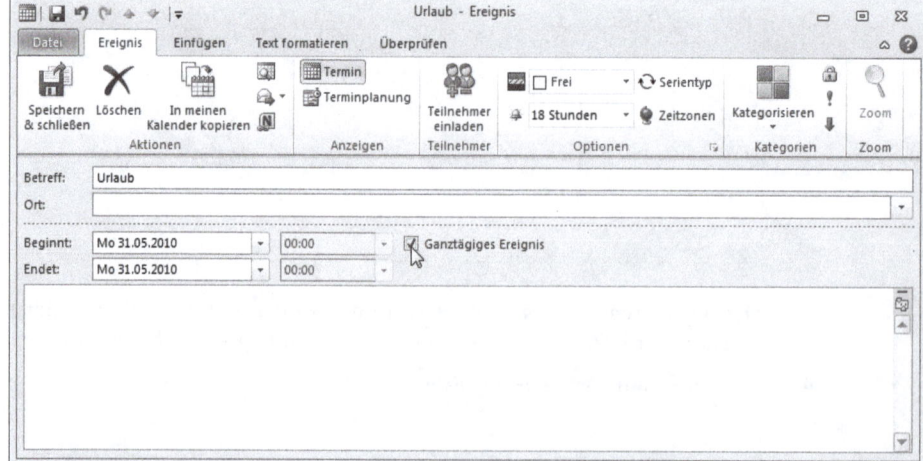

Damit wird dieses Element nicht mehr als Termin, sondern als Ereignis bezeichnet. Die Uhr-zeiten-Felder neben *Beginnt* und *Endet* werden ausgeblendet. Im Unterschied zu einem Termin besitzt ein Ereignis keine Anfangs- und keine Endzeit, sondern es wird immer für den/die gesamten Tag(e) eingetragen. Im Feld *Anzeigen als* wird jetzt der Eintrag *Frei* angezeigt.

4. Tragen Sie Beginn und Ende des Urlaubs ein.

5. Wenn Sie möchten, dass die Urlaubstage in Ihrem Kalender als belegt gekennzeichnet werden sollen, wählen Sie im Feld *Anzeigen als* den Eintrag *Abwesend* oder *Beschäftigt* aus.

6. Klicken Sie auf *Speichern & schließen*.

    Damit wird das Ereignis als farbiger Balken am Kopf der gewählten Urlaubstage eingetragen.

Bild 51.19   Beispiel für die Anzeige eines Ereignisses, hier in der Monatsansicht des Kalenders

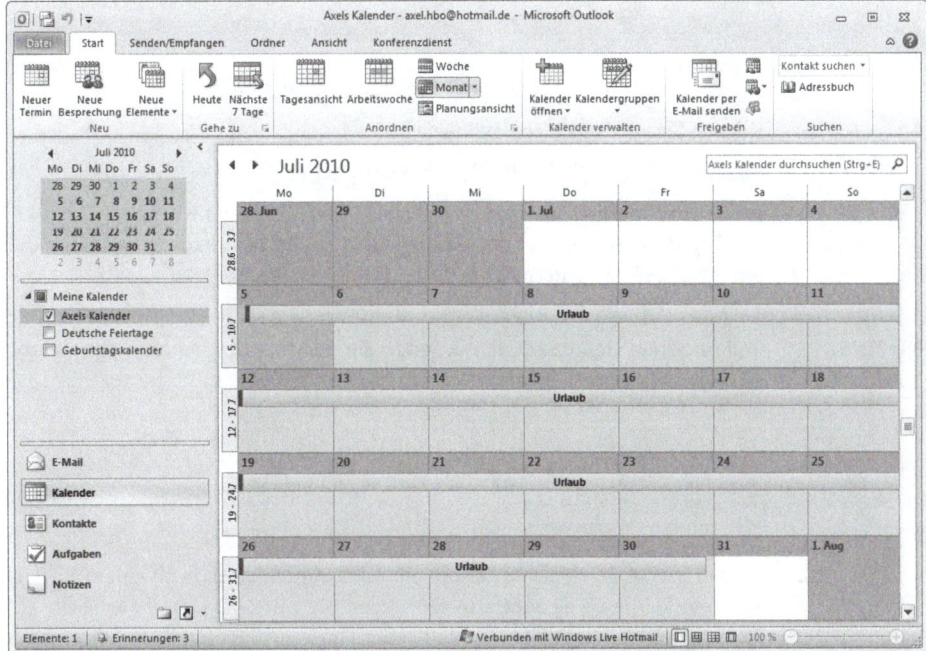

Geburts- und Feiertage eintragen

Das Eintragen von Geburtstagen in den Kalender geht ganz einfach. Hier können Sie sich die Integration der verschiedenen Outlook-Module zunutze machen.

1. Lassen Sie die Kontakte im Ansichtsbereich anzeigen (Tastenkombination `Strg`+`3`).

2. Öffnen Sie den Kontakt, für den Sie den Geburtstag eintragen wollen.

3. Klicken Sie auf der Registerkarte *Kontakt* in der Gruppe *Anzeigen* auf *Details*.

Bild 51.20   Auf der Seite *Details* können Sie für einen Kontakt sowohl den *Geburtstag* als auch einen *Jahrestag* eintragen, aus denen Outlook im Kalender automatisch eine Terminserie erstellt

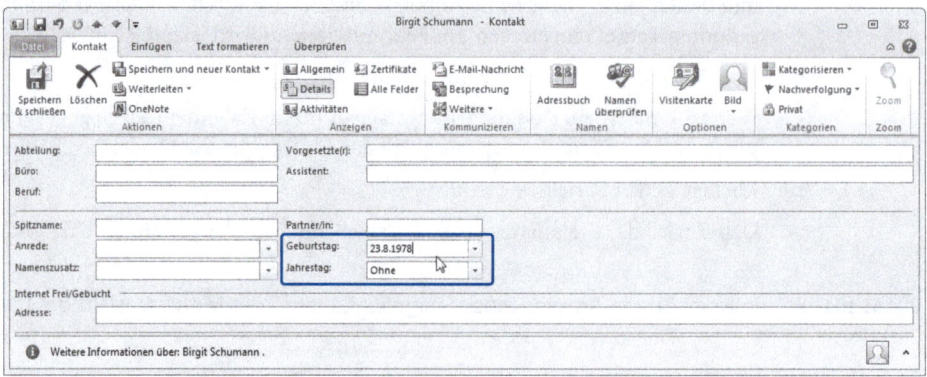

4. Geben Sie in das gleichnamige Feld den Geburtstag ein.

5. Klicken Sie auf *Speichern & schließen*.

6. Wechseln Sie zum Kalender (Tastenkombination ⟨Strg⟩+⟨2⟩).

7. Wechseln Sie zum Datum des nächsten Geburtstags des Kontakts. Dazu können Sie z.B. auf der Registerkarte *Start* in der Gruppe *Gehe zu* auf die kleine Schaltfläche in der rechten unteren Ecke klicken. (Alternativ drücken Sie den Shortcut ⟨Strg⟩+⟨G⟩.)

Bild 51.21   Im Dialogfeld *Gehe zu Datum* können Sie den anzuzeigenden Tag wählen

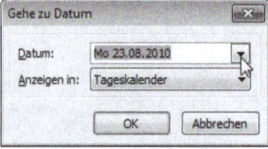

8. Tragen Sie das gewünschte Datum ein oder wählen Sie es nach einem Klick auf den Listenpfeil aus dem kleinen Kalender aus. Bestätigen Sie mit *OK*. Damit wechseln Sie zum Datum des nächsten Geburtstags des Kontakts. Hier (und für die folgenden Jahre) ist der Geburtstag am Kopf des Tages als Serienereignis eingetragen.

Bild 51.22   Der Geburtstag wird als Terminserie im Kalender angezeigt

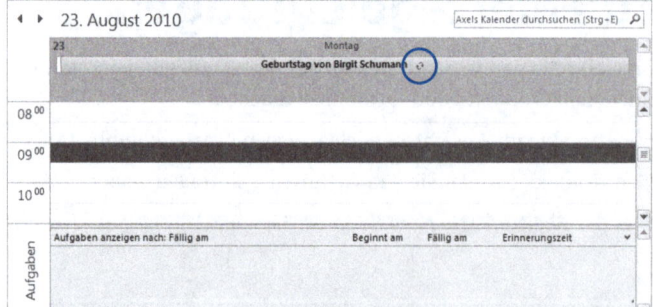

Feiertage eintragen

Bei der Installation von Outlook werden keine Feiertage in den Kalender eingetragen. Dies hat den Hintergrund, dass Office ein internationales Produkt ist und dem Anwender volle Flexibilität bei der Wahl der einzutragenden Feiertage gegeben werden soll.

Das nachträgliche Einfügen der Feiertage in Ihren Kalender ist ein Sache von wenigen Sekunden:

1. Wählen Sie den Befehl *Datei/Optionen*.

2. Wechseln Sie in die Rubrik *Kalender*.

3. Klicken Sie unter *Kalenderoptionen* auf *Feiertage hinzufügen*. Das Dialogfeld *Feiertage in Kalender eintragen* wird angezeigt.

4. Schalten Sie das Kontrollkästchen vor dem Land/den Ländern ein, für das/die Sie die Feiertage in den Kalender eintragen lassen wollen.

Bild 51.23   Im Dialogfeld *Feiertage in Kalender eintragen* legen Sie fest, für welche Länder die Feiertage in den Kalender eingetragen werden sollen

5. Klicken Sie auf *OK*. Die Feiertage werden in Ihren Kalender eingetragen.

Bild 51.24   Die Feiertage werden automatisch eingetragen

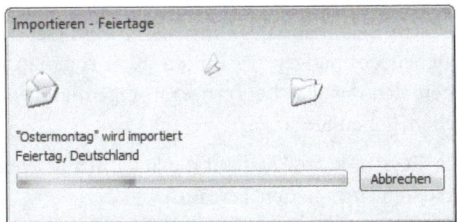

6. Klicken Sie in der anschließenden Bestätigungsmeldung auf *OK* und schließen Sie dann auch das Fenster *Outlook-Optionen*.

7. Wenn Sie jetzt im Kalender nach den verschiedenen Feiertagen suchen, werden Sie feststellen, dass bestimmte Feiertage lediglich für die nächsten 10 Jahre, andere hingegen für knapp 20 Jahre eingetragen worden sind. Ab einem bestimmten Datum fehlen also einzelne Feiertag im Kalender. Dies betrifft insbesondere die variablen Feiertage wie zum Beispiel den Buß- und Bettag (siehe Abbildung auf der nächsten Seite).

Bild 51.25   Variable Feiertage werden lediglich für die nächsten zehn Jahre eingetragen

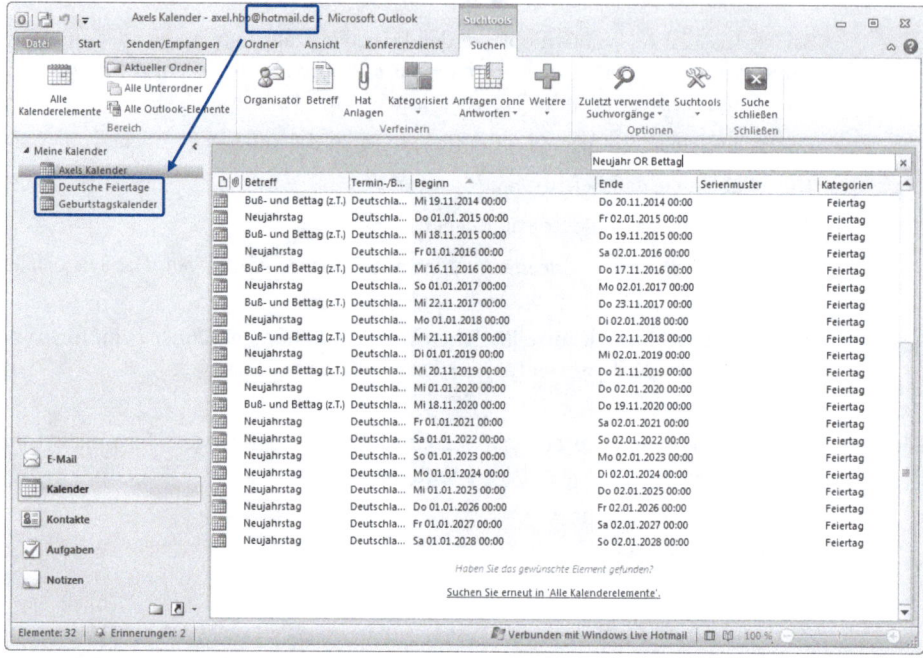

> **HINWEIS**   Die in der Abbildung erkennbaren Kalender *Deutsche Feiertage* und *Geburtstagskalender* stammen aus dem im Beispiel verwendeten Hotmail-Account und werden von Outlook beim Anlegen eines Hotmail-Kontos automatisch eingebunden.

Termin- oder Ereignisserie erstellen

Im Abschnitt auf Seite 939 haben Sie beim Erstellen eines Eintrags für den Geburtstag eines Kontakts bereits gesehen, dass Outlook neben einmaligen Terminen auch sogenannte Terminserien erstellen und verwalten kann, bei denen sich der gleiche Termin in regelmäßigen Intervallen wiederholt. Um eine Terminserie zu erstellen, gehen Sie so vor:

1.   Klicken Sie im Menüband auf der Registerkarte *Start* auf die Schaltfläche *Neuer Termin*. Outlook öffnet das Formular zum Erstellen eines neuen Termins.

2.   Geben Sie einen Betreff und einen Ort ein, wie Sie es auch bei einmaligen Terminen machen. Weisen Sie eventuell eine Farbkategorie zu.

3.   Schalten Sie das Kontrollkästchen *Ganztägiges Ereignis* ein, wenn sich die Terminserie immer auf einen ganzen Tag bezieht.

4. Klicken Sie auf der Registerkarte *Termin* in der Befehlsgruppe *Optionen* auf die Schaltfläche *Serientyp*. Outlook zeigt dann das Dialogfeld *Terminserie* an, in dem Sie die Eigenschaften der Serie festlegen können.

Bild 51.26 Die Einstellmöglichkeiten für die Wiederholung des Termins bzw. Ereignisses ändern sich, wenn Sie unterhalb von *Serienmuster* ein anderes Intervall auswählen

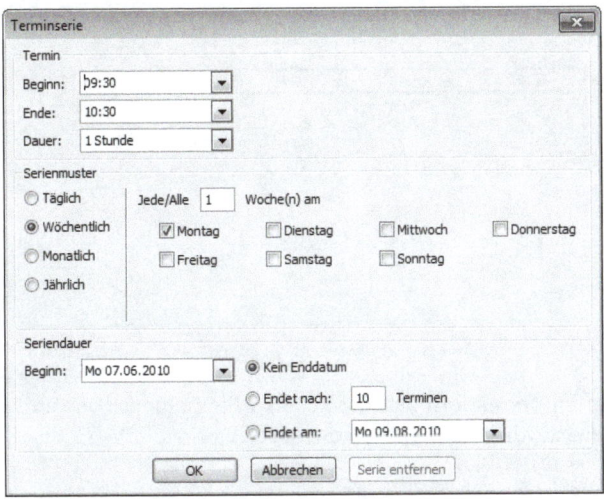

5. Wählen Sie im Bereich *Serienmuster* zuerst aus, ob sich der Termin täglich, wöchentlich, monatlich oder jährlich wiederholen soll. Je nachdem, welches der vier Optionsfelder Sie anklicken, ändern sich die Einstellmöglichkeiten auf der rechten Seite des Bereichs *Serienmuster*:

■ Bei der Option *Täglich* können Sie das Intervall in Tagen einstellen oder festlegen, dass der Termin an jedem Arbeitstag stattfinden soll.

■ Bei der Option *Wöchentlich* können Sie das Intervall in Wochen einstellen und den Wochentag festlegen, an dem der Termin stattfinden soll.

■ Bei der Option *Monatlich* können Sie den Tag des Monats einstellen oder festlegen, dass der Termin an einem bestimmen Wochentag in einer bestimmten Woche stattfinden soll.

■ Bei der Option *Jährlich* können Sie den Tag und den Monat einstellen oder festlegen, dass die Aufgabe an einem bestimmen Wochentag in einer bestimmten Woche in einem bestimmten Monat fällig sein soll.

6. Im Bereich *Seriendauer* können Sie schließlich noch das Startdatum auswählen, indem Sie im Datumswähler *Beginn* eine Eingabe vornehmen. Außerdem können Sie das Enddatum festlegen, wenn gewünscht, und hierbei die Anzahl der Wiederholungen oder ein festes Enddatum einstellen.

7. Nachdem Sie alle Einstellungen für die Terminserie vorgenommen haben, schließen Sie das Dialogfeld *Terminserie* mit einem Klick auf *OK*.

Bild 51.27   Bei einer Terminserie werden unterhalb des Menübands die aktuellen Einstellungen zur Wiederholung des Termins angezeigt

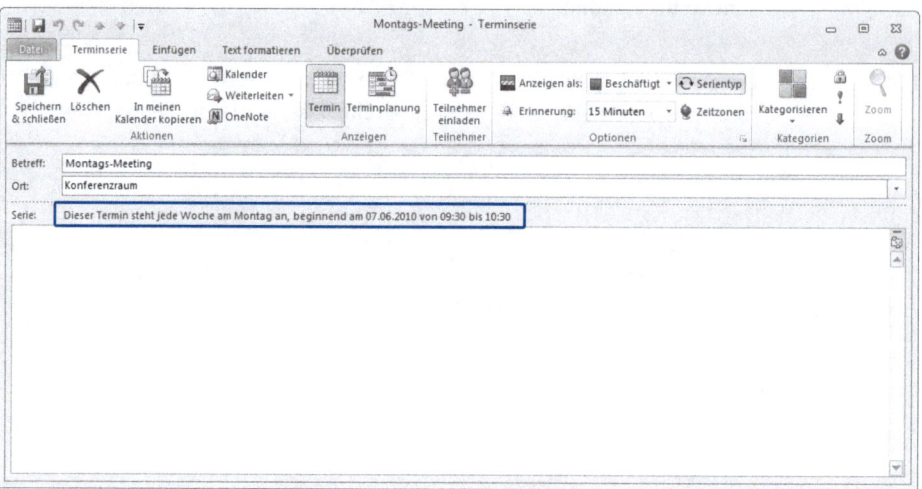

8.   Nehmen Sie dann im Terminformular die weiteren Einstellungen vor und speichern Sie die Terminserie mit einem Klick auf *Speichern & schließen*.

Bild 51.28   Im Kalender erkennen Sie Terminserien an einem Symbol aus zwei kreisförmigen Pfeilen

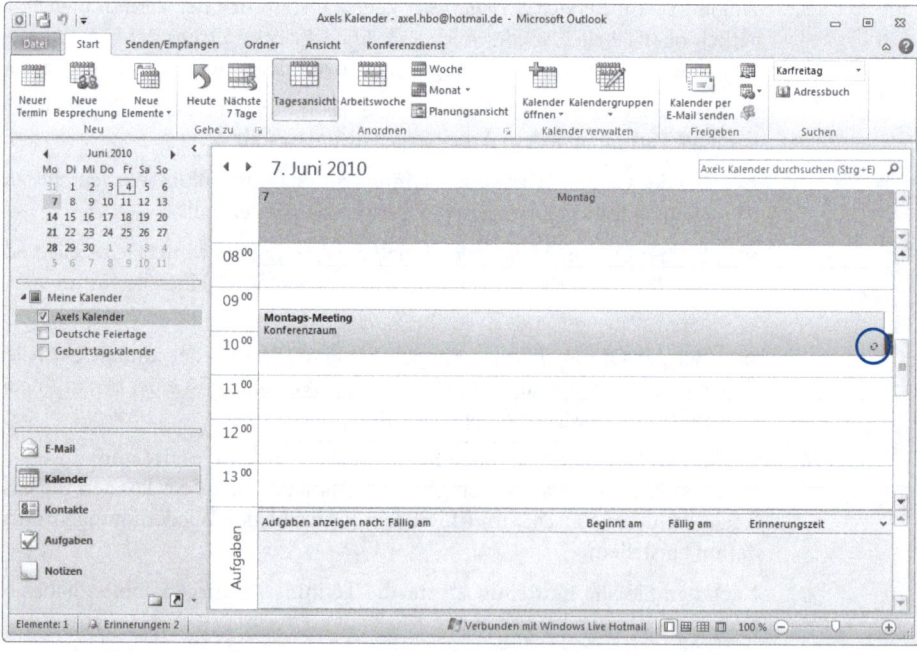

Weitere Kalenderdarstellungen

In der Standardansicht des Kalenders bietet Outlook neben der Tagesansicht noch einige weitere Darstellungen an, die Sie auf der Registerkarte *Start* über die Schaltflächen der Gruppe *Anordnen* auswählen können.

> **HINWEIS** **Ansicht vs. Anordnung** In diesem Zusammenhang ist es wichtig, zwischen den Begriffen *Ansicht* und *Anordnung* genau zu unterscheiden. Mit »Ansicht« meint Outlook die grundsätzliche Darstellung der Termine und Aufgaben (zum Beispiel in Form eines Kalenders oder als Liste). Mit »Anordnung« ist hingegen die jeweilige Ausformung einer Ansicht gemeint. Im Falle einer Liste wären dies z. B. die Auswahl der angezeigten Spalten und deren Sortierung.

Wochenkalender

Outlook kennt zwei Wochendarstellungen: die gewohnte kalendarische Woche und die Arbeitswoche. Während die kalendarische Woche wie üblich von Montag bis Sonntag dauert, umfasst die Arbeitswoche standardmäßig die Tage von Montag bis Freitag, wobei der Montag als erster Tag der Woche angezeigt wird.

Bild 51.29 Die Anordnung *Woche* verwendet standardmäßig den Montag als ersten Wochentag. Mit den beiden Schaltflächen im oberen Bereich können Sie wochenweise blättern

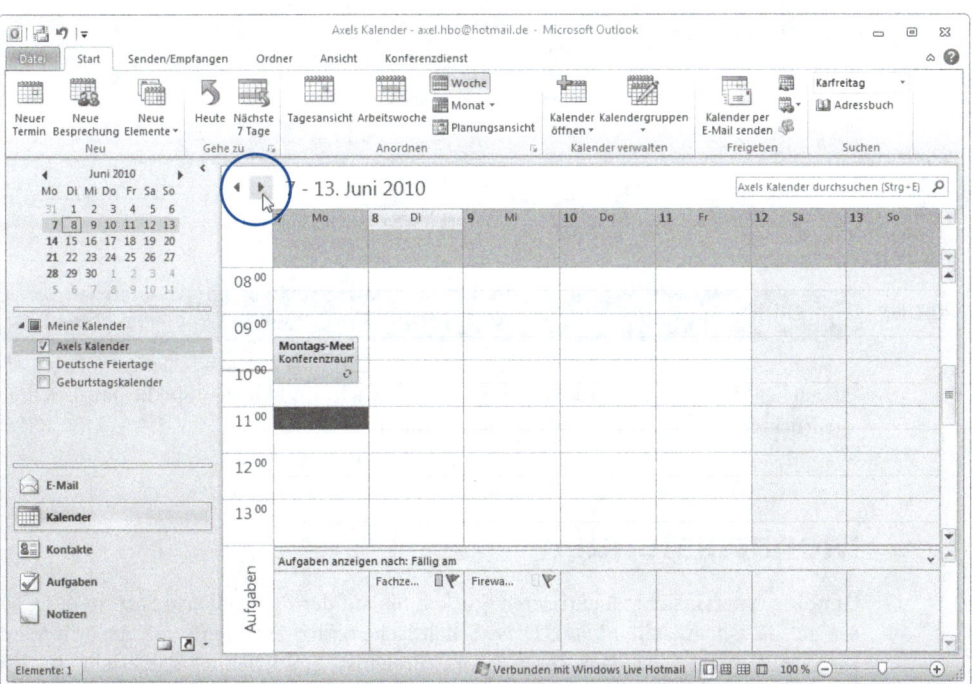

Verläuft Ihre Arbeitswoche nicht von Montag bis Freitag oder soll in der Wochenanordnung ein anderer Tag als Montag als Starttag angezeigt werden, klicken Sie auf der Registerkarte *Start* auf die kleine Schaltfläche in der rechten unteren Ecke der Gruppe *Anordnen*. (Alternativ wählen Sie den Befehl *Datei/Optionen* und wechseln im Dialogfeld *Outlook-Optionen* in die Rubrik *Kalender*.)

Schalten Sie dann im Bereich *Arbeitszeit* des Dialogfeldes *Outlook-Optionen* die Kontrollkästchen derjenigen Tage ein, die Ihre Arbeitswoche definieren. Die ausgewählten Tage müssen dabei nicht zusammenhängend sein. Im Listenfeld *Erster Wochentag* können Sie den Wochentag festlegen, der als erster Tag in der Wochenansicht angezeigt werden soll. Den Arbeitstag definieren Sie mit den Listenfeldern *Beginnt* und *Endet*.

Bild 51.30   Im Bereich *Kalender/Arbeitszeit* des Dialogfeldes *Outlook-Optionen* können Sie die Tage definieren, aus denen Ihre Arbeitswoche besteht

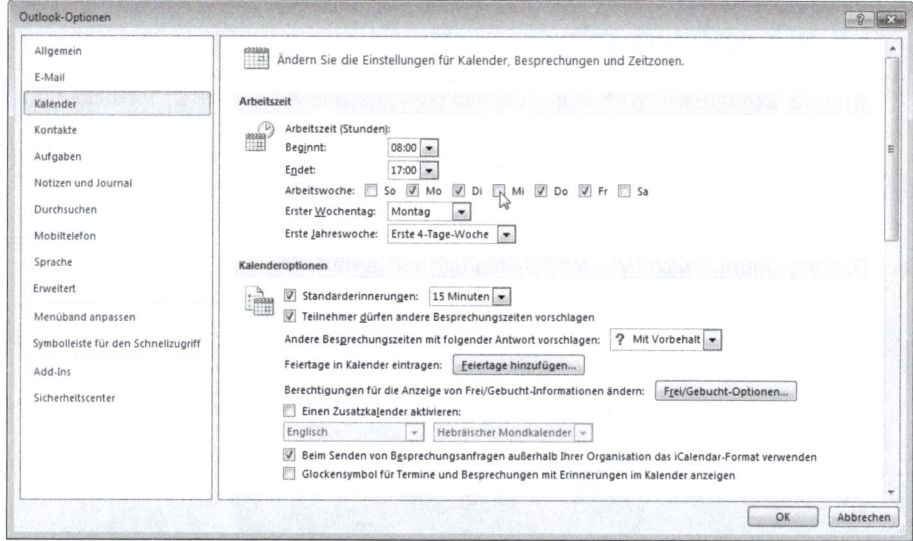

PROFITIPP   **Beliebige Tage kombinieren**

Mit einem kleinen Trick können Sie auch eine Kombination aus beliebigen Tagen als Kalender darstellen. Wählen Sie dazu einfach die Tagesansicht und klicken Sie die gewünschten Tage mit gedrückter ⌨Strg-Taste im Datumsnavigator an.

Monatskalender

Um die Monatsansicht zu aktivieren, klicken Sie auf der Registerkarte *Start* in der Gruppe *Anordnen* auf die Schaltfläche *Monat*. Diese Schaltfläche besitzt ein Menü, mit dem Sie wählen können, wie detailliert die einzelnen Termine und Ereignisse im Kalender dargestellt werden sollen. Sie sehen dann alle Tage des aktuellen Monats, wobei der aktuelle Tag farblich hervorgehoben wird. Um den angezeigten Ausschnitt zu wechseln, verwenden Sie entweder die Bildlaufleiste rechts oder die beiden Pfeilschaltflächen, die sich links neben dem Monatsnamen befinden.

In der Monatsansicht können Sie an der linken Seite des Kalenders auch die Wochennummern anzeigen lassen, wie es die folgende Abbildung zeigt. Öffnen Sie dazu z.B. mit *Start/Optionen* das Dialogfeld *Outlook-Optionen* und schalten Sie in der Rubrik *Kalender* unter der Gruppe *Anzeige-optionen* die Option *Wochennummern in der Monatsansicht und im Datumsnavigator anzeigen* ein.

Bild 51.31 Im Monatskalender mit angezeigten Kalenderwochen

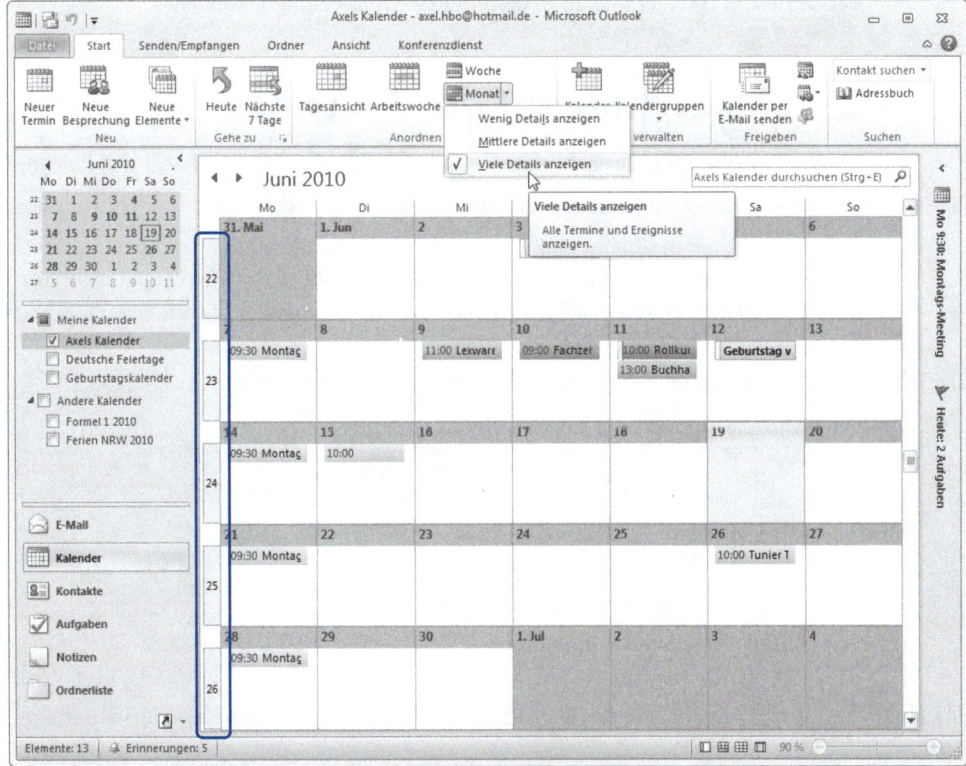

Wenn Sie bei minimierter oder ausgeschalteter Aufgabenleiste eine der Kalenderansichten auswählen, wird der Datumsnavigator automatisch in der Navigationsleiste angezeigt; dort sind ebenfalls die Nummern der Kalenderwochen zu sehen.

Möchten Sie Termine verschieben, klicken Sie sie einfach an und ziehen sie bei gedrückter Maustaste auf den gewünschten Tag.

Planungsansicht

Mit Outlook 2010 wurde noch eine weitere Darstellungsvariante für die Kalenderansicht eingeführt, die sogenannte *Planungsansicht*. Sie zeigt die Termine und Ereignisse des Kalenders nebeneinander auf einem Zeitstrahl an. Diese Darstellung eignet sich sehr gut, um die Termine mehrerer Kalender miteinander abzugleichen, zum Beispiel, wenn Sie einen freien Termin für ein Meeting suchen. Wir stellen Ihnen die Planungsansicht weiter hinten in diesem Kapitel im Abschnitt »Mehrere Kalender anzeigen« ab Seite 966 vor.

Kalenderansichten und Layoutvarianten

Wie wir im letzten Abschnitt schon erwähnt haben, verwendet Outlook den Begriff »Ansicht« als Oberbegriff für die Darstellung von Kalenderdaten. Bisher haben Sie lediglich die Kalenderansicht kennen gelernt, nun wollen wir Ihnen zusätzlich noch die Listenansicht vorstellen. Anschließend zeigen wir Ihnen dann an einem Beispiel, wie Sie in Outlook eigene Ansichten definieren, mit denen Sie z.B. Ihre Termine nach bestimmten Kriterien filtern können.

Listenansichten für den Kalender

Um die Termine als Liste darzustellen, müssen Sie die aktuelle Ansicht für den Kalender wechseln:

1. Wechseln Sie im Menüband auf die Registerkarte *Ansicht*.

2. Klappen Sie das Menü der Schaltfläche *Ansicht ändern* auf. Sie finden die Schaltfläche ganz vorne im Menüband in der Gruppe *Aktuelle Ansicht*. Das Menü enthält mehrere Symbole, mit denen Sie die verfügbaren Ansichten aktivieren können.

Bild 51.32   Outlook bietet für den Kalender vier verschiedene Ansichten an

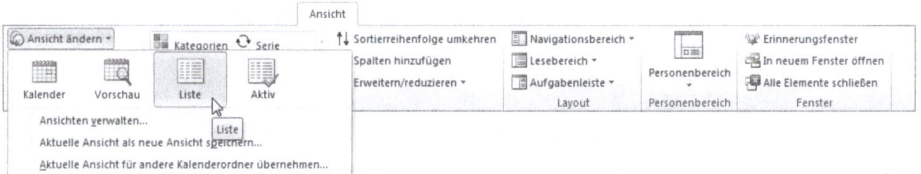

3. Klicken Sie das Symbol *Liste* an.

Bild 51.33   In der Ansicht *Liste* werden alle Termine des ausgewählten Kalenders angezeigt

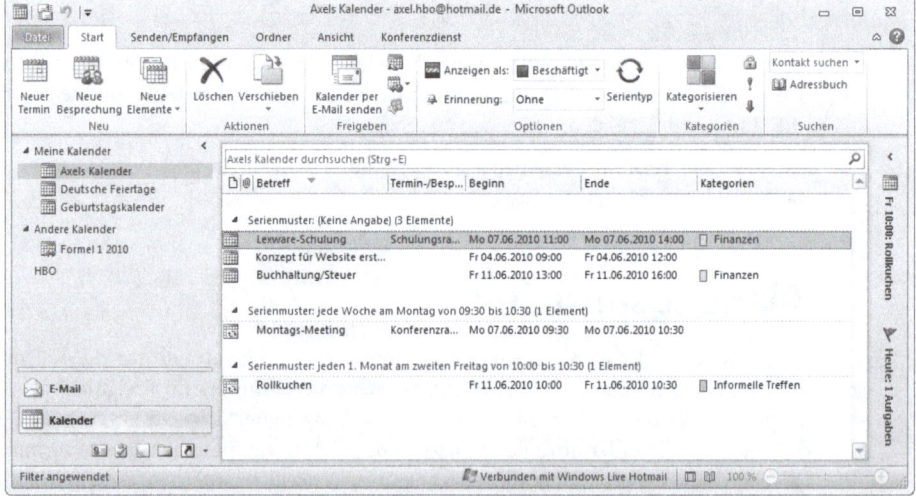

4. Bei Bedarf können Sie die Liste spaltenweise sortieren, indem Sie einfach die entsprechende Spaltenüberschrift mit der Maus anklicken. Outlook zeigt dann durch einen kleinen Pfeil an, ob die Spalte zurzeit aufsteigend oder absteigend sortiert ist.

5. Alternativ können Sie die Termine auch nach Kriterien gruppieren lassen. Die dazu notwendigen Schaltflächen finden Sie auf der Registerkarte *Ansicht* in der Gruppe *Anordnung*.

Bild 51.34   Die Liste ist nun nach Kategorien gruppiert

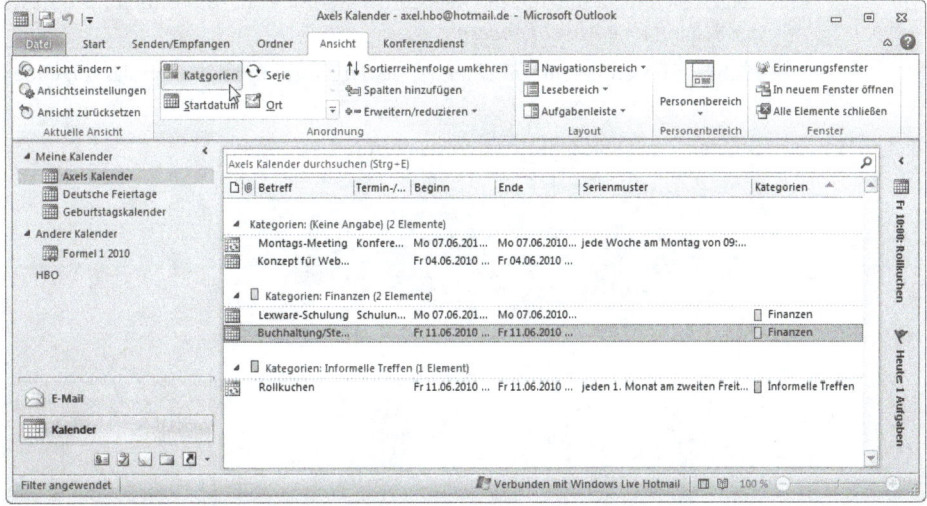

6. Wenn Sie nicht alle, sondern lediglich die aktiven Termine als Liste anzeigen wollen, wählen Sie die Ansicht *Aktiv*. Wie Sie in der folgenden Abbildung sehen, werden dann nur noch Termine angezeigt, deren Datum nicht in der Vergangenheit liegt.

Bild 51.35   In der Ansicht *Aktiv* werden nur noch Termine angezeigt, die noch nicht verstrichen sind

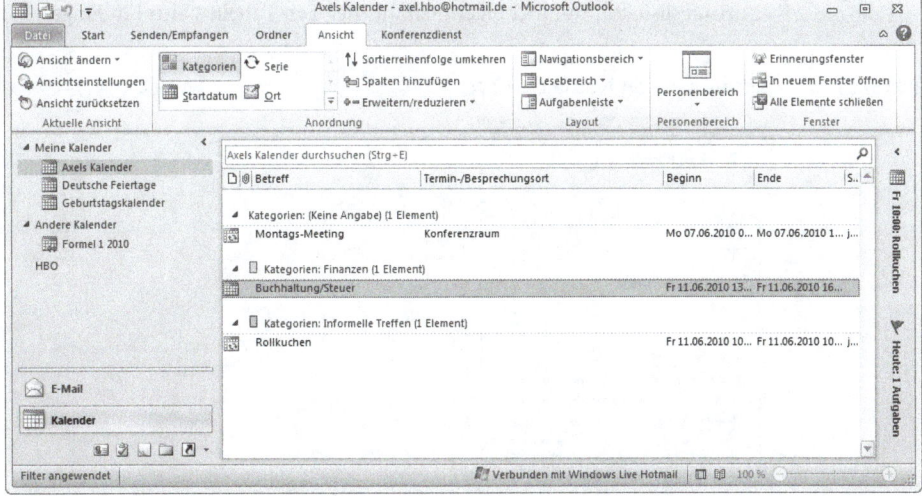

Eigene Ansichten erstellen

Outlook 2010 bringt von Haus aus leider nur vier Ansichtsvarianten mit. Sie können jedoch das Portfolio jederzeit um eigene maßgeschneiderte Ansichten ergänzen, mit denen Sie nahezu beliebige Filter, Gruppierungen, Sortierungen und Formatierungen realisieren können.

Im folgenden Beispiel werden wir eine Ansicht erstellen, die alle im Kalender eingetragenen Geburtstage auflistet:

1. Zeigen Sie im Menüband die Registerkarte *Ansicht* an und öffnen Sie dort das Ausklappmenü der Schaltfläche *Ansicht ändern.*

2. Wählen Sie den Befehl *Ansichten verwalten.* Outlook zeigt dann das folgende Dialogfeld an.

Bild 51.36   Das zentrale Dialogfeld zum Verwalten der Ansichten

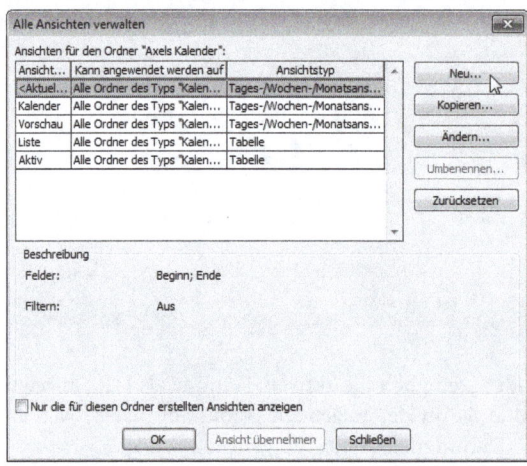

3. Klicken Sie auf *Neu.* Jetzt müssen Sie zunächst einen Namen für die Ansicht eingeben und entscheiden, in welcher Form die Termine dargestellt werden sollen. Im Falle einer Geburtstagsliste kommt hier eigentlich nur der Typ Tabelle (Liste) in Frage.

Bild 51.37   Festlegen von Name und Typ

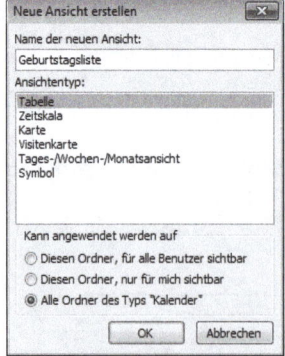

4. Nachdem Sie Ihre Eingabe mit *OK* bestätigt haben, werden Sie mit folgendem Dialogfeld konfrontiert. Von hier aus erreichen Sie die verschiedenen Einstellungsmöglichkeiten für die zu erstellende Ansicht.

Bild 51.38 Zentrales Dialogfeld zur Konfiguration einer Ansicht

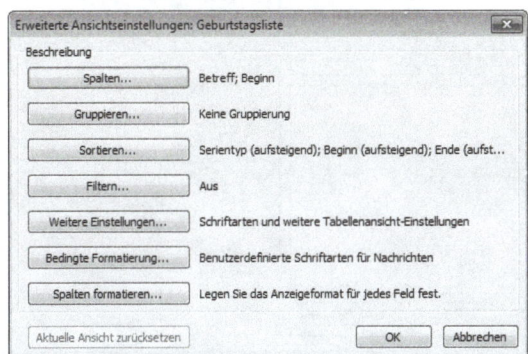

5. Klicken Sie auf die Schaltfläche *Spalten*.

Bild 51.39 Auswahl der Spalten

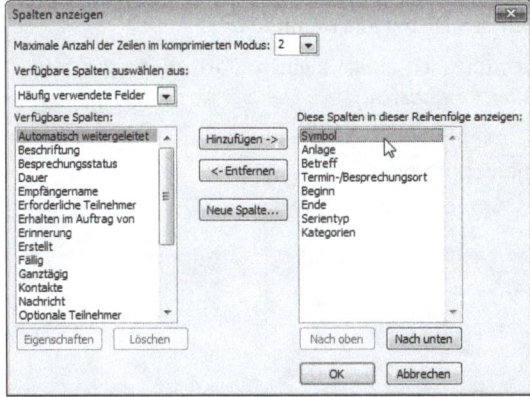

6. Entfernen Sie im Dialog *Spalten anzeigen* alle Felder aus der rechten Liste, mit Ausnahme von *Betreff* und *Beginn,* und schließen Sie den Dialog dann mit *OK*. Sie gelangen dadurch wieder zum Dialogfeld *Erweiterte Ansichtseinstellungen* (siehe Abbildung 51.38).

7. Klicken Sie auf *Sortieren* und wählen Sie im angezeigten Dialog im ersten Feld eine aufsteigende Sortierung für das Feld *Beginn*. Den zweiten Sortierschlüssel stellen Sie auf die Option *(keine Angabe)* ein. Anschließend kehren Sie mit *OK* wieder zum Dialog *Erweiterte Ansichtseinstellungen* zurück.

8. Jetzt kommen wir zu einem zentralen Punkt beim Erstellen einer Ansicht, und zwar dem Schreiben einer Filterbedingung. In unserem Beispiel sollen ja nur Termine in der Liste auftauchen, die einen Geburtstag anzeigen. Klicken Sie dazu auf die Schaltfläche *Filtern*.

Bild 51.40   Die Filterbedingung

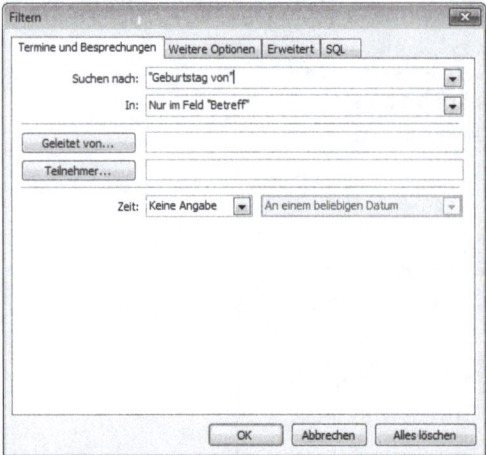

9. Geben Sie im Feld *Suchen nach* den Text **"Geburtstag von"** ein. Dies ist die Formulierung, die Outlook verwendet, wenn es den Geburtstag einer Kontaktperson in den Kalender einträgt. Wie Sie im letzten Bild sehen, besitzt das Dialogfeld noch weitere Registerkarten, auf denen Sie auch deutlich komplexere Filterbedingungen formulieren können. Interessant ist insbesondere die Registerkarte *Erweitert,* auf der Sie Kriterien für jedes beliebige Feld festlegen können. Schließen Sie nun den Dialog *Filtern* mit *OK*.

10. Im letzten Schritt sollen nun noch einige kleinere Formatierungen vorgenommen werden. Klicken Sie dazu auf *Spalten formatieren*.

Bild 51.41   Formatieren der Spaltenbeschriftungen

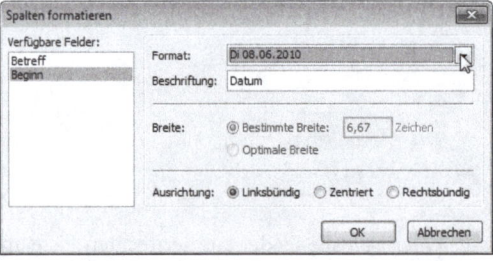

11. Geben Sie den Spalten eine sinnvolle Beschriftung und Formatierung. Für das Datum bietet sich zum Beispiel die zusätzliche Anzeige des Wochentags an. Anschließend kehren Sie wieder mit *OK* zum Dialog *Erweiterte Ansichtseinstellungen* zurück.

12. Damit ist die Konfiguration der neuen Ansicht abgeschlossen. Schließen Sie nun auch den Dialog *Erweiterte Ansichtseinstellungen* mit *OK*. Sie gelangen dann wieder in das Dialogfeld aus Bild 51.36, in dem nun auch die soeben erstellte Ansicht *Geburtstagsliste* aufgeführt wird. Klicken Sie auch hier auf *OK*, um den Vorgang abzuschließen.

13. Für die neue Ansicht taucht nun automatisch ein neues Symbol im Menü der Schaltfläche *Ansicht ändern* auf.

Bild 51.42   Die neue Ansicht erscheint im Auswahlmenü der Schaltfläche *Ansicht ändern*

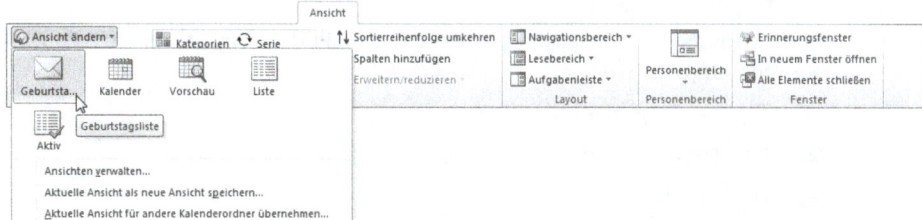

14. Klicken Sie das Symbol der neuen Ansicht an, um sie auf die Kalenderdaten anzuwenden. Das Ergebnis sollte anschließend in etwa so aussehen wie in der nächsten Abbildung.

Bild 51.43   Die im Kalender enthaltenen Geburtstage werden als Liste ausgegeben

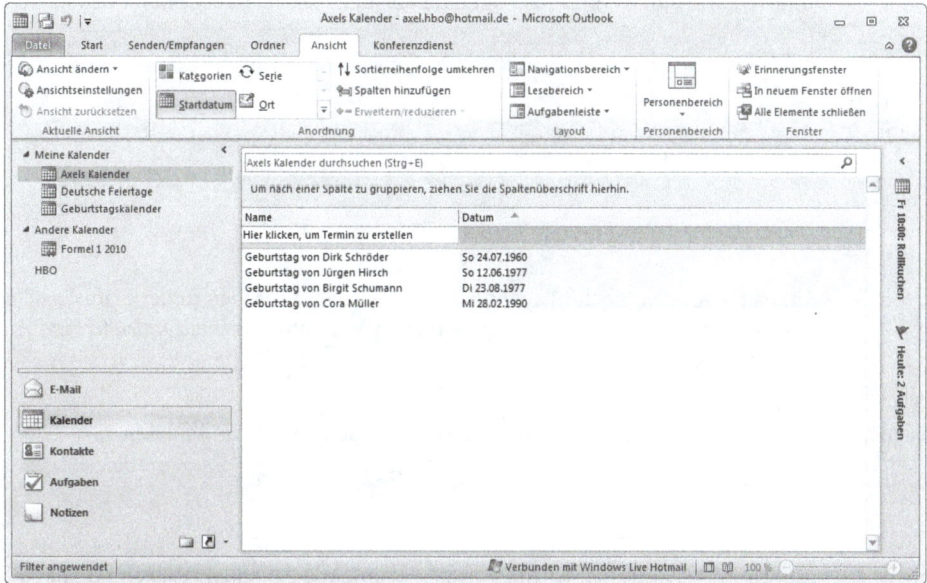

Sie können eine erstellte Ansicht jederzeit nachträglich bearbeiten. Klicken Sie dazu entweder in der Registerkarte *Ansicht* auf die Schaltfläche *Ansichtseinstellungen* oder verwenden Sie die Schaltflächen der Gruppe *Anordnung*.

Die in diesem Beispiel erstellte Geburtstagsliste hat leider einen kleinen Nachteil: Da Outlook beim Eintragen eines Geburtstags einen Serientermin einfügt, erscheint in der Liste nicht das Datum des nächsten Geburtstags, sondern das Datum der Geburt. Eine Sortierung nach diesem Datumswert macht jedoch relativ wenig Sinn, da man in der Regel nicht wissen möchte, wer am ältesten ist, sondern wann der nächste Geburtstag fällig ist.

Am einfachsten lösen Sie dieses Problem, indem Sie die Kalenderliste mit $\boxed{\text{Strg}}$+$\boxed{\text{A}}$ markieren und dann einfach mit der Maus auf ein Excel-Tabellenblatt ziehen (oder via kopieren und einfügen übernehmen). Anschließend erzeugen Sie mit Hilfe der Funktionen *MONAT()* und *TAG()* zwei weitere Spalten, mit denen Sie die Tabelle dann unabhängig vom Geburtsjahr sortieren können. (Hinweis: Die Datumsangabe darf in diesem Fall keinen Wochentag enthalten.)

Layout-Varianten des Kalenders

Unter dem Layout des Kalenders versteht Outlook die Sichtbarkeit bzw. die Darstellung von folgenden Komponenten:

- Tägliche Aufgabenliste
- Navigationsbereich
- Lesebereich
- Aufgabenleiste

Zum Ein- und Ausschalten sowie zum Konfigurieren dieser Bereiche dienen die Schaltflächen der Gruppe *Layout*, die Sie auf der Registerkarte *Ansicht* finden.

Bild 51.44 Konfigurieren des Kalender-Layouts. (Die Schaltfläche *Tägliche Aufgabenliste* taucht nur in der Registerkarte auf, wenn Sie zurzeit eine Kalender-Ansicht ausgewählt haben.)

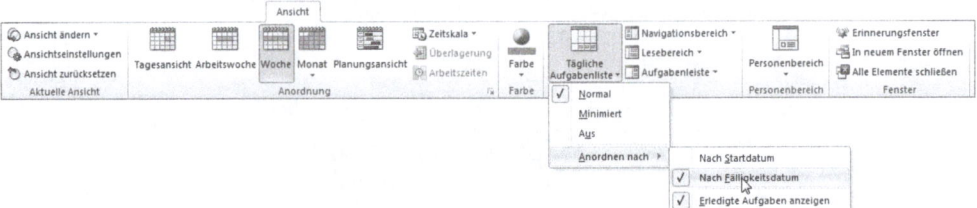

Alternativ können Sie das Layout auch über die Schaltflächen in der Statusleiste umschalten. Dort finden Sie die vier am häufigsten benötigten Varianten *Normal, Kalender und Aufgaben, Nur Kalender* und *Klassisch*.

Bild 51.45 Über die Statusleiste lässt sich das Layout am schnellsten umschalten

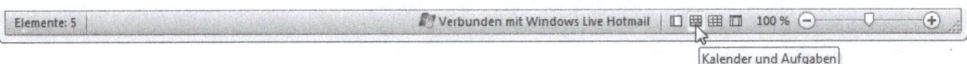

Falls diese Schaltflächen bei Ihnen nicht sichtbar sein sollten, klicken Sie die Statusleiste mit der rechten Maustaste an und wählen im Kontextmenü den Befehl *Tastenkombinationen anzeigen*.

Tägliche Aufgabenliste im Kalender

Eines der unserer Meinung nach besten Features von Outlook 2010 ist die hervorragende Integration von Kalender, Aufgaben und den Elementen, die zur Nachverfolgung gekennzeichnet wurden. In der Tages- und der Wochenansicht des Kalenders wird standardmäßig im unteren Bereich die tägliche Aufgabenliste angezeigt. Sollte die Liste nicht sichtbar sein, zeigen Sie die Registerkarte *Ansicht* an, klicken auf *Tägliche Aufgabenliste* und legen dann fest, ob die Liste *Normal* oder *Minimiert* angezeigt werden soll (siehe Abbildung 51.44).

Alle Aufgaben und die zur Nachverfolgung gekennzeichneten Elemente (auch überfällige) bleiben so lange in der täglichen Aufgabenliste enthalten, bis sie als erledigt gekennzeichnet wurden.

Sie können die kombinierte Ansicht von Kalender und täglicher Aufgabenliste hervorragend verwenden, um Zeit für die Erledigung der Aufgaben einzuplanen: Ziehen Sie eines der Elemente aus der täglichen Aufgabenliste auf den Tag und die Uhrzeit im Kalender, zu der Sie die Aufgabe erledigen wollen. So ist die Gefahr, dass Dinge unerledigt bleiben, deutlich geringer.

Bild 51.46 Per Drag & Drop können Sie im Kalender Zeit für die Erledigung eine Aufgabe einplanen

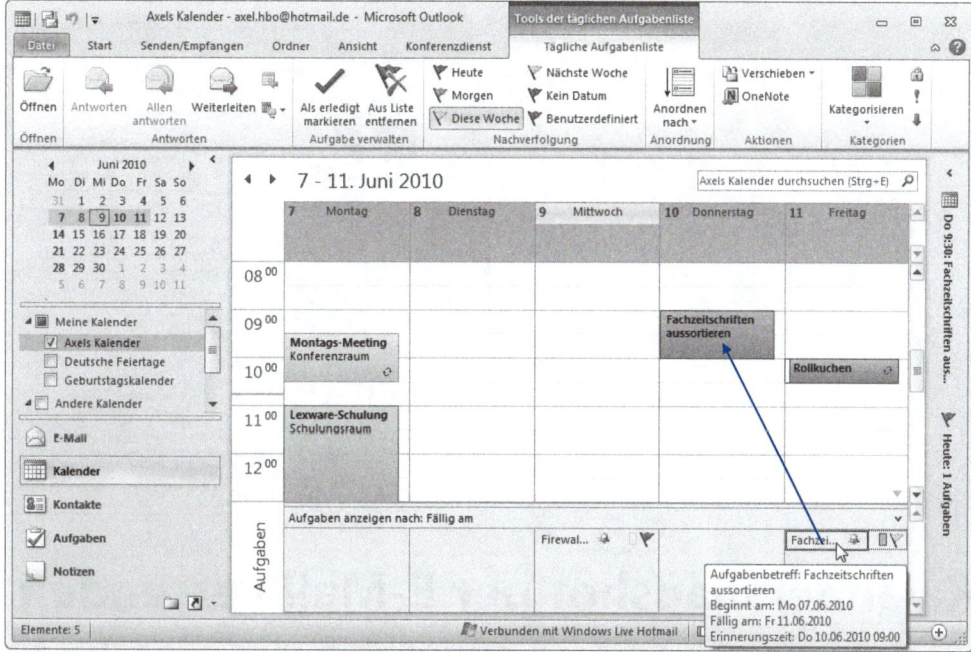

Sie können in der täglichen Aufgabenliste auch eine neue Aufgabe erstellen. Klicken Sie unterhalb des Tages, an dem die Aufgabe begonnen oder fällig sein soll, in die tägliche Aufgabenliste und tippen Sie den Betreff der Aufgabe ein. Fertig.

Der Lesebereich

Der Lesebereich bietet eine Vorschaufunktion für das jeweils markierte Element im Kalender. Um diesen Bereich zu aktivieren, wechseln Sie auf die Registerkarte *Ansicht* und schalten ihn über das Menü der Schaltfläche *Layout/Lesebereich* ein. Sie haben dabei die Wahl zwischen den Befehlen *Rechts* und *Unten* und können zusätzlich noch über den Befehl *Optionen* einige Einstellungen vornehmen. Anschließend können Sie den Lesebereich bei Bedarf noch vergrößern bzw. verkleinern, indem Sie seine Trennlinie mit der Maus verschieben.

Wenn Sie nun im Kalender einen Termin markieren, werden im Lesebereich detaillierte Informationen zum ausgewählten Terminelement angezeigt. Ein Beispiel für diese Ansicht zeigt die Abbildung auf der folgenden Seite.

Bild 51.47   Wenn Sie den Lesebereich aktiviert haben, zeigt Outlook Detailinformationen zu dem
Terminelement an, das Sie im Kalender markiert haben

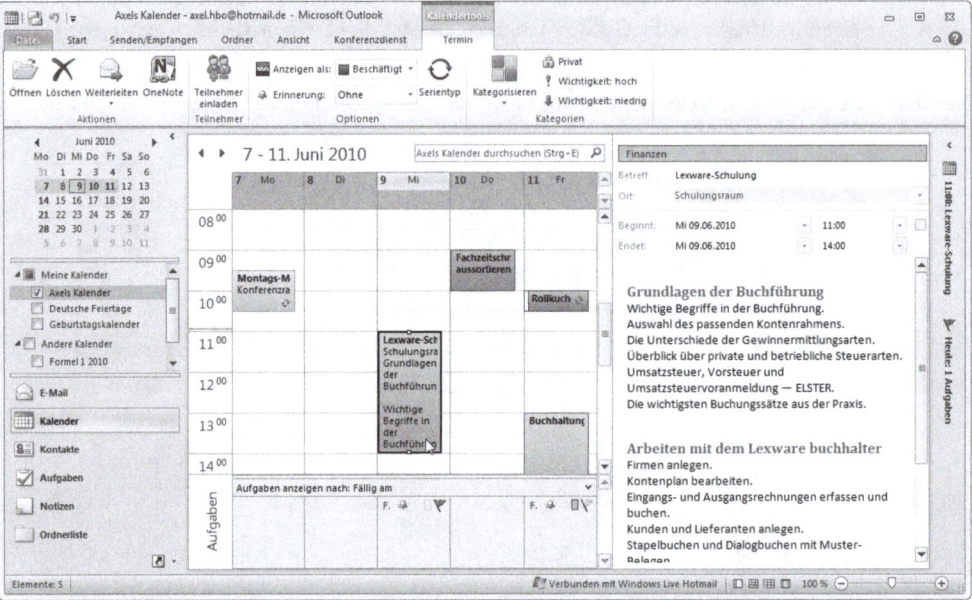

Kalendersnapshot per E-Mail versenden

Outlook 2010 stellt Ihnen verschiedene Möglichkeiten zur Verfügung, Ihren Kalender mit anderen
zu teilen. Eine Möglichkeit besteht darin, einen Teil Ihres Kalenders per E-Mail zu versenden.

1. Klicken Sie den gewünschten Kalender mit der rechten Maustaste an und wählen Sie im Kontextmenü den Befehl *Freigeben/Kalender per E-Mail senden*. Das Dialogfeld *Kalender über
E-Mail senden* wird angezeigt.

Bild 51.48   In diesem Dialogfeld können Sie den Datumsbereich auswählen, den Sie versenden
wollen, und einstellen, wie viele Details der Empfänger sehen darf

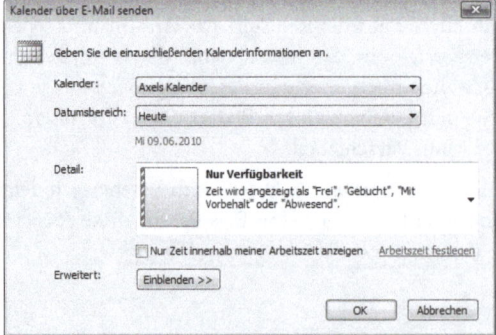

2. Im Listenfeld *Kalender* können Sie den Kalender wechseln, falls Sie im Navigationsbereich versehentlich den falschen angeklickt haben.

3. Öffnen Sie die Liste *Datumsbereich* und legen Sie den Zeitraum fest, den der Kalender enthalten soll. Wenn keine der Vorgaben Ihren Anforderungen entspricht, wählen Sie die Option *Datum angeben* aus. Sie können dann den Beginn und das Ende des Bereichs tagesgenau einstellen.

4. Öffnen Sie die Liste *Detail,* um festzulegen, wie viele Informationen im Kalender enthalten sein sollen. Outlook stellt Ihnen hier drei Optionen zur Verfügung:

   ■ **Nur Verfügbarkeit** Bei dieser Option enthält der Kalender lediglich die Zeiten, zu denen Sie frei bzw. nicht verfügbar sind.

   ■ **Eingeschränkte Details** Bei dieser Option werden zusätzlich zu den Zeiten auch die Betreffs der Kalenderelemente eingeschlossen.

   ■ **Alle Details** Bei dieser Option werden zusätzlich zum Betreff auch die weiteren Details der Kalenderelemente in den Kalender eingefügt.

5. Klicken Sie auf die Schaltfläche *Einblenden >>,* um die weiteren Optionen zu sehen.

Bild 51.49   Dialog mit eingeblendeten Optionen

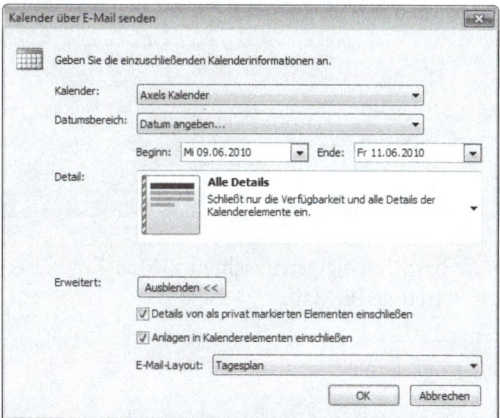

6. Schalten Sie das Kontrollkästchen *Details von als privat markierten Elementen einschließen* ein, wenn auch private Termine und Ereignisse im Kalender enthalten sein sollen. Dieses Kontrollkästchen steht bei der *Detail*-Option *Nur Verfügbarkeit* nicht zur Verfügung.

HINWEIS **Kalenderelement als privat markieren** Sie können ein Kalenderelement als privat markieren, indem Sie das Formular für Termine öffnen und auf der Registerkarte *Termin* in der Gruppe *Kategorien* die Schaltfläche *Privat* (durch ein Schloss symbolisiert) einschalten.

7. Schalten Sie das Kontrollkästchen *Anlagen in Kalenderelemente einschließen* ein, wenn die einem Termin/Ereignis zugeordneten Anlagen als Teil der E-Mail versendet werden sollen. Dieses Kontrollkästchen steht nur bei der *Detail*-Option *Alle Details* zur Verfügung.

8. Öffnen Sie die Liste *E-Mail-Layout* und legen Sie fest, ob für jeden Tag ein getrennter Plan erstellt oder lediglich die vorhandenen Termine als Liste in der E-Mail enthalten sein sollen.

9. Klicken Sie auf *OK*. Outlook bereitet nun die Kalenderdaten so auf, dass sie als E-Mail versendet werden können, und öffnet nach Fertigstellung ein Formular für das Versenden einer E-Mail-Nachricht, wie Sie es in der folgenden Abbildung sehen.

Bild 51.50   Outlook hat die ausgewählten Kalenderelemente für den Versand per E-Mail aufbereitet

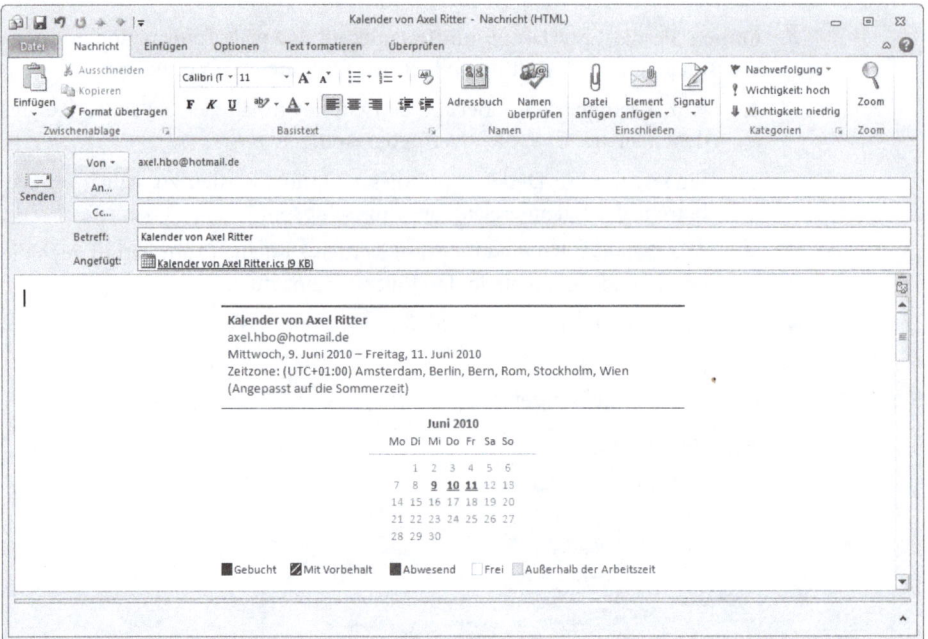

10. Geben Sie in die Felder *An, Cc* bzw. *Bcc* die gewünschten E-Mail-Empfänger ein. Überarbeiten Sie, wenn gewünscht, den Betreff der E-Mail.

11. Klicken Sie auf *Senden*.

Einen Einzeltermin per E-Mail weiterleiten

Wenn Sie nicht den gesamten Kalender, sondern lediglich einen einzelnen Termin per E-Mail weiterleiten möchten, klicken Sie das Kalenderelement mit der rechten Maustaste an und wählen anschließend im Kontextmenü den Befehl *Weiterleiten*. Outlook öffnet das Formular zum Erstellen einer neuen E-Mail-Nachricht; das Kalenderelement ist der E-Mail bereits als Anlage beigefügt. Adressieren Sie die E-Mail und klicken Sie dann auf *Senden*, um sie zu verschicken.

Sie können einen neuen Termin auch direkt bei der Erstellung an einen oder mehrere E-Mail-Adressaten weiterleiten. Klicken Sie dazu im Formular für das Erstellen eines Termins in der Gruppe *Aktionen* auf *Weiterleiten*, um das Formular zum Erstellen einer E-Mail-Nachricht zu öffnen, und gehen Sie dann so vor, wie es im vorigen Absatz beschrieben ist.

Der Empfänger der E-Mail kann die Anlage mit dem Kalenderelement öffnen und in der Gruppe *Aktionen* die Schaltfläche *In meinen Kalender kopieren* verwenden, um das Terminelement in den eigenen Kalender aufzunehmen.

Kalender online veröffentlichen

Wenn Sie Ihren Kalender einem größeren Personenkreis zur Verfügung stellen wollen, bietet es sich an, diesen im Internet auf *Office.com* zu veröffentlichen. Diese Veröffentlichung kann direkt aus Outlook 2010 heraus erfolgen. Für die Anmeldung bei diesem kostenlosen Dienst benötigen Sie eine (ebenfalls kostenlose) Windows Live ID.

1. Zeigen Sie den gewünschten Kalender an.

2. Wechseln Sie auf die Registerkarte *Start* und klicken Sie in der Gruppe *Freigeben* auf die Schaltfläche *Online veröffentlichen.* Im dann angezeigten Ausklappmenü wählen Sie den Befehl *Auf Office.com veröffentlichen.*

   Alternativ erreichen Sie diesen Befehl auch, indem Sie im Navigationsbereich den gewünschten Kalender mit der rechten Maustaste anklicken und dann im Kontextmenü den Befehl *Freigeben/Auf Office.com veröffentlichen* aufrufen.

   Bei der ersten Verwendung dieses Dienstes wird der Registrierungs-Assistent angezeigt, der Ihnen zunächst einen Überblick über die erforderlichen Schritte gibt. Wenn Sie sich bereits registriert haben, können Sie mit Schritt 8 weitermachen.

Bild 51.51 Der Registrierungs-Assistent für Office Online gibt Ihnen auf dieser Seite einen Überblick über die Schritte, die Sie ausführen müssen

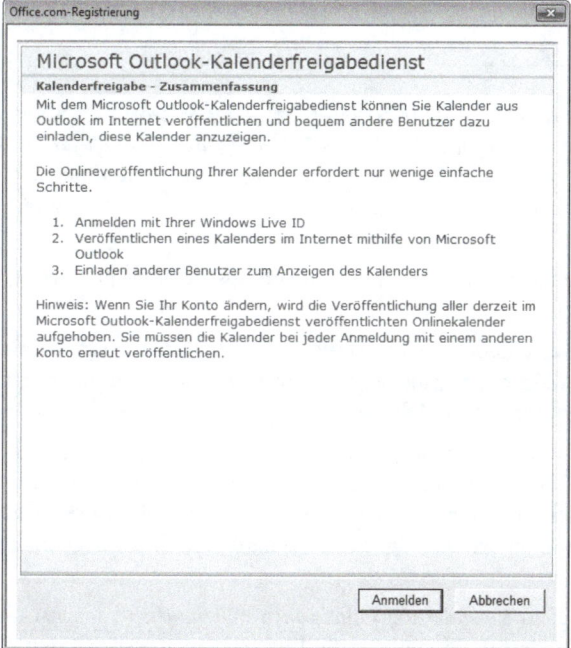

3. Klicken Sie auf *Anmelden.* Die nächste Seite des Assistenten wird angezeigt.

Bild 51.52 Hier können Sie sich mit Ihrer Windows Live ID anmelden oder eine kostenlose Windows Live ID beantragen

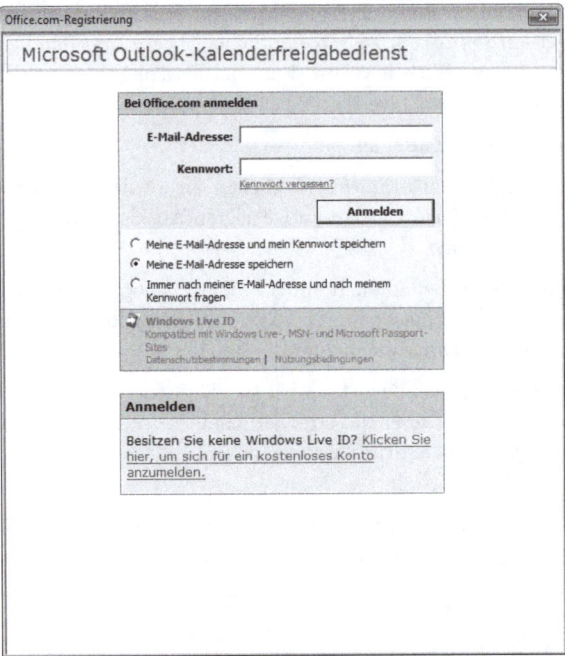

4. Wenn Sie keine Windows Live ID (oder ein MSN- oder Microsoft Passport-Konto) besitzen, klicken Sie unten im Fenster auf den Link *Klicken Sie hier, um sich für ein kostenloses Konto anzumelden,* um eine Windows Live ID zu beantragen. Dadurch öffnet sich Ihr Browser und Sie gelangen auf eine Internetseite, die Sie durch den Anmeldeprozess führt. Anschließend fahren Sie mit dem nächsten Punkt dieser Schrittfolge fort.

5. Geben Sie die Anmeldeinformationen (bestehend aus der E-Mail-Adresse und dem Kennwort) ein und klicken dann auf *Anmelden.*

6. Nun müssen Sie noch dem Servicevertrag und den Datenschutzbestimmungen für den Microsoft-Outlook Kalenderfreigabedienst zustimmen. Die Zustimmung erfolgt hierbei über die erneute Eingabe Ihrer E-Mail-Adresse.

7. Damit ist die Registrierung bereits abgeschlossen. Der Assistent informiert Sie hierüber und Sie können nun auf *Fertig stellen* klicken, um mit der Veröffentlichung des Kalenders zu beginnen. Dazu müssen noch einige Einstellungen im Dialogfeld *Kalender auf Office.com veröffentlichen* vorgenommen werden, das sich automatisch nach der Beendigung des Assistenten öffnet.

8. Legen Sie im Dialogfeld *Kalender auf Office.com veröffentlichen* zunächst die Zeitspanne des veröffentlichten Kalenders fest, indem Sie die Tage ab dem aktuellen Tag in Richtung Vergangenheit und Zukunft einstellen.

Bild 51.53   Hier legen Sie Optionen zur Veröffentlichung des Kalenders fest

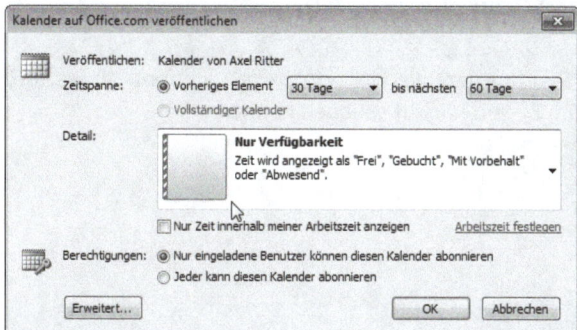

9. Öffnen Sie die Liste *Detail* und wählen Sie eine der drei Optionen aus, die denen entsprechen, die beim Versenden des Kalenders per E-Mail auf Seite 957 vorgestellt wurden.

10. Schalten Sie das Kontrollkästchen *Nur Zeit innerhalb meiner Arbeitszeit* ein, wenn nur Termine veröffentlicht werden sollen, die innerhalb der von Ihnen als Arbeitsstunden definierten Zeiten liegen.

> **HINWEIS**   **Arbeitsstunden definieren** Sie können im Dialogfeld *Kalender auf Office.com veröffentlichen* den Link *Arbeitszeit festlegen* anklicken, um das Dialogfeld *Outlook-Optionen* anzeigen zu lassen. Dort können Sie, wie auf Seite 946 beschrieben, Ihre Arbeitszeiten einstellen.

11. Im Bereich *Berechtigungen* legen Sie fest, ob nur eingeladene Benutzer oder jeder den freigegebenen Kalender auf *Office.com* anzeigen und danach suchen kann. In den meisten Fällen werden Sie vermutlich die Kontrolle darüber behalten wollen, wer Ihren Kalender sehen kann, und dazu lassen Sie das Optionsfeld *Nur eingeladene Benutzer können diesen Kalender abonnieren* eingeschaltet.

12. Klicken Sie nun die Schaltfläche *Erweitert* an. Das Dialogfeld *Einstellungen des veröffentlichten Kalenders* wird angezeigt.

Bild 51.54   Hier legen Sie fest, ob und wie der veröffentlichte Kalender aktualisiert wird

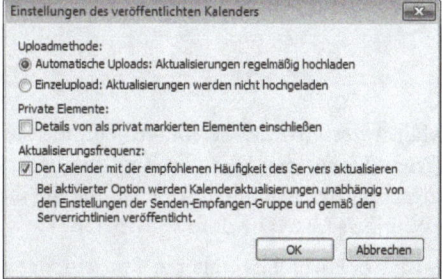

13. Die Einstellungen in diesem Dialogfeld können Sie in der Regel unverändert übernehmen. Es ging hierbei lediglich darum zu zeigen, dass Änderungen an Ihrem Outlook-Kalender automatisch in den veröffentlichen Kalender eingespielt werden. Klicken Sie auf *OK*.

14. Klicken Sie ein weiteres Mal auf *OK*, um auch das Dialogfeld *Kalender auf Office.com veröffentlichen* zu schließen. Outlook zeigt das folgende Meldungsfeld an:

Bild 51.55   Outlook informiert Sie, dass der Kalender erfolgreich veröffentlicht wurde und Sie andere Personen zum Zugriff hierauf einladen können

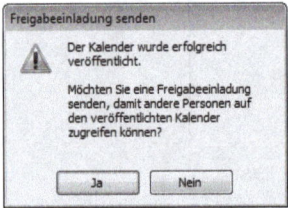

15. Klicken Sie auf *Ja,* wenn Sie andere Personen einladen wollen, auf Ihren Kalender zuzugreifen. Outlook öffnet das Formular zum Versenden der Einladung, das Sie in der folgenden Abbildung sehen.

Bild 51.56   Mit dieser vorbereiteten E-Mail können Sie andere Personen zum Zugriff auf Ihren veröffentlichten Kalender einladen

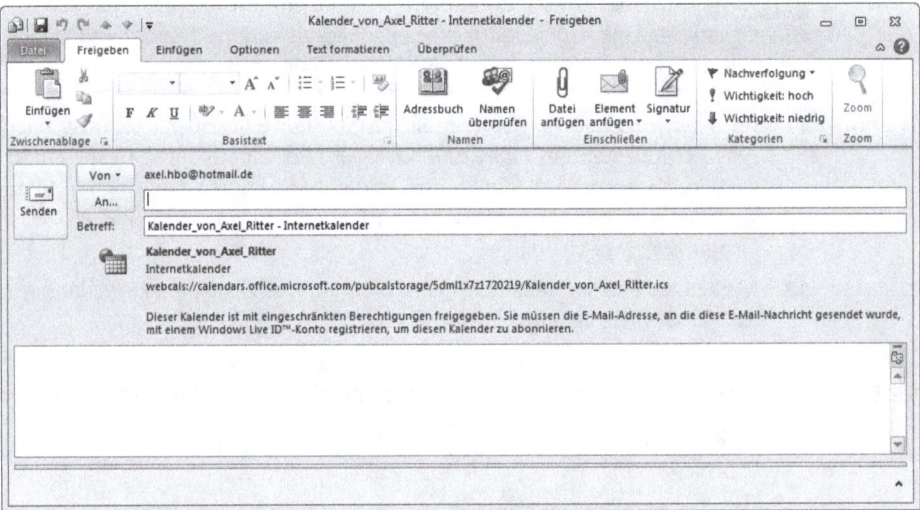

16. Geben Sie in das Feld *An* die E-Mail-Adresse(n) der Person(en) ein, die Sie zum Zugriff auf Ihren Kalender einladen wollen. Wenn Sie für den Kalender Zugriffseinschränkungen festgelegt haben, muss sich der Empfänger mit der E-Mail-Adresse, an die Sie die Einladung senden, auf Office Online mit einem Windows Live ID-Konto registrieren.

17. Geben Sie in den Nachrichtenbereich des Formulars weiteren Text ein, der zusätzliche Informationen zu der Einladung enthalten kann.

18. Klicken Sie auf *Senden.*

Veröffentlichte Kalender abonnieren

Damit Sie sehen können, wie solch eine Einladung beim Empfänger ankommt, haben wir eine Einladung an uns selbst geschickt. Die E-Mail, die Outlook standardmäßig versendet, ist in der folgenden Abbildung zu sehen.

Bild 51.57   Einladungsmail für einen freigegebenen Kalender

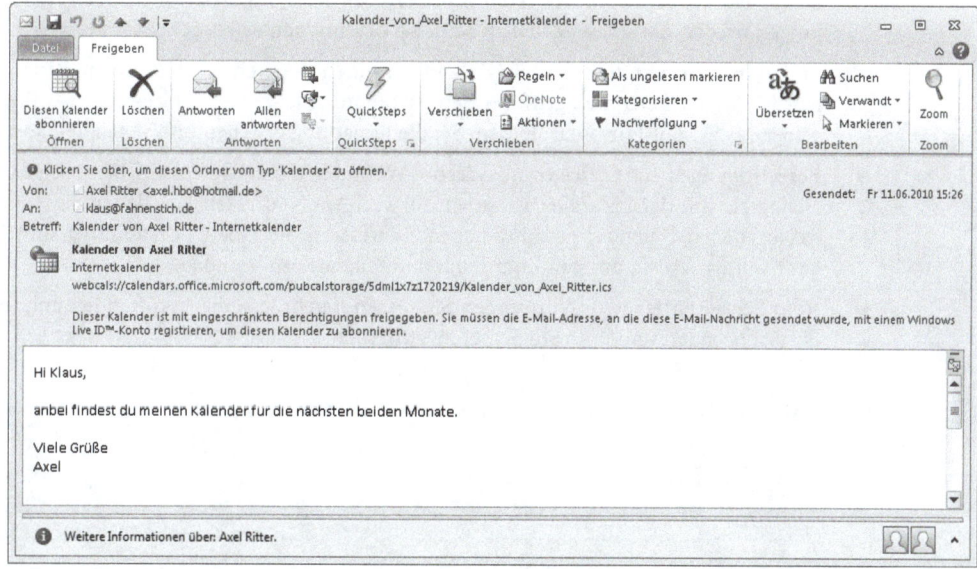

Wenn der Empfänger ebenfalls Outlook 2010 verwendet, kann er auf der Registerkarte *Freigeben* auf die Schaltfläche *Diesen Kalender abonnieren* klicken. Outlook zeigt daraufhin das folgende Dialogfeld an, mit dem der Kalender zu Outlook hinzugefügt werden kann:

Bild 51.58   Outlook 2010 kann Internetkalender im ICS-Format abonnieren und kümmert sich darum, dass Aktualisierungen am veröffentlichten Kalender automatisch heruntergeladen werden

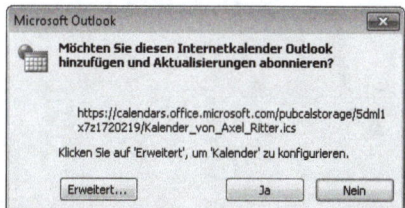

Um den Kalender zu abonnieren, reicht ein Klick auf *Ja*. Falls der Kalender mit Zugriffseinschränkungen veröffentlicht wurde, muss der Empfänger noch seine E-Mail-Adresse und das Kennwort für das Windows Live ID-Konto eingeben. Die E-Mail-Adresse muss mit derjenigen identisch sein, an die die Einladung gesendet wurde.

Veröffentlichte Kalender verwalten

Nachdem Sie einen Kalender im Internet veröffentlicht haben, ändert sich das Kontextmenü, wenn Sie in der Navigationsleiste den Kalenderbereich mit der rechten Maustaste anklicken. Über den Menübefehl *Freigeben* (siehe folgende Abbildung) stehen Ihnen die folgenden Optionen zur Verfügung:

- **Optionen für die Veröffentlichung ändern** Wenn Sie diesen Befehl auswählen, wird das Dialogfeld *Einstellungen des veröffentlichten Kalenders* angezeigt. Sie finden hier die Einstellungen wieder, die auf Seite 960 ab Schritt 8 beschrieben wurden.

- **Einladung für veröffentlichten Kalender senden** Verwenden Sie diesen Befehl, wenn Sie einer weiteren Person Zugriff auf den veröffentlichten Kalender gewähren wollen. Outlook öffnet das E-Mail-Formular, in dem Sie die Einladung erstellen und versenden können.

- **Berechtigungen für Office.com ändern** Wenn Sie diesen Befehl aufrufen, zeigt Outlook ein Dialogfeld mit der Liste aller Personen (bzw. E-Mail-Adressen) an, denen Sie Zugriff auf den freigegebenen Kalender gewährt haben. Markieren Sie einen Listeneintrag und klicken Sie dann auf *Entfernen,* um den Zugriff auf den Kalender zu beenden.

- **Vom Server entfernen** Verwenden Sie diesen Befehl, um die Veröffentlichung Ihres Kalenders zu beenden und ihn vom Server zu entfernen.

Bild 51.59 Über das Untermenü *Freigeben* können Sie einen veröffentlichten Kalender verwalten

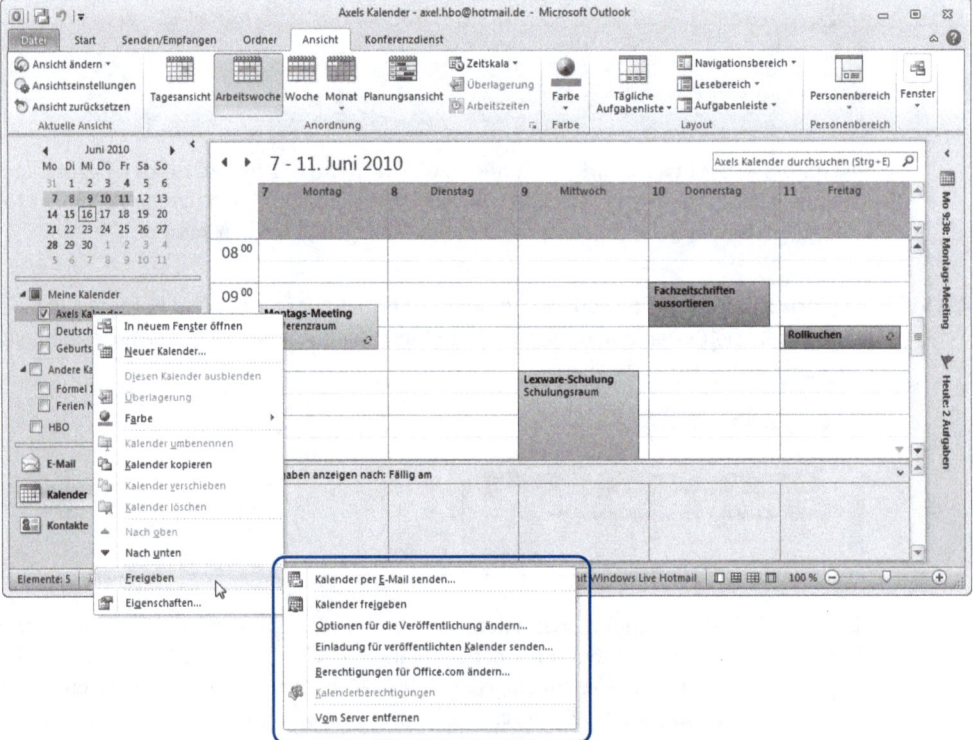

Mehrere Kalender anzeigen

Mit Outlook 2010 können Sie gleichzeitig mehrere Kalender einsehen und bearbeiten. Alle Kalender, die Ihnen in Outlook zur Verfügung stehen, sehen Sie in der Navigationsleiste in den Bereichen *Meine Kalender* und *Andere Kalender*, wie es in der folgenden Abbildung zu sehen ist.

- Der Bereich *Meine Kalender* enthält in diesem Beispiel drei Kalender: Neben dem in Outlook angelegten Kalender befinden sich dort noch ein Kalender mit den deutschen Feiertagen und ein Geburtstagskalender. Diese Kalender stammen aus dem Hotmail-Account des fiktiven Benutzers *(axel.hbo@hotmail.de)* und wurden beim Anlegen des E-Mail-Kontos automatisch hinzugefügt.

- Im Bereich *Andere Kalender* sehen Sie zwei verschiedene Internetkalender, die wir abonniert haben. Der erste Kalender *(Formel 1 2010)* enthält die Termine für die aktuelle Formel 1 Saison, der zweite *(Ferien NRW 2010)* die Ferientermine für das Land Nordrhein-Westfalen.

Welche Kalender im Ansichtsbereich von Outlook angezeigt werden, steuern Sie, indem Sie die Kontrollkästchen der einzelnen Kalender ein- bzw. ausschalten. (Insgesamt können bis zu 30 Kalender gleichzeitig angezeigt werden.)

Bild 51.60 Die Kalender, die in der Navigationsleiste eingeschaltet wurden, werden nebeneinander angezeigt. Mit den Pfeil-Schaltflächen der Registerkarten können die Kalender überlagert werden

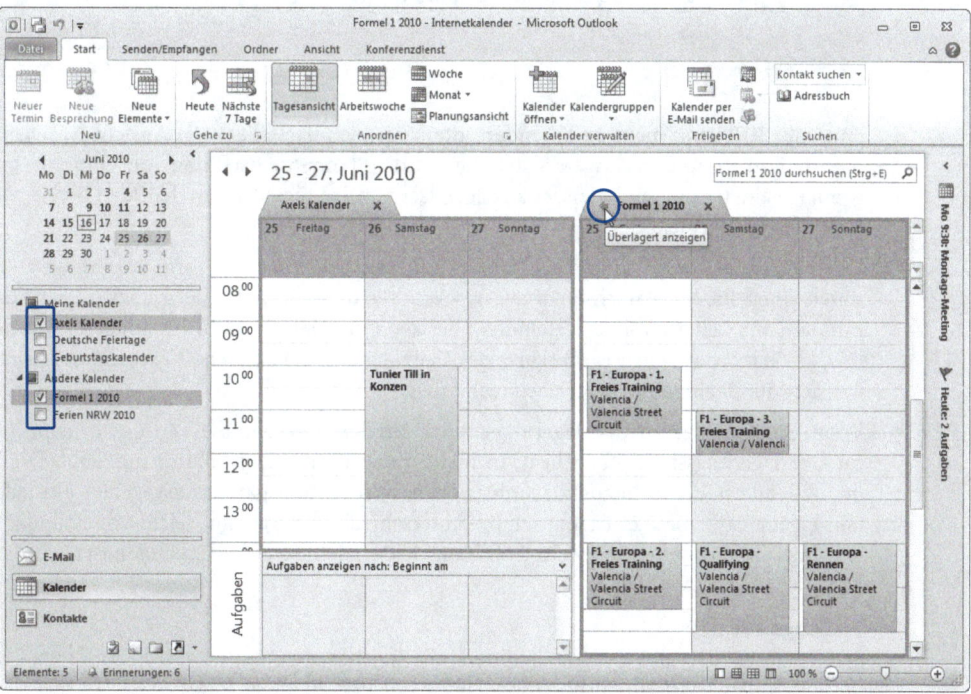

Bild 51.61   Die drei Kalender werden überlagert angezeigt

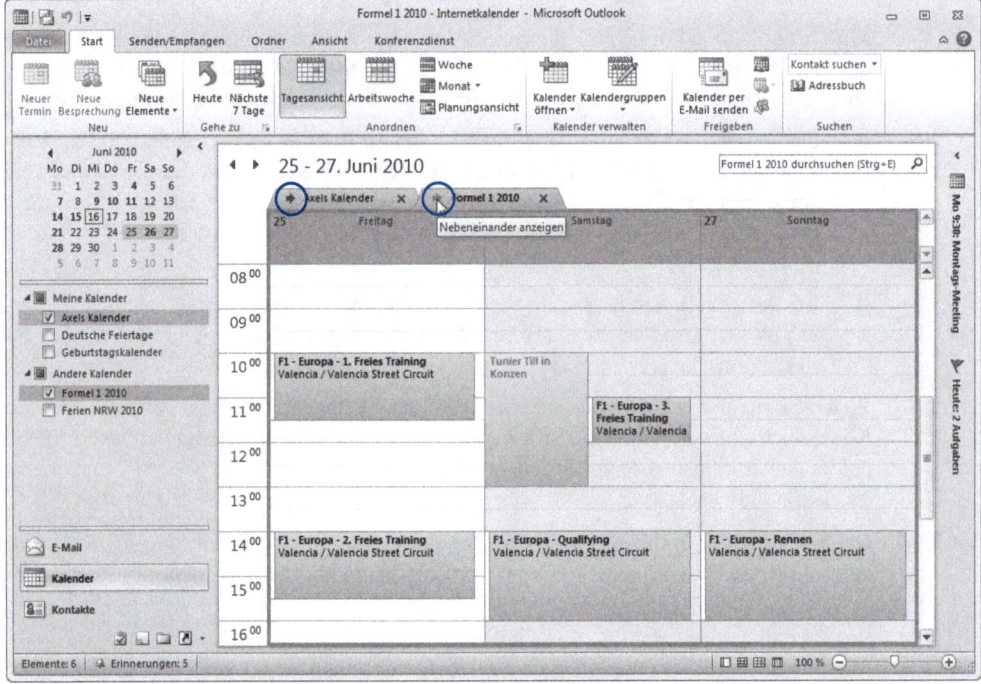

Outlook 2010 kann mehrere Kalender unterschiedlich darstellen. Die Ansicht *Nebeneinander* zeigt die Abbildung auf der vorigen Seite. Dies ist die Standardeinstellung von Outlook. Immer dann, wenn Sie einen weiteren Kalender anzeigen lassen, wird dieser neben dem/den bereits vorhandenen Kalender/n eingeblendet.

Jeder Kalender besitzt eine Registerkarte mit der Schaltfläche *Überlagert anzeigen* (symbolisiert durch einen Pfeil, der nach links zeigt). Wenn Sie diese Schaltfläche anklicken, wird der Kalender mit dem am weitesten links stehenden überlagert angezeigt. Um die überlagerte Anzeige zu beenden, klicken Sie auf der Registerkarte des Kalenders die Schaltfläche *Nebeneinander anzeigen* (symbolisiert durch einen Pfeil, der nach rechts zeigt) an.

Wenn Sie Kalender im Überlagerungsmodus anzeigen, werden die Termine in dem Kalender, der im Überlagerungsstapel oben liegt, in nicht-transparenter Darstellung angezeigt. Die Termine in den Kalendern, die im Stapel darunter liegen, werden transparent ausgegeben. Da jeder Kalender eine eigene Farbe besitzt, lassen sich die unterschiedlichen Termine leicht voneinander unterscheiden (was wegen der Schwarzweiß-Abbildung leider nicht so gut zu erkennen ist).

Planungsansicht

Seit Outlook 2010 gibt es zusätzlich noch die sogenannte *Planungsansicht*. In diesem Modus werden die Kalender in einem horizontalen Layout übereinander dargestellt. Auf diese Weise lassen sich Überschneidungen bzw. Termine besonders leicht erkennen. Der angezeigte Zeitraum richtet

sich nach der zuvor gewählten Ansicht. Um zum Beispiel eine bestimmte Woche in der Planungsansicht anzuzeigen, wählen Sie auf der Registerkarte *Start* zuerst die Anordnung *Woche* und
klicken dann in der Gruppe *Anordnen* auf die Schaltfläche *Planungsansicht*.

Die Sofortsuche im Kalender

Bereits in Outlook 2007 wurde die Suchfunktion komplett überarbeitet; sie heißt nun Sofortsuche
und steht Ihnen über das *Suchenfeld* in der Titelleiste des Ansichtsbereichs zur Verfügung.

1. Klicken Sie in das Feld *Kalender durchsuchen* und geben Sie den Suchbegriff ein.

2. Klicken Sie auf die Schaltfläche *Suchen* (die mit der Lupe), damit Outlook den Suchvorgang
    startet.

    Outlook zeigt die Suchergebnisse in einer Listendarstellung an, wie es die folgende Abbildung
    zeigt.

Bild 51.62   Outlook zeigt die Suchergebnisse der Suche im Kalender in dieser Listendarstellung an

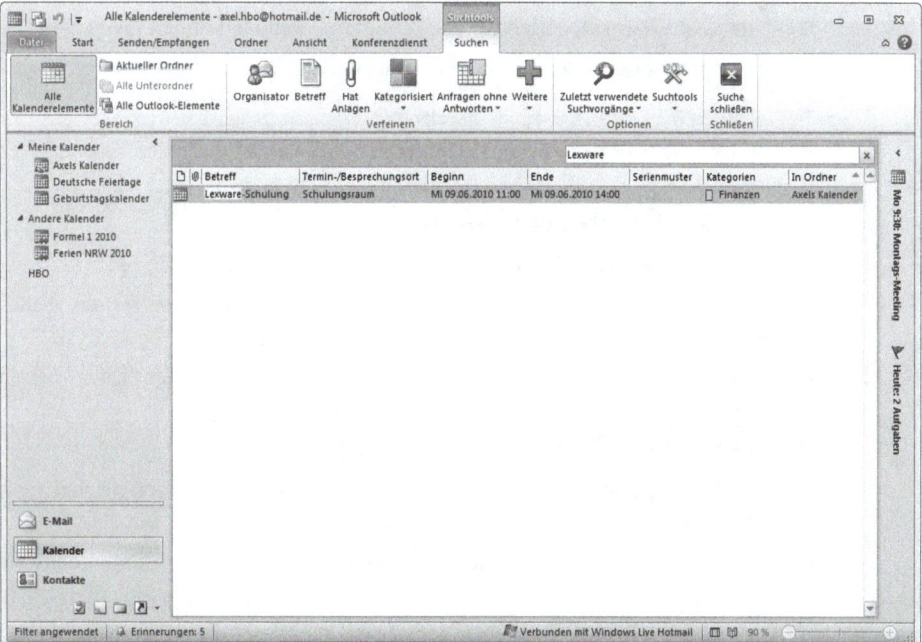

3. Doppelklicken Sie auf den Listeneintrag des Termins, den Sie bearbeiten wollen.

4. Wenn Sie die Suchabfrage löschen wollen, klicken Sie die Schaltfläche *Suche löschen* an (die
    mit dem kleinen x).

Zusammenfassung

Dieses Kapitel hat Sie mit den zahlreichen Features des Outlook-Kalenders vertraut gemacht, mit denen Sie Termine verwalten und organisieren können. Folgendes haben Sie dabei lernen können:

- wie Sie den Kalender anzeigen lassen und einen einfachen Termin eintragen (Seite 924),

- wie Sie die Dauer eines Termins ändern (Seite 927), wie Sie ihn auf eine andere Uhrzeit verschieben (Seite 927), wie Sie den Termin auf einen anderen Tag verschieben (Seite 928) und wie Sie den Termin löschen, wenn Sie ihn nicht mehr benötigen (Seite 929),

- wie Sie das Formular für die Termine verwenden (Seite 930), um weitere Detailinformationen einzutragen, die Sie im Kalender selbst nicht eingeben können,

- wie Sie die Erinnerungszeit für einen einzelnen Termin (Seite 933) und die Standarderinnerung (Seite 933) ändern,

- wie Sie einen Termin mit Ortsangabe erstellen und einen bereits vorhandenen Termin um eine Ortsangabe erweitern (Seite 934),

- wie Sie einen Termin mit »krummen« Zeiten eintragen (Seite 935),

- wie Sie einen Termin unter Vorbehalt eintragen (Seite 936),

- wie Sie die Farbkategorien für die Termine verwenden können (Seite 934),

- wie Sie Urlaube in den Kalender eintragen (Seite 938),

- wie Sie Geburtstage eintragen (Seite 939),

- wie Sie die Feiertage einzelner Länder in den Kalender eintragen lassen (Seite 941),

- wie Sie Terminserien erstellen, um sich in bestimmten Intervallen wiederholende Termine nur einmal eingeben zu müssen (Seite 942),

- wie Sie die weiteren Ansichten des Kalenders verwenden (Seite 942),

- wie Sie Ihren Kalender (Seite 955) oder nur einen einzelnen Termin (Seite 958) per E-Mail versenden,

- wie Sie Ihren Kalender im Internet auf Office Online veröffentlichen (Seite 959) und andere zur Nutzung Ihres Kalenders einladen können,

- wie Sie Ihre veröffentlichten Kalender verwalten (Seite 964),

- welche Möglichkeiten Ihnen Outlook bietet, mehrere Kalender gleichzeitig anzuzeigen (Seite 965) und

- wie Sie die neue Outlook-Sofortsuche im Kalender-Modul einsetzen (Seite 967).

Kapitel 52

Aufgaben

Auch mit den bisherigen Versionen von Outlook konnten Sie Ihre Aufgaben verwalten und andere Outlook-Elemente zur Nachverfolgung kennzeichnen. Problematisch und umständlich war jedoch, einen guten Überblick über die zur Erledigung anstehenden Dinge zu behalten, da es in Outlook keine zentrale Stelle gab, an der alle Aufgaben übersichtlich und zentral zu finden waren. Outlook 2010 enthält zahlreiche Features, die den Umgang mit Aufgaben viel einfacher machen.

Dieses Kapitel gibt Ihnen einen Überblick darüber, wie und wo in der Version 2010 Vorgänge und Aufgaben erstellt und verwaltet werden können, beschreibt die Funktion der Aufgabenleiste und zeigt, wie sich die Vorgangs- und Aufgabenverwaltung nahtlos in die anderen Outlook-Module (E-Mail, Kontakte, Kalender) integriert.

Die Aufgabenleiste

Ein Element der Benutzeroberfläche von Outlook 2010 ist die Aufgabenleiste, die sich standardmäßig am rechten Rand des Outlook-Fensters befindet und sich aus vier verschiedenen Bereichen zusammensetzt:

■ Im oberen Bereich befindet sich der **Datumsnavigator**, den Sie verwenden können, um im Kalender einen bestimmten Tag/eine bestimmte Woche anzeigen zu lassen. Klicken Sie hierzu einfach auf den gewünschten Tag oder verwenden Sie vorher die Pfeil-Schaltflächen neben der Anzeige von Monat/Jahr, wenn Sie im Datumsnavigator einen anderen Monat anzeigen lassen wollen. Gleichgültig welches Modul im Ansichtsbereich von Outlook geöffnet war, öffnet Outlook nach Anklicken eines Datums immer den Kalender.

Bild 52.1   In der Aufgabenleiste werden sowohl Termine als auch Aufgaben und Vorgänge angezeigt

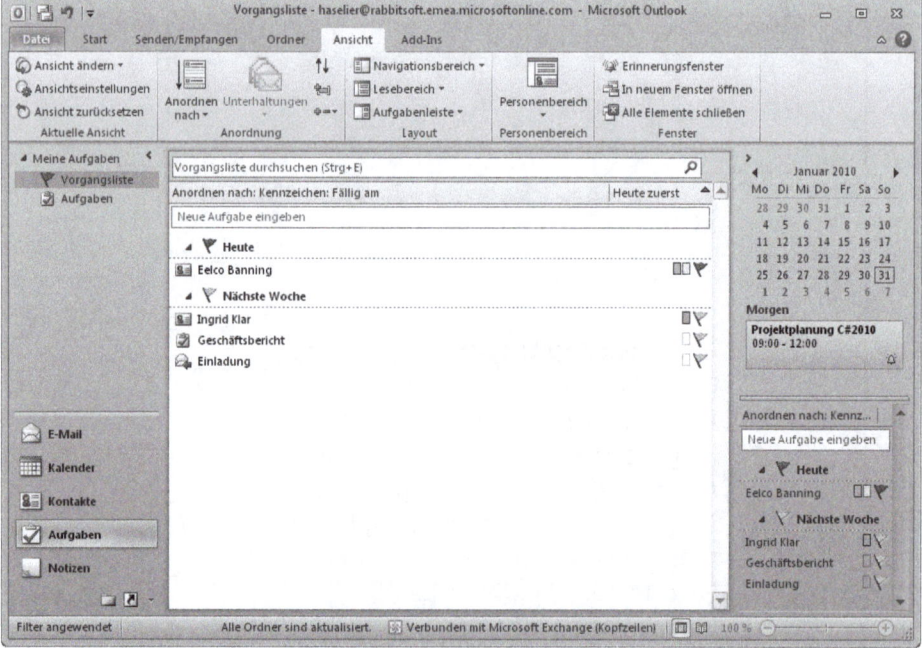

- Unterhalb des Datumsnavigators zeigt Outlook immer die **aktuellen Termine** an, wie sie im Kalender eingetragen wurden. Jeder Termin befindet sich in einem abgerundeten Rahmen, die Farbe des Rahmens entspricht der Farbkategorie, die Sie dem Termin zugewiesen haben.

- Das Textfeld mit der Beschriftung *Neue Aufgabe eingeben* wird **Aufgabeneingabebereich** genannt. Sie können hier schnell eine neue Aufgabe eintragen, ohne dazu das Aufgaben-Modul öffnen oder die Schaltfläche *Neue Elemente* auf der Registerkarte *Start* verwenden zu müssen. Es reicht aus, einfach den Text der Aufgabe einzugeben. Wenn Sie detaillierte Informationen zur Aufgabe eintragen wollen, doppelklicken Sie auf den Aufgabeneingabebereich; Outlook zeigt dann das Formularfenster zum Erstellen einer neuen Aufgabe an, wie es auch über die Schaltfläche *Neue Aufgabe* bzw. *Neue Elemente/Aufgabe* erreicht werden kann.

- Im unteren Bereich der Aufgabenleiste sehen Sie die **Vorgangsliste**. Dort werden alle Aufgabenelemente aufgeführt, die Sie erstellt haben. Hierbei kann es sich sowohl um »normale« Aufgaben handeln, die Sie direkt im Aufgaben-Modul erstellt haben, als auch um Aufgabenelemente, die Outlook automatisch erstellt hat, als Sie beispielsweise eine E-Mail-Nachricht oder einen Kontakt zur Nachverfolgung gekennzeichnet haben.

Für die Abbildung auf der vorigen Seite haben wir das Aufgaben-Modul geöffnet und im Navigationsbereich bei *Meine Aufgaben* die Option *Vorgangsliste* und bei *Aktuelle Ansicht* die Option *Einfache Liste* ausgewählt. Die Aufgabenelemente, die Sie im Ansichtsbereich sehen, entsprechen den Elementen, die auch in der Vorgangsliste des Aufgabenbereichs angezeigt werden.

Im Ansichtsbereich lässt sich gut erkennen, woher die einzelnen Aufgabenelemente stammen. Schauen Sie sich hierzu die Symbole in der ersten Spalte der Liste an. Die beiden obersten Elemente sind Kontakte, die zur Nachverfolgung gekennzeichnet wurden, beim dritten Element handelt es sich um eine Aufgabe und das vierte Element schließlich ist eine E-Mail-Nachricht, die nachverfolgt werden soll.

Minimieren/Maximieren der Aufgabenleiste

Die Aufgabenleiste wird standardmäßig am rechten Rand des Outlook-Fensters maximiert dargestellt. Mit der Pfeil-Schaltfläche in der Titelleiste können Sie die Aufgabenleiste minimieren. Sie ist dann weiter sichtbar und wird als schmaler Streifen dargestellt, wie es die Abbildung auf der folgenden Seite zeigt.

Sie können die Aufgabenleiste temporär erweitern, indem Sie die Leiste anklicken. Wenn die Aufgabenleiste wieder permanent sichtbar sein soll, klicken Sie die Pfeil-Schaltfläche ein weiteres Mal an. Alternativ können Sie auch die Tastenkombination Alt + F2 verwenden, um die Aufgabenleiste zu deaktivieren oder zu aktivieren.

Sie können auch die Breite der Aufgabenleiste verändern. Zeigen Sie dazu mit dem Mauszeiger auf die Kante der Aufgabenleiste, bis sich der Mauszeiger verändert, und ziehen Sie dann die Kante mit gedrückter Maustaste, bis die Aufgabenleiste die gewünschte Breite hat.

Sollten Sie die Aufgabenleiste versehentlich geschlossen haben, wechseln Sie zur Registerkarte *Ansicht*, klicken in der Gruppe *Layout* auf *Aufgabenleiste* und wählen im Dropdownmenü entweder den Befehl *Normal* oder *Minimiert* aus.

Bild 52.2 Die Aufgabenleiste wird minimiert angezeigt und informiert Sie über die Anzahl der für den aktuellen Tag anstehenden Aufgaben. Beachten Sie in der Abbildung auch die tägliche Aufgabenliste, die im unteren Bereich des Kalenders sichtbar ist.

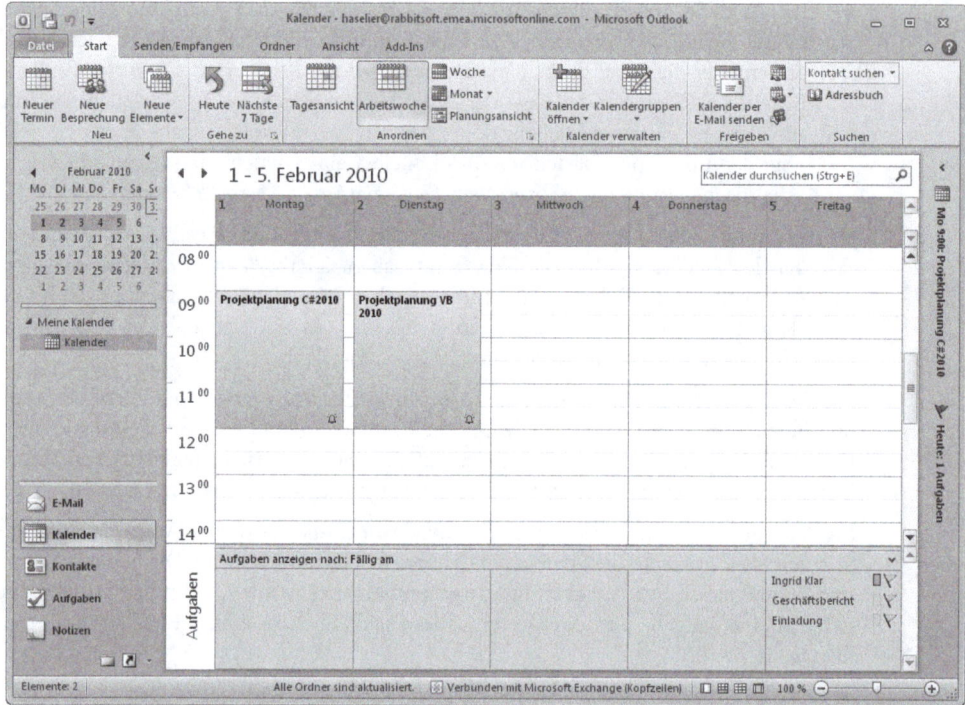

Anpassen der Aufgabenleiste

Wenn Sie zur Registerkarte *Ansicht* wechseln und in der Gruppe *Layout* auf *Aufgabenleiste* klicken, finden Sie im Dropdownmenü die Befehle, um die Aufgabenleiste an Ihre Anorderungen anpassen zu können.

Bild 52.3   Über dieses Menü konfigurieren Sie die Aufgabenleiste

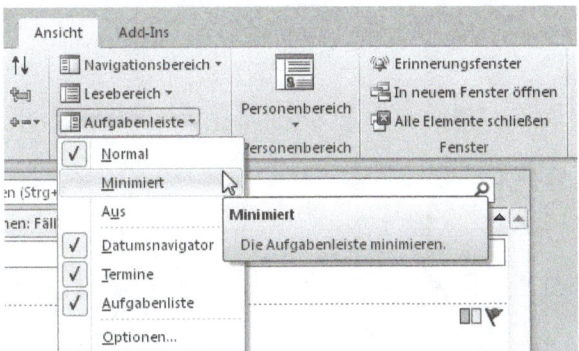

Mit den drei Befehlen *Datumsnavigator, Termine* und *Aufgabenliste* können Sie die entsprechenden Bereiche der Aufgabenleiste ein- und ausschalten. Wenn Sie die Aufgabenliste deaktivieren, wird gleichzeitig auch der Aufgabeneingabebereich ausgeblendet.

Wenn Sie den Befehl *Optionen* anklicken, wird das Dialogfeld *Optionen der Aufgabenleiste* angezeigt. Dort können Sie die verschiedenen Elemente der Aufgabenleiste ein- und ausschalten und außerdem festlegen, wie viele Monatszeilen im Datumsnavigator und wie viele Termine im Terminbereich angezeigt werden sollen.

Bild 52.4   In diesem Dialogfeld können Sie die verschiedenen Bereiche der Aufgabenleiste ein- und ausschalten und die Anzahl der Monatszeilen und Termine festlegen

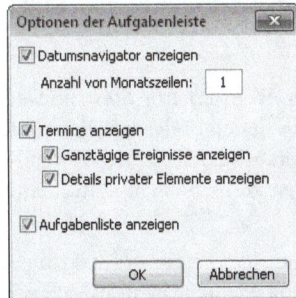

Sortierung der Aufgabenliste

Die Aufgabenliste am unteren Rand der Aufgabenleiste besitzt ein eigenes Kontextmenü, über das Sie die Anordnung der Aufgabenelemente festlegen können (siehe Abbildung auf der nächsten Seite). Standardmäßig werden die Aufgabenelemente nach ihrer Fälligkeit geordnet. Klicken Sie einen der anderen Befehle im Kontextmenü der Aufgabenliste an, um die Reihenfolge zu ändern.

Bild 52.5   Wählen Sie im Kontextmenü der Aufgabenliste aus, wie die Aufgabenelemente sortiert werden sollen

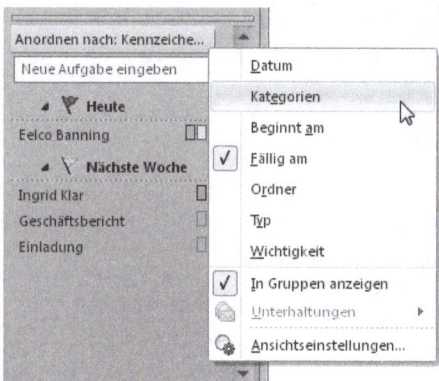

Aufgaben und Aufgabenelemente

Nachdem Sie im vorigen Abschnitt die Aufgabenleiste und ihre Verwendung und Konfiguration kennen gelernt haben, werden Sie im weiteren Verlauf des Kapitels erfahren, wie Sie neue Aufgaben und Aufgabenelemente erstellen. Lassen Sie uns zuvor die Begriffe Aufgabe und Aufgabenelement etwas genauer definieren.

Outlook 2010 unterscheidet zwischen Aufgaben und Aufgabenelementen, auch wenn diese beiden Begriffe in der Benutzeroberfläche und der Online-Hilfe nicht immer konsistent verwendet werden.

■   **Aufgaben**   sind Outlook-Elemente, die Sie auf der Registerkarte *Start* entweder mit der Schaltfläche *Neue Aufgabe* (aus dem Modul *Aufgaben* heraus) oder mit dem Befehl *Aufgabe* der Schaltfläche *Neue Elemente* (aus allen Modulen heraus) erstellen. Sie verwenden eine Aufgabe, um deren Erledigung nachzuverfolgen. Aufgaben können einen Status, eine bestimmte Priorität und weitere Eigenschaften besitzen.

■   **Aufgabenelemente**   hingegen sind Outlook-Elemente, die Sie zur Nachverfolgung gekennzeichnet haben. Bei dem so gekennzeichneten Outlook-Element kann es sich wiederum um eine Aufgabe, aber auch um eine E-Mail-Nachricht oder einen Kontakt handeln.

Legt man diese Outlook-eigene Definition zugrunde, dann müsste der untere Bereich der Aufgabenleiste, der in der Benutzeroberfläche von Outlook Aufgabenliste genannt wird, eigentlich *Liste der Aufgabenelemente* oder auch *Vorgangsliste* heißen, da dort eben nicht nur Aufgaben, sondern alle zur Nachverfolgung gekennzeichneten Aufgabenelemente enthalten sind.

Der Unterschied zwischen Aufgaben und Aufgabenelementen ist bei der Nutzung von Outlook nicht sehr entscheidend. Er ist nur im Hinblick darauf wichtig, wie Sie ein neues Element in die Vorgangsliste eintragen können. Der nächste Abschnitt beschreibt überblicksartig, wie Sie neue Aufgabenelemente aus einem Kontakt oder einer E-Mail-Nachricht heraus erstellen. Im Rest des Kapitels wenden wir uns dann den Aufgaben zu.

Aufgabenelement aus Kontakt oder E-Mail-Nachricht heraus erstellen

Um aus einer E-Mail-Nachricht oder einem Kontakt ein neues Aufgabenelement zu erstellen, gehen Sie wie folgt vor:

1. Klicken Sie das Element mit der rechten Maustaste an, um das Kontextmenü zu öffnen.

2. Klicken Sie auf *Zur Nachverfolgung*, damit das zugehörige Untermenü angezeigt wird.

3. Wählen Sie im oberen Bereich des Untermenüs das Datum aus, an dem das Aufgabenelement erledigt werden soll.

Bild 52.6 Erstellen Sie ein neues Aufgabenelement, indem Sie im Kontextmenü den Befehl *Zur Nachverfolgung* und dann die gewünschte Fälligkeit auswählen

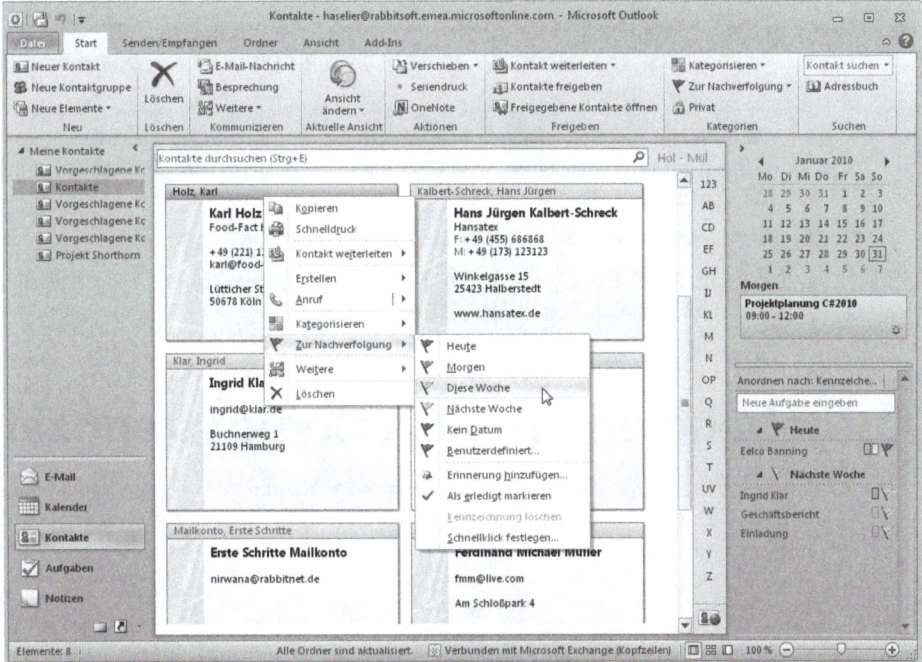

Wenn Sie das Fälligkeitsdatum genauer einstellen wollen, klicken Sie auf *Benutzerdefiniert*, um das gleichnamige Dialogfeld anzeigen zu lassen (siehe Abbildung auf der nächsten Seite).

Bild 52.7 Im Dialogfeld *Benutzerdefiniert* können Sie die Art der Kennzeichnung bestimmen und Anfangs- und Fälligkeitsdatum genauer einstellen

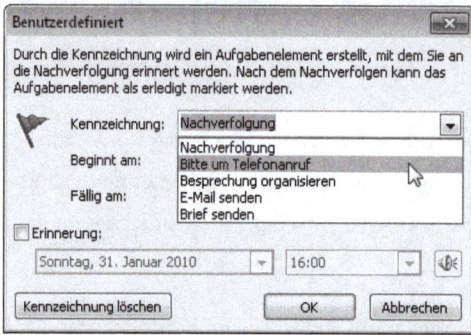

- Wählen Sie in der Liste *Kennzeichnung* einen der vordefinierten Einträge aus oder geben Sie hier einen eigenen Text ein.

- Mit den Datumswählern *Beginnt am* und *Fällig am* stellen Sie das Anfangs- und das Fälligkeitsdatum ein.

- Wenn Sie für dieses Aufgabenelement eine Erinnerung aktivieren wollen, schalten Sie das Kontrollkästchen *Erinnerung* ein und legen dann Datum und Uhrzeit der Erinnerung fest.

4. Schließen Sie das Dialogfeld *Benutzerdefiniert* mit *OK*.

Das neue Aufgabenelement wird nun in der Aufgabenleiste, in der Vorgangsliste des Moduls *Aufgaben* und im Aufgabenbereich des Kalenders angezeigt.

Aufgabenelement als erledigt kennzeichnen

Überall dort, wo Sie das kleine Flaggensymbol sehen, an dem Sie ein Aufgabenelement erkennen können, können Sie das Aufgabenelement als erledigt markieren. Klicken Sie dazu einfach das Flaggensymbol an.

Bild 52.8 Klicken Sie das Flaggensymbol an, um ein Aufgabenelement als erledigt zu markieren

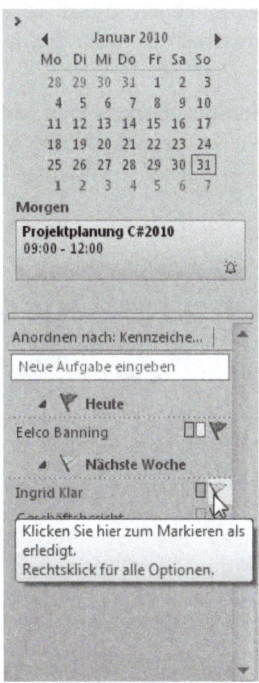

Nachdem Sie ein Aufgabenelement als erledigt markiert haben, wird es nicht mehr in der Aufgabenleiste angezeigt. Das Element ist zwar weiterhin vorhanden, wird jedoch aufgrund des Anzeigefilters der Aufgabenliste ausgeblendet.

Aufgabenelemente ansehen und öffnen

Alle Aufgabenelemente können Sie sehen, wenn Sie das Modul *Aufgaben* öffnen (klicken Sie dazu im Navigationsbereich auf *Aufgaben* oder drücken Sie ⎡Strg⎤+⎡4⎤), im Navigationsbereich unter *Meine Aufgaben* auf *Vorgangsliste* klicken und beispielsweise die Ansicht *Einfache Liste* auswählen, wie es die folgende Abbildung zeigt.

Bild 52.9 In der Vorgangsliste des Moduls *Aufgaben* werden erledigte Aufgabenelemente durchgestrichen angezeigt

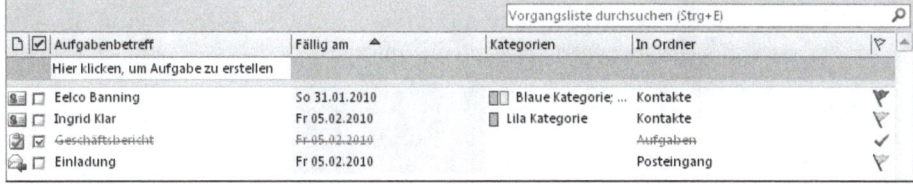

Die Vorgangsliste zeigt alle Aufgabenelemente an, auch diejenigen, die als erledigt markiert wurden. Wenn Sie ein Aufgabenelement wieder als unerledigt kennzeichnen wollen, schalten Sie das Kontrollkästchen in der zweiten Spalte der Liste aus oder verwenden die Schaltfläche *Als erledigt markieren* in der Symbolleiste.

Auch erledigte Aufgabenelemente bleiben, wie die anderen Outlook-Elemente, so lange erhalten, bis Sie sie löschen. Um ein Aufgabenelement zu löschen, markieren Sie es, klicken es mit der rechten Maustaste an und wählen im Kontextmenü den Befehl *Löschen.* Alternativ können Sie auch die Schaltfläche *Löschen* auf der Registerkarte *Start* verwenden.

Ansicht auswählen und Anordnung festlegen

Outlook stellt Ihnen für die Aufgaben verschiedene Ansichten zur Verfügung. Um eine Ansicht auszuwählen, führen Sie folgende Schritte durch:

1. Wechseln Sie zur Registerkarte *Ansicht.*

2. Klicken Sie in der Gruppe *Aktuelle Ansicht* auf *Ansicht ändern.*

Bild 52.10   Auswahl der Ansicht für die Aufgaben

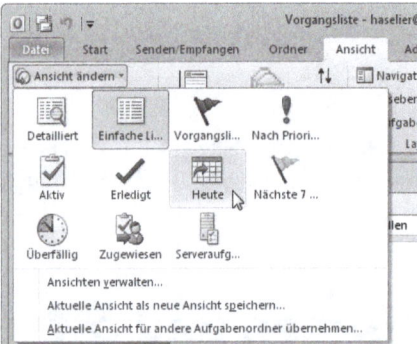

Die Ansicht *Aktiv* zeigt beispielsweise alle Aufgaben an, die derzeit fällig sind und erledigt werden müssen. Mit *Heute* sehen Sie alle Aufgaben, die am aktuellen Datum fällig sind, und *Überfällig* zeigt alle Aufgaben an, die aufgrund der Fälligkeit erledigt sein müssten, aber noch nicht als erledigt gekennzeichnet wurden.

3. Klicken Sie im Dropdownmenü das Symbol für die gewünschte Ansicht an.

4. Klicken Sie auf der Registerkarte *Ansicht* in der Gruppe *Anordnung* auf *Anordnen nach* und dann auf das Kriterium, nach dem die Aufgaben geordnet werden sollen.

5. Klicken Sie auf der Registerkarte *Ansicht* in der Gruppe *Anordnung* auf *Anordnen nach* und dann auf *In Gruppen anzeigen,* wenn die Aufgabe nach dem ausgewählten Kriterium in Gruppen angezeigt werden sollen.

Aufgabenelement öffnen

Um ein Aufgabenelement zu öffnen, doppelklicken Sie darauf. Dies können Sie in der Aufgabenleiste, im Aufgabenbereich des Kalenders und auch im Ansichtsbereich des Moduls *Aufgaben* machen. Welches Fenster Outlook dann öffnet, hängt von der Art des Aufgabenelements ab. Bei einem Kontakt wird das Kontaktformular geöffnet, bei einer nachverfolgten E-Mail-Nachricht die E-Mail und bei einer Aufgabe wird das Formular zum Bearbeiten von Aufgaben angezeigt.

Aufgaben erstellen

Nachdem hier schon so viel von Aufgaben gesprochen wurde, zeigen die letzten Abschnitte dieses Kapitels, wie Sie eine Aufgabe erstellen und verwalten. Das Eintragen einer neuen Aufgabe ist denkbar einfach.

Neue Aufgabe nur mit Betreff erstellen

Wenn Sie eine neue Aufgabe erstellen und keine Fälligkeit oder andere Optionen, sondern lediglich den Betreff eingeben wollen, gehen Sie folgendermaßen vor:

1. Lassen Sie die Aufgabenleiste anzeigen, sofern sie nicht sichtbar ist.

2. Klicken Sie in den Aufgabeneingabebereich, den Sie am Text *Aufgabe hier eingeben* erkennen.

Bild 52.11   Am schnellsten erstellen Sie eine Aufgabe im Aufgabeneingabebereich der Aufgabenleiste

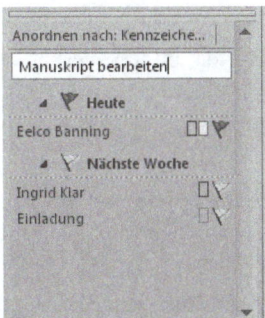

3. Geben Sie den Betreff der Aufgabe ein und drücken Sie anschließend die ⏎-Taste.

HINWEIS   Wenn Sie im Ansichtsbereich von Outlook das Modul *Aufgaben* geöffnet haben, sehen Sie am oberen Rand des Bereichs ebenfalls ein Eingabefeld, in das Sie den Betreff einer neuen Aufgabe eingeben können. Je nachdem, welche Ansicht Sie gerade ausgewählt haben, können Sie dort auch weitere Angaben zur Aufgabe eintragen, wie das Fälligkeitsdatum, den Status usw.

Detaillierte neue Aufgabe erstellen

Wenn Sie beim Erstellen einer neuen Aufgabe weitere Optionen und Angaben zur Aufgabe vornehmen wollen, gehen Sie so vor:

1. Wechseln Sie zur Registerkarte *Start* und klicken Sie auf *Neue Aufgabe* oder auf *Neue Elemente* und dann auf *Aufgabe.*

Bild 52.12   Mit diesem Formular können Sie Aufgaben erstellen und bearbeiten

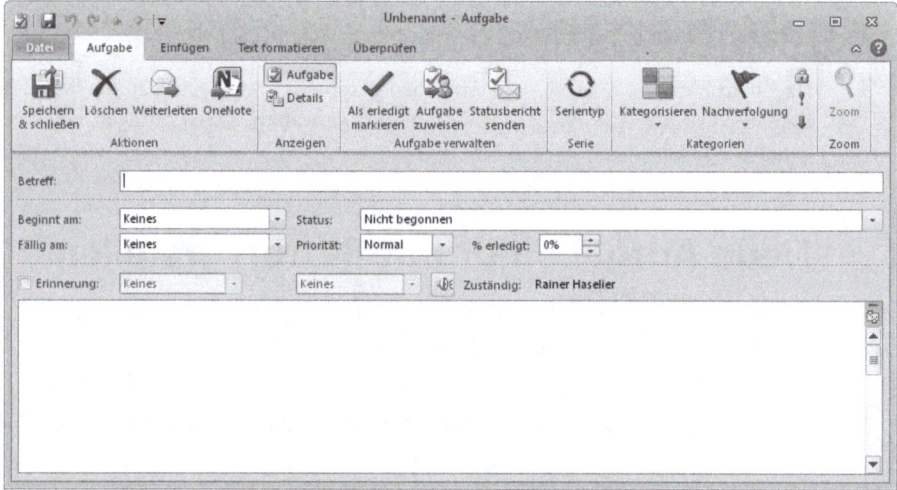

2. Geben Sie in das Feld *Betreff* den Text ein, der die neue Aufgabe beschreibt.

3. Klicken Sie auf den Pfeil bei *Beginnt am,* um das Startdatum festzulegen. Das Startdatum ist der Tag, an dem mit der Erledigung der Aufgabe begonnen werden soll.

4. Klicken Sie auf den Pfeil bei *Fällig am,* um das Fälligkeitsdatum, also den Tag, an dem die Aufgabe abgeschlossen sein soll, einzustellen.

5. Wenn Sie an die Aufgabe zu einem bestimmten Zeitpunkt erinnert werden wollen, schalten Sie das Kontrollkästchen *Erinnerung* ein. Wählen Sie anschließend das Datum und die Uhrzeit aus, zu der Sie an die Aufgabe erinnert werden wollen.

6. Öffnen Sie die Liste *Priorität,* um die Priorität der Aufgabe festzulegen. Outlook stellt Ihnen hierfür die Optionen *Niedrig, Normal* und *Hoch* zur Verfügung.

7. Wenn die Aufgabe schon begonnen wurde, öffnen Sie die Liste *Status* und wählen eine der vorhandenen Optionen aus. Tragen Sie dann im Feld *% erledigt* ein, zu wie viel Prozent die Aufgabe bereits erledigt ist.

8. Im unteren Bereich des Formulars finden Sie ein großes Feld, in das Sie ausführliche Notizen zur Aufgabe eintragen können. Verwenden Sie dann die Registerkarte *Einfügen,* um weitere Elemente wie Tabellen oder Grafiken in die Notizen einzufügen. Verwenden Sie die Registerkarte *Text formatieren,* um die Formatierung des Textes zu ändern.

9. Klicken Sie auf der Registerkarte *Aufgabe* auf *Speichern & schließen.*

Aufgabenserie erstellen

Neben einmal anfallenden Aufgaben können Sie auch sogenannte Aufgabenserien erstellen, bei denen sich die gleiche Aufgabe in regelmäßigen Intervallen wiederholt.

1. Um eine Aufgabenserie zu erstellen, gehen Sie zunächstso vor, wie es im vorhergehenden Abschnitt »Detaillierte neue Aufgabe erstellen« beschrieben ist.

2. Klicken Sie zusätzlich auf der Registerkarte *Aufgabe* in der Gruppe *Serie* auf *Serientyp*. Outlook zeigt dann das Dialogfeld *Aufgabenserie* an, in dem Sie die Eigenschaften der Serie festlegen können.

Bild 52.13   Die Einstellmöglichkeiten für die Wiederholung der Aufgabe ändern sich, wenn Sie im Bereich *Serienmuster* ein anderes Intervall auswählen

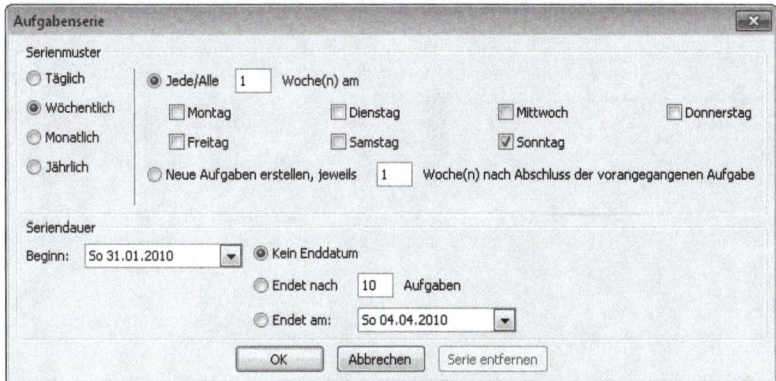

3. Wählen Sie im Bereich *Serienmuster* zuerst aus, ob sich die Aufgabe täglich, wöchentlich, monatlich oder jährlich wiederholen soll. Je nachdem, welches der vier Optionsfelder Sie anklicken, ändern sich die Einstellmöglichkeiten auf der rechten Seite des Bereichs *Serienmuster*:

- Bei der Option *Täglich* können Sie das Intervall in Tagen einstellen oder festlegen, dass die Aufgabe an jedem Arbeitstag fällig sein soll.

- Bei der Option *Wöchentlich* können Sie das Intervall in Wochen einstellen und den Wochentag festlegen, an dem die Aufgabe fällig sein soll.

- Bei der Option *Monatlich* können Sie den Tag des Monats einstellen oder festlegen, dass die Aufgabe an einem bestimmten Wochentag in einer bestimmten Woche fällig sein soll.

- Bei der Option *Monatlich* können Sie den Tag und den Monat einstellen oder festlegen, dass die Aufgabe an einem bestimmten Wochentag in einer bestimmten Woche in einem bestimmten Monat fällig sein soll.

4. In allen vier Fällen haben Sie zusätzlich die Möglichkeit festzulegen, dass immer dann, wenn die Aufgabe als erledigt gekennzeichnet wurde, automatisch eine neue Aufgabe mit den vorgenommenen Einstellungen erstellt wird.

5. Im Bereich *Seriendauer* können Sie schließlich noch das Startdatum auswählen, indem Sie im Datumswähler *Beginn* eine Eingabe vornehmen. Außerdem können Sie das Enddatum fest-

legen, wenn gewünscht, und hierbei die Anzahl der Wiederholungen oder ein festes End-datum einstellen.

6. Nachdem Sie alle Einstellungen für die Aufgabenserie vorgenommen haben, schließen Sie das Dialogfeld *Aufgabenserie* mit einem Klick auf *OK*.

Bild 52.14   Bei einer Aufgabenserie werden unterhalb des Menübands die aktuellen Einstellungen zur Wiederholung der Aufgabe angezeigt

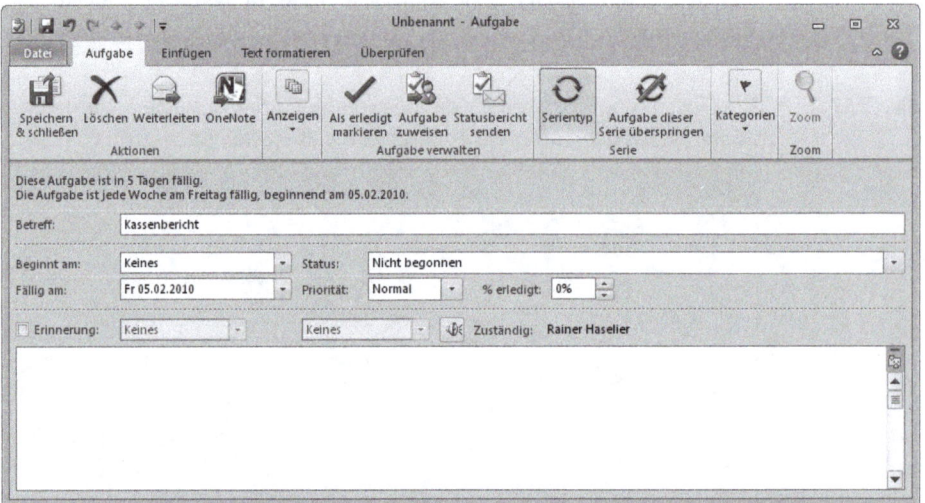

7. Nehmen Sie dann im Aufgabenformular die weiteren Einstellungen vor und speichern Sie die Aufgabenserie mit einem Klick auf *Speichern & schließen*.

Aufgaben verwalten

Um die erstellten Aufgaben zu verwalten und einen Überblick über deren aktuellen Status zu erhalten, verwenden Sie eine der vielen vordefinierten Ansichten, die Ihnen Outlook zur Verfügung stellt.

1. Öffnen Sie das Aufgaben-Modul, indem Sie im Navigationsbereich auf die Schaltfläche *Auf-gaben* klicken oder Strg + 4 drücken.

2. Klicken Sie im Navigationsbereich unterhalb von *Meine Aufgaben* auf *Aufgaben,* wenn Sie nur die Aufgaben sehen möchten, oder auf *Vorgangsliste,* wenn alle Aufgabenelemente angezeigt werden sollen (zum Unterschied zwischen Aufgaben und Aufgabenelementen siehe Seite 974).

3. Wechseln Sie zur Registerkarte *Ansicht,* klicken Sie in der Gruppe *Aktuelle Ansicht* auf *Ansicht ändern* und dann auf eine der Ansichtsoptionen. Hier eine Auswahl der zur Verfügung ste-henden Optionen:

   ■ Die Ansicht *Detailliert* zeigt alle Aufgabenelemente sowie deren Status, die Fälligkeit und den Prozentsatz der Erledigung an.

   ■ Die Ansicht *Aktiv* zeigt alle Aufgaben an, deren Startdatum bereits erreicht ist.

Bild 52.15 Die Ansicht *Aktiv*. Um einen der angezeigten Werte in der Liste zu ändern, wie den Status oder den Prozentsatz der Erledigung, klicken Sie in das entsprechende Feld und machen dort Ihre Eingabe.

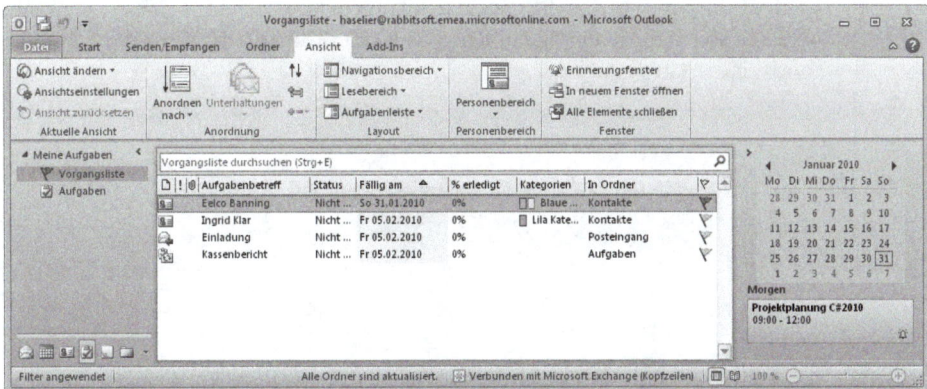

- Die Ansicht *Nächste sieben Tage* zeigt alle Aufgaben an, die innerhalb der nächsten sieben Tage fällig sind.

- Die Ansicht *Überfällig* zeigt die Aufgaben an, deren Fälligkeitsdatum bereits überschritten wurde.

4. Um den Status einer der angezeigten Aufgaben zu ändern, klicken Sie in der Liste in das gewünschte Feld und nehmen dort Ihre Eingabe vor.

Wenn Sie auf einen Listeneintrag doppelklicken, wird das Formular zum Bearbeiten der Aufgabe angezeigt.

Die Filtereinstellungen, die sich hinter den verschiedenen Ansichtsoptionen verbergen, funktionieren nur dann, wenn Sie bei Änderungen der Fälligkeit, des Status oder anderen Eigenschaften der Aufgabe diese auch der Aufgabe zuordnen.

HINWEIS **Überfällige Aufgaben werden in roter Schrift angezeigt** Wenn eine Aufgabe bereits überfällig ist (das heißt, dass das Fälligkeitsdatum bereits in der Vergangenheit liegt), wird der Betreff der Aufgabe in roter Schrift angezeigt. Diesen Effekt können Sie ganz schnell überprüfen, indem Sie als Fälligkeitsdatum das Datum des gestrigen Tages eintragen.

Eine Aufgabe als erledigt kennzeichnen

Auch neben den Aufgaben sehen Sie in der Aufgabenleiste und in den verschiedenen Ansichten des Aufgaben-Moduls das Flaggensymbol. Wenn Sie es anklicken, wird die Aufgabe als erledigt markiert, wie es auch bei den anderen Aufgabenelementen der Fall ist.

In den Listenansichten des Aufgaben-Moduls ist die Spalte *Erledigt* enthalten. Sie können das Kontrollkästchen in dieser Spalte anklicken, um die Aufgabe als erledigt zu kennzeichnen. Sie wird dann durchgestrichen.

Status und Prozentsatz der Erledigung eintragen

Bei Aufgaben, deren Erledigung möglicherweise längere Zeit in Anspruch nimmt (wie beispielsweise das Erstellen eines Geschäftsberichts), können Sie das Feld *% Erledigt* verwenden, um festzuhalten, wie viel Prozent der Gesamtaufgabe bereits erledigt sind. Zusätzlich können Sie der Aufgabe noch einen Status zuweisen.

1. Doppelklicken Sie auf die Aufgabe. Das Formular dieser Aufgabe wird geöffnet.

Bild 52.16   Sie können der Aufgabe einen Status zuweisen

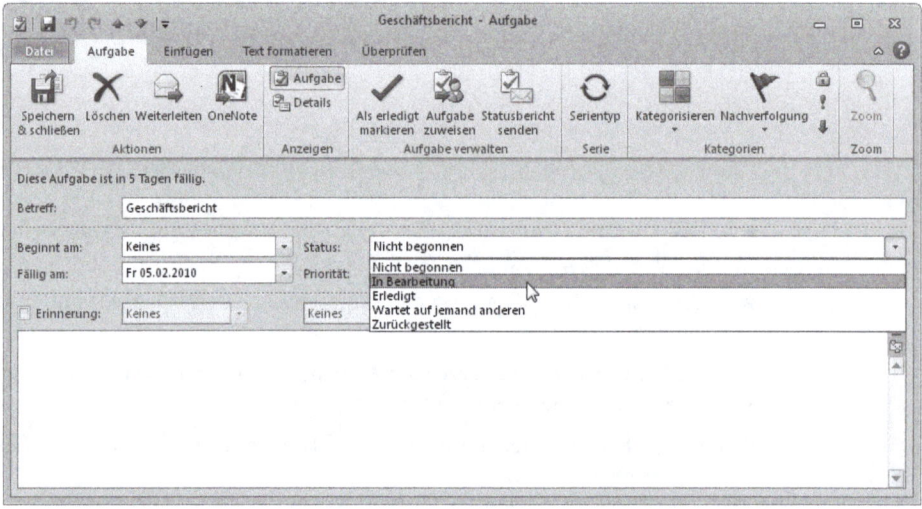

2. Öffnen Sie das Listenfeld *Status* und klicken Sie den Status an, den Sie der Aufgabe zuweisen wollen.

3. Klicken Sie in das Feld *% erledigt* und geben Sie den Prozentsatz ein, zu dem die Aufgabe erledigt ist. Beachten Sie, dass zwischen den Feldern *Status* und *% erledigt* eine Verknüpfung besteht. Wenn Sie den Wert eines Feldes ändern, ändert sich auch der Wert des anderen Feldes. Die genauen Zusammenhänge zwischen den Feldern können Sie unten stehender Tabelle entnehmen.

4. Klicken Sie auf *Speichern & schließen*.

Tabelle 52.1 Mögliche Wert des Feldes *% erledigt* in Abhängigkeit vom Wert des Feldes *Status*

Status	Mögliche Werte für % erledigt
Nicht begonnen	0
In Bearbeitung	1 bis 99
Erledigt	100
Warten auf jemand anderen	0 bis 100
Zurückgestellt	0 bis 100

Bild 52.17 Den aktuellen Status und den Prozentsatz der Erledigung einer Aufgabe können Sie z.B. in der Vorgangsliste ablesen

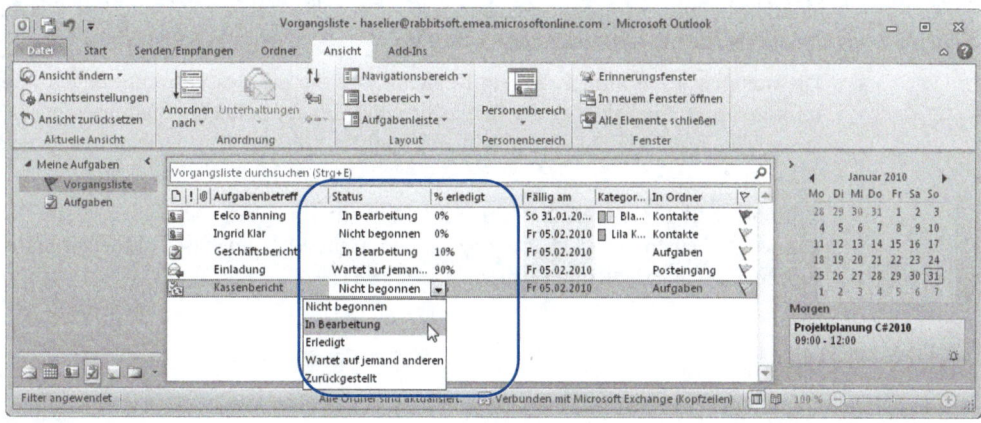

Eine Aufgabe wirklich löschen

Wenn Sie möchten, können Sie eine Aufgabe natürlich auch aus der Aufgabenliste löschen.

1. Öffnen Sie das Aufgaben-Modul, indem Sie im Navigationsbereich auf die Schaltfläche *Aufgaben* klicken oder ⌞Strg⌟ + ⌞4⌟ drücken.

2. Klicken Sie die Aufgabe mit der rechten Maustaste an und wählen Sie im Kontextmenü den Befehl *Löschen*.

Damit wird die Aufgabe ohne weitere Warnung aus der Aufgabenliste entfernt und in den Ordner *Gelöschte Elemente* verschoben.

Aufgaben sortieren

Wenn die Liste mit den Aufgaben länger wird, macht es Sinn, die Aufgaben zu sortieren. Lassen Sie dazu im Aufgaben-Modul eine der Listenansichten anzeigen und klicken Sie den Spaltenkopf an, nach dem Sie sortieren möchten. Outlook sortiert die Liste nach dieser Spalte in aufsteigender Reihenfolge. Wenn Sie den Spaltenkopf ein weiteres Mal anklicken, wird die Sortierreihenfolge umgedreht.

Zusammenfassung

In diesem Kapitel haben Sie die Outlook-Features kennen gelernt, mit denen Sie Ihre Aufgaben verwalten können:

- Sie können die Aufgabenleiste verwenden (Seite 970), um stets den Überblick über zu erledigende Aufgaben und bevorstehende Termine zu behalten, und Sie wissen, wie Sie den Aufgabeneingabebereich verwenden, um schnell eine neue Aufgabe zu erstellen.

■ Ein kurzer Exkurs hat Sie mit den Unterschieden zwischen Aufgaben und Aufgabenelementen vertraut gemacht (Seite 974) und Sie haben gesehen, wie Sie aus einer E-Mail oder einem Kontakt heraus ein neues Aufgabenelement erstellen (Seite 975) und wie Sie Aufgabenelemente als erledigt kennzeichnen (Seite 976).

■ Die weiteren Abschnitte in diesem Kapitel haben Sie mit der Verwendung der Aufgaben vertraut gemacht. Sie haben gesehen, wie Sie eine Aufgabe erstellen, die nur einen Betreff besitzt (Seite 979), und wie Sie eine detaillierte Aufgabe (Seite 980) oder eine Aufgabenserie (Seite 981) anlegen.

■ Outlook stellt Ihnen verschiedene Ansichten für Ihre Aufgaben bereit (Seite 982) und Sie können Aufgaben als erledigt kennzeichnen (Seite 983) oder den aktuellen Status bzw. den Prozentsatz der Erledigung vermerken (Seite 984).

Kapitel 53

RSS-Feeds verwenden

Seit der Version 2007 unterstützt Outlook RSS-Feeds; dies ermöglicht es, in Outlook RSS-Feeds zu abonnieren, zu lesen und zu verwalten. Die RSS-Feeds-Funktionalität von Outlook 2010 ist eng mit der RSS-Unterstützung von Internet Explorer verbunden: RSS-Feeds, die Sie in einem der beiden Programme abonnieren, stehen Ihnen in beiden Anwendungen zur Verfügung, da beide den gleichen Datenspeicher für die RSS-Feeds verwenden.

Dieses Kapitel führt zuerst in die Begrifflichkeit der RSS-Technologie ein und beschreibt dann in den weiteren Abschnitten, wie Sie RSS-Feeds mit Outlook 2010 und Internet Explorer 8 verwenden.

Was sind RSS-Feeds?

Bei der Abkürzung RSS (Really Simple Syndication) handelt es sich um ein Verfahren, mit dem eine Website neue Inhalte (beispielsweise neue Meldungen einer Nachrichten-Website oder neue Einträge in einem Weblog) einem interessierten Personenkreis zur Verfügung stellen kann. Der Übermittlungsmechanismus wird RSS-Feed genannt. Ein RSS-Feed ist quasi eine Liste mit den aktuellsten Infos einer Website. Die meisten RSS-Feeds enthalten Überschriften oder kurze Inhaltszusammenfassungen mit einem Link zur ursprünglichen Quelle. Die Feeds können aber auch den gesamten Inhalt und Anlagen fast jeden Typs enthalten. RSS-Feeds werden auch als »Webfeeds«, »XML-Feeds« oder »RSS-Kanäle« bezeichnet.

Einer der Vorteile beim Abonnieren eines RSS-Feeds im Vergleich zu einem E-Mail-Newsletter oder einer Mailingliste besteht darin, dass Sie bei RSS-Feeds weder Ihren Namen noch Ihre E-Mail-Adresse oder andere persönliche Informationen bereitstellen müssen. Der Herausgeber des Feeds hat außer über den RSS-Feed keine Möglichkeit, Kontakt zu Ihnen aufzunehmen, da er Ihre E-Mail-Adresse nicht kennt. Er kann Ihre Daten auch nicht an andere weitergeben.

Unterstützte Formate

RSS ist die Weiterentwicklung verschiedener ähnlicher Internetstandards für die Inhaltsübermittlung. RSS umfasst verschiedene Standards, wie zum Beispiel Rich Site Summary (RSS 0.91), RDF Site Summary (RSS 0.9, 1.0 und 1.1) und Really Simple Syndication (RSS 2.0). Atom ist ein weiteres XML-Schema, das für die Inhaltsverteilung verwendet wird. Da Outlook alle oben genannten Typen unterstützt, müssen Sie den Standard eines bestimmten RSS-Feeds nicht kennen.

RSS-Feeds in Outlook 2010 abonnieren

Damit Sie regelmäßig einen bestimmten RSS-Feed erhalten, müssen Sie diesen abonnieren. Wenn Sie die Webadresse des gewünschten RSS-Feeds kennen, können Sie die URL für den RSS-Feed direkt in Outlook eingeben, um den Feed zu abonnieren.

Um beispielsweise den RSS-Feed von *tagesschau.de* hinzuzufügen, gehen Sie wie folgt vor:

1. Öffnen Sie die Registerkarte *Datei*, klicken Sie auf *Informationen* und dann zweimal auf *Kontoeinstellungen*. Das Dialogfeld *Kontoeinstellungen* wird geöffnet.

2. Wechseln Sie zur Registerkarte *RSS-Feeds*.

3. Klicken Sie auf *Neu*. Das Dialogfeld *Neuer RSS-Feed* wird angezeigt.

Bild 53.1   Hier geben Sie die Webadresse des RSS-Feeds ein, den Sie abonnieren möchten

4. Geben Sie in das Textfeld die Webadresse des RSS-Feeds ein, beispielsweise:
   http://www.tagesschau.de/xml/rss2

5. Klicken Sie auf *Hinzufügen*. Das Dialogfeld *RSS-Feedoptionen* wird angezeigt.

Bild 53.2   Beim Hinzufügen eines neuen RSS-Feeds können Sie verschiedene Übermittlungsoptionen konfigurieren

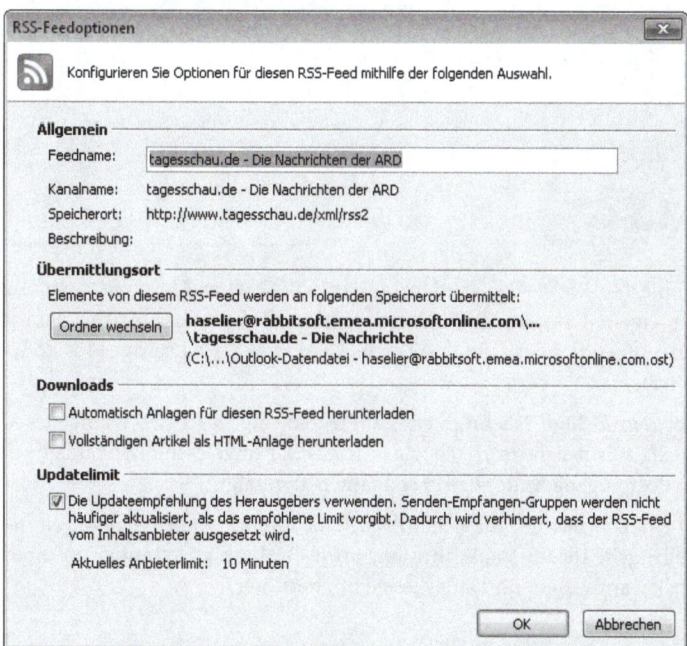

- Im Feld *Feedname* sehen Sie den Anzeigenamen des Feeds, wie er in der Navigationsleiste von Outlook angezeigt wird. Diese Angaben werden dem RSS-Feed entnommen; Sie können hier einen anderen Anzeigenamen eingeben.

- Im Bereich *Übermittlungsort* wird die Datendatei angezeigt, die als Übermittlungs- und Speicherort für den RSS-Feed verwendet werden soll. Es kann sich dabei um die Offline-ordnerdatei handeln, die für ein Exchange-Postfach verwendet wird, oder um eine persönliche Ordnerdatei bei den anderen E-Mail-Kontenarten. Wenn Sie nur mit einem E-Mail-Konto und einer Datendatei arbeiten, können Sie die Angabe übernehmen; anderenfalls klicken Sie auf *Ordner wechseln* und wählen dann die Datendatei und den Ordner aus, der als Übermittlungsort verwendet werden soll.

■ Die drei Kontrollkästchen im unteren Bereich des Dialogfeldes steuern, wie und wie oft der RSS-Feed heruntergeladen wird. Diese Einstellungen können Sie übernehmen. Der Abschnitt »RSS-Feeds konfigurieren« ab Seite 995 stellt die Konfigurationsmöglichkeiten ausführlich vor.

6. Klicken Sie auf *OK* und dann auf *Schließen*, um zum Hauptfenster von Outlook zurückzukehren.

7. Klicken Sie im Navigationsbereich auf *Ordnerliste* oder drücken Sie die Tastenkombination ⌨Strg⌨+⌨6⌨ und suchen Sie in der Ordnerliste nach dem Ordner mit der Bezeichnung *RSS-Feeds*. Klicken Sie das Dreieck vor dem Namen an, um den Ordner zu öffnen.

Bild 53.3   Der abonnierte RSS-Feed wird als eigener Ordner unterhalb des Ordners *RSS-Feeds* angezeigt

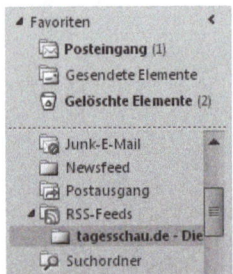

Alle abonnierten RSS-Feeds werden im Outlook-Ordner *RSS-Feeds* angezeigt. Jeder Feed erhält einen eigenen Unterordner. Der angezeigte Ordnername ist mit dem identisch, den Sie beim Hinzufügen des Feeds in das Textfeld *Feedname* des Dialogfeldes *RSS-Feedoptionen* eingetragen haben.

Genau wie bei den E-Mail-Nachrichten im Posteingang wird der Name des Ordners in fetter Schrift dargestellt, wenn sich im zugehörigen RSS-Feed ungelesene Artikel befinden; deren Anzahl wird wie beim Posteingang hinter dem Feednamen angezeigt.

Wenn Sie mit einem Klick auf die Schaltfläche *Alle Ordner senden/empfangen* in der Symbolleiste für den Schnellzugriff Ihre E-Mails abrufen, prüft Outlook gleichzeitig, ob die abonnierten RSS-Feeds neue Artikel aufweisen, und lädt diese dann herunter.

RSS-Feed-Meldung lesen

Wenn Sie einen Ordner mit einem RSS-Feed öffnen, wird dieser im Ansichtsbereich von Outlook so dargestellt, wie Sie es vom Posteingang her kennen. Der in der Liste markierte Artikel wird im Lesebereich geöffnet, wie es nachfolgende Abbildung zeigt.

Bild 53.4   Der markierte Artikel wird im Lesebereich angezeigt

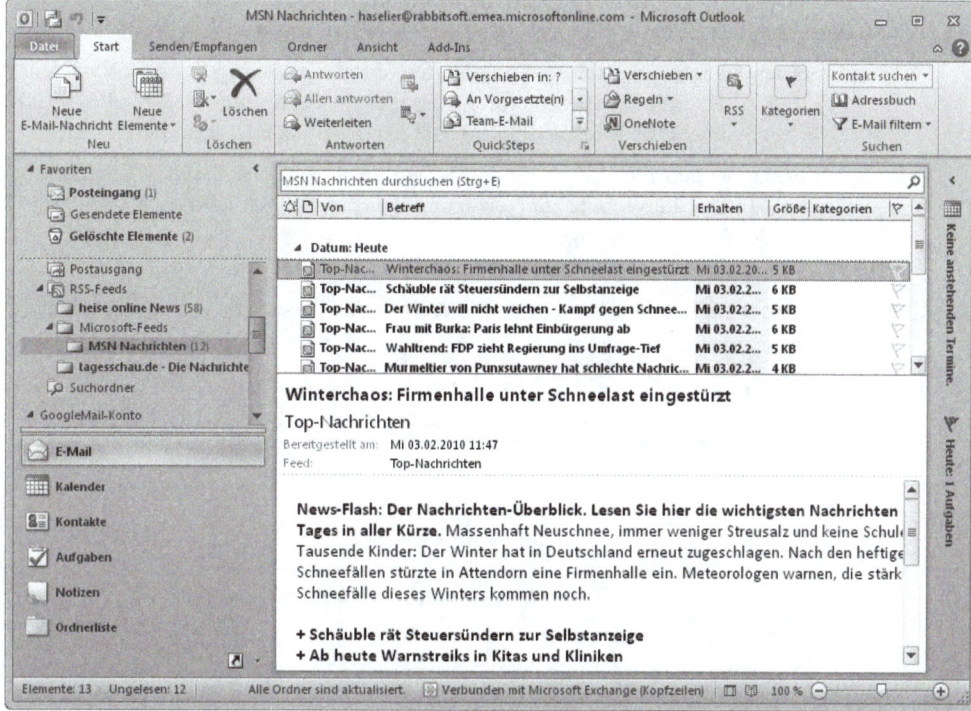

PROFITIPP   **RSS-Feeds und Exchange-Postfach**

Wenn Sie in Outlook ein Exchange-Postfach verwenden und viele RSS-Feeds abonniert haben, kann dies zu Problemen führen, falls die Größe des Exchange-Postfachs begrenzt ist. Der Abschnitt »RSS-Feeds archivieren« in Kapitel 49, »Outlook-Datendateien« zeigt, wie Sie dieses Problem lösen können.

Mit einem Newsfeed-Artikel können Sie fast alles machen, was Sie auch mit einer E-Mail-Nachricht machen können; lediglich das Antworten auf einen Newsfeed-Artikel ist nicht möglich. Sie können den Artikel aber weiterleiten, in einen anderen Ordner verschieben, die Farbkategorien verwenden usw. Klicken Sie in der Liste mit den Artikeln den gewünschten mit der rechten Maustaste an, um im Kontextmenü zu sehen, welche Befehle zur Verfügung stehen.

RSS-Feeds in Internet Explorer 8 abonnieren

Deutlich einfacher ist das Abonnieren eines RSS-Feeds von Internet Explorer 8 aus, da Sie hierbei die genaue Webadresse des Feeds nicht zu kennen brauchen und ein paar Mausklicks ausreichen, um einen RSS-Feed hinzuzufügen. Da Outlook 2010 und Internet Explorer 8 den gleichen Datenspeicher für die RSS-Feeds verwenden, können Sie einen Feed, den Sie in Internet Explorer abonniert haben, in Outlook 2010 lesen.

Hier die zum Abonnieren nötigen Schritte am Beispiel von *www.heise.de,* der Website des Zeitschriftenverlages, der unter anderem die Computerzeitschrift c't herausgibt und auf der Sie einen Newsfeed mit aktuellen Meldungen aus der IT-Branche finden.

1.   Starten Sie Internet Explorer 8 und surfen Sie zu der Website *heise.de.* Nachdem die Seite geladen ist, erkennt Internet Explorer, dass diese Website einen RSS-Feed zur Verfügung stellt. In der Symbolleiste wird das RSS-Symbol in orange (statt in grau) dargestellt.

2.   Klicken Sie den Pfeil neben dem RSS-Symbol an. Internet Explorer zeigt den oder die RSS-Feeds an, die die Website zur Verfügung stellt. Manchmal wird auch der gleiche Feed in verschiedenen Formaten angeboten.

Bild 53.5   Internet Explorer 8 erkennt, ob eine Website RSS-Feeds zur Verfügung stellt

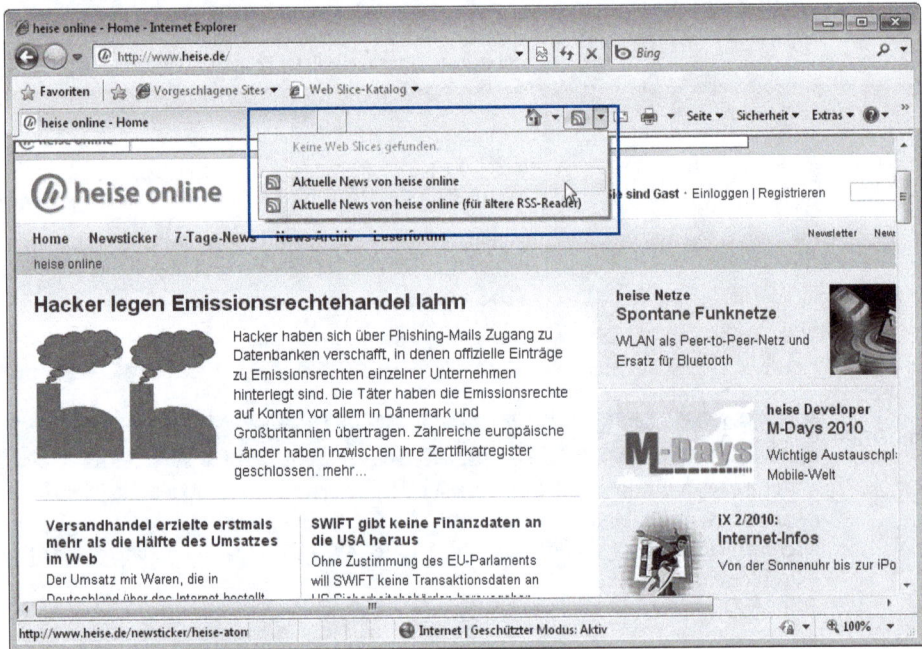

3.   Klicken Sie den RSS-Feed an, den Sie abonnieren wollen. Internet Explorer öffnet den Feed und zeigt die folgende Seite an:

Bild 53.6   Auf dieser Seite können Sie den Feed abonnieren

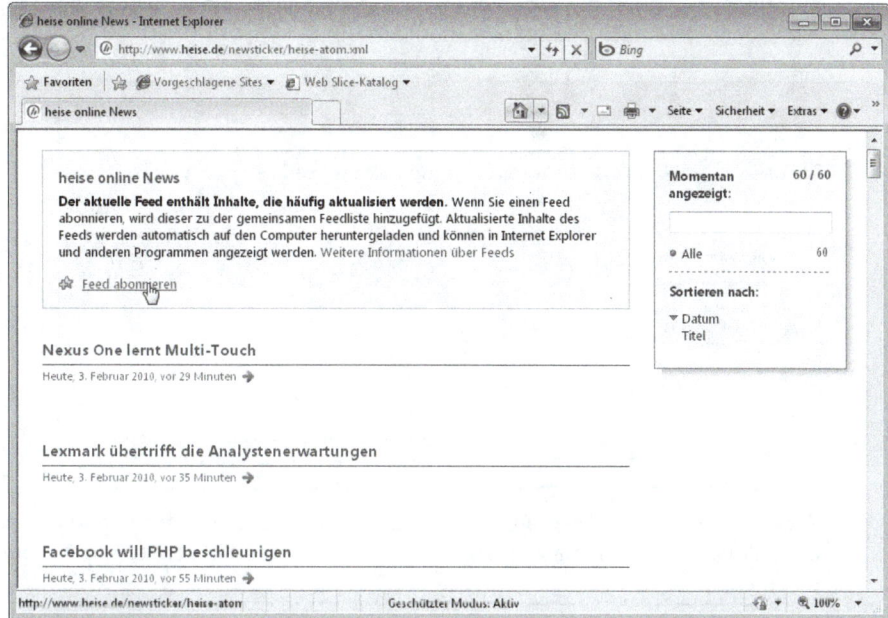

4. Klicken Sie auf *Feed abonnieren.*

Bild 53.7   Hier können Sie den Anzeigenamen des Feeds ändern und den Ordner festlegen, in dem
er gespeichert werden soll

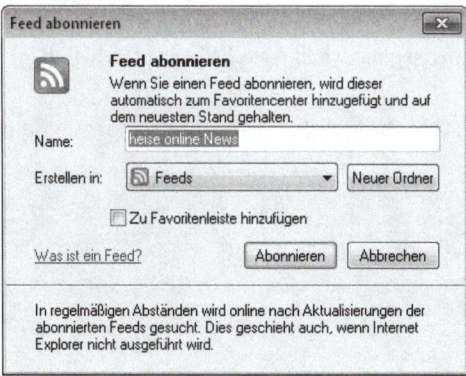

5. Geben Sie in das Feld *Name* den gewünschten Anzeigenamen für den Feed ein.

6. In der Liste *Erstellen in* können Sie den Ordner auswählen, in dem der Feed abgelegt werden
soll. Der Ordner *Feeds* entspricht dem Outlook-Ordner *RSS-Feeds*. Wenn Sie einen weiteren
Unterordner erstellen wollen, verwenden Sie die Schaltfläche *Neuer Ordner*.

7. Klicken Sie auf *Abonnieren*.

TIPP   **RSS-Feeds in Internet Explorer lesen**   In Internet Explorer haben Sie über das Favoritencenter Zugriff auf die abonnierten RSS-Feeds. Klicken Sie in der Symbolleiste auf die Schaltfläche *Favoritencenter (A)* und dann auf *Feeds* (B).

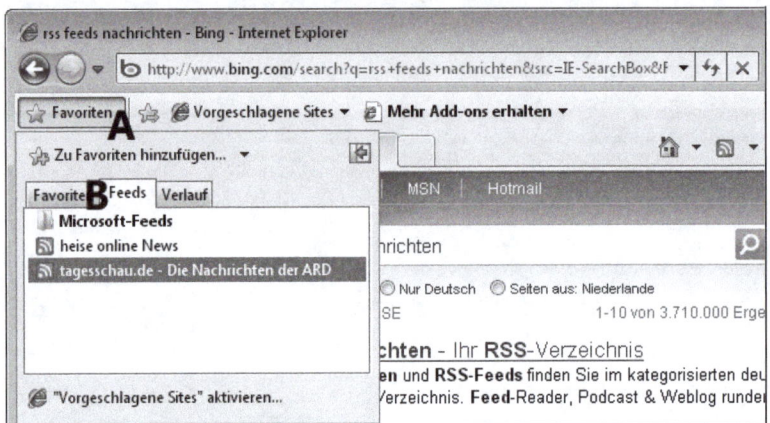

Klicken Sie dann den Feed an, den Sie lesen möchten. Die Liste mit den aktuellen Meldungen des RSS-Feeds wird in Internet Explorer geöffnet. Klicken Sie dort auf die Meldung, die Sie lesen möchten.

Nachfolgend überprüfen Sie eine Einstellung in Outlook 2010, mit der konfiguriert werden kann, ob die Feeds in Outlook mit der Feedliste von Windows synchronisiert werden sollen.

1.   Wechseln Sie zu Outlook.

2.   Öffnen Sie die Registerkarte *Datei* und klicken Sie auf *Optionen*. Wechseln Sie zur Kategorie *Erweitert*.

3.   Prüfen Sie, ob im Abschnitt *RSS-Feeds* das Kontrollkästchen *RSS-Feeds mit der gemeinsamen Feedliste in Windows synchronisieren* eingeschaltet ist. Falls nicht, schalten Sie es ein.

Bild 53.8   Hier können Sie festlegen, dass die Outlook-RSS-Feeds mit der gemeinsamen Feedliste abgeglichen werden sollen

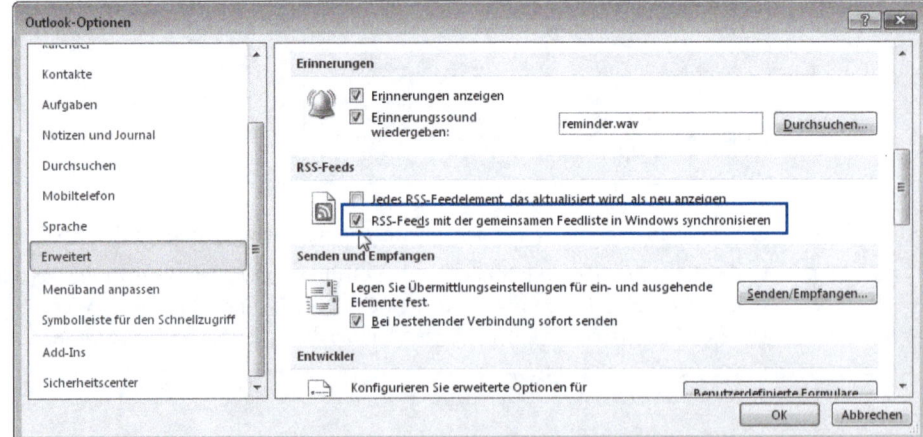

4. Wechseln Sie nun zur Ordnerliste ([Strg]+[6]) und prüfen Sie im Ordner *RSS-Feeds*, ob der in Internet Explorer abonnierte Feed angezeigt wird.

5. Wird der neu abonnierte RSS-Feed nicht angezeigt, beenden Sie Outlook und starten es erneut.

Die oben beschriebenen Schritte brauchen Sie nur einmal vorzunehmen, danach werden die Feeds automatisch synchronisiert.

PROFITIPP | **Weitere RSS-Feeds finden**

Nachdem Sie nun wissen, *wie* Sie RSS-Feeds in Outlook abonnieren und lesen können, hier noch ein paar Tipps dazu, *wo* Sie RSS-Feeds finden, die Sie interessieren könnten. Im Internet gibt es einige Suchwebsites für RSS-Feeds, von denen wir ein paar für Sie herausgesucht haben:

- *http://www.microsoft.com/germany/rss/* RSS-Verzeichnis von Microsoft. Hier finden Sie Feeds zu Microsoft-Produkten und Technologien.

- *http://www.rss-verzeichnis.de, http://www.rss-verzeichnis.net* Zwei deutschsprachige Übersichtswebsites mit einem breiten Spektrum von RSS-Feeds zu den unterschiedlichsten Themen. Trotz der ähnlichen Namen handelt es sich um zwei unterschiedliche RSS-Verzeichnisse.

- *http://www.search4rss.com, http://www.Syndic8.com* Dies sind zwei englischsprachige RSS-Verzeichnisse; bei *www.Syndic8.com* finden Sie auch zahlreiche nicht-englischsprachige RSS-Feeds.

RSS-Feeds konfigurieren

Beim Abonnieren eines neuen RSS-Feeds können Sie verschiedene Konfigurationsoptionen einstellen (siehe Abbildung auf Seite 989), die Sie auch später noch verändern können. Um das Dialogfeld für das Einstellen der RSS-Feedoptionen anzeigen zu lassen, öffnen Sie die Registerkarte *Datei*, klicken auf *Informationen* und dann zweimal auf *Kontoeinstellungen*. Wechseln Sie im Dialogfeld *Kontoeinstellungen* zur Registerkarte *RSS-Feeds*. Markieren Sie in der Liste den RSS-Feed, den Sie konfigurieren wollen, und klicken Sie dann auf *Ändern*. Die folgende Aufzählung beschreibt die wichtigsten Optionen des Dialogfeldes *RSS-Feedoptionen*:

- **Feedname** Legen Sie hier den Anzeigenamen für diesen RSS-Feed fest. Outlook verwendet den Feednamen, um unterhalb des Ordners *RSS-Feeds* einen Ordner für diesen Feed anzulegen.

- **Übermittlungsort** Hier legen Sie fest, in welcher Datendatei und in welchem Ordner die Artikel des RSS-Feeds gespeichert werden sollen. Outlook arbeitet standardmäßig immer nur mit einer Datendatei. Sie können bei Bedarf jedoch weitere Datendateien hinzufügen. Dies wird in Kapitel 49 beschrieben.

- **Automatisch Anlagen für diesen Feed herunterladen** Manche RSS-Nachrichten können auch Anlagen enthalten, beispielsweise dann, wenn es sich um einen Multimedia-Feed handelt. Outlook lädt die Anlagen standardmäßig nicht herunter. Wenn die Anlagen eines Feeds automatisch auf Ihren PC heruntergeladen werden sollen, schalten Sie dieses Kontrollkästchen ein.

■ *Vollständigen Artikel als HTML-Anlage für jedes Element herunterladen* Wenn Sie diese Option einschalten, lädt Outlook sowohl den Inhalt der Feedliste (also die Übersicht über die neuen Artikel) als auch den vollständigen Artikel herunter. Der vollständige Artikel wird der Kurzmeldung in Form einer Anlage als HTML-Datei beigefügt. Sie können dann die Artikel auch lesen, wenn Sie nicht mit dem Internet verbunden sind.

■ *Updatelimit* Viele Herausgeber von RSS-Feeds legen ein Updateintervall fest und bestimmen so, wie oft ein Update des Feeds von ihrer Website heruntergeladen werden kann. Dies wird gemacht, um zu viele Anfragen an die Website zu vermeiden und eine Überlastung zu verhindern.

Wenn Sie versuchen, den Feed häufiger als durch das angegebene Limit vorgesehen auf Updates zu überprüfen, kann der RSS-Herausgeber Ihren Zugriff temporär anhalten oder das RSS-Feedabonnement stornieren. Daher sollten Sie dieses Kontrollkästchen am besten eingeschaltet lassen.

Die Einstellungen, die Sie hier vornehmen, gelten übrigens immer nur für den jeweils in der Liste markierten Feed. Wenn Sie für mehrere Feeds die gleiche Konfiguration vornehmen wollen, müssen Sie dies für jeden RSS-Feed getrennt tun.

RSS-Feed löschen

Nichts ist einfacher als das Löschen eines RSS-Feeds, was sozusagen der Kündigung des Abos entspricht: Markieren Sie in der Ordnerliste des Navigationsbereichs den Feed, den Sie löschen möchten, und drücken Sie ⌜Entf⌟.

Sie können den Feed auch auf der Registerkarte *RSS-Feeds* des Dialogfeldes *Kontoeinstellungen* markieren und dann auf *Entfernen* klicken.

Zusammenfassung

In diesem Kapitel haben Sie ein Feature kennen gelernt, das Outlook seit der Version 2007 untersützt: die RSS-Feeds. Mit RSS-Feeds können Sie auf einer Website, die diese Funktion anbietet, neue Meldungen oder Nachrichten abonnieren, die dann automatisch in Ihrem Outlook-Posteingang angeliefert werden.

■ Am Anfang des Kapitels haben Sie am Beispiel des RSS-Feeds von *tagesschau.de* gesehen, wie einfach es ist, einen RSS-Feed zu abonnieren (Seite 988).

■ Neue Meldungen landen in einem spezieller Ordner unterhalb des Ordners *Posteingang*. Dort können Sie die neuen Meldungen lesen (Seite 990).

■ Die RSS-Unterstützung in Outlook arbeitet mit der RSS-Funktionalität in Internet Explorer 8 eng zusammen. Sie können daher auch in Internet Explorer 8 Feeds abonnieren (Seite 991) und diese dann wahlweise in Outlook 2010 oder in Internet Explorer lesen.

■ Zum Abschluss haben Sie dann noch gesehen, wie Sie RSS-Feeds konfigurieren (Seite 995) und dabei unter anderem festlegen können, ob immer die gesamte Meldung oder nur die Übersicht der neuen Themen heruntergeladen werden soll.

Kapitel 54

Notizen verwenden

Im Vergleich zu Outlook 2003 hat die Notizen-Funktion von Outlook 2010 nur kleine Änderungen erfahren: In früheren Versionen von Outlook konnten Sie einer Notiz sowohl eine Kategorie als auch eine Hintergrundfarbe zuweisen, es gab daher so etwas wie zwei verschiedene Kategorieeinstellungen. Mit den neuen Farbkategorien, die in Outlook 2007 eingeführt wurden, sind diese beiden Möglichkeiten nun zu einer zusammengefasst: Immer wenn Sie einer Notiz eine Farbkategorie zuweisen, erhält diese als Hintergrundfarbe die Farbe der Kategorie. (Informationen dazu, wie Sie die Farbkategorien anpassen können, finden Sie in Kapitel 50.) Des Weiteren können Sie für die Suche nach Notizen die Suchleiste mit der Sofortsuche verwenden, bei der Sie die Suchergebnisse bereits sehen, während Sie die Suchkriterien eingeben.

Dieses Kapitel beschreibt, wie Sie Notizen erstellen, bearbeiten, organisieren, als E-Mail weiterleiten und die verschiedenen Optionen für die Notizen einstellen.

Notizen erstellen und bearbeiten

In Outlook stehen Ihnen kleine, standardmäßig gelbe Notizzettel zur Verfügung, die Sie auf dem Bildschirm verteilen können.

1. Klicken Sie in der Navigationsleiste auf das Symbol *Notizen* oder drücken Sie die Tastenkombination Strg + 5 , um das Modul *Notizen* im Ansichtsbereich anzuzeigen.

2. Doppelklicken Sie in den leeren Bereich der Notizansicht. Dies können Sie auch tun, wenn bereits einige Notizen eingetragen sind. Dabei ist es dann nur wichtig, nicht auf eine der Notizen, sondern im freien Bereich doppelzuklicken.

Bild 54.1   Eine leere Notiz ist geöffnet. Im unteren Bereich des Notizfensters werden das Datum und die Uhrzeit der Notizerstellung angezeigt.

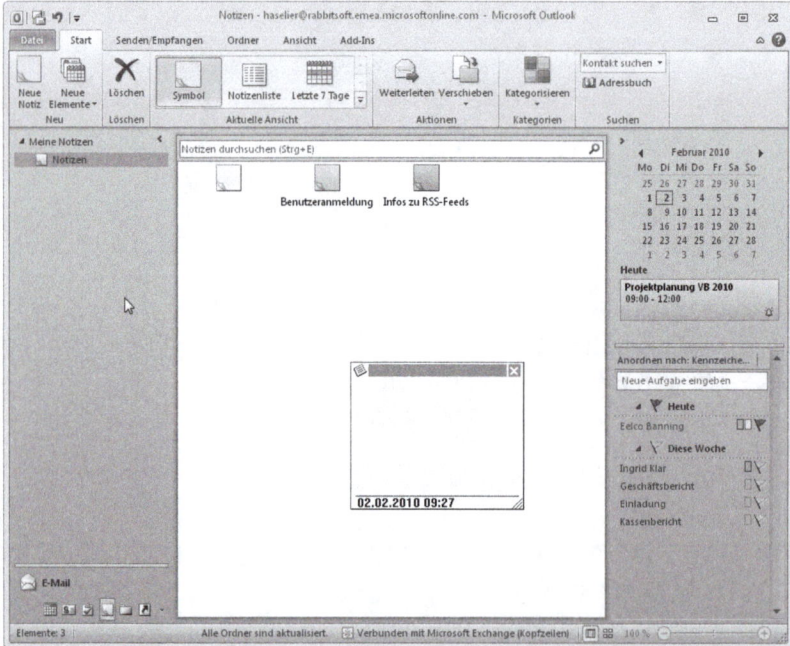

3. Geben Sie Ihre Notiz ein.

| TIPP | **Die erste Zeile der Notiz wird zum Titel** Die erste Zeile der Notiz sollte aussagekräftig sein, da diese später den Betreff der Notiz bildet. Dabei geht die erste Zeile bis zu der Stelle, an der Sie zum ersten Mal die ⏎-Taste drücken (in Abbildung 54.2 wurde erst nach *Renates Lasagne-Rezept ist klasse!* die ⏎-Taste gedrückt). In der Standardansicht bildet der Betreff auch die Bezeichnung, unter der die Notiz abgelegt wird. Von einem längeren Betreff wird hierbei gegebenenfalls nur der erste Teil verwendet. |

Bild 54.2   Ein ausgefülltes Notizfenster

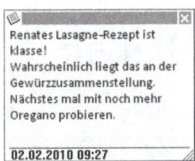

4. Schließen Sie die Notiz mit Klick auf die *Schließen*-Schaltfläche (das x am rechten Rand der Titelleiste des Notizfensters).

Bild 54.3   Die Notiz wird im Ansichtsbereich abgelegt, wenn Sie das Notizfenster schließen. Das Bild zeigt außerdem, wie Sie eine Notiz mit gedrückter Maustaste verschieben können

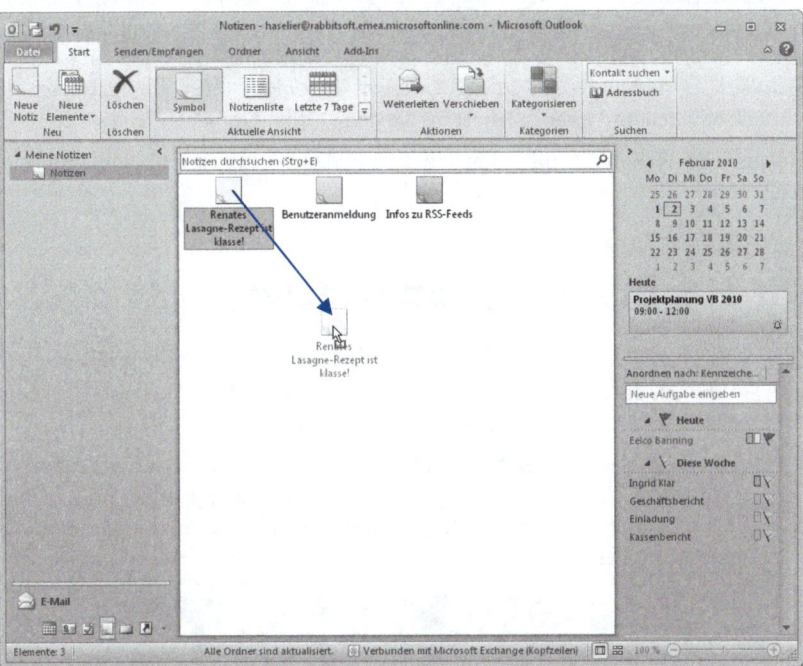

Wenn Sie für den Notizen-Ansichtsbereich die Ansicht *Symbol* ausgewählt haben, können Sie die abgelegten Notizen mit gedrückter Maustaste frei verschieben. Mehr Informationen über die Ansichten für Notizen finden Sie ab Seite 1002.

PROFITIPP

Notiz mit Ziehen und Ablegen erstellen

Sie können eine neue Notiz auch mit Ziehen und Ablegen erstellen und dabei den Text verwenden, den Sie beispielsweise bereits in Word eingegeben haben.

Markieren Sie dazu im Programm, in dem sich der Text befindet, den Sie als Outlook-Notiz ablegen wollen, den gewünschten Text. Ordnen Sie dann beide Programmfenster nebeneinander an. Ziehen Sie anschließend die Markierung aus der Quellanwendung mit gedrückter Maustaste entweder auf die Schaltfläche *Notizen* in der Outlook-Navigationsleiste oder in den Ansichtsbereich des Outlook-Fensters und lassen Sie dann die Maustaste los.

Notiz öffnen, bearbeiten und schließen

Um eine im Notizen-Ansichtsbereich abgelegte Notiz zu öffnen, müssen Sie nur auf die Notiz doppelklicken. Falls Sie an der Notiz Änderungen vorgenommen haben, werden diese beim Schließen der Notiz automatisch gespeichert.

Notiz löschen

Wenn Sie eine Notiz löschen wollen, klicken Sie sie im Ansichtsbereich an, um sie auszuwählen, und klicken dann auf der Registerkarte *Start* die Schaltfläche *Löschen* an. Die gelöschte Notiz wird in den Ordner *Gelöschte Elemente* verschoben. Wenn Sie das Kontrollkästchen *Bei Programmbeendigung Ordner "Gelöschte Elemente" leeren* ausgeschaltet haben (Sie finden es über den Befehl *Optionen* der Registerkarte *Datei* in der Kategorie *Erweitert*), bleibt sie auch nach dem Beenden von Outlook erhalten und zwar so lange, bis Sie den Ordner *Gelöschte Elemente* leeren.

Wollen Sie eine Notiz definitiv löschen, verwenden Sie die Tastenkombination ⬆+Entf, nachdem Sie die zu löschende Notiz markiert haben.

Die Handhabung von Notizen

Mit Notizen können Sie ganz ähnlich umgehen wie mit Windows-Fenstern.

- Sie können die Notiz frei positionieren, indem Sie auf die Titelleiste klicken und die Notiz bei gedrückter Maustaste an die gewünschte Position ziehen.

- Wenn Sie außerhalb der Notiz auf das Outlook-Fenster (oder ein anderes Fenster) klicken, verschwindet die Notiz im Hintergrund. Sie bleibt aber geöffnet und ist in der Taskleiste am unteren Bildschirmrand eingetragen. Mit einem Klick auf die Outlook-Schaltfläche in der Taskleiste und einem weiteren Klick auf die Notiz holen Sie sie wieder in den Vordergrund.

- Zum Ändern der Größe der Notiz klicken Sie auf den Anfasser in der rechten unteren Ecke der Notiz und ziehen ihn bei gedrückter Maustaste, bis die Notiz die gewünschte Größe hat.

Bild 54.4   Die Größe dieses Notizfensters wurde geändert

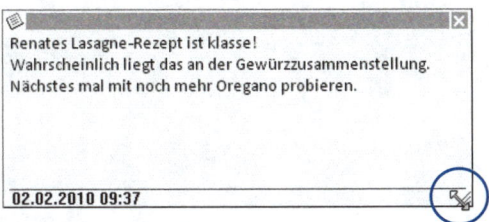

- Mit einem Doppelklick auf die Titelleiste des Notizfensters vergrößern Sie die Notiz auf Vollbild oder verkleinern sie von der Vollbilddarstellung wieder auf die ursprüngliche Größe.

Eine Notiz als E-Mail weiterleiten

Wenn Sie eine Notiz als E-Mail weiterleiten wollen, klicken Sie die Notiz mit der rechten Maustaste an und wählen im Kontextmenü den Befehl *Weiterleiten*.

Bild 54.5   Das Kontextmenü für Notizen

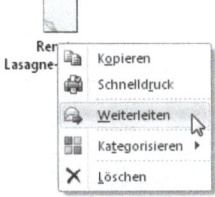

Outlook öffnet dann ein neues Nachrichtenfenster; die aktuelle Notiz wird der E-Mail-Nachricht als Anlage beigefügt. Sie können die neue E-Mail-Nachricht ansonsten wie jede andere E-Mail bearbeiten und formatieren; zum Versenden der Nachricht klicken Sie auf die *Senden*-Schaltfläche.

Wenn Sie selbst eine E-Mail-Nachricht erhalten, die eine Notiz als Anlage enthält, gehen Sie folgendermaßen vor, um die Notiz in Ihrem eigenen *Notizen*-Ordner abzulegen:

1. Öffnen Sie die E-Mail-Nachricht, die die Notiz enthält, indem Sie im Posteingang darauf doppelklicken.

2. Klicken Sie die Notiz im Anlagenfeld an.

Bild 54.6   Speichern einer per E-Mail erhaltenen Notiz

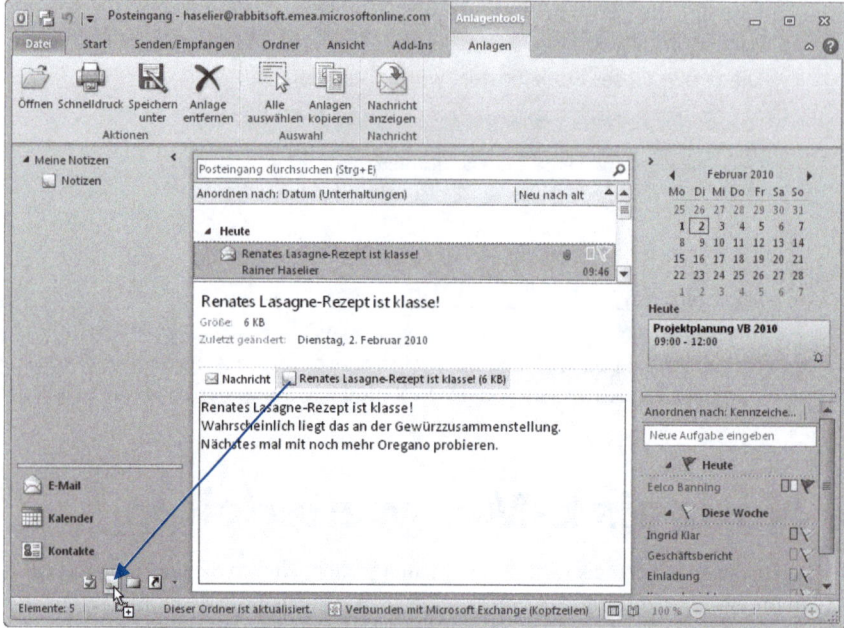

3. Ziehen Sie die Notiz vom Anlagenfeld der E-Mail-Nachricht auf das Symbol *Notizen* in der Navigationsleiste.

Farbkategorie zuweisen

Das Notizen-Modul von Outlook verwendet in der Version 2010 die gleichen Farbkategorien, wie Sie sie auch in allen anderen Modulen von Outlook verwenden können. Das Zuweisen einer Farbkategorie hilft, Notizen leichter wiederzufinden. Sie können einer Notiz entweder sofort bei ihrer Erstellung eine Kategorie zuweisen, indem Sie das kleine Notizsymbol in der linken oberen Ecke des Notizfensters anklicken und den Befehl *Kategorisieren* verwenden. Oder Sie klicken die Notiz nach der Erstellung an und verwenden die Schaltfläche *Kategorisieren* in der Gruppe *Kategorien* (Registerkarte *Start*).

Wenn Sie einer Notiz eine Farbkategorie zuweisen, wird die Farbe der Kategorie als Hintergrundfarbe für die Notiz verwendet und die Standardfarbe der Notiz überschrieben. Sie können einer Notiz auch mehrere Kategorien zuweisen; in diesem Fall wird immer die zuletzt zugewiesene Kategorie als Hintergrundfarbe der Notiz verwendet.

Die Ansichten für Notizen

In der Gruppe *Aktuelle Ansicht* der Registerkarte *Start* stehen Ihnen verschiedene vordefinierte Ansichten für Ihre Notizen zur Verfügung.

- **Symbol** Zeigt große oder kleine Symbole oder eine Liste mit Symbolen an. Jedes Symbol steht für eine Notiz, die farblich gekennzeichnet und mit dem Notiztitel versehen ist.

- **Notizenliste** Zeigt eine mit dem Posteingang vergleichbare Liste mit Notizen an. Jedes Element in der Liste umfasst den Notiztitel, das die Notiz darstellende Farbsymbol, Datum und Uhrzeit der Notizerstellung, die ersten Zeilen der Notiz sowie gegebenenfalls die Kategorie, der die Notiz zugeordnet ist.

- **Letzte 7 Tage** Zeigt nur die in den letzten sieben Tagen erstellten Notizen an.

Die Ansicht Symbol

Wenn Sie auf der Registerkarte *Start* in der Gruppe *Aktuelle Ansicht* die Option *Symbol* auswählen, stehen Ihnen auf der Registerkarte *Ansicht* in der Gruppe *Anordnung* zusätzlich die Optionen *Große Symbole*, *Kleine Symbole* und *Liste* zur Verfügung. Dies zeigt die folgende Abbildung.

Bild 54.7 Die Ansicht *Kleine Symbole*. Die Symbole der Notizen können frei verschoben werden.

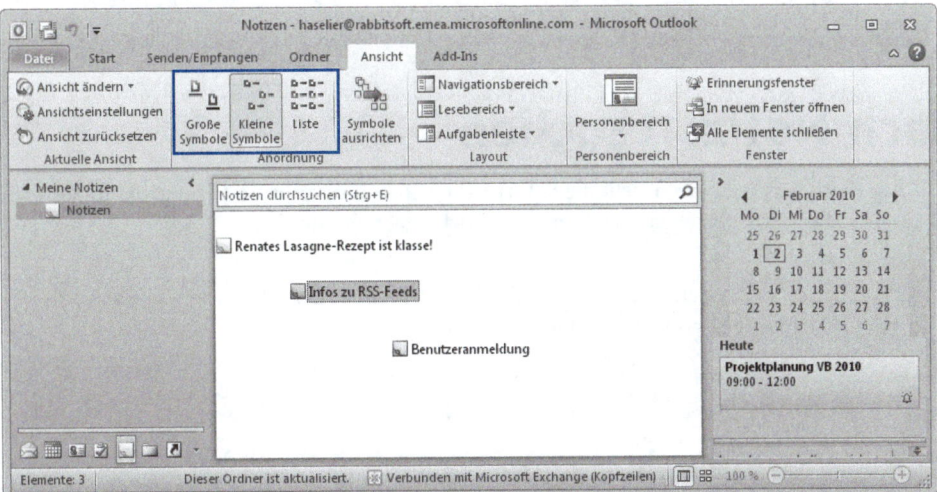

Bei den Symbolansichten können Sie außerdem noch festlegen, ob und wie die Symbole ausgerichtet werden sollen. Um das entsprechende Dialogfeld anzeigen zu lassen, klicken Sie in einer der Symbolansichten mit der rechten Maustaste auf einen freien Bereich des Ansichtsbereichs und wählen im Kontextmenü den Befehl *Andere Einstellungen*. Daraufhin wird das Dialogfeld *Symbolansicht formatieren* angezeigt (siehe Abbildung auf der nächsten Seite).

Bild 54.8 Im Dialogfeld *Symbolansicht formatieren* können Sie neben dem Ansichtstyp auch festlegen, ob und wie die Symbole angeordnet bzw. sortiert werden sollen

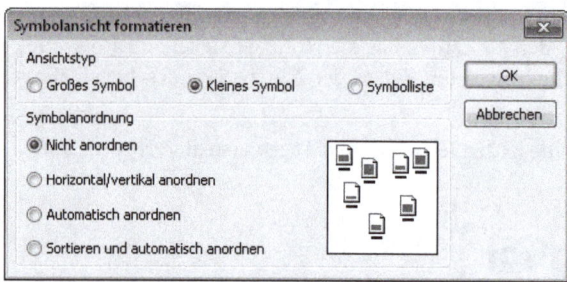

Die drei Optionen im Bereich *Ansichtstyp* entsprechen denen, die Sie auch über die Schaltflächen der Registerkarte *Ansicht* in der Gruppe *Anordnung* auswählen können. Wenn Sie hier *Großes* bzw. *Kleines Symbol* auswählen, können Sie auch eine der Optionen zur Symbolanordnung auswählen. Wenn Sie eine der Optionen zur Symbolanordnung anklicken, zeigt das kleine Vorschaufenster, wie die Anordnung aussieht. Bei der Option *Horizontal/vertikal anordnen* lassen sich die Symbole innerhalb eines unsichtbaren Rasters auf dem Ansichtsbereich verschieben.

Nach Notizen suchen

Auch für die Notizen steht die Sofortsuche von Outlook zur Verfügung, die Ihnen, während Sie die Suchabfrage eingeben, gleichzeitig die Suchergebnisse anzeigt.

Bild 54.9 Mit der Sofortsuche von Outlook 2010 lassen sich auch Notizen sehr viel schneller und einfacher finden als in Outlook 2003

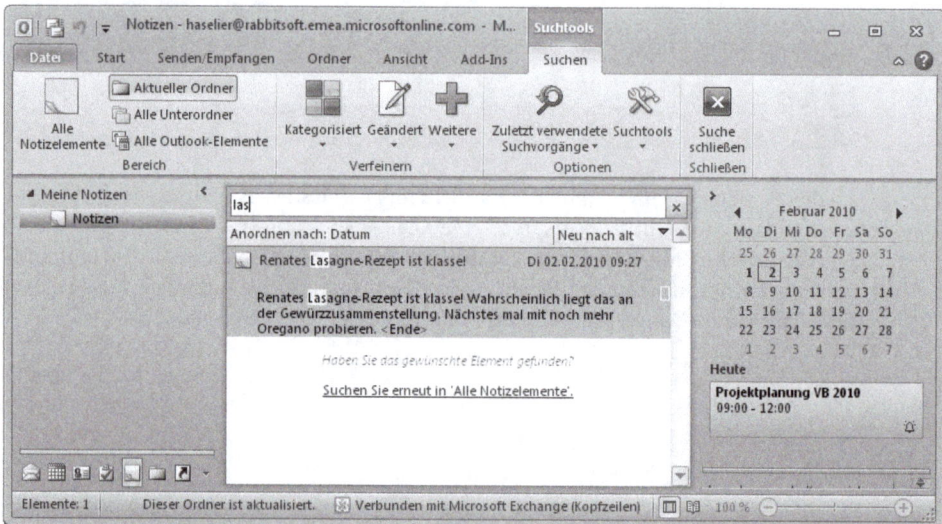

Wenn Sie nach einem bestimmten Wort suchen, das in einer der Notizen vorkommt, geben Sie den Suchbegriff in die Suchleiste am oberen Rand des Ansichtsbereichs ein. Kann Outlook den Suchbegriff finden, werden die betreffenden Notizen angezeigt und die Fundstellen hervorgehoben.

Um die Suche zu verfeinern, können Sie die Schaltflächen der Gruppe *Verfeinern* auf der Registerkarte *Suchtools* verwenden.

- Klicken Sie auf *Kategorisiert* und wählen Sie eine Kategorie aus, um nur die Notizen anzeigen zu lassen, denen die ausgewählte Kategorie zugewiesen wurde.

- Klicken Sie auf *Weitere* und wählen Sie aus, ob Sie beispielsweise gezielt im Betreff, im Text oder nach einem bestimmten Erstellungs- oder Änderungsdatum suchen wollen. Das so ausgewählte Feld wird in das Suchformular eingefügt und Sie können dort das Suchkriterium festlegen.

Optionen für Notizen einstellen

Für die Notizen stehen Ihnen verschiedene Konfigurationsoptionen zur Verfügung. Diese Optionen können Sie anzeigen lassen, indem Sie die Registerkarte *Datei* öffnen, auf *Optionen* klicken und dann im Dialogfeld *Outlook-Optionen* die Kategorie *Notizen und Journal* öffnen.

Bild 54.10   Hier können Sie die Optionen für die Notizzettel ändern

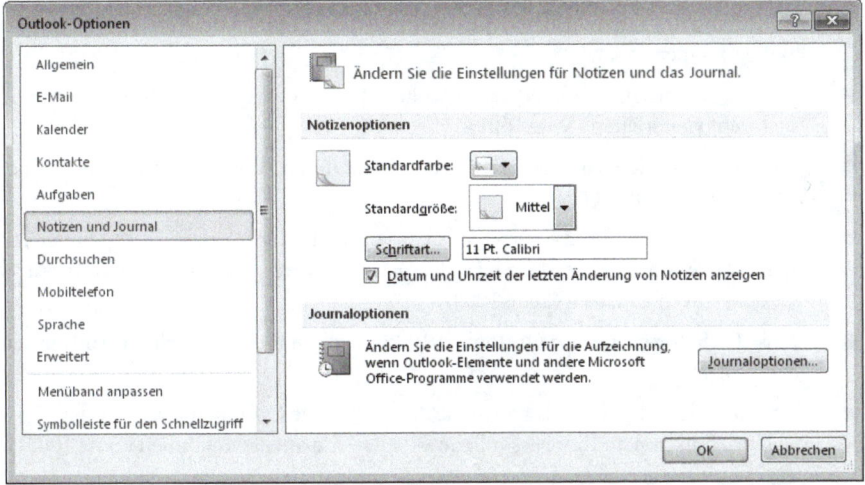

Die drei Einstellungen, die Sie hier vornehmen können und mit denen die Anzeige der Notizen konfiguriert wird, sind:

- **Standardfarbe**   Mit dem Dropdownmenü *Standardfarbe* legen Sie die Hintergrundfarbe für neue und für alle Notizen fest, denen keine Farbkategorie zugewiesen wurde. Fünf verschiedene Hintergrundfarben stehen zur Verfügung.

- **Standardgröße**   Im Listenfeld *Standardgröße* können Sie die Standardgröße für neue Notizen festlegen. Hier stehen Ihnen die Optionen *Klein, Mittel* und *Groß* zur Verfügung. Wenn

Sie die Größe einer Notiz durch Ziehen verändern, merkt sich Outlook für jede Notiz die zuletzt eingestellte Größe des Fensters und stellt diese wieder her, wenn Sie die Notiz erneut öffnen.

■ **Schriftart** Über die Schaltfläche *Schriftart* können Sie die Schriftmerkmale festlegen, die bei allen Notizen verwendet werden sollen. Standardmäßig ist hier wie in früheren Versionen von Outlook die Schriftart Comic Sans in der Größe 10 Punkt voreingestellt. Wenn Sie diese Option anpassen und beispielsweise auch für die Notizen die Schriftart verwenden wollen, die in der Benutzeroberfläche von Outlook 2010 verwendet wird, klicken Sie die Schaltfläche *Schriftart* an und wählen dann im Dialogfeld die Schriftart *Calibri* aus.

Notizen, die derzeit in einem eigenen Fenster geöffnet sind, verwenden so lange die vorher eingestellte Schriftart, bis Sie das Notizfenster schließen und wieder öffnen.

■ **Datum und Uhrzeit** Wenn Sie das Kontrollkästchen *Datum und Uhrzeit der letzten Änderung von Notizen anzeigen* einschalten (das ist die Standardeinstellung), werden in der Infoleiste am unteren Rand des Notizfensters die entsprechenden Informationen angezeigt.

Zusammenfassung

In diesem Kapitel haben Sie die Notizfunktion von Outlook kennen gelernt, die die »gelben Zettel«, die vielleicht auch an Ihrem PC-Bildschirm kleben, ersetzen können. Dank der Outlook-Sofortsuche, die Ihnen auch bei den Notizen zur Verfügung steht, lassen sich dringend benötigte Informationen auch sehr schnell finden. Folgende Themen wurden in diesem Kapitel behandelt:

■ Am Anfang des Kapitels haben Sie gesehen, wie Sie eine neue Notiz erstellen, bearbeiten und löschen können (Seite 998).

■ Notizen, die Sie mit anderen teilen wollen, lassen sich bequem als Anlage zu einer E-Mail-Nachricht weiterleiten (Seite 1001).

■ Die Farbkategorien von Outlook 2010 helfen Ihnen, Ihre Notizen zu organisieren und zu strukturieren (Seite 1002).

■ Außerdem können Sie die verschiedenen vordefinierten Notizenansichten verwenden (Symbole, Notizenliste, Letzte sieben Tage, Nach Kategorie), um die Notizen übersichtlich anzeigen oder filtern zu lassen (Seite 1002).

■ Dank der Sofortsuche von Outlook 2010 können Sie die gewünschten Notizen schnell finden (Seite 1004).

■ Zum Abschluss des Kapitels haben Sie dann noch die Optionen kennen gelernt, mit denen Sie die Notizfunktion an Ihre persönliche Arbeitsweise anpassen können (Seite 1005).

Teil G

OneNote 2010

In diesem Teil:

Kapitel 55

OneNote 2010 kennen lernen

OneNote 2010 liegt die die Idee eines Notizbuches zugrunde, in dem Sie die verschiedensten Informationen eintragen bzw. sammeln können. Zum Beispiel könnten in einem OneNote-Notizbuch Ihre beruflichen Notizen enthalten sein und in einem weiteren Seiten mit privaten Notizen usw. Natürlich wird das Ganze noch mit einer bunten Mischung aus Zetteln, Zeitungsausschnitten, Visitenkarten und Fotos garniert.

Und während so einem kreativen Chaos in der Praxis natürliche Grenzen gesetzt sind – da Sie irgendwann einfach zu viel Zeit mit der Suche nach einer benötigten Notiz verschwenden –, kann OneNote mit einer leistungsfähigen Suchfunktion aufwarten, die selbst handschriftliche Notizen berücksichtigt. Mögliche Einsatzgebiete für OneNote sind z.B.:

- Notizen, Gedanken und Ideen in Besprechungen, Vorträgen und Vorlesungen aufzeichnen

- Material für Recherchen sammeln (z.B. für eigene Vorträge)

- Eigene Vorträge vorbereiten

- Aufgabenlisten anlegen

- Reisenotizen (z.B. Fotos mit kurzen Kommentaren versehen)

Dieses Kapitel stellt die Benutzeroberfläche von OneNote 2010 vor und Sie lernen die verschiedenen Elemente des Arbeitsbereichs kennen. Außerdem werden Sie sehen, wie die OneNote-Notizbücher aufgebaut sind und wie sich diese Struktur im Arbeitsbereich des Programms wiederfinden lässt. Wenn Sie von OneNote 2003 oder 2007 auf OneNote 2010 umsteigen, finden Sie in einem weiteren Abschnitt einen Überblick über die neuen Programmfeatures.

Bild 55.1   Das Programmfenster von OneNote

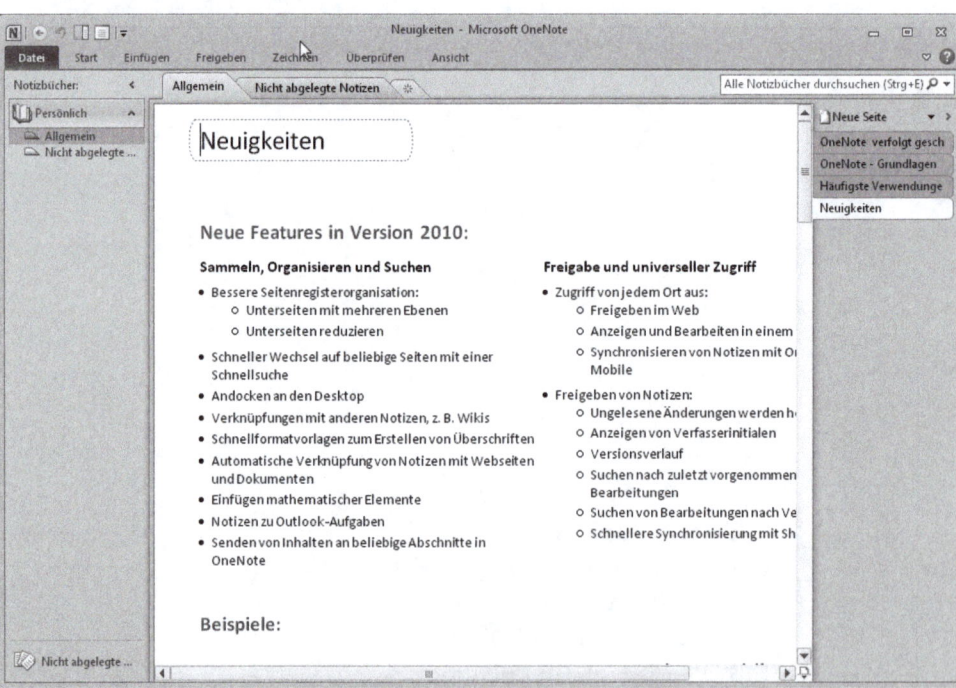

Die Oberfläche von OneNote 2010

Das Programmfenster von OneNote 2010 (siehe Abbildung 55.1) besteht neben dem Menüband aus folgenden Elementen:

■ **Navigationsleiste** An der linken Seite des Fensters befindet sich die Navigationsleiste, wie Sie sie vielleicht auch von Outlook her kennen. Die Navigationsleiste zeigt die Namen der geöffneten Notizbücher an. Jedes Notizbuch kann entweder erweitert oder reduziert dargestellt werden. Wenn es erweitert angezeigt wird, sehen Sie auch die Namen der Abschnitte dieses Notizbuches; wird es reduziert dargestellt, ist lediglich der Name des Notizbuches zu sehen. Um zwischen den beiden Darstellungsarten zu wechseln, klicken Sie die Doppelpfeil-Schaltfläche rechts neben dem Namen des Notizbuches an.

Bild 55.2   Das persönliche Notizbuch wird reduziert dargestellt

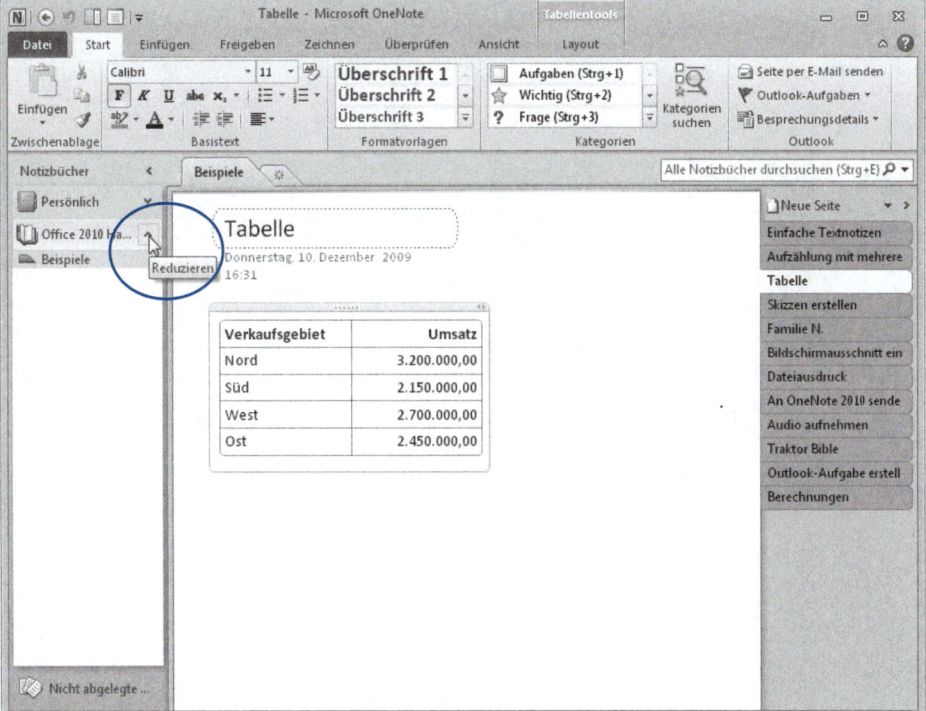

■ **Notizenseite** In der Mitte des Programmfensters befindet Sie die Notizenseite. Dies ist der eigentliche Arbeitsbereich, in dem jeweils eine Seite des virtuellen Notizbuches angezeigt wird. Die einzelnen Seiten sind in sogenannten *Abschnitten* zusammengefasst, die Sie über die Abschnittsregisterkarten am oberen Rand des Arbeitsbereichs anwählen können.

■ **Seitenregister** Im Seitenregister am rechten Rand des Programmfensters werden alle Seiten sowie deren Unterseiten des derzeit geöffneten Abschnitts angezeigt. Um zu einer anderen Seite oder Unterseite zu wechseln, klicken Sie die gewünschte Registerkarte an. Auf den Registerkarten im Seitenregister wird jeweils der Seitentitel der Notizenseite angezeigt.

Navigationsleiste und Seitenregister verkleinern

Sowohl die Navigationsleiste als auch das Seitenregister können verkleinert werden, damit der Arbeitsbereich größer wird und Ihnen so mehr Platz für das Erstellen und Bearbeiten der Notizen zur Verfügung steht. Um die Navigationsleiste bzw. das Seitenregister zu verkleinern, klicken Sie die Schaltfläche mit dem Pfeil an, die sich am oberen Rand der Leiste bzw. des Registers befindet (siehe folgende Abbildung). Wenn die Navigationsleiste verkleinert wurde, wird sie als schmaler Streifen am Fensterrand dargestellt; die Namen der Notizbücher sind weiterhin sichtbar und Sie können ein Notizbuch öffnen, indem Sie den gewünschten Namen anklicken. Zum Wechseln zwischen den Abschnitten können Sie weiterhin die Abschnittsregisterkarten oberhalb der Notizseite verwenden.

Bild 55.3 Die Navigationsleiste und das Seitenregister wurden verkleinert

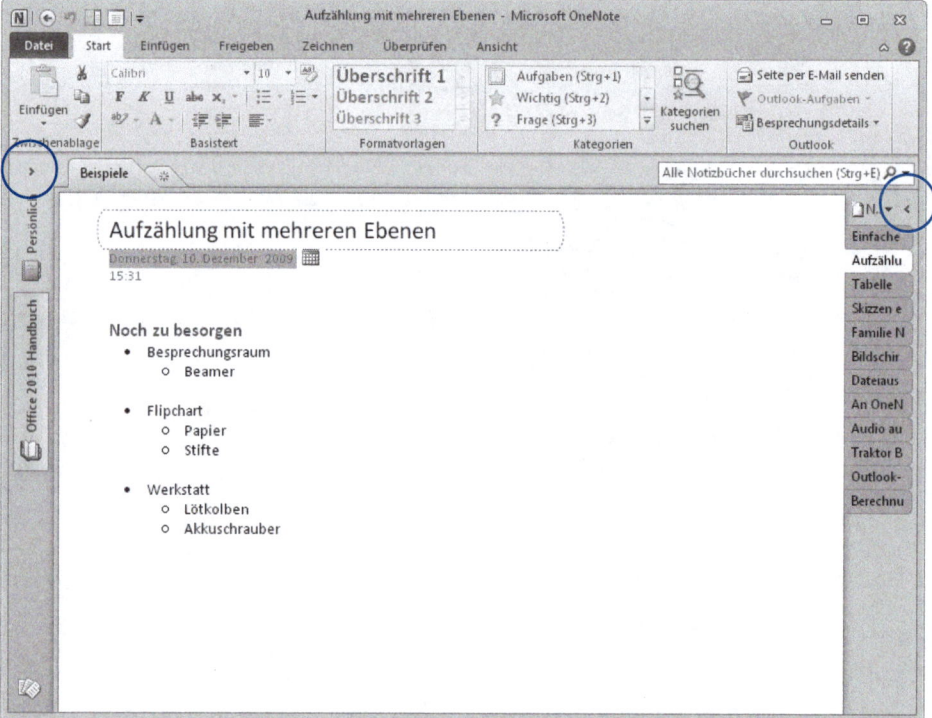

Die Navigationsleiste anpassen

Welche Notizbücher in der Navigationsleiste in welcher Reihenfolge angezeigt werden, lässt sich über das Kontextmenü konfigurieren, das Sie öffnen, indem Sie einen der Notizbuchnamen mit der rechten Maustaste anklicken.

■ Verwenden Sie dann im Kontextmenü den Befehl *Nach oben* bzw. *Nach unten,* um die Position des Notizbuches entsprechend zu ändern.

- Um ein Notizbuch aus der Navigationsleiste zu entfernen, klicken Sie dessen Namen mit der rechten Maustaste an und wählen den Befehl *Dieses Notizbuch schließen.*

- Wenn Sie im Kontextmenü den Befehl *Eigenschaften* anklicken, wird ein Dialogfeld geöffnet, in dem Sie den Anzeigenamen und die Farbe des Notizbuches ändern können.

Weitere Informationen darüber, wie Sie neue Notizbücher erstellen und vorhandene öffnen können, finden Sie in Kapitel 46.

Bild 55.4   Das Kontextmenü für ein Notizbuch, das in der Navigationsleiste angezeigt wird

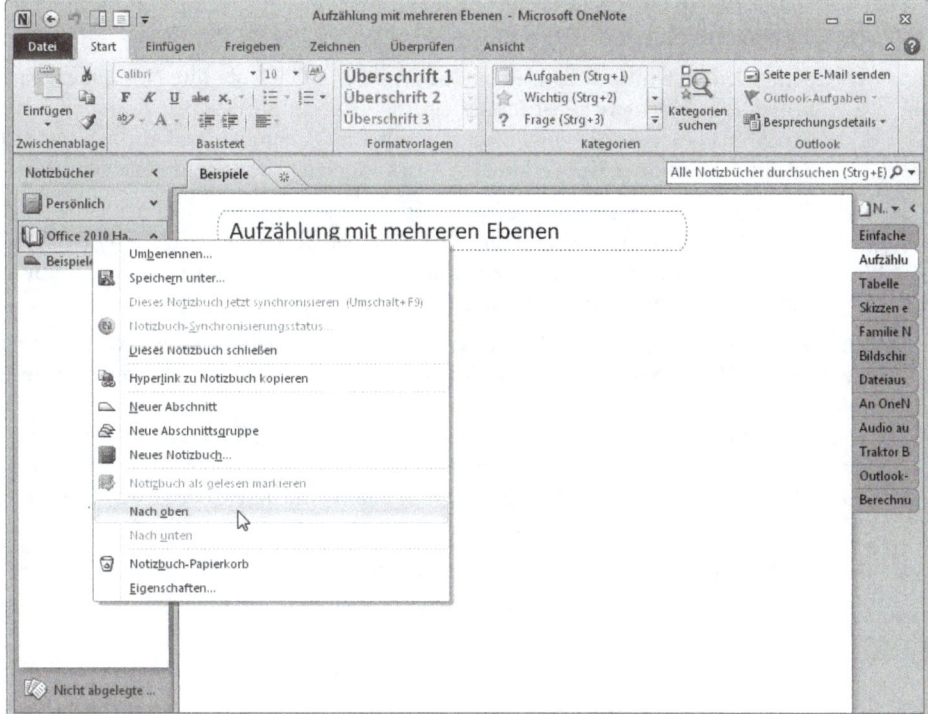

Die Struktur von Notizbüchern

In der Benutzeroberfläche von OneNote spiegelt sich die hierarchische Struktur wider, in der Sie Ihre Informationen in den Notizbüchern ablegen können.

- **Notizbuch**   Auf der obersten Ebene befinden sich die Notizbücher. Diese werden in der Navigationsleiste angezeigt und können mit dem Befehl *Neues Notizbuch* (Registerkarte *Datei, Neu*) erstellt und mit dem Befehl *Notizbuch öffnen* (Registerkarte *Datei, Öffnen*) geladen werden.

- **Abschnitt**   Jedes Notizbuch muss mindestens einen Abschnitt enthalten, da Notizenseiten nur in Abschnitte eingefügt werden können. Wenn ein Notizbuch in der Navigationsleiste erweitert angezeigt wird, können Sie durch Anklicken eines Abschnittsnamens zu einem anderen Abschnitt wechseln. Für das derzeit aktive Notizbuch werden oberhalb der Notizenseite die Abschnittsregisterkarten angezeigt. Einen neuen Abschnitt erstellen Sie, indem Sie in der Navigationsleiste das Notizbuch, das den Abschnitt erhalten soll, mit der rechten Maustaste anklicken und den Befehl *Neuer Abschnitt* wählen oder indem Sie auf die Schaltfläche *Neuen Abschnitt erstellen* klicken, die sich auf der am weitesten rechts stehenden Registerkarte des Abschnittsregisters befindet.

■ **Abschnittsgruppe**   Mit den Abschnittsgruppen steht Ihnen eine weitere Organisationsebene zur Verfügung. Eine Abschnittsgruppe kann Abschnitte enthalten, jedoch keine Notizenseiten selbst. Nachdem Sie über das Kontextmenü der Navigationsleiste eine neue Abschnittsgruppe erstellt haben, müssen Sie in diese Gruppe einen neuen Abschnitt einfügen, in dem Sie dann die Notizen ablegen.

■ **Seite**   Die Seiten sind das Element, in dem Sie in OneNote Ihre Notizen erstellen und bearbeiten. Eine Notizenseite ist immer einem Abschnitt zugeordnet. Zwischen den Seiten eines Abschnitts wechseln Sie am einfachsten mit dem Seitenregister. Dort befindet sich auch eine Schaltfläche, mit der Sie im aktuellen Abschnitt eine neue Seite einfügen können.

■ **Unterseite**   Wenn Sie für eine bestimmte Seite weitere Informationen einfügen, aber die ursprüngliche Seite nicht verändern wollen, können Sie eine neue Unterseite einfügen; so erhalten Sie eine Seitengruppe. Unterseiten lassen sich auch gut verwenden, wenn Sie eine sehr lange Notizenseite in mehrere kurze Seiten aufteilen möchten.

Die OneNote-Notizbücher werden standardmäßig im Ordner *OneNote-Notizbücher* gespeichert, der während der Installation von OneNote unterhalb des Ordners mit Ihren eigenen Dateien (bei Windows 7 der Ordner *C:\Benutzer\[Benutzername]\Dokumente)* erstellt wird. Den Standardspeicherort können Sie ändern, indem Sie die Registerkarte *Datei* öffnen, auf *Optionen* klicken und dann im Dialogfeld *OneNote-Optionen* zur Kategorie *Speichern und Sichern* wechseln. Markieren Sie in der Liste *Speichern* den Eintrag *Notizbuch-Standardspeicherort* und klicken Sie auf *Ändern*.

Bild 55.5   Ändern des Standardspeicherortes für Notizbücher im Dialogfeld *OneNote-Optionen*

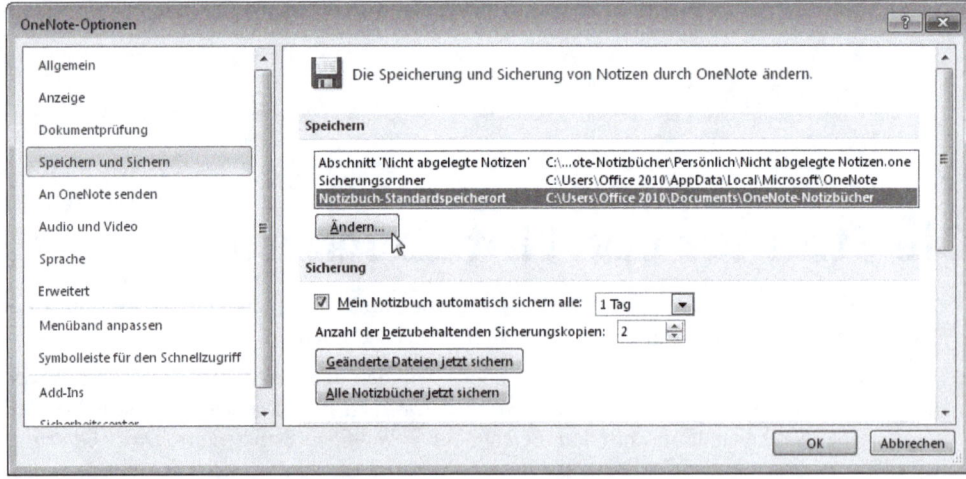

Wenn Sie OneNote das erste Mal starten, wird in der Navigationsleiste ein persönliches Notizbuch angezeigt. Es enthält bereits einige Abschnitte zu verschiedenen Kategorien. Die Abschnitte wiederum enthalten Seiten, auf denen Sie Tipps und Hinweise dazu finden, welche Art von Informationen Sie dort ablegen können.

Kapitel 46 beschreibt ausführlich, wie Sie in OneNote neue Notizbücher erstellen, wie Sie Abschnittsgruppen und Abschnitte verwenden und welche Möglichkeiten Ihnen mit Seitenvorlagen zur Verfügung stehen.

Neue Features in OneNote 2010

Wenn Sie den Abschnitt zur Benutzeroberfläche von OneNote 2010 gelesen und Sie vorher bereits OneNote 2003 verwendet haben, werden Ihnen einige der Neuerungen bereits aufgefallen sein (wie die neue Navigationsleiste und die Unterstützung von mehreren gleichzeitig geöffneten Notizbüchern). Dieser Abschnitt macht Sie stichwortartig mit den wichtigsten Änderungen und neuen Features vertraut; ausführliche Schritt-für-Schritt-Anleitungen finden Sie in den weiteren Kapiteln zu OneNote.

- **Mehrere Notizbücher verwenden** Seit OneNote 2007 können Sie mehrere Notizbücher gleichzeitig öffnen und Informationen zwischen den Notizbüchern austauschen. Verwenden Sie mehrere Notizbücher, wenn Sie beispielsweise an verschiedenen Projekten arbeiten, um so die Informationen übersichtlicher zu organisieren.

- **Notizbücher auf mehreren Computern verwenden** Wenn Sie auf Ihre OneNote-Notizbücher von mehreren Computern aus zugreifen wollen, legen Sie die Notizbuchdatei in Ihrem Netzwerk in einem freigegebenen Ordner ab, auf den jeder Computer zugreifen kann, und öffnen dann das Notizbuch unter dieser freigegebenen Adresse.

- **Notizbücher im Web verwenden** Alternativ können Sie Ihre OneNote-Notizbücher auch im Web auf Windows Live SkyDrive speichern. Dadurch steht Ihr Notizbuch überall auf jedem beliebigen Computer zur Verfügung. Außerdem können Sie die OneNote-WebApp verwenden und so auf Ihre Notizbücher mit einem Webbrowser zugreifen und zwar selbst dann, wenn auf dem betreffenden Computer OneNote 2010 nicht installiert ist.

- **Sofortsuche** Die Suchfunktionen von OneNote wurden erheblich verbessert und verwenden jetzt die Windows-Desktopsuche. Im Unterschied zu OneNote 2007 zeigt OneNote 2010 die Suchergebnisse bereits während der Eingabe der Suchbegriffe an. Im Arbeitsbereich des OneNote-Fensters finden Sie das Feld *Alle Notizbücher durchsuchen,* in das Sie die Suchbegriffe eingeben können. Während der Eingabe der Suchbegriffe blendet OneNote das Fenster *Suchergebnisse* ein. Klicken Sie dort die gewünschte Seite an, um sie zu öffnen. Gleichzeitig wird das Fenster *Suchergebnisse* geschlossen.

Wenn die Suchergebnisse weiterhin geöffnet sein sollen, klicken Sie im unteren Bereich des Fensters auf *Suchergebnisbereich* öffnen. OneNote blendet dann den Aufgabenbereich *Suchergebnisse* ein, den Sie in der folgenden Abbildung sehen.

Beispiel für die Anzeige der Suchergebnisse der Sofortsuche

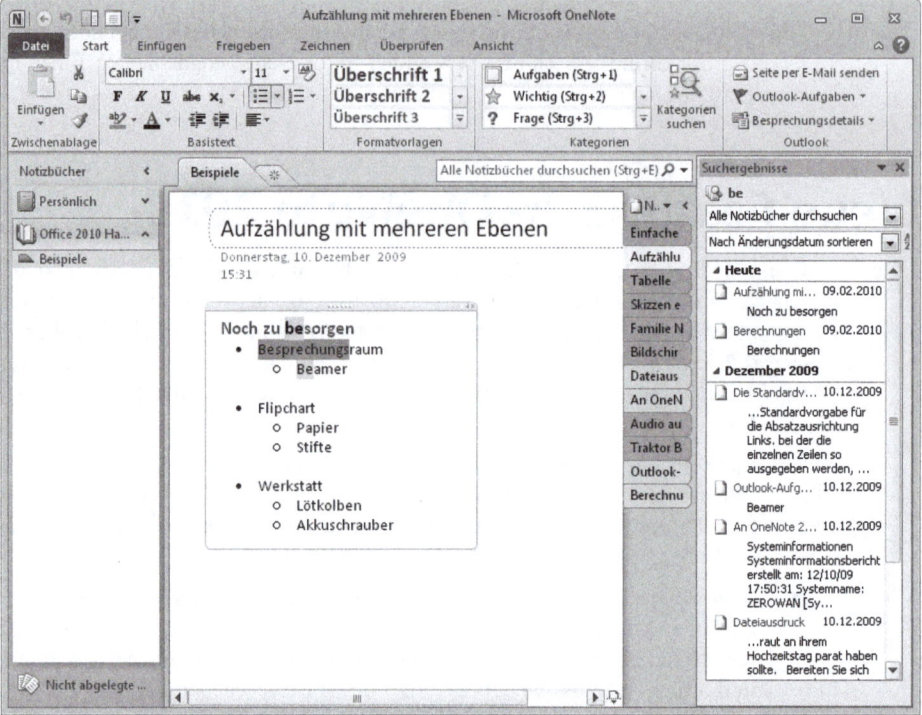

- **Vereinfachte Navigation in Notizbüchern** In der neuen Navigationsleiste können Sie alle Notizbücher, Abschnittsgruppen, Abschnitte und Seiten rasch anzeigen, darauf zugreifen und anschließend wieder ausblenden, um die Bildschirmfläche anderweitig zu nutzen.

- **Webseiten in OneNote ablegen** Im *Extras*-Menü des Internet Explorer finden Sie den Befehl *An OneNote senden,* mit dem Sie entweder die markierte Auswahl oder die gesamte Webseite an OneNote senden und so die Ergebnisse Ihrer Webrecherchen dort ablegen können.

- **Hyperlinks** Sie können ein eigenes Inhaltsverzeichnis für beliebige Notizbuchabschnitte erzeugen, indem Sie Hyperlinks erstellen, die zu anderen Seiten in Ihrem Notizbuch führen.

- **Dateianlagen** Sie können in Notizenseiten Dateien einfügen und so projektbezogene Informationen an einer zentralen Stelle aufbewahren. Die eingefügte Datei wird auf der Notizenseite als Symbol dargestellt; ein Doppelklick auf das Symbol reicht aus, um die Datei zum Bearbeiten zu öffnen.

- **Tabellen** Seit OneNote 2007 können Sie auch Tabellen verwenden, wie Sie es beispielsweise von Word her gewohnt sind, und so die Informationen besser und übersichtlicher organisieren. Es ist ganz einfach, Zeilen, Spalten und Zellen hinzufügen und zu löschen.

- **Zeichenwerkzeuge** Auf der Registerkarte *Zeichnen* stehen Ihnen zahlreiche Werkzeuge zur Verfügung, die Sie verwenden können, um beispielsweise eine Skizze zu erstellen. Linien und Formen können direkt auf der Seite gezeichnet, gedreht und dupliziert werden.

Bild 55.7   Die Werkzeuge der Registerkarte *Zeichnen*

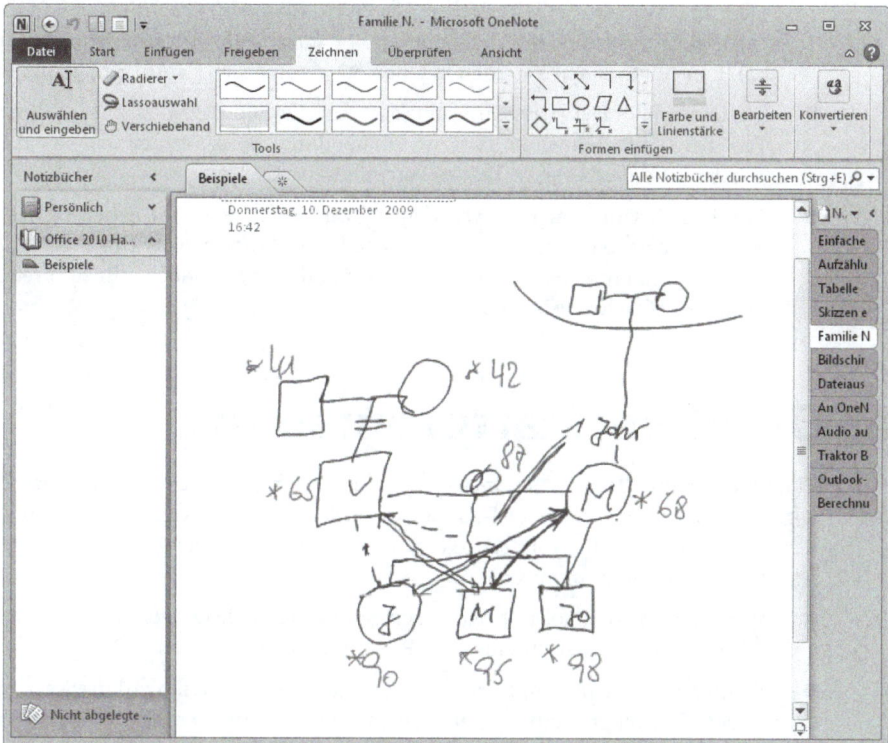

■ **Rechner**   Während Sie Ihre Notizen erstellen, können Sie den integrierten Rechner verwenden, um einfache Berechnungen durchzuführen, ohne dazu die Seite verlassen zu müssen. Geben Sie beispielsweise 1453+213= ein und drücken Sie nach der Eingabe des Gleichheitszeichens die Leertaste. OneNote fügt dann das Ergebnis der Berechnung ein.

■ **Notizbücher freigeben**   Wenn Sie mit anderen gemeinsam an einem Projekt arbeiten, können Sie für dieses Projekt ein eigenes Notizbuch erstellen, dieses an einer freigegebenen Netzwerkadresse speichern und so den anderen Teammitgliedern Zugriff auf das Notizbuch gewähren. Freigegebene Notizbücher ermöglichen die aktive Zusammenarbeit mit anderen Benutzern und eignen sich als aktueller Informationsspeicher für die Beiträge aller Benutzer.

■ **Automatische Synchronisierung von Notizbüchern**   OneNote synchronisiert die Änderungen verschiedener Autoren an den Seiten eines freigegebenen Notizbuches und führt sie automatisch zusammen, selbst bei zeitweise getrennter Netzwerkverbindung.

■ **Notizen in unterschiedlichsten Formaten speichern**   Auch Benutzern, die OneNote 2010 nicht verwenden, können Sie Ihre Notizen zur Verfügung stellen, indem Sie einzelne Notizenseiten per E-Mail versenden oder komplette Notizbücher auf einer Website veröffentlichen.

■ **Senden von Outlook-E-Mail an OneNote**   Sie können eine Outlook-E-Mail-Nachricht nach OneNote exportieren und so wichtige Informationen an einer zentralen Stelle verwalten.

■ **Integration mit Outlook-Aufgaben**   Kennzeichnen Sie wichtige Notizen in OneNote und synchronisieren Sie sie dann mit den Outlook-Aufgaben und -Erinnerungen, um stets den Überblick über wichtige Projekte zu behalten.

■ **Unterstützung von Office-Dokumenten** Wenn Sie keine Verknüpfungen mit Informationen an anderer Stelle erstellen möchten, können Sie Microsoft Office-Dokumente, -Arbeitsmappen und -Präsentationen problemlos in Ihre Notizen einfügen und kommentieren. Eingefügte Dateien werden in OneNote automatisch als Anlagen gespeichert.

■ **Lassoauswahl** Der Lassoauswahlmodus in OneNote ermöglicht es Ihnen, mithilfe des Tablet-PC-Stifts schnell und präzise Freihandlinien auszuwählen und so das Formatieren von Text bzw. Konvertieren in Text zu vereinfachen.

■ **Textformatierung mit Formatvorlagen** Zur einfacheren Formatierung von Notizen stehen einfache Formatvorlagen für verschiedene Überschriftsebenen, Zitate usw. zur Verfügung, die zwar nicht so komplex wie in Word sind, mit denen Sie jedoch schnell Ihren Notizen ein einheitliches Aussehen geben können.

Das OneNote-Startprogramm

Während der Installation von OneNote wird im Infobereich der Taskleiste das OneNote-Symbol abgelegt, über das Sie eine neue Randnotiz erstellen oder eine Audioaufzeichnung starten können, ohne hierzu vorher OneNote starten zu müssen. Dieses Symbol wird OneNote-Bildschirmausschnitt- und Startprogramm genannt.

■ Wenn Sie das Symbol mit der linken Maustaste anklicken, wird die Standardaktion ausgeführt und das Fenster für eine neue Randnotiz geöffnet.

■ Wenn Sie das Symbol mit der rechten Maustaste anklicken, wird das Kontextmenü geöffnet, in dem Sie weitere Aktionen auswählen und das Verhalten des Symbols konfigurieren können.

Bild 55.8 Das Kontextmenü des OneNote-Symbols im Infobereich der Taskleiste

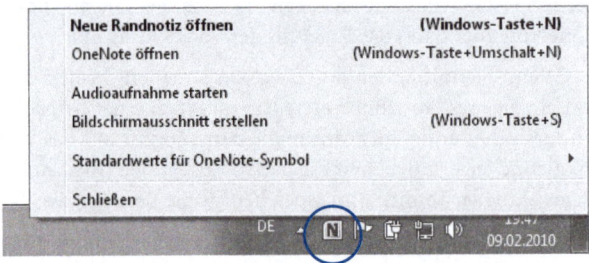

Folgende Befehle stehen Ihnen im Kontextmenü zur Verfügung:

■ **Neue Randnotiz öffnen** Dies ist die Standardaktion, die ausgeführt wird, wenn Sie das Symbol mit der linken Maustaste anklicken. (Die konfigurierte Standardaktion wird im Kontextmenü in fetten Buchstaben dargestellt.) Bei einer Randnotiz handelt es sich um ein kleines Fenster, in das Sie Notizen eingeben und einfügen können, ohne dazu OneNote starten zu müssen. Randnotizen werden im Abschnitt für nicht abgelegte Notizen gespeichert, den Sie über die Navigationsleiste öffnen können. Von dort aus können Sie die Notiz später in den gewünschten Notizbuchabschnitt ziehen.

■ **OneNote öffnen** Mit diesem Befehl wird OneNote gestartet.

- **Audioaufnahme starten**   Dieser Befehl startet eine Audioaufnahmesitzung. Hierbei wird ein im Computer integriertes oder ein extern angeschlossenes Mikrofon verwendet, ohne zuvor OneNote zu starten. Die fertige Audioaufzeichnung wird in einer neuen Randnotiz abgelegt, die dann im Abschnitt für nicht abgelegte Notizen gespeichert wird.

- **Bildschirmausschnitt erstellen**   Mit diesem Befehl können Sie einen Bildschirmausschnitt »fotografieren«, indem Sie mit der Maus ein Rechteck aufziehen, um so den gewünschten Bereich festzulegen. Standardmäßig wird der Bildschirmausschnitt auf einer neuen Seite im Abschnitt für nicht abgelegte Notizen abgelegt, von wo aus Sie ihn in Ihre Notizen verschieben oder kopieren können.

- **Standardwerte für OneNote-Symbol**   Über diesen Befehl können Sie die Aktion festlegen, die durch das Anklicken des Symbols mit der linken Maustaste ausgelöst werden soll.

- **Schließen**   Entfernt das Symbol für das OneNote-Bildschirmausschnitt- und Startprogramm aus dem Infobereich der Taskleiste.

TIPP   Wenn Sie das OneNote-Symbol im Infobereich der Windows-Taskleiste deaktiviert haben, müssen Sie es wieder aktivieren, bevor Sie es konfigurieren können: Öffnen Sie dazu die Registerkarte *Datei* und klicken Sie auf *Optionen*. Wechseln Sie dann im Dialogfeld *OneNote-Optionen* zur Kategorie *Anzeigen* und schalten Sie das Kontrollkästchen *Symbol für OneNote im Infobereich der Taskleiste anzeigen* ein.

Zusammenfassung

OneNote 2010 will Sie dabei unterstützen, den Informationsüberfluss zu organisieren. Dieses Kapitel hat Ihnen einen ersten Überblick über OneNote 2010 verschafft.

- Im Programmfenster von OneNote 2010 können Sie mehrere Notizbücher anzeigen lassen und in der Navigationsleiste das Notizbuch auswählen, das Sie verwenden möchten. Im Seitenregister können Sie die Seite auswählen, die Sie ansehen wollen, oder mit der Schaltfläche *Neue Seite* eine neue Notizenseite erstellen (Seite 1011).

- Die Navigationsleiste und das Seitenregister können verkleinert werden und Sie können festlegen, welche Notizbücher in welcher Reihenfolge in der Navigationsleiste angezeigt werden (Seite 1012).

- OneNote-Notizbücher können die folgenden Elemente enthalten: Abschnittsgruppen, Abschnitte, Seiten und Unterseiten (Seite 1013).

- OneNote 2010 hält eine Reihe von interessanten und nützlichen neuen Features bereit. Eine Übersicht über die neuen Merkmale stellt der Abschnitt ab Seite 1015 bereit.

- Im Infobereich der Taskleiste wird das OneNote-Bildschirmausschnitt- und Startprogramm angezeigt. Sie haben gesehen, welche Befehle Ihnen dort zur Verfügung stehen und wie Sie das Startprogramm an Ihre Anforderungen anpassen können (Seite 1018).

Kapitel 56

Notizen erstellen

In diesem Kapitel:

In diesem Kapitel dreht sich alles um das Erstellen von Notizen. Beim Erstellen Ihrer Notizen gewährt Ihnen OneNote nahezu vollständige Handlungsfreiheit. Auf den Seiten Ihres OneNote-Notizbuches können Sie Ihre Notizen wie bei einer Pinnwand beliebig positionieren und anordnen. Die einzelnen Notizen dürfen sich auch überlappen und haben nicht die Tendenz, andere Notizen zu verdrängen.

Um das Speichern Ihrer Notizen müssen Sie sich übrigens nicht selbst kümmern. Das erledigt OneNote automatisch für Sie. Sie können sich also ganz auf Ihre Arbeit konzentrieren.

Wenn Sie einige der Möglichkeiten ausprobieren wollen, können Sie die Beispiel-Notizbücher von OneNote verwenden. Klicken Sie dazu in der Navigationsleiste den Abschnitt an, in den Sie eine Notizenseite einfügen wollen, und klicken Sie dann im Seitenregister auf die Schaltfläche *Neue Seite*. Wie Sie selbst eigene Notizbücher und Abschnitte erstellen, ist in Kapitel 57 beschrieben.

Einfache Textnotizen erstellen und bearbeiten

Das Erstellen einer Textnotiz ist in OneNote denkbar einfach:

1. Wechseln Sie im Notizbuch zu der Seite, auf der Sie die Notiz eintragen möchten.

2. Klicken Sie auf eine beliebige Stelle der Seite.

3. Geben Sie den gewünschten Text ein.

PROFITIPP

Datum und Uhrzeit eingeben

Wenn Sie OneNote benutzen, um ein Protokoll zu erstellen oder um Notizen über den Verlauf eines Telefongesprächs anzulegen, werden Sie häufig das aktuelle Datum bzw. die aktuelle Uhrzeit eingeben. Dies geht am schnellsten, wenn Sie eine der folgenden Tastenkombinationen verwenden:

■ ⇧+Alt+D   fügt das aktuelle Datum (date) ein

■ ⇧+Alt+T   fügt die aktuelle Uhrzeit (time) ein

■ ⇧+Alt+F   fügt das aktuelle Datum inkl. Uhrzeit ein (full time)

Der eingegebene Text wird von OneNote in einen sogenannten *Notizencontainer* aufgenommen, dessen Größe sich automatisch an die eingegebene Textmenge anpasst. Wenn der rechte Rand des Containers den rechten Seitenrand erreicht, nimmt OneNote automatisch einen Zeilenumbruch vor. OneNote unterstützt dabei allerdings keine Silbentrennung.

Bild 56.1   Eine einfache Textnotiz

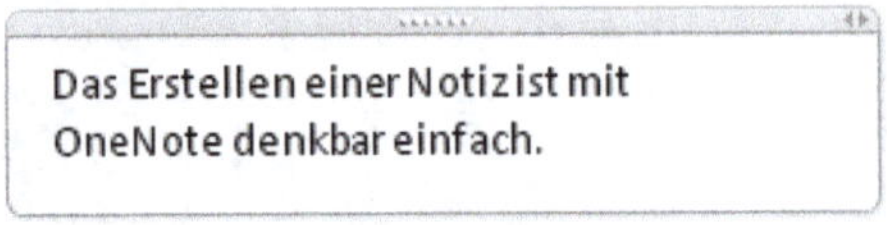

Das Erstellen einer Notiz ist mit
OneNote denkbar einfach.

Den Container können Sie anschließend an seiner Titelleiste beliebig auf der Seite verschieben. In der Titelleiste befinden sich zudem noch zwei kleine Pfeile, mit denen Sie die Breite des Containers einstellen können, indem Sie sie mit der Maus nach links oder rechts ziehen.

> **TIPP** Wenn Sie die Darstellung der Container als störend empfinden, können Sie deren Anzeige ganz unterdrücken. Klicken Sie dazu auf die Registerkarte *Datei* und dann auf *Optionen*. Wechseln Sie zur Kategorie *Anzeige* und schalten Sie das Kontrollkästchen *Notizencontainer auf Seite anzeigen* aus. Beachten Sie, dass das Verschieben des Textes deutlich umständlicher wird, wenn Sie die Anzeige der Notizencontainer ausschalten.

Absätze

OneNote verwaltet den Text einer Notiz in Absätzen, wie Sie sie auch von Word her kennen. Diese Ähnlichkeit kommt natürlich nicht von ungefähr, schließlich gehört OneNote zur Office-Familie und soll daher möglichst reibungslos mit den anderen Familienmitgliedern zusammenarbeiten.

Wenn Sie den Mauszeiger über einen Text bewegen, taucht links neben dem Text ein kleines quadratisches Symbol auf. Dabei handelt es sich um das sogenannte *Absatzhandle*, mit dem Sie den zugehörigen Absatz z.B. markieren oder verschieben können.

Um einen neuen Absatz zu erstellen, drücken Sie einfach die ⏎-Taste. Wenn Sie lediglich eine neue Zeile beginnen wollen, drücken Sie stattdessen – genau wie bei Word – die Tastenkombination ⇧ + ⏎.

Text verschieben

Um den Text einer Notiz zu verschieben, stehen Ihnen mehrere Möglichkeiten zur Verfügung:

■ Innerhalb eines Notizencontainers können Sie den Text per Drag & Drop verschieben, genau wie Sie es von Word gewohnt sind. Auf den automatischen Leerzeichenausgleich von Word müssen Sie allerdings verzichten.

■ Um einen gesamten Absatz zu verschieben, ziehen Sie sein Absatzhandle (das kleine Quadrat mit dem Vierfachpfeil) an die gewünschte neue Position.

Bild 56.2   Verschieben eines Absatzes

Das Erstellen einer Notiz ist mit
OneNote denkbar einfach.

Diese Notiz soll in einen eigenen Container.

■ Wenn Sie einen Text aus einem Notizencontainer herausziehen, entsteht dadurch automatisch ein neuer Container (siehe Bild auf der nächsten Seite).

OneNote 2010

Bild 56.3 Absatz aus einem Notizencontainer herausziehen

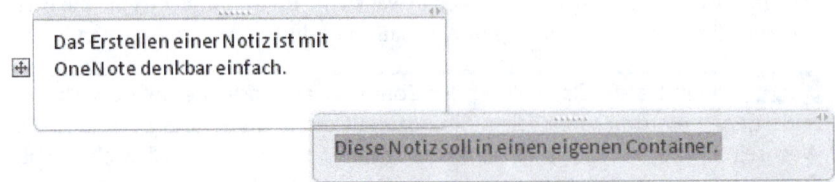

Verbinden von Containern verhindern

Wenn Sie einen Text oder einen Notizencontainer auf einen anderen Container schieben, fasst OneNote die beiden Objekte in einen gemeinsamen Container zusammen. Wenn Sie dies verhindern wollen, halten Sie beim Verschieben einfach die Alt-Taste gedrückt. Auf diese Weise können Sie Ihre Notizencontainer flexibel positionieren, ohne dass es zu unerwünschten Verschmelzungen kommt.

Text formatieren

Den Text einer Notiz können Sie mit verschiedenen Formatierungsmerkmalen versehen, dazu gehören neben Schriftart und Schriftgrad auch die Schriftfarbe sowie verschiedene Textauszeichnungen wie fett, kursiv und unterstrichen. Die Formatierungen können Sie entweder per Tastenkombinationen, mit der Minisymbolleiste, wie sie auch in den anderen Office-Anwendungen verwendet wird, oder mit den Schaltflächen der Gruppe *Basistext* auf der Registerkarte *Start* zuweisen

1. Markieren Sie zunächst den Text, den Sie formatieren möchten. Wenn Sie lediglich ein einzelnes Wort formatieren wollen, genügt es, wenn sich die Einfügemarke innerhalb des Wortes befindet.

2. Führen Sie eine der folgenden Aktionen durch:

    ■ Zeigen Sie mit dem Mauszeiger auf die Markierung und bewegen Sie den Zeiger dann auf die Minisymbolleiste. Nehmen Sie dort die gewünschte Formatierung vor.

    ■ Klicken Sie auf die Registerkarte *Start* und nehmen Sie die gewünschte Formatierung mit den Schaltflächen der Befehlsgruppe *Basistext* vor.

    ■ Wenn Sie einen kompletten Absatz formatieren wollen, klicken Sie auf die Registerkarte *Start* und wählen in der Gruppe *Formatvorlagen* die gewünschte Formatvorlage aus.

    ■ Drücken Sie eine der Tastenkombinationen zur Formatierung.

Die von OneNote verwendeten Tastenkombinationen sind mit den entsprechenden Tastenkombinationen in Word identisch. Eine Übersicht der Tastenkombinationen finden Sie in Tabelle 7.3 auf Seite 153. Bitte beachten Sie, dass nicht alle Zeichenformatierungen aus Word auch in OneNote zur Verfügung stehen.

Bild 56.4   Die Befehlsgruppen *Basistext* und *Formatvorlagen* der Registerkarte *Start*

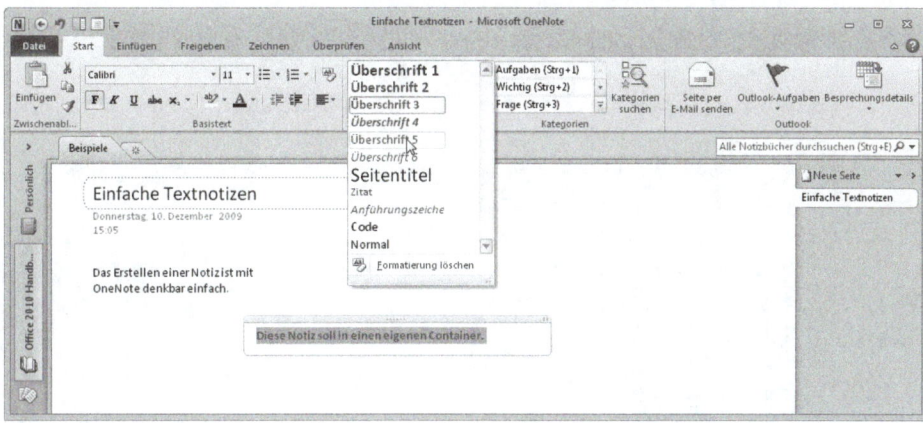

Nummerierte Listen und Aufzählungen

OneNote kennt zwei verschiedene Arten von Listen: Aufzählungen und nummerierte Listen, die beide aus maximal sechs Ebenen bestehen können.

Zum Erstellen solcher Listen gehen Sie folgendermaßen vor:

1. Geben Sie den ersten Eintrag der Liste ein. Wenn Sie eine nummerierte Liste erstellen wollen, geben Sie zu Beginn **1.** ein, bei einer Aufzählung können Sie ein Minuszeichen oder ein Sternchen verwenden. Drücken Sie anschließend die ⇥-Taste. OneNote weist dann automatisch das entsprechende Listenformat zu.

2. Wenn Sie die von OneNote vorgegebene Nummerierung bzw. das verwendete Aufzählungszeichen ändern möchten, können Sie dazu die Dropdownmenüs der Schaltflächen *Nummerierung* bzw. *Aufzählungszeichen* auf der Registerkarte *Start* verwenden.

Bild 56.5   Auswahl der Nummerierungsart und des Aufzählungszeichens

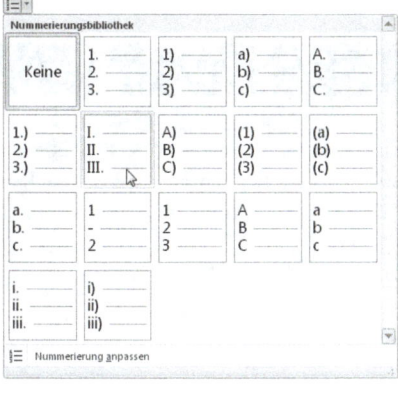

Bild 56.6 Eine Auflistung mit mehreren Ebenen und der Aufgabenbereich *Nummerierung anpassen*

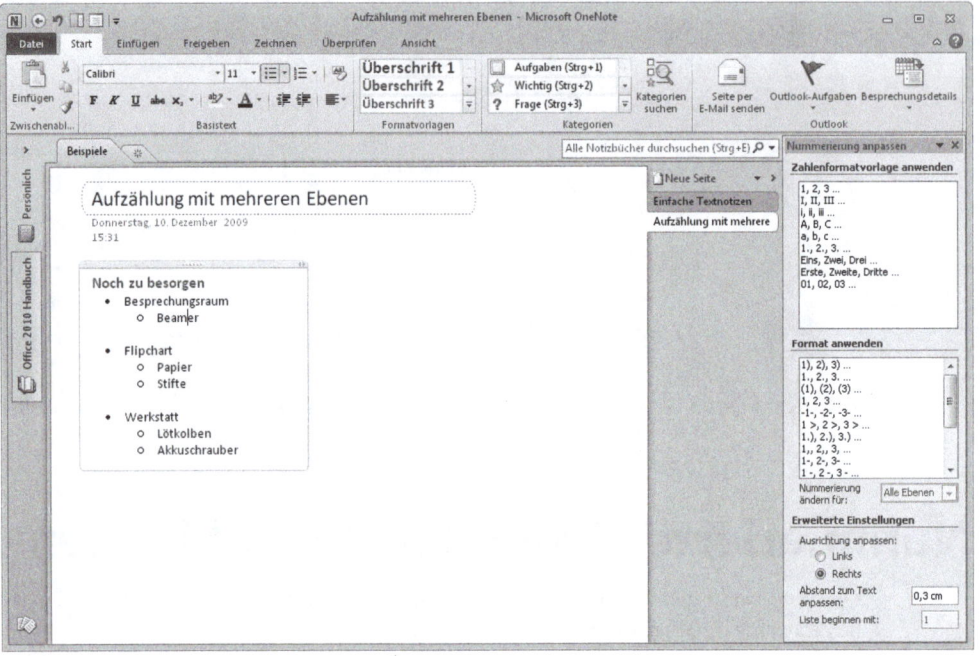

3. Drücken Sie die ⏎-Taste, um den Eintrag abzuschließen.

    Um einen Listeneintrag eine Ebene einzurücken, drücken Sie die ⇥-Taste (dazu muss sich die Einfügemarke am Anfang der Zeile befinden). Entsprechend können Sie einen Eintrag mit ⇧+⇥ wieder eine Ebene höherstufen. Alternativ verwenden Sie die links abgebildeten Schaltflächen in der Gruppe *Basistext* der Registerkarte *Start*.

4. Geben Sie die weiteren Listeneinträge ein.

5. Wenn Sie noch weitere Formatierungen an einer nummerierten Liste vornehmen wollen, klicken Sie auf den Pfeil der Schaltfläche *Nummerierung* und dann auf *Nummerierung anpassen*. OneNote blendet dann den Aufgabenbereich *Nummerierung anpassen* ein, mit dem Sie die gewünschten Änderungen vornehmen können.

PROFITIPP **Listenebenen ein- und ausblenden**

Mit den Tastenkombinationen ⇧+Alt+1 bis ⇧+Alt+5 können Sie die Anzahl der sichtbaren Ebenen einer Liste steuern. Um z.B. nur die beiden obersten Ebenen einer Aufzählungsliste anzuzeigen, klicken Sie das erste Aufzählungszeichen an und drücken dann die Tastenkombination ⇧+Alt+2.

Tabellen erstellen

Häufig lassen sich Informationen viel besser in Tabellen als in normalen Absätzen darstellen. Wenn Sie eine Tabelle bereits in Word oder Excel erstellt haben, können Sie sie dort markieren, in die Zwischenablage kopieren und dann in eine Notizenseite einfügen. Sie können dann die eingefügte Tabelle mit den neuen Tabellenwerkzeugen von OneNote weiterbearbeiten.

Wenn Sie eine Tabelle komplett neu erstellen wollen, können Sie dies in der neuen Version auch direkt in OneNote selbst erledigen. Gehen Sie dazu wie folgt vor:

1. Öffnen Sie die Seite Ihres Notizbuches, in die Sie die Tabelle einfügen wollen.

2. Klicken Sie an die Stelle, an der Sie die Tabelle einfügen wollen, um so einen neuen Notizencontainer zu erstellen.

3. Geben Sie den Text ein, der in die erste Zelle der Tabelle soll.

4. Drücken Sie die ⇥-Taste. Dies ist das Signal an OneNote, dass Sie eine Tabelle erstellen wollen. OneNote fügt den eingegebenen Text in die erste Zelle der Tabelle und daneben eine weitere, leere Zelle ein.

5. Geben Sie den Text für die zweite Zelle der Tabelle ein.

6. Wiederholen Sie die beiden letzten Schritte, bis die erste Tabellenzeile fertig ist. Drücken Sie dann die ↵-Taste, um eine neue Tabellenzeile erstellen zu lassen.

Wenn Sie die Struktur der Tabelle verändern wollen, setzen Sie die Einfügemarke in die gewünschte Zeile bzw. Spalte und verwenden dann die Schaltflächen der Registerkarte *Tabellentools/Layout*, um Zeilen/Spalten zu löschen oder einzufügen.

Bild 56.7 Der Registerkarte *Tabellentools/Layout* in OneNote

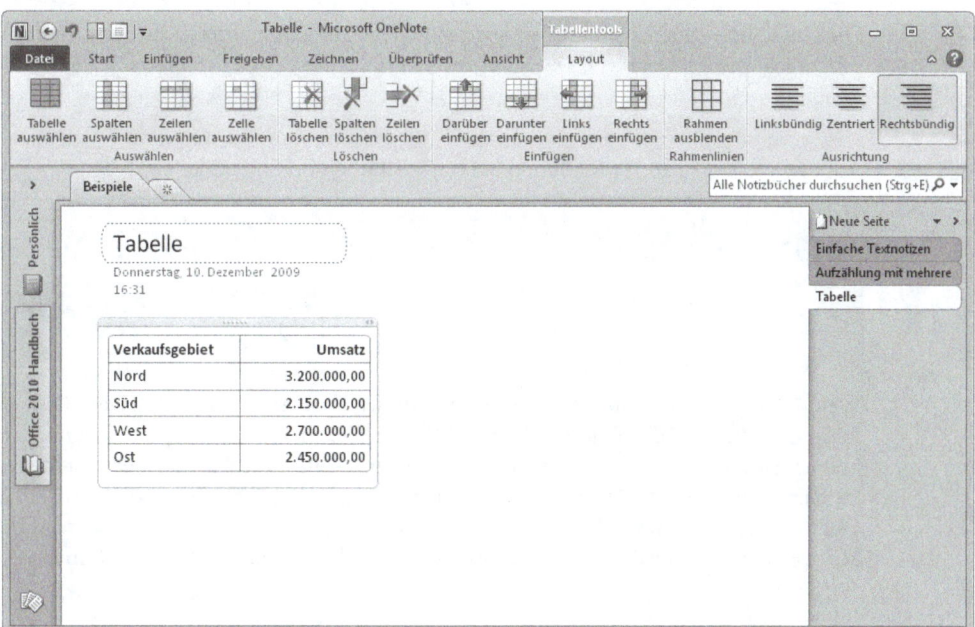

Wenn Sie die Anzahl der Spalten/Zeilen der Tabelle im Voraus kennen, können Sie alternativ auch folgendermaßen vorgehen:

1. Öffnen Sie die Seite Ihres Notizbuches, in die Sie die Tabelle einfügen wollen.

2. Klicken Sie auf die Registerkarte *Einfügen* und dann in der Gruppe *Tabellen* auf *Tabelle.*

3. Klicken Sie im Menü in der kleinen Tabelle auf die Stelle, die der Anzahl der Zeilen und Spalten entspricht, die die neue Tabelle haben soll. (Während Sie den Mauszeiger über die kleine Tabelle bewegen, wird im oberen Bereich des Menüs die aktuelle Zeilen- und Spaltenanzahl angezeigt.)

Alle Felder der neuen Tabelle werden von OneNote mit einem einfachen Rahmen versehen. Die Rahmenformatierung kann in OneNote nicht verwendet werden. Sie können lediglich die Rahmenlinien ausblenden, indem Sie auf der Registerkarte *Tabellentools/Layout* in der Gruppe *Rahmenlinien* auf *Rahmenlinien ausblenden* klicken.

Skizzen erstellen

Wenn Sie OneNote auf einem Tablet-PC einsetzen oder wenn Sie ein Digitalisiertablett an Ihren PC angeschlossen haben, können Sie Ihren Notizen auch kleine Zeichnungen hinzufügen. Das können kleine Markierungen oder Pfeile sein, aber auch Formeln, Schaubilder, Pläne oder Diagramme. Sie können natürlich auch mit der Maus zeichnen, was allerdings wesentlich unhandlicher ist und kein sauberes Schriftbild erlaubt.

Stiftauswahl

OneNote bietet Ihnen standardmäßig verschiedene Stifte in mehreren Farben an (dünne und dicke Filzstifte sowie Textmarker). Die Stiftauswahl erfolgt auf der Registerkarte *Zeichnen* in der Gruppe *Tools.*

Bild 56.8 Auf der Registerkarte *Tools* können Sie die Stiftfarbe und Stiftstärke einstellen

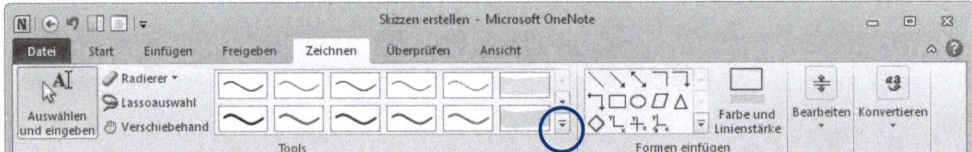

Wenn Ihnen die Strichstärken bzw. Farben dieser Vorauswahl nicht zusagen, können Sie in der Liste zur Stiftauswahl auf die Schaltfläche *Weitere* klicken, um das Dropdownmenü zu öffnen. Dort können Sie aus der Palette weitere Stifte auswählen. Sollte diese Auswahl auch nicht die Stiftart und Stiftfarbe enthalten, die Sie benötigen, klicken Sie auf *Weitere Optionen für Farbe und Linienstärke.* OneNote zeigt daraufhin das Dialogfeld *Stifteigenschaften* an, das die Abbildung auf der folgenden Seite zeigt, in dem Sie die Stiftart, die Stiftfarbe und die Stiftstärke anpassen können.

Bild 56.9   Die Stiftpalette stellt weitere Stifte zur Verfügung

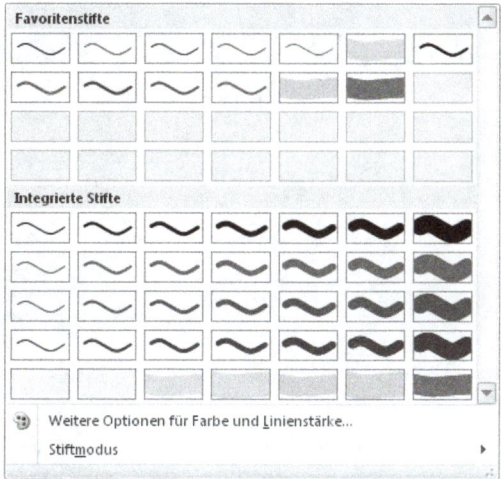

Bild 56.10   Mit diesem Dialogfeld können Sie weitere Stifte definieren

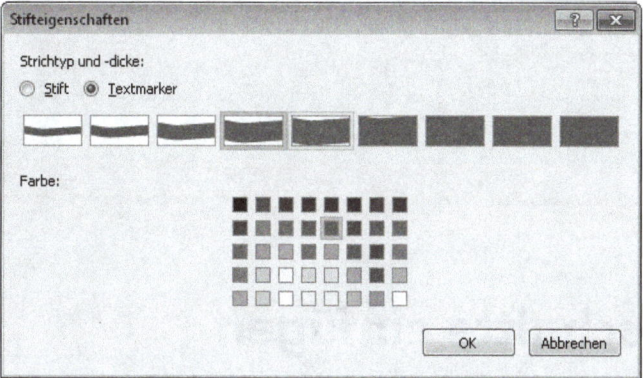

Bild 56.11   Eine mit OneNote erstellte Skizze (Genogramm)

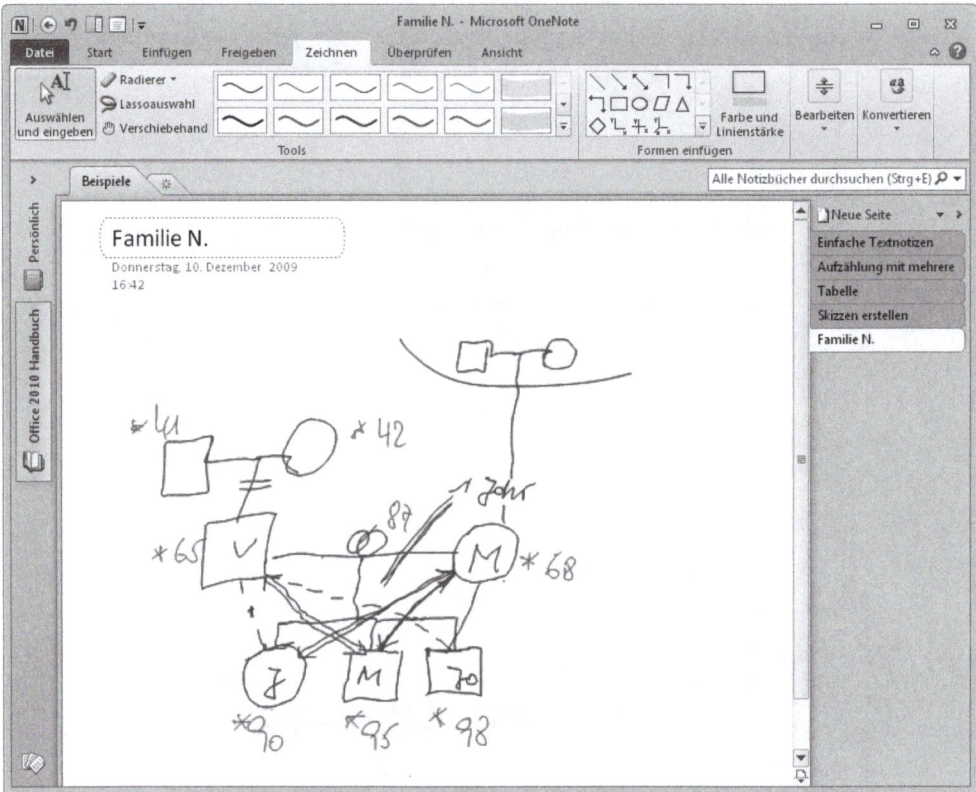

Bildschirmausschnitte einfügen

Mit OneNote können Sie auch einen beliebigen Ausschnitt des Bildschirms »fotografieren« und in Ihre Notizen einfügen. Auf diese Weise können Sie z.B. bestimmte Einstellungen in einem Dialogfeld, die Sie für eine spezielle Aufgabe vornehmen müssen, in Ihrem Notizbuch archivieren und können die Einstellungen dann bei Bedarf leicht rekonstruieren.

Um einen Bildschirmausschnitt einzufügen, führen Sie folgende Schritte durch:

1.   Öffnen Sie die Seite Ihres Notizbuches, in die Sie den Ausschnitt einfügen möchten.

2.   Öffnen Sie die Registerkarte *Einfügen* und klicken Sie dann in der Gruppe *Bilder* auf *Bildschirmausschnitt*. OneNote zieht sich nun vom Bildschirm zurück und stellt den Bildschirm mit blassen Farben dar (siehe Bild 56.12).

3.   Ziehen Sie jetzt mit der Maus ein Rechteck auf, das den gewünschten Bereich darstellt. Sobald Sie die Maustaste loslassen, wird der markierte Bereich in Ihr Notizbuch eingefügt.

Bild 56.12 »Einfangen« eines Bildschirmausschnitts

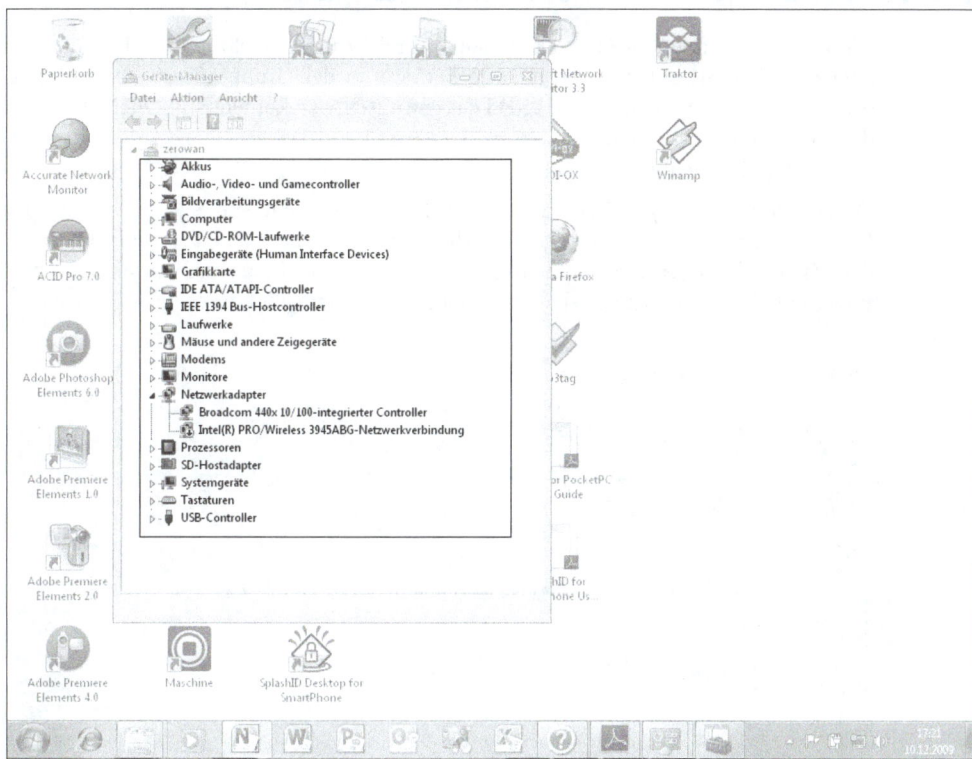

PROFITIPP | **Abbildungen von Dialogfeldern und vollständigen Programmfenstern einfügen**

Wenn Sie ein ganzes Dialogfeld (z.B. eine Fehlermeldung) oder ein komplettes Programmfenster in Ihr Notizbuch einfügen wollen, gehen Sie am besten so vor:

1. Aktivieren Sie das Fenster, von dem Sie eine Abbildung erstellen wollen.

2. Drücken Sie `Alt`+`Druck`.

3. Wechseln Sie zu OneNote und zeigen Sie die Seite an, auf der Sie die Abbildung einfügen wollen.

4. Drücken Sie `Strg`+`V`.

Wenn OneNote derzeit nicht geöffnet ist, können Sie das OneNote-Symbol im Infobereich der Taskleiste mit der rechten Maustaste anklicken und den Befehl *Bildschirmausschnitt erstellen* auswählen. Ziehen Sie dann mit der Maus das Rechteck auf, das den zu fotografierenden Bereich darstellt. Nachdem Sie die Maustaste losgelassen haben, wird der Ausschnitt in den Abschnitt *Nicht abgelegte Notizen* eingefügt und Sie können ihn in das Notizbuch verschieben, in dem Sie den Bildschirmausschnitt benötigen.

Dokumente als Bild einfügen

Mit OneNote können Sie auch Dokumente in Bilder umwandeln und in Ihr Notizbuch einfügen. Hierzu klicken Sie auf der Registerkarte *Einfügen* in der Gruppe *Dateien* auf *Dateiausdruck* und wählen dann im angezeigten Dialogfeld das gewünschte Dokument aus. OneNote unterstützt dabei die folgenden Dokumenttypen: Word-Dateien, Excel-Dateien, PowerPoint-Dateien sowie die meisten Grafikformate.

OneNote erzeugt für jede Seite des ausgewählten Dokuments ein eigenes Bild und fügt es in Ihr Notizbuch ein. Die Bilder werden zusätzlich mit einem Link auf die Originaldatei versehen, mit dem Sie das betreffende Dokument direkt öffnen können. Jetzt können Sie z.B. die eingefügten Bilder mit Kommentaren versehen, ohne damit das Originaldokument zu verändern.

Bild 56.13   Als Bild eingefügtes Dokument

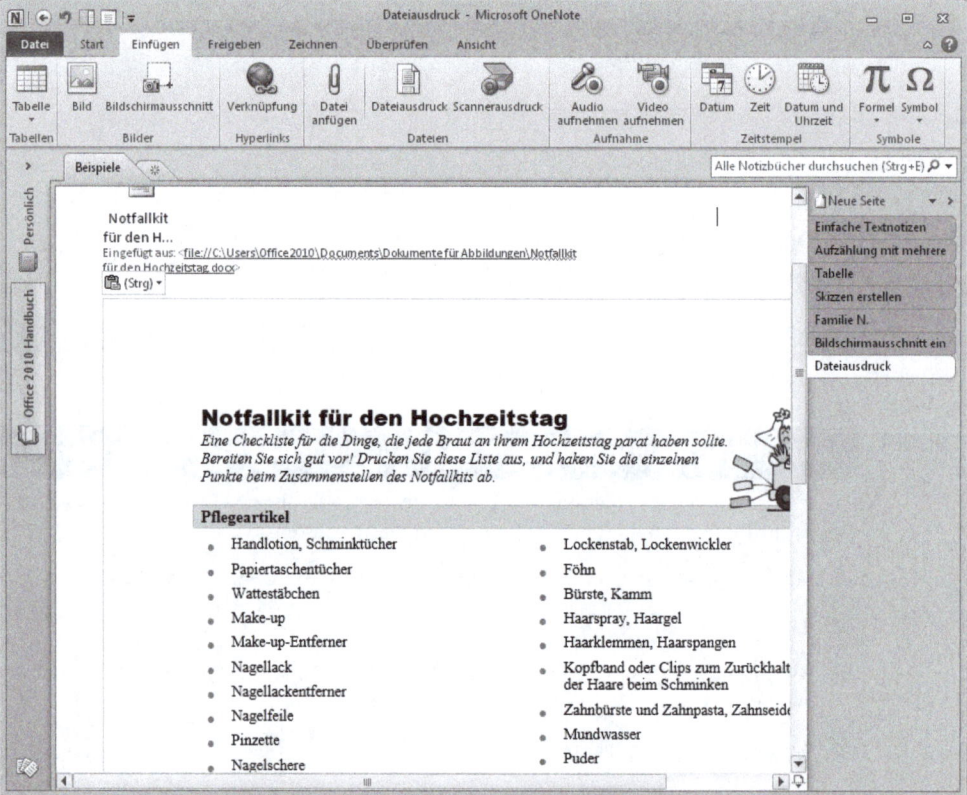

Bilder einfügen

Bilder selbst lassen sich auch direkt in eine Notizenseite einfügen. Sie können hierbei entweder eine Bilddatei einfügen oder von OneNote aus ein Bild einscannen lassen.

1. Öffnen Sie die Seite Ihres Notizbuches, in die Sie das Bild einfügen möchten.

2. Klicken Sie auf die Registerkarte *Einfügen.*

3. Führen Sie eine der folgenden Aktionen durch:

   ■ Klicken Sie in der Gruppe *Dateien* auf *Datei anfügen,* wenn das Bild bereits als Datei vorliegt. Wechseln Sie im Dialogfeld *Eine Datei oder eine Gruppe von Dateien zum Einfügen auswählen* zu dem Ordner, in dem sich die Datei befindet, markieren Sie sie und klicken auf *Einfügen.*

   ■ Klicken Sie in der Gruppe *Dateien* auf *Scannerausdruck,* wenn Sie etwas einscannen oder eine Aufnahme mit einer angeschlossenen Kamera machen und einfügen wollen. Wählen Sie dann im Dialogfeld *Bild von Kamera oder Scanner einfügen* das Gerät aus, das Sie verwenden wollen, und klicken Sie auf *Einfügen* bzw. *Einfügen anpassen.*

Der Drucker An OneNote 2010 senden

Wenn Sie ein Programm verwenden, dessen Daten oder Inhalte sich nicht von OneNote aus in eine Notizenseite einfügen lassen, können Sie den Drucker *An OneNote 2010 senden* verwenden, der während des Office- bzw. OneNote-Setups auf Ihrem Rechner installiert wird. Mit diesem virtuellen Drucker können Sie aus allen Programmen, die Ihnen den Befehl *Drucken* zur Verfügung stellen, Inhalte in OneNote einfügen. Diese stehen Ihnen dann in OneNote als Bild zur Verfügung.

1. Starten Sie das Programm, aus dem Sie Informationen in eine OneNote-Notizenseite einfügen wollen.

2. Wählen Sie den Befehl *Drucken.*

3. Markieren Sie in der Liste *Drucker auswählen* den Drucker *An OneNote 2010 senden.*

Bild 56.14   Den Drucker *An OneNote 2010 senden* können Sie in allen Programmen verwenden

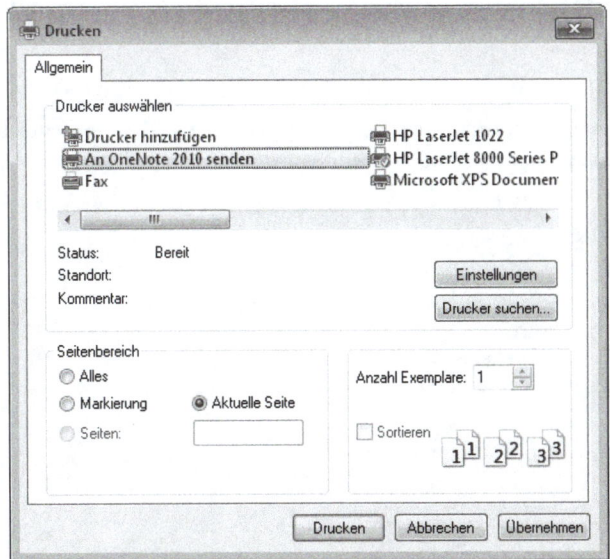

4. Legen Sie eventuell den Seitenbereich fest, der gedruckt werden soll.

5. Klicken Sie auf die Schaltfläche *Einstellungen* und legen Sie die Seitengröße und die Ausrichtung (Hoch-/Querformat) fest. Diese Einstellungen beeinflussen die Größe des durch das Drucken eingefügten Bildes.

6. Klicken Sie auf *Drucken.*

   Nach dem Ende des Druckvorgangs wird das Dialogfeld *Speicherort in OneNote auswählen* angezeigt.

Bild 56.15   In diesem Dialogfeld legen Sie fest, auf welcher Seite oder in welchen Abschnitt die an OneNote gedruckten Daten eingefügt werden sollen

7. Wählen Sie in der Liste *Alle Notizbücher* aus, wo die gedruckten Informationen eingefügt werden sollen.

8. Klicken Sie auf *OK.*

   Die Abbildung auf der folgenden Seite zeigt exemplarisch eine Notizenseite, die aus dem Windows-Tool *Systeminformationen* heraus gedruckt wurde.

Bild 56.16 Die aus dem Windows-Programm *Systeminformationen* heraus erstellte Notiz

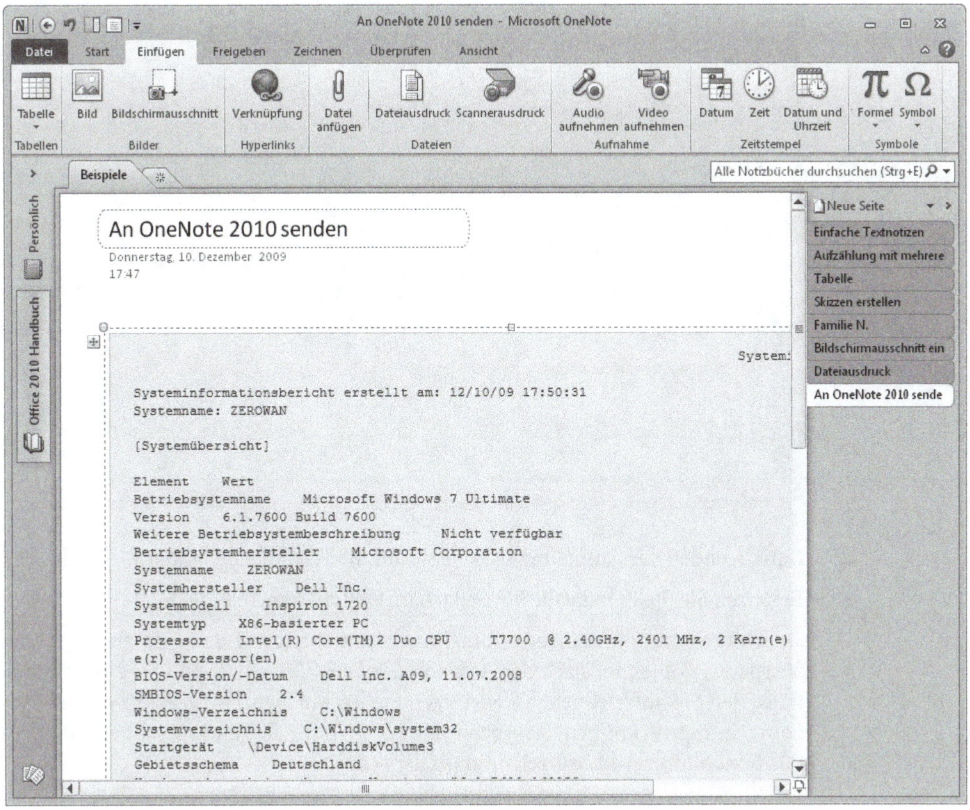

Audio und Video einfügen

Sie können Ihre Notizen auch mit Audioaufnahmen ergänzen, um z.B. wichtige Phasen einer Besprechung oder eines Telefongesprächs zu protokollieren. Gehen Sie dazu wie folgt vor:

1. Starten Sie die Aufzeichnung entweder direkt in OneNote und klicken Sie dazu auf der Registerkarte *Einfügen* in der Gruppe *Aufnahme* auf *Audio aufnehmen.* Oder klicken Sie mit der rechten Maustaste auf das OneNote-Symbol in der Taskleiste, in dessen Menü Sie den Befehl *Audioaufnahme starten* finden.

    OneNote blendet daraufhin die Registerkarte *Audio und Video/Aufzeichnen* ein, mit deren Schaltflächen Sie die Aufnahme steuern und in der Sie die Dauer der Aufzeichnung ablesen können. Außerdem wird auf der aktuellen Notizbuchseite ein Zeitstempel eingefügt (siehe Bild 45.17).

Bild 56.17 Die Registerkarte zum Steuern von Audio- und Videoaufnahmen

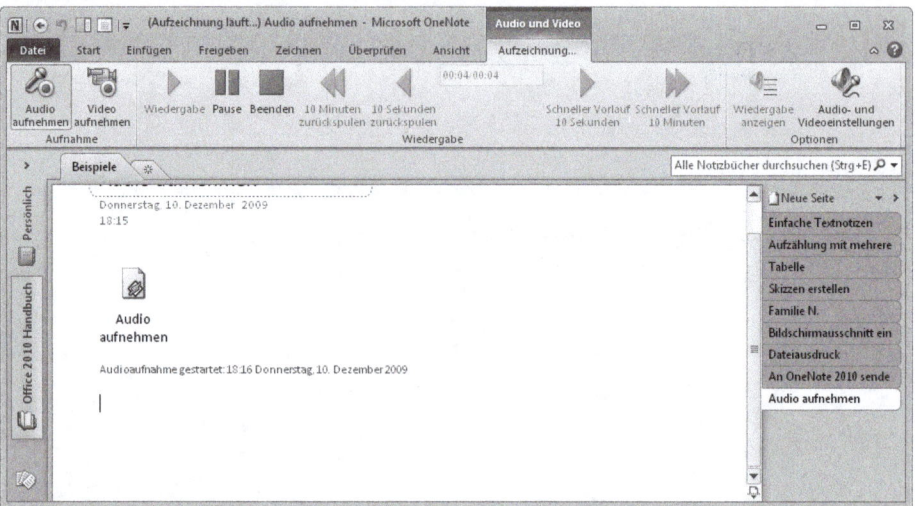

2. Zum Beenden der Aufnahme klicken Sie auf die Schaltfläche *Beenden*.

3. Ergänzen Sie die Zeitangabe bei Bedarf um weitere Informationen.

OneNote verknüpft die Audioaufnahme automatisch mit den eingegebenen Notizen, sodass Sie später problemlos nach der Aufnahme suchen können. Wenn Sie z.B. während eines Vortrags, den Sie aufzeichnen, an wichtigen Stellen Stichwörter *in jeweils eigenen* Notizencontainern eintragen, können Sie später mithilfe der Suchfunktion schnell an die zugehörigen Positionen Ihrer Audioaufzeichnung gelangen.

Audioaufnahme abspielen

Um eine Aufzeichnung abzuspielen, klicken Sie einfach auf die kleine Wiedergabeschaltfläche, die vor dem Containerelement angezeigt wird, wenn Sie den Container anklicken. Falls sich auf einer Seite mehrere Audionotizen befinden, sollten Sie zum Abspielen einer Aufzeichnung besser die Schaltfläche Wiedergabe der Registerkarte *Audio und Video/Wiedergabe* verwenden.

Videoaufnahmen einfügen

Auf die gleiche Weise können Sie auch Videoaufnahmen in eine Notizenseite einfügen, vorausgesetzt, auf Ihrem Computer ist eine entsprechende Kamera installiert. Klicken Sie zum Erstellen einer Videoaufnahme auf der Registerkarte *Einfügen* in der Gruppe *Aufnahme* auf *Video aufnehmen*.

Webrecherchen protokollieren

Wenn Sie Internet Explorer 8 verwenden und die Ergebnisse einer Webrecherche in eine OneNote-Notizenseite einfügen wollen, können Sie den Befehl *An OneNote senden* verwenden, den Sie im

Menü der Schaltfläche *Extras* und – wenn Sie die Standardmenüleiste eingeschaltet haben –, auch im Menü *Extras* finden.

HINWEIS Trotz des fast gleichen Namens mit dem Druckertreiber *An OneNote 2010 senden* (siehe Seite 1033) ist die Wirkung des Befehls *An OneNote senden* aus dem *Extras*-Menü in Internet Explorer 8 eine andere: Mit dem Drucker *An OneNote 2010 senden* erhalten Sie auf der Notizenseite immer eine **Abbildung** des gedruckten Inhalts. Der Befehl *An OneNote senden* hingegen fügt die Webseiteninhalte als **Text** ein, den Sie dann in OneNote bearbeiten, löschen oder formatieren können.

So übertragen Sie mit Internet Explorer 8 eine Webseite nach OneNote:

1. Lassen Sie in Internet Explorer die Seite anzeigen, aus der Sie Informationen nach OneNote übertragen wollen.

2. Wenn Sie nur einen Teil der Webseite verwenden wollen, verwenden Sie die Maus, um diesen Bereich zu markieren.

3. Klicken Sie auf die Schaltfläche *Extras* und dann auf *An OneNote senden*.

Bild 56.18 Mit Internet Explorer lassen sich die Ergebnisse einer Webrecherche einfach in eine OneNote-Notizenseite übertragen

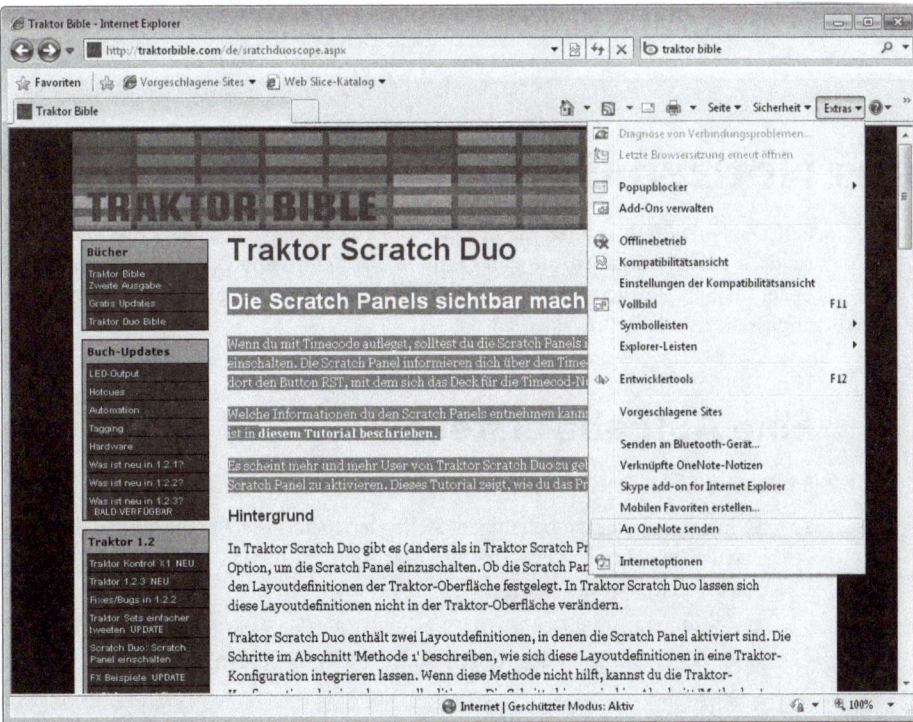

4. Wählen Sie im Dialogfeld *Speicherort in OneNote auswählen* in der Liste *Alle Notizbücher* aus, wo die Informationen eingefügt werden sollen.

Der Titel der Webseite wird als Titel der Seite übernommen. Außerdem finden Sie im unteren Bereich der Seite die URL, aus der die Informationen eingefügt wurden.

Bild 56.19   Der in Internet Explorer markierte Text wurde in OneNote eingefügt

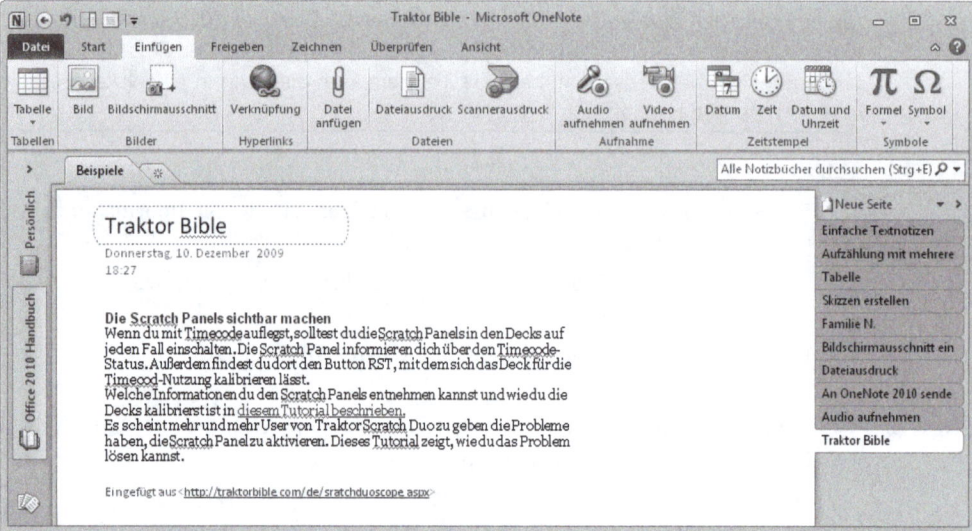

Aus Notizen Outlook-Aufgaben erstellen

Seit OneNote 2007 können Sie in OneNote aus einer Notiz eine Aufgabe erstellen, die dann automatisch in der Aufgabenliste von Outlook 2010 erscheint. Nachdem Sie in OneNote eine Aufgabe erstellt haben, können Sie diese sowohl in Outlook als auch in OneNote ändern (Fälligkeitsdatum anpassen, als erledigt markieren).

Eine Aufgabe erstellen

So erstellen Sie in OneNote eine Outlook-Aufgabe:

1. Geben Sie an einer beliebigen Stelle der Seite eine Beschreibung der Aufgabe ein, die Sie erstellen möchten. Wenn sich die Beschreibung bereits auf der Notizenseite befindet, markieren Sie den gewünschten Text.

2. Wechseln Sie zur Registerkarte *Start,* klicken Sie in der Gruppe *Outlook* auf *Outlook-Aufgaben* und wählen Sie eines der vordefinierten Fälligkeitsdaten aus.

Bild 56.20   Erstellen einer Outlook-Aufgabe in OneNote

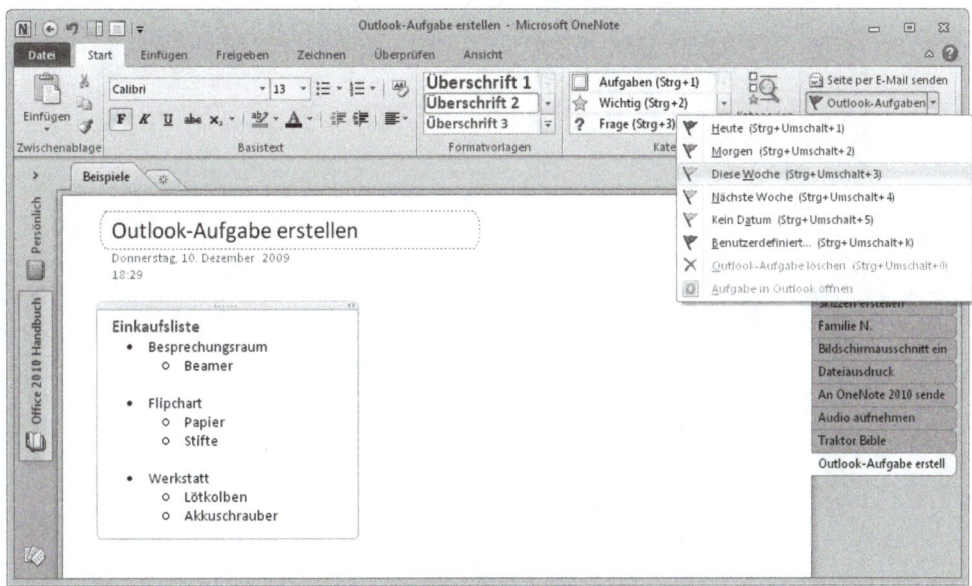

Neben der Beschreibung wird ein Aufgabenkennzeichen eingefügt. Bewegen Sie den Mauszeiger auf das Kennzeichen, um eine QuickInfo mit Detailinformationen anzeigen zu lassen.

Eine Aufgabe ändern

Wenn Sie das Fälligkeitsdatum ändern oder die Aufgabe als erledigt kennzeichnen wollen, können Sie dies sowohl in Outlook als auch in OneNote durchführen.

1. Öffnen Sie die Seite, auf der sich die Aufgabe befindet.

2. Klicken Sie das Aufgabenkennzeichen mit der rechten Maustaste an, um das Kontextmenü zu öffnen.

3. Wählen Sie im Kontextmenü (siehe Abbildung 56.21) einen der folgenden Befehle aus:

    - **Heute, Morgen, Diese Woche, Nächste Woche, Kein Datum**   Verwenden Sie einen dieser Befehle, um das Fälligkeitsdatum zu ändern oder ganz zu entfernen.

    - **Benutzerdefiniert, Aufgabe in Outlook öffnen**   Klicken Sie einen dieser Befehle an, damit die Aufgabe in Outlook geöffnet wird. Bei beiden Befehlen wird das Outlook-Formular zum Bearbeiten von Aufgaben angezeigt.

    - **Als erledigt markieren**   Kennzeichnet die Aufgabe als erledigt. Das Aufgabenkennzeichen (Fähnchen) wird entfernt und stattdessen ein Häkchen angezeigt.

    - **Outlook-Aufgabe löschen**   Entfernt diese Aufgabe.

Bild 56.21   Das Kontextmenü eines Aufgabenkennzeichens

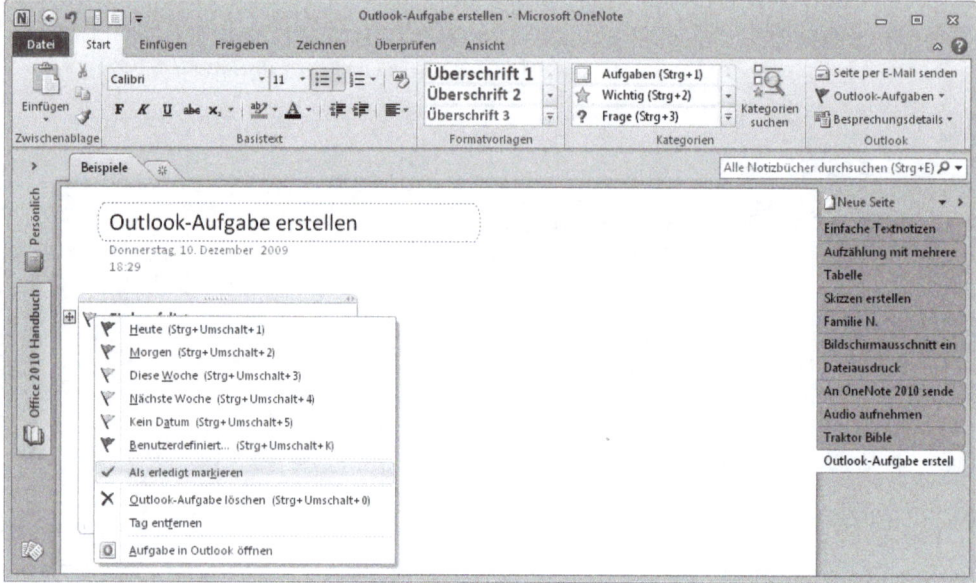

Randnotizen erstellen

Nach der Installation von OneNote befindet sich im Infobereich der Taskleiste ein OneNote-Symbol, auf das wir im Verlauf des Kapitels und des vorigen Kapitels schon mehrfach hingewiesen haben. Dieses Symbol ist vor allem dafür gedacht, dass Sie »auf die Schnelle« eine Notiz anlegen können, ohne dazu das Programm, mit dem Sie gerade arbeiten, verlassen und OneNote starten zu müssen.

> **HINWEIS**   Das hier beschriebene Verfahren funktioniert nur dann, wenn Sie die Option *Neue Randnotiz öffnen* als Standardaktion für das OneNote-Symbol festgelegt haben. Weitere Informationen hierzu finden Sie im Abschnitt »Das OneNote-Startprogramm« in Kapitel 55.

1. Klicken Sie das OneNote-Symbol im Infobereich der Taskleiste an. Das Fenster zum Erstellen einer Randnotiz wird geöffnet.

2. Geben Sie eine Notiz in das Fenster ein.

Im
Vordergrund

Das Fenster ist so konfiguriert, dass es nicht automatisch immer im Vordergrund steht. Dies ist jedoch nützlich, wenn Sie aus anderen Programmen mittels Drag & Drop Texte oder Bilder in das Randnotizen-Fenster einfügen. Um dieses Verhalten einzuschalten, klicken Sie im Fenster zum Erstellen einer Randnotiz auf die Registerkarte *Ansicht* und in der Gruppe *Fenster* auf *Im Vordergrund*.

3. Öffnen Sie beispielsweise Word, markieren Sie dort etwas Text und ziehen Sie den Text dann mit gedrückter Maustaste in das Randnotizen-Fenster.

Bild 56.22   Auch mittels Drag & Drop lassen sich Notizen erstellen

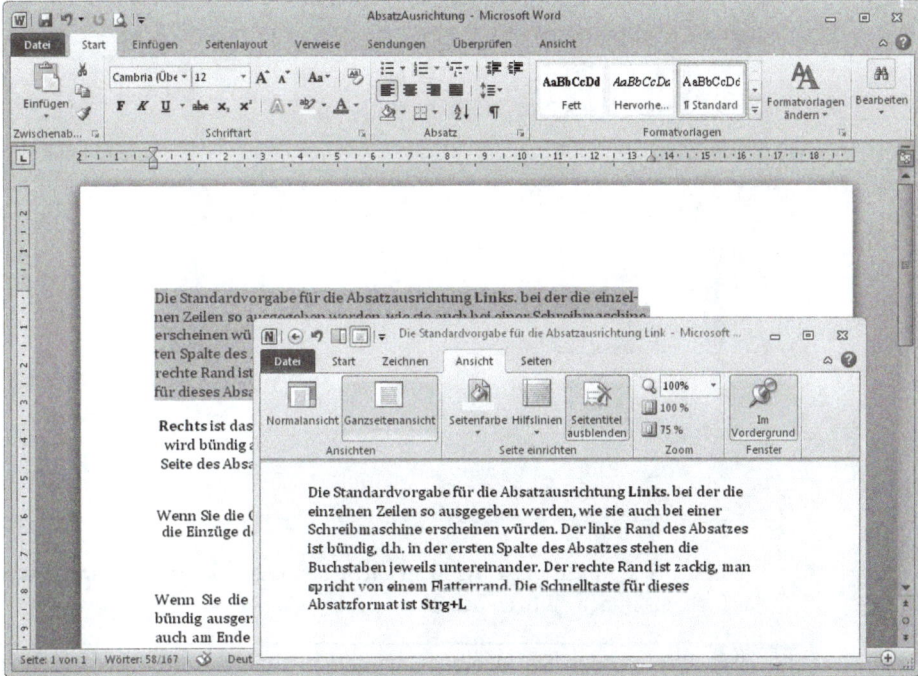

4. Schließen Sie das Randnotizen-Fenster und fahren Sie mit Ihrer Arbeit fort.

Die so erstellten Notizen werden in dem Abschnitt *Nicht abgelegte Notizen* auf einer eigenen neuen Seite abgelegt, von wo aus Sie sie dann bei passender Gelegenheit an ihre endgültige Position im Notizbuch verschieben können.

Berechnungen vornehmen

Wenn Sie in Ihren Notizen Berechungen vornehmen, können Sie den in OneNote 2010 integrierten Rechner verwenden, der die Grundrechenarten beherrscht und darüber hinaus einige mathematische und trigonometrische Funktionen unterstützt.

So verwenden Sie den integrierten Rechner:

1. Setzen Sie die Einfügemarke an die Stelle, an der das Ergebnis der Berechnung stehen soll.

2. Geben Sie den mathematischen Ausdruck ein, den OneNote berechnen soll. Um beispielsweise die Summe aus 27, 220 und 718 zu berechnen, geben Sie Folgendes ein: **27+220+718**

3. Geben Sie nach dem mathematischen Ausdruck ein Gleichheitszeichen (=) ein und drücken Sie dann die Leertaste. OneNote berechnet den Ausdruck und das Ergebnis wird nach dem Gleichheitszeichen eingefügt.

Bild 56.23 Beispiele für die Verwendung des integrierten OneNote-Rechners

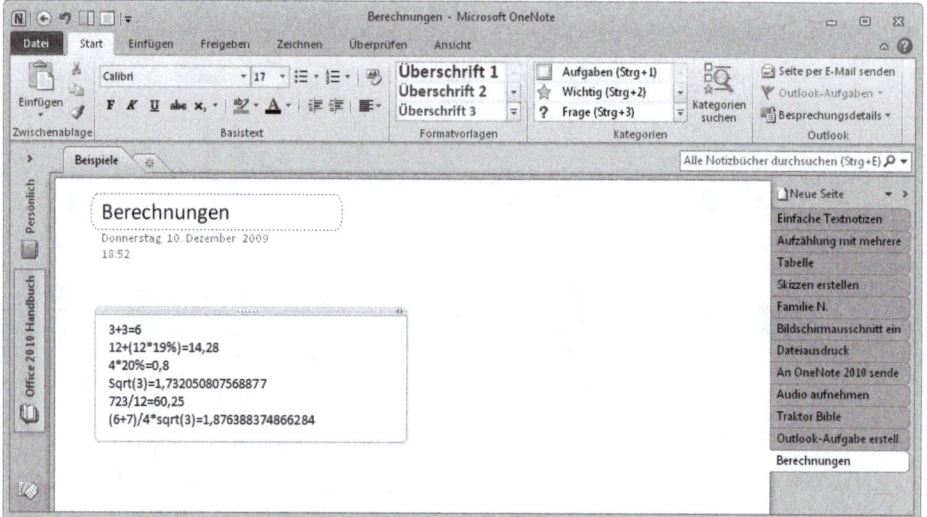

4. Wenn Sie den Ausdruck selbst nicht mehr benötigen, können Sie ihn löschen und lediglich das Ergebnis in den Notizen belassen.

HINWEIS Verwenden Sie in einem mathematischen Ausdruck keine Leerzeichen, sondern geben Sie die Zahlen, Operatoren und Funktionsnamen als ununterbrochenen Text ein.

Operatoren, die Sie verwenden können

Die folgende Tabelle führt die arithmetischen Operatoren auf, die Sie im OneNote-Rechner verwenden können.

Tabelle 56.1 Die arithmetischen Operatoren des OneNote-Rechners

Operator	Beschreibung	Beispiel
+	Addition	3+5= 8
–	Subtraktion Negation	14–5= 9 –1
/	Division	15/3= 5
*	Multiplikation	15*3= 45
%	Prozent	4*20%= 0,8
^	potenzieren	3^2= 9

Mathematische und trigonometrische Funktionen

Neben den oben aufgeführten Operatoren können Sie in den Berechnungen auch die mathematischen und trigonometrischen Funktionen verwenden, die in der folgenden Tabelle aufgeführt sind. Um diese Funktionen zu verwenden, geben Sie deren Namen ein (die Groß-/Kleinschreibung spielt hierbei keine Rolle) und fassen die Argumente in Klammern ein.

Wenn Sie die Reihenfolge der Auswertung ändern wollen, können Sie auch Klammern verwenden, wie Sie es im letzten Beispiel in der Abbildung auf der vorigen Seite sehen.

Tabelle 56.2 Die vom OneNote-Rechner unterstützten Funktionen

Funktion	Beschreibung	Syntax
ABS	Bildet den Absolutwert einer Zahl, das heißt, diese Funktion macht aus einer negativen eine positive Zahl	ABS(*Zahl*)
ACOS	Berechnet den Arkuskosinus einer Zahl im Bereich von 1 bis Pi	ACOS(*Zahl*)
ASIN	Berechnet den Arkussinus einer Zahl im Bereich von –Pi/2 bis Pi/2	ASIN(*Zahl*)
ATAN	Berechnet den Arkussinus einer Zahl im Bereich von –pi/2 bis Pi/2	ATAN(*Zahl*)
COS	Berechnet den Cosinus eines im Bogenmaß angegebenen Winkels (Bogenmaß: Winkelangabe in Grad mit Pi/180 multiplizieren)	COS(*Zahl*)
DEG	Wandelt Bogenmaß (Radiant) in Grad um	*DEG(Winkel)*
LN	Gibt den natürlichen Logarithmus einer Zahl zurück	LN(*Zahl*)
LOG	Gibt den natürlichen Logarithmus einer Zahl zurück	LOG(*Zahl*)
LOG2	Gibt den Logarithmus einer Zahl zur Basis 2 zurück	LOG2(*Zahl*)
LOG10	Gibt den Logarithmus einer Zahl zur Basis 10 zurück	LOG10(*Zahl*)
RAD	Wandelt Grad in Bogenmaß (Radiant) um	RAD(*Winkel*))
SIN	Berechnet den Sinus eines im Bogenmaß angegebenen Winkels	SIN(*Winkel*))
SQRT	Berechnet die Quadratwurzel einer Zahl; das Argument muss eine positive Zahl sein	SQRT(*Zahl*)
TAN	Berechnet den Tangens eines im Bogenmaß angegebenen Winkels	TAN(*Zahl*)

OneNote 2010

Notizen drucken

Das Drucken mit OneNote funktioniert anders, als Sie es von den anderen Programmen der Office-Familie gewohnt sind. Grundsätzlich ist es empfehlenswert, den Druckvorgang über die *Seitenansicht* zu starten, da Sie so eine gute Übersicht über das spätere Druckbild erhalten.

Zunächst einmal ist es wichtig zu wissen, dass Notizen nur seitenweise ausgedruckt werden können. Im Dialogfeld *Seitenansicht und -einstellungen* können Sie zwischen den Optionen *Seitengruppe*, *Aktuelle Seite* und *Aktueller Abschnitt* wählen. Es ist aber auch möglich, die zu druckenden Seiten vorher zu markieren. Dazu halten Sie einfach die ⌷Strg⌷-Taste gedrückt und klicken die gewünschten Seiten im Seitenregister an. Um mehrere zusammenhängende Seiten auszudrucken, drücken Sie ⌷⇧⌷ und klicken anschließend die erste und die letzte dieser Seiten an.

So drucken Sie mit OneNote:

1. Klicken Sie auf die Registerkarte *Datei* und dann auf *Drucken*.

Bild 56.24   Die minimalistische Backstage-Ansicht *Drucken* von OneNote

2. Klicken Sie in der Backstage-Ansicht auf *Seitenansicht*.

Bild 56.25   In der Seitenansicht können Sie den Druckbereich und weitere Optionen konfigurieren

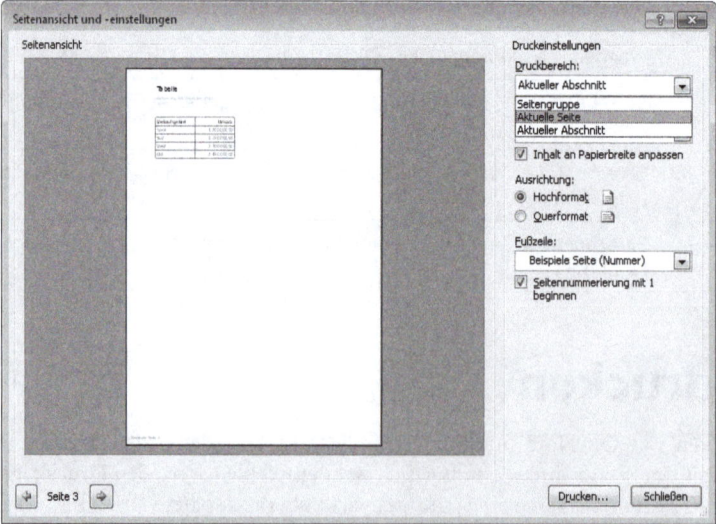

3. Öffnen Sie die Liste *Druckbereich,* wenn Sie noch nicht durch Markieren festgelegt haben, was ausgedruckt werden soll, und treffen Sie Ihre Auswahl.

4. Mit den Optionen *Papierformat* und *Ausrichtung* können Sie die Papiergröße und die Seitenorientierung einstellen.

5. Klicken Sie auf *Drucken.*

Zusammenfassung

Dieses Kapitel hat Ihnen die vielfältigen Möglichkeiten aufgezeigt, mit denen Sie in OneNote Notizen erstellen können.

■ Am Anfang des Kapitels haben Sie gesehen, wie Sie einfache Textnotizen erstellen und wie Sie das Datum/die Uhrzeit in eine Notizenseite einfügen (Seite 1022).

■ Außerdem haben Sie gesehen, wie Sie Absätze in eigene Container verschieben und den Text formatieren können (Seite 1023).

■ Mit OneNote 2010 ist es einfach, Tabellen zu erstellen. Hierbei reicht es aus, die ⇥-Taste und die ↵-Taste zu verwenden, um OneNote über die Struktur der Tabelle zu informieren. Um die Tabelle zu bearbeiten, können Sie die Registerkarte *Tabellentools/Layout* verwenden (Seite 1027).

■ Viele Informationen lassen sich besser als Skizze darstellen. Wenn Sie einen Tablet-PC oder ein Digitalisiertablett verwenden, können Sie die OneNote-Stifte einsetzen, um die Skizze zu erstellen (Seite 1028).

■ Inhalte, die Sie auf Ihrem Bildschirm sehen, lassen sich als sogenannter Bildschirmausschnitt einfügen (Seite 1030).

■ Bilder können Sie direkt in OneNote einfügen, wobei es keine Rolle spielt, ob diese bereits als Datei auf Ihrem Computer vorliegen oder ob Sie sie noch von einem Scanner oder einer Kamera übertragen müssen (Seite 1032).

■ Mit der Installation von OneNote wird ein Druckertreiber mit dem Namen *An OneNote 2010 senden* installiert. Sie können diesen Drucker in allen Programmen verwenden, die den Befehl *Drucken* enthalten und so Informationen aus allen Programmen in OneNote einfügen. Diese werden dann in OneNote als Bild dargestellt (Seite 1033).

■ Wenn Sie an Ihrem Computer ein Mikrofon und/oder eine Webcam oder andere Kamera angeschlossen haben, können Sie in eine OneNote-Notiz auch multimediale Elemente in Form von Audio- und Videoaufzeichnungen einfügen (Seite 1035).

■ Ein Add-In für Internet Explorer ermöglicht es, Teile einer Webseite oder auch komplette Webseiten nach OneNote zu übertragen. Die Informationen aus der Webseite stehen dann in OneNote als Text zur Verfügung und können daher dort weiterbearbeitet werden (Seite 1036).

■ OneNote 2010 fügt sich besser als die Vorgängerversion in die anderen Programme der Microsoft Office Suiten ein. Ein Beispiel hierfür ist die Synchronisation von Aufgaben, die Sie in OneNote erstellen und die dann automatisch in der Aufgabenliste von Outlook erscheinen (Seite 1038).

OneNote 2010

■ Wenn OneNote 2010 nicht gestartet ist und Sie schnell eine Notiz erstellen wollen, können Sie das Fenster für Randnotizen verwenden, das standardmäßig geöffnet wird, wenn Sie das OneNote-Symbol im Infobereich der Taskleiste anklicken (Seite 1040).

■ Mit dem in OneNote 2010 verfügbaren Rechner lassen sich einfache Berechnungen ausführen, ohne dass Sie dazu OneNote verlassen und den Windows-Rechner bemühen müssen (Seite 1041).

■ Zum Schluss dieses Kapitels haben Sie noch gesehen, wie sich Notizenseiten ausdrucken lassen (Seite 1043).

Kapitel 57

Notizen organisieren und verwalten

In diesem Kapitel lernen Sie die verschiedenen Möglichkeiten kennen, mit denen sich Notizen in OneNote organisieren lassen. Wir zeigen Ihnen zunächst, wie Sie Ihre Notizen durch Kategorien katalogisieren, damit Sie sie später möglichst schnell wieder finden.

Anschließend erfahren Sie, wie Sie mehrere Notizbücher anlegen und wie Sie diese in Abschnitte bzw. Abschnittsgruppen unterteilen. Zum Schluss des Kapitels zeigen wir Ihnen noch, wie Sie Ihre Notizbücher nach Informationen durchsuchen können und wie Sie ein Inhaltsverzeichnis für ein Notizbuch erstellen.

Kategorien

In einem echten Terminkalender bzw. Notizbuch werden Sie wichtige Einträge auf irgendeine Art und Weise markieren. Denn ohne solche Kennzeichnungen würde Ihr Notizbuch zu einem großen Informationsgemisch verschwimmen und Sie würden garantiert wichtige Termine verpassen oder in Ihrer täglichen Arbeit falsche Prioritäten setzen.

Auch in OneNote sind Kategorien – sie werden auch als *Tags* oder *Notizmarkierungen* bezeichnet – der Schlüssel zu einer sinnvollen Nutzung Ihrer elektronischen Notizbücher. Erst mit ihrer Hilfe wird es möglich, Notizen so zu strukturieren, dass Sie sich jederzeit einen Überblick über Ihre Notizen verschaffen können.

Um eine Notiz einer Kategorie zuzuordnen, gehen Sie folgendermaßen vor:

1.   Markieren Sie die Notiz.

2.   Klicken Sie auf der Registerkarte *Start* auf den kleinen Pfeil des Auswahlkatalogs *Kategorien*, um den Katalog zu öffnen.

Bild 57.1   Das Angebot an Kategorien ist reichlich

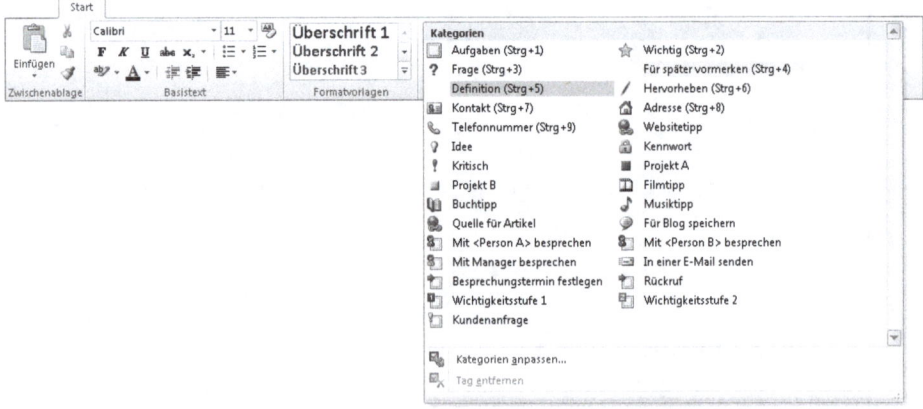

3.   Wählen Sie die gewünschte Kategorie aus. (Sie können einer Notiz übrigens auch mehrere Kategorien zuweisen!)

Bild 57.2   Diese Notiz hat zwei Kategorien erhalten

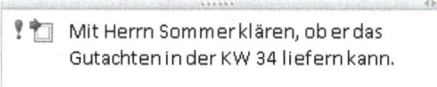

> ❗🗐 Mit Herrn Sommer klären, ob er das
> Gutachten in der KW 34 liefern kann.

Alternativ können Sie Kategorien auch über das Kontextmenü einer Notiz zuweisen, was in der Regel deutlich schneller geht. Außerdem können Sie mit den Shortcuts `Strg`+`1` bis `Strg`+`9` neun verschiedene Notizkennzeichen per Tastatur ein- bzw. ausschalten.

Tabelle 57.1 Die Standard-Notizkennzeichen von OneNote 2010

Symbol	Shortcut	Bemerkung
☑	`Strg`+`1`	Mit diesem Symbol können Sie Aufgabenlisten erstellen. Das Symbol funktioniert wie ein Kontrollkästchen, das heißt, Sie können es ein- und ausschalten.
☆	`Strg`+`2`	Wichtige Notiz
?	`Strg`+`3`	Frage
A_A	`Strg`+`4`	Für später vormerken. Durch dieses Notizkennzeichen wird die Notiz gelb hinterlegt.
A_A	`Strg`+`5`	Definition. Durch dieses Notizkennzeichen wird die Notiz grün hinterlegt.
/	`Strg`+`6`	Hervorheben
▤	`Strg`+`7`	Kontaktdaten
⌂	`Strg`+`8`	Adresse
☏	`Strg`+`9`	Telefonnummer

OneNote 2010

Notizkennzeichen entfernen

Notizkennzeichen funktionieren wie ein Schalter, das heißt, um sie wieder zu entfernen, rufen Sie den gleichen Befehl einfach noch einmal auf. In der Regel geht das am schnellsten, indem Sie das betreffende Kennzeichen mit der rechten Maustaste anklicken und im Kontextmenü den Befehl *Tag entfernen* aufrufen.

Notizkennzeichen bearbeiten

In OneNote sind neben den in Tabelle 57.1 aufgeführten Notizkennzeichen noch weitere zwanzig Kategorien vordefiniert. Diese Kategorien können Sie bei Bedarf bearbeiten und so zum Beispiel die Reihenfolge oder die Symbole einzelner Kategorien verändern. Außerdem ist es möglich, die Liste um weitere Einträge zu erweitern. Nehmen Sie dazu folgende Schritte vor:

1. Öffnen Sie auf der Registerkarte *Start* den Auswahlkatalog *Kategorien* und wählen Sie den Befehl *Kategorien anpassen*. OneNote zeigt dann folgendes Dialogfeld an.

Bild 57.3   Das Dialogfeld *Kategorien anpassen*

2. Markieren Sie im Dialogfeld die gewünschte Kategorie.

   Jetzt können Sie zum Beispiel mit den beiden Pfeilschaltflächen die Position der Kategorie innerhalb der Liste verändern. Beachten Sie, dass die Shortcuts fest mit den ersten neun Einträgen der Liste verbunden sind. Sie sollten daher Kategorien, die Sie häufig benötigen, möglichst in die »Top Nine« platzieren.

3. Wenn Sie das Symbol einer Kategorie bearbeiten möchten, klicken Sie auf *Kategorie ändern;* um eine neue Kategorie zu erstellen, auf *Neue Kategorie*. In beiden Fällen erscheint das Dialogfeld, das Sie in Bild 57.4 auf der nächsten Seite sehen.

4. Geben Sie einen Namen für das neue Notizkennzeichen ein. Der Name darf noch nicht für ein anderes Notizkennzeichen verwendet worden sein.

5. Wählen Sie das Symbol, die Schriftfarbe und die Markierungsfarbe aus. Im Vorschaubereich des Dialogs können Sie begutachten, wie die gewählten Einstellungen auf dem Bildschirm angezeigt werden.

Bild 57.4   Erstellen einer individuellen Kategorie

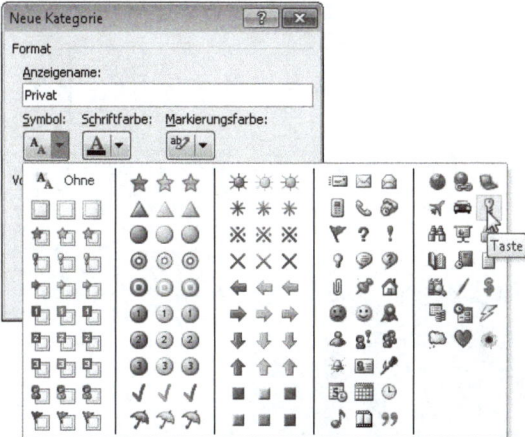

6.   Schließen Sie das Dialogfeld mit *OK*.

Kategorienzusammenfassung

Wenn Sie einen schnellen Überblick über Ihre Notizen wünschen, eignet sich dazu am besten die Kategorienzusammenfassung. Mit dieser leistungsfähigen Funktion können Sie:

■   die Kategorien wahlweise nach ihrem Namen, Abschnitt, Titel, Datum oder Notiztext gruppieren lassen,

■   nur unerledigte Notizen anzeigen lassen,

■   die Zusammenfassung auf die Notizen eines bestimmten Notizbuchbereichs oder eines Zeitabschnitts *(Heute, Gestern, aktuelle Woche, letzte Woche)* eingrenzen.

Um eine Zusammenfassung Ihrer Kategorien zu erhalten, gehen Sie folgendermaßen vor:

1.   Klicken Sie in der Registerkarte *Start* auf die Schaltfläche *Kategorien suchen*. OneNote zeigt dann den Aufgabenbereich *Kategorienzusammenfassung* an (siehe Bild 57.5).

2.   Legen Sie im Aufgabenbereich fest, wie die Notizkennzeichen gruppiert werden sollen. Zur Auswahl stehen hier die Optionen *Kategoriename, Abschnitt, Titel, Datum* und *Notiztext*.

3.   Entscheiden Sie, ob alle Notizen angezeigt werden sollen oder nur die unerledigten.

4.   Stellen Sie mit dem Listenfeld *Durchsuchen* den Suchbereich ein. Sie haben hier die Wahl zwischen einer räumlichen Eingrenzung (Seite, Abschnitt, Notizbuch etc.) und einer zeitlichen (Notizen von heute, gestern, dieser Woche etc.).

OneNote aktualisiert die Liste der gefundenen Notizen automatisch nach jeder Änderung, die Sie in dem Aufgabenbereich vornehmen.

5.   Wenn Sie sich eine der gefundenen Notizen genauer ansehen wollen, klicken Sie den betreffenden Listeneintrag einfach an. OneNote springt dann direkt zu der entsprechenden Seite.

Bild 57.5   Die Kategorienzusammenfassung liefert den perfekten Überblick

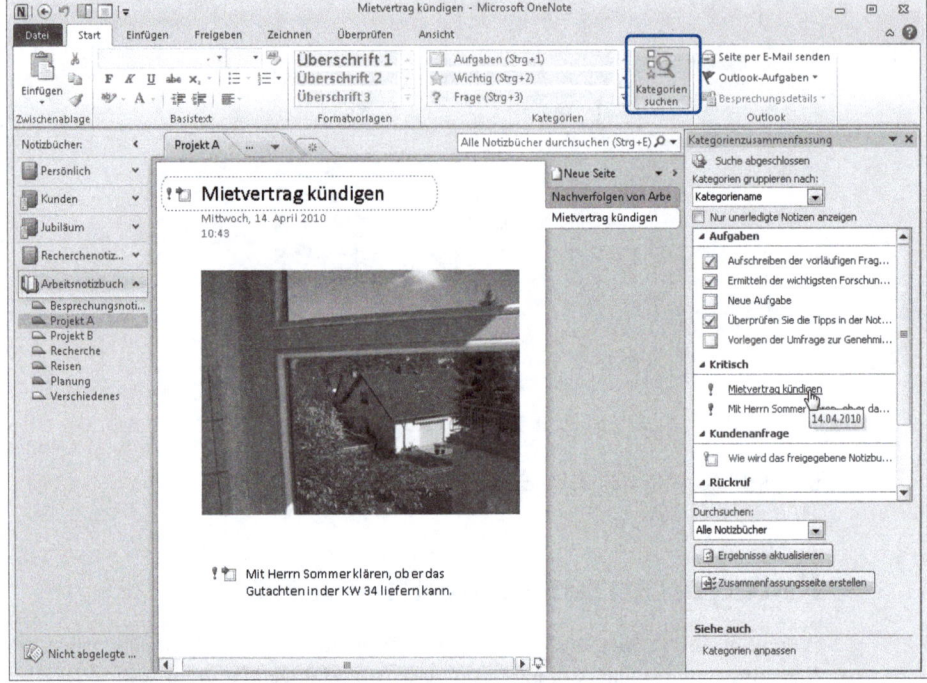

6.   Klicken Sie im Aufgabenbereich auf *Zusammenfassungsseite erstellen*, wenn Sie die Trefferliste als eigene Notizseite ablegen möchten (siehe Bild 57.5).

Seiten und Abschnitte

Ab einem gewissen Umfang eines Notizbuchs ist es unerlässlich, dass Sie Ihre Notizen thematisch zusammenfassen. Zu diesem Zweck lassen sich Notizbücher in OneNote folgendermaßen organisieren:

■   Jede Seite kann mehrere Unterseiten enthalten. Dadurch entstehen so genannte *Seitengruppen*. Auf diese Weise lässt sich zum Beispiel eine sehr lange Seite auf mehrere kürzere Seiten aufteilen.

■   Die Seiten des Notizbuchs sind in *Abschnitten* organisiert.

■   Mehrere Abschnitte lassen sich in *Abschnittsgruppen* zusammenfassen. Dadurch können Abschnitte zum Beispiel projektweise organisiert werden.

Sämtliche Daten eines Notizbuchs befinden sich in einem eigenen Unterordner des Ordners *OneNote-Notizbücher*, der seinerseits im Ordner *Eigene Dateien* bzw. bei Windows 7 im Ordner *Dokumente* liegt.

Neue Seiten einfügen

Um einem Abschnitt eine neue leere Seite hinzuzufügen, klicken Sie in der Griffleiste auf *Neue Seite*. Der zugehörige Shortcut lautet `Strg`+`N`. Wenn Sie die neue Seite direkt zwischen zwei vorhandenen Seiten einfügen möchten, zeigen Sie im Seitenregister einfach auf die gewünschte Einfügeposition und klicken dann auf das mitwandernde Symbol am linken Rand des Seitenregisters.

Wenn Sie eine neue Unterseite einfügen möchten, öffnen Sie in der Griffleiste das Ausklappmenü der Schaltfläche *Neue Seite* und wählen dort den Befehl *Neue Unterseite*.

Seitenvorlagen verwenden

Im Lieferumfang von OneNote ist aber auch eine Fülle von Vorlagen enthalten, die als *Seitenvorlagen* bezeichnet werden (früher: Briefpapier). Dabei handelt es sich um vorgefertigte Notizbuchseiten, die zum Teil lediglich eine ansprechende Hintergrundgrafik besitzen, aber auch fertige Textgerüste für Protokolle oder Aufgabenlisten enthalten können.

1. Zeigen Sie den Aufgabenbereich *Vorlagen* an, indem Sie in der Griffleiste das Ausklappmenü der Schaltfläche *Neue Seite* öffnen und dort den Befehl *Seitenvorlagen* aufrufen.

2. Klicken Sie in der angezeigten Kategorienliste auf eines der Pluszeichen, um die zugehörigen Vorlagen anzuzeigen.

3. Wählen Sie eine der angebotenen Vorlagen aus.

Bild 57.6    Im Aufgabenbereich *Vorlagen* finden Sie zahlreiche Vorlagen für Ihre Notizseiten

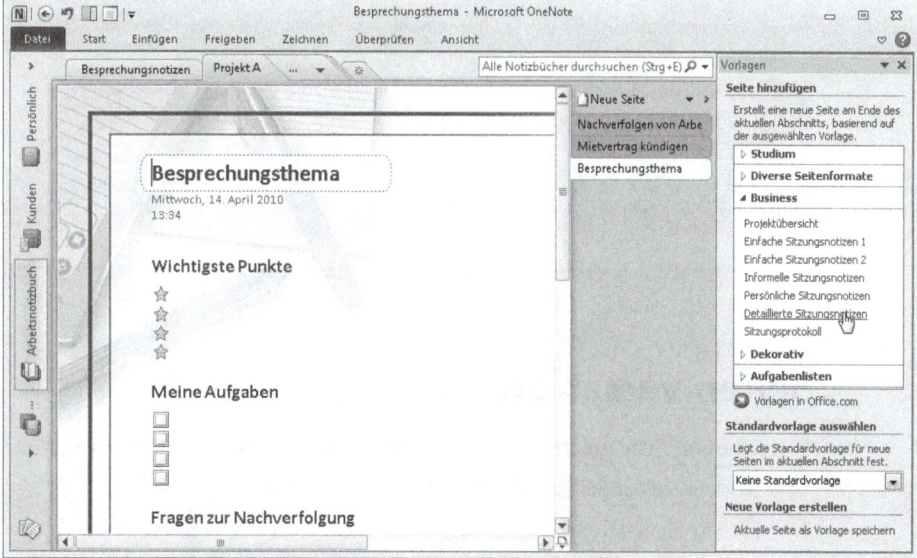

Wenn Sie eine Vorlage regelmäßig verwenden wollen, können Sie sie unten im Aufgabenbereich als Standardvorlage festlegen. Diese Einstellung gilt für den aktuellen Abschnitt, das heißt, Sie können für jeden Abschnitt eines Notizbuchs eine andere Standardvorlage wählen.

Ganz unten im Aufgabenbereich *Vorlagen* finden Sie noch den Link *Aktuelle Seite als Vorlage speichern*, mit dem Sie eigene Seitenentwürfe als Vorlage speichern können.

OneNote 2010

Seiten einrichten

Auf der Registerkarte *Ansicht* finden Sie in der Gruppe *Seite einrichten* mehrere Befehle, mit denen Sie einige Eigenschaften einer Seite verändern können. Dazu gehören zum Beispiel die Farbe des Seitenkörpers und die Hilfslinien, die sich besonders dann anbieten, wenn Sie die Seiten für Skizzen oder handschriftliche Eingaben verwenden wollen.

Bild 57.7   Notizseiten lassen sich zum Beispiel mit Hilfslinien versehen

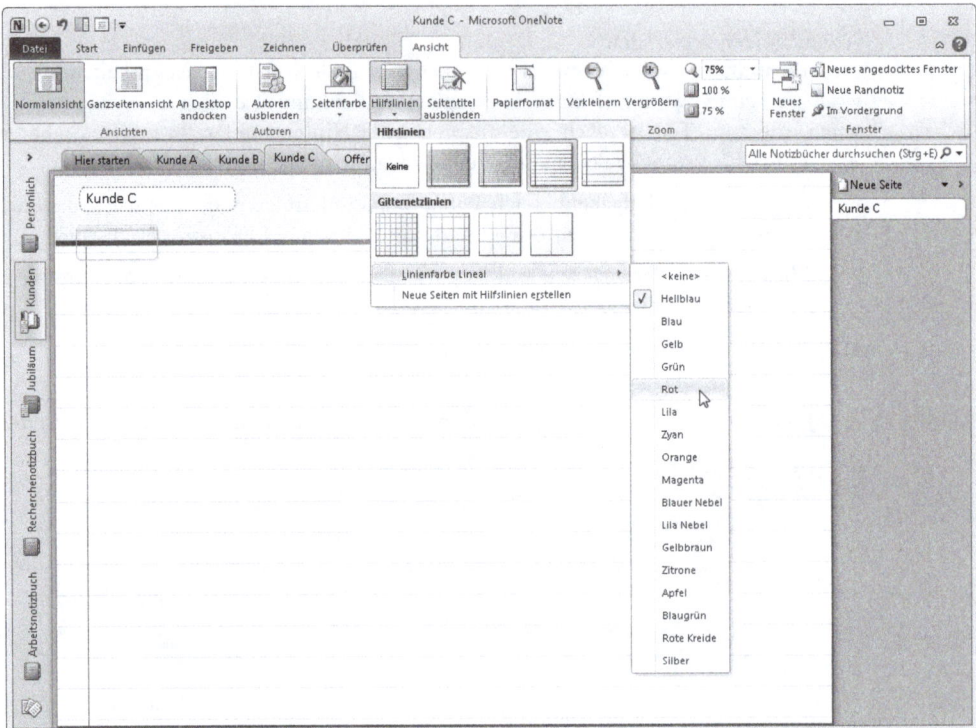

Seiten verschieben

Wenn Sie eine Seite innerhalb eines Abschnitts verschieben wollen, gehen Sie so vor:

1. Klicken Sie das Seitenregister der Seite an.

2. Ziehen Sie das Register mit der Maus nach oben oder unten, bis das kleine Dreieck, das die neue Position der Seite anzeigt, auf die gewünschte Stelle zeigt.

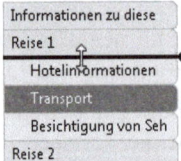

Seiten in einen anderen Abschnitt verschieben

Sie können eine Seite auch in einen anderen Abschnitt verschieben. Das kann z.B. erforderlich werden, wenn Sie die Organisation Ihres Notizbuchs ändern oder wenn Sie eine Randnotiz – die ja automatisch im Abschnitt *Nicht abgelegte Notizen* gespeichert wird – an ihren eigentlichen Bestimmungsort verschieben möchten.

Dazu ziehen Sie das Seitenregister der betreffenden Seite mit der Maus auf die Registerkarte des gewünschten Abschnitts. Der Abschnitt wird dann auf dem Bildschirm angezeigt und Sie können die Seite an der gewünschten Position im Seitenregister platzieren.

Wenn Ihnen dieses Verfahren zu »fummelig« ist, können Sie auch folgendermaßen vorgehen:

1.   Klicken Sie das Seitenregister der zu verschiebenden Seite mit der rechten Maustaste an.

2.   Wählen Sie im Kontextmenü den Befehl *Verschieben oder kopieren*.

Bild 57.8   Seiten zwischen Abschnitten verschieben

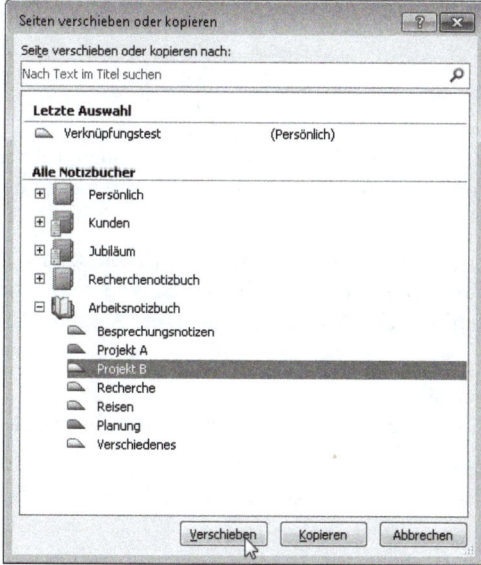

3.   Markieren Sie den Abschnitt, in den Sie die Seite verschieben möchten, und klicken Sie dann auf die Schaltfläche *Verschieben*.

Seiten löschen und wiederherstellen

Um eine Seite aus dem Notizbuch zu entfernen, klicken Sie ihr Blattregister mit der rechten Maustaste an und wählen im angezeigten Kontextmenü den Befehl *Löschen*.

Die gelöschten Seiten werden für jedes Notizbuch in einem eigenen Papierkorb gesammelt, in dem sie 60 Tage lang aufbewahrt werden. Um den aktuellen Inhalt des Papierkorbs anzuzeigen, wechseln Sie auf die Registerkarte *Freigeben* und klicken dort in der Gruppe *Verlauf* auf die Schaltfläche *Notizbuch-Papierkorb*. Zum Wiederherstellen einer Seite verschieben Sie sie einfach wie im letzten Abschnitt beschrieben in den gewünschten Abschnitt.

Arbeiten mit Abschnitten

In diesem Abschnitt erfahren Sie, wie Sie Ihre Notizbücher um neue Abschnitte erweitern und wie Sie vorhandene Abschnitte verschieben und zu Gruppen zusammenfassen. Diese Arbeiten lassen sich sehr intuitiv erledigen, da die benötigten Befehle alle über das Kontextmenü der Registerkarten erreichbar sind.

Neuen Abschnitt einfügen

Das Einfügen eines neuen Abschnitts ist genauso einfach wie das Hinzufügen einer neuen Seite. Nehmen Sie dazu folgende Schritte vor:

1. Klicken Sie die letzte Registerkarte des Notizbuchs – sie enthält einen kleinen Stern – mit der Maus an. OneNote fügt den neuen Abschnitt am Ende des Notizbuchs ein.

2. Tragen Sie in der neuen Registerkarte den gewünschten Namen des Abschnitts ein.

3. Wenn Ihnen die von OneNote gewählte Farbe des Abschnitts nicht zusagt, können Sie diese ändern, indem Sie die Registerkarte mit der rechten Maustaste anklicken und den Befehl *Abschnittsfarbe* wählen.

Abschnitte verschieben und kopieren

Genauso, wie Sie eine Seite innerhalb des Notizbuchs verschieben können, lässt sich auch die Anordnung der Abschnitte verändern. Ziehen Sie dazu einfach die Registerkarte des Abschnitts mit der Maus an ihre neue Position.

Alternativ können Sie auch das Dialogfeld *Abschnitt verschieben nach* benutzen, dessen Aufbau dem Dialogfeld *Seiten verschieben oder kopieren* entspricht (siehe Bild 57.8). Sie erreichen das Dialogfeld über den Befehl *Verschieben oder kopieren* aus dem Kontextmenü der Abschnitts-Registerkarte.

Abschnitte löschen und wiederherstellen

Wenn Sie die Notizen eines Abschnitts nicht mehr benötigen, können Sie ihn aus dem Notizbuch löschen.

1. Klicken Sie die Registerkarte des betreffenden Abschnitts mit der rechten Maustaste an.

2. Wählen Sie den Befehl *Löschen*.

3. Bestätigen Sie die folgende Sicherheitsabfrage mit *Ja*.

Im Gegensatz zu früheren Versionen wird der Abschnitt jedoch nicht tatsächlich gelöscht, sondern lediglich in den Papierkorb des Notizbuchs verschoben. Dort verbleibt er für 60 Tage und kann in diesem Zeitraum jederzeit wieder aus dem Papierkorb zurückgeschoben werden. Zum Öffnen des Papierkorbs wechseln Sie im Menüband auf die Registerkarte *Freigeben* und klicken dort auf das Symbol *Notizbuch-Papierkorb*.

Abschnitte in Gruppen zusammenfassen

Sobald Ihr Notizbuch mehr als ein Dutzend Abschnitte enthält, sollten Sie über die Verwendung von *Abschnittsgruppen* nachdenken, die in OneNote 2003 noch als *Ordner* bezeichnet wurden. Die ursprüngliche Namensgebung kam nicht von ungefähr, denn Abschnittsgruppen erfüllen in OneNote die gleiche Aufgabe wie Ordner auf der Festplatte des Computers: Sie helfen beim strukturierten Ablegen der Daten bzw. Informationen.

Um z.B. die beiden Abschnitte *Projekt A* und *Projekt B* aus dem Arbeitsnotizbuch von OneNote in einer Gruppe zusammenzufassen, gehen Sie folgendermaßen vor:

1. Klicken Sie das Notizbuch in der Navigationsleiste mit der rechten Maustaste an und wählen Sie im Kontextmenü den Befehl *Neue Abschnittsgruppe*.

2. Klicken Sie die neue Gruppe mit der rechten Maustaste an und wählen Sie im Kontextmenü den Befehl *Umbenennen*.

3. Geben Sie der Arbeitsgruppe einen Namen.

Bild 57.9   Umbenennen der neuen Abschnittsgruppe

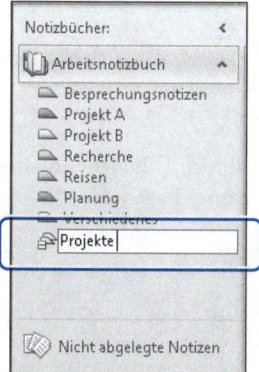

4. Nehmen Sie die gewünschten Abschnitte in die neue Gruppe auf, indem Sie ihre Registerkarten mit der Maus verschieben.

Bild 57.10   Verschieben des Abschnitts *Projekt B* in die neue Gruppe *Projekte*

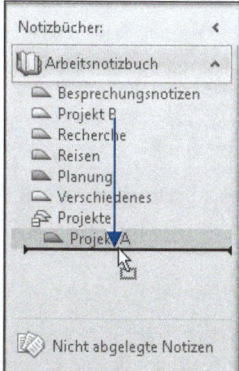

Das Symbol der neuen Abschnittsgruppe taucht rechts neben den Abschnittsregisterkarten des Notizbuchs auf.

Bild 57.11   Durch Anklicken des Gruppensymbols können Sie die Abschnitte der Gruppe anzeigen

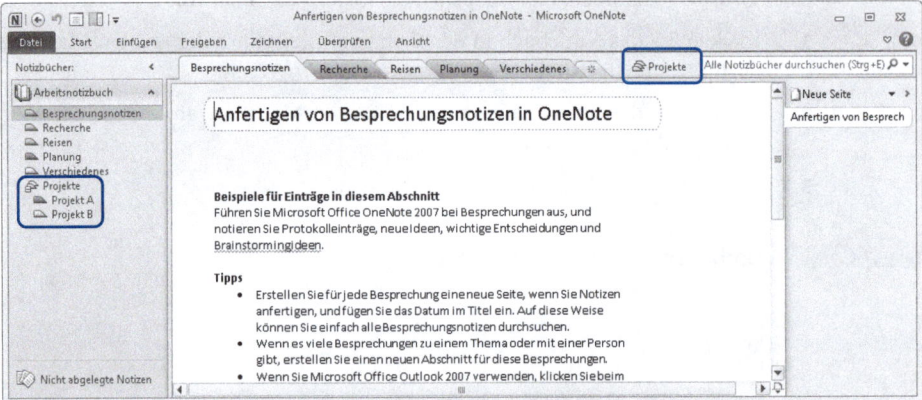

5. Klicken Sie das Symbol der Gruppe an, um die in ihr enthaltenen Abschnitte anzuzeigen. Links neben den Abschnittsregistern taucht jetzt ein grüner Pfeil auf.

Bild 57.12   Die Registerkarten der Abschnitte, die in die Gruppe *Projekte* aufgenommen wurden

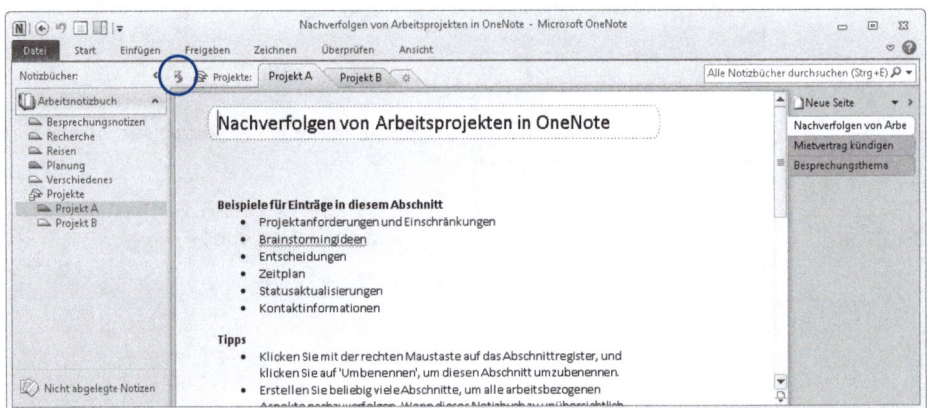

6. Der grüne Pfeil führt Sie wieder zu den übergeordneten Abschnitten zurück.

Neue Notizbücher erstellen

In Kapitel 55 haben wir bereits erwähnt, dass Sie auch neue Notizbücher anlegen bzw. bereits vorhandene Notizbücher in OneNote öffnen können. Das Arbeiten mit mehreren Notizbüchern hat im Wesentlichen zwei Vorteile:

■ Sie können Ihre Notizen übersichtlicher organisieren, indem Sie für verschiedene Arbeitsbereiche jeweils eigene Notizbücher anlegen.

■ Sie können einzelne Notizbücher mit mehreren Personen benutzen (z.B. mit den Mitgliedern einer Projektgruppe). Auf dieses Thema gehen wir im nächsten Kapitel noch näher ein.

Wie Sie gleich sehen werden, ist das Erstellen eines neuen Notizbuchs denkbar einfach.

1. Wechseln Sie in die Backstage-Ansicht und gehen Sie dort auf die Seite *Neu*.

Bild 57.13   Auswahl des Speicherorts für das neue Notizbuch

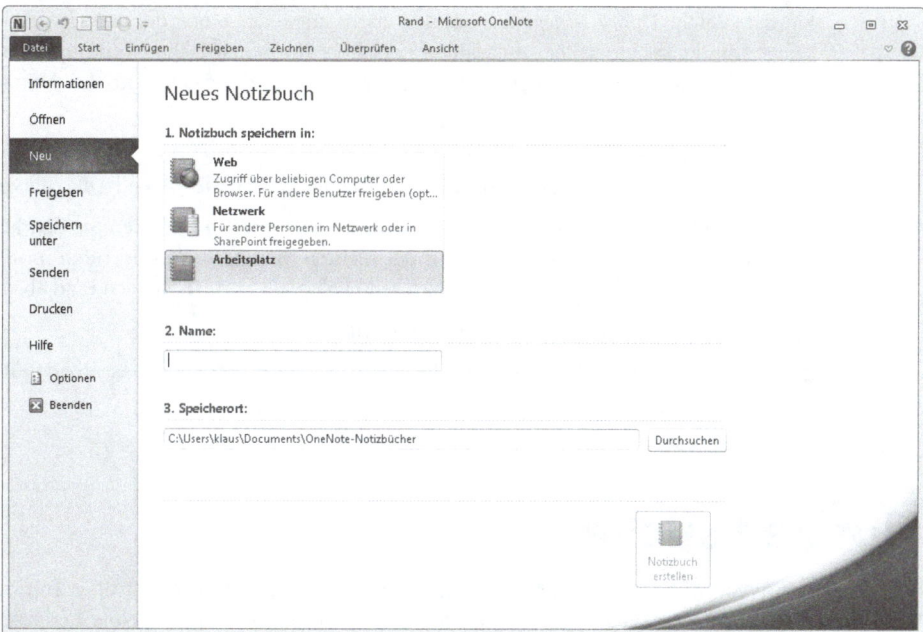

2. Im ersten Schritt müssen Sie zunächst festlegen, wo das neue Notizbuch gespeichert werden soll. Sie haben hier die Wahl zwischen drei Optionen:

   ■ **Web**   Mit den in Office 2010 eingeführten Web Apps (siehe Anhang B) können Sie Ihre Office-Dokumente sogar mit einem Browser (wie z.B. dem Internet Explorer) bearbeiten. Das heißt, Sie können auch auf einem Rechner, auf dem kein Office-Paket installiert ist, an Ihren Office-Dokumenten arbeiten. Damit dies funktioniert, müssen die Dokumente auf dem sogenannten SkyDrive von Windows Live gespeichert werden. Diese Technik befindet sich zurzeit noch im Aufbau und wird Schritt für Schritt weiterentwickelt. Zum Zeitpunkt der Drucklegung dieses Buches war es leider noch nicht möglich, OneNote-Notizbücher auf SkyDrive abzulegen.

   ■ **Netzwerk**   Falls Sie das Notizbuch gemeinsam mit anderen nutzen wollen, sollten Sie es an einem Ort ablegen, auf den die betreffenden Personen jederzeit zugreifen können. (Auf die gemeinsame Verwendung von Notizbüchern gehen wir im Folgekapitel ein.)

   ■ **Arbeitsplatz**   Wenn das neue Notizbuch ausschließlich für Ihren persönlichen Gebrauch vorgesehen ist, können Sie es direkt auf Ihrem Computer speichern.

3. Geben Sie einen Namen für das neue Notizbuch ein.

4. Tragen Sie das gewünschte Verzeichnis ein oder übernehmen Sie die Vorgabe von OneNote.

5. Klicken Sie auf *Notizbuch erstellen*, um den Vorgang abzuschließen. Das neue Notizbuch wird direkt geöffnet und taucht links in der Navigationsleiste von OneNote auf.

Notizbücher schließen und öffnen

Wenn Sie ein geöffnetes Notizbuch aus der Navigationsleiste entfernen wollen, müssen Sie es schließen. Dazu klicken Sie seinen Namen in der Navigationsleiste mit der rechten Maustaste an und wählen im Kontextmenü den Befehl *Dieses Notizbuch schließen*.

Wollen Sie zu einem späteren Zeitpunkt wieder auf ein geschlossenes Notizbuch zugreifen, wählen Sie den Befehl *Datei/Öffnen*. Sie können dann entweder eines der zuletzt geschlossenen Notizbücher direkt aus einer Liste auswählen oder über die Schaltfläche *Notizbuch öffnen* ein Dialogfeld anzeigen, in dem Sie zu dem Ordner navigieren können, der das gewünschte Notizbuch enthält.

Notizbücher löschen

Um ein nicht mehr benötigtes Notizbuch zu löschen, gehen Sie folgendermaßen vor:

1. Wenn Sie nicht wissen, wo das Notizbuch gespeichert ist, klicken Sie den Namen des Notizbuchs in der Navigationsleiste mit der rechten Maustaste an und rufen im Kontextmenü den Befehl *Eigenschaften* auf. Im angezeigten Dialogfeld können Sie den Pfad ablesen.

2. Schließen Sie das betreffende Notizbuch in OneNote.

3. Öffnen Sie ein Ordnerfenster und zeigen Sie den Ordner an, der das Notizbuch enthält.

4. Löschen Sie den Ordner des Notizbuchs.

Notizen suchen

Wenn Sie nicht mehr genau wissen, wo Sie eine bestimmte Notiz oder Information in Ihrem Notizbuch abgelegt haben, können Sie die Suchfunktion von OneNote benutzen, um die Notiz aufzuspüren. Es handelt sich dabei um eine Volltextsuche, das heißt, der gesamte Text des Notizbuchs (inklusive Seitentitel, Datums- und Zeitangaben) wird bei der Suche berücksichtigt.

OneNote 2010 kann sogar Ihre Audio- und Videoaufzeichnungen durchsuchen. Dazu müssen Sie unter *Datei/Optionen* in der Kategorie *Audio und Video* die Option *Suche nach Wörtern in Audio- und Videoaufzeichnungen aktivieren* einschalten. Die Erfolgsaussichten hängen natürlich stark von der Qualität der Aufnahme ab. Voraussetzung sind ein gutes Mikrofon, das eine rauschfreie Aufnahme erlaubt, und eine deutliche, dialektfreie Aussprache.

Die Analyse der Aufnahmen findet übrigens nur statt, wenn sich der Computer im Leerlauf befindet und – im Falle eines Notebooks – nicht im Batteriemodus betrieben wird.

Um Ihre Notizen zu durchsuchen, gehen Sie folgendermaßen vor:

1. Tragen Sie den Suchbegriff in das Textfeld ein, das sich rechts neben den Abschnitts-Registerkarten befindet. OneNote zeigt die Trefferliste dann direkt unterhalb des Suchfeldes in einer Liste an.

2. Falls Sie die Suche auf die aktuelle Seite des Notizbuchs beschränken wollen, drücken Sie den Shortcut `Strg`+`F`.

3. Alternativ öffnen Sie das Ausklappmenü des Suchfeldes und stellen dort den gewünschten Suchbereich ein. Standardmäßig werden alle geöffneten Notizbücher durchsucht. Bei vielen Treffern können Sie die Suche aber auch auf einzelne Notizbücher, Abschnitte oder Seiten beschränken.

Bild 57.14   Einstellen des Suchbereichs

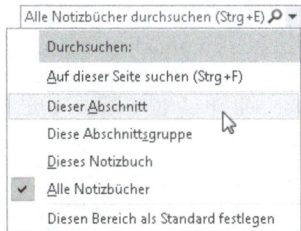

4. Wenn Sie die gesuchte Fundstelle in der Trefferliste nicht identifizieren können, klicken Sie unten in der Liste auf *Notiz und Audio-Suchergebnisbereich öffnen*. OneNote zeigt dann den Aufgabenbereich *Suchergebnisse* an.

Bild 57.15   Anzeige der Suchergebnisse im Aufgabenbereich *Suchergebnisse*

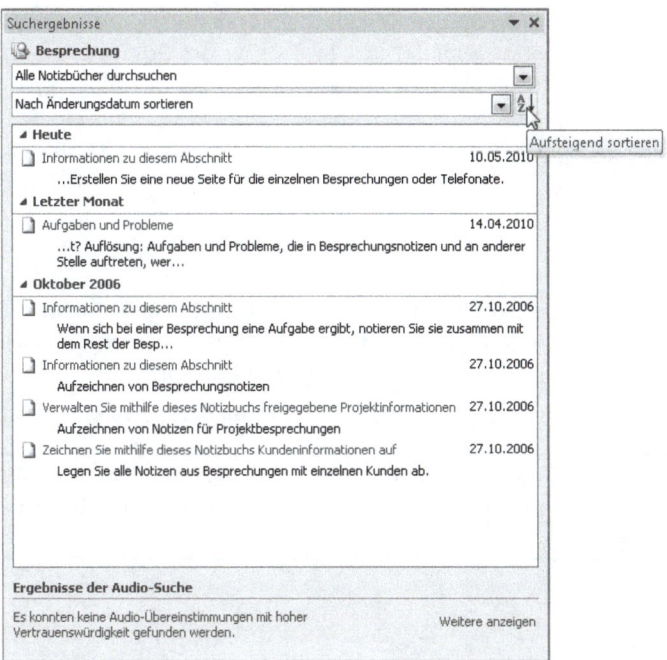

5. Ändern Sie gegebenenfalls die Sortierung der Trefferliste oder schränken Sie den Suchbereich weiter ein, falls die Liste sehr umfangreich sein sollte.

TIPP   Suchbegriffe verknüpfen   Wenn Sie in dem Suchfeld mehrere Wörter eingeben, zeigt OneNote nur diejenigen Seiten als Treffer an, in denen alle Suchbegriffe enthalten sind. Sie können dieses Verhalten ändern, indem Sie die Suchbegriffe mit den Operatoren UND und ODER kombinieren. Wenn Sie zum Beispiel »Zeitplan ODER Abgabetermin« eingeben, listet OneNote alle Seiten auf, in denen mindestens eines der beiden Wörter vorkommt. Damit diese Operatoren funktionieren, müssen Sie sie in Großbuchstaben eintippen!

OneNote 2010

Inhaltsverzeichnis

Eine weitere Möglichkeit, um ein umfangreiches Notizbuch zu organisieren, ist das Erstellen eines Inhaltsverzeichnisses. Leider hat OneNote nicht wie Word eine Funktion, mit der Sie ein automatisches Verzeichnis erstellen können. Hier müssen Sie selbst aktiv werden und die Einträge des Inhaltsverzeichnisses manuell erstellen.

Man sollte daher auch genaugenommen von einer Hyperlink-Liste sprechen, von der aus Sie zentral auf wichtige Seiten Ihres Notizbuchs verweisen. Um ein solches Verzeichnis zu erstellen, gehen Sie folgendermaßen vor:

1. Erstellen Sie eine neue Seite, die das Inhaltsverzeichnis aufnehmen soll.

2. Klicken Sie das Blattregister der Seite, auf die Sie verweisen wollen, mit der rechten Maustaste an und wählen Sie im Kontextmenü den Befehl *Hyperlink zu Seite kopieren*.

3. Zeigen Sie wieder die Seite für das Inhaltsverzeichnis an. Dazu können Sie zum Beispiel die Schaltfläche *Zurück* auf der Symbolleiste für den Schnellzugriff nutzen.

4. Klicken Sie die Stelle, an der Sie den Hyperlink einfügen wollen, mit der rechten Maustaste an und wählen Sie im Kontextmenü das erste Symbol aus der Gruppe *Einfügeoptionen*. Der eingefügte Hyperlink sollte anschließend so aussehen wie im nächsten Bild.

Bild 57.16   Hyperlink auf eine Seite

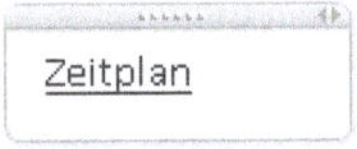

5. Wenn Sie den Text des Hyperlinks verändern möchten, klicken Sie ihn mit der rechten Maustaste an und wählen im Kontextmenü den Befehl *Hyperlink bearbeiten*. Nehmen Sie die gewünschte Änderung dann im Textfeld *Anzuzeigender Text* vor.

6. Vervollständigen Sie Ihr Inhaltsverzeichnis, indem Sie weitere Hyperlinks einfügen.

TIPP   Sie können übrigens auch auf Abschnitte und sogar auf einzelne Absätze oder Bilder verweisen. Klicken Sie dazu die gewünschten Objekte mit der rechten Maustaste an und rufen Sie den Befehl *Hyperlink zu ... kopieren* auf.

Zusammenfassung

In diesem Kapitel haben Sie gelernt, wie Sie die Notizen Ihrer OneNote-Notizbücher organisieren und verwalten können:

■ Notizen lassen sich mit so genannten *Notizenkennzeichen* oder auch *Tags* verschiedenen Kategorien zuordnen. Die Tags bestehen aus einem Symbol und können zusätzlich die Schriftfarbe und die Hintergrundfarbe des Textes beeinflussen. Die Kategorienzusammenfassung enthält eine Aufstellung aller vergebenen Kennzeichen und kann nach verschiedenen Kriterien gruppiert und gefiltert werden (Seite 1048).

- Beim Einfügen neuer Seiten können Sie auf Vorlagen zurückgreifen. Dabei handelt es sich um vorgefertigte Notizbuchseiten, die ansprechende Hintergrundgrafiken und/oder fertige Textgerüste enthalten (Seite 1053).

- Seiten können mit Hilfslinien versehen werden, um das Erstellen von Skizzen oder handschriftlichen Eingaben zu erleichtern (Seite 1054).

- Um eine Seite zu verschieben, können Sie das Blattregister der Seite mit der Maus an eine neue Position ziehen (Seite 1054).

- Abschnitte bestehen aus mehreren Seiten und können, genau wie Seiten, an eine andere Position verschoben werden (Seite 1056).

- Mehrere Abschnitte lassen sich zu Gruppen zusammenfassen. Auf diese Weise lässt sich ein umfangreiches Notizbuch übersichtlicher gestalten (Seite 1056).

- Beim Anlegen eines neuen Notizbuchs können Sie über den Speicherort Einfluss darauf nehmen, wer später auf das Notizbuch zugreifen kann (Seite 1058).

- Die leistungsstarke Suchfunktion von OneNote kann sogar Audio- und Videoaufnahmen durchsuchen und unterstützt die Suchoperatoren UND und ODER (Seite 1060).

- Mit Hilfe von Hyperlinks können Sie Ihre Notizbücher mit einem Inhaltsverzeichnis ausstatten. Die Hyperlinks können dabei sowohl auf ganze Abschnitte, einzelne Seiten oder auf spezielle Absätze und Bilder verweisen (Seite 1062).

OneNote 2010

Kapitel 58

Notizbücher gemeinsam verwenden

In diesem Kapitel beschäftigen wir uns mit den Funktionen von OneNote, die das Arbeiten im Team unterstützen. Sie erfahren u.a., wie Sie Ihre Notizen anderen Personen zur Verfügung stellen und wie Sie gemeinsam zu nutzende Notizbücher einrichten.

Sie werden dazu auf den nächsten Seiten folgende Szenarien kennenlernen:

■ Bearbeiten eines Notizbuchs durch eine Person, die an mehreren Computern arbeitet. Dieses Szenario eignet sich zum Beispiel für den Fall, dass Sie in Ihrer Firma neben Ihrem Desktop-Rechner auch ein Notebook verwenden. OneNote kann dann auf beiden Computern eine Kopie des originalen Notizbuchs verwalten und kümmert sich um die Synchronisierung der vorgenommenen Änderungen. Wenn Sie zu Hause oder unterwegs das Notizbuch auf Ihrem Notebook bearbeiten, werden Ihre Änderungen automatisch übertragen, sobald Sie Ihr Notebook wieder mit Ihrem Firmennetzwerk verbinden.

■ Wollen Sie anderen Personen einzelne Notizbuchseiten bereitstellen, können Sie ihnen eine Kopie der Notizen per E-Mail zuschicken oder sie in einem freigegebenen Ordner ablegen.

■ Bearbeiten eines Notizbuchs durch mehrere Personen. Dieses Szenario entspricht im Wesentlichen dem ersten Fall, bei dem Sie von mehreren Computern auf ein Notizbuch zugreifen. Damit auch andere Benutzer Ihr Notizbuch verwenden können, müssen Sie Ihr Notizbuch in einem Ordner ablegen, auf den die betreffenden Nutzer über ein Netzwerk zugreifen können.

Wie wir im letzten Kapitel bereits erwähnt haben, wird es zukünftig auch möglich sein, OneNote-Notizbücher direkt im Web zu bearbeiten (siehe Anhang B). Zum Zeitpunkt der Drucklegung dieses Buches stand die Funktion jedoch noch nicht zur Verfügung und auch einen konkreten Termin für ihre Veröffentlichung konnten wir leider nicht in Erfahrung bringen.

Notizbuch von mehreren Computern nutzen

Wenn Sie Ihr Notizbuch von Ihrem Desktop-PC und Ihrem Notebook aus bearbeiten wollen, stehen Sie zunächst vor folgendem Problem: Wie gelangen Sie an Ihre Notizen, wenn Sie mit Ihrem Notebook unterwegs sind? Dazu könnten Sie natürlich eine Kopie des aktuellen Notizbuchs mit auf die Reise nehmen. Doch wenn Sie dann eine Notiz bearbeiten oder ergänzen, stehen Sie vor dem nächsten Problem: Wie übertragen Sie Ihre Änderungen in das Original? Und was passiert, wenn Sie das Original inzwischen ebenfalls geändert haben – nämlich von Ihrem Desktop-PC aus?

Wie Sie sehen, ist die Angelegenheit keineswegs trivial. Doch keine Sorge: Dieses Puzzlespiel können Sie getrost OneNote überlassen. Das Programm sorgt automatisch dafür, dass sich auf jedem Computer, von dem aus Sie auf Ihr Notizbuch zugreifen, eine aktuelle Kopie befindet und dass alle Änderungen in das Original des Notizbuchs übertragen werden.

Damit OneNote diesen Mechanismus in Gang setzt, müssen Sie beim Erstellen eines Notizbuchs, auf das Sie von mehreren Computern aus zugreifen wollen, folgendermaßen vorgehen:

1. Starten Sie OneNote und klicken Sie auf *Datei*, um in die Backstage-Ansicht zu gelangen. Dort wechseln Sie auf die Seite *Neu*.

2. Wählen Sie als Speicherort die Option *Netzwerk*.

3. Geben Sie einen Namen für das neue Notizbuch ein.

4. Geben Sie den Ordner an, in dem das Notizbuch gespeichert werden soll. Dieser Ordner muss natürlich von allen Computern, mit denen Sie das Notizbuch bearbeiten wollen, erreichbar sein. In der Regel sollte er daher auf einem Server liegen, der permanent eingeschaltet ist.

Bild 58.1   Erstellen eines Notizbuchs, das Sie von mehreren Computern aus bearbeiten können

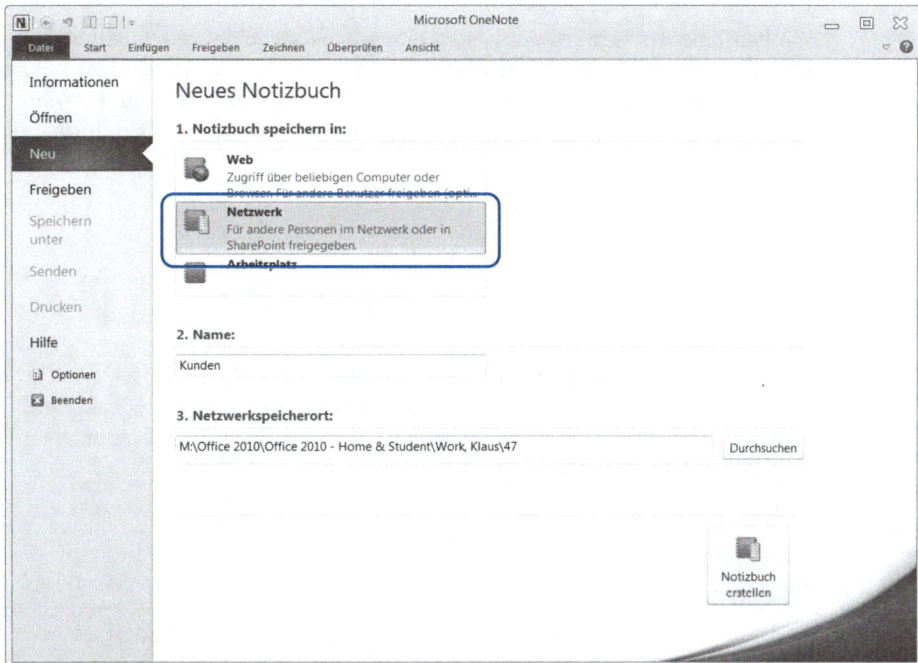

5.   Klicken Sie auf *Notizbuch erstellen*, um den Vorgang abzuschließen. Das neue Notizbuch wird direkt in OneNote geöffnet.

6.   Zusätzlich bietet Ihnen OneNote in einem Dialogfeld die Möglichkeit an, eine E-Mail mit einem Link auf das soeben erstellte Notizbuch zu verschicken. Da Sie natürlich wissen, wo sich das neue Notizbuch befindet, ist die E-Mail für unseren Zweck eigentlich überflüssig. Dieser Komfort wird erst dann benötigt, wenn Sie andere Personen auf Ihr Notizbuch aufmerksam machen wollen. Doch zu Testzwecken sollten Sie diese Mail ruhig einmal an sich selbst verschicken.

Bild 58.2   OneNote kann eine E-Mail mit einem Link auf das neue Notizbuch verschicken

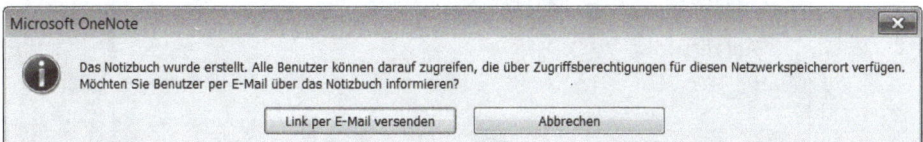

7.   Öffnen Sie die E-Mail auf einem Rechner, von dem Sie ebenfalls auf das neue Notizbuch zugreifen möchten und klicken Sie auf den in der Mail enthaltenen Link. OneNote wird das neue Notizbuch dann automatisch öffnen.

TIPP   **Defekter Link** Falls der Link nicht funktioniert, können Sie das Notizbuch auch direkt aus OneNote öffnen. Manchmal genügt es auch, den Link zu kopieren und oben in die Adressleiste des Internet Explorers einzufügen.

Synchronisieren der Notizbücher

Wir haben bereits kurz erwähnt, dass das Synchronisieren der verschiedenen Notizbücher ohne Ihr Zutun von OneNote erledigt wird. Der aktuelle Status wird durch ein kleines Symbol angezeigt, das sich neben dem Namen des Notizbuchs in der Navigationsleiste befindet. Wenn Sie den Mauszeiger auf das Symbol schieben, erscheint ein kleines Fenster, das weitere Informationen liefert.

Bild 58.3   Das Notizbuch ist zurzeit nicht mit seinem Original verbunden

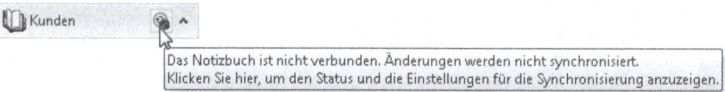

Den im obigen Bild abgebildeten Zustand haben wir einfach dadurch erreicht, dass wir bei dem betreffenden Computer das Netzwerkkabel herausgezogen haben. Sobald OneNote erkennt, dass wieder eine Netzwerkverbindung besteht, wird das Notizbuch des Computers mit seinem Original im Netzwerk synchronisiert.

Bild 58.4   OneNote konnte das Notizbuch erfolgreich synchronisieren

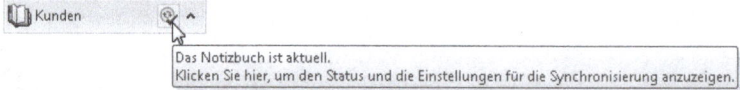

Konflikte bei der Synchronisierung auflösen

Beim Synchronisieren werden ältere Änderungen nicht automatisch von neueren überschrieben. Angenommen, Sie sind mit Ihrem Notebook unterwegs und ändern eine bereits vorhandene Notiz. Nachdem Sie wieder im Büro sind, bearbeiten Sie die gleiche Notiz an Ihrem Desktop-Rechner, ohne jedoch zuvor Ihr Notebook ans Netzwerk angeschlossen zu haben. Wenn Sie dann das Notebook mit dem Netzwerk verbinden, erkennt OneNote bei der Synchronisierung den Konflikt. Es übernimmt die aktuellere Version der Notiz und kennzeichnet die Seite mit einem Hinweistext.

Bild 58.5   OneNote hat bei der Synchronisierung einen Konflikt erkannt

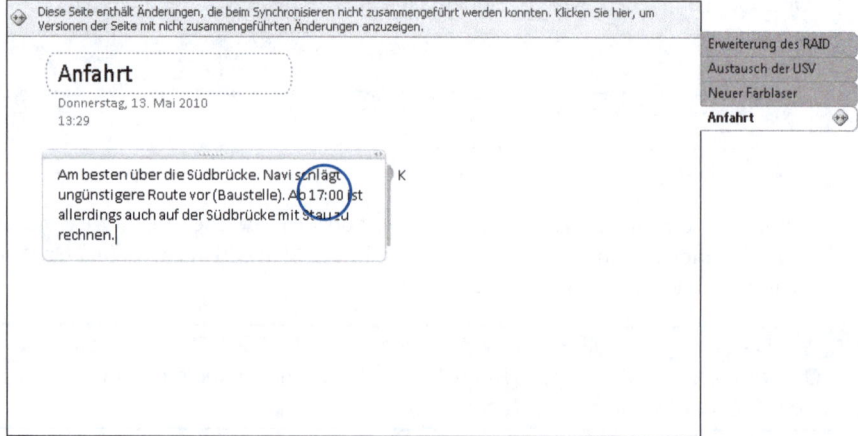

Durch Anklicken des Hinweistextes können Sie die in Konflikt stehenden Seiten einblenden und prüfen, welche Konflikte im Detail vorliegen. Damit Sie die betreffenden Stellen leichter finden, hebt OneNote die widersprüchlichen Änderungen durch rote Markierungen hervor.

Bild 58.6   Die im Widerspruch stehenden Änderungen werden auf den Konfliktseiten rot hervorgehoben

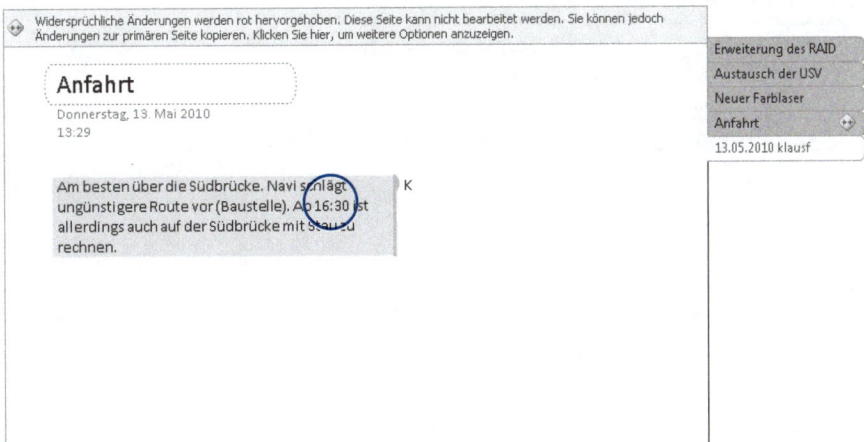

Falls sich auf der (schreibgeschützten) Konfliktseite Informationen befinden, die Sie nicht verlieren wollen, können Sie diese in die primäre Seite des Notizbuchs integrieren. Anschließend sollten Sie die Konfliktseite löschen. Dazu klicken Sie oben auf den Hinweistext und wählen im Kontextmenü den Befehl *Konfliktseite löschen*.

Bild 58.7   Nicht mehr benötigte Konfliktseiten sollten Sie löschen

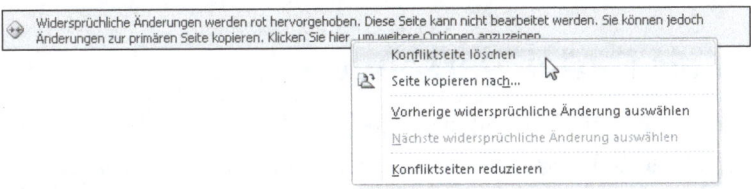

TIPP   **Konfliktseiten ein- und ausblenden** Am schnellsten lassen sich Konfliktseiten durch einen Klick auf das gelbe Symbol auf dem Reiter der Notizbuchseite ein- und ausblenden.

Weitere Statusinformationen zur Synchronisierung anzeigen

Wenn Sie genauere Informationen über den Stand der Synchronisierung wünschen, klicken Sie das Synchronisierungs-Symbol an. Dadurch erscheint folgendes Dialogfeld, in dem zum Beispiel angezeigt wird, wann das Notizbuch zum letzten Mal erfolgreich synchronisiert wurde und ob dabei Fehler aufgetreten sind. Außerdem finden Sie hier die Schaltfläche *Jetzt synchronisieren*, mit der Sie einen sofortigen Synchronisierungsversuch auslösen können.

Bild 58.8 Dieses Dialogfeld informiert Sie detailliert über den Synchronisierungsstatus

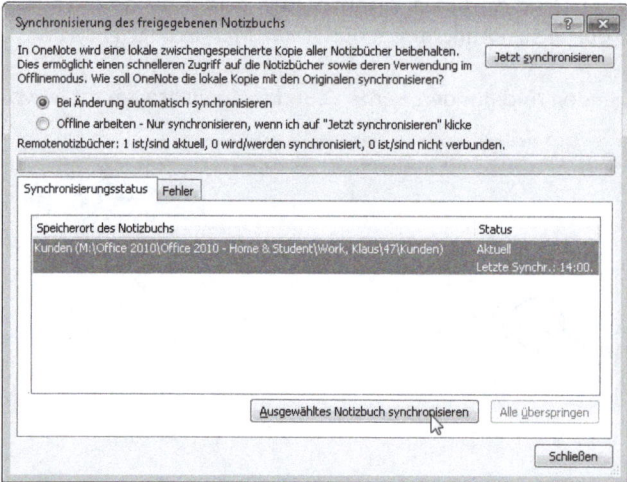

Notizen verteilen

Wenn Sie einzelne Seiten Ihres Notizbuchs anderen Personen zur Verfügung stellen wollen, können Sie sie einfach per E-Mail verschicken oder auf einem Netzwerklaufwerk speichern. Dabei muss der Empfänger noch nicht einmal über OneNote 2010 verfügen, denn die Seiten werden nicht nur im OneNote-Format, sondern auch in verschiedenen anderen Formaten bereitgestellt.

Notizen als E-Mail versenden

Um eine oder mehrere Seiten als E-Mail zu verschicken, gehen Sie folgendermaßen vor:

1. Markieren Sie die gewünschte Seite, indem Sie sie im Blattregister anklicken. Um mehrere Seiten eines Abschnitts zu markieren, drücken Sie ⌨Strg und klicken die Seiten einzeln an.

2. Wechseln Sie mit einem Klick auf *Datei* in die Backstage-Ansicht und zeigen Sie dort die Seite *Senden* an.

3. Hier können Sie entscheiden, ob Sie die Seite direkt in die E-Mail einfügen oder als Anlage anhängen:

   ■ **Seite per E-Mail senden** In diesem Fall wird der Inhalt der markierten Seite(n) als Nachrichtentext verwendet. Diese Option ist für den Empfänger am unkompliziertesten, da er nicht erst einen Anhang öffnen muss. Tipp: Diese Versandart können Sie auch – etwas schneller – direkt auf der Registerkarte *Freigeben* über die Schaltfläche *Seite per E-Mail senden* aufrufen.

   ■ **Seite als Anlage per E-Mail senden** Bei dieser Variante wird die Notizbuchseite der E-Mail sowohl im OneNote-Format als auch als Webseite angehängt.

- **Seite als PDF per E-Mail senden** Wenn Sie nicht davon ausgehen können, dass der Empfänger ebenfalls mit OneNote arbeitet, oder wenn Sie sogar wissen, dass er einen Macintosh oder einen Linux-Rechner nutzt, empfiehlt sich das universelle PDF-Format.

Bild 58.9 Verteilen von Notizen per E-Mail (als Webseite und als OneNote-Datei)

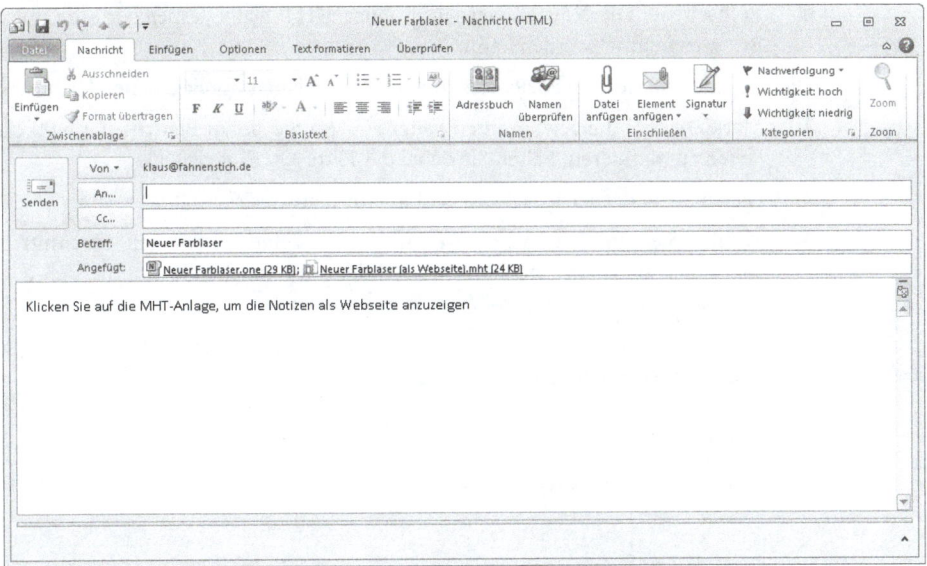

4. Vervollständigen Sie die E-Mail (Empfängerangaben, Betreff etc.) und klicken Sie auf *Senden*, um die E-Mail zu verschicken.

Notizen in freigegebenem Ordner speichern

Wenn Sie mit Ihrem Computer innerhalb eines Netzwerks arbeiten, können Sie ausgewählte Notizen in einem freigegebenen Ordner speichern, damit andere Benutzer darauf zugreifen können. Die Benutzer erhalten also keinen direkten Zugriff auf Ihr Notizbuch (auch dies ist möglich, wie Sie gleich noch sehen werden), sondern nur auf die Kopien der von Ihnen ausgewählten Notizen.

Das Praktische dabei ist, dass OneNote die Kopien in mehreren Formaten erstellen kann, sodass auch Benutzer, die selbst nicht mit OneNote arbeiten, auf diese Informationen zugreifen können. Folgende Formate stehen Ihnen zur Verfügung:

- **OneNote 2010** Leider gibt es zum Zeitpunkt der Drucklegung dieses Buches (noch?) keinen Konverter für OneNote 2003, mit dem sich Notizbücher der aktuellen Version öffnen lassen.

- **Word-Dokument (DOCX)** Die Notizen werden als Word-Dokument im neuen Dateiformat von Word 2010 gespeichert. Das Dokument kann mit Hilfe eines Konverters (er ist im *Microsoft Office Compatibility Pack* enthalten) auch in älteren Word-Versionen geöffnet werden. Hinweise zur Installation des Konverters finden Sie in Kapitel 5.

- **Word-Dokument (DOC)** Wenn Sie wissen, dass die Benutzer Ihrer Notizen keine aktuelle Office-Version verwenden, und Sie ihnen die Installation des Konverters ersparen wollen, können Sie Ihre Notizen auch direkt im Dateiformat der älteren Office-Versionen speichern.

OneNote 2010

■ **PDF**   Das wohl bekannteste Dateiformat, das auf nahezu allen Computern – unabhängig vom jeweils verwendeten Betriebssystem – korrekt dargestellt und ausgedruckt werden kann.

■ **XPS**   XPS ist genau wie PDF ein portables Dokumentenformat. Es wurde von Microsoft als direktes Konkurrenzprodukt zu Adobe's PDF entwickelt, ist allerdings außerhalb der Windows-Welt nicht sehr verbreitet.

■ **Webseiten**   Die Notizen werden in einer MHT-Datei gespeichert, die mit einem beliebigen Browser geöffnet werden kann.

Die Vorgehensweise zum Speichern von Notizen in einem freigegebenen Ordner ist schnell erklärt:

1.   Markieren Sie die gewünschten Seiten, indem Sie sie im Blattregister anklicken. Um mehrere Seiten zu markieren, halten Sie dabei die Taste Strg gedrückt.

2.   Gehen Sie in der Backstage-Ansicht auf die Seite *Speichern unter*.

3.   Wählen Sie zunächst aus, ob Sie nur eine einzelne Seite, einen Abschnitt oder das gesamte Notizbuch speichern möchten. Je nachdem, für welche Option Sie sich entscheiden, ändert sich die Auswahl der angebotenen Speicherformate.

Bild 58.10   Speichern von Notizen in einem Ordner

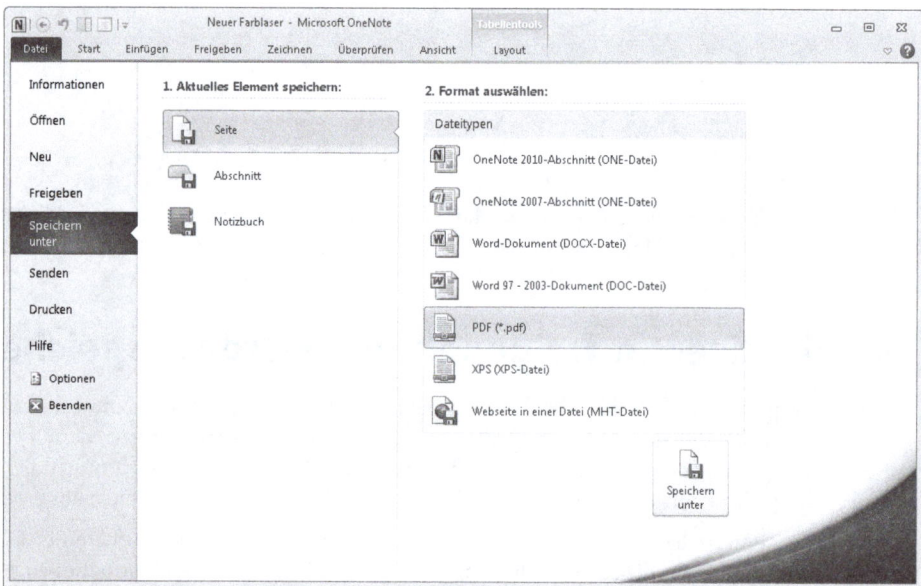

4.   Wählen Sie das gewünschte Format und klicken Sie dann auf *Speichern unter*.

5.   Navigieren Sie im Dialogfeld *Speichern unter* zu dem Ordner, in dem Sie eine Kopie der markierten Notizbuchseiten speichern möchten.

6.   Geben Sie einen Dateinamen ein. Bei Bedarf können Sie in diesem Dialogfeld auch noch den gewünschten Dateityp (das Format) ändern.

7.   Auch die Wahl des Seitenbereichs (Seiten, Abschnitt oder Notizbuch) können Sie hier noch nachträglich korrigieren.

8.   Klicken Sie auf *Speichern*.

Notizbücher gemeinsam nutzen

Zu Beginn des Kapitels haben Sie gelernt, wie Sie von mehreren Computern aus, auf Ihre Notizbücher zugreifen können. Von diesem Punkt ist es nur noch ein kleiner Schritt bis gemeinsamen Nutzung eines Notizbuchs durch mehrere Benutzer. Das Prinzip ist absolut identisch: Das Notizbuch muss sich in einem Ordner befinden, auf den alle beteiligten Benutzer zugreifen können. Die einzustellenden Berechtigungen müssen auf Windows-Ebene vorgenommen werden, denn OneNote bringt keine eigene Benutzerverwaltung mit, sondern greift auf die von Windows zurück.

Um ein Notizbuch zu erstellen, das Sie mit mehreren Benutzern bearbeiten wollen, nehmen Sie folgende Schritte vor:

1. Starten Sie OneNote und zeigen Sie in der Backstage-Ansicht die Seite *Neu* an.

2. Wählen Sie als Speicherort die Option *Netzwerk*.

3. Tippen Sie einen Namen für das Notizbuch ein.

4. Geben Sie den Ordner an, in dem das neue Notizbuch erstellt werden soll. In der Regel sollten Sie sich für einen Server entscheiden, damit das Notizbuch für alle Benutzer permanent erreichbar ist.

5. Klicken Sie auf *Notizbuch erstellen*.

6. Nachdem OneNote das Notizbuch angelegt hat, bietet es das Verschicken einer E-Mail an, mit der Sie die potentiellen Benutzer über die Existenz und die Position des Notizbuchs informieren können. Klicken Sie dann auf *Link per E-Mail versenden,* vervollständigen Sie die automatisch erstellte E-Mail und verschicken Sie sie.

Damit ist die Einrichtung des Notizbuchs abgeschlossen und Sie können es gemeinsam mit anderen Benutzern bearbeiten. Die automatische Synchronisierung und das Auflösen von dabei auftretenden Konflikten funktioniert genauso, wie wir es weiter vorne in diesem Kapitel im Abschnitt »Synchronisieren der Notizbücher« beschrieben haben.

Kennwortschutz

Einzelne Abschnitte eines Notizbuchs lassen sich bei Bedarf mit einem Kennwort schützen und können dann ohne Eingabe des richtigen Kennworts nicht mehr eingesehen werden.

Um einen Abschnitt Ihres Notizbuches zu schützen, nehmen Sie folgende Schritte vor:

1. Öffnen Sie den gewünschten Abschnitt.

2. Klicken Sie den Reiter des Abschnitts mit der rechten Maustaste an und wählen Sie im Kontextmenü den Befehl *Diesen Abschnitt durch ein Kennwort schützen.* Dadurch wird der Aufgabenbereich *Kennwortschutz* angezeigt (siehe Bild 58.11).

3. Klicken Sie im Aufgabenbereich auf die Schaltfläche *Kennwort festlegen* und geben Sie im nächsten Dialogfeld das gewünschte Kennwort ein (zweimal, um Tippfehler auszuschließen).

    Damit ist der Kennwortschutz des Abschnitts aktiviert. Die automatische Sperre tritt jedoch erst in Kraft, wenn Sie zehn Minuten lang keine Änderung an dem Abschnitt vornehmen.

4. Klicken Sie auf die Schaltfläche *Alle sperren,* um den Abschnitt manuell zu sperren. OneNote blendet dann sämtliche Seiten des Abschnitts aus und zeigt nur noch ein leeres Deckblatt an, wie in Bild 58.12.

Bild 58.11 Die Abschnitte eines Notizbuchs lassen sich durch Kennwörter schützen

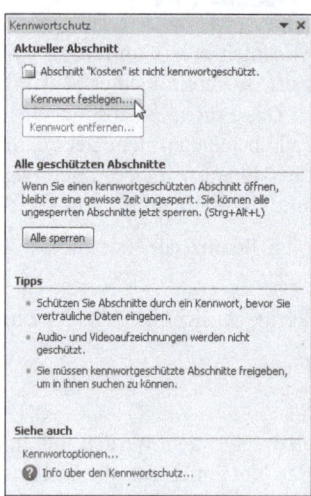

5. Wenn Sie den Inhalt eines geschützten Abschnitts wieder anzeigen möchten, klicken Sie auf das Deckblatt und geben das korrekte Kennwort ein.

Bild 58.12 Öffnen eines kennwortgeschützten Abschnitts

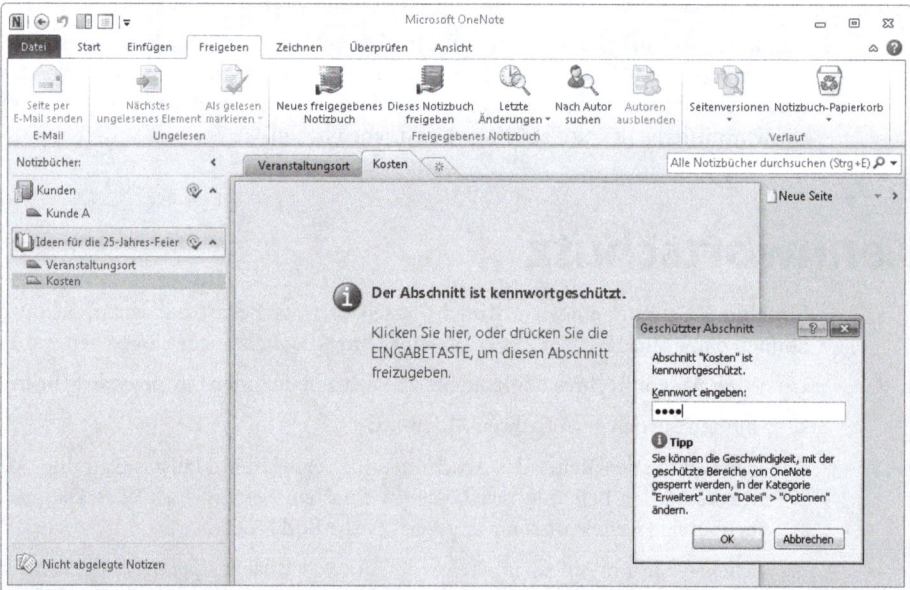

HINWEIS **Kennwortoptionen** Im Dialogfeld *Optionen* finden Sie in der Kategorie *Erweitert* in der Gruppe *Kennwörter* mehrere Einstellungen, mit denen Sie das Verhalten von OneNote bei geschützten Abschnitten steuern können. Dort können Sie zum Beispiel die Zeitspanne einstellen, nach der OneNote einen geschützten Abschnitt automatisch sperrt.

Zusammenfassung

In diesem Kapitel haben Sie die Funktionen von OneNote kennen gelernt, mit denen Sie Notizbücher auf mehreren Computern und gemeinsam mit mehreren Benutzern verwenden können.

- Wenn Sie mit mehreren Computern arbeiten, können Sie Ihre Notizbücher so einrichten, dass Sie von jedem Ihrer Computer auf sie zugreifen können. OneNote erstellt dazu auf den einzelnen Computern Kopien der Original-Notizbücher und synchronisiert automatisch alle Kopien (Seite 1066).

- Wenn beim Synchronisieren der Notizbücher Konflikte auftreten, werden die widersprüchlichen Daten nicht überschrieben, sondern in so genannten *Konfliktseiten* gesichert. Sie haben dadurch die Möglichkeit, die betreffenden Änderungen in Ihr Notizbuch zu integrieren (Seite 1068).

- Sie können anderen Benutzern Kopien Ihrer Notizen zur Verfügung stellen, indem Sie entweder die betreffenden Seiten der Notizbücher als E-Mail-Anhang verschicken oder sie in einem freigegebenen Ordner speichern. OneNote kann die Seiten nicht nur im OneNote-Format speichern, sondern auch als Webseite, als PDF-, XPS- und als Word-Dokument (Seite 1070).

- Notizbücher lassen sich auch von mehreren Benutzern bearbeiten (Seite 1073).

- Die Abschnitte eines Notizbuchs können durch Kennwörter geschützt werden (Seite 1073).

OneNote 2010

Teil H

Anhänge

Anhang A

Symbolleiste für den Schnellzugriff und Menüband anpassen

Anhänge

In den Programmfenstern von Office 2010 gibt es nur noch eine einzige Symbolleiste: die Symbolleiste für den Schnellzugriff. Sie wird standardmäßig in der Titelleiste des Programmfensters angezeigt. In dieser Symbolleiste befinden sich die Tools, die häufig benötigt werden, und andere, die nicht direkt einer der Registerkarten zugeordnet werden können, wie beispielsweise der Befehl *Rückgängig* oder der Befehl *Wiederholen*. Die Schaltflächensymbole entsprechen denen aus vorherigen Versionen von Office.

Symbolleiste für den Schnellzugriff anpassen

Wenn Sie Befehle benötigen, die standardmäßig nicht mehr in der Benutzeroberfläche einer der Anwendungen aus Office 2010 vorhanden sind, können Sie diese in die Symbolleiste für den Schnellzugriff einfügen. Änderungen, die Sie an der Symbolleiste für den Schnellzugriff vornehmen, werden für jede Office-Anwendung getrennt gespeichert.

Die Bonuskapitel, die Sie im PDF-Format im Ordner mit den Beispieldateien finden, erläutern, wohin die Befehle der Office 2003-Awendungen in Office 2010 gewandert sind. Befehle, die nicht mehr im Menüband der Office 2010-Anwendungen zu finden sind, werden in den Tabellen dieser Bonuskapitel mit dem Symbol ⍦ gekennzeichnet.

Gehen Sie zum Anpassen der Symbolleiste für den Schnellzugriff wie folgt vor:

1. Klicken Sie auf die Registerkarte *Datei* und dann auf *Optionen*.

2. Klicken Sie im Fenster *[Programmname]-Optionen* auf *Symbolleiste für den Schnellzugriff*.

3. Öffnen Sie das Listenfeld *Befehle auswählen* und klicken Sie auf *Alle Befehle*.

TIPP Wenn Sie nur die Befehle sehen möchten, die nicht im Menüband enthalten sind, klicken Sie im Listenfeld *Befehle auswählen* auf *Befehle nicht im Menüband*.

Bild A.1   Auf der Seite *Symbolleiste für den Schnellzugriff* können Sie die Symbolleiste konfigurieren

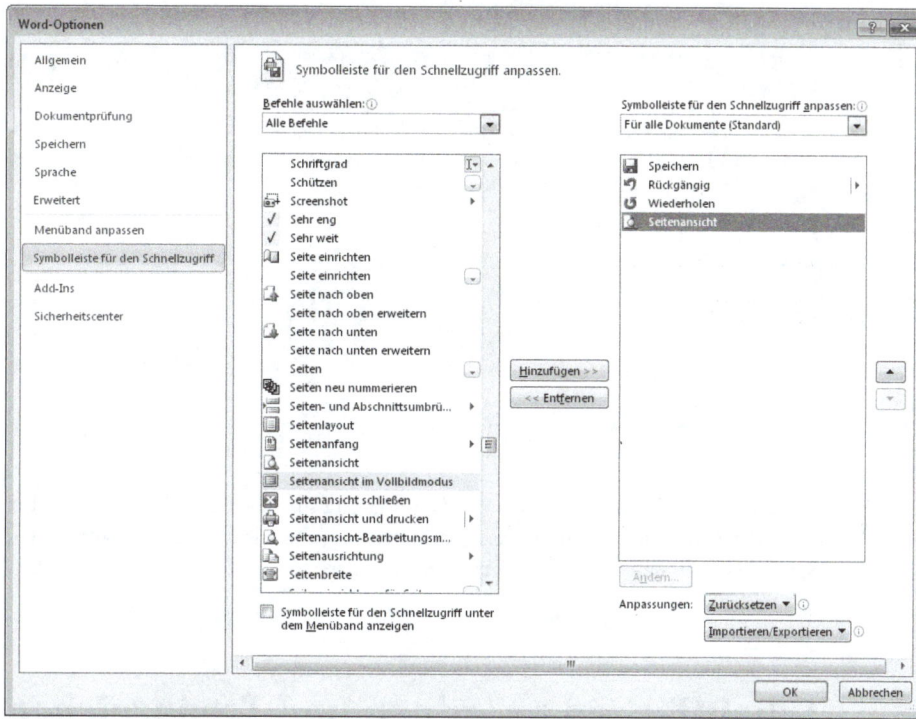

4.   Öffnen Sie das Listenfeld *Symbolleiste für den Schnellzugriff anpassen* und legen Sie fest, ob die angepasste Symbolleiste für alle Dokumente oder nur für ein bestimmtes Dokument zur Verfügung stehen soll.

5.   Scrollen Sie in der linken Liste, bis Sie den Befehl sehen, den Sie in die Symbolleiste für den Schnellzugriff einfügen wollen, markieren Sie ihn und klicken Sie dann auf *Hinzufügen*.

6.   Wiederholen Sie den letzten Schritt für alle Befehle, die in der Symbolleiste für den Schnellzugriff zur Verfügung stehen sollen.

7.   Klicken Sie auf *OK*.

Schaltfläche einer Registerkarte in die Symbolleiste für den Schnellzugriff einfügen

Alle Befehlsschaltflächen, die Sie auf den verschiedenen Registerkarten finden, besitzen ein Kontextmenü, in dem sich der Befehl *Zu Symbolleiste für den Schnellzugriff hinzufügen* befindet. Klicken Sie einfach die Schaltfläche, die Sie in die Symbolleiste einfügen wollen, mit der rechten Maustaste an und wählen Sie diesen Befehl aus. (Dieses Kontextmenü steht Ihnen in den Befehlen der Backstage-Ansicht, die sich nach dem Anklicken der Registerkarte *Datei* öffnet, nicht zur Verfügung.)

Bild A.2   Alle efehlsschaltflächen besitzen in ihrem Kontextmenü den Befehl *Zu Symbolleiste für den Schnellzugriff hinzufügen*

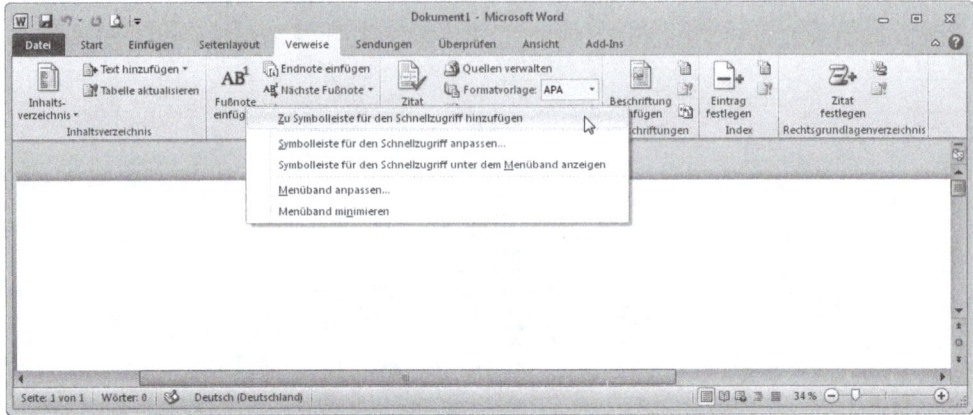

Um eine Schaltfläche wieder aus der Symbolleiste für den Schnellzugriff zu entfernen, klicken Sie sie in der Symbolleiste mit der rechten Maustaste an und wählen im Kontextmenü den Befehl *Aus Symbolleiste für den Schnellzugriff entfernen*.

Schaltflächen anordnen und Trennzeichen einfügen

In der Symbolleiste für den Schnellzugriff werden die Schaltflächen in der Reihenfolge angezeigt, in der Sie sie dort eingefügt haben. Wenn Sie ein wenig Struktur in der Symbolleiste bevorzugen, können Sie die Reihenfolge der Schaltflächen verändern, sie zu logischen Gruppen zusammenfassen und die einzelnen Gruppen durch Trennzeichen voneinander abheben.

Gehen Sie dazu wie folgt vor:

1.   Klicken Sie die Pfeil-Schaltfläche *Symbolleiste für den Schnellzugriff anpassen* an und wählen Sie dann im Menü *Weitere Befehle*. Das Dialogfeld *[Programmname]-Optionen* wird angezeigt, die Seite *Symbolleiste für den Schnellzugriff* ist geöffnet.

2.   Markieren Sie in der Befehlsliste den Eintrag *<Trennzeichen>* und klicken Sie auf *Hinzufügen*. Wiederholen Sie diesen Schritt, bis die benötigte Anzahl von Trennzeichen in der Liste auf der rechten Seite vorhanden ist.

3.   Markieren Sie in der Liste auf der rechten Seite den Befehl, den Sie an eine neue Position verschieben wollen.

4.   Klicken Sie die Schaltfläche *Nach oben* bzw. *Nach unten* an, die Sie neben der Liste sehen, bis der Befehl an der gewünschten Position steht.

5.   Wiederholen Sie die beiden letzten Schritte, bis die Symbolleiste so aufgebaut ist, wie Sie es möchten

6.   Klicken Sie auf *OK*, um das Dialogfeld zu schließen.

Symbolleiste für den Schnellzugriff unter dem Menüband anzeigen

Die Symbolleiste für den Schnellzugriff wird standardmäßig in der Titelleiste der Anwendungen angezeigt. Wenn Sie die Wege verkürzen möchten, die Sie mit der Maus zurücklegen müssen, um die Schaltflächen anzuklicken, können Sie die Symbolleiste auch unterhalb des Menübandes anzeigen lassen, was sich besonders dann anbietet, wenn Sie zahlreiche Schaltflächen hinzugefügt haben.

Bild A.3   Die Symbolleiste für den Schnellzugriff an ihrer Standardposition (links im Bild) und unterhalb des Menübandes (rechts im Bild)

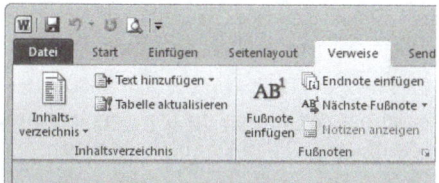 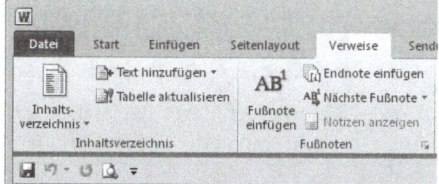

Gehen Sie wie folgt vor, um die Position der Symbolleiste für den Schnellzugriff anzupassen:

1.   Klicken Sie auf die Pfeil-Schaltfläche an der rechten Seite der Symbolleiste für den Schnellzugriff.

2.   Klicken Sie im Menü auf *Unter dem Menüband anzeigen*.

Bild A.4   Im Menü der Schaltfläche zum Anpassen der Symbolleiste für den Schnellzugriff finden Sie einen Befehl, um die Symbolleiste unter dem Menüband anzeigen zu lassen

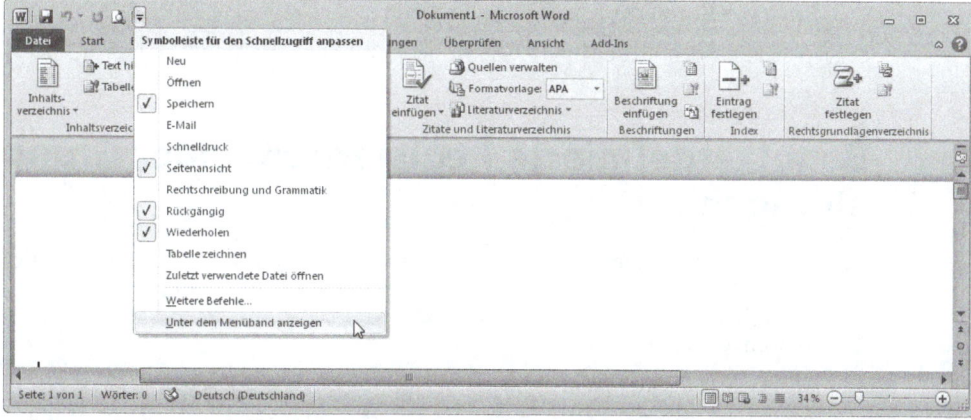

Im oberen Bereich des Kontextmenüs finden Sie die Namen von weiteren häufig verwendeten Befehlen. Klicken Sie auf einen der Befehlsnamen, um ihn in der Symbolleiste für den Schnellzugriff anzeigen zu lassen oder um ihn von der Leiste zu entfernen, sollte er derzeit dort enthalten sein.

Menüband anpassen

In Office 2010 können Sie nicht nur die Symbolleiste für den Schnellzugriff anpassen, sondern auch das Menüband. (Anpassungen der Multifunktionsleiste waren zwar auch in Office 2007 möglich, jedoch waren Sie dort auf Anwendungen von Drittanbietern angewiesen und die Anpassungsmöglichkeiten waren nicht so umfangreich, wie es bei Office 2010 der Fall ist.)

Office 2010 unterscheidet zwischen drei verschiedenen Typen von Registerkarten:

- **Hauptregisterkarten** Dies sind die Standardregisterkarten, die nach dem Öffnen der Anwendung sichtbar sind, also die Registerkarten *Start, Einfügen, Ansicht* usw.

- **Registerkarten 'Tool'** Dies sind die kontextbezogenen Registerkarten, die im Menüband eingeblendet werden, wenn Sie bestimmte Objekte wie eine Tabelle oder eine Grafik ausgewählt haben. Beispiele für diesen Typ Registerkarte sind *Tabellentools/Layout, Diagrammtools/Entwurf* oder *Bildtools/Format*.

- **Benutzerdefinierte Registerkarten** Hierbei handelt es sich im Registerkarten, die Sie selbst erstellt und in die Sie benutzerdefinierte Gruppen und Befehle eingefügt haben.

Welche Anpassungsmöglichkeiten vorhanden sind, hängt immer vom Typ der Registerkarte ab. Folgende Anpassungsaktionen sind möglich:

- **Ein-/ausblenden** Alle Registerkarten können ein- und ausgeblendet werden.

- **Umbenennen** Alle Registerkarten und alle Befehlsgruppen können umbenannt werden.

- **Entfernen** Alle Befehlsgruppen können entfernt werden; es lassen sich jedoch nur benutzerdefinierte Registerkarten entfernen. Befehle können nur aus benutzerdefinierten Gruppen entfernt werden.

- **Einfügen von Registerkarten und Gruppen** Registerkarten können sowohl in das Menüband als auch in die Registerkarten 'Tool' eingefügt werden. Befehlsgruppen können in alle Arten von Registerkarten eingefügt werden

Die folgenden Abschnitte erläutern, wie Sie beim Anpassen des Menübandes vorgehen.

Benutzerdefinierte Registerkarte oder Gruppe einfügen

Gehen Sie wie folgt vor, um eine benutzerdefinierte Registerkarte oder Gruppe einzufügen:

1. Klicken Sie auf die Registerkarte *Datei*.

2. Klicken Sie auf *Optionen*.

3. Klicken Sie auf *Menüband anpassen*.

4. Öffnen Sie die Liste *Menüband anpassen* und wählen Sie aus, welche Registerkarten Sie bearbeiten wollen.

5. Markieren Sie die Registerkarte, unterhalb derer Sie eine neue einfügen wollen. Wenn Sie eine neue Befehlsgruppe einfügen wollen, markieren Sie die Gruppe unterhalb derer die neue Gruppe eingefügt werden soll.

6. Klicken Sie auf *Neue Registerkarte,* um eine neue Registerkarte einzufügen, oder klicken Sie auf *Neue Gruppe,* um eine neue Befehlsgruppe einzufügen.

Bild A.5   Wenn Sie eine neue Registerkarte einfügen, erstellt die Anwendung automatisch eine neue Befehlsgruppe in dieser Registerkarte

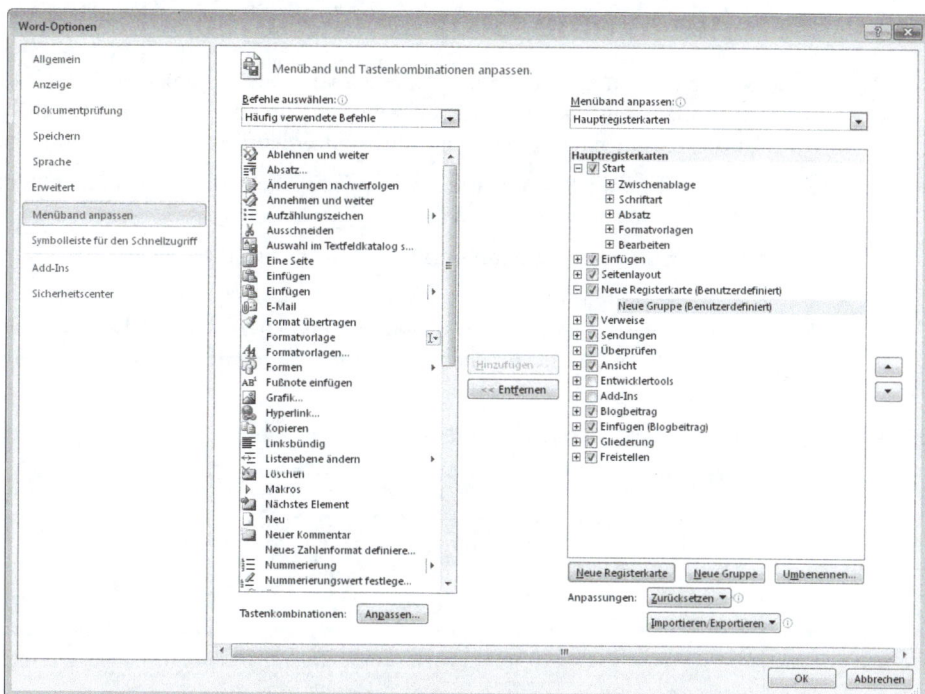

7. Klicken Sie auf *OK,* damit die Änderungen im Menüband angezeigt werden. Hierdurch wird auch das Dialogfeld *[Programmname]-Optionen* geschlossen.

Registerkarte oder Gruppe umbenennen

Gehen Sie wie folgt vor, um den Namen einer Registerkarte oder einer Gruppe zu ändern:

1. Klicken Sie auf die Registerkarte *Datei* und anschließend auf *Optionen.* Öffnen Sie im Dialogfeld *[Programmname]-Optionen* die Seite *Menüband anpassen.*

2. Markieren Sie die Registerkarte bzw. die Befehlsgruppe, deren Namen Sie ändern möchten.

3. Klicken Sie auf *Umbenennen.*

Bild A.6   Die Namen von Registerkarten und Befehlsgruppen können beliebig geändert werden

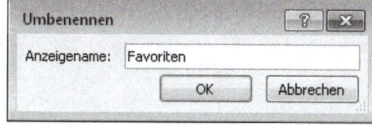

4. Geben Sie im Dialogfeld *Umbenennen* den neuen Namen ein und klicken Sie auf *OK*.

5. Klicken Sie auf *OK*, damit die Änderungen im Menüband angezeigt werden. Hierdurch wird auch das Dialogfeld *[Programmname]-Optionen* geschlossen.

Befehle in eine Gruppe einfügen

Neue Befehle können nur in benutzerdefinierte Gruppen eingefügt werden, gleichgültig, ob diese sich auf Standardregisterkarten oder auf benutzerdefinierten Registerkarten befinden. Gehen Sie wie folgt vor, um einen neuen Befehl in eine benutzerdefinierte Gruppe einzufügen:

1. Klicken Sie auf die Registerkarte *Datei* und anschließend auf *Optionen*. Öffnen Sie im Dialogfeld *[Programmname]-Optionen* die Seite *Menüband anpassen*.

2. Markieren Sie in der Liste unterhalb von *Menüband anpassen* die Gruppe, in die Sie den Befehl einfügen möchten.

3. Öffnen Sie das Listenfeld *Befehle auswählen* und klicken auf die Liste, aus der Sie Befehle einfügen möchten, z.B. *Alle Befehle* oder *Befehle nicht im Menüband*.

Bild A.7   Wählen Sie hier die gewünschte Befehlsliste aus

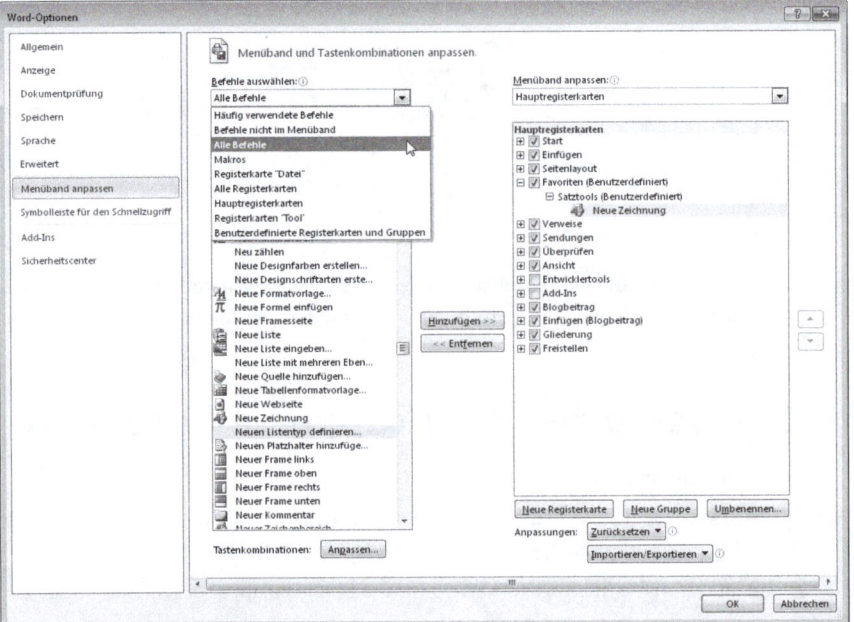

4. Klicken Sie auf *Hinzufügen*.

5. Klicken Sie auf *OK*, damit die Änderungen im Menüband angezeigt werden. Hierdurch wird auch das Dialogfeld *[Programmname]-Optionen* geschlossen.

Symbolbeschriftungen anzeigen/verbergen

Neue Befehle, die Sie in eine Gruppe eingefügt haben, werden automatisch angeordnet, ähnlich wie Sie es von den Standardgruppen her gewohnt sind. Sie können jedoch festlegen, ob in der benutzerdefinierten Gruppe nur die Symbole der Befehle oder sowohl die Symbole als auch deren Beschriftungen angezeigt werden. Gehen Sie hierzu wie folgt vor:

1. Klicken Sie auf die Registerkarte *Datei* und anschließend auf Optionen. Öffnen Sie im Dialogfeld *[Programmname]-Optionen* die Seite *Menüband anpassen*.

2. Markieren Sie in der Liste unterhalb von *Menüband anpassen* die benutzerdefinierte Gruppe, die Sie bearbeiten möchten.

3. Klicken Sie den Gruppennamen mit der rechten Maustaste an, um das Kontextmenü zu öffnen.

Bild A.8   Wählen Sie hier, ob die Befehlsnamen angezeigt werden sollen oder nicht

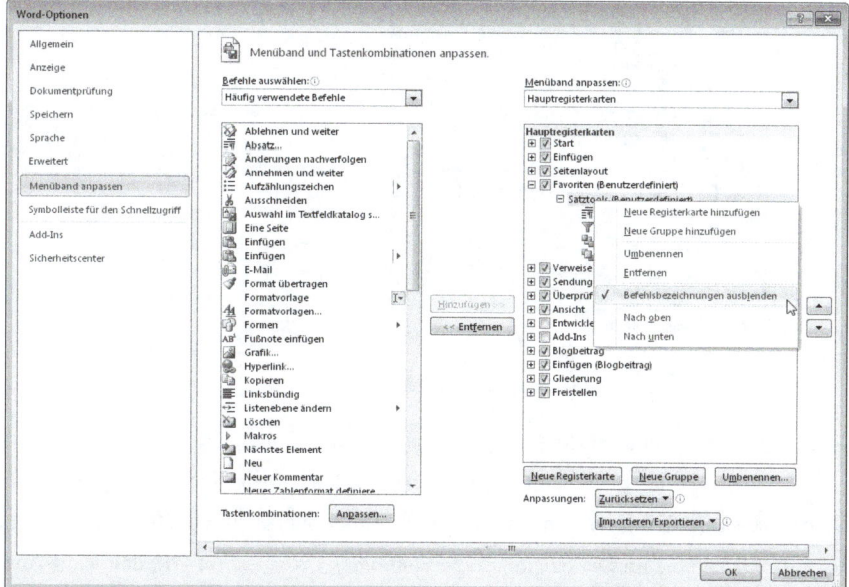

4. Schalten Sie die Option *Befehlsbezeichnungen ausblenden* ein, wenn nur die Symbole angezeigt werden sollen. Anderenfalls schalten Sie diese Option aus.

5. Klicken Sie auf *OK,* damit die Änderungen im Menüband angezeigt werden. Hierdurch wird auch das Dialogfeld *[Programmname]-Optionen* geschlossen.

Name und/oder Symbol eines Befehls ändern

Sie können den Namen eines Befehls, der sich in einer benutzerdefinierten Gruppe befindet ändern und optional auch ein anderes Symbol für den Befehl auswählen. Gehen Sie hierzu folgendermaßen vor:

1. Klicken Sie auf die Registerkarte *Datei* und anschließend auf *Optionen*. Öffnen Sie im Dialogfeld *[Programmname]-Optionen* die Seite *Menüband anpassen*.

2. Markieren Sie in einer benutzerdefinierten Gruppe den Befehl, dessen Namen bzw. Symbol Sie ändern möchten.

3. Klicken Sie auf *Umbenennen*.

Bild A.9   In diesem Dialogfeld können Sie sowohl den Namen als auch das Symbol eines Befehls ändern

4. Geben Sie in das Feld *Anzeigename* den neuen Namen ein.

5. Wenn Sie auch das Symbol ändern wollen, klicken Sie eines der angezeigten Symbole an.

6. Klicken Sie auf *OK*, um das Dialogfeld *Umbenennen* zu schließen.

7. Klicken Sie im Dialogfeld *[Programmname]-Optionen* auf *OK*, damit die Änderungen im Menüband angezeigt werden. Hierdurch wird auch das Dialogfeld *[Programmname]-Optionen* geschlossen.

Registerkarte ausblenden/einblenden

Alle Arten von Registerkarten können ausgeblendet werden; ausgeblendete Registerkarten werden nicht im Menüband angezeigt. Gehen Sie folgendermaßen vor, um eine Registerkarte auszublenden bzw. um eine ausgeblendete Registerkarte wieder einzublenden:

1. Klicken Sie auf die Registerkarte *Datei* und auf *Optionen*. Öffnen Sie im Dialogfeld *[Programmname]-Optionen* die Seite *Menüband anpassen*.

2. Deaktivieren Sie das Kontrollkästchen neben der Registerkarte, die Sie ausblenden möchten, oder aktivieren Sie das Kontrollkästchen, um eine ausgeblendete Registerkarte wieder einzublenden.

Registerkarte, Gruppe oder Befehl entfernen

Alle Befehlsgruppen können aus allen Arten von Registerkarten entfernt werden; es lassen sich jedoch nur benutzerdefinierte Registerkarten entfernen. Befehle können nur aus benutzerdefinierten Gruppen entfernt werden. Um eine Registerkarte, eine Gruppe oder einen Befehl zu entfernen, gehen Sie folgendermaßen vor:

1. Klicken Sie auf die Registerkarte *Datei* und anschließend auf *Optionen*. Öffnen Sie im Dialogfeld *[Programmname]-Optionen* die Seite *Menüband anpassen*.

2. Markieren Sie die Registerkarte, die Gruppe oder den Befehl, die/den Sie entfernen möchten.

3. Klicken Sie auf *Entfernen*.

    Sollte die Schaltfläche *Entfernen* abgeblendet sein, kann das markierte Element nicht entfernt werden.

4. Klicken Sie auf Dialogfeld *[Programmname]-Optionen* auf *OK*, damit die Änderungen im Menüband angezeigt werden. Hierdurch wird auch das Dialogfeld *[Programmname]-Optionen* geschlossen.

Gesamtes Menüband oder einzelne Standardregisterkarte zurücksetzen

Sie können alle Registerkarten im Menüband oder nur ausgewählte Registerkarten wieder auf ihren ursprünglichen Zustand zurücksetzen. Wenn Sie alle Registerkarten im Menüband wiederherstellen, können Sie auch die Symbolleiste für den Schnellzugriff wiederherstellen, sodass nur die Standardbefehle angezeigt werden.

1. Klicken Sie auf die Registerkarte *Datei* und anschließend auf *Optionen*. Öffnen Sie im Dialogfeld *[Programmname]-Optionen* die Seite *Menüband anpassen*.

2. Wenn Sie nur eine Standardregisterkarte zurücksetzen wollen, markieren Sie diese in der Liste unterhalb von *Menüband anpassen*.

3. Klicken Sie auf *Zurücksetzen*.

Bild A.10   Legen Sie in diesem Menü fest, ob alle Anpassungen oder lediglich die markierte
Registerkarte zurückgesetzt werden soll

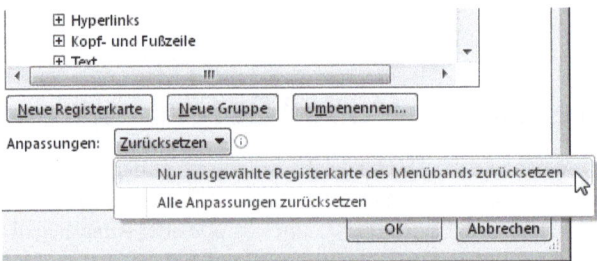

4. Klicken Sie auf *Nur ausgewählte Registerkarte des Menübandes zurücksetzen,* um nur diese eine
Registerkarte zurückzusetzen. Oder klicken Sie auf *Alle Anpassungen,* wenn Sie alle Änderungen am Menüband und auch alle Änderungen an der Symbolleiste für den Schnellzugriff zurücksetzen wollen.

5. Klicken Sie im Dialogfeld *[Programmname]-Optionen* auf *OK,* damit die Änderungen im Menüband angezeigt werden. Hierdurch wird auch das Dialogfeld *[Programmname]-Optionen*
geschlossen.

Anpassungsdateien verwenden

Änderungen, die Sie am Menüband und der Symbolleiste für den Schnellzugriff vorgenommen haben, können Sie in eine Datei exportieren. Diese Datei kann dann von einem Kollegen oder auf einem anderen Computer importiert und verwendet werden. Die Änderungen werden in sogenannten Anpassungsdateien gespeichert.

Anpassungsdatei exportieren

Führen Sie folgende Schritte durch, um die Anpassungsdatei zu exportieren:

1. Klicken Sie auf die Registerkarte *Datei* und anschließend auf *Optionen.* Öffnen Sie im Dialogfeld *[Programmname]-Optionen* die Seite *Menüband anpassen.*

2. Klicken Sie auf *Importieren/Exportieren.*

Bild A.11   Über das Menü der Schaltfläche *Importieren/Exportieren* können Sie Anpassungen am
Menüband und der Symbolleiste für den Schnellzugriff laden bzw. speichern

3. Klicken Sie auf *Alle Anpassungen exportieren.*

4. Wechseln Sie im Dialogfeld *Datei speichern* zu dem gewünschten Ordner, geben Sie einen Namen für die Datei ein und klicken Sie auf *Speichern*.

Bild A.12 Legen Sie im Dialogfeld *Speichern unter* den Speicherort und den Namen der Anpassungsdatei fest

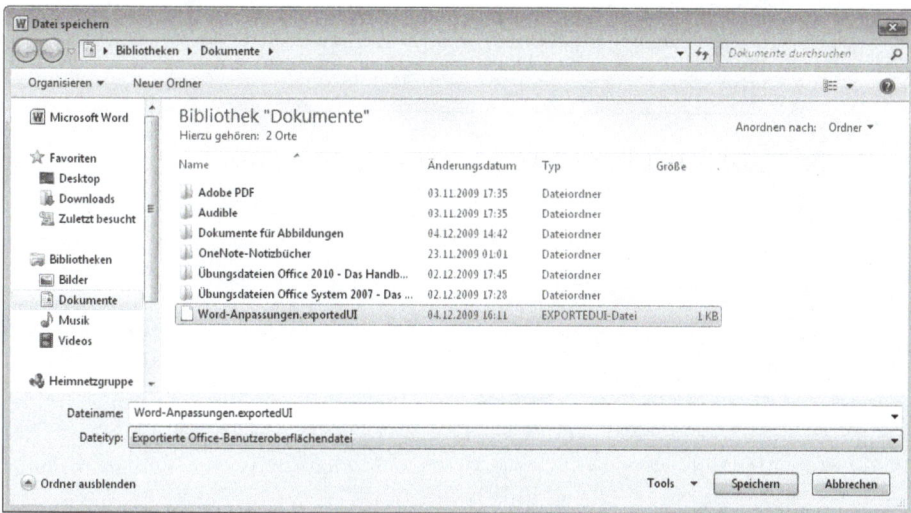

Anpassungsdatei importieren

Anpassungsdateien lassen sich importieren. Beim Importvorgang wird das aktuelle Layout des Menübands und der Symbolleiste für den Schnellzugriff durch das Layout ersetzt, das in der Anpassungsdatei definiert ist.

TIPP Wenn Sie eine Anpassungsdatei für das Menüband importieren, gehen alle vorherigen Anpassungen des Menübands und der Symbolleiste für den Schnellzugriff verloren. Wenn Sie später lieber die aktuelle Anpassung wiederherstellen möchten, müssen Sie diese Anpassungen exportieren, bevor Sie neue Anpassungen importieren.

Führen Sie folgende Schritte durch, um eine Anpassungsdatei zu importieren:

1. Klicken Sie auf die Registerkarte *Datei* und anschließend auf *Optionen*. Öffnen Sie im Dialogfeld *[Programmname]-Optionen* die Seite *Menüband anpassen*.

2. Klicken Sie auf *Importieren/Exportieren*.

3. Klicken Sie auf *Anpassungsdatei importieren*.

4. Wechseln Sie im Dialogfeld *Datei öffnen* zu dem Ordner, in dem sich die Anpassungsdatei befindet, markieren Sie sie und klicken Sie auf *Öffnen*.

Die Anwendung zeigt die folgende Meldung an:

Bild A.13   Diese Meldung hilft, das versehentliche Überschreiben der aktuellen Anpassungen zu verhindern

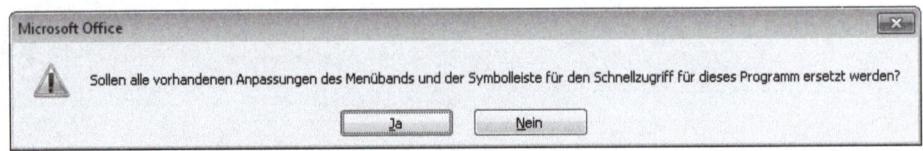

5. Klicken Sie auf *Ja*, um den Importvorgang fortzusetzen.

Anhang B

Microsoft Office Web Apps

In diesem Anhang stellen wir Ihnen die sogenannten *Web Apps* von Microsoft Office 2010 vor. Dabei handelt es sich um Onlineversionen der Office-Programme, die Sie mit jedem handelsüblichen Internetbrowser verwenden können – sogar auf mobilen Geräten! Konkret werden zur Zeit Web Apps für Word, Excel, PowerPoint und OneNote angeboten.

Selbstverständlich bieten diese Web Apps (noch?) nicht den gleichen Funktionsumfang wie die Desktop-Versionen. Doch auch wenn sich in der aktuellen Fassung der Web Apps lediglich relativ einfache Bearbeitungen an Office-Dokumenten vornehmen lassen, ist ihre Leistungsfähigkeit zum Teil wirklich verblüffend. Zudem unterstützen Web Apps das Dateiformat von Office 2010. Dokumentinhalte, die ein Web App zwar anzeigen, aber nicht bearbeiten kann, werden durch das Web App nicht beschädigt oder gar entfernt. Das heißt, Sie können das Dokument anschließend mit der Desktop-Variante des Office-Programms ganz normal weiterbearbeiten.

Die möglichen Einsatzszenarien von Web Apps wirken zurzeit noch etwas konstruiert, da heutzutage auf fast jedem Windows-PC ein Office-Paket installiert ist. Zu nennen sind hier vor allem zwei Punkte:

■ Web Apps machen Sie unabhängig vom verwendeten Betriebssystem, d.h. Sie können Ihre Dokumente auch auf einem Linuxrechner oder einem Macintosh bearbeiten.

■ Web Apps machen Sie unabhängig von der eingesetzten Office-Version. Sie können mit mehreren Personen an einem Dokument arbeiten, ohne darauf zu achten, welche Office-Version die einzelnen Anwender installiert haben bzw. ob sie überhaupt ein Office-Paket besitzen.

Microsoft läutet mit der Einführung der Web Apps erkennbar eine Entwicklung weg von der Desktop-Anwendung hin zur Online-Anwendung ein. Der experimentelle Charakter der Web Apps wird auch dadurch unterstrichen, dass sich nicht alle Web Apps auf dem gleichen Entwicklungsstand befinden. So können Sie zum Beispiel Excel-Dokumente gleichzeitig mit anderen Personen bearbeiten, Word- und PowerPoint-Dokumente hingegen nicht.

Dokumente im Web speichern

Damit Sie Ihre Dokumente mit Office Web Apps bearbeiten können, müssen Sie sie zunächst im Web ablegen. Für das berufliche Umfeld ist dazu SharePoint Foundation 2010 (ehemals Windows SharePoint Service, WSS) vorgesehen; Privatanwender können das kostenlose Windows Live SkyDrive nutzen. In diesem Buch werden wir uns auf die zweite Variante konzentrieren.

Um ein Office-Dokument auf SkyDrive abzulegen, benötigen Sie zunächst eine Windows Live ID, die Sie auf der Seite *http://www.live.com* kostenlos beantragen können. Sobald Sie sich dort erfolgreich angemeldet haben, können Sie Ihre Dokumente mit folgenden Schritten auf SkyDrive hochladen:

1. Öffnen Sie das gewünschte Dokument mit dem entsprechenden Office-Programm.

2. Wechseln Sie mit einem Klick auf *Datei* in die Backstage-Ansicht und gehen Sie dort auf die Seite *Speichern und senden.*

3. Wählen Sie dort die Option *Im Web speichern.*

4. Wenn Sie sich bisher noch nicht bei Windows Live angemeldet haben, erscheint im rechten Teil des Fensters neben einigen weiteren Informationen die Schaltfläche *Anmelden.* Andernfalls können Sie direkt mit Schritt 7. fortfahren.

Bild B.1   Das Speichern von Dokumenten im Web erfordert eine Anmeldung bei Windows Live

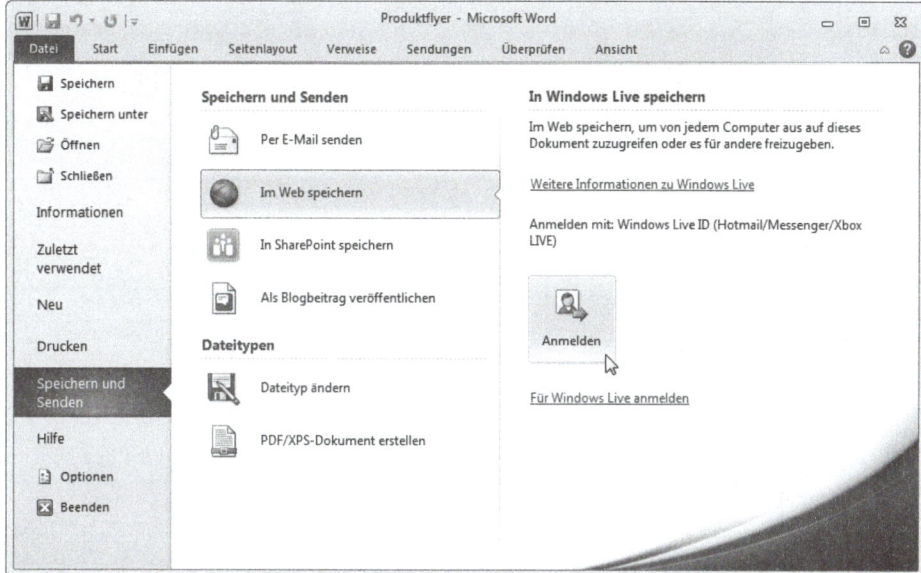

5. Klicken Sie auf *Anmelden* und geben Sie im nächsten Fenster Ihre Zugangsdaten für Windows Live ein. Wenn Sie in Zukunft automatisch bei Windows Live angemeldet werden wollen, schalten Sie zusätzlich noch die entsprechende Option ein.

Bild B.2   Anmeldung bei Windows Live

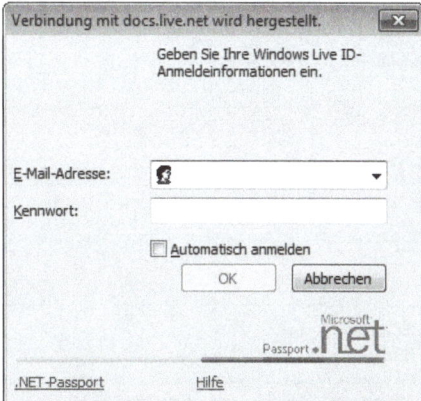

6. Klicken Sie auf *OK*, um den Anmeldevorgang zu starten.

7. Jetzt können Sie im rechten Teil des Fensters entscheiden, ob Sie das Dokument im privaten oder im öffentlichen Bereich von Windows Live speichern möchten (siehe Bild auf der nächsten Seite).

Bild B.3   Speichern eines Dokuments auf Windows Live SkyDrive

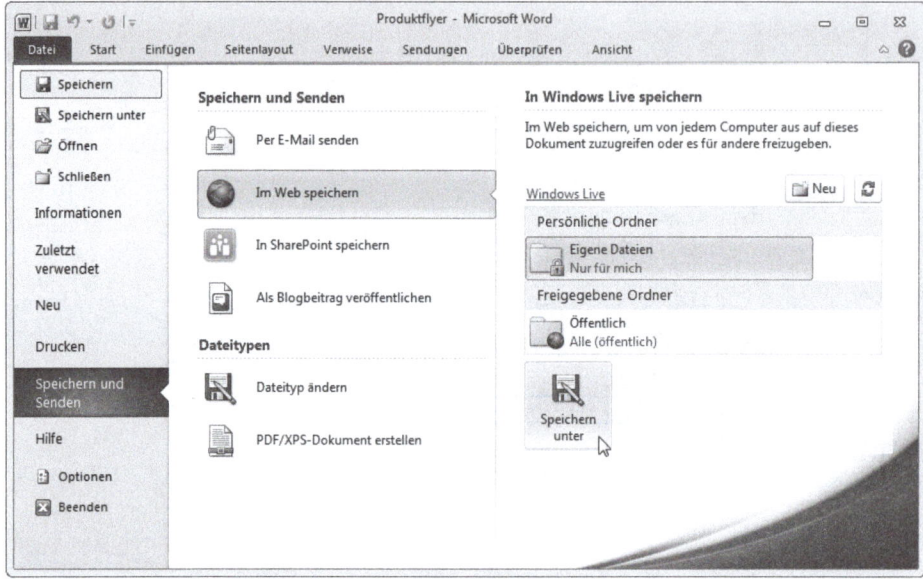

8.   Klicken Sie auf die Schaltfläche *Speichern unter*. Office 2010 zeigt dann den gewohnten Dialog *Speichern unter* an, in dem Sie bei Bedarf noch den Dateinamen ändern können.

Bild B.4   Der Dialog zeigt den Zielordner auf Windows Live SkyDrive an

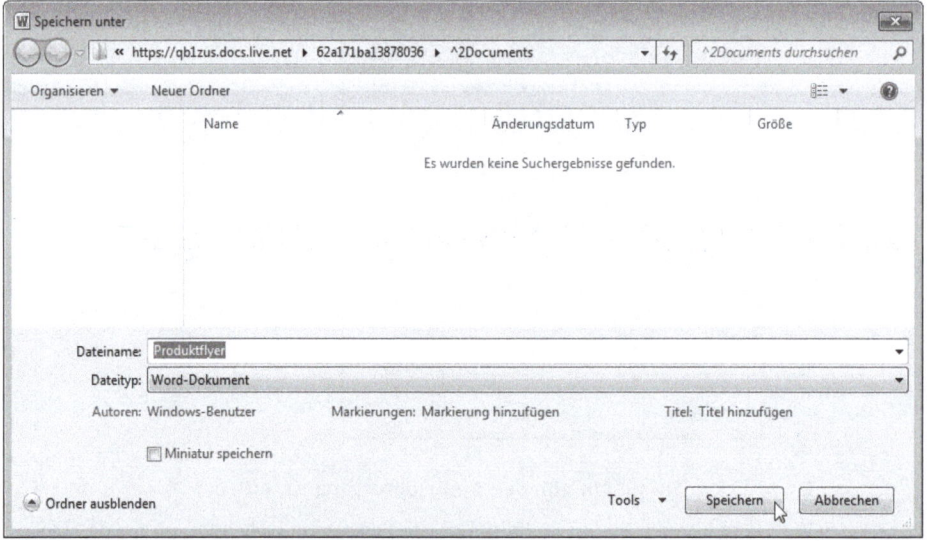

9.   Jetzt endlich können Sie die Übertragung mit einem Klick auf *Speichern* starten. Der aktuelle Fortschritt wird unten in der Statusleiste angezeigt (siehe folgendes Bild).

Bild B.5   Das Dokument wird auf den Server vom Windows Live SkyDrive übertragen

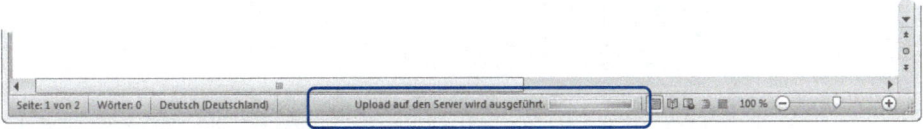

10. Wenn Sie jetzt in der Backstage-Ansicht auf die Seite *Informationen* gehen, erkennen Sie, dass das Dokument nun auf Windows Live gespeichert ist.

Bild B.6   Das Dokument befindet sich nun auf Windows Live (siehe Markierung)

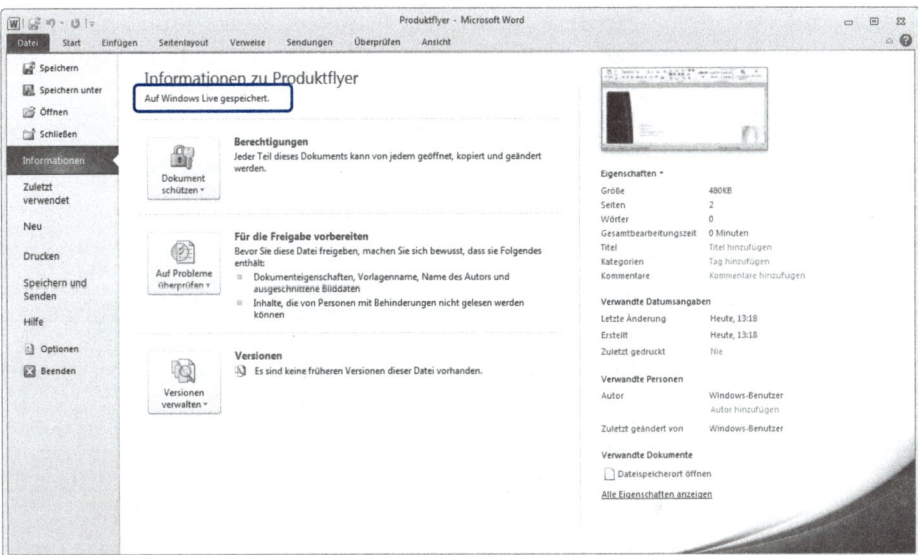

Dokumente im Browser anzeigen

Nachdem Sie im letzten Abschnitt gesehen haben, wie Sie ein Dokument auf Windows Live speichern, zeigen wir Ihnen nun, wie Sie das Dokument in einem Browser anzeigen.

1. Starten Sie den Internet Explorer (oder einen anderen Browser Ihrer Wahl) und gehen Sie auf die Seite *www.live.com*.

2. Klicken Sie auf der Startseite von Windows Live auf *Anmelden*, geben Sie Ihre Zugangsdaten ein und klicken Sie dann erneut auf *Anmelden*.

3. Nachdem Sie sich erfolgreich angemeldet haben, können Sie im oberen Bereich der Seite auf *Mehr* klicken. Dadurch klappt ein kleines Menü auf, in dem Sie den Befehl *SkyDrive* wählen.

4. Auf der nun angezeigten Seite finden Sie auf der linken Seite den Link *Alle Ordner*. Wenn Sie ihn anklicken, sollte Ihr Browserfenster anschließend in etwa so aussehen wie in der folgenden Abbildung.

Bild B.7   Die Ordnerübersicht von Windows Live SkyDrive

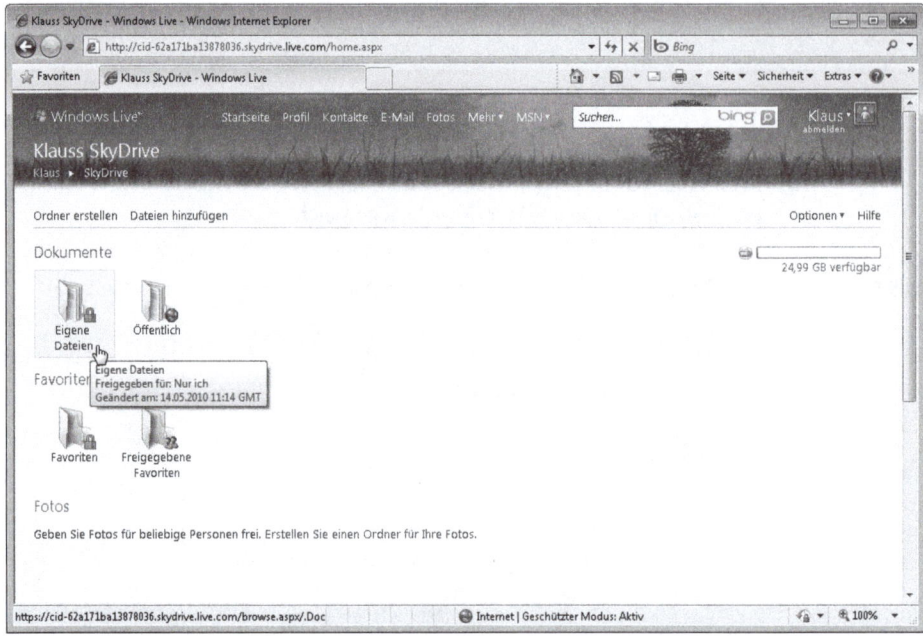

5.   Klicken Sie den Ordner an, in dem Sie das gesuchte Dokument abgelegt haben.

Bild B.8   Der Ordner enthält bereits drei Dokumente

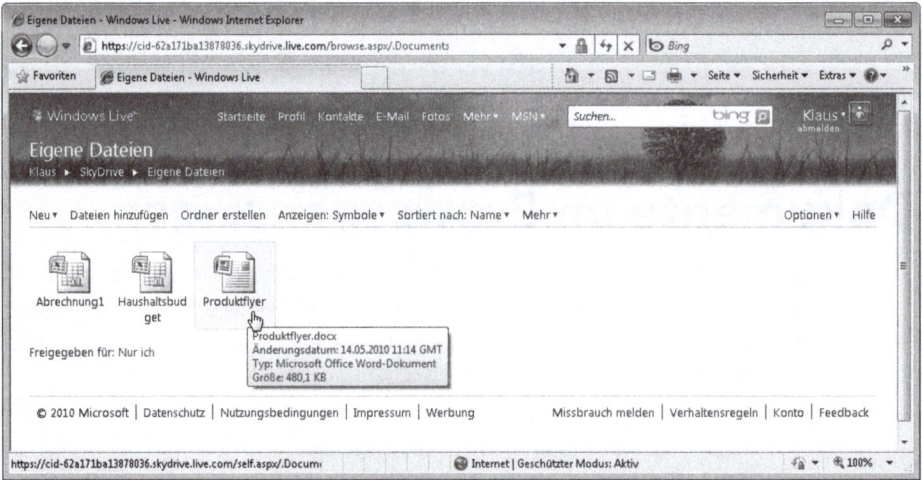

6.   Klicken Sie das Symbol des gewünschten Dokuments an. Sie gelangen dann auf eine weitere Übersichtsseite, die Ihnen verschiedene Aktionen für das ausgewählte Dokument anbietet. Wenn sich noch weitere Dokumente in dem ausgewählten Ordner befinden, können Sie mit Hilfe der Navigationsschaltflächen in der Liste blättern (siehe Markierung).

Bild B.9   Mit dieser Seite können Sie das ausgewählte Dokument verwalten

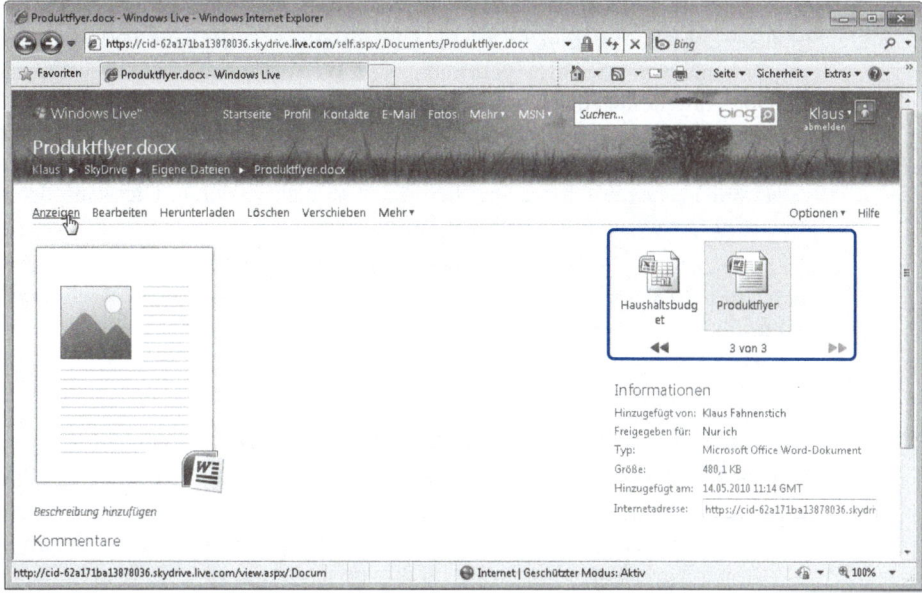

7.   Klicken Sie auf *Anzeigen,* um das Dokument im Browserfenster zu öffnen.

Bild B.10   Die Dokumente werden in einer erstaunlich guten Qualität dargestellt

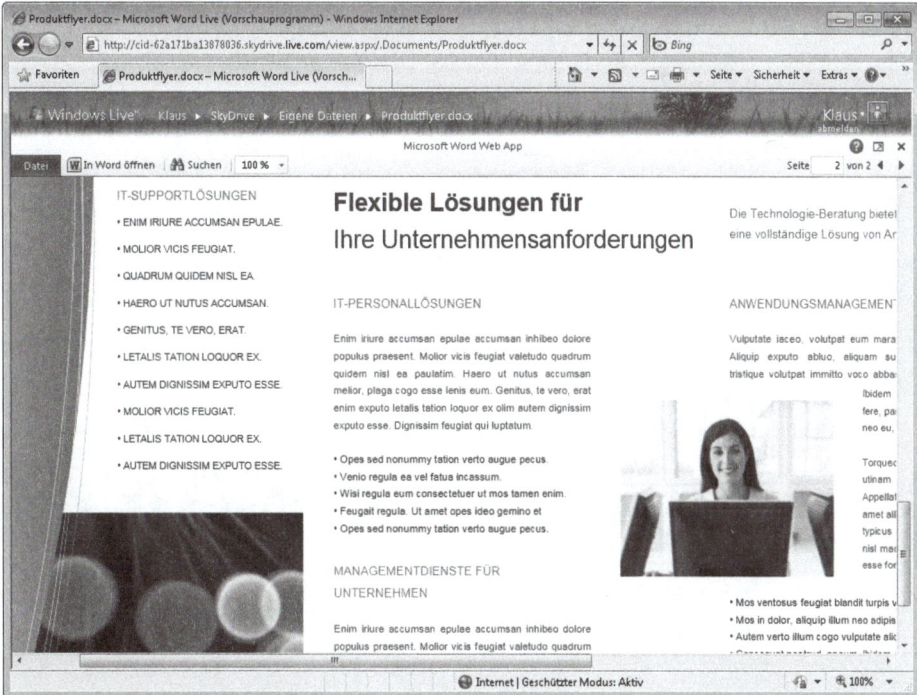

Dokumente im Browser bearbeiten

In diesem Abschnitt kommen wir nun zum eigentlichen Highlight der Web Apps, dem Bearbeiten von Dokumenten. Wie eingangs erwähnt, sind Web Apps natürlich kein vollwertiger Ersatz für die Desktop-Anwendungen von Office, sondern stellen lediglich eine Untermenge des normalen Funktionsumfangs zur Verfügung. Von den Web Apps nicht unterstützte Formatierungen werden beim Bearbeiten jedoch nicht beschädigt. D.h., die betreffenden Teile des Dokuments (z.B. ein Inhaltsverzeichnis) gehen durch das Speichern im Web nicht verloren. Hier kann der modulare Aufbau des neuen Dateiformats seine Stärken voll ausspielen.

Im folgenden Beispiel stellen wir Ihnen exemplarisch das Web App für PowerPoint vor. Je nachdem, wann Sie dieses Kapitel lesen, kann sich der Leistungsumfang des Web Apps in der Zwischenzeit deutlich vergrößert haben.

1. Starten Sie den Internet Explorer und melden Sie sich wie im letzten Abschnitt beschrieben bei Windows Live an.

2. Wechseln Sie zu Windows SkyDrive *(Mehr/SkyDrive)* und navigieren Sie zu dem Ordner, in dem Sie das zu bearbeitende Dokument abgelegt haben (entsprechend Abbildung B.8).

3. Klicken Sie das Symbol des Dokuments an und wählen Sie auf der nächsten Seite den Befehl *Bearbeiten* (entsprechend Abbildung B.9). Nach kurzer Wartezeit präsentiert sich das Web App mit geladenem Dokument im Browserfenster.

Bild B.11   Auch Web Apps lassen sich per Menüband und Registerkarten bedienen

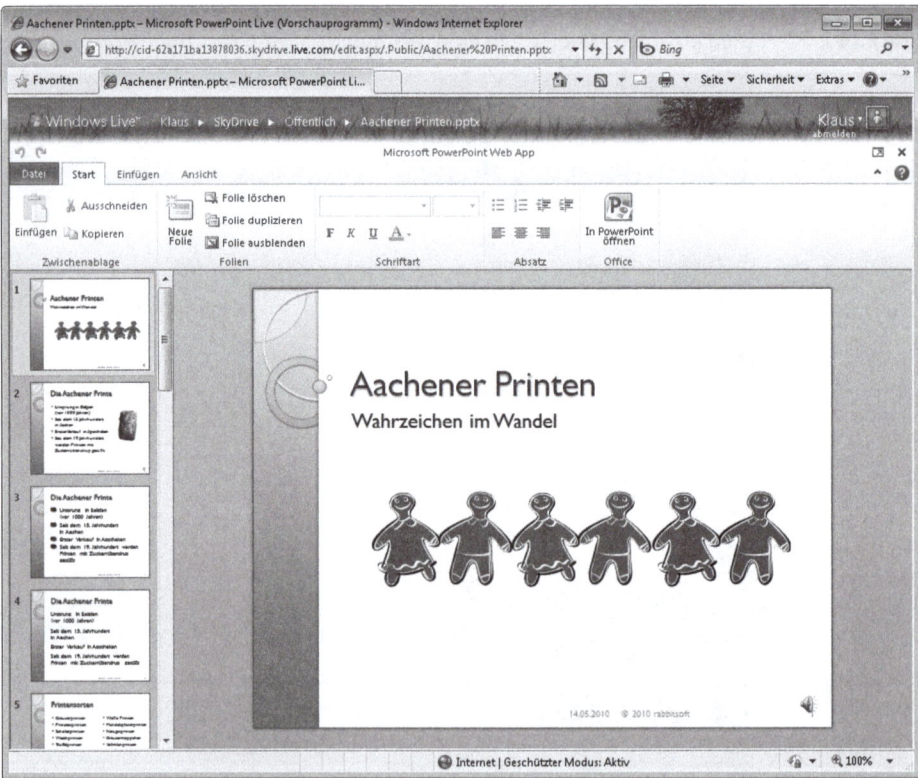

4. Klicken Sie auf der Registerkarte *Start* auf *Neue Folie*. Das Web App zeigt ein »Dialogfeld« an, in dem Sie die gewohnte Auswahl an Folienlayouts vorfinden.

Bild B.12 Das Fenster lässt sich innerhalb des Web Apps an seiner Titelleiste verschieben

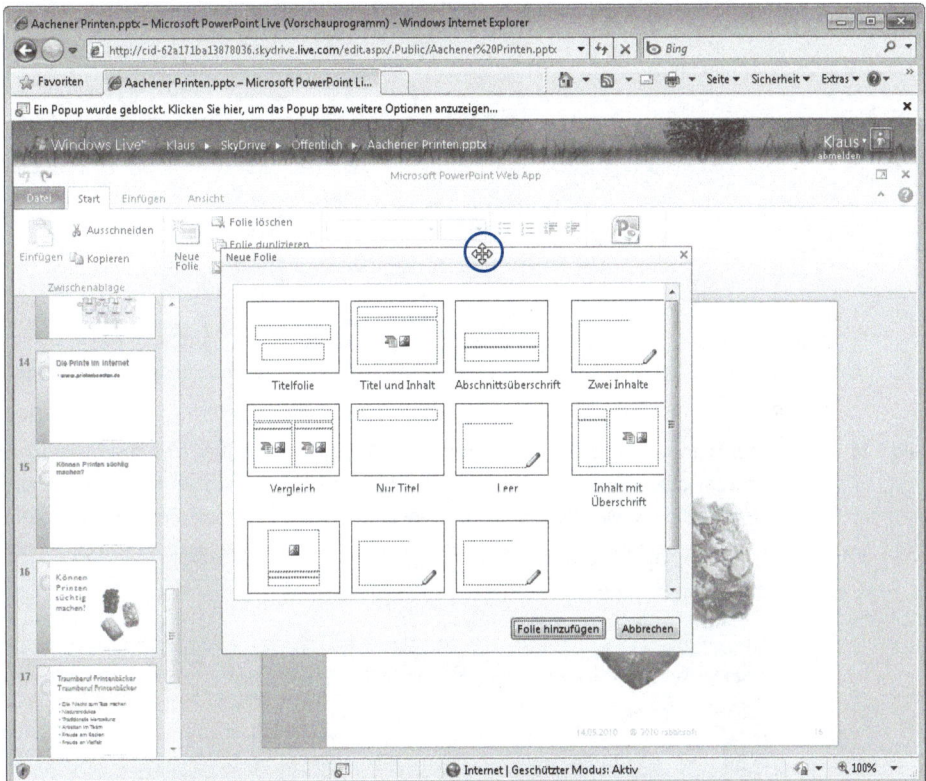

5. Wählen Sie das gewünschte Folienlayout aus und klicken Sie dann auf die Schaltfläche *Folie hinzufügen*. Da wir hier das Einfügen einer SmartArt-Grafik vorführen möchten, haben wir uns für die zweite Variante *(Titel und Inhalt)* entschieden. Die Darstellung der neuen Folie entspricht hundertprozentig ihrem Vorbild in PowerPoint 2010.

6. Klicken Sie in dem Platzhalter der Folie das Symbol zum Einfügen einer SmartArt-Grafik an. Das Menüband des PowerPoint Web App wird dadurch um die Registerkarte *SmartArt-Tools/SmartArt* erweitert.

7. Klappen Sie die Liste der Layouts auf und wählen Sie ein geeignetes Layout. Auf eine Live-Vorschau müssen Sie in diesem Fall natürlich aus Performancegründen verzichten (siehe Bild B.13 auf der nächsten Seite).

8. Um die Elemente der SmartArt zu beschriften, klicken Sie die Grafik an und geben die gewünschten Texte dann in Form einer Aufzählung ein (siehe Bild B.14 auf der nächsten Seite).

Anhänge

Bild B.13 Auch die gewohnten SmartArt-Layouts stehen Ihnen in Web Apps zur Verfügung

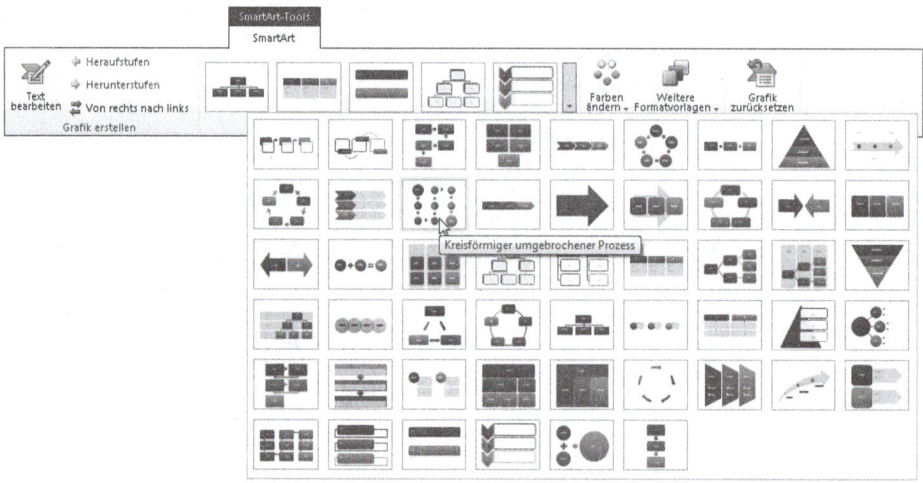

Bild B.14 Die Texte einer SmartArt werden – anders als in der Desktop-Applikation – nicht in einem angedockten Fenster mit optischem Feedback, sondern als einfache Aufzählung erfasst (Hinweis: Das Menüband wurde hier per Doppelklick auf einen Reiter minimiert.)

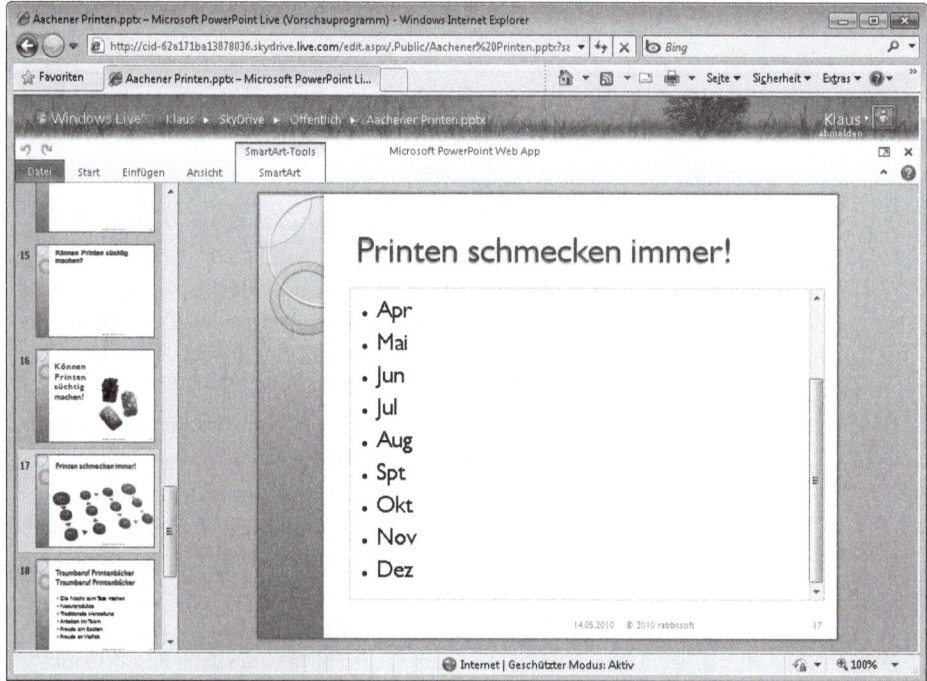

9. Auch die Farbe und die Oberflächengestaltung einer SmartArt-Grafik lassen sich in gewohnter Manier bearbeiten.

Bild B.15   Bei guter Internet-Anbindung erlaubt die Web-Oberfläche ein zügiges Arbeiten

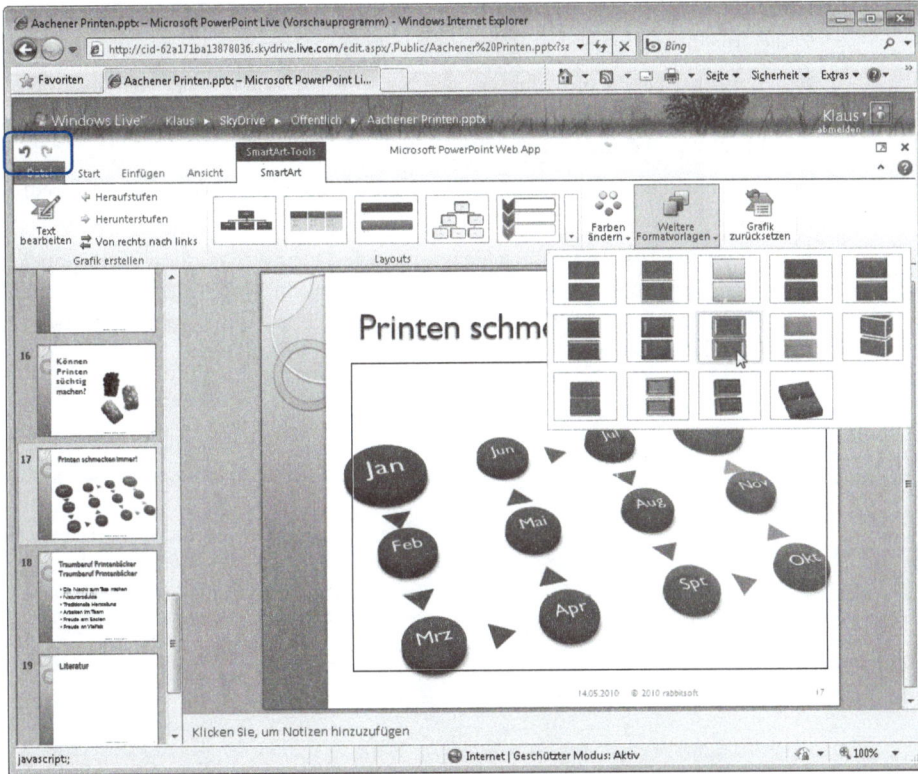

Achtung: Web Apps speichern automatisch jede Änderung; es gibt keine Speicher-Schaltfläche!

Wenn Sie eine Änderung zurücknehmen möchten, können Sie dazu die gewohnten Befehle *Rückgängig* bzw. *Wiederherstellen* verwenden. Die entsprechenden Schaltflächen befinden sich links oberhalb des Menübands (siehe Markierung in der obigen Abbildung).

Falls sich eine gewünschte Änderung nicht mit Hilfe des Web Apps vornehmen lässt, können Sie die Bearbeitung des Dokuments jederzeit mit Ihrer Desktop-Anwendung fortsetzen – natürlich nur, wenn dort auch Microsoft Office installiert ist. Klicken Sie dazu im Web App auf der Registerkarte *Start* auf die Schaltfläche *In ... öffnen*.

HINWEIS   Für eine optimale Darstellung der Web Apps sollten Sie Microsoft Silverlight installieren. Diese Browser-Technologie wird von Microsoft im Rahmen der optionalen Windows Updates bereitgestellt. Ob Microsoft Silverlight bereits auf Ihrem Rechner installiert ist, können Sie in der Symstemsteuerung in der Rubrik *Programme* kontrollieren. Klicken Sie dort auf *Installierte Updates anzeigen* und suchen nach dem Eintrag *Microsoft Silverlight*.

Um das Update zu installieren, starten Sie die Systemsteuerung, gehen in die Rubrik *System und Sicherheit* und klicken dort unter *Windows Update* auf *Nach Updates suchen*. Anschließend sollte Microsoft Silverlight als optionales Update angeboten werden.

Anhänge

Zusammenfassung

In diesem Anhang haben wir Ihnen die neuen Web Apps von Microsoft Office 2010 vorgestellt.

■ Zunächst haben Sie erfahren, wie Sie Ihre Dokumente auf Windows Live ablegen können. Dazu benötigen Sie eine kostenlose Windows Live ID, die Sie innerhalb von wenigen Minuten beantragen können (Seite 1094).

■ Anschließend haben wir Ihnen gezeigt, wie Sie diese Dokumente in Ihrem Browser anzeigen (Seite 1097).

■ Im letzten Abschnitt haben Sie gelernt, wie Sie ein auf Windows Live gespeichertes Dokument in Ihrem Browser bearbeiten können. Auch wenn Web Apps nur über einen eingeschränkten Funktionsumfang verfügen, lassen sich mit ihnen ohne weiteres kleinere Änderungen bzw. Korrekturen an einem Dokument vornehmen (Seite 1100).

Praxisindex

Die Einträge im Praxisindex verweisen auf Schritt-für-Schritt-Anleitungen zu spezifischen Arbeitsgängen.

Stichwortverzeichnis

O